谨以此书纪念改革开放四十周年

4

司法解释全集
知识产权篇 行政诉讼及国家赔偿篇

最高人民法院 编

人民法院出版社

司法解释全集

总目录

（第一册）

综合篇 ……………………………………………………………………（ 1 ）
 一、司法公开 ……………………………………………………（ 3 ）
 二、司法便民利民 ………………………………………………（ 47 ）
 三、司法责任制 …………………………………………………（ 81 ）
 四、法院组织体系 ………………………………………………（ 103 ）
 五、审判程序 ……………………………………………………（ 139 ）
 六、案例指导制度及自由裁量权规范 …………………………（ 190 ）
 七、队伍建设 ……………………………………………………（ 459 ）
 八、司法服务与保障 ……………………………………………（ 579 ）
 九、其他 …………………………………………………………（ 731 ）
  （一）改革纲要 ………………………………………………（ 731 ）
  （二）司法解释及废止目录 …………………………………（ 763 ）
  （三）审判管理 ………………………………………………（ 861 ）
  （四）司法统计、司法标准 …………………………………（ 886 ）
  （五）裁判文书、诉讼卷宗 …………………………………（ 900 ）
  （六）司法救助 ………………………………………………（ 909 ）
  （七）律师诉讼权利 …………………………………………（ 919 ）
  （八）涉诉信访 ………………………………………………（ 935 ）
  （九）其他 ……………………………………………………（ 954 ）

附录：废止文件目录 ……………………………………………………（1005）

（第二册）

刑事篇 ……………………………………………………………………（1103）

一、刑法总则 ………………………………………………………（1105）
- （一）综合 ……………………………………………………（1105）
- （二）刑法的适用范围 ………………………………………（1133）
- （三）犯罪 ……………………………………………………（1139）
- （四）刑罚 ……………………………………………………（1148）
- （五）刑事裁判文书 …………………………………………（1216）
- （六）其他规定 ………………………………………………（1238）

二、刑法分则 ………………………………………………………（1243）
- （一）综合 ……………………………………………………（1243）
- （二）危害国家安全罪 ………………………………………（1284）
- （三）危害公共安全罪 ………………………………………（1286）
- （四）破坏社会主义市场经济秩序罪 ………………………（1324）
- （五）侵犯公民人身权利、民主权利罪 ……………………（1428）
- （六）侵犯财产罪 ……………………………………………（1453）
- （七）妨害社会管理秩序罪 …………………………………（1499）
- （八）危害国防利益罪 ………………………………………（1639）
- （九）贪污贿赂罪 ……………………………………………（1643）
- （十）渎职罪 …………………………………………………（1667）
- （十一）军人违反职责罪 ……………………………………（1673）

刑事诉讼篇 ………………………………………………………………（1675）

- 一、综合 ……………………………………………………………（1677）
- 二、管辖 ……………………………………………………………（1795）
- 三、辩护 ……………………………………………………………（1799）
- 四、证据 ……………………………………………………………（1807）
- 五、强制措施 ………………………………………………………（1835）
- 六、刑事附带民事诉讼 ……………………………………………（1844）
- 七、立案 ……………………………………………………………（1847）
- 八、第一审程序 ……………………………………………………（1848）
- 九、第二审程序 ……………………………………………………（1873）
- 十、未成年人刑事案件审理程序的规定 …………………………（1882）
- 十一、死刑复核程序 ………………………………………………（1889）
- 十二、审判监督程序 ………………………………………………（1900）

十三、刑事涉外的规定 ……………………………………………… (1913)
十四、执行 ……………………………………………………………… (1933)
十五、赃款赃物处理 …………………………………………………… (1965)
十六、法律援助、救助 ………………………………………………… (1986)
十七、其他 ……………………………………………………………… (2000)

环境资源保护篇 ……………………………………………………………… (2007)

（第三册）

民事篇 ………………………………………………………………………… (2023)

一、民事总类 ……………………………………………………………… (2025)
　　（一）综合 …………………………………………………………… (2025)
　　（二）民事责任 ……………………………………………………… (2133)
　　（三）诉讼时效 ……………………………………………………… (2165)
　　（四）涉外民事 ……………………………………………………… (2187)
　　（五）涉港澳台民事 ………………………………………………… (2195)
二、婚姻、家庭与继承 …………………………………………………… (2204)
　　（一）婚姻 …………………………………………………………… (2204)
　　（二）家庭 …………………………………………………………… (2269)
　　（三）继承 …………………………………………………………… (2298)
三、侵权责任 ……………………………………………………………… (2354)
四、物权 …………………………………………………………………… (2421)
　　（一）综合 …………………………………………………………… (2421)
　　（二）所有权 ………………………………………………………… (2432)
　　（三）用益物权 ……………………………………………………… (2503)
　　（四）担保物权 ……………………………………………………… (2525)
　　（五）典权、典当 …………………………………………………… (2546)
五、民事合同 ……………………………………………………………… (2570)
　　（一）综合 …………………………………………………………… (2570)
　　（二）买卖合同 ……………………………………………………… (2613)
　　（三）民间借贷合同 ………………………………………………… (2671)
　　（四）租赁合同 ……………………………………………………… (2680)
　　（五）建设工程合同 ………………………………………………… (2688)
　　（六）技术合同 ……………………………………………………… (2698)
　　（七）旅游合同 ……………………………………………………… (2724)
　　（八）特许经营合同 ………………………………………………… (2728)

（九）借用合同 …………………………………………………………（2730）
　六、劳动争议、人事争议 ………………………………………………（2733）

商事篇 ……………………………………………………………………（2757）

　一、综合 …………………………………………………………………（2759）
　二、公司、企业 …………………………………………………………（2778）
　三、破产、清算 …………………………………………………………（2821）
　四、商事合同 ……………………………………………………………（2915）
　　（一）存单、借款、存款合同 ………………………………………（2915）
　　（二）运输合同 ………………………………………………………（2937）
　　（三）融资租赁合同 …………………………………………………（2947）
　　（四）保证合同 ………………………………………………………（2952）
　　（五）联营合同 ………………………………………………………（2986）
　　（六）供用电合同 ……………………………………………………（2993）
　五、不良资产处置 ………………………………………………………（2994）
　六、保险 …………………………………………………………………（3011）
　七、票据 …………………………………………………………………（3036）
　八、证券、期货 …………………………………………………………（3052）
　九、信用证、独立保函 …………………………………………………（3081）
　十、海商、海事 …………………………………………………………（3091）
　　（一）海商、海事 ……………………………………………………（3091）
　　（二）海事诉讼程序 …………………………………………………（3131）

（第四册）

知识产权篇 ………………………………………………………………（3171）

　一、综合 …………………………………………………………………（3173）
　二、知识产权案件年度报告及典型案例 ………………………………（3253）
　三、专利权 ………………………………………………………………（3801）
　四、商标权 ………………………………………………………………（3840）
　五、著作权 ………………………………………………………………（3869）
　六、植物新品种权 ………………………………………………………（3893）
　七、反不正当竞争 ………………………………………………………（3897）
　八、反垄断 ………………………………………………………………（3906）
　九、其他 …………………………………………………………………（3909）

行政诉讼及国家赔偿篇 ……………………………………………………………（3915）

 一、行政诉讼 ……………………………………………………………………（3917）

  （一）综合 ……………………………………………………………………（3917）

  （二）受案范围 ………………………………………………………………（4003）

  （三）管辖 ……………………………………………………………………（4010）

  （四）诉讼参加人 ……………………………………………………………（4020）

  （五）起诉与受理 ……………………………………………………………（4027）

  （六）证据 ……………………………………………………………………（4044）

  （七）法律适用 ………………………………………………………………（4057）

  （八）送达、期限 ……………………………………………………………（4131）

  （九）执行 ……………………………………………………………………（4133）

  （十）其他 ……………………………………………………………………（4148）

 二、国家赔偿 ……………………………………………………………………（4151）

  （一）综合 ……………………………………………………………………（4151）

  （二）行政赔偿 ………………………………………………………………（4229）

  （三）司法赔偿 ………………………………………………………………（4245）

（第五册）

民事诉讼篇 ………………………………………………………………………（4271）

 一、综合 …………………………………………………………………………（4273）

 二、起诉和受理 …………………………………………………………………（4379）

 三、管辖 …………………………………………………………………………（4419）

 四、回避 …………………………………………………………………………（4481）

 五、诉讼参加人 …………………………………………………………………（4484）

 六、证据 …………………………………………………………………………（4509）

 七、期间、送达 …………………………………………………………………（4530）

 八、调解 …………………………………………………………………………（4541）

 九、保全和先予执行 ……………………………………………………………（4566）

 十、对妨害民事诉讼的强制措施 ………………………………………………（4593）

 十一、诉讼费用 …………………………………………………………………（4595）

 十二、第一审普通程序 …………………………………………………………（4601）

 十三、简易程序、小额速裁程序 ………………………………………………（4607）

 十四、公益诉讼 …………………………………………………………………（4621）

 十五、第二审程序 ………………………………………………………………（4636）

 十六、特别程序 …………………………………………………………………（4640）

十七、审判监督程序 …………………………………………… (4642)
十八、督促程序 ………………………………………………… (4680)
十九、公示催告程序 …………………………………………… (4683)
二十、执行程序 ………………………………………………… (4685)
二十一、涉港澳、涉台民事诉讼程序 ………………………… (5036)
二十二、涉外民事诉讼程序 …………………………………… (5084)
二十三、仲裁 …………………………………………………… (5127)
二十四、公证 …………………………………………………… (5259)
二十五、其他非诉讼矛盾纠纷解决机制 ……………………… (5267)
二十六、其他 …………………………………………………… (5295)

目 录

(第四册)

知识产权篇

一、综 合

最高人民法院
　关于全国部分法院知识产权审判工作座谈会纪要
　　（1998年7月20日） ·· (3173)
最高人民法院
　印发《最高人民法院关于全面加强知识产权审判工作为建设创新型国家
　　提供司法保障的意见》的通知
　　（2007年1月11日） ·· (3179)
最高人民法院
　印发《关于贯彻实施国家知识产权战略若干问题的意见》的通知
　　（2009年3月23日） ·· (3185)
最高人民法院
　印发《关于当前经济形势下知识产权审判服务大局若干问题的意见》的
　　通知
　　（2009年4月21日） ·· (3194)
最高人民法院
　印发《关于充分发挥知识产权审判职能作用推动社会主义文化大发展
　　大繁荣和促进经济自主协调发展若干问题的意见》的通知
　　（2011年12月16日） ··· (3201)

最高人民法院
　　印发《关于充分发挥审判职能作用为深化科技体制改革和加快国家创新
　　　体系建设提供司法保障的意见》的通知
　　　　（2012年7月19日） ……………………………………………………（3211）
最高人民法院
　　印发《中国知识产权司法保护纲要（2016～2020）》的通知
　　　　（2017年4月20日） ……………………………………………………（3216）
最高人民法院办公厅
　　关于印发《关于确定知识产权审判基层示范法院的决定》等三个文件的
　　　通知
　　　　（2011年4月20日） ……………………………………………………（3223）
最高人民法院办公厅
　　关于印发有关知识产权司法保护工作管理规定的通知
　　　　（2012年3月15日） ……………………………………………………（3226）
最高人民法院办公厅
　　关于印发有关知识产权司法保护工作决定的通知
　　　　（2012年4月11日） ……………………………………………………（3230）
最高人民法院
　　关于在全国法院推进知识产权民事、行政和刑事案件审判"三合一"工作
　　　的意见
　　　　（2016年7月5日） ……………………………………………………（3232）
最高人民法院
　　关于调整地方各级人民法院管辖第一审知识产权民事案件标准的通知
　　　　（2010年1月28日） ……………………………………………………（3235）
最高人民法院
　　关于印发基层人民法院管辖第一审知识产权民事案件标准的通知
　　　　（2010年1月28日） ……………………………………………………（3236）
最高人民法院
　　关于知识产权法院案件管辖等有关问题的通知
　　　　（2014年12月24日） …………………………………………………（3240）
最高人民法院
　　关于北京、上海、广州知识产权法院案件管辖的规定
　　　　（2014年10月31日） …………………………………………………（3241）
最高人民法院
　　关于同意南京市、苏州市、武汉市、成都市中级人民法院内设专门审判
　　　机构并跨区域管辖部分知识产权案件的批复
　　　　（2017年1月4日） ……………………………………………………（3243）

最高人民法院
　关于同意杭州市、宁波市、合肥市、福州市、济南市、青岛市中级人民
　法院内设专门审判机构并跨区域管辖部分知识产权案件的批复
　（2017年8月1日）………………………………………………………（3244）
最高人民法院
　关于在知识产权审判中贯彻落实《全国人民代表大会常务委员会关于修改
　〈中华人民共和国民事诉讼法〉的决定》有关问题的通知
　（2012年12月24日）……………………………………………………（3246）
最高人民法院
　关于印发《知识产权法院法官选任工作指导意见（试行）》的通知
　（2014年10月28日）……………………………………………………（3248）
最高人民法院
　印发《关于知识产权法院技术调查官参与诉讼活动若干问题的
　　暂行规定》的通知
　（2014年12月31日）……………………………………………………（3249）
最高人民法院
　关于印发《知识产权法院技术调查官选任工作指导意见（试行）》的通知
　（2017年8月8日）………………………………………………………（3251）

二、知识产权案件年度报告及典型案例

最高人民法院知识产权案件年度报告（2008）
　（2009年4月22日）………………………………………………………（3253）
最高人民法院
　关于印发《最高人民法院知识产权案件年度报告（2009）》的通知
　（2010年4月14日）………………………………………………………（3259）
最高人民法院办公厅
　关于印发《最高人民法院知识产权案件年度报告（2010）》的通知
　（2011年4月13日）………………………………………………………（3308）
最高人民法院办公厅
　关于印发《最高人民法院知识产权案件年度报告（2011）》的通知
　（2012年4月12日）………………………………………………………（3363）
最高人民法院办公厅
　关于印发《最高人民法院知识产权案件年度报告（2012）》的通知
　（2013年4月15日）………………………………………………………（3410）
最高人民法院办公厅
　关于印发《最高人民法院知识产权案件年度报告（2013）》的通知
　（2014年4月17日）………………………………………………………（3461）

最高人民法院知识产权案件年度报告（2014）
  （2015年4月21日） ··· （3508）
最高人民法院知识产权案件年度报告（2015）
  （2016年4月25日） ··· （3564）
最高人民法院办公厅
  关于印发《最高人民法院知识产权案件年度报告（2016）》的通知
  （2017年4月26日） ··· （3617）
最高人民法院办公厅
  关于印发《最高人民法院知识产权案件年度报告（2017）》的通知
  （2018年4月20日） ··· （3674）
最高人民法院
  关于印发2009年中国法院知识产权司法保护10大案件和50件典型案例的
    通知
  （2010年4月14日） ··· （3739）
最高人民法院办公厅
  关于印发2010年中国法院知识产权司法保护10大案件和50件典型案例的
    通知
  （2011年4月18日） ··· （3745）
最高人民法院办公厅
  关于印发2011年中国法院知识产权司法保护10大案件和50件典型案例的
    通知
  （2012年4月11日） ··· （3750）
最高人民法院办公厅
  关于印发2012年中国法院知识产权司法保护10大案件、10大创新性案件和
    50件典型案例的通知
  （2013年4月15日） ··· （3756）
最高人民法院办公厅
  关于印发2013年中国法院10大知识产权案件、10大创新型知识产权案件
    和50件典型知识产权案例的通知
  （2014年4月15日） ··· （3763）
最高人民法院办公厅
  关于印发2014年中国法院10大知识产权案件、10大创新性知识产权案件
    和50件典型知识产权案例的通知
  （2015年4月14日） ··· （3769）
最高人民法院办公厅
  关于印发2015年中国法院10大知识产权案件和50件典型知识产权案例的
    通知
  （2016年4月19日） ··· （3775）

最高人民法院办公厅
　关于印发 2016 年中国法院 10 大知识产权案件和 50 件典型知识产权案例的
　　通知
　　（2017 年 4 月 13 日） ································· (3781)
最高人民法院办公厅
　关于印发 2017 年中国法院 10 大知识产权案件和 50 件典型知识产权案例的
　　通知
　　（2018 年 4 月 16 日） ································· (3786)

三、专利权

最高人民法院
　关于对诉前停止侵犯专利权行为适用法律问题的若干规定
　　（2001 年 6 月 7 日） ·································· (3801)
最高人民法院
　关于审理侵犯专利权纠纷案件应用法律若干问题的解释
　　（2009 年 12 月 28 日） ································ (3803)
最高人民法院
　关于审理侵犯专利权纠纷案件应用法律若干问题的解释（二）
　　（2016 年 3 月 21 日） ································· (3806)
最高人民法院
　关于修改《最高人民法院关于审理专利纠纷案件适用法律问题的若干规定》
　　的决定
　　（2013 年 4 月 1 日） ·································· (3810)
最高人民法院
　关于修改《最高人民法院关于审理专利纠纷案件适用法律问题的若干规定》
　　的决定
　　（2015 年 1 月 29 日） ································· (3811)
最高人民法院
　关于审理第一审专利案件聘请专家担任陪审员的复函
　　（1991 年 6 月 6 日） ·································· (3817)
最高人民法院
　关于在专利侵权诉讼中当事人均拥有专利权应如何处理问题的批复
　　（1993 年 8 月 16 日） ································· (3817)
最高人民法院
　关于林翠雯、福州九星企业集团公司与福特卫视电子有限公司、福建华
　　强特种器材公司专利侵权纠纷案的函
　　（1998 年 12 月 31 日） ································ (3818)

最高人民法院知识产权审判庭
　　关于梁祥荣与玉林市玉林镇人造革厂侵犯专利权纠纷案的函
　　　　（1999年5月29日） ·················· （3819）
最高人民法院知识产权审判庭
　　关于天津天狮经济发展总公司、天津天狮生物工程公司与内蒙古广润生物
　　　　科技开发公司等专利使用侵权案的答复
　　　　（2000年5月30日） ·················· （3819）
最高人民法院知识产权审判庭
　　关于太极集团涪陵制药厂与上海医科大学附属华山医院发明专利权属
　　　　纠纷案的函
　　　　（2000年6月6日） ··················· （3820）
最高人民法院知识产权审判庭
　　关于澄海市金徽实业有限公司与开泰制管股份有限公司专利侵权纠纷案的
　　　　函
　　　　（2000年6月16日） ·················· （3822）
最高人民法院
　　关于浙江东方制药有限公司、绍兴中药厂与四川涪陵制药厂专利侵权
　　　　纠纷案的函
　　　　（2000年6月20日） ·················· （3823）
最高人民法院
　　给全国人大代表张玺钧的复函三
　　　　（2000年6月29日） ·················· （3823）
最高人民法院民事审判第三庭
　　关于王川与合肥继初贸易有限责任公司等专利侵权纠纷案的函
　　　　（2001年2月2日） ··················· （3824）
最高人民法院民事审判第三庭
　　关于对出具检索报告是否为提起实用新型专利侵权诉讼的条件的请示的
　　　　答复
　　　　（2001年11月13日） ················· （3826）
最高人民法院
　　关于对国家知识产权局《在新修改的专利法实施前受理但尚未结案的专利
　　　　纠纷案件适用法律问题的函》的答复
　　　　（2002年2月21日） ·················· （3827）
最高人民法院
　　关于对江苏省高级人民法院《关于当宣告专利权无效或者维持专利权的
　　　　决定已被提起行政诉讼时相关的专利侵权案件是否应当中止审理问题
　　　　的请示》的批复
　　　　（2003年4月15日） ·················· （3827）

最高人民法院
　　对"处理专利侵权纠纷可否认定部分侵权"问题的答复
　　　　（2004年7月26日） ………………………………………………………………（3828）
最高人民法院
　　关于在专利侵权诉讼中能否直接裁判涉案专利属于从属专利或者重复授权
　　　　专利问题的复函
　　　　（2004年12月6日） ……………………………………………………………（3829）
最高人民法院
　　关于昆明制药集团股份有限公司与昆明龙津药业有限公司专利侵权纠纷
　　　　一案的答复
　　　　（2005年9月20日） ……………………………………………………………（3829）
最高人民法院
　　关于广东省高级人民法院请示阳江虹阳食品工业有限公司与叶冠东专利
　　　　侵权纠纷案的答复
　　　　（2007年6月20日） ……………………………………………………………（3831）
最高人民法院
　　关于对当事人能否选择从属权利要求确定专利权保护范围的请示的答复
　　　　（2007年11月13日） …………………………………………………………（3831）
最高人民法院
　　关于朝阳兴诺公司按照建设部颁发的行业标准《复合载体夯扩桩设计规程》
　　　　设计、施工而实施标准中专利的行为是否构成侵犯专利权问题的函
　　　　（2008年7月8日） ………………………………………………………………（3833）
最高人民法院
　　印发《关于专利、商标等授权确权类知识产权行政案件审理分工的规定》
　　　　的通知
　　　　（2009年6月26日） ……………………………………………………………（3834）
最高人民法院
　　对天津市高级人民法院关于正在执行的判决是否因专利权被宣告无效而
　　　　终结执行的请示案的复函
　　　　（2009年7月23日） ……………………………………………………………（3835）
最高人民法院
　　关于四川省高级人民法院关于四川隆盛药业有限公司诉淮南市杰明生物
　　　　医药研究所确认不侵犯专利权纠纷请示的复函
　　　　（2009年7月24日） ……………………………………………………………（3836）
最高人民法院
　　关于学习贯彻修改后的专利法的通知
　　　　（2009年9月27日） ……………………………………………………………（3837）

最高人民法院
关于专利代理人担任诉讼代理人参加知识产权纠纷案件有关问题的通知
（2016年2月24日） ……………………………………………………………（3838）

最高人民法院
关于新修订的《中华人民共和国行政诉讼法》实施后专利代理人能否继续
代理专利行政诉讼案件的批复
（2015年8月25日） ……………………………………………………………（3839）

四、商标权

最高人民法院
关于审理商标民事纠纷案件适用法律若干问题的解释
（2002年10月12日） …………………………………………………………（3840）

最高人民法院
关于审理商标案件有关管辖和法律适用范围问题的解释
（2002年1月9日） ………………………………………………………………（3843）

最高人民法院
关于诉前停止侵犯注册商标专用权行为和保全证据适用法律问题的解释
（2002年1月9日） ………………………………………………………………（3845）

最高人民法院
关于审理注册商标、企业名称与在先权利冲突的民事纠纷案件若干问题的
规定
（2008年2月18日） ……………………………………………………………（3847）

最高人民法院
关于审理涉及驰名商标保护的民事纠纷案件应用法律若干问题的解释
（2009年4月22日） ……………………………………………………………（3848）

最高人民法院
关于商标法修改决定施行后商标案件管辖和法律适用问题的解释
（2014年3月25日） ……………………………………………………………（3850）

最高人民法院
关于审理商标授权确权行政案件若干问题的规定
（2017年1月10日） ……………………………………………………………（3852）

最高人民法院
关于上海啤酒厂破产案中转让"天鹅"注册商标问题的答复
（1997年3月11日） ……………………………………………………………（3857）

最高人民法院知识产权审判庭
关于烟台市京蓬农药厂诉潍坊市益农化工厂商标侵权纠纷案的答复
（2000年4月17日） ……………………………………………………………（3857）

最高人民法院知识产权审判庭
  关于万胜亚洲有限公司、怡东电脑有限公司与华源实业（集团）股份有限
    公司商标侵权纠纷案的函
    （2000年5月8日） ·· (3858)
最高人民法院民事审判第三庭
  关于对注册商标专用权进行财产保全和执行等问题的复函
    （2002年1月9日） ·· (3859)
最高人民法院
  关于商标侵权纠纷中注册商标排他使用许可合同的被许可人是否有权单独
    提起诉讼问题的函
    （2002年9月10日） ··· (3860)
最高人民法院
  关于对TCL集团公司在产品促销活动中使用与汉都公司注册商标相近的
    "千禧龙"文字是否构成商标侵权请示的批复
    （2003年7月31日） ··· (3861)
最高人民法院
  关于对杭州张小泉剪刀厂与上海张小泉刀剪总店、上海张小泉刀剪制造
    有限公司商标侵权及不正当竞争纠纷一案有关适用法律问题的函
    （2003年11月4日） ··· (3862)
最高人民法院
  关于对南京金兰湾房地产开发公司与南京利源物业发展有限公司侵犯商标
    专用权纠纷一案请示的答复
    （2004年2月2日） ·· (3863)
最高人民法院
  对《辽宁省高级人民法院关于大连金州酒业有限公司与大连市金州区
    白酒厂商标侵权纠纷一案的请示》的答复
    （2005年8月10日） ··· (3864)
最高人民法院
  印发《关于审理商标授权确权行政案件若干问题的意见》的通知
    （2010年4月20日） ··· (3864)

五、著作权

最高人民法院
  关于审理著作权民事纠纷案件适用法律若干问题的解释
    （2002年10月12日） ·· (3869)

最高人民法院
　　关于审理侵害信息网络传播权民事纠纷案件适用法律若干问题的规定
　　　　（2012年12月17日）······(3872)
最高人民法院
　　关于加强"红色经典"和英雄烈士合法权益司法保护弘扬社会主义核心
　　　　价值观的通知
　　　　（2018年5月11日）······(3875)
最高人民法院
　　关于郑谦诉张文勋著作权纠纷案的批复
　　　　（1987年12月31日）······(3877)
最高人民法院
　　关于刘国础诉叶毓山著作权一案的复函
　　　　（1990年1月22日）······(3878)
最高人民法院民事审判庭
　　关于武生活与杨学洪合作作品署名权纠纷一案的电话答复
　　　　（1990年2月7日）······(3878)
最高人民法院
　　关于范曾诉吴铎侵害著作权一案的复函
　　　　（1990年7月9日）······(3881)
最高人民法院
　　关于焦永琦诉付军凯、牡丹江电视台著作权纠纷案如何处理问题的复函
　　　　（1992年3月16日）······(3881)
最高人民法院
　　关于胡由之、郑乃章诉刘桢、卢碧亮著作权纠纷案的复函
　　　　（1992年4月13日）······(3882)
最高人民法院
　　关于吴冠中诉上海朵云轩、香港永成古玩拍卖有限公司著作权纠纷案的函
　　　　（1995年7月6日）······(3883)
最高人民法院
　　关于白亚青、刘七勤与甘肃省卫生厅等著作权纠纷案的答复
　　　　（1996年5月8日）······(3883)
最高人民法院
　　关于自贡市公共交通总公司与自贡市五星广告灯饰公司侵犯著作权纠纷案
　　　　的答复
　　　　（1996年12月17日）······(3884)
最高人民法院知识产权审判庭
　　关于沙茂世与刘新著作权权属、侵权纠纷案的函
　　　　（1999年3月17日）······(3884)

最高人民法院知识产权审判庭
  关于徐州光学仪器总厂与徐州医用光学电子仪器研究所、李国强侵犯
    著作权及侵犯商业秘密纠纷案的函
    （1999年4月26日） ··· (3885)
最高人民法院知识产权审判庭
  关于哈尔滨东恪国际通讯设备有限公司与哈尔滨维时通讯电子技术有限
    公司计算机软件著作权侵权纠纷案的函
    （1999年5月6日） ··· (3885)
最高人民法院
  关于湖南丽丹芬化妆品有限公司与长沙广播电视发展总公司著作权侵权
    纠纷案的函
    （1999年5月20日） ··· (3886)
最高人民法院
  关于叶庆球与珠海市香洲船舶修造厂等著作权侵权纠纷案的函
    （1999年9月22日） ··· (3886)
最高人民法院知识产权审判庭
  关于中国和平出版社与王晓龙等著作权侵权纠纷案的函
    （1999年10月26日） ··· (3887)
最高人民法院知识产权审判庭
  关于中国标准出版社与中国劳动出版社著作权侵权纠纷案的答复
    （1999年11月22日） ··· (3888)
最高人民法院
  关于郑海金与许正雄、天津人民出版社等著作权侵权纠纷案的函
    （2000年3月9日） ··· (3888)
最高人民法院
  关于深圳市帝慧科技实业有限公司与连樟文等计算机软件著作权侵权
    纠纷案的函
    （2000年4月7日） ··· (3889)
最高人民法院
  关于对山东省高级人民法院《关于山东天笠广告有限责任公司与青岛海信
    通信有限公司侵犯著作权纠纷一案的请示报告》的复函
    （2004年8月24日） ··· (3890)
最高人民法院
  关于转发〔2005〕民三他字第6号函的通知
    （2005年8月22日） ··· (3891)
最高人民法院
  关于做好涉及网吧著作权纠纷案件审判工作的通知
    （2010年11月25日） ··· (3892)

六、植物新品种权

最高人民法院
关于审理植物新品种纠纷案件若干问题的解释
（2001年2月5日） ……………………………………………………（3893）

最高人民法院
关于审理侵犯植物新品种权纠纷案件具体应用法律问题的若干规定
（2007年1月12日） …………………………………………………（3894）

最高人民法院
关于山东省高级人民法院请示原告山东省莱阳市种子公司与被告山东连胜
种业有限公司莱阳农学院确认不侵犯植物新品种案的答复
（2008年2月28日） …………………………………………………（3896）

七、反不正当竞争

最高人民法院
关于审理不正当竞争民事案件应用法律若干问题的解释
（2007年1月12日） …………………………………………………（3897）

最高人民法院
关于广东南海汇泰电机有限公司与果喜集团等侵犯商业秘密纠纷案的函
（2000年3月16日） …………………………………………………（3901）

最高人民法院民事审判第三庭
关于山西省永和化工有限公司与运城地区绿康实业总公司不正当竞争
纠纷案的函
（2001年3月9日） …………………………………………………（3901）

最高人民法院
关于山东移动通信有限责任公司潍坊分公司与中国联通公司潍坊分公司
违反规范市场经营行为协议纠纷一案有关适用法律问题的函
（2004年2月18日） …………………………………………………（3902）

最高人民法院
关于对处方药是否可以作出知名商品认定问题请示的批复
（2008年4月25日） …………………………………………………（3903）

最高人民法院
关于全国衡器工业信息中心与中国衡器协会不正当竞争纠纷一案的答复
（2008年10月8日） …………………………………………………（3904）

最高人民法院
  关于深圳市远航科技有限公司与深圳市腾讯计算机系统有限公司、腾讯
    科技（深圳）有限公司、深圳市腾讯计算机系统有限公司西安分公司
    侵犯商标权及不正当竞争纠纷请示案的答复
    （2008年12月20日） ………………………………………………………（3904）
最高人民法院
  关于人民法院应否受理低价倾销不正当竞争纠纷及其管辖确定问题的批复
    （2010年10月15日） ………………………………………………………（3905）

八、反垄断

最高人民法院
  关于审理因垄断行为引发的民事纠纷案件应用法律若干问题的规定
    （2012年5月3日） …………………………………………………………（3906）

九、其　他

最高人民法院
  关于审理涉及计算机网络域名民事纠纷案件适用法律若干问题的解释
    （2001年7月17日） …………………………………………………………（3909）
最高人民法院知识产权审判庭
  对公安部经济犯罪侦查局〔1998〕215号文的答复意见
    （1999年1月19日） …………………………………………………………（3910）
最高人民法院知识产权审判庭
  关于日本福马克拉株式会社与厦门市升祥贸易公司生产销售代理协议
    纠纷案的函
    （2000年5月22日） …………………………………………………………（3911）
最高人民法院
  关于开展涉及集成电路布图设计案件审判工作的通知
    （2001年11月16日） ………………………………………………………（3912）

行政诉讼及国家赔偿篇

一、行政诉讼

（一）综 合

最高人民法院
　关于适用《中华人民共和国行政诉讼法》的解释
　　（2018年2月6日）……………………………………………………（3917）
最高人民法院
　关于审理国际贸易行政案件若干问题的规定
　　（2002年8月27日）……………………………………………………（3942）
最高人民法院
　关于审理反倾销行政案件应用法律若干问题的规定
　　（2002年11月21日）……………………………………………………（3943）
最高人民法院
　关于审理反补贴行政案件应用法律若干问题的规定
　　（2002年11月21日）……………………………………………………（3945）
最高人民法院
　关于房地产管理机关能否撤销错误的注销抵押登记行为问题的批复
　　（2003年11月17日）……………………………………………………（3947）
最高人民法院
　关于行政诉讼撤诉若干问题的规定
　　（2008年1月14日）……………………………………………………（3947）
最高人民法院
　关于审理行政许可案件若干问题的规定
　　（2009年12月14日）……………………………………………………（3949）
最高人民法院
　关于审理房屋登记案件若干问题的规定
　　（2010年11月5日）……………………………………………………（3951）
最高人民法院
　关于审理政府信息公开行政案件若干问题的规定
　　（2011年7月29日）……………………………………………………（3953）

最高人民法院
　　关于审理涉及农村集体土地行政案件若干问题的规定
　　　　（2011年8月7日） ································· （3956）
最高人民法院
　　关于审理工伤保险行政案件若干问题的规定
　　　　（2014年6月18日） ································ （3958）
最高人民法院
　　关于行政申请再审案件立案程序的规定
　　　　（2017年10月13日） ······························· （3960）
最高人民法院
　　关于规范行政案件案由的通知
　　　　（2004年1月14日） ································ （3963）
最高人民法院
　　关于印发《民事、行政抗诉案件调卷函样式》的通知
　　　　（2004年3月9日） ································· （3968）
最高人民法院
　　关于进一步加强行政审判工作的通知
　　　　（2004年3月17日） ································ （3968）
最高人民法院
　　关于妥善处理群体性行政案件的通知
　　　　（2006年12月5日） ································ （3970）
最高人民法院
　　印发《最高人民法院关于加强和改进行政审判工作的意见》的通知
　　　　（2007年4月24日） ································ （3972）
最高人民法院
　　关于认真贯彻执行《关于行政诉讼撤诉若干问题的规定》的通知
　　　　（2008年1月31日） ································ （3978）
最高人民法院
　　关于充分发挥行政审判职能作用为保障和改善民生提供有力司法保障的
　　　　通知
　　　　（2008年3月25日） ································ （3981）
最高人民法院
　　印发《关于当前形势下做好行政审判工作的若干意见》的通知
　　　　（2009年6月26日） ································ （3983）
最高人民法院
　　印发《关于依法保护行政诉讼当事人诉权的意见》的通知
　　　　（2009年11月9日） ································ （3987）

最高人民法院
关于开展行政诉讼简易程序试点工作的通知
（2010年11月17日）……………………………………………（3990）

最高人民法院
关于行政案件申诉复查和再审工作分工的通知
（2012年8月31日）……………………………………………（3991）

最高人民法院
关于进一步规范行政审判工作的通知
（2014年1月9日）………………………………………………（3992）

最高人民法院办公厅
关于印发《行政审判办案指南（一）》的通知
（2014年2月24日）……………………………………………（3992）

最高人民法院
关于行政诉讼应诉若干问题的通知
（2016年7月28日）……………………………………………（3997）

最高人民法院
印发《关于进一步保护和规范当事人依法行使行政诉权的若干意见》的通知
（2017年8月31日）……………………………………………（3999）

（二）受案范围

最高人民法院
关于行政机关根据法院的协助执行通知书实施的行政行为是否属于人民法院行政诉讼受案范围的批复
（2004年7月13日）……………………………………………（4003）

最高人民法院
关于征用土地、落实私房政策等具体行政行为相互矛盾而引起的房屋纠纷不应由人民法院处理的复函
（1994年9月30日）……………………………………………（4004）

最高人民法院行政审判庭
关于拖欠社会保险基金纠纷是否由法院主管的答复
（1998年3月25日）……………………………………………（4005）

最高人民法院行政审判庭
关于地质矿产主管部门作出的非法采矿及破坏性采矿鉴定结论是否属于人民法院受案范围问题的答复
（2005年2月22日）……………………………………………（4005）

最高人民法院行政审判庭
　关于李彩莲、姜伟诉兰州市公安局违法使用武器及行政赔偿一案请示的
　　电话答复
　　（2005年12月29日） ……………………………………………………（4006）
最高人民法院行政审判庭
　关于不予受理决定是否属于行政诉讼受案范围问题的答复
　　（2010年6月28日） ……………………………………………………（4006）
最高人民法院行政审判庭
　关于行政机关不履行其上级机关交办的安置破产、改制国有企业职工法定
　　职责行为是否属于行政诉讼受案范围问题的答复
　　（2011年7月7日） ………………………………………………………（4007）
最高人民法院
　关于货币真伪鉴定行为是否可诉的电话答复
　　（2012年5月17日） ……………………………………………………（4007）
最高人民法院
　关于收回国有土地使用权案件适用法律问题的答复
　　（2012年12月29日） ……………………………………………………（4008）
最高人民法院
　关于行政机关不履行人民法院协助执行义务行为是否属于行政诉讼受案
　　范围的答复
　　（2013年7月29日） ……………………………………………………（4008）
最高人民法院
　关于行政机关不依法履行政府信息公开义务行为是否属于行政复议范围
　　问题的答复
　　（2014年6月26日） ……………………………………………………（4009）
最高人民法院行政审判庭
　关于行政机关撤销或者变更已经作出的协助执行行为是否属于行政诉讼
　　受案范围请示问题的答复
　　（2014年10月31日） ……………………………………………………（4009）

（三）管　　辖

最高人民法院
　关于行政案件管辖若干问题的规定
　　（2008年1月14日） ……………………………………………………（4010）
最高人民法院
　关于认真贯彻执行《关于行政案件管辖若干问题的规定》的通知
　　（2008年1月14日） ……………………………………………………（4011）

最高人民法院
　关于国有资产产权管理行政案件管辖问题的解释
　　　（2001年2月16日）···（4013）
最高人民法院
　关于海关行政处罚案件诉讼管辖问题的解释
　　　（2002年1月30日）···（4014）
最高人民法院
　对广西壮族自治区高级人民法院《关于覃正龙等四人不服来宾县公安局
　　维都林场派出所林业行政处罚一案管辖问题的请示报告》的复函
　　　（1991年10月1日）···（4014）
最高人民法院
　关于开展行政案件相对集中管辖试点工作的通知
　　　（2013年1月4日）··（4015）
最高人民法院
　印发《关于人民法院跨行政区域集中管辖行政案件的指导意见》的通知
　　　（2015年6月16日）···（4017）

（四）诉讼参加人

最高人民法院
　关于公路路政管理机构行政主体资格及有关法律适用问题的答复
　　　（1995年1月15日）···（4020）
最高人民法院行政审判庭
　关于对在案件审理期间法定代表人被更换，新的法定代表人提出撤诉申请，
　　法院是否准予撤诉问题的答复
　　　（1998年10月28日）··（4021）
最高人民法院办公厅
　关于中国人民银行分支机构是否具有行政诉讼主体资格问题的复函
　　　（2002年5月31日）···（4021）
最高人民法院
　关于诉商业银行行政处罚案件的适格被告问题的答复
　　　（2003年8月8日）··（4022）
最高人民法院
　关于审理涉及保险公司不正当竞争行为的行政处罚案件时如何确定行政
　　主体问题的复函
　　　（2003年12月10日）··（4022）

最高人民法院
    关于行政诉讼中台湾地区居民能否以个人名义担任诉讼代理人等有关问题
      的答复
      （2004年4月9日） ··· (4023)

最高人民法院
    关于土地实际使用人对行政机关出让土地的行为不服可否作为原告提起
      诉讼问题的答复
      （2005年6月3日） ··· (4023)

最高人民法院行政审判庭
    关于地方国有资产监督管理委员会是否可以作为行政诉讼被告问题的答复
      （2009年8月4日） ··· (4024)

最高人民法院
    关于请求公开与本人生产、生活、科研等特殊需要无关政府信息的请求人
      是否具有原告诉讼主体资格问题的批复
      （2010年12月14日） ··· (4024)

最高人民法院
    关于行政诉讼中当事人委托其他公民担任诉讼代理人有关问题的答复
      （2012年4月12日） ··· (4025)

最高人民法院
    关于政府办公厅（室）能否作为政府信息公开行政争议的行政复议被
      申请人和行政诉讼被告问题的请示的答复
      （2016年3月18日） ··· (4025)

（五）起诉与受理

最高人民法院
    关于对医疗事故争议案件人民法院应否受理的复函
      （1989年10月10日） ··· (4027)

最高人民法院
    关于全民所有制工业企业承包经营合同、租赁经营合同纠纷当事人不服
      工商行政管理机关终局裁决向人民法院起诉是否受理问题的复函
      （1990年10月11日） ··· (4027)

最高人民法院行政审判庭
    关于对公安机关采取监视居住行为不服提起诉讼法院应否受理问题的电话
      答复
      （1991年5月25日） ··· (4028)

最高人民法院行政审判庭
　　关于公安机关未具法定立案搜查手续对公民进行住宅人身搜查被搜查人
　　　　提起诉讼人民法院可否按行政案件受理问题的电话答复
　　　　（1991年6月18日） ································· (4029)
最高人民法院
　　关于《行政诉讼法》施行前法律未规定由法院受理的案件应如何处理的
　　　　批复
　　　　（1993年2月15日） ································· (4029)
最高人民法院
　　关于不服政府或房地产行政主管部门对争执房屋的确权行为提起诉讼人民
　　　　法院应作何种案件受理问题的函
　　　　（1993年4月17日） ································· (4030)
最高人民法院
　　关于在同一事实中对同一当事人，行政机关同时作出限制人身自由和扣押
　　　　财产两种具体行政行为，当事人依法向其住所地法院起诉，受诉法院
　　　　是否可以合并审理问题的答复
　　　　（1993年7月9日） ·································· (4030)
最高人民法院
　　关于当事人对行政机关作出的全民所有制工业企业分立的决定不服提起
　　　　诉讼人民法院应作为何种行政案件受理问题的复函
　　　　（1994年6月27日） ································· (4031)
最高人民法院
　　关于对"当事人以卫生行政部门不履行法定职责为由提起行政诉讼人民
　　　　法院应否受理"的答复
　　　　（1995年6月14日） ································· (4031)
最高人民法院
　　关于对因政府调整划转企业国有资产引起的纠纷是否受理问题的批复
　　　　（1996年4月2日） ·································· (4032)
最高人民法院行政审判庭
　　关于征收城市排水设施有偿使用费发生纠纷案件受理的答复意见
　　　　（1996年8月24日） ································· (4032)
最高人民法院
　　关于不服计划生育管理部门采取的扣押财物、限制人身自由等强制措施而
　　　　提起的诉讼人民法院应否受理问题的批复
　　　　（1997年4月4日） ·································· (4033)

最高人民法院行政审判庭
　　关于对兴平市第二运输公司诉兴平市人民政府侵犯企业经营自主权一案
　　　　受理问题的答复
　　　　（1997年10月27日） ……………………………………………………（4033）
最高人民法院行政审判庭
　　关于对当事人不服公安机关采取的留置措施提起的诉讼法院能否作为行政
　　　　案件受理的答复
　　　　（1997年10月29日） ……………………………………………………（4034）
最高人民法院行政审判庭
　　对内蒙古自治区高级人民法院《关于李树华、王英不服呼盟毕拉河林业
　　　　公安局收容审查申诉一案的请示报告》的答复
　　　　（1998年8月19日） ……………………………………………………（4034）
最高人民法院
　　关于当事人不服教育行政部门对适龄儿童入学争议作出的处理决定可否
　　　　提起行政诉讼的答复
　　　　（1998年8月21日） ……………………………………………………（4035）
最高人民法院
　　对孙德金诉海南省监察厅行政赔偿一案应否驳回上诉的请示的答复
　　　　（2000年11月1日） ……………………………………………………（4035）
最高人民法院行政审判庭
　　对江西省高级人民法院《关于人民法院能否直接受理因纳税主体资格引起
　　　　的税务行政案件的请示》的答复
　　　　（2001年11月28日） ……………………………………………………（4036）
最高人民法院
　　关于教育行政主管部门出具介绍信的行为是否属于可诉具体行政行为请示
　　　　的答复
　　　　（2003年11月26日） ……………………………………………………（4036）
最高人民法院行政审判庭
　　对人事争议仲裁委员会的仲裁行为是否可诉问题的答复
　　　　（2003年12月1日） ……………………………………………………（4037）
最高人民法院行政审判庭
　　关于当事人起诉的行政行为发生在行政诉讼法施行以前，起诉时行政
　　　　诉讼法已施行且未超过起诉期限的，人民法院是否受理问题的答复
　　　　（2005年4月4日） ……………………………………………………（4037）
最高人民法院行政审判庭
　　关于婚姻登记行政案件原告资格及判决方式有关问题的答复
　　　　（2005年10月8日） ……………………………………………………（4038）

最高人民法院
　关于不服信访工作机构依据《信访条例》处理信访事项的行为提起行政
　　诉讼人民法院是否受理的复函
　　（2005年12月12日） ··· (4038)
最高人民法院行政审判庭
　关于拍卖出让国有建设用地使用权的土地行政主管部门与竞得人签署成交
　　确认书行为的性质问题请示的答复
　　（2010年12月21日） ··· (4039)
最高人民法院行政审判庭
　关于谭永智不服甘肃省人民政府房产登记行政复议决定请示案答复
　　（2011年7月12日） ··· (4039)
最高人民法院
　关于特种设备监督检验所出具的《电梯验收检验报告》是否属于可诉行政
　　行为问题的答复
　　（2012年6月5日） ··· (4040)
最高人民法院
　关于地方人民政府作出的同意收回国有土地使用权批复是否属于可诉具体
　　行政行为问题的答复
　　（2012年8月23日） ··· (4041)
最高人民法院
　关于举报人对行政机关就举报事项作出的处理或者不作为行为不服是否
　　具有行政复议申请人资格问题的答复
　　（2014年3月14日） ··· (4041)
最高人民法院
　关于行政相对人不服兵团农牧团场具体行政行为提起的行政诉讼兵团垦区
　　人民法院应否受理的请示答复
　　（2014年10月31日） ··· (4042)
最高人民法院行政审判庭
　关于集体土地征收补偿救济途径问题的答复
　　（2014年12月15日） ··· (4042)
最高人民法院行政审判庭
　关于婚姻关系当事人死亡后近亲属能否提起行政诉讼请示的答复
　　（2014年12月26日） ··· (4043)

（六）证　　据

最高人民法院
　关于行政诉讼证据若干问题的规定
　　（2002年7月24日） ··· (4044)

最高人民法院
　　印发《关于审理证券行政处罚案件证据若干问题的座谈会纪要》的通知
　　（2011年7月13日） ………………………………………………………（4054）

（七）法律适用

最高人民法院
　　关于适用《行政复议法》第三十条第一款有关问题的批复
　　（2003年2月25日） ………………………………………………………（4057）
最高人民法院行政审判庭
　　关于税务行政案件起诉期限问题的电话答复
　　（1990年12月27日） ………………………………………………………（4058）
最高人民法院
　　关于人民检察院对行政诉讼进行法律监督具体程序问题请示的答复
　　（1991年8月19日） ………………………………………………………（4058）
最高人民法院行政审判庭
　　关于出售淫秽物品如何计算追溯期限问题的电话答复
　　（1991年8月21日） ………………………………………………………（4059）
最高人民法院行政审判庭
　　关于乡治安室工作人员执行职务中故意伤害当事人造成的损害乡人民政府
　　　应否承担责任问题的电话答复
　　（1991年10月10日） ………………………………………………………（4059）
最高人民法院
　　关于人民法院审理行政案件对缺乏法律和法规依据的规章的规定应如何
　　　参照问题的答复
　　（1994年1月13日） ………………………………………………………（4060）
最高人民法院办公厅
　　关于转发《国务院办公厅关于征收水资源费有关问题的通知》的通知
　　（1995年5月10日） ………………………………………………………（4060）
最高人民法院
　　关于对河道采砂应否缴纳矿产资源补偿费问题的答复
　　（1995年9月6日） …………………………………………………………（4061）
最高人民法院
　　关于对地下热水的属性及适用法律问题的答复
　　（1996年5月6日） …………………………………………………………（4062）
最高人民法院办公厅
　　关于转发《国务院法制局关于征收企业专用码头货物港务费具体适用规章
　　　问题的复函》的通知
　　（1996年5月8日） …………………………………………………………（4062）

最高人民法院行政审判庭
　关于对佳木斯进出口公司第二部诉绥芬河市口岸管理委员会拍卖财产案的
　　答复
　　（1996年7月25日） ··· (4064)
最高人民法院行政审判庭
　关于《呼和浩特市废旧金属管理暂行规定》的效力问题的答复
　　（1996年9月23日） ··· (4064)
最高人民法院行政审判庭
　关于如何适用国务院国发〔1994〕41号文件有关问题请示的答复
　　（1997年6月4日） ·· (4065)
最高人民法院行政审判庭
　关于对无财产的已满14岁不满18岁的人违反《治安管理处罚条例》可否
　　适用罚款处罚问题的电话答复
　　（1988年10月21日） ··· (4065)
最高人民法院行政审判庭
　关于部门规章之间规定不一致时应如何对待问题的复函
　　（1991年10月16日） ··· (4066)
最高人民法院
　关于收容审查决定经行政判决撤销后被收审人又因同一事实被判刑原收审
　　日期应否折抵刑期问题的答复
　　（1995年9月13日） ·· (4066)
最高人民法院行政审判庭
　关于对苹果苗木的检疫职权应由何部门行使的答复
　　（1995年9月18日） ·· (4067)
最高人民法院行政审判庭
　关于对《中华人民共和国城市规划法》第四十条如何适用的答复
　　（1995年11月14日） ·· (4067)
最高人民法院行政审判庭
　关于对包头市人民政府办公厅转发《包头市城市公共客运交通线路经营权
　　有偿出让和转让的实施办法》中设定罚则是否符合法律、法规规定问题
　　的答复
　　（1997年6月2日） ·· (4068)
最高人民法院
　关于对自费出国留学人员计划生育有关问题的答复
　　（1997年7月15日） ·· (4068)

最高人民法院
　　对山西省高级人民法院《关于对县级以上人民政府设立的建设工程质量
　　　　监督站是否应由计量行政主管部门进行计量认证问题的请示》的答复
　　　　（1997年8月29日） ………………………………………………………（4069）
最高人民法院行政审判庭
　　关于劳动行政部门是否有权作出强制企业支付工伤职工医疗费用的决定的
　　　　答复
　　　　（1998年2月15日） ………………………………………………………（4069）
最高人民法院行政审判庭
　　关于非法取得土地使用权再转让行为的法律适用问题的答复
　　　　（1998年5月15日） ………………………………………………………（4070）
最高人民法院行政审判庭
　　关于对农民长期使用但未取得合法权属证明的土地应如何确定权属问题的
　　　　答复
　　　　（1998年8月17日） ………………………………………………………（4070）
最高人民法院行政审判庭
　　关于对人民防空部门出租人防设施，以洞养洞，是否收取土地出让金的
　　　　答复
　　　　（1998年12月6日） ………………………………………………………（4071）
最高人民法院行政审判庭
　　对河南省高级人民法院《关于应泽忠诉西峡县交通局行政强制措施案的
　　　　法律问题的请示》的答复意见
　　　　（1998年12月27日） ………………………………………………………（4071）
最高人民法院行政审判庭
　　对吉林省高院"关于个体诊所是否应向工商行政部门办理营业执照的请示"
　　　　的答复
　　　　（1999年1月19日） ………………………………………………………（4072）
最高人民法院行政审判庭
　　关于对广西壮族自治区高级人民法院《关于审理广东省雷州市外经公司
　　　　凯华食品厂、刘秋海和冯昌炳不服广西北海市银海区公安交通警察大队
　　　　暂扣汽车及其行驶证一案有关问题的请示》答复意见
　　　　（1999年2月2日） …………………………………………………………（4072）
最高人民法院行政审判庭
　　关于对违法收取电费的行为应由物价行政管理部门监督管理的答复
　　　　（1999年11月17日） ………………………………………………………（4073）
最高人民法院行政审判庭
　　关于审理行政案件时对善意取得适用法律问题的答复
　　　　（1999年11月24日） ………………………………………………………（4073）

最高人民法院行政审判庭
  对《关于行政机关违法扣押当事人财产后又主动解除扣押的行为能否视为
    确认的请示》的答复
    (2000年1月25日) ·· (4074)
最高人民法院
  关于对审理农用运输车行政管理纠纷案件应当如何适用法律问题的答复
    (2000年2月29日) ·· (4074)
最高人民法院
  关于如何适用《治安管理处罚条例》第三十条规定的答复
    (2000年2月29日) ·· (4075)
最高人民法院行政审判庭
  关于对人民法院审理港务监督行政案件适用法律问题的答复
    (2000年11月1日) ·· (4075)
最高人民法院
  关于对人民法院审理公路交通行政案件如何适用法律问题的答复
    (2001年2月1日) ·· (4076)
最高人民法院
  关于对人民法院审理产品质量监督行政案件如何适用法律问题的答复
    (2001年2月18日) ·· (4076)
最高人民法院
  关于对计量违法行为处一万元以上罚款的决定是否受《计量法实施细则》
    第六十条调整的请示的答复
    (2001年6月25日) ·· (4077)
最高人民法院
  关于劳动教养管理所不履行法定职责是否承担行政赔偿责任问题的批复
    (2001年7月4日) ·· (4077)
最高人民法院
  关于对署法函〔2002〕442号函的答复意见的函
    (2002年11月7日) ·· (4078)
最高人民法院
  对人民法院在审理计量行政案件中涉及的应否对食品卫生监督机构进行
    计量认证问题的答复
    (2003年4月29日) ·· (4078)
最高人民法院
  对人民法院在审理盐业行政案件中如何适用国务院《食盐专营办法》
    第二十五条规定与《河南省盐业管理条例》第三十条第一款规定问题的
    答复
    (2003年4月29日) ·· (4079)

最高人民法院
对《关于秦大树不服重庆市涪陵区林业局行政处罚争议再审一案如何
适用法律的请示》的答复
(2003年6月23日) ………………………………………………………………（4080）
最高人民法院办公厅
关于转发全国人民代表大会常务委员会法制工作委员会"对海关法
第三十条规定具体适用问题的答复意见"的通知
(2003年7月25日) ………………………………………………………………（4080）
最高人民法院
关于工商行政管理部门对医疗机构购买工业氧代替医用氧用于临床的行为
是否有处罚权问题的答复
(2003年9月5日) …………………………………………………………………（4081）
最高人民法院
对《关于宋德基诉湛江市赤坎区国家税务局追缴税款行政纠纷最高人民
检察院抗诉再审一案有关问题的请示》的答复
(2003年9月22日) ………………………………………………………………（4082）
最高人民法院
关于雷电防护设施检测机构是否应当进行计量认证问题的答复
(2003年11月26日) ………………………………………………………………（4082）
最高人民法院
关于如何认定质量监督检验检疫部门在产品流通领域中行政管理职权问题
的答复
(2003年12月1日) ………………………………………………………………（4083）
最高人民法院
关于学校向学生推销保险收取保险公司佣金入账的行为是否构成不正当
竞争行为的答复
(2004年1月8日) …………………………………………………………………（4083）
最高人民法院行政审判庭
关于"红帽子"企业产权纠纷处理有关问题的意见
(2004年1月16日) ………………………………………………………………（4084）
最高人民法院
对《湖北省高级人民法院关于对塔式起重机的监督管理权限如何选择适用
行政规章的请示》的答复
(2004年2月16日) ………………………………………………………………（4084）
最高人民法院
关于复议机关是否有权改变复议决定请示的答复
(2004年4月5日) …………………………………………………………………（4085）

· 27 ·

最高人民法院行政审判庭
　关于用水单位从水库取水应否缴纳水资源费问题的答复
　　（2004年4月25日） ……………………………………………………… (4085)
最高人民法院
　关于印发《关于审理行政案件适用法律规范问题的座谈会纪要》的通知
　　（2004年5月18日） ……………………………………………………… (4086)
最高人民法院
　对甘肃省高级人民法院〔2003〕甘行终字第98号请示的答复
　　（2004年7月15日） ……………………………………………………… (4090)
最高人民法院
　关于没收财产是否应进行听证及没收经营药品行为等有关法律问题的答复
　　（2004年9月4日） ………………………………………………………… (4090)
最高人民法院行政审判庭
　关于河南省高级人民法院就《焦作爱依斯万方公司诉焦作市劳动局工伤
　　认定案件的请示》的电话答复
　　（2005年1月12日） ……………………………………………………… (4091)
最高人民法院行政审判庭
　关于行政机关颁发自然资源所有权或者使用权证的行为是否属于确认行政
　　行为问题的答复
　　（2005年2月24日） ……………………………………………………… (4091)
最高人民法院
　关于行政复议机关受理行政复议申请后，发现复议申请不属于行政复议法
　　规定的复议范围，复议机关作出终止行政复议决定的，人民法院如何
　　处理的答复
　　（2005年6月3日） ………………………………………………………… (4092)
最高人民法院
　关于适用《中华人民共和国行政复议法》第三十条第二款有关问题的答复
　　（2005年9月20日） ……………………………………………………… (4093)
最高人民法院
　关于经销商对分期付款保留所有权的车辆应否承担缴纳养路费义务问题的
　　答复
　　（2006年4月6日） ………………………………………………………… (4093)
最高人民法院
　关于工商部门对农村信用合作社的不正当竞争行为是否有权查处问题的
　　答复
　　（2006年8月18日） ……………………………………………………… (4094)

最高人民法院行政审判庭
 关于对江苏高院就徐继康不服南京市工商行政管理局下关分局扣押财产
  一案请示的答复
  （2006年9月27日） ……………………………………………………（4094）
最高人民法院行政审判庭
 关于对无烟草专卖批发企业许可证经营烟草批发业务行为应当由何机关
  处理的答复
  （2006年9月29日） ……………………………………………………（4095）
最高人民法院行政审判庭
 关于在已取得土地使用权的范围内开采砂石是否需办理矿产开采许可证
  问题的答复
  （2006年10月31日） …………………………………………………（4095）
最高人民法院行政审判庭
 关于工商行政管理部门审查颁发个体工商户营业执照是否以环保评价许可
  为前置条件问题的答复
  （2006年11月27日） …………………………………………………（4096）
最高人民法院
 关于因第三人造成工伤的职工或其亲属在获得民事赔偿后是否还可以获得
  工伤保险补偿问题的答复
  （2006年12月28日） …………………………………………………（4096）
最高人民法院
 关于退休人员与现工作单位之间是否构成劳动关系以及工作时间内受伤
  是否适用《工伤保险条例》问题的答复
  （2007年7月5日） ……………………………………………………（4097）
最高人民法院
 关于职工外出学习休息期间受到他人伤害应否认定为工伤问题的答复
  （2007年9月7日） ……………………………………………………（4097）
最高人民法院行政审判庭
 关于征收中央直属发电厂的水力发电用水和火力发电贯流式冷却用水
  水资源费问题的答复
  （2007年11月5日） …………………………………………………（4098）
最高人民法院
 关于印发《关于审理与低温雨雪冰冻灾害有关的行政案件若干问题的
  座谈会纪要》的通知
  （2008年4月29日） …………………………………………………（4098）
最高人民法院
 关于非固定居所到工作场所之间的路线是否属于"上下班途中"的答复
  （2008年8月22日） …………………………………………………（4102）

最高人民法院
关于审理房屋登记行政案件中发现涉嫌刑事犯罪问题应如何处理的答复
（2008年9月23日） ······ (4102)

最高人民法院
关于公安交警部门能否以交通违章行为未处理为由不予核发机动车检验
合格标志问题的答复
（2008年11月17日） ······ (4103)

最高人民法院行政审判庭
关于国家机关聘用人员工作期间死亡如何适用法律请示的答复
（2009年5月19日） ······ (4104)

最高人民法院行政审判庭
关于《工伤保险条例》第六十四条理解和适用问题请示的答复
（2009年6月10日） ······ (4104)

最高人民法院行政审判庭
关于劳动行政部门在工伤认定程序中是否具有劳动关系确认权请示的答复
（2009年7月20日） ······ (4105)

最高人民法院
关于工商行政管理机关能否对建筑领域转包行为进行处罚及法律适用问题
的答复
（2009年11月19日） ······ (4105)

最高人民法院
关于土地管理部门出让国有土地使用权之前的拍卖行为以及与之相关的
拍卖公告等行为性质的答复
（2009年12月23日） ······ (4106)

最高人民法院行政审判庭
关于超过法定退休年龄的进城务工农民因工伤亡的，应否适用《工伤保险
条例》请示的答复
（2010年3月17日） ······ (4106)

最高人民法院行政审判庭
关于报废汽车回收、拆解企业工商登记是否需要前置资格认定问题的答复
（2010年6月30日） ······ (4107)

最高人民法院行政审判庭
关于设区的市的区劳动和社会保障局是否具有劳动保障监察职权的答复
（2010年10月25日） ······ (4107)

最高人民法院
关于安监部门是否有权对道路交通安全问题予以行政处罚及适用法律
问题的答复
（2010年10月27日） ······ (4108)

最高人民法院
　　关于《公司登记管理条例（1994年颁布）》第五十九条适用问题请示的
　　　　答复
　　　　（2010年11月1日） ·· (4108)
最高人民法院行政审判庭
　　关于流经集体土地的水流或水资源权属问题的答复
　　　　（2010年11月1日） ·· (4109)
最高人民法院
　　关于职工在上下班途中因无证驾驶机动车导致伤亡的，应否认定为工伤
　　　　问题的答复
　　　　（2010年12月14日） ··· (4109)
最高人民法院
　　关于经营工业用盐是否需要办理工业盐准运证等请示的答复
　　　　（2011年1月17日） ·· (4110)
最高人民法院行政审判庭
　　关于职工无照驾驶无证车辆在上班途中受到机动车伤害死亡能否认定工伤
　　　　请示的答复
　　　　（2011年5月19日） ·· (4111)
最高人民法院行政审判庭
　　关于工会选举程序和公司法人工商登记等法律适用问题的答复
　　　　（2011年7月5日） ·· (4111)
最高人民法院行政审判庭
　　关于职工因公外出期间死因不明应否认定工伤的答复
　　　　（2011年7月6日） ·· (4112)
最高人民法院行政审判庭
　　关于对兽药经营企业能否购入同时为兽药原料药的国药准字H原料药并
　　　　销售给兽药生产企业的答复
　　　　（2011年9月26日） ·· (4112)
最高人民法院行政审判庭
　　关于鞠先荣诉鹤岗市人民政府颁发国有土地使用证请示案的答复
　　　　（2011年10月9日） ·· (4113)
最高人民法院行政审判庭
　　关于其他财产共有人起诉期限计算以及对抵押权人是否适用善意取得问题
　　　　的答复
　　　　（2011年12月13日） ··· (4113)

· 31 ·

最高人民法院
　关于农村集体土地被征收后能否判决政府履行征地公告及征地补偿、安置
　　方案公告法定职责问题的电话答复
　　　（2011年12月16日） ································· (4114)
最高人民法院办公厅
　关于印发《关于审理公司登记行政案件若干问题的座谈会纪要》的通知
　　　（2012年3月7日） ···································· (4114)
最高人民法院
　关于行政强制法实施后行政机关申请人民法院强制执行几个问题的答复
　　　（2012年5月28日） ··································· (4116)
最高人民法院
　关于陈代煊不服福建省人力资源和社会保障厅颁发退休证请示一案的答复
　　　（2012年6月5日） ···································· (4117)
最高人民法院
　关于学位授予单位制定的授予学士学位的条件与上位法不一致应如何适用
　　法律问题请示的答复
　　　（2012年6月11日） ··································· (4117)
最高人民法院
　关于严格执行法律法规和司法解释依法妥善办理征收拆迁案件的通知
　　　（2012年6月13日） ··································· (4118)
最高人民法院
　关于公安派出所不予处罚决定有关问题的答复
　　　（2012年8月22日） ··································· (4120)
最高人民法院
　关于超过法定退休年龄的进城务工农民在工作时间内因工伤亡的，能否
　　认定工伤的答复
　　　（2012年11月25日） ·································· (4120)
最高人民法院
　关于《城市房地产抵押管理办法》在建工程抵押规定与上位法是否冲突
　　问题的答复
　　　（2012年11月28日） ·································· (4121)
最高人民法院
　关于江西省高级人民法院就姚文辉、姚明水、周建军诉江西省国土资源厅
　　土地行政复议案的请示的答复
　　　（2012年12月18日） ·································· (4121)

最高人民法院
关于山西星座房地产开发有限公司不服山西省工商行政管理局工商行政
　　登记一案法律适用问题的答复
　　　　（2013年3月14日） ··· (4122)
最高人民法院
关于征收国有土地上房屋时是否应当对被征收人未经登记的空地和院落
　　予以补偿的答复
　　　　（2013年5月15日） ··· (4122)
最高人民法院
关于《中华人民共和国公司法》（2004修正）有关虚假出资问题的答复
　　　　（2013年7月22日） ··· (4123)
最高人民法院行政审判庭
关于企业资产行政划转后原企业法定代表人起诉国有资产监督管理委员会
　　主体是否适格以及对企业债务处理达成的协议能否等同于财务报告的
　　答复
　　　　（2013年9月16日） ··· (4123)
最高人民法院行政审判庭
关于对江苏省高级人民法院南通金大洋海水晶有限公司诉如皋市盐务
　　管理局盐务行政处罚一案的请示的答复
　　　　（2013年12月23日） ··· (4124)
最高人民法院行政审判庭
关于行政机关申请法院强制执行维持或驳回诉讼请求判决应如何处理的
　　答复
　　　　（2013年12月23日） ··· (4124)
最高人民法院
关于原公司法定代表人与后续工商变更登记是否有法律上利害关系的请示
　　的答复
　　　　（2014年7月1日） ··· (4125)
最高人民法院
关于非因工作原因对遇险者实施救助导致死亡的情形是否认定工伤问题的
　　答复
　　　　（2014年7月3日） ··· (4125)
最高人民法院行政审判庭
转发国务院法制办公室《关于认定被征地农民"知道"征收土地决定有关
　　问题的意见》的通知
　　　　（2014年8月28日） ··· (4126)

最高人民法院
关于《海关行政处罚实施条例》第六十二条第一款第（二）项"收缴"
行为法律适用问题的答复
（2014年9月30日） ································ (4128)

最高人民法院
关于户籍行政登记案件如何适用《中华人民共和国婚姻法》第二十二条的
答复
（2014年11月28日） ································ (4128)

最高人民法院
关于《物业管理条例》第十六条、第十九条理解与适用有关问题的答复
（2014年11月29日） ································ (4129)

最高人民法院
关于对山东省高级人民法院就国土资源部《闲置土地处置办法》第二条
第二款第（二）项关于闲置土地认定的规定是否违反上位法规定等问题
的请示的答复
（2014年12月25日） ································ (4129)

最高人民法院办公厅
关于建设项目执行环境影响评价和"三同时"制度有关问题意见的复函
（2017年1月20日） ································ (4130)

（八）送达、期限

最高人民法院办公厅
关于向外国送达涉外行政案件司法文书的通知
（2004年7月20日） ································ (4131)

最高人民法院
关于对涉外行政案件的审理期限应当如何掌握的复函
（2002年11月20日） ································ (4131)

（九）执　　行

最高人民法院
关于办理申请人民法院强制执行国有土地上房屋征收补偿决定案件若干
问题的规定
（2012年3月26日） ································ (4133)

最高人民法院
关于认真贯彻执行《关于办理申请人民法院强制执行国有土地上房屋征收
补偿决定案件若干问题的规定》的通知
（2012年4月5日） ································ (4135)

最高人民法院
  关于违法的建筑物、构筑物、设施等强制拆除问题的批复
    （2013年3月27日） ………………………………………………………（4138）
最高人民法院
  关于对行政侵权赔偿案件执行中有关问题的复函
    （1993年6月16日） …………………………………………………………（4138）
最高人民法院
  关于对林业行政机关依法作出具体行政行为申请人民法院强制执行问题的
    复函
    （1993年12月24日） ………………………………………………………（4139）
最高人民法院
  对《当事人对人民法院强制执行生效具体行政行为的案件提出申诉人民
    法院应如何受理和处理的请示》的答复
    （1995年8月22日） …………………………………………………………（4140）
最高人民法院
  关于行政机关依法申请强制执行，被申请人拒不搬迁，人民法院予以强制
    执行是否正确问题的函
    （1989年7月4日） …………………………………………………………（4140）
最高人民法院
  关于劳动行政部门作出责令用人单位支付劳动者工资报酬、经济补偿和
    赔偿金的劳动监察指令书是否属于可申请法院强制执行的具体行政行为
    的答复
    （1998年5月17日） …………………………………………………………（4141）
最高人民法院办公厅
  关于对《关于请解决劳动监察决定强制执行问题的函》的答复
    （1998年6月30日） …………………………………………………………（4141）
最高人民法院
  关于办理行政机关申请强制执行案件有关问题的通知
    （1998年8月18日） …………………………………………………………（4142）
最高人民法院
  对《关于非诉执行案件中作为被执行人的法人终止，人民法院是否可以
    直接裁定变更被执行人的请示》的答复
    （2000年5月29日） …………………………………………………………（4142）
最高人民法院
  关于判决驳回原告诉讼请求行政案件执行问题的答复
    （2008年12月15日） ………………………………………………………（4143）

最高人民法院行政审判庭
　关于在非诉执行案件中没收的地上建筑物如何移交问题的电话答复
　　（2009年9月27日） ································ (4143)
最高人民法院
　关于转发住房和城乡建设部《关于无证房产依据协助执行文书办理产权
　　登记有关问题的函》的通知
　　（2012年6月15日） ································ (4144)
最高人民法院
　关于对公路桥梁下面违法建筑强制拆除适用法律问题的答复
　　（2013年12月18日） ································ (4145)
最高人民法院
　关于在征收拆迁案件中进一步严格规范司法行为积极推进"裁执分离"的
　　通知
　　（2014年7月22日） ································ (4145)

（十）其　　他

最高人民法院
　关于人民法院大力支持税收征管工作的通知
　　（1989年11月4日） ································ (4148)
财政部　最高人民法院　最高人民检察院　公安部　司法部
　关于加强耕地占用税征收管理工作的联合通知
　　（1990年7月28日） ································ (4149)

二、国家赔偿

（一）综　　合

最高人民法院
　关于适用《中华人民共和国国家赔偿法》若干问题的解释（一）
　　（2011年2月28日） ································ (4151)
最高人民法院
　关于人民法院赔偿委员会审理国家赔偿案件程序的规定
　　（2011年3月17日） ································ (4153)
最高人民法院
　关于国家赔偿案件立案工作的规定
　　（2012年1月13日） ································ (4156)

最高人民法院
　　关于人民法院办理自赔案件程序的规定
　　　　（2013年7月26日） ·· （4158）
最高人民法院
　　关于人民法院赔偿委员会适用质证程序审理国家赔偿案件的规定
　　　　（2013年12月19日） ·· （4161）
最高人民法院
　　关于人民法院赔偿委员会依照《中华人民共和国国家赔偿法》第三十条
　　　　规定纠正原生效的赔偿委员会决定应如何适用人身自由赔偿标准问题的
　　　　批复
　　　　（2014年6月30日） ·· （4165）
最高人民法院　最高人民检察院
　　关于办理刑事赔偿案件适用法律若干问题的解释
　　　　（2015年12月28日） ·· （4166）
最高人民法院
　　关于国家赔偿监督程序若干问题的规定
　　　　（2017年4月20日） ·· （4170）
最高人民法院
　　印发《关于国家赔偿案件案由的规定》的通知
　　　　（2012年1月13日） ·· （4174）
最高人民法院
　　关于国家赔偿案件立案、案由有关问题的通知
　　　　（2012年1月13日） ·· （4175）
最高人民法院办公厅
　　关于印发《人民法院国家赔偿案件文书样式》的通知
　　　　（2012年9月20日） ·· （4177）
最高人民法院办公厅
　　关于印发国家赔偿典型案例的通知
　　　　（2012年12月14日） ·· （4178）
最高人民法院办公厅
　　印发《关于国家赔偿法实施中若干问题的座谈会纪要》的通知
　　　　（2012年12月25日） ·· （4189）
最高人民法院办公厅
　　印发《关于国家赔偿法实施中若干问题的座谈会纪要（二）》的通知
　　　　（2013年12月12日） ·· （4192）
最高人民法院办公厅
　　关于在文书中如何引用国家赔偿法名称的通知
　　　　（2013年6月3日） ·· （4195）

最高人民法院办公厅
　　关于印发非刑事司法赔偿典型案例的通知
　　　　（2013年12月18日） ··· （4195）
最高人民法院　司法部
　　关于印发《关于加强国家赔偿法律援助工作的意见》的通知
　　　　（2014年1月2日） ··· （4205）
最高人民法院
　　关于人民法院赔偿委员会审理国家赔偿案件适用精神损害赔偿若干问题的
　　　意见
　　　　（2014年7月29日） ·· （4207）
最高人民法院
　　关于印发《最高人民法院赔偿委员会工作规则》的通知
　　　　（2014年12月8日） ·· （4210）
最高人民法院
　　关于进一步加强国家赔偿司法公开工作的若干意见
　　　　（2014年12月11日） ··· （4212）
最高人民法院
　　关于进一步加强国家赔偿司法便民工作的若干意见
　　　　（2014年12月15日） ··· （4213）
最高人民法院
　　关于进一步加强刑事冤错案件国家赔偿工作的意见
　　　　（2015年1月12日） ·· （4214）
最高人民法院
　　关于印发国家统计局《关于对职工日平均工资计算问题的复函》的通知
　　　　（1996年2月13日） ·· （4216）
最高人民法院
　　关于2011年作出的国家赔偿决定涉及侵犯公民人身自由权计算标准的
　　　通知
　　　　（2011年5月4日） ··· （4217）
最高人民法院
　　关于2012年作出的国家赔偿决定涉及侵犯公民人身自由权计算标准的
　　　通知
　　　　（2012年5月29日） ·· （4217）
最高人民法院
　　关于2013年作出的国家赔偿决定涉及侵犯公民人身自由权赔偿金计算标准
　　　的通知
　　　　（2013年5月17日） ·· （4218）

最高人民法院
  关于2014年作出的国家赔偿决定涉及侵犯公民人身自由权赔偿金计算标准
    的通知
    （2014年5月27日） ·· (4218)
最高人民法院
  关于作出国家赔偿决定时适用2015年度全国职工日平均工资标准的通知
    （2016年5月16日） ·· (4219)
最高人民法院
  关于作出国家赔偿决定时适用2016年度全国职工日平均工资标准的通知
    （2017年5月31日） ·· (4220)
最高人民法院
  关于作出国家赔偿决定时适用2017年度全国职工日平均工资标准的通知
    （2018年5月16日） ·· (4220)
最高人民法院
  关于《中华人民共和国国家赔偿法》溯及力和人民法院赔偿委员会受案
    范围问题的批复
    （1995年1月29日） ·· (4221)
最高人民法院
  印发《关于人民法院执行〈中华人民共和国国家赔偿法〉几个问题的解释》
    的通知
    （1996年5月6日） ·· (4222)
最高人民法院赔偿委员会
  关于人民法院委托的查封财产保管人擅自动用处分其保管的财产国家不
    承担赔偿责任的批复
    （1998年3月11日） ·· (4223)
最高人民法院
  关于人民法院对错误执行造成的直接财产损失应当承担国家赔偿责任的
    批复
    （1998年8月10日） ·· (4224)
最高人民法院赔偿委员会
  关于人民法院执行对象错误，应对所造成的直接损失承担国家赔偿责任的
    答复
    （1998年12月30日） ·· (4225)
最高人民法院赔偿委员会
  关于《国家赔偿法》不溯及既往的批复
    （1999年12月13日） ·· (4226)

最高人民法院赔偿委员会
　　关于造成受害人死亡赔偿范围的批复
　　　　（1999年12月27日） ································· (4226)
最高人民法院赔偿委员会
　　关于补发工资后仍应给予国家赔偿的答复
　　　　（2000年1月10日） ··································· (4227)
最高人民法院赔偿委员会
　　关于国家赔偿不应扣除已补发工资的答复
　　　　（2000年1月10日） ··································· (4227)
最高人民法院赔偿委员会
　　关于被限制人身自由期间的工资已由单位补发国家是否还应支付被限制
　　　人身自由的赔偿金的批复
　　　　（2000年1月26日） ··································· (4228)
最高人民法院
　　关于省级监狱管理局为复议机关的国家赔偿案件管辖问题的复函
　　　　（2011年6月7日） ···································· (4228)

（二）行政赔偿

最高人民法院
　　印发《关于审理行政赔偿案件若干问题的规定》的通知
　　　　（1997年4月29日） ··································· (4229)
最高人民法院行政审判庭
　　关于如何适用最高人民法院《关于审理行政赔偿案件若干问题的规定》
　　　第二十一条第（四）项和第三十四条规定的答复
　　　　（2001年12月24日） ·································· (4233)
最高人民法院
　　关于公安机关不履行法定行政职责是否承担行政赔偿责任问题的批复
　　　　（2001年7月17日） ··································· (4234)
最高人民法院
　　关于行政机关工作人员执行职务致人伤亡构成犯罪的赔偿诉讼程序问题的
　　　批复
　　　　（2002年8月23日） ··································· (4234)
最高人民法院
　　关于受理行政赔偿案件是否收取诉讼费用的答复
　　　　（1995年9月18日） ··································· (4235)
最高人民法院赔偿委员会
　　关于如何处理石晓丽等五人请求赔偿一案的批复
　　　　（1996年10月28日） ·································· (4236)

最高人民法院赔偿委员会
　关于北京高院请示孙连贵申请国家赔偿一案的批复
　（1999年6月1日）……………………………………………………（4237）
最高人民法院赔偿委员会
　关于公安机关造成伤害或者死亡后果应当承担国家赔偿责任的批复
　（1999年8月25日）…………………………………………………（4237）
最高人民法院赔偿委员会
　关于财产侵权和人身侵权由各侵权机关分别承担国家赔偿责任的批复
　（1999年8月27日）…………………………………………………（4238）
最高人民法院
　对内蒙古高院《关于内蒙古康辉国际旅行社有限责任公司诉呼和浩特市
　　工商行政管理局履行法定职责一案的请示报告》的答复
　（1999年11月24日）…………………………………………………（4239）
最高人民法院赔偿委员会
　关于监狱工作人员使用暴力造成死亡应当承担国家赔偿责任的批复
　（2000年3月6日）……………………………………………………（4239）
最高人民法院赔偿委员会
　关于复议机关未尽告知义务致使赔偿请求人申请逾期，人民法院赔偿
　　委员会应当受理的答复
　（2001年9月4日）……………………………………………………（4240）
最高人民法院赔偿委员会
　关于赔偿义务机关未经确认所作的赔偿决定应予撤销的批复
　（2001年9月20日）…………………………………………………（4241）
最高人民法院赔偿委员会
　关于违法查封且未尽保管义务造成直接损失的，人民法院应当承担国家
　　赔偿责任的答复
　（2002年3月7日）……………………………………………………（4242）
最高人民法院赔偿委员会
　关于人民法院作为赔偿义务机关与赔偿请求人就赔偿事项达成协议，是否
　　制作赔偿决定书及交待诉权问题的答复
　（2002年7月18日）…………………………………………………（4242）
最高人民法院赔偿委员会
　关于公安机关作出没收决定应视为具体行政行为，不属于刑事赔偿范围的
　　答复
　（2003年7月18日）…………………………………………………（4243）

最高人民法院
关于对证据保全措施违法是否属于国家赔偿违法确认案件受理范围一案的
　答复
　　（2006年9月19日） ·· （4243）
最高人民法院行政审判庭
关于犯罪嫌疑人、被告人或者罪犯在看守所羁押期间，被同仓人致残而
　引起的国家赔偿如何处理问题的答复
　　（2006年12月7日） ·· （4244）
最高人民法院
关于公安机关不履行、拖延履行法定职责如何承担行政赔偿责任问题的
　答复
　　（2013年9月22日） ·· （4244）

（三）司法赔偿

最高人民法院
关于审理民事、行政诉讼中司法赔偿案件适用法律若干问题的解释
　　（2016年9月7日） ··· （4245）
最高人民法院
关于民事、行政诉讼中司法赔偿若干问题的解释
　　（2000年9月16日） ·· （4248）
最高人民法院赔偿委员会
关于原判数罪再审个罪改判无罪且已执行属于国家赔偿范围的答复
　　（1996年8月1日） ·· （4251）
最高人民法院赔偿委员会
关于一审判决有罪二审改判无罪的赔偿案件如何适用法律问题的复函
　　（1997年1月29日） ·· （4252）
最高人民法院赔偿委员会
关于王栋伤害赔偿应如何适用法律问题的批复
　　（1997年1月31日） ·· （4252）
最高人民法院赔偿委员会
关于张秀英等四人申请国家赔偿一案请示的批复
　　（1997年8月4日） ·· （4253）
最高人民法院赔偿委员会
关于在假释期间国家不承担赔偿责任的批复
　　（1998年3月11日） ·· （4253）

最高人民法院赔偿委员会
　　关于检察机关违法扣押财产持续至1995年1月1日以后应当适用《国家
　　　　赔偿法》的批复
　　　　（1998年3月11日） ·· (4254)
最高人民法院赔偿委员会
　　关于保外就医期间国家不承担赔偿责任的批复
　　　　（1998年3月11日） ·· (4254)
最高人民法院赔偿委员会
　　关于无罪判决未对检察机关没收财产作出结论法院赔偿委员会不宜直接
　　　　作出返还财产决定的批复
　　　　（1998年9月2日） ·· (4255)
最高人民法院赔偿委员会
　　关于无罪被羁押并导致人身伤害检察机关和人民法院应当共同承担国家
　　　　赔偿责任的批复
　　　　（1998年9月2日） ·· (4255)
最高人民法院
　　关于一审判决有罪，二审发回重审后一审改判无罪，如何确定赔偿义务
　　　　机关问题的批复
　　　　（1998年9月2日） ·· (4256)
最高人民法院赔偿委员会
　　关于一审宣告无罪提起公诉的检察机关应当作为赔偿义务机关的批复
　　　　（1998年10月12日） ·· (4256)
最高人民法院
　　关于霍娄中、霍一米申请宝鸡县人民检察院赔偿案的复函
　　　　（1998年11月17日） ·· (4257)
最高人民法院赔偿委员会
　　关于公安机关以证据不足予以释放当事人申请国家赔偿人民法院赔偿
　　　　委员会应当受理的复函
　　　　（1999年3月10日） ·· (4257)
最高人民法院赔偿委员会
　　关于赔偿案件审理过程中，人民检察院撤销了原撤销案件决定，人民法院
　　　　应当终止审理的答复
　　　　（1999年5月20日） ·· (4258)
最高人民法院
　　关于公安机关未作出刑事违法侵权的确认，人民法院赔偿委员会作出的
　　　　赔偿决定应当撤销的答复
　　　　（1999年5月20日） ·· (4259)

最高人民法院赔偿委员会
　　关于因错误逮捕申请国家赔偿赔偿义务机关应如何确定问题的批复
　　　　（1999年8月27日） ………………………………………………（4259）
最高人民法院赔偿委员会
　　关于一审判决有罪二审发回重审一审退补后公诉机关作出不起诉决定赔偿
　　　　义务机关应如何确定问题的批复
　　　　（1999年8月27日） ………………………………………………（4260）
最高人民法院赔偿委员会
　　关于法律监督机关的复查意见可视为确认的批复
　　　　（1999年8月27日） ………………………………………………（4260）
最高人民法院赔偿委员会
　　关于青海高院请示的杨文增申请国家赔偿一案的批复
　　　　（1999年11月30日） ………………………………………………（4261）
最高人民法院赔偿委员会
　　关于错误逮捕检察机关应当承担国家赔偿责任的批复
　　　　（1999年12月1日） ………………………………………………（4261）
最高人民法院赔偿委员会
　　关于赔偿请求人撤新申请国家赔偿一案的批复
　　　　（1999年12月1日） ………………………………………………（4262）
最高人民法院赔偿委员会
　　关于李勇申请国家赔偿一案的批复
　　　　（2000年1月10日） ………………………………………………（4262）
最高人民法院赔偿委员会
　　关于马骏申请国家赔偿一案的批复
　　　　（2000年1月30日） ………………………………………………（4263）
最高人民法院赔偿委员会
　　关于检察机关作出不起诉决定视为无罪应当承担国家赔偿责任的批复
　　　　（2000年3月8日） …………………………………………………（4263）
最高人民法院赔偿委员会
　　关于检察机关提起公诉但未采取逮捕措施不承担国家赔偿责任的批复
　　　　（2000年4月29日） ………………………………………………（4264）
最高人民法院赔偿委员会
　　关于二审改判无罪的，作出一审判决的人民法院和作出逮捕决定的机关为
　　　　共同赔偿义务机关的答复
　　　　（2000年4月29日） ………………………………………………（4264）
最高人民法院赔偿委员会
　　关于检察机关撤销案件承担错误拘留国家赔偿责任的批复
　　　　（2001年7月23日） ………………………………………………（4265）

最高人民法院赔偿委员会
　关于自诉人撤诉决定逮捕的人民法院应当承担国家赔偿责任的批复
　　（2001年9月29日） ·· （4265）
最高人民法院赔偿委员会
　关于人民检察院不起诉决定是对错误逮捕的确认的答复
　　（2003年1月28日） ·· （4266）
最高人民法院赔偿委员会
　关于被错误逮捕宣告无罪后有关财产赔偿义务机关认定问题的批复
　　（2003年2月25日） ·· （4267）
最高人民法院
　关于周龙潭申请确认财产保全和执行程序违法一案的答复
　　（2007年1月23日） ·· （4267）
最高人民法院
　关于对"判决确定前被羁押的日期依法不予赔偿"中"判决确定"应
　　如何理解等问题的答复
　　（2007年12月27日） ··· （4268）
最高人民法院
　关于二审判决减轻刑事处罚致被告人实际羁押期限超出刑期应否给予国家
　　赔偿的复函
　　（2009年7月17日） ·· （4269）
最高人民法院
　关于二审将一审数罪中的部分罪名撤销后被告人被羁押的期间超过刑期的
　　情形是否属于国家赔偿范围的答复
　　（2011年4月15日） ·· （4269）
最高人民法院
　关于限制出境是否属于国家赔偿范围的复函
　　（2013年6月4日） ··· （4270）
最高人民法院
　关于秦秀峰申请重审无罪赔偿一案的答复
　　（2013年6月6日） ··· （4270）

知识产权篇

一、综　合

最高人民法院
关于全国部分法院知识产权
审判工作座谈会纪要

1998年7月20日　　　　　　　　　　　　　法〔1998〕65号

各省、自治区、直辖市高级人民法院，解放军军事法院，新疆维吾尔自治区高级人民法院生产建设兵团分院：

　　为了总结交流经验，研究解决新情况和新问题，推动知识产权审判工作顺利进行，1997年11月14日至18日，最高人民法院在江苏省吴县市召开了全国部分法院首次知识产权审判工作座谈会。15个高级人民法院、20个中级人民法院和3个基层法院知识产权审判庭庭长或副庭长、审判人员，以及国务院知识产权办公会议办公室、国家知识产权局、国家版权局、国家工商行政管理局商标局、公平交易局等单位的领导和专家共60余位同志参加了座谈会。最高人民法院副院长李国光出席座谈会并作了讲话。北京、上海市高级人民法院和南京市中级人民法院的同志介绍了近年来开展知识产权审判工作的情况和经验。与会同志围绕当前知识产权审判工作中亟待解决的问题和5个司法解释（征求意见稿）进行了深入讨论。现纪要如下：

　　一、关于认真总结经验，加强知识产权审判工作的问题

　　与会同志认为，改革开放以来，随着我国知识产权法律制度的逐步建立与完善，人民法院的知识产权审判工作积极稳步地发展，取得了显著成绩，主要表现在：各级法院逐步树立正确的审判指导思想，越来越重视知识产权审判工作；依法受理并审结了一大批案件，其中有相当数量是社会影响较大、国内外关注的案件，通过对案件的审理，有效地保护了知识产权权利人的合法权益，树立了人民法院严肃、公正执法的形象；最高人民法院在总结各地法院审判经验的基础上，陆续发布了若干司法解释和文件，对指导各级法院审理知识产权案件起到了重要作用；各级法院重视知识产权审判组织建设，全国已有20余个法院设立了知识产权审判庭，许多未设立知识产权庭的法院也已将知识

产权民事案件统归一个审判庭审理，或专设合议庭审理；各级法院狠抓了队伍建设，注重提高法官的政治、业务素质，通过举办研讨会、培训班等方式培训专业审判人员，已有相当数量的审判人员能够胜任各类知识产权案件的审判工作。

知识产权审判工作在取得成绩的同时，也存在一些亟待解决的问题，主要是：不严格按照法律和司法解释审理案件、裁判不公的现象时有发生，损害了当事人的合法权益和人民法院严肃执法的形象；有的案件严重超审限，使合法的权利迟迟不能实现；审判人员的政治、业务素质需要进一步提高。

在新形势下，要使知识产权审判工作再上新台阶，要重点做好以下几方面工作：

（一）加强领导，进一步提高认识

江泽民同志在党的十五大报告中强调指出：要实施保护知识产权制度，严肃执行知识产权法律，大力实施保护知识产权制度，不仅是保护知识产权权利人和其他当事人的合法权益的需要，而且对鼓励科学技术进步和文化艺术的传播发展，把先进的科学技术转化为生产力，保护公平竞争，维护社会主义市场经济秩序，促进社会主义市场经济体制的建立和健康发展，为社会主义物质文明和精神文明建设服务，实现党的十五大提出的经济发展战略，具有十分重要的意义。知识产权审判工作是国家改革开放政策具体实施的一个重要方面，是人民法院审判工作中不可缺少的重要组成部分。搞好知识产权审判工作，关键在领导。各级法院领导一定要充分认识知识产权审判工作的重要性，对影响重大的疑难案件要多研究、多指导，要切实把好办案质量关，努力扩大办案的社会效果。

（二）健全知识产权专业审判机构

实践证明，建立专业审判机构对加强知识产权司法保护十分有益。在案件较多、又有条件的高、中级人民法院，可以在机构设置规定范围内，根据具体情况设立知识产权审判庭，统一审理知识产权民事纠纷案件；其他高、中级人民法院，可以将各类知识产权民事纠纷案件集中于一个庭审理，既有利于审判人员总结积累审判经验，提高办案质量和办案效率，也有利于上级法院的审判监督和指导。

（三）大力培养和稳定专业法官队伍

大力培养一支政治素质好、业务水平高的专业法官队伍对搞好知识产权审判工作十分重要。近年来，最高人民法院和各高级人民法院已经培训了数千人（次）的知识产权审判人员。但是，由于种种原因，虽然培训班年年搞，研讨会年年开，但仍有不少知识产权审判人员是新手，这与一些法院对知识产权审判人员频繁调动不无关系，这既不利于审判人员的专业培训、审判业务水平的提高和经验的积累，也不利于知识产权审判工作的整体发展。因此，必须保证一定的审判骨干力量相对稳定地从事知识产权审判工作。

（四）加强监督指导工作

坚持大案要案报告制度，对于保证知识产权案件办案质量是很有必要的。各高级人民法院对本辖区内受理的大案要案应及时向最高人民法院书面报告，包括：争议标的数额超过500万元以上的案件；涉外案件；同一法律关系和法律事实的当事人互为原、被告，并由两个省（自治区、直辖市）的法院先后立案的案件；全国人大代表或政协委员提出意见的案件；在各省（自治区、直辖市）范围内有重大影响的案件等。

对于下级人民法院上报请示的案件，要严格控制并予规范。凡不属于适用法律上重大疑难案件一律不得向上请示。必须请示的案件，应经过审判委员会讨论并有倾向性意见，同时附有案件审理报告。

各高级人民法院知识产权审判庭或归口审理知识产权民事纠纷案件的审判庭，对申请再审的知识产权纠纷案件，包括不服本院及下级法院生效判决、裁定申请再审的案件，要坚持实事求是、有错必纠原则，依法审查处理。

最高人民法院应加强对全国的知识产权审判工作的监督指导。抓紧制订司法解释，适时召开专题研讨会，举办培训班，努力改变监督、指导不力的状况。

二、关于严格诉讼程序问题

审理知识产权民事纠纷案件，应当严格执行民事诉讼法和最高人民法院有关审判程序的司法解释，切实纠正重实体轻程序的倾向。与会同志就知识产权审判程序，集中讨论了以下问题：

（一）收案范围和案件受理问题

人民法院应当依法受理以下各类知识产权民事纠纷案件：

1. 关于知识产权的权利归属纠纷案件；
2. 关于侵犯专利权、商标权、著作权和邻接权、科技成果权等纠纷案件；
3. 不正当竞争纠纷案件，指依照《中华人民共和国反不正当竞争法》第五条、第九条、第十条、第十四条的规定受理的案件；
4. 知识产权合同纠纷案件；
5. 其他知识产权纠纷案件。

知识产权民事纠纷案件的起诉人，可以是合同当事人、权利人和利害关系人。利害关系人包括独占、排他许可合同的被许可人、依照法律规定已经继承或正在发生继承的知识产权中财产权利的继承人等。

（二）案件管辖问题

1. 级别管辖。目前，除专利权纠纷案件属于指定管辖外，对于其他绝大多数知识产权民事纠纷案件，各级法院均有管辖权。近年来，虽然知识产权民事纠纷案件总量有所增加，但是，案件的绝对数量仍然较少。许多基层法院审判人员由于接触案件少，难以较快熟悉审判业务，对保证办案质量有所影响。不少同志认为，知识产权民事纠纷案件由中级人民法院作一审，有利于锻炼专业法官队伍，提高办案质量。建议除少数已经成立知识产权审判庭的基层法院外，高级人民法院可以根据案件的具体情况，决定由中级人民法院作为知识产权民事纠纷案件的一审法院，并报最高人民法院备案。对专利权纠纷案件，仍按照最高人民法院的规定确定一审法院。

2. 地域管辖。依照民事诉讼法的规定，知识产权民事纠纷案件依案件的性质可以由被告住所地、侵权行为地和合同履行地的人民法院管辖。在审判实践中，一些法院对最高人民法院司法解释中关于"侵权结果发生地"的理解，有一定的混乱，有的甚至认为，在侵权案件中，受到损害的原告住所地或者"侵权物"的达到地就是"侵权结果发生地"。与会同志普遍认为，在知识产权侵权纠纷案件中，侵权结果发生地，应当理解为是侵权行为直接产生的结果发生地，不能以原告受到损害就认为原告所在地就是侵权结果发生地。

对于以销售侵权物品为由起诉销售者的案件，销售地法院有管辖权；如果原告对销售者不起诉，仅对制造者起诉，制造地与销售地又不一致的，应由制造地（通常为被告住所地）法院管辖；如果在侵权物品销售地以制造者与销售者为共同被告起诉时，侵权物品销售地法院有管辖权。销售者是制造者的分支机构的，其销售行为视为制造者的销售行为，原告在销售地起诉制造者的制造、销售行为的，销售地法院有管辖权。

（三）举证责任和证据的审查认定问题

知识产权民事纠纷案件与其他民事纠纷案件一样，应当适用"谁主张，谁举证"的举证责任原则。在侵权案件中，原告应当证明自己享有的知识产权等民事权利及被告对其实施了法律所禁止的行为。原告完成举证义务后，由被告进行抗辩。被告提出的抗辩主张，可以是对原告所举事实与证据的否定，也可以提出其他主张，并且应当为此提供必要的证据，例如其主张没有过错不应承担责任时，应当举证证明其主观上没有过错。在举证过程中，人民法院应当注意举证责任的转移问题，即在当事人一方举证证明自己的主张时，对方对该项主张进行反驳的，应当提出充分的反证，这时，举证责任就转移到由对方承担。此外，人民法院对于当事人的某些主张，应当根据法律并从实际情况出发，实行"举证责任倒置"的原则，即一方对于自己的主张，由于证据被对方掌握而无法以合法手段收集证据时，人民法院应当要求对方当事人举证。例如，在方法专利和技术秘密侵权诉讼中的被告，应当提供其使用的方法的证据，被告拒不提供证据的，人民法院可以根据查明的案件事实，认定被告是否构成侵权。侵权行为证实后，权利人要求按照侵权人的获利额进行赔偿时，侵权人应当提供其经营额、利润等情况的全部证据，侵权人拒不提供其侵权获利证据的，人民法院可以查封有关财务账册，依法组织审计。

对证据的提交和审查认定，与会同志认为应当注意以下几个问题：

1. 证据一般应当在开庭前递交，并且应当给各方当事人留有交换证据的时间，交换证据可以通过开庭前组织各方当事人的方式进行。

2. 开庭后提交的证据，必须经过质证才能采信；经过庭审有待进一步查明的事实，可以给予当事人合理的举证期间，但以不影响在审限内结案为原则。

3. 对证据的审查，应当注意其真实性、合法性、关联性，认真审查其证明力。对违法取得的证据不得采信；对与证明案件事实无关的证据应予剔除；当争议双方提出相反证据时，应当结合其他关联证据确定采信哪方提供的证据。

4. 对能够证明案件事实的主要证据，必要时应当及时作出证据保全的裁定。

（四）专业鉴定问题

审理知识产权民事纠纷案件往往涉及对专业技术事实的审查认定，人民法院必须充分重视专业鉴定。不少同志介绍了组织专业鉴定的做法，主要有：

1. 人民法院可以根据审理案件的实际需要，决定是否进行专业鉴定。

2. 如果没有法定鉴定部门，可以由当事人自行协商选择鉴定部门进行鉴定；协商不成的，人民法院根据需要可以指定有一定权威的专业组织为鉴定部门，也可以委托国家科学技术部或各省（自治区、直辖市）主管部门组织专家进行鉴定，但不应委托国家知识产权局、国家工商行政管理局商标局、国家版权局进行专业鉴定。

3. 鉴定部门和鉴定人应当鉴定专业技术问题，对所提交鉴定的事实问题发表意见。

4. 人民法院应当就当事人争议的专业技术事实，向鉴定部门提出明确的鉴定事项和鉴定要求；应当将当事人提供的与鉴定事项有关的全部证据、材料提交给鉴定部门；对当事人提交并要求保密的材料，鉴定部门和鉴定人负有保密义务。人民法院应当向当事人告知鉴定部门的名称以及鉴定人的身份，当事人有权对鉴定部门提出异议，也有权要求鉴定人回避。

5. 当事人有权就鉴定项目的有关问题向鉴定部门和鉴定人提出自己的意见，鉴定部门和鉴定人应当认真研究答复。

6. 人民法院应当监督鉴定部门和鉴定人在科学、保密、不受任何组织或者个人干预的情况下作出专业鉴定结论。

7. 鉴定部门和鉴定人应当将鉴定结论以及作出结论的事实依据和理由、意见以书面形式提交给人民法院。鉴定结论应当经过当事人质证后决定是否采信；当事人有权要求鉴定人出庭接受质询。未经当事人质证的鉴定结论不能采信。

（五）财产保全和先予执行问题

与会同志认为，在审理知识产权民事纠纷案件中，严格依法适用财产保全或先予执行措施，对于制止侵权，防止权利人损失扩大并保证生效判决的顺利执行具有重要意义。

人民法院采取财产保全或先予执行措施应当严格按照民事诉讼法的有关规定慎重进行。在采取财产保全或先予执行措施前，应当严格审查当事人是否提出了财产保全或者先予执行的申请并提供了可靠足够的担保；申请人享有的知识产权是否具有稳定的法律效力；被申请人的侵权事实是否明显；保全的范围是否合理，保全的方式是否适当，先予执行是否必要，被申请人是否有偿付能力等。对于不必要保全或者先予执行的，或者保全或先予执行结果会给被申请人的合法权益造成无法挽回的重大损失的，人民法院不应当采取财产保全或先予执行措施。

三、关于正确适用法律问题

与会同志认为，在审理知识产权民事纠纷案件中要做到严肃执法，必须熟练掌握有关知识产权方面的法律、法规及其他相关法律、法规，深刻领会立法本意和正确理解各个条文的含义。要重点处理好以下几个问题：

（一）知识产权法律适用原则

全国人民代表大会及其常务委员会制定的有关知识产权方面的法律和国务院制定的有关知识产权方面的行政法规，是人民法院审理知识产权民事纠纷案件的法律依据。与会同志认为，对上述法律、行政法规的适用应当坚持：第一，新法优于旧法、特别法优于普通法，法律有专门规定的依据专门规定的原则。除法律有明确规定外，新法不具有溯及既往的效力。第二，法律优于行政法规，即有法律依法律；无法律依行政法规；无法律也无行政法规的，依照有关法律所规定的法律原则处理。第三，人民法院在审理涉外知识产权民事纠纷案件中，应当严格按照我国法律、法规的有关规定办理。我国缔结或者参加的国际条约同我国法律有不同规定的，应当优先适用国际条约的规定，但我国声明保留的条款除外；我国法律、法规和我国缔结或者参加的国际条约没有规定的，可以适用国际惯例。

（二）知识产权权利冲突的处理原则

知识产权权利冲突，是指对争议的智力成果或者标记，原、被告双方均拥有知识产权。造成权利冲突的原因，主要是因为我国对知识产权审查授权的部门不同，且这些知识产权授权的最终审查权不在人民法院。近年来，人民法院在审理知识产权民事纠纷案件中，权利冲突的案件时有发生，主要表现为：1. 同一类型权利的冲突，如发明、实用新型及外观设计专利权之间的冲突；2. 不同类型权利的冲突，如外观设计专利权与商标权发生冲突，或商标权与著作权发生冲突，或商标权与在先使用的商品的特有的名称、包装、装潢权利发生冲突，或商标权与企业名称权发生冲突等。

如何解决权利冲突，公正保护知识产权所有人的合法权益？与会同志认为，人民法院受理的知识产权纠纷案件或者其他民事纠纷案件中，凡涉及权利冲突的，一般应当由当事人按照有关知识产权的撤销或者无效程序，请求有关授权部门先解决权利冲突问题后，再处理知识产权的侵权纠纷或者其他民事纠纷案件。经过撤销或者无效程序未能解决权利冲突的，或者自当事人请求之日起3个月内有关授权部门未作出处理结果且又无正当理由的，人民法院应当按照民法通则规定的诚实信用原则和保护公民、法人的合法的民事权益原则，依法保护在先授予的权利人或在先使用人享有继续使用的合法的民事权益。

（三）民事制裁的适用

根据民法通则第一百三十四条第三款和最高人民法院1994年9月29日制发的《关于进一步加强知识产权司法保护的通知》的规定，与会同志认为，为了加大对知识产权的保护力度，严厉制裁侵权者，人民法院在审理知识产权民事纠纷案件中，对情节严重的侵权行为给予相应的民事制裁是十分必要的。对于具体罚款数额，可以参照有关知识产权单行法律规定的处罚标准予以确定。

（四）侵权纠纷案件的诉讼时效

知识产权侵权纠纷案件的诉讼时效应当依据民法通则关于诉讼时效的规定和有关法律的规定办理。审判实践表明，某些知识产权侵权行为往往是连续进行的，有的持续时间较长。有些权利人从知道或者应当知道权利被侵害之日起2年内未予追究，当权利人提起侵权之诉时，权利人的知识产权仍在法律规定的保护期内，侵权人仍然在实施侵权行为。对此类案件的诉讼时效如何认定？与会同志认为，对于连续实施的知识产权侵权行为，从权利人知道或者应当知道侵权行为发生之日起至权利人向人民法院提起诉讼之日止已超过2年的，人民法院不能简单地以超过诉讼时效为由判决驳回权利人的诉讼请求。在该项知识产权受法律保护期间，人民法院应当判决被告停止侵权行为，侵权损害赔偿额应自权利人向人民法院起诉之日起向前推算2年计算，超过2年的侵权损害不予保护。

（五）侵权损害赔偿

赔偿损失是侵权人承担民事责任的最广泛、最基本的方式之一。如果对权利人提出的赔偿损失问题解决不好，就会出现"赢了官司输了钱"、"损失大赔偿少"、"得不偿失"的情况，不能依法有效地保护知识产权。根据民法通则的规定，民事权利受到侵害的基本赔偿原则是赔偿实际损失。对此，最高人民法院曾对商标侵权、专利侵权损失赔偿的计算问题制发过司法解释。审判实践证明，这些司法解释对于大多数案件，是适用的，但也出现一些案件的损害赔偿额难以用现有的司法解释规定的方法来计算。对此，与会同志认为，对于已查明被告构成侵权并造成原告损害，但原告损失额与被告获利额等均不能确认的案件，可以采用定额赔偿的办法来确定损害赔偿额。定额赔偿的幅度，可掌握在5000元至30万元之间，具体数额，由人民法院根据被侵害的知识产权的类型、评估价值、侵权持续的时间、权利人因侵权所受到的商誉损害等因素在定额赔偿幅度内确定。

（六）犯罪线索的移送

与会同志认为，在建立社会主义市场经济体制的过程中，进一步加大执法力度，严惩侵犯知识产权犯罪是十分必要的。人民法院在审理知识产权侵权纠纷案件中，如果发现侵权行为情节严重或者获取非法所得数额巨大构成犯罪嫌疑的案件，应当严格依照刑事诉讼法的规定和最高人民法院的有关司法解释及时移送公安机关处理。对于受害人提起刑事自诉的，人民法院应当依法受理。

最高人民法院
印发《最高人民法院关于全面加强知识产权审判工作为建设创新型国家提供司法保障的意见》的通知

2007年1月11日　　　　　　　　　　　　　　　　法发〔2007〕1号

全国地方各级人民法院、各级军事法院、各铁路运输中级法院和基层法院、各海事法院，新疆生产建设兵团各级法院：

现将《最高人民法院关于全面加强知识产权审判工作为建设创新型国家提供司法保障的意见》印发给你们，请在审判工作中结合实际，认真执行。

附：

最高人民法院
关于全面加强知识产权审判工作为建设创新型国家提供司法保障的意见

以胡锦涛同志为总书记的党中央，从全面建设小康社会、加快推进社会主义现代化事业的战略高度出发，在《中共中央国务院关于实施科技规划纲要增强自主创新能力的决定》和《中共中央关于构建社会主义和谐社会若干重大问题的决定》中明确提出把我国建设成为创新型国家的目标和任务。为充分发挥人民法院的审判职能作用，为建设创新型国家提供强有力的司法保障，现就全面加强人民法院知识产权审判工作，提出如下意见。

一、充分认识全面加强知识产权审判工作的重大意义

1. 全面加强知识产权审判工作必将促进创新型国家建设。人民法院作为国家审判机关对知识产权的司法保护，在国家整体的知识产权执法保护体系中居于基础地位，发挥着主导作用。人民法院在依法调整知识产权关系、维护知识产权权利人合法权益、惩治侵犯知识产权犯罪和维护社会主义市场经济秩序等方面，负有不可替代的法律职责，肩负着重大使命。通过全面加强知识产权审判工作，必将推进人才强国战略的实施，全面贯彻和体现尊重劳动、尊重知识、尊重人才、尊重创造的方针。

2. 全面加强知识产权审判工作必将树立我国良好的国际形象。全面加强知识产权司法保护，不仅是我国参与国际竞争、营造更具吸引力的引进国外资金和先进技术的良好投资软环境的现实需要，也是我国履行对外承诺、树立良好国际形象的客观要求。全面加强知识产权审判工作必将更好地保护和吸引外商投资，保障和提升我国企业国际竞争力，进一步促进扩大对外开放。人民法院通过严格依法制裁知识产权侵权行为，依法严惩商标假冒和盗版等严重违法犯罪行为，依法平等保护中外当事人的合法权益，必将树立中国知识产权司法保护的良好形象。

3. 全面加强知识产权审判工作必将推进社会主义和谐社会建设。通过知识产权审判，可以使有利于社会进步的创造愿望得到尊重、创造活动得到支持、创造能力得到发挥、创造成果得到保护，使社会充满生机与活力；可以促进和保障社会诚信机制的建立，引导人们信守约定、讲求信用、维护良好风尚，促成彼此信任，增加价值认同和凝聚力，实现社会的诚信友爱。

二、知识产权审判工作的指导思想、目标任务和基本原则

4. 为建设创新型国家提供司法保障，必须坚持以邓小平理论和"三个代表"重要思想为指导，全面贯彻落实科学发展观，按照建设创新型国家的要求，坚持"公正司

法，一心为民"方针和"公正与效率"工作主题，进一步加大知识产权司法保护力度，依法保护知识产权，维护公平竞争，促进自主创新，服务对外开放，把知识产权司法保护贯穿于知识产权创造、管理和运用的全过程，为实施国家知识产权战略，为建设创新型国家和构建社会主义和谐社会提供强有力的司法保障，努力营造公正高效权威的法治环境。

5. 为建设创新型国家提供司法保障的主要目标和任务是：知识产权审判工作全面加强；知识产权刑事、民事和行政审判职能作用得到充分发挥；知识产权诉讼制度不断完善；知识产权司法保护体系更加健全；知识产权法官队伍素质显著提高；司法公正高效权威、权利人维权积极便捷、侵权人必受惩处、知识财富有序流转的良好的知识产权司法保护环境基本建立；知识产权司法保障能力和水平显著增强；创新型国家的司法需求得到全面满足。

6. 为建设创新型国家提供司法保障，必须坚持以下原则：一是坚持公正司法。始终把公正司法作为知识产权审判的灵魂和生命，通过依法公正高效权威的知识产权司法，最大限度地维护和实现知识产权领域的公平正义。二是坚持司法统一。严格依法办案，确保法律规范和司法解释在知识产权审判中的统一适用，努力实现司法标准和裁判结果的协调。三是坚持平等保护。依法平等保护中外当事人的合法权益，坚决抵制地方保护和部门本位，克服地方封锁和行业垄断。四是坚持利益平衡。正确处理保护知识产权和维护公众利益的关系、激励科技创新和鼓励科技运用的关系，既要切实保护知识产权，也要制止权利滥用和非法垄断。五是坚持服务大局。牢固树立大局观念和服务意识，克服就案办案的单纯业务观念，实现个案处理的法律效果与社会效果的有机统一。

三、充分发挥知识产权司法保护的职能作用，保障全社会的创造活力和创新能力

7. 依法严惩侵犯知识产权犯罪。充分发挥知识产权刑事司法保护的职能作用，依法运用各种刑事制裁措施，发挥刑罚惩治和预防知识产权犯罪的功能。对假冒、盗版等涉及知识产权的犯罪行为，进一步完善和统一定罪量刑标准，规范缓刑适用，根据犯罪情况和危害后果，依法从严惩处；在依法适用主刑的同时，加大罚金刑的适用与执行力度；注意通过采取追缴违法所得、收缴犯罪工具、销毁侵权产品、责令赔偿损失等措施，从经济上剥夺侵权人的再犯罪能力和条件；依法审理侵犯知识产权刑事自诉案件，切实保障被害人的刑事自诉权利；在行政案件审理过程中发现涉嫌刑事犯罪应当给予刑事制裁而仅受到行政处罚或者行政处理的，应在向行政机关提出司法建议的同时，及时将犯罪线索移送公安机关侦查处理；民事案件审理中发现犯罪嫌疑线索，符合刑事自诉条件的，应当告知权利人可以同时提起刑事自诉；依法应当提起公诉的，应及时将涉嫌犯罪内容移送公安机关侦查处理，移送后不影响民事案件审理的，民事案件可以继续审理。

8. 依法妥善审理知识产权民事案件。注意充分发挥知识产权民事审判在保护知识产权和激励自主创新中的主导作用。依法审理涉及专利、技术秘密、计算机软件、植物新品种、集成电路布图设计等技术性知识产权案件，合理适度保护创新成果，加大对经济增长有重大突破性带动作用、具有自主知识产权的关键核心技术的保护力度；依法审

理涉及商标、地理标志等标识性知识产权案件和各类不正当竞争案件，严格规范市场竞争秩序；依法审理涉及作品和录音录像制品等表达性知识产权案件，促进版权相关产业健康发展；依法审理涉及计算机网络和新技术、新类型知识产权纠纷，促进新兴产业的健康成长；依法审理涉外知识产权案件，平等保护中外当事人的合法权益；积极保护传统知识、遗传资源和民间文艺，保护持有者知情同意和惠益分享的权益；依法科学合理地解释权利范围，正确运用侵权判定方法，严格掌握专利侵权案件认定等同特征的条件；依法慎重认定驰名商标，凡是超出认定范围或者不符合认定条件的案件、原告的侵权指控不能成立的案件，不得认定驰名商标；注意商业秘密案件中对当事人的双向保护，依法平衡择业自由和商业秘密保护的关系；准确认定知识产权合同的效力与责任，严格合同解除条件，充分尊重当事人意思自治。

9. 依法监督和支持行政机关依法行政。切实发挥行政审判对知识产权行政执法行为的司法审查职能，监督和支持行政机关依法行政，保护知识产权行政相对人的合法权益，维护知识产权行政管理秩序，促进知识产权行政保护。依法支持行政机关制裁侵权行为；行政机关申请强制执行行政处理决定，经审查符合执行条件的，应及时裁定并予以强制执行；加大对严重知识产权侵权行为行政不作为的司法监督力度，督促行政执法机关及时依职权制止侵权行为；依法履行对专利、商标等知识产权确权纠纷案件的司法复审职责，在事实认定和法律适用上对行政行为进行全面的合法性审查。

10. 加强知识产权审判监督和案件协调。畅通知识产权案件申请再审渠道，严格依法审查当事人和社会反映强烈的案件，发现确有错误的裁判，及时予以再审改判；确属无理申诉的，要依照法律和政策，切实做好息诉息访工作；加强对知识产权行政授权争议案件的审判监督。对有较大社会影响的关联案件，审理法院之间要注意沟通，统一案件审判标准，保证裁判结果的协调，发现裁判结果可能发生冲突的，及时报请上级法院予以指导和协调解决；建立重大知识产权案件报告制度，对关系全局、有重大影响的案件，以及诉讼标的额巨大的案件、尚无先例的新类型案件，受理法院应及时向上级法院通报审理情况；进一步完善驰名商标认定备案制度。

11. 健全知识产权案件执行制度。建立知识产权案件归口执行制度，受理知识产权案件较多的法院，应在执行部门中指定专门合议庭或者小组负责；被执行人拒不履行停止侵权的生效裁判内容继续其原侵权行为的，除权利人可依法追究其民事责任以外，法院应当依法协调公安、检察机关以拒不执行判决、裁定罪追究其刑事责任。

12. 完善知识产权民事案件管辖和受理制度。知识产权民事案件原则上由中级以上法院一审，案件数量较多审理压力大的地方，可以通过高级法院报请最高法院指定部分基层法院管辖部分知识产权案件；从严掌握对专利、植物新品种和集成电路布图设计案件的指定管辖制度；适当调整知识产权民事案件级别管辖标准，扩大中级法院受理一审案件的范围；具有普遍法律适用意义的知识产权案件，下级法院经审判委员会讨论决定，可以报请上级法院审理，上级法院经审查认为符合条件的，可以直接审理；积极探索知识产权案件审级管辖改革；对于诉前临时措施案件，立案部门在进行登记后应当立即移交负责知识产权审判的业务庭，由专业审判人员进行审查，确保在法定期限内作出裁定，并由审判人员协调立即予以执行。

13. 依法加大侵权赔偿和民事制裁力度。严格知识产权侵权损害赔偿适用规则，贯彻全面赔偿原则，努力降低维权成本，加大民事制裁的威慑力度。依法适当减轻权利人的赔偿举证责任；有证据证明侵权人在不同时间多次实施侵权行为的，推定其存在持续侵权行为，相应确认其赔偿范围；作为自然人的原告因侵权行为受到精神损害的，可以根据其请求依法确定合理的精神损害抚慰金；当事人为诉讼支付的符合规定的律师费，应当根据当事人的请求，综合考虑其必要性、全部诉讼请求的支持程度、请求赔偿额和实际判赔额的比例等因素合理确定，并计入赔偿范围；考虑当事人的主观过错确定相应的赔偿责任；依法运用民事制裁惩处侵权人。

14. 依法正确适用临时措施。对于当事人诉前或者诉中提出的临时禁令或者先予执行、财产保全和证据保全等申请，要积极受理、迅速审查、慎重裁定、立即执行。高度重视诉前临时措施的时效性；准确把握采取临时措施的实质性条件，对于临时禁令要在重点审查侵权可能性的同时，考虑诉讼时效和损害状况；对于证据保全，在考虑侵权可能性的同时，重点考虑证据风险和申请人的取证能力；科学、合理地确定担保要求。

15. 妥善处理专业技术事实认定。注重发挥人民陪审员、专家证人、专家咨询、技术鉴定在解决知识产权审判专业技术事实认定难题中的作用。注意把具有专业技术特长和一定法律知识、普遍公认的专家，通过所在城市的基层法院推荐、提请任命为人民陪审员；支持当事人聘请具有专门知识的人员作为诉讼辅助人员出庭就案件的专门性问题进行说明，不受举证时限的限制；复杂、疑难知识产权案件，可以向相关领域的技术和法律专家咨询；对于采取其他方式仍难以作出认定的专业技术事实问题，可以委托进行技术鉴定。对于域外形成的公开出版物等可以直接初步确认其真实性的证据材料，除非对方当事人对其真实性能够提出有效质疑而举证方又不能有效反驳，无需办理公证认证等证明手续。

16. 禁止知识产权权利滥用。准确界定知识产权权利人和社会公众的权利界限，依法审查和支持当事人的在先权、先用权、公知技术、禁止反悔、合理使用、正当使用等抗辩事由；制止非法垄断技术、妨碍技术进步的行为，依法认定限制研发、强制回授、阻碍实施、搭售、限购和禁止有效性质疑等技术合同无效事由，维护技术市场的公平竞争；防止权利人滥用侵权警告和滥用诉权，完善确认不侵权诉讼和滥诉反赔制度。

17. 加大知识产权案件调解力度。在运用裁判方式审判案件的同时，注重知识产权案件的诉讼调解，坚持"能调则调，当判则判，调判结合，案结事了"的原则，将调解贯穿于案件审理的全过程，提高诉讼的调解率、和解撤诉率；高度重视在诉前临时措施案件中的调解；积极探索和总结知识产权行政案件协调和刑事自诉案件调解的经验；注意发挥行业协会和专业人士等的沟通协商作用，帮助消除对立情绪，协调解决矛盾纠纷。

18. 认真落实司法为民措施。加强诉讼指导和诉讼释明，增进当事人参与诉讼的能力，增强裁判的公信度和执行力。编制知识产权诉讼指南；坚持公开审判制度；全面实行当事人权利义务告知制度；实施诉讼风险提示制度；探索当事人举证指导制度；探索试行调查令制度，对于属于国家有关部门保存而当事人无法自行取得的证据和当事人确因客观原因不能自行收集的其他证据，可以探索由法院授权当事人的代理律师进行调查取证；加大司法救助力度，对经济确有困难的知识分子和特困、濒临破产企业，减免诉讼费；加强对代理人资格的审查，依法规范公民代理知识产权诉讼；依法规范法官和律师的关系，认真审查律师依法提交的诉讼材料，充分听取律师的意见；强化审限意识和效率意识，严格审查决定中止诉讼，避免造成当事人的诉累；提高裁判文书制作水平，做到辨法析理、胜败皆明。

四、采取有力措施，提高知识产权司法保障能力

19. 加强知识产权审判队伍职业化建设。注意从精通法律、外语基础较好、具有理工专业背景和一定审判经验的人员中选拔、培养知识产权法官，进一步完善知识产权审判队伍的专业结构；注意保持知识产权法官队伍的相对稳定；建立科学合理的绩效评价制度，避免简单以案件数量为衡量标准；加大对知识产权法官职业技能的培训力度；注意提高知识产权法官的政治素质和职业道德修养，切实提高廉洁司法意识。

20. 健全知识产权审判组织。最高法院、高级法院、受理知识产权民事案件较多的中级法院和指定受理知识产权民事案件的基层法院要设立独立的知识产权审判庭，其他中级法院要设置统一审理知识产权民事案件的合议庭；立案、刑事审判、行政审判、执行和审判监督等职能部门要指定专门的合议庭或者专业人员负责知识产权案件的审查、审判、执行。

21. 加强知识产权保护职能部门之间的协调与配合。要加强知识产权刑事、民事、行政审判部门之间的业务协调与沟通，加强知识产权审判部门与立案、执行和审判监督部门之间的工作衔接，加强上下级法院之间的信息通报和业务交流。要注意加强与相关知识产权行政执法部门的工作协调，加强与公安、检察机关在知识产权刑事执法中的工作配合与相互制约，加强同外事、商务、科技、信息产业、新闻、宣传等综合部门在知识产权保护工作中的信息沟通与相互协作。

22. 探索建立知识产权审判工作新机制。要从整体提升知识产权司法保护能力出发，以实现方便当事人诉讼和法院审理、优化审判资源配置、简化救济程序、保证司法统一为目标，提出完善知识产权司法保护的组织基础和理顺程序运作机制的科学对策。深入研究和推动完善专利、商标等知识产权确权纠纷解决机制。

23. 加强知识产权司法解释和立法建议。进一步提高司法解释的质量，增强司法解释的可操作性和工作透明度，统一司法尺度，不断完善知识产权诉讼制度；积极参与知识产权立法活动，及时向立法机关和国家有关部门提出立法建议，将实践证明成熟可行的司法经验通过立法形式予以肯定，推动知识产权法律体系的不断健全和完善。

24. 深入开展知识产权司法保护调研。要结合科技、经济、文化发展的特点和审判工作实际，加强对知识产权司法保护新问题的法律适用和诉讼制度建设的研究，适当借鉴国际知识产权保护的有益经验，跟踪国际知识产权研究的新成果，提出科学合理、切实可行的对策建议，推动调研成果的转化。积极参与国际知识产权立法活动。

25. 积极开展知识产权司法建议。针对知识产权案件审理中发现的地方政府和企业、科研机构等在知识产权工作中存在的问题，及时向行政主管部门、行业协会和企业、科研机构等提出司法建议，督促其健全制度、加强管理、堵塞漏洞、消除隐患，为地方党委、政府制定相关政策提供决策依据。对我国科技经济发展和行业兴衰可能产生重大影响的知识产权动向,应当及时向有关方面发出预警,以便做好应对准备。

26. 加大知识产权司法保护宣传力度。结合人民法院新闻发布制度,适时发布知识产权审判中的重要新闻和典型案例;坚持审判公开和透明原则,严格按照有关规定和要求,将生效知识产权裁判文书及时上网公开;选择有影响的案例,邀请人大代表、政协委员、行业协会和有关部门的代表、外国政府和国际组织驻华机构代表、专家学者等代表性人士和社会公众等旁听庭审,增强知识产权审判的公开性和公信力;加大对外宣传力度,加深世界各国对我国知识产权司法保护制度及保护状况的全面、客观的了解。

为建设创新型国家提供强有力的知识产权司法保障是人民法院的神圣职责。各级人民法院和全体知识产权法官要不断增强做好知识产权审判工作为建设创新型国家提供强有力的司法保障的责任感和使命感,不辱使命,扎实工作,求真务实,开拓创新,努力建设公正高效权威的知识产权司法保护制度,为建设创新型国家创造良好的法治环境。

最高人民法院
印发《关于贯彻实施国家知识产权战略若干问题的意见》的通知

2009 年 3 月 23 日　　　　　　　　　　　　　　法发〔2009〕16 号

各省、自治区、直辖市高级人民法院,解放军军事法院,新疆维吾尔自治区高级人民法院生产建设兵团分院:

现将《最高人民法院关于贯彻实施国家知识产权战略若干问题的意见》印发给你们,请结合审判工作实际,认真贯彻执行。

附:

最高人民法院
关于贯彻实施国家知识产权战略若干问题的意见

党的十七大明确提出"实施知识产权战略"的要求。国务院于 2008 年 6 月 5 日发布了《国家知识产权战略纲要》(以下简称《纲要》),决定实施国家知识产权战略。贯彻落实国家知识产权战略,是摆在全国法院面前的一项长期而紧迫的重要任务。各级人民法院必须以邓小平理论和"三个代表"重要思想为指导,深入学习实践科学发展观,始终坚持"三个至上"指导思想,紧紧围绕"为大局服务、为人民司法"工作主题,全面加强知识产权司法保护体系建设，充分发挥司法保护知识产权的主导作用，为建设创新型国家和全面建设小康社会提供强有力的司法保障。现根据国家知识产权战略要求，结合人民法院知识产权司法保护工作实际，制定如下意见。

一、充分认识实施国家知识产权战略的重大意义，切实增强人民法院知识产权司法保护的责任感和使命感

1. 实施知识产权战略，是提高自主创新能力，建设创新型国家，促进国民经济又好又快发展，实现全面建成小康社会奋斗目标的重大战略抉择。提高自主创新能力，建设创新型国家，这是国家发展战略的核心，是提高综合国力的关键。实施知识产权战略，这是在改革开放新时期，党中央、国务院根据提高自主创新能力和建设创新型国家的需要作出的一项重大战略部署，是关系国家前途和民族未来的大事。当前正在向实体经济蔓延的国际金融危机，更加突显了加强知识产权保护，提高自主创新能力，建设创新型国家的重要性。各级人民法院要从深入贯彻落实科学发展观的高度，从我国经济社会文化自身发展需求和知识经济发展迅速及经济全球化进程加快的角度，深刻领会知识产权战略是我国主动运用知识产权制度促进经济发展和社会进步的重要国家战略；要从有利于增强我国自主创新能力，有利于完善我国社会主义市场经济体制，有利于增强我国企业市场竞争力和提高国家核心竞争力，有利于扩大对外开放等方面，深刻领会实施知识产权战略是建设创新型国家的迫切需要，是转变经济发展方式的必由之路，是提高国家核心竞争力的关键举措；要从激励创造、有效运用、依法保护、科学管理四个方面，深刻领会实施国家知识产权战略的指导思想和基本精神。

2. 贯彻实施好国家知识产权战略，是人民法院服务大局的重要使命。为党和国家工作大局服务，是人民法院知识产权司法保护的重要出发点和立足点。各级人民法院要认清形势和明确任务，以高度的政治责任感和历史使命感，切实增强贯彻实施国家知识产权战略的自觉性和坚定性，紧紧依靠党委领导、人大监督、政府支持、政协以及社会各界的关心，抓住机遇、迎难而上，积极主动、开拓进取，加强组织领导、加大投入力度，有计划、分步骤，确保国家知识产权战略有关人民法院工作要求的贯彻落实和各项战略措施的顺利实施，使人民法院在实施国家知识产权战略进程中更加积极主动地发挥作用。

二、充分发挥司法保护知识产权的主导作用，切实保障创新型国家建设

3. 大力加强人民法院知识产权司法保护体系建设，切实发挥司法保护知识产权的主导作用。根据新形势新任务和我国知识产权保护的实际情况，《纲要》将"加强司法保护体系建设"、"发挥司法保护知识产权的主导作用"纳入国家知识产权战略重点。这是对我国司法在知识产权保护中职能作用的基本定位，也是从全局和国家发展战略的高度对我国知识产权司法保护工作提出的殷切期望和全新要求。人民法院贯彻实施国家知识产权战略，必须增强发挥司法保护知识产权主导作用的自觉性和主动性，以保障和促进创新型国家建设为基本目标，高度重视并全面加强知识产权审判工作，充分发挥各项知识产权审判的职能作用，切实加大知识产权司法保护力度，不断提高人民法院知识产权司法保护的整体效能，努力营造鼓励和引导创新的知识产权司法环境；必须大力解决影响和制约科学发展的突出问题，不断提高司法水平和司法效率，及时出台司法解释和司法政策，建立健全知识产权相关诉讼制度，大力完善知识产权司法保护制度；必须着力构建有利于科学发展、符合知识产权案件特点的审判体制和工作机制，全面优化知识产权审判资源配置，整体提升知识产权审判队伍素质，大幅度提升人民法院知识产权司法保护能力。

4. 充分发挥各项知识产权审判的职能作用，全面加强对各种知识产权的司法保护。以执法办案为第一要务，不断提高知识产权审判质量和效率，努力确保每一起案件都能够依法公正及时裁判并得到有效执行，增强知识产权司法保护的公信力和权威性，切实体现法院司法定分止争的终局作用，最大限度地维护人民群众的创新权益，实现知识产权领域的公平正义。充分运用刑事、民事和行政三种审判职能，大力发挥知识产权审判整体效能，对各种知识产权提供全面有效的司法保护。依法严惩各类侵犯知识产权犯罪，综合运用各种刑事制裁措施，充分发挥刑事审判惩治和预防知识产权犯罪的功能；依法调整涉及各种知识产权的民事法律关系，合理界定当事人权利义务，积极采取民事救济措施，充分发挥民事审判解决各种知识产权纠纷的主渠道作用；依法保护行政相对人的合法权益，监督和维护各相关行政主管机关依法履行各自职权范围内的知识产权行政执法和行政管理职责，充分发挥行政审判监督和支持知识产权行政执法保护的职能。

5. 综合运用知识产权司法救济手段，不断增强知识产权司法保护的有效性。依法确定当事人应当承担的各种法律责任，积极采取各种救济手段，对知识产权进行全方位的有效保护。通过判决赔偿经济损失和责令停止侵权、消除影响和赔礼道歉等，对权利人予以物质的与精神的、金钱的与非金钱的综合救济；通过终审判决和诉前或诉中临时措施裁定等，对权利人予以现实的和临时的司法救济；通过判处罚金、没收财产和采取民事制裁措施等，剥夺侵权人再侵权的能力和消除再侵权危险。特别是要突出发挥损害赔偿在制裁侵权和救济权利中的作用，坚持全面赔偿原则，依法加大赔偿力度，加重恶意侵权、重复侵权、规模化侵权等严重侵权行为的赔偿责任，努力确保权利人获得足够的充分的损害赔偿，切实保障当事人合法权益的实现。

6. 及时明晰知识产权法律适用标准，有效发挥司法保护知识产权的导向作用。根据知识产权司法保护中的法律适用需求，认真总结审判实践经验，及时发布司法解释，统一司法尺度，为确保法律正确适用和有效保护知识产权及时提供操作性规范依据。深入调查研究，找准司法保护服务经济社会发展的结合点和着力点，通过各种行之有效的形式，明确司法政策，加强司法指导，积极引导经济社会文化发展。加快构建符合中国国情的知识产权司法案例指导制度，充分发挥指导性案例在规范自由裁量权行使、统一法律适用标准中的作用，减少裁量过程中的随意性。依法受理并妥善裁决各种复杂疑难和新类型知识产权纠纷，及时为企业和社会提供价值判断和行为指引，规范和促进新兴产业发展。强化知识产权裁判的说理性，充分公开裁判文书，实现审判全过程的公开，发挥司法裁判的教育和导向作用，促使当事人息诉止争，引导案外人自行解决类似矛盾纠纷。

7. 努力加强人民法院与其他司法机关和知识产权行政执法机关之间的协作配合，

推动形成知识产权保护的整体合力。加强与公安、检察机关在知识产权刑事司法程序中的配合,依法受理和裁判知识产权刑事案件,切实加大刑事保护力度。加强与工商、版权、专利等行政主管部门在知识产权行政执法程序上的衔接,实现司法保护与行政保护的优势互补和良性互动。加强与知识产权、外事、商务、科技、信息产业、新闻、宣传等综合部门在知识产权保护工作中的沟通协调,扩大我国知识产权保护的影响力。

三、依法审理好各类知识产权案件,切实加大知识产权司法保护力度

8. 统筹兼顾各种重大关系,确保《纲要》提出的各项专项任务在人民法院系统的贯彻落实,实现知识产权审判全面协调可持续发展。一是处理好执行法律与服务大局的关系,既要坚持宪法和法律至上,履行法定职责,遵循司法规律、司法途径和司法方式,严格依法办案,做到公正司法,维护法律权威;又要强化大局意识和宏观思维,正确处理局部利益与全局利益的关系,努力实现办案法律效果与社会效果的有机统一,确保正确政治方向。二是处理好保护私权与维护公共利益的关系,既要强化私权保护意识和尊重私权保护规律,依法保护当事人的合法权益,通过保护私权实现激励创新的知识产权制度目标;又要合理界定知识产权的界限,服从法律为保护公共利益所设定的强制性规范,确保私权与公共利益的平衡,维护公共秩序。三是处理好依法保护与适度保护的关系,充分考虑和把握我国经济社会和科技文化发展状况,善于利用司法政策、自由裁量权和法律适用技术,使司法保护既合法,又适度;既能激励科技创新和经济发展,又有利于促进知识传播和运用;既能切实保护创新成果和创新权益,又能促进企业提高自主创新能力。四是处理好保护权利与防止滥用的关系,既要加大知识产权司法保护力度,严厉打击假冒、盗版等严重侵权行为,大力降低维权成本,大幅提高侵权代价,有效遏制侵权行为,切实保护权利人和消费者的合法权益,维护公平竞争的市场秩序;又要防止知识产权滥用,依法审查和支持在先权、先用权、现有技术、禁止反悔、合理使用等抗辩事由,制止垄断行为,依法受理和审查确认不侵权之诉和滥诉反赔之诉,规制滥用知识产权和诉讼程序打击竞争对手、排除和限制竞争、阻碍创新的行为,维护社会公众的合法权益。

9. 加强专利权司法保护,保障技术创新权益,促进自主创新。从我国国情出发,以国家战略需求为导向,依法保护专利权,根据我国科技发展阶段和产业知识产权政策,确定合理的权利保护范围和强度,平衡好权利人、使用者和社会公众之间的利益格局,强化科技创新活动中的知识产权司法政策导向作用。加大对经济增长有重大突破性带动作用、具有自主知识产权的关键核心技术的保护力度,促进高技术产业与新兴产业发展,提升我国自主创新能力和增强国家核心竞争力。不断完善专利侵权判定标准,准确确定专利权保护范围,正确认定专利侵权行为,在依法保护专利权的同时,防止不适当地扩张专利权保护范围、压缩创新空间、损害创新能力和公共利益。严格专利权利要求的解释,充分尊重权利要求的公示和划界作用,妥善处理相同侵权与等同侵权的关系,适度从严把握等同侵权的适用条件,合理确定等同侵权的适用范围,防止等同侵权的过度适用。注重发挥人民陪审员、专家证人和专家咨询、技术鉴定的作用,通过多种途径和渠道有效解决专业技术事实认定问题。

10. 加强商标权司法保护,维护商标信誉,推动形成自主品牌。通过商标案件的审判,支持和引导企业实施商标战略,促使其在经营中积极、规范使用自主商标,促进自主品牌的形成和品牌经济的发展。严厉制裁商标假冒、恶意模仿等侵权行为,严格适用侵权法律责任,切实保障商标权人和消费者的利益,维护公平竞争的市场秩序。正确把握商标权的法律属性,根据商标用于区别商品或服务来源的核心功能,合理界定商标权的范围,根据商标的显著性程度、知名度大小等确定保护强度和范围,准确认定商标侵权判定中的商品类似、商标近似和误导性后果。正确把握驰名商标司法认定和保护的法律定位,坚持事实认定、个案认定、被动认定、因需认定等司法原则,依法慎重认定驰名商标,合理适度确定驰名商标跨类保护范围,强化有关案件的审判监督和业务指导。妥善处理商标权保护与特定产业发展的关系,既注重保护商标权,又有利于促进相关产业的升级和发展。依法受理并及时处理好涉及地理标志和奥林匹克标志、世界博览会标志、特殊标志等案件。

11. 加强著作权司法保护,维护著作权人合法权利,提升国家文化软实力。严厉制裁盗版、抄袭等侵犯著作权行为,加大侵权赔偿力度,提高全社会的版权保护意识。依法合理界定著作权保护与合理使用、法定许可的关系,平衡处理创作者、传播者和利用者之间的利益关系,确保私人权利与公共利益的平衡,保障人民基本文化权益。加强对新闻出版、广播影视、文学艺术、文化娱乐、广告设计、工艺美术、计算机软件、信息网络等领域的著作权案件审判,推动版权相关产业健康有序发展,推进文化创新,增强文化发展活力,繁荣文化市场。有效应对互联网等新技术发展对著作权保护的挑战,准确把握网络环境下著作权司法保护的尺度,妥善处理保护著作权与保障信息传播的关系,既要有利于网络新技术和新商业模式的开发和运用,促进信息传播,又要充分考虑网络侵权的特点和维权的困难,完善网络环境下的证据规则,有效保障著作权。加大对计算机软件的司法保护力度,帮助企业开拓市场,促进相关服务外包产业成长。

12. 加强商业秘密司法保护,保护企业权益和职工择业自由,保障商业信息安全与人才合理流动。依法制裁窃取和非法披露、使用他人商业秘密的行为,保护企业商业秘密权益,引导市场主体依法建立健全商业秘密管理制度。妥善处理保护商业秘密与自由择业、涉密者竞业限制与人才合理流动的关系,维护职工合法权益。根据商业秘密案件特点,合理分配当事人的举证责任,合理确定当事人和诉讼参与人的保密义务。注意保护被控侵权人对自己商业秘密的正当权益,防止原告滥用诉权获取他人商业秘密。

13. 加强植物新品种权司法保护,激励农业科技创新,促进农业发展。强化农业知识产权保护,依法保护植物新品种权和育种技术,加大对具有自主知识产权的重大农业科技成果和植物新品种的保护力度,合理调节资源提供者、育种者、生产者和经营者之间的利益关系,激励农业科技创新,推动现代农业经营方式的转变,促进农业发展,保护农民利益,维护农村稳定,保障社会主义新农村建设。准确掌握植物新品种侵权判定标准,以繁殖材料承载的性状特征确定品种权的保护范围,以生产、销售或者重复使用授权品种的繁殖材料为侵权行为方式。依法判定民事责任,保障权利人利益的实现,注重对农民合法权益的保护,通过育种者免责、农民免责等权利限制,合理平衡权利人与社会公众的利益关系;本着既要及时制止侵权和防止侵权物再扩散,又要避免资源浪费的原则，慎重适用销毁侵权物的民事责任。针对种子生产和销售的季节性特点，注意运用证据保全措施及时固定相关证据。

14. 加强特定领域知识产权司法保护，有效保护特种资源，维护我国特色优势。根据现有法律规则和立法精神，积极保护遗传资源、传统知识、民间文艺和其他一切非物质文化遗产，根据历史和现实，公平合理地协调和平衡在发掘、整理、传承、保护、开发和利用过程中各方主体的利益关系，保护提供者、持有者知情同意和惠益分享的正当权益，合理利用相关信息。加强对传统医药和传统工艺的保护，促进传统知识和民间文艺的发展，推动传统资源转化为现实生产力和市场竞争力，弘扬民族产业优势和地区特色经济优势。依法保护集成电路布图设计专有权，及时予以司法救济，促进集成电路产业发展。

15. 依法制止不正当竞争，规范市场竞争秩序，推动形成统一开放竞争有序的现代市场体系。审理好仿冒知名商品特有名称、包装、装潢和虚假宣传、商业诋毁等不正当竞争案件，积极受理涉及企业名称（商号）、商业外观、计算机网络域名等新类型知识产权案件，制止一切非诚信的仿冒搭车行为，避免市场混淆和误导公众，切实维护权利人和消费者的合法权益，确保诚信竞争和有序竞争，促进社会信用体系建设。依法积极受理涉及注册商标、企业名称等与在先权利冲突的民事纠纷，按照遵循诚实信用、维护公平竞争和保护在先权利等原则，妥善予以裁决。准确把握反不正当竞争法的立法精神和适用条件，既要与时俱进，对市场上新出现的竞争行为，适用反不正当竞争法的原则规定予以规范和调整；又要严格依法，对于法律未作特别规定的竞争行为，只有按照公认的商业标准和普遍认识能够认定违反反不正当竞争法的原则规定时，才可以认定为不正当竞争行为，防止因不适当扩大不正当竞争行为方式范围而妨碍自由、公平竞争。对于既不存在商业秘密、又不存在法定和约定竞业限制的竞争领域，不能简单地以利用或损害特定竞争优势为由，适用反不正当竞争法的原则规定认定构成不正当竞争。

16. 积极开展反垄断审判，保护市场公平竞争，维护消费者利益与社会公共利益。根据民事诉讼法和反垄断法规定的受理条件，依法受理当事人因垄断行为提起的民事诉讼。切实履行审判职责，妥善处理竞争政策与产业政策的关系，审理好涉及滥用知识产权的垄断案件以及其他各类垄断案件，制止垄断行为，鼓励公平竞争，提高引进外资质量，促进经济结构调整，维护国家经济运行健康有序。加强反垄断审判调查研究工作，认真总结审判经验，及时明确司法原则、裁判标准和操作程序。

17. 妥善处理知识产权合同纠纷，维护交易安全，促进智力成果创造运用。尊重当事人意思自治，维护合同的严肃性和有效性，严格合同解除条件，依法制裁违约行为。依法合理掌握权属纠纷诉讼时效，准确界定职务成果与非职务成果，既要有利于激发研发创作人创新积极性，又要有利于促进成果的转化实施。本着尽可能降低交易风险和减少交易成本的精神，依法界定在知识产权委托或合作创造、转让、许可、质押等环节形成的法律关系和利益分配及责任承担，促进自主创新成果的知识产权化、商品化、产业化、市场化。积极受理特许经营合同纠纷，妥善处理知识产权代理合同纠纷。

18. 认真审查知识产权诉前临时措施申请，及时慎重裁定，有效制止侵权。发挥诉前临时措施的及时救济功能，确保在法定时限内作出裁定并立即予以执行。对于商标和著作权侵权案件，尤其是假冒和盗版等显性侵权和故意侵权案件，注意积极采取诉前责令停止侵权措施。适度从严掌握认定侵权可能性的标准，原则上应当达到基本确信的程度，在专利案件尤其是发明和实用新型专利案件中，要审慎决定采取诉前责令停止侵权措施。对于当事人起诉时或诉讼中提出的临时措施申请，要迅速审查并及时裁定和执行。对于证据保全申请，重点考虑证据风险和申请人的取证能力，及时作出裁定。

19. 强化对知识产权授权确权行为的司法复审，依法审查授权条件，统一和完善授权审查标准。在事实认定和法律适用上对专利和商标等知识产权授权确权行政行为进行全面的合法性审查，既要给予行政主管机关对专业技术事实评判的适当尊重，又要对相关的实质性授权条件进行独立审查判断，切实依法全面履行司法复审的基本职责。加强与行政主管机关的工作协调与业务交流，促进审理和审查标准的统一与完善，提高相关案件的执法水平。努力提高审判效率，及时依法确认权利的有效性，保障权利维护和利益实现的时效性。

20. 加强知识产权行政司法保护，依法监督行政行为，支持依法行政。依法审理各类知识产权行政案件，在合法性审查中既要保护知识产权行政相对人的合法权益，又要维护知识产权行政管理秩序，依法支持行政机关制裁侵权行为，促进知识产权行政保护。行政机关申请强制执行行政处理决定，经审查符合执行条件的，应及时裁定并予以强制执行。

21. 加大知识产权刑事司法保护力度，依法严厉制裁侵犯知识产权犯罪行为，充分体现惩罚和震慑犯罪功能。依法受理知识产权刑事案件并及时作出裁判，切实加大对假冒注册商标和侵犯著作权犯罪行为的打击力度，在依法适用主刑的同时，加大罚金刑的适用与执行力度，并注意通过采取追缴违法所得、收缴犯罪工具、销毁侵权产品等措施，从经济上剥夺侵权人的再犯罪能力和条件。配合有关部门，针对反复侵权、群体性侵权以及大规模假冒、盗版等行为，有计划、有重点地开展知识产权保护专项行动，遏制假冒盗版现象。统一和规范侵犯知识产权犯罪案件适用刑罚的条件和标准，准确把握宽严相济的刑事政策。依法审理侵犯知识产权的刑事自诉案件，切实保障被害人的刑事自诉权利。

22. 加强知识产权审判监督，保障当事人申诉权，维护知识产权司法公正。既要充分维护正确生效裁判的既判力，又要让符合法定条件的案件及时进入再审，确保公正司法和维护法制统一。统一裁定再审的标准，以生效裁判确有错误作为上级法院和本院依职权启动再审的标准，以符合法定再审事由作为依当事人申请裁定再审的标准。通过及时、规范的听证程序和耐心细致的审查说服工作，尽可能使当事人服判息诉，尽可能降低多次申诉的比率。努力提高审查的质量和效率，对于经审查申请书、答辩意见等足以确定再审事由是否成立的，可以迳行裁定。

23. 加大知识产权案件执行力度，保障裁判权益及时实现，树立司法保护权威。健全知识产权案件强制执行机制，充分运用执行工作联动威慑机制，完善提级执行、指定执行、委托执行等措施，保证知识产权案件的切实执行，强化对诉前临时措施裁定的及时执行。对被执行人拒不履行停止侵权的生效裁判内容继续其原侵权行为的，除支持权利人依法追究其民事责任以外，积极协调公安、检察机关以拒不执行判决、裁定罪追究其刑事责任。

24. 依法开展涉外知识产权司法保护，保障对外开放，促进国际经贸合作。正确处理本国利益与他国利益的关系、对外关系与具体案件审理的关系、本国当事人与外国当事人的利益关系，始终坚持依法公正审判和平等保护原则，维护和提升我国司法良好的国际形象，优化经济发展外部环境。统筹国内国际两个大局，妥善处理与贸易有关的重大知识产权纠纷，既确保遵循相关国际公约及国际惯例，也始终维护国家利益和经济安全。注意从个案中发现知识产权工作的薄弱环节和管理漏洞，通过司法建议和裁判说明等形式，对行政管理提出改进建议，为行业和产业提供行为预警，提高企业应对知识产权纠纷的能力，延伸知识产权司法保护效果。

四、完善知识产权审判体制和工作机制，优化审判资源配置

25. 积极探索符合知识产权特点的审判组织模式。按照《纲要》要求，研究设置统一受理知识产权民事、行政和刑事案件的专门知识产权审判庭，尽快统一专利和商标等知识产权授权确权案件的审理分工，优化知识产权审判资源配置，实现知识产权司法的统一高效。认真总结近年来一些地方法院开展的由一个审判庭统一受理知识产权民事、行政和刑事案件试点工作，以及采用扩大合议庭组成或知识产权民事法官参与知识产权刑事、行政案件审判的探索工作，深入调查研究，认真解决试点和探索工作中出现的问题，加强统一协调和工作指导，积极稳妥地加以推进。

26. 探索建立知识产权上诉法院。按照《纲要》要求，加强与相关部门的沟通、协调和配合，根据完善知识产权案件上诉机制的要求，深入研究建立知识产权上诉法院的可行性和必要性，积极探索有关改革路径和模式，努力实现知识产权确权程序与侵权诉讼程序的有效衔接，简化司法救济程序，提高裁判效率，保证司法统一。

27. 推动改革专利和商标确权授权程序。积极配合国家有关部门，以简化救济程序为目标，研究专利无效审理和商标评审机构向准司法机构转变的问题，积极推动相关法律规定的修订。

28. 健全知识产权多元纠纷解决机制。坚持"调解优先、调判结合"原则和"定分止争、案结事了"要求，加大知识产权案件调解力度，将调解贯穿于案件审理的全过程。高度重视在诉前临时措施案件和刑事自诉案件中的调解以及在知识产权行政案件中的协调，加强审判工作与人民调解、行政调解、仲裁等纠纷解决方式的衔接，积极支持调解和仲裁机构以及知识产权援助中心等发挥处理知识产权纠纷的作用，注意发挥行业协会、专业部门和专业人士等的沟通协商、参与调解的作用，扩大邀请协助调解的案件范围，努力提高诉讼调解率、和解撤诉率。

29. 加强知识产权司法保护宣传。采取各种形式大力宣传知识产权司法保护，提高全社会知识产权意识，推进知识产权文化建设。结合人民法院新闻发布制度，适时发布知识产权审判中的重要新闻和典型案例，努力做到"4·26"世界知识产权日司法保护宣传常态化。坚持审判公开和透明原则，严格按照有关规定和要求，将生效知识产权裁判文书及时上网公开。定期选择有影响的案例，邀请人大代表、政协委员、专家学者、行业协会和有关部门的代表、外国政府和国际组织驻华机构代表等代表性人士和社会公众等旁听庭审，增进司法公开，接受群众监督，扩大社会影响。

30. 扩大知识产权对外司法交流合作。建立和完善知识产权司法保护对外信息沟通交流机制，积极参与国际和区域知识产权交流与合作，拓展交流深度，加大宣传力度，加深世界各国对我国知识产权司法保护制度及保护状况的全面、客观了解。既要根据我国国情和发展需求开展知识产权司法保护，又要有针对性地学习借鉴吸收国外有益司法经验。

五、加强知识产权司法解释工作，完善知识产权诉讼制度

31. 及时制定知识产权司法解释。按照《纲要》要求，增强司法解释的针对性和及时性，针对审判实践存在的比较普遍和突出的法律适用问题，及时制定司法解释，明确司法原则和政策，统一司法标准，规范并细化自由裁量权的行使，完善知识产权诉讼制度。强化司法解释的科学性和实效性，深入开展调查研究，广泛听取和征求各方面的意见，注意发挥学术团体、研究机构以及中介组织的参与作用，共同为完善知识产权司法保护制度提供智力支持。近期发布关于驰名商标司法保护的司法解释，尽快出台关于专利侵权判断标准和反垄断民事诉讼程序的司法解释。

32. 建立健全知识产权相关诉讼制度。按照《纲要》要求，与有关部门协调配合，针对知识产权案件专业性强等特点，建立和完善司法鉴定、专家证人、技术调查等诉讼制度，鼓励有条件的法院在专利等技术性案件审判中积极探索开展技术调查的有效方式和具体做法。完善知识产权诉前临时措施制度，适时启动相关司法解释的起草工作。配合有关部门明确知识产权代理人的诉讼执业资质问题，推动有关部门研究建立相关律师代理制度。

33. 调整完善知识产权案件管辖制度。按照既方便法院审理和当事人诉讼，又充分满足科技创新和经济社会发展对知识产权审判新需求的原则，统筹规划知识产权审判管辖体制。继续坚持对专利、植物新品种和集成电路布图设计案件的指定管辖制度，严格控制新增专利案件管辖权的中级人民法院的数量；适度集中垄断案件和涉及驰名商标认定等特殊类型知识产权案件的管辖权；适当增加受理著作权、商标、不正当竞争和知识产权合同等一般知识产权案件的基层法院；经上级人民法院依法指定，具有一般知识产权案件管辖权的基层法院可以跨区域管辖同一上级人民法院辖区内的一般知识产权案件。

六、加强知识产权审判队伍建设，提高知识产权司法保护能力

34. 进一步健全知识产权审判机构。各级人民法院要根据担负的知识产权审判职责和任务的客观需要，本着立足现实、兼顾长远的原则精神，加强知识产权审判庭的机构设置、人员编制和内设机构配置。在中级以上法院和具有案件管辖权的基层法院普遍建立知识产权审判庭，暂不具备独立设庭的中级人民法院，也应当建立或指定专门负责审理知识产权案件的合议庭。

35. 大力充实知识产权审判队伍。采取切实有效措施，调整和充实知识产权法官队伍，提高知识产权法官队伍素质，强化审判和执行能力。注意从精通法律、外语基础较好、具有理工专业背景和一定审判经验的人员中选拔、培养知识产权法官，有效缓解案件持续增长与专业审判力量相对不足的矛盾。保持知识产权法官队伍的基本稳定，完善知识产权审判人才的专业结构，对于专业性和技术性较强的知识产权案件，尽可能由相对固定的合议庭和专业法官负责审理，重点培养一批社会认可度高的专业型、专家型知识产权法官。充分考虑知识产权审判和知识产权法官培养的规律，在工作量、业务考核等方面采用科学合理的业绩评价指标。积极开展与专利复审委员会等知识产权专业部门的人员和业务交流，鼓励东中西部法院之间开展各种形式的业务和人才交流。加大知识产权审判技能和专业知识培训力度，最高人民法院和各高级人民法院要制定长期培训规划，及时更新培训大纲，保证培训时间和质量，重点加大对中、基层法院和中西部地区法院知识产权审判人员的培训力度。

36. 高度重视知识产权法官队伍思想政治建设和廉政建设。强化知识产权审判人员的政治纪律和工作责任，进一步加强社会主义法治理念教育，使全体审判人员牢固树立"三个至上"指导思想，切实做到为民、务实、清廉。严格执行有关反腐倡廉的制度和要求，认真落实"五个严禁"的规定，每一位审判人员要时刻保持警惕，各级领导要切实负起责任，加强对关键环节的监督检查，规范司法行为，严惩违规行为，确保知识产权司法的公正和廉洁。积极发掘并大力宣传知识产权司法保护工作中的好经验、好做法、好人物、好事迹，树立人民法院和知识产权法官的良好形象。

最高人民法院
印发《关于当前经济形势下知识产权审判服务大局若干问题的意见》的通知

2009 年 4 月 21 日　　　　　　　　　　　　　　法发〔2009〕23 号

各省、自治区、直辖市高级人民法院，解放军军事法院，新疆维吾尔自治区高级人民法院生产建设兵团分院：

现将最高人民法院《关于当前经济形势下知识产权审判服务大局若干问题的意见》印发给你们，请结合审判工作实际，认真贯彻执行。

附：

最高人民法院
关于当前经济形势下知识产权审判服务大局若干问题的意见

当前，我国国民经济继续保持平稳较快发展，改革开放深入推进，社会事业加快发展，人民生活进一步改善，但同时也面临着严重的困难和挑战。为深入贯彻全国"两会"精神，落实国家知识产权战略，使知识产权审判更好地服务于有效应对国际金融危机冲击，促进经济平稳较快发展的大局，为"保增长、保民生、保稳定"作出更加积极的贡献，现就当前经济形势下人民法院做好知识产权审判工作的若干问题，提出如下意见：

一、立足实际，突出重点，努力增强知识产权审判服务大局的针对性和有效性

1. 充分认识知识产权保护对于促进经济平稳较快发展的重要性，切实增强服务大局的使命感。知识产权是国家科技创新能力和水平的集中体现，是国家发展的战略性资源，是提高国际竞争力的核心要素。现代经济竞争归根结底也是知识产权的竞争。加强知识产权保护，提高知识产权的创造、运用和管理水平，对于加快经济结构调整、转变发展方式、推进自主创新、深化改革、提高对外开放水平，从而保持经济平稳较快发展，都具有重要意义。历史经验表明，经济危机常常伴随着科技革命，科技革命又成为推动新一轮经济增长和繁荣的重要引擎。在当前经济形势下加强知识产权保护，对于有效推动科技创新和科技革命，为催生新兴产业、创造新的市场需求、培育新的经济增长点和引领经济发展新方向，具有重大作用。

2. 高度关注国际国内经济形势变化对于知识产权审判的新需求，切实增强服务大局的针对性、有效性和主动性。当前经济形势对于知识产权审判提出了更新更高的要求和期待。知识产权司法保护只能加强和提升，不能削弱和放松。各级法院务必要增强危机意识、忧患意识、宏观意识和大局意识，更加注重拓展创新空间，促进培育自主知识产权、自主品牌和新的经济增长点，增强企业的市场竞争力，提高国家的核心竞争力；更加注重营造开放自由的贸易和投资环境，规范市场秩序，维护公平竞争，完善社会主义市场经济体制，大力推动诚信社会的建设，在应对挑战、化危为机中充分发挥知识产权审判的独特职能作用。

二、加大专利权保护力度，着力培育科技创新能力和拓展创新空间，积极推进自主创新

3. 以贯彻新修订的专利法为契机，高度重视专利审判工作，全面提高专利审判水平。以专利为核心的科技创新成果构成了企业和国家的核心竞争力，加强专利权保护对于科技进步和自主创新具有最直接、最重要的促进作用。各有关法院要以提高创新能力和建设创新型国家的责任感和使命感，高度重视专利案件的审理，把提高专利审判水平作为一项重点工作。要深刻领会和正确把握专利法立法宗旨和精神，加强调查研究，及时发现新情况，解决新问题，确保修订后的专利法的正确贯彻实施。

4. 准确把握专利司法政策，切实加强专利权保护。要从我国国情出发，根据我国科技发展阶段和产业知识产权政策，依法确定合理的专利司法保护范围和强度，既要使企业具有投资创新的动力，使个人具有创造热情，使社会富有创造活力，又不能使专利权成为阻碍技术进步、不正当打击竞争对手的工具；既能够充分调动、配置全社会的资本和技术资源，又能够加速技术信息的传播和利用。要正确适用专利侵权判定原则和方法，进一步总结审判经验，完善权利要求解释规则和侵权对比判定标准。正确解释发明和实用新型专利的权利要求，准确界定专利权保护范围，既不能简单地将专利权保护范围限于权利要求严格的字面含义，也不能将权利要求作为一种可以随意发挥的技术指导，应当从上述两种极端解释的中间立场出发，使权利要求的解释既能够为专利权人提供公平的保护，又能确保给予公众以合理的法律稳定性。凡写入独立权利要求的技术特征，均应纳入技术特征对比之列。对于权利人在专利授权确权程序中所做的实质性的放弃或者限制，在侵权诉讼中应当禁止反悔，不能将有关技术内容再纳入保护范围。严格等同侵权的适用条件，探索完善等同侵权的适用规则，防止不适当地扩张保护范围。依法认真审查各种不侵权抗辩事由和侵权责任抗辩事由，合理认定先用权，依法支持现有技术抗辩。

三、加强商业标识保护，积极推动品牌经济发展，规范市场秩序和维护公平竞争

5. 充分尊重知名品牌的市场价值，依法加强知名品牌保护。知名品牌凝聚了企业的竞争优势，是企业参与国内国际市场竞争的利器，代表着核心的经济竞争力，是企业和国家的战略性资产，也是引领市场消费方向的主要因素。人民法院要通过依法加强商标权保护和制止不正当竞争，为知名品牌的创立和发展提供和谐宽松的法律环境，促进品牌经济发展，刺激和创造消费需求，拉动经济增长，增强我国企业的国内和国际竞争力。

6. 完善商标司法政策，加强商标权保护，促进自主品牌的培育。正确把握商标权的专用权属性，合理界定权利范围，既确保合理利用商标资源，又维护公平竞争；既以核定使用的商品和核准使用的商标为基础，加强商标专用权核心领域的保护，又以市场混淆为指针，合理划定商标权的排斥范围，确保经营者之间在商标的使用上保持清晰的边界，使自主品牌的创立和发展具有足够的法律空间。未经商标注册人许可，在同一种商品上使用与其注册商标相同的商标的，除构成正当合理使用的情形外，认定侵权行为时不需要考虑混淆因素。认定商品类似和商标近似要考虑请求保护的注册商标的显著程度和市场知名度，对于显著性越强和市场知名度越高的注册商标，给予其范围越宽和强度越大的保护，以激励市场竞争的优胜者，净化市场环境，遏制不正当搭车、模仿行为。

7. 妥善处理注册商标实际使用与民事责任承担的关系，使民事责任的承担有利于

鼓励商标使用，激活商标资源，防止利用注册商标不正当地投机取巧。请求保护的注册商标未实际投入商业使用的，确定民事责任时可将责令停止侵权行为作为主要方式，在确定赔偿责任时可以酌情考虑未实际使用的事实，除为维权而支出的合理费用外，如果确无实际损失和其他损害，一般不根据被控侵权人的获利确定赔偿；注册人或者受让人并无实际使用意图，仅将注册商标作为索赔工具的，可以不予赔偿；注册商标已构成商标法规定的连续三年停止使用情形的，可以不支持其损害赔偿请求。

8. 加强驰名商标司法认定的审核监督，完善驰名商标司法保护制度，确保司法保护的权威性和公信力。严格把握驰名商标的认定范围和认定条件，严禁扩张认定范围和降低认定条件。凡商标是否驰名不是认定被诉侵权行为要件的情形，均不应认定商标是否驰名。凡能够在认定类似商品的范围内给予保护的注册商标，均无需认定驰名商标。对于确实符合法律要求的驰名商标，要加大保护力度，坚决制止贬损或者淡化驰名商标的侵权行为，依法维护驰名商标的品牌价值。认真贯彻《最高人民法院关于涉及驰名商标认定的民事纠纷案件管辖问题的通知》（法〔2009〕1号），凡通知下发以后不具有管辖权的法院受理的此类案件，均需移送有管辖权的法院审理；通知下发前受理、尚未审结的此类案件，要严格执行判前审核制度。各级法院均应加强已认定驰名商标的案件的评查和审判监督，对于伪造证据骗取驰名商标认定的案件，以及其他违法认定驰名商标的案件，均需通过审判监督程序予以纠正；当事人在涉及驰名商标认定的案件中有妨碍民事诉讼行为的，依法给予制裁。有管辖权的法院均应积极接受各有关方面对于驰名商标司法认定的监督，发现问题务必及时解决。有关驰名商标司法保护的司法解释颁布施行以后，各级法院要认真贯彻落实，使驰名商标司法保护更加规范化。

9. 加强商标授权确权案件的审判工作，正确处理保护商标权与维持市场秩序的关系。既要有效遏制不正当抢注他人在先商标行为，加强对于具有一定知名度的在先商标的保护，又要准确把握商标权的相对权属性，不能轻率地给予非驰名注册商标跨类保护。正确区分撤销注册商标的公权事由和私权事由，防止不适当地扩张撤销注册商标的范围，避免撤销注册商标的随意性。对于注册使用时间较长、已建立较高市场声誉和形成自身的相关公众群体的商标，不能轻率地予以撤销，在依法保护在先权利的同时，尊重相关公众已在客观上将相关商标区别开来的市场实际。要把握商标法有关保护在先权利与维护市场秩序相协调的立法精神，注重维护已经形成和稳定了的市场秩序，防止当事人假商标争议制度不正当地投机取巧和巧取豪夺，避免因轻率撤销已注册商标给企业正常经营造成重大困难。与他人著作权、企业名称权等在先财产权利相冲突的注册商标，因超过商标法规定的争议期限而不可撤销的，在先权利人仍可在诉讼时效期间内对其提起侵权的民事诉讼，但人民法院不再判决承担停止使用该注册商标的民事责任。

10. 妥善处理注册商标、企业名称与在先权利的冲突，依法制止"傍名牌"等不正当竞争行为。除注册商标之间的权利冲突民事纠纷外，对于涉及注册商标、企业名称与在先权利冲突的民事纠纷，包括被告实际使用中改变了注册商标或者超出核定使用的商品范围使用注册商标的纠纷，只要属于民事权益争议并符合民事诉讼法规定的受理条件，人民法院应予受理。凡被诉侵权商标在人民法院受理案件时尚未获得注册的，均不妨碍人民法院依法受理和审理；被诉侵权商标虽为注册商标，但被诉侵权行为是复制、摹仿、翻译在先驰名商标的案件，人民法院应当依法受理。

按照诚实信用、维护公平竞争和保护在先权利等原则，依法审理该类权利冲突案件。有工商登记等的合法形式，但实体上构成商标侵权或者不正当竞争的，依法认定构成商标侵权或者不正当竞争，既不需要以行政处理为前置条件，也不应因行政处理而中止诉讼。在中国境外取得的企业名称等商业标识，即便其取得程序符合境外的法律规定，但在中国境内的使用行为违反我国法律和扰乱我国市场经济秩序的，按照知识产权的独立性和地域性原则，依照我国法律认定其使用行为构成商标侵权或者不正当竞争。企业名称因突出使用而侵犯在先注册商标专用权的，依法按照商标侵权行为处理；企业名称未突出使用但其使用足以产生市场混淆、违反公平竞争的，依法按照不正当竞争处理。对于因历史原因造成的注册商标与企业名称的权利冲突，当事人不具有恶意的，应当视案件具体情况，在考虑历史因素和使用现状的基础上，公平合理地解决冲突，不宜简单地认定构成商标侵权或者不正当竞争；对于权属已经清晰的老字号等商业标识纠纷，要尊重历史和维护已形成的法律秩序。对于具有一定市场知名度、为相关公众所熟知、已实际具有商号作用的企业名称中的字号、企业或者企业名称的简称，视为企业名称并给予制止不正当竞争的保护。因使用企业名称而构成侵犯商标权的，可以根据案件具体情况判令停止使用，或者对该企业名称的使用方式、使用范围作出限制。因企业名称不正当使用他人具有较高知名度的注册商标，不论是否突出使用均难以避免产生市场混淆的，应当根据当事人的请求判决停止使用或者变更该企业名称。判决停止使用而当事人拒不执行的，要加大强制执行和相应的损害赔偿救济力度。

11. 加强不正当竞争和反垄断审判，统筹兼顾自由竞争与公平竞争的关系，积极促进市场结构完善和社会主义市场经济体制的健全。妥善处理专利、商标、著作权等知识产权专门法与反不正当竞争法的关系，反不正当竞争法补充性保护不能抵触专门法的立法政策，凡专门法已作穷尽规定的，原则上不再以反不正当竞争法作扩展保护。凡反不正当竞争法已在特别规定中作穷尽性保护的行为，一般不再按照原则规定扩展其保护范围；对于其未作特别规定的竞争行为，只有按照公认的商业标准和普遍认识能够认定违反原则规定时，才可以认定构成不正当竞争行为，防止因不适当地扩大不正当竞争范围而妨碍自由、公平竞争。妥善处理保护商业秘密与自由择业、涉密者竞业限制和人才合理流动的关系，维护劳动者正当就业、创业的合法权益。高度重视反垄断法的执行，依法审理好各类垄断纠纷案件，遏制垄断行为，维护公平竞争，为企业提供自由宽松的创业和发展环境。

四、完善知识产权诉讼制度，着力改善贸易和投资环境，积极推动对外开放水平的提高

12. 加强诉权保护，畅通诉讼渠道。依法加强诉权保护，凡符合受理条件的起诉均应及时受理；凡经权利人明确授权代为提起诉讼的律师，均可以权利人的名义提起诉讼，并考虑境外当事人维权的实际，不苛求境外权利人在起诉书上签章。结合知识产权审判实际，完善各种诉讼制度，简化救济程序，积极施行各项便民利民措施，增强司法救济的有效性。

13. 完善确认不侵权诉讼制度，遏制知识产权滥用行为，为贸易和投资提供安全宽松的司法环境。继续探索和完善知识产权领域的确认不侵权诉讼制度，充分发挥其维护投资和经营活动安全的作用。除知识产权权利人针对特定主体发出侵权警告且未在合理期限内依法提起诉讼，被警告人可以提起确认不侵权诉讼以外，正在实施或者准备实施投资建厂等经营活动的当事人，受到知识产权权利人以其他方式实施的有关侵犯专利权等的警告或威胁，主动请求该权利人确认其行为不构成侵权，且以合理的方式提供了确认所需的资料和信息，该权利人在合理期限内未作答复或者拒绝确认的，也可以提起确认不侵权诉讼。探索确认不侵犯商业秘密诉讼的审理问题，既保护原告的合法权益和投资安全，又防止原告滥用诉权获取他人商业秘密。

14. 严格把握法律条件，慎用诉前停止侵权措施。采取诉前停止侵权措施既要积极又要慎重，既要合理又要有效，要妥善处理有效制止侵权与维护企业正常经营的关系。诉前停止侵权主要适用于事实比较清楚、侵权易于判断的案件，适度从严掌握认定侵权可能性的标准，应当达到基本确信的程度。在认定是否会对申请人造成难以弥补的损害时，应当重点考虑有关损害是否可以通过金钱赔偿予以弥补以及是否有可执行的合理预期。担保金额的确定既要合理又要有效，主要考虑禁令实施后对被申请人可能造成的损失，也可以参考申请人的索赔数额。严格审查被申请人的社会公共利益抗辩，一般只有在涉及公众健康、环保以及其他重大社会利益的情况下才予考虑。诉前停止侵权涉及当事人的重大经济利益和市场前景，要注意防止和规制当事人滥用有关权利。应考虑被诉企业的生存状态，防止采取措施不当使被诉企业生产经营陷入困境。特别是在专利侵权案件中，如果被申请人的行为不构成字面侵权，其行为还需要经进一步审理进行比较复杂的技术对比才能作出判定时，不宜裁定责令诉前停止侵犯专利权；在被申请人依法已经另案提出确认不侵权诉讼或者已就涉案专利提出无效宣告请求的情况下，要对被申请人主张的事实和理由进行审查，慎重裁定采取有关措施。根据案件进展情况，注意依法适时解除诉前停止侵权裁定。加强在诉前停止侵权措施申请错误时对受害人的救济，申请人未在法定期限内起诉或者已经实际构成申请错误，受害人提起损害赔偿诉讼的，应给予受害人应有的充分赔偿。对于为阻碍他人新产品上市等重大经营活动而恶意申请诉前停止侵权措施，致使他人的市场利益受到严重损害的情形，要注意给予受害人充分保护。

15. 充分发挥停止侵害的救济作用，妥善适用停止侵害责任，有效遏制侵权行为。根据当事人的诉讼请求、案件的具体情况和停止侵害的实际需要，可以明确责令当事人销毁制造侵权产品的专用材料、工具等，但采取销毁措施应当以确有必要为前提，与侵权行为的严重程度相当，且不能造成不必要的损失。如果停止有关行为会造成当事人之间的重大利益失衡，或者有悖社会公共利益，或者实际上无法执行，可以根据案件具体情况进行利益衡量，不判决停止行为，而采取更充分的赔偿或者经济补偿等替代性措施了断纠纷。权利人长期放任侵权、怠于维权，在其请求停止侵害时，倘若责令停止有关行为会在当事人之间造成较大的利益不平衡，可以审慎地考虑不再责令停止行为，但不影响依法给予合理的赔偿。

16. 增强损害赔偿的补偿、惩罚和威慑效果，降低维权成本，提高侵权代价。在确定损害赔偿时要善用证据规则，全面、客观地审核计算赔偿数额的证据，充分运用逻辑推理和日常生活经验，对有关证据的真实性、合法性和证明力进行综合审查判断，采取优势证据标准认定损害赔偿事实。积极引导当事人选用侵权受损或者侵权获利方法计算赔偿，尽可能避免简单适用法定赔偿方法。对于难以证明侵权受损或侵权获利的具体数额，但有证据证明前述数额明显超过法定赔偿最高限额的，应当综合全案的证据情况，在法定最高限额以上合理确定赔偿额。除法律另有规定外，在适用法定赔偿时，合理的维权成本应另行计赔。适用法定赔偿时要尽可能细化和具体说明各种实际考虑的酌定因素，使最终得出的赔偿结果合理可信。根据权利人的主张和被告无正当理由拒不提供所持证据的行为推定侵权获利的数额，要有合理的根据或者理由，所确定的数额要合情合理，具有充分的说服力。注意参照许可费计算赔偿时的可比性，充分考虑正常许可与侵权实施在实施方式、时间和规模等方面的区别，并体现侵权赔偿金适当高于正常许可费的精神。注意发挥审计、会计等专业人员辅助确定损害赔偿的作用，引导当事人借助专业人员帮助计算、说明和质证。积极探索知识产权损害赔偿专业评估问题，在条件成熟时适当引入由专业机构进行专门评估的损害赔偿认定机制。

17. 注意研究经济领域的知识产权新问题，积极促进科技兴贸基地和服务外包基地建设。加强科技兴贸基地和服务外包基地建设所涉及的知识产权保护问题的调查研究，有针对性地加强相关知识产权的司法保护，为促进科技兴贸基地和服务外包基地建设提供优良的司法环境。加大对信息、软件、医药、新材料、航空航天、精细化工等高新技术领域的知识产权保护力度，积极促进科技兴贸基地建设。引导高技术企业进一步增强自主创新能力，拥有自主知识产权，大力支持具有自主品牌和自主知识产权的高新技术产品出口，进一步提高出口产品国际市场竞争力。深入研究服务外包中的知识产权法律问题，促进服务外包基地建设。通过司法裁判引导服务外包企业树立知识产权保护意识，建立健全企业知识产权保护制度，提高外包服务的竞争力。

18. 完善有关加工贸易的司法政策，促进加工贸易健康发展。认真研究加工贸易中的知识产权保护问题，抓紧总结涉及加工贸易的知识产权案件的审判经验，解决其中存在的突出问题，完善司法保护政策，促进加工贸易的转型升级。妥善处理当前外贸"贴牌加工"中多发的商标侵权纠纷，对于构成商标侵权的情形，应当结合加工方是否尽到必要的审查注意义务，合理确定侵权责任的承担。

19. 坚持平等保护原则，坚决反对任何形式的保护主义。严格依法办案，平等保护本地与外地、本国与外国当事人的合法权益，坚决遏制地方保护和部门保护，促进国内市场的统一开放，完善投资环境和增强投资信心，提高国际声誉和树立良好形象，提高对外开放水平。统筹好国内国际两个大局，妥善处理与贸易有关的重大知识产权纠纷，积极服务于国内国际两个市场、两种资源的统筹利用，既确保遵循相关国际公约和国际惯例，促进国际经贸合作，又始终注意维护国家利益和经济安全，激励和促进自主创新，提升我国的知识产权综合能力和国际竞争力。正确处理对外关系与具体案件审理的关系，无论普通涉外案件还是引起国际关注的敏感性案件，都要严格依法办案，不能为盲目迎合片面的外部舆论而牺牲公正司法。

20. 加强同类案件和关联案件的协调指导，规范司法行为，维护法治统一。加强同类案件的调查研究和业务指导,加大司法解释力度,完善司法政策,积极推行典型案例指导制度,不断明确和完善法律适用标准。强化对法官行使自由裁量权的约束和规范机制,细化正当行使自由裁量权的标准。对于法律问题相同、裁判定性不一的案件,强化审级监督,充分发挥二审和再审的纠错功能。加强关联案件的协调指导力度,完善协调处理机制。对于涉及同一法律事实或者同一法律关系的关联案件,需要移送的,应当依照法律规定移送管辖和合并审理。健全关联案件审理法院之间的相互沟通制度和报请共同上级法院协调指导制度。在后受理的法院,应积极主动加强沟通并及时报请上级法院进行协调,避免作出相互矛盾的判决。

最高人民法院印发《关于充分发挥知识产权审判职能作用推动社会主义文化大发展大繁荣和促进经济自主协调发展若干问题的意见》的通知

2011 年 12 月 16 日　　　　　　　　　　　　　法发〔2011〕18 号

各省、自治区、直辖市高级人民法院,解放军军事法院,新疆维吾尔自治区高级人民法院生产建设兵团分院:

现将《最高人民法院关于充分发挥知识产权审判职能作用推动社会主义文化大发展大繁荣和促进经济自主协调发展若干问题的意见》印发给你们,请结合审判工作实际,认真贯彻执行。执行中遇到问题,请随时报告我院。

附:

最高人民法院关于充分发挥知识产权审判职能作用推动社会主义文化大发展大繁荣和促进经济自主协调发展若干问题的意见

为深入贯彻十七届六中全会、中央经济工作会议精神和"十二五"规划纲要要求,充分发挥知识产权审判在推动社会主义文化大发展大繁荣及促进经济发展方式加快转变和经济自主协调发展中的职能作用,现就有关问题提出如下意见:

一、解放思想，能动司法，切实增强提供知识产权司法保障的责任感和使命感

1. 提高认识，切实增强推动社会主义文化大发展大繁荣和促进经济自主协调发展的积极性和主动性。十七届六中全会通过的《中共中央关于深化文化体制改革推动社会主义文化大发展大繁荣若干重大问题的决定》，确定了中国特色社会主义文化发展道路，确立了建设社会主义文化强国的战略目标，提出了新形势下推动文化改革发展的指导思想、目标任务、重要方针、重大举措，是当前和今后一个时期指导我国社会主义文化建设的纲领性文件。国民经济和社会发展"十二五"规划纲要明确，未来五年我国各项工作必须以科学发展为主题，以加快转变经济发展方式为主线；坚持把经济结构战略性调整作为主攻方向，把科技进步和创新作为重要支撑。中央经济工作会议要求，要牢牢把握发展实体经济这一坚实基础，努力营造鼓励脚踏实地、勤劳创业、实业致富的社会氛围；牢牢把握加快改革创新这一强大动力，抓住时机尽快在一些重点领域和关键环节取得突破，着力提高原始创新能力，不断增强集成创新、引进消化吸收再创新能力；坚持创新驱动，强化知识产权保护；培育发展战略性新兴产业，注重推动重大技术突破，注重增强核心竞争力；加快壮大文化产业，推动文化事业蓬勃发展。文化发展、科技进步和知识创新，是推动经济发展方式转变和经济自主协调发展的根本动力。知识产权保护与促进文化发展繁荣和经济自主协调发展密切相关。各级法院和广大知识产权法官要充分认清形势，切实增强大局意识和责任意识，坚持能动司法，找准结合点和着力点，在知识产权司法保护中，更加注重激励文化发展和科技进步，更加注重推进文化创新和发展新型文化业态，更加注重推动知识产权文化的发展和繁荣；更加注重发挥知识产权对实体经济的促进和引领作用，更加注重培育发展战略性新兴产业和推动经济结构战略性调整，更加注重提高我国的综合国力和国际竞争力，在推动社会主义文化大发展大繁荣和经济自主协调发展中充分发挥建设者和保障者的作用。

2. 更新观念，切实增强服务社会主义文化大发展大繁荣和经济自主协调发展的针对性和有效性。要强化加强保护观念，充分认识加强保护是当前知识产权司法保护的主要矛盾、基本定位和政策取向，统筹好国际国内两个大局，用足用好知识产权法律，加强各类知识产权司法保护，切实降低维权成本和加大制裁力度。要强化分门别类和宽严适度观念，在知识产权司法保护中注意适应各类知识产权的属性和特点，符合各类不同知识产权的功能和保护需求，使知识产权司法保护更加适应我国所处的国际国内发展环境，更加符合我国经济社会文化发展新的阶段性特征，更加符合我国文化发展和科技创新的新要求。要强化利益平衡观念，把利益平衡作为知识产权司法保护的重要基点，统筹兼顾智力创造者、商业利用者和社会公众的利益，协调好激励创造、促进产业发展和保障基本文化权益之间的关系，使利益各方共同受益、均衡发展。要强化初次裁判正确观念，高度重视提高第一审初次裁判的正确率，使当事人及早获得司法公正，提高服判息诉率和减少上诉率，促进社会和谐稳定。

3. 发挥优势，进一步增强司法保护知识产权的主导性。继续深入落实发挥司法保护知识产权主导作用的国家知识产权战略构想和目标，增强贯彻这一战略目标的坚定性和自觉性，确保贯彻落实的科学性和准确性。要适应中国特色社会主义法律体系形成后的新形势新要求，更加重视司法保护知识产权，确保知识产权法律的贯彻实施，弘扬社会主义法治理念。要更加重视知识产权法律适用的稳定性和可预期性，重视程序保障和过程透明，重视在先典型案例示范作用，最大限度地为利益攸关方提供稳定和可期待的预期，最大限度地使其避免受司法标准不统一的困扰，积极营造良好的法律环境、投资环境和市场环境。要更加重视长效保护机制，重视一以贯之的法律执行，重视营造一种持之以恒的长效保护机制，避免为一时一事改变甚至损害法律的长效执行。要更加重视平等保护，重视知识产权法律的一体执行，坚决遏制地方保护。要更加重视裁判的引领和导向功能，在裁判中重视弘扬社会主义核心价值体系，注意把法律评价与道德评价有机结合起来，引领社会主流价值观，把维护公共道德作为司法保护的重要价值追求，提升全社会尊重知识、崇尚创新、诚信守法的知识产权法治文化。

二、加强涉文化类知识产权案件的审判，促进文化创新和培育新型文化业态，积极推动社会主义文化大发展大繁荣

4. 高度重视涉文化类知识产权案件的审判，依法加强文化类知识产权的保护。我国已形成以著作权法、非物质文化遗产法、计算机软件保护条例、信息网络传播权保护条例等法律、行政法规为主干的文化法律体系，涉文化类知识产权案件的审判已成为知识产权审判的重要方面。要认真贯彻落实中央关于大力发展公益性文化事业、加快发展文化产业的政策措施，制定和完善有关司法解释和司法政策，高度重视涉文化类审判工作，充分发挥知识产权审判对文化建设的规范、引导、促进和保障作用，激励全民族文化创造活力持续迸发，丰富人民社会文化生活，保障人民基本文化权益，推动文化产业跨越式发展，提升我国整体文化实力和国际竞争力。要高度重视涉及文化产业的新类型知识产权保护，积极推动文化产业发展成为国民经济支柱性产业。特别是依法加强出版发行、影视制作、广告、演艺、娱乐、设计等产业领域的著作权保护，推动传统文化产业发展壮大。深入研究和大力加强文化创意、数字出版、移动多媒体、动漫游戏、软件、数据库等战略性新兴文化产业的著作权保护，培育新型文化业态，扩展文化产业发展新领域，培育国民经济新的增长点，提升我国整体文化实力和竞争力。密切关注电信网、广电网、互联网"三网融合"等信息技术发展带来的新问题，在保护著作权益的同时，注重促进新兴产业的发展，促进我国信息化水平的提高。

5. 加大文化创造者权益保护，保障文化创造源泉充分涌流。要妥善处理作品的独创性与独创高度的关系，既维护给予作品著作权保护的基本标准的统一性，又注意把握各类作品的特点和适应相关保护领域的特殊需求，使保护强度与独创高度相协调。要妥善适用著作权法有关著作权的概括性规定，及时保护创作者的新权益。妥善处理个人作品、职务作品和法人作品的关系，既最大限度保护作者权益和鼓励创作积极性，又依法保护法人或者其他组织的合法权益。妥善运用思想和表达两分法，注意思想与表达区分的相对性，合理界定作品保护范围。高度重视传播者权益保护，充分保护出版者、表演者、录音录像制作者、广播电台、电视台的合法权益，促进作品的传播和利用。积极探索对综艺晚会、体育节目等所涉权益的法律保护，合理平衡相关各方利益。

6. 加强网络环境下的著作权保护，妥善处理保护著作权与促进信息网络产业发展和保障信息传播的关系。要准确把握法律、行政法规和司法解释有关网络环境下著作权保护的精神实质，特别要准确把握权利人、网络服务提供者和社会公众之间的利益平衡，既要加强网络环境下著作权保护，又要注意促进信息网络技术创新和商业模式发展，确保社会公众利益。正确把握作品、表演、录音录像制品提供行为与网络服务提供行为的划分，妥善处理有关网络服务提供者免责与归责、"通知与移除"规则与过错归责、网络服务提供者侵权过错与一般侵权过错的差别等关系。凡网络服务提供行为符合法定免责条件的，网络服务提供者不承担侵权赔偿责任；虽然不完全符合法定的免责条件，但网络服务提供者不具有过错的，也不承担侵权赔偿责任。要根据信息网络环境的特点和实际，准确把握网络服务提供行为的侵权过错认定，既要根据侵权事实明显的过错标准认定过错，不使网络服务提供者承担一般性的事先审查义务和较高的注意义务，又要适当地调动网络服务提供者主动防止侵权和与权利人合作防止侵权的积极性。要维护"通知与移除"规则的基本价值，除根据明显的侵权事实能够认定网络服务提供者具有明知或者应知的情形外，追究网络服务提供者的侵权赔偿责任应当以首先适用"通知与移除"规则为前提，既要防止降低网络服务提供者的过错认定标准，使"通知与移除"规则形同虚设；又要防止网络服务提供者对于第三方利用其网络服务侵权消极懈怠，滥用"通知与移除"规则。

7. 妥善处理好技术中立与侵权行为认定的关系，实现有效保护著作权与促进技术创新、产业发展的和谐统一。既要准确把握技术作为工具手段所具有的价值中立性和多用途性，又要充分认识技术所反映和体现的技术提供者的行为与目的。既不能把技术所带来的侵权后果无条件地归责于技术提供者，窒息技术创新和发展；也不能将技术中立绝对化，简单地把技术中立作为不适当免除侵权责任的挡箭牌。对于具有实质性非侵权商业用途的技术，严格把握技术提供者承担连带责任的条件，不能推定技术提供者应知具体的直接侵权行为的存在，其只在具备其他帮助或者教唆行为的条件下才与直接侵权人承担连带责任；对于除主要用于侵犯著作权外不具有其他实质性商业用途的技术，可以推定技术提供者应知具体的直接侵权行为的存在，其应与直接侵权人承担连带责任。在审理涉及网络著作权、"三网融合"等新兴产业著作权案件时，尤其要准确把握技术中立的精神，既有利于促进科技和商业创新，又防止以技术中立为名行侵权之实。

8. 妥当运用著作权的限制和例外规定，正确判定被诉侵权行为的合法性，促进商业和技术创新，充分保障人民基本文化权益。正确认定合理使用和法定许可行为，依法保护作品的正当利用和传播。在促进技术创新和商业发展确有必要的特殊情形下，考虑作品使用行为的性质和目的、被使用作品的性质、被使用部分的数量和质量、使用对作品潜在市场或价值的影响等因素，如果该使用行为既不与作品的正常使用相冲突，也不至于不合理地损害作者的正当利益，可以认定为合理使用。对设置或者陈列在室外社会公共场所的艺术作品进行临摹、绘画、摄影或者录像，并对其成果以合理的方式和范围再行使用，无论该使用行为是否具有商业目的，均可认定为合理使用。

9. 综合运用多种法律手段，积极推动非物质文化遗产的保护、传承和开发利用，促进我国丰富的文化资源转化为强大的文化竞争力。非物质文化遗产是凝聚民族精神、传承民族文化、维护文化多样性、促进社会和谐和可持续发展的重要基础和纽带，是文化创新的重要源泉。本着传承与创新、保护和利用并重的原则，根据现有法律和立法精神，积极保护民间文学艺术、传统知识、遗传资源等非物质文化遗产，公平合理地协调和平衡在发掘、整理、传承、保护、开发和利用过程中各方主体的利益关系。坚持尊重原则，利用非物质文化遗产应尊重其形式和内涵，不得以歪曲、贬损等方式使用非物质文化遗产。坚持来源披露原则，利用非物质文化遗产应以适当方式说明信息来源。鼓励知情同意和惠益分享，非物质文化遗产利用者应尽可能取得保存者、提供者、持有者或者相关保护部门的知情同意，并以适当方式与其分享使用利益。综合运用著作权法、商标法、专利法、反不正当竞争法等多种手段，积极保护非物质文化遗产的传承和商业开发利用。

10. 充分利用著作权保护手段，依法保护民间文学艺术作品。民间文学艺术作品的著作权保护，既要有利于民间文学艺术的传承，发挥其凝聚民族精神和维系民族精神家园的作用，又要有利于创新和利用，提高中华文化影响力。民间文学艺术作品可由产生和传承该作品的特定民族或者区域群体共同享有著作权，该特定民族或者区域的相关政府部门有权代表行使保护权利。对于民间文学艺术作品的保存人和整理人，应尊重其以适当方式署名的权利。利用民间文学艺术的元素或者素材进行后续创作，无需取得许可或者支付费用；形成具有独创性作品的，作者可依法获得完整的著作权保护，但应说明其作品的素材来源。不当利用民间文学艺术作品给特定民族或者区域群体精神权益造成损害的，人民法院可以判令不当利用人承担相应的民事责任。

11. 有效利用商标法、专利法等法律手段，保护非物质文化遗产的商业价值，促进具有地方特色的自然、人文资源优势转化为现实生产力。将非物质文化遗产的名称、标志等申请商标注册，构成对非物质文化遗产的歪曲、贬损、误导等不正当利用行为，损害特定民族或者区域群体的精神权益的，可以认定为具有其他不良影响，禁止作为商标使用；已经使用并造成不良影响的，人民法院可以根据具体案情，判决使用人承担停止使用、赔礼道歉、消除影响等民事责任。非物质文化遗产的名称、标志等构成地理标志的，可以视具体情况作为在先权利予以保护。非物质文化遗产中的传统知识和遗传资源构成商业秘密的，禁止他人窃取、非法披露和使用。违反法律、法规的规定获取或者利用遗传资源，依赖该遗传资源完成发明创造并获得专利授权，专利权人指控他人侵犯其专利权的，可以不予支持。

三、加大科技成果权保护力度，推动科技进步与创新，提高自主创新能力

12. 依法加强专利、植物新品种、集成电路布图设计等科技类知识产权保护，积极推动科技进步和创新。根据科技进步的新趋势和经济发展的新需求，以提高我国原始创新能力和增强集成创新、引进消化吸收再创新能力为重要目标，准确贯彻专利法立法精神和正确进行侵权判定，加强对关键核心技术、基础前沿领域和战略性新兴产业的知识产权保护，推动技术突破和技术创新，推进传统产业优化升级，加快培育和发展战略性新兴产业，加快形成先导性、支柱性产业，增强企业和国家核心竞争力。加大涉文化领域科技类知识产权保护力度，发挥科技创新对文化发展的引擎作用，推动提高文化产业技术装备水平，增强文化产业核心竞争力，推动中华文化走向世界。

13. 正确把握专利权保护宽严适度的司法政策，大力提高自主创新能力。确定专利权的具体保护范围和强度时要适当考虑不同技术领域专利权的特点和创新实际，符合不同技术领域的创新需求、创新特点和发展实际。坚持发明和实用新型专利权利范围的折衷解释原则，准确界定专利权的保护范围。重视专利的发明目的对专利权保护范围的限定作用，不应把具有专利所要克服的现有技术缺陷或者不足的技术方案纳入保护范围。对于创新程度高、研发投入大、对经济增长具有突破和带动作用的首创发明，应给予相对较高的保护强度和较宽的等同保护范围；对于创新程度相对较低的改进发明，应适当限制其等同保护范围。

14. 正确运用专利侵权判定方法，加大对专利侵权行为的遏制力度。准确把握发明和实用新型专利侵权判定的全部技术特征对比、禁止反悔、捐献等判断规则，继续探索完善等同侵权适用条件。等同侵权应以手段、功能和效果基本相同并且对所属领域普通技术人员显而易见为必要条件，防止简单机械适用等同侵权或者不适当扩展其适用范围。现有技术抗辩规则在等同侵权和相同侵权中均可适用。准确把握外观设计专利侵权判定的整体观察设计特征、综合判断整体视觉效果的判定方法，以外观设计产品的一般消费者为判断主体，以外观设计的区别设计特征为核心，以产品外观设计整体视觉效果的相同或者近似作为判断侵权成立的根本标准。正确适用现有技术和设计抗辩，被诉侵权人以一份对比文献中记载的一项现有技术方案或者一项现有设计与公知常识或者惯常设计的显而易见组合主张现有技术或者现有设计抗辩的，应当予以支持。被诉侵权人以实施抵触申请中的技术方案或者外观设计主张其不构成专利侵权的，可以参照现有技术或者现有设计抗辩的审查判断标准予以评判。

15. 妥善审理产品制造方法发明专利侵权案件，依法保护方法发明专利权。在适当考虑方法专利权利人维权的实际困难的同时，兼顾被诉侵权人保护其商业秘密的合法权益。依法适用新产品制造方法专利的举证责任倒置规则，使用专利方法获得的产品以及制造该产品的技术方案在专利申请日前不为公众所知的，制造相同产品的被诉侵权人应当承担其产品制造方法不同于专利方法的举证责任。使用专利方法获得的产品不属于新产品，专利权人能够证明被诉侵权人制造了同样产品，经合理努力仍无法证明被诉侵权人确实使用了该专利方法，但根据案件具体情况，结合已知事实以及日常生活经验，能够认定该同样产品经由专利方法制造的可能性很大的，可以根据民事诉讼证据司法解释有关规定，不再要求专利权人提供进一步的证据，而由被诉侵权人提供其制造方法不同于专利方法的证据。要针对方法专利侵权举证困难的实际，依法采取证据保全措施，适当减轻方法专利权利人的举证负担。要注意保护被申请人的利益，防止当事人滥用证据保全制度非法获取他人商业秘密。被诉侵权人提供了其制造方法不同于专利方法的证据，涉及商业秘密的，在审查判断时应注意采取措施予以保护。

16. 妥善处理保护专利权与防止权利滥用的关系，依法规制滥用专利权及滥用诉前禁令制度。在依法保护专利权和保障当事人诉权的同时，注意防止专利权人明显违背法律目的的行使权利，不正当地损害竞争对手，妨碍公平竞争和扰乱市场秩序。对于明知其专利权属于现有技术或者现有设计，仍然恶意向正当实施者及其交易对象滥发侵权警告或者滥用诉权，构成侵权的，可以视情支持受害人的损害赔偿请求。适度从严把握法律条件，加强程序保障，依法慎重采取诉前停止侵犯专利权措施。坚持把事实比较清楚、侵权易于判断作为采取诉前停止侵权措施的前提条件。对于需要进行比较复杂的技术对比才能作出侵权可能性判断的行为，不宜裁定采取责令诉前停止侵权措施。在条件允许的情况下，尽可能通过听取申请人与被申请人意见的方式对侵权可能性作出准确判断。宣告涉案专利权无效的无效请求审查决定已经作出的，一般不得裁定采取诉前停止侵害专利权措施。

17. 加强植物新品种权保护，推进农业科技创新，促进农业发展方式加快转变。加大对具有自主知识产权的重大农业科技成果和植物新品种的保护力度，促进提高自主创新能力，推进农业科技进步，提高农业综合生产能力、抗风险能力和市场竞争力。依法严格保障品种权人的利益，大力促进品种的培育和创新成果的转化，发展现代农业。加大对侵犯植物新品种行为的打击力度，对于为商业目的生产、销售或者重复使用授权品种繁殖材料等侵权行为，要及时依法予以制止；对于假冒他人授权品种的行为，也应以侵犯植物新品种权纠纷论处。依法审查品种权人的证据保全申请，积极采取证据保全措施，保障品种权人及时获得司法救济。对被诉侵权繁殖材料采取证据保全措施，应尽量遵守相应的技术规程，保证取样的客观性和代表性，但不得以未邀请有关专业技术人员协助取样为由简单否定证据保全的效力。注意依法保护农民的合法权益，维护农业和农村稳定。正确区分作为品种生产者、管理者的制种大户与以种植为业的普通个人、农村承包经营户，既要依法免除以种植为业的普通个人、农村承包经营户自繁自用授权品种繁殖材料的侵权责任，又要防止实质上成为品种生产者和管理者的制种大户逃避法律制裁。

四、加强商标权保护，培育和维护知名品牌，积极促进社会主义市场经济的竞争性、创新性和包容性增长

18. 依法加强商标权保护。商标权的保护，必须有利于鼓励正当竞争，有利于划清商业标识之间的边界，有利于遏制恶意抢注他人知名商业标识及"傍名牌"行为，有利于为知名品牌的创立和发展提供和谐宽松的法律环境，为培育知名品牌和提升企业综合竞争力提供助力，推动我国从制造大国向品牌强国加快转变。要根据商标的知名度、显著程度等，恰当运用商标近似、商品类似、在先使用并且有一定影响的商标、以欺骗或者其他不正当手段取得商标注册等裁量性法律标准，妥善把握商标注册申请人或者注册人是否有真实使用意图，以及结合商标使用过程中的"傍名牌"行为认定主观恶意等，用足用好商标法有关规定，加大遏制恶意抢注、"傍名牌"等不正当行为的力度，充分体现商标权保护的法律导向。

19. 妥善处理商标近似与商标构成要素近似的关系，准确把握认定商标近似的法律尺度。认定是否构成近似商标，要根据案件的具体情况。通常情况下，相关商标的构成要素整体上构成近似的，可以认定为近似商标。相关商标构成要素整体上不近似，但主张权利的商标的知名度远高于被诉侵权商标的，可以采取比较主要部分决定其近似与否。要妥善处理最大限度划清商业标识之间的边界与特殊情况下允许构成要素近似商标之间适当共存的关系。相关商标均具有较高知名度，或者相关商标的共存是特殊条件下形成时，认定商标近似还应根据两者的实际使用状况、使用历史、相关公众的认知状态、使用者的主观状态等因素综合判定，注意尊重已经客观形成的市场格局，防止简单地把商标构成要素近似等同于商标近似，实现经营者之间的包容性发展。

20. 充分考虑商标所使用商品的关联性，准确把握商品类似的认定标准。认定商品类似可以参考类似商品区分表，但更应当尊重市场实际。要以相关公众的一般认识为标准，结合商品的功能、用途、生产部门、销售渠道、消费对象等因素，正确认定商标法意义上的商品类似。主张权利的商标已实际使用并具有一定知名度的，认定商品类似要充分考虑商品之间的关联性。相关公众基于对商品的通常认知和一般交易观念认为存在特定关联性的商品，可视情纳入类似商品范围。

21. 规范驰名商标的认定和保护，切实加强驰名商标保护。驰名商标保护的目的在于适当扩张具有较高知名程度的商标的保护范围和保护强度，不是评定或者授予荣誉称号。凡当事人主张驰名商标保护且符合保护条件和确有必要的，应当依法予以认定和保护。对于一般公众广泛知晓的驰名商标，要结合众所周知的驰名事实，减轻商标权人对于商标驰名情况的举证责任。认定驰名商标并不要求具有等同划一的知名程度，但驰名商标的保护范围和强度要与其显著性和知名度相适应，对于显著性越强和知名度越高的驰名商标，要给予其更宽的跨类保护范围和更强的保护力度。要认真执行司法解释的规定，准确把握驰名商标的保护范围，加强对驰名商标事实认定的严格把关，坚持判前审核制度，防止当事人弄虚作假，为骗取驰名商标的认定而进行虚假诉讼。

22. 妥善认定商标侵权抗辩，维护正当经营者的合法权益。商标侵权行为应以在商业标识意义上使用相同或者近似商标为条件，被诉侵权人为描述或者说明其产品或者服务的特点而善意合理地使用相同或者近似标识的，可以依法认定为正当使用。注册商标权人的注册商标属于复制、摹仿或者翻译他人未在中国注册的驰名商标、抢注被代理人或者被代表人的商标或者以不正当手段抢注他人已经使用并有一定影响的商标，被诉侵权的在先商标使用人以此为由提出抗辩的，应当予以支持。

23. 妥善处理实体与程序的关系，强化商标授权确权争议的实质性解决。程序既有其独立的法律价值，又必须以实体问题的解决和实体公正的实现为取向和终极目标。实体公正既是程序运行的目标和指向，又需要以程序公正为支撑和保障。既要高度重视程序公正，防止忽视程序公正片面追求实体公正，又要以实体公正为依归，防止机械司法。当事人因行使程序权利的瑕疵而可能影响其重大实体权益，甚至可能导致其丧失救济机会且没有其他救济途径的，可以根据案件具体情况给予补救机会。要注重商标授权确权争议的实质性解决，避免陷入不必要的程序重复，搁置实体问题和回避矛盾。对于商标是否应予注册、是否应当撤销等能够做出实体性判断的，可以在裁判理由中作出明确的判断，为被诉行政机关重作决定作出明确指引。

五、依法规范竞争秩序，培育自由公平、诚信守法的竞争文化，创造公平有序、充满活力的市场环境

24. 加强不正当竞争案件的审判，维护市场公平竞争。妥善处理好知识产权专门法与反不正当竞争法的关系，在激励创新的同时，又要鼓励公平竞争。反不正当竞争法补充保护作用的发挥不得抵触知识产权专门法的立法政策，凡是知识产权专门法已作穷尽性规定的领域，反不正当竞争法原则上不再提供附加保护，允许自由利用和自由竞争，但在与知识产权专门法的立法政策相兼容的范围内，仍可以从制止不正当竞争的角度给予保护。妥善处理好反不正当竞争法的原则规定与特别规定之间的关系，既要充分利用原则规定的灵活性和适应性，有效制止各种花样翻新、层出不穷的不正当竞争行为，又要防止原则规定适用的随意性，避免妨碍市场自由公平竞争。严格把握反不正当竞争法原则规定的适用条件，凡属反不正当竞争法特别规定已作明文禁止的行为领域，只能依照特别规定规制同类不正当竞争行为，原则上不宜再适用原则规定扩张适用范围。反不正当竞争法未作特别规定予以禁止的行为，如果给其他经营者的合法权益造成损害，确属违反诚实信用原则和公认的商业道德而具有不正当性，不制止不足以维护公平竞争秩序的，可以适用原则规定予以规制。正确把握诚实信用原则和公认的商业道德的评判标准，以特定商业领域普遍认同和接受的经济人伦理标准为尺度，避免把诚实信用原则和公认的商业道德简单等同于个人道德或者社会公德。

25. 依法加强商业秘密保护，有效制止侵犯商业秘密的行为，为企业的创新和投资创造安全和可信赖的法律环境。根据案件具体情况，合理把握秘密性和不正当手段的证明标准，适度减轻商业秘密权利人的维权困难。权利人提供了证明秘密性的优势证据或者对其主张的商业秘密信息与公有领域信息的区别点作出充分合理的解释或者说明的，可以认定秘密性成立。商业秘密权利人提供证据证明被诉当事人的信息与其商业秘密相同或者实质相同且被诉当事人具有接触或者非法获取该商业秘密的条件，根据案件具体情况或者已知事实以及日常生活经验，能够认定被诉当事人具有采取不正当手段的较大可能性，可以推定被诉当事人采取不正当手段获取商业秘密的事实成立，但被诉当事人能够证明其通过合法手段获得该信息的除外。以符合法定条件的商业秘密信息为依据，准确界定商业秘密的保护范围，每个单独的商业秘密信息单元均构成独立的保护对象。完善商业秘密案件的审理和质证方式，对于涉及商业秘密的证据，要尝试采取仅向代理人展示、分阶段展示、具结保密承诺等措施限制商业秘密的知悉范围和传播渠道，防止在审理过程中二次泄密。妥善处理商业秘密民事侵权诉讼程序与刑事诉讼程序的关系，既注意两种程序的关联性，又注意其相互独立性，在依法保护商业秘密的同时，也要防止经营者恶意启动刑事诉讼程序干扰和打压竞争对手。

26. 妥善处理保护商业秘密与自由择业、涉密者竞业限制和人才合理流动的关系，维护劳动者正当就业、创业的合法权益，依法促进劳动力的合理流动。职工在工作中掌握和积累的知识、经验和技能，除属于单位的商业秘密的情形外，构成其人格的组成部分，职工离职后有自主利用的自由。在既没有违反竞业限制义务，又没有侵犯商业秘密的情况下，劳动者运用自己在原用人单位学习的知识、经验与技能为其他与原单位存在竞争关系的单位服务的，不宜简单地以反不正当竞争法的原则规定认定构成不正当竞争。妥善处理商业秘密保护和竞业限制协议的关系，竞业限制协议以可保护的商业秘密存在为前提，但两者具有不同的法律依据和行为表现，违反竞业限制义务不等于侵犯商业秘密，竞业限制的期限也不等于保密期限。原告以侵犯商业秘密为由提起侵权之诉，不受已存在竞业限制约定的限制。

27. 加强垄断案件的审理工作，及时有效制止垄断行为，增强市场活力，促进市场结构的完善和市场经济的健康发展。要强化反垄断法的效果思维，全面考虑各种相关因素，综合评估涉嫌垄断行为的反竞争和促进竞争的效果，依法认定垄断行为。注意发挥经济学专家和专业机构的作用，探索引进经济分析方法的途径和方式。要根据不同的垄断行为类型，合理分配垄断民事纠纷案件中当事人的证明责任。对于明显具有严重排除、限制竞争效果的垄断协议，可以不再要求受害人举证证明该协议具有排除、限制竞争的效果；对于公用企业以及其他具有独占经营资格的经营者滥用市场支配地位的，可以根据案件具体情况适当减轻受害人的举证责任。

六、加强知识产权诉讼制度建设，完善审判体制和工作机制

28. 深刻把握知识产权案件的特点与规律，建立健全适合知识产权案件特点的纠纷解决机制。正确把握"调解优先、调判结合"的工作原则。要根据知识产权案件专业技术性强的特点，积极引导当事人选择委托调解、专家调解、行业调解等方式解决纠纷。坚持依法自愿调解原则，不得违背当事人意愿强调硬调和以拖促调。对于当事人或者相关行业对判明是非的期待高，或者对明确规则的要求强烈，或者对判决的接受程度高的案件，尽可能选择以判决方式解决纠纷，充分发挥司法裁判的指引和导向功能。要发挥科技专家在解决纠纷中的作用，完善知识产权案件专业技术问题解决机制。

29. 继续完善知识产权审判体制机制，充分发挥知识产权司法保护的综合效能。按照国家知识产权战略的要求，积极推进由知识产权审判庭集中审理知识产权民事、行政和刑事案件的试点工作，建立知识产权民事、行政和刑事审判协调机制，提高司法效率，统一司法标准，发挥整体保护效能，努力构建资源优化、科学运行、高效权威的知识产权审判体系。要加强与公安机关、检察机关以及知识产权行政执法机关的协调配合，形成保护合力。优化知识产权案件管辖布局，适当增加管辖一般知识产权案件的基层法院，鼓励中、基层法院根据工作需要开展跨地区划片集中管辖，合理配置审判资源。

30. 维护法治统一，促进市场统一开放。完善案件管辖制度，加强监督制约，适当采取提级管辖、异地指定管辖等措施，有效遏制地方保护和部门保护现象，保障案件公正审理。决定提级管辖或者异地指定管辖的，原管辖法院要正确对待，及时移交案件。切实加强审判监督，发挥二审和再审的纠错功能，防止为顾及审判绩效考核指标而迁就错误裁判。对于指令再审的案件，有关再审法院要正确理解和认真对待再审指令，依法改正错误。对于无视再审指令，拖延再审或者无正当理由不执行再审指令的，要严肃纪律，情节严重的给予通报批评。进一步完善工作机制，适当加大知识产权关联案件的协调和指导力度，维护裁判标准的统一。

最高人民法院
印发《关于充分发挥审判职能作用为深化科技体制改革和加快国家创新体系建设提供司法保障的意见》的通知

2012年7月19日　　　　　　　　　　　　　　　　法发〔2012〕15号

各省、自治区、直辖市高级人民法院，解放军军事法院，新疆维吾尔自治区高级人民法院生产建设兵团分院：

现将《最高人民法院关于充分发挥审判职能作用为深化科技体制改革和加快国家创新体系建设提供司法保障的意见》印发给你们，请结合审判工作实际，认真贯彻执行。

附：

最高人民法院
关于充分发挥审判职能作用
为深化科技体制改革和加快国家创新体系
建设提供司法保障的意见

为深入贯彻全国科技创新会议精神和党中央、国务院《关于深化科技体制改革加快国家创新体系建设的意见》，充分发挥人民法院在深化科技体制改革和加快国家创新体系建设中的审判职能作用，制定本意见。

一、进一步提高认识，切实增强为深化科技体制改革和加快国家创新体系建设提供司法保障的责任感和使命感

（一）深刻认识深化科技体制改革和加快国家创新体系建设的重要性和紧迫性。科学技术是第一生产力，是经济社会发展的重要动力源泉。党和国家历来高度重视科技工作，改革开放30多年来，我国整体科技实力和科技竞争力明显提升，在促进经济社会发展和保障国家安全中发挥了重要支撑引领作用。当前，我国正处在全面建设小康社会的关键时期和深化改革开放、加快转变经济发展方式的攻坚时期。科技在经济社会发展中的作用日益凸显，国际科技竞争与合作不断加强，新科技革命和全球产业变革步伐加快，我国科技发展面临重要战略机遇和严峻挑战。抓住机遇大幅提升自主创新能力，激发社会创造活力，真正实现创新驱动发展，迫切需要进一步深化科技体制改革，加快国家创新体系建设。深化科技体制改革和加快国家创新体系建设与人民法院知识产权审判

及其他有关审判工作关系密切,各级人民法院要牢固树立机遇意识、忧患意识、责任意识,立足审判职能,找准人民法院服务大局的结合点和切入点,进一步增强工作的针对性和有效性,能动司法,积极作为,切实增强服务深化科技体制改革和加快国家创新体系建设的责任感和使命感。

(二)充分发挥各项审判职能作用,推动科技事业又好又快发展。深化科技体制改革和加快国家创新体系建设,要求突出企业技术创新主体作用,强化产学研用紧密结合,促进科技资源开放共享,各类创新主体协同合作。面对新形势新要求,人民法院要以激励创新源泉、增强创新活力、发展创新文化为导向,高度重视与科技成果孕育、创造相关的案件审理,遏制侵犯科技成果权的违法犯罪行为,有效激励自主创新和技术跨越;高度重视与科技成果流转、转化相关的案件审理,规范和引导技术创新活动,积极推动科技与经济社会发展紧密结合;高度重视综合采取各种有力措施,积极营造有利于科技创新的司法环境,促进智力成果创造、运用和管理水平的提高,为深化科技体制改革和加快国家创新体系建设提供有力的司法保障。

二、加大智力成果保护力度,有效激励自主创新和技术跨越

(三)切实贯彻加强保护、分门别类和宽严适度的知识产权司法政策,合理界定专利权保护范围和强度。根据原始创新、集成创新和引进消化吸收再创新的实际和特点,进一步完善专利等科技成果司法保护体系和裁判标准,积极促进关键领域的原创性重大突破以及战略性高技术领域跨越式发展,不断适应科技领域日益活跃的创新实际,不断强化法律适用标准的与时俱进。结合专利创新程度和产业政策,进一步强化司法裁判对科技创新活动的导向作用,有针对性地加大对关键领域和核心技术的保护力度。对于创新程度高、对技术革新具有突破和带动作用的首创发明,给予相对较高的保护强度和较宽的保护范围,促进原始创新能力明显提高。适度从严把握等同侵权的适用条件,避免不适当地扩张专利权保护范围,防止压缩创新空间和损害公共利益,促进集成创新、引进消化吸收再创新能力大幅增强。进一步完善权利要求解释规则,合理划定民事权利与公有领域的法律界限,既保护权利人的正当权益,鼓励发明创造,又防止其不适当地侵入公有领域,妨碍科技创新。

(四)合理调整专利授权确权司法审查标准,积极鼓励发明创造。妥善审理专利授权确权纠纷案件,依法履行对专利授权确权行为的司法审查职责,强化对实质性授权条件的审查判断,为科技创新营造良好的司法环境。根据不同技术领域的特点、具体产业政策的要求和我国科技发展的实际,细化和完善专利授权确权司法审查标准,促使专利审查规则和授权行为的规范化、科学化,不断提高专利授权质量。完善司法审查程序和证据规则,改进裁判方式,尽可能避免循环诉讼和程序往复,促进行政争议的实质性解决,尽快稳定权利状态,提高司法审查、授权确权的质量和效率。充分考虑专利文件撰写的客观局限,在专利申请文件公开的范围内,尽可能保证确有创造性的发明创造取得专利权,实现专利申请人所获得的权利与其技术贡献相匹配,最大限度地提升科技支撑引领经济社会发展的能力。

(五)加强工业设计司法保护,推动经济和产业格局优化。依法审理涉及发明、实用新型、外观设计、集成电路布图设计等各类科技成果权的纠纷案件，积极推进我国工业设计和制造水平的深刻变革。综合利用各种法律手段，加大工业设计保护力度，激发设计人员的创作热情，促进实用与美感兼具、创新与文化融合的工业设计不断涌现，提升我国在国际分工和产业链中的地位。贯彻新专利法提高外观设计授权标准的立法精神，根据一般消费者的知识水平和认知能力，适当考虑外观设计的设计空间，细化和完善司法审查标准，提高外观设计授权质量，推动产品设计多样化。加强对具有独创性的集成电路布图设计的保护，依法打击非法复制和商业利用集成电路布图设计的行为，鼓励集成电路技术创新。

（六）依法明晰技术成果归属，激发创造热情。依法审理技术成果权属、发明人资格纠纷案件，准确界定职务成果与非职务成果的法律界限，既要根据意思自治原则，依法支持发明人依合同约定取得技术成果权，又要准确把握职务技术成果的认定标准，防止职务成果非职务化。依法审理职务发明人奖励、报酬纠纷案件，结合科技创新质量和实际贡献，保障发明人获得相应奖励和报酬的权利，既要激励企业职工从事技术创新的积极性，又要鼓励企业加大研发投入，增强社会创造活力。

（七）妥善处理专利与标准的关系，合理平衡各方利益。对于涉及国家、行业或者地方标准的专利侵权纠纷案件，要结合行业特点、标准性质、制定程序等，根据公平合理无歧视的原则，合理确定当事人的法律责任，推动专利信息事先披露、许可费支付等标准制定程序和规则的完善。合理规范和平衡专利权人与社会公众之间的利益关系，规范公众可以获得实施许可的方式、条件和程序，既要鼓励专利的标准化，发挥标准对技术创新的推动作用，又要防止标准对技术创新的阻碍，实现标准和技术创新的互相促进和良性循环，共同提高创新主体的核心竞争力。

（八）依法制止科技领域的不正当竞争和垄断行为，营造公平有序的创新环境。针对高新技术领域市场竞争激烈、新类型不正当竞争行为频发的新情况新特点，妥善运用反不正当竞争法的原则条款，以诚实信用原则和公认的商业道德为基本标准，有效遏制各种搭车模仿、阻碍创新的新类型不正当竞争行为，为形成公平诚信的竞争秩序提供及时有力的司法规范和引导。加强高科技领域垄断纠纷案件的审理，积极探索和总结法律适用的新问题，有效遏制垄断行为，打破行业壁垒和部门分割，保障各类企业公平获得创新资源，实现创新资源的合理配置和高效利用，促进技术创新和产业发展。

（九）加强商业秘密司法保护，维护合法正当的创新秩序。结合商业秘密保护的实际，针对商业秘密纠纷案件举证难、保密难等特点，尽可能降低商业秘密权利人的维权难度，合理分配当事人的举证责任，有效遏制侵犯商业秘密行为。依法认定商业秘密的构成要件，促使企业增强对商业秘密的保护意识，规范和完善保密措施。妥善处理商业秘密保护与科技人才合理流动的关系，既要保护企业的商业秘密，又要保障科技人才的合理流动，鼓励科研院所、高等院校与企业创新人才双向交流。

（十）加大农业科技成果保护力度，促进农业科技创新。依法审理各类涉农科技纠纷案件，严厉打击制售假冒伪劣品种、侵犯植物新品种权等侵犯农业科技成果的行为，最大程度地激励农业技术创新，促进农业生物技术、先进制造技术、精准农业技术等方面重大自主创新成果的创造，积极推动突破农业技术瓶颈和抢占现代农业科技制高点。

切实从我国农业科技整体水平出发，依法确认育种者免责、农民免责，合理平衡权利人与社会公众的利益关系，加快农业技术转移和成果转化，推动现代农业经营方式转变，促进涉农新型产业的发展。

（十一）加强科技领域的商标权司法保护，促进企业提高品牌战略的创新能力。依法审理商标权纠纷案件，增强科技型企业的商标意识，支持和引导科技型企业实施商标品牌战略，促使其在经营中积极、规范使用自主商标，提高企业的市场竞争力和创新能力。严厉制裁商标假冒、恶意模仿等侵权行为，维护知名品牌市场价值，发挥知名品牌凝聚创新要素和整合创新资源的品牌效应，促使拥有知名品牌的企业发挥骨干创新主体的引领作用。

（十二）加大涉科技领域和商业领域的著作权保护力度，推进科技创新、文化创新和新兴产业发展。针对科技创新带来的著作权保护领域和保护需求的新变化，根据文化创新的需要和商业领域著作权保护的新特点，加强相关著作权保护力度，积极促进文化创新、商业模式创新和文化创意产业发展，推进文化与科技、产业相互激励和深度融合。大力加强软件、数据库、动漫、网络、文化创意等新兴文化产业和高新科技领域的著作权保护，准确把握新科技环境下著作权司法标准，实现激励创作、促进产业发展和保障创新成果惠及民生的协调统一。积极应对数字化、网络化、智能化带来的著作权保护新问题，在保护著作权益的同时，注重促进工业化和信息化的融合，提高科技对文化事业和文化产业发展的支撑能力。

（十三）充分发挥涉科技领域的司法审查职能，积极营造促进科技创新的执法环境。依法审理涉科技领域的行政案件，支持和监督行政机关依法制裁侵犯科技成果权的行为，促进行政执法的法治化和规范化。依法受理行政机关申请的强制执行案件，经审查符合执行条件的，应及时裁定并予以执行，促进行政机关营造有利于知识产权保护和国家创新体系建设的行政管理秩序。

（十四）充分发挥刑罚功能，严惩侵犯知识产权犯罪。对侵犯商标权、著作权、商业秘密及假冒专利等知识产权犯罪行为，进一步完善定罪量刑标准，规范缓刑适用，根据犯罪情况和危害后果，依法从严惩处。在依法判处主刑的同时，加大罚金刑的适用与执行力度，并通过采取销毁侵权产品以及追缴、退赔违法所得等措施，剥夺侵权人的再犯罪能力和条件。

三、依法促进创新要素合理配置，积极推动科技与经济社会发展紧密结合

（十五）妥善处理技术合同纠纷，促进科技成果转化。依法审理科技创新中产生的各类技术合同纠纷案件，认真贯彻合同法，尊重当事人意思自治，审慎把握合同无效和合同解除的事由，加强保护守约方合法权益，合理认定技术成果开发、转让、许可、质押、技术咨询和中介等环节形成的利益分配及责任承担，引导和支持企业加强技术研发能力建设，推动产学研用紧密结合，培育和规范知识产权服务市场，促进技术成果迅速转化为现实生产力和市场竞争力。

（十六）妥善处理科技领域的劳动、人事纠纷，保障科技人才合理流动。坚持依法保障劳动者合法权益与用人单位生存发展并重理念，依法审理科研人才与用人单位的劳

动、人事纠纷案件，切实保障科研院所、高等院校等单位的科研人才在订立、履行、变更、解除或者终止劳动、聘用合同过程中的合法权益，保障科研人才向企业研发机构的合理流动，推动建立开放、竞争、流动的单位用人机制。

（十七）妥善处理科技领域的企业改制、破产纠纷，优化创新主体运作机制。依法审理科技型企业纠纷案件，促进技术开发类科研机构向企业化转制，引导科技型企业不断完善公司治理结构和建立现代企业制度。依法审理涉及以技术成果投资的股权、期权纠纷案件，合理平衡创业投资机构与企业等创新主体的利益关系，引导创业投资机构投资科技型中小企业，促进社会投资主体多元化。依法受理企业破产案件和强制清算案件，妥善处理淘汰落后技术和过剩产能中的企业破产纠纷，保障市场主体依法有序退出市场。

（十八）妥善处理科技领域的金融纠纷，促进对科技创新的金融支持。依法审理借款纠纷案件，保护合法的民间借贷和企业融资行为，拓宽金融为企业科技创新融资的渠道，引导银行等金融机构加大对科技型中小企业的金融支持。依法审理担保物权纠纷案件，依法认定企业以知识产权和股权质押等方式作出的担保，促进解决科技型中小企业融资难的问题。

（十九）妥善处理科技领域的涉外纠纷，促进科技国际合作与交流。依法平等保护中外当事人的合法权益，积极营造更加公平、透明、稳定、可预期的贸易投资环境和发展环境，积极促进创新主体充分利用国际国内创新资源，提高科技发展的科学化水平和国际化程度。依法审理企业在参股并购、联合开发、专利交叉许可以及外商来华设立研发机构中的纠纷案件，促进对国际科技资源的引进，推动全方位、多层次、高水平的科技国际合作。

四、加强统筹协调，完善工作措施，进一步提高司法保障能力

（二十）加大调解力度，不断完善多元纠纷解决机制。坚持以"调解优先、调判结合"为原则，以"案结事了"为目标，根据科技创新的特点和实际，积极引导当事人选择委托调解、专家调解、行业调解等方式解决科技领域的各类纠纷。从有利于科技成果转化出发，着眼于当事人市场利益的包容共存，努力促成当事人和解。对于相关科技行业亟需明确行为规则的典型案件，依法及时裁判，明确法律标准，充分发挥司法裁判的指引和导向功能。

（二十一）积极完善知识产权审判体制和工作机制，不断满足科技创新对知识产权司法保护的新需求。适应科技体制改革和国家创新体系建设对于知识产权审判专业化程度要求越来越高的新形势，进一步推进由知识产权审判庭集中审理知识产权民事、行政和刑事案件的试点工作，加强对试点工作的指导和总结，不断推动试点工作规范化。根据科技创新对知识产权司法保护的新需求，统筹规划知识产权审判管辖布局。在科技成果司法保护需求强烈的国家自主创新示范区、国家高新技术产业开发区、国家高技术产业基地等区域，适当增加具有审理专利、植物新品种、集成电路布图设计等技术类案件管辖权的第一审法院，在具有特色创新资源的区域适当增加具有审理一般知识产权案件管辖权的基层法院，保障创新资源密集的区域率先实现创新驱动发展。

（二十二）加强能动司法，积极促进智力成果创造、运用和管理水平提高。在加强知识产权司法保护的同时，积极推动知识产权创造、运用和管理。密切关注科技体制改革和国家创新体系建设带来的新情况新问题，及时发布司法解释和司法政策，增强司法服务的针对性和前瞻性。及时总结成熟可行的司法经验，向立法机关和国家有关部门提出立法建议，推动激励创新的法律体系不断完善。高度重视通过审判工作发现影响和制约科技创新的普遍性、苗头性问题，及时向政府、企业、科研机构等有关方面提出司法建议，促进加强管理、健全制度。大力加强对关键技术领域科技创新可能产生重大影响的诉讼态势分析，及时向有关方面发出工作预警，形成保护创新的合力。加强宣传和舆论引导，充分发挥人民法院的法制宣传教育职能，不断增强全社会的创新意识，进一步形成尊重劳动、尊重知识、尊重人才、尊重创造的创新文化氛围。

最高人民法院印发《中国知识产权司法保护纲要（2016～2020）》的通知

2017年4月20日　　　　　　　　　　　　　　　法发〔2017〕13号

各省、自治区、直辖市高级人民法院，解放军军事法院，新疆维吾尔自治区高级人民法院生产建设兵团分院：

现将《中国知识产权司法保护纲要（2016～2020）》印发给你们，请认真贯彻执行。

附：

中国知识产权司法保护纲要（2016～2020）

实现中华民族伟大复兴的中国梦，极大地激发了大众创业、万众创新。创业者创新者依法获得的产权，应当受到法律的保护。知识产权作为重要的产权类型，通过转化应用，可以形成先进的生产力，这是当前和今后一个时期推动我国供给侧结构性改革，淘汰落后产能，提升国际竞争力的必然选择。因此，必须加强知识产权司法保护，充分实现知识产权价值，促进创新性成果的创造和转化应用，为建设知识产权强国和世界科技强国提供有力的司法保障。

我国知识产权司法保护制度在改革开放的大潮中起步和发展，伴随着我国商标法、专利法、著作权法等法律的实施以及加入世界贸易组织而不断完善，逐步建立起了以司法保护为主导，民事审判为基础，行政审判和刑事审判并行发展的知识产权司法保护体制机制。这一模式，凝聚着知识产权保护的"中国智慧"和"中国经验"，反映了知识产权司法规律，是我国社会主义法律体系的重要组成部分，符合国际知识产权保护的通行规则和惯例。

一、发展状况

我国知识产权司法保护用了30余年的时间，不断追赶西方发达国家近300年走过的路，走出了一条融合与创新、自主发展与自我完善的"中国道路"。

历经30年，我国知识产权案件数量显著增长。1985年2月，人民法院受理第一宗专利权纠纷案件。1985年至2016年，人民法院受理知识产权民事一审案件792851件，审结766101件。知识产权行政案件从2002年开始单列统计，至2016年，人民法院受理知识产权行政一审案件44401件，审结39113件。知识产权刑事案件从1998年开始单列统计，至2016年，人民法院受理知识产权刑事一审案件77116件，审结76174件。知识产权保护的范围涵盖了《与贸易有关的知识产权协议》所规定的各类知识产权以及不正当竞争行为。在中华老字号、中医药、中国民间文学艺术、中文字库等方面的知识产权司法保护，令古老的中华文明生机盎然。

历经30年，我国知识产权审判机制逐步健全。1995年10月，最高人民法院成立知识产权审判庭。2014年11月起，北京、广州、上海知识产权法院相继成立。2017年初，南京、苏州、成都和武汉知识产权专门审判机构先后设立。2016年7月，知识产权民事、行政和刑事案件审判"三合一"在全国法院推行。技术调查官以及司法鉴定、专家辅助人、专家咨询等技术事实查明多元化机制初步形成。由北京知识产权法院依法管辖专利、商标授权确权行政案件，部分中级人民法院集中管辖专利等技术类民事案件，部分基层人民法院管辖一般知识产权案件的格局更趋合理。截至2016年底，经最高人民法院指定或者依法享有专利、植物新品种、集成电路布图设计、垄断和涉及驰名商标认定民事纠纷案件专门管辖权的中级人民法院共有224个。此外，最高人民法院还批准了167个基层人民法院管辖一般知识产权民事案件。

历经30年，我国知识产权司法政策不断完善。最高人民法院通过制定司法政策指导审判实践，确保不同时期、不同地区、不同领域知识产权创造、运用和交易纠纷解决的法律适用标准统一透明，切实有效；确保在知识产权审判工作中坚持党的领导、人民当家作主与依法治国有机统一。1985年至2016年，共制定涉知识产权司法解释34个，司法政策性文件40多件，有效发挥知识产权司法保护的主导作用。特别是党的十八大以来，最高人民法院坚决贯彻习近平总书记系列重要讲话精神和治国理政新理念新思想新战略，加大司法改革力度，不断破解制约知识产权保护的体制机制性障碍，提出当前和今后一个时期坚持"司法主导、严格保护、分类施策、比例协调"知识产权司法保护基本政策。

过去30年的实践和经验证明，知识产权司法保护事关创新驱动发展战略实施，事关经济社会文化发展繁荣，事关国际国内两个大局，越来越受到社会各界和国际社会的广泛关注。为此，最高人民法院设立了"最高人民法院知识产权司法保护研究中心"、"最高人民法院知识产权案例指导研究（北京）基地"、"中国法院知识产权司法保护国际交流（上海）基地"、"最高人民法院知识产权司法保护与市场价值研究（广东）基地"，定期发布《中国法院知识产权司法保护状况》《最高人民法院知识产权案件年度报告》《中国知识产权司法保护年鉴》，及时总结、权威展现中国知识产权司法保护的新成果、新经验，努力让人民群众在每一个司法案件中感受到公平正义。

过去30年的实践和经验证明，知识产权司法保护必须立足我国仍处于社会主义发展初级阶段这一基本国情，紧紧围绕实现国家治理体系和治理能力现代化目标，坚持开放思维，坚持世界眼光，严格遵守国际公约，积极参与国际知识产权治理实践，及时发出中国声音，充分彰显中国知识产权司法保护的国际影响力。

过去30年的实践和经验证明，要充分发挥知识产权司法保护的主导作用，必须打造一支司法为民、公正司法的审判队伍，始终坚持做到信念坚定、业务精通、作风优良、清正廉洁、勇于创新、敢于担当。目前，全国法院共有知识产权法官及法官助理、技术调查官、书记员等5000余人。他们传承知识产权司法保护的先进理念，推动中国知识产权司法保护的发展进步，是一支让党和人民可以信赖的队伍。

党的十八大以来，"创新、协调、绿色、开放、共享"的经济发展新理念对知识产权司法保护工作提出了更高的要求。同时，全球迎来了新一轮科技革命与产业变革，发达国家纷纷将知识产权作为抢占全球经济、科技制高点的有力武器，在国际贸易中实行高标准的知识产权保护规则，知识产权越来越成为国际竞争力的核心要素。面对新的国内和国际形势，按照《中华人民共和国国民经济和社会发展第十三个五年规划纲要》《中共中央国务院关于完善产权保护制度依法保护产权的意见》《中共中央国务院关于深化体制机制改革加快实施创新驱动发展战略的若干意见》《国家知识产权战略纲要》等决策部署，结合人民法院知识产权司法保护工作实际，特制定《中国知识产权司法保护纲要（2016—2020）》。力争通过五年的努力，知识产权司法保护体系更加完善，司法保护能力更大提升，司法保护的主导作用更加突出，同时为国际知识产权司法保护提供更多的"中国智慧"和"中国经验"。

二、指导思想

坚持以马克思列宁主义、毛泽东思想、邓小平理论、"三个代表"重要思想和科学发展观为指导，全面贯彻党的十八大和十八届三中、四中、五中、六中全会精神，深入贯彻习近平总书记系列重要讲话精神和治国理政新理念新思想新战略，牢固树立"四个意识"，按照"五位一体"总体布局和"四个全面"战略布局要求，紧紧围绕"努力让人民群众在每一个司法案件中感受到公平正义"的目标，坚持司法为民、公正司法，不断深化司法改革，充分发挥知识产权司法保护主导作用，树立保护知识产权就是保护创新的理念，为实施国家知识产权战略和创新驱动发展战略提供有效司法服务，为实现"两个一百年"奋斗目标和建设知识产权强国、世界科技强国提供有力司法保障。

三、基本原则

（一）坚持服务大局。服务大局是人民法院审判工作的根本使命，是知识产权审判的重要职责。必须切实增强大局意识，增强历史责任感和使命感，紧紧围绕党和国家发展大局，积极适应国际形势新变化，找准知识产权审判工作着力点。

（二）坚持改革创新。改革创新是知识产权审判持续健康发展的动力源泉，是实现审判体系和审判能力现代化的必由之路。对于影响和制约知识产权审判发展的关键领域和薄弱环节，必须以创新的理念和方法破解难题、补齐短板，不断完善审判体制机制，加快推进知识产权司法体系和司法能力向现代化迈进。

（三）坚持司法主导。发挥知识产权司法保护的主导作用是司法的本质属性和知识产权保护规律的内在要求，是全面推进依法治国的重要体现。必须强化司法主导理念，充分发挥司法保护的体制机制性优势，妥善处理司法保护和行政保护之间的关系，强化对行政执法行为的程序审查和执法标准的实体审查，在依法支持行政执法行为的同时，加强监督，严格规范。

（四）坚持平等保护。要平等保护不同所有制经济主体和不同国别当事人之间知识产权的合法权益。必须坚持权利平等、机会平等和规则平等，无论是公有制经济，还是非公有制经济，无论是本国当事人，还是外国当事人，都要切实保障当事人在知识产权诉讼中享有平等的程序权利和实体权利。

（五）坚持严格保护。严格保护知识产权是实施创新驱动发展战略的必然要求，是我国当前和今后一个时期知识产权司法保护的基本方向。必须以充分实现知识产权价值为导向，以有利于激励创新为出发点，严格执行法律，切实提高知识产权司法保护的针对性和有效性。

（六）坚持分类施策。正确把握技术成果类、经营标记类等不同类型知识产权的保护需求和特点，妥善界定不正当竞争和垄断行为的判断标准，不断加强对关键环节、特殊领域以及特定问题的研究和解决。根据知识产权的不同类型和领域分类施策，使保护方式、手段、标准与知识产权特质、需求相适应。

（七）坚持比例协调。统筹兼顾保护权利和激励创新，坚持知识产权保护范围和强度与其创新和贡献程度相协调，侵权人的侵权代价与其主观恶性和行为危害性相适应，知识产权保护与发展规律、国情实际和发展需求相匹配，依法合理平衡权利人利益、他人合法权益和社会公共利益、国家利益，实现保护知识产权与促进技术创新、推动产业发展和谐统一。

（八）坚持开放发展。提高我国知识产权司法保护的国际影响力是建成中国特色、世界水平的知识产权强国的必然要求。必须坚持国际视野和世界眼光，既立足现实和国情，又尊重国际规则和主流做法，大胆吸收和借鉴知识产权司法保护的国际经验，认真总结和积极宣传知识产权司法保护的中国经验，不断增强我国在知识产权国际治理规则中的引领力。

四、主要目标

（一）建立协调开放的知识产权司法保护政策体系。建立统领法律适用标准、裁判思路以及裁判价值导向，协调开放的司法政策体系。

（二）建立明确统一的知识产权裁判标准规则体系。建立在权利范围认定、侵权行为认定、损害赔偿认定、证据效力采信等方面明确统一的规则体系。

（三）建立均衡发展的知识产权法院体系。建立区域布局、横向关系、纵向关系、"三合一"机制均衡发展的知识产权法院体系。

（四）建立布局合理的知识产权案件管辖制度体系。建立地域管辖、级别管辖、专属管辖以及跨区域集中管辖的案件管辖制度体系。

（五）建立符合知识产权案件特点的证据规则体系。建立当事人提供证据与法院依职权调查取证及保全证据，证据披露与排除证据妨碍等统筹协调的证据规则体系。

（六）建立科学合理的知识产权损害赔偿制度体系。建立权利人被侵权所遭受的损失、侵权人获得的利益、许可费用、法定赔偿以及维权成本与知识产权价值相适应的损害赔偿制度体系。

（七）建设高素质的知识产权法官队伍。建设公正司法、司法为民，能够优质高效审理知识产权民事、行政和刑事案件，具有国际视野的知识产权法官队伍。

（八）建立知识产权国际司法交流合作长效机制。积极推动我国"一带一路"和"走出去"战略、"中国制造2025"战略的实施，创造公平公正、竞争有序的国际环境。

五、重点措施

（一）公正高效审理各类知识产权案件

积极改进民行交叉案件的审判机制，避免循环诉讼，加快纠纷的实质性解决。推进案件繁简分流，根据不同审级和案件类型性质，实现案件审理程序和裁判文书的繁简有度，做到简案快审、繁案精审。适当扩大简易程序的适用范围，对于事实清楚、权利义务明确、争议不大的简单的知识产权案件，可以简化审理程序。充分发挥审判委员会总结审判经验和加强审判指导的职能作用，提高审判质量和效率。

（二）建立有效机制确保法律正确实施

认真总结专利、商标授权确权行政纠纷案件、商标民事纠纷案件和诉前行为保全中的法律适用问题，适时制定相关司法解释，统一裁判标准和尺度。推进植物新品种司法解释修订工作，加强植物新品种权的司法保护。积极开展对涉及标准必要专利、新商业模式、著作权集体管理、信息网络环境下的知识产权保护等前沿法律适用问题的调研。加强对中医药、民间文学艺术以及涉及非物质文化遗产的知识产权保护，及时制定司法政策，明确裁判原则和要求。加强对自由贸易区建设中涉平行进口、转运过境、定牌加工等知识产权纠纷问题的研究，妥善予以解决。积极参与专利法、著作权法、反不正当竞争法等法律的修订工作，力争将司法解释、司法政策中的相关规则上升为法律，推动解决知识产权司法保护和行政保护"双轨制"实际运行中存在的问题。

（三）全面推进知识产权民事、行政和刑事审判"三合一"

遵循知识产权司法规律，构建符合实际情况的"三级联动、三审合一、三位一体"的集中型立体审判模式，重点解决知识产权刑事案件侦查、批捕、公诉、审判等各个环节的协调配合问题。高级人民法院要建立辖区内人民法院与检察机关、公安机关以及知识产权行政执法机关的沟通联络机制，协调公安、检察机关做好刑事案件的侦查和移送起诉工作。高、中级人民法院成立相应的协调组织，负责指导监督辖区内的"三合一"工作。根据工作需要适当调配审判力量，加大培训力度，努力造就一支能够驾驭三大诉讼的复合型法官队伍。知识产权法院要根据全国人民代表大会常务委员会作出的相关决定适时开展"三合一"审判。

（四）不断完善知识产权案件管辖制度

按照知识产权案件适当集中、布局合理、审判模式"三合一"的原则，统筹确定知识产权案件的地域管辖、级别管辖和专门管辖。在中级人民法院辖区内的一般知识产权民事、行政和刑事案件原则上指定一个基层人民法院跨区划集中管辖，案件数量多的地区可以适当增加指定基层人民法院管辖，案件数量少的地区可以由中级人民法院提级管辖。级别管辖主要按照案件类型划分，逐步实现技术类案件集中管辖。要明确案件管辖权移转的条件、范围和程序，重大、疑难复杂、社会关注度高的案件可由上级人民法院提级管辖。知识产权法院及法庭实行跨行政区划专门管辖专利等技术类民事、行政和刑事案件。

（五）适时制定知识产权诉讼证据规则

根据知识产权自身的无形性、时间性和地域性等特点，借鉴发达国家和地区经验，制定与之相适应的诉讼证据规则，引导当事人诚信诉讼。通过明确举证责任倒置等方式合理分配举证责任，完善诉前诉中证据保全制度，支持当事人积极寻找证据，主动提供证据。探索建立证据披露、证据妨碍排除等规则，明确不同诉讼程序中证据相互采信、司法鉴定效力和证明力等问题，发挥专家辅助人的作用，适当减轻当事人的举证负担，着力破解当事人举证难、司法认定难等问题。

（六）不断完善技术事实查明机制

明确技术调查官、技术咨询专家、技术鉴定人员等司法辅助人员参与技术事实调查的方式，充分运用技术调查的各种力量资源，构建有机协调的技术事实调查认定体系，提高技术事实查明的科学性、专业性和中立性，规范技术调查报告的撰写格式和采信机制。对于辅助法官形成心证并与裁判结果有重要关联性的技术调查意见，可以通过释明等方式向当事人适度公开。强化法官在查明技术事实中的主导作用，规范技术调查主体提供的各种技术审查意见的法律定位。

（七）构建以充分实现知识产权价值为导向的侵权赔偿制度

大力弘扬尊重知识，尊重人才的理念。坚持知识产权创造价值，权利人理应享有利益回报，侵害知识产权就是侵害他人人身权和财产权的价值导向。建立公平合理、比例协调的知识产权损害赔偿制度，以补偿性为主，以惩罚性为辅，让权利人利益得到赔偿，侵权人无利可图，败诉方承担维权成本。推动在著作权法、专利法和反不正当竞争法等法律中规定惩罚性赔偿制度，提高知识产权侵权的法定赔偿额。按照《中共中央国务院关于深化体制机制改革加快实施创新驱动发展战略的若干意见》《中共中央国务院关于完善产权保护制度依法保护产权的意见》等的决策要求，实现对知识产权实行严格保护的历史性转变。

（八）开展知识产权诉讼特别程序法问题研究

为适应知识产权审判"三合一"需要，积极开展知识产权诉讼特别程序法专题调研，以适当方式适时推动制定符合知识产权审判特点的特别程序法。通过特别程序法确立知识产权民事、行政和刑事案件的地域管辖、级别管辖和专属管辖制度、知识产权诉讼证据规则和证据保全制度，进一步明确在专利和商标民事诉讼中人民法院对专利和注册商标效力进行审查的职能，明确技术调查官、专家辅助人、技术咨询专家等的诉讼权利义务与责任。

（九）推动健全知识产权审判专门机构

积极贯彻落实《京津冀协同发展纲要》精神，最高人民法院负责统筹协调京津冀技术类案件跨区域管辖工作。探索由北京知识产权法院在天津市和河北省设立派出法庭，集中管辖京津冀技术类案件，并以此为基础推动其他知识产权法院在更大范围内跨区划集中管辖技术类案件。认真总结重庆、南京、苏州、武汉和成都知识产权专门审判机构设立以来的工作情况和经验，根据审判工作实际需要，依法适当增设知识产权法院，完善知识产权专门审判机构合理布局。

（十）研究构建知识产权案件上诉机制

按照2008年《国家知识产权战略纲要》提出的"探索建立知识产权上诉法院"的要求，从国家长远发展战略的高度以及适应国际发展趋势的宽广视野，深入研究建立国家层面知识产权案件上诉机制，努力从体制上解决全国技术类案件由于二审管辖分散导致终审判决法律适用标准不统一，从而影响司法公信力的问题。

（十一）积极推行知识产权案例指导制度

最高人民法院发布的知识产权指导性案例、公报案例、最高人民法院知识产权审判庭发布的典型案例、"最高人民法院知识产权案例指导研究（北京）基地"发布的案例以及最高人民法院司法案例研究院发布的知识产权典型案例要形成科学合理的案例群，明确各自案例的遴选机制、效力层级、发布主体和发布方式。构建指导性案例和参考性案例并存的案例体系，实现各种案例严格规范生成和不断编纂更新替代的互动机制。建立覆盖全国的知识产权案例数据库，打造智能化案例信息管理和应用系统。

（十二）推动建立知识产权多元化纠纷解决机制

有效发挥仲裁和其他纠纷解决方式在知识产权纠纷解决中的积极作用，鼓励当事人通过非诉讼方式化解纠纷。加强与仲裁机构、行业协会、调解组织的沟通，推动知识产权民事纠纷解决第三方平台建设，畅通诉讼与仲裁、调解的对接机制，统一相关流程和法律文书。支持仲裁机构、调解组织在证据保全、财产保全、强制执行等方面依法履职，形成知识产权纠纷非诉讼解决便捷机制。

（十三）全面推进知识产权司法公开

积极探索移动互联环境下司法公开的新途径，强化知识产权审判对中国裁判文书网、中国审判流程信息网、中国庭审公开网等平台的广泛应用，推进知识产权司法公开的信息化、数据化、精细化。加强科技法庭建设，运用视频、音频等技术公开庭审过程，大力推进庭审同步录音录像和庭审网络直播，创新庭审公开形式，拓展庭审公开的范围。引入数据分析机构、互联网新媒体等第三方专业机构分析研发司法数据，加强司法公开的成果应用，提升司法公开的智能化。做好《中国法院知识产权司法保护状况》《最高人民法院知识产权案件年度报告》以及"十大案件和五十个典型案例"等撰写发布工作。

（十四）继续加强国际交流与合作

依托"中国法院知识产权司法保护国际交流（上海）基地"，建设具有国际水平的知识产权智库，积极开展具有国际影响力的知识产权研讨交流活动，宣传中国知识产权司法保护成就。进一步拓展国际交流合作空间，通过派员参加国际会议、出国培训、举办国际论坛、邀请外国法官和学者来华交流等方式，及时了解掌握国际知识产权保护动态，促进相互沟通与合作。通过各种对话平台，积极参与和引导国际知识产权治理规则创设和修订，推动构建更加公平公正开放透明的国际规则。

（十五）建设高素质知识产权审判队伍

加强思想政治建设，改进司法作风，确保司法廉洁。通过挂职、任职等多种方式，建立知识产权法院之间、知识产权专门审判机构之间、上下级法院之间形式多样的人员交流制度，逐步实现全国法院知识产权法官队伍建设一体化。着力培养一批顾全大局、精通法律、了解技术并具有国际视野的知识产权法官。推进人员分类管理，明确法官、法官助理、技术调查官、书记员的职责及管理要求。规范技术调查官的选任条件、任职类型、回避制度和培养机制。

最高人民法院负责本纲要的具体组织实施工作，根据工作需要成立相应的协调指导机构，确定本纲要各项重点措施实施的时间表和路线图。建立情况通报制度，及时总结经验，加强监督指导，推动地方各级人民法院按期完成各项工作任务。各级人民法院要积极做好舆论宣传工作，为知识产权司法保护营造良好的外部环境。

最高人民法院办公厅
关于印发《关于确定知识产权审判基层示范法院的决定》等三个文件的通知

2011 年 4 月 20 日　　　　　　　　　　　　法办〔2011〕87 号

各省、自治区、直辖市高级人民法院，解放军军事法院，新疆维吾尔自治区高级人民法院生产建设兵团分院：

现将最高人民法院《关于确定知识产权审判基层示范法院的决定》、《关于设立知识产权司法保护调研基地的决定》、《关于设立知识产权司法保护理论研究基地的决定》印发给你们。

附一：

最高人民法院
关于确定知识产权审判基层示范法院的决定

近年来，最高人民法院根据我国经济、社会和文化发展的需要和知识产权审判工作快速发展的实际，不断加强知识产权审判工作的基层基础建设，陆续批准了100多个基层法院受理部分知识产权民事纠纷案件。这些基层法院审理了大量的知识产权民事、行政及刑事纠纷案件，在知识产权民事案件审判中认真落实"调解优先、调判结合"原则，积极把纠纷解决在基层、矛盾化解在基层，并且在提高审判质量和效率、提升司法能力、审判体制和工作机制改革试点等方面，取得了突出成绩，创造出了许多好的经验。

为进一步夯实知识产权审判基层基础建设，不断提高基层法院知识产权审判工作的质量和效率，不断创新知识产权审判体制和工作机制，充分发挥审判基础好、审判质量和效率高、审判经验丰富、审判队伍水平高的部分基层法院的模范示范作用，最高人民法院决定：确定北京市朝阳区人民法院、上海市浦东新区人民法院、江苏省苏州市虎丘区人民法院、浙江省金华市义乌市人民法院、湖北省武汉市江岸区人民法院为知识产权审判基层示范法院。希望这些示范法院珍惜荣誉，继续在当地党委领导、人大监督和政府支持下，在上级法院指导下，从严要求，解放思想，与时俱进，开拓创新，在提高知识产权审判工作质量和效率、创新审判体制和工作机制、加强基层法院知识产权审判规范化建设、加强队伍建设等方面，发挥示范和引领作用。

最高人民法院号召，全国具有知识产权民事案件管辖权的各基层法院以示范法院为榜样，紧紧围绕党和国家的工作大局，切实贯彻落实党中央提出的各项方针政策和最高人民法院《加强新形势下基层基础建设的若干意见》的精神，准确把握形势发展变化对知识产权司法保护工作的新要求，不断加强队伍建设，切实增强责任感、使命感、紧迫感，继续狠抓执法办案第一要务，切实提高执法办案水平，不断取得新成绩，不断总结新经验，在促进创新型国家建设、服务转变经济发展方式方面发挥应有的作用。

附二：

最高人民法院
关于设立知识产权司法保护调研基地的决定

当前，我国人民法院知识产权司法保护事业蓬勃发展，知识产权案件数量逐年大幅攀升，审判领域不断拓宽，审判体制和工作机制不断完善，审判水平不断提高。各级人民法院在知识产权司法保护中解放思想，与时俱进，开拓创新，不断开创知识产权审判工作新局面。同时，随着国家知识产权战略的深入实施，随着经济全球化的日益加深，人民法院知识产权司法保护面临的国际国内形势深刻变化，知识产权司法保护出现更多新情况新问题，人民群众对知识产权司法保护有更多的新要求新期待，知识产权司法保护在服务国际国内两个大局、推动经济发展方式转变和促进创新型国家建设中的作用更加凸显。为适应新形势、新任务的要求，不断研究新情况、解决新问题和总结新经验，不断提高司法决策水平，不断完善司法政策和审判标准，各级人民法院始终注重知识产权司法保护的调查研究，注重调研成果的有效转化。调研工作已成为人民法院知识产权司法保护工作的鲜明特色和必要组成部分成为推动人民法院知识产权司法保护事业创新式发展的重要抓手。

在人民法院知识产权司法保护中，中级人民法院既是大部分地方审理各类第一审知识产权案件的主要法院，又是部分地方审理第二审知识产权民事、行政和刑事案件的重要法院，在人民法院知识产权司法保护体系中具有承上启下的重要地位。为了创新知识产权司法保护调研机制，在调研工作中深入基层、深入实际，提高调研工作的主动性、针对性、有效性和科学性，2009年初，最高人民法院在江苏省苏州市中级人民法院建立了首个知识产权司法保护调研基地。两年多来，苏州调研基地积极整合知识产权司法调研资源，开展了一系列高水平的调研与研讨活动，取得了良好的效果。为了进一步在调研工作中落实重心下移、加强基层基础的工作方针，最高人民法院决定在已设立苏州市中级人民法院调研基地的基础上，增设山东省青岛市中级人民法院、广东省深圳市中级人民法院、湖南省长沙市中级人民法院、四川省成都市中级人民法院为中国知识产权司法保护调研基地。希望各调研基地紧紧围绕党和国家工作大局，紧扣法院工作主题，密切结合知识产权审判实际，加大调研工作力度，整合调研力量，不断创新调研工作机制，不断拓宽调研工作视野，不断总结调研工作经验，不断提高调研水平，既重视本地知识产权审判中的地域特色和现实需求问题的调研工作，又重视知识产权审判中具有普遍意义的司法理念、司法政策、法律适用、体制机制、队伍建设等方面问题的调研工作，快出成果、多出成果，在知识产权司法保护调研工作中发挥模范带头作用。

最高人民法院号召，各级人民法院要紧密结合当前新形势新任务对人民法院知识产权司法保护工作的新要求新期待，不断加强调研工作，不断加强调研成果的交流和转化，为推进我国知识产权司法保护事业健康发展提供坚实保障，为促进国家知识产权战略实施、经济发展方式转变、创新型国家建设做出应有的贡献。

最高人民法院办公厅关于印发有关知识产权司法保护工作管理规定的通知

2012年3月15日　　　　　　　　　　　　　　法办〔2012〕68号

各省、自治区、直辖市高级人民法院，解放军军事法院，新疆维吾尔自治区高级人民法院生产建设兵团分院：

现将《最高人民法院知识产权司法保护理论研究基地管理规定》、《最高人民法院知识产权司法保护调研基地管理规定》、《最高人民法院知识产权审判基层示范法院管理规定》印发给你们，请认真贯彻执行。

附一：

最高人民法院知识产权司法保护理论研究基地管理规定

第一条 为进一步加强人民法院知识产权司法保护理论研究工作，加强最高人民法院与知识产权理论研究机构的合作，推动知识产权司法保护理论研究水平的不断提高，根据工作实际，制定本规定。

第二条 本规定适用于最高人民法院设立的知识产权司法保护理论研究基地。

第三条 最高人民法院主管知识产权司法保护理论研究基地的设立审批工作。

最高人民法院知识产权审判庭负责具体组织、协调知识产权司法保护理论研究基地的研究工作。

第四条 设立知识产权司法保护理论研究基地，应当遵循统一规划、合理布局、便于合作的原则，在具备下列条件的单位中确定：

（一）属于全国重点高校、科研机构，有较强的知识产权科研力量；

（二）在知识产权司法保护理论研究方面，与省、自治区、直辖市高级人民法院合作过三年以上；

（三）有符合条件的可行性报告和其他需要提交的申报材料。

具备前款规定条件的单位，可以向其所在地的高级人民法院提交书面申请和可行性报告等资料，由高级人民法院审查后向最高人民法院知识产权审判庭推荐。

第五条 最高人民法院设立的知识产权司法保护理论研究基地,有效期为五年。期间因工作不符合要求或者其他原因,可以取消理论研究基地资格。期间届满后是否继续作为理论研究基地,由最高人民法院考评后决定。

第六条 最高人民法院加强与知识产权司法保护理论研究基地在知识产权重大理论课题研究、信息资料交流、研讨培训等方面的合作,加强理论研究信息的交流及研究成果的转化、应用。

最高人民法院可以将知识产权司法保护有关的重大课题、重点调研课题,委托给知识产权司法保护理论研究基地进行研究或者进行合作研究。

最高人民法院可以根据实际情况,对知识产权司法保护理论研究基地拟定的研究课题进行协调沟通。

第七条 最高人民法院、地方各级人民法院为知识产权司法保护理论研究基地的专家、学者开展理论研究提供便利条件。

最高人民法院采取专题研讨会等形式,邀请知识产权司法保护理论研究基地的专家、学者为知识产权审判建言献策,交流研究成果、经验,对重大理论课题进行研讨、交流。

地方各级人民法院可以依据法定程序选择知识产权司法保护理论研究基地的专家、学者担任人民陪审员或者到知识产权审判部门交流挂职。

第八条 最高人民法院、高级人民法院可以与知识产权司法保护理论研究基地合作,有计划地开展知识产权法官的进修、联合培养工作,以及开展多种形式的专题研讨培训;选择知识产权法官到知识产权司法保护理论研究基地做访问学者、兼职研究人员。

第九条 知识产权司法保护理论研究基地应当明确负责知识产权司法保护理论研究工作的部门和人员。

知识产权司法保护理论研究基地应当在每年第一季度提交上一年度的工作总结及本年度的研究课题和研究方案,报送最高人民法院知识产权审判庭备案。

第十条 知识产权司法保护理论研究基地应当坚持正确的政治方向,坚持以马克思主义法学理论和社会主义法治理念为指导,开展知识产权司法保护理论与实践相结合问题的基础性研究。

第十一条 知识产权司法保护理论研究基地应当跟踪研究国际上知识产权保护理论和实务发展的最新动态,借鉴国内外知识产权司法保护理论成果和实践经验,研究我国知识产权司法保护需要解决的重大理论问题、难点问题,对知识产权司法保护工作提出意见或建议。

第十二条 知识产权司法保护理论研究基地应当制定研究信息、文献资料、研究成果交流与共享的具体办法。

知识产权司法保护理论研究基地可以结合各自的课题研究,举办研讨会进行交流,促进研究成果的转化与利用。

第十三条 知识产权司法保护理论研究基地的专家、学者要加强与人民法院知识产权审判部门的联系沟通,深入基层、深入实际,充分掌握第一手材料,增强理论研究工作的科学性、针对性，使理论研究与司法实践良性互动。

第十四条 对在知识产权司法保护理论研究工作中成绩突出的单位和个人，最高人民法院给予表扬和鼓励。

第十五条 本规定自印发之日起施行。

附二：

最高人民法院
知识产权司法保护调研基地管理规定

第一条 为保障知识产权司法保护调研基地有序高效地开展工作，促进知识产权司法保护调研成果的交流、应用及转化，进一步提高知识产权司法保护决策水平和审判质量，根据工作实际，制定本规定。

第二条 本规定适用于最高人民法院设立的知识产权司法保护调研基地。

第三条 最高人民法院主管知识产权司法保护调研基地的设立审批工作。

最高人民法院知识产权审判庭具体负责设立知识产权司法保护调研基地的遴选、考察工作。

第四条 最高人民法院设立知识产权司法保护调研基地，应当从知识产权审判工作代表性强，调研力量强、调研工作成绩显著的中级人民法院中选择。

第五条 最高人民法院设立的知识产权司法保护调研基地，有效期为五年。

第六条 最高人民法院加强知识产权司法保护调研基地的信息交流、调研成果的验收、应用及转化等方面的工作，用科学的调研成果指导审判实践，促进全国知识产权司法保护水平和能力的提高。

第七条 最高人民法院知识产权审判庭建立知识产权司法保护调研基地调研信息资料、研究成果定期通报的机制，指导知识产权司法保护调研基地制定调研方案和工作计划，并对调研工作成效进行督导、考核。

最高人民法院知识产权审判庭应当在每年三月底之前制定知识产权司法保护调研基地工作的年度计划，报最高人民法院主管院领导审批后，下发给知识产权司法保护调研基地，并抄送相关高级人民法院。

第八条 最高人民法院及知识产权司法保护调研基地所在地的高级人民法院应当加强对知识产权司法保护调研基地法官的培养工作，在同等条件下优先为知识产权司法保护调研基地的法官提供挂职交流、进修、培训的机会。

为充分发挥知识产权司法保护调研基地的作用，最高人民法院知识产权审判庭及知识产权司法保护调研基地所在地的高级人民法院，可以按照组织程序，选派其他地区的知识产权法官到知识产权司法保护调研基地进行工作交流或挂职锻炼。

最高人民法院及知识产权司法保护调研基地所在地的高级人民法院应当在调研课题和经费分配等方面对知识产权司法保护调研基地给予优先支持。

第九条 知识产权司法保护调研基地应当坚持以马克思主义法学理论和社会主义法治理念为指导，在调研工作中既要重视本地知识产权审判中的地域特色和现实需求，又要重视知识产权审判中具有普遍意义的司法理念、司法政策、法律适用、体制机制、队伍建设等方面。

第十条 知识产权司法保护调研基地应当结合审判实践中出现的新情况、新问题、新趋势，借鉴国内外知识产权司法保护的理论成果和实践经验，研究相应的应对措施和解决方案，充分发挥在知识产权司法保护调研方面的示范作用。

第十一条 知识产权司法保护调研基地应当确定其负责知识产权司法保护调研工作的部门和人员。

知识产权司法保护调研基地应当在每年二月底之前提出本年度的调研项目、调研课题和调研工作计划、方案，报送最高人民法院知识产权审判庭，并抄送所在地的高级人民法院。

第十二条 知识产权司法保护调研基地应加强与国内外知识产权教学研究机构的专家、学者的联系与合作，充分利用社会研究力量，提高调研工作的效率和质量。

知识产权司法保护调研基地每年可以结合各自的调研课题、项目，举办研讨会，最高人民法院、相关高级人民法院知识产权审判庭应当给予支持。

第十三条 对在知识产权司法保护调研工作中成绩突出的单位和个人，最高人民法院给予表扬和鼓励；不按照本规则开展工作的，予以批评教育。

第十四条 本规定自印发之日起施行。

附三：

最高人民法院
知识产权审判基层示范法院管理规定

第一条 为加强知识产权审判基层示范法院建设工作，充分发挥示范法院的示范和引领作用，促进全国知识产权审判基层基础建设的健康发展，根据工作实际，制定本规定。

第二条 本规定适用于最高人民法院确定的知识产权审判基层示范法院。

第三条 最高人民法院主管知识产权审判基层示范法院的确定工作。

最高人民法院知识产权审判庭具体负责知识产权审判基层示范法院的遴选、考察工作。

第四条 最高人民法院确定知识产权审判基层示范法院，应当从在知识产权审判工作中取得突出成绩、有代表性的基层人民法院中选择。

第五条 最高人民法院确定的知识产权审判基层示范法院，有效期为五年。

第六条 最高人民法院知识产权审判庭应当在每年三月底之前，对知识产权审判基层示范法院上一年度的工作情况进行考核。

最高人民法院知识产权审判庭应当建立知识产权审判基层示范法院工作情况定期通报机制。

第七条 最高人民法院及知识产权审判基层示范法院所在地的高、中级人民法院应当对知识产权审判基层示范法院的工作给予指导、支持。

最高人民法院知识产权审判庭应当加强对知识产权审判基层示范法院工作经验的交流、推广工作，促进全国法院知识产权审判工作水平和能力的提高。

第八条 知识产权审判基层示范法院应该坚持以社会主义法治理念为指导，在提高审判质量和效率、提升司法能力、审判体制和工作机制改革试点等方面创造出更多好的经验，做好表率。

知识产权审判基层示范法院应当坚持"调解优先、调判结合"的原则，努力把知识产权纠纷解决在基层、矛盾化解在基层。

第九条 知识产权审判基层示范法院应当准确把握形势发展变化对知识产权司法保护工作的新要求，在加强基层法院知识产权审判规范化建设、加强队伍建设等方面，发挥示范和引领作用。

第十条 知识产权审判基层示范法院应当在每年二月底之前，向最高人民法院知识产权审判庭报送上一年度知识产权审判工作的总结及本年度的工作计划。

第十一条 对在知识产权审判工作中取得突出成绩的知识产权审判基层示范法院，最高人民法院给予表扬和鼓励。

第十二条 本规定自印发之日起施行。

最高人民法院办公厅
关于印发有关知识产权司法保护工作决定的通知

2012年4月11日　　　　　　　　　　　　　　法办〔2012〕93号

各省、自治区、直辖市高级人民法院，解放军军事法院，新疆维吾尔自治区高级人民法院生产建设兵团分院：

现将《最高人民法院关于设立医药产业知识产权司法保护调研基地及增加知识产权审判基层示范法院和知识产权司法保护理论研究基地、调研基地的决定》印发给你们。

附：

最高人民法院
关于设立医药产业知识产权司法保护
调研基地及增加知识产权审判基层示范法院和知识
产权司法保护理论研究基地、调研基地的决定

加强医药产业的知识产权司法保护，增强我国医药产业的自主创新能力和竞争能力，对于推进我国医药产业健康持续发展、保障人民的医疗安全和福祉，具有重要意义。为了加大我国医药产业知识产权司法保护力度，加强涉及医药产业知识产权审判的业务指导及调研工作，最高人民法院决定在江苏省泰州市中级人民法院、连云港市中级人民法院设立医药产业知识产权司法保护调研基地。希望两个调研基地及时把握医药产业知识产权保护的最新动向和发展趋势，深入开展医药产业的知识产权保护需求及相关法律问题的专项调研工作，为不断提高医药产业知识产权纠纷案件的审判质量，提高医药产业知识产权保护司法政策的决策水平，不断满足医药产业知识产权司法保护的新需求，作出应有的贡献。

为了进一步加强知识产权审判基层基础建设和知识产权司法保护理论研究、调研工作，决定增加北京市海淀区人民法院、上海市黄浦区人民法院、广东省广州市天河区人民法院、江苏省南京市鼓楼区人民法院、浙江省杭州市西湖区人民法院为知识产权审判基层示范法院；增加华中科技大学为知识产权司法保护理论研究基地，增加江苏省南京市中级人民法院、湖北省武汉市中级人民法院为知识产权司法保护调研基地。

希望新增加的知识产权审判基层示范法院按照《最高人民法院知识产权审判基层示范法院管理规定》（法办〔2012〕68号）的要求，不断提高知识产权审判工作的质量和效率，创新知识产权审判工作机制，充分发挥示范和引领作用。希望新增加的知识产权司法保护理论研究基地、调研基地充分发挥自身的特色和优势，按照《最高人民法院知识产权司法保护理论研究基地管理规定》、《最高人民法院知识产权司法保护调研基地管理规定》（法办〔2012〕68号）的要求，做好知识产权司法保护理论研究、调研工作，为推动人民法院知识产权司法保护事业健康发展、推进创新型国家建设做出更大贡献。

最高人民法院
关于在全国法院推进知识产权民事、行政和刑事案件审判"三合一"工作的意见

2016年7月5日　　　　　　　　　　　　　　法发〔2016〕17号

为贯彻落实党的十八届四中全会确定的司法体制改革任务以及《国家知识产权战略纲要》《关于深化体制机制改革加快实施创新驱动发展战略的若干意见》《深化科技体制改革实施方案》提出的具体要求，统一法律适用标准，优化审判资源配置，提高审判质量和效率，充分发挥知识产权司法保护的主导作用，推进知识产权审判体制和工作机制改革，加快创新驱动发展战略的实施，建立公正、高效、权威的社会主义知识产权司法制度，根据《中华人民共和国民事诉讼法》《中华人民共和国行政诉讼法》和《中华人民共和国刑事诉讼法》以及有关法律法规的规定，结合审判工作实际，制定本意见。

一、统一思想，深刻认识推进知识产权民事、行政和刑事案件审判"三合一"工作的重大意义

1. 知识产权民事、行政和刑事案件审判"三合一"是指由知识产权审判庭统一审理知识产权民事、行政和刑事案件。

推进"三合一"工作，是人民法院贯彻落实党的十八届四中全会关于司法体制改革任务的重要举措，是落实国家知识产权战略和创新驱动发展战略的重要措施。推进"三合一"工作的目的是要构建符合知识产权司法特点和规律的工作机制和审判体制，不断提高知识产权司法保护的整体效能。

2. 推进"三合一"工作，有利于增强司法机关和行政机关执法合力，实现知识产权的全方位救济和司法公正；有利于统一司法标准，提高审判质量，完善知识产权司法保护制度；有利于合理调配审判力量，优化审判资源配置，提高知识产权司法保护的效益和效率；有利于知识产权专门审判队伍建设，提高知识产权审判队伍素质。各级人民法院要把思想和行动统一到中央精神和部署上来，以勇于担当的精神全面推进"三合一"工作。

二、积极落实，大力推进知识产权民事、行政和刑事案件审判"三合一"工作

3. 最高人民法院成立推进"三合一"工作协调小组，统一协调指导全国法院的"三合一"工作。高、中级人民法院要成立相应的协调机构，组织协调辖区内的"三合一"工作，具体负责辖区内知识产权案件的管辖布局和指导监督，上传下达，内外协调，及时解决工作中出现的问题。

4. 各级人民法院要根据最高人民法院会同最高人民检察院、公安部联合制定下发的有关办理知识产权刑事案件适用法律相关问题的意见，做好知识产权刑事案件的审理工作。

5. 各级人民法院的知识产权审判部门，不再称为民事审判第×庭，更名为知识产权审判庭。

6. 各级人民法院知识产权审判庭应当根据审判任务需要配备审判力量，并根据情况配备专门从事行政审判和刑事审判的法官，也可以由行政审判庭或刑事审判庭法官与知识产权审判庭法官共同组成合议庭，审理知识产权行政或刑事案件。

7. 知识产权民事案件是指涉及著作权、商标权、专利权、技术合同、商业秘密、植物新品种和集成电路布图设计等知识产权以及不正当竞争、垄断、特许经营合同的民事纠纷案件。

一般知识产权民事纠纷案件是指除专利、植物新品种、集成电路布图设计、技术秘密、计算机软件、驰名商标认定以及垄断纠纷案件之外的知识产权民事纠纷案件。

知识产权行政案件是指当事人对行政机关就著作权、商标权、专利权等知识产权以及不正当竞争等所作出的行政行为不服，向人民法院提起的行政纠纷案件。

知识产权刑事案件是指《中华人民共和国刑法》分则第三章"破坏社会主义市场经济秩序罪"第七节规定的侵犯知识产权犯罪案件等。

知识产权刑事自诉案件，人民法院仍然可以按照刑事诉讼法所确定的地域管辖原则管辖。

8. 知识产权民事案件的受理继续依照人民法院有关地域管辖、级别管辖和指定管辖的规定和批复进行。除此之外：

中级人民法院辖区内没有基层人民法院具有一般知识产权民事纠纷案件管辖权的，可以层报最高人民法院指定基层人民法院统一管辖，也可以由中级人民法院提级管辖本辖区内的知识产权行政、刑事案件。

中级人民法院辖区内有多个具有一般知识产权民事纠纷案件管辖权的基层人民法院的，经层报最高人民法院批准后，可以根据辖区内的案件数量、审判力量等情况对每个基层法院的辖区范围进行划分和调整。

具有一般知识产权民事纠纷案件管辖权的基层人民法院审理中级人民法院指定区域的第一审知识产权刑事、行政案件。不具有一般知识产权民事纠纷案件管辖权的基层人民法院发现所审理案件属于知识产权行政、刑事案件的，应当及时移送中级人民法院指定的有一般知识产权民事纠纷案件管辖权的基层人民法院管辖。

中级人民法院知识产权审判庭审理本辖区内基层人民法院审结的知识产权行政、刑事上诉案件以及同级人民检察院抗诉的知识产权刑事案件。

高级人民法院知识产权审判庭审理本辖区内中级人民法院审结的知识产权行政、刑事上诉案件，知识产权行政、刑事申请再审案件以及同级人民检察院抗诉的知识产权刑事案件。

最高人民法院知识产权审判庭审理各高级人民法院审结的知识产权行政、刑事上诉案件，知识产权行政、刑事申请再审案件、最高人民检察院抗诉的知识产权刑事案件。

9. 知识产权案件案号编制、使用与管理依照《最高人民法院关于人民法院案号的若干规定》执行。案号中的类型代字为知民/知行/知刑。

三、加大力度，保障知识产权民事、行政和刑事案件审判"三合一"工作顺利推进

10. 高、中级人民法院要统筹规划本辖区内的"三合一"工作，在人员编制、经费保障、物质装备等方面大力支持"三合一"工作。要建立人民法院与公安机关、检察机关以及知识产权行政执法机关的沟通联络机制，协调公安机关、检察机关做好刑事案件的侦查和移送起诉工作。

11. 要加强审判管理，确保案件质量。加快推进和不断完善知识产权案例指导制度，确保裁判标准统一。要做好案件审理各个环节的衔接工作。要大力提高知识产权案件裁判文书质量。要对知识产权案件进行分类统计，充分利用信息化手段，加强对相关数据的分析研判。上级法院要及时开展调查研究，加强对开展"三合一"工作法院的指导和监督。

四、加强培训，加快建设一支复合型、专门化的知识产权审判队伍

12. 各级人民法院要本着立足长远的原则，以培养一支适应知识产权审判发展趋势的专门化法官队伍为目标，严格选拔审判业务骨干，确保参与知识产权审判的法官具有相应的审判业务能力和经验。

13. 最高人民法院和高级人民法院每年要适时组织针对知识产权审判"三合一"工作的专门培训，同时要注重通过网络方式加大培训覆盖面，不断提高知识产权法官的综合素质。

五、其 他

14. 地方各级人民法院要及时总结交流"三合一"工作取得的经验，查找存在的问题，对带有普遍性的问题要及时层报最高人民法院。

15. 地方各级人民法院要从实际情况出发，从方便当事人诉讼、有利于知识产权司法保护的角度，综合考量本辖区内经济发展水平、交通便利条件以及各类知识产权案件数量等因素，积极稳妥的推进"三合一"工作。

北京、上海、广州知识产权法院暂不实施"三合一"工作。

16. 此前有关规定与本意见不一致的，以本意见为准。

最高人民法院
关于调整地方各级人民法院管辖第一审知识产权民事案件标准的通知

2010年1月28日　　　　　　　　　　　　法发〔2010〕5号

各省、自治区、直辖市高级人民法院，解放军军事法院，新疆维吾尔自治区高级人民法院生产建设兵团分院：

为进一步加强最高人民法院和高级人民法院的知识产权审判监督和业务指导职能，合理均衡各级人民法院的工作负担，根据人民法院在知识产权民事审判工作中贯彻执行修改后的民事诉讼法的实际情况，现就调整地方各级人民法院管辖第一审知识产权民事案件标准问题，通知如下：

一、高级人民法院管辖诉讼标的额在2亿元以上的第一审知识产权民事案件，以及诉讼标的额在1亿元以上且当事人一方住所地不在其辖区或者涉外、涉港澳台的第一审知识产权民事案件。

二、对于本通知第一项标准以下的第一审知识产权民事案件，除应当由经最高人民法院指定具有一般知识产权民事案件管辖权的基层人民法院管辖的以外，均由中级人民法院管辖。

三、经最高人民法院指定具有一般知识产权民事案件管辖权的基层人民法院，可以管辖诉讼标的额在500万元以下的第一审一般知识产权民事案件，以及诉讼标的额在500万元以上1000万元以下且当事人住所地均在其所属高级或中级人民法院辖区的第一审一般知识产权民事案件，具体标准由有关高级人民法院自行确定并报最高人民法院批准。

四、对重大疑难、新类型和在适用法律上有普遍意义的知识产权民事案件，可以依照民事诉讼法第三十九条的规定，由上级人民法院自行决定由其审理，或者根据下级人民法院报请决定由其审理。

五、对专利、植物新品种、集成电路布图设计纠纷案件和涉及驰名商标认定的纠纷案件以及垄断纠纷案件等特殊类型的第一审知识产权民事案件，确定管辖时还应当符合最高人民法院有关上述案件管辖的特别规定。

六、军事法院管辖军内第一审知识产权民事案件的标准，参照当地同级地方人民法院的标准执行。

七、本通知下发后，需要新增指定具有一般知识产权民事案件管辖权的基层人民法院的，有关高级人民法院应将该基层人民法院管辖第一审一般知识产权民事案件的标准一并报最高人民法院批准。

八、本通知所称"以上"包括本数，"以下"不包括本数。

九、本通知自 2010 年 2 月 1 日起执行。之前已经受理的案件,仍按照各地原标准执行。

本通知执行过程中遇到的问题,请及时报告最高人民法院。

最高人民法院
关于印发基层人民法院管辖第一审知识产权民事案件标准的通知

2010 年 1 月 28 日　　　　　　　　　　法发〔2010〕6 号

各省、自治区、直辖市高级人民法院,解放军军事法院,新疆维吾尔自治区高级人民法院生产建设兵团分院:

根据各有关高级人民法院的报请,现将经最高人民法院批准的目前具有一般知识产权民事案件管辖权的基层人民法院管辖第一审知识产权民事案件的标准(见附件)统一予以印发,自 2010 年 2 月 1 日起施行。之前已经受理的案件,仍按照各地原标准执行。

特此通知。

附:基层人民法院管辖第一审知识产权民事案件标准

附:

基层人民法院管辖第一审知识产权民事案件标准

地区	基层人民法院	管辖第一审知识产权民事案件的标准
北京市	东城区人民法院	诉讼标的额在 500 万元以下的第一审一般知识产权民事案件以及诉讼标的额在 500 万元以上 100 万元以下且当事人住所地均在北京市高级人民法院辖区的第一审一般知识产权民事案件
	西城区人民法院	
	崇文区人民法院	
	宣武区人民法院	
	朝阳区人民法院	
	海淀区人民法院	
	丰台区人民法院	
	石景山区人民法院	
	昌平区人民法院	

地区	基层人民法院		管辖第一审知识产权民事案件的标准
天津市	和平区人民法院		诉讼标的额在100万元以下的第一审一般知识产权民事案件
	经济技术开发区人民法院		诉讼标的额在50万元以下的第一审一般知识产权民事案件
辽宁省	大连市	西岗区人民法院	诉讼标的额在500万元以下的第一审一般知识产权民事案件
上海市	浦东新区人民法院		诉讼标的额在200万元以下的第一审一般知识产权民事案件
	卢湾区人民法院		
	杨浦区人民法院		
	黄浦区人民法院		
江苏省	南京市	宣武区人民法院	诉讼标的额在200万元以下第一审一般知识产权民事案件
		鼓楼区人民法院	
		江宁区人民法院	
	苏州市	虎丘区人民法院	
		昆山市人民法院	
		太仓市人民法院	
		常熟市人民法院	
		工业园区人民法院	
	无锡市	滨湖区人民法院	
		江阴市人民法院	
		宜兴市人民法院	
	常州市	武进区人民法院	诉讼标的额在100万元以下的第一审一般知识产权民事案件
		天宁区人民法院	
		常州高新技术产业开发区人民法院	
	镇江市	镇江经济开发区人民法院	
	南通市	通州区人民法院	

地区	基层人民法院		管辖第一审知识产权民事案件的标准
浙江省	杭州市	西湖区人民法院	诉讼标的额在500万元以下的第一审一般知识产权民事案件（义乌市人民法院同时管辖诉讼标的额在500万元以下的第一审实用新型和外观设计专利纠纷案件）
		滨江区人民法院	
		余杭区人民法院	
		萧山区人民法院	
	宁波市	北仑区人民法院	
		鄞州区人民法	
		余姚市人民法院	
		慈溪市人民法院	
	温州市	鹿城区人民法院	
		瓯海区人民法院	
		乐清市人民法院	
		瑞安市人民法院	
	嘉兴市	南湖湖区人民法院	
		海宁市人民法院	
	绍兴市	绍兴县人民法院	
	金华市	婺城区人民法院	
		义乌市人民法院	
	台州市	玉环县人民法院	
安徽省	合肥市	高新技术产业开发区人民法院	诉讼标的额在5万元以下的第一审一般知识产权民事案件
福建省	福州市	鼓楼区人民法院	讼标的额在50万元以下的第一审一般知识产权民事案件
	厦门市	思明区人民法院	
	泉州市	晋江市人民法院	
江西省	南昌市	南昌高新技术产业开发区人民法院	诉讼标标的额在100万元以下的第一审一般知识产权民事案件
		南昌经济技术开发区人民法院	
山东省	济南市	历下区人民法院	讼标的额在50万元以下的第一审一般知识产权民事案件以及诉讼标的额在50万元以上100万元以下且当事人住所地均在其所属中级人民法院辖区的第一审一般知识产权民事案件
	青岛市	市南区人民法院	

地区	基层人民法院		管辖第一审知识产权民事案件的标准
湖北省	武汉市	江岸区人民法院	诉讼标的额在300万元以下的第一审一般知识产权民事案件以及诉讼标的额在300万元以上800万元以下且当事人住所地均在武汉市中级人民法院辖区的第一审一般知识产权民事案件
湖南省	长沙市	天心区人民法院	诉讼标的额在300万元以下的第一审一般知识产权民事案件
		岳麓区人民法院	
	株洲市	天元区人民法院	
广东省	广州市	越秀区人民法院	诉讼标的额在200万元以下的第一审一般知识产权民事案件
		海珠区人民法院	
		天河区人民法院	
		白云区人民法院	
		萝岗区人民法院	
		南沙区人民法院	
	深圳市	罗湖区人民法院	
		福田区人民法院	
		南山区人民法院	
		盐田区人民法院	
		龙岗区人民法院	
		宝安区人民法院	
	佛山市	南海区人民法院	
		禅城区人民法院	
		顺德区人民法院	
	汕头市	龙湖区人民法院	
	江门市	蓬江区人民法院	
		新会区人民法院	
	东莞市	东莞市第一人民法院	
	中山市	中山市人民法院	
广西壮族	南宁市	青秀区人民法院	诉讼标的额在80万元以下的第一审一般知识产权民事案件以及诉讼标的额在80万元以上150万元以下且当事人住所地均在南宁市中级人民法院辖区的第一审一般知识产权民事案件

地区	基层人民法院		管辖第一审知识产权民事案件的标准
四川省	成都市	高新区人民法院	诉讼标的额在50万元以下的第一审一般知识产权民事案件
		武侯区人民法院	
		江区人民法院	
重庆市	渝中区人民法院		诉讼标的额在300万元以下的第一审一般知识产权民事案件
	沙坪坝区人民法院		
甘肃省	兰州市	城关区人民法院	诉讼标的额在30万元以下的第一审一般知识产权民事案件
	天水市	秦州区人民法院	
新疆生产建设兵团	农十二师	乌鲁木齐垦区人民法院	诉讼标的额在100万元以下的第一审一般知识产权民事案件以及诉讼标的额在100万元以上300万元以下且当事人住所地均在农十二师中级人民法院辖区的第一审一般知识产权民事案件
	农六师	五家渠市人民法院	诉讼标的额在100万元以下的第一审一般知识产权民事案件以及诉讼标的额在100万元以上20万元以下且当事人住所地均在农六师中级人民法院辖区的第一审一般知识产权民事案件

注：本附件所称"以上"包括本数，"以下"不包括本数。

最高人民法院
关于知识产权法院案件管辖等有关问题的通知

2014年12月24日　　　　　　　　　　法〔2014〕338号

各省、自治区、直辖市高级人民法院，解放军军事法院，新疆维吾尔自治区高级人民法院生产建设兵团分院：

为进一步明确知识产权法院案件管辖等有关问题，依法及时受理知识产权案件，保障当事人诉讼权利，根据《中华人民共和国民事诉讼法》、《中华人民共和国行政诉讼法》、《全国人民代表大会常务委员会关于在北京、上海、广州设立知识产权法院的决定》、《最高人民法院关于北京、上海、广州知识产权法院案件管辖的规定》等规定，结合审判实际，现就有关问题通知如下：

一、知识产权法院所在市辖区内的第一审知识产权民事案件，除法律和司法解释规定应由知识产权法院管辖外，由基层人民法院管辖，不受诉讼标的额的限制。

不具有知识产权民事案件管辖权的基层人民法院辖区内前款所述案件，由所在地高级人民法院报请最高人民法院指定具有知识产权民事案件管辖权的基层人民法院跨区域管辖。

二、知识产权法院对所在市的基层人民法院管辖的重大涉外或者有重大影响的第一审知识产权案件,可以根据民事诉讼法第三十八条的规定提级审理。

知识产权法院所在市的基层人民法院对其所管辖的第一审知识产权案件,认为需要由知识产权法院审理的,可以报请知识产权法院审理。

三、知识产权法院管辖所在市辖区内的第一审垄断民事纠纷案件。

广州知识产权法院对广东省内的第一审垄断民事纠纷实行跨区域管辖。

四、对知识产权法院所在市的基层人民法院已经发生法律效力的知识产权民事和行政判决、裁定、调解书,当事人依法可以向该基层人民法院或者知识产权法院申请再审。

对知识产权法院已经发生法律效力的民事和行政判决、裁定、调解书,当事人依法可以向该知识产权法院或者其所在地的高级人民法院申请再审;当事人依法向知识产权法院所在地的高级人民法院申请再审的,由该高级人民法院知识产权审判庭审理。

五、利害关系人或者当事人向知识产权法院申请证据保全、行为保全、财产保全的,知识产权法院应当依法及时受理;裁定采取相关措施的,应当立即执行。

六、知识产权法院审理的第一审案件,生效判决、裁定、调解书需要强制执行的,知识产权法院所在地的高级人民法院可指定辖区内其他中级人民法院执行。

七、本通知自 2015 年 1 月 1 日起施行。

施行中如有新情况,请及时层报最高人民法院。

最高人民法院
关于北京、上海、广州知识产权法院案件管辖的规定

法释〔2014〕12 号

(2014 年 10 月 27 日最高人民法院审判委员会第 1628 次会议通过 2014 年 10 月 31 日最高人民法院公告公布 自 2014 年 11 月 3 日起施行)

为进一步明确北京、上海、广州知识产权法院的案件管辖,根据《中华人民共和国民事诉讼法》《中华人民共和国行政诉讼法》《全国人民代表大会常务委员会关于在北京、上海、广州设立知识产权法院的决定》等规定,制定本规定。

第一条 知识产权法院管辖所在市辖区内的下列第一审案件:

(一)专利、植物新品种、集成电路布图设计、技术秘密、计算机软件民事和行政案件;

(二)对国务院部门或者县级以上地方人民政府所作的涉及著作权、商标、不正当竞争等行政行为提起诉讼的行政案件;

(三)涉及驰名商标认定的民事案件。

第二条 广州知识产权法院对广东省内本规定第一条第（一）项和第（三）项规定的案件实行跨区域管辖。

第三条 北京市、上海市各中级人民法院和广州市中级人民法院不再受理知识产权民事和行政案件。

广东省其他中级人民法院不再受理本规定第一条第（一）项和第（三）项规定的案件。

北京市、上海市、广东省各基层人民法院不再受理本规定第一条第（一）项和第（三）项规定的案件。

第四条 案件标的既包含本规定第一条第（一）项和第（三）项规定的内容，又包含其他内容的，按本规定第一条和第二条的规定确定管辖。

第五条 下列第一审行政案件由北京知识产权法院管辖：

（一）不服国务院部门作出的有关专利、商标、植物新品种、集成电路布图设计等知识产权的授权确权裁定或者决定的；

（二）不服国务院部门作出的有关专利、植物新品种、集成电路布图设计的强制许可决定以及强制许可使用费或者报酬的裁决的；

（三）不服国务院部门作出的涉及知识产权授权确权的其他行政行为的。

第六条 当事人对知识产权法院所在市的基层人民法院作出的第一审著作权、商标、技术合同、不正当竞争等知识产权民事和行政判决、裁定提起的上诉案件，由知识产权法院审理。

第七条 当事人对知识产权法院作出的第一审判决、裁定提起的上诉案件和依法申请上一级法院复议的案件，由知识产权法院所在地的高级人民法院知识产权审判庭审理。

第八条 知识产权法院所在省（直辖市）的基层人民法院在知识产权法院成立前已经受理但尚未审结的本规定第一条第（一）项和第（三）项规定的案件，由该基层人民法院继续审理。

除广州市中级人民法院以外，广东省其他中级人民法院在广州知识产权法院成立前已经受理但尚未审结的本规定第一条第（一）项和第（三）项规定的案件，由该中级人民法院继续审理。

最高人民法院
关于同意南京市、苏州市、武汉市、成都市中级人民法院内设专门审判机构并跨区域管辖部分知识产权案件的批复

2017 年 1 月 4 日　　　　　　　　　　　　法〔2017〕2 号

江苏、湖北、四川省高级人民法院：

你院《关于设立南京、苏州知识产权跨区域福安下法庭的请示》(苏高法〔2016〕250 号)、《关于在武汉设立知识产权法庭的请示》(鄂高法〔2016〕573 号)、《关于设立程度知识产权审判庭跨区域管辖知识产权案件的请示》(川高法〔2016〕507 号)收悉。经研究，现批复如下：

一、原则同意在南京、苏州、武汉、成都市中级人民法院内设专门审理知识产权案件的机构，请按照规定程序向机构编制管理部门报批。

二、同意指定南京市中级人民法院管辖以下知识产权案件：

1. 发生在南京市、镇江市、扬州市、泰州市、盐城市、淮安市、宿迁市、徐州市、连云港市辖区内的专利、技术秘密、计算机软件、植物新品种、集成电路布图设计、涉及驰名商标认定及垄断纠纷的第一审知识产权民事案件；

2. 发生在南京市、镇江市、扬州市、泰州市、盐城市、淮安市、宿迁市、徐州市、连云港市辖区内，诉讼标的额为 300 万元以上的商标、著作权、不正当竞争，技术合同纠纷的第一审知识产权民事案件；

3. 发生在南京市、镇江市、扬州市、泰州市、盐城市、淮安市、宿迁市、徐州市、连云港市辖区内，对国务院部门或者县级以上地方人民政府所作的著作权、商标、专利、不正当竞争等行政行为提起诉讼的第一审知识产权行政案件；

4. 应当由南京市中级人民法院管辖的第一审知识产权刑事案件；

5. 不服南京市辖区内基层人民法院审理的第一审知识产权民事、刑事、行政案件的上诉案件。

三、同意指定苏州市中级人民法院管辖以下知识产权案件：

1. 发生在苏州市、无锡市、常州市、南通市辖区内的专利、技术秘密、计算机软件、植物新品种、集成电路布图设计、涉及驰名商标认定及垄断纠纷的第一审知识产权民事案件；

2. 发生在苏州市、无锡市、常州市、南通市辖区内，诉讼标的额为 300 万元以上的商标、著作权、不正当竞争，技术合同纠纷的第一审知识产权民事案件；

3. 发生在苏州市、无锡市、常州市、南通市辖区内，对国务院部门或者县级以上

地方人民政府所作的著作权、商标、专利、不正当竞争等行政行为提起诉讼的第一审知识产权行政案件；

4. 应当由苏州市中级人民法院管辖的第一审知识产权刑事案件；

5. 不服苏州市辖区内基层人民法院审理的第一审知识产权民事、刑事、行政案件的上诉案件。

四、同意指定武汉市中级人民法院管辖以下知识产权案件：

1. 发生在湖北省辖区内的专利、植物新品种、集成电路布图设计、技术秘密、计算机软件、涉及驰名商标认定及垄断纠纷的第一审知识产权民事和行政案件；

2. 发生在武汉市辖区内有关商标、著作权、不正当竞争，技术合同纠纷的第一审知识产权民事和行政案件（由武汉市江岸区人民法院、江汉区人民法院、东湖新技术开发区人民法院管辖的上述第一审知识产权民事和行政案件除外）；

3. 不服武汉江岸区、江汉区、东湖新技术开发区人民法院审理的第一审知识产权民事、行政案件的上诉案件，以及不服武汉市江岸区人民法院审理的一审知识产权刑事案件的上诉案件。

五、同意指定成都市中级人民法院管辖以下知识产权案件：

1. 发生在四川省辖区内的专利、植物新品种、集成电路布图设计、商业秘密、计算机软件、驰名商标认定及垄断纠纷的第一审知识产权民事和行政案件；

2. 发生在成都市辖区内有关商标、著作权、不正当竞争，技术合同纠纷的第一审知识产权民事、行政案件（由最高人民法院授予管辖权的基层人民法院管辖的上述第一审知识产权民事、行政案件除外）；

3. 不服成都市辖区内基层人民法院审理的第一审知识产权民事、行政、刑事案件的上诉案件。

本院以前的相关批复与本批复不一致的，以本批复为准。

此复。

最高人民法院
关于同意杭州市、宁波市、合肥市、福州市、济南市、青岛市中级人民法院内设专门审判机构并跨区域管辖部分知识产权案件的批复

2017年8月1日　　　　　　　　　　　　　法〔2017〕236号

浙江、安徽、福建、山东省高级人民法院：

《浙江省高级人民法院关于申请设立杭州知识产权法庭、宁波知识产权法庭的报告》《安徽省高级人民法院关于设立合肥知识产权法庭的请示》《福建省高级人民法院关于申

请设立跨区域管辖的福州知识产权法庭的报告》《山东省高级人民法院关于申请设立济南、青岛知识产权法庭的请示》收悉。经研究，现批复如下：

一、原则同意在杭州市、宁波市、合肥市、福州市、济南市、青岛市中级人民法院内设专门审理知识产权案件的机构，请按照规定程序向机构编制管理部门报批。

二、同意指定杭州市中级人民法院管辖以下知识产权案件：

1. 发生在杭州市、嘉兴市、湖州市、金华市、衢州市、丽水市辖区内有关专利、技术秘密、计算机软件、植物新品种、集成电路布图设计、涉及驰名商标认定及垄断纠纷的第一审知识产权民事案件；

2. 发生在杭州市、嘉兴市、湖州市、金华市、衢州市、丽水市辖区内，诉讼标的额为800万元以上的商标权、著作权、不正当竞争、技术合同纠纷的第一审知识产权民事案件；

3. 发生在杭州市、嘉兴市、湖州市、金华市、衢州市、丽水市辖区内，对县级以上地方人民政府所作的著作权、商标、专利、不正当竞争等行政行为提起诉讼的第一审知识产权行政案件；

4. 应当由杭州市中级人民法院管辖的第一审知识产权刑事案件；

5. 不服杭州市辖区内基层人民法院审理的第一审知识产权民事、刑事、行政案件的上诉案件。

三、同意指定宁波市中级人民法院管辖以下知识产权案件：

1. 发生在宁波市、温州市、绍兴市、台州市、舟山市辖区内的专利、技术秘密、计算机软件、植物新品种、集成电路布图设计、涉及驰名商标认定及垄断纠纷的第一审知识产权民事案件；

2. 发生在宁波市、温州市、绍兴市、台州市、舟山市辖区内，诉讼标的额为800万元以上的商标权、著作权、不正当竞争、技术合同纠纷的第一审知识产权民事案件；

3. 发生在宁波市、温州市、绍兴市、台州市、舟山市辖区内，对县级以上地方人民政府所作的著作权、商标、专利、不正当竞争等行政行为提起诉讼的第一审知识产权行政案件；

4. 应当由宁波市中级人民法院管辖的第一审知识产权刑事案件；

5. 不服宁波市辖区内基层人民法院审理的第一审知识产权民事、刑事、行政案件的上诉案件。

四、同意指定合肥市中级人民法院管辖以下知识产权案件：

1. 发生在安徽省辖区内有关专利、技术秘密、计算机软件、植物新品种、集成电路布图设计、涉及驰名商标认定及垄断纠纷的第一审知识产权民事和行政案件；

2. 发生在合肥市辖区内除基层人民法院管辖范围之外的第一审知识产权民事、行政和刑事案件；

3. 不服合肥市辖区内基层人民法院审理的第一审知识产权民事、行政和刑事案件的上诉案件。

五、同意指定福州市中级人民法院管辖以下知识产权案件：

1. 发生在福建省辖区内有关专利、技术秘密、计算机软件、植物新品种、集成电路布图设计、涉及驰名商标认定及垄断纠纷的第一审知识产权民事和行政案件；

2. 发生在福州市辖区内除基层人民法院管辖范围之外的第一审知识产权民事、行政和刑事案件；

3. 不服福州市辖区内基层人民法院审理的第一审知识产权民事、行政和刑事案件的上诉案件。

六、同意指定济南市中级人民法院管辖以下知识产权案件：

1. 发生在济南市、淄博市、枣庄市、济宁市、泰安市、莱芜市、滨州市、德州市、聊城市、临沂市、菏泽市辖区内有关专利、植物新品种、集成电路布图设计、技术秘密、计算机软件、涉及驰名商标认定及垄断纠纷的第一审知识产权民事和行政案件；

2. 发生在济南市辖区内除基层人民法院管辖范围之外的第一审知识产权民事、行政和刑事案件；

3. 不服济南市辖区内基层人民法院审理的第一审知识产权民事、行政和刑事案件的上诉案件。

七、同意指定青岛市中级人民法院管辖以下知识产权案件：

1. 发生在青岛市、东营市、烟台市、潍坊市、威海市、日照市辖区内有关专利、植物新品种、集成电路布图设计、技术秘密、计算机软件、涉及驰名商标认定及垄断纠纷的第一审知识产权民事和行政案件；

2. 发生在青岛市辖区内除基层人民法院管辖范围之外的第一审知识产权民事、行政和刑事案件；

3. 不服青岛市辖区内基层人民法院审理的第一审知识产权民事、行政和刑事案件的上诉案件。

本院以前的相关批复与本批复不一致的，以本批复为准。

最高人民法院关于在知识产权审判中贯彻落实《全国人民代表大会常务委员会关于修改〈中华人民共和国民事诉讼法〉的决定》有关问题的通知

2012年12月24日　　　　　　　　　　法〔2012〕317号

各省、自治区、直辖市高级人民法院，解放军军事法院，新疆维吾尔自治区高级人民法院生产建设兵团分院：

第十一届全国人民代表大会常务委员会第二十八次会议审议通过的《关于修改〈中华人民共和国民事诉讼法〉的决定》（以下简称《民事诉讼法修改决定》）将于2013年1月1日起施行。为在知识产权审判工作中正确适用《民事诉讼法修改决定》，现就有关事项通知如下：

一、充分认识贯彻落实《民事诉讼法修改决定》对知识产权审判工作的重要意义

《民事诉讼法修改决定》明确规定了诚实信用原则，修改了关于委托代理人的规定，完善了证据制度，新增了诉前证据保全和诉前行为保全制度等，对于完善知识产权司法保护机制、充分发挥知识产权司法保护主导作用具有重要意义。要高度重视和深入研究《民事诉讼法修改决定》在知识产权审判工作中的贯彻落实，进一步完善知识产权诉讼制度，加大司法保护力度，提高司法保护水平。

二、规范专利代理人以公民身份担任诉讼代理人

《民事诉讼法修改决定》施行后，专利代理人经中华全国专利代理人协会推荐，可以公民身份在专利案件中担任诉讼代理人。

中华全国专利代理人协会在具体案件中向人民法院个别推荐专利代理人担任诉讼代理人的，人民法院应当对推荐手续和专利代理人资格予以审查。

中华全国专利代理人协会以名单方式向最高人民法院推荐专利代理人担任诉讼代理人，经最高人民法院确认后，名单内的专利代理人在具体案件中担任诉讼代理人无需再履行个别推荐手续。各级人民法院根据最高人民法院确认的推荐名单对专利代理人资格予以审查。

三、正确适用诉前保全制度

《民事诉讼法修改决定》施行后，利害关系人因专利、商标和著作权纠纷在起诉前向人民法院申请采取诉前证据保全或者诉前行为保全措施的，适用修改后民事诉讼法。相关司法解释关于诉前证据保全和诉前行为保全的规定与修改后民事诉讼法有关规定不一致的，不再适用；不相冲突的，应继续适用。

《民事诉讼法修改决定》施行后，利害关系人因不正当竞争、植物新品种、垄断等纠纷在起诉前向人民法院申请采取诉前证据保全或者诉前行为保全措施的，人民法院应当依法受理。

本通知执行中如有问题和新情况，请及时层报最高人民法院。

最高人民法院
关于印发《知识产权法院法官选任工作指导意见（试行）》的通知

2014年10月28日　　　　　　　　　　　　法〔2014〕267号

北京市、上海市、广东省高级人民法院：

现将《知识产权法院法官选任工作指导意见（试行）》予以印发，请认真贯彻执行。

附：

知识产权法院法官选任工作指导意见（试行）

根据《中华人民共和国人民法院组织法》、《中华人民共和国法官法》和全国人大常委会《关于在北京、上海、广州设立知识产权法院的决定》以及中央《关于司法体制改革试点若干问题的框架意见》有关规定，结合知识产权审判工作实际，制定知识产权法院法官选任工作指导意见如下：

一、知识产权法院法官选任工作应坚持党管干部原则、公开选任原则和注重实绩原则，并突出知识产权审判专业特点。

二、知识产权法院审判员应根据《中华人民共和国人民法院组织法》和《中华人民共和国法官法》规定公开选任。其中，院长、副院长、庭长的选任工作，按照《党政领导干部选拔任用工作条例》有关规定组织。

三、知识产权法院审判员应在从事知识产权及相关审判工作的优秀审判人员中选任，也可在具备同等资格和条件的从事知识产权法律实务、法学研究和法学教学的专业人员中选任。

四、审判人员担任知识产权法院审判员的，应符合《中华人民共和国法官法》规定的资格条件，并具备以下条件：

（一）具有四级高级法官任职资格；

（二）具有6年以上相关审判工作经验；

（三）具有普通高等院校法律专业本科或以上学历；

（四）具有较强的主持庭审及撰写裁判文书能力。

五、其他法律专业人员担任知识产权法院审判员的，任职资格和条件可由各地参照本意见设定。

六、法官遴选委员会对法官人选的专业能力进行评审,并根据评审情况提出差额人选。

七、知识产权法院院长、副院长、庭长、审判员人选考察工作,由组织人事部门与纪检监察部门共同负责。

八、知识产权法院院长人选确定后,由所在地的市人民代表大会常务委员会主任会议提请本级人民代表大会常务委员会任命。

其他审判职务人选确定后,由知识产权法院院长提请本级人民代表大会常务委员会任命。

九、知识产权法院法官选任工作在所在地高级人民法院领导下进行,重大问题应及时向最高人民法院、当地党委及政法委员会报告。

最高人民法院
印发《关于知识产权法院技术调查官参与诉讼活动若干问题的暂行规定》的通知

2014年12月31日　　　　　　　　　　　　法〔2014〕360号

各省、自治区、直辖市高级人民法院,解放军军事法院,新疆维吾尔自治区高级人民法院生产建设兵团分院:

《最高人民法院关于知识产权法院技术调查官参与诉讼活动若干问题的暂行规定》已于2014年12月30日由最高人民法院审判委员会第1639次会议通过,现印发给你们,请结合审判实际,认真贯彻执行。执行中如有新情况,请及时层报最高人民法院。

附:

最高人民法院
关于知识产权法院技术调查官参与诉讼活动若干问题的暂行规定

为依法规范知识产权法院技术调查官参与诉讼活动,根据《中华人民共和国民事诉讼法》《中华人民共和国行政诉讼法》《全国人民代表大会常务委员会关于在北京、上海、广州设立知识产权法院的决定》以及《关于司法体制改革试点若干问题的框架意见》,结合审判实际,制定本规定。

一、知识产权法院配备技术调查官,技术调查官属于司法辅助人员。

知识产权法院设置技术调查室,负责技术调查官的日常管理。

二、知识产权法院审理有关专利、植物新品种、集成电路布图设计、技术秘密、计算机软件等专业技术性较强的民事和行政案件时,可以指派技术调查官参与诉讼活动。

三、法官根据案件审理需要,可以书面通知技术调查室指派技术调查官参与诉讼活动。

技术调查官参与诉讼活动的,应当在裁判文书首部的案件来源部分列明其身份和姓名。

四、知识产权法院确定技术调查官参与诉讼活动后,应当在三日内告知当事人。

五、当事人有权申请技术调查官回避。技术调查官的回避,参照适用民事诉讼法、行政诉讼法等有关审判人员回避的规定。

六、技术调查官根据法官的要求,就案件有关技术问题履行下列职责:

(一)通过查阅诉讼文书和证据材料,明确技术事实的争议焦点;

(二)对技术事实的调查范围、顺序、方法提出建议;

(三)参与调查取证、勘验、保全,并对其方法、步骤等提出建议;

(四)参与询问、听证、庭审活动;

(五)提出技术审查意见,列席合议庭评议;

(六)必要时,协助法官组织鉴定人、相关技术领域的专业人员提出鉴定意见、咨询意见;

(七)完成法官指派的其他相关工作。

七、技术调查官参与询问、听证、庭审活动时,经法官许可,可以就案件有关技术问题向当事人、诉讼代理人、证人、鉴定人、勘验人、有专门知识的人发问。

技术调查官的座位设在法官助理的左侧,书记员的座位设在法官助理的右侧。

八、技术调查官列席案件评议时,应当针对案件有关技术问题提出意见,接受法官对技术问题的询问。

技术调查官对案件裁判结果不具有表决权。

技术调查官提出的意见应当记入评议笔录,并由其签名。

九、技术调查官提出的技术审查意见可以作为法官认定技术事实的参考。

十、其他人民法院审理本规定第二条所列的案件时,可以参照适用本规定。

最高人民法院
关于印发《知识产权法院技术调查官选任工作指导意见（试行）》的通知

2017年8月8日　　　　　　　　　　法发〔2017〕24号

各省、自治区、直辖市高级人民法院，新疆维吾尔自治区高级人民法院生产建设兵团分院：

经中央组织部、人力资源社会保障部同意，现将《知识产权法院技术调查官选任工作指导意见（试行）》印发给你们，请结合工作实际，认真贯彻执行。实施中遇有问题，请及时报告最高人民法院。

附：

知识产权法院技术调查官选任工作指导意见（试行）

为规范技术调查官选任工作，加强技术类知识产权案件审理，根据《中华人民共和国公务员法》和聘任制公务员管理有关规定，结合知识产权审判工作实际，制定本意见。

一、技术调查官是审判辅助人员，负责对知识产权案件审理中涉及的技术问题进行调查、询问、分析、判断等，为法官裁判案件提供专业技术意见。

二、经省级公务员主管部门批准，知识产权法院可以按照聘任制公务员管理有关规定，以合同形式聘任技术调查官。

根据审判工作需要，符合资格条件的专利行政管理等部门的专业技术人员，可到知识产权法院挂职交流1至2年，在交流期间担任技术调查官。担任技术调查官的专利行政管理部门交流人员应为现职审查员。

其他符合技术调查官资格条件的专业技术人员，经行业协会、有关单位推荐和知识产权法院审核，可兼职担任技术调查官。

三、选任技术调查官，坚持党管干部原则，坚持德才兼备、以德为先，坚持注重实绩、业内认可、以用为本，坚持公开、平等、竞争、择优原则，依照法定的权限、条件、标准和程序进行，并突出知识产权审判工作的专业特点。

四、技术调查官主要从机械、化工、光学、材料、电子信息、计算机、医药、生物等领域从事生产、管理、审查或研究的专业技术人员中选聘。

五、担任技术调查官应符合以下资格条件：

（一）具有普通高等院校理工科专业本科及以上学历；

（二）具有中级以上专业技术资格；

（三）具有5年以上相关专业技术领域生产、管理、审查或研究工作经验。

应聘技术调查官的人员除应符合上述资格条件外，还应具备中华人民共和国公务员法规定的条件。

六、具有以下情形之一的，不得担任技术调查官：

（一）曾因犯罪受过刑事处罚的；

（二）曾被开除公职的或者因违纪违法被解除聘用合同和聘任合同的；

（三）涉嫌违法违纪正在接受审查尚未作出结论的；

（四）受处分期间或者未满影响期限的；

（五）其他不适宜担任技术调查官的情形。

七、聘任技术调查官的程序按照聘任制公务员管理的有关规定执行。

八、知识产权法院应当邀请相关领域专家共同组成评审委员会，对技术调查官人选的专业水平进行评审。

九、知识产权法院与聘任的技术调查官应当按照平等自愿、协商一致的原则，签订书面聘任合同，确定双方权利、义务。聘任合同应当具备合同期限，职位及职责要求，工资、福利、保险待遇、违约责任等条款。经双方协商一致后，聘任合同可以变更或者解除。

聘任合同解除或者终止，知识产权法院须出具解除或者终止聘任合同的书面证明，按规定办理人事档案、社会保险关系转移等相关手续后，聘任的技术调查官不再具有聘任制公务员身份，须按要求进行公务交接。

聘任合同的签订、变更、解除或者终止，应当报同级公务员主管部门备案。

十、聘任合同期限为1至3年。聘任合同可以约定试用期，试用期相应为1至6个月。

聘任的技术调查官，工资待遇按照聘任制公务员管理的有关规定执行。

十一、以挂职交流或兼职形式担任技术调查官的人员，在担任技术调查官期间，不改变与原单位的人事、工资关系。

十二、知识产权法院应对技术调查官履职情况进行年度考评，及时调整不称职或不能继续履职的技术调查官。

十三、其他具有技术类知识产权案件管辖权的人民法院，经报最高人民法院同意后，可以参照本意见选任技术调查官。

十四、本意见由最高人民法院负责解释。

十五、本意见自2017年8月14日起施行。

二、知识产权案件年度报告及典型案例

最高人民法院知识产权案件年度报告（2008）

（2009年4月22日）

目 录

序言
一、知识产权民事案件
　（一）专利案件
　（二）著作权案件
　（三）商标案件
　（四）不正当竞争案件
　（五）技术合同案件
二、知识产权行政案件
　（一）专利授权确权案件
　（二）商标授权确权案件

序 言

最高人民法院知识产权审判庭负责审理本院受理的各类知识产权民事纠纷案件和部分专利、商标授权确权行政纠纷案件。2008年，最高人民法院知识产权审判庭共新收包括侵犯专利权纠纷、侵犯著作权纠纷、侵犯商标权纠纷、不正当竞争纠纷和各类知识产权合同纠纷以及专利、商标授权确权纠纷等知识产权案件277件，加上2007年旧存的各类案件52件，全年共审理各类案件329件，比2007年增长103.9%。最高人民法院通过依法履行知识产权审判职责，解决各类知识产权纷争，充分保护了当事人的合法权益。同时，最高人民法院通过一系列疑难复杂和新类型知识产权案件的裁判，不断明确相关法律适用问题，维护了知识产权司法标准的统一。最高人民法院裁判的这些知识产权案件中有关法律适用问题的阐释，对于全国法院知识产权司法保护工作具有指导和借鉴意义。为及时总结审判经验，加强审判监督和指导，促进知识产权法律适用标准的统一和完善，最高人民法院知识产权审判庭在2008年度审结的184件案件中，选取了23件典型案件的判理摘要，形成本年度报告，现公开发布。

一、知识产权民事案件

（一）专利案件

1. 在施特里克斯有限公司与宁波圣利达电器制造有限公司、华普超市有限公司侵犯专利权纠纷申请再审案中，最高人民法院〔2007〕民三监字第51—1号驳回再审申请通知认为，公知技术抗辩的适用仅以被控侵权产品中被指控落入专利权保护范围的全部技术特征与已经公开的其他现有技术方案的相应技术特征是否相同或者等同为必要，不能因为被控侵权产品与专利权人的专利相同而排除公知技术抗辩原则的适用。

2. 在辽宁省高级人民法院关于朝阳兴诺公司按照建设部颁发的行业标准《复合载体夯扩桩设计规程》设计、施工而实施标准中专利的行为是否构成侵犯专利权问题请示案中，最高人民法院〔2008〕民三他字第4号答复函认为，鉴于目前我国标准制定机关尚未建立有关标准中专利信息的公开披露及使用制度的实际情况，专利权人参与了标准的制定或者经其同意，将专利纳入国家、行业或者地方标准的，视为专利权人许可他人在实施标准的同时实施该专利，他人的有关实施行为不属于专利法第十一条所规定的侵犯专利权的行为；专利权人可以要求实施人支付一定的使用费，但支付的数额应明显低于正常的许可使用费；专利权人承诺放弃专利使用费的，依其承诺处理。

3. 在浙江杭州鑫富药业股份有限公司诉山东新发药业有限公司、上海爱兮缇国际贸易有限公司发明专利临时保护期使用费纠纷及侵犯发明专利权纠纷管辖权异议申请再审案中，最高人民法院〔2008〕民申字第81号民事裁定明确了发明专利临时保护期使用费纠纷的管辖确定原则。最高人民法院认为，发明专利临时保护期使用费纠纷虽然不属于一般意义上的侵犯专利权纠纷，但在本质上也是一类与专利有关的侵权纠纷，应当依据民事诉讼法第二十九条有关侵权诉讼的管辖确定原则来确定发明专利临时保护期使用费纠纷的管辖。发明专利临时保护期使用费纠纷在案件性质上与侵犯专利权纠纷最为类似，因此，在法律或者司法解释对这类案件的管辖作出特别规定之前，可以参照侵犯专利权纠纷的管辖规定确定管辖。对于被控侵权的实施行为跨越发明专利授权公告日前后的，其行为具有前后的连续性、一致性，从方便当事人诉讼出发，应当允许权利人一并就临时保护期使用费和侵犯专利权行为同时提出权利主张。

4. 在蓝星化工新材料股份有限公司江西星火有机硅厂与山东东岳有机硅材料有限公司、山东东岳氟硅材料有限公司、北京石油化工设计院有限公司侵犯实用新型专利权纠纷上诉案中，最高人民法院〔2008〕民三终字第7号民事裁定认为，受理法院对案件有管辖权是审理案件的前提，当确定诉讼主体与确定管辖权发生冲突时，受理法院应当首先就管辖权问题作出裁定。

5. 在蔡朗春与佛山石湾鹰牌陶瓷有限公司、江门市新力塑料厂有限公司、朱根良侵犯专利权纠纷管辖权异议申请再审案中，最高人民法院〔2008〕民申字第19号民事裁定认为，杭州市中级人民法院已审理过再审申请人就涉案专利权提起的多个侵权诉讼，且本案不属于在浙江省内具有重大影响的案件，因此，为便于案件的审理，上级人民法院可以根据民事诉讼法第三十九条的规定将本院管辖的第一审民事案件交下级人民法院审理。

（二）著作权案件

6. 在广东大圣文化传播有限公司与洪如丁、韩伟、广州音像出版社、重庆三峡光盘发展有限责任公司、联盛商业连锁股份有限公司侵犯著作权纠纷申请再审案中，最高人民法院〔2008〕民提字第51号民事判决澄清了著作权法第三十九条第三款与第四十一条第二款的法律适用范围问题。著作权法第三十九条第三款设定了限制音乐作品著作权人权利的法定许可制度，即"录音制作者使用他人已经合法录制为录音制品的音乐作品制作录音制品，可以不经著作权人许可，但应当按照规定支付报酬"。该规定虽然只是规定使用他人已合法录制为录音制品的音乐作品制作录音制品可以不经著作权人许可，但该规定的立法本意是为了便于和促进音乐作品的传播，对使用此类音乐作品制作的录音制品进行复制、发行，同样应适用著作权法第三十九条第三款法定许可的规定。即经著作权人许可制作的音乐作品的录音制品一经公开，其他人再使用该音乐作品另行制作录音制品并复制、发行，不适用第四十一条第二款"经著作权人许可"的规定。

7. 在新传在线（北京）信息技术有限公司与中国网络通信集团公司自贡分公司侵犯信息网络传播权纠纷申请再审案中，最高人民法院〔2008〕民申字第926号民事裁定认为，对于当事人提供的相关公证证据，人民法院在必要时可以根据网络环境和网络证据的具体情况，审查公证证明的网络信息是否来自于互联网而不是本地电脑，并在此基础上决定能否作为定案依据。因在技术上确实存在可以预先在本地电脑中设置目标网页，通过该电脑访问互联网时，该虚拟的目标网页与其他真实的互联网页同时并存的可能性，当公证行为是在公证处以外的场所进行，公证所用的电脑及移动硬盘在公证之前不为公证员控制，且公证书没有记载是否对该电脑及移动硬盘的清洁性进行检查的情况下，最高人民法院认为此类公证书虽能证明在公证员面前发生了公证书记载的行为，但还不足以证明该行为发生于互联网环境之中。本案不仅对人民法院如何审查涉及网络的公证证据具有指导意义，也有利于规范涉及网络的公证行为。

8. 在日本国株式会社双叶社与上海恩嘉经贸发展有限公司、广州市诚益眼镜有限公司、响水县世福经济发展有限公司侵犯著作权纠纷申请再审案中，最高人民法院〔2007〕民三监字第14-1号民事裁定认为，双叶社的起诉请求不仅主张被申请人诚益公司、世福公司在注册或者持有的商标中非法使用了其享有著作权的"蜡笔小新"美术作品，还主张恩嘉公司未经许可在产品销售、宣传时非法使用其美术作品；双叶社对上述产品销售、宣传等实际使用行为提起诉讼，属于民事权益争议，在符合民事诉讼法第一百零八条规定的情况下，人民法院应当予以受理。

9. 在中国文联音像出版社、天津天宝文化发展有限公司、天津天宝光碟有限公司与广东唱金影音有限公司及河北省河北梆子剧院等侵犯著作权纠纷上诉案中，最高人民法院〔2008〕民三终字第5号民事判决认为，其一，对于整台戏剧的演出，由于其筹备、组织、排练等均由剧院或剧团等演出单位主持，演出所需投入亦由演出单位承担，演出体现的是演出单位的意志，故演出单位是著作权法意义上的表演者；其二，录像制作者享有的"录像制作者权"与其从表演者及相关著作权人处获得授权的"独家出版发行相关剧目录像制品的权利"不同，前者是对其自行录制的录像制品享有的复制、发行、出租、信息网络传播等权利，后者则类似于专有出版权，可以禁止他人未经许可出版、发行同一表演者表演的该剧目的录像制品，不限于某一演出场次、某一录制版本。

10. 在孙楠与北京金视光盘有限公司、淄博银座商城有限责任公司、江西音像出版社侵犯表演者权纠纷提审案中，最高人民法院以〔2008〕民申字第804号民事裁定提审本案后，虽因当事人申请撤诉而以〔2008〕民提字第55号民事裁定准予撤诉结案，但通过本案的审理，统一了对于本案涉及的当事人举证责任以及相关证据认定标准的认识。关于表演者身份的确定，本案涉案光盘彩封及盘芯均标有"孙楠对视"、"sun nan：最新专辑"字样，印有孙楠的多幅照片，且孙楠对其中相关曲目为其表演的事实予以认可，在没有相反证据推翻该事实的情况下，可以据此认定孙楠为相关曲目的表演者。关于侵权人身份的确定，首先，金视公司否认涉案光盘由其复制、发行，但该光盘蚀刻有其生产源识别码（SID）；其次，其承认由其向法院提交的相关复制委托书是伪造的，但未说明由谁伪造，且未就为何涉案光盘显示的出版号码、出版发行日期及相关文字与另一份合法签订的复制委托书一致等作出合理解释；再次，江西音像出版社也辩称金视公司曾擅自盗用该社版号。综合上述相关证据，可以认定涉案光盘由金视公司复制、发行。

11. 在王志荣与湖南大学出版合同纠纷申请再审案中，最高人民法院〔2008〕民申字第823号民事裁定认为本案的主要法律问题是国家版权局制定的《出版文字作品报酬规定》第十六条应否在本案中适用的问题。最高人民法院认为鉴于该条的法律依据——修订前的著作权法实施条例第四十条已于2002年9月15日修订时被删除，虽然目前国家相关部门对《出版文字作品报酬规定》第十六条尚未做出调整，但该条因不符合现行《中华人民共和国著作权法》的精神并已经滞后而不应在本案中适用。

12. 在张培莲与四川科学技术出版社侵犯著作权纠纷申请再审案中，最高人民法院〔2008〕民监字第126号民事裁定明确了对于已为生效裁判确定为侵权并已给予权利人充分赔偿的图书，如在该判决生效后继续发行，属于对原判决执行的问题，不构成新的侵权行为。

（三）商标案件

13. 在深圳市远航科技有限公司与深圳市腾讯计算机系统有限公司、腾讯科技（深圳）有限公司、深圳市腾讯计算机系统有限公司西安分公司侵犯商标权及不正当竞争纠纷请示案中，最高人民法院〔2008〕民三他字第12号答复函认为，对于在一定地域内的相关公众中约定俗成的扑克游戏名称，如果当事人不是将其作为区分商品或者服务来源的商标使用，只是将其用作反映该类游戏内容、特点等的游戏名称，可以认定为正当使用。是否属于上述情形，应结合案件的具体情况，依据商标法实施条例第四十九条的规定作出认定。

（四）不正当竞争案件

14. 在广东伟雄集团有限公司、佛山市高明区正野电器实业有限公司、广东正野电器有限公司与佛山市顺德区正野电器有限公司、佛山市顺德区光大企业集团有限公司侵犯商标权和不正当竞争纠纷申请再审案中，最高人民法院〔2005〕民三监字第15－1号民事裁定认为，受反不正当竞争法保护的企业名称，特别是字号，不同于一般意义上的人身权，是区别不同市场主体的商业标识，可以承继。该裁定还明确，登记使用与他人注册商标相同的文字作为企业名称中的字号，生产经营相类似的产品，倘若足以使相关公众对商品的来源产生混淆，即使他人的商标未被认定为驰名商标或者著名商标，仍可构成不正当竞争行为。

15. 在艾利丹尼森公司、艾利（广州）有限公司、艾利（昆山）有限公司、艾利（中国）有限公司与四维企业股份有限公司、四维实业（深圳）有限公司、南海市里水意利印刷厂、佛山市环市镇东升汾江印刷厂经营部侵犯商业秘密纠纷管辖权异议上诉案中，最高人民法院〔2007〕民三终字第10号民事裁定认为，销售侵犯商业秘密所制造的侵权产品不属于反不正当竞争法第十条规定的侵犯商业秘密的行为；使用商业秘密的行为实施地和结果发生地通常是重合的，亦即，使用商业秘密的过程，一般是制造侵权产品的过程，当侵权产品制造完成时，使用商业秘密的侵权结果即同时发生，不宜将该侵权产品的销售地视为使用商业秘密的侵权结果发生地。

（五）技术合同案件

16. 在长城汽车股份有限公司与考泰斯（上海）塑料制品有限公司技术委托开发合同纠纷管辖权异议申请再审案中，最高人民法院〔2008〕民申字第46号民事裁定认为，民事诉讼法第二十四条规定明确了合同履行地法院对因合同纠纷提起的诉讼有管辖权，但对于何谓履行地并无进一步的规定，《最高人民法院关于适用〈中华人民共和国民事诉讼法〉若干问题的意见》亦未对技术合同的履行地作出解释，而合同法第四章规定了合同履行地点的确定原则。因此，可以根据合同法关于合同履行地点的规定确定民事诉讼法第二十四条规定的合同履行地。

二、知识产权行政案件

（一）专利授权确权案件

1. 在济宁无压锅炉厂诉国家知识产权局专利复审委员会、第三人舒学章发明专利无效纠纷提审案中，最高人民法院〔2007〕行提字第4号行政判决明确了对专利法上的禁止重复授权原则的理解和相关行政操作的合法性，同时也澄清了专利法上"同样的发明创造"的概念的内涵。本案的焦点在于原中国专利局于1995年9月28日发布的《审查指南公报》第6号所确立的允许同一申请人就同样的发明创造既申请实用新型专利又申请发明专利的相关行政操作是否符合专利法上的禁止重复授权原则，这也涉及到我国专利局过去依此授予的数千件专利的有效性问题。最高人法院认为，专利法所称的同样的发明创造是指保护范围相同的专利申请或者专利，在判断方法上应当仅就各自请求保护的内容进行比较即可，本案涉案两个专利不属于同样的发明创造；专利法上的禁止重复授权是指同样的发明创造不能有两项或者两项以上的处于有效状态的专利权同时存在，而不是指同样的发明创造只能被授予一次专利权，有关的行政操作并不违背当时以及现行的有关禁止重复授权的立法精神。

2. 在国家知识产权局专利复审委员会与科万商标投资有限公司、佛山市顺德区信达染整机械有限公司外观设计专利无效纠纷申请再审系列案中,最高人民法院〔2008〕行提字第4、5、6、7、8号行政判决阐明了如下意见:专利法实施细则第十三条第一款系关于禁止重复授权的规定,就外观设计而言,为防止外观设计专利权之间的相互冲突,无论是相同的外观设计,还是相近似的外观设计,也不论是否为同一申请人,均应按照上述行政法规的规定授予一项专利权;被宣告无效的专利自始即不存在,不应当再将其作为判断是否重复授权的对比文件;每个单元的外观设计均相同,所不同的只是单元数量的简单增加或者减少,属于相近似的外观设计。

3. 在如皋市爱吉科纺织机械有限公司诉国家知识产权局专利复审委员会、第三人王玉山实用新型专利无效纠纷提审案中,最高人民法院〔2007〕行提字第3号行政裁定明确了企业标准备案是否构成专利法意义上的公开和法院能否对专利确权行政案件行使司法变更权这两个重要问题。最高人民法院认为,企业标准的备案并不意味着标准的具体内容要向社会公开发布,备案也不意味着公众可以自由查阅和获得,企业标准并不因备案行为本身而构成专利法意义上的公开;在现行的行政诉讼法律框架下,法院在判决主文中直接对涉案专利权的效力作出宣告判决,缺乏充分的法律依据。

(二) 商标授权确权案件

4. 在西南药业股份有限公司与国家工商行政管理总局商标评审委员会、拜耳消费者护理股份有限公司商标行政纠纷申请再审案中,最高人民法院〔2007〕行监字第111—1号驳回再审通知认为,通用名称包括法定的通用名称和约定俗成的通用名称,被列入地方药品标准的名称原则上应认定为通用名称,但如该国家药品标准修改后则不宜仍将其认定为法定的通用名称;判定其是否是通用名称的标准应当是其是否是已为同行业经营者约定俗成、普遍使用的表示某类商品的名词;关于通用名称的判断时间点,应当以评审时的事实状态予以判断。

5. 在常州诚联电源制造有限公司与国家工商行政管理总局商标评审委员会、常州市创联电源有限公司商标行政纠纷申请再审案中,最高人民法院〔2006〕行监字第118—1号驳回再审申请通知明确了商标法第四十一条第一款中"以欺骗手段或者其他不正当手段取得注册"的情形并列,涉及的是撤销商标注册的绝对事由,在涉及在先权利的注册商标争议中,不应将该条款中的"其他不正当手段"适用于涉及私权利的撤销商标争议案件,而应当适用商标法第四十一条第二款、第三款的规定。同时,该通知书进一步明确,要解决违反诚实信用原则、抢注在先商标或者其他损害他人其他在先权利的问题,制止不正当竞争行为,正确理解和适用商标法第三十一条的规定就能够解决;商标法第三十一条对未注册商标保护设定了三个条件,即在先使用、有一定影响、以不正当手段抢注,其中"有一定影响"和"不正当手段"本身是有弹性的;对商标有一定影响的要求标准不宜过高,并可以结合注册人的明知或恶意进行考虑。

6. 在日本国株式会社双叶社与国家工商行政管理总局商标评审委员会、上海恩嘉经贸发展公司商标行政纠纷申请再审系列案中,最高人民法院〔2007〕民三监字第25—1、26—1、27—1、28—1、29—1、30—1、31—1、32—1、33—1号驳回再审通知认为,依据商标法第三十一条等规定,以争议商标的注册侵犯在先著作权等为由提起申请撤销该注册商标,应当自该注册商标注册之日起五年内提出;关于商标法规定的五年期限应自 2001 年 12 月 1 日商标法生效之日起计算的认定没有法律依据。

7. 在云南滇虹药业集团股份有限公司与汕头市康王精细化工实业有限公司、国家工商行政管理总局商标评审委员会商标行政纠纷申请再审案中，最高人民法院〔2007〕行监字第 184-1 号驳回再审申请通知明确了商标法第四十四条第（四）项规定的"使用"，应该是在商业活动中对商标进行公开、真实、合法的使用，并指出判断商标使用行为合法与否的法律依据，不限于商标法及其配套法规。经营者在违反法律法规强制性、禁止性规定的经营活动中使用商标的行为，不能认定为商标法规定的使用行为；商标法第四十四条规定的责令限期改正的处理办法，不适用于第（四）项规定的连续 3 年停止使用行为，他人向商标局申请撤销该注册商标后，如果注册人没有使用的证据材料或者证据材料无效，并且没有不使用的正当理由的，应该撤销其注册商标。

最高人民法院
关于印发《最高人民法院知识产权案件年度报告（2009）》的通知

2010 年 4 月 14 日　　　　　　　　　　　　　　　法〔2010〕173 号

各省、自治区、直辖市高级人民法院，解放军军事法院，新疆维吾尔自治区高级人民法院生产建设兵团分院：

2009 年，随着知识产权司法保护工作机制的进一步完善和修正后的民事诉讼法的贯彻执行，最高人民法院受理和审结的知识产权案件大幅上升。新类型案件和重大复杂疑难案件增多，案件的专业技术性增强，涉外案件比重增大。最高人民法院通过个案的审理和裁决，对新问题和新领域进行了深入研究并给予了及时回应。为总结审判经验，加强审判监督和指导，完善和统一法律适用标准，我院决定发布《最高人民法院知识产权案件年度报告（2009）》。

发布知识产权案件年度报告，是最高人民法院对自身审理的典型案件的集中展示，是创新审判指导方式的探索和尝试，也是推进司法公开、接受各界监督的重大举措。《最高人民法院知识产权案件年度报告（2009）》汇集了最高人民法院已有最终结论性意见的 37 件典型案例，涉及 44 个典型法律适用问题。这些个案对相关法律问题的阐释，对于知识产权审判工作具有重要指导意义。

现将《最高人民法院知识产权案件年度报告（2009）》印发给你们，供各级人民法院在知识产权审判工作中参考借鉴。

特此通知。

附：

最高人民法院知识产权案件年度报告（2009）

序　言

2009年，随着知识产权司法保护工作机制的进一步完善和修正后的民事诉讼法的贯彻执行，最高人民法院知识产权审判庭受理的知识产权案件持续增长，审结的案件大幅上升，最高人民法院的知识产权审判监督和业务指导职能得以有效发挥。

2009年，最高人民法院知识产权审判庭共新收各类知识产权案件297件，加上2008年旧存的143件，共有各类在审案件440件，比2008年增长33.7％。新收案件中，按照案件所涉权利类型划分，共有专利案件121件、商标案件61件、著作权案件41件、商业秘密案件10件、其他不正当竞争案件9件、知识产权合同案件7件、植物新品种案件1件，另有请示案件47件（主要涉及知识产权案件管辖权的确定问题）；按照案件审理程序划分，共有二审案件8件、申请再审案件230件、提审案件12件、请示案件47件。全年共审结各类知识产权案件390件，比2008年增长111.96％。审结案件中，共有二审案件10件、申请再审案件319件、提审案件14件、请示案件47件。在审结的申请再审案件中，裁定驳回再审申请212件、裁定提审12件、指令再审43件、和解撤诉处理28件、函转原审法院复查处理21件（针对部分知识产权行政申请再审案件）、其他方式处理3件。

2009年最高人民法院审理的知识产权案件呈现如下特点：新类型案件和重大复杂疑难案件增多，社会影响力越来越大；案件的专业技术性增强，审理难度越来越大；涉外案件比重增大，国际关注度越来越高。新型、复杂、疑难案件不断冲击着法律的边界，拓展出需要法律调整的新领域，产生了更多更强烈的司法新需求。最高人民法院通过个案的审理和裁决，对新问题和新领域进行深入研究并给予及时回应，从而在法律的模糊之处明晰边界，在歧路之处指明方向，在空白之处创设规则。这些个案裁决体现了最高人民法院在保持法律的稳定与变动的和谐、维护私人利益和公共利益的平衡、实现法律效果和社会效果的统一方面所作出的创造性努力。作为国家最高审判机关，最高人民法院的个案裁决既能够最终解决当事人之间的纷争，又可以确立相关公众的行为准则和企业竞争模式的合法性，并引导行业和产业的发展方向，从而以其特有的宪法地位和司法行为方式不断推进我国的知识产权法治进程。

在总结2009年最高人民法院首次发布《最高人民法院知识产权案件年度报告（2008）》经验的基础上，今年最高人民法院从其已有最终结论性意见的知识产权案件中精选出37件具有普遍指导意义的典型案例，以新的撰写体例形成本年度报告并向社会公布。需要说明的是，有些案件特别是最高人民法院指令高级人民法院再审的部分知识产权案件，虽然也多具有典型性，但根据有关程序法的规定，最高人民法院并未对案件作出最终结论性表态，因此，此类案件未纳入本年度报告。

一、专利案件审判

1. 改劣技术方案是否落入专利权的保护范围

在实践中，存在被控侵权人将专利技术方案的某个技术特征进行省略或者替换，导致其技术效果劣于专利技术方案的情形。这种变劣的技术方案是否落入专利权的保护范围，过去的司法实践中存在两种不同的意见。一种意见认为，如果变劣的技术方案明显是由于故意省略或者替换某个技术特征造成的，应当适用等同原则认定构成侵权。另一种意见认为，专利侵权判定应坚持全部技术特征原则，变劣的技术方案如果由于缺少专利技术方案的某个技术特征或者相应的技术特征不相同也不等同，则不应认定构成侵权。

在申请再审人张建华与被申请人沈阳直连高层供暖技术有限公司（以下简称直连公司）、二审上诉人沈阳高联高层供暖联网技术有限公司（以下简称高联公司）侵犯实用新型专利权纠纷案（〔2008〕民提字第83号）中，最高人民法院认为，人民法院判断被控侵权技术方案是否落入专利权保护范围时，应当将被控侵权技术方案的技术特征与专利权利要求记载的全部技术特征进行对比；若被控侵权技术方案缺少某专利技术特征而导致技术效果的变劣，则应认定被控侵权技术方案未落入专利权的保护范围。

该案的基本案情是：直连公司拥有"高层建筑无水箱直连供暖的排气断流装置"和"高层建筑无水箱直连供暖系统的阻旋器"两项实用新型专利的独占使用权。张建华曾在直连公司工作，参与断流器、阻旋器的安装维修，离开直连公司后随即成立高联公司。2002年8月，直连公司以张建华、高联公司生产、销售的缓冲器和分气器侵犯其涉案两项专利权为由，向辽宁省沈阳市中级人民法院提起诉讼。经对比，断流器专利与被控侵权的缓冲器技术特征有如下不同：被控侵权产品没有专利的环绕罗纹导向板；被控侵权产品的呼吸装置为逆止排气阀，只能呼气不能吸气。阻旋器专利与被控侵权的分气器技术特征的不同在于，被控侵权产品没有阻隔板和止旋板，但设有集气罩。沈阳市中级人民法院一审认为，断流器专利设有环绕螺纹导向板，使水流强化成膜流状态，实现气水分离。被控侵权的缓冲器由于缺少环绕螺纹导向板，不能强化膜流运动的形成，造成减压、减速的效果降低，相对断流器专利技术方案而言，是变劣的技术方案。断流器专利通过呼吸装置进行有规律的吸气和呼气，以保持系统内正常的大气压，并采用水封的方式实现系统密封，减轻系统氧蚀。被控侵权的缓冲器内设有逆止排气阀，因逆止排气阀只能呼气，不能吸气，在系统运行不平稳、尤其是缓冲器内压力小于大气压时，外部空气无法进入，在缓冲器内会形成真空，不但不能形成膜流运动，系统也将无法运行。逆止排气阀与断流器专利的呼吸装置相比，是变劣的技术特征。被控侵权的分气器没有止旋板，仅靠水流与回水管管壁摩擦阻旋的效果不如止旋板的阻旋效果好，同样是对阻旋器专利相应技术特征的变劣。由于专利技术已为社会公知，张建华又曾在直连公司工作，其很容易省略专利中的必要技术特征，而正是由于其省略了这些必要技术特征，导致被控侵权技术方案的性能、效果变劣，故被控侵权技术方案落入专利权保护范围，张建华和高联公司构成专利侵权。遂判令高联公司、张建华承担侵权责任。张建华不服一审判决，提出上诉。辽宁省高级人民法院二审认同一审法院有关被控侵权产品属于改劣方案并构成等同侵权的认定，遂判决驳回上诉，维持原判。张建华不服二审判决，向最高人民法院申请再审。最高人民法院于 2009 年 7 月 24 日裁定提审本案，并于 2009 年 10 月 30 日再审判决撤销原一、二审民事判决，驳回直连公司的诉讼请求。

最高人民法院再审审理认为，人民法院在判断被控侵权技术方案是否落入专利权保护范围时，应当将被控侵权技术方案的技术特征与专利权利要求记载的全部技术特征进行对比。如果被控侵权技术方案缺少专利权利要求记载的一个或者一个以上的技术特征，或者被控侵权技术方案有一个或者一个以上的技术特征与专利权利要求记载的相应技术特征不相同也不等同，人民法院应当认定被控侵权技术方案没有落入专利权的保护范围。被控侵权技术方案是否因缺少某专利技术特征而导致技术效果的变劣，不是专利侵权判定时应当考虑的因素。本案中，被控侵权技术方案因缺少专利一项以上的技术特征，未落入专利权的保护范围，张建华和高联公司不构成专利侵权。

2. 禁止反悔原则的适用

所谓禁止反悔原则是指专利申请人、专利权人在专利授权或者无效宣告程序中，通过对权利要求、说明书的修改或者意见陈述而放弃的技术方案，权利人在专利侵权纠纷案件中不得再主张将其纳入专利权保护范围。在被控侵权人未主张适用禁止反悔原则时，人民法院是否可以主动适用禁止反悔原则，现行法律以及司法解释对此未作明确规定。

在申请再审人沈其衡与被申请人上海盛懋交通设施工程有限公司（以下简称盛懋公司）侵犯实用新型专利权纠纷案（〔2009〕民申字第 239 号）中，最高人民法院指出，即使被控侵权人没有主张适用禁止反悔原则，人民法院也可以根据业已查明的事实，适用禁止反悔原则对等同范围予以必要限制。

该案的基本案情是：2000 年 12 月 18 日，沈其衡向国家知识产权局申请了名称为"汽车地桩锁"的实用新型专利，2001 年 11 月 21 日被授予专利权。涉案专利的权利要求 1 为："一种汽车地桩锁，其特征在于：它由底座（1）、芯轴（2）、活动桩（3）和锁具（4）构成，所述底座（1）固定在地面上，所述活动桩（3）通过芯轴（2）与座（1）相连，活动桩设有供锁具（4）插入的孔。"2003 年 3 月 19 日，案外人川阳公司就涉案专利向国家知识产权局专利复审委员会提出无效宣告请求，专利复审委员会作出第 6101 号决定，宣告权利要求 1 无效，在权利要求 2、3、4 的基础上维持专利权有效。沈其衡不服该决定提起行政诉讼，其在起诉状中称："活动桩设有供锁具插入的孔。该描述的含义是，锁具不是永久固定在孔中，而是根据使用状态呈现两种连接关系，即锁定时位于活动桩的孔中，打开时，从孔中取出，与活动桩的孔分离。"2005 年 4 月 15 日，北京市高级人民法院作出〔2005〕高行终字第 37 号行政判决（以下简称第 37 号行政判决），撤销第 6101 号决定。2006 年 3 月 15 日，专利复审委员会重新作出第 8127 号决定，维持涉案专利权有效。第 8127 号决定认定："在锁闭地桩锁时，权利要求 1 的活动桩上所设置的孔可供锁具整体的插入以达到锁闭地桩锁的目的，开启地桩锁时，可将锁具全部取出，活动桩上也无需设置附加的固定装置来固定锁具，因而本专利相对于现有技术具有实质性特点和进步……具备创造性。"2006 年 9 月 26 日，沈其衡向上海市第一中级人民法院起诉称,盛懋公司生产、销售的汽车车位锁落入涉案专利权的保护范围,请求判令盛懋公司停止侵权、赔偿损失。上海市第一中级人民法院认定,被控侵权产品的锁具是固定在底座上的,与权利要求1中的"活动桩设有供锁具插入的孔"不相同,根据禁止反悔原则,沈其衡不能以等同为由主张专利侵权成立,判决驳回沈其衡的诉讼请求。上海市高级人民法院二审维持了一审判决。2009年1月9日,沈其衡向最高人民法院申请再审。2009年8月18日,最高人民法院裁定驳回了沈其衡的再审申请。

最高人民法院审查认为,禁止反悔原则是对认定等同侵权的限制,为了维持专利权人与社会公众之间的利益平衡,不应对人民法院主动适用禁止反悔原则予以限制。因此,在认定是否构成等同侵权时,即使被控侵权人没有主张适用禁止反悔原则,人民法院也可以根据业已查明的事实,通过适用禁止反悔原则对等同范围予以必要的限制,以合理地确定专利权的保护范围。

3. 对方法专利权利要求中步骤顺序的解释

方法专利是用于解决某个技术问题的包含有一系列工艺流程或操作步骤的技术方案。当方法专利的权利要求没有明确限定步骤顺序时,步骤顺序对该方法专利的保护范围是否具有限定作用,对此存在争议。

在申请再审人OBE-工厂·翁玛赫特与鲍姆盖特纳有限公司(以下简称OBE公司)与被申请人浙江康华眼镜有限公司(以下简称康华公司)侵犯发明专利权纠纷案([2008]民申字第980号)中,最高人民法院认为,在方法专利侵权案件中适用等同原则判定侵权时,可以结合专利说明书和附图、审查档案、权利要求记载的整体技术方案以及各个步骤之间的逻辑关系,确定各步骤是否应当按照特定的顺序实施;步骤本身和步骤之间的实施顺序均应对方法专利权的保护范围起到限定作用。

该案的基本案情是:OBE公司于1996年4月24日向国家知识产权局申请了名称为"弹簧铰链的制造方法"的发明专利,2001年10月24日被授予专利权。涉案专利的权利要求1为:"1、一种制造弹簧铰链的方法,该铰链由至少一个外壳、一个铰接件和一个弹簧构成,其特征是该方法包括下述步骤:提供一用于形成铰接件的金属带;切割出大致与铰接件外形一致的区域;通过冲压形成一圆形部分以形成铰接件的凸肩;冲出铰接件的铰接孔。"OBE公司于2002年6月24日起诉称,康华公司未经其许可,擅自为生产经营目的制造、使用、许诺销售和销售落入涉案专利权保护范围的弹簧铰链产品,构成专利侵权。请求判令康华公司停止侵权并承担赔偿损失等民事责任。北京市第一中级人民法院查明,康华公司加工铰接件的过程为:1. 人工将金属带材送入冲压机冲下铰接件;2. 人工用钳子夹住铰接件前部,用锻压机将铰接件后部砸圆;3. 人工用钳子夹住铰接件前部,将铰接件插入打孔机内打孔;4. 人工用铅丝从铰接件前部圆孔中穿过,将若干个铰接件穿在一起后用抛光轮抛光。该院认为,涉案专利的权利要求1为四个步骤,康华公司的加工步骤亦为四个,在将铰接件从金属带材上冲下后,模锻、打孔的顺序虽然可调,但顺序的调整并未产生新的效果。康华公司的方法与权利要求1所保护的方法等同,落入了涉案专利权的保护范围。北京市高级人民法院二审认为,根据涉案专利说明书的记载,涉案专利技术方案是在各步骤先后顺延的情况下实现的,步骤变化无法实现涉案专利方法的技术效果和技术目的。康华公司的制造方法包括四个步骤，其中砸圆和打孔的顺序可调，这与专利方案各步骤先后顺延的方法不同，被控侵权产品的制造方法与专利方法既不相同也不等同，没有落入涉案专利权的保护范围。故撤销一审判决，驳回OBE公司的诉讼请求。OBE公司不服二审判决，向最高人民法院申请再审。最高人民法院于2009年8月29日裁定驳回其再审申请。

最高人民法院审查认为，在方法专利侵权诉讼中，不应以权利要求没有对步骤顺序明确进行限定为由，不考虑步骤顺序对权利要求的限定作用，而是应当结合说明书和附图、审查档案、权利要求记载的整体技术方案以及各个步骤之间的逻辑关系，从本领域普通技术人员的角度出发确定各步骤是否应当按照特定的顺序实施。对于存在步骤顺序的方法发明，步骤本身以及步骤之间的顺序均应对专利权的保护范围起到限定作用。本案中，权利要求1记载了四个步骤，首先，供料步骤的作用在于为其他的步骤提供加工材料，因此，供料步骤必须在其他步骤之前首先实施。其次，切割步骤的作用是从金属带上切割出大致与铰接件外形一致的区域，根据涉案专利的说明书及附图，所述区域包括"用于形成凸肩9的基本形状"和"以后具有铰链孔范围497的至少一部分"。由于冲压步骤是对由切割步骤制成的"用于形成凸肩9的基本形状"进行冲压，冲孔步骤是在由切割步骤制成的"范围497"内制作铰接孔，并且说明书中没有记载可以在切割步骤之前实施冲孔步骤或冲压步骤的技术内容，也没有给出相关的技术启示，本领域普通技术人员也难以预见到在切割步骤之前实施冲孔步骤或冲压步骤，能够实现涉案专利的发明目的，达到相同的技术效果。因此，权利要求1中的切割步骤应当在冲压步骤和冲孔步骤之前实施。从说明书记载的内容看，虽然冲压步骤与冲孔步骤的顺序是可以调换的，但是在实际加工过程中，一旦确定了二者的顺序，二者的顺序就只能依次进行。因此，权利要求1中的四个步骤之间具有特定的实施顺序。

4. 专利侵权案件的审理思路和技术对比分析方法

专利侵权案件因涉及专业技术事实的审查判断和技术对比分析，在审理思路和分析对比乃至裁判文书的表达上有一定的规律性和特殊性。目前的专利侵权判定司法实践中虽然一般也会遵循基本的审查、分析、推理模式，但在一些具体问题的分析以及文书表达上，各地仍存在不小的差异。

在申请再审人薛胜国与被申请人赵相民、赵章仁实用新型专利侵权纠纷案（〔2009〕民申字第1562号）中，最高人民法院对适用等同原则时如何具体判断"三个基本相同"和"显而易见性"作了比较深入的分析。最高人民法院同时指出，专利权人在侵权诉讼程序中对其技术特征所做的解释如果未超出其权利要求书的记载范围，也与其专利说明书及附图相吻合时，可以按照其解释限定该技术特征。

本案的基本案情是：2007年8月8日，薛胜国以赵相民、赵章仁为被告提起专利侵权诉讼。薛胜国的专利权利要求为："用于粉条加工的揉面机，它包括：机架（1），设置在所述机架（1）上的驱动电机（2），其特征在于：在机架（1）上部设置有带有进、出料口（3、4）的料斗（5），和水平设置在该料斗（5）内的由所述驱动电机（2）驱动的输送搅龙（6）；在位于所述出料口（4）上方的机架（1）上并排设置有两个相通的U形揉面斗（7、8），其中一个U形揉面斗（7）的底部与所述出料口（4）相连通；

在位于每个 U 形揉面斗（7、8）上方的机架（1）上分别设置有一揉面锤（9、10），所述两揉面锤（9、10）的支撑架（11）通过曲柄连杆机构（12）与驱动电机（2）的动力轴相连接。"河南省郑州市中级人民法院一审认为，被控侵权产品的技术特征与专利保护的必要技术特征并不相同，未落入薛胜国专利权的保护范围，不构成侵权，遂判决驳回薛胜国的诉讼请求。薛胜国上诉后，河南省高级人民法院二审认为，一审判决认定部分技术相同或等同不当，但认定被控侵权产品未落入薛胜国专利权的保护范围从而不构成侵权正确，遂判决驳回上诉，维持原判。薛胜国仍不服，向最高人民法院申请再审。最高人民法院经听证审查，亦得出本案被申请人不构成专利侵权的结论，但具体理由不同于原审法院。最高人民法院于 2009 年 11 月 26 日裁定驳回薛胜国的再审申请。

在分解确定了专利技术方案和被控侵权产品 6 个对应技术特征的基础上，最高人民法院审查认为，对于第 5 项对应技术特征，被控侵权产品只是在专利的基础上，将料斗相对于揉面斗上移，从而利用了面团自身的重力，但由于面团本身不易流动的属性，如果不利用输送搅龙挤压仅靠面团自身重力难以实现料斗中的面团输送到揉面斗的目的。反过来讲，如果仅靠面团自身重力即可以实现料斗中的面团自流到揉面斗中的目的，其就无需采用输送搅龙这一技术手段。因此，被控侵权产品实质上仍是利用输送搅龙挤压将面团通过出料口输送到揉面斗，与专利一样，两者都需要利用输送搅龙这一部件实现将面团由料斗挤压输送到揉面斗这一功能。可见，与专利的该项技术特征相比，被控侵权产品系采取基本相同的手段，实现基本相同的功能，达到基本相同的效果。而且物体由于自身的重力能够自上而下滑落是一种普通生活常识，因此，将料斗相对于揉面斗上移对于所属技术领域普通技术人员来讲，无需经过创造性劳动即可联想到。根据专利司法解释的有关规定，被控侵权产品的该项技术特征构成相应专利技术特征的等同特征。对于专利技术特征 6，专利权人明确确认，两个揉面锤共用的一个支撑架通过曲柄连杆机构与驱动电机的动力轴相连接，动力驱动装置通过曲柄连杆机构带动两个揉面锤同向上下往复运动。专利权人对该技术特征的上述解释并未超出其权利要求书对相应技术内容的记载范围，也与其专利说明书附图所示的两个揉面锤、支撑架、曲柄连杆机构、驱动电机之间的相互位置和连接关系相吻合。因此，涉案薛胜国专利必要技术特征 6 可以限定为：在位于每个 U 形揉面斗上方的机架上分别设置有一揉面锤，所述两揉面锤共用的一个支撑架通过曲柄连杆机构与驱动电机的动力轴相连接，动力驱动装置通过曲柄连杆机构带动两个揉面锤同向上下往复运动。对第 6 项对应技术特征进行对比，专利的两揉面锤共用一个支撑架，并通过曲柄连杆机构和动力驱动装置带动两个揉面锤同向上下往复运动；被控侵权产品则是两揉面锤各有一支撑架，两个揉面锤的支撑架之间由杠杆连接，其中一个揉面锤的支撑架通过曲柄连杆机构和动力驱动装置使两个揉面锤反向上下往复运动。虽然两者均具有通过支撑架支撑揉面锤，动力驱动装置通过曲柄连杆机构带动揉面锤的支撑架上下运动的基本功能，但从二者揉面锤的工作原理和运动方式来看，显属采用了不同的技术手段，不应认为是采取了基本相同的手段；同时，由于被控侵权产品的动力驱动装置驱动的是一个揉面锤的支撑架，而专利的驱动装置驱动的是两个揉面锤的支撑架，被控侵权产品的这种设计更节省动能，可使用相对较小功率的驱动电机，而且，被控侵权产品利用杠杆原理使两个揉面锤反向上下往复运动也避免了专利的两个揉面锤共用一个支撑架时同向向上运动时所作的无用功。由此可见,二者在技术效果上亦有明显不同。此外,被控侵权产品的这种变换手段,对于本领域的普通技术人员而言,也并非无需经过创造性劳动就能够联想到。因此,二者该项对应技术特征既不相同也不等同。由于被控侵权产品与涉案薛胜国专利相比,至少有一项对应技术特征既不相同也不等同,被控侵权产品并未落入涉案薛胜国专利的保护范围。

5. 对专利法第四十七条第一款中"宣告无效的专利权"的理解

专利法第四十七条第一款规定,宣告无效的专利权视为自始即不存在。国家知识产权局专利复审委员会宣告专利权无效的决定是针对无效宣告请求人与专利权人就专利权效力引发的争议作出的居中裁决。尽管该无效决定具有行政行为的公定力,但由于其可能被提起行政诉讼,其效力并未最终确定。正在审理专利侵权案件的法院在得知专利复审委员会作出宣告专利权无效的决定时,是中止对侵权案件的审理还是直接依据该无效决定驳回原告诉讼请求,对此实践中存在不同的做法。

在申请再审人深圳万虹科技发展有限公司(以下简称万虹公司)与被申请人深圳市平治东方科技发展有限公司、新诺亚舟科技(深圳)有限公司、创新诺亚舟电子(深圳)有限公司侵犯实用新型专利权纠纷案(〔2009〕民申字第1573号)中,最高人民法院认为,专利法第四十七条第一款中"宣告无效的专利权"是指专利复审委员会作出的效力最终确定的无效宣告请求审查决定所宣告无效的专利权;在该无效决定效力最终确定之前,不宜一律以之为依据直接裁判驳回权利人的诉讼请求。

该案的基本案情是:万虹公司以深圳市平治东方科技发展有限公司、新诺亚舟科技(深圳)有限公司、创新诺亚舟电子(深圳)有限公司为被告于2008年10月25日提起侵犯实用新型专利权诉讼。广东省深圳市中级人民法院于2009年2月25日作出一审判决,判决三被告承担侵权责任。三被告不服提出上诉。广东省高级人民法院二审查明,专利复审委员会于2009年6月24日作出第13590号无效宣告请求审查决定书,宣告涉案实用新型专利权全部无效。万虹公司以专利权人已针对上述决定提起行政诉讼为由向二审法院申请中止审理。广东省高级人民法院以涉案实用新型专利已被宣告全部无效为由,判决撤销一审判决,并驳回万虹公司的全部诉讼请求。万虹公司不服二审判决,向最高人民法院申请再审。最高人民法院审查查明,北京市第一中级人民法院于2009年7月2日决定受理专利权人针对第13590号无效决定提起的行政诉讼,且北京市第一中级人民法院尚未审结上述行政案件。最高人民法院于2009年12月8日裁定,指令广东省高级人民法院再审本案。

最高人民法院审查认为,对于专利复审委员会作出的宣告专利权无效的决定,如果当事人自收到通知之日起三个月期满仍未向人民法院起诉的,该决定的效力即最终确定;如果当事人依法提起了行政诉讼,该决定只有被生效的行政裁判维持其合法有效后其效力才能最终确定。本案中,涉案专利虽然被专利复审委员会第13590号无效宣告请求审查决定宣告全部无效,但专利权人已经针对该决定在法定期限内提起行政诉讼,北京市第一中级人民法院对此已经立案受理,该决定的效力显然未最终确定。在此情况下,万虹公司向二审法院申请中止审理,二审法院以涉案专利已经被第13590号无效宣告请求审查决定宣告全部无效为由直接判决驳回万虹公司的全部诉讼请求,属于适用法律错误。

6. 宣告专利权无效的决定的追溯力

专利法（2000年第二次修正）第四十七条第二款规定："宣告专利权无效的决定，对在宣告专利权无效前人民法院作出并已执行的专利侵权的判决、裁定，已经履行或者强制执行的专利侵权纠纷处理决定，以及已经履行的专利实施许可合同和专利权转让合同，不具有追溯力。但是因专利权人的恶意给他人造成的损失，应当给予赔偿。"人民法院在民事案件审理过程中，为保证审判工作的顺利进行，可能就诉讼程序方面的事项做出多个裁定，并非所有这些裁定都不受宣告专利权无效的决定的影响。

在申请再审人安吉县雪强竹木制品有限公司（以下简称雪强公司）与被申请人许赞有其他侵权纠纷案（〔2008〕民申字第762号）中，最高人民法院明确了专利法（2000年第二次修正）第四十七条第二款所称的"裁定"的范围。

该案的基本案情是：许赞有于2001年6月13日向国家知识产权局申请了名称为"地毯（竹）"的外观设计专利，2002年3月6日获得授权。2004年3月，杭州海关、上海海关根据许赞有的申请，以涉嫌侵犯涉案专利权为由扣留了雪强公司的出口产品集装箱。2004年4月2日，许赞有向浙江省杭州市中级人民法院提起诉讼，指控雪强公司侵犯涉案专利权，并申请法院查封扣留了上述集装箱的货物。同时许赞有要求雪强公司在上海、广州等地商品交易会期间将有关涉嫌侵犯涉案专利权的产品撤柜。2004年5月1日，雪强公司向国家知识产权局专利复审委员会提出宣告涉案专利权无效的请求。2005年8月18日，专利复审委员会作出第7432号无效宣告请求审查决定，宣告涉案专利权全部无效。2005年9月15日，雪强公司起诉至杭州市中级人民法院称，由于许赞有申请财产保全措施错误，造成重大经济损失和不良社会影响，请求判令许赞有赔偿损失、消除影响、赔礼道歉并承担本案的全部诉讼费用。杭州市中级人民法院一审认为，许赞有在涉案专利权被宣告无效前实施的申请海关扣留、法院查封以及要求雪强公司对涉嫌侵权产品撤柜等行为具备合法性，雪强公司在涉案专利权被宣告无效后，要求许赞有就实施上述行为对雪强公司所造成的损失进行赔偿并公开赔礼道歉的诉讼请求，依据不足，遂判决驳回雪强公司的诉讼请求。上诉后，浙江省高级人民法院二审认为，雪强公司未能证明许赞有实施上述行为时具有恶意，而上述行为在涉案专利权被宣告无效时均已完成，依照专利法第四十七条第二款的规定，宣告涉案专利权无效的决定对上述行为不具有追溯力，遂判决驳回雪强公司的上诉。雪强公司不服二审判决，向最高人民法院申请再审。最高人民法院于2009年3月24日作出裁定，指令浙江省高级人民法院再审本案。

最高人民法院审查认为，专利法（2000年第二次修正）第四十七条第二款所称的"裁定"，是指涉及专利侵权的裁定，即人民法院经过审理作出认定专利侵权成立的生效裁判的，就该案作出并已执行的裁定，不包括裁判认定不构成专利侵权所涉及的有关裁定。由于涉案专利权被专利复审委员会宣告无效，审理法院据此作出雪强公司不构成侵犯专利权的判决，因此，审理法院在此前作出的有关财产保全的裁定，不属于专利法第四十七条第二款规定的"裁定"，宣告涉案专利权无效的决定对其具有溯及力。同理，宣告涉案专利权无效的决定对于许赞有申请海关采取扣留措施以及要求被控侵权人撤展的行为也具有溯及力。专利权人依据专利权依法行使诉权以及申请采取相关措施，是法律赋予的权利。但是，专利权人在行使自己的权利时不得损害他人的合法权益。由于专利权的稳定性是相对的，任何人都可以通过宣告专利权无效程序对已授权的专利提出宣告无效的请求，专利权人应当知道自己的专利权存在被宣告无效的可能性。因此，专利权人在行使有关权利时，特别是申请财产保全、责令停止有关行为等可能给被申请人直接造成损害的措施时，应谨慎注意，充分估计其中的诉讼风险。许赞有未尽注意义务，在没有最终确认雪强公司侵犯涉案专利权的情况下，即申请采取财产保全、责令停止有关行为等给雪强公司直接造成损害的措施，属于申请错误，构成侵权。

二、著作权案件审判

7. 职务作品著作权的推定归属

根据著作权法第十六条第二款的规定，职务作品著作权的归属可以通过合同的方式约定，但是该款并未对合同约定的具体形式予以明确。

在申请再审人陈俊峰与被申请人金盾出版社侵犯著作权纠纷案（〔2009〕民监字第361号）中，最高人民法院根据双方当事人的行为，推定当事人之间存在涉案作品著作权由金盾出版社享有的意愿，从而肯定了职务作品的著作权归属可以通过推定的方式予以确定。

该案的基本案情是：陈俊峰于1997年11月1日至2007年12月25日在金盾出版社担任编辑。涉案《跨世纪万年历》（2000年1月出版，2007年8月第9次印刷）、《袖珍实用万年历》（2000年12月出版，2007年9月第9次印刷）和2002年至2008年《工作效率手册》（每年出版一本）九种图书由金盾出版社策划选题并组织汇编。陈俊峰作为被指定的责任编辑，负责涉案图书内容的选编工作。2003年至2008年的《工作效率手册》署名陈俊峰编辑，其他涉案图书上的署名为"靳一石"编。2007年12月29日，陈俊峰向北京市海淀区人民法院提起诉讼称，金盾出版社出版涉案图书未向其支付稿酬，侵犯其著作权，请求判令被告停止销售侵权图书并支付稿酬。法院审理查明，金盾出版社在《关于对编辑实行量化考核的暂行规定》《关于在编辑人员中实行激励机制的暂行办法》等文件中规定，编辑图书工作量指标按版面字数乘相应系数计算。经该社领导同意或授意，由责任编辑自己编写的书按照版面字数乘以3或2.5计算，各类手册按照版面字数乘以1.5计算。金盾出版社提交的陈俊峰各年度的图书编辑工作统计表、工资奖金统计表显示，涉案图书都乘以相应的系数，并获得了相应的超额奖。陈俊峰对于以上编辑量化考核和系数计算并未提出过异议。法院一审认为，涉案图书均是陈俊峰为完成单位工作任务创作的职务作品，陈俊峰的编写工作已经按照单位有关规定以相应系数计算工作量获得了相应的报酬和奖励，被告的行为不构成侵权，遂判决驳回陈俊峰的诉讼请求。陈俊峰不服，提出上诉后，北京市第一中级法院二审维持一审判决。之后陈俊峰向北京市高级人民法院提出再审申请，亦被裁定驳回，其又向最高人民法院申请再审。最高人民法院于2009年10月26日裁定驳回其再审申请。

最高人民法院审查认为，涉案的九本图书均是陈俊峰为完成单位工作任务而汇编的职务作品。金盾出版社在有关文件中规定，经出版社领导同意或授意由责任编辑自己编写的图书，按照版面字数乘以相应的系数计算工作量并发放工作量酬金、奖励。从原审查明的事实来看，陈俊峰实际领取了按照上述规定计算的涉案图书相应的酬金、奖励；在1999年至2007年涉案图书编写及出版发行期间，陈俊峰并未向金盾出版社提出过著作权问题和稿酬问题。通过双方当事人的上述行为可以推定，出版社与编辑之间具有约定此类书稿著作权归属于出版社的意愿，编辑对这种书稿不得主张除署名权以外的著作权，出版社不需要向编写此类书稿的编辑另行支付稿酬。按照著作权法第十六条第二款的规定，涉案图书的著作权应由金盾出版社享有。金盾出版社出版涉案图书未侵犯陈俊峰的著作权，也不需要向陈俊峰支付稿酬。

8. 使用他人已经合法录制为录音制品的音乐作品制作录音制品并复制和发行的法定许可

著作权法第三十九条第三款规定了录音制作者使用他人已经合法录制为录音制品的音乐作品制作录音制品的法定许可制度。根据该款规定，录音制作者使用他人已经合法录制为录音制品的音乐作品制作录音制品，可以不经著作权人许可，但应当按照规定支付报酬；著作权人声明不许使用的不得使用。同时，著作权法第四十一条第二款规定，被许可人复制、发行、通过信息网络向公众传播录音录像制品，还应当取得著作权人、表演者许可，并支付报酬。著作权法对该两款之间的适用关系未予明确。对此，有观点认为，录音制作者使用他人已经合法录制为录音制品的音乐作品制作录音制品后，复制和发行其制作的录音制品，仍然需要征得音乐作品著作权人许可，即著作权法第四十一条第二款对著作权法第三十九条第三款具有限制作用。

在申请再审人广东大圣文化传播有限公司（以下简称大圣公司）与被申请人王海成、王海星、王海燕（以下简称王海成等）、原审被告重庆三峡光盘发展有限责任公司（以下简称三峡公司）、九江联盛广场超市有限公司、南昌百货大楼股份有限公司侵犯著作权纠纷案（〔2008〕民提字第57号，以下简称"大圣公司案"）的再审判决中，最高人民法院澄清了著作权法第三十九条第三款与第四十一条第二款的法律适用关系，明确了经著作权人许可制作的音乐作品的录音制品一经公开，其他人再使用该音乐作品另行制作录音制品并复制、发行，应适用著作权法第三十九条第三款规定的法定许可，不再适用第四十一条第二款"经著作权人许可"的规定。

该案的基本案情是：《亚克西》是王洛宾1957年根据吐鲁番民歌改编并作词的音乐作品。王洛宾去世后，其子王海成等将该音乐作品的公开表演权、广播权和录制发行权授权中国音乐著作权协会（以下简称音著协）管理。2004年罗林（艺名刀郎）与大圣公司签订合同，大圣公司享有将罗林制作并享有版权的《喀什噶尔胡杨》歌唱类音乐专辑节目制作录音制品（CD）出版发行的权利。之后，大圣公司与广州音像出版社签订合同，约定由该社制作、出版、发行上述专辑录音制品。大圣公司与三峡公司签订委托复制加工合同，约定复制该录音制品20万张。2004年12月8日，广州音像出版社委托三峡公司复制90万张。随后，广州音像出版社向音著协申请使用音乐作品《冰山上的雪莲》、《打起手鼓唱起歌》、《亚克西》制作、发行20万张《喀什噶尔胡杨》专辑录音制品，批发价为6.5元，并向音著协支付上述3首音乐作品的使用费21900元，音著协出具了收费证明。王海成等以被告未经许可复制、发行的涉案光盘侵犯了其复制、发行权为由起诉,请求判令被告停止侵害、赔偿损失并赔礼道歉。江西省九江市中级人民法院一审认为,《亚克西》在涉案录音制品复制、发行前早已公开发表并已制作为录音制品,根据著作权法第三十九条第三款规定,广州音像出版社、大圣公司使用涉案音乐作品制作录音制品属于法定许可,可以不经其许可,但应当支付报酬。王海成等将涉案音乐作品已交由音著协以信托的方式管理,音著协有权许可他人使用。广州音像出版社、大圣公司、三峡公司属于法定许可使用。广州音像出版社按20万张向著作权人支付了报酬,对超出的70万张未按规定支付报酬,侵犯了王海成等的获酬权。根据国家版权局1993年8月制定的《录音法定许可付酬标准暂行规定》,确定赔偿数额为录音制品批发价6.5元×3.5‰×70万张的两倍,共计318500元。三峡公司不构成对涉案音乐作品著作权的侵犯。大圣公司、广州音像出版社不服一审判决,提起上诉。江西省高级人民法院二审认为,根据著作权法第四十一条第二款规定,复制、出版、发行录音制品,除应取得表演者的许可并支付报酬外,还应取得音乐作品著作权人的许可,并支付报酬。音著协的许可和收费系针对使用音乐作品制作录音制品而行使的权利,并不是行使著作权人对复制、发行录音制品所享有的许可权和获得报酬权。一审法院按整张制品所含作品的报酬总额的两倍确定其中1首作品的赔偿数额缺乏合理性。遂判决撤销一审判决,判令大圣公司、广州音像出版社共同赔偿王海成等15万元。大圣公司不服二审判决,向最高人民法院申请再审。最高人民法院裁定提审本案,并于2009年3月6日作出再审判决,撤销原一、二审判决,判令大圣公司、广州音像出版社、三峡公司向王海成等支付音乐作品使用费14477元。

最高人民法院再审审理认为,著作权法第三十九条第三款规定了限制音乐作品著作权人权利的法定许可制度。该款虽然只规定使用他人已合法录制为录音制品的音乐作品制作录音制品可以不经著作权人许可,但该款的立法本意在于便利和促进音乐作品的传播,对使用此类音乐作品制作的录音制品进行复制、发行,亦应适用,而不适用第四十一条第二款的规定。因此,经著作权人许可制作的音乐作品的录音制品一经公开,其他人再使用该音乐作品另行制作录音制品并复制、发行,不需要经过音乐作品的著作权人许可,但应依法向著作权人支付报酬。鉴于涉案专辑中使用的音乐作品《亚克西》在该专辑发行前已经被他人多次制作成录音制品广泛传播,且著作权人没有声明不许使用,故被告使用该音乐作品制作并复制、发行涉案专辑录音制品,符合法定许可的规定,不构成侵权。

9. 涉及提供链接服务的网络服务提供者的直接侵权责任

如果网络服务提供者利用网络实施直接侵犯他人著作权的行为,应当为其行为承担直接侵权责任。同时,信息网络传播权保护条例第二十三条为网络服务提供者设置了责任限制。该条规定,网络服务提供者为服务对象提供搜索或者链接服务,在接到权利人的通知书后,根据本条例规定断开与侵权的作品、表演、录音录像制品的链接的,不承担赔偿责任。司法实践中,网络服务提供者往往主张其系提供链接服务,在接到权利人通知后已经断开链接,不应承担赔偿责任。因此,判断网络服务提供者是否系提供链接服务就成为其是否应承担直接侵权责任的关键。

在申请再审人北京慈文影视制作有限公司(以下简称慈文公司)与被申请人中国网

络通信集团公司海南省分公司（以下简称海南网通公司）侵犯著作权纠纷案（〔2009〕民提字第 17 号）中，最高人民法院明确了涉及提供网络链接服务的网络服务提供者承担直接侵权责任的条件。从该案的再审判决中可以看出，如果主张其系提供链接服务的网络服务提供者将所谓的被链网页或网站作为其内容向公众提供，该被链网页或网站上没有显示任何对应的域名或者网站名称等信息可以表明该网页属于第三方所有，则不能认定该网络服务提供者系提供链接服务，其应对该网页或网站上的被控侵权行为承担直接侵权责任。

该案的基本案情是：慈文公司拥有电影《七剑》在大陆地区的著作权。海南网通公司在其网站 www.hai169.com 首页上设置"影视频道"，点击进入"影视天地"（IP 地址 221.11.132.112），在该页面可以在线观看上述电影。慈文公司以侵犯著作权为由向海南省海口市中级人民法院提起诉讼，要求停止侵权并赔偿损失。海南网通公司在一审诉讼中举证证明点击其网站主页"影视频道"后进入"116 天天在线"而非原来的"影视天地"网页。海口市中级人民法院一审认为，海南网通公司提供的是链接服务，被诉侵权后已断开链接，不应承担侵权责任，遂判决驳回慈文公司的诉讼请求。上诉后，海南省高级人民法院二审维持一审判决。慈文公司申请再审，最高人民法院裁定提审本案并作出再审判决，撤销原两审判决，判令海南网通公司赔偿慈文公司经济损失及为诉讼支出的合理费用人民币 8 万元。

最高人民法院审查认为，点击海南网通网站首页上的"影视频道"，即可在进入的页面上进行操作观看电影《七剑》。进入的网页上虽然有"影视天地"的名称，但该网页上没有显示任何对应的域名或者网站名称等信息可以表明该网页属于第三方所有，该网页的 IP 地址亦不能证明该网页另属其他主体所有，此种情形与通常所认为的链接不同，该网页至少从表面上属于海南网通公司。海南网通公司如欲证明该网页是其链接的第三方网站而不应为该网页上的侵权行为承担赔偿责任，应提交相应的证据。因该网页的 IP 地址位于海南网通公司管理的地址段范围内，海南网通公司能够提供该证据，而包括慈文公司在内的社会公众均无法获得。在海南网通公司未提供相关证据的情况下，其关于仅提供链接服务的抗辩不能得到支持，其应对该网页上播放慈文公司享有著作权的电影作品的侵权行为承担相应的法律责任。即使该网页确属第三方主体所有或实际经营，因该"影视频道"与海南网通公司网站"主页"、"新闻频道"、"文学频道"等并列，海南网通公司将该网页内容作为其内容频道向公众提供，且从其在原审中提交公证书显示被诉后即变更了该"影视频道"内容来看，该选择完全是海南网通公司自主进行的，因此，此种行为与仅提供指向第三方网站的普通链接不同，海南网通公司至少应对该网站的实际所有者或经营者的主体资质进行一定的审核。本案中海南网通公司至今称其并不知晓该网页的实际经营主体，可见其并未尽到最低程度的注意义务，对该网页上出现的侵权行为亦应承担连带责任。

三、商标案件审判

(一) 商标授权确权行政案件审判

10. "一事不再理"原则的判断和适用标准

根据商标法实施条例第三十五条的规定,商标评审委员会对商标评审申请已经作出裁定或者决定的,任何人不得以相同的事实和理由再次提出评审申请。此即所谓的"一事不再理"原则。

在申诉人佛山市圣芳(联合)有限公司(以下简称圣芳公司)与被申诉人中华人民共和国国家工商行政管理总局商标评审委员会(以下简称商标评审委员会)、原审第三人强生公司商标行政纠纷案([2008]行提字第2号,以下简称"采乐"商标行政案)中,最高人民法院明确了"一事不再理"原则的判断和适用标准。

该案的基本案情是:1993年1月30日,强生公司经核准注册了第627498号手写繁体"采樂"文字商标(即引证商标),核定使用商品为第5类"人用局部抗菌剂"。1994年7月以后,案外人西安杨森制药有限公司经强生公司许可,在治疗头皮脂溢性皮炎和头皮糠疹的"酮康唑洗剂"药品上使用该引证商标。争议商标为圣芳公司持有的第1214187号"采乐CAILE"商标,申请日为1997年8月6日,1998年10月14日被核准注册,核定使用商品为第3类香皂、清洁制剂、洗发香波、护发素、洗面奶、浴液、牙膏、化妆品等。1998年11月、2000年7月,强生公司曾两次向商标评审委员会提出撤销争议商标注册的申请,商标评审委员会分别于1999年12月、2001年9月作出终局裁定,认定强生公司所提争议理由不能成立,维持争议商标注册。2002年8月20日,强生公司第三次向商标评审委员会提出撤销争议商标的申请,理由为争议商标与引证商标构成类似商品上的近似商标,争议商标是对其驰名商标的恶意抄袭摹仿,争议商标注册违反了现行商标法第十三条、第二十八条、第三十一条、第四十一条的规定。2005年6月23日,商标评审委员会作出商评字〔2005〕第1801号裁定,认定引证商标为驰名商标,并认为争议商标的注册构成在非类似商品上复制摹仿他人的驰名商标,误导公众的情形,裁定撤销争议商标的注册。圣芳公司不服该裁定,提起诉讼。北京市第一中级人民法院一审认为,强生公司在本次评审申请中提交了新的证据,不属于以相同的事实和理由再次提出评审申请,商标评审委员会受理本次争议申请没有违反法定程序,故判决维持商标评审委员会第1801号裁定。圣芳公司不服,提起上诉。北京市高级人民法院二审认为,强生公司本次申请依据修改后的商标法第十三条第二款的规定,并且提交了新的证据增加了新的事实,商标评审委员会没有违反"一事不再理"原则,故判决维持一审判决。圣芳公司不服二审判决,向最高人民法院申请再审。最高人民法院裁定提审该案,并于2009年10月22日作出再审判决,撤销了原审判决及商标评审委员会第1801号裁定。

最高人民法院再审审理认为,强生公司在前两次提出评审申请时,均援引了修改前的商标法第十七条、第二十七条、商标法实施细则第二十五条第(2)项等规定,特别是有关公众熟知的商标或驰名商标的规定,以争议商标是对驰名商标的恶意抄袭和仿冒,争议商标与引证商标构成类似商品上的近似商标,容易引起混淆等理由,请求撤销争议商标，已经穷尽了当时可以主张的相关法律事由和法律依据。商标评审委员会已经就相关事实和理由进行了实质审理，并两次裁定维持争议商标注册。强生公司援引修改后的商标法，仍以商标驰名为主要理由，申请撤销争议商标，商标评审委员会再行受理并作出撤销争议商标的裁定，违反了"一事不再理"原则。即使按照修改后的商标法及其实施条例的规定审查，商标评审委员会本次评审裁定也没有合法依据。按照现行商标法实施条例第三十五条的规定，对已决的商标争议案件，商标评审委员会如果要受理新的评审申请，必须以有新的事实或理由为前提。新的事实应该是以新证据证明的事实，而新证据应该是在裁定或者决定之后新发现的证据，或者确实是在原行政程序中因客观原因无法取得或在规定的期限内不能提供的证据。如果将本可以在以前的行政程序中提交的证据作为新证据接受，就会使法律对启动行政程序事由的限制形同虚设，不利于形成稳定的法律秩序。强生公司在本次评审申请中提交的证明争议商标申请日之前其引证商标驰名的证据，均不属于法律意义上的新证据。行政裁定作出之后法律发生了修改，也不能成为新的理由。

11. 商标法（2001年修正）对该法施行前已有行政终局裁定的商标争议的溯及力

在前述"采乐"商标行政案中，最高人民法院还阐明了商标法（2001年修正）对该法施行前已有行政终局裁定的商标争议的溯及力问题。在该案的裁决中，最高人民法院基于信赖保护原则认为，2001年修改后的商标法对于该法修改前已受终局裁定拘束的商标争议不具有追溯力。

最高人民法院在再审判决中指出，涉案商标争议在商标法（2001年修正）施行前已经有过终局裁定，不属于最高人民法院《关于审理商标案件有关管辖和法律适用范围问题的解释》第五条规定的情形，不应适用该司法解释的规定。由于修改前的商标法对商标评审采取行政终局制度，对于当时已有终局裁决的争议事项，只能尊重和维护当时的法律制度，不能再以修改后的法律有新规定为理由对已决事项重新启动程序。在行政终局制度下，终局裁定形成了稳定的秩序并产生信赖利益。圣芳公司在终局裁定后对商标进行的大规模使用和宣传以及因此建立的商业信誉，应该受到法律保护。商标评审委员会及原审法院以强生公司引用了修改后的商标法为由，认定其提出本次评审申请有新的理由，并以修改后的商标法第十三条第二款的规定为依据撤销争议商标，属于适用法律错误。

12. 判断商标近似时对特定历史因素的考虑

商标近似，是指两商标的文字的字形、读音、含义或者图形的构图及颜色，或者其各要素组合后的整体结构相似，易使相关公众对商品的来源产生误认或者认为存在特定的联系。判断时，要以相关公众的一般注意力为标准，既要进行整体比对，又要进行主要部分的比对，而且应当考虑在先注册商标的显著性和知名度。

在申请再审人侯勇与被申请人哈尔滨秋林集团股份有限公司（以下简称秋林集团公司）、国家工商行政管理总局商标评审委员会商标行政纠纷案（〔2009〕知行字第15号）中，最高人民法院进一步指出，适用上述方法判断商标近似时，还可以结合特定历史关系及处在同一地域等因素，考虑两商标共存是否易使相关公众对商品的来源产生误认或者认为两者之间存在特定的联系。

该案的基本案情是：1900 年，俄国人伊万·雅阔列维奇·秋林（又简称为伊·雅·秋林）在哈尔滨成立商贸机构，名为"秋林洋行"。1953 年，秋林洋行被我国政府接收，其下属公司均更改了字号，1984 年恢复使用"秋林"字号。秋林食品厂（后更名为秋林食品公司）和秋林糖果厂（后更名为秋林糖果公司）均为秋林集团公司的关联企业。秋林食品厂主要生产面包、糕点、果酒等食品。1997 年秋林糖果厂开始恢复生产历史上具有较高知名度的秋林红肠，由秋林集团公司和秋林食品公司经销。经过几年的经营，秋林红肠成为哈尔滨市的特产之一，在相关公众中具有一定知名度。秋林糖果公司于 1999 年 4 月 21 日获准注册第 1266601 号"秋林及图"引证商标，核定使用商品为第 29 类香肠等。2003 年 7 月 1 日，秋林食品公司的法定代表人侯勇向中国商标局提出第 3612653 号"伊雅秋林"商标注册申请，经商标局审查后予以初步审定。在异议期内，秋林集团公司以第 1266601 号"秋林及图"为引证商标，向商标局提出异议申请。商标局认定被异议商标与引证商标未构成近似商标，被异议商标应予以注册。秋林集团公司不服向商标评审委员会申请复审。商标评审委员会经过审理作出第 4378 号裁定，准予被异议商标注册。秋林集团公司不服，提起诉讼。北京市第一中级人民法院一审认为，引证商标文字部分"秋林"为其显著部分，该部分对于消费者而言起到主要认知作用。被异议商标"伊雅秋林"中完全包含了引证商标中起重要识别作用的文字部分"秋林"，被异议商标"伊雅秋林"如果注册在肉罐头、香肠、风肠、猪肉食品、肉等与引证商标核定使用商品相类似的商品上，会造成消费者对于商品来源的混淆，不应准许被异议商标在上述商品上的注册。故判决撤销第 4378 号裁定，责令商标评审委员会重新作出异议复审裁定。侯勇不服，提出上诉。北京市高级人民法院经过审理维持一审判决。侯勇不服二审判决，向最高人民法院申请再审。最高人民法院于 2009 年 12 月 15 日裁定驳回其再审申请。

最高人民法院审查认为，本案中在先注册的引证商标为文字图形组合商标，由文字"秋林"和其他图形组合而成。对于相关公众而言，引证商标中的"秋林"文字部分具有天然的呼叫和认知优势。此外，本案中引证商标的权利人为秋林糖果公司，其字号为"秋林"，通过秋林糖果公司对引证商标的使用，引证商标在黑龙江省尤其是哈尔滨市等区域范围内已经拥有一定的市场知名度，为相关公众知悉，相关公众也已经习惯将其认知为"秋林"商标。被异议商标为"伊雅秋林"文字商标，其完全包含了引证商标中起重要识别作用的文字"秋林"。以相关公众的一般注意力为标准，结合考虑被异议商标由秋林食品公司授权侯勇以个人名义申请注册，该公司与引证商标所有人秋林糖果公司均为原秋林公司的下属企业，且均处在同一地域，如果被异议商标注册并使用在香肠等与引证商标核定使用商品相类似的商品上，易使相关公众对商品的来源产生误认或者认为两者之间存在特定的联系。因此，被异议商标和引证商标构成近似商标。"秋林"品牌的形成具有历史过程，秋林食品公司在其中也起到重要的作用。但是，根据查明的事实，侯勇所在的秋林食品公司长期生产的是面包、果酒等产品，而被异议商标和引证商标涉及的是第 29 类香肠等。在被异议商标申请注册之前，秋林食品公司从未生产过红肠等相关商品。相反，秋林糖果公司于 1997 年恢复生产红肠等产品，并恢复使用"秋林"商标。通过使用，"秋林"商标已经具有较高的知名度，该商誉应当归于秋林糖果公司。侯勇关于秋林食品公司传承"秋林食品"的传统因而有权注册和使用被异议商标的主张不能成立。

13. 商标授权确权案件中在先商标权人同时拥有非类似商品上注册的驰名商标和类似商品上的在先注册商标时商标近似的判断

在商标授权确权案件中，判断争议商标与引证商标是否近似时，如果在先商标权人同时拥有非类似商品上注册的驰名商标和类似商品上的在先注册商标，应当分别单独考虑还是综合考虑上述两个因素，有关法院对此存在一些不同的认识。

在申诉人德士活有限公司（以下简称德士活公司）与被申诉人国家工商行政管理总局商标评审委员会、广东苹果实业有限公司（以下简称广东苹果公司）商标行政纠纷案（〔2009〕行提字第3号）中，最高人民法院指出，当在先商标权人同时拥有非类似商品上注册的驰名商标和类似商品上的在先注册商标的情况下，不仅应该将争议商标与类似商品上的在先注册商标进行比对，还应该考虑驰名商标保护的因素。该判决明确并统一了对上述问题的认识。

该案的基本案情是：德士活公司于1981年7月15日经中国商标局核准注册了第148002号"苹果牌"商标，核定使用商品为第25类服装。1994年4月20日，该公司申请注册第813677号"texwood及苹果图"商标并于1996年2月7日被核准注册，核定使用商品为第25类服装、鞋、靴、帽等。该公司还于1994年4月20日申请、1996年1月7日被核准注册了第805564号"texwood及苹果图"商标（引证商标一），核定使用的商品为第14类钟表、钟表盒、袖扣、领带夹等；1996年1月11日申请、1997年6月21日被核准注册了第1032836号"苹果图形"商标（引证商标二），核定使用商品为第14类中的珠宝、钟表计时器及其零部件、钟表盒、袖扣、领带夹等。广东苹果公司（原名增城市苹果皮具有限公司）于1998年6月22日申请、2000年1月21日被核准注册了第1355455号"苹果图形"商标（简称争议商标），核定使用商品为第14类钟、表、手表带、表盒等。2000年10月23日，德士活公司请求商标评审委员会撤销争议商标，理由为争议商标与引证商标一、二构成类似商品上的近似商标，并恶意抄袭摹仿其在牛仔服装商品上的两个驰名商标。商标评审委员会于2004年10月10日作出商评字〔2004〕第5456号裁定，认定德士活公司的"苹果牌"和"texwood及苹果图"在牛仔服装商品上已成为驰名商标。争议商标与引证商标一、二均指定使用于钟、表及零部件等商品，争议商标与该两个引证商标外形近似，且指定使用于相同或类似商品，易使消费者混淆误认，均构成近似。遂裁定撤销争议商标注册。广东苹果公司不服该裁定提起行政诉讼。北京市第一中级人民法院一审认为，德士活公司在牛仔服装上注册的"苹果牌"和"texwood及苹果图"商标在争议商标申请注册之前已经成为驰名商标，但商标评审委员会第5456号裁定撤销争议商标的理由与该两商标是否驰名没有关系；引证商标一与争议商标不构成近似商标，引证商标二与争议商标构成类似商品上的近似商标，遂判决维持商标评审委员会第5456号裁定。广东苹果公司不服提起上诉。北京市高级人民法院二审查明，商标评审委员会在2000年11月作出的〔2000〕第2529号终局裁定和2001年7月作出的〔2001〕第2510号终局裁定中认定，广东苹果公司与本案争议商标图形相同的其他争议商标，与德士活公司在本案中的引证商标图形相同的其他引证商标，未构成近似。二审法院认为，鉴于商标评审委员会在其作出的上述终局裁定中认定与本案引证商标二和争议商标各自相同的图形不构成近似，为了保证执法标准的严肃和统一，应该认定引证商标二与争议商标不构成近似，争议商标应予维持。二审法院判决撤销一审判决及商标评审委员会裁定，对广东苹果公司的争议商标予以维持。德士活公司向最高人民法院申请再审。最高人民法院于2008年12月23日裁定提审本案，并于2009年11月11日作出再审判决，撤销二审判决，维持一审判决及商标评审委员会第5456号裁定。

最高人民法院再审审理认为，尽管商标评审委员会在本案中由于已经认定争议商标与引证商标一、二构成相同类似商品上的近似商标，应予撤销，因而没有必要再适用商标法第十三条第二款关于对驰名商标跨类保护的规定撤销争议商标，但这并不等于否定了德士活公司关于争议商标构成对其两个驰名商标的复制、摹仿的撤销理由。第25类服装与第14类钟、表、手表带、表盒，在销售渠道和消费群体等方面存在一定的关联性，不属于没有联系或联系很弱的非类似商品。在德士活公司同时拥有非类似商品上已注册的驰名商标和类似商品上的在先注册商标的情况下，不仅应该将争议商标与权利人在类似商品上在先注册的商标进行比对，还应该考虑驰名商标跨类保护的因素，而不应该出现在权利人除了拥有驰名商标外，还拥有在相同或类似商品上在先注册商标的情况下，其所得到的保护反而弱于仅有在非类似商品上的驰名商标的情况。商标评审委员会裁定及一审判决认定争议商标与引证商标二已构成类似商品上的近似商标，争议商标应予撤销的结论正确，应予维持。

14. 判断诉争商标是否损害他人在先权利的时间界限

商标法第三十一条规定，申请商标注册不得损害他人现有的在先权利，也不得以不正当手段抢先注册他人已经使用并有一定影响的商标。

在申请再审人西南药业股份有限公司（以下简称西南药业公司）与被申请人国家工商行政管理总局商标评审委员会、被申请人拜耳消费者护理股份有限公司（以下简称拜耳公司）商标行政纠纷案（〔2009〕行提字第1号）中，最高人民法院明确指出，人民法院依据商标法第三十一条审查判断诉争商标是否侵害他人在先权利，一般应当以诉争商标申请日前是否存在在先权利为时间界限。

该案的基本案情是：1987年11月12日，西南药业公司与罗须公司签订合作生产协议，约定罗须公司给予西南药业公司以"散利痛"中国市场商标名的使用权，由西南药业公司用中国原料在中国生产、推销、售卖和批发这种镇痛药。"散利痛"1988年被列入四川省药品标准，1995年被列为上海市药品标准。2001年9月20日，国家药品监督管理局发布的2001国药标字XG－013号国家标准颁布件规定，自2001年10月31日起，"复方对乙酰氨基酚片（Ⅱ）"的地方标准同时停止使用，该品种原药品名称"散利痛片"作为曾用名称过渡。1992年3月17日，西南药业公司申请注册"散列通"商标，1993年2月28日该商标获得注册。1999年7月30日，罗须公司以该商标的注册侵犯其在先权利为由，对"散列通"商标提出撤销申请。商标评审委员会认为，"散列通"与"散利痛"文字构成存在明显区别，其文字含义及功效作用亦有明显区别，普通消费者一般不会将其识别为同一商标。罗须公司关于"散列通"会被消费者误认为

"Saridon"的对应中文从而与"散利痛"发生混淆缺乏足够的事实依据，不能认定西南药业公司的注册行为违反了诚实信用原则。商标评审委员会于2005年4月26日作出商评字〔2005〕第0675号裁定，维持"散列通"商标的注册。罗须公司不服该裁定，提起诉讼。北京市第一中级人民法院一审认为，"散利痛"商标当时虽然没有在我国注册，但作为其英文注册商标Saridon的中文译名，却由罗须公司独创并长期使用，属于罗须公司已经使用并有一定影响的商标。"散列通"与"散利痛"标注的商品相同，均用于西药，两标识的文字组合顺序与形式相同，应认定构成近似商标。西南药业公司在明知"散利痛"商标属于罗须公司使用在先且有一定影响的情况下，注册与"散利痛"商标相近似的"散列通"商标，违背了商标法第三十一条之规定，同时违背了诚实信用原则，属于《商标法》第四十一条中规定的"以不正当手段取得注册的"行为。故判决撤销商标评审委员会的第0675号裁定。西南药业公司不服，提出上诉。北京市高级人民法院二审认为，本案争议商标"散列通"与"散利痛"构成近似商标；西南药业公司曾与罗须公司签订合作生产协议，并依据该协议于1987年至1992年使用"散利痛"作为商标或药品的商品名称；西南药业公司在明知"散利痛"标识归属的情况下，于双方所签合同期满后，将与"散利痛"标识相近似的"散列通"申请注册为商标，违反了诚实信用原则，已经构成注册不当行为。遂判决驳回上诉，维持一审判决。西南药业公司不服该判决，向最高人民法院申请再审。最高人民法院于2009年1月14日裁定提审本案，并于2009年5月25日作出再审判决，撤销一、二审判决，维持商标评审委员会的第0675号裁定。

最高人民法院审查认为，在2001年10月31日散利痛地方标准被修改之前，"散利痛"是一种以乙酰氨基酚为主，辅加咖啡因和异丙安替比林的解热、镇痛药的法定通用名称。由于我国商标法和药品管理法均禁止在药品上使用未注册商标，西南药业公司申请注册"散列通"商标及该商标被核准注册之时，"散利痛"在法律上不可能是"散利痛片"的未注册商标。罗须公司在与西南药业公司合作期间，在合作生产的"散利痛片"上对"散利痛"的使用，是根据药品管理法及药品说明书和标签管理等相关规定，对药品通用名称的标注，不能认定其为对未注册商标的使用。最高人民法院在该判决中进而认为，鉴于在西南药业公司提出"散列通"商标申请注册时，"散利痛"并非未注册商标，因此其不构成罗须公司提出争议的权利基础。虽然商标评审委员会第0675号裁定关于"散利痛"是罗须公司的未注册商标事实认定错误，但其关于维持"散列通"商标注册的结论正确，应予维持。

15. 曾被列入国家药品标准期间的商标使用情形能否纳入认定商标是否驰名的考量范围

根据商标法第十四条的规定，对商标的任何宣传工作的持续时间、程度和地理范围应当作为认定该商标是否驰名时考虑的因素之一。司法实践中，对注册商标被列入国家药品标准的期间的商标使用行为是否影响对该注册商标知名度的判断有不同的认识。

在申请再审人江西巨元医药生物工程有限公司（以下简称巨元公司）与被申请人国家工商行政管理总局商标评审委员会、第三人杭州民生药业有限公司（以下简称民生公司）商标行政纠纷案（〔2009〕知行字第12号）中，最高人民法院认为，在特定历史条件下，有些药品名称曾被列入国家药品标准，在药品标准被修订而不再作为药品法定通用名称后，如果该名称事实上尚未构成通用名称，仍应当认定该名称具有识别商品来源的作用。据此，考虑该注册商标的知名度时，可以参考其被列入国家药品标准期间注册商标权利人对该商标的使用、宣传等因素。

该案的基本案情是：杭州民生药厂系民生公司前身，于1987年1月20日向商标局申请了第297849号"21金维他"文字商标，并于1987年8月30日被核准注册，使用商品为第5类西药。民生公司的"21金维他"产品于1989、1997年分别被评为杭州市、浙江省著名商标，1998年被评为杭州市、浙江省名牌产品。1997年至2000年民生公司对其"21金维他"商标进行了大量广告宣传，宣传媒体包括电视广告、广播广告、户外广告等，范围覆盖全国。南昌汇日保健制剂有限公司系巨元公司前身，于2000年12月21日向中国商标局申请了第1687032号"21金维他及图形"组合商标，并于2001年12月21日被核准注册，使用商品为第30类非医用营养液等。2002年8月8日民生公司请求商标评审委员会撤销第1687032号注册商标。商标评审委员会于2004年6月30日作出〔2004〕第3021号裁定，认定民生公司的第279849号引证商标已构成驰名商标，应予跨类保护，撤销巨元公司的第1687032号商标。巨元公司不服该裁定，提起诉讼。北京市第一中级人民法院于2004年12月23日作出〔2004〕一中行初字第727号行政判决，撤销商标评审委员会〔2004〕第3021号裁定。民生公司不服，提出上诉。北京市高级人民法院于2005年12月1日作出〔2005〕高行终字第122号行政判决，撤销第727号一审行政判决及商标评审委员会〔2004〕第3021号裁定，由商标评审委员会重新作出裁定。商标评审委员会于2006年5月10日作出〔2004〕重第32号裁定，撤销巨元公司的第1687032号注册商标。巨元公司不服该裁定，再次提起诉讼。北京市第一中级人民法院经审理判决维持了商标评审委员会〔2004〕重第32号裁定。巨元公司不服，提出上诉。北京市高级人民法院经审理判决维持一审判决，驳回巨元公司的上诉。巨元公司不服该判决，以1984年至2000年7月1日期间民生公司的21金维他是商品通用名称，不能作为商标使用，原审判决认定民生公司引证商标为驰名商标属于认定事实错误等理由，向最高人民法院申诉。最高人民法院于2009年10月27日裁定驳回巨元公司的申诉。

最高人民法院审查认为，在1984年至2000年7月1日期间，"21金维他"因列入国家药品标准而成为法定的通用名称，但在该引证商标未经法定程序撤销之前，民生公司对引证商标依法享有注册商标专用权，有权在核定使用的商品上使用该引证商标。综合考虑民生公司的该引证商标宣传及使用的持续时间、地理范围以及受保护记录等因素，该引证商标在本案争议商标申请注册时已达到驰名程度。2000国药标字XG－005号多维元素片（21）国家药品标准自2000年7月1日实施后，"21金维他"是商品通用名称还是注册商标的历史问题已经得到解决，现有证据不能证明"21金维他"已经成为多维元素片的通用名称。

16.认定商标驰名时对商标注册前的使用情况的考虑

商标法第十四条的规定，认定商标是否驰名应当考虑该商标的宣传和使用情况。根据最高人民法院《关于审理涉及驰名商标保护的民事纠纷案件应用法律若干问题的解释》第五条第二款的规定，商标使用的时间、范围、方式等也包括其核准注册前持续使用的情形。

在申请再审人北京中铁快运有限公司（以下简称北京中铁公司）与被申请人国家工商行政管理总局商标评审委员会、第三人中铁快运股份有限公司（以下简称中铁股份公司）商标行政纠纷案（〔2009〕知行字第1号）中，最高人民法院认为，认定商标是否驰名，不仅应考虑商标注册后的使用情况，还应考虑该商标注册前持续使用的情况。

该案的基本案情是：北京中铁公司于1997年8月28日提出争议商标"中铁"商标注册申请，并于1998年9月21日被核准注册，核定服务项目为第39类。北京中铁外服快运公司于1995年2月20日提出引证商标"CRE中铁快运"（"快运"不在专用范围内）商标注册申请，并于1997年1月14日被核准注册，核定服务项目为第39类传递服务（信息或商品）、包裹投递。1997年，中国铁路对外服务公司和北京中铁外服快运公司共同设立中铁快运有限公司后，该引证商标被核准转让给中铁快运有限公司（后更名为中铁股份公司）。2003年9月12日，中铁股份公司以争议商标的注册违反商标法第十三条第二款、第二十八条、第三十一条的规定为由申请撤销争议商标的注册。2005年6月23日，商标评审委员会作出商评字〔2005〕第1804号裁定，认定引证商标为驰名商标，争议商标的注册属于违反商标法第十三条第二款的规定而应予撤销的情况，裁定撤销争议商标注册。北京中铁公司不服该裁定，起诉至北京市第一中级人民法院。北京市第一中级人民法院于2005年12月23日作出〔2005〕一中行初字第842号行政判决，判决撤销〔2005〕第1804号裁定。商标评审委员会及中铁股份公司不服，提出上诉。北京市高级人民法院于2006年7月21日作出〔2006〕高行终字第261号行政判决，驳回上诉，维持原审判决。商标评审委员会另行组成合议组，于2007年6月6日作出商评字〔2005〕重审第60号裁定。该裁定认定，中铁股份公司在规定的期限内提交的有效证据不足以证明中铁股份公司的引证商标在争议商标申请注册时已为驰名商标，故对北京中铁公司的争议商标予以维持。中铁股份公司不服该裁定，提起诉讼。北京市第一中级人民法院一审判决维持商标评审委员会〔2005〕第1804号重审第60号裁定。中铁股份公司不服，提出上诉。北京市高级人民法院二审认为，引证商标在争议商标申请注册前已经成为中国相关公众广为知晓的驰名商标，遂判决撤销一审判决和商标评审委员会商评字〔2005〕第1804号重审第60号裁定，责令商标评审委员会重新作出裁定。北京中铁公司不服该判决，向最高人民法院申诉。最高人民法院于2009年9月21日裁定驳回其申诉。

最高人民法院审查认为，认定商标是否驰名，不仅应考虑商标注册后的使用情况，也应考虑商标注册前持续使用的情况。根据查明的事实，中铁股份公司为铁道部直属企业，其前身中铁快运有限公司及中铁快运有限公司的母公司中国铁路对外服务公司，根据铁道部的有关规定专营中国铁路包裹快运业务。该业务自1993年开始在北京、上海、天津、广州、深圳、沈阳和郑州七个城市试办，1997年正式在全国办理。在此期间，中铁快运有限公司及其母公司中国铁路对外服务公司及该公司各分公司对引证商标进行了广泛的使用、宣传，在北京中铁公司申请注册争议商标之前，引证商标已经为相关公众广为知晓，应认定为驰名商标。

（二）商标民事案件审判

17. 判断商标近似时对注册商标未实际使用因素的考虑

根据最高人民法院《关于审理商标民事纠纷案件适用法律若干问题的解释》第九条第二款、第十条的规定，商标近似，是指被控侵权的商标与原告的注册商标相比较，其文字的字形、读音、含义或者图形的构图及颜色，或者其各要素组合后的整体结构相似，或者其立体形状、颜色组合近似，易使相关公众对商品的来源产生误认或者认为其来源与原告注册商标的商品有特定的联系；在认定商标近似时，应以相关公众的一般注意力为标准，既要进行对商标的整体比对，又要进行对商标主要部分的比对，比对应当在比对对象隔离的状态下分别进行，还应当考虑请求保护注册商标的显著性和知名度。

在申请再审人云南城投置业股份有限公司（以下简称云南城投公司）与被申请人山东泰和世纪投资有限公司（以下简称泰和投资公司）、济南红河饮料制剂经营部（以下简称济南红河经营部）侵犯商标专用权纠纷案（〔2008〕民提字第52号，以下简称"红河"商标侵权案）中，最高人民法院进一步细化了判断商标近似时需要考虑的因素。主要体现在，判断侵权意义上的商标近似，除要比较相关商标在字形、读音、含义等构成要素上的近似性外，还应关注是否足以造成市场混淆，因此应考虑相关商标的实际使用情况、显著性、是否有不正当意图等因素进行综合判断。

"红河"商标侵权案的基本案情是：案外人大兴安岭北奇神保健品有限公司1997年6月7日经核准注册了"红河"文字商标，核准使用商品为啤酒、饮料制剂。2000年11月28日，中国商标局核准该商标转让给济南红河经营部。济南红河经营部成立于2000年11月14日，注册资金为2万元，登记经营范围为啤酒、饮料批发零售，啤酒花销售，啤酒饮料添加剂的开发销售。泰和投资公司成立于2001年4月20日，注册资本500万元，经营范围为高新技术、环境保护投资，常温保存酒水、饮料的销售等。济南红河经营部许可泰和投资公司在全国独家使用"红河"商标，2002年8月商标局对该商标使用许可合同予以备案。云南城投公司的前身是1982年成立的云南省红河饮料厂，1992年5月更名为开远光明啤酒厂，经行政机关批准改制后设立云南光明股份有限公司，1998年10月23日该公司更名为云南红河光明股份有限公司（以下简称为云南红河公司）。1999年该公司通过上海证券交易所公开发行股票并上市，企业类型变更为上市公司。云南红河公司在2001年以前将"红河"作为其啤酒的商品名称及未注册商标使用，在2002年以后将"红河红"作为啤酒的商品名和未注册商标使用。2001年7月24日，该公司向商标局申请注册"红河红"商标，商标局对该商标予以初步审定公告后，泰和投资公司在异议期内向商标局提出了异议。2007年10月云南红河公司进行重大资产重组，更名为云南城投公司。2004年3月，泰和投资公司在广东省佛山市禅城区一家便利店公证购买了云南红河公司生产的"红河红"啤酒，随即与济南红河经营部共同向广东省佛山市中级人民法院提起诉讼，请求判令云南红河公司停止侵犯其"红河"商标专用权的行为并赔偿经济损失1000万元。一审法院认为，云南红河公司在其产品及宣传广告上突出使用的"红河红"文字与济南红河经营部的"红河"商标构成近似商标，足以误导公众，使相关公众对商品的来源产生误认，侵犯了原告的商标专用权。云南红河公司销售部内悬挂的一条广告挂旗上印有啤酒一瓶及"红河啤酒"四个红字,该行为也属于商标侵权行为。基于现有证据可以认定云南红河公司侵权期间至少为两年,根据云南红河公司公布的年度报告计算,侵权期间"红河红"啤酒产品的毛利为2200余万元,原告主张的赔偿额处于合理范围之内。一审法院遂判决云南红河公司停止侵权,向两原告支付赔偿金1000万元。云南红河公司向广东省高级人民法院提起上诉后,二审法院判决维持一审判决。云南城投公司向最高人民法院申请再审。最高人民法院于2008年10月21日裁定提审本案。在本案再审审查及再审程序中,最高人民法院要求两被申请人提交其真实使用"红河"商标生产、销售产品的有关证据以及能够反映其商誉的证据,但两被申请人一直没有提交。最高人民法院认为"红河红"与"红河"不构成商标侵权意义上的近似商标,云南红河公司使用"红河红"商标的行为未侵犯被申请人的商标专用权,因此于2009年4月8日判决撤销原审判决,依法改判驳回泰和投资公司和济南红河经营部的全部诉讼请求。

最高人民法院再审审理认为,判断是否构成侵犯商标专用权意义上的商标近似,不仅要比较相关商标在字形、读音、含义等构成要素上的近似性,还要考虑其近似是否达到足以造成市场混淆的程度。为此,要根据案件具体情况,综合考虑相关商标的实际使用情况、显著性、是否有不正当意图等因素,进行近似性判断。本案被申请人的注册商标文字"红河"是县级以上行政区划名称和知名度较高的河流名称,作为商标其固有的显著性不强,且没有证据证明该商标因实际使用获得较强的显著性。由于被申请人的商标尚未实际发挥识别作用,消费者也不会将"红河红"啤酒与被申请人相联系。"红河红"商标经过云南红河公司较大规模的持续性使用,已经具有一定的市场知名度,已形成识别商品的显著含义,应当认为已与"红河"商标产生整体性区别。以一般消费者的注意力标准判断,容易辨别"红河红"啤酒的来源,应认为不足以产生混淆或误认。从云南红河公司实际使用在其产品的瓶贴及外包装上的"红河红"商标的情况来看,云南红河公司主观上也不具有造成与被申请人的"红河"注册商标相混淆的不正当意图。综合考虑上述因素,应该认定二者不构成近似商标,云南红河公司使用"红河红"商标的行为未侵犯被申请人的商标专用权。

18. 判断商标近似时对商标实际使用情况的考虑

在申请再审人泸州千年酒业有限公司(以下简称千年酒业公司)、四川诸葛酿酒有限公司(以下简称诸葛酿酒公司)、四川诸葛亮酒业有限公司(以下简称诸葛亮酒业公司)与被申请人四川江口醇酒业(集团)有限公司(以下简称江口醇集团)及原审被告周文、言德权侵犯商标专用权纠纷案(〔2007〕民三监字第37-1号)中,最高人民法院在认定商标是否近似时,考虑了商标实际使用情况尤其是在先使用、具体使用方式等因素。

该案的基本案情是:千年酒业公司1999年11月12日登记成立,并于2002年6月受让"诸葛亮"注册商标。"诸葛亮"商标为字体从左到右横列的普通黑体字的文字商标,核定使用商品为第33类酒精饮料(啤酒除外)、米酒、酒(饮料)、黄酒、葡萄酒、食用酒精、开胃酒、白兰地、烧酒、果酒(含酒精)。2002年10月28日,千年酒业公司开始使用该商标,并于2003年6月15日与诸葛亮酒业公司签订商标使用许可合同,许可诸葛亮酒业公司使用"诸葛亮"商标(工商登记资料反映,诸葛亮酒业公司于

2003年9月28日登记成立)。2003年8月1日，诸葛酿酒公司登记成立，正式生产诸葛酿酒。2003年11月20日，千年酒业公司与诸葛酿酒公司签订商标使用许可合同，许可诸葛酿酒公司使用"诸葛亮"商标。1999年4月25日，江口醇集团（原名四川省平昌县酒厂）与案外人签订了《产品开发协议书》，决定共同开发"诸葛酿"酒，并在产品上使用"诸葛酿"标识。1999年6月5日，江口醇集团正式生产"诸葛酿"酒，随后在广东市场上销售。2002年至2004年，江口醇集团生产的诸葛酿酒主要在广东、四川、湖南等地销售，销售量较好，该酒在我国南方局部地区具有一定的影响力和知名度。江口醇集团在商品上作为商品名称使用的"诸葛酿"为文字组合，"诸葛酿"三个字为采用古印体为主，融合魏体和隶书特点的字体，在字体周边外框加上印章轮廓的式样。2004年9月24日，千年酒业公司、诸葛亮酒业公司、诸葛酿酒公司向湖南省长沙市中级人民法院起诉江口醇集团等被告，要求判令被告立即停止商标侵权行为，并赔偿损失。江口醇集团以"诸葛亮"商标的使用侵犯其"诸葛酿"知名商品特有名称构成不正当竞争为由提起反诉。一审法院认为，"诸葛酿酒"具有知名商品的特有名称权，而"诸葛亮"本身是一个历史名人，不具有独创性，其作为商标的显著性要弱一些。一般公众只要施以一般注意力，就不易对被告的"诸葛酿酒"产品与原告的"诸葛亮"注册商标商品误认为系原告所生产和销售，不会对商品的来源产生混淆和误认。江口醇集团使用"诸葛酿酒"不构成侵犯千年酒业公司等三公司"诸葛亮"注册商标专用权。千年酒业公司等三公司正当、合法使用"诸葛亮"注册商标的行为，不构成对江口醇集团"诸葛酿酒"特有名称的侵害，不构成不正当竞争行为。故判决驳回双方当事人各自的诉讼请求。千年酒业公司、诸葛亮酒业公司、诸葛酿酒公司、江口醇集团不服一审判决提起上诉。湖南省高级人民法院二审判决驳回上诉，维持一审判决。千年酒业公司、诸葛酿酒公司、诸葛亮酒业公司不服二审判决，向最高人民法院申请再审。最高人民法院于2009年1月16日裁定驳回其再审申请。

最高人民法院审查认为，认定"诸葛酿"是否与"诸葛亮"注册商标构成侵犯注册商标专用权意义上的近似，需要综合相关因素进行认定。首先，从二者的音、形、义上进行比较。"诸葛亮"与"诸葛酿"在读音和文字构成上确有相近之处。但在字形上，"诸葛亮"注册商标为字体从左到右横向排列的普通黑体字的文字商标；作为商品名称使用的"诸葛酿"三个文字为从上到下的排列方式，字体采用古印体为主，融合魏体和隶书特点，在字体周边外框加上印章轮廓，在具体的使用方式上与"诸葛亮"商标存在较为显著的不同。在文字的含义上，"诸葛亮"既是一位著名历史人物，又具有足智多谋的特定含义；"诸葛酿"非单独词汇，是由"诸葛"和"酿"结合而成，用以指代酒的名称，其整体含义与"诸葛亮"不同。就本案而言，由于"诸葛亮"所固有的独特含义，使得二者含义的不同在分析比较"诸葛亮"注册商标和"诸葛酿"商品名称的近似性时具有重要意义，这种含义上的差别，使相关公众较易于将二者区别开来。其次，需要考虑"诸葛亮"注册商标的显著性及二者的实际使用情况。"诸葛亮"因其固有的独特含义，在酒类商品上作为注册商标使用时，除经使用而产生了较强显著性以外，一般情况下其显著性较弱。在千年酒业公司受让前，"诸葛亮"注册商标尚未实际使用和具有知名度。千年酒业公司等也未提供证据证明"诸葛亮"注册商标经使用后取得了较强的显著性。在此种情况下,"诸葛亮"注册商标对相近似标识的排斥力较弱。虽然"诸葛酿"商品名称与其在读音和文字构成上的近似,但不足以认定构成侵犯注册商标专用权意义上的近似。而且,在"诸葛亮"商标申请注册前,江口醇集团已将"诸葛酿"作为商品名称在先使用,不具有攀附"诸葛亮"注册商标的恶意。在"诸葛亮"商标核准注册前,"诸葛酿"酒已初具规模,在广东省、四川省、湖南省等地享有较高的知名度,为相关公众所知晓,具有一定的知名度和显著性,经使用获得了独立的区别商品来源的作用。结合上述"诸葛酿"商品名称字体特点和具体使用方式,以及"诸葛亮"注册商标的显著性较弱,相关公众施以一般的注意力,不会导致混淆和误认。

19. 商标侵权意义上的商标使用的含义

商标法第五十二条规定,未经商标注册人的许可,在同一种商品或者类似商品上使用与其注册商标相同或者近似商标的,属于侵犯注册商标专用权行为。但是,商标侵权意义上的商标使用应以起到标识来源和生产者的作用为必要条件。

在申请再审人辉瑞产品有限公司、辉瑞制药有限公司与被申请人江苏联环药业股份有限公司(以下简称联环公司)、原审被告广州威尔曼药业有限公司(以下简称威尔曼公司)等侵犯商标专用权纠纷案(〔2009〕民申字第268号)中,最高人民法院认为,对于不能起到标识来源和生产者作用的使用,不能认定为商标意义上的使用,他人此种方式的使用不构成使用相同或者近似商标,不属于侵犯注册商标专用权的行为。

该案的基本案情是:2003年5月28日,辉瑞产品公司向中国商标局申请的指定颜色为蓝色的菱形立体商标经核准获得注册,核定使用商品为第5类医药制剂等。2005年3月10日,辉瑞产品公司许可辉瑞制药公司使用该立体商标。1998年6月2日,威尔曼公司向商标局申请注册"伟哥"文字商标,使用商品包括人用药。2002年该商标经商标局初步审定公告。2004年4月,该商标转让给广州威尔曼新药开发中心有限公司。2005年1月5日,广州威尔曼新药开发中心有限公司与联环公司签订商标使用许可合同,许可联环公司在甲磺酸酚妥拉明分散片上使用"伟哥TM"商标。联环公司生产的甲磺酸酚妥拉明分散片使用包装盒包装,盒内药片的包装为不透明材料,其上印有"伟哥"和"TM"、"江苏联环药业股份有限公司"字样,药片为浅蓝色、近似于指南针形状的菱形,并标有"伟哥"和"TM"字样。2005年10月11日,辉瑞产品公司、辉瑞制药公司以前述行为侵犯其注册商标专用权为由提起诉讼,请求判令新概念公司立即停止销售,联环公司和威尔曼公司立即停止制造和销售侵权商品的行为以及制造涉案商标标识的行为并承担其他民事责任。北京市第一中级人民法院一审认定联环公司、新概念公司的行为构成侵犯辉瑞产品公司商标专用权,并判决两公司承担侵权责任。联环公司不服,提起上诉。北京市高级人民法院二审认为,涉案被控侵权药品虽然与涉案立体商标构成近似,但消费者在购买该药品时并不会与涉案立体商标相混淆,亦不会认为该药品与二原告存在某种联系进而产生误认,联环公司等的涉案行为并未构成对辉瑞产品公司商标专用权的侵害,也未损害辉瑞制药公司的利益。遂判决撤销一审判决、驳回二原告的诉讼请求。二原告不服该判决,向最高人民法院申请再审。最高人民法院于2009年6月24日裁定驳回其再审申请。

最高人民法院审查认为,本案中虽然联环公司生产的"甲磺酸酚妥拉明分散片"药片的包装有与药片形状相应的菱形突起、包装盒上"伟哥"两字有土黄色的菱形图案作为衬底，但消费者在购买该药品时并不能据此识别该药片的外部形态。由于该药片包装于不透明材料内，其颜色及形状并不能起到标识其来源和生产者的作用，不能认定为侵犯注册商标专用权意义上的使用。即便该药片的外部形态与辉瑞产品公司的涉案立体商标相同或相近似，消费者在购买该药品时也不会与辉瑞产品公司的涉案立体商标相混淆，亦不会认为该药品与辉瑞产品公司、辉瑞制药公司存在某种联系进而产生误认。

20. 判断商标正当使用时对历史因素的考虑

商标正当使用不仅是对商标权排斥范围的限制，也是正确划定商标权的权利边界和维护正当的公众利益的关键所在。2009年，最高人民法院在个案裁决中进一步发展了判断商标正当使用应考虑的因素，并细化了商标正当使用行为的判断标准。

在申请再审人狗不理集团有限公司（以下简称狗不理集团）与被申请人济南市大观园商场天丰园饭店（以下简称天丰园饭店）侵犯商标专用权纠纷案（〔2008〕民三监字第10—1号）中，最高人民法院认为，判断使用他人注册商标的行为是否构成正当使用时，应当充分考虑和尊重相关历史因素；同时应根据公平原则，对使用行为作出必要和适当的限制。

该案的基本案情是：狗不理集团的前身于1994年10月7日注册了"狗不理"文字商标，核定服务项目为第42类，即餐馆、备办宴席、快餐馆、自动餐馆。1999年12月29日，该商标被认定为驰名商标。天丰园饭店开业日期为1973年，主营猪肉灌汤蒸包，并于1986年9月、11月增加"狗不理"猪肉灌汤包等经营项目。自80年代至今，天丰园饭店一直持续经营"狗不理"风味猪肉灌汤包。2005年4月，天丰园饭店经营的"狗不理猪肉灌汤包"经济南市贸易服务局、济南市饮食业协会评比，被认定为"济南名优（风味）小吃"。同年，"狗不理猪肉灌汤包"入选济南市消费者协会的《济南消费指南》。1990年8月出版的《济南老字号》一书记载济南的"狗不理"包子从40年代初开始经营，到1948年济南解放，一直畅销不衰。特别是济南解放后，天丰园饭店门前天天顾客盈门。天丰园饭店一直在其门口悬挂经营"狗不理"猪肉灌汤包的牌匾，其主打品牌也是"狗不理"猪肉灌汤包，还曾在一楼楼道口悬挂"狗不理"黑色牌匾三个字。2006年10月16日，狗不理集团提起诉讼，认为天丰园饭店的行为侵犯其"狗不理"注册商标专用权，请求判令天丰园饭店停止侵权，消除影响并赔偿损失。山东省济南市中级人民法院一审认为，天丰园饭店在济南这一特定地域经营"狗不理猪肉灌汤包"的历史由来已久，其未超出原有地域和服务项目，也未使用狗不理集团对于"狗不理"商标的特定书写方式，其使用"狗不理"介绍和宣传其以天丰园饭店名义经营的"狗不理包子"的行为，不构成侵犯"狗不理"服务商标专用权，遂判决驳回狗不理集团的诉讼请求。狗不理集团提起上诉。山东省高级人民法院二审认为，天丰园饭店使用"狗不理"文字作为其提供的一种菜品的名称，并在济南这一特定地域经营"狗不理猪肉灌汤包"的历史由来已久。天丰园饭店提供"狗不理猪肉灌汤包"这一食品，并非是在狗不理集团商标注册并驰名后为争夺市场才故意使用"狗不理"三字，没有违背市场公认的商业道德，也不存在搭车利用"狗不理"服务商标声誉的主观恶意，属于在先使用。但天丰园饭店将"狗不理"三字用于宣传牌匾、墙体广告和指示牌，并且突出使用

"狗不理"三字或将"狗不理"三字与天丰园饭店割裂开来使用的行为,容易使消费者混淆。为规范市场秩序,体现对"狗不理"驰名商标的充分保护,天丰园饭店不得在企业的宣传牌匾、墙体广告中等使用"狗不理"三字,但仍可保留狗不理猪肉灌汤包这一菜品。遂判决撤销一审判决,判令天丰园饭店停止在宣传牌匾、墙体广告等其他广告形式中使用"狗不理"三字进行宣传;驳回狗不理集团的其他诉讼请求。狗不理集团不服二审判决,向最高人民法院申请再审。最高人民法院于 2009 年 2 月 5 日裁定驳回其再审申请。

最高人民法院审查认为,考虑在狗不理集团公司注册"狗不理"服务商标之前,天丰园饭店持续使用"狗不理猪肉灌汤包"这一菜品名称的历史因素,天丰园饭店仍可保留"狗不理猪肉灌汤包"这一菜品名称,但根据公平原则,天丰园饭店不得作其他扩张性使用。

21. 对描述性商标的正当使用的判断

描述性商标由于其商标词汇本身具有描述性,无法直接起到区别商标来源的作用,其禁止他人使用的权利范围就受到较大的限制。根据商标法实施条例第四十九条的规定,注册商标中含有的本商品的通用名称、图形、型号,或者直接表示商品的质量、主要原料、功能、用途、重量、数量及其他特点,或者含有地名,注册商标专用权人无权禁止他人正当使用。

在申请再审人漳州市宏宁家化有限公司(以下简称宏宁公司)与被申请人漳州片仔癀药业股份有限公司(以下简称片仔癀公司)侵犯商标专用权纠纷案(〔2009〕民申字第 1310 号)中,最高人民法院认为,当注册商标具有描述性时,其他生产者出于说明或客观描述商品特点的目的,以善意方式在必要的范围内予以标注,不会导致相关公众将其视为商标而导致来源混淆的,构成正当使用;判断是否属于善意,是否必要,可以参考商业惯例等因素。

该案的基本案情是:片仔癀公司拥有在第 3 类牙膏、化妆品及第 5 类药品上的"片仔癀"及"PIEN TZE HUANG"的注册商标。1999 年,使用在药品商品上的"片仔癀 PIEN TZE HUANG"商标被认定为驰名商标。宏宁公司生产、销售的"荔枝牌片仔癀珍珠霜(膏)"、"片仔癀特效牙膏"等 27 种化妆品及日化用品,均将"片仔癀"作为其产品名称组成部分,并在包装装潢上突出使用"片仔癀"、"PIEN TZE HUANG",且其字体与片仔癀公司的注册商标基本相同。2007 年 4 月 20 日片仔癀公司起诉,请求判令宏宁公司立即停止侵权行为、公开赔礼道歉并赔偿损失。福建省漳州市中级人民法院一审认为,宏宁公司的行为侵犯了片仔癀公司的注册商标专用权。上诉后,福建省高级人民法院维持一审判决。宏宁公司不服二审判决,向最高人民法院申请再审。最高人民法院于 2009 年 10 月 27 日裁定驳回其再审申请。

最高人民法院审查认为,片仔癀是一种药品的名称,如果被控产品中含有片仔癀成分,生产者出于说明或客观描述商品特点的目的,以善意方式在必要的范围内予以标注,不会导致相关公众将其视为商标而导致来源混淆的,可以认定为正当使用。判断是否属于善意,是否必要,可以参考商业惯例等因素。宏宁公司如果是为了说明其产品中含有片仔癀成分,应当按照商业惯例以适当的方式予以标注,但是本案中,宏宁公司却是在其生产、销售商品的包装装潢的显著位置突出标明"片仔癀"、"PIEN TZE HUANG"字样，该标识明显大于宏宁公司自己的商标及其他标注，并且所采用的字体与片仔癀公司的注册商标基本一致。该种使用方式已经超出说明或客观描述商品而正当使用的界限，其主观上难谓善意，在片仔癀公司注册商标已经具有很高知名度的情况下，客观上可能造成相关公众产生对商品来源的混淆。宏宁公司关于其属于正当使用的主张不能成立。

22. 标识使用者的使用意图和使用行为对其获得未注册商标保护的影响

对于未注册的商标标识，可以基于使用产生的商标知名度获得一定方式的法律保护。但是，对该标识主张权利的人必须有实际使用该标识的行为并具有将该标识作为其商标的意图。

在申请再审人辉瑞有限公司（以下简称辉瑞公司）、辉瑞制药有限公司（以下简称辉瑞制药公司）与被申请人上海东方制药有限公司（以下简称东方公司）破产清算组、原审被告北京健康新概念大药房有限公司（以下简称新概念公司）、广州威尔曼药业有限公司（以下简称威尔曼公司）不正当竞争及侵犯未注册驰名商标权纠纷案（〔2009〕民申字第313号）中，最高人民法院认为，在申请再审人明确认可其从未在中国境内使用某一标识的情况下，他人对该标识所做的相关宣传等行为，由于未反映其将该标识作为商标的真实意思，不能认定该标识构成未注册商标，更不能认定其构成未注册驰名商标。

该案的基本案情是：1997年11月28日，辉瑞公司的第1130739号"VIAGRA"文字商标在中国获得注册。2001年1月28日，该商标经核准转让给辉瑞产品有限公司（Pfizer Products Inc.）。1998年9月29日，《健康报》报道伟哥（Viagra）是枸橼酸西地那非尔的商品名，1998年10月16日至2003年9月28日，《海口晚报》等二十几家报刊的26份报道摘录中多将"Viagra"称为"伟哥"，将"伟哥"（VIAGRA）的生产者称为辉瑞公司或辉瑞制药厂，报道的主要内容为媒体对"Viagra"的药效、销售情况、副作用的介绍以及评论。《新时代汉英大词典》2000年版第1601页和2002年版第1232页对"伟哥"词条的解释为：伟哥，也称"威尔刚"Viagra、"万艾可"Viagra，用于治疗男性功能障碍的美国药品商标。2001年1月28日，辉瑞公司将"VIAGRA"文字商标转让给辉瑞产品有限公司。2005年3月17日，中国国际贸易促进委员会专利商标事务所的代理人邱宏彦在新概念公司经公证购买了"伟哥"药品4盒。该"伟哥"产品系东方公司生产，新概念公司销售。东方公司系经威尔曼公司授权使用"伟哥"商标。2005年10月11日，辉瑞公司、辉瑞制药公司以不正当竞争及侵犯未注册驰名商标权为由，向北京市第一中级人民法院提起诉讼。一审庭审中，二原告承认其在中国内地未使用过"伟哥"商标。北京市第一中级人民法院一审认为，二原告无法证明"伟哥"为其未注册驰名商标，对该商标不享有商标法规定的合法权益，故判决驳回其全部诉讼请求。二原告不服，提出上诉。北京市高级人民法院二审认同一审的判决理由，维持了一审判决。辉瑞公司、辉瑞制药公司不服该判决，向最高人民法院申请再审。最高人民法院于2009年6月24日裁定驳回其再审申请。

最高人民法院审查认为，由于辉瑞公司已于2001年1月28日将"VIAGRA"文字商标转让给辉瑞产品有限公司,在本案一审起诉时及整个诉讼过程中,辉瑞公司均不是"VIAGRA"文字商标的商标权人,因此辉瑞公司对"VIAGRA"文字商标以及其所主张的"VIAGRA"文字商标的中文翻译"伟哥"不享有任何权益。尽管多家媒体在相关报道中将"伟哥"与"Viagra"相对应,但上述报道均系媒体所为而并非辉瑞公司和辉瑞制药公司对自己商标的宣传,且辉瑞制药公司也明确声明"万艾可"为其正式商品名,并承认其在中国内地未使用过"伟哥"商标,因此,不能认定媒体将"Viagra"称为"伟哥"反映了辉瑞公司和辉瑞制药公司当时将"伟哥"作为商标使用的真实意思。现有证据不足以证明"伟哥"为未注册商标,也无法证明其为未注册驰名商标。

四、竞争案件审判

23. 经营者的非法经营行为与应承担民事责任的不正当竞争行为的关系

如果经营者的经营行为违反行政许可法律、法规的相关规定,则构成非法经营行为。非法经营行为与民事侵权行为包括反不正当竞争法规定的不正当竞争行为存在一定的交叉,但并非所有的非法经营行为都构成民事侵权或者构成应承担民事责任的不正当竞争行为。

在上诉人北京黄金假日旅行社有限公司(以下简称黄金假日公司)与被上诉人携程计算机技术(上海)有限公司(以下简称携程计算机公司)、上海携程商务有限公司(以下简称携程商务公司)、河北康辉国际航空服务有限公司(以下简称康辉服务公司)、北京携程国际旅行社有限公司(以下简称北京携程公司)虚假宣传纠纷判决上诉案(〔2007〕民三终字第2号,以下简称"携程"判决案)中,最高人民法院明确了非法经营行为与民事侵权行为以及反不正当竞争法规定的不正当竞争行为的关系。同时,通过该案的裁决,最高人民法院确认了携程计算机公司和携程商务公司通过"携程旅行网"提供机票预订服务这一新型经营模式的合法性,既保护了商业模式创新,也激励了市场竞争。

该案的基本案情是:2006年7—9月,黄金假日公司通过起诉和追加被告、追加诉讼请求等起诉称:携程计算机公司和携程商务公司均未依法取得民航客运机票销售代理资格却通过"携程旅行网"实际从事了机票销售代理业务,该行为属于非法经营行为,也构成虚假宣传;康辉服务公司虽然取得了《民用航空客运销售代理业务经营批准证书》,但其在河北省石家庄地区为携程计算机公司提供机票出票及送票服务,是非法转让行政许可,并帮助进行非法经营和虚假宣传;携程计算机公司和携程商务公司的国内机票销售是由北京携程公司进行收款,北京携程公司亦系帮助进行非法经营。故请求判令携程计算机公司和携程商务公司停止虚假宣传行为;携程计算机公司停止通过"携程旅行网(www.ctrip.com)"进行的各类经营活动;赔偿因不正当竞争行为给原告造成的损失。河北省高级人民法院一审认为,被诉行为不构成虚假宣传,遂以〔2006〕冀民三初字第3—2号判决驳回本案所审理部分内容的诉讼请求。黄金假日公司上诉后,最高人民法院于2009年10月22日判决驳回上诉,维持原判。对于黄金假日公司所诉其他行为,因涉及重复诉讼问题,河北省高级人民法院另行以〔2006〕冀民三初字第3—1号裁定驳回起诉。该案黄金假日公司亦提出上诉,最高人民法院于同日裁定驳回上诉，维持原裁定（见后述"携程"裁定案）。

最高人民法院审理认为，判断行为人是否属于实际从事机票销售代理业务，应当以机票上的出票人为准，而不能将提供与机票销售相关的预订、送票和收款等业务的经营者也视为原《民用航空运输销售代理业管理规定》（即民航37号令）规定的销售代理人。本案当事人所争议的"预订"是否是"销售"的一个环节、"机票预订"及"送票"是否也是"机票销售"、是否因可能直接收取旅客机票款而构成"销售机票"等问题，对于判断是否违反民航37号令的有关规定均无实质意义。依据本案现有证据，并不能够直接认定携程计算机公司和携程商务公司存在非法经营民航客运销售代理业务的行为。假设有关行为构成违反行政许可法律、法规的非法经营行为，一般也属于应当承担行政责任乃至刑事责任的问题，应当依法由相应的行政主管部门或者刑事司法机关审查认定。只有在违反有关行政许可法律、法规的非法经营行为同时构成民事侵权行为的情况下，才涉及应否承担民事责任的问题。也就是说，非法经营并不当然等于民事侵权，民事诉讼原告不能仅以被告存在非法经营行为来代替对民事侵权行为的证明责任。进一步讲，不论经营者是否属于违反有关行政许可法律、法规而从事非法经营行为，只有因该经营者的行为同时违反反不正当竞争法的规定，并给其他经营者的合法权益造成损害时，才涉及该经营者应否承担不正当竞争的民事责任问题。

24. 企业简称能否获得反不正当竞争法的保护

根据反不正当竞争法第五条第（三）项的规定，擅自使用他人的企业名称或者姓名，引人误认为是他人的商品，构成不正当竞争。最高人民法院《关于审理不正当竞争民事案件应用法律若干问题的解释》第六条规定，具有一定的市场知名度、为相关公众所知悉的企业名称中的字号，可以认定为反不正当竞争法第五条第（三）项规定的"企业名称"。但是上述规定都未明确企业简称是否可以依据反不正当竞争法第五条第（三）项的规定获得保护。

在申请再审人山东山起重工有限公司（以下简称山起重工公司）与被申请人山东起重机厂有限公司（以下简称山东起重机厂）侵犯企业名称权纠纷案（〔2008〕民申字第758号）中，最高人民法院认为，对于具有一定市场知名度、为相关公众所熟知并已实际具有商号作用的企业或者企业名称的简称，可以视为企业名称，并可根据反不正当竞争法第五条第（三）项的规定获得保护。

该案的基本案情是：山东起重机厂与山起重工公司为同处山东省青州市的两家以经营起重机械为主的企业。山东起重机厂成立于1968年，1976年组建益都起重机厂，1991年10月31日又变更名称为山东起重机厂，2002年1月8日再次变更名称为山东起重机厂有限公司。山东起重机厂在企业宣传片、厂房、职工服装、对外合同等对外宣传活动和经营活动中，长期主动地使用"山起"简称，其客户也常以"山起"作为其代称。山起重工公司于2004年1月13日预先核准现企业名称，并于2004年2月13日正式成立。山东起重机厂于2005年7月11日起诉，请求判令山起重工公司立即停止对"山起"字号的使用并赔偿损失。山东省潍坊市中级人民法院一审认定，"山起"是山东起重机厂的特定简称，山起重工公司构成对山东起重机厂名称权的侵犯，并支持了山东起重机厂的诉请。山东省高级人民法院二审时，在认定"山起"是山东起重机厂的特定简称的基础上，认为山起重工公司在企业名称中使用"山起"易产生混淆，构成不正当竞争，因此维持一审判决。山起重工公司不服二审判决，向最高人民法院申请再审。最高人民法院于2009年4月27日裁定驳回其再审申请。

最高人民法院审查认为，企业名称的简称源于语言交流的方便。企业简称的形成与两个过程有关：一是企业自身使用简称代替其正式名称；二是社会公众对于企业简称的认同，即认可企业简称与其正式名称所指代对象为同一企业。由于简称省去了正式名称中某些具有限定作用的要素，可能会不适当地扩大正式名称所指代的对象范围。因此，企业简称能否特指该企业，取决于该企业简称是否为相关公众所认可，并在相关公众中建立起与该企业的稳定的关联关系。对于具有一定市场知名度、为相关公众所熟知并已实际具有商号作用的企业或者企业名称的简称，可以视为企业名称。如果经过使用和公众认同，企业的特定简称已经为特定地域内的相关公众所认可，具有相应的市场知名度，与该企业建立起了稳定联系，已产生识别经营主体的商业标识意义，他人在后擅自使用该企业简称，足以使特定地域内的相关公众对在后使用者和在先企业之间发生市场主体上的混淆，在后使用者就会不恰当地利用在先企业的商誉，侵害在先企业的合法权益。具有此种情形的，应当将在先企业的特定简称视为企业名称，并根据反不正当竞争法第五条第（三）项的规定加以保护。

25. 应承担民事责任的虚假宣传行为的基本条件

在前述"携程"判决案中，最高人民法院还明确了应承担民事责任的虚假宣传行为的基本条件，即应当具备经营者之间具有竞争关系、有关宣传内容足以造成相关公众误解、对经营者造成了直接损害这三个基本条件；其中对于引入误解和直接损害的后果问题，不能简单地以相关公众可能产生的误导性后果来替代原告对自身受到损害的证明责任。

最高人民法院审理认为，反不正当竞争法第九条第一款规定的引入误解的虚假宣传行为，并非都是经营者可以主张民事权利的行为。当事人可以主张民事权利的虚假宣传行为，应当符合经营者之间具有竞争关系、有关宣传内容足以造成相关公众误解、对经营者造成了直接损害这三个基本条件。对于引入误解和直接损害的后果问题，本案黄金假日公司指控的是携程计算机公司和携程商务公司的有关宣传行为构成所谓的市场混淆行为，即消费者会对携程计算机公司和携程商务公司之间在提供相关服务的主体身份及其经营资质上发生混淆或者误认。对此，携程计算机公司和携程商务公司在经营中对各自的身份表示确有不当之处，有混同使用或者模糊称谓其经营主体身份的行为，如大量使用"携程"和"携程旅行网"的简称，有关的宣传容易使人产生对市场上的"携程"是否是一家、"携程"到底是指谁、"携程旅行网"到底是谁在经营等疑问和困惑，可能会造成相关公众对二者间身份的混淆或者误认。即使是在本案审理过程中，被上诉人提交的有关诉讼文书中也有使用"携程"的简称，让人难以区分到底是指代携程计算机公司还是携程商务公司。但是，不论相关公众是否会对该二被上诉人之间主体身份及其经营资质上发生混淆或者误认，黄金假日公司并未举证证明该携程计算机公司和携程商务公司的有关行为包括上述误导性后果使黄金假日公司自身受到了直接的损害，不能简单地以相关公众可能产生上述与黄金假日公司无关的误导性后果来替代黄金假日公司对自身受到损害的证明责任。

26. 商业诋毁行为的构成条件

反不正当竞争法第十四条对商业诋毁行为做了规定，即经营者不得捏造、散布虚伪事实，损害竞争对手的商业信誉、商品声誉。

在申请再审人上海百兰王贸易发展有限公司（以下简称百兰王公司）与被申请人上海大鹤蛋品有限公司（以下简称大鹤蛋品公司）商业诋毁纠纷案（〔2009〕民申字第508号）中，最高人民法院进一步明确了商业诋毁行为的构成条件。最高人民法院在裁定中认为，反不正当竞争法调整的商业诋毁行为并不要求行为人必须直接指明诋毁的具体对象的名称，但商业诋毁指向的对象应当是可辨别的；反不正当竞争法没有对商业诋毁的语言作出限制，诋毁语言并不一定要求有感情色彩。

该案的基本案情是：上海市场上销售"蘭王"品牌鸡蛋的只有大鹤蛋品公司和百兰王公司两家公司。百兰王公司正在申请注册"蘭王"商标，但尚未获得授权。2007年3月之前，大鹤蛋品公司与百兰王公司之间就"蘭王"品牌鸡蛋在中国的生产、销售存在合作关系。双方合作终止后，百兰王公司委托案外人生产"蘭王"鸡蛋。2007年5月11日，百兰王公司在上海的日文报刊上发布了日文《声明》，包括《关于"蘭王"类似商品、假冒商品的注意公告》、《关于"蘭王"商标》和《"蘭王"蛋品的确认》，声称最近在上海市场上发现其他公司销售的与百兰王公司商品相类似的或同名的商品，该商品与百兰王公司没有任何关系，百兰王公司也无法保证该类商品的使用期限及品质；为了防患于未然，对于未经百兰王公司的允许，在市场上销售标注百兰王公司商标或相类似商标的商品的行为，百兰王公司一律认定为侵犯百兰王公司的商标权。2007年6月1日，百兰王公司发布了《相关情况》，并将其放置于百兰王公司销售的鸡蛋产品包装盒内，《相关情况》内容包括："本公司委托上海蛋品监督机构上海蛋品协会进行了调查，结果是大鹤蛋品公司根本没有鸡蛋生产的养殖场"、"一段时期内，本公司曾把GP工作委托给大鹤蛋品公司，但其在鸡蛋的管理、清洗、选定及包装方面发生了诸多问题"、"本公司认定该公司上市的相类似的商品属于以不正当竞争及获取不正当利益为目的的行为"等。大鹤蛋品公司以百兰王公司为被告提起诉讼，上海市第二中级人民法院一审认定百兰王公司的行为构成商业诋毁，判决百兰王公司立即停止不正当竞争行为、消除影响并赔偿损失。百兰王公司不服，提出上诉。上海市高级人民法院二审判决予以维持。百兰王公司不服二审判决，以其发表的《声明》没有指名道姓，其发表的《声明》和《相关情况》中的内容均是以描述事实为主、未使用诋毁性语言和骂人的话等理由，向最高人民法院申请再审。最高人民法院于2009年8月4日裁定驳回百兰王公司的再审申请。

最高人民法院审查认为，反不正当竞争法第十四条调整的商业诋毁行为并不要求行为人必须直接指明诋毁的具体对象的名称，即并不要求诋毁行为人指名道姓，但商业诋毁指向的对象应当是可辨别的。本案中，申请再审人发表的《声明》虽然没有指明针对的对象是被申请人，但当时上海仅仅有其与被申请人两家公司销售"蘭王"品牌鸡蛋，百兰王公司对此是明知的，而消费者完全可以根据该声明得出这样的判断，其他"蘭王"牌鸡蛋的经营者侵犯了百兰王公司的商标权。大鹤蛋品公司作为"蘭王"牌鸡蛋的生产者，其商业信誉和商品声誉自然会因此受到损害。因此，百兰王公司发表的《声明》构成对大鹤蛋品公司的商业诋毁。反不正当竞争法并没有对商业诋毁的语言作出限制，诋毁语言并不一律要求有感情色彩，无论是包含诸如憎恨、羞辱、蔑视的语言或者说是骂人的话，还是不带任何感情色彩的陈述，只要其中涉及的事实是虚伪的，是无中生有的，并因此损害了他人的商业信誉和商品声誉，就构成商业诋毁。

五、知识产权合同案件审判

27. 技术转让合同与以技术入股的合作经营合同的区分与判断

在合同案件的审理中，确定合同的性质是审理案件的基础。由于实践中合同的复杂性，区分技术转让合同和以技术入股的合作经营合同存在一定难度。为此，应全面考虑、综合分析合同的有关约定以及当事人的履约行为，正确确定当事人所争议的合同条款的真实含义。

在申请再审人闫春梅与被申请人朱国庆技术转让合同纠纷案（〔2009〕民申字第159号）中，最高人民法院适用合同法第一百二十五条第一款的规定，按照合同所使用的词句、合同的有关条款、合同的目的、交易习惯以及诚实信用原则，确定了当事人所争议的合同条款的真实意思，从而正确认定了涉案合同的性质为预付前期技术转让费加利润提成方式的技术转让合同。

该案的基本案情是：闫春梅与朱国庆于2003年10月29日签订了一份名称为《合作经营合同》的合同，季新华作为中介人在该合同尾部签字。该合同第1条和第2条约定，闫春梅将其自主开发的VJ绿色奶牛精饲料技术独家转让给朱国庆，朱国庆以其所在地先期投入资金，设立奶牛精饲料公司并办理相关审批手续。该合同第4条"技术转让费的支付"约定，朱国庆分三期支付给闫春梅技术转让费100万元，第一期20万元将在本合同签字生效后即付；第二期20万元于生产设备安装完毕，生产出产品符合国家和企业标准后支付；第三期60万元在生产设备安装完毕后，生产出合格产品，首先从实现的利润中支付，60万元付款结束后，在一个月时间内，完成技术转让。该合同第5条"公司的股份确认"约定：该公司所有资产为朱国庆投入，原始资产与闫春梅无关，朱国庆具有全面管理决策权，并占有该公司65%的股份，闫春梅占有25%的股份，中介人占有10%股份。闫春梅股份是技术股，上述公司各股份按各自所占比例，具有获得公司利润和承担公司风险的权利和义务。合同第6条"双方行为的约定"约定：因为双方约定现有企业资金的投入和新增资产由朱国庆出资或由朱国庆利润支出，企业资产包括固定资产以及新增资产的产权与闫春梅无关。合同签订后，朱国庆即交付20万元的技术转让费。2003年11月27日，朱国庆等7人设立天翔公司（后名称变更为天祥公司），闫春梅和季新华均不是该公司股东，季新华未对此提出异议。闫春梅派其丈夫为天祥公司购买了生产设备，朱国庆安装了设备，但至诉讼中未进行调试和生产。双方认可，合同约定的技术配方的核心是菌种，闫春梅并未将菌种交付给朱国庆。2007年4月6日，朱国庆以闫春梅为被告提起诉讼，请求判令终止履行合同、闫春梅返还其技术转让费20万元并赔偿损失10万元。闫春梅以朱国庆违约为由反诉请求判令朱国庆给付其违约金30万元。江苏省淮安市中级人民法院一审认为，双方之间的技术转让合同有效，闫春梅不履行交付技术的主要合同义务，无法作价入股，朱国庆未设立合同约定的公司并不构成违约，故判决解除合同、闫春梅返还朱国庆技术转让费20万元并赔偿利息损失。闫春梅不服提出上诉。江苏省高级人民法院二审认为涉案合同应为技术转让及合作经营合同，维持了一审判决。闫春梅不服二审判决，以涉案合同为合作经营合同、朱国庆未设立合同约定的公司等理由向最高人民法院申请再审。最高人民法院认定涉案合同的性质为预付前期技术转让费加利润提成方式的技术转让合同，并于2009年5月25日裁定驳回闫春梅的再审申请。

最高人民法院审查认为，判断本案合同性质的关键在于对合同第5条"公司的股份确认"的理解，对此应适用合同法第一百二十五条第一款的规定确定该条的真实意思。首先，从合同第5条使用的词句来看，不能当然得出必须设立以朱国庆、闫春梅、季新华为股东的公司的明确意思表示。其次，从合同第5条和有关条款来看，合同第5条所约定的"股份"并未明确就是有限责任公司股东的出资份额，而实际是指提取公司利润的计算标准。合同第5条在明确占有公司股份的权利时强调的是获得公司利润的比例，虽然也有承担公司风险的义务，但根据合同第6条的约定，闫春梅与公司资产无关，闫春梅实际上无法承担公司风险。在最高人民法院听证时闫春梅也认可，25%的股份实际上是指有权获得公司利润的25%。季新华是双方合同的中介人，天祥公司未将其列为股东，季新华也未对此提出异议，再次印证了所谓股份对闫春梅、季新华而言仅是指提取利润的比例。再次，从合同的目的来看，设立由朱国庆、闫春梅、季新华为股东的公司并非实现合同目的所必须。合同目的是指合同双方当事人通过合同的订立和履行，期望最终得到的东西、结果或者达到的状态。合同目的通常表现为一种经济利益。根据涉案合同的具体内容，闫春梅与朱国庆订立合同的目的在于通过技术转让获取利润。该目的的实现不以设立由朱国庆、闫春梅、季新华为股东的公司所必须。又次，从交易习惯来说，在技术转让交易中，存在以固定部分转让费（也叫预付入门费）加利润提成作为技术转让计费方式的习惯。最后，从诚实信用原则来看，在天祥公司成立后，闫春梅让其丈夫帮助天祥公司购买生产设备，并没有对天祥公司的成立不符合约定提出异议。综上，涉案合同应当属于预付前期技术转让费加利润提成方式的技术转让合同。合同中所约定的财务监督、技术指导等内容，表面上是合作经营内容，实际上是技术转让合同中技术转让方的附随义务。

28. 演艺经纪公司与演员签订的演艺合同及其中演出安排条款的性质及效力

随着演艺产业的蓬勃发展，近年来，演艺经纪公司与演员之间因演艺合同引发的纠纷逐渐增多。对于演艺经纪公司与演员签订的演艺合同及其中演出安排条款的性质及效力问题，实践中存在不同的理解。

在申请再审人熊威、杨洋与被申请人北京正合世纪文化传播有限公司（以下简称世纪公司）知识产权合同纠纷案（〔2009〕民申字第1203号）中，最高人民法院明确了演艺合同是一种综合性合同，关于演出安排的条款既非代理性质也非行纪性质，而是综合性合同中的一部分，不能依据合同法关于代理合同或行纪合同的规定孤立地对演出安排条款适用"单方解除"规则。

该案的基本案情是：2006年3月熊威、杨洋与世纪公司签订合同约定：世纪公司聘用熊威、杨洋为签约歌手,世纪公司全权代理熊威、杨洋唱片、演艺、广告事宜,如有违约,熊威、杨洋须按约定支付违约金;营利性演艺活动的收入由双方按约定比例分成;双方共同筹措资金,制作、发行、宣传唱片,版税由双方按比例分成;合同期内唱片的著作权归世纪公司;合同有效期为2006年3月23日至2009年3月22日等。合同签订后,熊威、杨洋参加了世纪公司安排的演出,为制作音乐专辑筹集了资金;世纪公司获取了音乐专集版税,向熊威、杨洋支付了一定的演出费。2007年1月12日,熊威、杨洋以世纪公司拖欠演出费及版税为由要求解除合同,世纪公司要求二人继续履行合同。熊威、杨洋遂诉至法院,请求判决确认合同关于演出安排的条款因违反《营业性演出管理条例》无效;如果有效,其可以依据合同法规定随时解除该部分条款等。北京市第二中级人民法院一审认定,本案合同中关于演出安排的约定属世纪公司与演员之间的代理行为,不属于《营业性演出管理条例》规范的营业性演出居间、代理、行纪活动,该合同不违反相关法律及行政法规的强制性规定,应确认有效;世纪公司的违约行为尚不致产生合同目的不能实现的后果,熊威、杨洋不能因此解除合同。世纪公司,熊威、杨洋均不服,提起上诉。北京市高级人民法院二审维持原判。熊威、杨洋仍不服,向最高人民法院申请再审。最高人民法院于2009年11月27日裁定驳回其再审申请。

最高人民法院审查认为,本案合同关于演出安排的条款不违反《营业性演出管理条例》的强制性规定,应确认为有效。本案合同不仅包含关于演出安排的约定,还包含世纪公司对熊威、杨洋商业运作、包装、推广以及著作权使用许可等多方面内容,而且各部分内容相互联系、相互依存,构成双方完整的权利义务关系。关于演出安排的条款既非代理性质也非行纪性质,而是本案综合性合同中的一部分。割裂该部分条款与合同其他部分的关系,孤立地对该部分条款适用"单方解除"规则,有违合同权利义务的一致性、均衡性及公平性。因此,熊威、杨洋关于其有权依据合同法关于代理合同或行纪合同的规定随时解除本案合同中演出安排条款的主张不能成立。

六、关于知识产权侵权责任承担

29. 专利侵权损害赔偿数额的确定

由于知识产权侵权损害的无形性、不确定性和因果关系的复杂性,侵权损害赔偿数额的确定在实际操作中比较困难和复杂,对有关赔偿确定因素的把握应重点考虑其合理性和成比例性。

在上诉人华纪平、合肥安迪华进出口有限公司(以下简称安迪华公司)与被上诉人上海斯博汀贸易有限公司(以下简称斯博汀公司)、如东县丰利机械厂有限公司(以下简称丰利公司)、南通天龙塑业有限公司(以下简称天龙公司)侵犯专利权纠纷案(〔2007〕民三终字第3号,以下简称"手提箱"专利侵权案)中,在侵权产品销售数量、专利许可使用费和侵权产品利润率多种因素并存的情况下,最高人民法院对如何合理确定损害赔偿数额进行了具体深入的剖析。最高人民法院同时认为,在确定知识产权侵权损害赔偿额时,可以考虑当事人的主观过错程度确定相应的赔偿责任,尤其是在需要酌定具体计算标准的情况下,应当考虑当事人的主观过错程度。

该案的基本案情是:华纪平系授权公告日为1999年12月10日、名称为"哑铃套组手提箱"实用新型专利的专利权人。华纪平和案外人于 2001 年 5 月 14 日投资设立安迪华公司，华纪平任法定代表人。2003 年 1 月 18 日，华纪平授予安迪华公司对涉案专利的"非独占性且不可转让的许可权"，约定许可使用费为每年 500 万元。2004 年 8 月 16 日，华纪平将其在安迪华公司持有的股份全部转让给案外人并不再担任法定代表人。2005 年 10 月，华纪平以斯博汀公司、丰利公司在南通海关出口的 2160 件哑铃套组手提箱侵犯其专利权为由，向南通海关申请扣押该批侵权产品，随即向江苏省高级人民法院申请诉前责令停止侵犯专利权行为、财产保全。随后，华纪平、安迪华公司向江苏省高级人民法院提起诉讼。江苏省高级人民法院一审认为，斯博汀公司和丰利公司共同侵犯了两原告的专利权，因两原告提供了斯博汀公司和丰利公司的侵权数量及专利产品的利润情况，故依法应以两原告的损失确定赔偿数额；根据涉案专利手提箱本身的价值及其在实现所包装的哑铃产品利润中所起的作用，结合双方当事人主张的利润率等因素，可以确定涉案专利手提箱的合理利润率为涉案哑铃产品销售价的 15%。遂判决斯博汀公司和丰利公司立即停止侵害、销毁被扣押哑铃套组手提箱、连带赔偿两原告经济损失 682129.56 元以及为制止侵权而支出的合理费用 2 万元、律师代理费 11 万元和扣押哑铃套组手提箱所发生的实际仓储费用。华纪平、安迪华公司和斯博汀公司均提出上诉。最高人民法院于 2009 年 6 月 11 日判决驳回上诉，维持原判。

最高人民法院审理认为，在侵权产品销售数量可以确定的情况下，根据专利产品或者侵权产品的利润率，即可以计算出被侵权人的损失或者侵权人获得的利益，并以此来确定赔偿额；在有关产品的利润率难以准确计算时，人民法院可以酌定一个合理的利润率来计算。当然，如果当事人能够证明存在一个真实合理的按照产品件数计算的专利许可使用费时，也可以根据按件计费标准乘以侵权产品数量所得之积计算赔偿额，但是本案中所谓的专利许可使用费系按年度计费，并非按照产品数量计费，无法参照计算。另外，即使采用参照专利许可使用费的方法计算损害赔偿额，原告也必须负责证明专利许可使用费的真实性和合理性。本案中，涉案专利实施许可合同签订时专利权人系被许可人的股东和法定代表人，二者之间显然具有利害关系，虽然事后专利权人将其所有股份让与他人并且不再担任法定代表人，但仅据此并不能排除对该专利许可使用费的真实性和合理性的合理怀疑，况且原告也未能提供证据证明该专利许可使用费已经实际支付并依法缴纳了相应税款，故该专利许可使用费的真实性和合理性在本案中也不应当予以认定。本案各方当事人对原审法院酌定的合理利润率 15% 均有异议。二原告主张依其二审所举成本核算表的计算结果按 44% 的利润率来计算赔偿，但其在一审中曾主张 30% 的利润率，现所举证据也不属于一审庭审结束后新发现的证据，不能作为二审程序中的新的证据；即使可以接受该证据，由于有关内容系原告自行核算的结果，在没有其他证据佐证的情况下，不能仅凭加盖税务部门印章就认可其内容的真实性；另外，假设该利润率是真实的，也只是其出口的使用涉案专利包装箱的 20KG 杠铃组产品的整体利润率，并不能当然将出口整套产品的利润全部认为是涉案专利包装箱本身的利润。二侵权人关于应当根据使用专利包装箱和使用纸包装箱的产品差价来计算专利包装箱的价格并据此确定利润率的主张，虽然具有一定的合理性，但也并非绝对准确，基于特定的营销策略，专利产品与非专利产品之间的差价并不当然反映出专利的贡献作用。同时，在确定知识产权侵权损害赔偿额时，可以考虑当事人的主观过错程度确定相应的赔偿责任，尤其是在需要酌定具体计算标准的情况下，应当考虑当事人的主观过错程度。本案中斯博汀公司在与安迪华公司终止了使用涉案专利手提箱的哑铃产品的采购关系后，又向丰利公司采购同样产品，存在明显的主观过错，应当在赔偿额上有所体现。综合考虑，原审法院在当事人均不能准确举证证明相关专利产品或者侵权产品利润率的情况下，根据侵权人自认的使用涉案专利手提箱的哑铃产品的利润率，结合权利人当时主张的自己产品的利润率，同时考虑专利产品和侵权产品本身的价值和作为市场销售的哑铃产品的包装对整体产品销售利润的贡献作用，确定涉案专利包装箱的合理利润率为涉案哑铃产品销售价的15%，虽然相对较高，但考虑到侵权人的主观过错明显，该酌定的利润率并无明显不妥，无须予以变更。

30. 调查和制止侵权行为的合理开支数额的确定

在知识产权侵权案件中，权利人往往会主张对调查和制止侵权行为的合理开支一并予以赔偿。如何确定这种合理开支的范围和数额，直接涉及到权利人维权成本能否得到合理补偿问题，其关键在于要从市场维权一般状况来考虑。

在前述"手提箱"专利侵权案中，最高人民法院还根据当事人的诉辩主张，对调查和制止侵权行为的合理开支数额的确定以及权利人申请海关措施所提供侵权货物担保金的性质，作出了具体分析认定。

最高人民法院认为，权利人为调查、制止侵权行为所支付的各种开支，只要是合理的，都可以纳入赔偿范围。这种合理开支并非必须要有票据——予以证实，人民法院可以根据案件具体情况，在有票据证明的合理开支数额的基础上，考虑其他确实可能发生的支出因素，在原告主张的合理开支赔偿数额内，综合确定合理开支赔偿额。本案中，对于权利人在调查侵权行为过程中因交通违章罚款和购买香烟、口香糖的开支，明显不合理，确实应当予以剔除；对于高达上千元的餐费，亦有不合理，在综合确定合理开支数额时应作出相应考虑；对于购买一般的食品和饮料等，属于有关调查人员在开展调查活动时为维持一般人身体所需的正常开支，并非不合理开支；对于同一天在不同酒店发生的住宿费、出租车费，权利人有关系因多人多地同时开展侵权调查的解释合乎情理，并非明显不合理。在原告作为合理开支主张的所谓的前期费用 34 万元中，主要包含南通海关扣留涉案侵权产品时所收取的案外人合肥安迪健身用品有限公司交纳的侵权货物担保金 24 万元和至本案判决执行结束时对扣留货物所发生的费用。依照《中华人民共和国知识产权海关保护条例》的有关规定，知识产权权利人向海关提供的担保金用于赔偿可能因申请不当给收货人、发货人造成的损失以及支付货物由海关扣留后的仓储、保管和处置等费用；侵权嫌疑货物被认定为侵犯知识产权的，知识产权权利人可以将其支付的有关仓储、保管和处置等费用计入其为制止侵权行为所支付的合理开支。据此，在认定构成侵犯知识产权时，担保金中扣除权利人已经支付的海关扣留货物所发生的仓储、保管和处置等有关费用以外，将退还权利人。因此，担保金并不能当然作为当事人的损失予以计算，只有权利人支付的有关侵权货物仓储、保管和处置等费用可以计入其为制止侵权行为所支付的合理开支而获得赔偿。

31. 使用他人根据民歌改编的音乐作品的付酬问题

对于使用他人根据民歌改编的音乐作品应按照何种标准付酬，最高人民法院在前述"大圣公司案"中，明确了使用此类作品的付酬标准。最高人民法院认为，使用他人根据民歌改编的音乐作品制作录音制品并复制、发行的，可以向改编者支付全额报酬。

最高人民法院在该案的裁决中指出，在当事人没有约定的情况下，可以按照国家版权局发布的《录音法定许可付酬标准暂行规定》确定付酬标准。本案涉及多个音乐作品使用人，以谁的名义向著作权人支付报酬应遵从当事人之间的约定或行业惯例。因法律没有规定支付报酬必须在使用作品之前，因而作品使用人在不损害著作权人获得报酬权的前提下，"先使用后付款"不违反法律规定。民歌一般具有世代相传、没有特定作者的特点，根据民歌改编的音乐作品的著作权人，依法对改编的音乐作品享有著作权。使用他人根据民歌改编的音乐作品制作录音制品并复制、发行的，可以向改编者支付全额报酬。本案未支付报酬的 70 万张音乐作品使用费，按照批发价 6.5 元 × 版税率 3.5% × 录音制品发行数量 70 万张 ÷ 11 首曲目计算为 14477 元。

32. 侵犯未实际投入商业使用的注册商标的民事责任

在商标侵权纠纷案件中，如果请求保护的注册商标未实际投入商业使用，则该注册商标被侵犯时，商标权利人通常不会有实际损失。此时，商标侵权人承担侵权责任的方式具有一定的特殊性。

在前述"红河"商标侵权案中，最高人民法院还首次明确了侵犯未实际投入商业使用的注册商标的民事责任承担问题。这一案件的裁决体现了如下司法原则：侵犯未实际投入商业使用的注册商标，侵权人应该承担停止侵权的民事责任并赔偿权利人制止侵权的合理支出，但可以不判决承担赔偿损失的民事责任。这一司法原则妥善处理了注册商标实际使用与民事责任承担的关系，使民事责任的承担既有利于鼓励商标使用，激活商标资源，又有利于防止商标权利人利用注册商标谋取不正当的利益。

最高人民法院认为，云南红河公司在销售部的一条广告挂旗上使用"红河啤酒"字样的行为，是未经许可在同一种商品上将与注册商标相同的文字作为未注册商标使用的行为，属于侵犯注册商标专用权的行为。对于该侵权行为，云南红河公司应当承担停止侵权行为的民事责任。被申请人没有提交证据证明其"红河"注册商标有实际使用行为，也没有举证证明其因侵权行为有实际损失，但是被申请人为制止侵权行为客观上会有一定的损失，综合考虑本案的情况，酌定申请再审人赔偿两被申请人损失共计 2 万元。

33. 被诉企业名称构成不正当竞争时的停止使用责任

根据最高人民法院《关于审理注册商标、企业名称与在先权利冲突的民事纠纷案件若干问题的规定》第四条的规定，被诉企业名称构成不正当竞争的，人民法院可以根据原告的诉讼请求和案件具体情况，确定被告承担停止使用、规范使用等民事责任。

在申请再审人广东星群食品饮料有限公司（以下简称星群食品饮料公司）与被申请人广州星群（药业）股份有限公司（以下简称星群药业公司）、广州星群（药业）股份有限公司滋补营养品厂（以下简称星群滋补营养品厂）不正当竞争纠纷案（〔2008〕民申字第 982 号）中，最高人民法院进一步明确，在不停止使用企业名称即不足以防止市场混淆后果的情况下,即可判令被告承担停止使用的责任。最高人民法院指出,恶意使用他人具有一定的市场知名度、为相关公众所知悉的企业名称中的字号,因处于同一地域而极易导致相关公众误认的,人民法院可以直接判决该经营者承担停止使用其企业名称的民事责任。

该案的基本案情是:星群药业公司于1950年开始使用"星群"作为字号,1966年起虽有中断使用的情况,但自1980年起持续使用该字号至今。经过多年经营,星群药业公司的商标"群星"、"群星＋图形"自1992年起多次被评为著名商标;其夏桑菊产品自1985年起多次获得省和国家级的优质产品或名牌产品称号。星群药业公司自1986年起获得了多个企业荣誉,并于2006年11月7日,被国家商务部认定为第一批中华老字号。星群药业公司生产的"夏桑菊颗粒"的销售情况良好,拥有广泛的国内和海外市场。星群药业公司针对"夏桑菊颗粒"在各种媒体上投放了大量广告。2005年1月14日,星群食品饮料公司经广东省工商行政管理局登记成立,该公司生产的"夏桑菊颗粒"产品与星群药业公司的"夏桑菊颗粒"产品包装、装潢相似。星群药业公司、星群滋补营养品厂于2006年10月25日起诉,请求法院认定星群食品饮料公司使用的字号侵犯了其企业名称权,构成不正当竞争,请求判令星群食品饮料公司不得再使用"星群"为其字号并赔偿经济损失。广东省广州市中级人民法院一审认为,星群食品饮料公司对其企业名称的使用并未侵犯星群药业公司和星群滋补营养品厂的企业名称权,判决驳回二原告的全部诉讼请求。二原告上诉后,广东省高级人民法院二审审理认为,星群食品饮料公司的行为构成不正当竞争,改判星群食品饮料公司停止在其企业名称中使用"星群"字号,向广东省工商行政管理局申请变更企业名称中的"星群"字号并赔偿损失。星群食品饮料公司不服,向最高人民法院申请再审。最高人民法院于2009年9月24日裁定驳回其再审申请。

最高人民法院审查认为,经营者在后选择使用他人早已为相关公众所知悉,具有一定市场知名度的字号作为自己的字号,生产与他人类似的产品,使用近似的装潢,由于处于同一地域内容易引人误认的,应认为具有"搭便车"的明显恶意,人民法院可以在民事判决中直接判决该经营者承担停止使用其企业名称的民事责任。尽管企业名称管理属于工商行政管理机关的职权范围,但是对于使用企业名称侵害他人合法民事权益,构成侵权或不正当竞争的行为,则属人民法院司法权的职权范围,人民法院有权运用民事责任方式对相应的民事侵权或不正当竞争行为作出处理。

34. 案件受理费的合理分担

在前述"手提箱"专利侵权案中,对于案件受理费的负担,斯博汀公司在上诉中附带提出应按照原告请求额与法院支持额之间的比例确定。为此,最高人民法院在该案中明确了案件受理费的分担需要考虑的因素。

最高人民法院认为,无论是原《人民法院诉讼收费办法》还是现行的《诉讼费用交纳办法》对于诉讼费用负担的原则是一致的,即由败诉的当事人负担;部分胜诉、部分败诉的,由人民法院根据案件的具体情况决定当事人各自负担的数额。尤其是在侵权案件中,案件受理费的分担不仅要考虑原告的诉讼请求额得到支持的比例,更要考虑原告主张的侵权行为本身是否成立,同时还可以考虑原告的其他诉讼请求得到支持的程度以及当事人各自行使诉权的具体情况如有无明显过错等因素,不能仅按照原告请求额与法院支持额之间的比例确定。

七、关于知识产权诉讼证据

35. 无著作权认证资格的机构出具的著作权归属证明的证据资格及审查判断

在涉及境外作品的著作权侵权案中,当事人经常以国外著作权认证机构在中国设立的常驻机构出具的著作权归属证明作为证据,证明其对该境外作品享有权利。对于该证据的证明力,有关法院认识不一。

在申请再审人广东中凯文化发展有限公司(以下简称中凯公司)与被申请人石家庄市战神传奇网吧(以下简称战神网吧)侵犯著作权纠纷案(〔2009〕民申字第127号)中,最高人民法院认为,韩国著作权审议调停委员会北京代表处仅可从事著作权认证的联络活动,但其并不具有证明著作权归属的资格;确认境外作品著作权的归属,应结合合法出版物等其他证据综合判断。

该案的基本案情是:中凯公司以韩国MBC公司系电视连续剧《宫S》的版权所有者,韩国MBC公司授权其独家拥有该作品在中国大陆的信息网络传播权等相关权益,战神网吧未经许可将该作品置于网吧服务器供公众下载观看,侵犯其合法权益为由提起诉讼。中凯公司提供了韩国著作权审议调停委员会北京代表处出具的证明,作为证明韩国MBC公司拥有电视连续剧《宫S》的著作权的证据。河北省石家庄市中级人民法院一审认为,韩国著作权审议调停委员会北京代表处出具的证明不具有证明力,不能证明MBC公司拥有《宫S》电视剧的著作权,据此驳回中凯公司的起诉。上诉后,河北省高级人民法院二审以相同理由维持一审裁定。中凯公司仍不服,向最高人民法院申请再审。最高人民法院于2009年5月19日裁定指令河北省高级人民法院再审。

最高人民法院审查认为,按照《国外著作权认证机构在中国设立常驻机构管理办法》的规定,韩国著作权审议调停委员会北京代表处只能从事与著作权认证有关的联络活动,并无证明境外作品著作权归属的资质。但是,对涉案影视作品《宫S》的著作权归属,韩国著作权审议调停委员会北京代表处出具的证明仅是中凯公司提供的证据之一,除需判断该证据的证明力外,还应结合中凯公司提供的合法出版的音像制品、进口音像制品批准单、权益证明书等其他证据综合判断。原审裁定未对上述证据进行质证、认证,仅以韩国著作权审议调停委员会北京代表处出具的证明不具有证明力为由驳回中凯公司的起诉不当。

36. 侵犯录音制品制作者权案件中对权利主体及行为事实的审查判断

在侵犯录音录像制作者纠纷案件中,由于音像制品上权利人的复合性和侵权行为的复杂性,音像制品制作者证明侵权行为成立具有一定的难度。

在申请再审人茂名市(水东)佳和科技发展有限公司(以下简称佳和公司)与被申请人北京天中文化发展有限公司(以下简称天中文化公司)、原审被告淄博金帝购物广场有限责任公司(以下简称金帝购物广场)、辽宁广播电视音像出版社(以下简称辽宁音像出版社)侵犯邻接权纠纷案(〔2008〕民申字第453号)中,最高人民法院明确了此类案件中对权利主体及行为事实的审查判断问题。

该案的基本案情是：天中文化公司对其制作发行并由孙悦演唱的《孙悦一百合花》CD光盘中涉及的9首曲目依法享有录音制作者权。2006年4月27日，天中文化公司在金帝购物广场购买被诉侵权光盘一盒，金帝购物广场开具了载明"VCD光盘"的销售发票一张。该光盘彩印外包装标注"红牌出场 三星争辉"，其中盘芯四为"孙悦B"，盘封印有孙悦演唱的歌曲名称，其中包括天中文化公司主张权利的上述9首曲目。根据该光盘的生产源识别码及出版版号显示，该光盘复制、发行单位分别为佳和科技公司和辽宁音像出版社。天中文化公司以佳和科技公司及辽宁音像出版社侵犯其复制权、发行权为由诉至法院，请求判令被告停止销售并赔偿其经济损失。山东省淄博市中级人民法院一审认定，天中文化公司享有上述涉案9首曲目的录音制作者权，金帝购物广场的销售发票注明"VCD光盘"，足以证明被诉侵权光盘从金帝购物广场购买。虽然被诉侵权光盘为VCD制品，天中文化公司的权利曲目为CD，但同一音源可以在不同格式之间相互转换。涉案被控侵权光盘VCD中的涉案9首歌曲，均标明是孙悦演唱，与天中文化公司主张权利曲目的原唱相同。佳和科技公司、辽宁音像出版社未提供相关证据证明其复制的涉案歌曲具有合法来源，故应认定被诉侵权光盘中的9首曲目与天中文化公司制作的《孙悦一百合花》CD专辑中的相同曲目系出自同一音源。被诉侵权光盘上印有辽宁音像出版社出版的字样，载明的SID码"ifpi v103"系佳和科技公司所有。辽宁音像出版社未提供证据证明其得到合法授权，佳和科技公司亦未能提供证据证明其复制的被诉侵权光盘系他人所为或者存在免责事由。三被告侵犯了天中文化公司的录音制作者权。遂判决佳和科技公司、辽宁音像出版社共同赔偿天中文化公司经济损失22.5万元。佳和科技公司提起上诉后，山东省高级人民法院二审判决驳回上诉，维持原判。佳和科技公司不服，向最高人民法院申请再审。最高人民法院于2009年5月19日裁定驳回其再审申请。

最高人民法院审查认为，关于天中文化公司是否享有涉案曲目录音制作者权的证明问题，天中文化公司为证明其享有该项权利，不仅提交了其与悦之声公司签订的两份《合作协议》及表演者孙悦的担保证明，还提供了合法出版物《孙悦一百合花》专辑。根据上述协议、担保证明及合法出版物上载明的版权管理信息，可以确定天中文化公司对孙悦演唱的涉案9首曲目，依法享有录音制作者权。天中文化公司是否具有《音像制品制作许可证》，不影响天中文化公司行使诉权。关于销售发票与被诉侵权光盘的对应性问题，天中文化公司提供了其购买的被诉侵权光盘及金帝购物广场开具的销售发票，该销售发票能否作为天中文化公司主张权利的证据，应根据相关案件事实进行审查。金帝购物广场对其出具的销售发票的真实性没有异议，但主张销售发票与被诉侵权光盘之间没有对应关系，该举证责任应由金帝购物广场承担。关于佳和科技公司应否承担侵权责任的证明问题，根据被诉侵权光盘上的版权管理信息，可以认定该光盘由辽宁音像出版社出版、发行，佳和科技公司复制。佳和科技公司、辽宁音像出版社在原审时，仅以其复制、发行的被诉侵权光盘中孙悦演唱的9首曲目系从网上下载，并非复制于天中文化公司制作的录音制品提出抗辩，但未提供相关证据予以证明，该抗辩不能成立。

37.当事人放弃证据鉴定申请后对该证据真实性的审查判断

当事人对某项证据的真实性有异议并曾经申请鉴定，但因未按要求缴纳鉴定费用等原因被视为放弃鉴定申请后，人民法院对该项证据应当如何审查判断，能否直接以放弃鉴定申请而否定或肯定该证据的真实性，对此在实践中容易出现模糊认识。

在申请再审人深圳市硕星交通电子设备有限公司（以下简称硕星公司）与被申请人玉环隆中机车零部件有限公司（以下简称隆中公司）专利实施许可及技术服务合同纠纷案（〔2009〕民申字第1325号）中，最高人民法院认为，在证据未经司法鉴定的情况下，仍然应该根据该证据的来源、形成情况、客观状态等，结合案件的其他证据，综合判断其真实性，不能直接以当事人放弃鉴定申请而否定该证据的真实性。

该案的基本案情是：2006年7月21日，硕星公司与隆中公司签订《专利实施许可及技术合作合同》，硕星公司将电机卷绕成形定子等三项专利技术许可给隆中公司使用，硕星公司保证在规定期限内，协助隆中公司生产出符合验收标准的产品。合同签订后，隆中公司分别支付了第一批和第二批费用10万元。硕星公司向隆中公司提供了技术资料并进行技术指导，隆中公司使用硕星公司提供的三项专利技术进行了生产。在产品试制阶段，隆中公司委托丽大精密模具（深圳）有限公司（以下简称丽大模具公司）制作并改制模具。至一审案件诉讼时止，双方当事人未按合同第六条约定进行验收并出具书面验收证明。硕星公司因未收到第三批专利使用费向法院起诉，请求被告支付第三批专利使用费和模具费及模具改制费。硕星公司证明其诉讼请求成立的主要依据之一是隆中公司的前员工沈怀胜的工作笔记，并曾经向一审法院申请对该笔记本的真实性进行鉴定。浙江省台州市中级人民法院一审认为，硕星公司虽然申请对该笔记进行鉴定，但因其拒付鉴定费，视为其放弃鉴定申请，且沈怀胜本人未出庭作证，该工作笔记来源不明，对该笔记所写的内容的真实性无法认定。遂判决驳回硕星公司诉讼请求。硕星公司不服，提起上诉。浙江省高级人民法院二审认为，硕星公司未预交鉴定费用，一审法院据此撤回沈怀胜笔记鉴定的委托并无不当，该笔记真实性无法认可，硕星公司的诉讼请求证据不足，判决驳回上诉。硕星公司向最高人民法院申请再审。最高人民法院在再审审查中综合各方面证据情况认可了沈怀胜工作笔记的真实性，认定隆中公司现在使用的模具为硕星公司所有，但同时也认定隆中公司使用硕星公司的技术并在其指导下未能生产出能够满足客户需求标准的合格产品，硕星公司要求隆中公司支付第三批专利许可费的条件并未成就。据此，最高人民法院于2009年12月28日裁定驳回硕星公司的再审申请。

最高人民法院审查认为，沈怀胜工作笔记记载了从2006年7月13日至2007年1月23日隆中公司的生产情况，该笔记上、下页之间在时间上、内容上是相互衔接的，无明显中断或不接续的情形，并且其上所记载的时间及工作事项与硕星公司提交的其他证据相互呼应。此外，硕星公司和隆中公司均认可沈怀胜曾是隆中公司的员工，硕星公司在再审审查听证中提交了该工作笔记的原件，隆中公司亦未提供证据证明该笔记为伪造。据此，可以对该笔记及其记载内容的真实性予以认可。

八、关于知识产权诉讼程序

38. 重复诉讼的判断

重复诉讼既给当事人增加了讼累，又浪费了司法资源。禁止重复诉讼是民事诉讼中

"一事不再理"原则的必然要求。如何识别重复诉讼是司法实践中经常遇到的问题之一。

在上诉人北京黄金假日旅行社有限公司(以下简称黄金假日公司)与被上诉人携程计算机技术(上海)有限公司(以下简称携程计算机公司)、上海携程商务有限公司(以下简称携程商务公司)、河北康辉国际航空服务有限公司、北京携程国际旅行社有限公司虚假宣传纠纷裁定上诉案(〔2007〕民三终字第4号,简称"携程"裁定案)中,最高人民法院明确了重复诉讼的识别标准,即判断是否属于重复诉讼,关键要看是否是同一当事人基于同一法律关系、同一法律事实提出的同一诉讼请求。最高人民法院在该案的裁决中还明确了对于已为在先生效裁判所羁束的行为的继续实施仍属于生效裁判的既判力范围。

该案的基本案情是:黄金假日公司曾以携程计算机公司进行不正当竞争为由向上海市第一中级人民法院提起诉讼,该案经上海市高级人民法院二审审理作出〔2005〕沪高民三(知)终字第36号民事判决(以下简称第36号案)。该判决认定,携程计算机公司有关"携程旅行网(股票代码CTRP)是中国旅游业第一家在美国纳斯达克上市的公司"的表述因有证据支持而不能认定为虚假,一审判决关于公司是否超越经营范围从事非法经营(携程计算机公司被控非法从事互联网信息服务业务)不属于人民法院受理的民事诉讼范围的认定并无不当。携程计算机公司亦曾以黄金假日公司虚假宣传、商业诋毁为由向上海市第一中级人民法院提起诉讼,黄金假日公司提出反诉,该院合并审理后作出一审判决。该判决认定,携程计算机公司在宣传中使用极限性文字"最大的"本身有排斥竞争对手的含义,已构成对其服务进行引人误解的虚假宣传的不正当竞争行为。该案上诉后,上海市高级人民法院经审理作出〔2006〕沪高民三(知)终字第41号民事判决,维持了该一审判决。本案系在上述两案之后,黄金假日公司于2006年7—9月通过起诉和追加被告、追加诉讼请求等起诉携程计算机公司等四公司构成不正当竞争。其部分诉讼请求为:判令携程计算机公司和携程商务公司停止有关"携程旅行网于2003年12月9日在美国纳斯达克成功上市"、"中国旅游业首家在美国上市的公司"、"携程拥有行业内规模最大的统一的机票预订系统"的虚假宣传部分和携程计算机公司停止通过"携程旅行网(www.ctrip.com)"进行的各类经营活动(指其作为外商独资企业,没有取得相关的行政许可,不能经营互联网信息服务增值电信业务)。河北省高级人民法院一审认为本案所审理的上述诉讼请求构成重复诉讼,遂以〔2006〕冀民三初字第3—1号裁定驳回黄金假日公司对本案所审理部分内容的起诉。黄金假日公司上诉后,最高人民法院于2009年10月22日裁定驳回上诉,维持原裁定。

最高人民法院审理认为,判断是否属于重复诉讼,关键要看是否是同一当事人基于同一法律关系、同一法律事实提出的同一诉讼请求。虽然本案中被告还有另外三个公司,但原告的诉讼请求仅针对携程计算机公司和携程商务公司,而本案中有关宣传的直接行为人系携程计算机公司,应当承担责任的主体仍然是携程计算机公司;原告的诉讼请求也均是要求停止实质内容相同的宣传行为,虽然两案被诉行为的发生时间和地点有所不同,但对于已为在先生效裁判确认其合法性的行为,在生效裁判之后的继续实施,仍属于生效裁判的既判力范围,应当受到法律的保护而不能够被再次起诉。

39. 对非法经营行为的主管

对于在民事诉讼中当事人主张有关行为违反相关行政管理法律、法规而构成非法经营并据此要求人民法院责令停止有关非法经营行为，人民法院能否直接作出认定处理，直接涉及到人民法院的受案范围和案件主管问题。

在上述的"携程"裁定案中，最高人民法院认为，携程计算机公司是否构成非法经营增值电信业务，属于是否违反相关行政管理法律、法规并应当承担相关行政责任的问题，应当依法由行政主管部门查处认定，不属于人民法院民事诉讼审查范畴。事实上，黄金假日公司曾向有关主管部门投诉携程计算机公司非法从事互联网信息服务业务，但至今有关部门尚未作出过构成非法经营的明确认定和处罚。在此情况下，人民法院更不宜在民事诉讼中对此作出审查认定。人民法院在前述第36号案中的有关认定理由和本案一审法院对有关诉讼请求的处理，并无不妥；黄金假日公司要求人民法院在民事诉讼中对涉案有关行为的合法性独立进行审查，并无法律依据。

40. 依据劳动合同中的保密或竞业限制条款提起的商业秘密侵权案件的管辖

劳动法第七十九条规定了劳动争议的仲裁前置程序，对仲裁裁决不服的，才可向人民法院提起诉讼。如果用人单位依据劳动合同中的保密或竞业限制条款提出的商业秘密侵权纠纷，就会产生该纠纷应当通过劳动争议处理程序解决还是可以作为不正当竞争纠纷由人民法院直接予以受理的问题。

在上诉人陈建新与被上诉人化学工业部南通合成材料厂（以下简称合成厂）、南通星辰合成材料有限公司（以下简称星辰公司）、南通中蓝工程塑胶有限公司（以下简称中蓝公司）以及原审被告南通市东方实业有限公司（以下简称东方公司）、周传敏、陈晰、李道敏、戴建勋侵犯技术秘密和经营秘密纠纷管辖权异议案（〔2008〕民三终字第9号）中，最高人民法院明确指出，对于因劳动者与用人单位之间的竞业限制约定引发的纠纷，如果当事人以违约为由主张权利，则属于劳动争议，依法应当通过劳动争议处理程序解决；如果当事人以侵犯商业秘密为由主张权利，则属于不正当竞争纠纷，人民法院可以依法直接予以受理。

该案的基本案情是：合成厂与陈建新等在2001-2004年间签订的劳动合同以及《保守秘密、限制竞业协议书》均约定，双方发生争议可提交合成厂所在地劳动仲裁委员会仲裁。东方公司成立于2003年10月21日，周传敏的父亲在其中持股，周传敏是总经理，戴建勋、陈晰在该公司工作。合成厂、星辰公司、中蓝公司于2008年3月17日以东方公司、周传敏、陈建新、陈晰、李道敏、戴建勋侵犯其技术秘密和经营秘密为由，向江苏省高级人民法院起诉，主张三原告作为关联企业，共同从事塑料及相关产品的研发和生产，拥有本案涉及的商业秘密，六被告构成对其商业秘密的共同侵权，请求判令各被告立即停止侵权并连带赔偿原告4500万元。被告陈建新在答辩期内以本案系劳动争议应当由南通市劳动仲裁委员会裁决为主要理由，提出管辖权异议。江苏省高级人民法院一审认为，本案争议的实质是原告是否合法拥有诉称的商业秘密、侵权行为是否成立及侵权民事责任的承担，而非用人单位与劳动者间因劳动用工关系所发生的权利义务之争，故本案不属劳动争议案件，不存在劳动仲裁前置问题。遂裁定驳回管辖权异议。陈建新不服，向最高人民法院提起上诉。最高人民法院于2009年8月27日裁定驳回上诉，维持原裁定。

最高人民法院审理认为，合同法第一百二十二条规定，因当事人一方的违约行为，侵害对方人身、财产权益的，受损害方有权选择依照本法要求其承担违约责任或者依照其他法律要求其承担侵权责任。据此，因合同而引起的纠纷，在涉及违约责任与侵权责任的竞合时，原告有权选择提起合同诉讼还是侵权诉讼，人民法院也应当根据原告起诉的案由依法确定能否受理案件以及确定案件的管辖。劳动争议是劳动者与用人单位因劳动合同法律关系发生的争议，我国法律并未特别要求劳动合同当事人只能依据劳动合同提起劳动争议，违反劳动合同的行为同时构成侵权行为的，法律并不排除当事人针对侵权行为要求行为人承担侵权责任。因此，对于因劳动者与用人单位之间的竞业限制约定引发的纠纷，如果当事人以违约为由主张权利，则属于劳动争议，依法应当通过劳动争议处理程序解决；如果当事人以侵犯商业秘密为由主张权利，则属于不正当竞争纠纷，人民法院可以依法直接予以受理。本案原告合成厂与各自然人被告之间存在劳动合同关系，并签订了《保守秘密、限制竞业协议书》，其中也约定了仲裁条款，但本案的案由是侵犯技术秘密和经营秘密纠纷，原告的诉讼请求是要求各自然人被告以及被告东方公司承担停止侵害其商业秘密并赔偿其损失的侵权民事责任，本案的诉讼标的是原告与各被告之间的侵权法律关系，并非原告与各自然人之间的劳动合同法律关系。因此，本案不属于劳动争议案件，作为侵权案件，人民法院可以直接受理。

41. 尚在执行程序中的判决是否可以因专利权被宣告无效而裁定终结执行

当事人以发生法律效力的宣告专利权全部无效的决定为依据，申请终结执行专利权无效前人民法院作出但尚未执行或者尚未执行完毕的专利侵权的判决，人民法院是否可以终结执行，民事诉讼法第二百三十三条对此无明确规定。

在天津市高级人民法院关于正在执行的判决是否因专利权被宣告无效而终结执行的请示案（〔2009〕民三他字第13号）中，最高人民法院批复认为，在生效的专利侵权判决的执行过程中专利权被宣告无效的，人民法院应当裁定终结执行；当事人认为原裁判有错误的，可以依照审判监督程序办理。

该请示案的基本案情是：2008年4月，天津市高级人民法院对某专利侵权案作出终审判决，认定被告侵权成立并判令赔偿原告损失。同年6月，专利复审委员会宣告该专利全部无效，专利权人对此提起行政诉讼。同年9月，原告向天津市第一中级人民法院申请强制执行，被告以专利权已被宣告无效为由提出执行异议。同年12月，北京市第一中级人民法院判决维持了专利复审委员会的无效决定，当事人未上诉，该行政判决生效。但是，原告仍以专利法第四十七条有明确规定为由，坚持认为法院应强制执行。

最高人民法院批复认为，在认定专利侵权成立的裁判文书虽未被撤销，但该文书所认定的受侵害的专利权已被依法宣告无效的情况下，如果被告只能在通过审判监督程序撤销原侵权判决后，再申请终结执行，不仅浪费诉讼程序，还徒增当事人的诉讼成本，不利于及时定纷止争。因此，从及时给予当事人司法救济的角度出发，可以对民事诉讼法规定的终结执行适当解释，以便执行法院在当事人以专利权已经全部无效为由申请终结执行时，直接裁定终结执行，不需等待原执行依据的撤销。同时，终结执行不影响原侵权判决的被告另行通过审判监督程序申请撤销原侵权判决。

42. 对侵权行为人变更其原侵权技术方案后的新实施行为的处理

人民法院生效裁判确认特定产品或者方法构成侵犯他人专利权后，行为人有时会对其产品或者方法中涉及侵权的相应技术或者设计内容作出一定变更并予以实施。此时，对于行为人的新的实施行为，是属于生效裁判的既判力范围而应当通过执行程序处理，还是可以作为诉讼标的提起新的诉讼，实践中常有争议。

在四川省高级人民法院关于四川隆盛药业有限责任公司（以下简称隆盛公司）诉淮南市杰明生物医药研究所（以下简称杰明研究所）确认不侵犯专利权纠纷请示案（〔2009〕民三他字第6号）中，最高人民法院批复认为，如果行为人实质性变更了该产品或者方法中涉及侵权的相应技术或者设计内容的，有关实施变更后的技术或者设计的行为不属于原生效裁判的执行标的，不能为原生效裁决所拘束，其是否构成侵权应当另行提起诉讼加以认定。

该请示案的基本案情是：杰明研究所于2004年1月向安徽省合肥市中级人民法院起诉隆盛公司"亮菌口服液"（川卫药准字〔95〕011116号）生产方法侵犯了杰明研究所"亮菌糖浆的生产方法"专利，该院于2005年1月判决隆盛公司停止使用杰明研究所发明专利生产、销售"亮菌口服液"药品并赔偿经济损失。隆盛公司不服，提出上诉。安徽省高级人民法院二审维持一审判决。随后合肥市中级人民法院向国家食品药品监督管理局发出协助执行通知书，要求协助注销隆盛公司国药准字H51023188号"亮菌口服溶液"药品批文。国家食品药品监督管理局于2009年2月25日注销了隆盛公司的该药品批文。杰明研究所在互联网上发表"郑重声明"，并在成都地区扩散宣传，称隆盛公司现在生产、销售的"亮菌口服溶液"侵犯了杰明研究所"亮菌糖浆的生产方法"发明专利，并称要追究隆盛公司的法律责任。隆盛公司认为，其"亮菌口服液"与"亮菌口服溶液"是两个不同的品种，生产方法也不同，遂向四川省成都市中级人民法院起诉，请求确认其"亮菌口服溶液"的生产方法不侵犯杰明研究所的涉案专利权。四川省高级人民法院向最高人民法院请示，成都市中级人民法院受理的案件是否属于独立的诉讼。

最高人民法院批复认为，人民法院生效裁判确认特定产品或者方法构成侵犯他人专利权后，行为人实质性变更了该产品或者方法中涉及侵权的相应技术或者设计内容的，有关实施变更后的技术或者设计的行为，不属于原生效裁判的执行标的。行为人实施变更后的技术或者设计的行为是否仍构成对该专利权的侵犯，应当通过另行提起诉讼的方式予以认定。行为人拒不履行人民法院生效裁判确定的停止侵害的义务，继续其原侵权行为的，权利人除可以依法请求有关机关追究其拒不执行判决、裁定的法律责任外，也可以另行起诉追究其继续侵权行为的民事责任。

43. 对原判确有错误但当事人已经达成和解协议的申请再审案件的处理

根据民事诉讼法关于审判监督程序的规定，对于原审判决确有错误的，应该提审或者指令再审。在再审审查案件中，有时会出现原审判决确有错误，但是当事人已经达成和解协议的情况。此时，如果启动再审程序，不仅会造成诉讼程序不经济，也不利于当事人的和解意愿的达成和执行。

在申诉人上海避风塘美食有限公司（以下简称避风塘公司）与被申诉人上海东涌码

头餐饮管理有限公司（以下简称东涌码头公司）不正当竞争纠纷申请再审案（〔2007〕民三监字第21-1号）中，最高人民法院尝试创新再审审查案件的审查处理方式，对于原判确有错误，但当事人达成和解协议的，在准予撤回再审申请裁定中一并对原判错误之处作出明确的审查认定。这样既避免了为改正原判错误认定而提起再审产生的程序不经济，也体现了鼓励和便于当事人和解解决民事争议的司法政策取向。

该案的基本案情是：避风塘公司于1998年9月15日登记成立，经营餐饮服务。之后在上海开设了多家分店。避风塘公司及其分店所使用的菜单、食品包装盒与印制的日历卡上均印有"避风塘"及其汉语拼音的字样。避风塘公司还分别获得2000年度上海商业优质服务先进集体和"静安南京路风情露吧"特色景观奖等荣誉。避风塘公司的虾饺皇、酥皮蛋挞王和蛋黄白莲蓉月饼分别被中国烹饪协会认定为中华名小吃和"2001全国餐饮业月饼展暨餐饮食品与企业展示会"优质月饼。《新民晚报》、《读者导报》等国内外报刊曾经对避风塘公司及其分店作过报道和刊登避风塘公司的广告。东涌码头公司于2001年8月7日登记成立，原名为"上海徐汇渔家铜罗湾餐饮管理有限公司"，2002年1月25日经核准变更企业名称为"上海东涌码头餐饮管理有限公司"，亦经营餐饮服务等。东涌码头公司的门面招牌及户外广告上印有"东涌码头避风塘"、"避风塘料理"等字样。在东涌码头公司使用的菜单上部标有"渔家铜锣湾"的字样，底部则印有"走进渔家铜锣湾享受原味避风塘"的广告语。避风塘公司起诉指控东涌码头公司侵犯了其知名服务特有名称和企业名称，同时也构成虚假宣传。上海市第一中级人民法院一审认为，东涌码头公司未将"避风塘"作为企业名称中的字号，不会使消费者产生误解和混淆，不构成对原告企业名称权的侵犯；"避风塘"一词并非避风塘公司独创，而是在长时期、不断发展的经营活动中，逐步成为被广大消费者普遍接受的一类特色风味菜肴和饮食经营方式的名称，被告使用"避风塘料理"等文字进行广告宣传不构成虚假宣传；"避风塘"一词非由避风塘公司首先使用在餐饮业的经营活动中，作为已被餐饮行业经营者广泛使用的代表一类特色风味菜肴和饮食经营方式的名称，不能成为原告独家享有的服务名称。遂判决不予支持原告的诉讼请求。避风塘公司上诉后，上海市高级人民法院二审认为，"避风塘"除了具有避风小港湾的原有含义外，也已成为了一种独特烹调方法以及由该种烹调方法制成的特色风味菜肴的名称。据此判决驳回上诉。避风塘公司随后向上海市高级人民法院申请再审，该院予以通知驳回。避风塘公司仍不服，向最高人民法院申诉。最高人民法院在审查中另查明：申诉人持有中国烹饪协会2002年11月颁发的抬头为"上海避风塘"的"中华餐饮名店"牌匾；在餐饮行业，有经营者普遍使用"避风塘炒蟹"、"避风塘炒虾"、"避风塘茄子"等，作为代表特色风味菜肴的菜品名称。在最高人民法院审查期间，双方当事人自愿达成和解协议，被申诉人认可"避风塘"作为申诉人的企业名称中的字号和服务标识，经申诉人的长期使用和广泛宣传，已成为申诉人特有的服务名称，被申诉人已停止并保证今后不再使用"避风塘"一词作广告宣传。根据上述和解协议，申诉人随即申请撤回申诉。最高人民法院于2009年12月31日裁定准许避风塘公司撤回申诉。

最高人民法院审查认为，上述和解协议系双方当事人自愿达成，不具有侵害国家利益、社会公共利益或者侵害案外人利益的情形，不违背当事人真实意思，也并不违反法律、行政法规禁止性规定。对于协议中当事人一致认可"避风塘"已成为上诉人知名服务的特有名称的问题，虽与原审法院的有关认定不同，但根据本案现有证据和原审法院以及本院查明的有关事实，可予认可。首先，本案可以认定申诉人提供的餐饮服务在上海地区属于知名服务，对此双方当事人在原审以及本院审查中也均无实质性争议。其次，虽然本案中"避风塘"一词除了具有地理概念上的"船舶避风港湾"的本意之外，还被餐饮业经营者为表明特色风味菜肴的名称与菜肴原料组合起来作为特定菜品的通用名称使用，但是经过申诉人在其企业名称中的长期使用和在商业标识意义上的广泛宣传，在上海地区的餐饮服务业中，"避风塘"一词同时具有识别经营者身份的作用，能够表明特定餐饮服务的来源。二审法院有关"避风塘"已成为了一种独特烹调方法以及由该种烹调方法制成的特色风味菜肴的名称的认定，并无充分证据支持。本案可以认定"避风塘"一词在上海地区是申诉人提供的知名餐饮服务的特有名称。再次，被申诉人曾在店招牌匾和户外广告牌中使用"东涌码头避风塘料理"和"避风塘料理"字样以及在菜单中使用"走进渔家铜锣湾享受原味避风塘"的广告语，这些使用方式实际上都是在突出使用"避风塘"一词，既不是作为地理概念来使用，也并不是在作为特定菜肴名称的意义上使用，而是作为一种身份标识意义上的使用，容易造成消费者对其与申诉人的混淆、误认，已经超出了对"避风塘"一词的合理使用范畴。因此，被申诉人已经实际停止并在和解协议中承诺不再以上述方式使用"避风塘"一词，体现了对申诉人有关民事权益的尊重。

44. 涉外合同协议管辖条款的效力认定

民事诉讼法第二百四十二条规定，涉外合同或者涉外财产权益纠纷的当事人，可以用书面协议选择与争议有实际联系的地点的法院管辖。上述规定应当理解为属于授权性规范还是指示性规范，对于确定当事人协议管辖条款的效力有直接影响。

在上诉人韩国 MGAME 公司（MGAME CORPORATION，以下简称 MGAME 公司）与被上诉人山东聚丰网络有限公司（以下简称聚丰网络公司）、原审第三人天津风云网络技术有限公司（以下简称风云网络公司）网络游戏代理及许可合同纠纷管辖权异议案（〔2009〕民三终字第4号）中，最高人民法院认为，对协议选择管辖法院条款的效力，应当依据法院地法进行判断；民事诉讼法第二百四十二条关于"可以用书面协议选择与争议有实际联系的地点的法院管辖"规定，根据当时的立法背景和有关立法精神、应当理解为属于授权性规范，而非指示性规范；涉外合同或者涉外财产权益纠纷案件当事人协议选择管辖法院时，应当选择与争议有实际联系的地点的法院，否则该法院选择协议即属无效。

该案的基本案情是：聚丰网络公司依据其与 MGAME 公司于 2005 年 3 月 25 日签订的《游戏许可协议》，以 MGAME 公司为被告、以风云网络公司为第三人提起诉讼。MGAME 公司提出管辖权异议，认为本案应由新加坡有管辖权的法院审理。其主要理由是协议第 21 条的约定："本协议应当受中国法律管辖并根据中国法律解释。由本协议产生或与本协议相关的所有争议应当在新加坡最终解决，且所有由本协议产生的争议应当接受新加坡的司法管辖。"山东省高级人民法院经审查认为，双方在协议适用法律上选择中国法律为准据法，因此，双方协议管辖条款也必须符合选择的准据法即中国法律的有关规定；依据民事诉讼法第二百四十二条的规定，当事人选择的管辖法院应限定在与争议案件有实际联系的范围内，而新加坡与本案争议无任何联系，其约定管辖应属无效。遂据此裁定驳回管辖权异议。MGAME 公司上诉后，最高人民法院于 2009 年 12 月 22 日裁定驳回上诉，维持原裁定。

最高人民法院审理认为，根据民法通则第一百四十五条和民事诉讼法第二百四十二条以及最高人民法院《关于审理涉外民事或商事合同纠纷案件法律适用若干问题的规定》第一条的规定，协议选择适用法律与协议选择管辖法院是两个截然不同的法律行为，应当根据相关法律规定分别判断其效力。对协议选择管辖法院条款的效力，应当依据法院地法进行判断；原审法院有关协议管辖条款必须符合选择的准据法所属国有关法律规定的裁定理由有误。对于涉外案件当事人协议选择管辖法院的问题，1982 年 10 月 1 日起试行的《中华人民共和国民事诉讼法（试行）》并未作出特别规定。现行规定是 1991 年 4 月 9 日公布并施行的《中华人民共和国民事诉讼法》作出的。根据当时的立法背景和有关立法精神，对于该条中关于"可以用书面协议选择与争议有实际联系的地点的法院管辖"的规定，应当理解为属于授权性规范，而非指示性规范。即，涉外合同或者涉外财产权益纠纷案件当事人协议选择管辖法院时，应当选择与争议有实际联系的地点的法院，否则，该法院选择协议即属无效；同时，对于这种选择管辖法院的协议，既可以是事先约定，也可以是事后约定，但必须以某种书面形式予以固定和确认。据此，按照我国现行法律规定，对于涉外合同或者涉外财产权益纠纷案件当事人协议选择管辖法院的问题，仍应当坚持书面形式和实际联系原则。本案当事人协议指向的新加坡，既非当事人住所地，又非合同履行地、合同签订地、标的物所在地，同时本案当事人协议选择适用的法律也并非新加坡法律，上诉人也未能证明新加坡与本案争议有其他实际联系。因此，应当认为新加坡与本案争议没有实际联系。相应地，涉案合同第 21 条关于争议管辖的约定应属无效约定，不能作为确定本案管辖的依据。

结　语

编写知识产权案件年度报告，既是最高人民法院总结自身审判经验、创新审判指导方式、统一法律适用标准的全新尝试，也是推进司法公开、接受各界监督的重大举措。这些案例对法律问题的阐释，对审理知识产权案件的法官具有示范和指导作用，对于相关社会公众具有导向和指引意义。同时也需要说明，上述案例是最高人民法院于 2009 年在具体案件中对法律适用问题的认识和探索，可能受制于个案的具体情况、法官的认知水平以至当时的社会经济科技文化发展状况。新型、复杂、疑难案件的裁判过程是以公正和效率为目标的探索过程，是一种与时俱进的发展过程。在这个过程中不能墨守成规，而要求在正确把握国家和社会的新发展和人民群众的新司法需求的基础上进行不断创新。在这个过程中，最高人民法院将不断研究和探索，更加及时有效地回应人民群众的司法需求，更加积极能动地服务于国家和社会的发展大局。最高人民法院也将把知识产权案件年度报告的发布工作常态化，使其成为指导我国知识产权审判工作的重要载体和社会公众了解最高人民法院知识产权审判工作的重要窗口。

最高人民法院办公厅
关于印发《最高人民法院知识产权案件年度报告（2010）》的通知

2011年4月13日　　　　　　　　　　　　　　　法办〔2011〕81号

各省、自治区、直辖市高级人民法院，解放军军事法院，新疆维吾尔自治区高级人民法院生产建设兵团分院：

2010年，在全国法院受理的知识产权案件迅猛增长的背景下，最高人民法院受理的知识产权案件亦有较大幅度的增长。新类型案件、重大复杂疑难案件、关联案件增多，案件的专业技术性增强，涉外案件受到国际社会关注。最高人民法院通过个案的审理和裁决，对新问题和新领域进行了深入研究并给予了及时回应。最高人民法院从2010年已经有最终结论性意见的知识产权案件中，精选了36件案件的裁判中涉及的43个具有普遍性指导意义的问题，形成《最高人民法院知识产权案件年度报告（2010）》。这些个案对相关法律适用问题的阐释，对于知识产权审判工作具有重要指导意义。

知识产权案件年度报告是最高人民法院关于知识产权和竞争领域重大、复杂、疑难和新类型案件的审判标准、司法政策和裁判方法的集中反映。发布知识产权案件年度报告，是最高人民法院加强审判指导、统一法律适用的重要方式，也是推进司法公开、自觉接受监督、树立司法权威的重大举措。每年定期发布知识产权案件年度报告，已经成为最高人民法院的一项制度化工作。

现将《最高人民法院知识产权案件年度报告（2010）》印发给你们，供各级人民法院在知识产权审判工作中参考借鉴。

特此通知。

附：

最高人民法院知识产权案件年度报告（2010）

序　言

2010年，最高人民法院在知识产权审判中始终坚持能动司法理念，狠抓执法办案第一要务，突出审判重心，创新审判方式，强化审判监督和业务指导，维护知识产权法律适用的统一，加强诉讼调解，实现案结事了人和，加大保护力度，维护权利人的合法权益，较好地完成了各项知识产权审判任务，司法保护知识产权的主导作用得到进一步发挥，民事审判在知识产权司法保护中的主渠道作用进一步凸显，为促进经济社会又好又快发展提供了有力的司法保障。

在全国法院受理的知识产权案件迅猛增长的背景下，最高人民法院受理的知识产权案件亦有较大幅度的增长。2010年，最高人民法院知识产权审判庭全年共新收各类知识产权案件313件，比2009年增长5%。在313件新收案件中，按照案件所涉权利类型划分，共有专利和其他技术类案件112件，商标案件68件，著作权案件45件，商业秘密案件7件，其他不正当竞争案件25件，知识产权合同案件40件，其他案件16件（主要涉及知识产权案件管辖权的确定问题）。另有2009年旧存案件50件，2010全年共有各类在审案件363件。全年共审结各类知识产权案件317件，其中，二审案件7件，申请再审案件263件，提审案件20件，请示案件27件。在审结的263件申请再审案件中，裁定驳回再审申请164件，裁定提审27件，裁定指令或者指定再审37件，裁定撤诉（包括和解撤诉）19件，函转原审法院复查处理5件（针对部分知识产权行政申请再审案件），终结2件，以其他方式处理9件。全年共调撤疑难案件24起，其中上海强生制药有限公司与西安强生药业有限公司之间的侵犯商标权及不正当竞争纠纷，新京报社与浙江在线网络传媒有限责任公司侵犯著作权纠纷，拜尔农科股份有限公司与安徽华星化工股份有限公司侵犯专利权纠纷等案件的成功调撤，在社会上产生了积极的影响。

2010年案件呈现出如下特点：因法律规定较为原则需要明确具体界限的疑难案件所占比重越来越大；裁判结果对当事人切身利益有重大影响的案件越来越多，其中涉及争夺市场的专利、技术秘密和商标案件显得尤为突出；专业技术事实认定困难的案件越来越多，其中涉及生物、化工、医药等高新技术领域的显得尤为突出；关联案件明显增多，从管辖到实体，从侵权到确权，从追究刑事责任到请求民事赔偿，从地方人民法院到最高人民法院，双方当事人均穷尽各种程序的攻防手段以维护自身权益，反映出市场主体之间竞争的激烈，增加了知识产权案件审理和协调的工作难度；网络技术的发展，方便了知识产权产品的传播，创新了商业经营模式，也影响了相关行业原有利益的分配格局，因此而引发的新类型知识产权纠纷和不正当竞争纠纷明显增多；涉外案件的裁判规则越来越受到国际社会的关注等。

知识产权案件年度报告是最高人民法院发布的关于知识产权和竞争领域重大、复杂、疑难和新类型案件的审判标准、司法政策和裁判方法的重要司法文件。年度报告的发布受到社会的普遍关注和有关方面的高度重视。最高人民法院在总结往年发布知识产权案件年度报告经验的基础上，从2010年已经有最终结论性意见的知识产权案件中，精选了36件案件的裁判中涉及的43个具有普遍性指导意义的问题，在调整撰写体例的基础上，形成本年度报告并予以发布。需要说明的是，有些案件，如最高人民法院指令或者指定高级人民法院再审的案件，或者当事人在最高人民法院主持下达成和解而申请撤诉的案件，虽然相关法律问题或者裁判方法也具有指导性，但是最高人民法院并未作出最终的结论性表态，故未将上述案件纳入本年度报告。

一、专利案件审判

（一）专利民事案件审判

1. 解释权利要求时应当遵循的若干原则

在申请再审人孙守辉与被申请人青岛肯德基有限公司（以下简称肯德基公司）、上海柏礼贸易有限公司（以下简称柏礼公司）、百胜（中国）投资有限公司（以下简称百胜公司）侵犯实用新型专利权纠纷案（〔2009〕民申字第1622号）中，最高人民法院适用2001年7月1日起施行的专利法第五十六条第一款的规定，遵循说明书和附图可以用于解释权利要求、权利要求中的术语在说明书未作特别解释的情况下应采用通常理解、不同权利要求中采用的相关技术术语应当解释为具有相同的含义、考虑专利权人在专利授权和无效宣告程序中为保证获得专利权或者维持专利权有效而对专利权保护范围作出的限制等原则，正确地确定了本专利的保护范围。

本案的基本案情是：孙守辉是一种名称为"简易牙膏挤出器"的实用新型专利（以下简称本专利）的专利权人，该专利的权利要求为："1. 一种简易牙膏挤出器，其特征在于：包括一梯形端面的框架体，其中框架梯形宽度较大的底为一长方形开口状，较小的底的中央部位设置较小的长条形开口，该长条形开口的长度略大于牙膏袋的宽度，开口的宽度略大于牙膏皮的厚度。2. 根据权利要求1所述的简易牙膏挤出器，其特征在于：所述梯形端面框架的长度为……。"在专利无效宣告请求审查程序中，孙守辉提交意见陈述书认为："证据1中公开的是中间有狭长空洞的长方体，与本专利权利要求1所述的梯形端面的框架体有很明显的区别，故本专利相对于证据1具有新颖性；并且，这种梯形端面设计可以最大限度地节约材料，故本专利的权利要求1相对于证据1具有创造性。"国家知识产权局专利复审委员会（以下简称专利复审委员会）采纳上述理由维持本专利有效。孙守辉以被申请人生产或者销售"奇奇环保牙膏夹"侵犯本专利为由提起诉讼。山东省青岛市中级人民法院一审认为，本专利第1项技术特征是梯形端面的框架体，被控侵权产品对应的技术特征是卡通鱼形的框架体，应对本专利第1项技术特征做严格解释，被控侵权产品缺少本专利的第1项技术特征，未落入专利权的保护范围，遂判决驳回孙守辉的诉讼请求。孙守辉不服，提起上诉。山东省高级人民法院二审判决驳回上诉，维持一审判决。孙守辉不服二审判决，向最高人民法院申请再审，理由之一是，权利要求1中的"包括一梯形端面的框架体"，是指"框架体里面的一个端面为梯形"，其清楚地表明该框架体里面含有一个"梯形端面"，并不是指整个框架体的结构是梯形的，权利要求1对框架体的结构形状没有限定。最高人民法院审查查明，本专利说明书关于专利具体实施方式的部分载明："如图1、图2所示，本实用新型牙膏挤出器，其由塑料一体注塑成型。其结构为一具有梯形断面的框架2，……"。本专利说明书附图1中的标记2指向框架体，并未指向框架体的任一端面。最高人民法院于2010年6月23日裁定驳回其再审申请。

最高人民法院审查认为：对本专利权利要求1的保护范围应依据2001年7月1日起施行的专利法第五十六条第一款的规定进行确定。该款规定："发明或者实用新型专利权的保护范围以其权利要求的内容为准，说明书及附图可以用于解释权利要求。"同时，在专利侵权诉讼中，对专利保护范围的确定还应当考虑专利权人在专利授权和无效宣告程序中为保证获得专利权或者维持专利权有效而对专利保护范围作出的限制。首先，从权利要求1的字面内容来看，权利要求1中的"包括一梯形端面的框架体"，按通常理解，其中的"一"是用于修饰和限定"框架体"的，而并非修饰"梯形端面"，不是对"梯形端面"数量的限定。因此，"包括一梯形端面的框架体"的实际含义就是"一具有梯形横截面的框架体"，其端面本身为平面形状，即梯形，这也符合梯形通常是指平面图形的含义。与牙膏袋相适应的应当是框架体，即一具有梯形横截面的立体结构，而非端面。因此，二审法院认定本专利权利要求1第1项技术特征为"梯形端面的框架体"符合通常理解。其次，从专利说明书和附图对框架体的相关描述来看，说明书中称"其结构为一具有梯形断面的框架2"，按通常理解，此处的"2"即附图1标记2，因被置于"框架"一词之后，所以是指代"框架"，而不是指代"断面"或"端面"。结合说明书和附图，也应当认为本专利权利要求1保护的产品是一具有梯形横截面的框架体。再次，从本专利两项权利要求对"梯形"这一术语的使用来看，权利要求2所述"梯形端面框架"中的"梯形"显然是用于限定框架体横截面为梯形，根据不同权利要求中采用的相同技术术语应当解释为具有相同的含义的基本原则，权利要求1中的"梯形"也应当被解释为是对框架体的限定。另外，从专利权人孙守辉在其专利无效宣告程序中的意见陈述来看，孙守辉是将"这种梯形端面设计可以最大限度地节约材料"作为其专利相对于专利无效宣告程序中的证据1具有创造性的理由，专利复审委员会也正是基于上述理由认定本专利具有创造性，并决定维持本专利权有效。孙守辉在无效宣告程序中的上述意见陈述在本案中具有约束力，应当将本专利权利要求1中的"包括一梯形端面的框架体"认定为本专利保护的简易牙膏挤出器本身为一具有梯形横截面的框架体，否则本专利相对于无效宣告程序中的证据1就不具有创造性。

2. 对权利要求的内容存在不同理解时应根据说明书和附图进行解释

在申请再审人台山先驱建材有限公司（以下简称台山公司）与被申请人广州新绿环阻燃装饰材料有限公司（以下简称新绿环公司）、付志洪侵犯实用新型专利权纠纷案（〔2010〕民申字第871号）中，最高人民法院认为，如果对权利要求的表述内容产生不同理解，导致对权利要求保护范围产生争议，说明书及其附图可以用于解释权利要求。

本案的基本案情是：付志洪是名称为"玻镁、竹、木、植物纤维复合板"实用新型专利（以下简称涉案专利）的专利权人。涉案专利的权利要求1为："一种玻镁、竹、木、植物纤维复合板，它由镁质胶凝竹、木、植物纤维复合层和玻纤网格布层或竹编网增强层组成，其特征在于：镁质胶凝竹、木、植物纤维复合层至少有两层，玻纤网格布层或竹编网增强层至少有一层，两层镁质胶凝竹、木、植物纤维层置于玻纤网格布层或竹编网增强层的下面和上面。"专利说明书称：本实用新型的目的在于提供一种采用玻纤网格布层或竹编网增强层作为增强骨架，镁质胶凝材料作为凝面剂，竹、木、植物纤维为填材料，多层结构复合，具有防火、防潮及抗水功能的玻镁、竹、木、植物纤维复合板。说明书在将该专利与现有技术进行对比时称：采用镁质胶凝植物纤维复合层和玻纤网格布层或竹编网增强层多层结构复合，具有强度好，防火、防潮、抗水、隔热、隔音多种功能……。说明书在描述具体实施例时称：镁质胶凝植物纤维层是由氯化镁、氧化镁和竹纤维或木糠或植物纤维制成的混合物。付志洪是新绿环公司的股东及法定代表人。付志洪将涉案专利许可给新绿环公司独占实施。2006年8月23日，新绿环公司、付志洪提起诉讼，请求判令台山公司承担侵权责任。广东省广州市中级人民法院一审认为，由于说明书描述的技术内容与权利要求1的记载不尽相同，且前者比后者保护范围宽，根据权利要求1的记载优先原则，本案应当以权利要求1记载的技术内容确定涉案专利权的保护范围，即复合板并列采用了竹、木、植物纤维三种材料。被诉侵权产品有镁质胶凝材料与植物纤维材料复合层，不含竹、木材料，与涉案专利权利要求1不同。遂判决驳回新绿环公司、付志洪的诉讼请求。新绿环公司、付志洪不服一审判决，提起上诉。广东省高级人民法院二审认为，如对权利要求书中记载的内容产生不同理解，可以结合说明书对权利要求进行解释。本案中，在涉案专利说明书实施例中，对竹、木、植物纤维三种材料的采用是选择关系，三者具备其中之一即可，而非竹、木及植物纤维三者必须同时具备。因此，被诉侵权产品落入权利要求1的保护范围。遂判决撤销一审判决，判令台山公司承担侵权责任。台山公司不服二审判决，向最高人民法院申请再审。最高人民法院于2010年9月7日裁定驳回台山公司的再审申请。

最高人民法院审查认为：专利法第五十六条第一款规定，发明或者实用新型专利权的保护范围以其权利要求的内容为准，说明书及附图可以用于解释权利要求。因此，如果对权利要求的表述内容产生不同理解，导致对权利要求保护范围产生争议，说明书及其附图可以用于解释权利要求。仅从本专利权利要求1对"竹、木、植物纤维"三者关系的文字表述看，很难判断三者是"和"的关系还是"或"的关系，应当结合说明书记载的相关内容进行解释。根据专利说明书实施例的记载："镁质胶凝植物纤维层是由氯化镁、氧化镁和竹纤维或木糠或植物纤维制成的混合物。"由此可见，专利权利要求1对"竹、木、植物纤维"三者关系的表述，其含义应当包括选择关系，即三者具备其中之一即可，而非竹、木及植物纤维三者必须同时具备。

3. 权利要求的术语在说明书中有明确的特定含义，应根据说明书的界定解释权利要求用语

在申请再审人福建多棱钢业集团有限公司（以下简称福建多棱钢公司）与被申请人启东市八菱钢丸有限公司（以下简称启东八菱钢丸公司）侵犯发明专利权纠纷案（〔2010〕民申字第979号）中，对于当事人存在争议的专利权利要求的技术术语，最高人民法院认为，虽然该术语在相关行业领域并没有明确的定义，但涉案专利说明书中的记载指明了其具有的特定的含义，并且该界定明确了涉案专利权利要求1的保护范围，所以应当以说明书的界定理解权利要求用语的含义。

本案的基本案情是：福建多棱钢公司系名称为"一种钢砂生产方法"发明专利（以下简称涉案专利）的专利权人。涉案专利权利要求1为：一种钢砂生产方法，其特征在于将轴承厂生产轴承时冲切下来的边角废料，进行淬火，淬火后分两级破碎，筛分得到不同粒度的钢砂，制得多棱形的钢砂。涉案专利说明书记载："本发明的创新之处在于：……4.本发明采用两级破碎，粗碎用颚式破碎机，细碎用辊式破碎机……对于粗大的冲切料本发明采取先用颚式破碎机将其轧碎成小块，而后进行细碎，破碎成钢砂……。"启东八菱钢丸公司生产与福建多棱钢公司相同的钢砂产品。被控侵权方法与涉案专利的

独立权利要求保护的范围相对比,不同之处在于,启东八菱钢丸公司仅选用生产轴承时冲切下来的7—10毫米之间的冲片作为生产原料,淬火根据需要进行;破碎设备只使用双辊破碎机,即辊式破碎机。7—10毫米之间的冲片被直接投入双辊破碎机中,通过该机器两组单独传动的辊轴,相对旋转产生的挤轧和磨剪力破碎物料,一次性生产出投入料10%—30%的成品钢砂。之后,通过筛分,将未成品筛选出来,再次投入双辊破碎机中,以此循环,生产出成品钢砂。在相关行业领域,对两级破碎没有明确的定义。在《化工辞典》中,对"破碎"定义为"用机械方法使大块固体物料变成小块的操作";并有"粗碎"和"细碎"设备之分。其中,按被粉碎物料的大小和所得粉碎成品的尺寸分类,"粉碎设备"可以分类为:粗碎或预碎设备:处理直径40—1500毫米范围的原料,所得成品的直径大约是5—50毫米,如颚式压碎机等;中碎和细碎设备:处理直径5—50毫米范围的原料,所得成品的直径大约是0.1—5毫米,如滚碎机等。福建多棱钢公司以启东八菱钢丸公司生产钢砂的方法落入涉案专利权的保护范围为由提起诉。江苏省南通市中级人民法院一审和江苏省高级人民法院二审均认为,被控侵权方法中的"一级破碎"与涉案专利方法中的"两级破碎"不构成等同,并判决驳回福建多棱钢公司的诉讼请求。福建多棱钢公司不服二审判决,向最高人民法院申请再审。最高人民法院于2010年9月8日裁定驳回其再审申请。

最高人民法院审查认为:虽然"两级破碎"在相关行业领域并没有明确的定义,但根据涉案专利说明书中的记载:"本发明采用两级破碎,粗碎用颚式破碎机,细碎用辊式破碎机。本发明不是用钢珠破碎成钢砂,而是用冲切料破碎成钢砂冲切料不像钢珠粒度小且均匀,对于粗大的冲切料本发明采取先用颚式破碎机将其轧碎成小块,而后进行细碎,破碎成钢砂。"涉案专利说明书中的记载指明了"两级破碎"具有的特定的含义,并且该界定明确了涉案专利权利要求1的保护范围,所以应当以说明书的界定理解权利要求用语的含义。"两级破碎"应当理解为是先进行粗碎和后进行细碎的"两级破碎"。根据一、二审法院查明的"粉碎设备"的分类,各个破碎级别的设备所处理的原料直径范围以及加工出的成品均不相同,并且粗碎或预碎设备的出料成品直径范围为中碎和细碎设备的进料直径范围,因此,涉案专利的"两级破碎"中,"粗碎级"破碎和"细碎级"破碎应当理解为是相互独立的两个步骤,"粗碎级"的出料为"细碎级"的进料,工序一先一后,不能理解为"粗碎级"和"细碎级"可以合并或者替代。被控侵权方法仅使用一种双辊式破碎机进行钢砂加工。由于双辊式破碎机的破碎动力产生于两个辊子之间的挤压力,其加工方法是在一个级别的破碎中多次循环,每次破碎都是加工出一定比例的钢砂,在多次积累加工出钢砂后进行筛选。而且,福建多棱钢公司也曾在本案诉讼中明确,粗碎过程不可能生产出成品钢砂,所以,被控侵权方法只存在"细碎级"破碎,不存在"粗碎级"破碎,缺少涉案专利"两级破碎"中的粗碎。被控侵权方法使用辊式破碎机进行破碎的手段、实现的功能和达到的效果与涉案专利"两级破碎"并不基本相同。

4. 专利侵权纠纷中技术特征等同的认定

在申请再审人陕西竞业玻璃钢有限公司(以下简称竞业公司)与被申请人永昌积水复合材料有限公司(以下简称永昌公司)侵犯实用新型专利权纠纷案(〔2010〕民申字

第 181 号）中，最高人民法院认为，根据《最高人民法院关于审理专利纠纷案件适用法律问题的若干规定》第十七条第二款的规定，在判断被诉侵权产品的技术特征与专利技术特征是否等同时，不仅要考虑被诉侵权产品的技术特征是否属于本领域的普通技术人员无需经过创造性劳动就能够联想到的技术特征，还要考虑被诉侵权产品的技术特征与专利技术特征相比，是否属于基本相同的技术手段，实现基本相同的功能，达到基本相同的效果，只有以上两个方面的条件同时具备，才能够认定二者属于等同的技术特征。

本案的基本案情是：竞业公司系名称为"玻璃钢夹砂顶管"的实用新型专利（以下简称涉案专利）的专利权人。涉案专利的权利要求 1 为："一种玻璃钢夹砂顶管，它由管头、管身以及管尾组成，管头和管尾管径一致，管尾连接部设有密封用套环，管头、管尾通过套环连接，其特征在于：所述的管头、管身以及管尾采用树脂基体，管身设有两维以上方向绕制的纤维层以及石英夹砂层，管头和管尾设有为两维以上方向绕制的纤维层，所述的套环紧密设置在管头或管尾外壁的凹台内。" 2007 年 5 月 8 日，竞业公司起诉请求判令永昌公司承担侵权责任。广东省广州市中级人民法院一审认为，被诉侵权产品的技术特征"插口的管外径小于承口的管外径，有锥度"与涉案专利中的技术特征"管头和管尾管径一致"构成等同，被诉侵权产品落入涉案专利权的保护范围，遂判决永昌公司承担侵权责任。永昌公司不服一审判决，提起上诉。广东省高级人民法院二审认为，根据涉案专利的权利要求书、说明书以及附图，涉案专利"管头和管尾管径一致"是指：管头和管尾的管内径一致、管头和管尾的管外径一致。被诉侵权产品的承口、插口分别对应于涉案专利中的管头和管尾，其中插口与承口的管内径一致，但插口的管外径小于承口的管外径，与涉案专利不同。并且正是基于该不同，导致两者所实现的功能、达到的技术效果均不相同，该技术特征亦非本领域的普通技术人员无需付出创造性劳动就能联想到的特征，故两者不构成等同，被诉侵权产品未落入涉案专利权的保护范围，不构成侵权。遂判决撤销一审判决，驳回竞业公司的诉讼请求。竞业公司不服二审判决，向最高人民法院申请再审。最高人民法院于 2010 年 7 月 23 日裁定驳回竞业公司的再审申请。

最高人民法院审查认为：被诉侵权产品中插口、承口的管内径虽然一致，但是二者的管外径并不一致，具体表现为承口管外径上设有用于安装钢套环的水平凹台，并且承口管外径与钢套环紧密配合；而插口管外径呈不规则台阶状。虽然现有技术《顶管施工技术》中已经公开了注浆减阻的工作原理以及注浆孔、台阶状管外径等技术特征，本领域的普通技术人员在顶管施工中为了实现注浆减阻的目的，能够在《顶管施工技术》所给出的技术启示下，显而易见地想到被诉侵权产品中的注浆孔以及插口管外径呈不规则台阶状等技术特征，无需付出创造性劳动。但是，由于被诉侵权产品中的插口管外径呈不规则台阶状，一方面导致插口管外径与钢套环之间并不能紧密配合，无法实现增强管道连接密封性的功能和效果；另一方面能够在管外径与钢套环之间形成供减阻砂浆通过的环形空间，使得从注浆孔中注入的减阻砂浆可以经由该环形空间均匀分布在管道周围，形成润滑套，实现减少管道外壁与土壤间的摩擦阻力，提高管道顶进效率的有益功能和效果。因此，被诉侵权产品中技术特征"插口管外径呈不规则台阶状"所实现的功能和效果，与权利要求 1 中"管头和管尾管径一致"所实现的功能和效果具有实质性的差异，二者不属于等同的技术特征，被诉侵权产品没有落入涉案专利权的保护范围。

5. 为克服权利要求不能得到说明书的支持的缺陷而修改权利要求可导致禁止反悔原则的适用

在申请再审人湖北午时药业股份有限公司（以下简称午时公司）与被申请人澳诺（中国）制药有限公司（以下简称澳诺公司）、原审被告王军社侵犯发明专利权纠纷案（〔2009〕民提字第20号）中，最高人民法院认为，从涉案专利审批文档中可以看出，专利申请人进行的修改是针对国家知识产权局认为涉案专利申请公开文本权利要求保护范围过宽，在实质上得不到说明书支持的审查意见而进行的；被诉侵权产品的相应技术特征属于专利权人在专利授权程序中放弃的技术方案，不应当认为其与权利要求1中的技术特征等同而将其纳入专利权的保护范围。

本案的基本案情是：澳诺公司系名称为"一种防治钙质缺损的药物及其制备方法"发明专利（以下简称涉案专利）的被许可人。涉案专利权利要求1为："一种防治钙质缺损的药物，其特征在于：它是由下述重量配比的原料制成的药剂：活性钙4—8份，葡萄糖酸锌0.1—0.4份，谷氨酰胺或谷氨酸0.8—1.2份。"涉案专利申请公开文本中，其独立权利要求为可溶性钙剂，可溶性钙剂包括葡萄糖酸钙、氯化钙、乳酸钙、碳酸钙或活性钙。国家知识产权局第一次审查意见通知书中，审查员认为，该权利要求书中使用的上位概念"可溶性钙剂"包括各种可溶性的含钙物质，它概括了一个较宽的保护范围，而申请人仅对其中的"葡萄糖酸钙"和"活性钙"提供了配制药物的实施例，对于其它的可溶性钙剂没有提供配方和效果实施例，所属技术领域的技术人员难于预见其它的可溶性钙剂按本发明进行配方是否也能在人体中发挥相同的作用，权利要求在实质上得不到说明书的支持，应当对其进行修改。申请人根据审查员的要求，对权利要求书进行了修改，将"可溶性钙剂"修改为"活性钙"。2006年11月25日，澳诺公司提起诉讼称，午时公司生产、销售新钙特牌"葡萄糖酸钙锌口服溶液"，王军社销售该产品，侵犯了涉案专利权。经鉴定，午时公司产品含有葡萄糖酸钙，而涉案专利是活性钙。河北省石家庄市中级人民法院一审认为，只有为了使专利授权机关认定其专利申请具有新颖性或创造性而进行的修改或意见陈述，才产生禁止反悔的效果，并非专利申请过程中关于权利要求的所有修改或意见陈述都会导致禁止反悔原则的适用。本案专利权人将独立权利要求中的"可溶性钙剂"修改为"活性钙"，是为了使其权利要求得到说明书的支持，不产生禁止反悔的效果。被诉侵权产品与涉案专利构成等同。遂判决午时公司、王军社承担侵权责任。午时公司不服一审判决，提起上诉。河北省高级人民法院对一审判决中有关禁止反悔原则的认定予以认可，遂判决驳回上诉，维持一审判决。午时公司不服二审判决，向最高人民法院申请再审。最高人民法院提审本案后于2010年3月23日作出再审判决，撤销一、二审判决，驳回澳诺公司的诉讼请求。

最高人民法院再审认为：1. 关于权利要求1中记载的"活性钙"是否包含"葡萄糖酸钙"的问题。涉案专利申请公开文本权利要求2以及说明书第2页明确记载，可溶性钙剂是"葡萄糖酸钙、氯化钙、乳酸钙、碳酸钙或活性钙"。可见，在专利申请公开文本中，葡萄糖酸钙与活性钙是并列的两种可溶性钙剂，葡萄糖酸钙并非活性钙的一种。此外，涉案专利申请公开文本说明书实施例1记载了以葡萄糖酸钙作为原料的技术方案，实施例 2 记载了以活性钙作为原料的技术方案，进一步说明了葡萄糖酸钙与活性钙是并列的特定钙原料，葡萄糖酸钙并非活性钙的一种。澳诺公司辩称，专利申请人在涉案专利的审批过程中，将"可溶性钙剂"修改为"活性钙"属于一种澄清性修改，修改后的活性钙包括了葡萄糖酸钙在内的所有组分钙。然而，从涉案专利审批文档中可以看出，专利申请人进行上述修改是针对国家知识产权局认为涉案专利申请公开文本权利要求中"可溶性钙剂"保护范围过宽，在实质上得不到说明书支持的审查意见而进行的，同时，专利申请人在修改时的意见陈述中，并未说明活性钙包括了葡萄糖酸钙，故澳诺公司认为涉案专利中的活性钙包含葡萄糖酸钙的主张不能成立。2. 关于活性钙与葡萄糖酸钙是否等同的问题。专利权人在专利授权程序中对权利要求 1 所进行的修改，放弃了包含"葡萄糖酸钙"技术特征的技术方案。根据禁止反悔原则，专利申请人或者专利权人在专利授权或者无效宣告程序中，通过对权利要求、说明书的修改或者意见陈述而放弃的技术方案，在专利侵权纠纷中不能将其纳入专利权的保护范围。因此，涉案专利权的保护范围不应包括"葡萄糖酸钙"技术特征的技术方案。被诉侵权产品的相应技术特征为葡萄糖酸钙，属于专利权人在专利授权程序中放弃的技术方案，不应当认为其与权利要求 1 中记载的"活性钙"技术特征等同。原审判决对禁止反悔原则理解有误，将二者认定为等同特征不当。

6. 专利权人在授权确权程序中的意见陈述可导致禁止反悔原则的适用

在申请再审人江苏万高药业有限公司（以下简称万高公司）与被申请人成都优他制药有限责任公司（以下简称优他公司）、原审被告四川科伦医药贸易有限公司（以下简称科伦公司）侵犯发明专利权纠纷案（〔2010〕民提字第 158 号）（以下简称万高公司再审案）中，最高人民法院根据专利权人在涉案专利授权和无效宣告程序中作出的意见陈述，以及涉案专利说明书中记载的有关不同工艺条件所具有的技术效果的比较分析，认定被诉侵权产品中的相关技术特征与涉案专利中的对应技术特征不构成等同，被诉侵权产品没有落入涉案专利权利要求 1 的保护范围。

本案的基本案情是：优他公司是名称为"藏药独一味软胶囊制剂及其制备方法"的发明专利（以下简称涉案专利）的专利权人。涉案专利权利要求 1 中关于独一味提取物的提取方法为：B1、取独一味药材，粉碎成最粗粉；B2、加水煎煮二次，第一次加 10～30 倍量的水，煎煮 1～2 小时，第二次加 10～20 倍量水，煎煮 0.5～1.5 小时；B3、合并药液，滤过，滤液浓缩成稠膏；B4、减压干燥，粉碎成细粉，过 200 目筛，备用。2007 年 2 月 7 日，优他公司向四川省成都市中级人民法院提起诉讼称，万高公司使用涉案专利制造和销售、科伦公司销售"独一味软胶囊"，侵犯了涉案专利权。四川省成都市中级人民法院在一审中根据优他公司的申请向国家食品药品监督管理局（以下简称国家药监局）调取了"独一味软胶囊"生产工艺的研究资料，载明被诉侵权产品中独一味提取物的提取方法为：b1、取独一味药材 1000g，粉碎；b2、加 10 倍量水煎煮 3 次，每次 1 小时；b3、合并煎液，滤过，滤液浓缩成相对密度为 1.30 的清膏；b4、在 80℃以下干燥，研成细粉备用。万高公司、科伦公司主张本案应适用禁止反悔原则，一审法院未予支持并认定构成侵权。万高公司不服，向四川省高级人民法院提起上诉。万高公司认为，涉案专利的原始权利要求仅包含产品剂型、组成和配比的特征，优他公司在涉案专利审查过程中对原始权利要求进行了限缩性修改，增加了对独一味提取物提取方法的限定，并在后续的无效审查程序中主张涉案专利所述的独一味提取物的提取方法未被现有技术公开，与现有技术如《中华人民共和国药典》（2000年版，一部）（以下简称《药典》）中的独一味提取物并不等同，而万高公司独一味提取物的提取方法依据的就是《药典》中的现有技术，故根据禁止反悔原则，万高公司独一味提取物的提取方法与涉案专利技术方案中的提取方法不构成等同。二审法院认为，应视为优他公司在专利授权和无效程序中放弃了仅包含药品剂型、组成和配比特征的技术方案。同时，通过比较可知，万高公司独一味提取物的提取方法与《药典》中记载的提取方法并不相同，区别在于万高公司的提取方法增加了对煎煮加水比例的限定，并增加了将干燥所得物研成细粉的限定。可见被诉侵权产品的技术方案并不在优他公司在专利授权和无效程序中所放弃的技术方案范围内，故对于万高公司认为一审判决违反禁止反悔原则的主张不予支持，遂判决维持一审判决。万高公司不服，向最高人民法院申请再审。最高人民法院再审查明，涉案专利说明书第12页"最佳提取条件的确定"一节记载："取独一味提取物三份，每份1000g，加20倍水，分别煎煮1次、2次、3次，分别滤过，滤液浓缩，干燥，……结果表明，煎煮2次和煎煮3次，得粉率和木犀草素含量接近，为降低生产成本，选择煎煮2次。"说明书第15页"实验例5浸膏粉细度的确定"一节记载："减小粒度，增加分散媒粘度都可以有效地减小沉降速度，保证混悬液的稳定性。……试验结果表明过200目筛的细粉沉降比值最大，因此，将独一味提取物干粉碎成过200目筛的细粉，制成的软胶囊内容物混悬体系最稳定。"根据《药典》"凡例"记载，细粉指能全部通过五号筛即80目筛，但含有能通过六号筛（即100目筛）不少于95%的粉末。万高公司在申请再审时提交了三份批生产记录，其记载的工艺过程包含了粉碎过80目筛的内容，并无过200目筛的步骤。在涉案专利申请授权的程序中，优他公司作出的意见陈述书记载："根据审查意见，申请人对原权利要求1进行了修改，增加了对独一味提取物的限定，具体是以说明书所述独一味提取物的四种制备方法加以限定"；"本发明所述独一味提取物的四种制备方法为发明人进行了大量的工艺筛选和验证试验后最终确定的工艺步骤，现有技术中并没有公开，由此得到的本发明中所述的独一味提取物与现有技术如《中华人民共和国药典》（2000年版，一部）中的独一味提取物并不等同。"最高人民法院于2010年11月24日作出再审判决，撤销一、二审判决，驳回优他公司的诉讼请求。

最高人民法院再审认为：优他公司在涉案专利授权和无效宣告程序中作出的意见陈述中强调"本发明所述独一味提取物的四种制备方法为发明人进行了大量的工艺筛选和验证试验后最终确定的工艺步骤，现有技术中并没有公开，由此得到的本发明中所述的独一味提取物与现有技术中的独一味提取物并不等同。"优他公司还在涉案专利说明书第12页"最佳提取条件的确定"一节强调，煎煮2次与煎煮3次相比，可以降低生产成本，所以选择煎煮2次；在说明书第15~16页"实验例5浸膏粉细度的确定"一节强调，将独一味提取物粉碎成过200目筛的细粉，制成的软胶囊内容物混悬体系最稳定。因此，根据《最高人民法院关于审理专利纠纷案件适用法律问题的若干规定》第十七条的规定，并参照《最高人民法院关于审理侵犯专利权纠纷案件应用法律若干问题的解释》第六条的规定,"煎煮 2 次"与"煎煮 3 次"、"粉碎成细粉,过 200 目筛"与"研成细粉"均不构成等同特征,被控侵权产品没有落入涉案专利权利要求 1 的保护范围。

7. 方法专利权的延及保护

在申请再审人石家庄制药集团欧意药业有限公司(以下简称欧意公司)与被申请人张喜田、二审上诉人石家庄制药集团华盛制药有限公司(以下简称华盛公司)、石药集团中奇制药技术(石家庄)有限公司(以下简称中奇公司)、一审被告吉林省玉顺堂药业有限公司(以下简称玉顺堂公司)侵犯发明专利权纠纷案(〔2009〕民提字第 84 号)(以下简称欧意公司再审案中,最高人民法院认为,根据专利法第十一条的规定,方法专利权的保护范围只能延及依照该专利方法直接获得的产品,即使用专利方法获得的原始产品,而不能延及对原始产品作进一步处理后获得的后续产品。

本案的基本案情是:2000 年 2 月 21 日,张喜田申请了名称为"氨氯地平对映体的拆分"发明专利(以下简称涉案专利),2003 年 1 月 29 日被授予专利权。涉案专利公开了制造左旋氨氯地平的方法,由左旋氨氯地平可进一步制得马来酸左旋氨氯地平、苯磺酸左旋氨氯地平等下游产品。马来酸左旋氨氯地平和马来酸左旋氨氯地平片新药由中奇公司研发,马来酸左旋氨氯地平(原料药)由华盛公司生产,马来酸左旋氨氯地平片(终端产品,商品名"玄宁")由欧意公司生产并销售。经查询国家食品药品监督管理局及其药品审评中心相关网页,国内生产的左旋氨氯地平产品为华盛公司、欧意公司生产的马来酸左旋氨氯地平及其片剂,以及张喜田生产的苯磺酸左旋氨氯地平及其片剂。2005 年 2 月,张喜田提起诉讼,请求判令中奇公司、华盛公司、欧意公司、玉顺堂公司承担侵犯涉案专利权责任。吉林省长春市中级人民法院一审认为,涉案专利能够延及至被告生产的马来酸左旋氨氯地平及其片剂,判决中奇公司、华盛公司、欧意公司承担侵权责任。吉林省高级人民法院认为,左旋氨氯地平作为一种化合物,本身并不能成为直接供消费者消费的产品。涉案专利为左旋氨氯地平的拆分方法,依照该方法不能直接得到产品,而左旋氨氯地平化合物与马来酸、苯磺酸等经过成盐工艺成为马来酸左旋氨氯地平、苯磺酸左旋氨氯地平后,才真正成为产品,所以上述产品应为依照左旋氨氯地平的拆分方法直接获得的产品。涉案专利能够延及中奇公司、华盛公司、欧意公司生产的马来酸左旋氨氯地平及其片剂。遂判决维持一审判决。欧意公司不服二审判决,向最高人民法院申请再审。最高人民法院再审查明,涉案专利授权公告的权利要求 1 为:"1、一种从混合物中分离出氨氯地平的(R)-(+)-和(S)-(-)-异构体的方法。其特征在于:包含下述反应,即在手性助剂六氘代二甲基亚砜(DMSO-d6)或含 DMSO-d6 的有机溶剂中,异构体的混合物同拆分手性试剂 D-或 L-酒石酸反应,结合一个 DMSO-d6 的(S)-(-)-氨氯地平的 D-酒石酸盐,或结合一个 DMSO-d6 的(R)-(+)-氨氯地平的 L-酒石酸盐而分别沉淀,其中氨氯地平与酒石酸的摩尔比约等于 0.25。"涉案专利的说明书记载:"拆分氨氯地平的过程是,在手性助剂六氘代二甲基亚砜(DMSO-d6)或含 DMSO-d6 的有机溶剂中分别溶解氨氯地平和酒石酸,然后搅拌混合,氨氯地平同 D-或 L-酒石酸反应,结合一个 DMSO-d6 的(S)-(-)-氨氯地平的 D-酒石酸盐,或结合一个 DMSO-d6 的(R)-

(＋)—氨氯地平的L—酒石酸盐而分别沉淀，用于沉淀物的分离方法有过滤、离心分离或移注。沉淀物的进一步处理可以得到（R）—（＋）—氨氯地平或（S）—（－）—氨氯地平。"涉案专利的说明书实施例5中还记载了由（S）—（－）—氨氯地平制造苯磺酸（S）—（－）—氨氯地平的方法。涉案专利中所称的"（S）—（－）—氨氯地平"即为左旋氨氯地平，"（R）—（＋）—氨氯地平"即为右旋氨氯地平。最高人民法院于2010年9月9日作出再审判决，撤销一、二审判决，驳回张喜田的诉讼请求。

最高人民法院再审认为：根据涉案专利的权利要求1，虽然其主题名称是"一种从混合物中分离出氨氯地平的（R）—（＋）—和（S）—（－）—异构体的方法"，但从权利要求1记载的内容看，依照涉案专利方法直接获得的产品是"结合一个DMSO—d6的（S）—（－）—氨氯地平的D—酒石酸盐"，或"结合一个DMSO—d6的（R）—（＋）—氨氯地平的L—酒石酸盐"，其中前者即为制造左旋氨氯地平的中间产物，而非左旋氨氯地平本身；而后者即为制造右旋氨氯地平的中间产物，亦非右旋氨氯地平本身。根据专利法第十一条的规定，方法专利权的保护范围只能延及依照该专利方法直接获得的产品，即使用专利方法获得的原始产品，而不能延及对原始产品作进一步处理后获得的后续产品。华盛公司、欧意公司生产的马来酸左旋氨氯地平、马来酸左旋氨氯地平片以及左旋氨氯地平，均属于对实施涉案专利方法直接获得的产品作进一步处理后获得的后续产品，不属于依照涉案专利方法直接获得的产品。因此，涉案专利权的保护范围不能延及左旋氨氯地平、马来酸左旋氨氯地平及其片剂。

（二）专利授权确权行政案件审判

8. 对权利要求得到说明书支持的审查判断

在申请再审人（美国）伊莱利利公司（以下简称伊莱利利公司）与被申请人国家知识产权局专利复审委员会（以下简称专利复审委员会）、哈尔滨誉衡药业有限公司（以下简称誉衡公司）、宁波市天衡制药有限公司（以下简称天衡公司）、江苏豪森药业股份有限公司（以下简称豪森公司）发明专利权无效行政纠纷案（〔2009〕知行字第3号）中，最高人民法院认为，权利要求所要求保护的技术方案应当是所属技术领域的技术人员能够从说明书充分公开的内容中得到或概括得出的技术方案，并且不得超出说明书公开的范围；如果权利要求的概括使所属技术领域的技术人员有理由怀疑该上位概括或并列概括所包含的一种或多种下位概念或选择方式不能解决发明所要解决的技术问题，并达到相同的技术效果，则应当认为该权利要求没有得到说明书的支持。

本案的基本案情是：本案诉争专利是于1998年10月7日授权公告的名称为"立体选择性糖基化方法"的发明专利（以下简称本专利），专利权人为伊莱利利公司，权利要求1保护的是一种β异头物富集的二氟核苷的制备方法，其限定的技术特征是：产物为式Ⅰ的β异头物富集的二氟核苷；……。本专利说明书记载：短语"异头物富集"单独或结合地表示异头物混合体其中特定异头物的比例大于1∶1，并包括基本纯净的异头物。说明书给出58个实施例和3个表格例（包括46组数据），58个实施例均能够得到β异头物与α异头物之比大于1∶1的核苷，表格例中有7组数据β异头物与α异头物之比小于1∶1，4组数据β异头物与α异头物之比等于1∶1，其他数据均能得到β异头物与α异头物之比大于1∶1的核苷。专利复审委员会针对誉衡公司、天衡公司、豪森公司等请求人就本专利提出的无效宣告请求，作出第9525号无效宣告请求审查决定（以下简称第9525号决定），宣告本专利权无效。第9525号决定认定，根据说明书的描述，影响所述立体选择性方法的因素较多，按照权利要求1的条件，尤其是在核碱过量程度和原料糖α异头物富集程度比较低的情况下，存在过多无法预见产物β异头物是否富集的情形，权利要求请求保护的是一个范围，所属领域技术人员要通过实验选择所有的非β异头物富集的实施方式、确定除实施例之外的技术方案能否实现，从各种反应条件的各种排列组合中筛选出能够实现权利要求1所要保护的技术方案需要进行大量的反复实验或者过度劳动，因此权利要求1不符合专利法第二十六条第四款的规定。伊莱利利公司不服第9525号决定，提起行政诉讼，请求撤销第9525号决定。其主要理由为：对说明书和实施例的教导应当被当作一个整体来理解，本专利权利要求的保护范围比说明书所公开的范围窄，因此权利要求的保护范围得到了说明书公开内容的充分支持；虽然说明书中表1和2中的七个实施例不能得到β异头物富集的产物，但是本领域技术人员会注意到说明书中大量实施例作为一个整体给出的暗示，不会仅仅注意实验中的一个或者某些数据；第9525号决定中采用的"大量的反复实验或者过度劳动"的认定理由没有在专利法和审查指南中规定，不是判断权利要求是否得到说明书支持的正确依据。北京市第一中级人民法院一审认为，首先，在评述本专利权利要求是否得到说明书支持时，专利复审委员会主要是从表格例中没有达到β异头物富集的几组数据出发进行判断，而没有全面考虑说明书中有关发明目的、技术方案的记载以及大量能够实现β异头物富集的实施例和表格例数据在评判本专利权利要求是否得到说明书支持时的作用，并将两者结合起来进行综合评判。其次，评价权利要求是否得到说明书支持应当以"权利要求书中的每一项权利要求所要求保护的技术方案应当是所属技术领域的技术人员能够从说明书充分公开的内容得到或概括得出的技术方案，并且不得超出说明书公开的范围"作为标准。而专利复审委员会在评述和决定要点中引入"如果所属技术领域的技术人员根据说明书的教导并考虑本领域普通技术知识，仍然需要进行大量的反复实验或者过度劳动才能确定权利要求概括的除实施例以外的技术方案能否实现"作为标准评判本专利权利要求是否得到说明书支持，其评判的出发点不符合专利法第二十六条第四款的规定，是不适当的。遂判决撤销第9525号决定、专利复审委员会就本专利重新作出无效宣告请求审查决定。专利复审委员会、誉衡公司、天衡公司、豪森公司均不服一审判决、提起上诉，北京市高级人民法院二审认为，本专利说明书中披露的11个实施例不能达到本专利制得β异头物富集的核苷的发明目的或发明效果，本专利所属技术领域的技术人员通过阅读本专利权利要求所得到的技术方案，不能得到本专利说明书的支持。遂判决撤销一审判决，维持第9525号决定。伊莱利利公司向最高人民法院申请再审，最高人民法院于2010年11月10日裁定驳回其再审申请。

最高人民法院审查认为：本专利权利要求1保护的是一种β异头物富集的二氟核苷的制备方法，其限定的技术特征是：产物为式Ⅰ的β异头物富集的二氟核苷；……。专利权人在说明书的表格例中，有11组数据不能制备得到β异头物富集的二氟核苷。根据说明书的描述，影响所属立体选择性方法的因素较多，除了原料糖的离去基团、原料糖构型和核碱用量外，还包括温度和溶剂的选择。权利要求1概括的制备方法的各因素,即离去基团、核碱种类、核碱当量、反应温度、反应溶剂等的范围是十分宽泛的。本领域技术人员有合理的理由认为,除了11个不能实施的情况外,该权利要求1的概括还包含众多其他不能解决发明所要解决的技术问题的技术方案,所属技术领域的技术人员不容易从各种反应条件的排组合中通过常规实验或者合理推测得出能够解决技术问题的技术方案,而是需要大量反复实验或过度劳动才能确定权利要求1的范围。因此,第9525号决定和二审判决据此认为本专利权利要求1没有得到说明书的支持,不符合专利法第二十六条第四款的规定,宣告专利权无效,并无不当。

9. 判断外观设计相同或者相近似的基本方法及应关注的设计特征

在申请再审人本田技研工业株式会社(以下简称本田株式会社)与被申请人国家知识产权局专利复审委员会(以下简称专利复审委员会)、原审第三人石家庄双环汽车股份有限公司(以下简称双环公司)、河北新凯汽车制造有限公司破产清算组(以下简称新凯公司)外观设计专利权无效行政纠纷案(〔2010〕行提字第3号)中,最高人民法院分析了判断外观设计相同或者相近似的基本方法,并认为,在判断外观设计是否相同或者相近似时,因产品的共性设计特征对于一般消费者的视觉效果的影响比较有限,应关注更多地引起一般消费者注意的其他设计特征的变化。

本案的基本案情是:本田株式会社是"汽车"外观设计专利权(以下简称本专利)的专利权人。双环公司、新凯公司分别向专利复审委员会申请宣告本专利无效。专利复审委员会认为,本专利与对比文件(以下简称证据1)属于相近似的外观设计,不符合专利法第二十三条的规定,于2006年3月7日作出第8105号无效宣告请求审查决定(以下简称第8105号决定),宣告本专利无效。本田株式会社不服该决定,提起行政诉讼。经对比,本专利与证据1的主要差别有:1. 本专利前大灯呈不规则四边形,证据1的前大灯呈近似梯形;2. 本专利前保险杠下方的两侧配置有雾灯,证据1中没有雾灯;3. 本专利与证据1汽车前部的护板均呈倒U形,但本专利护板内设有水平隔片,其底部有小护牙,证据1护板内设有纵向空格;4. 本专利后组合灯从车顶向下延伸至车窗下部,证据1后组合灯基本与后车窗的高度相当。此外,两者在格栅、后保险杠、后部车顶轮廓等方面亦有细微不同之处。北京市第一中级人民法院一审认为,本专利与在先设计均为汽车整车的外观设计,一般消费者在购买和使用过程中,对汽车的整体进行观察是实际生活中经常出现的情形,故本专利与在先设计的比较应采用整体观察的方式。本专利与证据1的外观设计虽存在一定的差别,但属于局部的细微差别,且对于汽车整体外观而言,一般消费者更容易对汽车整体的设计风格,轮廓形状、组成部件的相互间比例关系等因素施以更多注意,二者的上述细微差别尚不足以使一般消费者对两者整体外观设计产生明显的视觉差异。因此,本专利与证据1属于相近似的外观设计,本专利应被宣告无效。遂判决维持第8105号决定。本田株式会社不服一审判决,提起上诉。北京市高级人民二审判决驳回上诉,维持一审判决。本田株式会社不服二审判决,向最高人民法院申请再审。最高人民法院提审本案后于2010年11月26日判决,撤销一、二审判决以及第8105号决定。

最高人民法院再审认为:判断外观设计是否相同或者相近似的基本方法是,基于被比设计产品的一般消费者的知识水平和认知能力,对被比设计与在先设计进行整体观察，综合判断两者的差别对于产品外观设计的视觉效果是否具有显著影响。所谓"一般消费者"，是指其对被比设计产品的同类或者相近类产品的外观设计状况具有常识性的了解，对外观设计产品之间在形状、图案以及色彩上的差别具有一定的分辨力，但不会注意到产品的形状、图案以及色彩的微小变化；所谓"常识性的了解"，是指通晓相关产品的外观设计状况而不具备设计的能力，而非局限于基础性、简单性的了解；所谓"整体"，包括产品可视部分的全部设计特征，而非其中某特定部分；所谓"综合"，是指对能够影响产品外观设计整体视觉效果的所有因素的综合。本案中，诉争类型汽车外观设计的"整体"，不仅包括汽车的基本外形轮廓以及各部分的相互比例关系，还包括汽车的前面、侧面、后面等，应当予以全面观察。在综合判断时，应当根据诉争类型汽车的特点，权衡诸部分对汽车外观设计整体视觉效果的影响。就本案诉争的汽车类型而言，因此类汽车的外形轮廓都比较接近，故该共性设计特征对于此类汽车一般消费者的视觉效果的影响比较有限。相反，汽车的前面、侧面、后面等部位的设计特征的变化，则会更多地引起此类汽车一般消费者的注意。本案中，本专利所示汽车的外观设计与证据1所示汽车的外观设计相比，在前大灯、雾灯、前护板、格栅、侧面车窗、后组合灯、后保险杠、车顶轮廓等装饰性较强部位均存在差别。特别是，本专利的汽车前大灯采用近似三角形的不规则四边形设计，配合带有小护牙的倒U形的前护板和中间带有横条的格栅；汽车侧面后车窗采用不规则四边形设计，且后窗玻璃与后组合灯之间由窗框所分离，配合车身上部与下部的平滑过渡；汽车后面采用后组合灯从车顶附近开始一直延伸至后保险杠翘起部的"上窄下宽"的柱形灯设计，配合带有护牙的U形后保险杠，都比较突出、醒目，具有较强的视觉冲击力。显然，这些差别对于本案诉争类型汽车的一般消费者而言是显而易见的，足以使其将本专利图片所示汽车外观设计与证据1汽车外观设计的整体视觉效果区别开来。因此，上述差别对于本专利与证据1汽车外观设计的整体视觉效果具有显著的影响，二者不属于相近似的外观设计。

10. 外观设计相同或者相近似判断中对设计空间的考虑

在申请再审人国家知识产权局专利复审委员会（以下简称专利复审委员会）、浙江今飞机械集团有限公司（以下简称今飞公司）与被申请人浙江万丰摩轮有限公司（以下简称万丰公司）专利无效行政纠纷案（〔2010〕行提字第5号）中，最高人民法院认为，设计空间对于确定相关设计产品的一般消费者的知识水平和认知能力具有重要意义；在外观设计相同或者相近似的判断中，应该考虑设计空间或者说设计者的创作自由度，以便准确确定该一般消费者的知识水平和认知能力；设计空间的大小是一个相对的概念，是可以变化的，在专利无效宣告程序中考量外观设计产品的设计空间，需要以专利申请日时的状态为准。

本案的基本案情是：万丰公司拥有名称为"摩托车车轮（82451）"的外观设计专利（以下简称本专利）。针对本专利，今飞公司以本专利申请日以前已有与本专利相似的外观设计在国内出版物上公开发表过为由，于2009年2月25日向专利复审委员会提出无效宣告请求，并提交了附件13《Bike》杂志2005年9月号封面和封底复印件作为证据。专利复审委员会认为，附件13公开了一款摩托车车轮的外观设计（即在先设计），将本专利与在先设计进行比较，二者的相同之处在于：均由轮辋、辐条、轮毂组成，辐条呈逆时针旋转状分布且两侧平直，轮毂表面有加强筋。二者主要不同之处在于：本专利有五根辐条，而在先设计为六根辐条；本专利辐条一面为平滑，另一面表面有凹槽，而在先设计辐条表面为平滑和凹槽交替轮换；本专利与在先设计轮毂表面的加强筋图案不同。摩托车车轮基本均由轮辋、辐条和轮毂三部分组成，圆形轮辋属于车轮的惯常设计，相对轮辋，辐条的形状设计通常对车轮的整体视觉效果更具有显著的影响。本专利与在先设计在辐条两侧的形状相同，区别仅在于在先设计比本专利多一根辐条，属于局部细微的差别，而辐条表面凹槽和平滑的差异也属于细微变化，对整体视觉效果不具有显著影响。轮毂在使用状态下通常会被支架遮挡一部分，故轮毂表面加强筋图案的差别对整体效果不具有显著影响。因此，二者属于相近似的外观设计，本专利不符合专利法（2000年修正）第二十三条的规定。遂作出第13657号无效宣告请求审查决定（以下简称第13657号决定），宣告本专利全部无效。万丰公司不服该决定，提起行政诉讼。北京市第一中级人民法院一审认为，摩托车车轮受其所设定功能的限制，外观变化的空间均为有限，其设计差异更易对整体视觉效果产生显著的影响。本专利与在先设计之间的差别，已经对整体视觉效果产生了显著的影响，在该产品消费者所具有的较高分辨能力下，足以排除混淆。遂判决撤销第13657号决定，判令专利复审委员会重新作出决定。专利复审委员会、今飞公司上诉后，北京市高级人民法院二审认为，一审判决基于摩托车车轮产品在设计空间方面的限制认定本专利与在先设计不属于近似的外观设计，结论正确，遂判决维持一审判决。专利复审委员会和今飞公司均不服二审判决，向最高人民法院申请再审。最高人民法院提审本案后于2010年12月23日作出再审判决，撤销一、二审判决，维持第13657号决定。

最高人民法院再审认为：设计空间是指设计者在创作特定产品外观设计时的自由度。设计者在特定产品领域中的设计自由度通常要受到现有设计、技术、法律以及观念等多种因素的制约和影响。特定产品的设计空间的大小与认定该外观设计产品的一般消费者对同类或者相近类产品外观设计的知识水平和认知能力具有密切关联。对于设计空间极大的产品领域而言，由于设计者的创作自由度较高，该产品领域内的外观设计必然形式多样、风格迥异、异彩纷呈，该外观设计产品的一般消费者就更不容易注意到比较细小的设计差别。相反，在设计空间受到很大限制的领域，由于创作自由度较小，该产品领域内的外观设计必然存在较多的相同或者相似之处，该外观设计产品的一般消费者通常会注意到不同设计之间的较小区别。可见，设计空间对于确定相关设计产品的一般消费者的知识水平和认知能力具有重要意义。在外观设计专利与在先设计相同或者相近似的判断中，应该考虑设计空间或者说设计者的创作自由度，以便准确确定该一般消费者的知识水平和认知能力。在考虑设计空间这一因素时，应该认识到，设计空间的大小是一个相对的概念。在设计空间极大的产品领域和设计空间受到极大限制的产品领域这两个极端之间，存在着设计空间由大到小的过渡状态。同时，对于同一产品的设计空间而言，设计空间的大小也是可以变化的。随着现有设计增多、技术进步、法律变迁以及观念变化等，设计空间既可能由大变小，也可能由小变大。因此，在专利无效宣告程序中考量外观设计产品的设计空间，需要以专利申请日时的状态为准。本案从专利复审委员会提供的证据来看，即使摩托车车轮均由轮辋、辐条和轮毂组成，且受到设定功能限制的情况下，其辐条的设计只要符合受力平衡的要求，仍可以有各种各样的形状，存在较大的设计空间。原审判决以摩托车车轮的设计空间有限为前提得出本专利与在先设计的区别致使两者不相同也不相近似的结论，缺乏事实依据。

二、著作权案件审判

11. 戏曲音乐作品著作权权属的审查及认定

在申请再审人黄能华、许文霞、许文霆、许文露、许文雷（以下简称黄能华、许文霞等）与被申请人扬州扬子江音像有限公司（以下简称扬子江公司）、汝金山侵犯著作权纠纷案（〔2010〕民申字第556号）中，最高人民法院认为，在侵权之诉中，人民法院对相关权属状况进行审查是查清案件事实的必要环节；涉案沪剧音乐中的唱腔音乐与开幕曲、幕间曲及大合唱等场景音乐应作为一个整体作品看待，在历史上对涉案戏曲音乐曲作者署名不尽一致，且署名的案外人未参与侵权诉讼，无法查清相关事实的情况下，其中一位署名作者主张著作权归己所有不应予以支持。

本案的基本案情是：1954年至1963年，《上海新民报晚刊》等报纸上刊登的《家》、《王魁负桂英》、《两代人》、《红菱记》、《茶花女》、《为奴隶的母亲》的演出公告中，作曲署名为水辉，演出单位为勤艺沪剧团。该剧团印制的上述6部戏剧及《龙凤花烛》、《白鹭》、《妓女泪》、《星火燎原》的演出节目单与宣传单上，作曲署名亦为水辉。上海音像出版社于1990年1月出版的沪剧录音带《为奴隶的母亲》、上海音像出版社出版发行的VCD《杨飞飞沪剧专辑》中《为奴隶的母亲》片断的作曲署名均为水辉。中国唱片上海公司出版发行的《杨飞飞赵春芳艺术集锦》VCD（其中有《卖红菱》、《妓女泪》）封面上有两处作曲记载，一处为水辉，另一处为杨飞飞。黄能华、许文霞等提供的沪剧《为奴隶的母亲》的曲谱的封面记载：水辉作曲、上海勤艺沪剧团印、1955.11.8。许如辉又名水辉，于1987年1月4日去世，黄能华、许文霞等系许如辉的妻子与儿女。2005年8月25日，许文霞公证购买了由扬子江公司发行的VCD《沪剧·杨飞飞沪剧流派演唱会》1－3辑，该VCD中包含上述10部戏剧的片断或整部戏，演唱会的节目单及该VCD署名：作曲配器：汝金山。上海沪剧院向法院出具证明，汝金山由该剧院安排参加"杨飞飞沪剧流派演唱会"的音乐创作，该演唱会由该院协助演出。对于该VCD中"归家"唱段的合唱部分，经组织各方当事人将该部分合唱音乐与录音带沪剧《为奴隶的母亲》（1962年勤艺沪剧团伴奏演出）中的合唱音乐作比对，其中有二句完全相同，其余部分的音乐因唱词改动均作改动与调整。上海文化出版社于1999年出版发行的《上海沪剧志》记载：勤艺沪剧团由杨飞飞等人创建于1949年8月，杨飞飞任团长，赵春芳、丁国斌任副团长，作曲水辉、王国顺。建团后共整理、改编、创作剧目100余个，主要剧目有《家》、《为奴隶的母亲》、《茶花女》、《妓女泪》、《龙凤花烛》、《卖红菱》等。一审中，黄能华、许文霞等主张许如辉是涉案10部沪剧的作曲，请求判令扬子江公司、汝金山停止侵犯许如辉著作权的行为，扬子江公司收回并销毁侵权制品，扬子江公司、汝金山在《新民晚报》上公开致歉，赔偿黄能华、许文霞等损失20万元及维权费用10702.9元。上海市第一中级人民法院一审认为，涉案10部沪剧的唱腔音乐部分主要由杨飞飞等演员基于传统曲调改编、创作完成，场景音乐系由许如辉创作，伴奏音乐部分为黄海滨等主胡伴奏人员与杨飞飞等演员密切配合的创作成果。涉案 VCD 所涉经典唱段的音乐主要为唱腔音乐，其余为唱腔的伴奏音乐以及演唱会幕间曲、合唱等场景音乐，针对伴奏音乐部分，必须进行曲谱比对。由于黄能华、许文霞等除提供了《为奴隶的母亲》曲谱外，未能提供其他原始曲谱，故应承担举证不能的法律后果。通过对涉案 VCD 中《为奴隶的母亲》"归家"等唱段与黄能华、许文霞等提供的 1955 年曲谱进行比对，演唱会 VCD 中《为奴隶的母亲》"归家"唱段的合唱部分在 1955 年曲谱中并无记载，二者唱词音乐、场景音乐亦不相同，故黄能华、许文霞等主张汝金山抄袭了许如辉的原作曲内容，侵犯其著作权，缺乏事实依据，遂判决对其诉讼请求不予支持。黄能华、许文霞等不服一审判决，以本案系侵权之诉，一审法院认定案外人杨飞飞系涉案唱腔的设计者，违反"不告不理"诉讼程序等为由，提起上诉。上海市高级人民法院二审认为，五、六十年代的沪剧音乐是由老一辈戏曲艺术家、作曲、琴师等在传统民间曲调的基础上共同创作完成的合作作品。共同参与作品创作并作出独创性贡献的人员均是合作作者，共同享有与行使整个剧目音乐的著作权。黄能华、许文霞等主张涉案的沪剧音乐均由许如辉一人享有著作权，与事实不符，不予支持。许如辉作为勤艺沪剧团的专职作曲，主要是从事开幕曲、幕间曲等场景音乐、配器等部分的音乐创作，不代表对整个剧目中所有沪剧音乐元素的创作，唱段主要体现的是演员的唱腔音乐，就整个的唱段部分音乐乃至唱腔音乐而言，局部的过门、旋律的修饰不足以构成著作权法意义上的"创作"，故许如辉不能因此而对唱腔音乐享有著作权。根据我国民事诉讼法和民事证据规则规定的举证责任原则，黄能华、许文霞等应当首先举证证明其对被诉侵权 VCD 所涉唱段的音乐享有著作权，然后再证明扬子江公司、汝金山实施了侵犯其著作权的行为。一审法院根据当事人提供的证据对 VCD 专辑中黄能华、许文霞等提出被侵权的涉案沪剧唱段音乐的权属进行审查并确定其归属是正确的。遂判决驳回上诉，维持一审判决。黄能华、许文霞等不服二审判决，向最高人民法院申请再审。最高人民法院于 2010 年 11 月 26 日裁定驳回其再审申请。

最高人民法院审查认为：根据本案系侵权之诉的具体情况，对相关权属状况进行审查是查清案件事实的必要环节，原审法院对此进行必要的审查是正确的。作为不同的地方戏曲，都有其基本的曲牌、曲调，任何一个地方戏曲剧目，都是在民间传统曲牌、曲调的基础上创作完成，且都经历了演出的剧目从没有曲谱，到定腔定谱的发展过程。许如辉五、六十年代曾任上海勤艺沪剧团的专职作曲，负责戏曲音乐的谱曲整合、总体设计、定腔定谱等工作，其参与了涉案沪剧音乐作品创作的事实应该肯定。原审法院根据沪剧音乐产生、传承和发展规律，并根据五、六十年代戏曲演出多以演员为主的特点，认定涉案沪剧音乐系由老一辈戏曲表演艺术家及曲作者、琴师等共同创作完成，符合客观事实。但原审法院在认定共同创作的同时，又将涉案沪剧音乐中的唱腔音乐与开幕曲、幕间曲及大合唱等场景音乐分开，否认了许如辉参与整体音乐创作的客观事实不妥。本案各方当事人对许如辉系涉案沪剧音乐中场景音乐的曲作者没有争议，争议的焦点在于许如辉是否参与了唱腔音乐的创作。对此，根据双方当事人提供的证据及相关证人证言，由于不同时期、不同出版社出版发行的音像制品或报刊、杂志，对涉案沪剧音乐作品曲作者的署名不尽一致，即涉案相关沪剧剧目曲作者除许如辉外，还包括王国顺、杨飞飞等人，在上述人员非本案当事人，且杨飞飞作为证人出庭作证，坚持自己系唱腔音乐的曲作者的情况下，黄能华、许文霞等主张涉案沪剧整体音乐（包括唱腔音乐）的著作权归许如辉一人享有，缺乏事实和法律依据。

12. 作品登记是否构成著作权意义上的发表

在申请再审人坤联（厦门）照相器材有限公司（以下简称坤联公司）与深圳市宝安区公明八航五金塑胶厂（以下简称八航厂）、八航实业（深圳）有限公司（以下简称八航公司）、他普实业有限公司（以下简称他普公司）侵犯著作权纠纷案（〔2010〕民申字第281号）中，最高人民法院认为，作品登记的主要作用在于证明权利的归属，一般不构成著作权法意义上的发表，在没有其他证据的情况下不宜以此推定被告接触过原告作品。

本案的基本案情是：坤联公司职员创作了"取景标贴（keep 20cm）"图案，是用于贴在摄像机产品上的标贴，该美术图案左侧为一只含有眉毛和眼睛的图案，右边是英文"keep 20cm"。坤联公司与该职员签署"职务作品确认书"，确认该作品为职务作品，坤联公司享有除署名权之外之著作权。2004年7月15日，坤联公司取得福建省版权局颁发的作品著作权登记证书，载明作品名称为"取景标贴（keep 20cm）"，作品类型为美术作品，所附的"作品创作说明"中对作品进行描述并有作品图样。八航公司、八航厂三种不同型号的摄像机产品取景器下方标有"左侧为眉毛和眼睛图形，右侧为keep 20cm"字样的图案，与坤联公司作品稍有差别。坤联公司以侵犯其著作权为由提起诉讼，广东省深圳市中级人民法院以坤联公司未证明八航公司等接触过其作品为由，判决驳回其诉讼请求。广东省高级人民法院维持一审判决。坤联公司申请再审，最高人民法院于2010年6月23日裁定驳回其再审申请。

最高人民法院审查认为：坤联公司主张八航厂、八航公司及他普公司侵犯其著作权，应举证证明被诉侵权标贴系抄袭、复制其作品。本案中由于坤联公司未能提供其作品与其产品一起公开销售的证据，故主张对方接触其作品缺乏证据证明。根据国家版权局1994年发布的《作品自愿登记试行办法》第一条规定，作品登记的主要目的是维护作者或其他著作权人和作品使用者的合法权益，有助于解决因著作权归属造成的纠纷，并为解决著作权纠纷提供初步证据。可见，进行登记的主要作用在于证明权利的归属。虽然该试行办法规定有"作品登记应实行计算机数据库管理，并对公众开放"的内容，但对登记机构能否向公众提供相关登记的作品未作规定。原审法院结合本案的具体情况，认为作品登记不是著作权法意义上的发表，坤联公司主张八航厂、八航公司、他普公司侵权不能成立，驳回其诉讼请求是正确的。

13. 境外影视作品著作权人维护自己的合法权益不以获得行政审批为条件

在申请再审人广东中凯文化发展有限公司（以下简称中凯公司）与被申请人重庆市高新技术产业开发区水木年华网吧（以下简称水木年华网吧）、罗昌颖侵犯著作权纠纷案（〔2010〕民提字第39号）中，最高人民法院认为，境外影视作品著作权人维护自己的合法权益不以获得行政审批为条件。

本案的基本案情是：2007年5月，韩国MBC公司将其拥有版权的电视连续剧《宫S》在中国大陆地区的信息网络传播权独家授权给中凯公司，并授权中凯公司处理中国大陆地区的盗版行为。经2007年7月公证证明，使用水木年华网吧的电脑可在线播放《宫S》。2008年6月20日，中凯公司以水木年华网吧未经授权传播电视连续剧《宫S》、侵犯了其信息网络传播权为由提起诉讼，请求判令水木年华网吧停止侵权行为，赔偿经济损失8万元、维权合理费用3000元等。一审中，中凯公司提供了在中国大陆合法出版的《宫S》DVD，以证明涉案作品在中国大陆出版发行已经获得行政审批。重庆市第五中级人民法院一审认定水木年华网吧侵犯了中凯公司享有的信息网络传播权，判决水木年华网吧停止侵权行为、赔偿中凯公司经济损失和合理费用2万元等。水木年华网吧不服一审判决，提起上诉。重庆市高级人民法院二审查明，一审中，水木年华网吧辩称其使用的数据缓冲服务器是通过有偿使用协议从重庆网盟公司取得，而网盟公司提供的"网吧院线"是通过北京网尚公司授权取得，水木年华网吧一审时提交了网盟公司出具的包年使用费收据和网尚公司的网吧院线对水木年华网吧ICD授权的电子页面截屏。中凯公司提供的公证光盘中，播放影片的网站页面内容是网吧院线的内容，但是播放页面的IP地址里包含有水木年华网吧的局域网地址；在互联网上直接输入该网址无法登陆网尚公司的网站。二审法院认为，中凯公司享有涉案作品在中国大陆的独家信息网络传播权，水木年华网吧在其局域网上传播了涉案作品，侵犯了中凯公司的信息网络传播权。水木年华网吧应当承担停止侵权的法律责任。根据水木年华网吧提供的证据，可以认定其传播的涉案作品系由有正规资质的网尚公司有偿提供，有合法来源，应当由网尚公司承担主要责任。但是鉴于水木年华网吧没有提供与网尚公司的合作协议、许可使用合同等证据，审查不够充分，法律手续不够规范，存在一定过错，应当按照过错程度承担赔偿责任2000元（含中凯公司制止侵权的合理费用1000元）。中凯公司无法证明涉案作品获得了我国的行政审批，无权从事与涉案作品信息网络传播权有关的商业活动及获取报酬，因此不能获得经济损失的赔偿。水木年华网吧应当承担的赔偿金额中扣除合理费用后，还有1000元因中凯公司无权收取，应当以不当得利予以收缴，上缴国库。据此，二审法院改判水木年华网吧停止侵权行为、赔偿中凯公司制止侵权的合理费用1000元，对水木年华网吧的不当得利1000元予以收缴。中凯公司向最高人民法院申请再审，最高人民法院裁定提审本案。中凯公司称，二审判决对水木年华网吧是否尽到合理审查义务、涉案作品是否由案外人提供等事实问题的认定没有充分的依据，二审判决认定涉案作品未经行政审批错误。水木年华网吧辩称，涉案作品被批准进口的日期为2007年10月9日，晚于中凯公司公证取证的时间2007年7月26日，因此，公证取证行为是违法的。最高人民法院于2010年9月14日作出再审判决，维持二审判决中关于水木年华网吧停止侵权行为、赔偿中凯公司合理费用1000元的内容，加判水木年华网吧赔偿中凯公司经济损失1000元，驳回中凯公司的其他诉讼请求等。

最高人民法院再审认为：著作权人维护自己的合法权益并不以获得进口行政审批为条件，因此，中凯公司在2007年7月进行公证取证并不违反法律规定。中凯公司提交了已合法出版的《宫S》DVD等证据，证明涉案作品已经经过行政审批，可以在我国合法传播。二审判决认定该事实有误，予以纠正。水木年华网吧提交的证据尚不能证明涉案作品系由网尚公司有偿提供。况且，水木年华网吧提交的网尚公司关于中国网吧院线的书面宣传资料显示，网吧可以自行添加或删除其服务器中的影视剧文件。因此，不能认定水木年华网吧在传播涉案作品时尽到了必要的注意义务。对于权利人仅起诉网吧的案件，应该考虑在局域网传播作品的数量、对权利人经济利益损害的程度、网吧的侵权获利水平等因素，合理确定赔偿额。根据本案具体情形，二审判决确定的赔偿额2000元（含维权合理费用1000元）是基本适当的；但是判决没收不当得利，适用法律不当，应予纠正。

14. 买卖书号出版的图书的复制发行主体及侵权行为的认定

在申请再审人李长福与被申请人中国文史出版社（以下简称文史出版社）侵犯著作权纠纷案（〔2010〕民提字第117号）中，最高人民法院认为，出版社卖书号给书商，由书商负责编辑、印刷或发行图书，应当认定书商是复制发行图书的实质主体。

本案的基本案情是：2001年4月13日，李长福与文史出版社签订图书出版合同约定，李长福授予文史出版社在中国大陆出版发行《邓小平理论辞典》作品汉字简体字文本的专有使用权；未经双方同意，不得将前述权利许可第三方使用；出版电子版或者许可第三方出版电子版须另行取得李长福的书面授权；合同有效期为10年。李长福发现，文史出版社未经其许可，将正版图书787×960开本（以下简称960版）的未定稿交给书商姚智瑞，并卖书号给书商，由书商出版发行了787×1092开本（含电子版光盘，以下简称1092版）的侵权图书，1092版及光盘有40余处错误，遂起诉文史出版社未经许可擅自出版的1092版及其光盘侵犯其著作权。北京市第一中级人民法院一审认为，文史出版社取得了出版发行《邓小平理论辞典》汉字简体字文本的专有使用权，版本的决定权在文史出版社，其出版1092版纸质印刷图书并未超出合同约定范围；但1092版所含光盘版，超出合同约定，既属于违约又构成侵权。遂判决文史出版社停止出版发行侵权的光盘版《邓小平理论辞典》并赔偿李长福损失40000元等。李长福不服一审判决，提起上诉。北京市高级人民法院二审以与一审判决基本相同的理由判决驳回上诉，维持一审判决。李长福向最高人民法院申请再审，最高人民法院裁定提审本案。在再审时，文史出版社承认其原社长将录有960版内容的未定稿交给书商姚智瑞，合作出版了1092版；1092版由书商自行排版、印刷、发行；文史出版社向书商收取了8万元管理费。最高人民法院于2010年11月30日作出再审判决，改判文史出版社停止出版发行1092版《邓小平理论辞典》及其配套光盘，赔偿李长福损失及维权合理费用15万元。

最高人民法院再审认为：根据查明的事实，可以认定1092版《邓小平理论辞典》是文史出版社以合作出版为名，向书商姚智瑞收取管理费，给书商办理有关手续，由书商自行排版、印刷、发行的。文史出版社放弃了编辑、校对、印刷、复制、发行等职责，致使书商以文史出版社的名义从事非法出版活动牟利，构成买卖书号行为。1092版图书是书商从事非法出版活动出版的出版物，其复制发行的主体实质上已经不是文史出版社，而是书商姚智瑞。虽然文史出版社主张1092版图书为该社的合法出版物，并愿意对该版图书出现错误、未付酬等问题承担责任，但是因其主张与事实不符，不予采信。本案中1092版所附光盘是被控侵权的1092版图书的组成部分。文史出版社卖书号给书商出版侵权图书、将960版未定稿交给书商复制发行、出版电子版的行为，均侵犯了李长福对其作品的复制发行权。

15. 行政区划地图的可版权性及其保护程度

在申请再审人刘凯与被申请人包头市达茂联合旗人民政府（以下简称达茂旗政府）、包头市达茂联合旗建设局（以下简称达茂旗建设局）、包头市达茂联合旗国土资源局（以下简称达茂旗国土资源局）、包头市达茂联合旗工商行政管理局（以下简称达茂旗工商局）侵犯著作权及不正当竞争纠纷案（〔2008〕民申字第47—1号）中，最高人民法院认为，独立创作完成的地图，如果在整体构图、客观地理要素的选择及表现形式上具有独创性，可构成著作权法意义上的作品；行政区划图中关于行政区的整体形状、位置以及各内设辖区的形状和位置等，由于系客观存在，表达方式非常有限，在认定侵权时应不予考虑。

本案的基本案情是：刘凯主张"达尔罕茂明安联合旗行政区划图"（以下简称《行政区划图》）系其绘制，该图右下角标注"达尔罕茂明安联合旗民政局（以下简称达茂旗民政局）编制，包头市民政局监制 2002年8月"，右上角标有"内部用图"字样。2004年6月，达茂旗政府、达茂旗建设局共同编制发行了《达茂旗旅游交通图》（以下简称《旅游交通图》）。《行政区划图》与《旅游交通图》的对比情况如下：《行政区划图》包括各苏木/镇、行政村、自然村，《旅游交通图》基本只包括到行政村，有很少量的自然村，主要是景点图片。两幅图中关于达茂旗及各苏木/镇的整体轮廓相同，边界线的画法均为深浅两种粉色，边墙遗址（均为4处13段）和河流水库（共9处）的画法相同，18个图例中9个相同。另外，《行政区划图》上达茂旗跟固阳县的交界线画为两横一点，而根据图例，旗县界应为一横一点，《旅游交通图》存在同样的错误。两幅图背景颜色不同，比例尺不同，角度不同，标注的道路有所不同，《旅游交通图》里没有标注白云鄂博的区域。刘凯以被申请人侵犯其著作权及不正当竞争为由提起诉讼。内蒙古自治区包头市中级人民法院一审及内蒙古自治区高级人民法院二审均认为，《行政区划图》署名为达茂旗民政局，刘凯未能证明其为作者，遂判决驳回其诉讼请求。内蒙古自治区高级人民法院再审认为，刘凯不具有测绘资质，《行政区划图》不具有独创性，不受著作权法保护，遂判决维持原二审判决。刘凯不服，向最高人民法院申请再审。最高人民法院以原再审判决认定《行政区划图》不具有独创性、不受著作权法保护理由有误，但其结论正确为由，于2010年9月21日裁定驳回其再审申请。

最高人民法院审查认为：1. 关于《行政区划图》是否构成受著作权法保护的作品以及刘凯是否该图的作者和著作权人。著作权法所保护的作品，是指文学、艺术和科学领域内具有独创性并能以某种有形形式进行复制的智力成果。根据我国著作权法规定，有独创性的地图属于著作权法保护的图形作品。本案中《行政区划图》系刘凯独立创作完成，在整体构图、客观地理要素的选择及表现形式上具有独创性，构成著作权法意义上的作品，刘凯作为该图的作者，依法享有著作权。2. 关于达茂旗政府、达茂旗建设局出版发行《旅游交通图》是否构成对《行政区划图》著作权的侵犯。根据《行政区划图》和《旅游交通图》的对比情况可知，《旅游交通图》主要利用了《行政区划图》关于达茂旗及各乡镇苏木的整体轮廓和结构，在此基础上添加景点图片而成。由于达茂旗的整体形状、位置以及各乡镇苏木的形状和位置是客观存在的，其表达方式非常有限，《旅游交通图》对于刘凯具有独创性的部分仅有少量使用，如边界线的颜色、边墙遗址的画法等，从整体上来看，不构成对《行政区划图》的复制，可不视为对刘凯著作权的侵犯。

三、商标案件审判

（一）商标民事案件审判

16. 判断商标近似时对被诉侵权人的主观意图、相关标识使用的历史和现状等因素的考虑

在上诉人（法国）拉科斯特股份有限公司（LACOSTE）（以下简称拉科斯特公司）与被上诉人（新加坡）鳄鱼国际机构私人有限公司（CROCODILE INTERNATIONAL PTE LTD）（以下简称鳄鱼国际公司）、上海东方鳄鱼服饰有限公司北京分公司侵犯商标专用权纠纷案（〔2009〕民三终字第3号）中，最高人民法院认为，侵犯注册商标专用权意义上的商标近似应当是指混淆性近似，即足以造成市场混淆的近似；由于不同案件诉争标识涉及情况的复杂性，认定商标近似除通常要考虑其构成要素的近似程度外，还可以根据案件的具体情况，综合考虑被诉侵权人的主观意图、注册商标与诉争标识使用的历史和现状等其他相关因素，在此基础上认定诉争商标是否构成混淆性近似。

本案的基本案情是：拉科斯特公司创办于1933年，同年在法国注册"鳄鱼图形"商标。1980年至1999年，拉科斯特公司在中国注册了第141103号、第879258号、第1318589号"鳄鱼图形"商标及第940231号"鳄鱼图形＋LACOSTE"商标，前述注册商标分别核定使用在第25类和第18类相关商品上。拉科斯特公司产品于1984年正式进入中国，1994年在中国上海设立第一个专柜。鳄鱼国际公司前身系陈贤进于1943年在新加坡创办的利生民公司，1983年更名为现名称。利生民公司于1949年申请并于1951年在新加坡获准注册了"crocodile＋鳄鱼图形"商标。1951年，利生民公司在第25类商品上分别在新加坡、香港注册了鳄鱼图形商标。1952年至1954年，利生民公司在第25类商品上分别在印度、沙捞越、沙巴（洲）、马来西亚等国家和地区注册了鳄鱼图形商标。1959年，利生民公司在日本注册了鳄鱼图形商标。1961年至2003年，鳄鱼国际公司分别在文莱、印度尼西亚、斯里兰卡、韩国、中国台湾、泰国、蒙古、尼泊尔、朝鲜、摩洛哥、沙特阿拉伯、斐济等国家和地区在第25类商品上注册了鳄鱼图形商标。鳄鱼国际公司于1994年在中国上海开设第一个专卖店，于1993年、1994年向中国大陆申请注册"CARTEL0及鳄鱼图形"商标，使用商品分别为第25类和第18类，该两商标已经于2007年被生效判决核准注册。利生民公司曾于1969年在日本大阪提起民事诉讼，指控拉科斯特公司的销售商侵犯其商标权。1973年双方在大阪高等法院达成和解，利生民公司同意拉科斯特公司在日本注册"鳄鱼图形"商标。1983年6月17日，双方还签订和解协议。1995年，拉科斯特公司发现鳄鱼国际公司在中国建立了多家店面，其招牌上印有写实风格的鳄鱼图形，销售标有"鳄鱼图形"商标的服装产品。2000年5月11日，拉科斯特公司以鳄鱼国际公司侵犯其注册商标权为由提起诉讼。北京市高级人民法院一审认为，根据本案查明的事实，鳄鱼国际公司之行为不同于刻意仿冒名牌奢侈品的假冒行为，其在主观上并无利用拉科斯特公司的品牌声誉，造成消费者混淆、误认之故意；鳄鱼国际公司的系列商标标识经过在中国大陆市场上大规

模、长时间使用后,客观上也已经建立起特定的商业声誉。而且,被诉侵权产品标示的并非仅为"鳄鱼图形",还标有"CARTEL0"及"CARTEL0 及鳄鱼图形",所有这些作为一个整体,使得被诉侵权产品具有了整体识别性,能够有效地与其他标有鳄鱼形象的商品相区别。有鉴于此,根据整体比对、综合判断的原则,拉科斯特公司与鳄鱼国际公司的系列商标标识作为整体,二者之间已经形成了显著性的区别特征。两者无论在实际购买商品时还是在商品售出后使用中均不会导致消费者的混淆和误认。鳄鱼国际公司在被诉侵权产品上单独使用"鳄鱼图形"的行为,亦不侵犯拉科斯特公司的注册商标专用权。遂判决驳回拉科斯特公司的诉讼请求。拉科斯特公司不服一审判决,提起上诉。最高人民法院于2010年12月29日作出二审判决,驳回上诉,维持原判。

最高人民法院二审认为:2001年修订前的商标法第三十八条第(一)项规定,"未经注册商标所有人的许可,在同一种商品或者类似商品上使用与其注册商标相同或者近似的商标的",构成侵犯注册商标专用权行为。《最高人民法院关于审理商标民事纠纷案件适用法律若干问题的解释》第九条第二款规定:"商标法(指2001年10月27日修订的商标法—引注)第五十二条第(一)项规定的商标近似是指被控侵权的商标与原告的注册商标相比较,其文字的字形、读音、含义或者图形的构图及颜色,或者其各要素组合后的整体结构相似,或者其立体形状、颜色组合近似,易使相关公众对商品的来源产生误认或者认为其来源与原告注册商标的商品有特定的联系"。参照该司法解释规定及根据审判实际,认定被诉标识与原告请求保护的注册商标是否构成修订前的商标法第三十八条第(一)项规定的近似商标,通常要根据诉争标识文字的字形、读音、含义或者图形的构图及颜色等构成要素的近似性进行判断,且将是否造成混淆作为重要判断因素。因此,侵犯注册商标专用权意义上的商标近似应当是指混淆性近似,即足以造成市场混淆的近似。由于不同案件诉争标识涉及情况的复杂性,认定商标近似除通常要考虑其构成要素的近似程度外,还可以根据案件的具体情况,综合考虑其他相关因素,在此基础上认定诉争商标是否构成混淆性近似。诉争商标虽然在构成要素上具有近似性,但综合考量其他相关因素,仍不能认定其足以造成市场混淆的,不认定其构成侵犯注册商标专用权意义上的近似商标。本案中,鳄鱼国际公司使用的被诉标识鳄鱼图形与拉科斯特公司的系列注册商标相比,其均为鳄鱼图形,具有一定的近似性,但鳄鱼国际公司使用的被诉标识鳄鱼头部朝向、体型、鳞片、颜色均与拉科斯特公司主张权利的鳄鱼图形不同。特别是,双方之间的诉争商标在相关市场中具有特殊的形成历史和发展历程,有特殊的使用和共存状况,在本案中认定诉争商标是否构成侵犯注册商标专用权意义上的近似商标,既不能割裂各自形成和发展的历史,又不能无视相互之间的共存过程和使用状态,否则,就难以作出公平合理的裁判。就本案诉争商标具体情况而言,认定其是否近似仅仅比对标识本身的近似性是不够的,还必须综合考量鳄鱼国际公司的主观意图、双方共存和使用的历史与现状等因素,结合相关市场实际,进行公平合理的判断。首先,本案事实足以表明,鳄鱼国际公司进入中国市场后使用相关商标,主要是对其已有商标的沿用,且在实际使用中也有意区分诉争标识。其次,从相关国际市场看,双方诉争标识在亚洲部分国家和地区已经长期形成共存和使用的国际市场格局。再次,从诉争标识在中国市场的共存和使用情况看,两者在中国市场内已拥有各自的相关公众,在市场上均已形成客观的划分，已成为可区别的标识。综上，鳄鱼国际公司使用的被诉标识与拉科斯特公司请求保护的注册商标不构成侵犯注册商标专用权意义上的混淆性近似，不足以对拉科斯特公司的注册商标造成损害。

17. 判断商标近似时对注册商标的显著性和知名度等因素的考虑

在申请再审人湖南省华光机械实业有限公司（以下简称华光机械公司）、湖南省嘉禾县华光钢锄厂（以下简称华光钢锄厂）与被申请人湖南省嘉禾县锻造厂（以下简称嘉禾县锻造厂）、郴州市伊斯达实业有限责任公司（以下简称伊斯达公司）侵犯商标权纠纷案（〔2010〕民提字第27号）中，最高人民法院认为，根据《最高人民法院关于审理商标民事纠纷案件适用法律若干问题的解释》第九条和第十条的规定，在商标侵权纠纷案件中，认定被诉侵权标识与主张权利的注册商标是否近似，应当视所涉商标或其构成要素的显著程度、市场知名度等具体情况，在考虑和对比文字的字形、读音和含义，图形的构图和颜色，或者各构成要素的组合结构等基础上，对其整体或者主要部分是否具有市场混淆的可能性进行综合分析判断。

本案的基本案情是：嘉禾县锻造厂成立于1997年11月，经营范围为钢锄等。伊斯达公司成立于2000年11月，经营范围为五金工具、农具生产等产品的批发零售、自营和代理各类商品和技术的进出口。嘉禾县锻造厂于2001年以"雄鸡"中文文字和鸡图案组合作为商标向国家工商行政管理总局商标局（以下简称商标局）申请注册商标并获得核准，商标注册号为第1641855号，核定使用商品第8类锄头等。2002年1月1日，嘉禾县锻造厂与伊斯达公司签订合同，许可伊斯达公司使用第1641855号商标。嘉禾县锻造厂、伊斯达公司均生产钢锄并使用"雄鸡"中文文字和雄鸡图案组合商标，其产品出口销往非洲和东南亚等国家。华光钢锄厂成立于1997年，经营范围为钢锄等生产及销售。华光机械公司经营范围为工具等生产及销售。华光钢锄厂于1999年开始使用"银鸡"中英文和鸡图案组合商标。华光钢锄厂于2000年2月以"银鸡"中文和拼音"YINJI"组合作商标，向商标局申请注册并获得核准，商标注册号为第1364633号，核定使用商品第8类锄头等。嘉禾县锻造厂、伊斯达公司和华光机械公司、华光钢锄厂均生农用钢锄，其外形、尺寸基本相同。嘉禾县锻造厂、伊斯达公司在其生产的钢锄上使用"雄鸡"中文文字和鸡（鸡头向右，鸡尾朝左）图案，并标有英文"JOGOO-BRAND"及"中国制造"中英文加棱形图案商标。华光钢锄厂、华光机械公司在其生产的钢锄上使用"银鸡"和鸡（鸡尾朝右，鸡头向左并反向向右）图案，并标有英文"SILVERCOCK"及"中国制造"中英文加棱形图案商标。嘉禾县锻造厂2002年至2006年出口钢锄价值分别为美元47万元、14万元、45万元、7万元、401万元。伊斯达公司2002年至2005年出口钢锄价值分别为美元101万元、153万元、151万元、389万元。华光钢锄厂2002年至2005年出口钢锄价值分别为美元63万元、64万元、73万元、73万元。华光机械公司2006年出口钢锄价值为282万美元。2007年1月12日，嘉禾县锻造厂、伊斯达公司以华光钢锄厂、华光机械公司生产和出口的"银鸡"牌钢锄侵犯其"雄鸡"牌注册商标专用权为由提起诉讼。湖南省郴州市中级人民法院一审认为，华光钢锄厂、华光机械公司使用的"银鸡"中文文字加鸡图案商标，与嘉禾县锻造厂拥有的"雄鸡"中文文字加鸡图案的注册商标从文字、图案、颜色、图形相比较，二者在视觉上基本无差别，容易使相关公众对商品的来源产生误认或者认为其来源与嘉禾县锻造厂注册商标的商品有特定的联系，侵犯了嘉禾县锻造厂注册商标专用权，遂判决华光钢锄厂、华光机械公司停止侵权并赔偿人民币 50 万元。华光钢锄厂、华光机械公司不服一审判决，提起上诉。湖南省高级人民法院经审理，对华光钢锄厂称其早在 1999 年就开始使用"银鸡"中英文和鸡图案商标的事实不予认定，认为一审判决基本正确，判决驳回上诉，维持一审判决。华光钢锄厂、华光机械公司不服二审判决，向最高人民法院申请再审。最高人民法院提审后于 2010 年 6 月 24 日作出再审判决，撤销一、二审判决，驳回嘉禾县锻造厂、伊斯达公司诉讼请求。

最高人民法院再审认为：根据民事优势证据原则，对一审法院查明的华光钢锄厂早在 1999 年就开始使用"银鸡"中英文和鸡图案商标的事实予以确认。嘉禾县锻造厂的注册商标与华光钢锄厂、华光机械公司使用的银鸡标识均由鸡图形和相关鸡文字组成。经比对，两者鸡图形从视觉上看有明显不同，"雉鸡"、"银鸡"文字在视觉及呼叫上亦有明显区别，被诉侵权标识主色调为绿白两色，且有菱形边框，从整体上比较，也与嘉禾县锻造厂的注册商标有明显的区别。此外根据最高人民法院查明的事实，在生产锄头等产品的行业内，以"鸡"图形＋文字的商标被较广泛的注册、使用。嘉禾锻造厂也未提交其第 1641855 号"雉鸡及图"注册商标在 1999 年以前具有较高知名度的相关证据，且在嘉禾锻造厂的第 1641855 号"雉鸡及图"商标注册之前，华光钢锄厂已经在其生产、销售的钢锄上使用了银鸡中英文和鸡图案商标，根据本案现有证据难以认定华光钢锄厂有借用嘉禾锻造厂的注册商标声誉的主观故意。此外，根据原审法院查明的事实，在嘉禾县锻造厂提起本案诉讼之前，华光钢锄厂、华光机械公司与嘉禾县锻造厂、伊斯达公司在其各自生产、销售的钢锄上对相关商标均进行了大规模的使用，仅本案诉讼发生之前 6 年的各自的出口产值均已超过数百万美元。因此，华光钢锄厂、华光机械公司和嘉禾县锻造厂、伊斯达公司虽然处于同一地区，双方的锄头等产品均多数销往国外市场，相关公众已经将两者的商标区别开来，已经形成了各自稳定的市场。综合考虑以上因素，华光钢锄厂、华光机械公司使用的银鸡中英文和鸡图案商标和嘉禾县锻造厂享有注册商标专用权的第 1641855 号"雉鸡及图"商标不构成近似商标。

18. 企业字号与他人在先注册商标冲突的处理规则

在申请再审人王将饺子（大连）餐饮有限公司（以下简称大连王将公司）与被申请人李惠廷侵犯注册商标专用权纠纷案（〔2010〕民提字第 15 号）中，最高人民法院明确了企业字号与他人在先注册商标冲突案件的处理规则，指出停止使用企业名称与规范使用企业名称是两种不同的责任方式，并明确了适用这两种责任方式的具体情形。

本案的基本案情是：2003 年李惠廷获准在第 43 类饭店、快餐馆等服务上注册"王将"商标，并在其在哈尔滨市经营的餐馆中使用"王将"商标。2005 年 1 月，日本王将株式会社投资成立的大连饺子的王将餐饮有限公司获批成立。同年 11 月，经核准变更名称为王将饺子（大连）餐饮有限公司。大连王将公司在其经营的餐馆招牌、店内筷子套等餐具包装、菜谱、茶具上使用了"王将"字样服务标识以及在菜谱、茶具及发票印鉴上使用了"王将"字样服务标识。李惠廷起诉认为大连王将公司的行为侵犯其商标专用权，请求判令大连王将公司停止侵权行为、变更企业名称、公开赔礼道歉并赔偿经济损失。辽宁省大连市中级人民法院一审认为，大连王将公司注册包含"王将"字号的企业名称在李惠廷"王将"文字商标注册之后，且其经营范围包含在李惠廷注册商标的核定服务项目范围之内，大连王将公司在同业经营中使用与李惠廷注册商标相同的文字，足以使相关消费者对餐服务的来源以及不同经营者之间是否具有关联关系等产生混淆误认，属于商标法规定的给他人注册商标专用权造成其他损害的行为。同时，大连王将公司使用与注册商标相同的"王将"文字和相近似的"王将"服务标识，构成商标侵权。遂判决大连王将公司在李惠廷"王将"商标注册证核定服务项目的范围内停止使用含有"王将"字样的企业名称、立即停止使用"王将"和"王将"字样的服务标识并赔偿李惠廷经济损失。大连王将公司不服一审判决，提起上诉，辽宁省高级人民法院二审维持一审判决。大连王将公司不服，向最高人民法院申请再审。最高人民法院提审本案后于2010年6月24日作出再审判决，撤销了原审判决关于大连王将公司停止使用含有"王将"字样的企业名称与停止使用"王将"和"王将"字样的服务标识的判项，改判大连王将公司规范使用其企业名称，停止突出使用"王将"和"王将"等侵犯李惠廷注册商标专用权的行为，并赔偿李惠廷经济损失等。

  最高人民法院再审认为：注册商标和企业名称均是依照相应的法律程序获得的标志权利，分属不同的标志序列，依照相应法律受到相应的保护。对于注册商标与企业名称之间的纠纷，人民法院应当区分不同的情形，按照诚实信用、维护公平竞争和保护在先权利等原则，依法处理。如果注册使用企业名称本身具有不正当性，比如不正当地将他人具有较高知名度的在先注册商标作为字号注册登记为企业名称，即使规范使用仍足以产生市场混淆的，可以按照不正当竞争处理；如果是不规范使用企业名称，在相同或者类似商品上突出使用与他人注册商标相同或相近的企业的字号，容易使相关公众产生误认的，属于给他人注册商标专用权造成其他损害的行为，依法按照侵犯商标专用权行为处理。相应地，人民法院应当依据《最高人民法院关于审理注册商标、企业名称与在先权利冲突的民事纠纷案件若干问题的规定》第四条的规定，根据原告的诉讼请求和案件具体情况，确定被告应当承担的民事责任。如果不正当地将他人具有较高知名度的在先注册商标作为字号注册登记为企业名称，注册使用企业名称本身即是违法，不论是否突出使用均难以避免产生市场混淆的，可以根据当事人的请求判决停止使用或者变更该企业名称；如果企业名称的注册使用并不违法，只是因突出使用其中的字号而侵犯注册商标专用权的，判决被告规范使用企业名称、停止突出使用行为即足以制止被告的侵权行为，因此这种情况下不宜判决停止使用或者变更企业名称。规范使用企业名称与停止使用或变更企业名称是两种不同的责任承担方式，不能因突出使用企业名称中的字号从而侵犯商标专用权就一律判决停止使用或变更企业名称。本案中，虽然李惠廷的"王将"商标注册在先，但其仅在黑龙江省哈尔滨市实际使用，且在大连王将公司注册登记企业名称时并未具有较高知名度。同时，由于大连王将公司是日本王将株式会社投资成立的，大连王将公司以王将为字号注册其企业名称，具有一定合理性。如果大连王将公司在经营活动中规范使用其王将饺子（大连）餐饮有限公司的企业名称，不足以导致相关公众的混淆误认。因此原审判决大连王将公司停止使用含有"王将"字样的企业名称，没有事实和法律依据。

（二）商标授权确权行政案件审判

19. 对含有国名的标志申请注册为商标的审查判断

在申诉人国家工商行政管理总局商标评审委员会（以下简称商标评审委员会）与被申诉人劲牌有限公司商标驳回复审行政纠纷案（〔2010〕行提字第4号）中，最高人民法院认为，商标法第十条第一款第（一）项所称同中华人民共和国的国家名称相同或者近似，是指该标志作为整体同我国国家名称相同或者近似；如果该标志含有与我国国家名称相同或者近似的文字，但其与其他要素相结合，作为一个整体已不再与我国国家名称构成相同或者近似的，则不宜认定为同中华人民共和国国家名称相同或者近似的标志。

本案的基本案情是：2005年，劲牌有限公司向国家工商行政管理总局商标局（以下简称商标局）申请在第33类果酒（含酒精）等商品上注册第4953206号"中国劲酒"商标（以下简称申请商标）。2008年2月26日，商标局认为申请商标内含我国国名，根据商标法第十条第一款第（一）项的规定，驳回申请商标的注册申请。劲牌有限公司不服该驳回决定，向商标评审委员会申请复审。2008年11月24日，商标评审委员会作出商评字〔2008〕第28028号决定，认为申请商标中的"中国"为我国国家名称，属于商标法第十条第一款第（一）项明确规定不得作为商标使用的标志，因此驳回申请商标的注册申请。劲牌有限公司不服第28028号决定，提起行政诉讼称，申请商标虽含有我国国名，但申请商标与我国国名并不相同也不近似，商标评审委员会适用商标法第十条第一款第（一）项错误，请求撤销第28028号决定。北京市第一中级人民法院一审认为：申请商标为"中国劲酒"文字及方章图形共同构成的组合商标，方章图案中的"中国酒"三字，字体明显有别于"劲"字，虽然包含有中国国名，但该国名部分更容易使消费者理解为商标申请人的所属国。第28028号决定仅以申请商标中的"中国"为我国国家名称为由，即认定申请商标属于商标法第十条第一款第（一）项规定的不得作为商标使用的标志，主要证据不足。遂判决撤销第28028号决定。商标评审委员会不服一审判决，提起上诉。北京市高级人民法院二审认为：商标法第十条第一款第（一）项规定表明，在一般情况下禁止将与我国国名相同或者近似的标志作为商标使用，但申请商标所含我国国名与其他具备显著特征的标志相互独立，国名仅起表示申请人所属国作用的除外。本案申请商标虽包含有中国国名，但该国名部分更容易使消费者理解为仅起商标申请人所属国的作用。因此，第28028号决定认定事实不清，主要证据不足，一审法院判决予以撤销正确，应予维持。遂判决维持一审判决。商标评审委员会不服，向最高人民法院申请再审。最高人民法院提审本案后认为，一、二审判决理由不当，应予纠正，但其撤销第28028号决定的结论正确，遂于2010年12月24日判决维持二审判决，并判令商标评审委员会重新作出复审决定。

最高人民法院再审认为：商标是用以区别不同生产经营者所提供的商品或者服务的标志。本案中，申请商标可清晰识别为"中国"、"劲"、"酒"三部分，虽然其中含有我国国家名称"中国"，但其整体上并未与我国国家名称相同或者近似，因此申请商标并未构成同中华人民共和国国家名称相同或者近似的标志，商标评审委员会关于申请商标属于商标法第十条第一款第（一）项规定的同我国国家名称相近似的标志，据此驳回申请商标的注册申请不妥。但是，国家名称是国家的象征，如果允许随意将其作为商标的组成要素予以注册并作商业使用，将导致国家名称的滥用，损害国家尊严，也可能对社会公共利益和公共秩序产生其他消极、负面影响。因此，对于上述含有与我国国家名称相同或者近似的文字的标志，虽然对其注册申请不宜根据商标法第十条第一款第（一）项进行审查，但并不意味着属于可以注册使用的商标，而仍应当根据商标法其他相关规定予以审查。例如，此类标志若具有不良影响，仍可以按照商标法相关规定认定为不得使用和注册的商标。一、二审判决理由不当，应予纠正，但其撤销第28028号决定的结论正确，应予以维持。商标评审委员会仍需就申请商标是否违反商标法其他相关规定进行审查，故需判决商标评审委员会重新作出复审决定。

20. 判断复制、摹仿驰名商标时对被异议人已有近似注册商标的考虑

在申请再审人（香港）德士活有限公司与国家工商行政管理总局商标评审委员会（以下简称商标评审委员会）、广东苹果实业有限公司（以下简称广东苹果公司）商标异议复审行政纠纷案（〔2009〕行提字第2号）中，最高人民法院认为，在对被异议商标是否复制、摹仿驰名商标进行判断时，如果在申请注册被异议商标之前，被异议人在同类别商品上已经拥有近似的注册商标，法院应该比较被异议商标与被异议人自己的注册商标、他人的驰名商标之间的近似程度。被异议商标与被异议人已经在同类别商品上注册的商标近似程度较高，不宜认定被异议商标构成对他人驰名商标的复制、摹仿。

本案的基本案情是：德士活制衣厂有限公司1964年在香港注册成立，于1973年更名为（香港）德士活有限公司（以下简称德士活公司）。1979年，德士活公司向国家工商行政管理总局商标局（以下简称商标局）申请了"苹果牌"商标，1981年被核准注册，核定使用商品为第25类服装。1994年4月，德士活公司向商标局申请了"texwood及苹果图"商标，1996年2月被核准注册，核定使用商品为第25类服装、鞋、靴、帽等。1994年4月，德士活公司还向商标局申请了"texwood及苹果图"商标，于1996年3月被核准注册，核定使用的商品为第18类手提包、公文包、钱包等。广东苹果公司成立于1996年3月，1996年9月受让了案外人于1996年被核准注册在第18类商品上的第861645号"苹果图形"商标、第815245号"APPLES"文字商标两个商标，两商标核定使用的商品均为公文包、背包、钱包、手提包等。1998年3月14日，广东苹果公司在第18类商品上经核准注册了第1158068号"苹果"文字商标，核定使用商品为旅行袋等。1998年4月20日，广东苹果公司申请注册第1303083号"苹果男人"商标（以下简称被异议商标），指定使用商品为第18类钱包、手提包、公文包、旅行箱等。经初步审定公告后，德士活公司在异议期内提出异议。商标局于2001年2月22日裁定维持被异议商标。德士活公司申请复审，商标评审委员会作出商评字〔2004〕第5484号裁定，该裁定认为，被异议商标注册未构成商标法第十三条第二款规定的不予注册并禁止使用的情形，与德士活公司在第18类皮具商品上在先注册的"texwood及苹果图"商标（以下简称引证商标）不构成同一种或类似商品上的近似商标。遂裁定被异议商标予以核准注册。德士活公司不服该裁定，提起行政诉讼。北京市第一中级人民法院一审认为，德士活公司的"苹果牌"和"texwood及苹果图"两商标在被异议商标申请注册之前已成为驰名商标。广东苹果公司自1997年以来一直将"APPLES"和

"苹果图形"用于经营皮具商品,并进行广告宣传,且在 1998 年以来先后获得一些荣誉称号。广东苹果公司在申请注册被异议商标时,"APPLES"和"苹果图形"两个商标已经在皮具类商品上具有一定的影响和知名度。在一般情况下,消费者更容易将被异议商标与广东苹果公司在词类商品上具有一定影响的上述两商标产生联系,进而同"萍果牌"和"texwood 及苹果倒"两商标区别开来,而不会误认为该商品来源于德士活公司。因此,被异议商标的注册和使用不构成商标法第十三条第二款规定的不予注册并禁止使用的情形。被异议商标在字形、读音、含义上与德士活公司在第 18 类商品上在先注册的引证商标"texwood 及苹果图"存在一定差异,而被异议商标和"APPLES"商标更易产生联系,在"APPLES"商标已经具有一定知名度的情况下,一般消费者不会将被异议商标与引证商标相混淆,因此,被异议商标的注册并未违反修改前的商标法第十七条之规定。遂判决维持了第 5484 号裁定。德士活公司不服提起上诉,北京市高级人民法院以与一审判决基本相同的理由,判决驳回上诉,维持一审判决。德士活公司向最高人民法院申请再审称,商标评审委员会及原审法院认定广东苹果公司的商标在皮具类商品上具有一定的影响和知名度,均没有以被异议商标申请时的事实为依据,违背了商标审查的原则;广东苹果公司提供的大部分使用证据晚于 1998 年 4 月 20 日,其获得的有关荣誉证书全部晚于该日期,认定其商标具有一定知名度缺乏事实依据;第 25 类服装与第 18 类皮具经常联系在一起,即通常所称的"服饰",存在一定的关联性,被异议商标的注册和使用可能误导公众,损害德士活公司的利益。最高人民法院裁定提审本案后于 2010 年 9 月 10 日作出再审判决,在纠正原审认定事实和判决理由的基础上,维持了原审判决。

最高人民法院再审认为:广东苹果公司所提交的其"苹果图形"、"APPLES"商标使用宣传、市场占有率等证据,大部分形成时间确实晚于被异议商标申请日,其获得的荣誉证书的形成时间均晚于被异议商标申请日,据此不足以认定该两商标在被异议商标申请时已具有一定影响和知名度。德士活公司提出的该项再审理由成立,原审判决认定事实不当,应当予以纠正。本案中,要判断被异议商标是否构成商标法第十三条第二款规定的不予核准注册并禁止使用的情形,首先应该确定被异议商标是否构成对驰名商标的摹仿、复制;在能够认定的情况下,才需要进一步判断其注册和使用是否会误导公众。被异议商标"苹果男人"整体上无特定含义,仍以"苹果"为主要表现对象和识别部分。由于被异议商标申请注册之前,广东苹果公司在同类别商品上不仅拥有"APPLES"、"苹果图形"商标,还于 1998 年 3 月获准注册了"苹果"文字商标,被异议商标显然与广东苹果公司在同类别商品上已注册的商标比较近似,特别是与"苹果"文字商标更为接近。在此情况下,没有充分理由认定被异议商标构成对德士活公司驰名商标的复制、摹仿,因而德士活公司在服装商品上的驰名商标不能排斥被异议商标。商标评审委员会及原审法院已查明广东苹果公司 1998 年 3 月被核准注册"苹果"文字商标的事实,但均未充分阐述该事实对被异议商标是否应该准予注册的影响,对此应予纠正。虽然原审判决在部分事实的认定及裁判理由方面存在不当之处,但是根据原审法院已经查明的其他事实和所引用的法律规定,仍然应该认定被异议商标未构成商标法第十三条第二款规定的不予注册并禁止使用的情形。

21. 药品商品名称能否作为在先权利受到商标法的保护

在申请再审人山西康宝生物制品股份有限公司（以下简称康宝公司）与被申请人国家工商行政管理总局商标评审委员会（以下简称商标评审委员会）、原审第三人北京九龙制药有限公司（以下简称九龙公司）商标争议行政纠纷案（〔2010〕知行字第52号）中，最高人民法院认为，经实际使用并具有一定影响的药品商品名称，可以作为商标法第三十一条规定的在先权利受到法律保护。

本案的基本案情是：1994年1月21日，原卫生部药政管理局批准九龙制药厂（九龙公司前身）生产的"磷酸苯丙哌林口服液"的商品名为"可立停"。2003年2月20日，国家食品药品监督管理局向九龙制药厂颁发了商品名为"可立停"的"磷酸苯丙哌林口服液"的《药品注册证》。2000年6月6日，康宝公司提出争议商标"可立停"注册申请，指定使用商品为第5类的医药制剂、医用药物等。2007年1月31日，商标评审委员会裁定争议商标予以核准注册。2007年8月8日，九龙公司向商标评审委员会提出撤销争议商标注册的申请，其主要理由为：九龙公司在先取得"可立停"药品的商品名称，其生产的"可立停"牌止咳糖浆在康宝公司申请注册争议商标前已生产销售多年，具有很高的知名度，康宝公司作为竞争者，应知该药品名称属于九龙公司，康宝公司注册争议商标侵犯其在先权利。2008年7月28日，商标评审委员会作出商评字〔2008〕第6757号裁定，裁定撤销争议商标。康宝公司不服上述裁定，提起行政诉讼。北京市第一中级人民法院一审认为，九龙公司所提交的现有证据无法证明争议商标的注册构成对于九龙公司享有的受法律保护的在先权益的损害，遂判决撤销第6757号裁定，并令商标评审委员会重新作出商标争议裁定。商标评审委员会和九龙公司均不服，提起上诉。北京市高级人民法院二审认为，九龙公司经审批获得的"可立停"药品商品名称的使用即使无法达到构成知名商品的特有名称的程度，仍能够构成一定的合法权益，此合法权益属于商标法第三十一条规定的在先权利，应当给予保护。遂判决撤销一审判决，维持第6757号裁定。康宝公司不服二审判决，向最高人民法院申请再审。最高人民法院于2010年12月24日通知驳回康宝公司的再审申请。

最高人民法院审查认为：关于商标法第三十一条规定的"在先权利"，《最高人民法院关于审理商标授权确权行政案件若干问题的通知》第17条规定，"要正确理解和适用商标法第三十一条关于申请商标注册不得损害他人现有的在先权利的概括性规定。商标法虽无特别规定，但根据民法通则和其他法律的规定属于应予保护的合法权益的，应该根据该概括性规定给予保护"。根据有关行政规章和行政规范性文件规定，国家对药品商品名称的使用实行相应的行政管理制度，但除依照其他法律取得民事权利外，经药品行政管理部门批准使用的药品商品名称是否产生民事权益，取决于其实际使用情况，经实际使用并具有一定影响的药品商品名称，可作为民事权益受法律保护。根据九龙公司提供的销售合同、生产记录、销售发票等证据，结合其两次获得药品行政管理部门批文的事实，可以认定九龙公司在争议商标注册之前进行了一定规模的使用。该药品商品名称经在先使用并具有一定影响，可以产生民事权益，即合法的在先权利。康宝公司与九龙公司均系药品生产企业，应知"可立停"是九龙公司经过批准使用的药品商品名称，却仍将其申请为注册商标并使用在止咳类药品上，二审法院以康宝公司违反商标法第三十一条的规定，侵犯了九龙公司的在先权利，并维持第6757号裁定并无不当。

22. 主张权利者使用争议标志的意图、行为和效果对其受法律保护的影响

在申请再审人索尼爱立信移动通信产品（中国）有限公司（以下简称索尼爱立信公司）与被申请人国家工商行政管理总局商标评审委员会（以下简称商标评审委员会）、原审第三人刘建佳商标争议行政纠纷案（〔2010〕知行字第48号）中，最高人民法院认为，本案中的争议商标"索爱"，无论是作为未注册商标的简称，还是作为企业名称或知名商品特有名称的简称，其受法律保护的前提是，对该标识主张权利的人必须有实际使用该标识的行为，且该标识已能够识别其商品来源。

本案的基本案情是：2003年3月19日，刘建佳向国家工商行政管理总局商标局（以下简称商标局）提出"索爱"商标（以下简称争议商标）的注册申请，2004年8月7日该商标经核准注册，核定使用商品为第9类影碟机、扩音器、扬声器音箱、电话机等商品。互联网上关于索尼爱立信移动通讯公司（以下简称索尼爱立信通讯公司）和索尼爱立信公司的介绍如下：索尼爱立信通讯公司由爱立信公司与索尼公司于2001年共同创立；2002年3月推出首批合作产品；2002年，索尼爱立信公司销售的移动电话近2300万部。2002年8月，索尼爱立信公司成立。从2002年12月开始直至争议商标申请注册之前，曾先后在多家网站上出现了对不同型号"索爱手机"以及其他"索爱"电子产品的报道、评论，且这些产品的生产者均指向"索尼爱立信通讯公司"或"索尼爱立信公司"。在争议商标申请注册前，索尼爱立信公司的手机均未在中国大陆生产和销售。时至2007年10月左右，索尼爱立信公司并不认同"索爱"是其公司简称或者是其手机及电子产品的简称。2007年12月17日，CNET科技资讯网登载题目为"索尼爱立信卢健生：请称我们'索尼爱立信'"的文章，其中提到索尼爱立信集团副总裁兼中国区主管卢健生答："长久以来，'索尼爱立信'被非正式简称为'索爱'，这是我们不可以接受的。'索爱'并不能代表'索尼爱立信'。索尼爱立信移动通信产品（中国）有限公司是经国家工商行政管理局核准注册的，品牌称谓是'索尼爱立信'及'Sony Ericsson'。把'索尼爱立信'简称为'索爱'，一方面不能充分体现两家母公司的品牌效应，另一方面也会使消费者失去理解'索尼爱立信'背后含义的机会。……只有'索尼爱立信'才能最清楚地体现我们品牌的内涵。……把'索尼爱立信'简称为'索爱'，就不能反映我们全称的优势与Walkman和Cyber—shot的关系，这无疑会影响消费者从我们的产品中获得丰富的体验。……出于对品牌的尊重，请称我们'索尼爱立信'。"2005年6月7日，索尼爱立信公司向商标评审委员会提起对争议商标撤销注册的申请，其主要理由是："索爱"是其在中国拥有的驰名商标，刘建佳恶意注册争议商标将侵害索尼爱立信公司的合法权益，且违反商标法第十条第一款第（八）项和反不正当竞争法第五条第（二）项的规定。2007年11月28日，商标评审委员会作出第11295号裁定，维持争议商标。索尼爱立信公司不服该裁定，提起行政诉讼。北京市第一中级人民法院一审认为，"索爱"已被广大消费者和媒体认可并使用，具有了区分不同商品来源、标志产品质量的作用，这些实际使用效果、影响自然及于索尼爱立信通讯公司和索尼爱立信公司，其实质即等同于他们的使用。因此，尽管索尼爱立信公司认可其没有将"索爱"作为其未注册商标进行宣传，但消费者的认可和媒体的宣传共同作用，已经达到了

索尼爱立信公司自己使用"索爱"商标的实际效果,故"索爱"实质上已经成为该公司在中国使用的商标。遂判决撤销第 11295 号裁定,判令商标评审委员会重新就争议申请作出裁定。刘建佳不服一审判决,提起上诉。北京市高级人民法院二审认为,被抢注的商标是指他人已经使用并有一定影响的商标。商标的使用,包括将商标用于商品、商品包装或者容器以及商品交易文书上,或者将商标用于广告宣传、展览以及其他商业活动中。因此,被抢注的商标应当由被抢注人自己在商业活动中予以了使用。由于索尼爱立信公司未将"索爱"作为商标进行商业性的使用,一审法院的认定缺乏法律依据。遂判决撤销一审判决,维持第 11295 号裁定。索尼爱立信公司不服二审判决,向最高人民法院申请再审。最高人民法院于 2010 年 12 月 31 日通知驳回其再审申请。

最高人民法院审查认为:商标法第三十一条规定,申请商标注册不得损害他人现有的在先权利,也不得以不正当手段抢先注册他人已经使用并有一定影响的商标。《最高人民法院关于审理商标授权确权行政案件若干问题的意见》第 17 条第 2 款规定:"人民法院审查判断诉争商标是否损害他人现有的在先权利,一般以诉争商标申请日为准。"因此争议商标申请日前,索尼爱立信公司是否对其享有在先权利成为认定争议商标的注册是否违反了商标法第三十一条的前提。本案中,根据索尼爱立信公司提供的证据,不能证明争议商标"索爱"已经成为其企业名称的简称及其未注册商标"索尼爱立信"简称,且根据原审法院查明的事实,在本案争议商标申请日前,索尼爱立信公司的相关手机均未在中国大陆生产和销售,其关于争议商标是其知名商品特有名称简称的主张亦不能成立。而且,无论是作为未注册商标的简称,还是作为企业名称或知名商品特有名称的简称,其受法律保护的前提是,对该标识主张权利的人必须有实际使用该标识的行为,且该标识已能够识别其商品来源。在本案争议商标申请日前,没有证据证明索尼爱立信公司将争议商标用作其产品来源的标识,亦未有证据证明其有将该争议商标用来标识其产品来源的意图。相反,根据法院查明的事实,直至 2007 年 10 月、12 月,在争议商标已经被核准注册三年之后,索尼爱立信集团副总裁兼中国区主管卢健生仍多次声明"索爱"并不能代表"索尼爱立信",认为"索尼爱立信"被非正式简称为"索爱"不可以接受。鉴此,最高人民法院认为,在争议商标申请日前,索尼爱立信公司并无将争议商标作为其商业标识的意图和行为,相关媒体对其手机产品的相关报道不能为其创设受法律保护的民事权益,因此索尼爱立信公司关于争议商标的注册损害其在先权利的再审理由不能成立。

四、竞争案件审判

23. 注册商标侵犯他人在先企业名称中的字号权益构成不正当竞争行为

在申请再审人广东伟雄集团有限公司(以下简称伟雄集团公司)、佛山市高明区正野电器实业有限公司(以下简称高明正野公司)、广东正野电器有限公司(以下简称广东正野公司)与被申请人佛山市顺德区正野电器有限公司(以下简称顺德正野公司)、佛山市顺德区光大企业集团有限公司(以下简称顺德光大集团公司)不正当竞争纠纷案(〔2008〕民提字第 36 号)中,最高人民法院认为,受反不正当竞争法保护的企业名称,特别是字号,本质上属于一种财产权益,字号所产生的相关权益可以承继;将在先使用而有一定市场知名度的企业字号申请注册为商标并予以使用,足以使相关公众对商品的来源产生误认的,侵犯在先的企业字号权益,构成不正当竞争,应承担停止使用该注册商标的民事责任。

　　本案的基本案情是:顺德市正野电器实业公司于1994年9月成立,且于1995年1月获得伟雄集团公司的授权,使用"正野GENUIN"商标。该商标于1994年由伟雄集团公司申请,并于1996年获准注册,核定使用商品第11类,即管道式排风扇、空气调节器、换气扇、消毒器。高明正野公司成立于1996年5月。1998年4月30日,顺德市正野电器实业公司因场地不能满足扩大生产的需要于1998年5月14日被批准注销,该公司所有的人员设备转到高明正野公司,未了结的债权债务全部由高明正野公司承担。顺德市正野电器实业公司、高明正野公司被许可使用上述商标后,对正野商标进行长期持续性的宣传。2000年12月,"正野GENUIN"商标被评为广东省著名商标,"正野"产品行销全国。顺德光大集团公司于1998年核准注册"正野ZHENGYE"商标,核定使用商品为第9类电器插头、插座及其他接触器等。顺德正野公司于1998年10月登记使用"正野"字号。1999年2月顺德光大集团公司将"正野ZHENGYE"注册商标无偿许可顺德正野公司使用。从1999年10月,顺德正野公司在其开关插座的宣传资料、经销场所、价目表、包装盒等的显著位置上使用"正野ZHENGYE"字样。伟雄集团公司、高明正野公司等于2001年提起诉讼称,顺德正野公司明知"正野"是原告创立的知名商标和商号,在原告属下顺德正野实业公司于1998年5月14日从顺德市搬迁到高明市时,成立了与原告原顺德市正野公司完全相同的公司。顺德光大集团公司申请注册"正野ZHENGYE"商标,并许可顺德正野公司使用,引起相关公众的误认,请求法院判令顺德光大集团公司与顺德正野公司停止使用"正野"二字的不正当竞争行为;赔偿经济损失;赔礼道歉、消除影响;顺德正野公司变更企业名称。广东省佛山市中级人民法院一审认为,顺德光大集团公司与顺德正野公司有明显的搭他人便车的故意,其行为构成不正当竞争,判决顺德光大集团公司、顺德正野公司停止使用"正野"两字;顺德正野公司停止在其企业名称中使用"正野"字号,并申请变更企业字号;顺德光大集团公司、顺德正野公司赔偿原告经济损失、赔礼道歉、消除影响等。顺德光大集团公司、顺德正野公司不服一审判决,提起上诉。广东省高级人民法院二审认为,基于顺德光大集团公司的商标使用许可,顺德正野公司在自己的企业名称中使用"正野"字号,具有合法的权利基础和正当的理由。没有证据表明两者会产生混淆。顺德光大集团公司注册"正野"商标,顺德正野公司在其企业名称中使用"正野"二字并没有违反反不正当竞争法的规定。此外,原顺德正野电器实业公司注销后已经消亡,高明正野公司仅仅是在自己的企业名称中使用了"正野"二字作为字号,这种相同字号的使用,并非企业名称的继承和延续。遂判决撤销一审判决。伟雄集团公司、高明正野公司、广东正野公司向最高人民法院申请再审。最高人民法院提审本案后于2010年1月6日作出再审判决,撤销二审判决,判决顺德光大集团公司、顺德正野公司停止使用侵犯高明正野公司"正野"字号权益的"正野ZHENGYE"商标,顺德正野公司停止在其企业名称中使用"正野"字号,顺德光大集团公司、顺德正野公司向原告赔礼道歉、消除影响,顺德正野公司赔偿损失。

最高人民法院再审认为：受反不正当竞争法保护的企业名称，特别是字号，不同于一般意义上的人身权，是区别不同市场主体的商业标识，本质上属于一种财产权益。原顺德市正野电器实业公司注销后，其债权债务均由高明正野公司承继，字号所产生的相关权益也可由高明正野公司承继。通过原顺德市正野电器实业公司和高明正野公司的广告宣传和相关商品的销售，"正野"字号及相关产品已具有一定的市场知名度，为相关公众所知悉。顺德光大集团公司、顺德正野公司使用"正野 ZHENGYE"商标的行为，足以使相关公众对商品的来源产生误认，侵犯高明正野公司在先"正野"字号权益，构成不正当竞争。

24. 商业机会获得反不正当竞争法保护的条件

在申请再审人山东省食品进出口公司（以下简称山东食品公司）、山东山孚集团有限公司（以下简称山孚集团公司）、山东山孚日水有限公司（以下简称山孚日水公司）与被申请人青岛圣克达诚贸易有限公司（以下简称圣克达诚公司）、马达庆不正当竞争纠纷案（〔2009〕民申字第 1065 号）（以下简称"海带配额"不正当竞争案）中，最高人民法院认为，在正常情况下能够合理预期获得的商业机会，可以成为法律特别是反不正当竞争法所保护的法益；但基于商业机会的开放性和不确定性，只有当竞争对手不遵循诚实信用原则和违反公认的商业道德，通过不正当手段攫取他人可以合理预期获得的商业机会时，才为反不正当竞争法所禁止。

本案的基本案情是：山东食品公司成立于 1982 年 10 月 26 日，其前身自 1979 年起即从事海带对日出口业务。我国对日出口海带受到配额的限制，该配额是日本国政府设定的我国对日出口海带产品的被动配额。获得该配额的国内企业可以就相关区域产特定数量海带对日出口，获得该配额就获得了对日出口海带的商业机会。根据中粮国际（北京）有限公司（以下简称中粮公司）与日本北海道渔联签订的协议，日方委托中粮公司对海带配额、质量、经营公司进行统一管理，日方认可该公司是其在华海带贸易的唯一窗口。对日出口海带的配额由日本北海道渔联主导，通过中粮公司作为日方在华海带贸易的唯一窗口来选择有关企业进行分配。山东食品公司长期以来从中粮公司获得威海地区产海带对日出口配额。马达庆于 1986 年进入山东食品公司工作，1988 年开始从事海带加工和出口工作，2000 年进入山孚集团公司的前身山东山孚得贸易有限公司工作。山东食品公司曾是山孚集团公司的出资人之一，山孚集团公司是山孚日水公司的出资人之一。2005 年 1 月 4 日起，马达庆与山孚日水公司两次签订劳动合同，期限自 2005 年 1 月 4 日至 2006 年 12 月 31 日。合同期限届满，马达庆未与山孚日水公司续签劳动合同，双方的劳动合同终止。2006 年 9 月 22 日，圣克达诚公司成立，其法定代表人为陈庆荣，公司监事为颜素贞。其中，陈庆荣系马达庆的外甥，颜素贞为马达庆的配偶。马达庆在圣克达诚公司任职。马达庆离开山孚日水公司后，日方对山东食品公司是否能保持对日出口海带的品质稳定和数量表示疑虑。2007 年 1 月 10 日，中粮公司要求山东食品公司和圣克达诚公司报送海带出口工作计划，后又分别拜访该两公司，就计划书的相关内容进行询问和调查。2007 年 2 月 14 日，中粮公司决定将 2007 年威海海带出口日本业务交由圣克达诚公司执行，山东食品公司因此丧失了威海海带对日出口配额。山东食品公司、山孚集团公司、山孚日水公司遂以圣克达诚公司和马达庆为被告提起诉讼，请求确认两被告构成不正当竞争，停止利用三原告的收购出口渠道经营海带业务并赔偿损失。山东省青岛市中级人民法院一审认为，本案两被告的行为应受反不正当竞争法第二条的规制；山东食品公司凭借其经营优势和良好信用长期稳定获得对日海带出口配额这一商业机会，应受保护；马达庆在履行单位交办工作过程中得到日本北海道渔联认可，由此形成的竞争优势应属原所在单位而非个人，马达庆滥用日本客户对自己基于履行职务行为所产生的信赖，违背了诚实信用原则和公认的商业道德，构成不正当竞争；圣克达诚公司明知马达庆违背商业道德仍允许其如此行为，亦构成不正当竞争。遂判决马达庆和圣克达诚公司承担停止侵害和连带赔偿损失的民事责任。圣克达诚公司、马达庆不服一审判决，共同提起上诉。山东省高级人民法院二审认为，马达庆在离开山东食品公司后，以正当的方式，帮助圣克达诚公司获取了贸易机会，不违反诚实信用等原则，其行为不具有不正当性；配额的分配是中粮集团、日本北海道渔联综合双方能力确定的结果，圣克达诚公司没有违反公认的商业道德和诚实信用原则，其行为不具有不正当性。遂判决撤销一审判决，驳回山东食品公司等的诉讼请求。山东食品公司等不服二审判决，向最高人民法院申请再审。最高人民法院于2010年10月18日裁定驳回其再审申请。

最高人民法院审查认为：对日出口海带配额长期以来只分配给国内有限的几个企业，具有相对的稳定性和一定的可预期性。对于长期稳定获得该配额的企业如本案中的山东食品公司而言，获得对日出口海带配额是一种在正常情况下可以合理预期获得的商业机会，可以成为法律特别是反不正当竞争法所保护的法益。在反不正当竞争法上，一种利益应受保护并不构成该利益的受损方获得民事救济的充分条件。商业机会虽然作为一种可以受到反不正当竞争法所保护的法益，但本身并非一种法定权利，而且交易的达成并非完全取决于单方意愿而需要交易双方的合意，因此他人可以自由参与竞争来争夺交易机会。竞争对手之间彼此进行商业机会的争夺是竞争的常态，也是市场竞争所鼓励和提倡的。对于同一交易机会而言，竞争对手间一方有所得另一方即有所失。利益受损方要获得民事救济，还必须证明竞争对手的行为具有不正当性。只有竞争对手在争夺商业机会时不遵循诚实信用的原则，违反公认的商业道德，通过不正当的手段攫取他人可以合理预期获得的商业机会，才为反不正当竞争法所禁止。

25. 适用反不正当竞争法一般条款认定不正当竞争行为的条件与标准

在前述"海带配额"不正当竞争案中，最高人民法院认为，凡是法律已经通过特别规定作出穷尽性保护的行为方式，不宜再适用反不正当竞争法的一般规定予以管制；对于竞争行为尤其是不属于反不正当竞争法第二章列举规定的行为的正当性，应当以该行为是否违反了诚实信用原则和公认的商业道德作为基本判断标准；在反不正当竞争法中，诚实信用原则主要体现为公认的商业道德；商业道德所体现的是一种商业伦理，是交易参与者共同和普遍认可的行为标准，应按照特定商业领域中市场交易参与者即经济人的伦理标准来加以评判。

最高人民法院审查认为：由于市场竞争的开放性和激烈性，必然导致市场竞争行为方式的多样性和可变性，反不正当竞争法作为管制市场竞争秩序的法律不可能对各种行为方式都作出具体化和预见性的规定。因此，在具体案件中，人民法院可以根据反不正当竞争法第二条的一般规定对那些不属于反不正当竞争法第二章列举规定的市场竞争行为予以调整,以保障市场公平竞争。自由竞争和公平竞争是市场经济的两个基本法则,二者各有侧重,互为平衡。虽然人民法院可以适用反不正当竞争法的一般条款来维护市场公平竞争,但同时应当注意严格把握适用条件,以避免不适当干预而阻碍市场自由竞争。凡是法律已经通过特别规定作出穷尽性保护的行为方式,不宜再适用反不正当竞争法的一般规定予以管制。因而,适用反不正当竞争法第二条的原则规定认定构成不正当竞争应当同时具备以下条件:一是法律对该种竞争行为未作出特别规定;二是其他经营者的合法权益确因该竞争行为而受到了实际损害;三是该种竞争行为因确属违反诚实信用原则和公认的商业道德而具有不正当性或者说可责性。在规范市场竞争秩序的反不正当竞争法意义上,诚实信用原则更多的是以公认的商业道德的形式体现出来的。商业道德要按照特定商业领域中市场交易参与者即经济人的伦理标准来加以评判,它既不同于个人品德,也不能等同于一般的社会公德,所体现的是一种商业伦理。经济人追名逐利符合商业道德的基本要求,但不一定合于个人品德的高尚标准;企业勤于慈善和公益合于社会公德,但怠于公益事业也并不违反商业道德。特别是,反不正当竞争法所要求的商业道德必须是公认的商业道德,是指特定商业领域普遍认知和接受的行为标准,具有公认性和一般性。即使在同一商业领域,由于是市场交易活动中的道德准则,公认的商业道德也应当是交易参与者共同和普遍认可的行为标准,不能仅从买方或者卖方、企业或者职工的单方立场来判断是否属于公认的商业道德。具体到个案中的公认的商业道德,需要根据特定商业领域和个案情形具体确定,特定行业的一般实践、行为后果、交易双方的主观状态和交易相对人的自愿选择等都可能成为考虑因素。

26. 职工在职期间筹划设立与所在单位具有竞争关系的新公司的行为正当性判断

在前述"海带配额"不正当竞争案中,最高人民法院认为,职工在职期间筹划设立与所在单位具有竞争关系的新公司,为自己离职后的生涯作适当准备,并不当然具有不正当性;只有当职工的有关行为违反了法定或者约定的竞业限制义务的情况下,才能够认定该行为本身具有不正当性。

最高人民法院审查认为:虽然可以认定马达庆本人在原单位工作期间即筹划设立了圣克达诚公司,意图与原单位开展竞争,但是,职工在职期间筹划设立新公司,为自己离职后的生涯作适当准备,并不当然具有不正当性。因此,只有当职工的有关行为违反了法定或者约定的竞业限制义务的情况下,才能够认定该行为本身具有不正当性。法定的竞业限制义务主要是指公司法上针对公司董事、高级管理人员设定的义务;约定的竞业限制义务一般是指依据合同法和劳动合同法针对交易相对人或者劳动者通过协议约定的义务。山东食品公司未以马达庆违反法定或者约定的竞业限制提出请求,马达庆也并非山东食品公司的董事或者公司法意义上的高级管理人员,并不负有公司法规定的竞业限制义务,同时本案现有证据也不能证明马达庆负有约定的竞业限制义务。因此,基于现有证据难以认定马达庆在职期间筹划设立新公司的行为具有不正当性。况且,无论是法定的还是约定的竞业限制制度,都属于法律赋予有关经营者的法律保护手段,山东食品公司在不能依据法定竞业限制约束马达庆的情况下,又未事先通过约定进行自我保护,由此产生的不利后果应自我承担。马达庆的所作所为可能并不合于个人品德的高尚标准，不应该得到鼓励和提倡，但这并不当然意味着他作为一个经济人同时违反了诚实信用原则和公认的商业道德。在不负有竞业限制义务的情况下，企业的一般劳动者在职期间筹划设立新公司为离职后的生涯做准备，属于市场常见现象，法律上对此行为本身也无禁止性规定。当然，如果劳动者在职期间即利用职务之便以新设公司名义攫取本应由原企业获得的现实经济利益，则应另当别论。

27. 离职员工运用个人技能为与原单位有竞争关系的公司工作的行为正当性判断

在前述"海带配额"不正当竞争案中，最高人民法院认为，职工在工作中掌握和积累的知识、经验和技能，除属于单位的商业秘密的情形外，构成其人格的组成部分，职工离职后有自主利用的自由；在既没有违反竞业限制义务，又没有侵犯商业秘密的情况下，劳动者运用自己在原用人单位学习的知识、经验与技能为其他与原单位存在竞争关系的单位服务的，不宜简单地以反不正当竞争法第二条的原则规定认定构成不正当竞争。

最高人民法院审查认为：作为具有学习能力的劳动者，职工在企业工作的过程中必然会掌握和积累与其所从事的工作有关的知识、经验和技能。除属于单位的商业秘密的情形外，这些知识、经验和技能构成职工人格的组成部分，是其生存能力和劳动能力的基础。职工离职后有自主利用其自身的知识、经验和技能的自由，因利用其自身的知识、经验和技能而赢得客户信赖并形成竞争优势的，除侵犯原企业的商业秘密的情况外，并不违背诚实信用的原则和公认的商业道德。一审法院有关企业职工在履行单位交办工作过程中所形成的竞争优势，如同在履行单位工作中产生的发明创造一样，其权利享有者是公司而非职工的认定，并不正确。知识、经验和技能等个人能力显然不能直接等同于职务发明创造，其中除涉及单位商业秘密的内容以外，均应属于个人人格内容，可以自由支配和使用，这与职务发明创造或者职务劳动成果可以成为独立的财产或者利益有明显不同。如果任何人在履行职务的过程中积累知识、经验和技能等竞争优势都应归属于任职单位，在将来离职变换工作时不能使用，显然不利于鼓励职工在现单位学习新知识，积累新经验，提高自身业务能力，更不利于整个社会在知识上的积累和利用，不利于社会的创新和发展。

28. 获得外观设计专利的商品外观在专利权终止后能否依据反不正当竞争法获得保护

在申请再审人宁波微亚达制笔有限公司（以下简称微亚达制笔公司）与被申请人上海中韩晨光文具制造有限公司（以下简称中韩晨光公司）、原审被告宁波微亚达文具有限公司（以下简称微亚达文具公司）、原审被告上海成硕工贸有限公司（以下简称成硕工贸公司）擅自使用知名商品特有装潢纠纷案（〔2010〕民提字第16号）（以下简称"晨光笔特有装潢"不正当竞争案）中，最高人民法院认为，外观设计专利权终止后，该设计并不当然进入公有领域，在符合条件时还可以依据反不正当竞争法关于知名商品特有包装、装潢的规定而得到制止混淆的保护。

本案的基本案情是：2002年7月19日，中韩晨光公司向国家知识产权局申请了名称为"笔（事务笔）"的外观设计专利，该专利于2003年2月19日获得授权公告。因未缴纳专利年费，该专利权已于2005年10月12日终止。中韩晨光公司生产的K—35

型按动式中性笔使用了该外观设计。中韩晨光公司在第16类笔商品上拥有"晨光"注册商标,自2005年起,该商标先后被评为上海市著名商标和驰名商标。中韩晨光公司对其产品也进行了广告宣传。晨光牌K-35型按动式中性笔的外观由揿头、笔套夹、装饰圈、笔杆、笔颈、护套、尖套组成。中韩晨光公司对其中笔套夹和装饰圈部分进行了专门设计。2007年6月4日,中韩晨光公司在成硕工贸公司处购买了681型水笔一盒,该笔的结构和外观与上述K-35型按动式中性笔相同。681型水笔由微亚达制笔公司和微亚达文具公司生产、销售。2008年4月21日,中韩晨光公司以徽亚达制笔公司和徽亚达文具公司生产、销售的681型水笔仿冒K-35型按动式中性笔的特有装潢,构成不正当竞争为由提起诉讼,请求停止侵害和赔偿损失。上海市第二中级人民法院一审认为,K-35型按动式中性笔外观中的笔套和装饰圈部分构成知名商品的特有装潢,681型水笔与K-35型按动式中性笔在笔套夹和装饰圈部分的形状设计基本无差别,两个产品的其他部分也十分相似,从整体上看足以造成消费者的混淆,微亚达制笔公司和微亚达文具公司的行为构成不正当竞争,遂判决两公司停止实施仿冒K-35型按动式中性笔特有装潢的不正当竞争行为,共同赔偿中韩晨光公司经济损失10万元。微亚达制笔公司上诉后,上海市高级人民法院判决维持一审判决。微亚达制笔公司不服二审判决,向最高人民法院申请再审。最高人民法院裁定提审本案后,微亚达制笔公司因与中韩晨光公司达成和解协议,申请撤回其再审申请。最高人民法院于2010年12月3日裁定准许其申请。

最高人民法院审查认为:多数情况下,如果一种外观设计专利因保护期届满或者其他原因导致专利权终止,该外观设计就进入了公有领域,任何人都可以自由利用。但是,在知识产权领域内,一种客体可能同时属于多种知识产权的保护对象,其中一种权利的终止并不当然导致其他权利同时也失去效力。同时,反不正当竞争法也可以在知识产权法之外,在特定条件下对于某些民事权益提供有限的、附加的补充性保护。就获得外观设计专利权的商品外观而言,外观设计专利权终止之后,在使用该外观设计的商品成为知名商品的情况下,如果他人对该外观设计的使用足以导致相关公众对商品的来源产生混淆或者误认,这种在后使用行为就会不正当地利用该外观设计在先使用人的商誉,构成不正当竞争。因此,外观设计专利权终止后,该设计并不当然进入公有领域,在符合反不正当竞争法的保护条件时,它还可以受到该法的保护。具体而言,由于商品的外观设计可能同时构成商品的包装或者装潢,因而可以依据反不正当竞争法关于知名商品特有包装、装潢的规定而得到制止混淆的保护。此时,该外观设计应当满足以下条件:1. 使用该设计的商品必须构成知名商品;2. 该设计已经实际具有区别商品来源的作用,从而可以作为知名商品的特有包装或者装潢;3. 该设计既不属于由商品自身的性质所决定的设计,也不属于为实现某种技术效果所必需的设计或者使商品具有实质性价值的设计;4. 他人对该设计的使用会导致相关公众的混淆或者误认。不过,外观设计专利权的终止,至少使社会公众收到了该设计可能已经进入公有领域的信号,因而主张该设计受到知名商品特有包装、装潢保护的权利人应提供更加充分的证据来证明有关设计仍应受法律保护。

29. 商品外观形状构造获得知名商品特有装潢保护的条件

在前述"晨光笔特有装潢"不正当竞争案中，最高人民法院认为，凡是具有美化商品作用、外部可视的装饰，都属于装潢，通常包括文字图案类和形状构造类两种类型；与外在于商品之上的文字图案类装潢相比，内在于商品之中的形状构造类装潢构成知名商品的特有装潢需要满足更严格的条件。

最高人民法院审查认为：商品的装潢的字面含义是指商品的装饰，它起着美化商品的作用。一般而言，凡是具有美化商品作用、外部可视的装饰，都属于装潢。在外延上，商品的装潢一般可以分为如下两种类型：一类是文字图案类装潢，即外在于商品之上的文字、图案、色彩及其排列组合；另一类是形状构造类装潢，即内在于物品之中，属于物品本体但具有装饰作用的物品的整体或者局部外观构造，但仅由商品自身的性质所决定的形状、为实现某种技术效果所必需的形状以及使商品具有实质性价值的形状除外。现实生活中大多数装潢都可归为这两种类型。所谓知名商品的特有装潢，是指知名商品上具有区别商品来源的显著特征的装潢。由于文字图案类装潢和形状构造类装潢的表现形态不同，决定了它们构成特有装潢的条件也存在一定差异。对于文字图案类装潢而言，由于消费者几乎总是习惯于利用它们来区分商品来源，除因为通用性、描述性或者其他原因而缺乏显著性的情况外，它们通常都可以在一定程度上起到区别商品来源的作用。一般而言，在使用文字图案类装潢的商品构成知名商品的情况下，该文字图案类装潢除缺乏显著性的情形外，通常都可起到区别商品来源的作用，从而构成知名商品的特有装潢。形状构造类装潢则并非如此。形状构造本身与商品本体不可分割，相关公众往往更容易将其视作商品本体的组成部分，而一般不会直接将其与商品的特定生产者、提供者联系起来。即使使用该形状构造的商品已经成为知名商品，在缺乏充分证据的情况下，不能直接得出相关公众已经将该种形状构造与特定的生产者、提供者联系起来的结论。因此，对于形状构造类装潢而言，不能基于使用该种形状构造的商品已经成为知名商品就当然认为该种形状构造已经起到了区别商品来源的作用，更不能仅凭使用该种形状构造的商品已经成为知名商品就推定该种形状构造属于知名商品的特有装潢。因而，认定形状构造类装潢构成知名商品特有装潢，需要有更加充分的证据证明该种形状构造起到了区别商品来源的作用。可见，与外在于商品之上的文字图案类装潢相比，内在于商品之中的形状构造类装潢构成知名商品的特有装潢需要满足更严格的条件。这些条件一般至少包括：1. 该形状构造应该具有区别于一般常见设计的显著特征。2. 通过在市场上的使用，相关公众已经将该形状构造与特定生产者、提供者联系起来，即该形状构造通过使用获得了第二含义。也就是说，一种形状构造要成为知名商品的特有装潢，其仅仅具有新颖性和独特性并对消费者产生了吸引力是不够的，它还必须能够起到区别商品来源的作用。只要有充分证据证明该形状构造特征取得了区别商品来源的作用，就可以依据知名商品的特有装潢获得保护。

五、知识产权合同案件审判

30. 不具备"两店一年"条件的特许人所签特许经营合同的效力

在广西壮族自治区高级人民法院关于不具备"拥有至少2个直营店并且经营时间超

过1年"的特许人所签订的特许经营合同是否有效的请示案（〔2010〕民三他字第18号）中，最高人民法院知识产权审判庭首次评析了该类合同的效力。

最高人民法院知识产权审判庭批复认为：2007年5月1日起施行的《商业特许经营管理条例》第七条第二款关于"特许人从事特许经营活动应当拥有至少2个直营店，并且经营时间超过1年"的规定，属于行政法规的管理性强制性规定；特许人不具备上述条件，并不当然导致其与他人签订的特许经营合同无效。

31. 企业以外的其他单位和个人作为特许人所签特许经营合同的效力及特许人的认定

在广西壮族自治区高级人民法院关于特许人不具备企业资格签订的特许经营合同是否有效的请示案（〔2010〕民三他字第19号）中，最高人民法院知识产权审判庭首次明确了该类合同的效力。

最高人民法院知识产权审判庭批复认为：2007年5月1日起施行的《商业特许经营管理条例》第三条第二款关于"企业以外的其他单位和个人不得作为特许人从事特许经营活动"的规定，可以认定为行政法规的效力性强制性规定；企业以外的其他单位和个人作为特许人与他人签订的特许经营合同，可以认定为无效。

最高人民法院知识产权审判庭同时指出：在具体案件审判中，法院要注意结合特许经营资源的拥有人或者实际控制人、在商务主管部门的备案信息、经营指导、技术支持以及业务培训等服务的实际提供者、涉案合同的签字人和签约名义及签字人与特许经营资源拥有人或者实际控制人之间的法律关系等因素，准确认定涉案合同的特许人，依法妥善审理好相关案件。

六、关于知识产权侵权责任承担

32. 数字图书馆侵犯著作权案件中重复诉讼的认定与赔偿责任的确定

在申请再审人北京世纪超星信息技术发展有限责任公司（以下简称世纪超星公司）与被申请人李昌奎及一审被告、二审被上诉人北京超星数图信息技术有限公司（以下简称超星数图公司）和贵州大学侵犯著作权纠纷案（〔2010〕民提字第159号）中，最高人民法院认为，权利人针对数字图书馆运营商及不同用户提起的侵权诉讼，因被诉侵权主体不完全相同，诉讼请求不能互相涵盖，故不构成重复诉讼，但对权利人赔偿损失的请求能否予以支持，应当进行综合考量；若权利人在以前诉讼中获得的赔偿足以补偿其因本案侵权行为所遭受的实际损失，本案被告不应再向权利人承担赔偿责任。

本案的基本案情是：《中外职业资格认证和语言考试指南：规划你的职业生涯》（以下简称《指南》）由山东人民出版社于2002年8月出版，署名为李昌奎，全书共计240千字。2005年12月，贵州大学图书馆与超星数图公司签订《数字图书馆共建协议书》，约定超星数图公司以链接或镜像方式建设数字图书馆，负责数据及书目信息的上传、修改、维护及图书馆的运行，并保证其对"超星数字图书馆"作品的使用已经过相关权利人的授权，贵州大学图书馆负责提供本项目所需的硬件设备与网络环境，不具体参与该图书馆的运营。2007年1月16日作出的公证书显示：进入贵州大学网站，点击"电子图书"，进入"超星数字图书馆"主页，在"信息检索"栏输入"李昌奎"并选择"作者",查询到《指南》一书。该书记录下有"阅读"、"下载"、"发表评论"、"添加个人书签"四个选项。世纪超星公司是电子图书的制作者,超星数图公司是世纪超星公司的下属销售公司。在本案之前,李昌奎就《指南》一书已对世纪超星公司、超星数图公司及其他用户提起10余起侵权诉讼,共获得赔偿147016.666元。该公证书的时间是在吉林省长春市中级人民法院作出〔2007〕长民初字第118号判决之前,在该院判令"长春理工大学及超星数图公司停止侵权"判决生效后,世纪超星公司、超星数图公司即对"超星数字图书馆"中的《指南》一书采取措施进行删除。在最高人民法院对本案进行听证时,双方均认可包括贵州大学数字图书馆网站在内的相关网站上《指南》一书已基本删除。李昌奎的诉讼请求为:判令贵州大学立即从其服务器中删除《指南》一书,停止侵权;贵州大学、世纪超星公司及超星数图公司连带赔偿其经济损失及合理支出共12000元,并负担诉讼费用。贵州省贵阳市中级人民法院一审认为,李昌奎就同一侵权事实再次向世纪超星公司、超星数图公司提出赔偿损失的请求,系重复主张,违背民事诉讼中一事不再理的原则,故不予支持。贵州大学不能对"超星数字图书馆"内容进行控制,未直接获取利益,不具有侵权的故意,不存在主观过错,不应承担赔偿损失的责任,只应承担停止侵权的责任。遂判决贵州大学立即从其服务器中删除《指南》一书,停止侵权;驳回李昌奎的其他诉讼请求。李昌奎不服一审判决,提起上诉。贵州省高级人民法院二审认为,在本案诉讼之前,李昌奎就世纪超星公司、超星数图公司侵犯《指南》一书的信息网络传播权提起的其他诉讼所涉及的侵权事实与本案不是基于同一侵权事实,不属于重复诉讼,不影响本案中世纪超星公司、超星数图公司侵权行为的构成及承担侵权的民事责任。一审判决认定本案系李昌奎就同一侵权事实向超星公司、超星数图公司提出的重复诉讼,违背民事诉讼中一事不再理的原则不当,应当予以纠正。遂判决撤销一审判决,贵州大学、超星数图公司立即共同删除贵州大学网站中"超星数字图书馆"中的《指南》一书,世纪超星公司、超星数图公司赔偿李昌奎经济损失5000元。世纪超星公司不服二审判决,向最高人民法院申请再审。最高人民法院提审本案后于2010年11月5日作出再审判决,撤销一、二审判决,驳回李昌奎的诉讼请求。

最高人民法院再审认为:世纪超星公司未经李昌奎许可,擅自将《指南》一书数字化,收录入其开发的"超星数字图书馆"中,由超星数图公司将该数字图书数据库系统销售给贵州大学,并通过镜像或链接方式供贵州大学在局域网上进行传播,其行为侵犯了李昌奎的信息网络传播权。原审法院认定世纪超星公司、超星数图公司共同承担侵权责任正确。原审法院同时认定贵州大学作为"超星数字图书馆"的使用者,通过其局域网传播涉案作品的行为,亦侵犯了李昌奎的信息网络传播权,应承担停止侵权的民事责任,亦无不当。关于是否重复诉讼问题,鉴于李昌奎针对世纪超星公司、超星数图公司及其用户的侵权行为,在不同的法院已提起多个侵权诉讼,每一个侵权诉讼之间虽有关联,但被诉侵权主体不完全相同,诉讼请求亦不能相互涵盖,故世纪超星公司主张本案李昌奎系重复诉讼的理由不能成立。关于是否重复赔偿问题,民事赔偿的功能在于补偿被侵权人因侵权行为所遭受的实际损失,李昌奎在本案中提出的赔偿请求应否予以支持,需要综合进行考量。鉴于《指南》一书在世纪超星公司开发的"超星数字图书馆"收录的图书数量中所占比例极小,且李昌奎在以前提起的多次诉讼中已获得14余万元赔偿，本案中因李昌奎不能提供证据证明其另有实际损失，考虑到有关诉讼在被诉侵权行为上的整体关联性，李昌奎获得的上述赔偿数额足以补偿其因世纪超星公司、超星数图公司的侵权行为所遭受的实际损失，世纪超星公司、超星数图公司在本案中不应再向李昌奎承担赔偿责任。因贵州大学对"超星数字图书馆"数据库系统的内容不能进行控制，二审法院认为贵州大学不具有侵权的故意，且未通过"超星数字图书馆"直接获取利益，可不承担赔偿责任，但负有协助超星数图公司删除《指南》一书，停止侵权行为并无明显不当。鉴于世纪超星公司、超星数图公司已经停止侵权，本案没有再判决停止侵权行为的必要。

33. 销售侵犯注册商标专用权商品销售商的赔偿责任的确定

在申请再审人鲁道夫·达斯勒体育用品波马股份公司（以下简称波马公司）与北京六里桥广客宇商贸有限责任公司（以下简称广客宇公司）侵犯注册商标专用权纠纷案（〔2009〕民申字第1882号）中，最高人民法院认为，销售商在未与制造者构成共同侵权、需要承担连带责任时，仅就其销售行为承担相应的责任，不应一并承担制造者应当承担的责任，更不能由其赔偿权利人因侵权而受到的所有损失。

本案的基本案情是：波马公司拥有在运动鞋等商品上的第76559号豹子图形的注册商标专用权。2007年，波马公司在广客宇公司购买到"足奇威"牌运动鞋一双，价格为96元。该款鞋的鞋帮外侧有一豹子图案，鞋的吊牌上有"ZUQIWEI"、"美国足奇威体育用品发展有限公司（授权）"字样以及生产厂商福建省晋江市钱鹏鞋塑有限公司的厂名、厂址、电话。经比对，该款鞋的鞋帮外侧的豹子图案与涉案商标相比，除后腿被截去小部分外，其余基本相同。2008年7月，波马公司以广客宇公司侵犯注册商标专用权为由提起诉讼，请求判令广客宇公司停止侵权、赔偿波马公司经济损失10万元及为制止侵权行为发生的费用700元。广客宇公司在诉讼中提交了晋江市钱鹏鞋塑有限公司企业法人营业执照、税务登记证、组织机构代码证、卫生许可证、中华人民共和国香港特别行政区政府"足奇威"品牌商标证明书、福建省鞋服质量检测中心出具的检验报告的复印件，用以证明销售的涉案产品均是正规合格的商品。北京市第二中级人民法院一审认为，波马公司所购买"足奇威"鞋的外侧鞋帮上有豹子图案，该图案与涉案商标相近似，因此该款鞋是侵犯涉案商标专用权的侵权商品。虽然广客宇公司提交了说明涉案商品的生产来源的证据，但其作为销售单位，应知晓涉案商标的知名度，主动审查商品的进货手续，现其未能提供证据证明所售商品的进货渠道，不属于法律上规定的主观上不知情的法定情形，因此广客宇公司还应承担赔偿波马公司经济损失的法律责任。遂判决广客宇公司立即停止销售侵犯涉案商标专用权的涉案鞋类商品，赔偿波马公司经济损失人民币1000元及合理诉讼支出人民币700元。波马公司不服一审判决，提起上诉。北京市高级人民法院二审认为，广客宇公司作为销售者，虽有一定主观过错，但其销售侵权商品的数量较小，并且提供了制造者的有关情况材料，故应在其侵权行为情节、性质、程度范围内承担相应的责任。一审法院根据本案具体情况酌情确定的赔偿数额并无不当。因此判决驳回上诉，维持一审判决。波马公司不服二审判决，认为赔偿数额太低，向最高人民法院申请再审。最高人民法院于2010年5月21日裁定驳回其再审申请。

最高人民法院审查认为：本案的争议焦点在于如何确定赔偿数额。根据查明的事实，广客宇公司是销售商，而非制造者，在未与制造者构成共同侵权、需要承担连带责任时，广客宇公司仅就其销售行为承担相应的责任，而不一并承担制造者应当承担的责任，更不能由某一销售商赔偿权利人因侵权而受到的所有损失。销售侵犯商标专用权商品，并需要承担赔偿责任的某一销售商的赔偿数额，同样需要根据商标法第五十六条第一、二款的规定确定，即为该销售商销售期间因销售所获得的利益，或者被侵权人在被侵权期间因该销售商的销售行为所受到的损失，包括被侵权人为制止侵权行为所支付的合理开支。如果销售商因销售侵权产品所得利益或者被侵权人的损失难以确定的，由人民法院根据销售行为的情节确定赔偿数额。在确定销售商的赔偿数额时，要综合考虑注册商标的知名度、侵权行为人的主观恶意、销售侵权商品的数量、价格以及销售持续时间等因素。本案中，波马公司虽主张广客宇公司销售规模较大，但没有提供相应的证据，相反广客宇公司提交了进货单等证明及销售情况说明，证明其销售行为规模小、数量少。同时，被控侵权产品使用了与注册商标相近似的标志，广客宇公司的此种销售行为与销售假冒注册商标商品不同，其主观过错较小。而且本案中，被控侵权产品上已经标注了产品的制造者，广客宇公司也提交了制造者的营业执照等相关证据，在该种情况下，波马公司完全可以另行向制造者主张权利，获得相应的救济。因此，原审判决广客宇公司赔偿波马公司经济损失1000元和诉讼合理支出700元并无不妥。

34. 专利权人错误申请海关扣留货物而应承担赔偿责任的确定

在申请再审人广州市兆鹰五金有限公司（以下简称兆鹰公司）与被申请人黄冈艾格尔五金制造有限公司（以下简称艾格尔公司）侵犯实用新型专利权纠纷案（〔2010〕民申字第1180号）中，最高人民法院认为，知识产权权利人错误申请海关扣留他人出口货物，他人实际交货时间因此违反合同约定，他人根据合同应支付的迟延交货违约金属于其经济损失。

本案的基本案情是：兆鹰公司为"一种水烟筒"的实用新型专利（以下简称涉案专利）的专利权人。艾格尔公司与案外人签订一份销售水烟筒的合同，合同约定若艾格尔公司延期交货或不能交货，每天需按货柜总价值的1‰进行赔偿。2009年5月7日，中华人民共和国黄石海关（以下简称黄石海关）依兆鹰公司的申请，对艾格尔公司生产、报关出口的被控侵权产品予以扣押，扣留艾格尔公司申报出口的锌合金制水烟筒5800个，货物总价为580510元。2009年5月26日，兆鹰公司以艾格尔公司侵犯涉案专利权为由提起诉讼。2009年6月5日，艾格尔公司提起反诉称，其生产的产品使用的是现有技术，没有落入涉案专利权的保护范围，兆鹰公司滥用专利权，启动海关保护程序，扣留艾格尔公司出口货物，致使其因延期交货而构成违约，造成直接经济损失203178元，故请求判令兆鹰公司赔偿其经济损失203178元并承担合理开支等。2009年6月3日，兆鹰公司支付集装箱超期借用费5336元。2009年6月5日，被扣留货柜装船离港。湖北省武汉市中级人民法院一审认为，艾格尔公司主张现有技术抗辩成立，兆鹰公司请求海关扣留被控侵权产品，造成艾格尔公司迟延交货，应当支付违约金203178元。虽然没有证据证明该违约金已实际支付，但有提单和扣款通知等证明损失存在的初步证据，该损失作为艾格尔公司的预期损失应当纳入赔偿范围。遂判决兆鹰公司赔偿艾格尔公司经济损失 203178 元。兆鹰公司不服一审判决，提起上诉。湖北省高级人民法院二审判决驳回上诉，维持一审判决。兆鹰公司向最高人民法院申请再审。最高人民法院于 2010 年 10 月 29 日裁定驳回其再审申请。

最高人民法院审查认为：根据《中华人民共和国知识产权海关保护条例》第二十九条第二款的规定，知识产权权利人请求海关扣留侵权嫌疑货物后，海关不能认定被扣留的侵权嫌疑货物侵犯知识产权权利人的知识产权，或者人民法院判定不侵犯知识产权权利人的知识产权的，知识产权权利人应当依法承担赔偿责任。该赔偿责任应当是因错误扣留而使对方受到的经济损失。兆鹰公司错误申请海关扣留艾格尔公司的出口货物，导致艾格尔公司实际交货时间违反合同约定。艾格尔公司与案外人的销售合同中已经协议约定了违约金，该迟延交货的损失属于艾格尔公司的经济损失。

七、关于知识产权诉讼证据与程序

35. 人民法院应否受理因商标注册申请权权属产生的争议

在湖南省土家人酒业有限公司（原湖南省土家人工贸有限公司，以下简称酒业公司）与湖南土家人集团工贸有限公司（原湖南湘西自治州土家人事业有限责任公司，以下简称湘西公司）、湖南省正邦商标事务所（以下简称正邦事务所）确认商标申请权权属纠纷案（〔2010〕民监字第 407 号）中，最高人民法院认为，当事人在商标注册申请过程中因申请权权属发生的争议，属于民事纠纷，只要符合民事诉讼法第一百零八条规定的条件，人民法院即应予以受理。

本案的基本案情是：2001 年 10 月 26 日，酒业公司委托正邦事务所代理向国家工商行政管理总局商标局（以下简称商标局）申请"土家人及图"商标（以下简称诉争商标）在第 33 类产品上的注册，被商标局驳回。酒业公司向国家工商行政管理总局商标评审委员会（以下简称商标评审委员会）申请复审。2002 年 9 月 27 日，商标评审委员会依法受理酒业公司的商标注册驳回复审申请。2004 年 1 月 6 日，湘西公司工作人员罗明携带"湖南省土家人工贸有限公司"（酒业公司原名称）字样的公章和湘西公司的公章到正邦事务所办理了诉争商标的申请转让手续。2004 年 4 月 28 日，商标局核准了该商标注册申请的转让，该商标的注册申请人为湘西公司。2004 年 6 月 21 日，酒业公司委托长沙市公安局对商标转让申请书中"湖南省土家人工贸有限公司"的印文进行了鉴定，鉴定认定该印文不是真章所盖，而是伪造形成。2004 年 8 月 23 日，商标评审委员会复审决定，对诉争商标予以初步审定并公告。2005 年 1 月 4 日，酒业公司提起诉讼，请求确认诉争商标注册申请权归酒业公司所有，湘西公司赔偿其经济损失。湖南省长沙市中级人民法院一审认为，商标注册申请人或利害关系人在商标注册申请过程中因商标注册申请权权属发生纠纷而提起诉讼的，人民法院依法可以受理。本案中的商标注册申请转让行为属无效民事行为，酒业公司应为诉争商标的注册人。但湘西公司擅自办理转让的行为不属于侵害注册商标专用权的行为。遂判决诉争商标注册申请权归酒业公司所有；驳回酒业公司的其他诉讼请求。酒业公司不服一审判决，提起上诉。湖南省高级人民法院二审认为，本案中谁是商标注册在先申请人，应由有关行政机关审查，一审法院进行审理不当。遂判决撤销一审判决，驳回酒业公司的诉讼请求。酒业公司不服二审判决，向最高人民法院申请再审。最高人民法院审查查明，2002年1月5日，湘西公司与酒业公司就合作生产推广土家人系列白酒事宜签订了生产营销责任书，该责任书约定，注册的土家人品牌权属湘西公司。遂在变更裁判理由的基础上于2010年10月11日裁定驳回酒业公司的再审申请。

最高人民法院审查认为：当事人在商标注册申请过程中因申请权权属发生的争议，属于民事纠纷，只要符合民事诉讼法第一百零八条规定的条件，人民法院即应予以受理。二审法院认为本案应由有关行政机关审查，法院不应进行审理的判决理由不当，应予纠正。根据湘西公司与酒业公司签订的"生产营销责任书"等证据，诉争商标应属于湘西公司所有，故本案即使认定商标注册申请转让无效，也不影响双方关于诉争商标应归属于湘西公司的约定的效力。二审法院从实体上驳回酒业公司诉讼请求适当，且考虑酒业公司已过申请再审法定期限和原审法院不予受理其再审申请的实际情况，本院对酒业公司申请再审的请求不予支持。

36．涉外知识产权案件不适用《最高人民法院关于涉外民商事案件诉讼管辖若干问题的规定》

在申请再审人阿迪达斯有限公司（ADIDAS AG）（以下简称阿迪达斯公司）与被申请人阿迪王体育用品（中国）有限公司（以下简称阿迪王公司）、原审被告华珠（泉州）鞋业有限公司（以下简称华珠公司）、郭艳梅侵犯商标权及不正当竞争纠纷案（〔2010〕民申字第1114号）中，最高人民法院认为，《最高人民法院关于涉外民商事案件诉讼管辖若干问题的规定》不适用于涉外知识产权案件。

本案的基本案情是：2008年8月19日，阿迪达斯公司以阿迪王公司、华珠公司、郭艳梅侵犯商标权及不正当竞争为由向辽宁省营口市中级人民法院提起诉讼，请求判令阿迪王公司、华珠公司、郭艳梅立即停止侵犯其注册商标专用权的行为；华珠公司、阿迪王公司立即停止在产品和商业活动中使用阿迪王体育用品（中国）有限公司、德国阿迪王（国际）体育发展集团有限公司企业名称的不正当竞争行为；阿迪王公司变更其含有"阿迪王"字号的企业名称；阿迪王公司、华珠公司、郭艳梅在全国发行的报纸上消除影响；阿迪王公司、华珠公司、郭艳梅连带赔偿经济损失100万元。华珠公司在提交答辩状期间以华珠公司、阿迪王公司的住所地、涉案产品生产地均在福建省泉州市，华珠公司在辽宁省营口市并没有销售或仓储涉案产品，也没有被查封扣押事项为由提出管辖异议。辽宁省营口市中级人民法院一审认为，根据《最高人民法院关于审理商标民事纠纷案件适用法律若干问题的解释》第六条、第七条规定，对涉及不同侵权行为实施地的多个被告提起的共同诉讼，原告可以选择其中一个被告的侵权行为实施地人民法院管辖。阿迪达斯公司将阿迪王公司、华珠公司、郭艳梅作为共同被告起诉，郭艳梅销售被控侵权产品的行为实施地在辽宁省营口市，因此，营口市中级人民法院对本案依法拥有管辖权。故裁定驳回华珠公司的管辖异议。阿迪王公司不服一审裁定，提起上诉。辽宁省高级人民法院二审认为，因被告郭艳梅销售被控侵权产品的行为实施地在辽宁省营口市，营口市为侵权行为的实施地，营口市中级人民法院对本案有地域管辖权。本案系涉外民事案件，涉外民商事案件实行集中管辖，营口市等市区域内的第一审涉外民商事案件，由大连市中级人民法院管辖。故裁定移送大连市中级人民法院管辖。阿迪达斯公司不服二审裁定，向最高人民法院申请再审。最高人民法院于 2010 年 11 月 8 日裁定指令辽宁省高级人民法院再审。

37. 宣告专利权无效行政诉讼对侵犯专利权民事诉讼的影响

在申请再审人贵阳黔江航空电热电器厂（以下简称黔江电器厂）与被申请人张保忠、林金栋、一审被告贵阳红华家电超市有限公司（以下简称红华超市）侵犯实用新型专利权纠纷案（〔2010〕民申字第 1038 号）中，在二审判决被告承担侵犯专利权责任，但专利权已经于二审判决之前被宣告无效且无效宣告请求审查决定被提起行政诉讼的情况下，最高人民法院认为，国家知识产权局专利复审委员会作出的宣告专利权无效决定还处于行政诉讼程序，而本申请再审案的审查以该行政诉讼的审理结果为依据，因此，在上述行政诉讼审结之前，应中止本案诉讼，并中止原审判决的执行。

本案的基本案情是：2009 年，张保忠、林金栋以黔江电器厂和红华超市为被告提起侵犯实用新型专利权诉讼。贵州省贵阳市中级人民法院一审判决两被告承担侵权责任。黔江电器厂不服一审判决，提起上诉。贵州省高级人民法院于 2010 年 5 月 17 日作出驳回上诉、维持原判的二审判决。黔江电器厂不服二审判决，向最高人民法院申请再审。最高人民法院审查查明，国家知识产权局专利复审委员会于 2010 年 4 月 30 日作出第 14837 号无效宣告请求审查决定，宣告涉案专利权全部无效。北京市第一中级人民法院于 2010 年 8 月 11 日受理了张保忠、林金栋针对第 14837 号无效宣告请求审查决定提起的行政诉讼，目前该案尚在审理中。最高人民法院于 2010 年 11 月 5 日裁定，本案中止诉讼；中止诉讼期间，中止原审判决的执行。

38. 当事人未在行政程序中提交的证据应否采纳

在申诉人国家工商行政管理总局商标评审委员会（以下简称商标评审委员会）与被申诉人商丘市汉方堂生物科技有限公司、原审第三人广东国医堂制药股份有限公司（以下简称国医堂公司）商标撤销复审行政纠纷案（〔2010〕知行字第 28 号）中，最高人民法院认为，在行政诉讼程序中，人民法院对于原告提交的新证据一般不予采纳，并非一概不予采纳，且不予采纳的前提条件是原告依法应当提供而拒不提供。

本案的基本案情是：1995 年 10 月 16 日，河南省国医保健用品总厂申请注册"国医"商标（以下简称复审商标），于 1997 年 5 月 7 日获准注册，该商标由"国医"汉字与包括汉语拼音"GUOYI"的图形组成，核定使用的商品是第 5 类医用保健袋、口罩、药茶等。2003 年 3 月 3 日，复审商标经国家工商行政管理总局商标局（以下简称商标局）核准转让给商丘市汉方堂美容保健品有限公司（以下简称保健品公司）。2007 年 6 月 26 日，经商标局核准，该复审商标注册人变更为商丘市汉方堂生物科技有限公司（以下简称汉方堂公司）。2004 年 4 月 5 日，国医堂公司以复审商标连续三年停止使用为由向商标局提出撤销申请。商标局于 2004 年 6 月 14 日通知保健品公司提交在 2001 年 4 月 5 日至 2004 年 4 月 4 日期间复审商标的使用证据。保健品公司提交了相关证据。2005 年 3 月 21 日，商标局经审查作出"撤 200400475 号决定"，认为保健品公司提交的使用证据有效，驳回国医堂公司的撤销申请，复审商标继续有效。国医堂公司不服该决定，向商标评审委员会申请复审。2008 年 6 月 11 日，商标评审委员会作出商评字〔2008〕第 05663 号决定，认定本案中现有证据均不足以证明复审商标在 2001 年 4 月 5

日至2004年4月4日期间，在商业活动中公开、真实地进行了实际使用，依据商标法第四十九条的规定，将复审商标予以撤销。汉方堂公司不服该决定，提起行政诉讼并补充提交了有关使用复审商标的相关证据。北京市第一中级人民法院一审认为，对于汉方堂公司未在行政程序中提供的证据以及第三人国医堂公司提供的证据，依据《最高人民法院关于行政诉讼证据若干问题的规定》第五十九条的规定，不予采纳。汉方堂公司在商标行政程序中提交的证据均不足以证明复审商标在2001年4月5日至2004年4月4日期间进行了商标法意义上的实际使用，遂判决维持商标评审委员会作出的被诉决定。汉方堂公司不服一审判决，提起上诉。北京市高级人民法院二审认为，复审商标本身权利状况发生多次改变，证据收集本身存在一定的障碍，汉方堂公司在每一程序阶段亦均未漠视程序价值，相反积极收集、提交证据，维护自己的权益，不存在行政程序中故意不提供证据的情形；鉴于汉方堂公司在一审、二审程序中多次补充提交新证据，虽然这些新证据并非商标评审委员会作出被诉决定时所依据的证据，但部分证据属于对行政程序中提交证据的补强，依法应予考虑，一审法院对汉方堂公司在一审程序中新提交的补强证据不予采纳错误，应予纠正。遂判决撤销一审判决及被诉决定。商标评审委员会不服二审判决，向最高人民法院申请再审。最高人民法院于2010年9月6日通知驳回其再审申请。

最高人民法院审查认为：根据《最高人民法院关于行政诉讼证据若干问题的规定》第二条"原告或者第三人提出其在行政程序中没有提出的反驳理由或者证据的，经人民法院准许，被告可以在第一审程序中补充相应的证据"的规定，原告可以提出其在行政程序中没有提出的反驳理由或者证据。该司法解释第五十九条规定了"被告在行政程序中依照法定程序要求原告提供证据，原告依法应当提供而拒不提供，在诉讼程序中提供的证据，人民法院一般不予采纳"。根据该条的规定，人民法院对提交的新证据不予采纳的限定条件是原告依法应当提供而拒不提供，不提供的后果是人民法院一般不予采纳，并非一概不予采纳。本案中，二审法院考虑复审商标本身权利状况发生多次改变，证据收集本身存在一定的障碍等因素，认定汉方堂公司不存在行政程序中拒不提供证据的情形，并同时考虑行政诉讼救济价值，对于当事人无不当理由而未能在行政程序中提供有效证明自己主张的证据，应予以充分考虑，并无不当。

39. 互联网下载图片证据的认定和举证责任的分配

在申请再审人华盖创意（北京）图像技术有限公司（以下简称华盖公司）与被申请人中国外运重庆有限公司（以下简称重庆外运公司）侵犯著作权纠纷案（〔2010〕民提字第199号）中，最高人民法院再审采信了华盖公司提供的旨在证明涉案作品权属的互联网下载图片等证据，根据该下载图片上的署名，结合重庆外运公司未提交相反证据的事实等具体情况认定下载图片的署名人为作者；并以重庆外运公司未提交证据证明其对涉案作品的使用有合法依据为由，推定涉案作品在重庆外运公司使用之前已经公开发表，即认定了重庆外运公司已实际接触涉案作品的事实。

本案的基本案情是：华盖公司是美国Getty Images, Inc（以下简称Getty公司）在中国的授权代表。Getty公司授权华盖公司在中国境内展示、销售和许可他人使用其拥有著作权的图像资料，并以其自身名义在中国境内就任何第三方对Getty公司的知识产权的侵犯和未经授权使用 Getty 公司拥有著作权的图像的行为采取任何形式的法律行为。华盖公司提起诉讼称，重庆外运公司未经授权在其 2006 年制作的企业宣传画册中使用了 Getty 公司享有著作权的一张图片（以下简称涉案图片），请求判令重庆外运公司停止使用涉案图片、赔偿其经济损失，并提交了 2009 年 3 月 23 日在 Getty 公司互联网网站公证取证的涉案图片等作为证据。重庆外运公司以该宣传画册系其委托广告公司制作，故不构成侵权为由提出抗辩。重庆市第一中级人民法院一审认为，华盖公司提交的公证书仅能证明 Getty 公司在公证时享有涉案图片的著作权，但未能证明 Getty 公司在涉案宣传画册形成之前就拥有涉案图片的著作权，遂判决驳回了华盖公司的诉讼请求。华盖公司提起上诉，并提交了涉案图片上传时间的公证书等新证据。重庆市高级人民法院二审认为，公证书所记载的图片上传时间来源于华盖公司自有的网站管理后台，该公司有能力对其进行修改，不应予以采信；现有证据不能确定涉案图片的上传时间，华盖公司未能证明 Getty 公司在宣传画册形成之前就拥有涉案图片的著作权，遂判决驳回上诉，维持一审判决。华盖公司不服二审判决，向最高人民法院申请再审。最高人民法院提审本案后于 2010 年 12 月 16 日作出再审判决，撤销一、二审判决，并判令重庆外运公司停止使用涉案图片并赔偿华盖公司经济损失。

最高人民法院再审认为：本案中，Getty 公司虽未参加诉讼，但其是否享有涉案图片的著作权，直接关系其对华盖公司的授权行为是否存在瑕疵，以及对华盖公司的主张能否予以支持的问题，故应对此进行必要的审查，并结合双方当事人提供的证据综合分析判断。首先，Getty 公司系美国知名的专业图片提供商，涉案图片上有"Getty Images"的水印，即 Getty 公司的署名，并标注了"本网站所有图片均由 Getty 公司授权发布，侵权必究"等字样，根据著作权法的规定，无相反证明，应认定在作品上的署名者为作者，并享有著作权。本案中，Getty 公司出具的授权书已经美国公证机构公证，及我国驻美国旧金山总领事馆认证，对此证据效力应予采信。依据该授权书，华盖公司作为 Getty 公司在中国的授权代表，有权在中国境内展示、销售和许可他人使用 Getty 公司拥有著作权的图片，并有权在中国境内以华盖公司名义就任何侵权行为提起诉讼。其次，关于涉案图片何时公开发表的问题。鉴于本案中重庆外运公司使用的涉案图片与 Getty 公司享有著作权的图片完全相同，但重庆外运公司既未提交证据证明涉案图片的著作权不属于 Getty 公司，亦未能证明其对涉案作品的使用有合法依据，据此，可以推定涉案图片在重庆外运公司 2006 年使用之前已经公开发表，至于涉案图片发表的具体时间已不重要。一审法院将华盖公司 2009 年 3 月 23 日申请公证机构公证的时间，作为 Getty 公司享有著作权的时间，缺乏法律依据。二审法院以"现有证据不能证明 Getty 公司在 2006 年前对涉案图片享有著作权"为由，认定华盖公司不能依据 Getty 公司的授权，享有相关著作权及提起本案诉讼的权利，亦法律依据不足。根据华盖公司在一审、二审及申请再审过程中提供的相关证据，可以认定华盖公司已经取得 Getty 公司合法授权，其据此主张权利，依法应予支持。重庆外运公司未经许可，擅自使用涉案图片，并用于企业宣传推广，侵犯了华盖公司依法享有的复制权和发行权，应当承担停止侵害、赔偿损失的民事责任。重庆外运公司以其只是企业宣传册的使用者，不是制作者，没有侵权的故意，不构成侵权抗辩的理由不能成立。对于企业宣传画册制作者的责任，重庆外运公司可以依据其与该制作者签订的合同，另案解决。

40. 新产品制造方法专利侵权纠纷中举证责任的分配及"新产品"的认定

在前述欧意公司再审案中，最高人民法院认为，专利法第五十七条第二款规定，"专利侵权纠纷涉及新产品制造方法的发明专利的，制造同样产品的单位或者个人应当提供其产品制造方法不同于专利方法的证明。"根据该规定，在此类专利侵权纠纷中，由被诉侵权人承担证明其产品制造方法不同于专利方法的举证责任，需满足一定的前提条件，即权利人能够证明依照专利方法制造的产品属于新产品，并且被诉侵权人制造的产品与依照专利方法制造的产品属于同样的产品；在认定一项方法专利是否属于新产品制造方法专利时，应当以依照该专利方法直接获得的产品为依据；所谓"依照专利方法直接获得的产品"，是指使用专利方法获得的原始产品，而不包括对该原始产品作进一步处理后获得的后续产品。

本案的相关案情是：吉林省长春市中级人民法院一审认为，目前国内市场上只有原告生产的苯磺酸左旋氨氯地平及其片剂，以及欧意公司生产的马来酸左旋氨氯地平及其片剂，而原告产品的上市时间早于欧意公司产品。原告的左旋氨氯地平产品于2001年5月被原国家经济贸易委员会认定为2001年度国家重点新产品，2001年6月被原国家经济贸易委员会评为"九五"国家技术创新优秀项目奖，被告虽然认为原告的产品不是新产品，但是未提供充分的证据反驳。因此，涉案专利应为新产品的制造方法专利。中奇公司、华盛公司、欧意公司未能证明其产品制造方法不同于涉案专利方法，应依法承担相应的侵权责任。吉林省高级人民法院二审对中奇公司等关于涉案专利不属于新产品制造方法专利的主张不予支持，维持了一审判决。欧意公司不服二审判决，向最高人民法院申请再审。最高人民法院在再审中明确了原告在涉及新产品制造方法专利的侵权纠纷中的举证责任和新产品的认定问题，判决驳回了张喜田的诉讼请求。

最高人民法院再审认为：依照涉案专利方法直接获得的产品是"结合一个DMSO－d6的（S）－（－）－氨氯地平的D－酒石酸盐"，或"结合一个DMSO－d6的（R）－（＋）－氨氯地平的L－酒石酸盐"，其中前者即为制造左旋氨氯地平的中间产物，而非左旋氨氯地平本身；而后者即为制造右旋氨氯地平的中间产物，亦非右旋氨氯地平本身。由于在涉案专利的申请日之前，上述中间产物并未为国内外公众所知悉，可以认定依照涉案专利方法直接获得的产品是新产品，涉案专利属于新产品制造方法专利。虽然涉案专利是一项新产品制造方法专利，但要由被诉侵权人中奇公司、华盛公司、欧意公司承担证明其产品制造方法不同于专利方法的举证责任，还须由权利人张喜田证明被诉侵权人制造的产品与依照专利方法直接获得的产品属于同样的产品。张喜田提供的证据虽然能够证明华盛公司、欧意公司制造了马来酸左旋氨氯地平及其片剂，并且马来酸左旋氨氯地平的制造须以左旋氨氯地平为原料，但张喜田并没有提供证据证明华盛公司、欧意公司在制造马来酸左旋氨氯地平及其片剂时，也制造了"结合一个DMSO－d6的（S）－（－）－氨氯地平的D－酒石酸盐"中间产物，因此，张喜田提供的证据并不足以证明华盛公司、欧意公司制造的产品与依照涉案专利方法直接获得的产品属于同样的产品，本案不应由华盛公司、欧意公司承担证明其产品制造方法不同于专利方法的举证责任。

41. 药品制备方法发明专利侵权纠纷中举证责任的分配和被诉侵权技术方案的查明

在上诉人（美国）伊莱利利公司（以下简称伊莱利利公司）与被上诉人江苏豪森药业股份有限公司（以下简称豪森公司）侵犯发明专利权纠纷案（〔2009〕民三终字第6号）中，最高人民法院强调了被诉侵权人对于新产品的制造方法承担倒置举证责任的条件，并在查明相关技术事实的情况下，认定被诉侵权药品制备方法的相关技术内容应由专利权人承担举证责任。此外，最高人民法院根据化学理论基本知识、专利说明书和杂志发表论文披露的技术内容、被诉侵权人补充的确证实验的结论等证据，认定鉴定结论关于被诉侵权技术方案中相关技术内容的推定具有事实基础，原审法院采信鉴定结论并无不当。

本案的基本案情是：伊莱利利公司向江苏省高级人民法院提起本案诉讼称，其拥有抗癌药品吉西他滨及吉西他滨盐酸盐的三项中国发明专利权。豪森公司未经许可使用涉案专利方法制备了吉西他滨和吉西他滨盐酸盐并对该产品进行了促销，构成侵权。一审法院查明，伊莱利利公司的三项专利构成生产制备吉西他滨盐酸盐和吉西他滨的完整技术方案，专利一是"立体选择性糖基化方法"的方法发明专利，已经被宣告全部无效。专利二是"提纯和分离2′－脱氧－2,2′二氟核苷的方法"的方法发明专利。该专利说明书记载，"在含水酸中加入稀释的反应混合物而产生的酸性混合物，最好在适度搅拌下保持一段时间。在此保持期所发生的物理变化是过量的R"（被保护的或未被保护的胞嘧啶）溶于含水酸层中，而所需的β—核苷沉淀出来。这种沉淀是有选择性的，而不需要的α核苷则大部分留在有机层中"。专利三是"1－（2′－脱氧－2′,2′－二氟－D－呋喃核糖基）－4－氨基嘧啶－2－酮盐酸盐的制备方法"的方法发明专利。2001年5月18日，国家药品监督管理局向豪森公司核发了注射用盐酸吉西他滨新药证书及生产批件，申报的生产工艺名称为中试工艺。豪森公司涉案药品的申报材料中记载了各步反应的具体条件、装置、原料、温度以及时间和操作方法等，但对三次中试实验第八步反应产物即第九步反应起始物甲磺酸酯 $10\alpha/10\beta$ 的比例没有记载，第九步反应产物 $11\alpha/11\beta$ 记载为 1.15：1，为α异头物富集的核苷。一审法院委托对豪森公司的研制方法（即中试工艺）与伊莱利利公司三项专利所记载的方法是否相同进行了鉴定。鉴定结论为：专利二所提纯和分离的混合物是富含β异头物的核苷，根据豪森公司工艺步骤，经过打浆过滤等程序，得到的α、β之比为 1.15：1，为α富集，在处理前的混合物也应为α富集。因此，两方法所处理的关键混合物不同，两方案不同。一审法院关于鉴定结论的技术异议认为，虽然豪森公司的 $11\alpha/11\beta$ 中的 α：β 为 1.15：1 是在经过分离提纯后的核苷之比，而非SN2反应产物的直接比例。但从分离纯化过程来看，两者方法一致，豪森公司的 $11\alpha/11\beta$ 中的 α：β 为 1.15：1 是在经过分离提纯后的核苷之比，结合专利二说明书的相关表述内容可知，在分离纯化过程中，α核苷大多是被留在了溶液中而未能被提纯。在α核苷有更多损失的情况下，提纯所得的产物比仍然是α核苷富集，这说明在提纯前α核苷所占的比例应更大，豪森公司相关工艺步骤针对的是α异头物核苷富集的混合物，分离纯化不会产生相反的比例。因此，一审法院对技术鉴定报告关于被诉侵权技术与专利二不相同的技术比对结论予以了采信，并判决驳回伊莱利利公司的诉讼请求。伊莱利利公司上诉称，豪森公司应当依法记录关键步骤甲磺酸酯（10α/

10β）的α、β比例，该比例是判断被诉侵权方法是否落入专利二、专利三保护范围的关键据，鉴于豪森公司始终拒绝履行其举证责任，一审法院应当依法推定，一旦豪森公司披露该证据，将产生对豪森公司不利的后果。豪森公司有意拒绝提供其制备吉西他滨盐酸盐的真实方法及10α/10β的α、β比例等真实数据，一审法院以所谓"推定"取代豪森公司的举证责任，得出不构成侵权的结论是错误的。豪森公司答辩称，10α/10β的比例不是判断被诉侵权方法侵犯专利二和专利三的关键数据，因为只有在判断专利一的保护范围时才需要该比例，专利一被全部宣告无效，不再需要审理该比例。而且，该比例应当由伊莱利利公司承担举证责任。最高人民法院二审查明，1. 专利三说明书在背景技术中记载，1－（2'－脱氧－2'，2'－二氟－D－呋喃核糖基）－4－氨基嘧啶－2－酮盐酸盐（亦称为2'－脱氧－2'，2'－二氟胞苷盐酸盐或吉西他滨盐酸盐）是本领域中已知的一系列2'－脱氧－2'，2'－二氟核苷之一，在美国专利4526988和4808614中已公开并教导了这些化合物有抗病毒活性。欧洲专利申请公开184365称这些相同的二氟核苷剂有溶瘤细胞活性，吉西他滨盐酸正在进行临床评价以决定它用作治疗各种癌症，例如胰腺癌的效果。吉西他滨的合成是一个多步方法。本发明提供一个更经济和效率更高的制备吉西他滨盐酸盐的方法。2. 豪森公司在一审中提交了包括其补充的确证实验在内的三份材料，申请法院在作鉴定中予以使用。补充材料一、二记载的实验结论为，中试工艺第九步反应原料是β富含物（α/β为1∶1.05），产物是α富含物（α/β为1.12∶1）。补充材料三记载，中试工艺共三种方法，均是在研制过程中使用过的工艺，1999年向国家SDA申报时选择了工艺一。3. 二审庭审中，双方当事人确认，吉西他滨盐酸盐的制备方法不是只有本案专利方法一种，可以用β异头物富集的核苷以外的其他物质制备吉西他滨盐酸盐。4. 根据中国医药工业杂志发表的《盐酸吉西他滨的合成》一文记载的内容，3α/3β、4α/4β与豪森公司中试工艺的第八步、第九步在反应条件、技术参数上基本一致。文章中的数据显示，相当于10α/10β的步骤的3α/3β是1∶1.01，β富集的糖，4α/4β比例大致为1.2∶1，1.28∶1，1.31∶1。最高人民法院于2010年12月3日判决驳回上诉，维持原判。

最高人民法院二审认为：1. 本案鉴定结论是在推定的基础上作出的，这种推定具有事实基础，原审判决采信鉴定结论并无不当。理由为：（1）同样的产物可以由不同的反应物通过不同的方法制得，但在反应条件和目标物及工艺路线确定时，推断另一个反应物是有可能的；（2）豪森公司中试工艺中的11α/11β的比例是1.15∶1，是经过分离纯化后的比例。由于豪森公司和伊莱利利公司采用的分离纯化的方法是一样的，结合专利二说明书记载的当用无机酸处理反应混合物时会减少α核苷的含量而增加β核苷的相对含量的内容，在工艺步骤分离纯化过程中，α核苷大多是留在溶液中而没有被提纯出来，在α核苷存在更多的损失的情况下，豪森公司提纯出来的产物应当是α富集，纯化前的混合物中α异头物富集的程度相对更高。而且伊莱利利公司也未提交证据证明分离纯化会使α/β的构型发生变化；（3）《盐酸吉西他滨的合成》一文中的相关数据在容忍的误差范围内印证了鉴定报告推论的正确。此外，豪森公司在一审提交的补充材料一、二的数据也补强了其中试工艺第九步反应原料是β富含的糖，产物是α富含的核苷。2. 关于豪森公司第九步反应的起始物甲磺酸酯10α/10β的比例是否应当由豪森公司负举证责任。一审法院已经从江苏省药品监督管理局调取了豪森公司的相关申报材料，经与国家药品监督管理局的报批资料核对，两者的生产工艺名称、内容一致。豪森公司亦提供了相关的生产批件及对应的申报材料、生产工艺、补充材料等。比对的结果是不落入专利二、专利三的保护范围，故不能认为豪森公司没有提供其制备吉西他滨盐酸盐的方法。况且，根据专利法的规定，被诉侵权人对新产品的制造方法承担倒置举证责任是有条件的，即专利权人首先应当证明被诉侵权方法所生产的产品与涉案专利方法所生产的产品属于相同的产品；同时，还应当证明依据专利方法直接获得的产品是新产品。本案专利一的关键是合成反应物，β异头物富集的核苷是专利一直接获得的产品。专利二是对专利一得到的反应物进行纯化反应。专利三是对专利二所得到的纯化物进行脱保护的方法。伊莱利利公司起诉时提交了豪森公司生产的盐酸吉西他滨药品，但并没有证明豪森公司实际生产了β异头物富集的核苷，而且，在二审中双方均认可，并非只有β异头物富集的核苷可以制备得到盐酸吉西他滨，盐酸吉西他滨可以用β异头物富集的核苷以外的其他物质制备。因此，即使根据《中华人民共和国专利法》（1992修正）第六十条第二款的规定，对合成步骤的举证责任也应当由伊莱利利公司负担，而不应当倒置由豪森公司承担。伊莱利利公司上诉主张豪森公司应当举证证明甲磺酸酯$10\alpha/10\beta$的比例的理由，不予支持。

42. 专利侵权纠纷中被诉侵权技术方案的查明

在前述万高公司再审案中，最高人民法院认为，根据现有证据，能够查明被诉侵权产品的完整生产工艺，无需根据《最高人民法院关于民事诉讼证据规则的若干规定》第七十五条的规定，以生产工艺不完整为由推定被诉侵权产品的生产工艺与专利等同；即使认为被诉侵权人没有按照现有证据载明的生产工艺生产被诉侵权产品，也应当依法进行证据保全，譬如现场勘验、查封扣押生产记录等，而不是简单地进行推定。

本案的相关案情是：优他公司是名称为"藏药独一味软胶囊制剂及其制备方法"的发明专利（以下简称涉案专利）的专利权人。涉案专利权利要求1中关于独一味提取物的提取方法为：B1、取独一味药材，粉碎成最粗粉；B2、加水煎煮二次，第一次加10~30倍量的水，煎煮1~2小时，第二次加10~20倍量水，煎煮0.5~1.5小时；B3、合并药液，滤过，滤液浓缩成稠膏；B4、减压干燥，粉碎成细粉，过200目筛，备用。2007年2月7日，优他公司向四川省成都市中级人民法院提起诉讼称，万高公司使用涉案专利制造和销售、科伦公司销售"独一味软胶囊"，侵犯了涉案专利权。一审法院根据优他公司的申请向国家食品药品监督管理局（以下简称国家药监局）调取了"独一味软胶囊"生产工艺的研究资料，载明被诉侵权产品中独一味提取物的提取方法为：b1、取独一味药材1000g，粉碎；b2、加10倍量水煎煮3次，每次1小时；b3、合并煎液，滤过，滤液浓缩成相对密度为1.30的清膏；b4、在80℃以下干燥，研成细粉备用。对于涉案专利B4与被诉侵权产品中b4的对比，一审法院认为，b4干燥后要求研成的细粉，应当是一个能满足软胶囊制剂要求的各种颗粒大小粉末的上位概念，并且包括了B4提出的过200目筛的细粉。由于b4仅有研成细粉的要求，其颗粒的均匀性效果上将不及B4提出的过200目筛的细粉，而B4中的过筛环节对最终细粉的粒度进行了质量控制，均一性效果更优，二者的细粉粒度不会存在本质上效果的不同。四川省成都市中级人民法院一审认定成侵权。四川省高级人民法院二审认为，本案中涉案专利权利要求虽然是产品权利要求，但其中包含生产方法的技术特征，而对于药品生产企业而言，此类生产方法一般均处于他人难以获取的保密状态，因此，优他公司才在一审程序中申请法院从国家药监局调取了"独一味软胶囊"生产工艺的研究资料。由于上述证据中对于万高公司"独一味软胶囊"生产工艺的记载并不完整，没有明确记载其中的具体干燥和过筛方法，优他公司主张万高公司的技术方案侵犯其发明专利权，并在一、二审程序中多次要求万高公司提供其产品批生产记录及GMP申报材料等记载产品详细生产过程的资料，否则应当承担对其不利的法律责任。万高公司在举证期限内未提供上述证据以证明其在干燥和过筛程序中与涉案专利方案不同，根据《最高人民法院关于民事诉讼证据的若干规定》第七十五条的规定，推定被诉侵权产品b4与涉案专利B4属于等同特征。万高公司不服，向最高人民法院申请再审。最高人民法院提审本案后查明，根据《中华人民共和国药典》（2000年版，一部）（以下简称《药典》）记载，细粉指能全部通过五号筛即80目筛，但含有能通过六号筛（即100目筛）不少于95%的粉末。万高公司在申请再审时提交了三份批生产记录，其记载的工艺过程包含了粉碎过80目筛的内容，并无过200目筛的步骤。

最高人民法院再审认为：本案中，一、二审法院均认定万高公司生产被诉侵权产品所使用的技术方案即为优他公司申请向国家药监局调取的"独一味软胶囊"生产工艺的研究资料所载明的技术方案，可以以该技术方案的特征与涉案专利权利要求1记载的相应技术特征进行比较。从该技术方案的内容看，对于独一味清膏干燥后研磨细度的要求，只有"研成细粉备用"的技术特征，没有"过200目筛"的技术特征，而根据《药典》的规定，"研成细粉"是指过80目筛的细粉，万高公司提交的批生产记录也进一步佐证该生产工艺在过80目筛后并无过200目筛的工艺步骤。可见该项工艺是完整的。虽然优他公司认为万高公司实际使用的方法是过200目筛，但并没有提供相应的证据予以证明，应认为被诉侵权产品缺少涉案专利权利要求1记载的"过200目筛"的技术特征。原审判决以调取的生产工艺不完整为由，根据《最高人民法院关于民事诉讼证据规则的若干规定》第七十五条的规定，简单推定"研成细粉"与"粉碎成细粉，过200目筛"等同，显然不妥。人民法院认定案件事实，应当首先根据现有证据进行。就本案来说，已经有一审法院调取的被诉侵权产品的生产工艺方法、万高公司提交的《药典》以及优他公司提交的涉案专利权利要求书和说明书等现有证据，根据这些证据记载的内容，完全可以认定调取的生产工艺中记载的"研成细粉备用"，是指过80目筛的细粉，而不是过200目筛的细粉，其工艺是完整的，根本不需要再根据《最高人民法院关于民事诉讼证据规则的若干规定》第七十五条的规定进行推定。退一步说，如果认为万高公司没有按照药品标准载明的生产工艺生产被诉侵权产品，也应当根据民事诉讼法和专利法有关证据保全的规定，依法进行证据保全，譬如现场勘验、查封扣押生产记录等，而不是简单地根据《最高人民法院关于民事诉讼证据规则的若干规定》第七十五条的规定进行推定。

43. 新产品制造方法专利侵权纠纷中被诉侵权人实施自有方法抗辩的审查

在前述欧意公司再审案中，在鉴定机构依照被诉侵权人主张的自有方法无法制得被诉侵权产品，被诉侵权人主张其实施自有方法存在一定的技巧和诀窍的情况下，最高人民法院根据各方当事人的请求，对被诉侵权人欧意公司制造相关产品的方法进行了现场试验，由被诉侵权人欧意公司进行试验验证，试验结果与其他证据相互印证，证明欧意公司依照自有方法能够制得被诉侵权产品，故最高人民法院支持了被诉侵权人实施自有方法的抗辩主张。

本案的相关案情是：中奇公司、华盛公司、欧意公司在一审中提交了专利号为200310119335.7的发明专利（以下简称335专利）申请公开说明书以及相关证据，用以证明其制造被诉侵权产品的方法与涉案专利方法不同。吉林省长春市中级人民法院一审查明，涉案专利公开了制造左旋氨氯地平的方法，由左旋氨氯地平可进一步制得马来酸左旋氨氯地平、苯磺酸左旋氨氯地平等下游产品。经委托法源司法科学证据鉴定中心（以下简称法源中心）进行鉴定，法源中心出具检验报告认为依照335专利方法不能达到拆分氨氯地平的目的。一、二审法院据此认为中奇公司、华盛公司、欧意公司提供的专利方法不能实现拆分氨氯地平的目的，中奇公司等应承担相应的侵权责任。为验证依照欧意公司的335专利能否制得左旋氨氯地平，最高人民法院根据各方当事人的请求，对欧意公司制造左旋氨氯地平的方法进行了现场勘验，由欧意公司依照335专利中记载的方法进行现场试验。试验结果表明，欧意公司依照335专利中记载的方法成功制得了左旋氨氯地平。

最高人民法院再审认为：欧意公司的现场试验结果与其他相关证据相互印证，可以证明欧意公司使用自有方法能够制得左旋氨氯地平，欧意公司关于依照自有方法制造左旋氨氯地平的抗辩理由成立。现场试验结果足以证明法源中心出具的检验报告的结论错误，因此，欧意公司关于该检验报告不能采信的再审理由成立。在进行化学试验时，操作人员的经验以及对操作技巧和诀窍的掌握程度均可能对试验结果产生实质性的影响。例如，在本案中，欧意公司在335专利说明书的实施例1中仅以"将所得固体在乙醇中重结晶"对重结晶步骤进行了相对概括的描述，但在现场试验过程中，欧意公司的工作人员实际上对重结晶步骤进行了认真、细致地观察和操作。因此，虽然法源中心组织的鉴定人员依照335专利无法制得左旋氨氯地平，但并不足以据此认定欧意公司依照该专利亦无法制得左旋氨氯地平。原审法院忽视了试验操作人员所掌握的经验、技巧以及诀窍对试验结果可能带来的实质影响，在欧意公司明确提出其在实施335专利时还拥有一定的经验、技巧和诀窍的情况下，对于欧意公司要求由其工作人员进行试验操作的请求置之不理，轻易采信法源中心的检验报告，有所不当。

结　语

每年定期发布知识产权案件年度报告，已经成为最高人民法院的一项制度化工作。这项工作既是最高人民法院统一法律适用标准、指导全国法院知识产权审判工作的重要方式，也是推进司法公开、自觉接受监督、树立司法权威的重大举措；既是对最高人民法院当年审判经验的回顾和总结，也是为将来制定司法解释和司法政策积累资源；既能全面展示知识产权法官们的司法智慧，也能充分诠释知识产权法官们为公正司法付出的艰辛和努力。同时也需要说明，本年度报告选用的案件体现了最高人民法院在具体的知识产权案件中对法律适用和裁判方法问题的认识和探索,而裁判具有较强的个案色彩,法律适用本身亦是一个与时俱进的过程,相关司法政策也会随着社会经济科技文化发展状况而进行相应调整,对此有关方面在参考借鉴本年度报告的法律适用意见时应充分注意。在知识产权审判工作方面,最高人民法院仍将根据形势和任务的要求,深入贯彻国家知识产权战略,依法公正高效审理各类知识产权案件,积极回应社会公众的司法需求,通过对个案纠纷的裁决和化解,更加奋发有为地为经济发展方式加快转变、经济结构战略性调整和实现经济社会平稳较快发展提供有力的司法保障,从而营造有利于创新发展的社会氛围,激发社会创造活力,为建设创新型国家作出积极努力。

最高人民法院办公厅
关于印发《最高人民法院知识产权案件年度报告(2011)》的通知

2012年4月12日　　　　　　　　　　　　　　法办〔2012〕95号

各省、自治区、直辖市高级人民法院,解放军军事法院,新疆维吾尔自治区高级人民法院生产建设兵团分院:

2011年,最高人民法院新收的各类知识产权案件继续增长。其中,专利商标投权确权案件增长明显,涉及高新技术领域的专利案件和商标权人旨在维护市场利益和划定行为界限引发的商标案件比重较大,涉及软件、数据库、动漫等新兴产业领域的著作权案件和涉及网络技术、新型商业模式的不正当竞争纠纷增多,新类型和疑难案件高居不下。最高人民法院通过个案的审理和裁决,对新问题和新领域进行了深入研究并给予了及时回应。最高人民法院从2011年审结的知识产权案件中,精选了34件案件的裁判中涉及的44个具有普遍性指导意义的法律适用问题,形成《最高人民法院知识产权案件年度报告(2011)》。

知识产权案件年度报告是最高人民法院关于知识产权和竞争领域重大、复杂、疑难和新类型案件的审判标准、司法政策和裁判方法的集中反映。每年定期发布的知识产权案件年度报告,已经成为最高人民法院指导知识产权审判工作的重要载体和社会公众了解最高人民法院知识产权审判发展动态的重要渠道,并日益受到社会的普遍关注和有关方面的高度重视。最高人民法院将根据我国经济社会文化发展的新要求和人民群众对知识产权司法保护的新期待,进一步充分发挥知识产权审判职能作用,依法公正高效审理案件,切实有效回应社会司法需求,不断提升知识产权司法的权威性和公信力,努力开创知识产权司法保护新局面。

现将《最高人民法院知识产权案件年度报告(2011)》印发给你们,供各级人民法院在知识产权审判工作中参考借鉴。

特此通知。

附：

最高人民法院知识产权案件年度报告（2011）

目录

序言
一、专利案件审判
（一）专利民事案件审判
1. 专利说明书及附图的例示性描述对权利要求解释的作用
2. 说明书对权利要求的用语无特别界定时应如何解释该用语的含义
3. 母案申请对解释分案申请授权专利权利要求的作用
4. 被诉侵权技术方案缺少专利技术特征的情况下不构成侵权
5. 先用权抗辩的审查与认定
6. 区别于现有设计的设计特征对外观设计整体视觉效果的影响
（二）专利行政案件审判
7. 专利说明书中没有记载的技术内容对创造性判断的影响
8. 药品研制、生产的相关规定对药品专利授权条件的影响
9. 专利申请文件的修改是否超出原说明书和权利要求书记载的范围的判断标准
10. 判断专利申请文件的修改是否超出原说明书和权利要求书记载的范围应当充分考虑专利申请所属技术领域的特点
11. 专利无效宣告程序中权利要求书的修改方式是否严格限于《专利审查指南》限定的三种方式
12. 专利申请文件的修改限制与专利保护范围的关系
13. 专利申请文件的修改限制与禁止反悔原则的关系
14. 专利无效行政诉讼程序中人民法院可否依职权主动引入公知常识
15. 外观设计相近似判断中"整体观察、综合判断"的把握
16. 设计要素变化所伴随的技术效果的改变对外观设计整体视觉效果的影响
二、商标案件审判
（一）商标民事案件审判
17. 判断商标侵权行为应考虑相关公众混淆、误认的可能性
18. 独家经营和使用的具有产品和品牌混合属性的商品名称不应认定为通用名称
（二）商标行政案件审判
19. 含有描述性外国文字的商标的显著性的审查判断
20. 含有描述性要素的商标的显著性的审查判断

21. 类似商品认定中对产品用途的考虑
22. 关联商品可视情纳入类似商品范围
23. 《类似商品和服务区分表》对类似商品认定的作用
24. 商标是否驰名应根据案件具体情况及所涉商品特点等进行综合判断
25. 近似商标共存协议影响商标可注册性的审查判断
26. 注册商标连续3年停止使用撤销制度中商业使用和合法使用的判断标准
27. 商标驳回复审程序和商标异议复审程序之间一事不再理原则的适用
28. 商标驳回复审行政诉讼程序中应否考虑阻碍申请商标注册的事实发生的新变化
29. 商标驳回复审行政诉讼程序中应否考虑证明申请商标使用情况的新证据
30. 商标行政诉讼程序中对当事人提交的新证据的处理及类似商品的认定

三、著作权案件审判

31. 本身并不表达某种思想的答题卡不构成著作权法意义上的作品

四、竞争案件审判

32. 构成国家秘密的商业秘密的秘密性认定
33. 作为商业秘密的整体信息是否为公众所知悉的认定
34. 单纯的竞业限制约定能否构成作为商业秘密保护条件的保密措施
35. 商业秘密侵权认定中对不正当手段的事实推定
36. 具有描述性的商品名称构成知名商品特有名称的条件

五、知识产权合同案件审判

37. 技术合同所涉的产品或者服务需要行政审批和许可对技术合同效力的影响
38. 特许经营合同的定性与判断

六、关于知识产权侵权责任承担

39. 专利临时保护期内制造、销售、进口的被诉专利侵权产品的后续使用、许诺销售、销售行为的民事责任

七、关于知识产权诉讼证据与程序

40. 确认不侵犯知识产权之诉的受理条件
41. 被诉侵权产品的出口装船交货地可否认定为侵权行为地
42. 对原审诉讼期间仍在持续的侵权行为的处理
43. 无独立请求权的第三人在诉讼程序中是否有权申请鉴定
44. 鉴定材料取样时未通知当事人到场是否构成鉴定程序违法

结语

序　言

2011年，最高人民法院适应中国特色社会主义法律体系形成后的新要求，紧紧围绕执法办案第一要务，严格依法办案，保证知识产权案件公正高效审理；加强审判监督和业务指导，创新业务指导方式，确保知识产权司法统一；创新和发展诉讼与非诉讼相衔接的纠纷解决机制，加强诉讼调解，努力实现法律效果和社会效果的统一，知识产权审判工作取得新进展，知识产权司法保护对科技进步、知识创新和文化发展的规范、引

导、促进和保障作用得到进一步发挥。

2011年，最高人民法院知识产权审判庭全年共新收各类知识产权案件420件，比2010年增长34.19%。在新收案件中，按照案件所涉权利类型划分，共有专利和其他技术类案件163件，商标案件132件，著作权案件45件，商业秘密案件5件，其他不正当竞争案件10件，知识产权合同案件37件，其他案件28件（主要涉及知识产权案件管辖权的确定问题）。按照案件性质划分，共有行政案件115件，占全部新收案件的27.38%，其中专利行政案件47件，商标行政案件68件，分别比2010年增长27.03%和151.85%；共有民事案件305件，占全部新收案件的72.62%。另有2010年旧存案件46件，2011全年共有各类在审案件466件。全年共审结各类知识产权案件423件，其中二审案件3件，申请再审案件363件，提审案件34件，请示案件22件，抗诉案件1件。在审结的363件申请再审案件中，裁定驳回再审申请256件，裁定提审49件，裁定指令或者指定再审33件，裁定撤诉（包括和解撤诉）15件，函转原审法院复查处理1件，以其他方式处理9件。在调撤案件中，广州市红太阳机动车配件有限公司与安徽江淮汽车集团有限公司、安徽江淮汽车股份有限公司确认不侵犯商标权纠纷等案件的成功调解，彻底化解了当事人之间的矛盾，实现了双方包容增长、和谐发展，在社会上产生了良好反响。

2011年最高人民法院审理的知识产权和竞争案件呈现如下特点：专利商标行政案件增长迅猛，在全部案件中所占比重增加，尤其是专利商标授权确权案件增长明显，成为去年最显著的案件特点；因法律规定比较原则需要明确法律边界，给社会公众以具体指引的新类型、疑难案件依然居高不下；专利案件数量持续上升，涉案技术的含金量越来越高，发明专利案件和涉及医药、化工、通信等高新技术领域的案件明显增多；商业标识类案件尤其是商标案件比重增多，商标权人通过诉讼维护市场利益和划定行为界限的需求日益强烈；著作权案件中涉及软件、数据库、动漫等新兴产业领域的案件比重增加，诉争保护的新类型著作权客体不断涌现；不正当竞争案件中涉及网络技术、新型商业模式的不正当竞争纠纷以及商业秘密纠纷的比重增加。与上述案件特点相适应，最高人民法院在行使知识产权审判职能方面呈现出如下特点：对专利商标行政机关授权确权行为的司法审查日渐深入，司法裁判在专利商标授权确权标准的确定和把握方面发挥的作用日益凸显，司法保护知识产权的主导作用进一步发挥；在严格依法行使审判权的同时，重视知识产权司法政策在新型、疑难、复杂案件法律适用中的导向作用，确保法律适用正确方向；依托和凝聚社会共识，明晰法律含义和明确法律边界，维护知识产权法律适用统一；在加大知识产权保护力度的同时，更加注重利益平衡，积极促进知识产权利益各方共同受益和均衡发展。

为总结和梳理最高人民法院在知识产权和竞争审判领域处理新型、疑难、复杂案件的审判标准、裁判方法和司法政策，最高人民法院从2011年审结的知识产权案件中精选出34件典型案件，归纳出44个具有普遍指导意义的法律适用问题，形成本年度报告并予以发布。

一、专利案件审判

（一）专利民事案件审判
1. 专利说明书及附图的例示性描述对权利要求解释的作用

在申请再审人徐永伟与被申请人宁波市华拓太阳能科技有限公司（以下简称华拓公司）侵犯发明专利权纠纷案（〔2011〕民提字第64号）（以下简称"太阳能手电筒"专利侵权案）中，最高人民法院指出，运用说明书及附图解释权利要求时，由于实施例只是发明的例示，不应当以说明书及附图的例示性描述限制专利权的保护范围。

本案的基本案情是：徐永伟是"太阳能手电筒"发明专利（即本案专利）的权利人。本案专利权利要求1为：一种太阳能手电筒，其包括有手电筒的筒体、灯头、灯座、开关，灯头与筒体进行连接，筒体里内置有充电电池作为电源，同时手电筒上安装有控制电源断通的开关，筒体的外表面固定有太阳能电池板，太阳能电池板的输出与筒体内的充电电池进行并联连接，其特征在于所述的太阳能电池板与在外面的、保护太阳能电池板的、透明的罩盖组成可脱卸的部件，同时，筒体的表面开有配合的安装孔，罩盖的前部有前缘部分，与安装孔的前沿呈插接连接，罩盖的后端面上开有小孔，紧固有紧固件，紧固件与筒体的后部里表面进行配合固定，使该部件能够通过可脱卸的连接结构安装固定在筒体的外表面安装孔上。华拓公司生产、销售被诉侵权的太阳能手电筒，并在其网站上和产品宣传册中进行许诺销售。徐永伟以华拓公司的行为构成专利侵权为由提起诉讼。浙江省宁波市中级人民法院一审认为华拓公司构成侵权，判决华拓公司立即停止侵权、赔偿徐永伟经济损失6万元（含徐永伟为调查、制止侵权支付的合理费用）。徐永伟、华拓公司均提起上诉。浙江省高级人民法院二审认为，本案专利的发明目的在于采用透明的罩盖对太阳能电池板进行保护，防止异物划伤损坏，延长使用寿命，并采用可脱卸式的安装结构，方便其拆换太阳能电池板。被诉侵权产品筒体后端盖经过高压冲压后固定在手电筒的筒体上，无法通过人力正常打开。因此，被诉侵权产品的筒体后端盖并不具备本案专利的"可脱卸的连接结构"这一必要技术特征，从而也使其太阳能电池板与透明罩盖之间无法进行脱卸和更换，也不具备本案专利的"太阳能电池板与在外面的、保护太阳能电池板的、透明的罩盖组成可脱卸的部件"这一必要技术特征。遂判决撤销一审判决、驳回徐永伟的诉讼请求。徐永伟向最高人民法院申请再审，最高人民法院裁定提审本案。再审过程中，徐永伟以华拓公司的侵权行为仍在继续为由，将其一审诉请的赔偿数额20万元调整为50万元。最高人民法院于2011年5月10日判决撤销二审判决，维持一审判决，华拓公司向徐永伟另支付制止侵权的合理费用3万元。

最高人民法院再审认为：权利要求的作用在于界定专利权的权利边界，说明书及附图主要用于清楚、完整地描述专利技术方案，使本领域技术人员能够理解和实施该专利。而教导本领域技术人员实施专利的最好方式之一是提供实施例，但实施例只是发明的例示，因为专利法不要求、也不可能要求说明书列举实施发明的所有具体方式。因此，运用说明书及附图解释权利要求时，不应当以说明书及附图的例示性描述限制专利权的保护范围。否则，就会不合理地限制专利权的保护范围，有违鼓励发明创造的立法本意。本案专利权利要求书并未记载电筒"后端盖",仅在说明书的实施例部分及附图部分有所提及,不能将"后端盖"作为界定本案专利权保护范围的依据。同时,专利权利要求1中的"可脱卸"是指电池板与罩盖之间的可脱卸以及罩盖、电池板与筒体之间的可脱卸,而后端盖的开合是指后端盖与筒体之间的可脱卸,两者并非同一涵义。此外,华拓公司在申请再审中提交的专利审查档案进一步印证,后端盖不属于本案专利所述"可脱卸连接结构"的组成构件。因此,专利权利要求中"可脱卸"部件或者连接结构等技术特征与后端盖能否开合无关。被诉侵权产品的后端盖不能通过人力打开,并不意味着其不具有专利权利要求中的"可脱卸"特征。被诉侵权产品具备了专利权利要求1的全部技术特征,落入本案专利权的保护范围。

2. 说明书对权利要求的用语无特别界定时应如何解释该用语的含义

在申请再审人深圳市蓝鹰五金塑胶制品厂(以下简称蓝鹰厂)与被申请人罗士中侵犯实用新型专利权纠纷案(〔2011〕民提字第248号)中,最高人民法院认为,在专利说明书对权利要求的用语无特别界定时,一般应根据本领域普通技术人员理解的通常含义进行解释,不能简单地将该用语的含义限缩为说明书给出的某一具体实施方式体现的内容。

本案的基本案情是:罗士中是名称为"汽车方向盘锁"的实用新型专利(即本案专利)的专利权人。本案专利的权利要求1为:"汽车方向盘锁,包括前叉、后叉、止动杆、锁头、锁体及其内部的锁止元件,其特征在于:它还包括组合锁梁,以及锁体内部的弹性定位掣,组合锁梁的叉杆左端设有前叉,右端呈直角形的设有转轴,转轴下端插入锁体左端的垂直大孔内形成铰链连接,垂直大孔的两侧设有贯穿其中心的纵向孔,左侧的纵向孔内装有堵盖和弹性定位掣,右侧的纵向孔内装有锁止元件,转轴下端的中部设有径向凹坑,其位置与锁止元件和弹性定位掣相对应,锁体中部设有控制锁止元件的锁头,锁体右端下方设有后叉,其上方固装着止动杆的左端,组合锁梁通过铰链展开后与锁体、后叉和止动杆形成一错位的横杠,锁止元件卡在转轴的径向凹坑与锁体之间,前叉的叉口朝向左方,后叉的叉口朝向右方,两叉口非对称地撑卡在方向盘圆环上;锁头控制锁止元件退出径向凹坑开锁,组合锁梁回转180度形成与锁体及其右端的止动杆平行的折叠状,弹性定位掣弹顶在转轴的径向凹坑与锁体之间,前叉与后叉的叉口均朝向右方。"罗士中认为蓝鹰厂制造、销售的蓝鹰128#锁落入本案专利保护范围,遂提起诉讼,请求判令蓝鹰厂承担侵权责任。广东省深圳市中级人民法院一审认为,被诉侵权产品与本案专利在锁体内部结构、转轴结构以及弹性定位掣、锁止元件与转轴的配合方式方面存在不同。这种结构和配合关系的不同,导致二者在技术效果方面存在明显区别,被诉侵权产品没有落入本案专利权的保护范围。遂判决驳回罗士中的诉讼请求。罗士中不服,提起上诉。广东省高级人民法院二审认为,被诉侵权产品与本案专利权相比,两者的在锁体内部构造、转轴结构以及锁止元件、弹性定位掣与转轴操作配合方式方面均相同。一审判决始终将本案专利具体实施例与被诉侵权产品相比,比对对象错误。本案被诉侵权产品落入本案专利权保护范围。据此,判决撤销一审判决,蓝鹰厂承担侵犯专利权的法律责任。蓝鹰厂不服,向最高人民法院申请再审。最高人民法院提审本案后于2011年12月20日作出再审判决,维持二审判决,驳回了蓝鹰厂的再审申请。

最高人民法院再审认为：本案专利产品 OK－310BA 折叠式方向盘自动锁是本案专利实施例 1 的具体体现，在确定本案专利权的保护范围时，可以帮助理解权利要求的内容。但是，侵权判断时，应该防止将该具体的实施例与被诉侵权产品进行对比，以免不当地缩小专利权的保护范围。本案中，对以下技术特征是否相同或者等同存在争议：1.锁体内部结构。本案专利权利要求中相应技术特征为："垂直大孔的两侧设有贯穿其中心的纵向孔"。"贯穿"不是一个专业技术术语，在本案专利说明书中也没有对其含义作出特别界定，应根据其通常含义对其进行解释。《现代汉语词典》载明，"贯"的意思是"穿、贯通、连贯"，"贯穿"的意思是"穿过、连通"。因此，该技术特征的字面含义为两侧的纵向孔连通并且穿过垂直大孔中心。垂直大孔是立体的，其中心指的是其轴向中心线，而不是轴向中心线的中心。要实现这一点，垂直大孔两侧的纵向孔可以在一条直线上，与垂直大孔形成"十"形结构，也可以上下错位设置，与垂直大孔形成"Z"形结构。因为垂直大孔和纵向孔都是中空的，上述两种结构均可以实现垂直大孔两侧的纵向孔连通并且穿过垂直大孔中心。被诉侵权产品锁体内部结构的技术特征为：垂直大孔两侧的纵向孔上下错位设置，分别与垂直大孔的中心相贯通，与垂直大孔形成"Z"形结构。因此，被诉侵权产品关于锁体结构的技术特征与本案专利相同。2.转轴结构及配合关系。本案专利权利要求中相应技术特征为："转轴下端的中部设有径向凹坑，其位置与锁止元件和弹性定位掣相对应"。"径向凹坑"的字面含义为沿转轴直径方向凹陷的坑状结构。在权利要求中没有对径向凹坑的形状、数量及组合方式的限制，也没有对与锁止元件和弹性定位掣相对应的径向凹坑是同一个还是不同的进行限制。本案专利说明书中实施例 1 和 2 分别设置了一个和两个径向凹坑与锁止元件、弹性定位掣同时和分别对应。根据上述对锁体内部结构的分析，在垂直大孔两侧的纵向孔上下错位设置的情形下，也必定有不同的径向凹坑分别与锁止元件和弹性定位掣相对应。被诉侵权产品转轴结构的技术特征为：转轴下端分成上下两部分，错位开设两种不同滑槽分别与锁止元件和弹性定位掣相对应。位于上方的 4 个齿形滑槽（两个径向设置、两个非径向设置）与锁止元件相对应，位于下方的横截面为半圆弧形的滑槽（非径向设置）与方形弹性定位掣相对应。判断被诉侵权产品的滑槽与本案专利的径向凹坑是否相同或等同，还应该进一步确定径向凹坑的作用，而不能仅停留在其字面含义。本案专利中的径向凹坑与被诉侵权产品中的滑槽，其作用均是与弹性定位掣和锁止元件相配合，实现锁紧和开锁，以及保持组合锁梁和止动杆的折叠状态。尽管被诉侵权产品中的滑槽有些非径向设置，但其实质上和本案专利中的径向凹坑是相同的。本案专利权利要求和说明书中，对转轴转动过程中弹性定位掣的位置没有记载，也就是说没有排除在转轴转动过程中弹性定位掣始终弹顶在径向凹坑内的技术方案。被诉侵权产品弹性定位掣在转轴转动过程中，始终弹顶在横截面为半圆弧形的滑槽内，其作用也在于开锁旋转 180 度后顶在滑槽和锁体之间，保持锁体与组合锁梁折叠状态的相对稳定。在本案专利的权利要求范围内，会有不同的实施方式，不同的实施方式可能会带来技术效果上的差别，但是都落入专利权的保护范围之内。因此，在锁止元件、弹性定位掣与转轴的配合关系上，被诉侵权产品与本案专利相同，落入本案专利权保护范围。

3. 母案申请对解释分案申请授权专利权利要求的作用

在申请再审人邱则有与被申请人山东鲁班建设集团总公司（以下简称鲁班公司）侵犯专利权纠纷案（〔2011〕民申字第1309号）中，最高人民法院认为，母案申请构成分案申请的特殊的专利审查档案，在确定分案申请授权专利的权利要求保护范围时，超出母案申请公开范围的内容不能作为解释分案申请授权专利的权利要求的依据。

本案的基本案情是：邱则有是名称为"一种现浇砼空心模壳构件"的发明专利（即本案专利）的专利权人。邱则有在本案中主张权利的依据为本案专利权利要求1和3，本案专利权利要求1的内容为：一种现浇砼空心模壳构件，包括上底（4），周围侧壁（5），下底（6），上底（4）和周围侧壁（5）构成模壳（7），模壳（7）与下底（6）彼此围成有封闭空腔（8）的模壳构件（3），其特征在于所述的模壳（7）由至少两块分块模壳板（9）拼接组装而成，分块模壳板（9）有至少一根加强杆（12）支撑。邱则有认为鲁班公司的叠合箱落入本案专利保护范围，遂提起诉讼。山东省济南市中级人民法院一审认为，鲁班公司的叠合箱由顶盒、底盒和侧框板直接组成一个封闭单元，不具备本案专利的全部必要技术特征，故判决驳回邱则有的诉讼请求。山东省高级人民法院二审维持一审判决。邱则有不服，向最高人民法院申请再审。其主要理由之一是，关于本案专利权利要求中的"分块模壳板"，根据其字面含义以及本案专利说明书第2页第5—7段的内容可知，是指把一个模壳拆成很多小块，由这些小块组装成模壳。最高人民法院审查查明：本案专利说明书第2页第2段记载："本发明的解决方案是在现有技术的基础上，包括……。这样，由于模壳由至少两块分块模壳板拼接组装而成，而分块模壳板为包括部分上板和与之相连的部分侧壁的成型件，因而模壳构件结构简单，构造关系明确，生产容易、成本低，相应楼盖的施工成本低，从而达到了本发明的目的。"说明书第2页第5—7段记载："本发明的特征还在于所述的上底由四块分块模壳板构成。本发明的特征还在于所述的周围侧壁由四块分块模壳板构成。本发明的特征还在于所述的分块模壳板为包括部分上板和与之相连的部分侧壁的成型件。"本案专利为第03118134.1号发明专利申请（以下简称母案）的分案申请，在母案申请文件中，没有记载本案专利说明书第2页第5—7段的内容。母案专利申请公开说明书记载的权利要求4为，"根据权利要求2所述的一种现浇钢筋砼空心楼盖，其特征在于模壳构件设置有十字型加强肋（10），模壳（7）由4块分块模壳板（9）在十字型加强肋（10）上搭接构成。"母案专利申请公开说明书第2页第5段记载为："本发明的特征还在于模壳构件设置有十字型加强肋，模壳由4块分块模壳板在十字型加强肋上搭接构成。这样，楼盖中的模壳构件的制作更容易，成本更低，相应楼盖的施工成本更低。"母案专利申请公开说明书附图4、17中，组成模壳的4块分块模壳板均是包括部分上底和部分侧壁的结构。最高人民法院于2011年12月16日裁定驳回了邱则有的再审申请。

最高人民法院审查认为：邱则有主张分块模壳板可以为任意分块，可以是由部分上底与部分侧壁相互连接成的成型件，也可以是单纯的上底或者侧壁。这涉及到对分块模壳板的解释问题。2000年修订的专利法第五十六条第一款规定，发明或者实用新型专利权的保护范围以其权利要求的内容为准，说明书及附图可以用于解释权利要求。基于以下理由，邱则有关于分块模壳板的解释不能成立：1、对于权利要求中的自定义词语，通常需要借助专利说明书、其他权利要求以及专利审查档案中对该特定词语的描述，确定该词语的含义。本案专利权利要求1限定，上底（4）和周围侧壁（5）构成模壳（7），模壳（7）由至少两块分块模壳板（9）拼接组装而成。对于所述"分块模壳板"，说明书中已经赋予其明确的定义，即，"分块模壳板为包括部分上底和与之相连的部分侧壁的成型件"。2、根据对本案专利权利要求1本身的通常理解，也可以得出分块模壳板为包括部分上底和与之相连的部分侧壁的成型件这一结论。权利要求1称"分块模壳板（9）有至少一根加强杆（12）支撑"，若分块模壳板单纯由上底或者侧壁组成，则加强杆将无法对这样的分块模壳板起到支撑作用。3、本案专利的母案专利申请公开说明书中未公开本案专利说明书第2页第5—7段的内容，邱则有以该内容主张分块模壳板可以单纯由上底或者侧壁组成，本院不予支持。分案申请是一类特殊的申请，是为了保证专利申请人的正当利益不受到损害，允许专利申请人将其在申请日提交的母案申请文件中已经披露、但因单一性等原因不能在母案中获得保护的发明创造另行提出专利申请，同时保留原申请日的一种制度。该制度在保护专利申请人利益的同时，为了平衡社会公众的利益，要求分案申请不得超出母案申请文件公开的范围，即不得在分案申请中补充母案申请文件未曾记载的新内容，以避免专利申请人将申请日后完成的发明创造通过分案申请抢占在先的申请日。因此，分案申请要受到母案申请文件的约束。在此意义上，对于分案申请而言，母案申请构成其特殊的专利审查档案，母案中未公开的内容不能作为权利人基于分案申请主张权利的依据。本案专利是分案申请，其母案专利申请公开说明书中并未记载本案专利说明书第2页第5—7段的内容。根据母案专利申请公开说明书第2页第5段的内容也不能得出分块模壳板可以单纯由上底或者侧壁组成这一结论。此外，在母案专利申请公开说明书附图4、17中，组成模壳的4块分块模壳板均是包括部分上底和部分侧壁的结构。邱则有以母案专利申请公开说明书中未公开的内容主张分块模壳板可以单纯由上底或者侧壁组成，不能成立。

4. 被诉侵权技术方案缺少专利技术特征的情况下不构成侵权

在申请再审人张镇与被申请人扬州金自豪鞋业有限公司（以下简称金自豪公司）、包头市同升祥鞋店（以下简称同升祥鞋店）侵犯实用新型专利权纠纷案（〔2011〕民申字第630号）中，最高人民法院认为，在被诉侵权技术方案缺少权利要求书中记载的一个以上技术特征的情况下，应当认定被诉侵权的技术方案没有落入专利权的保护范围。

本案的基本案情是：张镇为"一体式勾心鞋跟"实用新型专利（即本案专利）的专利权人，本案专利权利要求1为：一种一体式勾心鞋跟，是由弧形勾心片与鞋跟立柱组成，其特征在于：弧形勾心片的右下端装有插头，并相互固定为一体，插到鞋跟立柱上端的孔内，鞋跟立柱的下端底部插入跟垫。张镇认为金自豪公司生产、同升祥鞋店销售的凯森牌女士高跟鞋的女士鞋底专用勾心使用了本案专利技术，遂提起诉讼，请求判令金自豪公司和同升祥鞋店承担侵权责任。内蒙古自治区包头市中级人民法院一审认为，金自豪公司生产、销售的凯森牌女士高跟鞋的鞋底来源于案外人肖厚柱，金自豪公司购买肖厚柱的鞋底产品并再加工生产和销售女士高跟鞋时，并不知道该鞋底是否为侵权产品，同升祥鞋店的行为也属于同种情形。因此，金自豪公司、同升祥鞋店生产、销售凯森牌女士高跟鞋的行为不属于侵犯专利权的行为。据此判决驳回张镇的诉讼请求。张镇不服，提起上诉。内蒙古自治区高级人民法院二审认为，本案专利弧形勾心片与插头是通过特定方式连接成为一个整体，而被诉侵权产品的弧形勾心片与鞋跟立柱为一弯折并带有凹槽的整体结构，并不存在需要通过特定方式连接的特征，故被诉侵权产品的技术特征与本案专利权利要求1的必要技术特征既不相同也不等同。据此判决驳回上诉，维持一审判决。张镇不服，向最高人民法院申请再审，理由为被诉侵权产品所依据的肖厚柱的专利技术属于对本案专利技术的等同替换。最高人民法院于2011年7月27日裁定驳回了张镇的再审申请。

最高人民法院审查认为：将被诉侵权产品技术特征与本案专利技术特征进行对比，二者均为女士勾心鞋跟，均由弧形勾心片与鞋跟立柱组成。但是，本案专利的弧形勾心片的右下端装有插头，并相互固定为一体，插到鞋跟立柱上端的孔内，而被诉侵权产品的弧形勾心片与鞋跟立柱为一整块材料弯折形成的带有凹槽整体结构，不具有本案专利弧形勾心片与鞋跟立柱通过插头连接的技术特征。因此，被诉侵权产品未落入本案专利权的保护范围。金自豪公司生产、销售使用了被诉侵权产品的凯森牌女鞋的行为，以及同升祥鞋店销售凯森牌女鞋的行为，均不侵犯本案专利权。

5. 先用权抗辩的审查与认定

在申请再审人江西银涛药业有限公司（以下简称银涛公司）与被申请人陕西汉王药业有限公司（以下简称汉王公司）、一审被告西安保赛医药有限公司（以下简称保赛公司）侵犯专利权纠纷案（〔2011〕民申字第1490号）中，最高人民法院认为，先用权抗辩是否成立的关键在于被诉侵权人在专利申请日前是否已经实施专利或者为实施专利作好了技术或者物质上的必要准备；药品生产批件是药品监管的行政审批事项，是否取得药品生产批件对先用权抗辩是否成立不产生影响。

本案的基本案情是：汉王公司是名称为"一种具有降压、降脂、定眩、定风作用的中药组合物及其制备方法和其用途"的发明专利（即本案专利）的专利权人。汉王公司发现银涛公司生产、销售的"强力定眩胶囊"药品处方、工艺、剂型以及主治功能等与本案专利相同，遂提起本案诉讼，请求判令银涛公司承担侵权责任。经技术特征比对，"强力定眩胶囊"药品处方、制备方法和用途均落入本案专利权保护范围。银涛公司对此提出先用权抗辩，并提交了如下证据：一是江西省食品药品监督管理局于本案专利申请日前向其出具的"强力定眩胶囊"药品注册申请受理通知书以及银涛公司申请药品注册时所报送的《"强力定眩胶囊"申报资料项目》资料，该资料的药学研究资料部分记载了"强力定眩胶囊"的处方、制备方法、用途；二是江西省药检所《药品注册检验报告表》及附件，该报告表及附件显示银涛公司于本案专利申请日前生产了三批"强力定眩胶囊"样品供申请注册检验使用；三是《药品生产许可证》和《药品GMP证书》，表明其在申请注册"强力定眩胶囊"时即已具有"胶囊剂"生产线。陕西省西安市中级人民法院一审认为，证据一中的"药品注册申请受理通知书"中注明"本件不得作其他证明使用"，同时银涛公司不能证明其所有的"胶囊剂"生产线是为生产被诉侵权药品所购买，银涛公司先用权抗辩不成立，故判决银涛公司承担侵权责任。银涛公司不服，提起上诉。陕西省高级人民法院二审认为，银涛公司虽然在本案专利申请日前申请注册被诉侵权药品，但是能否获得批准有待审查。而且，银涛公司是在本案专利申请日之后才取得药品注册批件,获准生产被诉侵权药品。因此,银涛公司的主张不符合先用权抗辩的条件。遂判决驳回上诉,维持一审判决。银涛公司不服,向最高人民法院申请再审。最高人民法院于2011年12月13日作出裁定,指令陕西省高级人民法院再审本案。

最高人民法院审查认为:根据《最高人民法院关于审理侵犯专利权纠纷案件应用法律若干问题的解释》第十五条第二款的规定,先用权是否成立,关键在于被诉侵权人在专利申请日前是否已经实施专利或者为实施专利作好了技术或者物质上的必要准备。从银涛公司提交的主张先用权抗辩的证据来看,在本案专利的申请日前,银涛公司已经完成了生产被诉侵权产品的工艺文件,具备了相应的生产设备,应当认定银涛公司在本案专利申请日前为实施本案专利作好了制造、使用的必要准备。至于银涛公司何时取得"强力定眩胶囊"药品生产批件,是药品监管的行政审批事项,不能以是否取得药品生产批件来判断其是否作好了制造、使用的必要准备。

6. 区别于现有设计的设计特征对外观设计整体视觉效果的影响

在申请再审人中山市君豪家具有限公司(以下简称君豪公司)与被申请人中山市南区佳艺工艺家具厂(以下简称佳艺家具厂)侵犯外观设计专利权纠纷案(〔2011〕民申字第1406号)中,最高人民法院认为,外观设计专利区别于现有设计的设计特征对于外观设计的整体视觉效果更具有显著影响;在被诉侵权设计采用了涉案外观设计专利的设计特征的前提下,装饰图案的简单替换不会影响两者整体视觉效果的近似。

本案的基本案情是:佳艺家具厂是名称为"三抽柜(蛋形)"的外观设计专利(即本案专利)独占许可使用权人。本案专利产品是一款三抽屉柜子,由柜顶、柜体和柜脚三个部分组成。从主视图看,柜体有三个抽屉上下依次排列,抽屉均呈长方形,中间有一个圆形拉手,每两个抽屉之间有一条状间隔,正面有一只类似百合花状图案贯通三个抽屉。从俯视图看,柜顶呈椭圆状,边缘有围栏式的突起,使柜顶呈一个盆状,盆中央是一支与主视图类似的百合花状图案。从左视图看,柜体上设置有一个长条形八角装饰块,其内有一支类似百合花形状图案。右视图与左视图对称。从后视图看,柜体左右两侧各有一条饰条,中间位置为空白。从仰视图看,柜脚外形也呈椭圆形,在椭圆形中对称分布四只T形脚座。君豪公司生产、销售了具有三个抽屉的椭圆形柜子。2010年9月6日,佳艺家具厂提起诉讼,请求判令君豪公司承担侵权责任。广东省中山市中级人民法院一审认为,本案专利与被诉侵权产品均是有三个抽屉的椭圆形柜子,二者在柜顶、柜体和柜脚三个部分的外观形状相似,但在柜体表面花状图案、图案的表现形式以及外观形状与图形结合方面存在的差异使二者的整体视觉效果不同,因此被诉侵权产品与本案专利不相似,君豪公司生产、销售被诉侵权产品的行为不构成侵权。故判决驳回佳艺家具厂的诉讼请求。佳艺家具厂不服,提起上诉。广东省高级人民法院二审认为,四方形三抽柜和八边形装饰框与"蛋形"圆柱体柜体按照特定方式结合、布局,是本案专利最显著的设计特征,在君豪公司未举证证明本案专利产品的形状为该类产品惯常设计的情况下,该特征对于整体视觉效果的影响更大,被诉侵权产品具备该特征。被诉侵权产品与本案专利在装饰图案的方面的差异仅为局部的、细微的差异。因此,应当认定被诉侵权设计与本案专利设计构成近似。遂判决撤销一审判决,判令君豪公司承担侵权责任。君豪公司不服,向最高人民法院申请再审。最高人民法院于2011年11月22日裁定驳回了君豪公司的再审申请。

最高人民法院审查认为：被诉侵权产品与涉案外观设计专利产品均为蛋形三抽柜，二者在柜顶、柜体和柜脚部分的外观形状基本相同。其主要的区别点是装饰图案不同：一是前者柜顶无装饰，后者柜顶有百合花装饰；二是后者以一支飘逸、匀称遍布状百合花装饰的部分，前者均以一团簇状牡丹花装饰。结合本案的现有证据来看，四方形三抽柜和八边形装饰框与"蛋形"柜体的组合和布局是本案专利设计区别于现有设计的设计特征。因此，被诉侵权产品和本案专利产品的外观设计在柜体的整体形状、柜体各组成部分的形状以及布局方式上的基本相同相比其他设计特征对于外观设计的整体视觉效果更具有影响。被诉侵权设计与本案专利设计虽然在装饰图案上存在差异，但二者均为花卉图案，图案的题材相同，在柜体的装饰布局上也基本相同，被诉侵权设计实质采用了本案专利设计的设计方案。以牡丹花图案替换本案专利设计的百合花图案，这种简单替换所导致的差异对于整体视觉效果的影响是局部的、细微的，以一般消费者的知识水平和认知能力来判断，该差异不足以将被诉侵权设计和本案专利设计区分开来，对于判断被诉侵权设计和本案专利设计在整体视觉效果上构成近似无实质性影响。

（二）专利行政案件审判

7. 专利说明书中没有记载的技术内容对创造性判断的影响

在申请再审人北京双鹤药业股份有限公司（以下简称双鹤公司）与被申请人湘北威尔曼制药股份有限公司（以下简称湘北威尔曼公司）、一审被告、二审被上诉人国家知识产权局专利复审委员会（以下简称专利复审委员会）发明专利权无效行政纠纷案（〔2011〕行提字第8号）（以下简称"抗β—内酰胺酶抗菌素复合物"专利无效行政案）中，最高人民法院指出，专利申请人在申请专利时提交的专利说明书中公开的技术内容，是国务院专利行政部门审查专利的基础；专利申请人未能在专利说明书中公开的技术方案、技术效果等，一般不得作为评价专利权是否符合法定授权确权标准的依据。

本案的基本案情是：广州威尔曼公司是名称为"抗β—内酰胺酶抗菌素复合物"的发明专利（即本案专利）的原权利人，后该专利权利人变更为湘北威尔曼公司。针对本案专利权，双鹤公司向专利复审委员会提出无效宣告请求，理由为本案专利不具有新颖性和创造性。专利复审委员会作出第8113号无效宣告请求审查决定（以下简称第8113号决定），以不具有创造性为由宣告本案专利权全部无效。广州威尔曼公司不服，提起行政诉讼。北京市第一中级人民法院一审判决维持第8113号决定。广州威尔曼公司不服，提起上诉。北京市高级人民法院二审判决撤销一审判决以及第8113号决定，判令专利复审委员会就本案专利重新作出无效宣告请求审查决定。双鹤公司不服，向最高人民法院申请再审。2011年3月1日，最高人民法院裁定提审本案。再审过程中，湘北威尔曼公司提交了注射用头孢噻肟钠舒巴坦钠研究资料汇编，哌拉西林钠舒巴坦钠试验、研究资料汇编等证据，以证明为掌握复方制剂的安全性、有效性和稳定性问题，获得本案专利技术方案，其进行了长期毒性试验、急性毒性试验、药理毒理研究、体外抗菌作用研究等一系列试验和研究，本案专利权利要求1具有新颖性和创造性。湘北威尔曼公司还提交意见认为，本案专利说明书的撰写符合专利申请日施行的《专利审查指南》的相关规定，相关试验和研究并不需要全部记载于本案专利说明书中；本案专利中的复方制剂属于药物产品，其必须满足药品注册的要求，必须符合所有药物都具备的安全性、有效性和稳定性，无论说明书如何撰写，都不能否定本案专利在安全性、有效性、稳定性三个方面所完成的研究和试验工作。2011年12月17日，最高人民法院作出再审判决，撤销二审判决，维持一审判决及第8113号决定。

最高人民法院再审认为：专利申请人在其申请专利时提交的专利说明书中公开的技术内容，是国务院专利行政部门审查专利的基础，亦是社会公众了解、传播和利用专利技术的基础。因此，专利申请人未能在专利说明书中公开的技术方案、技术效果等，一般不得作为评价专利权是否符合法定授权确权标准的依据，否则会与专利法规定的先申请原则相抵触，背离专利权以公开换保护的本质属性。专利法中有关专利说明书应当对发明创造予以充分公开的规定，实为对专利说明书的最低限度要求。在满足充分公开的前提下，专利申请人有权利决定其在专利说明书中公开的技术内容的具体范围，适当保留其技术要点，但也应当承担由此可能带来的不利后果。本案中，湘北威尔曼公司主张其为了解决本案专利的安全性、有效性、稳定性，还进行了长期毒性试验、急性毒性试验、一般药理研究试验等一系列试验和研究，但由于相关技术内容并未记载于本案专利说明书中，不能体现出本案专利在安全性、有效性、稳定性等方面对现有技术作出了创新性的改进与贡献。因此，这些试验和研究不能作为认定权利要求1的创造性的依据。

8. 药品研制、生产的相关规定对药品专利授权条件的影响

在前述"抗β—内酰胺酶抗菌素复合物"专利无效行政案中，最高人民法院指出，对于涉及药品的发明创造而言，在其符合专利法中规定的授权条件的前提下，即可授予专利权，无需另行考虑该药品是否符合其他法律法规中有关药品研制、生产的相关规定。

最高人民法院再审认为：由于药品质量与人民群众的生命健康和医疗用药安全息息相关，故相关法律法规对药品的研制、生产规定了严格的标准和条件。与之相比，专利法保护的是以技术方案为具体对象的智力成果，专利法中有关新颖性、创造性等专利授权确权标准的规定，均是为了实现保护发明创造专利权，鼓励发明创造，有利于发明创造的推广应用，促进科学技术进步和创新的立法目的。二者在立法目的、规范对象以及具体标准方面均有实质性区别。对于涉及药品的发明创造而言，在其符合专利法中规定的授权条件的情况下，即可授予专利权，无需另行考虑该药品是否符合其他法律法规中有关药品研制、生产的相关规定。因此，对于湘北威尔曼公司有关复方制剂作为人用药物，必须具有安全性、有效性、稳定性，未经一系列研究和试验，不能显而易见地得知可以将β—内酰胺酶抑制剂与β—内酰胺类抗生素制为复方制剂的主张，不予支持。

9. 专利申请文件的修改是否超出原说明书和权利要求书记载的范围的判断标准

在申请再审人郑亚俐与精工爱普生株式会社（以下简称精工爱普生）、国家知识产权局专利复审委员会（以下简称专利复审委员会）、佛山凯德利办公用品有限公司（以下简称凯得利公司）、深圳市易彩实业发展有限公司（以下简称易彩公司）专利无效行政诉讼案（〔2010〕知行字第53号）（以下简称"墨盒"专利无效行政案）中，最高人民法院认为，原说明书和权利要求书记载的范围应该包括原说明书及其附图和权利要求书以文字或者图形等明确表达的内容以及所属领域普通技术人员通过综合原说明书及其

附图和权利要求书可以直接、明确推导出的内容；只要所推导出的内容对于所属领域普通技术人员是显而易见的，就可认定该内容属于原说明书和权利要求书记载的范围；与上述内容相比，如果修改后的专利申请文件未引入新的技术内容，则可认定对该专利申请文件的修改未超出原说明书和权利要求书记载的范围。

本案的基本案情是：精工爱普生是名称为"墨盒"的00131800.4号发明专利（即本案专利）的申请人和权利人。本案专利是99800780.3号发明专利申请的分案申请，而后者是进入中国国家阶段的国际申请（PCT/JP99/02579），即99800780.3号发明专利申请的申请文件相当于是PCT/JP99/02579号国际申请的中文翻译件。99800780.3号发明专利申请公开文本的权利要求书中并未出现独立使用的"存储装置"用语，而是使用了"半导体存储装置"或者指代"半导体存储装置"的"所述外部存储装置"的概念。精工爱普生对99800780.3号发明专利申请提出分案申请，并提交了修改文件。修改文件的权利要求书中未再出现"半导体存储装置"，而是使用了"存储装置"的术语。针对本案专利权，凯德利公司、郑亚俐和易彩公司分别向专利复审委员会提出无效宣告请求。专利复审委员会于2008年4月15日作出第11291号无效宣告请求审查决定（以下简称11291号决定），以精工爱普生有关存储装置的修改以及其他修改均超出原说明书和权利要求书记载的范围，违反专利法第三十三条的规定为由，宣告本案专利全部无效。精工爱普生不服，提起行政诉讼。北京市第一中级人民法院一审判决维持专利复审委员会第11291号决定。精工爱普生不服，提起上诉。北京市高级人民法院二审认为，本领域技术人员通过阅读原权利要求书及说明书，可以毫无疑义地确定本案专利申请人在说明书中是在"半导体存储装置"意义上使用"存储装置"，精工爱普生关于"存储装置"的修改符合专利法第三十三条的规定，故判决撤销一审判决，责令专利复审委员会就此重新作出审查决定。郑亚俐不服，向最高人民法院申请再审。最高人民法院于2011年12月25日裁定驳回了郑亚俐的再审申请。

最高人民法院审查认为：专利法第三十三条包括两层含义，一是允许申请人对专利申请文件进行修改，二是对专利申请文件的修改进行限制。专利法第三十三条的立法目的在于实现专利申请人的利益与社会公众利益之间的平衡，一方面使申请人拥有修改和补正专利申请文件的机会，尽可能保证真正有创造性的发明创造能够取得授权和获得保护，另一方面又防止申请人对其在申请日时未公开的发明内容随后补入专利申请文件中，从而就该部分发明内容不正当地取得先申请的利益，损害社会公众对原专利申请文件的信赖。基于前述立法目的，对于"原说明书和权利要求书记载的范围"，应该从所属领域普通技术人员角度出发，以原说明书和权利要求书所公开的技术内容来确定。凡是原说明书和权利要求书已经披露的技术内容，都应理解为属于原说明书和权利要求书记载的范围。既要防止对记载的范围作过宽解释，乃至涵盖了申请人在原说明书和权利要求书中未公开的技术内容，又要防止对记载的范围作过窄解释，对申请人在原说明书和权利要求书中已披露的技术内容置之不顾。从这一角度出发，原说明书和权利要求书记载的范围应该包括如下内容：一是原说明书及其附图和权利要求书以文字或者图形等明确表达的内容；二是所属领域普通技术人员通过综合原说明书及其附图和权利要求书可以直接、明确推导出的内容。只要所推导出的内容对于所属领域普通技术人员是显而易见的，就可认定该内容属于原说明书和权利要求书记载的范围。与上述内容相比，如果修改后的专利申请文件未引入新的技术内容，则可认定对该专利申请文件的修改未超出原说明书和权利要求书记载的范围。由此可见，判断对专利申请文件的修改是否超出原说明书和权利要求书记载的范围，不仅应考虑原说明书及其附图和权利要求书以文字或者图形表达的内容，还应考虑所属领域普通技术人员综合上述内容后显而易见的内容。在这个过程中，不能仅仅注重前者，对修改前后的文字进行字面对比即轻易得出结论；也不能对后者作机械理解，将所属领域普通技术人员可以直接、明确推导出的内容理解为数理逻辑上唯一确定的内容。

10. 判断专利申请文件的修改是否超出原说明书和权利要求书记载的范围应当充分考虑专利申请所属技术领域的特点

在申请再审人曾关生与被申请人国家知识产权局专利复审委员会（以下简称专利复审委员会）发明专利申请驳回复审行政纠纷案（〔2011〕知行字第54号）中，最高人民法院认为，在审查专利申请人对专利申请文件的修改是否超出原说明书和权利要求书记载的范围时，应当充分考虑专利申请所属技术领域的特点，不能脱离本领域技术人员的知识水平。

本案的基本案情是：2000年9月8日，曾关生向国家知识产权局提出了名称为"一种既可外用又可内服的矿物类中药"的发明专利申请。在实质审查程序中，国家知识产权局于2004年8月6日向曾关生发出第二次审查意见通知书，明确指出："'水银八两……'属于未使用本领域的标准国际计量单位。"曾关生据此将其原专利申请配方中计量单位由"两"换算成"克"，并作了其他修改。在第六次审查意见通知书中，国家知识产权局对曾关生采用"一两＝30克（g）"的换算关系明确予以认可。2009年1月9日，国家知识产权局以曾关生对说明书和权利要求书的修改不符合专利法第三十三条的规定为由，驳回了本案专利申请。曾关生不服，向专利复审委员会提出复审请求，并于2009年8月13日提交了权利要求书和说明书的修改替换页，将配方中的水银、明矾、牙硝、硼砂分别由八两、八两、十两、五分修改为240g、240g、300－330g和1.5g。2009年12月9日，专利复审委员会作出第20574号决定，维持国家知识产权局作出的驳回决定。曾关生不服，提起行政诉讼。北京市第一中级人民法院一审判决维持第20574号决定。曾关生不服，提起上诉。北京市高级人民法院二审判决驳回上诉，维持原判。曾关生向最高人民法院申请再审。最高人民法院于2011年10月28日作出裁定，指令北京市高级人民法院再审本案。

最高人民法院审查认为：在判断专利申请人对专利申请文件的修改是否超出原说明书和权利要求书记载的范围时，应当充分考虑专利申请所属技术领域的特点，不能脱离本领域技术人员的知识水平。就一般情况而言，虽然"两"与"克"（g）的换算关系确实存在新、旧制的不同，但是从查明的相关事实来看，在传统中药配方尤其是古方技术领域中，在进行"两"与"克"的换算时均遵循"一斤＝十六两"的旧制。根据本案专利申请说明书记载的有关内容，本案专利申请系在古方三仙丹的配方的基础上改进而成。因此，虽然说明书中没有明确记载"两"与"克"的换算是采用何种换算关系，但本领域技术人员结合本案专利申请的背景技术、发明内容以及本领域的常识，均能够确定在本案专利申请中的"两"与"克"的换算应当采用旧制，不应当采用"一斤＝十两"的新制。根据《国务院批转国家标准计量局等单位关于改革中医处方用药计量单位的请示报告》的规定，在依据旧制进行换算时，旧制的一两显然应当换算为30克。从《中药学》、《矿物本草》、《中药药剂学》等教科书、技术手册中记载的相关内容来看，亦均采用"一两＝30克"的换算关系。因此，对于《方剂学》中所称的"换算时尾数可以舍去"，本领域技术人员应当理解此处所指的尾数是指"31.25g"中的"1.25"，即采用"一两＝30克"的换算关系。即使在以旧制进行换算时还存在以其他方式舍去尾数，或者不舍去尾数的情形，亦应认识到这种尾数省略方式的不唯一性是由于中药配方领域的技术特点所决定的。不同的省略方式之间仅有细微区别，采用不同的省略方式并不会导致技术方案发生实质性的改变。在实践中，本领域技术人员可以根据具体的情况和要求，选择特定的尾数省略方式。而且，一旦选择了特定的省略方式，本领域技术人员即会在一项中药配方中予以统一适用，不会也不应出现在同一配方中适用不同省略方式的情形。因此，在旧制的基础上选择不同的尾数省略方式，均属于本领域技术人员能够直接、毫无疑义地确定的内容，并不会引入新的技术内容，损害社会公众的利益；亦不会出现专利复审委员会所担心的"有可能实质上改变本发明的技术方案，将不能实施的技术方案改为可以实施的技术方案"的情形。

11. 专利无效宣告程序中权利要求书的修改方式是否严格限于《专利审查指南》限定的三种方式

在申请再审人国家知识产权局专利复审委员会（以下简称专利复审委员会）与被申请人江苏先声药物研究有限公司（以下简称江苏先声公司）、南京先声药物研究有限公司（以下简称南京先声公司）、第三人李平专利无效行政纠纷案（〔2011〕知行字第17号）中，最高人民法院认为，专利无效宣告程序中，权利要求书的修改在满足修改原则的前提下，其修改方式一般情况下限于权利要求的删除、合并和技术方案的删除三种方式，但并未绝对排除其他修改方式。

本案的基本案情是：案外人上海家化医药科技有限公司（以下简称家化公司）于2003年9月19日向国家知识产权局申请名称为"氨氯地平、厄贝沙坦复方制剂"的发明专利（即本案专利），并于2006年8月23日被授权公告。本案专利授权公告的权利要求如下："1、一种复方制剂，其特征在于该制剂是以重量比组成为1∶10－30的氨氯地平或氨氯地平生理上可接受的盐和厄贝沙坦为活性成份组成的药物组合物。2、根据权利要求1所述的复方制剂，其特征在于其中所述的药物组合物为各种医学上可接受的口服制剂。3、根据权利要求1所述的复方制剂在制备治疗轻、中度高血压药物中的应用。4、根据权利要求3所述的应用，其特征在于其中所述的药物适用于伴有心血管重构的高血压患者，肾性高血压、高血压伴肾功能损害或伴糖尿病肾功能损害的患者的治疗。"本案专利说明书第三部分"试验结果"表5（第9页）的"9种剂量组合及相应的剂量比"中有A1I30（1∶30）的内容。该部分"复方对血压的影响"中有如下描述："氨氯地平1mg/kg与不同剂量的厄贝沙坦组合，仅在厄贝沙坦为30mg/kg时才呈现稳定持续的降压效应。"说明书第四部分"分析与结论"（第10页）中有"氨氯地平1mg/kg与厄贝沙坦30mg/kg的组方因降压效果稳定持久，用药剂量较小，故推荐为最佳剂量组合"的内容。第 10 页及第 11 页片剂制备实施例 1 和实施例 2 分别公开了氨氯地平 2.500mg 与厄贝沙坦 75.000mg 的组合以及氨氯地平 5.000mg 与厄贝沙坦 150.000mg 的组合。针对本案专利权,李平向专利复审委员会提出无效宣告请求。2009 年 9 月 29 日,专利复审委员会进行口头审理,家化公司当庭提交了权利要求书的修改文本,其中将本案专利权利要求 1 中的比例"1∶10—30"修改为"1∶30"。2009 年 12 月 14 日,专利复审委员会作出第 14275 号无效宣告请求审查决定(以下简称第 14275 号决定),认定家化公司提交的权利要求修改文本超出原权利要求书和说明书记载的范围,并且对该反映比例关系的技术特征进行修改也不属于无效宣告程序中允许的修改方式,因此不予接受。故在原授权文本的基础上以权利要求得不到说明书支持为由宣告本案专利全部无效。家化公司不服,提起行政诉讼。北京市第一中级人民法院一审判决维持第 14275 号决定。家化公司不服,提起上诉。二审诉讼期间,江苏先声公司、南京先声公司因受让本案专利而承继家化公司的诉讼地位。北京市高级人民法院二审认为,家化公司在无效宣告程序中对专利要求的修改符合相关规定,判决撤销第 14275 号决定,责令专利复审委员会重新作出决定。专利复审委员会不服,向最高人民法院申请再审。最高人民法院于 2011 年 10 月 8 日裁定驳回了专利复审委员会的再审申请。

最高人民法院审查认为:本案中,1∶30 的比值是专利权人在原说明书中明确推荐的最佳剂量比,将权利要求修改为 1∶30 既未超出原说明书和权利要求书记载的范围,更未扩大原专利的保护范围。如果按照专利复审委员会的观点,仅以不符合修改方式的要求而不允许此种修改,使得在本案中对修改的限制纯粹成为对专利权人权利要求撰写不当的惩罚,缺乏合理性。况且,《专利审查指南》规定在满足相关修改原则的前提下,修改方式一般情况下限于前述三种,并未绝对排除其他修改方式。二审判决认定修改符合《专利审查指南》的规定并无不当,专利复审委员会对《专利审查指南》中关于无效过程中修改的要求解释过于严格,其申诉理由不予支持。

12. 专利申请文件的修改限制与专利保护范围的关系

在"墨盒"专利无效行政案中,最高人民法院还明确了专利申请文件的修改限制与专利保护范围的关系。最高人民法院认为,专利申请文件的修改限制与专利保护范围之间既存在一定的联系,又具有明显差异;在无效宣告请求的审查过程中,发明或者实用新型专利的专利权人修改其权利要求书时要受原专利的保护范围的限制,不得扩大原专利的保护范围;发明专利申请人在提出实质审查请求时以及在收到国务院专利行政部门发出的发明专利申请进入实质审查阶段通知书之日起 3 个月内进行主动修改时,只要不超出原说明书和权利要求书记载的范围,在修改原权利要求书时既可以扩大也可以缩小其请求保护的范围。

最高人民法院审查认为:根据 2000 年修正的专利法第三十三条及其实施细则的相关规定,可知专利申请文件的修改限制与专利保护范围之间既存在一定的联系,又具有明显差异。其主要差异在于,专利申请文件的修改以原说明书和权利要求书记载的范围为界,其记载的范围越广,披露的技术内容越多,允许的修改范围就越大,而发明或者实用新型专利权的保护范围以其权利要求的内容为准,说明书及附图可以用于解释权利要求,其权利要求记载的技术特征越多,其保护范围就越小。同时,专利申请人根据专利法实施细则第五十一条的规定进行主动修改时，只要不超出原说明书和权利要求书记载的范围，在修改原权利要求书时既可以扩大其请求保护的范围，也可以缩小其请求保护的范围。专利申请文件的修改限制与专利保护范围的联系在于，根据专利法实施细则第六十八条的规定，在无效宣告请求的审查过程中，发明或者实用新型专利的专利权人修改其权利要求书时要受原专利的保护范围的限制，不得扩大原专利的保护范围。本案中，精工爱普生对原权利要求书中的"半导体存储装置"的修改发生于提出分案申请之时，并非无效宣告请求审查之时，相应的修改是否合法与原专利申请文件请求保护的范围没有关联性。申请再审人有关本案专利的修改因扩大了保护范围应予无效的申请再审理由不能成立，不予支持。

13. 专利申请文件的修改限制与禁止反悔原则的关系

在"墨盒"专利无效行政案中，最高人民法院还明确了专利申请文件的修改限制与禁止反悔原则的关系。最高人民法院认为，禁止反悔原则在专利授权确权程序中应予适用，但是其要受到自身适用条件的限制以及与之相关的其他原则和法律规定的限制；在专利授权程序中，相关法律已经赋予了申请人修改专利申请文件的权利，只要这种修改不超出原说明书和权利要求书记载的范围，禁止反悔原则在该修改范围内应无适用余地。

最高人民法院审查认为：作为诚实信用原则的体现和要求，禁止反悔原则在专利授权确权程序中应予适用。但是，禁止反悔原则在专利授权确权程序中的适用并非是无条件的，其要受到自身适用条件的限制以及与之相关的其他原则或者法律规定的限制。禁止反悔原则的适用应以行为人出尔反尔的行为损害第三人对其行为的信赖和预期为必要条件。同时，法律的明确规定以及其他同等重要的原则也限制着禁止反悔原则的适用。在专利授权确权程序中适用禁止反悔原则必须综合考虑上述因素。在专利授权程序中，相关法律已经赋予了申请人修改专利申请文件的权利，只要这种修改不超出原说明书和权利要求书记载的范围即可。对于社会公众而言，基于专利法第三十三条规定，其应该预见到申请人可能对专利申请文件进行修改，其信赖的内容应该是原说明书和权利要求书记载的范围，即原说明书及其附图和权利要求书以文字或者图形等明确表达的内容和所属领域普通技术人员通过综合原说明书及其附图和权利要求书可以直接、明确推导出的内容，而不是仅信赖原权利要求书记载的保护范围。因此，如果申请人对专利申请文件的修改符合专利法第三十三条的规定，禁止反悔原则在该修改范围内应无适用余地。精工爱普生在本案中有关"存储装置"的修改符合专利法第三十三条的规定，不存在适用禁止反悔原则的问题。

14. 专利无效行政诉讼程序中人民法院可否依职权主动引入公知常识

在申请再审人福建多棱钢业集团有限公司（以下简称多棱钢业集团）与被申请人厦门市集美区联捷铸钢厂（以下简称联捷铸钢厂）、二审上诉人国家知识产权局专利复审委员会（以下简称专利复审委员会）、原审第三人福建泉州市金星钢丸有限公司（以下简称金星钢丸公司）发明专利无效行政纠纷案（〔2010〕知行字第6号）中，最高人民法院认为，在专利无效行政诉讼程序中，法院在无效宣告请求人自主决定的对比文件结合方式的基础上，依职权主动引入公知常识以评价专利权的有效性，并未改变无效宣告请求理由，有助于避免专利无效程序的循环往复，并不违反法定程序；法院在依职权主动引入公知常识时，应当在程序上给予当事人就此发表意见的机会。

本案的基本案情是：多棱钢业集团是名称为"一种钢砂生产方法"的01127387.9号发明专利（即本案专利）的权利人。针对本案专利，联捷铸钢厂、金星钢丸公司分别向专利复审委员会提出无效宣告请求（一）和（二），请求宣告本案专利全部无效。专利复审委员会将两次无效宣告请求合并审理，于2006年8月7日作出第8585号无效宣告请求审查决定（以下简称第8585号决定），宣告本案专利全部无效。多棱钢业集团不服，提起行政诉讼。北京市第一中级人民法院一审判决撤销第8585号决定，责令专利复审委员会重新就本案专利作出无效宣告请求审查决定。北京市高级人民法院二审维持了一审判决。专利复审委员会随后重新成立合议组对上述两个无效宣告请求案进行审查。联捷铸钢厂针对本案专利再次提出了无效宣告请求（三），请求宣告本案专利全部无效。在专利复审委员会的审查程序中，关于无效宣告请求（一）和（二），联捷铸钢厂明确表示，使用附件1结合附件3，附件1结合附件16，附件1结合常规技术手段（包括技术手册、本领域的常规技术手段）来评价本案专利权利要求1和2的创造性。专利复审委员会经审查作出第11978号无效宣告请求审查决定（以下简称第11978号决定），维持本案专利有效。联捷铸钢厂不服，提起行政诉讼。北京市第一中级人民法院一审判决撤销第11978号决定。专利复审委员会、多棱钢业集团不服，提起上诉。在二审庭审中，联捷铸钢厂明确其请求宣告本案专利无效中争议的主要内容为：本案专利相对于附件1和附件3的结合不具备创造性；本案专利相对于附件1和附件16的结合不具备创造性；本案专利相对于附件1结合公知常识证据（附件6）不具备创造性。北京市高级人民法院二审认为，专利复审委员会在第11978号决定中作出的本案专利相对于附件1和3的结合具备创造性的认定事实不清，判决驳回上诉，维持一审判决。该判决在论述本案专利相对于附件1和3的结合是否具备创造性的问题时引用了附件6的内容。多棱钢业集团不服，向最高人民法院申请再审，其主要理由之一为，二审判决在评判附件1和附件3的结合对本案专利的创造性影响时引入了附件6，明显违反了审查规则，破坏了无效宣告请求人联捷铸钢厂自主决定的证据结合方式，剥夺了多棱钢业集团针对附件1、附件3和附件6的组合进行答辩的权利。最高人民法院审查查明，联捷铸钢厂和金星钢丸公司在无效宣告请求审查程序中提供附件5、附件6和附件7用于证明钢砂产品本身是已知技术，轴承钢的技术性能和热处理工艺都是本领域公知的，多棱钢业集团对附件5、附件6和附件7的真实性没有异议。最高人民法院于2011年5月5日作出驳回再审申请通知书，驳回了多棱钢业集团的再审申请。

最高人民法院审查认为：本案中，无效宣告请求人联捷铸钢厂和金星钢丸公司在无效宣告请求审查程序中提出了附件1和附件3的对比文件结合方式，而附件6本身属于公知常识的证据。多棱钢业集团的再审理由涉及到法院在专利无效案件审理中，在无效宣告请求人自主决定的对比文件结合方式的基础上，是否可以依职权主动引入公知常识以评价专利权有效性的问题。由于公知常识是本领域技术人员均知悉和了解的，因此在专利无效案件行政诉讼程序中，法院在无效宣告请求人自主决定的对比文件结合方式的基础上，依职权主动引入公知常识以评价专利权的有效性，并未改变无效宣告请求理由，对双方当事人来说亦无不公，且有助于避免专利无效程序的循环往复，并不违反程序。当然，法院在依职权主动引入公知常识时，应当在程序上给予当事人就此发表意见的机会。本案中，联捷铸钢厂在一、二审程序中即主张使用附件6中公开的内容，且多棱钢业集团对附件6的真实性没有异议，在此情况下，原审法院引入附件6评价本案专利的效力并不违反法定程序。

15. 外观设计相近似判断中"整体观察、综合判断"的把握

在申请再审人珠海格力电器股份有限公司（以下简称格力公司）与被申请人广东美的电器股份有限公司（以下简称美的公司）、二审上诉人国家知识产权局专利复审委员会（以下简称专利复审委员会）外观设计专利权无效行政纠纷案（〔2011〕行提字第1号）（以下简称"风轮"外观设计行政案）中，最高人民法院认为，所谓整体观察、综合判断，是指一般消费者从整体上而不是仅依据局部的设计变化，来判断外观设计专利与对比设计的视觉效果是否具有明显区别；在判断时，一般消费者对于外观设计专利与对比设计可视部分的相同点和区别点均会予以关注，并综合考虑各相同点、区别点对整体视觉效果的影响大小和程度。

本案的基本案情是：针对美的公司名称为"风轮（455－180）"的外观设计专利（即本案专利），格力公司向专利复审委员会提出无效宣告请求，并提交了公告号为CN3265720、名称为"风扇扇叶"外观设计专利作为对比文件。专利复审委员会作出第13585号无效宣告请求审查决定（以下简称第13585号决定），宣告本案专利权无效。美的公司不服，提起行政诉讼。北京市第一中级人民法院一审认为，本案专利与对比文件公开的在先设计不相近似，遂判决撤销第13585号决定。格力公司、专利复审委员会不服，均提出上诉。北京市高级人民法院二审认为，本案专利与在先设计关于扇叶部分的区别因扇叶部分的旋转方向系由功能决定，故对整体视觉效果不具有显著影响，其他区别分布于本案专利的中部等主要视觉部分，根据整体观察、综合判断原则，对一般消费者而言，其区别足以在整体视觉效果上产生不同。据此判决驳回上诉，维持一审判决。格力公司不服，向最高人民法院申请再审。最高人民法院于2010年12月7日裁定提审本案，并于2011年11月11日判决撤销一、二审判决，维持第13585号决定。

最高人民法院再审认为：本案专利与在先设计均由位于中央的轮毂以及轮毂两侧呈中心对称分布的两个扇叶组成。将二者的扇叶相比较，均包括圆弧状的外侧和内侧、外侧与内侧连接处的凸起、位于前侧的尖角和直线部分，以及位于前侧的类似刀口的加厚增强层等结构；单个扇叶的形状基本相同，两个扇叶的对称分布形态亦基本相同。二者的主要区别是：扇叶的旋转方向呈180°反向；本案专利的扇叶突出轮毂主体一小部分，并且本案专利的扇叶比在先设计的扇叶厚。由于对称分布的两个扇叶占据了产品的主要视觉部分，更容易被一般消费者所关注，故基本相同的扇叶形状以及对称分布形态对整体视觉效果具有显著的影响。扇叶的旋转方向系由风轮的旋转功能所决定，故旋转方向的不同对整体视觉效果不具有显著影响。由于一般消费者施以一般的注意力和分辨力难于观察到二者的扇叶厚度的细微差异，故扇叶厚度的区别对整体视觉效果不具有影响。本案专利的扇叶虽突出于轮毂主体一小部分，但相对于整个扇叶而言，该突出部分所占比例较小，而且在使用状态下，该突出部分位于风轮安装面一侧，难以被一般消费者观

察到，故这一区别对整体视觉效果亦不具有显著影响。将本案专利与在先设计的轮毂进行比较，二者的轮毂均由一圆台状结构构成，轮毂与扇叶的连接处均有一对呈渐开线方式延伸的圆弧状轮毂壁，轮毂壁的形状均由圆弧和直线结合形成，轮毂与扇叶内侧均由轮毂壁由下至上倾斜连接，连接方式基本相同。二者的主要区别在于，在先设计的轮毂壁延伸得更长，包围的面积更大，轮毂壁圆弧与直线边形成尖角，本案专利没有形成尖角。对于位于产品中央的设计变化，应当综合考虑其在产品整体中所占的比例、变化程度的大小等因素，确定其对整体视觉效果的影响。位于中央的设计变化并不必然对整体视觉效果具有显著影响。本案专利的轮毂虽位于中央，但相对于扇叶而言，所占面积明显较小，相对于在先设计轮毂的变化亦相对有限，在本案专利与在先设计的轮毂及其轮毂壁还具有前述诸多相同点的情况下，上述区别对整体视觉效果不具有显著影响。事实上，本案专利的轮毂是在在先设计较大的轮毂的基础上，舍弃了一部分，使得轮毂壁延伸长度减少，围成的面积减少，形成的夹角发生变化。在进行相近似判断时，如果外观设计专利的改进仅仅体现为在现有设计的基础上省略局部的设计要素，这种改进通常不能体现出外观设计专利所应当具有的创新性，亦不应对整体视觉效果带来显著影响。将本案专利与在先设计相比较，综合考虑二者的相同点、不同点以及对整体视觉效果的影响，应认定二者的整体视觉效果不具有明显区别，属于相近似的外观设计。

16. 设计要素变化所伴随的技术效果的改变对外观设计整体视觉效果的影响

在前述"风轮"外观设计行政案中，最高人民法院指出，仅仅具有功能性而不具有美感的产品设计，不应当通过外观设计专利权予以保护；一般消费者进行外观设计相近似判断时，主要关注外观设计的整体视觉效果的变化，不会基于设计要素变化所伴随的技术效果的改变而对该设计要素变化施以额外的视觉关注。

最高人民法院再审认为：一项产品的外观设计要获得外观设计专利权的保护，其必须具备专利法意义上的美感，即在实现产品的特定功能的基础上，对产品的视觉效果作出创新性的改进，使得产品能够体现出功能性和美感的有机结合。仅仅具有功能性而不具有美感的产品设计，可以通过申请发明或者实用新型专利权予以保护，而不应当通过外观设计专利权予以保护。与本领域普通技术人员总是从技术角度考虑问题有所不同，一般消费者在进行相近似判断时，其主要关注于外观设计的视觉效果的变化，而不是功能或者技术效果的变化。一般消费者也不会基于设计要素变化所伴随的技术效果的改变，而对该设计要素变化施以额外的视觉关注。因此，对于美的公司关于单纯地讨论美感没有实际意义，相关区别能够显著提高风轮的工作效率，一般消费者对于该区别更加敏感，该区别对整体视觉效果具有显著影响的主张，不予支持。

二、商标案件审判

（一）商标民事案件审判

17. 判断商标侵权行为应考虑相关公众混淆、误认的可能性

在申请再审人山东齐鲁众合科技有限公司（以下简称齐鲁众合公司）与被申请人齐鲁证券有限公司南京太平南路证券营业部（以下简称南京太平南路营业部）侵犯注册商标专用权纠纷案（〔2011〕民申字第222号）中，最高人民法院认为，商标侵权原则上

要以存在造成相关公众混淆、误认的可能性为基础；判断是否存在造成相关公众混淆、误认的可能性时，应该考虑商标的显著性和知名度。

本案的基本案情是：齐鲁众合公司成立于1995年5月31日，2006年企业法人营业执照记载经营范围为：软件开发与应用；网络工程施工；提供科技企业投资咨询服务。2009年4月2日，其经营范围变更为：软硬件开发及批发零售。同年7月16日，又变更经营范围为：证券、期货应用软件的开发及销售；硬件开发及销售；科技企业投资咨询（不含证券、期货咨询）。2001年7月14日，案外人山东省信达投资管理有限公司（以下简称信达公司）经国家工商行政管理总局商标局核准注册了第1603776号"齐鲁"文字商标，核定服务项目为第36类：资本投资、基金投资、金融分析、金融咨询、证券交易行情、期货经纪、信托、受托管理、金融信息。2008年4月20日，信达公司将第1603776号商标许可齐鲁众合公司独占使用。2000年7月25日，中国证券监督管理委员会向山东省人民政府下发证监函（2000）187号函，同意将齐鲁信托投资有限公司等联合组建证券经纪公司的方案，并于2001年4月27日向山东省齐鲁证券经纪有限公司筹建办公室下发《关于同意山东省齐鲁证券经纪有限公司开业的批复》文件。2001年12月9日，山东省齐鲁证券经纪有限公司经核准变更为齐鲁证券有限公司，其经营范围为：证券的代理买卖，代理还本付息、分红派息，证券代保管、鉴证，代理登记开户，证券的承销，证券的自营买卖，证券投资咨询（含财务顾问），证券资产管理业务等。南京太平南路营业部系齐鲁证券有限公司的分支机构。南京太平南路营业部在店面招牌上使用"齐鲁证券有限公司"文字及松树图形标识，在"齐鲁证券"、"齐鲁证券业务介绍"等宣传册上除使用"齐鲁证券"文字及松树图形标识外，还使用了"真诚待客户　满意在齐鲁"字样。齐鲁众合公司以南京太平南路营业部侵犯其"齐鲁"注册商标专用权为由提起诉讼，请求判令该营业部停止使用"齐鲁"字样的服务标识，停止在其企业名称中使用"齐鲁"文字，并赔偿其经济损失100万元。江苏省南京市中级人民法院一审认为，南京太平南路营业部使用"齐鲁"或"齐鲁证券"文字的行为是对其企业名称的简化使用行为，该营业部在企业名称中使用"齐鲁"文字及简化使用该企业名称的行为，不侵犯齐鲁众合公司的注册商标专用权。遂判决驳回齐鲁众合公司的诉讼请求。齐鲁众合公司不服，提起上诉。江苏省高级人民法院二审判决维持一审判决。齐鲁众合公司不服，向最高人民法院申请再审。最高人民法院于2011年7月13日裁定驳回其再审申请。

最高人民法院审查认为：本案中，南京太平南路营业部在简化使用其企业字号时，突出使用了"齐鲁"、"齐鲁证券"文字，但是否构成侵犯齐鲁众合公司对涉案注册商标享有的被许可使用权，原则上要以是否存在造成相关公众混淆、误认的可能性为基础，而判断是否存在造成相关公众混淆、误认的可能性时，必须要考虑涉案注册商标的显著性，特别是其知名度。由于"齐鲁"系山东省的别称，故将其作为注册商标使用，本身显著性较弱。本案涉案商标虽然核定服务类别为36类，但注册商标权人信达公司及其被许可使用人齐鲁众合公司经营范围与齐鲁证券有限公司及其南京太平南路营业部经营范围不同。鉴于国家对证券行业实行严格的市场准入制度，未取得经营证券业务许可证的企业，不得从事特许证券经营业务。由于信达公司及齐鲁众合公司不具备从事特许证券业务的资格，且二者也没有实际从事特许证券业务，故在该行业不存在知名度的问题，进而也就不可能使公众对齐鲁众合公司与南京太平南路营业部经营主体及经营范围产生混淆、误认。因此，原审法院认定南京太平南路营业部不构成商标侵权并无不当，应予维持。

18. 独家经营和使用的具有产品和品牌混合属性的商品名称不应认定为通用名称

在申请再审人佛山市合记饼业有限公司（以下简称合记公司）与申请再审人珠海香记食品有限公司（以下简称香记公司）侵犯注册商标专用权纠纷案（〔2011〕民提字第55号）中，最高人民法院认为，由于特定的历史起源、发展过程和长期唯一的提供主体以及客观的市场格局，保持着产品和品牌混合属性的商品名称，仍具有指示商品来源的意义，不能认定为通用名称。

本案的基本案情是：盲公饼是佛山市土特产名产品之一，其创制于清嘉庆年代后期，由一盲人的儿子何豫斋创制，并因而得名。盲公饼出名后创号为合记。建国初期，佛山市饼干、糕点、糖果几个行业实行公私合营，组成佛山市合记饼干糖果食品厂，盲公饼为其生产的食品种类之一。后佛山市合记饼干糖果食品厂先后改名为佛山市糖果厂、佛山嘉华食品公司（以下简称嘉华公司）。1999年12月8日，成立有限责任公司，取为现名"佛山市合记饼业有限公司"，盲公饼是其生产的食品之一。合记公司在第30类饼干商品上拥有1982年获准注册的第166967号"盲公牌"商标以及2002年获准注册的第1965555号"盲公"商标。香记公司成立于2000年4月6日。香记公司生产销售被诉侵权产品的饼身及其包装盒上均印有明显的"盲公饼"字样。合记公司以香记公司侵犯其"盲公"注册商标专用权为由，提起诉讼。广东省佛山市中级人民法院一审认为，"盲公"是特有名称而非饼类商品的通用名称，香记公司构成侵犯合记公司的两项商标权，故判令香记公司立即停止侵权并赔偿损失。香记公司不服，提起上诉。广东省高级人民法院二审认为，盲公饼为在佛山地区使用近200年的商品概念，被诉侵权盲公饼饼身所刻阳文"盲公餅"与合记公司的商标字体不同，差别显著，结合产品的外包装显著位置关于生产源的明确、突出标记，足以使一般公众区分其为不同生产源的"盲公饼"，不致发生混淆，不构成侵犯合记公司商标权。被诉侵权产品外包装盒使用的"盲公饼"商品标记侵犯了合记公司第1965555号"盲公"文字商标专用权。据此改判香记公司停止侵犯合记公司第1965555号注册商标专用权的行为并赔偿损失。合记公司和香记公司均不服，向最高人民法院申请再审。合记公司的申请再审理由为，二审判决认定"盲公饼是商品名称"没有事实根据和理由。香记公司的申请再审理由为，盲公饼是一种饼类的通称，合记公司无权禁止香记公司正当使用"盲公饼"作为商品名称。最高人民法院经过审查后裁定提审本案，并于2011年8月24日改判香记公司停止侵犯合记公司第166967号及第1965555号注册商标专用权的行为。

最高人民法院审理认为：香记公司生产和销售的产品与合记公司注册商标核定使用商品相同，虽然被诉产品饼身标注的"盲公饼"字体与合记公司第166967号和第1965555号注册商标的字体存在一些差异，外包装盒标贴"盲公饼"与第166967号注册商标也存在一些不同，但这些差别是细微的，构成在同一种商品上使用与注册商标近似商标的行为。盲公饼是有着200多年历史的一种佛山特产，有着特定的历史渊源和地方文化特色。虽然"盲公饼"具有特殊风味，但"盲公"或者"盲公饼"本身并非是此类饼干的普通描述性词汇。从其经营者传承看，虽然经历了公私合营、改制等过程，但有着较为连续的传承关系，盲公饼是包括合记饼店、佛山市合记饼干糖果食品厂、佛山市糖果厂、嘉华公司、合记公司等在内的数代经营者独家创立并一直经营的产品。而且在我国商标法施行不久，"盲公饼"的经营者即申请了"盲公"商标，并且积极维护其品牌，其生产的"盲公饼"具有较高的知名度。虽然香记公司主张"盲公饼"是通用名称，但未能举出证据证明在我国内地还有其他厂商生产"盲公饼"，从而形成多家主体共存的局面。虽然有些书籍介绍"盲公饼"的做法，我国港澳地区也有一些厂商生产各种品牌的"盲公饼"，这些客观事实有可能使得某些相关公众会认为"盲公饼"可能是一类产品的名称。但是，由于特定的历史起源、发展过程和长期唯一的提供主体以及客观的市场格局，我国内地的大多数相关公众会将"盲公饼"认知为某主体提供的某种产品。因此，在被诉侵权行为发生时，盲公饼仍保持着产品和品牌混合的属性，具有指示商品来源的意义，并没有通用化，不属于通用名称。对于这种名称，给予其较强的保护，禁止别人未经许可使用，有利于保持产品的特点和文化传统，使得产品做大做强，消费者也能真正品尝到产品的风味和背后的文化；相反，如果允许其他厂家生产制造"盲公饼"，一方面权利人的权益受到损害，另一方面也可能切断了该产品所承载的历史、传统和文化，破坏了已有的市场秩序。因此"盲公饼"并非商品通用名称，香记公司关于其正当使用的抗辩不能成立。

（二）商标行政案件审判

19. 含有描述性外国文字的商标的显著性的审查判断

在申请再审人佳选企业服务公司（以下简称佳选公司）与被申请人国家工商行政管理总局商标评审委员会（以下简称商标评审委员会）商标驳回复审行政纠纷案（〔2011〕行提字第9号）（以下简称"BEST BUY"商标驳回复审行政纠纷案）中，最高人民法院认为，在审理商标授权确权行政案件时，应当根据诉争商标指定使用商品的相关公众的通常认识，从整体上对商标是否具有显著特征进行审查判断；如果商标标识中含有的描述性要素不影响商标整体上具有显著特征，相关公众能够以其识别商品来源的，应当认定其具有显著特征。

本案的基本案情是：2004年2月12日，佳选公司申请在第35类推销（替他人）、进出口代理等服务项目上注册第3909917号"BEST BUY及图"商标（即申请商标）。申请商标由英文单词"BEST"、"BUY"以及一方框图形构成，其中两个英文单词上下排列，方框图形的底色为黄色。国家工商行政管理总局商标局（以下简称商标局）认为申请商标以该文字作为商标用在指定使用服务上，仅仅直接表示了服务的品质和特点，决定驳回注册申请。佳选公司向商标评审委员会提出复审申请。2008年5月28日，商标评审委员会作出第05222号商标驳回复审决定（以下简称第5222号决定），以与商标局基本相同理由对申请商标予以驳回。佳选公司不服，提起行政诉讼，并提交了申请商标实际使用的大量证据，以证明其商标因使用获得显著特征。北京市第一中级人民法院以与商标评审委员会相同的理由判决维持第5222号决定。佳选公司不服，提起上诉。北京市高级人民法院二审判决驳回上诉，维持原判。佳选公司不服，向最高人民法院申请再审。最高人民法院裁定提审本案，并于 2011 年 10 月 28 日判决撤销第 5222 号决定和一、二审判决，责令商标评审委员会重新作出复审决定。

最高人民法院再审认为：人民法院在审理商标授权确权行政案件时，应当根据诉争商标指定使用商品的相关公众的通常认识，从整体上对商标是否具有显著特征进行审查判断。标志中含有的描述性要素不影响商标整体上具有显著特征，相关公众能够以其识别商品来源的，应当认定其具有显著特征。本案中，申请商标由英文单词"BEST"、"BUY"以及黄色的标签方框构成，虽然其中的"BEST"和"BUY"对于指定使用的服务具有一定描述性，但是加上标签图形和鲜艳的颜色，整体上具有显著特征，便于识别。同时，根据新查明的事实，申请商标在国际上有较高知名度，且申请商标在我国已经实际使用，经过使用也具有了一定的知名度。综合上述因素，申请商标能够起到识别服务来源的功能，相关公众能够以其识别服务来源。商标评审委员会和一、二审法院对申请商标的显著性没有进行整体判断，同时未考虑佳选公司新提交的证据，认定申请商标不具有显著性的结论错误，应予纠正。

20. 含有描述性要素的商标的显著性的审查判断

在申请再审人长沙沩山茶业有限公司（以下简称沩山茶叶公司）与被申请人国家工商行政管理总局商标评审委员会（以下简称商标评审委员会）、湖南宁乡沩山湘沩名茶厂（以下简称湘沩名茶厂）等商标行政纠纷案（〔2011〕行提字第 7 号）中，最高人民法院认为，含有描述性要素的商标的显著性的判定，应当根据争议商标指定使用商品的相关公众的通常认识，从整体上对商标是否具有显著特征进行判断，不能因为商标含有描述性文字就认为其整体缺乏显著性；对于使用时间较长，已经建立一定的市场声誉，相关公众能够以其识别商品来源，并不仅仅直接表示商品特点的商标，应认为其具有显著特征。

本案的基本案情是：案外人湖南省宁乡县茶叶公司于 1990 年 5 月 11 日向国家工商行政管理总局商标局（以下简称商标局）申请注册"沩山牌及图"商标（即争议商标）。商标局于 1991 年 5 月 20 日核准争议商标注册，后争议商标被转让给沩山茶业公司。争议商标经长期使用，于 2002 年被认定为湖南省著名商标。2004 年 6 月 14 日，湘沩名茶厂等六公司以"沩山毛尖"为茶叶商品的通用名称，争议商标的注册违反了商标法第十一条第一款、第四十一条第一款的规定为由，向商标评审委员会申请撤销争议商标。商标评审委员会审查认为，"沩山茶"是一个历史悠久的茶叶品种，在市场上享有较高的声誉。茶叶是一种地域性很强的商品，茶叶产地的名称同时也表明了此种茶叶突出的、区别于其他产地的茶叶商品的品质特点。依据一般消费习惯，消费者通常将文字部分作为商标的主要识别和呼叫对象，争议商标的文字部分"沩山"缺乏显著特征，图形部分亦无法使其整体产生显著性。争议商标的拼音与其文字部分是对应的，文字部分缺乏显著特征，拼音部分亦无法使其产生显著特征。遂裁定撤销争议商标的注册。沩山茶业公司不服，提起行政诉讼。北京市第一中级人民法院一审认为，本案现有证据能够证明湖南省宁乡县沩山乡自古产茶，沩山乡独特的地理和自然环境决定了沩山茶的品质特点，争议商标由沩山牌文字及图组成，一般消费者会将文字部分作为商品的主要识别部分和呼叫对象，故其整体亦不具有显著性。遂判决维持商标评审委员会的裁定。沩山茶业公司不服，提起上诉。北京市高级人民法院二审判决驳回上诉，维持一审判决。沩山茶业公司不服，向最高人民法院申请再审。最高人民法院经审查后提审本案，并于2011年6月29日作出提审判决，撤销一、二审判决及商标评审委员会的裁定，维持争议商标的注册。

最高人民法院再审认为：根据商标法第十一条第一款第（二）、（三）项之规定，"仅仅直接表示商品的质量、主要原料、功能、用途、重量、数量及其他特点的"、"缺乏显著特征的"的标志不得作为商标注册。判断争议商标是否应当依据上述法律规定予以撤销时，应当根据争议商标指定使用商品的相关公众的通常认识，从整体上对商标是否具有显著特征进行判断，不能因为争议商标含有描述性文字就认为其整体缺乏显著性。本案争议商标由沩山牌文字、拼音及相关图形组成，并非仅由沩山文字及其拼音组成，其商标组成部分中的图形亦属该商标的重要组成部分。此外，根据原审法院查明的事实，争议商标自1991年5月20日核准注册，已经经过了近二十年的使用，且在2002年被评为湖南省著名商标。鉴于本案争议商标使用时间较长，已经建立一定的市场声誉，相关公众能够以其识别商品来源，并不仅仅直接表示商品的质量、主要原料、功能、用途、重量、数量及其他特点，商标评审委员会、原审法院以争议商标含有沩山文字就认为其整体缺乏显著性，属于认定事实错误，应予纠正。

21. 类似商品认定中对产品用途的考虑

在申诉人湖南省长康实业有限责任公司（以下简称长康公司）与原审被告国家工商行政管理总局商标评审委员会（以下简称商标评审委员会）、被申诉人长沙加加食品集团有限公司（以下简称加加公司）商标异议复审行政纠纷案（〔2011〕知行字第7号）中，最高人民法院认为，类似商品判断中考虑商品的用途时，应以其主要用途为主，如果产品的不同用途面对的是不同的消费对象，一般情况下应该以注意程度较低的消费者为准。

本案的基本案情是：案外人长沙巨龙实业有限公司于1996年1月31日申请注册"加加及图"商标（即引证商标一），1997年6月21日核准注册，注册号为第1035667号，核定使用在第30类酱油商品上。1998年6月28日，该商标经核准转让给加加酱业（长沙）有限公司（以下简称加加酱业公司）。加加酱业公司于1998年5月21日申请注册"加加"商标（即引证商标二）、"加加JIAJIA及图"商标（即引证商标三），均于1999年10月7日核准注册，注册号分别为第1321453号、第1321451号，核定使用在第30类酱油、醋、调味品、酱菜（调味品）、佐料（调味品）、味精、蚝油商品上。1999年7月9日，长康公司向国家工商行政管理总局商标局（以下简称商标局）申请注册"加加JIAJIA"商标（即被异议商标），商标局于2000年8月28日经初步审定，商标注册号为第1482338号，指定使用在第29类芝麻油商品上。加加酱业公司针对被异议商标提出异议申请，商标局于2002年10月16日裁定被异议商标核准注册。加加酱业公司不服，向商标评审委员会申请复审。加加酱业公司其后经两次更名，变更为本案加加公司。2009年12月7日，商标评审委员会作出第34098号商标异议复审裁定（以下简称第34098号裁定），维持了商标局的裁定。加加公司不服，提起行政诉讼。北京市第一中级人民法院一审认为，芝麻油与酱油产品属于类似商品，被异议商标的注册不符合商标法第二十八条的规定,判决撤销第34098号裁定,责令商标评审委员会重新作出裁定。长康公司不服,提起上诉。北京市高级人民法院二审判决驳回上述,维持一审判决。长康公司向最高人民法院申请再审。最高人民法院于2011年8月31日裁定驳回了长康公司的再审申请。

最高人民法院审查认为:根据《最高人民法院关于审理商标授权确权行政案件若干问题的意见》第15条的规定,判断商品是否类似,应当考虑商品的功能、用途、生产部门、销售渠道、消费群体等是否相同或者具有较大的关联性,是否容易使相关公众认为是同一主体提供的,或者其提供者之间存在特定联系。根据查明的事实,芝麻香油是芝麻油主要面向普通消费者的产品形态,其可用作调味,而且其产品包装规格更类似于酱油、醋这样的调味品,即一般为小瓶包装,与其他食用油明显不同。芝麻油作为食用油脂更主要是作为食用调和油的原料,而不是独立的产品。关于芝麻油的其他用途,比如作为其他产品的生产原料等,一方面,对于产品用途的判断,应以其主要用途为主;另一方面,如果产品的不同用途面对的是不同的消费对象,一般情况下应该以注意程度较低的消费者为准。本案中,应以家庭烹饪用品的消费者作为相关公众,对于此类普通消费者来讲,其普遍的认知应该是芝麻油是调味品的一种。此外,判断商品是否类似除主要应考虑前述的功能、用途等因素外,相关商标的知名度对于判断是否容易引起相关公众混淆也会产生影响。本案中,相关证据可以证明引证商标在被异议商标申请注册时已在湖南省具有一定的知名度。因此,原审法院认定芝麻油与酱油等商品构成类似商品,从而撤销第34098号裁定是正确的。

22. 关联商品可视情纳入类似商品范围

在申请再审人杭州啄木鸟鞋业有限公司(以下简称啄木鸟公司)与被申请人国家工商行政管理总局商标评审委员会(以下简称商标评审委员会)、七好(集团)有限公司(以下简称七好公司)商标争议行政纠纷案(〔2011〕知行字第37号)(以下简称"啄木鸟"商标争议行政案)中,最高人民法院认为,避免来源混淆是商品类似关系判断时需坚持的基本原则,如果近似商标在具有一定关联性的商品上共存,容易使相关公众认为两商品是由同一主体提供或者其提供者之间存在特定联系,应认定两商品构成类似商品。

本案的基本案情是:啄木鸟公司于2000年5月26日向国家工商行政管理总局商标局(以下简称商标局)申请注册第1609312号图形商标(即争议商标),指定使用在第25类2507群的鞋、靴商品,指定使用颜色为啄木鸟通体为黑色,嘴的下部为绿色。商标局于2001年8月7日核准该商标注册。2004年2月3日,七好公司向商标评审委员会提出撤销争议商标注册申请,并援引四个商标为引证商标,其中引证商标一为七好公司于1993年1月3日在第25类服装商品上申请、1994年3月7日核准注册的第680928号"鸟图形+TUCANO"商标。商标评审委员会审查认为,争议商标指定使用的鞋、靴商品与各引证商标指定使用的服装、领带、皮包等商品所属的范围和领域不同,消费者获取上述商品的渠道有所区别,在《类似商品和服务区分表》中亦不属同一类似群组,不属于类似商品;争议商标与引证商标未构成使用在同一种或类似商品上的近似商标。据此,商标评审委员会作出商评字〔2009〕第2577号商标争议裁定书(简称第 2577 号裁定），维持争议商标注册。七好公司不服，提起行政诉讼。北京市第一中级人民法院一审认为，争议商标指定使用的鞋、靴商品与引证商标指定使用的服装、领带、皮包等商品不属于类似商品，争议商标与引证商标使用在非类似商品上，不会导致普通消费者对商品来源的混淆误认，故判决维持第 2577 号裁定。七好公司不服，提起上诉。北京市高级人民法院二审认为，争议商标与引证商标两者指定使用商品虽不为同一类似群组，但均为穿戴类商品，商品及生产商品的企业关联性极强，属于关联商品，其在市场上的共同使用易使消费者对其商品来源产生混淆、误认。遂判决撤销一审判决和第 2577 号裁定。啄木鸟公司不服，向最高人民法院申请再审。最高人民法院于 2011 年 7 月 12 日驳回了啄木鸟公司的再审申请。

最高人民法院审查认为：商标法设置商品类似关系，是因为商标主要是按商品类别进行注册、管理和保护。在商标授权确权和侵权判定过程中，进行商标法意义上相关商品是否类似的判断，并非作相关商品物理属性的比较，而是主要考虑商标能否共存或者决定商标保护范围的大小。避免来源混淆是商品类似关系判断时要坚持的一项基本原则。本案中，争议商标指定使用的商品为鞋和靴，引证商标核定使用的商品是服装等。虽然两者在具体的原料、用途等方面具有一些差别，但是两者的消费对象是相同的，而且在目前的商业环境下，一个厂商同时生产服装和鞋类产品，服装和鞋通过同一渠道销售，比如同一专卖店、专柜销售的情形较为多见。同时，争议商标与引证商标中的"鸟图形"虽然在细部上略有差异，但两者基本形态相同，且根据查明的事实，引证商标通过使用具有较高的知名度。在这种情况下，如果两商标在服装和鞋类商品上共存，容易使相关公众认为两商品是同一主体提供的，或者其提供者之间存在特定联系。因此，争议商标与引证商标构成类似商品上的近似商标。

23.《类似商品和服务区分表》对类似商品认定的作用

在前述"啄木鸟"商标争议行政案中，最高人民法院还阐述了《类似商品和服务区分表》（以下简称《区分表》）对认定类似商品或者服务的作用。最高人民法院认为，《区分表》可以作为判断类似商品或者服务的参考，但不能机械、简单地以《区分表》为依据或标准，而应当更多地考虑实际因素，结合个案的情况进行认定。

最高人民法院审查认为：《区分表》是我国商标主管机关以世界知识产权组织提供的《商标注册用商品和服务国际分类》为基础，总结我国长期的商标审查实践并结合我国国情而形成的判断商品和服务类似与否的规范性文件。该表对类似商品的划分是在综合考虑了商品的功能、用途、生产部门、销售渠道、销售对象等因素的基础上确定的。因此，《区分表》可以作为判断类似商品或者服务的参考。尤其商标注册申请审查，强调标准的客观性、一致性和易于操作性，为了保证执法的统一性和效率，商标行政主管机关以《区分表》为准进行类似商品划分并以此为基础进行商标注册和管理，符合商标注册审查的内在规律。但是，商品和服务的项目更新和市场交易情况不断变化，类似商品和服务的类似关系不是一成不变。商标异议、争议是有别于商标注册申请审查的制度设置，承载不同的制度功能和价值取向，更多涉及特定民事权益的保护，强调个案性和实际情况，尤其是进入诉讼程序的案件，更强调司法对个案的救济性。在这些环节中，如果还立足于维护一致性和稳定性，而不考虑实际情况和个案因素，则背离了制度设置的目的和功能。因此在商标异议、争议和后续诉讼以及侵权诉讼中进行商品类似关系判断时，不能机械、简单地以《区分表》为依据或标准，而应当考虑更多实际要素，结合个案的情况进行认定。《区分表》的修订有其自身的规则和程序，无法解决滞后性，也无法考虑个案情况。把个案中准确认定商品类似关系寄托在《区分表》的修订是不现实和不符合逻辑的，相反个案的认定和突破才能及时反映商品关系变化，在必要时也可促进《区分表》的修正。因此，啄木鸟公司关于鞋和服装在《区分表》中被划分为非类似商品、不应突破的观点缺乏法律依据。

24. 商标是否驰名应根据案件具体情况及所涉商品特点等进行综合判断

在申请再审人北京华夏长城高级润滑油有限责任公司（以下简称华夏长城公司）与被申请人国家工商行政管理总局商标评审委员会（以下简称商标评审委员会）、原审第三人日产自动车株式会社（以下简称日产株式会社）商标争议行政纠纷案（〔2011〕知行字第45号）中，最高人民法院认为，商标是否驰名是对当事人提交的全部证据进行综合判断后得出的结论，不能孤立地看相关的证据，也不能机械地要求必须提供哪一类的证据，需根据案件具体情况、所涉及的商品特点等进行具体分析判断。

本案的基本案情是：1978年3月24日，日产株式会社申请注册"日产"商标（引证商标一），并于1979年11月28日获准注册，核定使用在第12类飞机、汽车等商品上。1993年9月8日，日产株式会社申请注册"NISSAN及图"商标（引证商标二），并于1995年4月14日获准注册，核定使用在第12类车辆等商品上。2000年3月23日，华夏长城公司提出"日产及图"（即争议商标）注册申请，并于2001年4月21日获准注册，核定使用在第4类润滑油等商品上。2005年4月18日，华夏长城公司许可案外人北京日产嘉禾润滑油有限公司（以下简称日产嘉禾公司）使用争议商标，该争议商标现已申请转让给日产嘉禾公司。2006年4月20日，日产株式会社以两引证商标为驰名商标、争议商标的注册违反商标法第十三条的规定为由，向商标评审委员会提出撤销争议商标注册的申请，并提交了2003年《日产汽车公司简介》、2002年5月第41期《财富》杂志中文版《拯救日产的大师》、《公司在行业里的排名》以及2003年5月第53期《财富》杂志中文版特别报道《各行各业的最佳公司》等报道、1972年至2003年日产株式会社在中国的大事记、日本汽车出口协会的出口汽车明细表复印件、郑州日产汽车有限公司的批准文件及简介、日产株式会社在中国各地的特约维修服务中心和零件特约店列表、部分宣传材料及相关媒体报道复印件等证据。商标评审委员会认定两引证商标构成汽车商品上的驰名商标，争议商标的注册违反了商标法第十三条第二款的规定，裁定撤销争议商标的注册。华夏长城公司不服，提起诉讼。北京市第一中级人民法院和北京市高级人民法院均判决维持商标评审委员会的裁定。华夏长城公司不服，向最高人民法院申请再审。最高人民法院于2011年11月30日裁定驳回了华夏长城公司的再审申请。

最高人民法院审查认为：华夏长城公司主要对于日产株式会社提交的证据能否证明其商标驰名提出质疑，主张本案两引证商标未在汽车商品上实际使用即不可能成为相关公众熟知的驰名商标。我国法律规定的驰名商标是指在我国境内为相关公众广为知晓的商标。由于其知名度高，其所承载的商誉也更高，相关公众看到与其相同或者近似的标识，更容易与其商标所有人产生联系，所以法律对驰名商标提供较普通注册商标更宽的保护。当事人为了在具体案件中达到受保护的目的，提供关于其商标知名度的证据，需要证明的是通过其使用、宣传等行为，相关公众对其商标有了广泛的认知。商标是否为相关公众广泛知晓是对所有的证据进行综合判断后得出的结论，不能孤立地看相关的证据，也不能机械地要求必须提供哪一类的证据。本案中两引证商标核定使用的商品为汽车，引证商标一"日产"同时为日产株式会社的企业字号，引证商标二中的"NISSAN"文字与日产具有对应关系，考虑到汽车商品的特殊性，消费者会特别关注生产厂商，所以，日产株式会社对其企业名称的使用、所生产各种车型的汽车的销售维修等情况，均有助于其引证商标知名度的提高。华夏长城公司过于机械地理解法律对于驰名商标的证据要求，其主张不予支持。

25. 近似商标共存协议影响商标可注册性的审查判断

在申请再审人北京台联良子保健技术有限公司（以下简称北京良子公司）与一审被告（二审被上诉人）国家工商行政管理总局商标评审委员会（以下简称商标评审委员会）、被申请人山东良子自然健身研究院有限公司（以下简称山东良子公司）商标争议行政纠纷案（〔2010〕知行字第50号）中，最高人民法院认为，当事人之间关于近似商标的共存协议影响商标可注册性的审查判断。

本案的基本案情是：史英建、朱国凡等七人在山东和北京合作开办、经营良子洗脚店，并于1997年9月23日签订良子集体发展决议，约定责成朱国凡以济南良子店名义申请注册良子商标，该商标由全体股东共同创立和拥有。但朱国凡却成立以自己为法定代表人的新疆良子公司，于1997年10月向国家工商行政管理总局商标局（以下简称商标局）提出第1235891号"良子及图"商标（即引证商标）的注册申请，核定使用服务为第42类按摩、推拿，类似群组为4204。1998年史英建、朱国凡等七人签订分家协议书后，史英建拥有的济南市历下区良子健身总店以恶意抢注为由对引证商标提出异议申请。2000年2月17日，史英建拥有的山东良子公司向商标局提出"良子"商标（即争议商标）的注册申请，2001年4月7日被核准注册，核定使用服务为第42类保健、理疗等。2001年8月27日，济南历下区良子健身总店与新疆良子公司在商标局的主持下签署协议书（即共存协议），其中第四条约定，本协议生效后，双方均不得再对对方其他带有"良子"字样的商标注册申请提出异议或注册不当申请。2002年12月31日，朱国凡拥有的北京良子公司以争议商标的注册违反了商标法第二十八条的规定为由，向商标评审委员会提出撤销注册不当商标申请。商标评审委员会认为，争议商标与引证商标构成类似商品上的近似商标，违反商标法第二十八条规定，共存协议与本案没有关系，故裁定撤销争议商标。山东良子公司不服，提起行政诉讼。北京市第一中级人民法院一审认为，争议商标的撤销程序虽然由当事人申请启动，但争议商标是否应当被撤销是商标评审委员会在对相关事实、理由、请求进行评审的基础上依法作出的裁断。共存协议的约定不能排除商标法对商标可注册性的法定要求，争议商标违反商标法第二十八条规定。据此判决维持商标评审委员会的裁定。山东良子公司不服，提起上诉。北京市高级人民法院二审认为，共存协议体现了当事人的意思自治，亦不违反商标法第二十八条的立法本意。根据共存协议，北京良子公司不应对争议商标提出撤销注册不当商标申请,其行为违反诚实信用原则。争议商标经过山东良子公司的使用已经具有较高的知名度,如果在评审程序中被撤销,将无法通过其他法定程序获得救济。故判决撤销一审判决和商标评审委员会的裁定。北京良子公司不服,向最高人民法院申请再审。最高人民法院于2011年11月15日裁定驳回了北京良子公司的再审申请。

最高人民法院审查认为:本案纠纷的发生有着特定的历史过程,在处理时必须予以充分考虑,以作出公平、合理的裁决。根据查明的事实,"良子"商标为朱国凡、史英建等七人共同创立,按照集体发展协议,申请注册的"良子"商标本应为全体股东拥有。但朱国凡违反该协议的约定,将"良子"商标注册到自己成立的新疆良子公司名下,导致后续一系列纠纷的发生。为了解决纠纷,划定双方的商标权利,新疆良子公司与济南历下区良子健身总店签订共存协议,其中第四条约定双方均放弃对对方其他带有"良子"字样的商标提出异议或注册不当申请的权利。在共存协议签订时,本案的争议商标已经过初审公告后获准注册,作为协议签订一方的新疆良子公司理应知晓山东良子公司注册争议商标这一事实,在此基础上仍签订共存协议,应视为新疆良子公司同意山东良子公司注册争议商标,因此争议商标受到共存协议第四条的拘束。按照共存协议的约定,济南市历下区良子健身总店放弃了对新疆良子公司注册的引证商标的异议申请,引证商标从而获准注册。然而,新疆良子公司法定代表人朱国凡成立的北京良子公司却违反协议约定,向商标评审委员会提出撤销争议商标的申请,以致商标评审委员会撤销争议商标。北京良子公司的上述行为,违反了共存协议的约定和诚实信用原则,而撤销争议商标的结果,显然打破了共存协议约定的利益平衡和多年来形成的市场格局,对山东良子公司明显不公平。二审法院综合考虑上述因素,判决撤销一审判决和商标评审委员会的裁定并无不妥。

26. 注册商标连续3年停止使用撤销制度中商业使用和合法使用的判断标准

在申请再审人法国卡斯特兄弟股份有限公司(以下简称卡斯特公司)与被申请人国家工商行政管理总局商标评审委员会(以下简称商标评审委员会)、李道之商标撤销复审行政纠纷案(〔2010〕知行字第55号)中,最高人民法院认为,只要在商业活动中公开、真实地使用了注册商标,且注册商标的使用行为本身没有违反商标法律规定,则注册商标权利人已经尽到法律规定的使用义务;有关注册商标使用的其他经营活动中是否违反进口、销售等方面的法律规定,并非商标法第四十四条第(四)项所要规范和调整的问题。

本案的基本案情是:"卡斯特"商标(即争议商标)系1998年9月7日申请、2000年3月7日被核准注册,指定使用在第33类"果酒(含酒精)"等商品上,商标权人为李道之。2005年7月,卡斯特公司以连续3年停止使用为由,向商标局申请撤销争议商标。国家工商行政管理总局商标局(以下简称商标局)以李道之未在法定期间内提交其使用争议商标的证据材料为由,决定撤销争议商标。李道之不服,向商标评审委员会申请复审,并提交了商标使用许可合同和被许可人上海班提酒业有限公司(以下简称班提公司)销售卡斯特干红葡萄酒的增值税发票2张等使用证据。商标评审委员会经审查认为,争议商标的前述使用事实符合商标法实施条例第三条及第三十九条第三款关于商标使用的规定,不符合商标法第四十四条所指的连续3年停止使用应予撤销的情形,遂维持争议商标的注册。卡斯特公司不服，提起行政诉讼。北京市第一中级人民法院和北京市高级人民法院先后维持了商标评审委员会的决定。卡斯特公司不服，向最高人民法院申请再审，认为争议商标仅有形式使用、象征性使用，而且违反了葡萄酒商品进口、销售等方面的法律法规，属于违法使用，应予撤销。最高人民法院于 2011 年 12 月 17 日裁定驳回了卡斯特公司的再审申请。

最高人民法院审查认为：注册商标长期搁置不用，该商标不仅不会发挥商标的功能和作用，而且还会妨碍他人注册、使用，从而影响商标制度的良好运转。因此，商标法第四十四条第（四）项规定，注册商标连续 3 年停止使用的，由商标局责令限期改正或者撤销其注册商标。应当注意的是，该条款的立法目的在于激活商标资源，清理闲置商标，撤销只是手段，而不是目的。因此只要在商业活动中公开、真实地使用了注册商标，且注册商标的使用行为本身没有违反商标法律规定，则注册商标权利人已经尽到法律规定的使用义务，不宜认定注册商标违反该项规定。本案中，李道之在评审程序中提交了其许可班提公司使用争议商标的合同和班提公司销售卡斯特干红葡萄酒的增值税发票，在申请再审审查期间又补充提交了 30 余张销售发票和进口卡斯特干红葡萄酒的相关材料。综合上述证据，可以证明班提公司在商业活动中对争议商标进行公开、真实地使用，争议商标不属于商标法第四十四条第（四）项规定连续 3 年停止使用、应由商标局责令限期改正或者撤销的情形。至于班提公司在使用争议商标有关的其他经营活动中是否违反进口、销售等方面的法律规定，并非商标法第四十四条第（四）项所要规范和调整的问题。卡斯特公司的相关申请再审理由缺乏法律依据。

27. 商标驳回复审程序和商标异议复审程序之间一事不再理原则的适用

在申诉人河南省养生殿酒业有限公司（以下简称养生殿公司）与被申诉人国家工商行政管理总局商标评审委员会（以下简称商标评审委员会）、一审第三人安徽高炉酒厂（以下简称高炉酒厂）商标异议复审行政纠纷案（〔2010〕知行字第 53 号）中，最高人民法院认为，商标驳回复审程序和商标异议复审程序在启动主体和救济目的方面均不相同，不能在两个程序之间机械适用一事不再理原则，剥夺引证商标权利人在异议阶段提出异议的权利。

本案的基本案情是：2002 年 1 月 30 日，养生殿公司在第 33 类米酒等商品上提出第 3084432 号"六味地"商标（即涉案商标）注册申请。国家工商行政管理总局商标局（以下简称商标局）以涉案商标与高炉酒厂 1996 年 11 月 21 日申请、1998 年 5 月 6 日获准注册、核定使用在第 33 类白酒上的第 1173132 号"六味池 LIUWEICHI 及图"商标（即引证商标）近似为由予以驳回。养生殿公司不服，向商标评审委员会申请复审。2004 年 8 月 30 日，商标评审委员会作出第 4556 号商标驳回复审决定（以下简称第 4556 号决定），认定涉案商标"六味地"与引证商标"六味池"未构成类似商品上的近似商标，故决定初步审定并公告涉案商标。高炉酒厂在异议期内向商标局提出商标异议申请。商标局以涉案商标与引证商标未构成近似商标为由，裁定涉案商标予以核准注册。高炉酒厂不服，提出异议复审申请。2010 年 1 月 11 日，商标评审委员会作出第 38086 号商标异议复审裁定（以下简称第 38086 号裁定），认为涉案商标与引证商标已构成使用于同一种或类似商品上的近似商标，裁定涉案商标不予核准注册。养生殿公司不服，提起行政诉讼。北京市第一中级人民法院一审判决维持第38086号裁定。养生殿公司不服，提起上诉，主张商标评审委员会的行为违反商标法实施条例第三十五条规定的"一事不再理原则"。北京市高级人民法院二审认为，涉案商标与引证商标已构成使用于同一种或者类似商品上的近似商标。商标法实施条例第三十五条的规定属于在同一个评审程序中对于申请人提出的评审申请进行审查的依据，而不应扩展适用到两个不同评审程序中，不同的申请主体提出评审申请的情形。涉案第38086号裁定与第4556号决定的评审程序不同，且评审程序中的当事人亦有区别，商标评审委员会受理高炉酒厂的复审申请进行评审程序符合相关法律规定。据此判决驳回上诉，维持原判。养生殿公司不服，以商标评审委员会的行为违反"一事不再理"原则等为由，向最高人民法院申请再审。最高人民法院于2011年9月29日裁定驳回了养生殿公司的再审申请。

最高人民法院审查认为：商标评审委员会确曾在涉及被异议商标的驳回复审程序中认定被异议商标与引证商标不构成类似商品上的近似商标。但是，驳回复审程序是依被异议商标申请人的请求而启动，在该程序中，由于引证商标权利人不是评审当事人，无从知晓被异议商标申请人的主张，没有机会对被异议商标与引证商标是否近似这一问题陈述意见和提供反驳证据，也无法就对其不利的驳回复审决定向人民法院提起诉讼。被异议商标初审公告后，引证商标权利人认为被异议商标与其在先注册的引证商标构成冲突，损害其在先权利的，只能通过后续的异议或者争议程序予以解决。因此，如果引证商标权利人按照法律规定对被异议商标提出异议和后续的异议复审申请，商标局和商标评审委员会应当受理并依法进行审理，不能因为存在在先的驳回复审决定而剥夺引证商标权利人异议的权利，否则将严重损害引证商标权利人的权益。商标法实施条例第三十五条关于"商标评审委员会对商标评审申请已经作出裁定或者决定的，任何人不得以相同的事实和理由再次提出评审申请"的规定不适用于本案的情形。

28. 商标驳回复审行政诉讼程序中应否考虑阻碍申请商标注册的事实发生的新变化

在申请再审人艾德文特软件有限公司（以下简称艾德文特公司）与被申请人国家工商行政管理总局商标评审委员会（以下简称商标评审委员会）商标驳回复审行政纠纷案（〔2011〕行提字第14号）中，最高人民法院认为，在商标驳回复审行政纠纷案件中，如果引证商标在诉讼程序中因连续3年停止使用而被撤销，鉴于申请商标尚未完成注册，人民法院应根据情势变更原则，依据变化了的事实依法作出裁决。

本案的基本案情是：2002年5月21日，案外人佛山市顺德区海得曼电器有限公司向国家工商行政管理总局商标局（以下简称商标局）申请注册"Advent海得曼"（即引证商标），于2004年12月14日被核准注册，核定使用在第9类的计算机、晶片（锗片）等商品上。2005年10月20日，艾德文特公司向商标局申请注册"ADVENT"商标（即申请商标），指定使用在第9类的"计算机软件（已录制）；计算机程序（可下载软件）；已录制的计算机程序；与计算机软件一同销售的使用手册（软件）"商品上。2008年5月21日，商标局以申请商标与引证商标构成在相同或类似商品上的近似商标为由，依据商标法第二十八条的规定，驳回了申请商标的注册申请。艾德文特公司不服，向商标评审委员会申请复审。商标评审委员会作出第12733号决定，以与商标局相同的理由将申请商标予以驳回。艾德文特公司不服，提起行政诉讼。北京市第一中级人民法院判决维持商标评审委员会的驳回复审决定。艾德文特公司不服，提起上诉。在二审阶段，引证商标因连续3年停止使用被商标局予以撤销。北京市高级人民法院二审认为，商标评审委员会作出复审决定和一审法院作出判决时，引证商标仍为有效，故判决维持商标评审委员会的复审决定和一审判决。艾德文特公司不服，向最高人民法院申请再审。最高人民法院裁定提审本案，并于2011年11月24日作出再审判决，撤销商标评审委员会复审决定及原审判决，责令商标评审委员会重新作出复审决定。

最高人民法院再审认为：本案在二审过程中，引证商标因连续3年停止使用而被商标局予以撤销，引证商标已丧失商标专用权。依据商标法第二十八条的规定，引证商标已不构成申请商标注册的在先权利障碍。在商标评审委员会作出第12733号决定的事实依据已经发生了变化的情形下，如一味考虑在行政诉讼中，人民法院仅针对行政机关的具体行政行为进行合法性审查，而忽视已经发生变化了的客观事实，判决维持商标评审委员会的上述决定，显然对商标申请人不公平，也不符合商标权利是一种民事权利的属性，以及商标法保护商标权人利益的立法宗旨。商标驳回复审案件本身具有特殊性，在商标驳回复审后续的诉讼期间，商标的注册程序并未完成。因此，在商标驳回复审行政纠纷案件中，如果引证商标在诉讼程序中因连续3年停止使用而被商标局予以撤销，鉴于申请商标尚未完成注册，人民法院应根据情势变更原则，依据变化了的事实依法作出裁决。在艾德文特公司明确主张引证商标权利已经消失、其申请商标应予注册的情况下，二审法院没有考虑相应的事实依据已经发生变化的情形，维持商标评审委员会的第12733号决定以及一审判决显属不当，应予纠正。

29. 商标驳回复审行政诉讼程序中应否考虑证明申请商标使用情况的新证据

在前述"BEST BUY"商标驳回复审行政纠纷案中，最高人民法院认为，在商标驳回复审行政诉讼中，对于当事人提交的关于申请商标使用情况的新证据应当予以考虑。

最高人民法院再审认为：商标驳回复审案件中，申请商标的注册程序尚未完成，评审时包括诉讼过程中的事实状态都是决定是否驳回商标注册需要考虑的。本案中，佳选公司在一审诉讼过程中提交了申请商标实际使用的大量证据，这些证据所反映的事实影响申请商标显著性的判断，如果不予考虑，佳选公司将失去救济机会，因此在判断申请商标是否具有显著特征时，应当考虑这些证据。一审法院以这些证据为诉讼中提交的新证据，且无正当理由，对上述证据不予采纳的做法不妥。

30. 商标行政诉讼程序中对当事人提交的新证据的处理及类似商品的认定

在申请再审人吴树填与一审被告（二审被上诉人）国家工商行政管理总局商标评审委员会（以下简称商标评审委员会）、被申请人佛山市富士宝电器科技股份有限公司（以下简称富士宝公司）商标行政纠纷案（〔2011〕知行字第9号）中，最高人民法院认为，人民法院对于当事人在行政诉讼程序中提交的新证据并非一概不予采纳；人民法院可以根据案件具体情形，考虑新证据对当事人合法权益的影响及行政诉讼的救济价值，判令商标评审委员会在综合原有证据及新证据的基础上重新作出裁定。

本案的基本案情是：富士宝公司是第621975号"富士寳FUSHIBAO及图"商标（即引证商标一）、第1091355号"Fushibao及图"商标（即引证商标二）的商标权人。

前述两引证商标分别于 1991 年、1997 年被核准注册,核定使用在第 11 类"电热水器"等商品上。2000 年 6 月 6 日,顺德市桂洲镇顺宝燃气具厂(以下简称顺宝厂)在第 11 类"空气冷却装置、空气加热器、空气干燥器、空气调节器、风扇(空气调节)、厨房用抽油烟机、个人用电风扇、排气风扇、消毒碗柜、饮水机"商品上向商标局申请注册"富士寶 FUSHIBAO 及图"(即争议商标)。2002 年 2 月 2 日,争议商标获准注册,并于 2004 年 5 月 17 日转让给吴树填。2002 年 6 月 10 日,富士宝公司前身南海富士宝公司认为争议商标的注册侵犯了其在先权利、争议商标核定使用的商品与引证商标核定使用的商品构成类似商品,向商标评审委员会提出撤销申请,并提交了主要产品销量表等证据,以证明在争议商标申请注册日之前,其生产销售的"富士宝"牌空调扇等具有一定知名度。商标评审委员会审理认为,争议商标指定使用商品中仅饮水机一项与两引证商标指定使用的商品类似,争议商标指定使用的风扇(空气调节)、消毒碗柜等其他商品与两引证商标指定使用的商品均不属于类似商品;南海富士宝公司提交的证据不足以证明其"富士宝"标识在争议商标申请注册前,已通过在风扇(空气调节)、消毒碗柜等商品上的使用在相关公众中具有一定影响,南海富士宝公司申请撤销争议商标的理由不能成立,遂作出第 06284 号商标争议裁定,裁定撤销争议商标在饮水机商品上的注册,维持争议商标在风扇(空气调节)、消毒碗柜等商品上的注册。富士宝公司不服,提起行政诉讼。北京市第一中级人民法院一审判决维持商标评审委员会的裁定。富士宝公司不服,提起上诉,并提交了北京市高级人民法院〔1999〕高知初字第 75 号民事判决和最高人民法院〔2003〕民三终字第 2 号民事调解书,以补充证明在争议商标申请注册日之前,其生产销售的"富士宝"牌空调扇等已经具有一定知名度。北京市高级人民法院二审认为,在争议商标申请注册日之前,"富士宝"牌空调扇的产销量已经达到一定规模,"富士宝"牌空调扇具有一定的知名度。商标评审委员会以争议商标与富士宝公司的企业名称差别较大为由,不支持其关于争议商标注册损害其企业名称权的决定理由不充分。富士宝公司的引证商标一指定使用的商品"煮水器、电热水器"与引证商标二指定使用的商品"电热开水器"与争议商标核定使用"消毒碗柜"均为厨房用电器,易使相关消费者对上述商品的来源产生混淆误认。商标评审委员会认定争议商标在"消毒碗柜"商品上的注册未构成与引证商标一、引证商标二使用在类似商品上的近似商标,理由不充分。富士宝公司在诉讼阶段提交相关证据与本案争议焦点问题有较强关联性,如果不予考虑,会对双方当事人的合法权益造成较大影响,本案应当由商标评审委员会在综合原有证据以及当事人在诉讼过程中提交的证据的基础上,重新对本案争议商标作出裁定。遂判决撤销一审判决和商标评审委员会的裁定,责令商标评审委员会重新作出裁定。吴树填不服,向最高人民法院申请再审。最高人民法院于 2011 年 4 月 12 日驳回其再审申请。

最高人民法院审查认为:根据《最高人民法院关于行政诉讼证据若干问题的规定》第二条的规定,原告可以提出其在行政程序中没有提出过的反驳理由或者证据。该司法解释第五十九条同时规定,被告在行政程序中依照法定程序要求原告提供证据,原告依法应当提供而拒不提供,在诉讼程序中提供的证据,人民法院一般不予采纳。据此,人民法院对在行政诉讼中提交的新证据不予采纳的限定条件是原告依法应当提供而拒不提供，不提供的后果是人民法院一般不予采纳，并非一概不予采纳。本案中，二审法院考虑本案的具体情形并同时考虑行政诉讼救济价值，对于当事人未能在行政程序中提供有效证明自己主张的证据，判令商标评审委员会在综合原有证据以及当事人在诉讼过程中提交的证据的基础上，重新对本案争议商标作出裁定并无不当。

人民法院审查判断相关商品或者服务是否类似，应当考虑商品的功能、用途、生产部门、销售渠道、消费群体等是否相同或具有较大的关联性。《商标注册用商品和服务国际分类表》、《类似商品和服务区分表》可以作为判断类似商品或者服务的参考。本案中，富士宝公司的引证商标一、引证商标二指定使用的商品"煮水器、电热水器"、"电热开水器"与争议商标核定使用的"消毒碗柜"均为厨房用电器，其销售渠道、消费群体具有较大的关联性，且相关证据已证明南海富士宝公司的引证商标一、二于争议商标申请日前在珠江三角洲一带已有一定知名度。在此情况下，因争议商标与引证商标一、引证商标二核定使用的商品之间存在较大关联性，容易使相关公众造成混淆。鉴此，二审法院关于商标评审委员会第 06284 号裁定"争议商标在消毒碗柜商品上的注册未构成与引证商标一、引证商标二使用在类似商品上的近似商标的理由不够充分"的认定是正确的。

三、著作权案件审判

31. 本身并不表达某种思想的答题卡不构成著作权法意义上的作品

在申请再审人陈建与被申请人富顺县万普印务有限公司（以下简称万普公司）侵犯著作权纠纷案（〔2011〕民申字第 1129 号）中，最高人民法院认为，本身并不表达某种思想的答题卡不构成著作权法意义上的作品。

本案的基本案情是：陈建长期从事机读卡阅卷和研究工作，完成了具有三个主观分答题卡的设计并于 2008 年 4 月 9 日在四川省版权局对设计的三个主观分答题卡进行了版权登记。万普公司于 2008 年 8 月 11 日成立，自成立起即生产销售三个主观分答题卡。陈建认为，万普公司生产销售的主观分答题卡侵犯了其著作权，遂提起诉讼。四川省自贡市中级人民法院一审认为，万普公司复制、销售三个主观答题卡的行为构成对陈建三个主观分答题卡著作权的侵犯，遂判决万普公司停止侵权，支付陈建律师费 3000 元。万普公司不服，提起上诉。四川省高级人民法院二审认为，本案三个主观分答题卡属于通用数表，不受著作权法保护，遂判决撤销一审判决，驳回陈建的全部诉讼请求。陈建不服，向最高人民法院申请再审。最高人民法院于 2011 年 8 月 30 日裁定驳回其再审申请。

最高人民法院审查认为：根据著作权法实施条例第二条的规定，著作权法意义上的作品是指文学、艺术和科学领域内具有独创性并能以某种有形形式复制的智力成果。本案诉争的三个主观分答题卡由客观题和主观题答题卡组成，其组成部分主要包括若干题号和代表选项的字母 A、B、C、D 或数字 0—9，以及少量考试信息相关的文字，如姓名、准考证号、科目、考试注意事项等。答题卡的前述设置主要针对考题的选项设置和统计信息需要而设的，且图形排布受制于光标阅读机等阅读设备所识别的行列间距等参数，其本身并不表达某种思想和设计，且其排列及表达方式有限，不属于著作权法意义上的具有独创性的智力成果，二审法院认定其属于通用数表有所不当，但认定不属于著作权法保护的客体并无不当。

四、竞争案件审判

32. 构成国家秘密的商业秘密的秘密性认定

在申请再审人高辛茂与被申请人北京一得阁墨业有限责任公司（以下简称一得阁公司）、原审被告北京传人文化艺术有限公司（以下简称传人公司）侵犯商业秘密纠纷案（〔2011〕民监字第414号）（简称"一得阁墨汁"商业秘密侵权案）中，最高人民法院认为，国家秘密中的信息由于关系国家安全和利益，是处于尚未公开或者依照有关规定不应当公开的内容；属于国家秘密的信息在解密前，应当认定为该信息不为公众所知悉。

本案的基本案情是：一得阁墨汁厂于1967年研制成功了北京墨汁。1996年5月24日，"一得阁墨汁"和"中华墨汁"被列为北京市国家秘密技术项目。1997年7月14日，一得阁工贸集团还成立了保密委员会，高辛茂任副组长。一得阁公司采取主、辅料分别提供的办法对墨汁配方进行保密。高辛茂于1978年调入一得阁墨汁厂工作，先在技术股工作，1987年后任副厂长、副经理等职务，曾主管生产、行政、劳动、技术检验、市场开发等工作。其中，1987年至1995年期间，高辛茂任主管技术的副厂长，其职责是负责全厂的技术开发、产品升级换代、技术改造、技术攻关及日常技术管理方面的组织领导工作，组织领导制订技术标准、工艺操作规程等。传人公司成立于2002年1月9日，系家族式企业，共有股东13人，高辛茂是该公司最大股东，其妻为法定代表人。2002年底，传人公司生产出了"国画墨汁"、"书法墨汁"、"习作墨汁"三种产品。2003年7月24日，一得阁公司公证购买了传人公司生产的三种产品。一得阁公司认为上述产品的品质、效果指标与其生产的"一得阁墨汁"、"中华墨汁"、"北京墨汁"相同或非常近似，遂起诉传人公司和高辛茂侵害其商业秘密。传人公司和高辛茂共同辩称：传人公司生产的墨汁是公司独立开发研制的产品。一得阁公司无证据证明一得阁公司生产墨汁的配方、生产工艺与传人公司使用的相同，也无证据证明传人公司和高辛茂采取了反不正当竞争法列举的侵犯商业秘密的手段。北京市第一中级人民法院一审认为，一得阁公司主张权利的相关墨汁配方符合商业秘密构成条件，高辛茂和传人公司侵犯了一得阁公司的商业秘密，故判决两被告承担停止侵权和连带赔偿损失的民事责任。传人公司、高辛茂不服，共同提起上诉。北京市高级人民法院二审判决驳回上诉，维持原判。高辛茂向最高人民法院申请再审，最高人民法院于2011年11月23日裁定驳回高辛茂的再审申请。

最高人民法院审查认为：国家秘密是关系国家的安全和利益，依照法定程序确定，在一定时间内只限一定范围的人员知悉的事项。对于纳入国家秘密技术项目的持有单位，包括国家秘密的产生单位、使用单位和经批准的知悉单位均有严格的保密管理规范。我国反不正当竞争法所指的不为公众所知悉，是有关信息不为其所属领域的相关人员普遍知悉和容易获得。国家秘密中的信息由于关系国家安全和利益，是处于尚未公开或者依照有关规定不应当公开的内容。被列为北京市国家秘密技术项目的"一得阁墨汁"、"中华墨汁"在技术出口保密审查、海关监管、失泄密案件查处中均有严格规定。既然涉及保密内容，北京市国家秘密技术项目通告中就不可能记载"一得阁墨汁"、"中华墨汁"的具体配方以及生产工艺。根据国家科委、国家保密局于1998年1月4日发布的《国家秘密技术项目持有单位管理暂行办法》第七条第二款规定，涉密人员离、退休或调离该单位时，应与单位签订科技保密责任书，继续履行保密义务，未经本单位同意或上级主管部门批准，不得在任何单位从事与该技术有关的工作，直到该项目解密为止。因此，"一得阁墨汁"、"中华墨汁"产品配方和加工工艺在解密前，应认定该配方信息不为公众所知悉。

33. 作为商业秘密的整体信息是否为公众所知悉的认定

在前述"一得阁墨汁"商业秘密侵权案中，最高人民法院认为，在能够带来竞争优势的技术信息或经营信息是一种整体信息的情况下，不能将其各个部分与整体割裂开来，简单地以部分信息被公开就认为该整体信息已为公众所知悉。

最高人民法院审查认为：申请再审人提交的有关证据描述了墨汁制造的有关配方以及某项组分在每一种配方中可能起到的作用。但是在上述证据中，墨汁的配方具体组分各不相同，有交叉也有重合；对于制作方法的描述也各有不同。因此，不能因为配方的有关组成部分被公开就认为对这些组分的独特组合信息亦为公众所知。相反，正是由于各个组分配比的独特排列组合，才对最终产品的品质效果产生了特殊的效果。他人不经一定的努力和付出代价不能获取。这种能够带来竞争优势的特殊组合是一种整体信息，不能将各个部分与整体割裂开来。一得阁公司的有关墨汁被纳入国家秘密技术项目，且一得阁墨汁在市场上有很高的知名度也反证了其配方的独特效果。

34. 单纯的竞业限制约定能否构成作为商业秘密保护条件的保密措施

在申请再审人上海富日实业有限公司（以下简称富日公司）与被申请人黄子瑜、上海萨菲亚纺织品有限公司（以下简称萨菲亚公司）侵犯商业秘密纠纷案（〔2011〕民申字第122号）中，最高人民法院认为，符合反不正当竞争法第十条规定的保密措施应当表明权利人保密的主观愿望，明确作为商业秘密保护的信息的范围，使义务人能够知悉权利人的保密愿望及保密客体，并在正常情况下足以防止涉密信息泄漏；单纯的竞业限制约定，如果没有明确用人单位保密的主观愿望和作为商业秘密保护的信息的范围，不能构成反不正当竞争法第十条规定的保密措施。

本案的基本案情是：1996年，黄子瑜与案外人管烽共同出资设立富日公司，黄子瑜持股40%，并在公司担任监事、副总经理等职。黄子瑜与富日公司签订的劳动合同第十一条约定，黄子瑜在与富日公司解除合同后，五年内不得与在解除合同前与富日公司已有往来的客户（公司或个人）有任何形式的业务关系。否则，黄子瑜将接受富日公司的索赔。该劳动合同中没有关于保守商业秘密的约定。2000年年初左右，富日公司开始与案外人"森林株式会社"发生持续的交易。2002年4月30日，富日公司通过股东会决议，同意黄子瑜退出公司并辞去相关职务。2002年4月间，黄子瑜与案外人刘学宏共同投资组建了萨菲亚公司。萨菲亚公司设立后，"森林株式会社"基于对黄子瑜的信任，随即与之建立了业务关系。富日公司以黄子瑜、萨菲亚公司共同侵犯其商业秘密为由提起诉讼。上海市第一中级人民法院一审认为，本案并无证据表明富日公司主张保护的特定客户信息不为公众所知悉,并采取了相应保密措施,遂判决驳回富日公司的全部诉讼请求。富日公司不服,提起上诉。上海市高级人民法院二审认为,本案中并无证据表明富日公司对其与"森林株式会社"的销售合同及相关附件采取了相关保密措施;劳动合同第十一条应认定为竞业禁止条款,该条款未涉及因此限制而应支付的补偿费,也没有证据证明富日公司曾支付给黄子瑜相关补偿费用,富日公司不能援引该条款主张黄子瑜侵犯了其商业秘密。遂判决驳回上诉,维持一审判决。富日公司向最高人民法院申请再审。最高人民法院于2011年7月27日裁定驳回富日公司的再审申请。

最高人民法院审查认为:符合反不正当竞争法第十条规定的保密措施应当表明权利人保密的主观愿望,并明确作为商业秘密保护的信息的范围,使义务人能够知悉权利人的保密愿望及保密客体,并在正常情况下足以防止涉密信息泄漏。本案中,富日公司提供的劳动合同第十一条没有明确富日公司作为商业秘密保护的信息的范围,也没有明确黄子瑜应当承担的保密义务,而仅限制黄子瑜在一定时间内与富日公司的原有客户进行业务联系,显然不构成反不正当竞争法第十条规定的保密措施。竞业限制是指对特定的人从事竞争业务的限制,分为法定的竞业限制和约定的竞业限制。我国立法允许约定竞业限制,目的在于保护用人单位的商业秘密和其他可受保护的利益。但是,竞业限制协议与保密协议在性质上是不同的。前者是限制特定的人从事竞争业务,后者则是要求保守商业秘密。用人单位依法可以与负有保密义务的劳动者约定竞业限制,竞业限制约定因此成为保护商业秘密的一种手段,即通过限制负有保密义务的劳动者从事竞争业务而在一定程度上防止劳动者泄露、使用其商业秘密。但是,相关信息作为商业秘密受到保护,必须具备反不正当竞争法规定的要件,包括采取了保密措施,而并不是单纯约定竞业限制就可以实现的。对于单纯的竞业限制约定,即便其主要目的就是为了保护商业秘密,但由于该约定没有明确用人单位保密的主观愿望和作为商业秘密保护的信息的范围,因而不能构成反不正当竞争法第十条规定的保密措施。

35. 商业秘密侵权认定中对不正当手段的事实推定

在前述"一得阁墨汁"商业秘密侵权案中,最高人民法院认为,当事人基于其工作职责完全具备掌握商业秘密信息的可能和条件,为他人生产与该商业秘密信息有关的产品,且不能举证证明该产品系独立研发,根据案件具体情况及日常生活经验,可以推定该当事人非法披露了其掌握的商业秘密。

最高人民法院审查认为:高辛茂具有接触墨汁的保密配方的可能或条件。高辛茂是传人公司最大的股东,其妻是该公司的法定代表人。高辛茂、传人公司未能证明独立开发研制墨汁产品。通过公知资料中对生产墨汁的配方组分进行有机的排列组合,生产出符合市场需要的高质量的墨汁必定需要大量的劳动和反复的实验,而传人公司在成立后短短时间凭借几个没有相关技术背景的个人,就很快开始生产出产品,并在北京、深圳等地销售,在没有现成的成熟配方前提下是不可能的。一审庭审中,传人公司的股东曾陈述,其问过高辛茂关于墨汁的材料、配方等问题。高辛茂有接触一得阁公司商业秘密的条件,根据一得阁公司的相关墨汁作为国家秘密的事实,结合传人公司设立情况及主张独立研发的证据不能成立的事实,依据日常生活经验,原审法院认定高辛茂向传人公司披露了一得阁公司生产墨汁的配方,传人公司非法使用了高辛茂披露的墨汁配方,并无不当。

36. 具有描述性的商品名称构成知名商品特有名称的条件

在申请再审人厦门康士源生物工程有限公司（以下简称康士源公司）与被申请人北京御生堂生物工程有限公司（以下简称御生堂公司）、原审被告厦门康中源保健品有限公司（以下简称康中源公司）、长春市东北大药房有限公司（以下简称东北大药房）擅自使用知名商品特有名称、包装、装潢纠纷案（〔2011〕民提字第60号）中，最高人民法院认为，对于本身具有描述商品功能和用途的商品名称，需要有证据证明其通过使用获得了区别商品来源的第二含义，才能构成知名商品的特有名称。

本案的基本案情是：御生堂公司拥有2001年9月18日申请注册并于2003年8月5日核准注册在"茶及茶叶代用品"上"御生堂"商标。2008年6月16日，该商标被北京市工商行政管理局认定为北京市著名商标。2003年6月，由御生堂公司监制的御生堂牌肠清茶上市。2004年7月29日，北京御生堂营销策划有限公司向国家专利局申请包装盒（御生堂肠清茶）外观设计专利，于2005年4月13日取得了专利证书，并随后授权御生堂公司无限期独占使用。本案御生堂公司主张权利的产品名称、包装装潢与上述外观设计专利的产品名称、包装装潢一致。御生堂牌肠清茶产品自2003年6月上市以来，御生堂公司在全国部分城市平面媒体上对其进行了大量广告宣传。但是，早在2001年以前，医药、保健品行业既已存在"肠清口服液"、"肠清液"、"肠清胶囊"等称谓，一些专业人士也在杂志上发表了关于"肠清口服液"或"肠清液"或"肠清胶囊"的研究文章。2004年，康中源公司成立，此后不久其原法定代表人叶秋枫即申请"肠清"商标并申请涉案"康中源肠清茶"产品包装盒的外观设计专利。2006年康士源公司成立，生产销售康中源肠清茶产品。康士源公司生产的康中源牌肠清茶产品的包装装潢与御生堂肠清茶的包装装潢近似，同时突出使用了"肠清茶"字样。御生堂公司以康士源公司、康中源公司及东北大药房擅自使用其知名商标特有名称、包装、装潢为由，提起诉讼。长春市中级人民法院一审认为，"御生堂肠清茶"构成知名商品特有名称，其装潢构成特有装潢，康士源公司未经许可使用了与其相同或相近似的产品名称、装潢，东北大药房未经许可销售了上述侵权产品，构成不正当竞争。遂判决康士源公司和东北大药房停止侵害，康士源公司赔偿御生堂公司经济损失30万元。康士源公司不服，提起上诉。吉林省高级人民法院二审改判康士源公司赔偿经济损失20万元，维持一审其他判项。康士源公司不服，向最高人民法院申请再审。最高人民法院经审查后提审本案，于2011年8月2日改判康士源公司停止使用与"御生堂肠清茶"知名商品特有装潢近似的商品装潢，同时认为"御生堂肠清茶"虽为知名商品，但并非特有名称。

最高人民法院审查认为："肠清"有"肠道清理"之意，其直接表明了该类商品的功能和用途，一般情况下不具有识别商品来源的作用，不能成为某一市场主体享有权利的特有名称，除非该主体能证明该商品名称通过使用获得了显著特征，能够将商品来源直接指向该市场主体。本案中，御生堂公司负有这一举证责任。根据其提交的大量广告宣传的证据，可以认定御生堂肠清茶产品销售时间较长、区域较广，宣传的范围亦很广，能够为相关公众所知悉，可以认定为反不正当竞争法第五条第（二）项规定的"知名商品"。但能否认定"肠清茶"已经通过使用成为产品来源的标识，还需结合其广告方式、相关公众的认知等相关因素进行判断。本案中，御生堂公司提交大量平面媒体广告，基本形式为大幅宣传洗肠的必要性及益处、肠清茶热销等情况，配有小幅御生堂肠清茶产品图样及购买方式等信息。这种广告方式侧重宣传的是肠清茶产品的功能，未能克服肠清茶本身所具有的描述商品功能的性质，不能达到使相关公众将"肠清茶"与某一特定来源主体联系起来的目的。"肠清茶"三字在御生堂肠清茶产品包装装潢中占有显著位置也并不必然表明其能够成为指代产品来源的标识。御生堂公司主张"肠清茶"为其知名商品特有名称证据不足，不予支持。

五、知识产权合同案件审判

37. 技术合同所涉的产品或者服务需要行政审批和许可对技术合同效力的影响

在申请再审人海南康力元药业有限公司（以下简称康力元公司）、海南通用康力制药有限公司（以下简称康力制药公司）与被申请人海口奇力制药股份有限公司（以下简称奇力制药公司）技术转让合同纠纷案（〔2011〕民提字第307号）中，最高人民法院认为，在技术合同纠纷案件中，当技术合同涉及的产品或服务依法须经行政部门审批或者行政许可，未经审批或者许可的，不影响当事人订立的相关技术合同的效力。

本案的基本案情是：康力元公司为药品经营企业，康力制药公司和奇力制药公司均为药品生产企业。2004年6月12日，奇力制药公司与康力元公司、康力制药公司签订《关于转让注射用头孢哌酮钠他唑巴坦钠的合同》（以下简称《转让合同》）。该合同以奇力制药公司为甲方，康力元公司和康力制药公司为乙方，其主要内容为：甲方在注射用头孢哌酮钠他唑巴坦钠II期临床工作结束后，立即向国家药监部门申报新药证书及生产批件，并在获得批准后将规格为1.125g/瓶的产品转让给乙方；转让完成后，该规格产品的所有权归乙方，甲方向乙方提供有关该规格产品的全套资料（含临床资料）复印件；囿于有关药品管理法规的制约，该规格产品的生产批文上所载的生产单位仍为甲方，但甲方承诺取得生产批件后即积极配合乙方办理委托加工手续，并在获准后立即转交乙方生产，甲方派人指导乙方连续生产三批合格产品；自合同生效之日起，甲方不再与第三方谈本规格产品合作、转让事宜。2006年12月31日，康力制药公司的《药品生产质量管理规范认证证书》（以下简称药品GMP证）因故被海南省食品药品监督管理局收回。2007年5月21日，国家食品药品监督管理局向奇力制药公司核发了"注射用头孢哌酮钠他唑巴坦钠"《新药证书》和《药品注册批件》（规格为"1.125g"和"2.25g"），其中载明药品监测期为4年，至2011年5月20日。奇力制药公司遂自行进行生产，并于2007年12月开始交其他公司和个人代理销售。自2007年8月6日开始，奇力制药公司以康力元公司、康力制药公司违反国家法律法规，不具备涉案新药的药品GMP证书，不符合受让及委托生产该新药的法定条件为由，要求解除合同。康力元公司、康力制药公司遂提起本案诉讼，请求判令奇力制药公司继续履行合同。海南省海口市中级人民法院一审认为，《转让合同》系三方的真实意思表示，且合同内容不违反国家法律或行政法规的禁止性规定，属有效合同；奇力制药公司要求解除合同，缺乏事实和法律依据。据此判决各方继续履行合同。奇力制药公司、康力元公司和康力制药公司均不服一审判决，提起上诉。海南省高级人民法院二审认为，《转让合同》履行过程中，康力制药公司的药品 GMP 证书被海南省食品药品监督管理局收回，已不具备生产涉案新药的法定资质条件，此一变故属于不可抗力，导致合同的目的不能实现，应依法解除。据此判决撤销一审判决，解除《转让合同》。康力元公司、康力制药公司不服二审判决，向最高人民法院申请再审。最高人民法院提审本案后于 2011 年 12 月 9 日作出再审判决，撤销二审判决，判令合同继续履行。

最高人民法院审理认为：《转让合同》涉及新药技术转让和新药委托生产两方面的内容。关于药品委托生产问题，药品管理法第十三条规定，经有关药品监督管理部门批准，药品生产企业可以接受委托生产药品。药品管理法实施条例第十条规定，接受委托生产药品的，受托方必须持有与其受托生产的药品相适应的药品 GMP 证书。在本案双方当事人签订《转让合同》时，康力制药公司持有与涉案新药相适应的《药品生产许可证》和药品 GMP 证书，因此双方当事人关于委托康力制药公司生产涉案新药的约定不违反法律和行政法规的规定。本案双方当事人关于委托加工生产药品的约定有效，双方亦应依约履行。《最高人民法院关于审理技术合同纠纷案件适用法律若干问题的解释》第八条第一款规定，生产产品或者提供服务依法须经有关部门审批或者取得行政许可，而未经审批或者许可的，不影响当事人订立的相关技术合同的效力。因此，康力制药公司是否能够获得生产涉案新药的《药品生产许可证》和药品 GMP 证书，并不影响《转让合同》的效力。综上，《转让合同》应认定为有效合同。

38. 特许经营合同的定性与判断

在申请再审人付玉平、李秀荣与被申请人谢金莲、曹火珠及名嘴国际餐饮管理（北京）有限公司（以下简称名嘴公司）特许经营合同纠纷案（〔2011〕民申字第 1262 号）中，最高人民法院认为，判断当事人之间的合同是否属于特许经营合同，不应单纯以合同的名称是否包含"特许经营"等关键词加以判断，而应根据合同内容是否符合特许经营的内涵与法律特征来进行综合判断。

本案的基本案情是：2008 年 3 月 13 日，名嘴公司作为甲方，谢金莲、曹火珠作为乙方，签订《"甜蜜公主"冰淇淋区域代理合同》（以下简称《代理合同》），主要约定甲方授权乙方为三明地区级代理。2008 年 3 月 19 日，名嘴公司出具《授权证书》，授权谢金莲、曹火珠为"甜蜜公主"冰淇凌店福建省三明地区级代理商。2008 年 5 月 5 日，谢金莲、曹火珠作为名嘴公司三明地区总代理（甲方），付玉平、李秀荣作为乙方，签订《合作协议》，约定甲方授权乙方有权使用"甜蜜公主"冰淇淋品牌、商号、VI 系统、店面字号；甲方对乙方技术骨干人员上岗前提供免费的专业培训，并免费提供长期的技术指导；乙方有权使用甲方的生产工艺、配方及设备的正确操作并包教包会；双方为各自独立的经济实体，双方之间不存在任何共同投资、雇佣承包关系；甲、乙双方其中的任何一方对另一方的债务不承担任何责任；乙方专卖店的商号及 VI 系统、生产技术、配方及经营管理技术等为甲方所有；乙方有权使用，未经甲方书面许可，乙方不得扩大使用；乙方专卖店的有形资产为乙方所有；乙方经营范围为"甜蜜公主"冰淇淋系列产品，经营地点为三明市列东江滨新村 46 幢，乙方不得跨区域经营；合同签署当日，乙方一次性向甲方支付 45000 元，含全套设备（供乙方自主开店经营使用）及赠品、技术及配方的转让，培训耗材等费用，此费用不退；自合同签订之日起 10 天内，乙方每年（一次性）向甲方交纳600元品牌管理费，如乙方没有按期交纳，甲方有权终止乙方品牌使用权，并在该区域另外发展专卖店。上述合同签订后，付玉平、李秀荣向谢金莲、曹火珠支付了加盟费4.5万元、管理费600元、购机费1000元，并租店，进行装修。谢金莲、曹火珠收取费用后，为付玉平、李秀荣订购约定的相关设备，进行人员培训，提供相关的技术资料，履行了相关的合同义务。2008年6月10日，付玉平、李秀荣到三明市梅列区工商行政管理局办理工商登记时，发现"甜蜜公主"冰淇淋品牌已被林志君登记注册，三明市梅列区已有一家经营"甜蜜公主"冰淇淋品牌的专卖店正式开张营业，双方因此产生纠纷。福建省三明市中级人民法院一审认为，名嘴公司与谢金莲、曹火珠签订的《代理合同》系特许经营合同；《合作协议》是基于上述《代理合同》而签订，其内容并非特许经营合同，而是合作协议；付玉平、李秀荣无法办理工商营业执照，谢金莲、曹火珠的行为构成违约，且使付玉平、李秀荣不能实现合同目的。遂判决解除《合作协议》，判令谢金莲、曹火珠偿还付玉平、李秀荣加盟费和管理费，并赔偿店租损失和装修损失。付玉平、李秀荣与谢金莲、曹火珠均不服，提起上诉。福建省高级人民法院二审认为，本案不符合法律规定的解除合同的事由，故判决撤销一审判决，驳回付玉平、李秀荣的诉讼请求。付玉平、李秀荣不服，向最高人民法院申请再审。最高人民法院于2011年12月12日裁定驳回其再审申请。

最高人民法院审查认为：名嘴公司先后与谢金莲、曹火珠签订《代理合同》并出具《授权证书》，授权谢金莲、曹火珠为"甜蜜公主"冰淇凌店福建省三明地区级代理商。《代理合同》和《授权证书》是双方真实意思的表示，名嘴公司与谢金莲、曹火珠代理关系成立，谢金莲、曹火珠经过名嘴公司的授权，作为名嘴公司的代理人发展加盟店符合法律规定，付玉平、李秀荣关于谢金莲、曹火珠不具备特许人资格以及二审法院没有认定名嘴公司与谢金莲、曹火珠之间关系的主张于法无据。本案中，《合作协议》符合《商业特许经营管理条例》关于特许经营合同的规定，特许人是名嘴公司三明地区总代理谢金莲、曹火珠，被特许人是付玉平、李秀荣，有许可经营的内容，商业运行模式也符合特许经营的模式，《合作协议》是在双方自愿的基础上签订的，系双方当事人的真实意思表示。据此，付玉平、李秀荣关于《合作协议》不是特许经营合同的主张不能成立。

六、关于知识产权侵权责任承担

39. 专利临时保护期内制造、销售、进口的被诉专利侵权产品的后续使用、许诺销售、销售行为的民事责任

在申请再审人深圳市坑梓自来水有限公司（以下简称坑梓自来水公司）与被申请人深圳市斯瑞曼精细化工有限公司（以下简称斯瑞曼公司）、深圳市康泰蓝水处理设备有限公司（以下简称康泰蓝公司）侵犯发明专利权纠纷案（〔2011〕民提字第259号）中，最高人民法院认为，在专利临时保护期内制造、销售、进口被诉专利侵权产品不为专利法禁止的情况下，后续的使用、许诺销售、销售该产品的行为，专利权人无权禁止；在销售者、使用者提供了合法来源的情况下，销售者、使用者不应承担支付适当费用的责任。

本案的基本案情是：斯瑞曼公司于 2006 年 1 月 19 日向国家知识产权局申请了名称为"制备高纯度二氧化氯的方法和设备"的发明专利（即本案专利）。本案专利于 2006 年 7 月 19 日公开，2009 年 1 月 21 日授权公告，授权的发明名称为"制备高纯度二氧化氯的设备"，专利权人为斯瑞曼公司。2008 年 10 月 20 日，坑梓自来水公司向康泰蓝公司购买 KTL－FSQ10000L 康泰蓝二氧化氯发生器 1 套，随后投入使用。康泰蓝公司为该产品的正常运转提供维修、保养等技术支持。2009 年 3 月 16 日，斯瑞曼公司提起诉讼，请求判令康泰蓝公司、坑梓自来水公司停止侵权，共同赔偿经济损失 30 万元并负担斯瑞曼公司维权的合理费用。广东省深圳市中级人民法院一审认为，在本案专利授权之前，康泰蓝公司、坑梓自来水公司实施本案专利技术的行为，不属于专利侵权行为，权利人可以请求支付发明专利临时保护期使用费，但斯瑞曼公司没有相应诉讼请求，在一审法院已作适当释明的情况下，斯瑞曼公司仍坚持原请求，故在本案中对发明专利临时保护期使用费不予考虑，斯瑞曼公司可另案解决；康泰蓝公司、坑梓自来水公司在本案专利授权后未经许可继续实施本案专利属于侵权行为，应承担相应的侵权赔偿责任；考虑坑梓自来水公司自来水消毒、净化处理涉及社会公众利益，停止被诉侵权产品的使用将在某种程度上影响社会公益，故不判令停止使用，但康泰蓝公司、坑梓自来水公司应就该使用侵权行为向斯瑞曼公司作出赔偿。遂判决康泰蓝公司立即停止侵权行为，康泰蓝公司、坑梓自来水公司连带赔偿斯瑞曼公司经济损失 8 万元。康泰蓝公司、坑梓自来水公司均不服，提起上诉。广东省高级人民法院二审判决维持一审判决。坑梓自来水公司不服，向最高人民法院申请再审。最高人民法院提审本案后于 2011 年 12 月 20 日作出判决，撤销一、二审判决，驳回斯瑞曼公司的诉讼请求。

最高人民法院再审认为：专利法虽然规定了申请人可以要求在发明专利申请公布后至专利权授予之前（即专利临时保护期内）实施其发明的单位或者个人支付适当的费用，即享有请求给付发明专利临时保护期使用费的权利，但对于专利临时保护期内实施其发明的行为并不享有请求停止实施的权利。因此，在发明专利临时保护期内实施相关发明的，不属于专利法禁止的行为。在专利临时保护期内制造、销售、进口被诉专利侵权产品不为专利法禁止的情况下，其后续的使用、许诺销售、销售该产品的行为，即使未经专利权人许可，也应当得到允许。也就是说，专利权人无权禁止他人对专利临时保护期内制造、销售、进口的被诉专利侵权产品的后续使用、许诺销售、销售。当然，这并不否定专利权人根据专利法第十三条规定行使要求实施其发明者支付适当费用的权利。对于在专利临时保护期内制造、销售、进口的被诉专利侵权产品，在销售者、使用者提供了合法来源的情况下，销售者、使用者不应承担支付适当费用的责任。这里的"合法来源"是指相关产品是通过正当、合法的商业渠道获得的，并不必然要求考虑销售者或者供应者在提供相关产品时是否符合相关行政管理规定。本案中，康泰蓝公司销售被诉专利侵权产品是在本案专利临时保护期内，不为专利法所禁止。在此情况下，后续的坑梓自来水公司使用所购买的被诉专利侵权产品的行为也应当得到允许。因此，坑梓自来水公司后续的使用行为不侵犯本案专利权。同理，康泰蓝公司在本案专利授权后为坑梓自来水公司使用被诉专利侵权产品提供售后服务也不侵犯本案专利权。

七、关于知识产权诉讼证据与程序

40. 确认不侵犯知识产权之诉的受理条件

在申请再审人北京数字天堂信息科技有限责任公司（以下简称北京天堂公司）与被申请人南京烽火星空通信发展有限公司（以下简称南京烽火公司）确认不侵犯著作权纠纷管辖权异议案（〔2011〕民提字第48号）中，最高人民法院认为，确认不侵犯专利权之外的其他确认不侵犯知识产权之诉是否具备法定条件，应参照《最高人民法院关于审理侵犯专利权纠纷案件应用法律若干问题的解释》第十八条的规定进行审查；人民法院受理当事人提起的确认不侵权之诉，应以利害关系人受到警告，而权利人未在合理期限内依法启动纠纷解决程序为前提。

本案的基本案情是：北京天堂公司于2010年2月8日向南京烽火公司发出侵犯著作权警告函，并于同日向北京市第一中级人民法院递交诉状，起诉南京烽火公司侵犯其著作权。北京市第一中级人民法院于当日出具"立案材料收取清单"。2010年2月9日，北京天堂公司通过银行转账预缴了一审案件受理费。2010年3月4日，北京市第一中级人民法院向北京天堂公司发出受理通知书。南京烽火公司于2010年2月11日收到北京天堂公司的警告函，并于2010年2月26日向江苏省南京市中级人民法院提起确认不侵权诉讼，北京天堂公司在答辩期内提出管辖异议申请。江苏省南京市中级人民法院一审认为，本案应由北京市第一中级人民法院管辖，故裁定本案移送至北京市第一中级人民法院审理。南京烽火公司不服，提起上诉。江苏省高级人民法院二审认为，南京市中级人民法院对本案具有管辖权，故裁定撤销一审裁定。北京天堂公司不服，向最高人民法院申请再审。最高人民法院裁定提审本案，并于2011年3月1日作出裁定，撤销原一、二审裁定，驳回南京烽火公司的起诉。

最高人民法院审理认为：确认不侵权之诉是目前我国知识产权纠纷领域特有的民事诉讼制度，本质上属于侵权之诉。本案南京烽火公司向南京市中级人民法院提起确认不侵权诉讼是否具备法定条件，应根据民事诉讼法关于侵权诉讼的相关规定，并参照《最高人民法院关于审理侵犯专利权纠纷案件应用法律若干问题的解释》第十八条的规定进行审查。即，人民法院受理当事人提起的确认不侵权之诉，应以利害关系人受到警告，而权利人未在合理期限内依法启动纠纷解决程序为前提。本案北京天堂公司在向南京烽火公司发出"警告函"的当天，即向北京市第一中级人民法院提起了侵权诉讼，并于次日预缴了诉讼费用，在北京天堂公司已经启动诉讼程序的情况下，南京烽火公司不应当就相同的法律关系再提起确认不侵权诉讼。本案原一审、二审法院均未按照上述司法解释的规定，针对南京烽火公司起诉是否符合法定程序、北京天堂公司提出管辖权异议是否具有正当性进行审查，导致对南京市中级人民法院应否受理本案的认定不当，适用法律错误，裁决结果违反法定程序，应予纠正。本案南京烽火公司提起的确认不侵犯著作权诉讼不符合法定条件，南京市中级人民法院不应当予以受理。

41. 被诉侵权产品的出口装船交货地可否认定为侵权行为地

在申请再审人山东凯赛生物科技材料有限公司（以下简称凯赛材料公司）与被申请人山东瀚霖生物技术有限公司（以下简称瀚霖技术公司）、中国科学院微生物研究所以及原审被告山东凯赛生物技术有限公司（以下简称凯赛技术公司）、上海凯赛生物技术研发中心有限公司侵犯发明专利权纠纷管辖权异议案（〔2011〕民申字第1049号）中，最高人民法院认为，通过FOB和CIF价格条件出口销售被诉依照本案专利方法直接获得的产品，该产品的装船交货地属于销售行为实施地。

本案的基本案情是：中国科学院微生物研究所系ZL95117436.3号（微生物同步发酵生产长链αω二羟酸的方法）发明专利权的专利权人，其与瀚霖技术公司向山东省青岛市中级人民法院起诉称，凯赛材料公司等被告侵犯其本案发明专利权，请求判令被诉侵权人停止侵权行为及赔偿损失。青岛市中级人民法院受理后，凯赛材料公司在答辩期内提出管辖权异议称，原告没有证明青岛海关所在地系侵权行为地，青岛市中级人民法院对本案没有管辖权。瀚霖技术公司辩称，凯赛材料公司等被告非法使用本案专利方法直接获得的二元酸产品，并通过FOB青岛及CIF青岛的价格条件从青岛出口销售，无论FOB青岛还是CIF青岛的价格条件，均在青岛港装船交货。因此，青岛是凯赛材料公司销售二元酸产品的实施地，青岛市中级人民法院享有管辖权。青岛市中级人民法院一审认为，该院对本案有管辖权。凯赛材料公司提起上诉。山东省高级人民法院二审认为，一审法院作为被诉侵权产品销售地法院之一对本案享有管辖权。凯赛材料公司不服，向最高人民法院申请再审。最高人民法院于2011年9月13日裁定驳回了凯赛材料公司的再审申请。

最高人民法院审查认为：本案是专利方法发明，管辖地应当依照该专利方法直接获得的产品的使用、许诺销售、销售、进口等行为的实施地，以及上述侵权行为的侵权结果发生地确定。瀚霖技术公司与中国科学院微生物研究所是以凯赛材料公司和凯赛技术公司通过FOB青岛和CIF青岛的价格条件出口销售非法使用本案专利方法直接获得的二元酸产品为由，向青岛市中级人民法院提起本案诉讼。青岛港作为被诉依照本案专利方法直接获得产品的装船交货所在地，属于销售行为的实施地，青岛市中级人民法院依法对本案享有管辖权。

42. 对原审诉讼期间仍在持续的侵权行为的处理

在前述"太阳能手电筒"专利侵权案中，最高人民法院还明确了对原审诉讼期间仍在持续的侵权行为的处理。最高人民法院认为，当事人以侵权行为在原审诉讼期间仍在持续为由提出增加损害赔偿数额，属于对一审诉讼请求的增加，原告可就该行为另行起诉；原告为调查此期间的侵权行为而支出的费用，不在本案处理之列。

最高人民法院再审认为：徐永伟在再审中申请调整损失赔偿数额，其主要理由是被诉侵权行为在本案原审诉讼期间仍在继续，故属于对一审诉讼请求的增加。根据《最高人民法院关于适用〈中华人民共和国民事诉讼法〉若干问题的意见》第184条的规定，徐永伟可就原审诉讼期间华拓公司的实施行为另行起诉。徐永伟为调查此期间华拓公司实施行为而支出的公证费，不在本案处理之列。徐永伟为本案的申请再审、再审所支付的差旅、住宿、律师代理等费用并不针对华拓公司在原审诉讼期间的实施行为，属于因制止本案被诉侵权行为所支付的费用，结合具体案情，酌情确定该期间的合理费用为3万元。

43. 无独立请求权的第三人在诉讼程序中是否有权申请鉴定

在申请再审人瓦房店市玉米原种场与被申请人赵劲霖等、原审第三人北京奥瑞金种业股份有限公司（以下简称奥瑞金公司）植物新品种权权属纠纷案（〔2011〕民申字第10号）（简称"连玉15号"植物新品种权案）中，最高人民法院认为，根据案件需要，无独立请求权的第三人可以申请委托对植物新品种的同一性进行司法鉴定。

本案的基本案情是："连玉15号"由瓦房店市玉米原种场和大连市种子管理站共同选育，并经辽宁省农作物品种审定委员会审定合格，同意在大连地区种植。2002年8月2日，瓦房店市玉米原种场和大连市种子管理站作为共同申请人，就"连玉15号"向农业部植物新品种保护办公室申请植物新品种保护，后该申请被视为撤回。1999年12月16日，蠡县玉米研究所作为申请人就玉米新品种"蠡玉6号"向农业部植物新品种保护办公室申请植物新品种保护。2002年11月7日，蠡县玉米研究所签订品种申请权转让协议，约定蠡县玉米研究所将"蠡玉6号"的品种申请权转让给奥瑞金公司。协议签订后，奥瑞金公司到农业部植物新品种保护办公室办理了相关手续，将品种暂定名称由"蠡玉6号"变更为"临奥1号"，将申请人由蠡县玉米研究所变更为奥瑞金公司。2003年3月1日，奥瑞金公司被授予"临奥1号"品种权。蠡县玉米研究所是合伙企业，合伙人为赵劲霖等，于2004年被注销。瓦房店市玉米原种场于2004年以蠡县玉米研究所使用的亲本811是剽窃其自行培育的136-87自交系，侵犯其合法权益为由提起诉讼，请求确认蠡玉6号、临奥1号与连玉15号玉米杂交种子为同一品种，并请求判令蠡玉6号、临奥1号、连玉15号品种所有权归其所有。为查明本案事实，河北省石家庄市中级人民法院依据第三人奥瑞金公司的申请，于2006年12月5日从农业部植物新品种保护办公室植物新品种保藏中心分别提取了"连玉15号"和"临奥1号"的繁殖材料，并委托科技部知识产权事务中心就"连玉15号"和"临奥1号"是否为同一品种进行了鉴定。2007年4月2日，科技部知识产权事务中心作出技术鉴定结论，认为"连玉15号"和"临奥1号"不属于同一品种。河北省石家庄市中级人民法院一审认为，根据鉴定结论，诉争的两个玉米品种不属于同一品种，遂判决驳回瓦房店市玉米原种场的诉讼请求。瓦房店市玉米原种场不服，提出上诉。河北省高级人民法院二审判决驳回上诉，维持原判。瓦房店市玉米原种场向最高人民法院申请再审。2011年7月28日，最高人民法院裁定驳回瓦房店市玉米原种场的再审申请。

最高人民法院审查认为：由于本案的处理结果对奥瑞金公司有法律上的利害关系，属于无独立请求权的第三人。根据《最高人民法院关于民事诉讼证据的若干规定》第二十五条的规定，奥瑞金公司可以提出鉴定申请。一审法院依据第三人的申请委托进行鉴定，并无不当。瓦房店市玉米原种场提出一审法院以奥瑞金公司的申请委托进行司法鉴定违反了法律规定，程序违法的主张于法无据，不予支持。

44. 鉴定材料取样时未通知当事人到场是否构成鉴定程序违法

在前述"连玉15号"植物新品种权权属纠纷案中，最高人民法院认为，不能基于鉴定检材取样时没有通知当事人到场而当然认定鉴定程序违法。

最高人民法院审查认为：一审法院从农业部植物新品种保护办公室植物新品种保藏中心分别提取了"连玉15号"和"临奥1号"的繁殖材料，委托科学技术部知识产权事务中心进行鉴定。一审法院提取的送检材料是品种权申请人按品种权主管机关的要求自行送至保藏中心的申请品种的繁殖材料。根据《植物新品种保护条例实施细则》第三十二条的规定,农业部植物新品种保护办公室植物新品种保藏中心和测试机构对申请品种的繁殖材料负有保密的责任,该繁殖材料一经提交,任何人不得更换检验合格的繁殖材料。一审法院送交鉴定的繁殖材料的提取地点是该保藏中心。对于瓦房店市玉米原种场以取样时当事人未到场为由提出的鉴定程序违法的主张,不予支持。

结 语

每年定期发布的知识产权案件年度报告,已经成为最高人民法院指导知识产权审判工作的重要载体和社会公众了解最高人民法院知识产权审判发展动态的重要渠道,并日益受到社会的普遍关注和有关方面的高度重视。案件年度报告在明晰法律规则、指导审判实践、统一法律适用方面的作用和意义也越来越大。同时仍需说明,虽然本年度报告归纳的法律适用标准和方法具有一定普遍意义,但由于其是最高人民法院在具体案件裁判中针对新型、复杂、疑难问题形成的认识,具有较强的个案性和探索性。而且,随着对有关问题认识的深入和经济社会文化的发展,相关法律适用标准和方法也可能会随之发生调整和变化。最高人民法院将根据我国经济社会文化发展的新要求和人民群众对知识产权司法保护的新期待,进一步充分发挥知识产权审判职能作用,依法公正高效审理案件,切实有效回应社会司法需求,不断提升知识产权司法的权威性和公信力,努力开创知识产权司法保护新局面。

最高人民法院办公厅
关于印发《最高人民法院知识产权案件年度报告(2012)》的通知

2013年4月15日　　　　　　　　　　　　　法办〔2013〕43号

各省、自治区、直辖市高级人民法院,解放军军事法院,新疆维吾尔自治区高级人民法院生产建设兵团分院:

为及时总结知识产权和竞争案件审判经验,加强审判指导,推进司法公开和提升司法公信,最高人民法院从2012年审结的知识产权和竞争案件中精选了34件典型案例,归纳出37个具有普遍指导意义的法律适用问题,形成了《最高人民法院知识产权案件年度报告(2012)》。该案件年度报告反映了最高人民法院处理新型、疑难、复杂知识产权和竞争案件的审判标准、裁判方法和司法政策导向,对于知识产权审判工作具有重要指导意义。

现将《最高人民法院知识产权案件年度报告(2012)》印发给你们,供在知识产权审判工作中参考借鉴。

附：

最高人民法院知识产权案件年度报告（2012）

目 录

序言
一、专利案件审判
（一）专利民事案件审判
1. 权利要求技术特征的划分方法
2. 可否利用说明书修改权利要求用语的明确含义
3. 通过测量说明书附图得到的尺寸参数不能限定权利要求的保护范围
4. 使用环境特征的解释
5. 封闭式权利要求的解释
6. 封闭式权利要求侵权判定中等同原则的适用
7. 部分权利要求被宣告无效情形下禁止反悔原则的适用
8. 保护范围明显不清楚的专利权的侵权指控不应支持
9. 现有技术抗辩的比对方法与审查方式
10. 外观设计专利保护中产品类别的确定
11. 专利法第四十七条第二款中专利权被宣告无效的时间点的确定
（二）专利行政案件审判
12. 解释权利要求时应使保护范围与说明书公开的范围相适应
13. 实用新型专利创造性判断中对现有技术领域的确定与考虑
14. 新晶型化合物的创造性判断
15. 创造性判断中商业成功的考量时机与认定方法
16. 确定对比文件公开的产品结构图形的内容时可结合其结构特点及公知常识
17. 权利要求的技术特征被对比文件公开的认定标准
18. 判断权利要求书是否得到说明书支持时对权利要求书撰写错误的处理
19. 功能性设计特征的认定及其意义
20. 创造性判断中采纳申请日后补交的实验数据的条件
21. 判决专利复审委员会重作决定应考量的情形
二、商标案件审判
（一）商标民事案件审判
22. 被错误注销后重新恢复的注册商标应视为一直存续
23. 商标侵权判定中对授权经销商合理使用商标的认定

24. 成员企业在经营活动中合理规范使用集团标识不构成商标侵权

（二）商标行政案件审判

25. 以商品部分外观申请立体商标的显著性的审查判断
26. 将去世的知名人物姓名注册为商标可否认定具有其他不良影响

三、著作权案件审判

27. 计算机中文字库的作品属性
28. 计算机中文字库运行后产生的单个汉字的著作权保护
29. "通知—删除"程序中网络服务提供者的义务与责任承担

四、竞争案件审判

30. 已经实际具有区别产品来源功能的特定产品型号应受保护
31. 具有很高知名度的指代特定人群及其技艺或作品的特定称谓可以获得反不正当竞争法保护
32. 对通用称谓进行审查判断时的考虑因素
33. 合同附随义务不能构成商业秘密的保密措施
34. 具有特殊地理因素的商号之间的共存

五、关于知识产权诉讼程序与证据

35. 消费者使用的被诉侵权商品的扣押地不属于据以确定管辖的"查封扣押地"
36. 涉及同一事实的确认不侵犯专利权诉讼和专利侵权诉讼的管辖
37. 管理专利工作的部门受理专利侵权纠纷处理请求的条件

结语

序　言

2012年，最高人民法院围绕党和国家工作大局，以强化执法办案、加强监督指导、完善体制机制为中心，进一步加大司法保护力度、明晰司法保护政策、统一司法保护标准、提高司法保护透明度，不断增强司法保护知识产权的主导性，提升知识产权司法保护能力，为积极促进创新型国家建设、推动文化发展繁荣和保障社会主义市场经济健康运行做出了积极贡献。

最高人民法院知识产权审判庭全年共新收各类知识产权案件359件，比2011年降低14.52%。在新收案件中，按照案件所涉权利类型划分，共有专利和其他技术类案件138件，商标案件121件，著作权案件37件，商业秘密案件4件，其他不正当竞争案9件，知识产权合同案件24件，其他案件26件（主要涉及知识产权案件管辖权的确定问题）。按照案件性质划分，共有行政案件98件，占全部新收案件的27.30%，其中专利行政案件44件，商标行政案件54件，分别比2011年降低6.38%和20.59%；共有民事案件261件，占全部新收案件的72.70%。另有2011年旧存案件45件，2012全年共有各类在审案件404件。全年共审结各类知识产权案件366件，其中二审案件9件，申请再审案件284件，提审案件44件，请示案件29件。在审结的284件申请再审案件中，裁定驳回再审申请209件，裁定提审39件，裁定指令或者指定再审20件，裁定撤诉（包括和解撤诉）14件，以其他方式处理2件。在审结案件中，北大方正兰亭字库案、百度 MP3 搜索引擎案、泥人张不正当竞争案等案件在业界产生了较大影响。

最高人民法院 2012 年审理的知识产权和竞争案件的特点和趋势是：案件数量大幅增长的势头得到缓解，受理案件总量趋向基本稳定；新类型、疑难案件持续增加，涉及复杂技术事实查明的案件、需要明确法律边界或者填补法律空白的案件越来越多；专利案件涉及领域越来越广，涉案技术的含金量和市场价值越来越高，所涉法律问题日趋广泛深入，疑难案件比重增加，专利民事案件中涉及权利要求解释规则的较多，专利行政案件中涉及创造性判断的较多；商标案件的比重保持基本稳定，涉及权利冲突的案件居多，在商标行政案件中尤为突出；著作权案件中涉及网络、软件、动漫等新兴产业领域的案件继续增多，所涉作品的商业价值越来越大；不正当竞争案件中涉及网络技术、新型商业模式的纠纷和仿冒行为的纠纷增多。最高人民法院根据新形势新任务的要求，结合案件特点，在行使知识产权审判职能方面体现出如下特点：更加注重知识产权司法政策对知识产权审判工作的指导作用，明确提出"加强保护、分门别类、宽严适度"的知识产权司法保护基本政策，细化不同类别知识产权的具体司法保护政策，初步形成了较为完整的知识产权司法保护政策体系；更加注重司法保护主导作用的发挥，强化对知识产权授权确权行政行为的司法复审深度，发挥裁判指引功能，从程序和实体两个方面进一步明晰司法标准；更加注重纠纷的实质性解决，确保当事人及早获得司法公正；更加注重加大司法保护力度，突出加强保护的司法导向。

本年度报告从最高人民法院 2012 年审结的知识产权和竞争案件中精选了 34 件典型案件，归纳出 37 个具有普遍指导意义的法律适用问题，反映了最高人民法院在知识产权和竞争审判领域处理新型、疑难、复杂案件的审判标准、裁判方法和司法政策导向，现予公布。

一、专利案件审判

（一）专利民事案件审判

1. 权利要求技术特征的划分方法

在申请再审人张强与被申请人烟台市栖霞大易工贸有限公司（以下简称大易工贸公司）、被申请人魏二有侵犯专利权纠纷案（〔2012〕民申字第 137 号）中，最高人民法院指出，划分权利要求的技术特征时，一般应把能够实现一种相对独立的技术功能的技术单元作为一个技术特征，不宜把实现不同技术功能的多个技术单元划定为一个技术特征。

本案的基本案情是：张强为"多功能程控拳击训练器"的实用新型专利（即本案专利）的权利人。本案专利权利要求 1 为："一种用于拳击运动训练的多功能程控拳击训练器，该训练器包含五个靶标，测力传感器，指示灯，显示器，语音处理芯片和音乐芯片，及放音部件，一个折叠键盘，一个遥控器和遥控接收器，一个或者几个步进电机和相应的驱动，上述电路有一个单片机控制。"专利说明书记载："在面板上有按头、胸、腹部位排列的五个靶位，在每个靶位内装有靶标。"大易工贸公司的被诉侵权产品的对应技术特征为九个靶标，分别为左头击打部位、右头击打部位、左臂击打部位、右臂击打部位、左肋击打部位、右肋击打部位、腹部击打部位、左胯击打部位和右胯击打部位。张强以大易工贸公司构成侵权为由提起本案诉讼。山东省烟台市中级人民法院一审认为，本案专利权利要求1的技术特征"该训练器包含五个靶标"与被诉侵权产品对应的技术特征"九个靶标"不同，张强在申请专利时应当知道靶标的数量是可以变动的，但仍将靶标限定为五个，现又主张被诉侵权产品"九个靶标"的技术特征与其专利权利要求中"五个靶标"的技术特征等同，不予支持。遂判决驳回张强的诉讼请求。山东省高级人民法院二审维持一审判决。张强不服，向最高人民法院申请再审。2012年8月6日，最高人民法院裁定驳回其再审申请。

最高人民法院审查认为：本案专利和被诉侵权产品的靶标数量虽然不同，但是由于本案专利的每一个靶标在击打时单独发挥作用，因此不能将五个靶标作为一个技术特征来考虑，而应当将其分解为头部靶标、腹部靶标和腰部靶标来考虑。被诉侵权产品包含了头部靶标和腹部靶标，其胯部靶标与本案专利的腰部靶标在功能效果上是等同的，因此应当认定被诉侵权技术方案包含本案专利五个靶标的相同或等同技术特征。一审法院认为本案专利"五个靶标"的技术特征与被诉侵权产品"九个靶标"的技术特征不等同，适用法律错误。但因被诉侵权产品缺少本案专利的其他技术特征，未落入本案专利权保护范围。原审判决虽然在法律适用上存在不当之处，但判决结果正确。

2. 可否利用说明书修改权利要求用语的明确含义

在申请再审人无锡市隆盛电缆材料厂（以下简称无锡隆盛厂）、上海锡盛电缆材料有限公司（以下简称上海锡盛公司）与被申请人西安秦邦电信材料有限责任公司（以下简称西安秦邦公司）、原审被告古河电工（西安）光通信有限公司（原西古光纤光缆有限公司，以下简称西古公司）侵犯专利权纠纷案（〔2012〕民提字第3号）中，最高人民法院指出，当本领域普通技术人员对权利要求相关表述的含义可以清楚确定，且说明书又未对权利要求的术语含义作特别界定时，应当以本领域普通技术人员对权利要求自身内容的理解为准，而不应当以说明书记载的内容否定权利要求的记载；但权利要求特定用语的表述存在明显错误，本领域普通技术人员能够根据说明书和附图的相应记载明确、直接、毫无疑义地修正权利要求的该特定用语的含义的，应根据修正后的含义进行解释。

本案的基本案情是：西安秦邦公司是名称为"平滑型金属屏蔽复合带的制作方法"发明专利（即本案专利）的专利权人。本案专利权利要求1为：一种平滑型金属屏蔽复合带的制作方法，是将塑料薄膜与金属箔带表面进行凹凸不平的非纯平面粘合，使复合带与光缆、电缆纵包模具或定径模具之间形成点接触，以减小摩擦力，避免电缆起包、漏气、脱膜及断带。工艺过程与条件如下：（1）将原金属箔带开卷伸直，进行前预热处理；（2）将塑料熔体或塑料膜通过温度为35℃－80℃，直径为φ240mm－φ600mm，目数为40目－85目的粗糙面细目钢辊，与直径为φ160mm－φ480mm传动金属箔带的挤压辊，相互转动，使塑料膜的表面形成0.04－0.09mm厚的凹凸不平粗糙面，热挤压在金属箔带一面的基材上；（3）将带有塑料膜的金属箔经过导辊、弹簧辊传动，再经倒向辊翻面，对另一面金属箔进行塑料膜热挤压复合处理；（4）将复合处理后的复合带通过运行时线速度为10m/min－80m/min的导辊进入加热烘箱，进行后加热处理，加热温度为250℃－400℃；（5）根据传动线速度，调整加热温度，使复合带的粗糙度在后工序处理过程中破坏最小,并使拉毛的塑料表面形成新的带有圆弧过渡的凹凸不平粗糙面,以加强复合带的剥离强度和塑料塑化的定型;(6)对后加热处理过的复合带进行冷却处理并收卷。本案专利说明书第1页记载:"目前,制作光缆、电缆外层金属屏蔽复合带的方法大致有三种……这三种工艺方法生产的金属屏蔽复合带存在的共同缺陷是,塑料薄膜与金属箔带层是纯平面粘合,使其在使用中形成复合带表面与光缆、电缆纵包模具或定径模具之间的面接触,因而摩擦力加大,容易造成光缆、电缆的起包、漏气、脱模、断带等问题。本发明的目的是提供一种摩擦力小,可顺利通过光缆、电缆纵包模具或定径模具,且无断带现象的金属屏蔽复合带制作方法。实现本发明目的的技术关键是将塑料薄膜与金属箔带表面进行凹凸不平的非纯平面粘合,使复合带与光缆、电缆纵包模具或定径模具之间形成点接触,以减小摩擦力,避免电缆起包、漏气、脱模及断带等问题。"无锡隆盛厂向西古公司销售了其生产的光缆用铝塑复合带产品。上海锡盛公司由无锡隆盛厂设立,无锡隆盛厂主要负责生产,上海锡盛公司主要负责销售。西安秦邦公司以无锡隆盛厂、上海锡盛公司未经许可使用本案专利方法生产并销售侵权产品为由,起诉至陕西省西安市中级人民法院。随后,一审法院根据当事人的鉴定申请,委托陕西西安知识产权司法鉴定中心(以下简称鉴定中心)对无锡隆盛厂生产的铝塑复合带产品与使用本案专利方法制造的产品是否属于相同产品以及无锡隆盛厂生产的铝塑复合带产品工艺方法与本案专利的必要技术特征是否相同或等同进行鉴定。2007年3月13日,鉴定中心作出鉴定意见认为:双方产品所用的原材料相同,均包括铝箔和塑料;产品的结构相同,均采用流延工艺在铝箔两面复合乙烯-丙烯酸共聚物或乙烯-甲基丙烯酸共聚物;双方生产的产品执行标准相同,均为YD/T723.1~723.3-94,为同样产品;本案专利权利要求1所述的必要技术特征由(1)-(6)个步骤组成,无锡隆盛厂的生产方法中有三个步骤与权利要求1的步骤(1)、(5)、(6)相同,另有三个步骤与权利要求1的步骤(2)、(3)、(4)等同。鉴定意见还认为,权利要求1记载的"使塑料膜的表面形成0.04-0.09mm厚的凹凸不平粗糙面",应当解释为塑料膜本身的厚度,因为专利说明书实施例记载的0.04mm、0.09mm和0.07mm均为塑料膜的厚度,与申请再审人使用的塑料膜表面粗糙度Ral.8μm-5μm(实测为Ra2.47μm-3.53μm)没有可比性。而申请再审人使用的塑料膜的厚度为0.055mm-0.070mm,故二者等同。一审法院据此认为,被诉侵权产品与本案专利方法生产的产品属于同样产品,本案被诉侵权方法落入本案专利保护范围,遂判决无锡隆盛厂、上海锡盛公司和西古公司停止侵害,无锡隆盛厂、上海锡盛公司赔偿西安秦邦公司经济损失。无锡隆盛厂和上海锡盛公司不服,提起上诉。陕西省高级人民法院二审维持一审判决。无锡隆盛厂和上海锡盛公司仍不服,向最高人民法院申请再审。最高人民法院指令陕西省高级人民法院再审本案。陕西省高级人民法院再审维持原审判决。最高人民法院提审本案后,于2012年8月24日判决撤销原一、二审和再审判决,改判驳回西安秦邦公司的诉讼请求。

最高人民法院提审认为:本案专利权利要求1记载的"使塑料膜的表面形成0.04-0.09mm厚的凹凸不平粗糙面"的含义的解释,涉及权利要求解释的方法及其界限。权利要求内容的确定,应当根据权利要求的记载,结合本领域普通技术人员阅读说明书及附图后对权利要求的理解进行。但是,当本领域普通技术人员对权利要求相关表述的含义可以清楚确定，且说明书又未对权利要求的术语含义作特别界定时，应当以本领域普通技术人员对权利要求自身内容的理解为准，而不应当以说明书记载的内容否定权利要求的记载，从而达到实质修改权利要求的结果，并使得专利侵权诉讼程序对权利要求的解释成为专利权人额外获得的修改权利要求的机会。否则，权利要求对专利保护范围的公示和划界作用就会受到损害，专利权人因此不当获得了权利要求本不应该涵盖的保护范围。当然，如果本领域普通技术人员阅读说明书及附图后可以立即获知，权利要求特定用语的表述存在明显错误，并能够根据说明书和附图的相应记载明确、直接、毫无疑义地修正权利要求的该特定用语的含义的，可以根据说明书或附图修正权利要求用语的明显错误。但是，本案中的权利要求用语并不属于明显错误的情形。本案专利权利要求1的"使塑料膜的表面形成0.04－0.09mm厚的凹凸不平粗糙面"的含义是清楚、完整的，是指塑料膜表面凹凸不平粗糙面的厚度为0.04－0.09mm。本案专利说明书既未对上述技术特征进行详细说明，又未对塑料薄膜的厚度进行限定和解释，而仅仅在实施例中提及了塑料薄膜的厚度分别为0.04mm、0.09mm和0.07mm。在此情况下，本领域普通技术人员在阅读权利要求书和说明书之后，难以形成上述表述实际上应为"塑料膜厚度为0.04－0.09mm"的认识。虽然该表述中"0.04－0.09mm"的数值范围与实施例中塑料膜厚度数值之间较为接近并存在重叠，但是简单地以此为由认为该表述存在明显错误，并进而将塑料膜表面凹凸不平粗糙面的厚度修正为塑料膜的厚度，依据不足。因此，本案专利权利要求1中"使塑料膜的表面形成0.04－0.09mm厚的凹凸不平粗糙面"，其含义是指塑料膜表面凹凸不平粗糙面的厚度为0.04－0.09mm，即塑料膜表面形成0.04－0.09mm（40μm－90μm）的凹凸落差表面结构，而非塑料膜的厚度为0.04－0.09mm。

3. 通过测量说明书附图得到的尺寸参数不能限定权利要求的保护范围

在申请再审人深圳盛凌电子股份有限公司（以下简称盛凌公司）与被申请人安费诺东亚电子科技（深圳）有限公司（以下简称安费诺东亚公司）侵犯实用新型专利权纠纷案（〔2011〕民申字第1318号）中，最高人民法院指出，未在权利要求书中记载而仅通过测量说明书附图得到的尺寸参数一般不能用来限定权利要求保护范围。

本案的基本案情是：安费诺东亚公司是名称为"小型计算机系统接口双向连接器"实用新型专利（即本案专利）的专利权人。本案专利的技术特征之一为"端盖设有可将插接本体之梯形槽框架端固定的定位槽，端盖与壳体间为卡扣连接"。安费诺东亚公司认为盛凌公司生产、销售、许诺销售SCSI连接器，侵犯本案专利权，提起本案诉讼。广东省深圳市中级人民法院一审认为，本案涉及的被诉侵权产品分为两类，一类是在盛凌公司处保全的被诉侵权产品，一类是盛凌公司在其网站上做广告的被诉侵权产品。保全的被诉侵权产品缺乏定位槽的技术特征，故该被诉侵权产品未落入本案专利权的保护范围。第二类被诉侵权产品落入本案专利权的保护范围。因安费诺东亚公司提交的证据仅证明盛凌公司从事了许诺销售侵权行为，并无实际生产、销售行为，故安费诺东亚公司要求盛凌公司承担停止生产、销售专利产品并赔偿经济损失的诉讼请求，不予支持。遂判决盛凌公司立即停止本案许诺销售行为，驳回安费诺东亚公司其他诉讼请求。安费诺东亚公司和盛凌公司均不服，提出上诉。广东省高级人民法院二审认为，一审法院保全的被诉侵权产品全部覆盖了本案专利权利要求1的必要技术特征，落入了本案专利权保护范围，故判决撤销一审判决，判令盛凌公司停止制造、销售、许诺销售侵权产品以及销毁库存侵权产品，赔偿安费诺东亚公司经济损失。盛凌公司不服，向最高人民法院申请再审。最高人民法院于2012年2月15日裁定驳回其再审申请。

最高人民法院审查认为：本案专利权利要求1要求保护的技术方案中，端盖与壳体以及梯形槽框架三者的配合关系是，通过定位槽将插接本体中梯形槽框架的端部固定、端盖与壳体之间卡扣连接。权利要求1限定了通过该定位槽将端盖与梯形槽框架进行配合，并具有端盖能够与壳体卡扣连接的技术特征。至于定位槽的厚度以及梯形槽框架左端的厚度，没有予以限定。虽然本案专利说明书附图中所示的定位槽的宽度略等于梯形槽框架左端部的厚度，但是，通过对说明书附图进行测量得到的尺寸参数不能限定权利要求的技术特征。其原因是发明或者实用新型专利权的保护范围以其权利要求书的内容为准，说明书是权利要求书的依据，而权利要求是在说明书的基础上，用构成发明或者实用新型技术方案的技术特征来表明要求专利保护的范围。只有记载在权利要求书中的技术特征才会对该权利要求的保护范围产生限定作用，在说明书中予以描述而没有在权利要求书中予以记载的技术特征，一般不能用来限定权利要求的保护范围。由于本案专利权利要求书中"定位槽"的含义是清楚、确定的，并且说明书没有就"定位槽"的含义作特别界定，因此，应当以权利要求自身界定的内容为准，而不能以"说明书及附图可以用于解释权利要求的内容"为依据，以解释定位槽为借口，将权利要求中没有记载的内容纳入到权利要求中，将说明书附图中测量得到的定位槽的厚度读入到权利要求书，达到实质上以说明书来修改权利要求的目的。权利要求1没有限定"定位槽"的厚度，说明书也没有对"定位槽"予以特别定义，不能推导出定位槽的宽度是略等于梯形槽框架左端的厚度。盛凌公司将说明书附图中的定位槽的厚度读入权利要求，提出定位槽的厚度略等于梯形槽框架左端部的厚度的主张，不予支持。

4. 使用环境特征的解释

在申请再审人株式会社岛野与被申请人宁波市日骋工贸有限公司（以下简称日骋公司）侵犯发明专利权纠纷案（〔2012〕民提字第1号）中，最高人民法院认为，已经写入权利要求的使用环境特征属于必要技术特征，对于权利要求的保护范围具有限定作用；使用环境特征对于权利要求保护范围的限定程度需要根据个案情况具体确定，一般情况下应该理解为要求被保护的主题对象可以用于该使用环境即可，而不是必须用于该使用环境，但是本领域普通技术人员在阅读专利权利要求书、说明书以及专利审查档案后可以明确而合理地得知被保护对象必须用于该使用环境的除外。

本案的基本案情是：株式会社岛野是专利号为ZL94102612.4、名称为"后换档器支架"的中国发明专利（即本案专利）的专利权人。本案专利授权文本权利要求1记载：一种用于将后换档器连接到自行车车架上的自行车后换档器支架，所述后换档器具有支架件、用于支撑链条导向装置的支撑件、以及一对用于连接所述支撑件和所述支架件的连接件，所述自行车车架具有形成在自行车车架的后叉端的换档器安装延伸部上的连接结构，所述后换档器支架包括：一由大致L形板构成的支架体；设在所述支架体一端近旁，用于将所述后换档器的所述支架件连接到所述支架体上、可绕第一轴线枢转的第一连接结构；设在所述支架体另一端近旁，用于将所述支架体连接到所述自行车车架的所述连接结构上的第二连接结构；以及用于与所述换档器安装延伸部接触从而使所述后换档器相对于所述后叉端以一种预定的姿势定位的定位结构；其特征在于：所述第一连接结构和所述第二连接结构的布置应使当所述支架体安装在所述后叉端上时，所述的第一连接结构提供的连接点是在所述第二连接结构提供的连接点的下方和后方。在专利申请过程中，原始申请文本的权利要求书并未对自行车后换挡器支架所连接的后换挡器的结构进行限定。原国家专利局针对该申请发出第一次审查意见通知书，引用本案专利优先权日前的对比文件1和对比文件2，认为本案专利权利要求1不具备新颖性。为将本专利申请所要求保护的后换挡器支架与该对比文件1公开的悬挂构件相区别，株式会社岛野修改了权利要求1，并在意见陈述书中明确指出，该对比文件1中所述的悬挂构件是垂直下降组件一部分，由垂直下降构件、悬挂构件以及用于将悬挂构件连接至下降构件上的装置等组合起来才相当于本案专利申请中的带后换挡器安装延伸部的后叉端的结构。为了将本专利申请所要求保护的后换挡器支架与该对比文件2公开的下降组件相区别，株式会社岛野在意见陈述书中明确指出，该对比文件2所述的叉端是一个水平方向开槽的下降组件，该对比文件并没有公开或者提出本发明申请的特征，特别是支架体没有被连接至垂直下降组件或L形板上。针对上述意见陈述书，国家知识产权局发出第二次审查意见通知书，引用对比文件3，认为修改后权利要求1不具备新颖性。据此，株式会社岛野在权利要求1中增加了关于后换挡器支架所连接的后换挡器的结构特征。本次修改后该专利申请获得授权。日骋公司生产、销售了本案被诉侵权产品，该被诉侵权产品具有支架体和与之连接的后换挡器。该支架体具有本案专利权利要求1所述支架体的结构特征，与该支架体连接的后换挡器具有本案专利权利要求1所述后换挡器的结构特征。株式会社岛野以日骋公司的行为侵犯本案专利权为由，诉至浙江省宁波市中级人民法院，请求判令日骋公司停止侵害并赔偿损失。一审法院判决驳回株式会社岛野的诉讼请求。一审法院认为，本案专利权利要求1所述的特定的自行车车架结构及特定的安装方式是本案专利的两个必要技术特征，被诉侵权产品在使用过程中并非只能借助本案专利所述的安装方法安装在权利要求1所述结构的自行车车架上，而是可以安装在其他结构的自行车车架上。由于被诉侵权产品因尚未被安装在自行车上，其安装后是否具备本案专利所述的特定的自行车车架结构和安装方式不能确定，侵权判定的条件尚不具备。株式会社岛野不服，提出上诉。浙江省高级人民法院二审维持一审判决。株式会社岛野不服，向最高人民法院申请再审。最高人民法院指令浙江省高级人民法院再审。浙江省高级人民法院再审维持原审判决。最高人民法院提审本案后，于2012年12月11日判决撤销原一、二审和再审判决，改判日骋公司侵权成立，并判令其停止侵害并赔偿株式会社岛野经济损失。

最高人民法院提审认为：使用环境特征是指权利要求中用来描述发明所使用的背景或者条件的技术特征。首先，关于使用环境特征对于专利保护范围的限定作用。已经写入权利要求的使用环境特征属于权利要求的必要技术特征，对于权利要求的保护范围具有限定作用。本案专利的保护主题是"自行车后换挡器支架"，但是权利要求1在描述该后换挡器支架的结构特征的同时，也限定了该后换挡器支架所用以连接的后换挡器和自行车车架的具体结构。这些关于后换挡器支架所连接的后换挡器和自行车车架的特征实际上限定了后换挡器支架所使用的背景和条件，属于使用环境特征，对于权利要求 1 所保护的后换挡器支架具有限定作用。权利要求 1 所保护的后换挡器支架所使用的自行车车架的特征、后换挡器的特征与权利要求 1 的其他特征一起，组成一个完整的技术方案，共同限定了权利要求 1 的保护范围。其次，关于使用环境特征对于保护范围的限定程度。限定程度是指使用环境特征对权利要求的限定作用的大小，具体地说是指该使用环境特征限定的被保护的主题对象必须用于该使用环境还是可以用于该使用环境即可。使用环境特征对于保护范围的限定程度需要根据个案情况具体确定。一般情况下，使用环境特征应该理解为要求被保护的主题对象可以用于该使用环境即可，不要求被保护的主题对象必须用于该使用环境。但是，如果本领域普通技术人员在阅读专利权利要求书、说明书以及专利审查档案后可以明确而合理地得知被保护对象必须用于该使用环境，那么该使用环境特征应被理解为要求被保护对象必须用于该特定环境。本案专利权利要求 1 对所保护的后换挡器支架限定了两个使用环境特征。第一，关于自行车车架的结构特征。根据株式会社岛野的意见陈述可知，本案专利所保护的后换挡器支架只能与带换挡器安装延伸部的后叉端相连接，而不能成为自行车车架后叉端垂直下降组件的构成部分，也不能安装在具有水平方向开槽的下降组件的自行车车架后叉端上。因此，对于自行车车架的结构特征，应该理解为本案专利所保护的自行车后换挡器支架必须使用在具有该结构特征的自行车车架后叉端上。第二，关于后换挡器的结构特征。针对第二次审查意见通知书，株式会社岛野再次修改了权利要求 1，增加了关于后换挡器的结构特征。同时，根据株式会社岛野的意见陈述可知，本专利所保护的后换挡器支架必须与后换挡器的支架件相连接，而不能成为后换挡器自身的组成部分。可见，对于后换挡器的结构特征，应该理解为本案专利所保护的自行车后换挡器支架必须用于具有该结构特征的后换挡器上。综上，本案专利的使用环境特征对于保护范围具有限定作用，本案专利所保护的自行车后换挡器支架必须用于该使用环境。株式会社岛野关于本案专利权利要求中出现的使用环境特征不构成本案专利的必要技术特征，不影响权利要求的保护范围的申请再审理由不能成立。但是，本案证据能够证明被诉侵权产品在商业上必然用于本案专利权利要求 1 限定的自行车车架，在安装后必然呈现权利要求 1 限定的安装位置特征，并具备专利要求 1 限定的其他全部特征，落入权利要求 1 的保护范围。

5. 封闭式权利要求的解释

在申请再审人山西振东泰盛制药有限公司（以下简称泰盛公司）、山东特利尔营销策划有限公司医药分公司（以下简称特利尔分公司）与被申请人胡小泉侵犯发明专利权纠纷案（〔2012〕民提字第 10 号）（以下简称"注射用三磷酸腺苷二钠氯化镁"专利侵权案）中，最高人民法院指出，对于封闭式权利要求，一般应当解释为不含有该权利要求所述以外的结构组成部分或者方法步骤；对于组合物封闭式权利要求，一般应当解释为组合物中仅包括所指出的组分而排除所有其他的组分，但是可以包含通常含量的杂质，辅料并不属于杂质。

本案的基本案情是：胡小泉是名称为"注射用三磷酸腺苷二钠氯化镁冻干粉针剂及其生产方法"发明专利（即本案专利）的专利权人。本案专利权利要求 2 内容为："一种注射用三磷酸腺苷二钠氯化镁冻干粉针剂，其特征是：由三磷酸腺苷二钠与氯化镁组成，二者的重量比为 100 毫克比 32 毫克。"在本案专利授权后，泰盛公司生产、许诺销售、销售了名称为"注射用三磷酸腺苷二钠氯化镁"的药品，特利尔分公司销售了泰盛公司生产的上述药品。本案药品的主要成分为三磷酸腺苷二钠和氯化镁，规格为三磷酸腺苷二钠 100mg、氯化镁 32mg，性状为白色或类白色冻干块状物或粉末。在本案药品说明书记载的成分中出现了"全部辅料名称为：碳酸氢钠和精氨酸"的记载，该信息在国家相关部门核发的说明书中未体现。胡小泉以本案药品落入本案专利权利要求 2 的保护范围为由起诉，请求判令泰盛公司、特利尔分公司停止侵权、赔偿直接经济损失 20 万元和间接经济损失 5 万元等。特利尔分公司应诉后，在答辩期内向国家知识产权局专利复审委员会（以下简称专利复审委员会）提出了宣告本案专利权无效的请求，并被受理。山东省济南市中级人民法院一审认为，即使被诉侵权药品含有药品说明书中出现的辅料碳酸氢钠和精氨酸，但正如其说明书所表述的仅仅为辅料而非主要成分，被告以存在辅料为由提出的不侵权抗辩不能成立。据此判决二被告承担侵权责任。二被告不服，提起上诉。在二审期间，专利复审委员会作出第 13268 号无效宣告请求审查决定（以下简称第 13268 号决定），宣告本案专利权全部无效。山东省高级人民法院据此撤销一审判决，驳回胡小泉的诉讼请求。胡小泉以第 13268 号决定尚未生效为由向最高人民法院申请再审。最高人民法院裁定指令山东省高级人民法院再审本案。山东省高级人民法院再审查明第 13268 号决定被法院生效判决撤销。山东省高级人民法院再审认为，加入辅料是药物制备过程中的必备环节，碳酸氢钠和精氨酸是药物制备工艺中的常用辅料，不是发挥药效的活性成分，对本案专利封闭式权利要求进行解释时，"不包括其他组分"不应理解为不包括辅料成分，被诉侵权药品落入本案专利权保护范围，故判决撤销二审判决，维持一审判决。泰盛公司、特利尔分公司不服，向最高人民法院申请再审。最高人民法院裁定提审本案，并于 2012 年 12 月 20 日判决撤销原审判决，驳回胡小泉的诉讼请求。

最高人民法院提审认为：对于开放式权利要求、封闭式权利要求的典型限定方式及其解释规则，历版《专利审查指南》的规定是一以贯之的。例如 2006 年版《专利审查指南》在权利要求的一般性规定中规定："通常，开放式的权利要求宜采用'包含'、'包括'、'主要由……组成'的表达方式，其解释为还可以含有该权利要求中没有述及的结构组成部分或方法步骤。封闭式的权利要求宜采用'由……组成'的表达方式，其一般解释为不含有该权利要求所述以外的结构组成部分或方法步骤。"《专利审查指南》的相关规定既不存在与专利法、专利法实施细则相抵触的情形，亦符合国际通行做法。此外，通过长期的专利法实践，开放式权利要求与封闭式权利要求的撰写方式和解释规则业已为业界认识和接受。根据《专利审查指南》中有关开放式、封闭式权利要求的具体规定可知，这两种权利要求由于使用措词的含义不同，其保护范围也不同，由此也决定了在实质审查中获得授权难度的不同。开放式权利要求的保护范围较大，但在实质审查中更容易受到有关新颖性、创造性或者权利要求得不到说明书的支持等方面的质疑，增加了获得授权的难度；与此相反，封闭式权利要求更容易通过实质审查获得授权，但其授权后的保护范围较相应的开放式权利要求小。《专利审查指南》是国家知识产权局制定并公布、施行的部门规章,是国务院专利行政部门在专利授权、确权程序中对专利申请或者专利进行审查的依据,同时也是专利申请人或者专利权人撰写和修改专利申请文件或者专利文件的指引,更是社会公众理解授权专利权利要求的重要依据。专利申请人或者专利权人在撰写和修改专利申请文件之初,应当了解《专利审查指南》的相关规定,并根据《专利审查指南》的相关规定和其发明创造的实际情况选择适当的撰写方式。审查员在审查过程中也应当根据《专利审查指南》的相关规定对不同的权利要求予以区分和进行审查。当专利权利要求被授权以后,在《专利审查指南》相关规定的指引下,社会公众将根据该规定和专利权利要求的用语来判断专利权的保护范围,进而决定采取何种经营策略。为维护社会公众的信赖,在专利侵权诉讼程序中确定专利权的保护范围时,一般应当尊重专利授权程序中适用的《专利审查指南》相关规定和专利权利要求的用语。如果专利权人在专利授权程序中出于各种原因未能恰当地选择权利要求的撰写方式,选择了保护范围相对较小的封闭式权利要求,从而导致其获得授权的权利要求没有其预想的保护范围大,那么,专利权人只能接受这种后果。也就是说,在授权以后的专利侵权诉讼程序中,如果专利权人主张其封闭式权利要求并未排除其他未限定的组成部分,该主张违背社会公众根据《专利审查指南》和权利要求的用语对封闭式权利要求作出的解释,应当不予支持。更深层次的理由在于,在有充分的机会主张更宽保护范围的权利要求而没有这么做的专利权人与更为普遍的社会公众之间,应当由专利权人承担未能为其发明或者实用新型确定更有利的权利要求表达方式的代价。综上,为了维护社会公众对专利权利要求保护范围的信赖,在专利侵权诉讼程序中确定专利权的保护范围时,对于封闭式权利要求,一般应当解释为不含有该权利要求所述以外的结构组成部分或者方法步骤。上述解释与自1993年以来的《专利审查指南》的明确规定和长期的专利法实践保持了一致,也是对社会公众基于相关规定业已形成的稳定预期的尊重,有利于维护权利要求解释规则的确定性和可预见性。此外,上述解释规则看似严格,但并不会对专利权人的利益造成损害,专利权人在申请专利时可以根据具体情况在开放式、封闭式、活性成分封闭、部分封闭等多种方式中选择恰当的撰写方式,从而获得恰当的保护范围。因此,上述解释规则能够合理平衡专利权人与社会公众的利益。本案中,本案专利权利要求2明确采用了"由……组成"的封闭式表达方式,属于封闭式权利要求,应该解释为要求保护的注射用三磷酸腺苷二钠氯化镁冻干粉针剂仅由三磷酸腺苷二钠与氯化镁组成,除可能具有通常含量的杂质外,别无其他组分。辅料并不属于杂质,辅料也在本案专利权利要求2的排除范围之内。原再审判决认为本案专利权利要求2不应理解为不包括辅料成分错误,应予纠正。

6. 封闭式权利要求侵权判定中等同原则的适用

在前述"注射用三磷酸腺苷二钠氯化镁"专利侵权案中,最高人民法院还明确了等同原则在封闭式权利要求侵权判定中的适用。最高人民法院指出,专利权人选择封闭式权利要求表明其明确将其他未被限定的结构组成部分或者方法步骤排除在专利权保护范围之外,不宜再通过适用等同原则将其重新纳入保护范围。

最高人民法院认为:所谓等同,是指被诉侵权技术方案中的技术特征与专利权利要求中记载的对应技术特征之间的等同,而不是指被诉侵权技术方案与专利权利要求所要求保护的技术方案之间的整体等同。之所以在专利侵权判定中发展出等同原则，是考虑到事实上不可能要求专利权人在撰写权利要求时能够预见到侵权者以后可能采取的所有侵权方式，因此对权利要求的文字所表达的保护范围作出适度扩展，将仅仅针对专利技术方案作出非实质性变动的情况认定为构成侵权，以保护专利权人的合法权益，维护整个专利制度的作用。然而，在权利要求中采用"由……组成"的封闭式表达方式，本身意味着专利权人通过其撰写，限定了专利权的保护范围，明确将其他未被限定的结构组成部分或者方法步骤排除在专利权保护范围之外。本案中，本案专利权利要求2属于封闭式权利要求，其本身使用的措词已经将三磷酸腺苷二钠和氯化镁之外的组分排除在专利权保护范围之外。如果通过适用等同原则，将专利权人明确排除的结构组成部分或者方法步骤重新纳入封闭式权利要求的保护范围，认定被诉侵权产品与权利要求2构成整体等同，既不符合适用等同原则的基本目的，亦不符合有关技术特征等同的规定。

7. 部分权利要求被宣告无效情形下禁止反悔原则的适用

在申请再审人中誉电子（上海）有限公司（以下简称中誉公司）与被申请人上海九鹰电子科技有限公司（以下简称九鹰公司）侵犯实用新型专利权纠纷案（〔2011〕民提字第306号）中，最高人民法院指出，禁止反悔原则通常适用于专利权人通过修改或意见陈述而自我放弃技术方案的情形；若独立权利要求被宣告无效而在其从属权利要求的基础上维持专利权有效，且专利权人未曾作自我放弃，则不宜仅因此即对该从属权利要求适用禁止反悔原则并限制等同侵权原则的适用。

本案的基本案情是：本案专利是名称为"一种舵机"的实用新型专利（即本案专利），其权利要求1—3为："1. 一种模型舵机，其特征在于，包括支架、电机、丝杆和滑块，所述支架包括电机座和滑块座，所述电机设置于所述电机座内，在所述电机的一端设置有一主动齿轮，所述丝杆纵向穿过所述滑块座，在所述丝杆的一端设置有一从动齿轮，所述主动齿轮和所述从动齿轮相互啮合，所述滑块穿在所述丝杆上，并且所述滑块伸出所述滑块，在所述滑块底面设置有一电刷。2. 如权利要求1所述的舵机，其特征在于，在所述支架上，设置有固定到一舵机驱动电路板上的固定孔。3. 如权利要求2所述的舵机，其特征在于，在所述舵机驱动电路板上，印制有一条形的碳膜和银膜，所述支架通过其上的固定孔固定到所述舵机驱动电路板上，且所述滑块底面上的电刷与该碳膜和银膜相接触。"专利复审委员会于2009年7月22日作出第13717号无效宣告请求审查决定，宣告本案专利权利要求1—2，4—6无效，在权利要求3的基础上维持本案专利权有效。本案争议的被诉侵权产品技术特征g为："在所述含有舵机驱动电路的电路板上，印制有一条形的碳膜和镀金铜条，且所述滑块底面上的电刷与该碳膜和镀金铜条相接触。"上海市第二中级人民法院一审认为，被诉侵权产品的技术方案是一项现有技术与公知常识的简单组合，九鹰公司的现有技术抗辩成立，其不构成侵犯本案专利权，遂判决驳回中誉公司的诉讼请求。中誉公司上诉至上海市高级人民法院。二审法院认为，从属权利要求3被维持有效的原因在于，在权利要求1中增加了从属权利要求2和3记载的附加技术特征，这实质上是修改权利要求1。因此，权利要求3的技术特征"在所述支架上，设置有固定到一舵机驱动电路板上的固定孔"以及"在所述舵机驱动电路板上，印制有一条形的碳膜和银膜，所述支架通过其上的固定孔固定到所述舵机驱动电路板上，且所述滑块底面上的电刷与该碳膜和银膜相接触"，属于为维持专利权有效而限制性修改权利要求1所增加的技术特征。本案专利技术方案将舵机驱动电路板上作为直线型电位器的导流条明确限定为"银膜"，该具体限定应视为专利权人放弃了除"银膜"外以其他导电材料作为导流条的技术方案。被诉侵权产品技术方案系采用镀金铜条作为导流条。依据禁止反悔原则，九鹰公司不构成等同侵权。另外，九鹰公司的现有技术抗辩成立。据此判决驳回上诉，维持原判。中誉公司向最高人民法院申请再审。最高人民法院裁定提审本案，并于2012年4月12日判决撤销原一、二审判决，判令九鹰公司赔偿中誉公司经济损失。

最高人民法院提审认为：一般情况下，只有对权利要求、说明书的修改或者意见陈述，才可能产生技术方案的放弃，进而导致禁止反悔原则的适用。本案中，独立权利要求1及其从属权利要求2均被宣告无效，在权利要求2的从属权利要求3的基础上维持本案专利有效。对权利要求3适用禁止反悔原则的前提在于，权利要求3是否仅仅因此构成对其所从属的权利要求1-2的限制性修改。独立权利要求被宣告无效，在其从属权利要求的基础上维持专利权有效，该从属权利要求即实际取代了原独立权利要求的地位。但是，该从属权利要求的内容或者所确定的保护范围并没有因为原独立权利要求的无效而改变。因为，每一项权利要求都是单独的、完整的技术方案，其均应准确、完整地概括申请人在原始申请中要求的保护范围，而不论其是否以独立权利要求的形式出现。正基于此，每一项权利要求可以被单独地维持有效或宣告无效。每一项权利要求的效力应当被推定为独立于其他权利要求的效力。即使从属权利要求所从属的权利要求被宣告无效，该从属权利要求并不能因此被认为无效。所以，不应当以从属权利要求所从属的权利要求被无效而简单地认为该从属权利要求所确定的保护范围即受到限制。本案中，权利要求3中的"银膜"并没有被权利要求1-2所提及。而且，中誉公司在专利授权和无效宣告程序中没有修改权利要求和说明书，在意见陈述中也没有放弃除"银膜"外其他导电材料作为导流条的技术方案。因此，不应当基于权利要求1-2被宣告无效，而认为对权利要求3的附加技术特征"银膜"不能再适用等同原则。

8. 保护范围明显不清楚的专利权的侵权指控不应支持

在申请再审人柏万清与被申请人成都难寻物品营销服务中心（以下简称难寻中心）、被申请人上海添香实业有限公司（以下简称添香公司）侵害实用新型专利权纠纷案（〔2012〕民申字第1544号）中，最高人民法院指出，准确界定专利权的保护范围，是认定被诉侵权技术方案是否构成侵权的前提条件，对于保护范围明显不清楚的专利权，不应认定被诉侵权技术方案构成侵权。

本案的基本案情是：柏万清是专利号为200420091540.7、名称为"防电磁污染服"实用新型专利（即本案专利）的专利权人。本案专利权利要求1的技术特征为：A. 一种防电磁污染服，包括上装和下装；B. 服装的面料里设有起屏蔽作用的金属网或膜；C. 起屏蔽作用的金属网或膜由导磁率高而无剩磁的金属细丝或者金属粉末构成。被诉侵权产品的技术特征是：a. 一种防电磁污染服上装；b. 服装的面料里设有起屏蔽作用的金属防护网；c. 起屏蔽作用的金属防护网由不锈钢金属纤维构成。一审法院认为，根据柏万清陈述，不锈钢并不一定是导磁率高而无剩磁的金属，其中铁的含量影响导磁率的高低，故在柏万清既未明确本案专利技术特征中导磁率高低的区分标准，又未证明被诉侵权产品所采用的不锈钢丝的导磁率已达到上述"高"限的情况下，柏万清关于技术特征C与c相同的主张不能成立，本案证据不足以证明被诉侵权产品落入其专利保护范围。柏万清不服，提起上诉。四川省高级人民法院二审维持一审判决。柏万清向最高人民法院申请再审。最高人民法院于2012年12月28日裁定驳回其再审申请。

最高人民法院审查认为：准确界定专利权的保护范围，是认定被诉侵权技术方案是否构成侵权的前提条件。如果结合本案专利说明书、本领域的公知常识以及相关现有技术等，仍然不能确定权利要求中技术术语的具体含义，无法准确确定专利权的保护范围，则无法将被诉侵权技术方案与之进行有意义的侵权对比。因此，对于保护范围明显不清楚的专利权，不应认定被诉侵权技术方案构成侵权。就"导磁率高"这一技术特征而言，首先，在本案专利说明书中，既没有记载导磁率在本案专利技术方案中是指相对磁导率还是绝对磁导率或者其他概念，也没有记载导磁率高的具体范围，亦没有记载包括磁场强度H等在内的计算导磁率的客观条件。本领域技术人员根据本案专利说明书，难以确定本案专利中所称的导磁率高的具体含义。其次，从柏万清提交的相关证据来看，虽能证明有些现有技术中确实采用了高磁导率、高磁导率等表述，但根据技术领域以及磁场强度的不同，所谓高导磁率的含义十分宽泛。柏万清提供的证据并不能证明在本案专利所属技术领域中，本领域技术人员对于高导磁率的含义或者范围有着相对统一的认识。最后，柏万清主张根据具体使用环境的不同，本领域技术人员可以确定具体的安全下限，从而确定所需的导磁率。该主张实际上是将能够实现防辐射目的的所有情形均纳入本案专利权的保护范围，保护范围过于宽泛，亦缺乏事实和法律依据。

9. 现有技术抗辩的比对方法与审查方式

在申请再审人盐城泽田机械有限公司（以下简称泽田公司）与被申请人盐城市格瑞特机械有限公司（以下简称格瑞特公司）侵犯实用新型专利权纠纷案（〔2012〕民申字第18号）中，最高人民法院指出，审查现有技术抗辩时，比对方法是将被诉侵权技术方案与现有技术进行对比，在两者并非相同的情况下，审查时可以专利权利要求为参照，确定被诉侵权技术方案中被指控落入专利权保护范围的技术特征，并判断现有技术是否公开了与之相同或者等同的技术特征。

本案的基本案情是：泽田公司是名称为"液压摇臂裁断机直联式液压控制装置"的实用新型专利（即本案专利）的专利权人。2009年，格瑞特公司生产并销售了与泽田公司相同的液压摇臂式裁断机，泽田公司遂向江苏省盐城市中级人民法院提起诉讼。因2004年3月案外人曾生产并销售四台F45型液压摇臂式裁断机（以下简称F45裁断机），格瑞特公司据此提出现有技术抗辩。一审法院认为，格瑞特公司的行为构成对泽田公司专利权的侵犯，格瑞特公司未能提供充分证据证明泽田公司的专利为现有技术，其关于现有技术的抗辩理由不能成立，遂判决格瑞特公司承担侵权责任。格瑞特公司不服，提起上诉。二审审理过程中，江苏省高级人民法院主持进行现场勘验，双方当事人对F45裁断机与本案专利进行了技术比对。对于F45油压摇臂式裁断机的液压控制装置，泽田公司认为该装置中电磁阀的形状及与油泵之间连接方向与本案专利附图及专利产品实物不同，其他技术特征相同。二审法院认为，本案专利权利要求1有关电磁阀的技术特征为"电磁阀的出口直接与有杆活塞的外端相联接,电磁阀与油泵之间通过方块法兰和联结管使之相联",并未对电磁阀的形状和连接方向进行限定,电磁阀的形状和连接方向不属于本案专利保护范围。F45裁断机的液压控制装置中的电磁阀形状和连接方向虽与本案专利附图和专利产品实物不同,但符合本案专利权利要求1描述的全部技术特征,故格瑞特公司的现有技术抗辩成立。据此判决撤销一审判决,驳回泽田公司的诉讼请求。泽田公司不服,向最高人民法院申请再审。最高人民法院于2012年7月11日裁定驳回其再审申请。

最高人民法院审查认为:在专利侵权诉讼中设立现有技术抗辩制度的根本原因在于,专利权的保护范围不应覆盖现有技术,以及相对于现有技术而言显而易见、构成等同的技术。在审查现有技术抗辩时,比较方法是将被诉侵权技术方案与现有技术进行对比,而不是将现有技术与专利技术方案进行对比。审查方式则是以专利权利要求为参照,确定被诉侵权技术方案中被指控落入专利权保护范围的技术特征,并判断现有技术是否公开了相同或者等同的技术特征。现有技术抗辩的成立,并不要求被诉侵权技术方案与现有技术完全相同,对于被诉侵权产品中与专利权保护范围无关的技术特征,在判断现有技术抗辩能否成立时应不予考虑。被诉侵权技术方案与专利技术方案是否相同或者等同,与现有技术抗辩能否成立亦无必然关联。因此,即使在被诉侵权技术方案与专利技术方案完全相同,但与现有技术有所差异的情况下,亦有可能认定现有技术抗辩成立。本案专利权利要求1限定了电磁阀的连接方式,但并未限定电磁阀的具体结构,故电磁阀的具体结构与本案专利权的保护范围无关,亦与现有技术抗辩能否成立无关。因此,认定现有技术抗辩是否成立的关键在于,确定现有技术中是否公开了与上述连接方式相同或者等同的技术特征,而无需考虑被诉侵权产品中电磁阀的具体结构是否被现有技术公开。由于现有技术中确已公开将电磁阀的出口与有杆活塞的外端直接相联接,故二审法院认定现有技术抗辩成立,并无不当。

10. 外观设计专利保护中产品类别的确定

在申请再审人弓箭国际与被申请人义乌市兰之韵玻璃工艺品厂(以下简称兰之韵厂)侵犯外观设计专利权纠纷案(〔2012〕民申字第41号、第54号)中,最高人民法院指出,确定外观设计专利产品类别,应以具有独立存在形态、可以单独销售的产品的用途为依据;外观设计专利的保护范围限于相同或者相近种类产品的外观设计。

本案的基本案情是:弓箭国际拥有名称分别为"餐具用贴纸(柠檬)"和"餐具用贴纸(苹果)"的外观设计专利(前者简称涉案专利1,后者简称涉案专利2)。2009年3月18日,深圳市鑫辉达贸易有限公司(以下简称鑫辉达公司)申报出口一批厨房用玻璃水杯,因涉嫌侵犯弓箭国际多个外观设计专利权被海关扣留。其中19箱798个玻璃杯上贴有柠檬图案,该图案与涉案专利1的图案形状相近似;15箱630个玻璃杯上贴有青苹果图案,该图案与涉案专利2的图案形状完全相同,不同之处仅在于其中苹果的颜色为绿色。该批玻璃杯系兰之韵厂生产并销售给鑫辉达公司,该产品上的图案系油墨印刷形成。弓箭国际以兰之韵厂和鑫辉达公司的行为侵犯其涉案两个专利权为由,分别诉至浙江省宁波市中级人民法院。一审法院认为,两案中,被诉侵权产品的外观设计与涉案专利均相近似,兰之韵厂的行为侵犯了弓箭国际的外观设计专利权,应承担侵权责任。兰之韵厂不服，提起上诉。浙江省高级人民法院认为，根据外观设计专利的保护原则，被诉侵权产品与外观设计专利进行侵权比对判断的前提是，被诉侵权产品与外观设计专利应属相同或相近种类产品；两案中被诉侵权产品均为餐具，而涉案专利产品均为"餐具用贴纸"，两者属于不同种类的产品，无需比对即可认定不构成侵权。故在两案中均判决撤销一审判决，驳回弓箭国际的诉讼请求。弓箭国际不服，向最高人民法院申请再审。最高人民法院分别于2012年5月16日和2012年5月3日裁定驳回其再审申请。

最高人民法院审查认为：外观设计应当以产品为依托，不能脱离产品独立存在。因为外观设计专利必须附着在产品载体上，所以外观设计专利需要和产品一起保护。确定被诉侵权产品与外观设计专利产品是否属于相同或者相近的种类是判断被诉侵权设计是否落入外观设计专利权保护范围的前提。《最高人民法院关于审理侵犯专利权纠纷案件应用法律若干问题的解释》第九条规定："人民法院应当根据外观设计产品的用途，认定产品种类是否相同或者相近。确定产品的用途，可以参考外观设计的简要说明、国际外观设计分类表、产品的功能以及产品销售、实际使用的情况等因素。"两案中，涉案专利产品均是"餐具用贴纸"，其用途是美化和装饰餐具，具有独立存在的产品形态，可以作为产品单独销售。被诉侵权产品均是杯子，其用途是存放饮料或食物等，虽然被诉侵权产品上印刷有与涉案外观设计相同或者相近似的图案，但该图案为油墨印刷而成，不能脱离杯子单独存在，不具有独立的产品形态，亦不能作为产品单独销售。被诉侵权产品和涉案专利产品用途不同，既不属于相同种类产品又不属于相近种类产品。因此，被诉侵权设计未落入涉案外观设计专利权保护范围，弓箭国际的申请再审理由不能成立。

11. 专利法第四十七条第二款中专利权被宣告无效的时间点的确定

在申请再审人陕西东明农业科技有限公司（以下简称东明公司）与被申请人陕西秦丰农机（集团）有限公司（以下简称秦丰公司）侵害实用新型专利权纠纷案（〔2012〕民提字第110号）中，最高人民法院认为，专利法第四十七条第二款中专利权被宣告无效的时间点应以无效宣告请求审查决定书载明的决定日为准。

本案的基本案情是：2004年2月6日，乔宏岳向国家知识产权局提出微型履带灵巧型农用机实用新型专利申请。2005年2月16日，该专利申请被授权公告，专利号为ZL200420041558.6（即本案专利）。2005年3月7日，秦丰公司与乔宏岳订立专利权转让合同，约定本案专利为秦丰公司所有。秦丰公司以东明公司生产的1YG－7.5型遥控微耕机侵犯其本案专利权为由，向陕西省西安市中级人民法院起诉，请求判令东明公司停止侵权、消除影响并赔偿损失。因东明公司在答辩期内向国家知识产权局专利复审委员会（以下简称专利复审委员会）提出宣告本案专利权无效的请求，一审法院中止了本案审理。2008年9月27日，专利复审委员会作出第12379号无效宣告请求审查决定，宣告本案专利部分无效，在权利要求2、3的基础上维持有效。一审法院恢复审理后认为，本案被诉侵权产品落入维持有效的本案专利权的保护范围，东明公司的行为构成侵权，故判令东明公司停止侵害并赔偿秦丰公司经济损失。东明公司不服，提起上诉。陕西省高级人民法院二审判决驳回上诉，维持原判。2011年3月9日，应秦丰公司的强制执行申请，一审法院冻结了东明公司的存款。2011年3月16日，一审法院完成了执行行为，并裁定终结本案的执行。2010年9月8日，东明公司再次提出宣告本案专利无效的请求，专利复审委员会作出第16225号无效宣告请求审查决定（以下简称第16225号决定），宣告本案专利权全部无效。第16225号决定的决定日是2011年3月15日，发文日是3月25日，通过邮寄送达秦丰公司的时间为2011年4月3日。秦丰公司不服，提起行政诉讼。第16225号决定在行政诉讼程序中得到维持，已经发生法律效力。随后，东明公司向最高人民法院申请再审。最高人民法院裁定提审本案，并于2012年11月20日判决撤销原判，驳回秦丰公司的诉讼请求。

最高人民法院提审认为：专利法第四十七条第二款的立法目的在于实现公平与秩序的协调和平衡。一方面，赋予专利无效宣告请求审查决定对专利权被宣告无效后尚未执行或者履行完毕的专利侵权判决、调解书、专利侵权纠纷处理决定、专利实施许可合同、专利权转让合同等以追溯力，保障被指控的专利侵权人、专利被许可人以及被转让人的正当利益，防止专利权人藉无效专利获得不当利益。另一方面，对于已经执行或者履行完毕的专利侵权判决、调解书、专利侵权纠纷处理决定、专利实施许可合同、专利权转让合同，专利无效宣告审查请求决定没有追溯力，维持已经形成并稳定化的社会秩序。由于宣告无效的专利权视为自始即不存在，以该专利权为基础的利益本不应由专利权人获得。因此，专利法第四十七条第二款的规定以专利无效宣告请求审查决定有追溯力为原则，以无追溯力为例外。基于上述原因，在确定宣告无效的时间点时，应该考虑如下因素：一是该时间点应有对世性，应是社会公众均可公开得知并明确知晓的；二是该时间点应有确定性，应是一个确定的时点，原则上不宜随当事人的具体情况或者其他人为因素发生变动；三是该时间点应是较早的具有法律意义的时间点，尽量增加无效宣告请求审查决定发挥追溯力的机会。本案中，第16225号决定涉及三个具有法律意义的时间点：决定日（2011年3月15日）；发文日（3月25日）；送达日（2011年4月3日）。决定日（2011年3月15日）是无效宣告请求决定的作出时间。决定日在无效宣告请求审查决定书上有明确记载，社会公众可以方便地获知。无效宣告请求决定一经作出即对专利复审委员会产生拘束力，不得随意撤销或者变更。发文日（3月25日）是专利复审委员会向当事人发送无效宣告请求审查决定的时间，是送达过程的开始时间。该时间在无效宣告请求审查决定书上亦有明确记载。送达日（2011年4月3日）是当事人收到无效宣告请求审查决定的时间，是可提起行政诉讼期间的起算点。送达日无法在无效宣告请求审查决定书上载明，只能根据送达当事人的具体情况予以查明。无效宣告请求审查决定作出后，无论是发文日还是送达日均可能由于人为因素发生变动，有时大大迟于决定作出日。如果以发文日或者送达日作为专利权被宣告无效的时间点，则决定作出日至发文日或者送达日这一时间间隔可能被当事人利用，通过恶意加快或者拖延执行或履行来影响无效宣告请求审查决定的追溯力，从而获得有利于自己的追溯力结果。可见，无论以无效宣告请求审查决定的发文日还是送达日作为宣告专利权无效的时间点，均可能造成不合理的结果。相反，以无效宣告请求审查决定的决定日（作出日）作为确定专利权被宣告无效的时间点，不仅具有对世性和确定性，还可以在一定程度上增加无效宣告请求审查决定发挥追溯力的机会，实现结果公正。因此，宣告专利权无效的时间点应以无效宣告请求审查决定的决定日（作出日）为准。本案中，第16225号决定的决定日是2011年3月15日，原审判决执行完毕日是2011年3月16日，决定日早于执行完毕日，故本案不属于专利法第四十七条第二款规定的不具有追溯力的情形。

（二）专利行政案件审判

12. 解释权利要求时应使保护范围与说明书公开的范围相适应

在申请再审人东莞佳畅玩具有限公司（以下简称东莞佳畅公司）、许楚华与被申请人新利达电池实业（德庆）有限公司（以下简称新利达德庆公司）、肇庆新利达电池实业有限公司（以下简称肇庆新利达公司），一审被告、二审上诉人国家知识产权局专利复审委员会（以下简称专利复审委员会），一审第三人、二审上诉人四会永利五金电池有限公司等实用新型专利权无效行政纠纷案（〔2012〕行提字第29号）中，最高人民法院指出，利用说明书和附图解释权利要求时，应当以说明书为依据，使其保护范围与说明书公开的范围相适应。

本案的基本案情是：新利达德庆公司和肇庆新利达公司是名称为"无水银碱性钮形电池"、授权公告日为2002年10月2日的01234722.1号实用新型专利（即本案专利）的专利权人。本案专利权利要求1记载："一种无水银碱性钮形电池，包括正极片、负极盖、负极锌膏、密封胶圈、正极外壳和隔膜，其特征在于，在电池负极片上电镀上一层铟或锡原料，并在锌膏中加入金属铟以代替水银。"专利说明书记载如下内容："目前一般电芯电池，因内藏'锌'这种原料，必须加入水银，防止'锌'与其他原料或金属接触时，产生气体而膨胀。……在负极片上进行了镀金、镀银、铜、锡、铟等试验，最后发现在负极片上镀铟或锡成功地控制了电池负极锌膏与负极片接触时产生的气体……。本实用新型是在电池的负极片上镀上一层铟稀有金属或锡，镀上铟或锡后的负极片，可以防止'锌'因与负极片接触时所产生的气体膨胀。……按照常规的生产工艺，将金属片制成负极片，电镀镍或铜，然后电镀上一层金属铟或锡。电镀方法是（1）可将金属片（铁片或不锈钢片）制成负极片，经电镀镍或铜后，再用滚镀的方法镀上一层金属铟或锡。（2）也可将金属片以卷状先镀上镍或铜等，再镀上一层铟或锡，铟或锡可镀在金属片两面之中的一面，然后再制成负极片，……。"针对本案专利，东莞佳畅公司等先后向专利复审委员会提出无效宣告请求。专利复审委员会于2008年6月19日作出第13560号无效宣告请求审查决定（以下简称第13560号决定），宣告本案专利全部无效。第13560号决定认为，本案专利权利要求1中的"电池负极片"是指"已电镀镍或铜的金属片"，而对比文件中对应公开的负极集电体（或负极外壳）的铜层与不锈钢层之间是层压结构。本案专利实际解决的技术问题是，避免了层压结构在冲压过程中发生错位，保证了良好的镀铟效果，从而防止漏液。在钮扣电池制造领域经常采用电镀工艺，且在电镀时，要在钢铁上镀铟或锡，最好预镀铜或镍。当面临层压结构容易发生错位这个技术问题时，本领域技术人员有动机改进该最接近的现有技术，利用钮扣电池制造领域常用的"电镀"方式，采用在不锈钢片上电镀镍层或铜层替代现有技术的层压结构，从而获得本案专利保护的技术方案，故权利要求1的技术方案是显而易见的。新利达德庆公司和肇庆新利达公司不服，提起行政诉讼。北京市第一中级人民法院一审认为，依据现有证据可以认定层压结构相对于电镀方式而言并不更容易导致漏液情况的产生，反而是电镀方式相比层压方式更容易产生漏液情况，专利复审委员会在第 13560 号决定中认定本案专利权利要求 1 不具有创造性所依据的前提条件不存在。据此判决撤销第 13560 号决定。专利复审委员会、东莞佳畅公司等不服一审判决，提起上诉。北京市高级人民法院二审判决驳回上诉，维持原判。东莞佳畅公司和许楚华向最高人民法院申请再审。最高人民法院裁定提审本案，并于 2012 年 12 月 20 日判决撤销原审判决，维持第 13560 号决定。

最高人民法院提审认为：本案专利权利要求 1 未对电池负极片的结构及成型方法进行具体的限定。根据通常的理解，电池负极片是指用作电池负极的片状物，其不仅覆盖了单层的片状物，也覆盖了多层的片状物；不仅覆盖通过电镀方式形成的多层片状物，也覆盖了通过诸如层压的其它方式形成的多层片状物。利用说明书和附图解释权利要求时，应当以说明书为依据，使其保护范围与说明书公开的范围相适应。首先，本案专利说明书背景技术部分记载："必须加入水银，防止'锌'与其它原料或金属接触时，产生气体而膨胀。"由此可见，本案专利的申请人从产生发明动机开始直到申请专利之时并未认识到层压结构的电池负极片与电镀结构的电池负极片孰优孰劣，而是认识到水银之所以能够防止漏液，是因为其能够在锌与其它原料或金属之间形成隔离，防止它们之间的接触。故其认为解决钮形电池无汞化问题旨在找到一种能够代替汞的材料，使其亦能够在锌与其它原料或金属之间形成隔离，而未认识到要对电池负极片本身的结构作出专门的改进。其次，本案专利说明书发明内容部分记载："在负极片上进行镀金、镀银、铜、锡、铟等实验，最后发现在负极片上镀铟或锡成功地控制了电池负极锌膏与负极片接触时产生的气体……。"由此可见，本案专利的申请人在探索本案专利的过程中，所做的工作主要是探索在负极片上电镀哪种金属能够成功地控制电池负极锌膏和负极片的接触，而并未针对电池负极片本身的结构变化进行任何尝试性的探索。再次，本案专利说明书发明内容部分还记载："本实用新型是在电池的负极片上镀上一层铟稀有金属或锡，镀上铟或锡后的负极片，可以防止'锌'因与负极片接触时所产生的气体膨胀。"由此可见，本案专利的申请人认为在电池的负极片上镀上铟或锡，就可以防止锌与负极片接触而产生气体膨胀，就已经完成了其发明的任务，而没有认识到其已经完成的该项发明是否还有待进一步的改进，诸如要对电池负极片本身的结构作进一步的改进并为此付出了创造性的劳动。最后，本案专利说明书发明内容部分还记载："电镀方法是（1）可将金属片（铁片或不锈钢片）制成负极片……。（2）再镀上一层铟或锡，……然后制成负极片。"由此可见，这里制成的负极片既可以是未镀镍或铜之前的金属裸片也可以是镀完铟或锡的最终产物。故本案专利的申请人即使在申请专利之时亦未想到要对负极片的概念加以区分以体现其针对电池负极片的结构作出过改进。本案专利并非是针对电池负极片的结构作出的改进，新利达德庆公司和肇庆新利达公司认为本案专利权利要求 1 的电池负极片特指是电镀结构的主张均没有事实和法律依据。

13. 实用新型专利创造性判断中对现有技术领域的确定与考虑

在赵东红、张如一与国家知识产权局专利复审委员会（以下简称专利复审委员会）、第三人邹继豪实用新型专利权无效行政纠纷案（〔2011〕知行字第 19 号）中，最高人民法院认为，评价实用新型专利创造性时，一般应当着重比对该实用新型专利所属技术领域的现有技术；但在现有技术已经给出明确技术启示的情况下，也可以考虑相近或者相关技术领域的现有技术；相近技术领域一般指与实用新型专利产品功能以及具体用途相近的领域，相关技术领域一般指实用新型专利与最接近的现有技术的区别技术特征所应用的功能领域。

本案的基本案情是：赵东红、张如一拥有名称为"握力计"的实用新型专利（即本案专利）。2008年4月28日，邹继豪以本案专利不具备创造性为由，向专利复审委员会提出无效宣告请求，并提交了7份现有技术作为证据。其中，与本案专利最接近的现有技术证据7公开了一种体力测定器，证据2公开了一种手提式数字显示电子秤。本案专利权利要求1的技术方案与证据7公开的内容相比，其区别在于：（1）本案专利权利要求1中的测力传感器是具有多个凸台的弹性体梁，而证据7中是利用由压缩弹簧、压缩板、齿条杆、齿条、回转式编码器、小齿轮构成的整体来实现测力传感器的功能；（2）本案专利权利要求1中的检测显示装置安装于外壳内，而证据7中没有明确记载显示装置的安装位置。2008年11月6日，专利复审委员会作出第12613号无效宣告请求审查决定（以下简称第12613号决定），宣告本案专利权全部无效。专利复审委员会认为，上述区别技术特征（1）和（2）均已被证据2公开；并且证据2与本案专利、证据7同属于测力装置技术领域，证据2中的重力与本案专利、证据7中的握力仅仅是施力对象不同，不会对该重力和握力的测量造成实质性影响，即该重力和握力的测量原理基本相同；此外，对本领域技术人员来说，用测重力装置中的压力传感器来替换测握力装置中的传感器结构不需要付出创造性劳动。因此，把证据7与证据2相结合来得到本专利权利要求1的技术方案对于本领域技术人员来说是显而易见的，本案专利权利要求1相对于证据7和证据2的结合不具备创造性。北京市第一中级人民法院一审维持第12613号决定。北京市高级人民法院二审认为，本案专利与证据2公开的手提式数字显示电子秤属于不同技术领域，本领域技术人员不能轻易想到将其他技术领域中的传感器运用到本领域。遂判决撤销一审判决和第12613号决定。专利复审委员会不服，向最高人民法院申请再审。最高人民法院于2012年1月19日裁定驳回其再审申请。

最高人民法院审查认为：发明专利和实用新型专利的创造性标准不同，在技术比对时所考虑的现有技术领域也应当有所不同，这是体现发明专利和实用新型专利创造性标准差别的一个重要方面。技术领域应当是要求保护的发明或者实用新型技术方案所属或者应用的具体技术领域，既不是上位的或者相邻的技术领域，也不是发明或者实用新型本身。技术领域的确定，应当以权利要求所限定的内容为准，一般根据专利的主题名称，结合技术方案所实现的技术功能、用途加以确定。专利在国际专利分类表中的最低位置对其技术领域的确定具有参考作用。相近的技术领域一般指与实用新型专利产品功能以及具体用途相近的领域；相关的技术领域一般指实用新型专利与最接近的现有技术的区别技术特征所应用的功能领域。由于技术领域范围的划分与专利创造性要求的高低密切相关，考虑到实用新型专利创造性标准要求较低，因此在评价其创造性时所考虑的现有技术领域范围应当较窄，一般应当着重比对实用新型专利所属技术领域的现有技术。但是在现有技术已经给出明确的技术启示，促使本领域技术人员到相近或者相关的技术领域寻找有关技术手段的情形下，也可以考虑相近或者相关技术领域的现有技术。

所谓明确的技术启示是指明确记载在现有技术中的技术启示或者本领域技术人员能够从现有技术直接、毫无疑义地确定的技术启示。本案专利技术功能属于测力装置，具体用途为测人手的握力。本案专利权利要求 1 的技术方案与最接近的现有技术证据 7（一种体力测定器）公开的内容相比，区别技术特征在于测力传感器不同，测力传感装置为本案专利的相关技术领域。为了评价测力传感器的创造性，专利复审委员会考虑了证据 2（手提式数字显示电子秤，用于测重力），将其测力传感器与本案专利的传感器进行比对。虽然握力计和电子秤都是测力装置，但二者分别具有不同的特定用途。同时，重力和人手的握力相比较，施力对象不同，施力方向也不同，重力单纯向下，人手的握力不是单纯向下而是从四周向中心，所以二者不属于相同技术领域。但本案专利与手提式数字显示电子秤功能相同，用途相近，测力传感器的测力原理基本相同，可以将手提式数字显示电子秤视为本案专利的相近技术领域。但是，由于现有技术并未给出明确的技术启示，专利复审委员会在评价本案专利的创造性时考虑手提式电子秤的测力传感器，适用法律错误。

14. 新晶型化合物的创造性判断

在申请再审人贝林格尔英格海姆法玛两合公司（以下简称贝林格尔公司）与被申请人中华人民共和国国家知识产权局专利复审委员会（以下简称专利复审委员会）、原审第三人江苏正大天晴药业股份有限公司（以下简称正大天晴公司）发明专利权无效行政纠纷案（〔2011〕知行字第 86 号）中，最高人民法院认为，《专利审查指南》所称"结构接近的化合物"，仅特指该化合物必须具有相同的核心部分或者基本的环，不涉及化合物微观晶体结构本身的比较；在新晶型化合物创造性判断中，并非所有的微观晶体结构变化均必然具有突出的实质性特点和显著的进步，必须结合其是否带来预料不到的技术效果进行考虑。

本案的基本案情是：正大天晴公司以创造性为由向专利复审委员会申请宣告贝林格尔公司 01817143.5 号发明专利权（即本案专利）无效。2008 年 8 月，专利复审委员会作出第 12206 号无效宣告请求审查决定（以下简称第 12206 号决定），宣告本案专利全部无效。主要理由为，本案专利权利要求 1 所保护的是溴化替托品单水合物晶体，而对比文件证据 5a 系溴化替托品 X 水合物，证据 1 系溴化替托品晶体，三种物质的基本核心部分均为溴化替托品。上述三种物质在物理形态上或许存在差别，但该差别并不至于影响对基本核心部分的认定。由于晶体的构效关系不明确以及制备特定类型晶体存在困难，目前通常是基于稳定性、更高纯度、便于处理称量等普遍存在的动机，依据常规的结晶方法制备晶体，在制备出晶体后检测其性能。此时，晶体所实现的技术效果是决定其是否具有创造性的最重要因素。评价创造性时所需考虑的技术效果只能是记载于原始申请文件中或可从原始申请文件直接确定的技术效果。贝林格尔公司所述的反证 1 的技术效果并未记载在专利申请文件中，而且新证据 2 无法使得本领域技术人员确定权利要求 1 的晶体具有反证 1 所述的技术效果。北京市第一中级人民法院和北京市高级人民法院先后判决维持第 12206 号决定。贝林格尔公司不服，向最高人民法院申请再审。2012 年 11 月 27 日，最高人民法院裁定驳回其再审申请。

最高人民法院审查认为：虽然晶体化合物基于不同的分子排列可能在物理化学参数

上存在差异，但其仍属化合物范畴，故《专利审查指南》关于化合物创造性的规定可以适用于新晶型化合物的创造性判断。晶体化合物的微观晶体结构变化多样，某一化合物在固体状态下可能基于两种或者两种以上不同的分子排列而产生不同的固体结晶形态，但并非所有的微观晶体结构变化均必然导致突出的实质性特点和显著的进步，故不能单单依据微观晶体结构的不接近而认定其结构上不接近。亦即，《专利审查指南》所称"结构接近的化合物"，仅特指该化合物必须具有相同的核心部分或者基本的环，而不涉及微观晶体结构本身的比较。在晶体的创造性判断中，微观晶体结构本身必须结合其是否带来预料不到的技术效果进行考虑。本案中，权利要求1所保护的是溴化替托品单水合物晶体，证据5a公开的是溴化替托品X水合物，证据1公开的是溴化替托品晶体，上述三种物质的微观晶体结构可能存在差别，但因基本核心部分均为溴化替托品，该基本核心部分使三者具有相同的活性。对于本领域的技术人员而言，三者的结构都是接近的，故其属于《专利审查指南》所称的"结构接近的化合物"。本领域技术人员通过阅读说明书及2000年版药典关于"加速试验"的规定，无法得出反证1所述"粒径稳定"的技术效果已被说明书记载的结论，反证1所述的技术效果在评价权利要求1的创造性时不应被考虑。

15. 创造性判断中商业成功的考量时机与认定方法

在申请再审人国家知识产权局专利复审委员会（以下简称专利复审委员会）与被申请人胡颖、原审第三人深圳市恩普电子技术有限公司（以下简称恩普公司）实用新型专利权无效行政纠纷案（〔2012〕行提字第8号）中，最高人民法院认为，一般情况下，只有利用"三步法"难以判断技术方案的创造性或者得出无创造性的评价时，才将商业上的成功作为创造性判断的辅助因素；对于商业上的成功的考量应当持相对严格的标准，只有技术方案相比现有技术作出改进的技术特征是商业上成功的直接原因的，才可认定其具有创造性。

本案的基本案情是：胡颖是名称为"女性计划生育手术B型超声监测仪"的第200420012332.3号实用新型专利（即本案专利）的专利权人。2008年5月16日，恩普公司针对本案专利提出无效宣告请求。专利复审委员会经审查作出第12728号无效宣告请求审查决定（以下简称第12728号决定），以本案专利不具有创造性为由，宣告本案专利权全部无效。胡颖不服，提起行政诉讼。北京市第一中级人民法院判决维持第12728号决定。胡颖不服，提起上诉。二审审理期间，胡颖主张本案专利取得了商业上的成功，并提交了相关证据。北京市高级人民法院二审认为，本案专利克服了现有技术中的缺点与不足，解决了本领域长期以来存在的技术问题，胡颖提交的新证据可以证明本案专利已经取得商业上的成功，而且这种成功是由于该实用新型的技术特征直接导致的。据此判决撤销一审判决和第12728号决定。专利复审委员会不服，向最高人民法院申请再审。最高人民法院裁定提审本案，并于2012年4月13日判决撤销原审判决和第12728号决定，判令专利复审委员会重新作出无效宣告审查决定。

最高人民法院提审认为：对技术方案创造性的评价，一般是从对现有技术作出贡献的角度出发，采取相对客观的"三步法"判断方式，判断要求保护的技术方案是否对现有技术构成了实质上的贡献，从而决定是否对其授予垄断性的专利权。当采取"三步法"难以判断技术方案的创造性或者得出技术方案无创造性的评价时,从社会经济的激励作用角度出发,商业上的成功就会被纳入创造性判断的考量因素。当一项技术方案的产品在商业上获得成功时,如果这种成功是由于其技术特征直接导致的,则一方面反映了该技术方案具有有益的效果,同时也说明了其是非显而易见的,该技术方案即具有创造性。但是,如果商业上的成功是由于其他原因所致,例如销售技术的改进或者广告宣传等,则不能作为判断创造性的依据。因此,商业上的成功是当技术方案本身与现有技术的区别在构成可授予专利权的程度上有所欠缺时,如有证据能够证明该区别技术特征在市场上取得了成功,则从经济激励的层面对其予以肯定。商业成功是创造性判断的辅助性因素。相比相对客观的"三步法"而言,对于商业上的成功是否确实导致技术方案达到被授予专利权的程度,应当持相对严格的标准。当申请人或专利权人主张其发明或者实用新型获得了商业上的成功时,应当审查:发明或者实用新型的技术方案是否真正取得了商业上的成功;该商业上的成功是否源于发明或者实用新型的技术方案相比现有技术作出改进的技术特征,而非该技术特征以外的其他因素所导致的。商业上的成功体现的是一项发明或者实用新型被社会认可的程度。理论上讲,成功与否应当由该发明或者实用新型所代表的技术或商品相比其他类似的技术或商品在同行业所占的市场份额来决定,单纯的产品销售并不能代表已经取得商业上的成功。一项发明或者实用新型获得商业上的成功所基于的直接原因应当是创造性判断的重点。导致商业上取得成功的,必须是发明或者实用新型的技术方案相比现有技术作出改进的技术特征,而非该技术特征之外的其他因素。因此,必须对导致商业成功的原因进行详细分析,从而排除技术特征之外的其他因素对取得商业成功的影响。本案中,专利权人在二审阶段提交证据以证明本案专利产品获得了商业成功,但其提交的证据仅载明湖北、河南、黑龙江省人口与计划生育委员会采购了116台本案专利产品,从产品的销售量来看,尚不足以证明本案专利产品达到商业上成功的标准。二审判决基于该新证据得出本案专利已经取得商业上的成功,证据不足。

16. 确定对比文件公开的产品结构图形的内容时可结合其结构特点及公知常识

在申请再审人镇江市营房塑电有限公司(以下简称镇江营房塑电公司)与被申请人广东科进尼龙管道制品有限公司(以下简称广东科进公司)、一审被告、二审被上诉人国家知识产权局专利复审委员会(以下简称专利复审委员会)实用新型专利权无效行政纠纷案(〔2012〕行提字第25号)中,最高人民法院指出,对比文件中仅公开产品的结构图形但没有文字描述的,可以结合其结构特点和本领域技术人员的公知常识确定其含义。

本案的基本案情是:2005年9月28日,国家知识产权局授权公告了名称为"一种带法兰的铸型尼龙管道"实用新型专利权(即本案专利),专利权人为广东科进公司。本案专利共有7项权利要求,其中权利要求1记载有"法兰(1)和直管(2)为一体式"的技术特征。2009年4月10日,镇江营房塑电公司以本案专利不具有创造性为由,向专利复审委员会提出无效宣告请求,并提交了名称为"直管"的外观设计专利(对比文件1)。该对比文件公开了"直管与圆柱型凸起一体成型"的特征。专利复审委员会作出第15012号无效宣告请求审查决定(以下简称第15012号决定),宣告本案专利相关权利要求无效。该决定认为，对比文件1公开了"直管与两端有圆柱型凸起一体成型"的特征，本领域技术人员在对比文件1的基础上容易想到将直管与法兰一体成型，从而得到法兰与直管一体式的技术方案。广东科进公司不服，提起行政诉讼。北京市第一中级人民法院一审认为，对比文件1的主视图只能看到直管以及其两端点圆柱型凸起，不能直接地、毫无疑义地确定该圆柱型凸起为法兰或其他管道连接部件，亦不存在将直管和法兰铸为一体式的技术启示。遂判决撤销专利复审委员会第15012号决定，责令其重新作出审查决定。镇江营房塑电公司不服，提起上诉。北京市高级人民法院二审判决驳回上诉，维持原判。镇江营房塑电公司向最高人民法院申请再审。最高人民法院裁定提审本案，并于2012年11月30日判决撤销原审判决，维持专利复审委员会第15012号决定。

最高人民法院提审认为：法兰是英文 flange 的音译，其汉语意译就是凸缘，是结构或机械零件上垂直于零件轴线突出的边缘，可用于管件或设备之间的相互连接。法兰之间的连接可通过螺栓连接、焊接、粘结、卡夹连接等多种方式实现。因此，采用螺栓连接的法兰仅是各种不同法兰连接类型中的一种形式，也存在如下情况，即法兰作为成品时不带有螺栓孔，而是在安装过程中与其连接的另外法兰进行配钻制孔。广东科进公司仅以对比文件1的圆柱型凸起上缺少螺栓孔而认定其不是法兰的主张缺乏事实依据，不予支持。虽然对比文件1没有明确说明该圆柱型凸起为法兰，但结合其结构特点和本领域技术人员的公知常识，该圆柱型凸起实际是起到法兰的作用。原审判决关于从对比文件1中的主视图来看，直管两端的圆柱型凸起不能直接地、毫无疑义地确定为法兰或其他管道连接部件的认定存在错误，应予纠正。

17. 权利要求的技术特征被对比文件公开的认定标准

在申请再审人国家知识产权局专利复审委员会（以下简称专利复审委员会）与被申请人北京市捷瑞特弹性阻尼体技术研究中心（以下简称捷瑞特中心）、第三人北京金自天和缓冲技术有限公司（以下简称金自天和公司）实用新型专利权无效行政纠纷案（〔2012〕知行字第3号）中，最高人民法院指出，权利要求的技术特征被对比文件公开，不仅要求该对比文件中包含有相应的技术特征，还要求该相应的技术特征在对比文件中所起的作用与权利要求中的技术特征所起的作用实质相同。

本案的基本案情是：捷瑞特中心拥有一项名称为"快进慢出型弹性阻尼体缓冲器"的实用新型专利（即本案专利）。本案专利权利要求1是："一种快进慢出型弹性阻尼体缓冲器，主要由套筒座（1）、承撞头（2）、活塞（3）、弹性阻尼体（4）和密封装置（5）组成，其特征在于：在承撞头（2）的内腔（22）中装入弹性阻尼体（4），将活塞（3）与活塞杆（31）相连接，装入承撞头（2）的内腔（22）之中，将缸盖（21）与承撞头（2）连接成一整体，沿活塞（3）圆周部位设置有单向限流装置（32），压缩行程时单项限流装置（32）打开，回复行程时单项限流装置（32）关闭，活塞（3）外径与内腔（22）之间留有间隙。"金自天和公司向专利复审委员会请求宣告本案专利权无效。2010年3月18日，专利复审委作出第14603号无效宣告请求审查决定（以下简称第14603号决定），宣告本案专利权全部无效。该决定认定，证据1公开了两种弹性胶泥缓冲器，其中图1（a）为带单向阀的方案，图1（b）为带高压室的方案。图1（a）中示出该弹性胶泥缓冲器具有套筒座、壳体（相当于本案专利的承接头）、活塞、弹性胶泥和密封圈，壳体和内腔中装入弹性胶泥，活塞和活塞杆相连接，装入壳体的内腔之中，将缸盖与壳体连接成一整体，活塞外径与内腔之间留有间隙。图1（a）中未示出该单向阀的设置位置。证据1的文字部分记载两种缓冲器结构方案的主要区别是：活塞杆压缩后返回到初始位置的原理不同。第一种结构方案中（图1a）采用单向阀；第二种结构方案中（图1b）预设高压室。专利复审委员会认为，图1（b）的缓冲器回程依靠高压室，高压室的作用是增加因承接头受撞击时的活塞杆进入弹性胶泥腔内通过压缩弹性胶泥而产生的反力，该反力使得活塞回程；图1（a）所述带单向阀的缓冲器其活塞杆回程依靠单向阀，其单向阀设置位置是安装在活塞圆周部位上，活塞杆压缩时单向阀关闭，活塞杆回程时单向阀打开，以促进弹性胶泥的流动。因此，证据1隐含公开了沿活塞圆周部位设置有单向限流装置的技术特征。本案专利权利要求1与证据1的区别在于：压缩行程时单向限流装置打开，回复行程时单向限流装置关闭。其所要实际解决的技术问题是，通过活塞上的限流装置与活塞外径和内腔之间留有的间隙的配合实现缓冲器的快进慢出。而本领域技术人员容易想到将单向限流装置反装来实现缓冲器的快进慢出。故在证据1的基础上结合本领域技术人员的常规设计，得到本案专利权利要求1的技术方案是显而易见的，该权利要求1不具备创造性。捷瑞特中心不服，提起行政诉讼。北京市第一中级人民法院一审认为，单向阀的形状和位置这一技术特征不能够从证据1附图中直接地、毫无疑义地确定，证据1文字部分也没有记载单向阀的形状和位置，第14603号决定关于隐含公开的认定结论系从证据1附图中推测得出，缺乏事实依据，据此判决撤销第14603号决定，由专利复审委员会重新作出决定。专利复审委员会和金自天和公司均不服，提出上诉。北京市高级人民法院二审判决驳回上诉，维持原判。专利复审委员会不服，向最高人民法院申请再审。最高人民法院于2012年4月20日裁定驳回其再审申请。

最高人民法院审查认为：引用对比文件判断发明或者实用新型的创造性时，应当以对比文件公开的技术内容为准；该技术内容不仅包括明确记载在对比文件中的内容，而且包括对于所属技术领域的技术人员来说，隐含的且可直接地、毫无疑义地确定的技术内容。认定权利要求中的技术特征被对比文件公开，不仅要求该对比文件中包含有相应的技术特征，还要求该相应的技术特征在对比文件中所起的作用和该技术特征在权利要求中所起的作用相同。相应的技术特征在对比文件中所起的作用是指该相应的技术特征在对比文件公开的技术方案中实际所起的作用，而不是该相应的技术特征客观上可具有的作用的全集。本案专利系一种快进慢出型弹性阻尼体缓冲器，其单向阀在本案专利中的作用就是调节缓冲器内腔内填充的弹性阻尼体的流量。在压缩行程时，由于单向阀打开，阻尼体的流量增大，从而减小阻尼力；在回复行程时，由于单向阀关闭，阻尼体的流量减小，从而增加阻尼力，通过单向阀的这种调节作用，实现承撞头的快进慢出，达到保护设备和降低噪音的目的。证据1的附图1（a）没有公开单向阀的具体形状和位置，从证据1文字部分的表述内容来看，图1（a）中单向阀的作用是使压缩后的活塞杆返回到初始位置。由此可见，证据1中单向阀的作用不同于本案专利权利要求1中单向限流装置的作用，故本案专利权利要求1中"沿活塞圆周部位设置有单向限流装置"

的技术特征，并不能从证据1中直接地、毫无疑义地确定。专利复审委员会认定证据1隐含公开了沿活塞圆周部位设置有单向限流装置的技术特征，没有事实依据。

18. 判断权利要求书是否得到说明书支持时对权利要求书撰写错误的处理

在申请再审人洪亮与被申请人国家知识产权局专利复审委员会（以下简称专利复审委员会）、宋章根实用新型专利权无效行政纠纷案（〔2011〕行提字第13号）中，最高人民法院指出，权利要求中的撰写错误并不必然导致其得不到说明书支持；如果权利要求存在明显错误，本领域普通技术人员根据说明书和附图的相应记载能够确定其唯一的正确理解的，应根据修正后的理解确定权利要求所保护的技术方案，在此基础上再对该权利要求是否得到说明书的支持进行判断。

本案的基本案情是：洪亮是名称为"精密旋转补偿器"的实用新型专利（即本案专利）的专利权人，授权公告的权利要求书为："1、一种精密旋转补偿器，包括外套管、内管、压料法兰、延伸管和密封材料，内管与外套管之间装有柔性石墨填料，柔性石墨填料的端面装有压料法兰，压料法兰与外套管一端的法兰之间由螺栓连接，外套管内凸环和内套管外凸环之间设有钢球；在所述的外套管的另一端与延伸管连接，两者之间留有间隙，其特征在于：所述的延伸管为与内套管内径相同的直管，两者同轴对应；所述的压料法兰的外侧与外套管的内侧为紧密配合。"本案专利说明书摘要和发明内容部分记载，"……在所述的外套管的另一端与延伸管连接，两者之间留有间隙……"，但在具体实施方式部分则记载，"……外套管外侧是直通延伸管，与内管内径相等，延伸管与内管之间留有适当间隙（1—10mm）……"。宋章根向专利复审委员会提出无效宣告请求。专利复审委员会作出第13091号无效宣告请求审查决定（以下简称第13091号决定），宣告本案专利权全部无效。洪亮不服，提起行政诉讼。北京市第一中级人民法院认为，本案专利权利要求1的技术方案不能从说明书公开的内容中毫无疑义地得出，本案专利的权利要求书没有得到说明书的支持，不符合专利法第二十六条第四款的规定。据此判决维持第13091号决定。洪亮不服，提起上诉。北京市高级人民法院判决驳回上诉，维持一审判决。洪亮向最高人民法院申请再审。最高人民法院裁定提审本案，并于2012年5月11日判决撤销原审判决和第13091号决定。

最高人民法院提审认为：由于语言表达的局限性以及撰写和代理水平的客观限制，权利要求书在撰写过程中难免出现用词不够严谨或者表达不够准确等缺陷。根据撰写缺陷的性质和程度不同，权利要求书中的撰写错误可以分为明显错误和非明显错误。所谓明显错误，是指对于本领域技术人员来说，根据所具有的普通技术知识在阅读权利要求后能够立即发现某一技术特征存在错误，同时该技术人员结合其具有的普通技术知识，阅读说明书及说明书附图的相关内容后能够立即确定其唯一的正确答案。在判断一项权利要求能否得到说明书的支持之前，首先需要确定权利要求所要保护的技术方案。对于权利要求中存在的明显错误，由于该错误的存在对本领域技术人员而言是如此"明显"，在阅读权利要求时能够立即发现其存在错误，同时更正该错误的答案也是如此"确定"，结合其普通技术知识和说明书能够立即得出其唯一的正确答案，所以本领域技术人员必然以该唯一的正确解释为基准理解技术方案，明显错误的存在并不会导致权利要求的边界模糊不清。在无效宣告请求的审查过程中，如果不对权利要求中的明显错误作出更正性理解，而是"将错就错"地径行因明显错误的存在而一概以不符合专利法第二十六条第四款的规定为由将专利宣告无效，将会造成专利法第二十六条第四款成为一种对撰写权利要求不当的惩罚，导致专利权人获得的利益与其对社会做出的贡献明显不相适应，有悖于专利法第二十六条第四款的立法宗旨。不仅不利于鼓励发明创造，保护发明创造者的利益，而且会降低发明人以"公开换保护"制度申请专利的积极性。无论是判断权利要求是否符合专利法第二十六条第四款的规定，还是判断权利要求中是否存在明显错误，判断主体都是本领域技术人员，而非一般的公众。由于本领域技术人员在阅读权利要求时能够立即发现该明显错误，并且能从说明书的整体及上下文立即看出其唯一的正确答案，此时，本领域技术人员在再现该发明或实用新型的技术方案时，不会教条地"照搬错误"，而是必然会在自行纠正该明显错误的基础上，理解发明创造的技术方案。尤其是对该明显错误的更正性理解，并不会导致权利要求的技术方案在内容上发生变化，进而损害社会公众的利益和权利要求的公示性、稳定性和权威性。如果对明显错误进行更正性理解后的权利要求所保护的技术方案，能够从说明书充分公开的内容得到或者概括得出，没有超出说明书公开的范围，则应当认定权利要求能得到说明书的支持，符合专利法第二十六条第四款的规定。由于本领域的技术人员能够清楚准确地得出唯一的正确解释，"两者之间留有间隙"是指内管和延伸管之间留有一定的间隙，这与说明书中公开的内容相一致。因此，本案专利权利要求1所要求保护的技术方案能从说明书公开的内容中得出，得到了说明书的支持，符合专利法第二十六条第四款的规定。

19. 功能性设计特征的认定及其意义

在申请再审人国家知识产权局专利复审委员会（以下简称专利复审委员会）与被申请人张迪军、原审第三人慈溪市鑫隆电子有限公司（以下简称鑫隆公司）外观设计专利权无效行政纠纷案（〔2012〕行提字第14号）中，最高人民法院指出，功能性设计特征是指那些在该外观设计产品的一般消费者看来，由所要实现的特定功能唯一决定而并不考虑美学因素的设计特征；功能性设计特征的判断标准并不在于该设计特征是否因功能或技术条件的限制而不具有可选择性，而在于一般消费者看来该设计特征是否仅仅由特定功能所决定，从而不需要考虑该设计特征是否具有美感；功能性设计特征对于外观设计的整体视觉效果通常不具有显著影响。

本案的基本案情是：张迪军是名称为"逻辑编程开关（SR14）"、专利号为200630128900.0、申请日为2006年8月4日的外观设计专利（即本案专利）的专利权人。2009年5月31日，鑫隆公司向专利复审委员会提出无效宣告请求，并提交了9份证据。其中证据7系授权公告日为2000年10月25日的第00302321.4号中国外观设计专利（即在先设计），公开了一款旋转式开关的外观设计。2009年9月15日，专利复审委员会作出第13912号专利无效宣告请求审查决定（以下简称第13912号决定），宣告本案专利全部无效。该决定认为，本案专利与在先设计的主要不同点在于，在先设计上部的粗柱多了矩形凹槽设计，且二者下部的引脚位置不同。由于本案专利较在先设计简化的凹槽设计相对于整体形状而言仅属于局部的细微变化，且二者引脚位置的差别属于由连接功能所限定的局部位置变化，均对二者的整体外观设计不具有显著影响，两者属于相近似的外观设计。本案专利不符合专利法第二十三条的规定。张迪军不服，提起行政诉讼。北京市第一中级人民法院一审认为,本案专利与在先设计的相关消费者应为电器产品专业生产和采购人员。本案专利与在先设计相比较,在先设计的上部粗柱有矩形凹槽,本案专利没有(区别特征一);两者下部的引脚位置不同,本案专利五只引脚均在底座的一个侧面上,在先设计只有三只引脚设置在底座的一个侧面上,另外两只引脚设置在底座的另一个相对的侧面上(区别特征二)。本领域的相关消费者在选择此类产品时,会施以较大注意力关注该产品的上述部位。因此,上述部位的差别对整体视觉效果产生了显著的影响,不会造成对两者的混淆误认。据此判决撤销第13912号决定。专利复审委员会与鑫隆公司均不服,提出上诉。北京市高级人民法院二审判决驳回上诉,维持原判。专利复审委员会向最高人民法院申请再审。最高人民法院裁定提审本案,并于2012年6月29日判决撤销原审判决,维持第13912号决定。

最高人民法院提审认为:首先,关于功能性设计特征与装饰性设计特征的区分。任何产品的外观设计通常都需要考虑两个基本要素:功能因素和美学因素。即,产品必须首先要实现其功能,其次还要在视觉上具有美感。可以说,大多数产品都是功能性和装饰性的结合。就某一外观设计产品的具体某一设计特征而言,同样需要考虑功能性和美感的双重需求,是技术性与装饰性妥协和平衡的产物。因此,产品的设计特征的功能性或者装饰性通常是相对而言的,绝对地区分功能性设计特征和装饰性设计特征在大多数情况下是不现实的。只有在特殊的情形下,某种产品的某项设计特征才可能完全由装饰性或者功能性所决定。因此,至少存在三种不同类型的设计特征:功能性设计特征、装饰性设计特征以及功能性与装饰性兼具的设计特征。其次,关于功能性设计特征的区分标准。功能性设计特征是指那些在该外观设计产品的一般消费者看来,由所要实现的特定功能所唯一决定而并不考虑美学因素的设计特征。功能性设计特征与该设计特征的可选择性存在一定的关联性。如果某种设计特征是由某种特定功能所决定的唯一设计,则该种设计特征不存在考虑美学因素的空间,显然属于功能性设计特征。如果某种设计特征是实现特定功能的有限的设计方式之一,则这一事实是证明该设计特征属于功能性特征的有力证据。不过,即使某种设计特征仅仅是实现某种特定功能的多种设计方式之一,只要该设计特征仅仅由所要实现的特定功能所决定而与美学因素的考虑无关,仍可认定其属于功能性设计特征。如果把功能性设计特征仅仅理解为实现某种功能的唯一设计,则会过分限制功能性设计特征的范围,把具有两种或者两种以上替代设计的设计特征排除在外,进而使得外观设计申请人可以通过对有限的替代设计分别申请外观设计专利的方式实现对特定功能的垄断,不符外观设计专利保护具有美感的创新性设计方案的立法目的。从这个角度而言,功能性设计特征的判断标准并不在于该设计特征是否因功能或技术条件的限制而不具有可选择性,而在于在一般消费者看来,该设计特征是否仅仅由特定功能所决定,从而不需要考虑该设计特征是否具有美感。最后,关于区分不同类型设计特征的意义。不同类型设计特征对于外观设计产品整体视觉效果的影响存在差异。功能性设计特征对于外观设计的整体视觉效果通常不具有显著影响;装饰性特征对于外观设计的整体视觉效果一般具有影响;功能性与装饰性兼具的设计特征对整体视觉效果的影响则需要考虑其装饰性的强弱,其装饰性越强,对整体视觉效果的影响可能相对较大一些,反之则相对较小。当然,以上所述仅仅是一般原则,一种设计特征对于外观设计产品整体视觉效果的影响最终需要结合案件具体情况进行综合评判。本案中，在本案专利产品的一般消费者看来，无论引脚的位置分布在底座的一个侧面上还是分布在两个相对的侧面上，都是基于与之相配合的电路板布局的需要，以便实现两者的适配与连接，其中并不涉及对美学因素的考虑。因此，区别特征二是功能性设计特征，其对本案专利产品的整体视觉效果并不产生显著影响。虽然现有证据不能充分证明区别特征一是功能性设计特征，但其是一种普通的、常见的设计，对于本案专利产品的整体视觉效果亦不具有显著影响。原审判决认定本案专利与对比设计不构成相同或相近似外观设计，适用法律错误。

20. 创造性判断中采纳申请日后补交的实验数据的条件

在申请再审人武田药品工业株式会社与被申请人中华人民共和国国家知识产权局专利复审委员会（以下简称专利复审委员会）、四川海思科制药有限公司（以下简称海思科公司）、重庆医药工业研究院有限责任公司（以下简称重庆研究院）发明专利权行政纠纷案（〔2012〕知行字第41号）中，最高人民法院指出，创造性判断中，当专利申请人或专利权人在申请日后补充对比试验数据以证明专利技术方案产生了意料不到的技术效果时，接受该实验数据的前提是其用以证明的技术效果在原申请文件中有明确记载。

本案的基本案情是：武田药品工业株式会社是名称为"用于治疗糖尿病的药物组合物"的发明专利（即本案专利）的专利权人。本案专利授权公告的独立权利要求1为：用于预防或治疗糖尿病、糖尿病综合症、糖代谢紊乱或脂质代射紊乱的药物组合物，其含有选自吡格列酮或其药理学可接受的盐的胰岛素敏感性增强剂，和作为胰岛素分泌增强剂的磺酰脲。针对本案专利，海思科公司、重庆研究院分别提出无效宣告请求。武田药品工业株式会社提供了实验数据反证7以证明本专利权利要求1的技术方案取得了预料不到的技术效果。2008年10月31日，专利复审委员会作出第12712号无效宣告请求审查决定（以下简称第12712号决定），宣告本案专利权全部无效。第12712号决定对反证7的真实性不予采信，并认为，证据1公开了胰岛素非依赖型糖尿病病人单独给予磺脲剂、并用磺脲剂和胰岛素抵抗性改善剂以及与 a－糖苷酶抑制剂三者并用的疗法。其中对于胰岛素增敏剂，证据1列举了吡格列酮和曲格列酮，并且指出两种制剂具有相同的降血糖作用机制。而且与单独使用相比，与磺脲剂或胰岛素的并用效果更值得期待。本案专利权利要求1的技术方案与证据1公开的内容相比，区别仅在于权利要求1选择了具体的胰岛素敏感性增强剂即吡格列酮或其药理学可接受的盐。然而，证据1已指出吡格列酮与曲格列酮具有相同的降血糖作用机制，可以用作胰岛素敏感性增强剂，而且明确教导了胰岛素抵抗性改善剂与磺脲剂或胰岛素的并用效果更值得期待。在此教导下，选择吡格列酮作为胰岛素敏感性增强剂与磺脲剂一起制成药物组合物用于预防或治疗糖尿病对于本领域技术人员来说是显而易见的，不具备突出的实质性特点。而且，本案专利说明书也未记载这种选择相对于证据1取得了任何意料不到的技术效果。故权利要求1的技术方案相对于证据1不具备创造性。武田药品工业株式会社不服，提起行政诉讼。在一审程序中，武田药品工业株式会社提交了本案专利审查档案和欧洲同族专利审查档案，用于证明其在无效程序中提交的实验数据反证7在本案专利实审程序及其同族欧洲专利审查程序中曾经提交过并被审查员接受，因此其真实性应当予以认可。北京市第一中级人民法院一审认为，对武田药品工业株式会社提交的对比试验数据反证7，海思科公司以及重庆研究院对其真实性不予认可，由于反证7记载的内容没有显示其实验结果由哪一机构或个人作出，武田药品工业株式会社在无效程序中也没有提供证据证实其真实性，故专利复审委员会对反证7的真实性不予认可正确。由于无法确认反证7的真实性，不能以反证7来证明本案专利权利要求1由于取得了预料不到的技术效果而具备创造性。遂判决维持第12712号决定。武田药品工业株式会社不服，提起上诉。北京市高级人民法院二审判决驳回上诉，维持一审判决。武田药品工业株式会社不服，向最高人民法院申请再审。最高人民法院于2012年9月17日裁定驳回其再审申请。

最高人民法院审查认为：说明书应当满足充分公开发明或者实用新型的要求。化学领域属于实验性科学领域，影响发明结果的因素是多方面、相互交叉且错综复杂的。说明书的撰写应该达到所属技术领域的技术人员能够实施发明的程度。根据现有技术，本领域技术人员无法预测请求保护的技术方案能够实现所述用途、技术效果时，说明书应当清楚、完整地记载相应的实验数据，以使所属技术领域的技术人员能够实现该技术方案，解决其技术问题，并且产生预期的技术效果。凡是所属领域的技术人员不能从现有技术中直接、唯一地得出的有关内容，均应当在说明书中予以表述。如果所属领域的技术人员根据现有技术不能预期该技术方案所声称的治疗效果时，说明书还应当给出足以证明所述技术方案能够产生所声称效果的实验数据。没有在专利说明书中公开的技术方案、技术效果等，一般不得作为评价专利权是否符合法定授权确权标准的依据。申请日后补交的实验数据不属于专利原始申请文件记载和公开的内容，公众看不到这些信息，如果这些实验数据也不是本申请的现有技术内容，在专利申请日之前并不能被所属领域技术人员所获知，则以这些实验数据为依据认定技术方案能够达到所述技术效果，有违专利先申请制原则，也背离专利权以公开换保护的制度本质，在此基础上对申请授予专利权对于公众来说是不公平的。当专利申请人或专利权人欲通过提交对比试验数据证明其要求保护的技术方案相对于现有技术具备创造性时，接受该数据的前提必须是针对在原申请文件中明确记载的技术效果。武田药品工业株式会社提交反证7欲证明吡格列酮与格列美脲的联合用药方案相对于单独用药方案以及其他联合用药方案均取得了意料不到的降血糖效果。但是，本案专利说明书没有提及各种不同的药物联用方案之间效果的优劣。武田药品工业株式会社提交实验数据所要证明的技术效果是原始申请文件中未记载，也未证实的，不能以这样的实验数据作为评价专利创造性的依据。武田药品工业株式会社关于其在申请日后补交的实验证据是在证明客观存在的技术效果，该类证据应当予以采纳的申请再审理由不能成立。

21. 判决专利复审委员会重作决定应考量的情形

在申请再审人曹忠泉与被申请人国家知识产权局专利复审委员会员会（以下简称专利复审委员会）、一审第三人上海精凯服装机械有限公司（以下简称精凯公司）实用新型专利权无效行政纠纷案（〔2012〕行提字第7号）中，最高人民法院认为，人民法院在判决撤销或者部分撤销被诉具体行政行为时，是否判决被诉行政机关重新作出具体行政行为要视案件的具体情况而定。

本案的基本案情是：曹忠泉是名称为"裁剪机磨刀机构中斜齿轮组的保油装置"的实用新型专利（即本案专利）的专利权人。精凯公司针对本专利提出无效宣告请求，其提出的无效理由是：本专利权利要求1、2、3不符合专利法第二十二条第二款、第三款，第二十六条第三款、第四款，专利法实施细则第二十条第一款的规定；权利要求3不符合专利法实施细则第二十一条第三款的规定。精凯公司还提交了包括附件5-1在内的多份对比文件来评价本专利权利要求的新颖性和创造性。专利复审委员会于2009年4月14日作出第13216号无效宣告请求审查决定（以下简称第13216号决定），依据附件5-1作出本专利权利要求没有创造性的评价，宣告本专利权全部无效，对于精凯公司提出的其他无效理由和证据没有作出评述。曹忠泉不服，提起行政诉讼。北京市第一中级人民法院和北京市高级人民法院先后判决维持第13216号决定。曹忠泉不服，向最高人民法院申请再审。最高人民法院裁定提审本案，并于2012年5月3日判决撤销一、二审判决和第13216号决定，责令专利复审委员会重新作出决定。

最高人民法院提审认为：人民法院在判决撤销或者部分撤销被诉具体行政行为时，可以判决被告重新作出具体行政行为，但是否判决被告重新作出具体行政行为要视案件的具体情况而定。人民法院在审查专利复审委员会作出的无效宣告请求审查决定时，对于专利复审委员会认为专利权有效，而人民法院认为专利权无效的情况，在判决撤销被诉决定的同时，应一并判决专利复审委员会重新作出决定；对于专利复审委员会认为专利权无效的，人民法院在判决撤销被诉决定时，是否一并判决专利复审委员会重新作出决定，要区分如下两种情况：专利复审委员会针对无效宣告请求人所提出的无效理由和证据全部作出评述，而人民法院认为专利权有效的，不必再判决专利复审委员会重新作出决定；专利复审委员会没有对无效宣告请求人所提出的无效理由和证据全部作出评述，而依据部分理由及相应证据作出的无效决定不能成立的，人民法院应一并判决专利复审委员会针对无效宣告请求人所提出的其他无效理由和证据重新作出决定。本案中，专利复审委员会在作出第13216号决定时，依据附件5-1对本专利权利要求作出没有创造性的评价，对于精凯公司提出的其他无效理由和证据没有作出评述。因此，人民法院在判决撤销专利复审委员会第13216号决定时，应同时责令专利复审委员会针对精凯公司提出的其他无效理由和证据重新作出决定。

二、商标案件审判

（一）商标民事案件审判

22. 被错误注销后重新恢复的注册商标应视为一直存续

在申请再审人青岛海洋焊接材料有限公司（以下简称海洋公司）与被申请人青岛鑫源焊接材料有限公司（以下简称青岛鑫源公司）、烟台市鑫源焊条有限公司（以下简称烟台鑫源公司）侵犯商标权纠纷案（〔2012〕民提字第9号）中，最高人民法院指出，被错误注销后重新恢复的注册商标应视为一直存续，他人未经许可使用该商标构成侵权，但因相信该商标被注销而进行使用的善意第三人除外。

本案的基本案情是：第140236号"海洋"牌注册商标及标识原系山东省机械设备进出口公司注册享有。1998年8月28日，该商标转让给海洋公司。2003年4月22日，该商标有效期续展至2013年2月28日。2000年3月2日，海洋公司与青岛鑫源公司签订《商标实施许可合同》，许可青岛鑫源公司自2000年3月2日至2003年2月28日在其生产的电焊条产品包装上使用第140236号"海洋"牌商标，许可使用费每年五万元；青岛鑫源公司有权在青岛、烟台（即烟台鑫源公司）两厂生产的电焊条及相关资料上使用"海洋"牌商标及标识。2001年3月1日，海洋公司与青岛鑫源公司又签订一份《商标实施许可合同》，该合同约定，海洋公司许可青岛鑫源公司自2001年3月2日至2004年3月1日在其生产的电焊条产品包装上使用第140236号"海洋"牌商标，许可使用费每年三万元。2005年1月12日，海洋公司以青岛鑫源公司、烟台鑫源公司在许可合同到期后仍然使用海洋牌商标为由，提起本案诉讼。青岛鑫源公司在一审审理期间提交了一份补充协议，该补充协议载明，经双方协商，对2000年3月2日的《商标许可合同》及补充协议做如下补充：该合同的"海洋"牌商标许可使用期限延长到2008年3月1日；自2004年2月29日开始，使用费变更为每年三万元，青岛鑫源公司于每年3月1日支付海洋公司；本协议2004年2月29日起生效。补充协议盖有海洋公司和青岛鑫源公司的公章。山东省青岛市中级人民法院以补充协议上海洋公司公章为真实为由认定该协议有效，判决驳回海洋公司诉讼请求。山东省高级人民法院二审维持一审判决。最高人民法院指令山东省高级人民法院再审本案。再审查明，2003年10月10日，陈刚代理海洋公司委托北京集佳专利商标事务所申请注销第140236号和第1929583号注册商标。2007年，海洋公司以注销不是其真实意思表示为由提起诉讼，请求确认注销第140236号、第1729583号注册商标的行为系无效行为。北京市朝阳区人民法院于2007年9月24日判决支持了海洋公司的诉讼请求。陈刚、李庆森上诉至北京市第二中级人民法院，该院于2008年6月20日判决维持一审判决。2008年8月26日商标局作出通知，撤销了核准第140236号、第1729583号"OCEAN"注册商标注销决定。再审法院认为，涉案注册商标专用权自2003年10月16日（商标局收到注销申请之日）至2008年8月26日（撤销核准注销决定之日）期间终止，在此期间海洋公司对原涉案商标不再享有注册商标专用权，青岛鑫源公司、烟台鑫源公司在此期间使用涉案商标标识，不构成侵权，故判决维持原二审判决。海洋公司不服，向最高人民法院申请再审。最高人民法院裁定提审本案，并于2012年12月20日判决撤销原一、二审判决和再审判决，判令青岛鑫源公司、烟台鑫源公司停止侵权并共同赔偿海洋公司经济损失。

最高人民法院提审认为：自2003年10月16日海洋公司第140236号注册商标被申请注销，至2008年8月26日撤销该核准注销决定，其商标权应视为一直存续。当然，对于因相信该商标被注销而进行使用的善意第三人，可以不认定为构成对该商标权的侵犯。但本案中青岛鑫源公司、烟台鑫源公司并非这样的善意第三人。两公司在本案一审、二审时的委托代理人陈刚是申请注销商标的具体经办人，其在本案一审、二审中从未提及该商标已被注销的事实，也未以该商标被注销为由进行抗辩，且在一审中明确承认海洋公司享有商标权。青岛鑫源公司、烟台鑫源公司对海洋牌商标的使用均是在明知海洋公司系商标权人的基础上进行的，且其2004年3月13日之后的使用未获得海洋公司的许可，故其行为构成对海洋公司商标权的侵犯。再审判决以被注销期间海洋公司不享有商标权为由认定不构成商标侵权，属于适用法律不当，予以纠正。

23. 商标侵权判定中对授权经销商合理使用商标的认定

在申请再审人四川省宜宾五粮液集团有限公司（以下简称五粮液公司）与被申请人济南天源通海酒业有限公司（以下简称天源通海公司）侵犯商标专用权及不正当竞争纠纷案（〔2012〕民申字第887号）中，最高人民法院指出，授权经销商为指明其授权身份、宣传推广商标权人的商品而善意使用商标，未破坏商标的识别功能的，不构成侵犯商标权。

本案的基本案情是：五粮液公司是五粮液文字、图形和拼音注册商标的权利人。上述商标核定使用商品均为33类的含酒精饮料（不包括啤酒）、酒、酒精饮料（啤酒除外）。天源通海公司成立于2010年8月17日。2010年5月28日，宜宾五粮液酒类销售有限责任公司（由宜宾五粮液股份有限公司与四川省宜宾五粮液集团有限公司共同出资设立）为上海锦绣前程酒业有限公司（以下简称锦绣前程公司）出具《经销商身份证明书》，证明锦绣前程公司系宜宾五粮液酒类销售有限责任公司2010年度锦绣前程品牌在全国的经销商，有效期限自2010年6月1日至2010年12月31日。2010年6月20日，锦绣前程公司与天源通海公司签订《锦绣前程酒购销协议》，天源通海公司成为五粮液锦绣前程系列酒山东省营运商，授权有效期限至2010年12月31日。天源通海公司在网页中使用了五粮液文字、图形及拼音商标以及五粮液公司的企业名称，并在网站中称其为五粮液山东运营机构。2010年9月16日和11月3日，天源通海公司分别在《齐鲁晚报》广告版刊登的《五粮液新品区域独家开店总经销权竞标公告》和"五粮液新品招商"广告中使用了五粮液文字和图形商标，同时称品牌制造商为宜宾五粮液股份有限公司，品牌运营商为天源通海公司。天源通海公司在其制作的五粮液连锁店加盟手册封面及文中使用了五粮液图形和文字商标，并有五粮液集团简介内容，称制造商为宜宾五粮液股份有限公司，运营商为天源通海公司。天源通海公司在其制作的五粮液品牌授权经销合同书封面中使用了五粮液图形和文字商标及中国四川宜宾五粮液集团有限公司企业名称，在合同正文中称是五粮液股份有限公司出品的五粮液锦绣前程酒、五粮液金谷春酒、五粮液万事如意酒山东省的唯一合法的总经销商。天源通海公司所销售的锦绣前程酒系宜宾五粮液股份有限公司生产，酒产品外包装显著位置标有五粮液图形商标。五粮液公司认为天源通海公司的上述行为侵犯了其注册商标专用权，同时构成不正当竞争，遂提起本案诉讼。请求判令天源通海公司停止侵犯原告注册商标专用权和不正当竞争行为，赔偿五粮液公司经济损失并消除影响。山东省济南市中级人民法院一审判决驳回五粮液公司的诉讼请求。五粮液公司不服，提起上诉。山东省高级人民法院二审判决驳回上诉，维持原判。五粮液公司向最高人民法院申请再审。最高人民法院于2012年11月30日裁定驳回其再审申请。

最高人民法院审查认为：天源通海公司是五粮液公司生产的"锦绣前程"系列酒的山东运营商，其在上述经营活动中使用五粮液文字、图形和拼音商标虽未经五粮液公司许可，但其使用上述商标的意图是指明"锦绣前程"系列酒系五粮液公司所生产、其为五粮液公司"锦绣前程"系列酒的山东运营商，且五粮液三字既是五粮液公司的商标亦为五粮液公司的字号，"锦绣前程"系列酒本身标注五粮液图形商标。同时，天源通海公司在经营活动中使用涉案商标是为了更好地宣传推广和销售"锦绣前程"系列酒，亦无主观恶意,这种使用行为并没有破坏商标识别商品来源的主要功能,未侵犯五粮液公司的涉案商标专用权。

24.成员企业在经营活动中合理规范使用集团标识不构成商标侵权

在申请再审人江苏迈安德食品机械有限公司(以下简称迈安德公司)与被申请人江苏牧羊集团有限公司(以下简称牧羊集团公司)侵害注册商标专用权案(〔2012〕民提字第 61 号)中,最高人民法院认为,集团公司的成员企业为彰显其集团公司成员企业身份而在经营活动中合理规范使用集团标识,不构成侵犯商标权。

本案的基本案情是:牧羊集团公司系粮食机械类设备经营企业。2003 年 1 月 9 日,牧羊集团公司聘请徐斌任公司常务副总裁,聘期自 2003 年 1 月 9 日至 2003 年 12 月 31 日。牧羊集团公司享有"牧羊 MUYANG 及图"商标及图形商标的注册商标专用权。迈安德公司设立于 2002 年 11 月,其前身为江苏润扬线缆制造有限公司,经营范围亦包括粮食机械类设备。2003 年 7 月 15 日,徐斌出任该公司董事长。2003 年 4 月 19 日,牧羊集团公司董事徐有辉、徐斌、范天铭、李敏悦、许荣华共同签署《上岛协议》,约定:允许董事中任何一名投资注册公司,新创设公司注册资本的 10% 股份无偿分配给本协议项下五位董事。另约定:新创设公司可以有偿使用"牧羊"注册商标及在公司名称中使用"牧羊"二字,也可以为牧羊集团公司的成员单位。经牧羊集团公司董事批准,由牧羊集团公司与新设公司签订商标许可使用合同。2004 年 2 月 28 日,牧羊集团公司董事签署了《江苏牧羊集团大股东之间的共同事业创业股委托代管协议》。同日,徐有辉与徐斌签订《"牧羊"注册商标许可使用合同》。2003 年 10 月 31 日,牧羊集团公司市场部与《中国油脂》杂志签订合同,委托该杂志为迈安德公司发布广告。迈安德公司在经营活动中,使用了带有"牧羊"及其图形商标的相关标识,2009 年 1 月,牧羊集团公司提起诉讼,认为迈安德公司在其企业网站、宣传画册、生产的产品、信封及销售合同文本显著位置突出使用牧羊集团公司的注册商标,侵犯了其注册商标专用权;在对外宣传时均标注牧羊集团公司的企业名称与牧羊集团公司的商标组合使用,误导公众,是不正当竞争行为。请求判令迈安德公司停止商标侵权行为及不正当竞争行为,向牧羊集团公司赔礼道歉并赔偿经济损失。江苏省扬州市中级人民法院一审认为,迈安德公司作为牧羊集团公司成员企业在经营过程中为彰显成员身份而使用牧羊集团标识,不构成侵权。由于牧羊集团公司许可迈安德公司使用"牧羊"字号为无偿不定期许可,牧羊集团公司可随时取消许可。牧羊集团公司在本次诉讼中已明确表示不再许可迈安德公司使用"牧羊"字号,且不再承认迈安德公司企业集团成员身份,在此情况下迈安德公司应在合理期限内停止使用相关标识。在迈安德公司不能提供证据证明商标许可使用合同已经牧羊集团公司董事会批准,且牧羊集团公司拒绝追认的情况下,该合同为无效合同。迈安德公司未经牧羊集团公司有效许可而在对外经营过程中以多种形式使用牧羊集团公司图形商标,侵犯了牧羊集团公司的注册商标专用权,同时构成不正当竞争。遂判令迈安德公司停止使用与牧羊集团公司图形商标相同的标识;停止使用"牧羊集团"字样及"江苏牧羊迈安德食品机械有限公司"中的"牧羊"字号;消除影响并赔偿牧羊集团公司经济损失。迈安德公司不服,提起上诉。江苏省高级人民法院二审维持一审判决。迈安德公司不服,向最高人民法院申请再审。最高人民法院裁定提审本案,并于

2012年7月20日改判驳回牧羊集团公司的诉讼请求。

最高人民法院提审认为：关于迈安德公司使用牧羊集团公司的集团标识是否具有正当性问题。虽然《上岛协议》没有就牧羊集团公司成员企业作出界定，但根据牧羊集团公司董事会会议纪要等相关证据，可以证明迈安德公司系牧羊集团公司的成员企业。牧羊集团公司为了规范使用其集团标识，制作了相关企业视觉识别系统，且有多种表现形式。从牧羊集团公司公开使用的不同的集团标识看，整体上都含有图形注册商标及牧羊集团公司企业名称及其字母组合；涉及分（子）公司的，对图形商标与文字及字母如何排列有严格的要求。鉴于牧羊集团公司对其分（子）公司及其成员企业是否均有权使用牧羊集团公司的集团标识没有限制性规定，因而迈安德公司作为牧羊集团公司的成员企业，为彰显其牧羊集团公司成员企业的身份，在经营活动中使用牧羊集团公司的集团标识符合常理，且无不正当性。根据查明的事实，迈安德公司在经营活动中系按照与其他分（子）公司或成员企业相同的方式使用牧羊集团公司的集团标识，没有在其产品上单独使用牧羊集团公司的图形注册商标，也不存在不规范使用牧羊集团公司的集团标识的行为。对于迈安德公司使用牧羊集团公司的集团标识的行为，牧羊集团公司非但没有禁止，且在长达一年的时间内，主动在公开发行的杂志上为迈安德公司使用集团标识的事实，亦证明牧羊集团公司认可迈安德公司有权使用集团标识。牧羊集团公司关于迈安德公司无权使用其集团标识的主张证据不足。

（二）商标行政案件审判

25. 以商品部分外观申请立体商标的显著性的审查判断

在再审申请人意大利爱马仕公司（HERMES ITALIE S. P. A.）（以下简称爱马仕公司）与被申请人国家工商行政管理总局商标评审委员会（以下简称商标评审委员会）商标驳回复审行政纠纷案（〔2012〕民申字第68号）中，最高人民法院认为，以商品部分外观的三维形状申请商标注册时，由于这种三维形状通常不能够脱离商品本身而单独使用，相关公众更容易将其视为商品的组成部分而非商标，除非该商品外观本身具有区别于同类商品外观的显著特征，或者申请人能够证明已经通过使用行为而使相关公众足以将该商品外观与特定的商品提供者联系起来，否则其注册申请应予驳回。

本案的基本案情是：国际注册第798099号"立体图形"商标（申请商标）于2003年2月6日获得国际注册，注册号为G798099。2003年3月27日，爱马仕公司就申请商标向我国提出领土延伸保护申请。申请商标指定使用于第18类"皮革及人造皮革皮具（专用盒、手套和腰带除外）、包，如手提包、旅行包、背包、小皮钱包、证件套（钞票夹）、皮革钥匙包、文件夹、箱子、行李、小口袋"等商品上。申请商标是一个三维立体标识，由包体上的翻盖、由包背面穿出的两条平行皮带及开关挂锁组成。国家工商行政管理总局商标局（以下简称商标局）认为申请商标缺乏显著特征，驳回注册申请。爱马仕公司向商标评审委员会提出复审申请。商标评审委员会作出第5961号商标驳回复审决定（以下简称第5961号决定），以与商标局基本相同的理由对申请商标予以驳回。爱马仕公司不服，提起行政诉讼。北京市第一中级人民法院认为，申请商标缺乏商标应有的显著性，不足以使相关公众区分商品来源，爱马仕公司也未提交充足证据证明申请商标在中国境内经过长期使用已经取得了显著特征。据此判决维持第5961号决定。爱马仕公司不服，提起上诉。北京市高级人民法院二审判决驳回上诉，维持原判。爱马仕公司不服，向最高人民法院申请再审。最高人民法院于 2012 年 12 月 3 日裁定驳回其再审申请。

最高人民法院审查认为：对于申请商标是否具有显著性，应当结合指定使用商品的相关公众的通常认识，从整体上进行判断。申请商标是以商品部分外观的三维形状申请商标注册的情形，在通常情况下，这种三维形状不能脱离商品本身而单独使用，故相关公众更易将其视为商品的组成部分。除非这种三维形状的商品外观自身具有区别于同类商品外观的显著特征，或者有充分的证据证明，通过使用，相关公众已经能够将这种商品外观与特定的商品提供者联系起来。申请商标指定使用的商品主要为包类，结合此类商品相关公众的通常认识，申请商标所包含的经过一定变形的皮包翻盖、皮带和金属部件均是包类商品上运用较多的设计元素，将这几种设计元素组合在一起的设计方式并未使其产生明显区别于同类其他商品外观的显著特征。故仅从该三维标识本身来看，申请商标并不具有内在显著性。此外，爱马仕公司在诉讼过程中提交的证据也难以证明申请商标已经通过使用而获得了显著性。据此，爱马仕公司既未能证明申请商标具有内在显著性，也未能证明申请商标通过使用而获得了显著性，原审判决及第 5961 号决定正确。

26. 将去世的知名人物姓名注册为商标可否认定具有其他不良影响

在贵州美酒河酿酒有限公司（以下简称贵州美酒河公司）与国家工商行政管理总局商标评审委员会（以下简称商标评审委员会）、李长寿商标争议行政纠纷案（〔2012〕知行字第 11 号）中，最高人民法院指出，将在相关行业具有一定知名度和影响力的知名人物姓名作为商标注册在该行业相关商品上，易使相关消费者将该商品的品质特点与该行业相关知名商品生产工艺相联系，从而误导消费者的，可以认定为具有其他不良影响。

本案的基本案情是：2003 年 12 月 23 日，贵州美酒河公司提出"李兴发及图"商标（即争议商标）注册申请，于 2005 年 10 月 14 日被核准注册，核定使用商品为第 33 类的酒精饮料（啤酒除外）。2006 年 11 月 15 日，李兴发之子李长寿针以争议商标侵犯其父姓名权并造成不良影响为由，向商标评审委员会提出撤销申请。商标评审委员会于 2010 年 3 月 29 日作出商评字〔2010〕第 3390 号《关于第 3858717 号"李兴发 LIXINGFA 及图"商标争议裁定书》（以下简称第 3390 号裁定），裁定撤销争议商标的注册。该裁定认为，他人的姓名权中的"他人"是指在世的自然人，因李兴发已死亡，李长寿主张争议商标的注册损害李长寿在先姓名权的主张缺乏事实依据。根据查明的事实，李兴发原为茅台酒厂的副厂长，其因在 1964 年带领科研小组摸索出茅台酒三种典型体，从而使茅台酒的传统工艺得到进一步的认识和完善，勾兑方法更科学，受到贵州省政府、轻工厅的奖励，并在 1984 年至 1992 年期间获得了多项荣誉，为茅台酒的酿造工艺做出一定贡献。基于茅台酒的知名度和影响力及本案证据，能够证明李兴发在酒行业内具有一定的知名度和影响力，将其姓名作为商标注册在"酒精饮料（啤酒除外）"商品上，易使相关消费者将商品的品质特点与李兴发本人或茅台酒的生产工艺相联系，从而误导消费者，并造成不良影响。贵州美酒河公司不服，提起行政诉讼。北京市第一中级人民法院一审判决维持第 3390 号裁定。贵州美酒河公司不服，提起上诉。北京市高级人民法院二审判决驳回上诉，维持原判。贵州美酒河公司向最高人民法院申请再审。最高人民法院于 2012 年 3 月 26 日裁定驳回其再审申请。

最高人民法院审查认为：人民法院在审查判断有关标志是否构成具有其他不良影响的情形时，应当考虑该标志或者其构成要素是否可能对我国政治、经济、文化、宗教、民族等社会公共利益和公共秩序产生消极、负面影响。本案中，争议商标由"李兴法"文字及图组成，根据商标评审委员会及原审法院查明的事实，李兴发生前系茅台酒厂的副厂长，曾经研究完善茅台酒的传统工艺并获得多项奖励和荣誉，为茅台酒的酿造工艺做出一定贡献，在酒行业内具有一定的知名度和影响力，将其姓名作为商标注册在"酒精饮料（啤酒除外）"商品上，易使相关消费者将商品的品质特点与李兴发本人或茅台酒的生产工艺相联系，从而误导消费者，并造成不良影响。鉴此，原审法院认定争议商标的注册违反了商标法第十条第一款第（八）项的规定，并无不当。

三、著作权案件审判

27. 计算机中文字库的作品属性

在北京北大方正电子有限公司（以下简称北大方正公司）与暴雪娱乐股份有限公司（以下简称暴雪公司）等侵犯著作权纠纷案（〔2010〕民三终字第 6 号）（以下简称"北大方正兰亭字库"著作权侵权案）中，最高人民法院指出，作为字型轮廓构建指令及相关数据与字型轮廓动态调整数据指令代码的结合的计算机中文字库，应作为计算机程序而不是美术作品受到著作权法的保护。

本案的基本案情是：北大方正公司是涉案方正兰亭字库的权利人。暴雪公司是网络游戏《魔兽世界》的著作权人，其授权第九城市公司对网络游戏进行汉化，并由第九城市公司在中国大陆运营该网络游戏。九城互动公司从第九城市公司经营该游戏的收入中进行分成，并作为 2005 年、2006 年该游戏的会计核算主体。北京情文图书有限公司是第九城市公司授权的网络游戏《魔兽世界》客户端软件光盘经销商之一。2007 年 5 月，北大方正公司在北京图书批发交易市场购买了两套"魔兽世界"软件光盘，发票上盖有"北京情文图书有限公司财务专用章"。北大方正公司提交的公证书记载，安装网络游戏《魔兽世界》客户端软件或者登录网址为 www.wowchina.com 的网站，下载网络游戏《魔兽世界》客户端软件或者相关补丁程序后，通过点击相应的操作，可以在计算机屏幕上显示出涉案 5 款方正字体的信息。暴雪公司、九城互动公司、第九城市公司对网络游戏《魔兽世界》中使用了涉案 5 款字体以及标有 GBK 的各款字体包含 21000 个汉字、标有 GB 的字体包含 7000 个汉字的事实无异议。北京市高级人民法院审理认为，涉案"北大方正兰亭字库"不属于计算机软件保护条例所规定的程序，也不是程序的文档，其字库中每款字体的字型是由线条构成的具有一定审美意义的书法作品，符合著作权法规定的美术作品的条件，属于受著作权法及其实施条例保护的美术作品，暴雪公司等侵犯了北大方正公司的著作权。据此判决暴雪公司等停止侵权并赔偿北大方正公司经济损失 140 万元、诉讼合理支出 5 万元。双方当事人均不服，提起上诉。最高人民法院二审判决暴雪公司等停止侵权并改判赔偿北大方正公司经济损失 200 万元及诉讼合理支出 5 万元。

最高人民法院审理认为：计算机软件是指计算机程序及有关文档，计算机程序是指为了得到某种结果而可以由计算机等具有信息处理能力的装置执行的代码化指令序列，或者可以被自动转换成代码化指令序列的符号化指令序列或者符号化语句序列。本案中诉争字库的相关字体是在字型原稿的基础上，由其制作人员把握原创风格，按照印刷字的组字规律，将原创的部件衍生成一套完整的印刷字库后，再进行人工调整后使用Truetype指令，将设计好的字型用特定的数字函数描述其字体轮廓外形并用相应的控制指令对字型进行相应的精细调整后，编码成 Truetype 字库。由于印刷字库中的字体字型是由字型原稿经数字化处理后和由人工或计算机根据字型原稿的风格结合汉字组合规律拼合而成，其字库中的每个汉字的字型与其字型原稿并不具有一一对应关系，亦不是字型原稿的数字化，且在数量上也远远多于其字型原稿。印刷字库经编码形成计算机字库后，其组成部分的每个汉字不再以汉字字型图像的形式存在，而是以相应的坐标数据和相应的函数算法存在。在输出时经特定的指令及软件调用、解释后，还原为相应的字型图像。涉案方正兰亭字库中的字体文件的功能是支持相关字体字型的显示和输出，其内容是字型轮廓构建指令及相关数据与字型轮廓动态调整数据指令代码的结合，其经特定软件调用后产生运行结果，属于计算机系统软件的一种，应当认定其是为了得到可在计算机及相关电子设备的输出装置中显示相关字体字型而制作的由计算机执行的代码化指令序列。因此，其涉案方正兰亭字库属于计算机程序。美术作品是指绘画、书法、雕塑等以线条、色彩或者其他方式构成的有审美意义的平面或者立体的造型艺术作品。涉案方正兰亭字库中的每款字体均使用相关特定的数字函数，描述常用的 5000 余汉字字体轮廓外形，并用相应的控制指令对相关字体字型进行相应的精细调整，因此每款字体均由上述指令及相关数据构成，并非由线条、色彩或其他方式构成的有审美意义的平面或者立体的造型艺术作品，故涉案方正兰亭字库不属于著作权法意义上的美术作品。

28. 计算机中文字库运行后产生的单个汉字的著作权保护

在前述"北大方正兰亭字库"著作权侵权案中，最高人民法院还明确了计算机中文字库运行后产生的单个汉字的著作权保护问题。最高人民法院认为，计算机中文字库运行后产生的单个汉字具有著作权法意义上的独创性时，可作为美术作品进行保护，但不能禁止他人正当使用该汉字来表达思想和传递信息。

最高人民法院审理认为：根据涉案"方正兰亭字库"的制作过程，其制作过程中的印刷字库与经编码完成的计算机字库及该字库经相关计算机软件调用运行后产生的字体属于不同的客体。由于汉字本身构造及其表现形式受到一定限制等特点，该单个汉字只有具有著作权法意义上的独创性时，才能认定为美术作品。但鉴于汉字具有表达思想、传递信息的功能，无论其是否属于著作权法意义上的美术作品，其均不能禁止他人正当使用汉字来表达思想、传达信息的权利。

29. "通知－删除"程序中网络服务提供者的义务与责任承担

在上诉人浙江泛亚电子商务有限公司（以下简称泛亚公司）与北京百度网讯科技有限公司（以下简称百度网讯公司）、百度在线网络技术（北京）有限公司（以下简称百度在线公司）侵害著作权纠纷上诉案（〔2009〕民三终字第 2 号）中，最高人民法院认为，在著作权人已多次发送符合条件的通知，网络服务提供者对著作权人权利被侵害的事实已有一定了解的情况下，网络服务提供者不应仅因为著作权人之后发送的通知不符合相应条件就对其视而不见，而应积极与著作权人联系协商以确定如何采取合理措施；怠于采取合理措施的，应对直接侵权行为继续所导致的损失的扩大承担相应责任。

本案的基本案情是：泛亚公司对《你的选择》等351首歌曲享有词曲的著作财产权、表演者权中的财产权以及录音制作者权。百度网讯公司、百度在线公司通过百度网站的MP3搜索框向用户提供MP3搜索服务。泛亚公司于2006年12月至2007年1月期间陆续向百度网讯公司、百度在线公司发出9份公函。在该9份公函中，泛亚公司对输入歌曲名后的搜索结果进行了甄别和选择，根据歌手、歌词内容和专辑名来确定搜索结果中的侵权歌曲，将其认为属于侵权的链接用星号标出，并将具体链接地址填写在后附表格中，要求百度网讯公司、百度在线公司对泛亚公司提供了著作权证书及词曲内容的音乐作品断开侵权网页及MP3地址的链接。2007年3月19日，泛亚公司再次向百度网讯公司、百度在线公司发出律师公函，指出该两公司无权以任何方式直接向用户提供泛亚公司享有著作权的音乐作品，该律师公函所附的《歌曲清单》中列明了歌曲名、词曲内容及作者、版权登记号，并附有演唱录音的光盘，但未列出具体链接地址。百度网讯公司和百度在线公司对9份公函中指明具体地址的1848条侵权链接结果全部断开链接，对于律师公函则未采取相应措施进行删除或断开链接。泛亚公司认为百度网讯公司所有的百度网站上通过空白搜索框、音乐盒、歌词快照等方式提供了其享有著作权的上述作品，且经过其多次通知仍继续提供作品，构成侵权。百度在线公司为该网站提供搜索引擎技术服务，应与百度网讯公司共同承担侵权责任。遂提起本案诉讼，请求判令百度网讯公司、百度在线公司停止侵权、赔偿经济损失等。北京市高级人民法院一审认为，百度网站上提供空白搜索框搜索mp3以及音乐盒服务均是定位、链接服务，不构成对泛亚公司信息网络传播权的直接侵犯。对于泛亚公司发送的符合条件的通知，百度网讯公司、百度在线公司已经删除了相关作品，其行为符合《信息网络传播权保护条例》规定的免责条件。但百度网站上提供的歌词快照系将第三方网站的歌词复制到百度网站的服务器上，且完全起到了取代第三方网站提供歌词的作用，故构成对泛亚公司涉案26首歌词享有的信息网络传播权的侵犯。遂判决百度网讯公司、百度在线公司停止侵犯涉案歌词作品信息网络传播的行为，共同赔偿泛亚公司经济损失5.2万元以及合理诉讼支出1.8万元。泛亚公司不服，提起上诉。最高人民法院二审维持一审关于停止侵权的判项，并改判百度网讯公司、百度在线公司共同赔偿泛亚公司经济损失40万元及诉讼合理支出12.8万元。

最高人民法院审理认为：泛亚公司所发的律师公函未将每首歌曲的演唱者与歌曲名对应，未指明具体侵权链接地址，不符合信息网络传播权保护条例第十四条的规定，百度网讯公司、百度在线公司未采取相应措施进行删除或断开链接。对此泛亚公司应负有一定的责任。作为著作权人，泛亚公司最了解其作品，最有条件提供合适的信息以便于搜索引擎服务提供者可以相对准确地屏蔽相关侵权链接。在律师公函中，泛亚公司并未提供歌曲的演唱者，仅凭歌曲名称显然不能达到准确过滤的效果。但是，即使泛亚公司的律师公函不符合通知的要求，其并非毫无意义。百度网讯公司、百度在线公司接到律师公函后毫无行动亦不能认为其积极履行了法律赋予的义务。泛亚公司在先已经发送过

9 份公函，百度网讯公司亦据此删除了大量侵权链接，其对于泛亚公司的权利人身份以及通过其 MP3 搜索服务能够搜索到侵权作品的事实应有所了解。由于网络上信息量巨大且时时变化的特点，法律未赋予搜索引擎服务提供者保证搜索结果不侵犯他人著作权的义务，但该特点的另一方面，就是权利人发送包含具体侵权链接地址的通知也非常困难，百度网讯公司、百度在线公司对此亦应十分了解。因此，当其再次接到泛亚公司的通知时，尽管没有具体的侵权链接地址，但作为一个负责任的搜索引擎服务提供者，百度网讯公司、百度在线公司应当意识到其 MP3 搜索结果中仍然存在侵犯泛亚公司权利的链接地址，而且泛亚公司已明确表明希望其断开的意图，百度网讯公司、百度在线公司不应仅因为该律师公函不符合通知的要件就对其视而不见、置之不理，其有义务与泛亚公司联系协商，以得到符合条件的通知，或者其他信息使其能够采取合理的措施停止对侵权结果的链接。但其没有采取任何行动，对侵犯泛亚公司权利的作品继续传播所导致的损失应负有一定的责任。另外，百度网讯公司仅删除了公证书中进行下载的特定链接地址，对于其他明显包含有相同信息的链接地址未采取任何措施，且仍然未与权利人泛亚公司进行联系以便协商确定如何采取合理措施，其对侵权链接的继续存在所导致的泛亚公司的损失应当负有相应的赔偿责任。

四、竞争案件审判

30. 已经实际具有区别产品来源功能的特定产品型号应受保护

在申请再审人乐清市万顺电器有限公司（以下简称万顺公司）、深圳新宝凯电器有限公司（以下简称深圳宝凯公司）与被申请人河北宝凯电器有限公司（以下简称河北宝凯公司）不正当竞争纠纷案（〔2012〕民申字第 398 号）中，最高人民法院指出，已经实际上具有区别产品来源功能的特定产品型号可以获得反不正当竞争法的保护。

本案的基本案情是：1997 年 8 月 2 日，河北宝凯公司成立。经中国电器工业协会通用低压电器分会审核批准，河北宝凯公司获得了低压电器产品 BKM1、BKM3、BKM3L、BKM3ZF、BKW5、BKC1 等系列产品的低压电器产品型号证书，其上载明产品型号的具体含义为：BK 为企业代码，W 为万能式断路器，M 为塑料外壳式断路器，C 为交流接触器，1、3、5、3L、3ZF 为设计序号。中国电器工业协会是原国家经贸委托中国机械工业联合会代行管理权的行业协会，通用低压电器分会是其专业分会之一，常设办事机构设于上海电器科学研究所，该所原承担低压电器行业的技术归口工作。2003 年 8 月 8 日前，由上海电器科学研究所负责低压电器产品型号的注册管理业务；2003 年 8 月 8 日后，低压电器产品型号的登记管理工作由中国电器工业协会负责，具体由其通用低压电器分会受理。河北宝凯公司生产的"BK"系列低压电器产品先后获得多项荣誉，其宝凯 BAOKAI 及图商标被认定为河北省著名商标。2010 年，河北宝凯公司发现万顺公司、深圳宝凯公司在其生产、销售的低压电器产品上使用型号"BK"，遂提起本案诉讼，请求判令万顺公司、深圳宝凯公司停止使用"BK"系列低压电器产品型号。河北省保定市中级人民法院一审判决支持河北宝凯公司的诉请。万顺公司、深圳宝凯公司不服，提起上诉。河北省高级人民法院二审判决驳回上诉，维持原判。万顺公司、深圳宝凯公司向最高人民法院申请再审。最高人民法院于 2012 年 6 月

26 日裁定驳回其再审申请。

最高人民法院审查认为：一般情况下，商品的型号仅仅起到说明、概括商品本身性质、特点，从而对商品进行分类的作用，并不具有区别商品来源的功能，也不具有指代商品名称的功能。但是本案中，由于低压电器产品涉及各行各业乃至千家万户用电安全，属于强制性产品认证范围，低压电器产品的型号必须按产品质量法第二十七条的要求标注，假冒或者滥用低压电器产品型号属于法律禁止的违法行为。实践中，低压电器产品企业就其研发生产的每一种类低压电器产品，都需要获得中国质量认证中心的强制性产品认证，同时，根据中国电器工业协会批准实施的《低压电器产品型号管理办法》，还应当向中国电器工业协会通用低压电器分会提出申请，按照一定的命名规则办理产品型号登记，并予以公示，以确保产品型号的唯一性。因此，在低压电器产品领域，不同企业研发生产的产品，以及同一企业研发生产的不同类型产品，都会有不同的产品型号。低压电器产品型号的登记公示制度，使得产品型号实际上具有了区别产品来源和指代商品名称的功能。本案中，河北宝凯公司经中国电器工业协会通用低压电器分会审核批准，取得了"BK"系列低压电器产品型号的登记证书，所述产品型号中的"BK"为河北宝凯公司的企业代码，其后的字母和数字为特定的产品类型代码。因此，在低压电器产品领域，产品型号"BK"表示该产品是河北宝凯公司研发生产的低压电器产品，型号"BK"因而同时具有了区别商品来源和指代商品名称的功能。并且，这种具有区别商品来源和指代商品名称功能的显著性特征，因河北宝凯公司对"BK"型号的多年商业使用及取得的良好行业信誉而不断得到强化。万顺公司、深圳宝凯公司在其生产、销售的低压电器产品上使用"BK"型号，不可避免地会使购买者误认为该产品是河北宝凯公司所生产的产品，从而造成混淆。万顺公司、深圳宝凯公司作为生产、销售低压电器产品的企业，应当了解行业规则，并负有申请、登记、使用自己的产品型号的义务。万顺公司、深圳宝凯公司在其生产、销售的低压电器产品上使用型号"BK"的行为构成不正当竞争。

31. 具有很高知名度的指代特定人群及其技艺或作品的特定称谓可以获得反不正当竞争法保护

在申请再审人张锠、张宏岳、北京泥人张艺术开发有限责任公司（以下简称泥人张艺术开发公司）与被申请人张铁成、北京泥人张博古陶艺厂、北京泥人张艺术品有限公司（以下简称泥人张艺术品公司）不正当竞争纠纷案（〔2010〕民提字第113号）（以下简称"泥人张"不正当竞争纠纷案）中，最高人民法院指出，具有很高知名度、承载着极大商业价值的特定人群的称谓，应当受到法律保护；该特定人群所传承的特定技艺或者作品的特定称谓用作商品名称时，可作为反不正当竞争法上知名商品（包括服务）的特有名称受到法律保护。

本案的基本案情是：根据1884年出版的《津门杂记》等诸多公开出版物的记载，清朝张明山在世时因精于捏塑被群众称为"泥人张"，张明山之子张玉亭、张华棠为"泥人张"第二代传人。张玉亭于1914年获东京大正博览会奖状，于1915年获巴拿马赛会奖状。张明山之孙张景禧、张景福、张景祜为"泥人张"第三代传人。张锠为张明山之曾孙、张景祜之子，系"泥人张"第四代传人之一。张宏岳为张锠之子，系"泥人张"第五代传人之一。张明山的后代继承和发展了家族的泥塑艺术,并在经营活动中长期使用"泥人张"作为商业标识。如,1950年至1955年张景禧取得营业执照在天津开办泥人张社;1958年决定成立由张明山后代张景禧、张铭、张镇等共同参加的天津泥人张彩塑工作室;1966年"文革"开始后,该工作室被迫摘掉了"泥人张彩塑工作室"的牌子,1974年更名为天津彩塑工作室,1983年12月又恢复原来的天津泥人张彩塑工作室的名称;1985年12月12日成立天津古文化街泥人张工艺品经营部,并悬挂"泥人张"牌匾;1988年10月27日天津泥人张彩塑工作室将"泥人张"申请注册商标,1993年12月29日天津古文化街泥人张工艺品经营部变更为天津市泥人张工艺品经营部。上海辞书出版社2000年第1版《辞海》第1095页载有:"泥人张:泛指天津张姓一家祖孙相传的泥塑名手,张长林(字明山)是泥人张第一代,清张焘《津门杂记》曾记其事。第二、第三、第四代传人分别是张玉亭、张景祜、张铭。"张明山及其后代最早生活在天津,张明山的后代张景祜最晚在1956年即到北京发展;张明山及其后代被全国范围内的报纸、史料使用"泥人张"的称谓进行报道和记载,其作品广为多国博物馆收藏。泥人张艺术开发公司成立于1997年8月14日,张宏岳为该公司的法定代表人。北京泥人张博古陶艺厂于1982年11月26日注册成立,泥人张艺术品公司于1994年7月4日成立,二者法定代表人均为张铁成,在经营中均使用了"泥人张"。2005年10月8日,在泥人张艺术品公司的网站(域名为:www.nirenzhang.com)上登载的公司简介中称:"'北京泥人张'始于清末道光年间,至今已有近160年的历史,泥人张艺术品公司下属北京泥人张博古陶艺厂,是制作'北京泥人张'传统仿古泥陶艺术品的专业厂家,厂长张铁成系'北京泥人张'的第四代传人,深得其艺术真传,现任该厂的法人代表。"使用"泥人张"或者"北京泥人张"对张铁成及其家族进行报道的公开出版物及文章有1979年7月13日《北京日报》、1980年7月12日《中国青年报》刊登的《名师传艺记》、1988年出版的《北京工商史话》收录的吴国洋著《北京的"泥人张"》和1989年出版的《创业之歌》收录的潇湘著《北京"泥人张"》等。张锠等以张铁成等对"泥人张"的使用侵犯其"泥人张"名称专有权、构成不正当竞争为由提起诉讼,请求停止侵权、赔礼道歉并赔偿经济损失等。北京市第二中级人民法院以侵犯名称权及不正当竞争纠纷为由受理本案,并判决张铁成一方停止关于"北京泥人张"及张铁成为"北京泥人张"第四代传人的宣传、停止使用"泥人张"专有名称、停止使用并注销相关互联网域名、赔偿合理费用1万元等。张铁成一方不服,提起上诉。北京市高级人民法院二审将案由确定为不正当竞争纠纷,判决张铁成一方赔偿合理费用1万元、在"nirenzhang"域名前附加区别性标识,撤销了一审关于停止使用"泥人张"专有名称的判项。张锠一方不服,向最高人民法院申请再审。被申请人答辩称,"行业+姓氏"或者"商品+姓氏"是对民间手艺人、商品经营者的通用称谓,"泥人+姓氏"是对民间泥塑艺人的习惯性称谓,"泥人张"是对民间张姓泥塑艺人的通用称谓,没有唯一性和专属性,在全国范围内可用地域加以区分,如北京"泥人张"、天津"泥人张"。最高人民法院经审查,裁定提审本案,并于2012年2月28日判决撤销二审判决,维持一审判决。

最高人民法院提审认为:从对"泥人张"的使用历史和现状看,"泥人张"具有多种含义和用途，承载多种民事权益。就本案而言，首先，"泥人张"作为对张明山及其后代中泥塑艺人包括本案申请再审人张铦、张宏岳这一特定人群的称谓，具有很高的知名度，是张明山及其后几代人通过自己的劳动创造形成的。该称谓还承载着极大的商业价值，用"泥人张"标识泥塑作品，明确了作品的来源或者作品与张明山及其后几代人的特定联系，不仅便于消费者准确识别相关商品来源，而且显然会增强使用者的市场竞争力和获利能力。因此，"泥人张"作为张明山及其后代中泥塑艺人的特定称谓，应当受到法律保护。其次，"泥人张"这一称谓在使用过程中，已经从对特定人群的称谓发展到对该特定人群所传承的特定泥塑技艺和创作、生产的作品的一种特定称谓，在将其用作商品名称时则属于反不正当竞争法意义上的知名商品（包括服务）的特有名称，同样也应当受到法律保护。因此，申请再审人张铦、张宏岳作为张明山后代中从事彩塑创作的人员，申请再审人泥人张艺术开发公司作为由张宏岳成立并任法定代表人且经张铦等"泥人张"权利人授权使用"泥人张"的公司，有权就他人未经许可以各种形式对"泥人张"进行商业使用的行为主张权利。"泥人张"的知名度非常高，其所承载的商业价值极大，申请再审人张铦、张宏岳等对"泥人张"享有多项民事权益，应当依法给予保护。

32. 对通用称谓进行审查判断时的考虑因素

在前述"泥人张"不正当竞争纠纷案中，最高人民法院指出，通用称谓不具有识别特定商品来源即商品提供者的功能，在判断"行业（或商品）＋姓氏"的称谓是否属于通用称谓时，应当考虑该称谓是否属于仅有的称谓方法、该称谓所指的人物或者商品的来源是否特定、该称谓是否使用了文学上的比较手法等因素。

最高人民法院提审认为：所谓通用称谓即通用名称，是指在一定范围内普遍使用的名称，其本身不具有识别特定商品来源即商品提供者的功能。通用名称包括法定的或者约定俗成的两种情况。法定的通用名称是指法律规定或者国家标准、行业标准等规范性文件确定的通用名称。约定俗成的通用名称是指相关公众普遍认可和使用的通用名称。这里的相关公众一般是指全国范围内的相关公众，但如果被指称的行业或者商品由于历史传统、风土人情或者自然条件、法律限制等原因而被局限在特定地域市场或者其他相关市场内，则以该相关市场的公众作为判断标准。本案中的"泥人张"显然并非法定的通用名称。判断其是否为约定俗成的通用名称时，应当以全国范围内的相关公众的通常认识为标准，因为泥塑行业和商品在全国范围内均有分布。根据日常生活经验，"行业＋姓氏"或者"商品＋姓氏"确实是社会大众特别是北京人对民间艺人的一种称谓方法。但是，这种方法并不是仅有的一种称谓方法，而且，这也不意味着根据这种方法产生的称谓就必然是相关商品的通用名称，是人人可以自由使用的称谓。被申请人所谓的"面人郎"、"泥人李"等名称，如果确实存在，显然所指的人物或者商品的来源也应当是特定的，并不是对特定姓氏艺人的通用称谓。被申请人提供的证据本身不能证明在较长历史范围内社会公众已将"泥人张"用作通用称谓。此外，"泥人张"作为对张明山及其后几代人中泥塑艺人的称谓，历史悠久、声誉较高。媒体或者特定范围内的人称其他做泥人的艺人为"泥人张"，通常是一种文学上的比较手法，体现了对该艺人技艺的艺术性肯定或者夸张。媒体报道对于"泥人张"的使用并不能当然赋予被报道的张姓泥塑艺人亦可以在商业活动中使用"泥人张"这一称谓的权利。相反，根据上海辞书出版社 2000 年第 1 版《辞海》对"泥人张"这一名词的解释，真正的"泥人张"显然是特指张明山及其后几代人中的泥塑艺人。很显然，"泥人＋姓氏"并非是对泥塑艺人的通用称谓，被申请人提供的证据不能证明全国范围内的张姓泥塑艺人均被普遍称为"泥人张"。

33. 合同附随义务不能构成商业秘密的保密措施

在申诉人张家港市恒立电工有限公司（以下简称恒利公司）清算组与被申诉人江苏国泰国际集团国贸股份有限公司（以下简称国贸公司）、张家港市宇阳橡塑电器有限公司（以下简称宇阳公司）侵害商业经营秘密纠纷案（〔2012〕民监字第 253 号）中，最高人民法院指出，派生于诚实信用原则的保守秘密的合同附随义务，无法体现商业秘密权利人对信息采取保密措施的主观愿望，不能构成作为积极行为的保密措施。

本案的基本案情是：恒立公司、国贸公司、张家港保税区金恒国际贸易有限公司（以下简称金恒公司）三方签订协议确认，经金恒公司介绍，恒立公司与金恒公司就开关、插座、灯头等产品出口至坦桑尼亚事宜与外商进行了谈判，并达成了供货协议，外销合同经恒立公司、金恒公司同意，由国贸公司代其对外签约，并代理出口该产品。各方并对恒立公司供货具体品名、数量、与国贸公司结算的价格、交货时间、地点及合同履行过程中的权利义务进行了约定。该协议加盖有金恒公司公章，以及金恒公司黄建宏的个人签名。坦桑尼亚 NM 公司先行支付国贸公司 2 万美金。随后，坦方向恒立公司和国贸公司出具开工确认书，就样品的改进提出具体的修改要求，并确认同意开始动工生产。此后，恒立公司与国贸公司就该出口事项又分别签订五份合同，约定由国贸公司向恒立公司订购开关、插座、灯头等出口产品。恒立公司按合同约定陆续履行了上述五批货物的交货义务，国贸公司陆续向恒立公司支付了部分货款。2002 年 1 月 14 日，国贸公司向恒立公司转发坦方传真件，该传真件称，先前所发货物产品质量太差，要求国贸公司暂缓付款给厂方。国贸公司随后终止了与恒立公司所签协议的履行。2002 年 4 月 21 日，恒立公司决定停止公司生产经营活动并解散，由全体股东成立清算组对公司进行清算，恒立公司与国贸公司的索赔诉讼由清算组负责进行。恒立公司清算组于 2009 年 5 月 31 日提起本案诉讼，主张涉案订货商 NM 公司及收货商 AC 公司的信息构成其商业秘密，国贸公司违反约定披露、允许他人使用其商业秘密，宇阳公司收到恒立公司通知后明知业务违法，仍故意使用他人商业秘密，构成共同侵权。请求确认两被告侵犯其商业秘密，并判令宇阳公司停止侵权。江苏省苏州市中级人民法院一审判决驳回恒立公司清算组的诉讼请求。一审判决生效后，恒立公司清算组向江苏省高级人民法院申请再审。江苏省高级人民法院裁定驳回恒立公司清算组的再审申请。恒立公司清算组向最高人民法院提出申诉。最高人民法院于 2012 年 8 月 6 日裁定驳回其申诉。

最高人民法院审查认为：尽管根据合同法规定，当事人不论在合同的订立过程、履约过程、还是合同终止后，对其知悉的商业秘密都有保密、不得泄露或者不正当使用的附随义务。但合同的附随义务与商业秘密的权利人对具有秘密性的信息采取保密措施是两个不同的概念，不能以国贸公司负有合同法上的保密附随义务来判定恒立公司对其主张的信息采取了保密措施。商业秘密是通过权利人采取保密措施加以保护而存在的无形财产，权利人必须有将该信息作为秘密进行保护的主观意识，并实施了客观的保密措施。派生于诚实信用原则的合同的附随义务，是根据合同的性质、目的和交易习惯履行的附属于主债务的从属义务，其有别于商业秘密构成要件"保密性"这种积极的行为，并不体现商业秘密权利人对信息采取保密措施的主观愿望以及客观措施。本案中，恒立公司清算组既没有证据证明其对请求保护的信息采取了客观的保密措施，更没有证据证明该保密措施的合理性，其主张的客户名单构成商业秘密的申诉理由不能成立。

34. 具有特殊地理因素的商号之间的共存

在申请再审人福建省白沙消防工贸有限公司（以下简称福建白沙公司）与被申请人南安市白沙消防设备有限公司（以下简称南安白沙公司）侵犯企业名称（商号）权及不正当竞争纠纷案（〔2012〕民申字第14号）中，最高人民法院指出，村名属于公共资源，同处该村区域的经营者均将村名作为企业名称中的字号登记注册，企业名称具有一定区别，在后注册的经营者不具有主观恶意，且未导致相关公众混淆误认的，不宜认定在后注册的经营者构成不正当竞争。

本案的基本案情是：1989年4月16日，福建白沙公司的前身福建省南安县白沙消防器材厂成立，后经几次更名变更为现名，住所地为美林镇白沙村，主营室内消火栓、室外消火栓、室外水泵接合器等。1995年1月9日，南安白沙公司的前身福建省南安市白沙消防设备厂成立，后经几次更名变更为现名，住所地为美林镇白沙村，经营范围为多型地下式消防水泵接合器、室内消火栓、直流水枪、室外消火栓、消防接口等。福建白沙公司拥有两枚"远红"文字及图形商标，其中三角形图形商标自2002年12月16日起先后被认定为泉州市知名商标、福建省著名商标；"远红"文字商标于2006年12月10日被认定为中国驰名商标。1997年7月28日，南安白沙公司的前身向商标局申请注册第1065970号"白沙"商标，核定使用的商品为第9类灭火器具。2003年9月16日，南安白沙公司向商标局申请注册"白沙"文字商标，使用商品为第9类"灭火器，灭火设备，火灾扑打器，太平梯，消防水龙带喷头，消防软管喷嘴，消防车，消防船，灭火洒水系统"，目前该商标尚未核准注册。福建白沙公司以南安白沙公司注册"白沙"字号和"白沙"商标的行为构成不正当竞争，提起本案诉讼。福建省泉州市中级人民法院一审认为，两家企业同是生产消防产品，存在同业竞争关系，由于地理位置等原因，存在一定程度上的混淆和误认。南安白沙公司申请注册的"白沙"商标与福建白沙公司在先取得的企业名称专用权相冲突；福建白沙公司对"白沙"字号注册在先，依法享有"白沙"字号的优先权利。据此判决南安白沙公司停止使用"白沙"商标和含有"白沙"字号的企业名称，并向有关工商管理部门办理变更登记。福建省高级人民法院二审认为，南安白沙公司的现有企业名称是依法定程序登记并得到核准注册，与福建白沙公司的行政区划、经营特点均不相同，可以认定二者既不相同也不近似，消防行业这一特殊行业的相关公众对两家公司的消防产品不足以产生混淆，不构成不正当竞争。两家公司原来都是南安市美林镇白沙村的集体所有制企业，均以"白沙"为字号登记注册企业名称，有其历史原因和特殊的地理因素，没有违反诚实信用原则。据此改判撤销一审判决，驳回福建白沙公司的全部诉讼请求。福建白沙公司向最高人民法院申请再审。最高人民法院于2012年5月23日裁定驳回其再审申请。

最高人民法院审查认为：南安白沙公司将"白沙"作为其企业名称中的字号登记注册具有特殊的地理因素。南安白沙公司与福建白沙公司同处福建省南安市美林镇镇白沙村，"白沙"系两公司住所地村名，属于公共资源。福建白沙公司虽先将"白沙"村名作为其企业名称中的字号登记注册，但对该村名并不享有专有权，不能排斥同处该村的其他企业使用"白沙"二字。事实上，白沙村已有不少企业将"白沙"登记注册为企业名称中的字号。而且，至本案一审起诉时止，福建白沙公司使用"白沙"字号18年，南安白沙公司使用"白沙"字号也12年，二者已共存了十余年。因此，南安白沙公司将"白沙"作为其字号属于对该公司住所地村名的正当使用。福建白沙公司主张其企业名称因该公司拥有"远红"驰名商标而具有较高的知名度、南安白沙公司注册"白沙"字号具有傍名牌、搭便车的恶意。判断南安白沙公司申请注册其企业名称中字号的主观意图，主要以其申请注册时的主观状况为准，不能以福建白沙公司此后具有知名度而推定南安白沙公司此前注册"白沙"字号时具有攀附其声誉和市场价值的主观恶意。从本案查明的事实来看，南安白沙公司1995年核准注册；福建白沙公司的"远红"商标于2002年后被认定为泉州市知名商标、福建省著名商标、驰名商标。即使这些证据能够证明福建白沙公司的"远红"商标后来具有知名度，但尚不足以证明其在南安白沙公司申请注册时已具有知名度，故不能证明南安白沙公司申请注册其字号具有主观恶意，不足以认定其违反诚实信用原则。福建白沙公司与南安白沙公司除均将其公司住所地村名"白沙"作为企业名称中的字号外，两公司企业名称中的行政区划不同，虽同属消防行业，但是前者为消防工贸，后者是消防设备，存在一定区别，消防领域的相关公众能够区分，不会导致混淆误认。南安白沙公司将"白沙"登记注册为企业名称中的字号属于对其住所地村名的正当使用，将其村名且字号"白沙"注册为商标的行为本身亦具有正当性。

五、关于知识产权诉讼程序与证据

35. 消费者使用的被诉侵权商品的扣押地不属于据以确定管辖的"查封扣押地"

在申请再审人日照金通车辆制造有限公司（以下简称金通公司）与被申请人金杯汽车股份有限公司（以下简称金杯股份公司）、一审被告金杯车辆制造集团有限公司（以下简称金杯集团公司）侵犯商标专用权纠纷管辖权异议案（〔2012〕民提字第109号）中，最高人民法院认为，《最高人民法院关于审理商标民事纠纷案件适用法律若干问题的解释》第六条所指的"侵权商品的查封扣押地"，不包括消费者使用被诉侵权商品的扣押地。

本案的基本案情是：2010年11月18日，金杯股份公司以金通公司和金杯集团公司侵犯其注册商标专用权为由，向辽宁省沈阳市中级人民法院提起诉讼。金通公司在答辩期内对管辖权提出异议。金通公司认为，《最高人民法院关于审理商标民事纠纷案件适用法律若干问题的解释》（以下简称商标法司法解释）第六条中的"查封扣押"应指对被诉侵权人生产、销售被诉侵权商品的查封扣押，而非对消费者使用被诉侵权商品的查封扣押，辽宁省沈阳市康平县工商行政管理局（以下简称康平县工商局）对消费者石月娇所购被诉侵权车辆予以扣押的行为不属于上述情况，沈阳市并非该司法解释中的

"查封扣押地",沈阳市中级人民法院对本案没有管辖权。一审法院认为,该司法解释第六条规定的查封扣押地,是指海关、工商等行政机关依法查封、扣押侵权商品所在地。因法律未对上述被查封扣押财产的主体作限制性规定,因此该主体不应仅指被诉侵权商品的生产者和销售者。另根据该条规定,侵权行为实施地与查封扣押地应系不同概念,而被诉侵权人生产、销售被诉侵权商品的地点应属侵权行为实施地范畴,如果将查封扣押地解释为仅指查封扣押被诉侵权人生产、销售被诉侵权商品的地点,则查封扣押地将与侵权行为实施地将发生混同。被诉侵权商品由康平县工商局予以扣押,沈阳市系该被诉侵权商品的查封扣押地,沈阳市中级人民法院享有本案管辖权。遂裁定驳回金通公司的管辖权异议。金通公司不服,提起上诉。辽宁省高级人民法院二审裁定维持一审裁定。金通公司不服,向最高人民法院申请再审。最高人民法院裁定提审本案,并于2012年11月23日裁定撤销原一、二审裁定,将本案移送山东省日照市中级人民法院审理。

最高人民法院提审认为:商标法司法解释关于商标民事纠纷案件管辖的规定,是根据民事诉讼法的规定制定,同时考虑了商标民事纠纷案件的特点,确定了相应的管辖规则。法院对此类案件行使管辖权时,应严格适用该司法解释第六条确定的由"侵权行为实施地、侵权商品储藏地或查封扣押地、被告住所地法院"管辖的规则。本案中,能否将消费者使用的被诉侵权商品的扣押地认定为该司法解释第六条所指的"侵权商品的查封扣押地"是争议的焦点。从立法本意看,该规定以增强案件管辖的确定性,既方便当事人行使诉权,又方便法院审理为目的。如果将消费者使用被诉侵权商品的扣押地理解为该司法解释第六条规定的"侵权商品的查封扣押地",将会增加当事人选择管辖法院的随意性,减损此类案件管辖的确定性,违背有关管辖规定的本意。本案原审法院以消费者使用的被诉侵权商品由康平县工商局予以扣押,沈阳市系该被诉侵权商品的查封扣押地为由,确定沈阳市中级人民法院享有本案管辖权,属于适用法律错误,应予以纠正。

36. 涉及同一事实的确认不侵犯专利权诉讼和专利侵权诉讼的管辖

在上诉人本田技研工业株式会社(以下简称本田株式会社)与被上诉人石家庄双环汽车股份有限公司(以下简称双环公司)侵犯外观设计专利权纠纷管辖权异议案(〔2012〕民三终字第1号)中,最高人民法院认为,不同法院受理的涉及同一事实的确认不侵犯专利权诉讼和专利侵权诉讼应当移送管辖合并审理;移送过程中,如涉及地域管辖,应按照立案时间的先后顺序,由后立案受理的法院将案件移送到先立案受理的法院审理;如涉及级别管辖,一般按"就高不就低"的原则由级别低的法院将其立案受理的案件移送到级别高的法院审理。

本案的基本案情是:2003年11月24日,本田株式会社以双环公司侵犯涉案外观设计专利权为由,向北京市高级人民法院(以下简称北京高院)提起侵权诉讼,诉讼标的额为0.8亿元。鉴于该案与河北省石家庄市中级人民法院(以下简称石家庄中院)于2003年10月16日立案受理的双环公司诉本田株式会社确认不侵犯涉案外观设计专利权案件基于同一事实,最高人民法院于2004年6月24日作出〔2004〕民三他字第4号通知,责成北京高院将该案移送石家庄中院,与该院此前受理的确认不侵权案件合并审理，并指出如涉及级别管辖问题，依照民事诉讼法等有关规定处理。2004年12月9日，河北省高级人民法院（以下简称河北高院）作出〔2004〕冀立民函字第43号通知，将上述侵权案件指定石家庄中院与其受理的双环公司诉本田株式会社确认不侵权案件合并审理。在上述两案一审期间，涉案外观设计专利权被宣告无效。二审期间，因最高人民法院以〔2010〕行提字第3号行政判决撤销了针对涉案外观设计专利的无效宣告请求审查决定，河北高院遂裁定撤销一审判决，发回重审。石家庄中院重审期间，本田株式会社提出撤回侵权起诉的申请，石家庄中院经审查裁定准许。2011年7月18日，本田株式会社根据双环公司提交的《石家庄双环汽车股份有限公司因专利侵权纠纷造成利润损失评估咨询报告书》，将诉讼标的额由0.8亿元增至3.4857亿元，以同一案件事实向河北高院提起本案诉讼，双环公司为此提出管辖权异议。河北高院一审审查认为，在涉案外观设计专利侵权案和确认不侵权案已由石家庄中院管辖的情况下，本田株式会社就侵权案件提出撤诉申请，被准许之后又以相同案件事实随即增加诉讼标的额，直接向河北高院提起诉讼，显然系有意规避民事诉讼法第三十九条规定的行为，对此不应支持。双环公司的管辖异议成立，予以支持。据此，河北高院裁定本案移送石家庄中院与其受理的确认不侵权案合并审理。本田株式会社不服，向最高人民法院提起上诉。最高人民法院于2012年5月22日作出二审裁定，指令河北高院审理本案。

最高人民法院审理认为：石家庄中院现审理的确认不侵权案与本案均涉及同一外观设计专利，属于涉及同一事实的确认不侵犯专利权诉讼和专利侵权诉讼，根据最高人民法院〔2004〕民三他字第4号通知第一条规定，为了避免同一事实的案件为不同法院重复审判，两案应当移送管辖合并审理。如何移送管辖，应当根据地域管辖和级别管辖的规定分别予以确定。如果属于地域管辖，则应按照上述通知第四条规定的精神，依照民事诉讼法第三十七条第二款和《最高人民法院关于在经济审判工作中严格执行〈中华人民共和国民事诉讼法〉的若干规定》第2条的规定，按照立案时间的先后顺序予以移送，即由后立案受理的法院移送到先立案受理的法院。如果属于级别管辖，则应当按照《最高人民法院关于审理民事级别管辖异议案件若干问题的规定》和《最高人民法院关于调整地方各级人民法院管辖第一审知识产权民事案件标准的通知》的规定，一般按"就高不就低"的原则予以移送，即级别低的法院应将其立案受理的案件移送到级别高的法院合并审理，而级别高的法院一般不能将其立案受理的案件移送到对该案没有管辖权的级别低的法院合并审理。本案涉及的是级别管辖权异议，按照本案的标的额和涉外性质，河北高院才有权作为本案的一审法院，石家庄中院无权管辖本案，故河北高院应当将石家庄中院现审理的确认不侵权案件提至该院，与其立案受理的本案合并审理，而不是将应当由自己审理的本案指定给没有管辖权的石家庄中院与其正在审理的确认不侵权案件合并审理。本案重审期间，本田株式会社就侵权案件提出撤诉申请，是对其诉权的合法处置。石家庄中院准许其撤诉后，本田株式会社根据双环公司提交的《石家庄双环汽车股份有限公司因专利侵权纠纷造成利润损失评估咨询报告书》，重新计算其损害赔偿请求额，并向河北高院提起本案诉讼，合法有据。

37. 管理专利工作的部门受理专利侵权纠纷处理请求的条件

在申请再审人江苏省微生物研究所有限责任公司（以下简称微生物公司）与被申请

人福州海王福药制药有限公司（以下简称福药公司）、一审被告辽宁省知识产权局、一审第三人辽宁民生中一药业有限公司（以下简称民生公司）、常州方圆制药有限公司（以下简称方圆公司）专利侵权纠纷处理决定案（〔2011〕知行字第99号）中，最高人民法院指出，相关请求人已经就针对同一专利的相同或者相关联的侵权纠纷向人民法院提起诉讼，无论当事人是否完全相同，只要可能存在处理结果冲突，管理专利工作的部门即不能受理相关专利侵权纠纷处理请求。

本案的基本案情是：微生物公司是专利号为ZL93112412.3、名称为"一种含1－N－乙基庆大霉素C1a或其盐的药用制剂及其制备方法"的发明专利（即本案专利）的专利权人。2008年7月18日，本案专利的专利权人变更为微生物公司和方圆公司。微生物公司先后以不同形式许可方圆公司、无锡济民可信山禾药业股份有限公司（以下简称山禾公司）、海南爱科制药有限公司（以下简称爱科公司）实施本案专利。2004年8月31日，海南省海口市中级人民法院受理了原告爱科公司诉被告福药公司、海南豪迈医药公司（以下简称豪迈公司）、第三人微生物公司、山禾公司侵犯发明专利权纠纷一案。2009年4月29日，海口市中级人民法院判决驳回了爱科公司的诉讼请求。该判决已经发生法律效力。2008年5月，民生公司销售了福药公司生产的硫酸依替米星氯化钠注射液。该药所附产品说明书上载明药物有效成分为硫酸依替米星，其化学结构式与本案专利要求保护的"1－N－乙基庆大霉素C1a硫酸盐"化学结构式相同。2008年11月14日微生物公司和方圆公司向辽宁省知识产权局提出申请，要求对福药公司和民生公司的专利侵权行为进行处理。2009年4月10日，辽宁省知识产权局作出辽知执字〔2009〕1号专利侵权纠纷处理决定（以下简称〔2009〕1号决定），认定福药公司未经专利权人许可生产的硫酸依替米星氯化钠注射液侵犯了本案专利权，要求福药公司停止生产和销售涉案产品。福药公司不服，向辽宁省沈阳市中级人民法院提起行政诉讼。沈阳市中级人民法院一审判决驳回福药公司的诉讼请求。福药公司不服，提起上诉。其上诉理由之一为，辽宁省知识产权局受理本案时，微生物公司与爱科公司就福药公司生产硫酸依替米星氯化钠注射液一事，已经向海口市中级人民法院提起专利侵权诉讼，海口市中级人民法院正在审理之中，辽宁省知识产权局受理本案并作出〔2009〕1号决定，违反了国家知识产权局《专利行政执法办法》〔2001〕第五条第一款第（五）项的规定。辽宁省高级人民法院支持了福药公司的该上诉理由，判决撤销一审判决和〔2009〕1号决定。微生物公司不服，向最高人民法院申请再审。2012年12月5日，最高人民法院裁定驳回其再审申请。

最高人民法院审查认为：根据《专利行政执法办法》〔2001〕第五条第一款第（五）项的规定，请求管理专利工作的部门处理专利侵权纠纷，其条件之一是当事人没有就该专利侵权纠纷向人民法院起诉。专利侵权纠纷存在司法和行政两种纠纷解决方式。《专利行政执法办法》〔2001〕第五条第一款第（五）项规定的主要目的在于：避免人民法院和专利行政管理机关对同一侵权行为作出的司法裁判与行政处理决定相互冲突；节约执法资源，减少当事人的纠纷处理成本。基于此目的，该项规定应该理解为，相关请求人没有就针对同一专利的相同或者相关联的侵权纠纷向人民法院提起诉讼。在诉争专利和涉嫌侵权产品相同的情况下，即使行政处理程序中的当事人与在先民事侵权案件的当事人并不完全相同，只要两个纠纷的当事人之间存在交叉，其请求的内容存在一定的重叠，在先民事案件的审理结果与行政处理决定的处理结果具有关联性，可能出现结果冲突的，均应认为当事人已经就该专利侵权纠纷向人民法院提起了诉讼。本案中，专利权人微生物公司作为请求人，请求辽宁省知识产权局对福药公司及其销售商民生公司涉嫌侵犯本案专利权的行为作出处理，要求福药公司停止生产和销售硫酸依替米星氯化钠注射液。在此之前，微生物公司的专利实施许可人之一爱科公司已经就福药公司及其销售商豪迈公司侵犯本案专利权的行为向海南省海口市中级人民法院提起了诉讼，其诉讼请求之一亦是请求判令福药公司停止生产和销售硫酸依替米星氯化钠注射液，且专利权人微生物公司作为该案第三人参加了诉讼。虽然上述两案的当事人有所不同，但是微生物公司和福药公司均为两案的当事人之一，微生物公司在两案中均处于指控地位或者支持指控的地位，福药公司在两案中均处于被指控的地位，请求的内容均包括关于福药公司停止生产和销售硫酸依替米星氯化钠注射液的行为。可见，两个案件之间存在密切的关联性，民事侵权案件的处理结果与行政案件的处理结果存在着冲突的可能性。在辽宁省知识产权局受理本案之前，当事人已经就涉及本案专利的侵权纠纷向人民法院提起了相关诉讼。二审法院认定辽宁省知识产权局受理微生物公司和方圆公司的请求不符合《专利行政执法办法》〔2001〕第五条第一款第（五）项的规定，并无不当。

结　语

定期发布知识产权案件年度报告的工作已经持续五年，案件年度报告在明晰法律规则、指导审判实践、统一法律适用方面的作用和意义越来越大，日益受到社会各界的普遍关注和高度重视。但一如既往应该指出的是，本年度报告是最高人民法院在具体案件裁判中针对新型、复杂、疑难问题形成的认识，具有较强的个案性和探索性，其中归纳总结的法律适用标准和方法不可避免地存在一定的局限性，而且可能会随着对有关问题认识的深入和经济社会文化的发展发生调整和变化。最高人民法院将以推动增强创新驱动发展新动力为核心，以进一步突出加强知识产权司法保护为导向，大力加强知识产权审判工作，不断提高案件审判质量和效率，确保司法公正，提升司法公信力，为深入实施创新驱动发展战略，推进依法治国和建设法治中国作出更大贡献。

最高人民法院办公厅
关于印发《最高人民法院知识产权案件年度报告（2013）》的通知

2014 年 4 月 17 日　　　　　　　　　　　　法办〔2014〕38 号

各省、自治区、直辖市高级人民法院，解放军军事法院，新疆维吾尔自治区高级人民法院生产建设兵团分院：

为及时总结知识产权和竞争案件审判经验，加强审判指导，推进司法公开和提升司法公信，最高人民法院从 2013 年审结的知识产权和竞争案件中精选了 30 件典型案例，归纳出 39 个具有普遍指导意义的法律适用问题，形成了《最高人民法院知识产权案件年度报告（2013）》。该年度报告反映了最高人民法院处理新型、疑难、复杂知识产权和竞争案件的审判标准、裁判方法和司法导向，对于知识产权审判工作具有重要指导意义。

现将《最高人民法院知识产权案件年度报告（2013）》印发给你们，供在知识产权审判工作中参考借鉴。

附：

最高人民法院知识产权案件年度报告（2013）

目　录

序言
一、专利案件审判
（一）专利民事案件审判
1. 主题名称对专利权保护范围是否具有限定作用
2. 并列独立权利要求引用在前独立权利要求时保护范围的确定
3. 封闭式权利要求的侵权判定
4. 采用与权利要求限定的技术手段相反的技术方案是否构成等同侵权
5. 改变方法专利的步骤顺序是否构成等同侵权
6. 外观设计专利侵权判定中相同或相近种类产品的认定
（二）专利行政案件审判

7. 权利要求的解释方法在专利授权确权程序和民事侵权程序中的异同

8. 物质的医药用途发明的撰写要求

9. 不产生特定毒副作用的特征对权利要求请求保护的医药用途发明是否具有限定作用

10. 给药特征对权利要求请求保护的制药方法发明是否具有限定作用

11. 开放式与封闭式权利要求的区分适用于机械领域专利

12. 开放式权利要求的区别技术特征的认定

13. 技术偏见是否存在应结合现有技术的整体内容进行判断

14. 专利申请文件修改超范围的判断

15. 专利申请文件中"非发明点"的修改及其救济

16. 申请人可否基于审查员对专利申请文件修改的认可获得信赖利益保护

17. 判断专利申请文件修改是否合法时当事人意见陈述的作用

二、商标案件审判

（一）商标民事案件审判

18. 商品通用名称的认定与正当使用

（二）商标行政案件审判

19. 商标法第十五条规定的代理人或者代表人身份的推定

20. 商标法第三十一条"以不正当手段抢先注册他人已经使用并有一定影响的商标"的适用及其例外

21. 长期停止使用的商业标识不能作为有一定影响的未注册商标或在先权利予以保护

22. 商标法第四十一条第一款规定的"其他不正当手段"的认定

23. 同一主体的不同注册商标的知名度在特定条件下可以辐射

三、著作权案件审判

24. 实用性与艺术性兼备的客体作为美术作品获得保护的条件

25. 立体造型美术作品的保护范围与侵权判断

四、竞争案件审判

26. 知名商品特有的包装、装潢权益能否承继

27. 知名商品的名称、包装和装潢的特有性与新颖性的关系

28. 不具有市场属性的信息不属于商业秘密

五、知识产权合同案件审判

29. 尚未获得注册的商标的许可使用合同是否有效

30. 技术转让合同中出让方技术资料真实保证义务的延续性

六、知识产权侵权责任承担

31. 停止侵害民事责任具体承担方式的确定

32. 企业字号与注册商标冲突时的民事责任

33. 专利权人与侵权人的事先约定可以作为确定专利侵权损害赔偿数额的依据

七、关于知识产权诉讼程序与证据

34. 侵权结果地应当理解为侵权行为直接产生的结果的发生地
35. 与本诉具有牵连关系的对抗性诉讼可以作为反诉受理
36. 因诉争焦点变化而未能及时提交的证据属于"新的证据"
37. 人民法院依职权调查收集必要证据的正当性
38. 外国鉴定机构出具的鉴定结论能否采信
39. 非新产品制造方法专利侵权纠纷中的事实推定
结语

序 言

2013年，最高人民法院以推动增强创新驱动发展新动力为核心，以进一步突出加大知识产权司法保护力度为导向，解放思想，改革创新，大力加强知识产权司法公正，不断提升知识产权司法公信力和国际影响力，为建设创新型国家、社会主义文化强国和全面建成小康社会提供了有力保障。

最高人民法院知识产权审判庭全年共新收各类知识产权案件594件，比2012年增长65.46%。在新收案件中，按照案件审理程序划分，共有二审案件7件，提审案件51件，申请再审案件488件，抗诉案件2件，请示案件46件。按照案件所涉客体类型划分，共有专利案件186件，植物新品种案件6件，商标案件141件，著作权案件176件，垄断案件1件，商业秘密案件8件，其他不正当竞争案件9件，知识产权合同案件24件，其他案件43件（主要涉及知识产权审判管理事务）。按照案件性质划分，共有行政案件137件，占全部新收案件的23.06%，其中专利行政案件64件，商标行政案件73件，分别比2012年上升45.45%和35.19%；共有民事案件457件，占全部新收案件的76.94%。另有2012年旧存案件39件，2013年共有各类在审案件633件。全年共审结各类知识产权案件548件，其中二审案件3件，提审案件40件，申请再审案件458件，请示案件45件，抗诉案件2件。在审结的458件申请再审案件中，行政申请再审案件104件，民事申请再审案件354件；裁定驳回再审申请355件，裁定提审67件，裁定指令或者指定再审15件，裁定撤诉（包括和解撤诉）8件，裁定终结3件，以其他方式处理10件。

最高人民法院2013年审理的知识产权和竞争案件的基本规律和特点是：案件数量呈现猛增势头，增长率创2009年以来新高。专利等技术类案件增幅较大，所涉法律问题深度触及专利基本制度和基本理念，所涉技术事实愈加前沿和复杂，市场价值和利益更加巨大；专利行政案件增长较快，涉及医药、电子、通讯等领域基本专利的案件比重增大；专利民事案件中涉及侵权判定规则的案件较多；植物新品种案件呈现高速增长态势。商标案件整体增幅回落，商标民事案件基本稳定，商标行政案件比重进一步增加，涉及商标抢注的案件占有较大比例。著作权案件中关联案件较多，涉及软件、动漫、实用艺术等文化创意产业的案件继续增多。竞争案件中涉及网络技术和新型商业模式的案件比重较大，商业秘密和仿冒行为案件继续增多，最高人民法院首次审理垄断案件。

最高人民法院根据新形势新任务的要求，结合案件特点，在行使知识产权审判职能方面体现出如下特点：大力加强知识产权司法保护力度，把加强保护作为当前知识产权审判工作的总基调;提高司法政策指导的针对性,根据不同产业和技术领域的创新和发展需求,结合各类知识产权的属性、功能、特点,不断丰富和完善具体司法政策;注重发挥司法保护知识产权的主导作用,发挥裁判指引功能,明晰知识产权行政授权确权案件司法标准;深化司法公开,加大公开力度,完善知识产权审判宣传工作机制,积极回应新媒体时代司法宣传新要求。

本年度报告从最高人民法院2013年审结的知识产权和竞争案件中精选了30件(案件事实和法律问题基本相同的关联案件计为1件)典型案件,归纳出39个具有普遍指导意义的法律适用问题,反映了最高人民法院在知识产权和竞争领域处理新型、疑难、复杂案件的审判标准、裁判方法和司法导向,现予公布。

一、专利案件审判

(一)专利民事案件审判

1. 主题名称对专利权保护范围是否具有限定作用

在再审申请人哈尔滨工业大学星河实业有限公司(以下简称星河公司)与被申请人江苏润德管业有限公司(以下简称润德公司)侵害发明专利权纠纷案(〔2013〕民申字第790号)(以下简称"排水管道"发明专利侵权案)中,最高人民法院指出,在确定权利要求的保护范围时,权利要求记载的主题名称应当予以考虑;主题名称对权利要求保护范围的实际限定作用取决于其对权利要求所要保护的主题本身产生何种影响。

本案的基本案情是:星河公司系名称为"一种钢带增强塑料排水管道及其制造方法和装置"的发明专利(即本案专利)的权利人。本案专利有三个独立权利要求,分别是权利要求1、2和6。上述三个独立权利要求分别为:1.一种钢带增强塑料复合排水管道,包括一个塑料管体和与管体成一体的加强肋,加强肋内复合有增强钢带,其特征在于钢带上有若干矩形或圆形的通孔或钢带两侧轧制有纹路,两个加强肋之间塑料形状具有中间凸起,管体的端部具有一个连接用的承插接头,承插接头的连接部具有密封胶或橡胶圈。2.一种制造权利要求1所述的钢带增强塑料排水管道的方法,其特征在于包括如下步骤:A、将挤出机与复合机头成直角布置,钢带从机头一端引入复合机头,并在机头内与塑料复合,经冷却、定型、牵引后成型为钢带增强塑料复合异型带材钢带;B、将异型带材运送到安装现场;C、缠绕并熔焊异型带材形成钢带增强塑料排水管;D、在排水管的端口设置塑料承插接头并将其熔焊连接形成连续的排水管道。6.一种实施权利要求2所述方法的制造钢带增强塑料排水管的装置,包括:A、将钢带与塑料复合形成具有钢带加强肋的异型带材的复合装置;B、缠绕并熔焊异型带材形成钢带增强塑料排水管的缠绕装置;C、在钢带增强塑料排水管的端口设置承插接头的装置。星河公司发现润德公司使用与其本案专利相同的制造方法和装置生产、销售塑料钢带缠绕排水管,遂提起诉讼,请求法院判令润德公司停止侵权并赔偿损失。江苏省南京市中级人民法院一审认为,润德公司管道缺少权利要求1记载的"钢带上有若干矩形或圆形的通孔或钢带两侧轧制有纹路"和"两个加强肋之间塑料形状具有中间凸起"两个技术特征,故润德公司制造的管道未落入本案专利独立权利要求1的保护范围;权利要求2和6的这一主题名称不属于技术特征,对其保护范围不具有限定作用,故润德公司制造排水管道的方法落入权利要求 2 的保护范围；生产排水管道的装置落入权利要求 6 的保护范围。润德公司不服，提出上诉。江苏省高级人民法院二审认为，主题名称属于解决技术问题的必要技术特征，在确定专利权的保护范围时应当予以考虑；权利要求 2 和 6 引用在先权利要求是为了避免权利要求之间相同内容的不必要重复，其所引用的在先权利要求的技术特征对权利要求 2 和 6 具有限定作用。故润德公司生产被诉侵权产品的方法未落入引用在先权利要求的权利要求 2 的保护范围，不构成专利侵权；润德公司制造被诉侵权产品的装置也未落入引用在先权利要求的权利要求 6 的保护范围，同样不构成专利侵权。遂判决撤销一审判决，驳回星河公司的诉讼请求。星河公司不服，向最高人民法院申请再审。最高人民法院于 2013 年 12 月 30 日裁定驳回星河公司的再审申请。

最高人民法院审查认为：根据专利法实施细则第二十一条的规定，发明或者实用新型的独立权利要求应当包括前序部分和特征部分。前序部分写明要求保护的发明或者实用新型技术方案的主题名称和发明或者实用新型主题与最接近的现有技术共有的必要技术特征，特征部分写明发明或者实用新型区别于最接近的现有技术的技术特征。这些特征和前序部分写明的特征合在一起，限定发明或者实用新型要求保护的范围。因此，通常情况下，在确定权利要求的保护范围时，对权利要求中记载的主题名称应当予以考虑，而其实际的限定作用应当取决于该主题名称对权利要求所要保护的主题本身产生了何种影响。本案中，确定权利要求 2 和 6 的保护范围时，均应当考虑其主题名称对所要求保护的主题本身实际上所起的限定作用。

2. 并列独立权利要求引用在前独立权利要求时保护范围的确定

在前述"排水管道"发明专利侵权案中，最高人民法院还明确了并列独立权利要求引用在前的独立权利要求时，在前独立权利要求对该并列独立权利要求保护范围的限定作用应当如何确定的问题。最高人民法院指出，在确定引用在前独立权利要求的并列独立权利要求的保护范围时，虽然被引用的在前独立权利要求的特征应当予以考虑，但其对该并列独立权利要求并不必然具有限定作用，其实际的限定作用应当根据其对该并列独立权利要求的技术方案或保护主题是否有实质性影响来确定。

最高人民法院审查认为：在一件专利申请的权利要求书中，应当至少有一项独立权利要求。当有两项或者两项以上独立权利要求时，写在最前面的权利要求为第一独立权利要求，其他独立权利要求为并列独立权利要求。独立权利要求应当反映整体的技术方案，并按照各自的内容确定专利权的保护范围。独立权利要求之间可以不存在引用关系，也可以存在引用关系。当并列独立权利要求引用在前的独立权利要求时，该并列独立权利要求仍然属于独立权利要求，而不属于从属权利要求。虽然在确定并列独立权利要求的保护范围时，被引用的独立权利要求的特征均应当予以考虑，但其对该并列独立权利要求并不必然具有限定作用，其实际的限定作用应当根据其对该并列独立权利要求的技术方案或保护主题是否有实质性影响来确定。本案中，润德公司的被诉侵权产品与本案专利权利要求 1 相比，缺少"钢带上有若干矩形或圆形的通孔或钢带两侧轧制有纹路"和"两个加强肋之间塑料形状具有中间凸起"两个技术特征。本案专利独立权利要求 2 记载了一种制造权利要求 1 所述的钢带增强塑料排水管道的方法，独立权利要求 6 记载了一种实施权利要求 2 所述方法的制造钢带增强塑料排水管的装置，包括了将钢带与塑料复合形成具有钢带加强肋的异型带材的复合装置。从本案专利权利要求书及说明书记载的一步复合方式来看，普通钢带在权利要求6记载的复合装置中，经过权利要求2记载的步骤A，形成了复合异型带材，即钢带上有矩形或圆形的通孔或纹路，塑料熔融后在两个加强肋之间生成了中间凸起。虽然权利要求书和说明书对形成通孔或纹路以及凸起的装置部件未作具体的结构描述，但根据本案专利权利要求1记载的产品技术特征，可以推定权利要求6记载的复合装置必然具备生成上述区别技术特征的部件。可见，权利要求1记载的技术特征对于权利要求2和6产生了实质性的影响，具有限定作用。被诉侵权产品没有通孔或纹路以及凸起，星河公司亦未举证证明被诉侵权的装置具备生成上述特征的部件，因此可以推定被诉侵权的装置不同于权利要求6所记载的装置，也未使用被诉侵权的方法。

3. 封闭式权利要求的侵权判定

在再审申请人河北鑫宇焊业有限公司（以下简称鑫宇公司）与被申请人宜昌猴王焊丝有限公司（以下简称猴王公司）侵害发明专利权纠纷案（〔2013〕民申字第1201号）中，最高人民法院指出，对于封闭式权利要求这种特殊类型的权利要求，如果被诉侵权产品或者方法除具备权利要求明确记载的技术特征之外，还具备其他特征的，应当认定其未落入权利要求保护范围。

本案的基本案情是：鑫宇公司系名称为"高强度结构钢用气体保护焊丝"发明专利（即本案专利）的独占许可使用权人。本案专利权利要求1为："一种高强度结构钢用气体保护焊丝，其特征在于：由下列重量百分比的元素：C：0.04－0.12、Mn：1.2－2.20、Si：0.40－0.90、Ti：0.03－0.20、V：0.03－0.06、B：0.002－0.006、S＜0.025、P＜0.025，余量为铁及其不可避免的杂质构成。"鑫宇公司以猴王公司侵害本案专利权为由提起诉讼，请求法院判令猴王公司承担停止侵权、赔偿损失等责任。经鉴定，猴王公司生产的被诉侵权产品定量分析（含量百分比）如下：碳（C）0.085、硫（S）0.004、铬（Cr）0.080、铜（Cu）0.087、锰（Mn）1.69、镍（Ni）0.049、磷（P）0.009、硅（Sl）0.69、钛（Ti）0.091、钒（V）0.031、铁（Fe）余量、硼（B）0.0028、铌（Nb）＜0.002。湖北省宜昌市中级人民法院一审认为，对于以封闭式权利要求表征的组合物专利，如果被诉侵权技术方案含有权利要求记载的组分之外的其他组分，则应认定其未落入专利权的保护范围。被诉侵权产品中镍的含量高达0.049%，应认定为猴王公司有意添加的组分。鑫宇公司在专利背景技术中指出加镍的种种弊端，不添加镍正是本案专利的特征。因此，被诉侵权产品未落入本案专利权的保护范围。据此判决驳回鑫宇公司的诉讼请求。鑫宇公司不服，提出上诉。湖北省高级人民法院二审判决驳回上诉，维持原判。鑫宇公司仍不服，向最高人民法院申请再审。最高人民法院于2013年9月15日裁定驳回鑫宇公司的再审申请。

最高人民法院审查认为：封闭式权利要求通过"由……组成"、"余量为……"等表达方式的限定，表明其排除权利要求明确记载的技术特征之外的其他组分、结构或者步骤。本案专利权利要求1采用了"由……构成"、"余量为铁及其不可避免的杂质构成"等措辞，表明权利人以明确的意思表示，对权利要求1请求保护的"高强度结构钢用气体保护焊丝"组分进行了穷尽式列举，权利要求1属于封闭式权利要求。根据全面覆盖原则，如果被诉侵权技术方案包含与权利要求记载的全部技术特征相同或者等同的技术特征，则构成侵权行为。即使被诉侵权技术方案还附加有其他技术特征，亦不影响侵权判断，仍应认定侵权行为成立。适用全面覆盖原则时，应当首先确定权利要求的保护范围。封闭式权利要求是一种特殊类型的权利要求，其以特定措辞或者表达，限定了其保护范围仅包括权利要求中明确记载的技术特征及其等同物，排除了其他组分、结构或者步骤。因此，对于封闭式权利要求，如果被诉侵权产品除具备权利要求明确记载的技术特征之外，还具备其他特征，应当认定被诉侵权产品未落入权利要求的保护范围。否则，会出现在授权确权程序中权利要求从严解释，权利人更容易避开现有技术获得授权；在侵权诉讼中从宽解释，覆盖更宽保护范围，权利人两头得利，法律适用前后脱节的情形。本案被诉侵权产品除具有权利要求1记载的全部组分之外，还含有铬、铜、镍三种组分，其中镍是本案专利说明书中明确指出需要排除的组分。因此，被诉侵权产品未落入本案专利权的保护范围。

4. 采用与权利要求限定的技术手段相反的技术方案是否构成等同侵权

在再审申请人北京市捷瑞特弹性阻尼体技术研究中心（以下简称捷瑞特中心）与被申请人北京金自天和缓冲技术有限公司（以下简称金自天和公司）、王菡夏侵害实用新型专利权纠纷案（〔2013〕民申字第1146号）中，最高人民法院认为，被诉侵权技术方案的技术手段与权利要求明确限定的技术手段相反，技术效果亦相反，且不能实现发明目的的，不构成等同侵权。

本案的基本案情是：捷瑞特中心是名称为"快进慢出型弹性阻尼体缓冲器"的实用新型专利（即本案专利）的权利人。本案专利权利要求1为："一种快进慢出型弹性阻尼体缓冲器，主要由套筒座，承接头，活塞，弹性阻尼体和密封装置组成，其特征在于：在承接头的内腔中装入弹性阻尼体将活塞与活塞杆相连接，装入承接头的内腔之中，将缸盖与承接头连接成一整体，沿活塞圆周部位设置有单向限流装置，压缩行程时单项限流装置打开，回复行程时单项限流装置关闭，活塞外径与内腔之间留有间隙。"本案专利说明书记载，"本实用新型的目的在于提供一种当缓冲器受到冲击载荷后，可迅速缓冲能吸收大部分撞击能量，然后缓慢稳定地回复，免予弹跳，保护设备并有效降低了噪音的一种快进慢出型弹性阻尼体缓冲器。为了实现上述目的，本实用新型通过以下技术方案来实现：……沿活塞圆周部位设置有单向限流装置，压缩行程时单向限流装置打开，回复行程时单向限流装置关闭。由于采用了上述技术方案，本实用新型具有以下优点和效果：……能承受较大的冲击载荷，承撞头快进慢出，外载荷撤销后自动回复，无需增设回弹装置，有效地保护了设备和降低了噪声"。金自天和公司制造并销售了HM-1型缓冲器弹性胶泥芯体，该产品在单向限流装置上采取了压缩行程时关闭、回复行程时打开的安装方式，实现了承撞头慢进快出的效果。捷瑞特中心认为，金自天和公司的被诉侵权产品落入本案专利权保护范围，王菡夏非法窃取捷瑞特中心的专利技术信息与金自天和公司合作生产被诉侵权产品，均构成侵权。遂提起诉讼，请求法院判令两被告停止侵权行为，连带赔偿其经济损失1000万元。北京市第一中级人民法院一审认为，被诉侵权产品没有本案专利的套筒座，且单向限流装置安装方式与本案专利相反，未落入本案专利权的保护范围；捷瑞特中心关于王菡夏共同侵犯本案专利权的主张，无事实和法律依据。据此判决驳回捷瑞特中心的诉讼请求。捷瑞特中心不服，提出上诉。北京市高级人民法院二审判决驳回上诉，维持一审判决。捷瑞特中心不服，向最高人民法院申请再审。最高人民法院于2013年11月18日裁定驳回捷瑞特中心的再审申请。

最高人民法院审查认为：从本案专利说明书的记载来看，本案专利的发明目的是提供一种快进慢出型的弹性阻尼体缓冲器。为实现这一发明目的，本案专利在单向限流装置上采取了压缩行程时打开、回复行程时关闭的安装方式，以达到承撞头快进慢出的效果。对此，本案专利权利要求1对单向限流装置的安装方式也作出了明确的限定。本案被诉侵权产品在单向限流装置上采取的是压缩行程时关闭、回复行程时打开的安装方式，实现的是承撞头慢进快出的效果。因此，本案被诉侵权产品在单向限流装置的安装方式上与本案专利权利要求1限定的安装方式既不相同，也不等同，没有落入本案专利权保护范围。

5. 改变方法专利的步骤顺序是否构成等同侵权

在再审申请人浙江乐雪儿家居用品有限公司（以下简称乐雪儿公司）与被申请人陈顺弟、一审被告、二审上诉人何建华、第三人温士丹侵害发明专利权纠纷案（〔2013〕民提字第225号）中，最高人民法院指出，方法专利的步骤顺序是否对专利权的保护范围起到限定作用，从而导致发生步骤顺序改变时限制等同原则的适用，关键在于所涉步骤是否必须以特定的顺序实施以及这种顺序改变是否会带来技术功能或者技术效果的实质性差异。

本案的基本案情是：陈顺弟系"布塑热水袋的加工方法"发明专利（即本案专利）的权利人。本案专利权利要求1为："布塑热水袋的加工方法，布塑热水袋由袋体、袋口和袋塞所组成，所述的袋体有内层、外层和保温层，在袋体的边缘有粘合边，所述的袋塞是螺纹塞座和螺纹塞盖，螺纹塞座的外壁有复合层，螺纹塞盖有密封垫片，袋塞中的螺纹塞座是聚丙烯材料，复合层是聚氯乙烯材料，密封垫片是硅胶材料所制成，其特征在于：第一步：首先取内层、保温层以及外层材料；第二步：将内层、保温层、外层依次层叠，成为组合层；第三步：将两层组合层对应重叠，采用高频热合机按照热水袋的形状对两层组合层边缘进行高频热粘合；第四步：对高频热粘合的热水袋进行分只裁剪；第五步：取聚丙烯材料注塑螺纹塞座，再把螺纹塞座作为嵌件放入模具，另外取聚氯乙烯材料在螺纹塞座外二次注塑复合层；第六步：将有复合层的螺纹塞座安入袋口内，与内层接触，采用高频热合机对热水袋口部与螺纹塞座复合层进行热粘合；第七步：对热水袋袋体进行修边；第八步：取塑料材料注制螺纹塞盖；第九步：取硅胶材料注制密封垫片；第十步：将密封垫片和螺纹塞盖互相装配后旋入螺纹塞座中；第十一步：充气试压检验，向热水袋充入压缩空气进行耐压试验；第十二步：包装。"本案专利说明书在第3页中明确记载步骤10和11可以调换。陈顺弟认为，乐雪儿公司生产、销售，何建华销售和许诺销售的布塑热水袋侵犯了其本案专利权，遂提起诉讼。请求法院判令：何建华立即停止销售侵权产品，赔偿其经济损失50万元；乐雪儿公司立即停止制造、销售侵权产品，并赔偿经济损失100万元。乐雪儿公司辩称，其被诉侵权方法的步骤6、7和步骤8、10分别与本案专利权利要求1的步骤6、7和步骤10、11顺序相反，且这种步骤顺序的改变产生了不同的技术效果；同时，被诉侵权方法亦不包括本案专利权利要求 1 的步骤 5、8、9，即加工螺纹塞座、螺纹塞盖和密封垫片的步骤，其生产的热水袋中的上述三个部件均为合法外购取得；上述外购部件的加工方法是注塑，其没有义务知晓该加工方法，故其行为不构成侵权。辽宁省沈阳市中级人民法院一审认为，被诉侵权方法的技术特征完全覆盖了本案专利权利要求的全部技术特征，乐雪儿公司的行为侵犯了本案专利权；何建华销售被诉侵权产品，未举证证明其合法来源，不能免除赔偿责任。据此判决何建华停止销售侵权产品，赔偿陈顺弟经济损失及合理费用 1 万元；乐雪儿公司停止侵权行为，赔偿陈顺弟经济损失及合理费用 30 万元；驳回陈顺弟其他诉讼请求。乐雪儿公司、何建华均不服，提出上诉。辽宁省高级人民法院二审认为，被诉侵权方法的步骤 6、7 和步骤 8、10 虽然分别与本案专利权利要求 1 的步骤 6、7 和步骤 10、11 顺序相反，但其技术特征和技术效果无实质区别，故被诉侵权方法落入本案专利权保护范围。鉴于陈顺弟在二审中放弃了对何建华的诉讼请求，遂判决撤销一审判决中针对何建华的判项内容。乐雪儿公司不服，向最高人民法院申请再审。最高人民法院裁定提审本案，并于 2013 年 12 月 25 日判决撤销原审判决，驳回陈顺弟的全部诉讼请求。

最高人民法院提审认为：方法发明专利的权利要求是包括有时间过程的活动。涉及产品制造方法的发明专利通常是通过方法步骤的组合以及一定的步骤顺序来实现的。方法专利的步骤顺序是否对专利权的保护范围起到限定作用，从而导致在步骤互换时限制等同原则的适用，关键要看这些步骤是否必须以特定的顺序实施以及这种互换是否会带来技术功能或者技术效果上的实质性差异。关于本案专利权利要求 1 步骤 6、7 是否与被诉侵权方法的步骤 6、7 构成等同的问题。从被诉侵权方法此前的加工步骤来看，其已在步骤 4 中对高频热粘合后的热水袋进行了裁剪，此时修边的主要目的是为了使热水袋美观，接近成品，其减少空间的作用非常有限，而且多余边角料的存在不会干扰塞座的粘合，对塞座粘合不会产生实质性影响。因而，这两个步骤的实施不具有先后顺序的唯一对应性，先修边还是先进行热粘合对于整个技术方案的实现没有实质性影响，这两个步骤的互换在技术功能和技术效果上也没有产生实质性的差异。故被诉侵权方法调换后的步骤与本案专利权利要求 1 的步骤 6、7 属于等同的技术特征。关于本案专利权利要求 1 的步骤 10、11 是否与被诉侵权方法的步骤 8、10 构成等同的问题。本案专利权利要求 1 的步骤 10 是将密封垫片和螺纹塞盖互相装配后旋入螺纹塞座中，步骤 11 步充气试压检验。被诉侵权方法采用的是先充气试压检验，后将密封垫片和螺纹塞盖互相装配后旋入螺纹塞座。对热水袋进行充气试压检验，需要通过热水袋的口部进行。按照本案专利权利要求 1 的步骤 10、11 进行操作，在进行充气试压检验前，必须要从螺纹塞座中旋下螺纹塞盖后方能进行。与被诉侵权方法所采取的先试压检验后再装配螺纹塞盖的步骤相比，这种操作步骤实质上是增加了充气试压检验的操作环节，导致操作时间延长，效率降低。故将步骤 10、11 调换后，确实产生了减少操作环节，节约时间，提高效率的技术效果。因此这种步骤互换所产生的技术效果上的差异是实质性的，调换后的步骤与本案专利权利要求 1 的步骤 10、11 不构成等同技术特征。被诉侵权方法未落入本案专利权的保护范围。

6. 外观设计专利侵权判定中相同或相近种类产品的认定

在再审申请人福建省晋江市青阳维多利食品有限公司（以下简称维多利公司）与被申请人漳州市越远食品有限公司（以下简称越远公司）、一审被告、二审被上诉人李欣彩侵害外观设计专利权纠纷案（〔2013〕民申字第1658号）中，最高人民法院指出，在外观设计专利侵权判定中，确定产品种类是否相同或相近的依据是产品是否具有相同或相近似的用途，产品销售、实际使用的情况可以作为认定用途的参考因素。

本案的基本案情是：越远公司是名称为"工艺品（凤梨拼盘）"外观设计专利（即本案专利）的独占被许可人。越远公司在李欣彩经营的商店公证购买了名称为"旺来拼盘吸冻"的被诉侵权产品。维多利公司确认被诉侵权产品由其生产、销售。被诉侵权产品的外形整体造型为承载在托盘上的凤梨，自上而下由三部分构成：顶层是朝上伸展的叶子；中间层是由若干颗粒捆扎而成的圆柱形果实，圆柱形果实的内部填充了具有可食用性的果冻；底层是带底座的托盘。销售时，顶层的装饰物、底层的托盘与中间层的圆柱型果实一同销售。根据产品实际使用情况，被诉侵权产品除供食用外，消费者购买后也可以将其作为贡品和摆设，达到装饰的效果。越远公司以李欣彩和维多利公司为被告提起诉讼，请求法院判令两被告立即停止侵害本案专利权的行为，赔偿经济损失8万元。福建省厦门市中级人民法院一审认为，本案被诉侵权产品为果冻，系可食用食品，而本案外观设计专利为"工艺品（凤梨拼盘）"，系装饰品，两者用途不同，产品功能不同，且在国际外观设计分类表中分别属不同的类别，故本案被诉侵权产品的外观设计未落入本案专利保护范围。据此判决驳回越远公司的全部诉讼请求。越远公司不服，提出上诉。福建省高级人民法院二审认为，在凤梨模型中注入可食用的材料并不影响其同时具有装饰的功能和用途，被诉侵权产品可以用作装饰陈列、摆放，故被诉侵权产品与本案专利产品属于相近种类产品。维多利公司在与本案专利相近的产品种类上使用与本案专利相近似的外观设计，构成侵权。遂判决维多利公司、李欣彩立即停止侵权行为，维多利公司赔偿越远公司2万元。维多利公司不服，向最高人民法院申请再审。最高人民法院于2013年9月26日驳回维多利公司的再审申请。

最高人民法院审查认为：外观设计不能脱离其产品而单独存在，但外观设计专利的保护客体并非产品本身，也并非脱离外观设计专利限定的产品类别抽象出来的设计方案。在确定外观设计专利权的保护范围时，产品的种类以及外观设计均是需要考虑的因素。如果在与外观设计专利产品相同或者相近种类产品上，被诉侵权产品采用了与授权外观设计相同或者近似的外观设计，则应当认定被诉侵权产品落入外观设计专利权的保护范围。确定产品种类相同或相近的依据是产品是否具有相同或相近似的用途，而产品销售、实际使用的情况是认定用途的参考因素。根据产品实际使用情况，被诉侵权产品除供食用外，消费者购买后也可以将其作为贡品和摆设，达到装饰的效果。尽管被诉侵权产品的果实中盛装了果冻，具有食用的功能，但由于其与本案专利产品具有相同的装饰用途，应认为被诉侵权产品与本案外观设计专利产品种类相近。维多利公司在与本案专利相近的产品种类上使用与本案专利相近似的外观设计，二审法院认定被诉侵权产品落入本案外观设计专利的保护范围，并无不当。

（二）专利行政案件审判

7. 权利要求的解释方法在专利授权确权程序和民事侵权程序中的异同

在再审申请人精工爱普生株式会社（以下简称精工爱普生）与被申请人中华人民共和国国家知识产权局专利复审委员会（以下简称专利复审委员会）、郑亚俐、佛山凯德利办公用品有限公司（以下简称凯德利公司）、深圳市易彩实业发展有限公司（以下简称易彩公司）发明专利权无效行政纠纷案（〔2010〕知行字第53—1号）（以下简称"墨盒"专利无效行政案）中，最高人民法院认为，专利权利要求的解释方法在专利授权确权程序与专利民事侵权程序中既有根本的一致性，又在特殊场合下体现出一定的差异性，其差异突出体现在当事人意见陈述的作用上；在专利授权确权程序中，申请人在审查档案中的意见陈述原则上只能作为理解说明书以及权利要求书含义的参考，而不是决定性依据。

本案的基本案情是：精工爱普生是名称为"墨盒"的00131800.4号发明专利（即本案专利）的申请人和权利人。本案专利是99800780.3号发明专利申请的分案申请，而99800780.3号发明专利申请是进入中国国家阶段的国际申请（PCT/JP99/02579）。该国际申请的申请日是1999年5月18日，其主张的最早优先权日是1998年5月18日，进入中国国家阶段后的公开日是2000年11月1日。该国际专利申请原文为日文，其内容可以参照该国际申请文件的中文译文，即99800780.3号发明专利申请的申请文件。99800780.3号发明专利申请公开文本的权利要求书和说明书中，均未出现"记忆装置"的用语。但在PCT/JP99/02579号国际专利申请文件的权利要求书中出现过"半導体記憶手段"的日文用语，在说明书中则分别出现过"半導体記憶手段"和"記憶手段"的用语，上述用语在99800780.3号发明专利申请公开文本中分别被翻译为"半导体存储装置"和"存储装置"。2000年10月30日，精工爱普生以分案方式提出本案专利申请。本案专利申请公开文本的权利要求书共计12项权利要求，其中权利要求6、7和8中出现了"记忆装置安装部分"的用语。此后，精工爱普生对本案专利申请进行了多次修改。第三次修改时，将原来的12项权利要求修改为66项权利要求。该次修改后的权利要求书的独立权利要求和部分从属权利要求中使用了"记忆装置"的用语，且在从属权利要求19、36、37中，"记忆装置"和"存储装置"的用语同时出现。第四次修改时，删除了原权利要求1—22、24、53以及66，并将剩余的权利要求重新编号为1—41，并对其中部分权利要求进行了修改，同时增加了新权利要求42。在此次修改中，精工爱普生将权利要求1（即第三次修改后的权利要求23）中的"记忆装置"修改为"存储装置"，对于其他独立权利要求则均保留了"记忆装置"的用语。对于重新编号后的权利要求8中的"记忆装置"，精工爱普生在意见陈述中作了如下说明："申请人首先希望解释，该权利要求及其后的权利要求中所述的'记忆装置'是指说明书及附图中记载的电路板及设置在其上的半导体存储装置。"针对本案专利权，凯德利公司、郑亚俐和易彩公司分别向专利复审委员会提出无效宣告请求。精工爱普生在无效宣告审查阶段再次修改其权利要求书，将原来的42项权利要求变为40项权利要求。专利复审委员会于2008年4月15日作出第11291号无效宣告请求审查决定（以下简称第11291号决定），以精工爱普生有关记忆装置的修改以及其他修改均超出原说明书和权利要求书记载的范围，违反专利法第三十三条的规定为由，宣告本案专利全部无效。精工爱普生不服，提起行政诉讼。北京市第一中级人民法院一审判决维持第11291号决定。精工爱普生不服，提出上诉。北京市高级人民法院二审认为，"记忆装置"系专利申请人新增加的内容，不符合专利法第三十三条的规定；关于"存储装置"的修改符合专利法第三十三条的规定；一审判决及第11291号决定部分事实认定错误，适用法律不当，应予撤销。遂判决撤销一审判决及第11291号决定，判令专利复审委员会重新作出审查决定。精工爱普生不服，向最高人民法院申请再审，主张其关于"记忆装置"的修改符合专利法第三十三条的规定。最高人民法院于2013年9月23日裁定驳回了精工爱普生的再审申请。

最高人民法院审查认为：在专利授权确权程序与专利民事侵权程序中，权利要求的解释方法既存在很强的一致性，又存在一定的差异性。其一致性至少体现在如下两个方面：一是，权利要求的解释属于文本解释的一种，无论是专利授权确权程序还是专利民事侵权程序中对权利要求的解释，均需遵循文本解释的一般规则；二是，无论是专利授权确权程序还是专利民事侵权程序中对权利要求的解释，均应遵循权利要求解释的一般规则。但是，由于专利授权确权程序与专利民事侵权程序中权利要求解释的目的不同，两者在特殊场合又存在一定的差异。在专利授权确权程序中，解释权利要求的目的在于通过明确权利要求的含义及其保护范围，对专利权利要求是否符合专利授权条件或者其效力如何作出判断。基于此目的，在解释权利要求用语的含义时，必须顾及专利法关于说明书应该充分公开发明的技术方案、权利要求书应当得到说明书支持、专利申请文件的修改不得超出原说明书和权利要求书记载的范围等法定要求。若说明书对该用语的含义未作特别界定，原则上应采本领域普通技术人员在阅读权利要求书、说明书和附图之后对该术语所能理解的通常含义，尽量避免利用说明书或者审查档案对该术语作不适当的限制，以便对权利要求是否符合授权条件和效力问题作出更清晰的结论，从而促使申请人修改和完善专利申请文件，提高专利授权确权质量。在专利民事侵权程序中，解释权利要求的目的在于通过明确权利要求的含义及其保护范围，对被诉侵权技术方案是否落入专利保护范围作出认定。在这一程序中，如果专利保护范围字面含义界定过宽，出现权利要求得不到说明书支持、将现有技术包含在内或者专利审查档案对该术语的含义作出过限制解释因而可能导致适用禁止反悔原则等情形时，可以利用说明书、审查档案等对保护范围予以限制，从而对被诉侵权技术方案是否落入保护范围作出更客观公正的结论。因此，专利权利要求的解释方法在专利授权确权程序与专利民事侵权程序中既有根本的一致性，又在特殊场合下体现出一定的差异性。这种差异突出体现在当事人意见陈述的作用上。在专利授权确权程序中解释权利要求时，意见陈述书的作用在特定的场合下要受到专利法明文规定的限制。例如，我国专利法规定了说明书应当对发明作出清楚完整的说明、权利要求书应当得到说明书的支持、专利申请文件的修改不得超出原说明书和权利要求书记载的范围等法定要求。在审查某项专利或者专利申请是否符合上述法定要求时，当然应该以说明书或者原说明书和权利要求书为依据，当事人意见陈述不能也不应该起到决定作用。相反，如果将当事人的意见陈述作为判断某项专利或者专利申请是否符合上述法定要求的决定性依据，则无法促使专利申请人将相关内容尽量写入说明书，专利法的前述法定要求也将无法得到实现。因此，在专利授权确权程序中，申请人在审查档案中的意见陈述在通常情况下只能作为理解说明书以及权利要求书含义的参考，而不是决定性依据。而在专利民事侵权程序中解释权利要求的保护范围时，只要当事人在专利申请或者授权程序中通过意见陈述放弃了某个技术方案，一般情况下应该根据当事人的意见陈述对专利保护范围进行限缩解释。

8. 物质的医药用途发明的撰写要求

在再审申请人卡比斯特制药公司（以下简称卡比斯特公司）与被申请人中华人民共和国国家知识产权局专利复审委员会（以下简称专利复审委员会）发明专利权无效行政纠纷案（〔2012〕知行字第 75 号）（以下简称"抗生素的给药方法"发明专利无效行政案）中，最高人民法院指出，如果发明的实质及其对现有技术的改进在于物质的医药用途，申请专利权保护时，应当将权利要求撰写为制药方法类型权利要求，并以与制药相关的技术特征对权利要求的保护范围进行限定。

本案的基本案情是：卡比斯特公司于 1999 年 9 月 24 日向中华人民共和国国家知识产权局申请了名称为"抗生素的给药方法"的发明专利（即本案专利），并于 2004 年 5 月 19 日获得授权。授权公告的权利要求为："1. 潜霉素在制备用于治疗有此需要的患者细菌感染而不产生骨骼肌毒性的药剂中的用途，其中用于所述治疗的剂量是 3～75mg/kg 的潜霉素，其中重复给予所述的剂量，其中所述的剂量间隔是每隔 24 小时一次至每 48 小时一次……。"2008 年 6 月 4 日，肖红针对本案专利向专利复审委员会提出无效宣告请求。其提交的证据 6 公开了在 2 毫克/千克每 24 小时剂量下，潜霉素显示出有效治疗多种革兰氏阳性感染，在 3 毫克/千克每 12 小时的剂量下注意到偶发的副作用，并公开了潜霉素的抗菌机理。证据 7 公开了潜霉素可用于治疗细菌感染，患者单独用潜霉素与潜霉素加氨基糖苷类（庆大霉素或托普霉素）治疗相比，取得了类似的有利效果，还公开了潜霉素与阿米卡星的联合给药。证据 8 公开了制药学纯化的潜霉素或其盐可以配制为口服或非胃肠给药的制剂，用于治疗或预防细菌感染。2009 年 4 月 7 日，专利复审委员会作出第 13188 号无效宣告请求审查决定（以下简称第 13188 号决定），宣告本案专利权全部无效。专利复审委员会认为，没有证据表明对潜霉素不产生骨骼肌毒性的副作用的进一步认识能使权利要求 1 保护的制药用途区别于证据 6 公开的已知制药用途。同时，本领域技术人员公知给药剂量、重复给药和时间间隔特征是医生在治疗过程中，针对患者进行选择和确定的信息，属于用药过程的信息，与制药过程无关，不能使权利要求 1 的制药用途区别于证据 6 公开的已知制药用途。权利要求 1 的制药用途与证据 6、证据 7 或证据 8 公开的用途实质相同，不具备新颖性和创造性。卡比斯特公司不服，提起行政诉讼。卡比斯特公司主张，现有技术在潜霉素高剂量给药时产生骨骼肌毒性，本案专利"不产生骨骼肌毒性"使得潜霉素在针对严重革兰氏阳性菌感染的治疗中，具备了真正的用药安全性及工业实用性，进而具备了治疗用途和制药用途。"不产生骨骼肌毒性"是本案专利区别于现有技术的关键功能和效果特征，使得本案专利与现有技术的制药用途实质不同，具备新颖性、创造性。北京市第一中级人民法院和北京市高级人民法院先后判决维持第 13188 号决定。卡比斯特公司不服，向最高人民法院申请再审。最高人民法院于 2013 年 11 月 19 日裁定驳回卡比斯特公司的再审申请。

最高人民法院审查认为：在化学领域发明专利的申请中，制药用途权利要求是一类特殊的权利要求。当物质的医药用途以"用于治病"、"用于诊断病"、"作为药物的应用"等这样的权利要求申请专利，会因为属于我国专利法第二十五条第一款第（三）项"疾病的诊断和治疗方法"，而不能被授予专利权。但若该物质用于制造药品，则可依法授予专利权。由于药品及其制备方法均可依法授予专利权，故物质的医药用途发明以药品权利要求或者以"在制药中的应用"，"在制备治疗某病的药物中的应用"等属于制药方法类型的用途权利要求申请专利的，则不属于专利法第二十五条第一款第（三）项规定的情形。为了保护发明人对现有技术的创新性贡献，实现专利法保护创新、鼓励发明创造的立法宗旨，在相当长时间的专利审查实践中，国务院专利行政部门均允许将那些发明实质在于药物新用途的发明创造，撰写成制药方法类型的权利要求来获得专利权，如"化合物X作为制备治Y病药的应用"或与此类似的形式。其实质上是针对物质的医药用途发明创造所作的特别规定，通过给医药用途发明创造提供必要的保护空间和制度激励，平衡社会公众与权利人的利益。经过多年的审查实践，已被普遍认可和接受。《专利审查指南》在关于化学领域发明专利申请审查的若干规定中明确，化学物质的用途发明是基于发现物质新的性能，利用此性能而作出的发明。无论是新物质还是已知物质，其性能是物质本身所固有的。用途发明的本质不在于物质本身，而在于物质性能的应用。因此，用途发明是一种方法发明，其权利要求属于方法类型。当发明的实质及其对现有技术的改进在于物质的医药用途，申请人在申请专利权保护时，应当按照《专利审查指南》的相关规定，将权利要求撰写为制药方法类型权利要求，并以与制药相关的技术特征，对权利要求的保护范围进行限定。

9. 不产生特定毒副作用的特征对权利要求请求保护的医药用途发明是否具有限定作用

在前述"抗生素的给药方法"发明专利无效行政案中，最高人民法院认为，如果权利要求中不产生特定毒副作用的特征没有改变药物已知的治疗对象和适应症，也未发现药物的新性能，不足以与已知用途相区别，则其对权利要求请求保护的医药用途发明不具有限定作用。

最高人民法院审查认为："不产生骨骼肌毒性"不是患者在潜霉素施用之前呈现的症状，而是患者在施用潜霉素之后身体中某些指标发生变化的结果，体现的是药物本身是否具有毒副作用。本案专利"不产生骨骼肌毒性"仅是改善了潜霉素的不良反应，使得骨骼肌毒性降低，并没有改变潜霉素本身的治疗对象和适应症，更没有发现药物的新性能。使用潜霉素后不产生骨骼肌毒性，其针对的适应症是细菌感染，使用潜霉素后产生了骨骼肌毒性，其针对的适应症也是细菌感染。就潜霉素本身的用途而言，二者并没有任何区别。本专利在撰写中采用"不产生骨骼肌毒性"的限定，没有使其与现有技术公开的已知用途产生区别，对药物用途本身不具有限定作用，对本专利权利要求并未产生限定作用。

10. 给药特征对权利要求请求保护的制药方法发明是否具有限定作用

在前述"抗生素的给药方法"发明专利无效行政案中，最高人民法院认为，用药过程的特征对药物制备过程的影响需要具体判断和分析；仅体现于用药行为中的特征不是制药用途的技术特征，对权利要求请求保护的制药方法本身不具有限定作用。

最高人民法院审查认为：在实践中，给药对象、给药形式、给药剂量、时间间隔等是制药方法权利要求中经常出现的特征。分析各个技术特征体现的是制药行为还是用药行为，以及新用途与已知用途是否实质不同，对判定所要求保护的技术方案与现有技术相比是否具备新颖性非常关键。由于制药方法权利要求约束的是制造某一用途药品的制造商的制造行为，所以仍应从方法权利要求的角度来分析其技术特征。通常能直接对其起到限定作用的是原料、制备步骤和工艺条件、药物产品形态或成分以及设备等。专利法意义上的制药过程通常是指以特定步骤、工艺、条件、原料等制备特定药物本身的行为，并不包括药品的说明书、标签和包装的撰写等药品出厂包装前的工序。对于仅涉及药物使用方法的特征，例如药物的给药剂量、时间间隔等，如果这些特征与制药方法之间并不存在直接关联，其实质上属于在实施制药方法并获得药物后，将药物施用于人体的具体用药方法，与制药方法没有直接、必然的关联性。这种仅体现于用药行为中的特征不是制药用途的技术特征，对权利要求请求保护的制药方法本身不具有限定作用。给药剂量与单位剂量是不同的概念：单位剂量通常是指每一药物单位中所含药物量，该含量取决于配制药物时加入的药量；给药剂量是指每次或者每日的服药量，指药物的使用份量，可由药物的使用者自行决定，如一天两次或一天三次的给药，属于对药物的使用方法。临床实践中，若单位剂量的药物含量没有达到用药量，可通过服用多个单位剂量的药物实现，若药物含量大于用药剂量，则减量服用。本案专利权利要求1记载的所述治疗的剂量是3~75毫克/千克，并没有限定是单位剂量还是给药剂量。本案专利说明书也没有记载该剂量对制药过程及制药用途种类具有影响。作为本领域的技术人员，对于本案专利权利要求1中记载的所述治疗的剂量是3~75毫克/千克，通常理解为是每千克的活性成分为3~75毫克，所限定的是给药剂量。针对患者个体修改服用方式，选择服用的药物剂量，从而达到药品的最佳治疗效果是用药过程中使用药物治病的行为。给药剂量的改变并不必然影响药物的制备过程，导致药物含量的变化。同样，本案专利通过时间间隔形成的给药方案是用药过程中如何使用该药物的方法特征，属于体现在用药过程，不体现在制药阶段的医学实践活动。该用药过程的特征与药物生产的制备本身并没有必然的联系，没有对潜霉素的制备方法产生改变，从而影响药物本身，对制药过程不具有限定作用，不能使该制药用途具备新颖性。

11. 开放式与封闭式权利要求的区分适用于机械领域专利

在再审申请人北京世纪联保消防新技术有限公司（以下简称世纪联保公司）与被申请人国家知识产权局专利复审委员会（以下简称专利复审委员会）、二审第三人山西中远消防设备有限公司（以下简称中远公司）发明专利权无效行政纠纷案（〔2012〕行提字第20号）（以下简称"灭火装置"发明专利无效案）中，最高人民法院认为，"含有"、"包括"本身就具有并未排除未指出内容的含义，因而成为开放式专利权利要求的重要标志；开放式和封闭式权利要求的区分在包括化学、机械领域在内的全部技术领域有普遍适用性。

本案的基本案情是：世纪联保公司是名称为"脉冲超细干粉自动灭火装置"的发明专利（即本案专利）的权利人。本案专利属于机械领域发明专利，授权公告的权利要求

1如下："1. 脉冲超细干粉自动灭火装置，含有启动器和内装超细干粉灭火剂（冷气溶胶灭火剂）的壳体，其特征在于，它含有：壳体，它包括：外壳、装在外壳内的粒度在$30\mu m$以下的超细干粉灭火剂及壳体喷口密封用的铝膜；传导速度大于0.5米/秒的启动器，它包括：由燃点大于或等于135℃、并对火焰或温度敏感的热敏线和套在热敏线外的套管组成的启动组件，由靠螺母和贯穿着热敏线的穿孔螺栓紧压在壳体内侧的铝板、与热敏线接触的产气剂和扣压在铝板上用以包住产气剂的非金属薄膜共同组成的产气组件。"针对本案专利，中远公司提出无效宣告请求，并提交了附件1即中国第00200992.7号实用新型专利说明书作为对比文件。该对比文件中公开的灭火装置中有多孔件，而本案专利技术方案没有提及该部件。专利复审委员会认定本案专利权利要求1与附件1存在三个区别技术特征，但未将权利要求1缺少多孔件以及由多孔件上端与顶盖底部环形凸端配合形成的产气室作为区别技术特征。专利复审委员会认为，权利要求1—5相对于附件1不具有创造性；本案专利权利要求1中没有多孔件，相应地也就不具有附件1说明书中所述的多孔件的功能，缺失多孔件不能使权利要求1的技术方案具备创造性。2010年3月2日，专利复审委员会作出第14523号无效宣告请求审查决定（以下简称第14523号决定），宣告本案专利权全部无效。世纪联保公司不服，提起行政诉讼。北京市第一中级人民法院一审维持第14523号决定。世纪联保公司不服，提出上诉。北京市高级人民法院二审认为，虽然附件1的灭火器中还装有多孔件，本案专利权利要求1没有记载该部件，但是本案专利权利要求1属于开放式的权利要求，其并没有排除还可能包含除了其中明确限定的部件以外的部件，因此"多孔件"并不能构成本案专利权利要求1与附件1的区别技术特征。遂判决维持一审判决及第14523号决定。世纪联保公司仍不服，向最高人民法院申请再审。最高人民法院裁定提审本案，并于2013年2月26日判决维持原一、二审判决。

最高人民法院提审认为：2001年版《审查指南》仅在第二部分第十章"关于化学领域发明专利申请审查的若干规定"中第3.2.1节规定了开放式、封闭式及半开放式三种表达方式。开放式表示组合物中并不排除权利要求中未指出的组分，封闭式则表示组合物中仅包括所指出的组分而排除所有其他的组分，半开放式介于两者之间。这三种表达方式的保护范围不同。其中，"含有"、"包括"为开放式表达方式的常用措词。鉴于开放式和封闭式权利要求在其他领域也有普遍适用性，且半开放式权利要求保护范围的判断方法与开放式权利要求的判断方法在实际操作中相同，2006年版《审查指南》对此作了修改，删除了半开放式权利要求的相关规定，并将原来的半开放式权利要求的几种表达方式归入开放式权利要求中，同时将开放式权利要求和封闭式权利要求的规定移入权利要求的通用章节即第二部分第二章第3.3节"权利要求的撰写规定"中。虽然本案专利的审查应当适用2001年版《审查指南》，且根据该《审查指南》，开放式与封闭式权利要求的表达方式仅适用于化学领域发明专利，但是开放式、封闭式权利要求的常用措词本身是对专利申请审查实践中不同类型权利要求常用措词的总结，申请人应当考虑到了措词本身的含义。根据《现代汉语词典（第5版）》，"包括"的含义为包含（或列举各部分，或着重指出某一部分）。本案专利权利要求1使用的"含有"、"包括"措词的本身含义就应当理解为没有排除未指出的结构组成部分。在此情况下，二审判决关于"本案专利权利要求 1 是一开放式的权利要求,其并没有排除还可能包含除了其中明确限定的部件以外的部件"的认定并无不妥。

12. 开放式权利要求的区别技术特征的认定

在前述"灭火装置"发明专利无效案中,最高人民法院认为,认定开放式权利要求相对于对比文件的区别技术特征时,如果对比文件的某个技术特征在该开放式权利要求中未明确提及,一般不将缺少该技术特征作为开放式权利要求相对于对比文件的区别技术特征。

最高人民法院提审认为:专利复审委员会根据本案专利权利要求 1 使用的"含有"、"包括"措词的本身含义以及本案专利没有将多孔件排除在保护范围之外的限定内容,在多孔件是附件 1 的技术特征而不是本案专利权利要求 1 的技术特征的情况下,未将"多孔件"作为本案专利权利要求 1 与附件 1 的区别技术特征,符合机械领域专利审查实践的常规做法,并无不妥。二审法院基于同样理由认定本案专利权利要求 1 是开放式权利要求,其并未排除还可能包含除明确限定的部件以外的部件,多孔件并不能构成本案专利权利要求 1 与附件 1 的区别技术特征。二审法院的相关认定并不存在错误。世纪联保公司所述的产气室是指由附件 1 灭火器中的多孔件与顶盖底部环形凸端配合形成的腔室,本身并不是一个独立的部件;没有多孔件,就不会形成所谓的产气室。在多孔件不属于本案专利权利要求 1 与附件 1 的区别技术特征的情况下,依附于多孔件而存在的所谓产气室自然也不属于本案专利权利要求 1 与附件 1 的区别技术特征。

13. 技术偏见是否存在应结合现有技术的整体内容进行判断

在申诉人阿瑞斯塔生命科学北美有限责任公司(以下简称阿瑞斯塔公司)与被申诉人中华人民共和国国家知识产权局专利复审委员会(以下简称专利复审委员会)发明专利权行政纠纷案(〔2013〕知行字第 31 号)中,最高人民法院认为,现有技术中是否存在技术偏见,应当结合现有技术的整体内容进行判断。

本案的基本案情是:本专利申请为名称"以取代的苯基磺酰基氨基羰基三唑琳酮为基础的选择性除草剂"的发明专利申请。2006 年 6 月 30 日,申请人变更为阿瑞斯塔公司。中华人民共和国国家知识产权局结合对比文件 1(US5534486A)和对比文件 2(WO98/12923A1),认定本专利申请权利要求 1 和 2 不具有新颖性、权利要求 3—6 不具有创造性,于 2005 年 2 月 25 日驳回本专利申请。阿瑞斯塔公司不服,向专利复审委员会提出复审请求,同时提交了本专利申请权利要求书和说明书的修改替换页,删除了原权利要求 1—5,将原权利要求 6 修改为新的权利要求 1,并增加了新的从属权利要求 2—7。专利复审委员会发出复审通知书,指出权利要求 1 相对于对比文件 2 不具备创造性,从属权利要求 2—7 也不具有创造性。阿瑞斯塔公司针对上述复审通知书,对权利要求 1 增加了药效限定的技术特征。修改后的权利要求 1 为:"在谷类作物中选择性控制至少一种杂草的方法,所述杂草选自冰草属、燕麦属、芸苔属、荠属、黑麦草属、芥属、遏蓝菜属、婆婆纳属及其组合,该方法包括将有效量的式(I)化合物 2—(2—三氟甲氧基—苯基磺酰基氨基羰基)—4—甲基—5—甲氧基—2,4—二氢—3H—1,2,4—三唑—3 酮和/或式(I)化合物的盐施用于所述谷类作物和/或其环境中,其中对至少一种杂草的药效百分比为 70%至 100%。"对比文件 2 公开了一种除草组合物,该组合物含有式（I）化合物或其盐以及另一种除草剂以及表面活性剂和/或常规扩充剂，所述组合物除草剂具有特别高的除草活性，可用于各种作物特别是小麦中以去除杂草，杂草种类包括冰草属、燕麦属、荠属、黑麦草属、芥属、婆婆纳属等单子叶和双子叶杂草。对比文件2表A-2中还公开了作为本专利申请的已知单一化合物（1-2，Na盐）施用于风草和狗尾草的效果，与含式（I）化合物的钠盐和赛克津的组合物相比，针对风草测试植物破坏或有效百分比，前者为60%，后者为98%；针对狗尾草测试植物破坏或有效百分比，前者为90%，后者为100%。权利要求1要求保护的技术方案与对比文件2的区别在于：权利要求1中将式（I）化合物的钠盐（I-2，Na盐）具体限定应用于谷类作物，并具体限定用于去除冰草属、燕麦属、芸苔属、荠属、黑麦草属、芥属、遏蓝菜属、婆婆纳属杂草，以及对上述至少一种杂草的药效百分比为70%至100%。专利复审委员会于2007年11月29日作出第11964号复审请求审查决定（以下简称第11964号决定），认为权利要求1不具有创造性，遂维持国家知识产权局的驳回决定。阿瑞斯塔公司不服，提起行政诉讼。北京市第一中级人民法院一审判决维持第11964号决定。阿瑞斯塔公司不服，提出上诉。北京市高级人民法院二审判决驳回上诉，维持一审判决。阿瑞斯塔公司向北京市高级人民法院申请再审，北京市高级人民法院予以驳回。阿瑞斯塔公司仍不服，向最高人民法院申诉。最高人民法院于2013年11月5日裁定驳回阿瑞斯塔公司的申诉。

最高人民法院审查认为：主张克服了技术偏见而具备创造性的前提是能够证明这种技术偏见客观存在。虽然对比文件2表A-2的数据表明，单独使用与本专利申请完全相同的式（I）化合物的钠盐（I-2，Na盐），与其和赛克津组合使用的协同作用效果相比，显示的效果差，但对比文件2并没有披露式（I）化合物的钠盐（I-2，Na盐）不能用于对比文件2所述的施用作物范围和除草范围。相反，对比文件2表A-2的数据表明，单独使用式（I）化合物的钠盐（I-2，Na盐）时，针对风草和狗尾草的药效百分比分别达到了60%和90%。阿瑞斯塔公司提交的证据尚不能证明单独选择使用单一化合物式（I）化合物（I-2，Na盐）作为谷类作物选择性的控制杂草是本领域技术人员舍弃的技术方案，也不能证明对比文件2记载的式（I）化合物在除草方面存在何种具体的活性缺陷或不足，从而导致本领域技术人员不去考虑单独使用式（I）化合物来去除任何杂草。尽管对比文件2的表A-2是用于说明式（I）化合物的钠盐（I-2，Na盐）与其他活性物质混合使用的效果好于单独使用式（I）化合物的钠盐（I-2，Na盐），但观察到的对比结果表明，单独使用式（I）化合物的钠盐（I-2，Na盐）在风草和狗尾草上也有一定的技术效果。因此，将式（I）化合物和其他化合物组合使用的技术方案与单独使用式（I）化合物的技术方案并不属于两个完全对立的技术方案。对本领域技术人员而言，存在将式（I）化合物的钠盐（I-2，Na盐）应用于对比文件2所述的施用作物范围和除草范围的技术启示。阿瑞斯塔公司提出本专利申请克服了技术偏见以及对比文件2具有反面教导的理由不能成立。

14. 专利申请文件修改超范围的判断

在再审申请人株式会社岛野与被申请人中华人民共和国国家知识产权局专利复审委员会（以下简称专利复审委员会）及一审第三人宁波赛冠车业有限公司（以下简称赛冠

公司）发明专利权无效行政纠纷案（〔2013〕行提字第21号）（以下简称"后换挡器"发明专利无效行政案）中，最高人民法院指出，专利法第三十三条中"原说明书和权利要求书记载的范围"应当理解为原说明书和权利要求书所呈现的发明创造的全部信息；审查专利申请文件的修改是否超出原说明书和权利要求书记载的范围，应当考虑所属技术领域的技术特点和惯常表达、所属领域普通技术人员的知识水平和认知能力、技术方案本身在技术上的内在要求等因素。

本案的基本案情是：株式会社岛野是"后换档器"发明专利（即本案专利）的权利人。本案专利系以"后换挡器支架"发明专利申请（即原申请）为基础提出分案申请被授权而来。根据赛冠公司的无效宣告请求，专利复审委员会就本案专利作出第15307号无效宣告请求审查决定（以下简称第15307号决定），宣告本案专利权全部无效。第15307号决定认为，"圆形孔"是"圆的螺栓孔"、"圆形螺栓孔"的上位概念，而且与"螺栓孔"的含义也有所不同，将原申请中"圆的螺栓孔"、"圆形螺栓孔"或"螺栓孔"概括修改为本案专利权利要求1、3、6中的"圆形孔"，包含了并未记载在原申请中的内容。"压制"为"模压"的上位概念，对本领域技术人员来说，原申请中的"模压"和本专利权利要求2以及说明书中"压制"表达的是不同的信息。上述修改均使得本领域技术人员看到的信息与原申请记载的信息不同，并且不能从原申请记载的信息中直接地、毫无疑义地确定，其余权利要求也不能完全克服上述缺陷。因此，本案专利权利要求1-6和说明书的修改均不符合专利法第三十三条的规定。北京市第一中级人民法院和北京市高级人民法院先后判决维持第15307号决定。株式会社岛野不服，向最高人民法院申请再审。其理由之一是，导致本案专利被宣告无效的两处修改均与发明点无关，第15307号决定无视本领域的技术现状和本专利的实际贡献，违背了专利法第三十三条的立法本意。最高人民法院裁定提审本案，并于2013年12月27日判决撤销原一、二审判决和第15307号决定，判令专利复审委员会重新作出审查决定。

最高人民法院提审认为：专利法第三十三条的立法目的在于实现先申请制下专利申请人与社会公众之间的利益平衡：一方面，允许专利申请人对其专利申请文件进行修改和补正，以保证确有创造性的发明创造取得专利权；另一方面，将专利申请人的修改权限制在申请日公开的技术信息范围内，以保护社会公众对原专利申请文件的信赖利益。因此，可以将专利法第三十三条的含义作如下分解：第一，专利申请人有权对其专利申请文件进行修改。其一，可以通过修改补正专利申请文件中的撰写瑕疵；其二，可以通过修改对专利申请文件中公开的技术信息以适当的方式进行表述，对要求保护的范围作出调整。第二，基于先申请原则，专利申请人对发明和实用新型专利申请文件的修改不得超出原说明书和权利要求书记载的范围。究其原因，一是为了鼓励专利申请人在申请日充分公开其发明创造；二是为了防止专利申请人将其在申请日未公开的发明创造通过修改纳入申请文件而不正当地获得先申请利益。实践中，对于专利法第三十三条的适用，争议主要集中在什么是"原说明书和权利要求书记载的范围"。从该条的立法目的出发，"原说明书和权利要求书记载的范围"应当理解为原说明书和权利要求书所呈现的发明创造的全部信息，是对发明创造的全部信息的固定。这既是先申请制度的基石，也是专利申请进入后续阶段的客观基础。"原说明书和权利要求书记载的范围"具体可以表现为：原说明书及其附图和权利要求书以文字和图形直接记载的内容，以及所属领域普通技术人员根据原说明书及其附图和权利要求书能够确定的内容。审查专利申请文件的修改是否超出原说明书和权利要求书记载的范围，应当考虑所属技术领域的技术特点和惯常表达、所属领域普通技术人员的知识水平和认知能力、技术方案本身在技术上的内在必然要求等因素，以正确确定原说明书和权利要求书记载的范围。本案中，对本领域普通技术人员而言，"圆形孔"与"圆的螺栓孔"具有不同的技术含义，本案专利权利要求1、3的修改不符合专利法第三十三条的规定；权利要求6通过附加技术特征的限定，将8b从"圆形孔"修改回到了"圆的螺栓孔"，符合专利法第三十三条的规定；对本领域普通技术人员而言，"压制"属于"模压"的上位概念，两者具有不同的技术含义，权利要求2的修改不符合专利法第三十三条的规定。

15. 专利申请文件中"非发明点"的修改及其救济

在前述"后换挡器"发明专利无效行政案中，最高人民法院还指出，为避免确有创造性的发明创造因为"非发明点"的修改超出原说明书和权利要求书记载的范围而丧失其本应获得的与其对现有技术的贡献相适应的专利权，相关部门应当积极寻求相应的解决和救济渠道，在防止专利申请人获得不正当的先申请利益的同时，积极挽救具有技术创新价值的发明创造。

最高人民法院提审认为：一项技术方案能够被授予独占性的专利权，是因为其对现有技术做出了实质性的贡献。被授予的专利权的范围与该技术方案对现有技术的贡献大小相当，这是专利制度的合理性基础。一般而言，一项技术方案包含多个技术特征，其中体现发明创造对现有技术做出贡献的技术特征通常被称为"发明点"。"发明点"使发明创造相对于现有技术具有新颖性和创造性，是发明创造能够被授予专利权的基础和根本原因。在专利授权和确权程序中，确实存在因为"发明点"以外的技术特征的修改超出原说明书和权利要求书记载的范围而使得确有创造性的发明创造不能取得专利权的情形。专利法第三十三条对专利申请文件的修改没有区分"发明点"和"非发明点"而采取不同的标准，但是该条款的立法本意之一是尽可能保证确有创造性的发明创造取得专利权，实现专利申请人所获得的权利与其技术贡献相匹配。如果仅仅因为专利申请文件中"非发明点"的修改超出原说明书和权利要求书记载的范围而无视整个发明创造对现有技术的贡献，最终使得确有创造性的发明创造难以取得专利权，专利申请人获得的利益与其对社会做出的贡献明显不相适应，不仅有违实质公平，也有悖于专利法第三十三条的立法本意，不利于创新激励和科技发展。因此，在现行法律框架和制度体系下，在维护专利法第三十三条标准的前提下，相关部门应当积极寻求相应的解决和救济渠道，在防止专利申请人获得不正当的先申请利益的同时，积极挽救具有技术创新价值的发明创造。譬如，可以考虑通过在专利授权确权行政审查过程中设置相应的回复程序，允许专利申请人和专利权人放弃不符合专利法第三十三条的修改内容，将专利申请和授权文本再修改回到申请日提交的原始文本状态等程序性途径予以解决，避免确有创造性的发明创造因为"非发明点"的修改超出原说明书和权利要求书记载的范围而丧失其本应获得的与其对现有技术的贡献相适应的专利权，以推动科技进步和创新，最大限度地提升科技支撑引领经济社会发展的能力。

16. 申请人可否基于审查员对专利申请文件修改的认可获得信赖利益保护

在前述"墨盒"专利无效行政案中,最高人民法院还对专利申请人是否可基于其修改在专利授权过程中得到审查员认可而享有信赖利益保护问题表明了态度。最高人民法院指出,是否对专利申请文件进行修改原则上是申请人的一项权利;国家知识产权局依法行使对专利申请进行审查的职权,但并不负有保证专利授权正确无误的责任,申请人对其修改行为所造成的一切后果应自负其责。

最高人民法院审查认为:根据1992年修订的专利法第三十三条及其实施细则的规定,是否对专利申请文件进行修改原则上是申请人的一项权利,只是该项权利的行使方式和范围受到专利法及其实施细则的限制。在主动修改的情况下,只要遵守专利法及其实施细则的相关规定,是否修改专利申请文件以及如何修改很大程度上由申请人自主决定。即使在被动修改的情况下,申请人对于如何修改仍有自主决定的权利。国家知识产权局依法行使对专利申请进行审查的职权,但并不负有也不可能负有保证专利授权正确无误的责任。申请人对其修改行为所造成的一切后果应自负其责。本案中,精工爱普生针对记忆装置的修改属于主动修改,并非应审查员的要求进行的被动修改,当然应该对其修改行为的后果自行负责。精工爱普生关于其修改行为在实审程序中已经得到审查员认可,其基于信赖该审查结论而产生的信赖利益在后续无效程序中应得到保障的主张,缺乏法律依据。

17. 判断专利申请文件修改是否合法时当事人意见陈述的作用

在前述"墨盒"专利无效行政案中,最高人民法院还阐明了当事人意见陈述在判断专利申请文件修改是否合法时的作用。最高人民法院认为,判断专利申请文件修改是否合法时,当事人的意见陈述通常只能作为理解说明书以及权利要求书含义的参考,而不是决定性依据;其参考价值的大小取决于该意见陈述的具体内容及其与说明书和权利要求书的关系。

最高人民法院审查认为:判断专利申请文件的修改是否符合专利法第三十三条的规定,其基本依据是原说明书和权利要求书记载的范围。在判断专利申请文件的修改是否超出原说明书和权利要求书记载的范围时,当事人的意见陈述在通常情况下只能作为理解说明书以及权利要求书含义的参考,而不是决定性依据。至于其参考价值的大小,则取决于该意见陈述的具体内容及其与说明书和权利要求书的关系。尤其需要注意的是,如果当事人意见陈述的内容超出了原说明书和权利要求书中记载的范围,则该部分内容将完全丧失参考作用,不能参考该意见陈述的相关内容对说明书或者权利要求书进行解释。

二、商标案件审判

(一)商标民事案件审判

18. 商品通用名称的认定与正当使用

在再审申请人山西沁州黄小米(集团)有限公司(以下简称沁州黄公司)与被申请人山西沁州檀山皇小米发展有限公司(以下简称檀山皇发展公司)、山西沁县檀山皇小米基地有限公司(以下简称檀山皇基地公司)确认不侵害商标权及侵害商标权纠纷案

（〔2013〕民申字第1642号）中，最高人民法院认为，因历史传统、风土人情、地理环境等原因形成的相关市场较为固定的商品，其在该相关市场内的通用称谓可以认定为通用名称；注册商标权人不能因其在该商品市场推广中的贡献主张对该商品的通用名称享有商标权，无权禁止他人使用该通用名称来表明商品品种来源。

　　本案的基本案情是：沁州黄公司享有第606790号"沁州"注册商标专用权。该商标于1992年被核准注册，核定使用商品为第30类小米。2003年和2006年，该商标先后被认定为长治市知名商标和山西省著名商标、驰名商标。檀山皇发展公司享有第1368854号"檀山皇＋图形＋拼音"商标、第1368856号"檀山＋图形＋拼音"注册商标专用权。该商标于2000年被核准注册，核定使用商品为第30类谷类制品、米。2006年3月，"檀山皇"商标被认定为山西省著名商标。2006年2月，山西省长治市工商局根据沁州黄公司的投诉，对四伟檀山皇名优特产经销部涉嫌侵犯"沁州"注册商标专用权的产品进行了查处。檀山皇发展公司不服，向山西省长治市中级人民法院提起行政诉讼。该院一审认定檀山皇发展公司的行为构成侵权。檀山皇发展公司不服，提起上诉。山西省高级人民法院二审判决驳回上诉，维持一审判决。2008年，山西省太原市工商行政管理局在处理山西省工商行政管理局转来的沁州黄公司投诉材料时，就小米商品上使用"沁州黄"等字样是否侵权，请示山西省工商行政管理局。山西省工商行政管理局批复依法保护"沁州"商标专用权，对涉嫌侵权行为依法进行查处。檀山皇发展公司等企业不服，针对该批复向国家工商行政管理总局提起行政复议。国家工商行政管理总局复议认为，司法机关已认定"沁州黄"不是小米品种的通用名称，复议申请人的行为侵害了"沁州"商标专用权。2008年11月，檀山皇发展公司、檀山皇基地公司以沁州黄公司为被告向山西省太原市中级人民法院提起本案诉讼，要求确认其有权在小米商品上以非商标形式使用"沁州黄"，不侵犯"沁州"商标专用权。沁州黄公司提出管辖权异议后，本案被移送至山西省长治市中级人民法院审理。一审法院审理认为，在先生效裁判文书已确认"沁州黄"不是商品通用名称，檀山皇发展公司在相同商品包装上突出使用"沁州黄"等字样的行为构成侵权。双方当事人均不服，提出上诉。山西省高级人民法院二审认为，"沁州黄"是谷物类中小米特产的通称，檀山皇发展公司、檀山皇基地公司在商品包装上使用"沁州黄"属正当使用，不侵犯"沁州"注册商标专用权。沁州黄公司不服，向最高人民法院申请再审。2013年12月30日，最高人民法院裁定驳回沁州黄公司的再审申请。

　　最高人民法院审查认为：依据本案事实，根据1959年山西省农业建设厅编辑的《山西省农作物品种志》以及1987年商业部粮食购销司编著的《粮食商品手册·名优品种》等文献，"沁州黄"小米是小米品种名称，且列为5个小米名优品种之一。2004年7月1日实施的中华人民共和国国家标准《原产地域产品沁州黄小米》（GB19503－2004）及2008年11月1日实施的中华人民共和国国家标准《地理标志产品沁州黄小米》（GB/T19503－2008），对"沁州黄小米"的定义均为：源于古沁州，即现今山西省长治市所辖沁县、武乡、襄垣及屯留县境内特定的小米产区，选用沁州黄等优质品种，按照特定生产技术规程种植的谷子加工而成的粳性小米。约定俗成的通用名称一般以全国范围内相关公众的通常认识为判断标准。对于由于历史传统、风土人情、地理环境等原因形成的相关市场较为固定的商品，在该相关市场内通用的称谓，可以认定为通用名称。"沁州黄"能够反映出一类谷子（米）与其他谷子（米）的根本区别，符合通用名称的要求。"沁州黄"不是沁州黄公司最初使用并创造的名称。作为谷物品种的名称，"沁州黄"符合通用名称对广泛性和规范性的要求。在"沁州"商标申请注册前，"沁州黄"已经成为通用的谷物品种名称，沁州黄公司对沁州黄小米品种提纯复壮、产业化及商品化的贡献，不能成为其垄断"沁州黄"这一通用名称的理由。沁州黄公司没有提交证据证明"沁州黄"已经与其形成一一对应关系。"沁州"注册商标虽然具有较高知名度，但是无权禁止其他企业将"沁州黄"文字使用在以"沁州黄"谷子加工而成的小米商品上，以表明其小米的品种来源。檀山皇发展公司、檀山皇基地公司在包装上使用"沁州黄"文字以表明小米品种来源的行为，属于正当使用。

（二）商标行政案件审判

19. 商标法第十五条规定的代理人或者代表人身份的推定

在再审申请人新东阳企业（集团）有限公司（以下简称新东阳企业公司）与被申请人新东阳股份有限公司（以下简称新东阳股份公司）、原审被告国家工商行政管理总局商标评审委员会（以下简称商标评审委员会）商标异议复审行政纠纷案（〔2013〕知行字第97号案）中，最高人民法院指出，与代理人或者代表人有串通合谋抢注商标行为的人，可以视为代理人或者代表人；判断是否构成串通合谋抢注行为，可以视情根据该人与代理人或者代表人的特定身份关系进行推定。

本案的基本案情是：2000年11月23日，新东阳企业公司向国家工商行政管理总局商标局（以下简称商标局）提出第1691098号"新东阳及图"（即被异议商标）的注册申请。在法定异议期内，新东阳股份公司向商标局提出异议，商标局审查后裁定被异议商标予以核准注册。新东阳股份公司不服，向商标评审委员会申请复审。2010年10月12日，商标评审委员会作出商评字〔2010〕第26528号《关于第1691098号"新东阳及图"商标异议复审裁定书》（以下简称第26528号裁定），裁定被异议商标予以核准注册。新东阳股份公司不服，提起行政诉讼。北京市第一中级人民法院一审认为，新东阳企业公司申请注册"新东阳"商标并未违反商标法第十五条的规定，遂判决维持商标评审委员会第26528号裁定。新东阳股份公司不服，提出上诉。北京市高级人民法院二审认为，由于麦石来曾为新东阳股份公司的副董事长，现在仍为其董事、股东，并且曾担任由新东阳股份公司投资的上海新东阳食品有限公司的负责人，因此能够认定麦石来与新东阳股份公司形成代表关系。同时，新东阳企业公司系麦石来所设立，其行为与麦石来具有主观的合谋，新东阳企业公司的行为应视为麦石来的行为，其商标注册行为违反了商标法第十五条的规定，故被异议商标不应当予以核准注册。遂判决撤销一审判决及第26528号裁定。新东阳企业公司不服，向最高人民法院申请再审。最高人民法院于2013年12月20日裁定驳回新东阳企业公司的再审申请。

最高人民法院审查认为：根据商标法第十五条的规定，未经授权，代理人或者代表人以自己的名义将被代理人或者被代表人的商标进行注册，被代理人或者被代表人提出异议的，不予注册并禁止使用。本院《关于审理商标授权确权行政案件若干问题的意见》第12条规定，与代理人或者代表人有串通合谋抢注行为的商标注册申请人，可以视其为代理人或者代表人。至于串通合谋抢注行为，可以视情况根据商标注册申请人与上述代理人或者代表人之间的特定身份关系进行推定。本案中，新东阳股份公司在争议商标申请日前在我国台湾地区注册有多个"新东阳"商标。麦石来自1978年至1993年间历任新东阳股份公司要职多年，并曾以企业副董事长身份被董事会委任全权负责大陆市场业务，至今仍为新东阳股份公司董事之一。新东阳企业公司在向本院申请再审时提交的上海新东阳食品有限公司2013年6月28日的说明也证明了"麦石来先生受新东阳股份有限公司董事会委任全权负责中国大陆市场业务"这一事实。据此可以认定，麦石来受新东阳股份公司董事会委任全权负责中国大陆市场业务，其是新东阳股份公司在中国大陆的代表人，未经新东阳股份公司许可，其无权以自己的名义将新东阳股份公司的"新东阳"商标在中国大陆申请注册。现麦石来通过其任法定代表人的新东阳企业公司的名义申请注册该商标，新东阳企业公司可以视为商标法第十五条所称的代理人或者代表人。因此，二审法院认定新东阳企业公司在未经授权的情况下，擅自在我国大陆地区申请注册"新东阳"系列商标，违反了商标法第十五条的规定，并无不妥。

20. 商标法第三十一条"以不正当手段抢先注册他人已经使用并有一定影响的商标"的适用及其例外

在再审申请人抚顺博格环保科技有限公司（以下简称抚顺博格公司）与国家工商行政管理总局商标评审委员会（以下简称商标评审委员会）、营口玻璃纤维有限公司（以下简称营口玻纤公司）商标争议行政纠纷案（〔2013〕行提字第11号）中，最高人民法院认为，依据商标法第三十一条主张争议商标应予撤销的当事人，应证明其在争议商标申请日之前，已经在相同或者类似产品上使用了与争议商标相同或者近似的商标并且在相关公众中具有了一定影响，而争议商标申请人申请注册争议商标具有抢占其商标商誉的恶意；一般情况下，商标申请人明知或者应知他人在先使用并有一定影响的商标而申请注册即可推定其具有利用他人商标商誉获利的意图，但不排除特殊情况下，在先商标虽然已经具有一定影响，但商标申请人并不具有抢占在先商标商誉的恶意。

本案的基本案情是：第1994272号"氟美斯FMS"商标（即争议商标）由抚顺市工业用布厂于2001年5月31日向国家工商行政管理局商标局（以下简称商标局）提出注册申请，于2002年8月21日被核准注册，核定使用商品为第24类无纺布、过滤布、滤气呢、纺织品过滤材料、纺织用玻璃纤维织物、玻璃布等。2006年5月7日，经商标局核准，争议商标被转让给抚顺博格公司。2002年12月30日，营口玻纤公司向商标评审委员会提出撤销争议商标的申请。2008年10月20日，商标评审委员会作出商评字〔2008〕第19498号《关于第1994272号"氟美斯FMS"商标争议裁定书》（以下简称第19498号裁定），该裁定依据商标法第三十一条、第四十一条第一款和第四十三条的规定，撤销争议商标的注册。商标评审委员会认为：营口玻纤公司称"氟美斯FMS"系多功能玻璃纤维复合滤料商品的通用名称，但营口玻纤公司未能提供相应的证据支持。营口玻纤公司主张争议商标在作为商品名称的同时，又作为商标使用，抚顺市工业用布厂违反诚实信用原则，属于恶意抢注行为。营口玻纤公司提交的证据可以证明，其将"FMS氟美斯"指定使用于针刺滤料商品上早于抚顺市工业用布厂提出争议商标注册申请的时间。抚顺市工业用布厂与营口玻纤公司为同一地域的同行，理应知晓营口玻纤公司将"氟美斯 FMS"指定使用于针刺滤料商品上,仍将"氟美斯 FMS"作为商标指定使用于相同商品上进行申请注册,致使营口玻纤公司在先获得的新产品名称不能正常使用。同时,该行为也违反了商标法第三十一条"不得以不正当手段抢先注册他人已经使用并有一定影响的商标"的规定。抚顺博格公司不服,提起行政诉讼。北京市第一中级人民法院一审认为,根据抚顺博格公司在诉讼阶段提交的新证据,截至争议商标申请日之前,抚顺市工业用布厂在商业活动中已经大量使用了争议商标,并使之具有了一定的知名度。在抚顺博格公司与营口玻纤公司都使用争议商标的情况下,本案已经没有适用商标法第三十一条的必要,根据商标注册的先申请原则,抚顺博格公司申请注册争议商标并无不当。据此判决撤销第 19498 号裁定。商标评审委员会、营口玻纤公司不服,提出上诉。北京市高级人民法院二审认为,营口玻纤公司在先使用了"氟美斯"商标并在相关公众中已经具有一定影响,抚顺市工业用布厂申请注册争议商标属于商标法第三十一条规定的"以不正当手段抢先注册他人已经使用并有一定影响的商标"的情形,第 19498 号裁定据此撤销争议商标的注册并无不当。遂判决撤销一审判决,维持第 19498 号裁定。抚顺博格公司不服,向最高人民法院申请再审。最高人民法院裁定提审本案,并于 2013 年 9 月 26 日判决撤销二审判决,维持一审判决。

最高人民法院提审认为:营口玻纤公司依据商标法第三十一条"以不正当手段抢先注册他人已经使用并有一定影响的商标"主张争议商标应予撤销,应证明其在争议商标申请日之前,已经在相同或者类似产品上使用了与争议商标相同或者近似的商标,并且在相关公众中具有了一定影响,同时抚顺博格公司申请注册争议商标具有抢占其商标商誉的恶意。本案证据可以证明,营口玻纤公司是氟美斯新产品的主要研发者,抚顺市工业用布厂仅提供了辅助性的帮助;该产品命名有从斯氟美(CFM)到氟美斯的变化过程,最终定名氟美斯(FMS)。营口玻纤公司作为氟美斯(FMS)产品的主要研发者和命名者,其在 1998 年即开始销售"氟美斯 FMS"产品,并于 2000 年获得国家级新产品证书和国家级火炬计划项目证书及其他多项奖励。至争议商标申请日,营口玻纤公司已经使用"氟美斯 FMS"商标近三年,有一定的市场规模,且获得了一定荣誉,可以认为该商标已经成为其在先使用并有一定影响的商标。虽然一般情况下,商标申请人明知他人在先使用并有一定影响的商标而申请注册即可推定其具有利用他人商标商誉获利的意图。但是,本案事实显示,抚顺博格公司申请注册争议商标并不具有抢占营口玻纤公司在先使用并有一定影响的商标商誉的恶意。抚顺博格公司前身抚顺市工业用布厂与营口玻纤公司几乎同时开始使用"氟美斯 FMS"商标,且在争议商标申请日前其销售规模大于营口玻纤公司。本案争议商标申请日前,营口玻纤公司和抚顺市工业用布厂同时在市场上销售"氟美斯 FMS"商品且互相知晓,但双方对该标识的归属并无特别约定。我国商标法采用"先申请原则",并未有类似"创作作品的人为作者"、"对发明的技术方案作出实质性贡献的人为发明人"的规定。在缺乏其他法律或者合同依据的情况下,不能类比得出"共同使用商标者应为共有商标权人"的结论。本案中抚顺博格公司独自申请注册争议商标并不侵犯营口玻纤公司的合法权益,亦不违反诚实信用原则,不应依据商标法第三十一条的规定予以撤销。

21. 长期停止使用的商业标识不能作为有一定影响的未注册商标或在先权利予以

保护

在再审申请人余晓华与国家工商行政管理总局商标评审委员会（以下简称商标评审委员会）、第三人成都同德福合川桃片食品有限公司（以下简称成都同德福公司）商标争议行政纠纷案（〔2013〕知行字第80号）中，最高人民法院指出，商标法第三十一条所称的"有一定影响"，应当是一种基于持续使用行为而产生的法律效果，"在先权利"应当是指至争议商标的申请日时仍然存在的现有权利；在长期停止使用的情况下，商业标识已经不具备商标法第三十一条所规定的未注册商标的知名度和影响力，不构成在先使用并有一定影响的商标或者在先权利。

本案的基本案情是：第1215206号"同德福TONGDEFU及图"商标（即争议商标）由合川市桃片厂温江分厂于1997年8月4日提出注册申请，1998年10月14日经国家工商行政管理总局商标局（以下简称商标局）核准注册，指定使用在第30类桃片（糕点）等商品上。2000年11月7日该商标注册人名义经商标局核准变更为成都同德福公司。2003年4月24日，余晓华以争议商标违反了商标法第三十一条、第四十一条规定为由，申请对争议商标予以撤销。2010年5月4日，商标评审委员会作出商评字〔2010〕第9618号《关于第1215206号"同德福TONGDEFU及图"商标争议裁定》（以下简称第9618号裁定），对争议商标的注册予以维持。该裁定认为：根据余晓华提交的证据，"同德福"于20世纪20年代至50年代在桃片商品上在四川地区已形成一定商誉，具有较高知名度。但是1956年公私合营后，由于历史原因，余晓华父亲停止使用"同德福"四十余年。余晓华提交的证据不足以证明"同德福"作为商号经余晓华先辈使用所形成的商誉和商业价值在其停止使用该商号四十余年后仍得以延续至争议商标注册申请日。且余晓华重新启用"同德福"并以其为商号成立合川市老字号同德福桃片厂的时间为2002年，晚于争议商标注册申请日。故不能认定成都同德福公司在"同德福"停用四十余年后申请注册争议商标构成商标法第三十一条所指"损害他人现有的在先权利"之情形。此外，余晓华提交的证据不足以证明"同德福"作为商标经余晓华先辈使用所具有的影响力延续至争议商标注册申请日，亦不足以证明余晓华在争议商标注册申请日之前重新使用"同德福"商标并具有一定影响以及成都同德福公司系以不正当手段恶意抢注争议商标。故亦不能认定争议商标的注册构成商标法第三十一条所指"以不正当手段抢先注册他人已经使用并有一定影响的商标"之情形。余晓华不服第9618号裁定，于法定期限内提起行政诉讼。北京市第一中级人民法院一审判决维持第9618号裁定。余晓华不服，提出上诉。北京市高级人民法院二审判决驳回上诉、维持原判。余晓华仍不服，向最高人民法院申请再审。最高人民法院于2013年12月4日裁定驳回余晓华的再审申请。

最高人民法院审查认为：商标法第三十一条所称的"他人在先使用并有一定影响的商标"，是指已经使用了一定的时间、因一定的销售量、广告宣传等而在一定范围的相关公众中具有知名度，从而被视为区分商品来源的未注册商业标志。这里所称的"有一定影响"应当是一种基于持续使用行为而产生的法律效果，争议商标的申请日是判断在先商标是否有一定影响的时间节点。"同德福"商号确曾在余晓华先辈的经营下获得了较好的发展，于20世纪20年代至50年代期间，在四川地区于桃片商品上积累了一定的商誉，形成了较高的知名度。但自1956年起至争议商标的申请日，作为一个商业标识的"同德福"停止使用近半个世纪的时间。在这种情况下，即使余氏家族曾经在先将"同德福"作为商业标识使用，但至争议商标的申请日，因长期停止使用，"同德福"已经不具备商标法第三十一条所规定的未注册商标的知名度和影响力，不构成"在先使用并有一定影响的商标"。虽然余晓华自2002年又开始使用"同德福"作为字号，成立了同德福桃片厂，但该行为的发生已经晚于争议商标的申请日。在成都同德福公司已经在先注册并实际使用争议商标，余晓华对此又不享有任何在先权益的情况下，不能以其在后的使用行为对抗第三人已经合法形成的注册商标专用权。成都同德福公司注册争议商标的行为，不构成抢注他人在先使用并有一定影响的商标，亦未违反诚实信用原则。同理，商标法第三十一条所称的"在先权利"应当是指至争议商标的申请日时仍然存在的现有权利。"同德福"作为商号的使用最早始于同德福京果铺，后经余家人接手经营而逐渐壮大，但至1956年公私合营之时停止使用。至争议商标的申请日，四十余年的时间中没有任何人将"同德福"作为商号使用。因此，在争议商标申请注册之时，"同德福"已不构成商标法所保护的、现有的在先权利，不符合阻却争议商标注册的法定事由。

22.商标法第四十一条第一款规定的"其他不正当手段"的认定

在再审申请人李隆丰与被申请人中华人民共和国国家工商行政管理总局商标评审委员会（以下简称商标评审委员会）、一审第三人三亚市海棠湾管理委员会（以下简称海棠湾管委会）商标争议行政纠纷案（〔2013〕知行字第41、42号）中，最高人民法院指出，商标法第四十一条第一款规定的"以其他不正当手段取得注册"，是指以欺骗手段以外的扰乱商标注册秩序、损害公共利益、不正当占用公共资源或者以其他方式谋取不正当利益的手段取得注册；民事主体申请注册商标，应该有使用的真实意图，其申请注册商标行为应具有合理性或正当性。

本案的基本案情是：2005年6月8日，李隆丰在第36类的不动产出租、不动产管理、住所（公寓）等服务上注册了第4706493号"海棠湾"商标，在第43类住所（旅馆、供膳寄宿处）、旅游房屋出租、饭店、餐馆等服务上注册了第4706970号"海棠湾"商标（即两争议商标）。海棠湾管委会依据商标法第三十一条、第四十一条第一款、第十条规定向商标评审委员会申请撤销上述两争议商标。商标评审委员会分别作出商评字〔2011〕第13255号《关于第4706493号"海棠湾"商标争议裁定书》（以下简称第13255号裁定）和〔2011〕第12545号《关于第4706970号"海棠湾"商标争议裁定书》（以下简称第12545号裁定），裁定撤销上述两个"海棠湾"商标。李隆丰不服，分别提起行政诉讼。北京市第一中级人民法院一审分别判决撤销第13255号裁定和第12545号裁定。商标评审委员会和海棠湾管委会不服，提出上诉。北京市高级人民法院二审分别判决撤销一审判决，维持第13255号裁定和第12545号裁定。李隆丰不服，向最高人民法院申请再审。最高人民法院于2013年8月12日分别裁定驳回李隆丰的再审申请。

最高人民法院审查认为：根据商标法第四十一条第一款的规定，已经注册的商标是以欺骗手段或者其他不正当手段取得注册的，其他单位或者个人可以请求商标评审委员会裁定撤销。审查判断诉争商标是否属于该条款规定的"以其他不正当手段取得注册"的情形，要考虑其是否属于欺骗手段以外的扰乱商标注册秩序、损害公共利益、不正当占用公共资源或者以其他方式谋取不正当利益的手段。商标法第四条规定，自然人、法人或者其他组织对其生产、制造、加工、拣选或者经销的商品或者提供的服务，需要取得商标专用权的，应当向商标局申请商标注册。从该条规定的精神来看，民事主体申请注册商标，应该有使用的真实意图，以满足自己的商标使用需求为目的，其申请注册商标行为应具有合理性或正当性。根据商标评审委员会及原审法院查明的事实，在李隆丰申请注册争议商标之前，"海棠湾"标志经过海南省相关政府机构的宣传推广，已经成为公众知晓的三亚市旅游度假区的地名和政府规划的大型综合开发项目的名称，其含义和指向明确。李隆丰自己在接受媒体采访时也承认是在看到报纸报道香港著名企业家将参与开发海棠湾的消息后，认为该标志会非常知名，作为商标会具有较高的价值，因而才将其申请注册为商标。李隆丰作为个人，不仅在第36类的不动产出租、不动产管理、住所（公寓）等服务上和第43类的住所（旅馆、供膳寄宿处）、旅游房屋出租、饭店、餐馆等服务上注册了本案争议商标，还在其他商品或服务类别上申请注册了"海棠湾"商标。此外，李隆丰在多个类别的商品或服务上还注册了"香水湾"、"椰林湾"等30余件商标，其中不少与公众知晓的海南岛的地名、景点名称有关。李隆丰利用政府部门宣传推广海棠湾休闲度假区及其开发项目所产生的巨大影响力，抢先申请注册多个"海棠湾"商标的行为，以及没有合理理由大量注册囤积其他商标的行为，并无真实使用意图，不具备注册商标应有的正当性，属于不正当占用公共资源、扰乱商标注册秩序的情形。

23. 同一主体的不同注册商标的知名度在特定条件下可以辐射

在再审申请人博内特里塞文奥勒有限公司（以下简称博内特里公司）与被申请人中华人民共和国国家工商行政管理总局商标评审委员会（以下简称商标评审委员会）、被申请人佛山市名仕实业有限公司（以下简称名仕公司）商标争议行政纠纷案（〔2012〕行提字第28号）中，最高人民法院认为，同一主体的不同注册商标的知名度在特定条件下可以辐射；在争议商标申请日前，争议商标的标识因同一主体对相近似商标的长期广泛使用已经具有较高知名度，而引证商标不具有知名度的，引证商标的排斥权范围应受到限制。

本案的基本案情是：博内特里公司于2002年3月20日向国家工商行政管理总局商标局（以下简称商标局）申请注册第3119295号"花图形"商标（即争议商标），2003年7月2日该商标被核准注册，指定使用在第25类：围兜（衣服）；婴儿睡衣；吊裤带；婴儿用鞋；皮带（服饰用）等商品上。名仕公司于1990年10月29日申请注册第572522号"花图形"商标（即引证商标），2001年11月20日该商标被核准注册，指定使用在第26类：裤带扣；女装裙扣；鞋花扣商品上。2005年8月8日，名仕公司针对博内特里公司的争议商标提出撤销申请。2009年8月3日，商标评审委员会作出商评字〔2009〕第20773号《关于第3119295号图形商标争议裁定书》（以下简称第20773号裁定）。商标评审委员会认为：争议商标指定使用的"皮带（服饰用）"与引证商标核定使用的"裤带扣"属于商品和配件关系，两商品功能用途联系紧密，属于类似商品。

争议商标与引证商标构成相近商标，使用在上述商品上易使消费者对两商品来源产生混淆。据此裁定争议商标核定使用在"皮带（服饰用）"商品上的注册商标予以撤销，核定使用在其他商品上的注册商标予以维持。博内特里公司不服，提起行政诉讼。北京市第一中级人民法院一审判决维持第20773号裁定。博内特里公司不服，提出上诉。北京市高级人民法院二审判决驳回上诉，维持一审判决。博内特里公司不服，向最高人民法院申请再审。最高人民法院裁定提审本案，并于2013年12月13日判决撤销原一、二审判决及第20773号裁定，责令商标评审委员会重新作出裁定。

最高人民法院提审认为：争议商标与引证商标整体视觉效果近似；引证商标核定使用的"裤带扣"与争议商标核定使用的"服饰用皮带"在功能、用途、生产部门、销售渠道、消费对象等方面有一定交叉，相关公众一般会认为二者存在特定联系。但是，名仕公司在本案中未提交任何足以证明引证商标在争议商标申请日之前的使用证据，故引证商标在争议商标申请注册之前并不具备一定的知名度。博内特里公司最早于1977年8月11日在法国注册了国际注册号为432096号的"花图形"商标。1985年8月19日，博内特里公司向商标局申请注册第253489号"MONTAGUT＋花图形"组合商标，该商标于1986年6月30日被商标局核准注册，核定使用在第25类衣服等商品上。该商标中包含的"花图形"与争议商标的"花图形"基本无差别。自此，博内特里公司在中国开始大量使用含有"花图形"标志的商标。1991年12月30日，博内特里公司经商标局核准注册了第577537号"梦特娇"文字商标，核定使用在第25类衣服等商品上。1994年2月21日，博内特里公司在中国申请注册第795657号"花图形"商标，该商标于1995年11月28日被核准注册在第25类的服装、鞋、帽、皮带服饰用、腰带、服装带等商品上。2004年11月29日，博内特里公司注册的"花图形"、"MONTAGUT＋花图形"、"梦特娇"商标被认定为使用在服装等商品上的驰名商标。从上述事实看，博内特里公司于1985年申请注册的"MONTAGUT＋花图形"组合商标中就包含有与争议商标基本相同的"花图形"标志，该"花图形"标志的申请注册时间早于引证商标的申请注册日。博内特里公司又于1994年将与争议商标基本相同的"花图形"商标申请注册在服饰用皮带等商品上。本案争议商标于2002年申请，2003年被核准注册，博内特里公司包括"花图形"在内的三个系列商标于2004年就被认定为驰名商标。显然，其中被认定为驰名商标的"花图形"商标的知名度不是由刚核准注册一年的争议商标带来的，而是由于博内特里公司在申请注册争议商标之前就在中国长期、大量地使用带有"花图形"标志的"MONTAGUT＋花图形"商标及1994年申请注册"花图形"商标，使"花图形"标志在相关公众中广为知晓，在服饰领域产生了较高的知名度。相关公众已经将"花图形"、"MONTAGUT＋花图形"、"梦特娇"商标与博内特里公司之间建立了特定的联系。博内特里公司1994年申请注册的第795657号"花图形"商标与本案争议商标基本无差别且同样都注册在服饰用皮带上。尽管本案争议商标与已被认定为驰名商标的"MONTAGUT＋花图形"、"花图形"商标与本案争议商标为不同的商标，本案争议商标又在引证商标之后申请注册，但争议商标的"花图形"标识早在其申请注册之前已经过长期、广泛使用，"花图形"标志多年来在博内特里公司"MONTAGUT＋花图形"、"花图形"驰名商标上建立的商誉已经体现在争议商标"花图形"商标上，本案争议商标延续性地承载着在先"花图形"商标背后的巨大商誉。因此，虽然不同的注册商标专用权是相互独立的，但商标所承载的商誉是可以承继的，在后的争议商标会因为在先驰名商标商誉的存在而在较短的时间内具有了较高的知名度。因此，即便争议商标与引证商标在自然属性上构成近似，争议商标核定使用在"皮带（服饰用）"上的商品与引证商标核定使用在"裤带扣"的商品构成类似，但毕竟争议商标在第25类注册，引证商标在第26类注册，二者属于不同类别上注册的不同商品。而且，引证商标不具有一定的知名度，名仕公司对引证商标虽享有商标专用权，但其商标专用权的排斥力因其商标不具知名度而应受到一定的限制。相反，博内特里公司在先注册并大量使用的"花图形"标识的商誉已延续至争议商标，使得争议商标具有较高的知名度，已建立较高市场声誉和形成相关公众群体，相关公众已在客观上将博内特里公司的争议商标与名仕公司的引证商标区别开来。此时允许争议商标存在只是限制引证商标排斥权的范围，并不限制其商标专用权。从本案争议商标的特殊性考虑，认定争议商标的注册具有合法性，能维护已经形成和稳定的市场秩序。商标评审委员会及一、二审法院认定争议商标在"皮带服饰上"的注册违反商标法第二十八条的规定，有失偏颇。

三、著作权案件审判

24. 实用性与艺术性兼备的客体作为美术作品获得保护的条件

在再审申请人乐高公司与被申请人广东小白龙动漫玩具实业有限公司（以下简称小白龙动漫公司）、北京华远西单购物中心有限公司（以下简称西单购物中心）侵害著作权纠纷案（〔2013〕民申字第1262号至1271号、第1275号至1282号、第1327号至1346号、第1348号至1365号）中，最高人民法院指出，不同种类作品对独创性的要求不尽相同，美术作品的独创性要求体现作者在美学领域的独特创造力和观念；对于既有欣赏价值又有实用价值的客体而言，其是否可以作为美术作品保护取决于作者在美学方面付出的智力劳动所体现的独特个性和创造力，那些不属于美学领域的智力劳动则与独创性无关。

本案的基本案情是：乐高公司主张其为第6015号轮胎造型等56件积木块的著作权人，并提交了设计图纸、产品图册以及使用说明书等证据。2007年4月2日、4月3日、10月26日，乐高公司的委托代理人通过公证程序，在西单购物中心购买了"COGO积高玩具"及"小白龙LWDRAGON玩具"，西单购物中心出具了相应的购买发票，其中包含涉案56件被诉侵权积木块。乐高公司以小白龙动漫公司生产、西单购物中心销售的被诉侵权积木块侵犯其著作权为由，提起诉讼。北京市第一中级人民法院一审认为，乐高公司请求保护的56块积木块不具有独创性，不构成美术作品，判决驳回乐高公司的诉讼请求。乐高公司不服，提出上诉。北京市高级人民法院二审判决驳回上诉、维持原判。乐高公司仍不服，向最高人民法院申请再审。最高人民法院于2013年11月29日裁定驳回乐高公司的再审申请。

最高人民法院审查认为：独创性是作品的基本属性，是指作品由作者独立完成并表现了作者独特的个性和思想。独创性是一个需要根据具体事实加以判断的问题，不存在适用于所有作品的统一标准。实际上，不同种类作品对独创性的要求不尽相同。对于美术作品而言，其独创性要求体现作者在美学领域的独特创造力和观念。因此，对于那些既有欣赏价值又有实用价值的客体而言，其是否可以作为美术作品保护取决于作者在美学方面付出的智力劳动所体现的独特个性和创造力，那些不属于美学领域的智力劳动则与独创性无关。根据乐高公司在原审程序中提交的产品设计图纸等证据，可以证明涉案玩具积木块由乐高公司独立完成，并为此付出了一定的劳动和资金。但是，独立完成和付出劳动本身并不是某项客体获得著作权法保护的充分条件。从涉案玩具积木块的设计来看，它并未赋予涉案玩具积木块足够的美学方面的独特性，不符合著作权法关于美术作品的独创性要求。此外，涉案玩具积木块获得著作权登记本身并不能成为其当然能够获得著作权法保护的依据。即使著作权登记能够成为权利人享有权利或者某项客体属于著作权法保护的作品的初步证据，在当事人于个案中对此发生争议时，人民法院仍然有权对权属或者独创性问题重新作出审查判断。

25. 立体造型美术作品的保护范围与侵权判断

在再审申请人景德镇法蓝瓷实业有限公司（以下简称法蓝瓷公司）与被申请人潮州市加兰德陶瓷有限公司（以下简称加兰德公司）侵害著作权纠纷案（〔2012〕民申字第1392号）中，最高人民法院认为，设计思路以及相应的工艺方法并非著作权法的保护对象，权利人不能通过著作权垄断相应的设计思路和工艺方法；他人可以采用同样的设计思路和工艺方法，设计并生产类似主题的产品，但不能抄袭他人具有独创性的表达。

本案的基本案情是：法蓝瓷公司经著作权人海畅实业有限公司（以下简称海畅公司）许可获得了"蜂鸟茶具系列"、"小红莓系列"、"蜂鸟摆饰系列"等陶瓷作品的专有使用权。加兰德公司生产"圣诞果系列"、"金鱼系列"、"鸢尾花系列"陶瓷产品。法蓝瓷公司主张加兰德公司产品是对其享有专有使用权的作品的刻意模仿，侵犯了法蓝瓷公司的著作权，遂提起著作权侵权诉讼。福建省厦门市中级人民法院一审认为，加兰德公司"圣诞果系列"产品侵犯了法蓝瓷公司"小红莓系列"作品著作权，据此判决加兰德公司承担停止侵权、赔偿损失的民事责任。法蓝瓷公司和加兰德公司均不服，提出上诉。福建省高级人民法院在一审判决的基础上，又增加认定加兰德公司"鸢尾花系列"中的大盘、杯盘组构成侵权，但认为"鸢尾花系列"中的茶壶、奶罐糖罐以及"金鱼系列"陶瓷制品不构成侵权。法蓝瓷公司不服，向最高人民法院申请再审。最高人民法院于2013年3月25日裁定驳回法蓝瓷公司的再审申请。

最高人民法院审查认为：将动植物形象引入到生活用品中，制作出精美的陶瓷制品的设计思路、工艺方法早在一百多年前已经出现。海畅公司借鉴已有的设计思路和工艺方法，用鸢尾花、蜂鸟、金鱼等动植物的形象来装饰茶壶、杯盘汤匙组和奶罐糖罐等产品，使其系列瓷制品在艺术造型、结构、色彩搭配上具有独创性，构成有审美意义的立体造型艺术作品，应当受到著作权法的保护。但著作权法保护思想的表达，并不保护思想本身。将动植物形象装饰陶瓷制品，在各种器形载体的杯缘、瓶口、把手上刻画出立体生动的动植物造型的设计思路以及相应的工艺方法并非海畅公司所独创，也非著作权法的保护对象。海畅公司不能通过著作权垄断相应的设计思路和工艺方法，否则将违背著作权法的立法原意，阻碍文学、艺术、科学的进步和作品的多样性。模仿是文学、艺术和自然科学、社会科学、工程技术等进步的基本手段和方法，他人可以采用同样的设计思路和工艺方法，设计并生产类似主题的产品。著作权制度并不禁止他人的适度模仿，但不能抄袭他人具有独创性的表达。自然界中已经客观存在的动植物形象不属于海畅公司独创，但如果其用特定的方式、赋予其具有特定审美意义的造型表达，则应当予以保护。将加兰德公司的"鸢尾花系列"产品中的茶壶、奶罐糖罐以及"金鱼系列"产品与海畅公司的相应产品对比可见，虽然加兰德公司的产品具有模仿海畅公司产品的痕迹，两者产品有相同之处，但也有明显的差异。相同之处主要是设计主题、思路、位置关系和动植物形象等元素，这些相同之处尚未使两公司产品达到实质性相似的程度，加兰德公司的行为没有超出合法模仿的界限，二审法院认定加兰德公司生产的"鸢尾花系列"中的茶壶、奶罐糖罐以及"金鱼系列"陶瓷制品未侵犯法蓝瓷公司著作权正确。

四、竞争案件审判

26. 知名商品特有的包装、装潢权益能否承继

在再审申请人桂林南药股份有限公司（以下简称桂林南药公司）与被申请人三门峡赛诺维制药有限公司（以下简称赛诺维公司）侵害外观设计专利权和擅自使用知名商品特有包装、装潢纠纷案（〔2013〕民提字第163号）中，最高人民法院指出，知名商品特有的包装、装潢属于反不正当竞争法保护的财产权益，依法可以转让和承继。

本案的基本案情是：1963年10月9日，广西壮族自治区卫生厅批复同意桂林制药厂生产乳酶生片。1979年至2000年，相关部门多次授予桂林制药厂生产的乳酶生片为名牌产品及优质产品等称号。2001年6月11日，广西壮族自治区人民政府批复同意以桂林制药厂等为发起人设立桂林南药公司，并于2001年6月22日成立。2001年10月12日，桂林制药厂乳酶生片等72个品种的生产单位变更为桂林南药公司。自2001年12月1日起，桂林制药厂停止生产已变更生产单位的药品。2002年2月2日，桂林南药公司向广西壮族自治区药品监督管理局申请涉案包装、装潢版本一，2002年9月18日获得批准。2006年11月8日，桂林南药公司向广西壮族自治区食品药品监督管理局申请涉案包装、装潢版本二，该包装、装潢与版本一整体相同，细节上略有区别，2007年6月4日获得批准。2010年12月22日，桂林南药公司吸收合并桂林制药有限责任公司（其前身为桂林制药厂）。2011年5月17日，桂林制药有限责任公司经核准注销。2001年8月8日，赛诺维公司成立。2005年3月21日，赛诺维公司的老厂区分立为三门峡华一制药有限公司。2007年5月25日，河南省食品药品监督管理局同意三门峡华一制药有限公司乳酶生片药品说明书和标签备案，该标签内容同桂林南药公司的涉案包装、装潢版本二基本相同。2008年2月26日，三门峡华一制药有限公司生产的使用上述包装袋的乳酶生片在市场上销售。后赛诺维公司与三门峡华一制药有限公司合并，原三门峡华一制药有限公司的复方氢氧化铝等26个品种的生产单位变更为赛诺维公司，原药品批准文号不变。2008年5月20日，赛诺维公司委托他人印制同三门峡华一制药有限公司乳酶生片包装、装潢相同的包装。桂林南药公司以赛诺维公司仿冒桂林南药公司知名商品包装、装潢，构成不正当竞争为由，提起诉讼。河南省洛阳市中级人民法院一审认为，桂林制药厂所生产的乳酶生片虽有一定知名度，但在桂林南药公司吸收合并桂林制药厂之前，桂林制药厂仅仅是桂林南药公司的股东之一，桂林制药厂的声誉和知名度不能为桂林南药公司享有；两公司合并后，桂林制药厂已停止生产乳酶生片近十年，其所曾经享有的声誉和知名度也不能为桂林南药公司所继续享有。据此判决驳回桂林南药公司的诉讼请求。桂林南药公司不服，提出上诉。河南省高级人民法院二审认为，桂林南药公司成立后，对乳酶生片这一产品重新进行药品审批，其生产单位、药品批号等已发生变化，桂林南药公司生产的乳酶生片与桂林制药厂生产的乳酶生片已不是同一商品，不能认定桂林南药公司生产的乳酶生片是知名商品，故赛诺维公司使用涉案包装、装潢的行为不构成不正当竞争。据此判决驳回上诉，维持一审判决。桂林南药公司不服，向最高人民法院申请再审。最高人民法院裁定提审本案，并于2013年12月7日判决撤销原一、二审判决，改判赛诺维公司停止使用涉案包装、装潢的不正当竞争行为，赔偿桂林南药公司经济损失21.32万元。

最高人民法院提审认为：桂林南药公司一直在生产销售乳酶生片，而且该乳酶生片与桂林制药厂生产的乳酶生片为同一种商品，药品批准文号的变化并不足以证明二者不是同一种商品。知名商品特有的包装、装潢属于反不正当竞争法保护的财产权益，依法可以转让和承继。在桂林制药厂生产的乳酶生片为知名商品的情形下，其生产的0.15克袋装乳酶生片的包装、装潢应当属于知名商品特有的包装、装潢。基于桂林南药公司和桂林制药厂本身就具有较为特殊的承继关系且两者生产的乳酶生片为同一种商品，而且因桂林南药公司和桂林制药厂在0.15克袋装乳酶生片上使用的包装、装潢并无实质性差别，故桂林南药公司应当有权利承继桂林制药厂所拥有的上述知名商品特有的包装、装潢权益。桂林南药公司生产销售的0.15克袋装乳酶生片的包装、装潢属于知名商品特有的包装、装潢。赛诺维公司生产销售的0.15克袋装乳酶生片的包装、装潢侵犯了桂林南药股份有限公司知名商品特有的包装、装潢权益，构成不正当竞争。

27. 知名商品的名称、包装和装潢的特有性与新颖性的关系

在再审申请人华文出版社有限公司（以下简称华文出版社）与被申请人吉林文史出版社及一审被告长春联合图书城有限公司（以下简称长春联合图书城）侵害著作权及不正当竞争纠纷案（〔2013〕民申字第371号）（以下简称《男人来自火星·女人来自金星》图书不正当竞争案），最高人民法院指出，知名商品的名称、包装和装潢的特有性是指该商品名称、包装和装潢能够起到区别商品来源的作用，而不是指该商品名称、包装和装潢具有新颖性或者独创性；即使商品名称、包装和装潢不具有新颖性或者独创性，也不意味着其必然不具有特有性。

本案的基本案情是：吉林文史出版社自2004年取得美国作者约翰·格雷博士授权，在中国大陆范围内独家出版其作品，英文名为"Men Are from Mars, Women Are From Venus"，中文名为《男人来自火星·女人来自金星》。该书封面以两张大幅男人、女人头像图片为背景，图片为黑白色，封面整体呈现蓝绿色。封面中间是中文书名，封面顶端是宣传语，中文书名的左上角是美术体的英文书名，中文书名的正下方是"全球最畅销图书被翻译成40多种语言"的宣传语。该书封底呈黑绿色，上部以美术体标示英文书名，中间是"让男人读懂女人，让女人读懂男人"的宣传语，然后依次引用有关外文报刊对本书的评论。2006年、2007年、2009年在中国图书商报统计的各地书店畅销书排序中，本案图书均榜上有名且销量较大。2007年至2011年在当当网图书畅销榜

上，该书亦榜上有名。华文出版社出版于2010年1月出版了翟文明编著的《男人来自火星·女人来自金星大全集》一书。在该书封面上的"男人来自火星·女人来自金星"字体显著突出，"大全集"三字字体相对较小。同时，该书在封面的装饰图片选择、位置排列、颜色搭配以及封面和封底的中英文文字、宣传标语的选择、排列布置等方面与吉林文史出版社的涉案图书非常接近。2010年7月，吉林文史出版社在长春联合图书城购买华文出版社出版的《男人来自火星·女人来自金星大全集》两本。吉林文史出版社以华文出版社侵犯其本案图书著作权及擅自使用其知名商品特有名称和装潢为由，提起诉讼，请求法院判令华文出版社停止侵权并赔偿损失。吉林省长春市中级人民法院一审认为，华文出版社及长春联合图书城未侵犯吉林文史出版社的专有出版权，但是华文出版社擅自使用与他人知名商品特有名称和装潢近似的名称和装潢，构成不正当竞争行为。遂判决华文出版社停止出版、发行"使用《男人来自火星·女人来自金星大全集》名称及其封面封底设计"的图书，赔偿吉林文史出版社20万元；长春联合图书城停止销售前述图书。华文出版社不服，提出上诉。吉林省高级人民法院二审认为，一审判决确定的赔偿数额过高，应予调整。遂改判华文出版社赔偿吉林文史出版社10万元。华文出版社仍不服，向最高人民法院申请再审。其主要理由是文史出版社本案图书的名称和装潢不构成知名商品的特有名称和装潢；本案可以判决责令附加区分来源的其他标识，原审判决停止出版、发行被诉侵权图书，责任过重。最高人民法院于2013年12月26日裁定驳回华文出版社的再审申请。

　　最高人民法院审查认为：反不正当竞争法第五条第（二）项规定的知名商品的名称、包装和装潢的特有性是指该商品名称、包装和装潢能够起到区别商品来源的作用，而不是指该商品名称、包装和装潢具有新颖性或者独创性。对相关公众而言，只要该商品名称、包装和装潢由于商业使用已经客观上起到区别商品来源的作用，其便具有了特有性，其是否具有新颖性或者独创性并不重要。当然，商品名称、包装和装潢的新颖性或者独创性与特有性具有一定的联系。如果商品名称、包装和装潢具有新颖性或者独创性，将该种具有新颖性或者独创性商品名称、包装和装潢用于商业活动，则该名称、包装和装潢通常会起到区别商品来源的作用，因而具备特有性。但是，即使商品名称、包装和装潢不具有新颖性或者独创性，也不意味着其必然不具有特有性。在经营者将该不具有新颖性或者独创性商品名称、包装和装潢用于商业活动的情况下，如果经过使用，该商品及其名称、包装和装潢具有了一定的知名度，该名称、包装和装潢成为相关公众区分商品来源的标识之一，则其同样具备特有性。关于本案图书的商品名称的特有性。虽然本案图书名称《男人来自火星·女人来自金星》来自西方谚语，并非吉林文史出版社独创，但是吉林文史出版社在先将其作为图书商品名称并出版发行，且本案没有证据表明其他经营者也将同样的名称用于图书类商品并早于本案图书而出版发行。在本案图书已具有较高知名度的情况下，其名称已经具有了区别商品来源的作用，构成知名商品的特有名称。关于本案图书装潢的特有性。本案图书的装潢包含封面与封底，封面的装饰图片选择、位置排列、颜色搭配以及封面和封底的中英文文字、宣传标语的选择、排列布置等均体现出一定的特色。本案没有证据证明有他人早于本案图书在相同或者类似商品上使用了相同或者近似的装潢设计。在本案图书已具有较高知名度的情况下，其装潢已经具有区别商品来源的作用，构成知名商品的特有装潢。

28. 不具有市场属性的信息不属于商业秘密

在再审申请人王者安与被申请人卫生部国际交流与合作中心（以下简称卫生部国际中心）、李洪山、原晋林侵害商业秘密纠纷案（〔2013〕民申字第1238号）中，最高人民法院指出，反不正当竞争法所规范的"竞争"并非任何形式、任何范围的竞争，而是特指市场经营主体之间的"市场竞争"；商业秘密应以市场为依托，仅在单位内部为当事人带来工作岗位竞争优势的信息不属于商业秘密。

本案的基本案情是：王者安是卫生部国际中心工作的工作人员。2000年5月，卫生部国际中心根据卫生部的要求开始酝酿人事制度改革。王者安是改革小组成员之一，负责薪酬的改革方案，并参与完成了《卫生部国际交流中心分配制度改革办法》（以下简称《分配制度改革办法》）。后王者安向北京市第一中级人民法院起诉称，《分配制度改革办法》符合商业秘密的所有特征，卫生部国际中心原主任李洪山有预谋地骗取了王者安的《分配制度改革办法》，并将其提供给原晋林，供原晋林履行综合人事部处长职责，并与王者安进行岗位竞争，导致王者安在2001年竞争综合人事部处长职位时失利。2001年以后，卫生部国际中心一直使用王者安的《分配制度改革办法》，资产增长到5亿多，取得了巨大的经济利益。王者安请求法院判令卫生部国际中心、李洪山、原晋林停止侵权，共同赔偿损失1036万元。北京市第一中级人民法院一审认为，王者安提交的现有证据不足以证明《分配制度改革办法》系由王者安独立完成，且卫生部国际中心的人事制度改革方案是集体参与制定的，王者安作为员工参与该项工作是履行单位分配的工作任务。据此判决驳回王者安的全部诉讼请求。王者安不服，提出上诉。北京市高级人民法院以基本相同的理由判决驳回上诉，维持一审判决。王者安仍不服，向最高人民法院申请再审。最高人民法院于2013年12月18日裁定驳回王者安的再审申请。

最高人民法院审查认为：反不正当竞争法规范的主体应为参与市场经营活动的市场主体即经营者，其规范的行为应为经营者的经营行为。本案中，王者安并非从事商品经营或者营利性服务的经营者，其与三被申请人之间亦不存在市场竞争关系。王者安与卫生部国际中心为劳动合同关系，王者安与李洪山、原晋林为同事关系。王者安起草、制定《分配制度改革办法》系履行工作职责、完成工作任务。故本案三被申请人的行为不构成反不正当竞争法规定的不正当竞争行为。反不正当竞争法所规范的"竞争"，并非任何形式、任何范围的竞争，而是特指市场经营主体之间的"市场竞争"。因此，王者安所谓的"工作岗位竞争"即综合人事部处长职位竞争系单位内部职位竞争，并不属于反不正当竞争法规范的"市场竞争"。商业秘密应以市场为依托，仅在单位内部为当事人带来工作岗位竞争优势的信息不属于商业秘密。因此，三被申请人未侵害王者安的商业秘密。

五、知识产权合同案件审判

29. 尚未获得注册的商标的许可使用合同是否有效

在再审申请人天津开发区泰盛贸易有限公司（以下简称泰盛公司）与被申请人北京业宏达经贸有限公司（以下简称业宏达公司），一审被告、二审被上诉人广州睿翔春皮具有限公司（以下简称睿翔春公司）商标许可使用合同纠纷案（〔2012〕民申字第1501号）中，最高人民法院认为，法律法规对许可他人使用尚未获得注册的商标未作禁止性规定，商标许可合同当事人对商标应该获得注册亦未有特别约定，一方以许可使用的商标未获得注册构成欺诈为由主张许可合同无效的，不予支持。

本案的基本案情是：2007年3月1日，业宏达公司从案外人沃尔西公司获得"wolsey"系列文字及图形商标在中国大陆、香港、澳门地区独占使用权和再许可权，期限为2007年3月1日至2013年12月31日。2007年4月12日，业宏达公司与泰盛公司签订《再许可授权协议》，约定业宏达公司授权泰盛公司在中国大陆独家使用第1802类商品上的"wolsey"商标、"无赛"商标和"狐狸图形"商标，该协议有效期为2007年5月1日至2013年12月31日。其中"wolsey"商标的注册/申请号为3730891号，"无赛"商标的注册/申请号为37308090号，"狐狸图形"商标的注册/申请号为3730889号，其授权使用的商品均为第1802类皮革、人造革及其制品、皮箱和旅行包等商品。协议还规定了泰盛公司应从2008年1月1日起向业宏达公司支付商标使用费的数额与方式，以及泰盛公司应向业宏达公司提交相关报表和报告等义务。同日，业宏达公司与泰盛公司签订《补充协议》，约定泰盛公司的法定代表人金立锡成立新公司后，以新公司的名义重新签署合同；泰盛公司向业宏达公司交付50万美元（人民币383万元）的wolsey（金狐狸）商标的加盟费用等。2007年6月1日，睿翔春公司成立，随后向业宏达公司支付了383万元商标加盟费。前述商标许可合同中的三个商标均由沃尔西公司于2003年9月24日申请，其中第3730889号"狐狸图形"注册商标和37308090号"无赛"注册商标于2006年6月7日获得注册，核定使用的商品包括第1802类箱包皮具商品。第3730891号"wolsey"商标申请注册时其申请使用的商品类别为包括第1802类箱包皮具商品在内的第18类商品。商标局于2006年2月14日裁定驳回了该商标在第1802类箱包皮具商品上的注册申请。国家工商行政管理总局商标评审委员会于2010年3月1日维持了商标局裁定。随后，第3730891号"wolsey"商标于2010年9月7日获得注册，核定使用的商品为第1801类、第1804类、第1805类、第1806类。上述情况发生的原因在于，案外人海图公司已经在先申请"wolsey"商标，并于2009年11月28日在第1802类箱包皮具商品上获准注册。案外人海图公司获得"wolsey"注册商标之后，向工商行政管理部门投诉泰盛公司使用"wolsey"商标的行为。泰盛公司因此受到工商行政管理部门的行政处罚。2011年10月11日，业宏达公司以泰盛公司、睿翔春公司未依约提供报表、报告，拒不支付商标许可费为由，提起诉讼，请求法院判令解除许可合同，两被告给付商标使用费1488万元及逾期付款滞纳金。泰盛公司、睿翔春公司以许可合同中的第3730891号"wolsey"注册商标并未在第1802类皮具商品上获得注册，业宏达公司构成根本违约为由，提出抗辩。北京市第二中级人民法院一审认为，本案商标许可合同有效，但是第3730891号"wolsey"注册商标核定使用的商品并不包括协议约定的第1802类皮具商品，致使泰盛公司签订合同目的不能实现，业宏达公司构成根本违约。遂判决解除本案商标许可协议，业宏达公司返还泰盛公司商标加盟费383万元。业宏达公司不服，提出上诉。北京市高级人民法院二审认为，泰盛公司并未就主张业宏达公司返还商标加盟费提起反诉，一审判决超出了当事人诉讼请求范围；业宏达公司在签订合同时不存在欺诈，本案商标许可合同有效。遂判决解除本案商标许可合同，同时改判泰盛公司给付业宏达公司商标许可使用费446.4万元。泰盛公司不服，向最高人民法院申请再审。其主要理由之一为，第3730891号"wolsey"商标具有核心价值，业宏达公司故意隐瞒其不享有该商标在第1802类商品上的注册商标专用权的事实，与泰盛公司就包括该商标在内的三个商标签订许可协议，构成合同欺诈，业宏达公司无权收取商标使用费。最高人民法院于2013年3月26日裁定驳回泰盛公司的再审申请。

最高人民法院审查认为：关于业宏达公司是否存在欺诈行为的问题。本案业宏达公司与泰盛公司签订的《再许可授权协议》及《补充协议》是双方当事人的真实意思表示，不违反法律禁止性规定。泰盛公司主张业宏达公司构成欺诈，其主要理由是认为业宏达公司隐瞒了沃尔西公司在第1802类商品上不享有"wolsey"注册商标专用权的事实。但根据查明的事实，首先，2007年3月1日沃尔西公司将"wolsey"商标许可业宏达公司独占使用，以及2007年5月1日业宏达公司再许可泰盛公司独占使用时，海图公司尚未获得"wolsey"注册商标，3730891号"wolsey"商标系沃尔西公司正在申请注册（包括在第1802类商品上）中的商标。在此期间，业宏达公司将该商标再许可泰盛公司使用的行为并无不当。其次，未注册商标能否许可他人使用，法律法规对此没有禁止性规定，且在业宏达公司与泰盛公司签订的合同中，亦未限定许可泰盛公司使用的三个商标必须均为注册商标。相反，许可合同明确写明了业宏达公司"不保证商标有效性"的条款。根据该条款的内容，泰盛公司作为本案商标的被许可方，理应知晓签订合同时被许可使用的三个商标的权利状态，其中第3730891号"wolsey"商标为业宏达公司正在申请注册中的商标。最后，本案合同关于商标许可使用费的约定未区分三个商标各自的独立价值，特别是未就第3730891号"wolsey"商标是否具有核心价值，其使用费应高于其他两个商标等作出特别约定。二审法院结合泰盛公司在签订本案合同前即与业宏达公司存在商业合作关系，以及泰盛公司一直将"wolsey"商标与"狐狸图形"商标在相关商品上同时使用等情况，认定业宏达公司"wolsey"商标在第1802类皮具商品上未获得注册，不影响泰盛公司实现签订本案合同根本目的，业宏达公司不存在欺诈行为，并无不当。

30. 技术转让合同中出让方技术资料真实保证义务的延续性

在再审申请人北京福瑞康正医药技术研究所（以下简称福瑞研究所）与被申请人济川药业集团股份有限公司（以下简称济川公司）技术转让合同纠纷案（〔2013〕民申字第718号）中，最高人民法院认为，药品临床批件申请项下的技术发生转让的，技术出让方在后续的药品申报生产阶段仍负有保证申报资料数据真实可靠的约定义务和法定义务。

本案的基本案情是：2003年12月16日，济川公司与福瑞研究所签订新药技术转让合同，转让项目为新药盐酸罗哌卡因原料与注射剂的临床批件，包括原料药与注射剂。双方约定：因福瑞研究所技术原因，导致该新药申报失败的，福瑞研究所应在责任判定后十日内全额退回已收技术转让费给济川公司；福瑞研究所负有保证技术内容与有关数据的真实与可靠性的义务；福瑞研究所向济川公司提供技术转让项目所有相关技术资料与临床批件，包括新药综述研究资料、新药药学研究资料等。2004年，国家食品药品监督管理局向福瑞研究所下发审批意见通知件，同意对盐酸罗哌卡因原料药、注射液进行临床研究，对盐酸罗哌卡因氯化钠注射液免予临床研究。同年3月9日，福瑞研究所授权济川公司对盐酸罗哌卡因原料与水针开展二期临床研究。福瑞研究所向济川公司提供了包括盐酸罗哌卡因原料药及注射液在内的稳定性研究的试验资料及文献资料。济川公司按照合同约定向福瑞研究所付款150万元。为盐酸罗哌卡因注射液Ⅱ期临床试验，济川公司与有关医院签订协议并支付了临床验证费，还就盐酸罗哌卡因Ⅱ期临床研究统计分析工作签订技术服务合同，并支付了技术服务费。临床试验结束后，济川公司与福瑞研究所共同向国家食品药品监督管理局申请新药证书和生产批件。2008年8月28日，国家食品药品监督管理局向两单位下发审批意见通知件，不批准两单位对盐酸罗哌卡因及其注射液提出的注册申请，理由均为本申请药学方面资料的真实性存在问题。经比对，真实性存在问题的图谱资料来源于福瑞研究所向国家食品药品监督管理局申请盐酸罗哌卡因原料及注射液临床批件时提交的申报资料10。济川公司以福瑞研究所提供的资料不真实，导致生产批件和新药证书申报失败为由提起本案诉讼，请求法院判决解除双方签订的技术转让合同，判令福瑞研究所退回已收取的技术转让费，赔偿济川公司临床研究费用损失以及利息损失。江苏省泰州市中级人民法院一审判决解除本案技术转让合同，判令福瑞研究所返还济川公司技术转让费150万元，驳回济川公司其他诉讼请求。福瑞研究所不服，提出上诉。江苏省高级人民法院二审判决驳回上诉，维持一审判决。福瑞研究所仍不服，向最高人民法院申请再审。最高人民法院于2013年7月9日裁定驳回福瑞研究所的再审申请。

最高人民法院审查认为：合同法第三百四十九条规定，技术转让合同的让与人应当保证自己是所提供的技术的合法拥有者，并保证所提供的技术完整、无误、有效，能够达到约定的目的。作为技术受让方，济川公司对从福瑞研究所受让而来的技术的真实性有着合理的期待。双方在合同中也约定福瑞研究所负有保证技术内容和有关数据的真实与可靠性的义务以及由于技术原因导致该新药申报失败时全额退回已收技术转让费的责任。因此，福瑞研究所作为新药研发的技术出让方，应当知晓其向济川公司所提供相关技术资料的用途，并应当负有保证该转让品种的技术内容与有关数据的真实性与可靠性的义务。此外，根据《药品注册管理办法》的规定，药品注册申请人应当对申报资料内容的真实性负责。福瑞研究所向济川公司提供真实可靠的技术资料，不仅是双方合同约定的义务，也是其作为药品注册申请人的法定义务。对新药及其制剂进行稳定性研究，是确保用药安全有效的一项重要内容。通常，申报生产时的稳定性数据是临床申报时稳定性数据的一种延续，在新药申报中保证数据的真实性属于技术出让方应当负有的责任。福瑞研究所作为临床批件的技术出让方，应当保证延续生产中的技术数据的稳定性。本案中，申请新药证书及生产批件过程中出现的不真实的药学图谱资料来源于福瑞研究所申请临床批件的药物稳定性研究的试验资料，而该资料已经由福瑞研究所依技术转让合同的约定提供给了济川公司。由于负有法定和约定义务的福瑞研究所提供的药学试验资料的真实性存在问题，致使该新药的有效期、安全性和临床药效无法确定，无法确定该新药的技术是否稳定可靠，直接导致济川公司签订的技术转让合同目的落空，福瑞研究所理应承担违约责任。

六、知识产权侵权责任承担

31. 停止侵害民事责任具体承担方式的确定

在前述《男人来自火星·女人来自金星》图书不正当竞争案中，最高人民法院还明确了确定停止侵害民事责任的具体方式的原则和标准。最高人民法院认为，停止侵害民事责任的具体方式的确定，应该遵循比例原则，结合被诉行为的特点，考虑具体责任方式的合目的性、必要性和均衡性。

最高人民法院审查认为：停止侵害责任的具体方式的确定，需要结合被诉行为的特点，考虑具体责任方式的合目的性、必要性和均衡性。即该种具体责任方式要能够和适于实现停止侵害的目的；在能够有效实现停止侵害目的的各种手段中，对被诉侵权人利益造成的不利影响相对较小，且不会与停止侵害的目的不成比例。本案中，华文出版社实施了使用与他人知名商品近似的名称和装潢的不正当竞争行为。对于使用与他人知名商品近似的名称的行为而言，只要被诉侵权图书使用"男人来自火星 女人来自金星"这一名称，均可能导致相关公众发生混淆和误认，附加区别标识不足以起到停止侵害的目的。对于使用与他人知名商品近似的装潢的行为而言，只有在变更装潢，改变原有装潢的显著性的情况下，才能达到停止侵害的目的。因此，本案中通过附加区别标识不足以实现停止侵害的目的，原审法院判令华文出版社于判决生效后立即停止出版、发行"使用《男人来自火星·女人来自金星大全集》名称及其封面封底设计"的图书，这一责任方式并无不当。

32. 企业字号与注册商标冲突时的民事责任

在再审申请人北京大宝化妆品有限公司（以下简称大宝化妆品公司）与被申请人北京市大宝日用化学制品厂（以下简称大宝日化厂）、深圳市碧桂园化工有限公司（以下简称碧桂园公司）侵害注册商标专用权和不正当竞争纠纷案（〔2012〕民提字第166号）中，最高人民法院认为，企业字号与注册商标冲突时应根据案件的具体情况予以处理：因突出使用企业名称侵犯注册商标专用权的，可以判令规范使用企业名称；该企业名称因特殊的历史关系已经长期善意使用的，可以不判令变更企业名称。

本案的基本案情是：案外人北京三露厂（以下简称三露厂）于1987年至1995年经国家工商行政管理总局商标局（以下简称商标局）核准注册了"大宝"系列商标。其中"大宝"文字加图形商标与"Dabao"拼音商标被商标局认定为驰名商标。1989年，三露厂出资设立北京市大宝特种粘合剂厂（以下简称粘合剂厂）。从1991年起，粘合剂厂使用"大宝"文字加图形商标生产五洁粉产品。1999年三露厂设立大宝化妆品公司，因涉及字号重名问题，粘合剂厂为此出具函件，同意大宝化妆品公司使用"大宝"字号。2004年8月，粘合剂厂进行股份制改造，将企业名称变更为大宝日化厂，三露厂出具函件同意该厂使用"大宝"作为企业字号。此后，大宝日化厂在其五洁粉产品上使用了"大宝"文字加图形与"Dabao"拼音注册商标。同年9月，三露厂将涉案"大宝牌"文字加图形、"大宝"文字加图形与"Dabao"拼音注册商标转让给大宝化妆品公司所有。2007年1月15日，大宝日化厂与碧桂园公司签署协议，合作生产、销售日用化学品。两公司联合出品的"SOD蜜"、"洗发露"等产品上均带有"大宝日化"或

"DABAO RIHUA"字样,并同时使用了大宝日化厂的"贝贝熊"商标;碧桂园公司在其网站上展示了其与大宝日化厂联合生产的标有"大宝日化"字样的多种产品;大宝日化厂在其网站上使用了"大宝日化"字样,并展示了该厂生产的标有"大宝日化"字样的包括涉案产品在内的多种产品。2008年7月,三露厂将大宝化妆品公司全部股权出售给案外人强生(中国)投资有限公司,此过程未涉及大宝日化厂。大宝化妆品公司以大宝日化厂与碧桂园公司为共同被告提起诉讼,请求二被告停止侵害注册商标专用权行为、消除影响;大宝日化厂停止使用并限期变更带有"大宝"字样的企业名称;连带赔偿大宝化妆品公司经济损失及合理费用500万元。北京市第一中级人民法院一审认为,大宝日化厂与碧桂园公司构成商标侵权,判令二被告停止在其产品和网站上使用"大宝日化"、"DABAO RIHUA"字样的行为及在其网站上展示带有"大宝日化"及"DABAO RIHUA"字样产品的行为,驳回大宝化妆品公司的其他诉讼请求。大宝化妆品公司不服,提出上诉。北京市高级人民法院二审判决驳回上诉,维持一审判决。大宝化妆品公司不服,向最高人民法院申请再审。最高人民法院裁定提审本案,并于2013年5月7日改判撤销二审判决及一审判决第二项,维持一审判决第一项,大宝日化厂、碧桂园公司共同赔偿经济损失及合理费用50万元。

最高人民法院提审认为:首先,本案中,大宝日化厂成立时将"大宝"作为企业字号不具有恶意是各方当事人均认可的事实,因而不能简单地以该字号晚于"大宝"系列商标注册的时间为由,否认大宝日化厂使用"大宝"字号的合理性。其次,注册商标专用权与企业名称权均是受法律保护的民事权利,不同的权利主体在行使权利时,均不得超越其权利边界而损害他人的合法权益。鉴于"大宝"系列注册商标显著性较强,特别是通过多年的广告宣传已经具有了较高的知名度,只要提到"大宝",消费者就会将其与大宝化妆品品牌联系在一起。从大宝日化厂与碧桂园公司共同生产、销售的SOD蜜等化妆品与洗涤类产品的包装看,"大宝日化"字样在前且明显,大宝日化厂的"贝贝熊"注册商标在背面且很小。因"大宝日化"中的"大宝"字样具有区别商品来源的作用,故大宝日化厂与碧桂园公司突出使用"大宝日化"标识,明显具有攀附"大宝"系列注册商标商誉的恶意,易使相关公众对其商品来源产生混淆误认,或者认为不同的生产者之间具有关联关系。大宝日化厂与碧桂园公司在被诉侵权的产品上突出使用"大宝日化"、"DABAO RIHUA"标识的行为,违反了商标法及商标司法解释的相关规定,侵害了大宝化妆品公司"大宝"系列注册商标专用权,应承担相应的民事责任。根据《最高人民法院关于审理注册商标、企业名称与在先权利冲突的民事纠纷案件若干问题的规定》第四条的规定,被诉企业名称侵犯注册商标专用权或者构成不正当竞争的,人民法院可以根据原告的诉讼请求和案件的具体情况,确定被告承担停止使用、规范使用等民事责任。该司法解释中提到的"规范使用",主要针对的是突出使用企业名称字号侵害他人注册商标专用权的行为人,在行为构成侵权时,法院可以判令其以规范的方式使用商业标识。本案大宝日化厂应停止突出使用"大宝日化"、"DABAO RIHUA"标识的侵权行为,以消除或者避免权利冲突的发生。对于大宝日化厂应否停止使用"大宝"字号问题,考虑到大宝日化厂持续使用"大宝"字号已20多年,特别是本案中没有证据证明强生中国公司收购大宝化妆品公司时,大宝日化厂也参与其中且已经明确大宝日化厂不能再继续使用"大宝"字号的事实,故对大宝化妆品公司关于判令大宝日化厂停止使用"大宝"字号的请求不予支持。

33.专利权人与侵权人的事先约定可以作为确定专利侵权损害赔偿数额的依据

在再审申请人中山市隆成日用制品有限公司(以下简称隆成公司)与被申请人湖北童霸儿童用品有限公司(以下简称童霸公司)侵害实用新型专利权纠纷案(〔2013〕民提字第116号)中,最高人民法院认为,侵权人与权利人就再次侵权的赔偿数额作出约定后再次侵权的,人民法院可直接适用该约定确定侵权损害赔偿数额。

本案的基本案情是:隆成公司系名称为"前轮定位装置"实用新型专利(即本案专利)的专利权人。2008年4月,隆成公司曾以童霸公司侵犯本案专利为由提起诉讼。湖北省武汉市中级人民法院一审判决童霸公司停止侵权并赔偿损失。童霸公司不服,提起上诉。二审期间,经法院主持调解,双方达成调解协议并由湖北省高级人民法院制作了民事调解书,其主要内容为:童霸公司保证不再侵犯隆成公司的专利权,如发现一起侵犯隆成公司实用新型专利权的行为,自愿赔偿隆成公司100万元。后隆成公司发现童霸公司仍在从事侵害本案专利权的经营行为,遂于2011年5月再次向湖北省武汉市中级人民法院提起诉讼,请求法院判令童霸公司赔偿隆成公司100万元并承担诉讼费用。一审庭审中,经法院释明,隆成公司明确表示本案依据专利侵权起诉,不选择合同违约之诉,但请求法院对侵权赔偿数额按双方约定的标准计算。一审法院认为,根据合同法第一百二十二条的规定,侵权责任与违约责任竞合时,受损害方有选择权。隆成公司明确选择提起侵权之诉,应根据侵权责任法确定赔偿数额。若赔偿标准以前案民事调解书的约定为准,则与合同法的上述规定相冲突。因隆成公司主张侵权之诉,违约之诉无法纳入法庭调查和辩论的范围,法院无须对违约行为及违约责任作出判断,故不宜适用当事人约定的违约赔偿金。一审法院遂适用法定赔偿判决童霸公司赔偿隆成公司14万元。隆成公司不服,提出上诉。湖北省高级人民法院二审认为,侵权行为成立与否是本案双方当事人权利义务关系的基础,前案中被诉侵权童车产品的型号与本案中被诉侵权童车产品的型号不同,故调解协议约定的赔偿数额不能适用于本案。遂判决驳回上诉,维持一审判决。隆成公司仍不服,向最高人民法院申请再审。最高人民法院裁定提审本案,并于2013年12月7日判决撤销原一、二审判决,判令童霸公司赔偿隆成公司100万元。

最高人民法院提审认为:关于本案能否适用双方在前案调解协议中约定的赔偿数额确定方法。首先,本案中童霸公司应承担的民事责任不属于侵权责任与违约责任竞合之情形。合同法第一百二十二条所规定的违约责任与侵权责任发生竞合的前提是当事人双方之间存在基础交易合同关系,基于该交易合同关系,一方当事人的违约行为侵害了对方权益而产生侵权责任。因此,该规定中的违约行为是指对基础交易合同约定义务的违反,且该违约行为同时侵害了对方权益,而不是指对侵权行为发生之后当事人就如何承担赔偿责任所作约定的违反。前案调解协议不是隆成公司与童霸公司之间的基础交易合同,而是对侵权行为发生后如何承担侵权赔偿责任(包括计算方法和数额)的约定。因此,本案中童霸公司应承担的民事责任不属于合同法第一百二十二条规定的侵权责任与违约责任竞合的情形。其次,本案中童霸公司应承担的民事责任系侵权责任。前案调解协议的法律意义与效果不在于对童霸公司的合同交易义务作出约定，而在于对侵权责任如何承担作出约定。当事人双方将童霸公司将来侵权行为发生后的具体赔偿方法和数额写进调解协议，只是为了明确童霸公司再次侵权时其侵权责任应如何承担。再次，侵权责任法、专利法等法律并未禁止被侵权人与侵权人就侵权责任的方式、侵权赔偿数额等预先作出约定。这种约定的实质是，双方就未来发生侵权时权利人因被侵权所受到的损失或者侵权人因侵权所获得的利益，预先达成的一种简便的计算和确定方法。基于举证困难、诉讼耗时费力等因素的考虑，双方当事人在私法自治的范畴内完全可以对侵权赔偿数额作出约定。这种约定既包括侵权行为发生后的事后约定，也包括侵权行为发生前的事先约定。因此，本案适用调解协议中双方约定的赔偿数额确定方法，与专利法第六十五条的有关规定并不冲突。综上，本案可以适用前案调解协议中约定的赔偿数额确定方法。

七、关于知识产权诉讼程序与证据

34. 侵权结果地应当理解为侵权行为直接产生的结果的发生地

在再审申请人郑州润达电力清洗有限公司（以下简称郑州润达公司）、陈庭荣与被申请人湖北洁达环境工程有限公司（以下简称湖北洁达公司）、一审被告、二审上诉人吴祥林侵害商业秘密纠纷管辖权异议案（〔2013〕民提字第16号）中，最高人民法院指出，侵权结果地应当理解为侵权行为直接产生的结果的发生地，不能简单地以原告受到损害就认定原告住所地是侵权结果发生地。

本案的基本案情是：2011年9月，湖北洁达公司以吴祥林、陈庭荣和郑州润达公司侵害商业秘密为由，向湖北省荆州市中级人民法院提起诉讼。吴祥林、陈庭荣、郑州润达公司对管辖权提出异议，认为本案应由被告住所地人民法院管辖。湖北省荆州市中级人民法院一审认为，本案系湖北洁达公司以吴祥林、陈庭荣、郑州润达公司侵害其商业秘密为由提起的诉讼，三被告的住所地及侵权行为地法院均有管辖权。湖北洁达公司有权选择向侵权行为地法院提起诉讼。三被告提出的管辖权异议不能成立，遂裁定驳回吴祥林、陈庭荣、郑州润达公司的管辖权异议。郑州润达公司、陈庭荣、吴祥林不服，提出上诉。湖北省高级人民法院二审裁定驳回上诉，维持一审裁定。郑州润达公司、陈庭荣不服，向最高人民法院申请再审。最高人民法院裁定提审本案，并于2013年4月23日裁定撤销原一、二审裁定，将本案移送湖北省襄阳市中级人民法院审理。

最高人民法院提审认为：对于吴祥林和陈庭荣使用或者允许他人使用其所掌握的商业秘密这一被诉侵权行为而言，其侵权行为实施地应是涉案商业秘密的使用行为地。本案中，被诉使用该商业秘密实施设备清洗行为的行为地均不位于湖北省荆州市。对于陈庭荣作为法定代表人的郑州润达公司明知陈庭荣和吴祥林的违法行为仍使用他人商业秘密这一被诉侵权行为而言，其行为实施地与前述吴祥林和陈庭荣的被诉侵权行为实施地重合，亦不位于湖北省荆州市。侵权结果地应当理解为侵权行为直接产生的结果的发生地，不能以权利人认为受到损害就认为原告所在地就是侵权结果发生地。本案中，侵权结果地与上述侵权行为实施地重合，不位于荆州市。因此，湖北洁达公司关于荆州市是侵权结果地的主张不能成立。吴祥林和陈庭荣作为湖北洁达公司的员工，在工作中获知湖北洁达公司的商业秘密，不属于反不正当竞争法第十条规定的侵害商业秘密的具体行为种类。湖北洁达公司在起诉时也未将该行为列入其指控的对象。因此，原二审裁定以陈庭荣、吴祥林涉嫌在湖北洁达公司工作期间掌握涉案商业秘密为由，认定侵害商业秘密的行为发生在湖北洁达公司住所地湖北省荆州市，适用法律有误，应予纠正。本案被诉侵权行为的实施地、结果地以及被告住所地均不位于湖北省荆州市，湖北省荆州市中级人民法院对本案没有管辖权。

35. 与本诉具有牵连关系的对抗性诉讼可以作为反诉受理

在再审申请人江西盛世欣兴格力贸易有限公司（以下简称江西格力公司）与被申请人江西美的制冷设备销售有限公司（以下简称江西美的公司）、原审被告美的集团股份有限公司（以下简称美的公司）不正当竞争纠纷案（〔2013〕民申字第2270号）中，最高人民法院认为，与本诉在具体事实和法律关系方面具有同一性并非反诉的必要条件；基于产生原因上的联系而提起的具有明显针对性、对抗性和关联性的诉讼，因其与本诉具有牵连关系，可以作为反诉处理。

本案的基本案情是：珠海格力公司通过媒体在全国范围内宣传使用1赫兹变频技术的格力空调产品，江西格力公司是在江西省范围内销售格力空调产品的公司。广东美的制冷设备有限公司亦通过媒体在全国范围内宣传使用全直流变频技术的美的空调产品，江西美的公司是在江西省范围内销售美的空调产品的公司。江西美的公司于2012年4月1日至5日在《江南都市报》《南昌晚报》等媒体发布"全直流比1赫兹好，为什么"、"1赫兹OUT了，请别再忽悠消费者了"等广告语。江西格力公司于2012年4月5日、6日亦在相同媒体上发布"全直流早OUT了，不再用10年前的技术"等广告语。2012年4月9日，江西格力公司以江西美的公司、美的公司对其构成不正当竞争为由，向江西省南昌市中级人民法院提起本诉。2012年8月27日，江西美的公司以江西格力公司对其构成不正当竞争为由，向江西省南昌市中级人民法院提起反诉。一审法院将本诉与反诉合并审理，认为江西格力公司与江西美的公司均对对方构成商业诋毁，遂判决双方同时承担停止侵权行为、赔礼道歉、赔偿损失等法律责任。江西格力公司与江西美的公司均不服，提出上诉。江西省高级人民法院二审判决驳回上诉，维持原判。江西格力公司不服，以原审法院受理并审理江西美的公司所提反诉违反民事诉讼法的规定为由，向最高人民法院申请再审。2013年12月10日，最高人民法院裁定驳回江西格力公司的再审申请。

最高人民法院审查认为：本案中，本诉要解决的问题是江西美的公司在《江南都市报》《南昌晚报》等媒体上刊登广告语的行为是否构成对江西格力公司的商业诋毁，反诉要解决的问题是江西格力公司在《江南都市报》《南昌晚报》等媒体上刊登广告语的行为是否构成对江西美的公司的商业诋毁。本诉与反诉所针对的具体事实和法律关系虽然不具有同一性，但两项侵权行为的实施者互为本诉与反诉的原告、被告，借助的媒体完全相同，实施时间极为接近，侵权行为的具体形式高度近似。由此可以看出，两侵权行为在产生原因上具有明显的针对性、对抗性和关联性，其目的均是通过发布比较广告的方式获取相关地域内空调销售方面的竞争优势。由于本案反诉与本诉之间存在事实与法律关系上的关联性，原审法院以反诉与本诉具有牵连关系、合并审理符合设立反诉制度的目的为由,对江西美的公司的反诉予以受理和审理,并无不当。江西格力公司所提反诉与本诉之间必须基于同一法律关系和原因事实的再审理由缺乏法律依据。此外,从当事人诉权的行使和保障以及本案处理的法律效果和社会效果来看,原一、二审法院基于两侵权行为具有的明显的对抗性和针对性,在同一案件中对江西格力公司和江西美的公司的行为性质同时作出评判,在双方当事人的行为均构成侵权的情况下,判决其同一时间、在同一媒体之上以刊登道歉声明的方式消除相互诋毁行为所产生的不良影响,实现了对双方当事人同等程度的惩戒和救济,有利于对公平竞争的市场秩序的维护,也获得了较好的法律效果和社会效果。

36. 因诉争焦点变化而未能及时提交的证据属于"新的证据"

在再审申请人安斯泰来制药株式会社与被申请人成都力思特制药股份有限公司(以下简称力思特公司)及一审被告张红兵侵害发明专利权纠纷案(〔2013〕民申字第261号)(以下简称"四氢苯并咪唑衍生物的制备方法"发明专利侵权案)中,最高人民法院认为,举证期限届满后,因诉争焦点发生变化,当事人为支持其主张而补充提交关键性证据,不审理该证据可能导致裁判明显不公的,应认定该证据属于"新的证据"。

本案的基本案情是:安斯泰来制药株式会社是名称为"四氢苯并咪唑衍生物的制备方法"发明专利(即本案专利)的专利权人。该公司以力思特公司擅自使用本案专利技术生产、销售和许诺销售盐酸雷莫司琼注射液,张红兵销售上述产品,共同侵犯专利权为由,提起诉讼。北京市第一中级人民法院两次开庭审理本案。在第一次开庭审理中,力思特公司主张其将外购的雷莫司琼原料进行拆分后再转化为盐酸雷莫司琼,该制备方法不同于本案专利方法,且其使用的雷莫司琼原料来源于案外人,并提供了在国家食品药品监督管理局备案的盐酸雷莫司琼注射液生产工艺等材料予以证明。安斯泰来制药株式会社认为,力思特公司提供的上述证据不能证明其实际使用的雷莫司琼原料确实来源于案外供应商,存在自产的可能;力思特公司生产的盐酸雷莫司琼与使用本案专利权利要求9的方法生产的产品完全一样,即使力思特公司的外购行为是真实的,其拆分行为也与案外供应商一起构成共同侵权。双方当时争议的焦点在于外购行为是否确实发生,以及力思特公司使用雷莫司琼原料进行拆分后转化为盐酸雷莫司琼的步骤是否包含在本案专利权利要求9中,并未涉及外购的雷莫司琼原料在数量上能否满足生产需要的问题。在第二次开庭审理中,安斯泰来制药株式会社通过计算指出,力思特公司要满足其销售的盐酸雷莫司琼和盐酸雷莫司琼注射液的生产,需要雷莫司琼原料的数量为2.8公斤,而力思特公司从案外供应商购买的雷莫司琼原料仅为1公斤左右,故主张力思特公司使用的雷莫司琼原料还存在其他来源,并提出力思特公司存在自产的可能。针对上述质疑,力思特公司在第二次开庭审理结束后提交了其外购雷莫司琼原料的2张发票的复印件(购买量分别为1公斤),并申请追加案外供应商为共同被告。北京市第一中级人民法院一审认定力思特公司构成侵权并判决承担赔偿损失等责任。力思特公司不服,提出上诉。在二审期间,力思特公司除提交上述2张发票的原件外,又提交了另外5张发票的原件以及相关付款凭证、进货检验报告等,用以证明其生产使用的雷莫司琼原料系外购。安斯泰来制药株式会社认为上述7张发票不属于二审"新的证据",并对其真实性、关联性持异议。为审查核实上述证据的真实性,北京市高级人民法院到相关税务机关和供应商处进行调查。在力思特公司提交新的证据的基础上,该院二审判决撤销一审判决,改判驳回安斯泰来制药株式会社的诉讼请求。安斯泰来制药株式会社不服,向最高人民法院申请再审。其申请再审理由之一为,力思特公司在二审期间提交的一系列材料均在本案起诉前已经形成并一直为力思特公司控制和持有,不属于"新的证据",不应采信。最高人民法院于2013年5月30日裁定驳回力思特公司的再审申请。

最高人民法院审查认为:在诉讼过程中,双方当事人关注和争议的焦点往往会发生变化,而焦点的变化通常会影响当事人对证据材料本身价值的判断,并进而影响证据的提交。本案中,力思特公司首先提交了在国家食品药品监督管理局备案的材料以证明其使用的雷莫司琼原料系外购,在安斯泰来制药株式会社针对雷莫司琼原料的购买数量提出质疑后又补充提交发票予以回应和反驳。可见,力思特公司未及时提交发票与双方关注焦点的变化密切相关,在一审中未提交相关发票有正当理由。而且,在本案中,上述发票是认定力思特公司是否构成侵权的关键性证据,不审理该证据可能导致裁判明显不公。因此,对于安斯泰来制药株式会社提出的力思特公司在二审期间提交的发票等证据不属于"新的证据"的申请再审理由,不予支持。

37. 人民法院依职权调查收集必要证据的正当性

在前述"四氢苯并咪唑衍生物的制备方法"发明专利侵权案中,最高人民法院认为,人民法院为了审查核实当事人提供证据的真实性而收集必要的证据,属于行使民事诉讼法规定的职权,不违反法定程序。

最高人民法院审查认为:根据民事诉讼法的相关规定,当事人对自己提出的主张,有责任提供证据;当事人及其诉讼代理人因客观原因不能自行收集的证据,或者人民法院认为审理案件需要的证据,人民法院应当调查收集;人民法院应当按照法定程序,全面地、客观地审查核实证据。同时,民事诉讼法还要求审判人员必须认真审核诉讼材料,调查收集必要的证据。根据上述规定,人民法院有审查核实证据的职权。本案中,力思特公司在二审期间自行提交7张发票以证明其使用的雷莫司琼原料系外购的主张,该7张发票并非二审法院主动调查收集的证据。二审法院要求力思特公司进一步提交相关付款凭证等证据,并到相关税务机关和相关公司进行调查,是为了核实力思特公司提交的发票的真实性,确认力思特公司以该发票所欲证明的购销事实是否真实发生。人民法院为了审查核实当事人提供证据的真实性而收集必要的证据,属于行使民事诉讼法规定的职权,不违反"谁主张、谁举证"等程序要求。

38. 外国鉴定机构出具的鉴定结论能否采信

在再审申请人圆谷制作株式会社、上海圆谷策划有限公司(以下简称上海圆谷公司)与被申请人辛波特·桑登猜、采耀版权有限公司(以下简称采耀公司)及一审被告广州购书中心有限公司(以下简称广州购书中心)、上海音像出版社侵害著作权纠纷案(〔2011〕民申字第259号)中,最高人民法院认为,鉴定结论只有经过审查判断才能作为认定事实的依据;对于鉴定程序合法,当事人没有异议的鉴定结论,一般可以作为法院认定相关案件事实的依据;对于外国鉴定机构出具的鉴定结论,在当事人提出质疑时能否采信,应当按照中国的相关法律进行审查。

本案的基本案情是:2005年9月30日,辛波特、采耀公司以圆谷制作株式会社、上海圆谷公司、广州购书中心、上海音像出版社四被告侵害其著作权为由，提起诉讼，请求法院判令四被告停止侵害、赔礼道歉并赔偿损失。辛波特、采耀公司主张权利的证据有：1.《1976年合同》(1976年3月4日)。其主要内容是圆谷制作与企业有限公司向采耀公司总裁辛波特就有关动画片及影片进行授权。授权区域和授权期限为无期限的在日本国以外的独占专权。授权范围为分销权；制作权；复制权；版权；商标权；广告权；角色形象权以及将上述权利转分给第三方的权利。合同的最后一段的内容为："我，圆谷皋，通过本合同宣布已经全额收到了第一条记载的所有动画片和影片的独占专权金额，在此代表圆谷制作与企业有限公司签名并加盖公司印章。"在合同的底部有圆谷皋的英文签名和圆谷企业株式会社公章以及圆谷皋的汉字印章。2.《致歉信》(1996年7月23日)。该信系圆谷皋之子圆谷一夫向辛波特发出。其主要内容是澄清《1976年合同》的真实性和有效性，并对圆谷制作株式会社1989年9月与UM公司签署世界范围内的分销和授权代理合同时，没有将上述已授予采耀公司的权利排除在外表示歉意，并对辛波特声明圆谷制作株式会社已与UM公司等达成的合同在期满前有效，而不提出控诉表示感激。圆谷制作株式会社与辛波特此前在日本国和泰国均发生过与本案具有关联性的诉讼。2001年，圆谷制作株式会社在日本国提起著作权确认之诉，经日本国最高裁判所终审裁决，认定《1976年合同》真实有效，确认辛波特享有在日本国以外的奥特曼作品的独占使用权，驳回圆谷制作株式会社的其他诉讼请求。此外，圆谷制作株式会社还在泰国起诉采耀公司、辛波特等四被告侵害著作权，泰国中央知识产权和国际贸易法院判决认定《1976年合同》真实有效，圆谷制作株式会社应根据反诉向辛波特承担赔偿责任。圆谷制作株式会社上诉后，泰国最高法院终审判决采信由泰国警察总署证据检验处处长任命的七名专家组成的文件审核委员会出具的鉴定意见，对《1976年合同》真实性不予确认，并撤销一审判决。广东省广州市中级人民法院一审认为：泰国最高法院采信的鉴定报告由泰国警察总署作出，结论客观真实，可以作为证据予以采信；《致歉信》虽然真实，但不足以印证《1976年合同》的客观真实性。遂判决驳回辛波特和采耀公司的诉讼请求。辛波特与采耀公司不服，提出上诉。广东省高级人民法院二审认为，一审法院直接认定泰国鉴定机构的鉴定结论，缺乏法律依据，且泰国法院的判决在中国不具约束力，遂判决撤销一审判决，改判广州购物中心、上海音像出版社、上海圆谷公司、圆谷制作株式会社停止侵权行为并赔偿损失。圆谷制作株式会社、上海圆谷公司不服，向最高人民法院申请再审。最高人民法院于2013年9月29日裁定驳回圆谷制作株式会社、上海圆谷公司的再审申请。

最高人民法院审查认为：鉴定机构出具的鉴定结论属于证据的一种形式。作为具有重要诉讼价值的鉴定结论，必须符合客观性、关联性和合法性的要求。对于鉴定程序合法，当事人没有异议的鉴定结论，一般可以作为法院认定相关案件事实的依据。但是，这并不意味着简单地将鉴定结论直接作为裁判的依据，具体案件中对案件事实的实质性审查判断仍是法官是否采信鉴定结论的前提，否则无异于将对案件事实的审查权让渡于鉴定机构。中国法院对涉及外国鉴定机构出具的鉴定结论能否采信，应当按照中国的相关法律进行审查。在辛波特、采耀公司对该鉴定结论提出合理质疑的情况下，二审法院未采信泰国警察总署出具的鉴定结论并无不当。

39. 非新产品制造方法专利侵权纠纷中的事实推定

在再审申请人潍坊恒联浆纸有限公司（以下简称潍坊恒联公司）与被申请人宜宾长毅浆粕有限责任公司（以下简称宜宾长毅公司）、一审被告成都鑫瑞鑫塑料有限公司（以下简称成都鑫瑞鑫公司）侵害发明专利权纠纷案（〔2013〕民申字第309号）中，最高人民法院认为，在专利权人能够证明被诉侵权人制造了同样产品，经合理努力仍无法证明被诉侵权人确实使用了该专利方法的情况下，根据案件具体情况，结合已知事实及日常生活经验，能够认定该同样产品经由专利方法制造的可能性很大，被诉侵权人拒不配合法院调查收集证据或者保全证据的，可以推定被诉侵权人使用了该专利方法。

本案的基本案情是：宜宾长毅公司是"木浆粕变性生产工艺"发明专利（即本案专利）的权利人。利用本案专利可生产粘胶木浆粕产品，但该产品并非新产品。2011年4月，宜宾长毅公司从成都鑫瑞鑫公司购买了标注为"潍坊恒联公司"生产的粘胶木浆粕产品。2011年6月，宜宾长毅公司对上述粘胶木浆粕抽样进行检验，检验结果报告单载明该产品浆粕纤维种类为100%针叶木浆。据此，宜宾长毅公司以潍坊恒联公司、成都鑫瑞鑫公司侵害其本案方法专利权为由提起诉讼。四川省成都市中级人民法院一审认为，宜宾长毅公司提供的证据能够证明本案粘胶木浆粕产品系潍坊恒联公司生产和销售，潍坊恒联公司生产粘胶木浆粕的具体生产方法需通过其生产现场或原始生产记录等方法获得，而该证据在潍坊恒联公司实际控制之下，宜宾长毅公司无法获得，故本案非新产品粘胶木浆粕生产方法的举证责任应由潍坊恒联公司承担。潍坊恒联公司经法院释明后无正当理由拒不提供其本案粘胶木浆粕生产方法，构成举证妨碍，可推定宜宾长毅公司主张成立。遂判决潍坊恒联公司和成都鑫瑞鑫公司立即停止侵权行为，潍坊恒联公司赔偿宜宾长毅公司经济损失50万元。潍坊恒联公司不服，提起上诉。四川省高级人民法院二审维持一审判决。潍坊恒联公司不服，向最高人民法院申请再审。最高人民法院于2013年7月17日裁定驳回潍坊恒联公司的再审申请。

最高人民法院审查认为：在专利权人能够证明被诉侵权人制造了同样产品，经合理努力仍无法证明被诉侵权人确实使用了该专利方法的情况下，根据案件具体情况，结合已知事实及日常生活经验，能够认定该同样产品经由专利方法制造的可能性很大，被诉侵权人拒不配合法院调查收集证据或者保全证据的，可以推定被诉侵权人使用了该专利方法。本案中，专利权人宜宾长毅公司提供了"潍坊恒联公司棉浆粕出门证"、"潍坊恒联公司浆粕质量检验单"等一系列证据证明被诉侵权人潍坊恒联公司生产销售了被诉侵权产品，并且通过产品检验等方式证明了该产品是与本案专利方法生产的产品相同的粘胶木浆粕。对于该被诉侵权产品的制造方法，宜宾长毅公司提供了其所拍摄到的潍坊恒联公司的生产车间、相关机器设备以及原材料木浆板投放过程的视频资料。虽然这些证据不能形成完整的生产步骤和工艺参数，尚不足以证明潍坊恒联公司生产被诉侵权产品的制造方法，但是潍坊恒联公司在一审中认可该视频资料显示的是其公司的生产现场。一审法院根据宜宾长毅公司的证据保全申请，两次赴潍坊恒联公司进行调查取证：第一次取证中，潍坊恒联公司称其负责人不在，阻止法院进入生产现场；第二次取证中，该公司将法院带至棉浆粕生产现场而非上述视频资料所显示的生产现场。由于潍坊恒联公司不予配合，致使法院未能调取到被诉侵权产品制造方法证据。根据上述事实和日常生活经验,可以推断潍坊恒联公司侵权的可能性较大。原一、二审法院据此认定潍坊恒联公司被诉侵权产品的制造方法落入本案专利权保护范围,并无不当。

结 语

知识产权案件年度报告发布六年来,日益受到社会的普遍关注和高度重视,在明晰裁判规则、指导审判实践、统一法律适用等方面发挥着日益重要的作用。但仍应指出的是,本年度报告是最高人民法院在具体案件裁判中针对新型、复杂、疑难问题形成的认识,具有较强的阶段性、个案性和探索性,其中归纳总结的法律适用标准和方法不可避免地存在一定的局限性,而且可能会随着认识的深入和形势的发展发生调整和变化。在未来工作中,最高人民法院将继续坚持执法办案第一要务,加强疑难复杂案件审判指导,大力推进司法公开,不断提高知识产权案件审判质量和效率,努力让人民群众在每一个知识产权司法案件中都感受到公平正义。

最高人民法院知识产权案件年度报告(2014)

(2015年4月21日)

序 言

2014年,最高人民法院坚持司法为民、公正司法的工作主线,积极实施国家知识产权战略,充分发挥司法保护知识产权的主导作用,深化知识产权司法体制改革,不断提升司法能力和司法公信力,不断扩大知识产权司法保护的国际影响力,为创新型国家和法治中国建设作出了积极贡献。

最高人民法院知识产权审判庭全年共新收各类知识产权案件481件。在新收案件中,按照案件审理程序划分,共有二审案件11件,提审案件51件,申请再审案件393件,抗诉案件6件,请示案件20件。按照案件所涉客体类型划分,共有专利案件192件,植物新品种案件8件,商标案件148件,著作权案件56件,垄断案件3件,商业秘密案件9件,其他不正当竞争案件16件,知识产权合同案件26件,其他案件23件(主要涉及知识产权审判管理事务)。按照案件性质划分,共有行政案件145件,占全部新收案件的30.15%,其中专利行政案件56件,商标行政案件89件,分别比2013年下降12.5%和上升21.92%;共有民事案件336件,占全部新收案件的69.85%。另有2013年旧存案件85件,2014年共有各类在审案件566件。全年共审结各类知识产权案件490件,其中二审案件10件,提审案件51件,申请再审案件402件,请示案件21件,抗诉案件6件。在审结的402件申请再审案件中,行政申请再审案件131件,民事申请再审案件271件;裁定驳回再审申请303件,裁定提审37件,裁定指令或者指定再审 20 件，裁定撤诉（包括和解撤诉）24 件，以其他方式处理 18 件。

最高人民法院 2014 年审理的知识产权和竞争案件的基本规律和特点是：案件数量大幅增长的趋势有所缓解，受理案件数量整体趋向稳定；新类型、疑难案件持续增加，需要明确法律边界或填补法律空白的案件越来越多；专利等技术类案件在整体案件数量中仍占有较大比重，专利行政案件涉及实际要解决的技术问题的确定等基本法律规则解释的案件比例较高，专利民事案件涉及侵权判定规则的案件较多，专利与标准结合、默示许可的认定等新类型法律问题开始出现；植物新品种案件继续呈现增长态势，所涉法律问题向品种同一性的对比等纵深领域发展；商标案件整体增幅平稳，商标民事案件基本稳定，商标行政案件比重进一步增加，涉及权利取得的正当性判断、立体商标显著性判断等新类型商标案件的数量有所增加。著作权案件整体增幅回落，所涉争议向保护对象的确定、著作权权属证明等著作权基本制度和基本理念问题回归。竞争案件中涉及网络技术和新型商业模式的案件比重较大，商业秘密和仿冒行为案件继续增多，最高人民法院首次审结垄断案件。

最高人民法院根据新形势新任务的要求，结合案件特点，在行使知识产权审判职能方面体现出如下特点：充分发挥知识产权司法保护机制对社会创新动力、创造潜力和创业活力的激励作用，合理确定知识产权的保护范围，加强对创新成果的保护力度，维护公平竞争的市场格局和经济秩序；贯彻落实"加强保护、分门别类、宽严适度"的知识产权司法保护基本政策，依法有效维护知识产权权利人的合法利益；充分发挥知识产权司法保护的主导作用，明晰知识产权行政授权确权案件的裁判标准，发挥司法裁判对关联民事、行政案件的指引功能和引领作用，注重纠纷的实质性解决；推进司法公开，积极回应社会关切，不断提升知识产权审判的影响力。

本年度报告从最高人民法院 2014 年审结的知识产权和竞争案件中精选了 35 件（案件事实和法律问题基本相同的关联案件计为 1 件）典型案件，上述案件涵盖了已经入选 2014 年中国法院 10 大知识产权案件、10 大创新性知识产权案件和 50 件典型知识产权案例的全部案件。我们从中归纳出 50 个具有普遍指导意义的法律适用问题，反映了最高人民法院在知识产权和竞争领域处理新型、疑难、复杂案件的审理思路和裁判方法，现予公布。

一、专利案件审判

（一）专利民事案件审判

1. 独立权利要求与从属权利要求区别解释的条件

【裁判要旨】

通常情况下，应当推定独立权利要求与其从属权利要求具有不同的保护范围。但是，如果二者的保护范围相同或实质性相同，则不能机械地对二者的保护范围作出区别性解释。

【关键词】

发明　权利要求　保护范围　区别解释

【案号】

最高人民法院〔2014〕民申字第497号

【基本案情】

在再审申请人自由位移整装公司（以下简称自由位移公司）与被申请人常州市英才金属制品有限公司（以下简称英才公司）、上海健达健身器材有限公司（以下简称健达公司）侵害发明专利权纠纷案中，自由位移公司系名称为"锻炼装置"的发明专利（即本案专利）的权利人。本案专利共20项权利要求，其中，权利要求1和2分别为："1.一种锻炼装置，包括：一个阻力部件；一个将第一延伸臂和第二延伸臂连接到阻力部件上的绳索，其中该绳索包括一个第一绳股和一个第二绳股……2.如权利要求1所述的锻炼装置，其特征在于，绳索实质上由单根绳索组成。"自由位移公司以英才公司、健达公司生产、销售的"复合大飞鸟"训练机落入了本案专利权利要求1、3、4、5、6的保护范围，侵害本案专利权为由，提起诉讼。上海市第二中级人民法院一审认为，被诉侵权产品中包括两个独立的阻力部件和两根独立绳索，与本案专利一个阻力部件和单根绳索的技术特征相比，既不相同也不等同，未落入本案专利权利要求1的保护范围，也未落入从属权利要求3、4、5、6的保护范围。据此判决驳回自由位移公司的诉讼请求。自由位移公司不服，提起上诉。上海市高级人民法院二审判决驳回上诉、维持原判。自由位移公司不服，向最高人民法院申请再审，并主张根据区别解释原则和内部证据优先原则，权利要求1中的"一个绳索"并非是将绳索的数量限定为"单根"，被诉侵权产品的两根绳索与权利要求1中的上述特征构成相同或等同。最高人民法院于2014年11月13日裁定驳回自由位移公司的再审申请。

【裁判意见】

最高人民法院审查认为：我国现行法律、法规以及司法解释中，尚未对权利要求的区别解释规则作出明确规定。但对不同权利要求进行区别解释，将不同的权利要求解释为具有不同的保护范围，在通常情形下是必要和合理的。考虑到申请人撰写不同权利要求的目的，尤其是在独立权利要求的基础上撰写从属权利要求，是为了限定出不同层次的保护范围，使得专利权的保护范围更为明确和立体。因此，通常应当推定不同的权利要求具有不同的保护范围。然而，语言文字本身存在一词多义，也可能存在多词同义的情形。加之申请人在撰写技巧、主观认识等方面的偏差，对于同一技术方案，有可能使用不同的技术术语，以不同的表述方式进行限定，从而出现不同权利要求的保护范围相同或者实质相同的情形。在此种情形下，机械地进行区别解释，无疑是有悖于客观事实的。本案中，对于本领域技术人员而言，权利要求1中的"一个绳索"与权利要求2中的"单根绳索"并无实质性的区别，二者仅仅是表述方式不同而已。因此，对于自由位移公司有关根据权利要求的区别解释原则，应当将权利要求1中的"一个"解释为"一个或者多个"的理由，不予支持。

2. 权利要求中自行创设技术术语的解释规则

【裁判要旨】

在解释权利要求时，对于申请人自行创设的技术术语，一般可依据权利要求书、说明书中的定义或解释来确定其含义。如果缺乏该种解释或定义的，则应当结合权利要求书、说明书、附图中记载的有关背景技术、发明目的、技术效果等内容，查明该技术术语的工作方式、功能、效果，以确定其在整体技术方案中的含义。

【关键词】

实用新型　权利要求　自创术语　解释规则

【案号】

最高人民法院〔2013〕民提字第 113 号

【基本案情】

在再审申请人上海摩的露可锁具制造厂（以下简称摩的露可厂）与被申请人上海固坚锁业有限公司（以下简称固坚公司）侵害实用新型专利权纠纷案中，固坚公司系名称为"一种空转锁的装置"的实用新型专利（即本案专利）的独占被许可人。本案专利共包括 7 项权利要求，其中，独立权利要求 1 为："一种空转锁的装置：包含钥匙（1）、锁芯（4）、锁体（8），其特征是，所述锁芯（4）的一端供钥匙（1）插入，另一端设有旋转推进器（5），伸缩联动器（6）一端与旋转推进器（5）相邻，另一端设有伸缩杆，锁体（8）一端或锁体（8）外圆设有供伸缩联动器（6）向外伸出的通道（11）……"固坚公司以摩的露可厂侵害本案专利权为由，提起诉讼。上海市第一中级人民法院一审认为，被诉侵权产品是一种空转锁，其中存在与旋转推进器配合的部件，且这一部件也有其伸缩的运行空间，故被诉侵权产品的技术特征与本案专利必要技术特征相同。在本案专利申请日之前，摩的露可厂已经实际制造、销售了相同车锁，故其有权在原有范围内继续制造车锁。据此判决驳回固坚公司的诉讼请求。固坚公司不服，提起上诉。上海市高级人民法院二审认为，被诉侵权产品落入本案专利权的保护范围，但现有证据不能证明摩的露可厂享有先用权。遂判决撤销一审判决，改判摩的露可厂立即停止侵权行为并赔偿固坚公司经济损失及合理费用 35000 元。摩的露可厂不服，向最高人民法院申请再审。最高人民法院裁定提审本案，并于 2014 年 1 月 26 日判决撤销一审、二审判决，驳回固坚公司的诉讼请求。

【裁判意见】

最高人民法院提审认为：判断被诉侵权产品是否落入本案专利权保护范围的前提，在于正确理解权利要求 1 中"伸缩联动器"在整体技术方案中的含义。"伸缩联动器"并非申请日前本领域已有技术术语，而是由专利申请人自行创设。为满足描述新专利技术方案的客观需要，应当允许申请人在撰写专利申请文件时使用自行创设的技术术语。但是，由于该类技术术语的含义并不为本领域普通技术人员所知悉，申请人在使用这种技术术语时，有义务在权利要求书或者说明书中对该技术术语进行清楚、准确的定义、解释或者说明，以使得本领域技术人员能够清楚地理解其在技术方案中的含义。在确定这类技术术语的含义时，如果权利要求书、说明书已经对其进行了清楚、明确的定义或者解释的，一般可依据该定义或者解释来确定其含义。如果缺乏该种定义或解释的，即应结合说明书、附图中记载的背景技术、技术问题、发明目的、技术方案、技术效果等相关内容，在查明该技术术语工作方式、功能、效果的基础上，确定其在本案专利整体技术方案中的含义。本案中，申请人在权利要求书和说明书中均没有对"伸缩联动器"进行定义或者解释，根据说明书所记载的背景技术、技术效果等内容，本案专利的发明目的是提供一种空转防盗锁装置。利用该装置，可以直接将各种类型的锁芯改造成空转锁，使普通锁具备空转防盗功能。根据本案专利的具体实施方式，伸缩联动器是设置在旋转推进器与锁舌或者锁栓之间，用以推动锁舌或者锁栓运动的中间部件，其与锁舌或者锁栓各自独立，并非同一部件。本案专利技术方案中没有记载以伸缩联动器直接替代锁舌或者锁栓，由伸缩联动器本身直接起闭锁作用的技术内容，即伸缩联动器并非"锁舌"而实质上属于"锁舌拨动件"，其与锁舌或者锁栓既各自独立，又相互配合，方能实现本案专利技术方案的发明目的和技术效果。被诉侵权产品中的锁舌直接起闭锁作用，锁舌由旋转推进器直接推动，二者之间没有设置伸缩联动器或其他中间部件。在空转防盗时，被诉侵权产品由于锁舌通道随锁体转动，使得锁舌无法通过通道回复到锁体中，从而实现空转防盗功能。而本案专利则是由于旋转推进器无法推动伸缩联动器，继而无法推动锁舌或者锁栓，从而实现空转防盗的功能。因此，被诉侵权产品中的锁舌与本案专利中伸缩联动器的工作方式、功能、效果均不相同，未落入本案专利权的保护范围。

3. 实施包含专利技术的推荐性标准需取得专利权人的许可

【裁判要旨】

专利权人对纳入推荐性标准的专利技术履行了披露义务，他人在实施该标准时，应当取得专利权人的许可，并支付许可使用费。未经许可实施包含专利技术的推荐性标准，或拒绝支付许可使用费的，构成侵害标准所含专利权的行为。

【关键词】

发明　标准　披露　许可

【案号】

最高人民法院〔2012〕民提字第125号

【基本案情】

在再审申请人张晶廷与被申请人衡水子牙河建筑工程有限公司（以下简称子牙河公司）及一审被告、二审被上诉人衡水华泽工程勘测设计咨询有限公司（以下简称华泽公司）侵害发明专利权纠纷案中，张晶廷是名称为"预制复合承重墙结构的节点构造施工方法"发明专利（即本案专利）的权利人和CL建筑体系的发明人。张晶廷于2008年10月将本案专利技术许可石家庄开发区晶达建筑体系发展公司（以下简称晶达公司）使用。《CL结构设计规程》（以下简称2006年规程）、《CL结构构造图集》（以下简称CL图集）均为河北省工程建设标准，前言或编制说明部分记载上述规程或图集涉及专利，使用时需要取得授权许可，且同时标明了应识别出的专利技术方案名称。2008年7月25日，子牙河公司作为发包人与华泽公司就"和谐嘉园"部分住宅楼工程签订《建设工程设计合同》约定，设计人应按国家技术规范、标准、规程及发包人提出的设计要求，进行工程设计，相关标准图由发包人购买。华泽公司依据2006年规程完成了建筑施工图的设计。经公证程序证实，由子牙河公司承建的"和谐嘉园"小区的部分住宅楼使用了本案专利的技术方案。张晶廷以子牙河公司侵害本案专利权为由，提起诉讼。后华泽公司被追加为共同被告，但张晶廷同意华泽公司使用本案专利的技术方案并承诺不追究其侵权责任。河北省石家庄市中级人民法院一审认为，2006年规程及CL图集是地方标准，但明确表明 2006 年规程涉及专利，未经权利人允许不得使用。子牙河公司、华泽公司未经权利人许可使用本案专利技术，构成侵权行为。鉴于张晶廷放弃追究华泽公司的侵权责任，一审法院遂判决子牙河公司立即停止侵权行为并赔偿张晶廷经济损失 80 万元。子牙河公司不服，提起上诉。河北省高级人民法院二审认为，根据《最高人民法院关于朝阳兴诺公司按照建设部颁发的行业标准〈复合载体夯扩桩设计规程〉设计、施工而实施标准中专利的行为是否构成侵犯专利权问题的函》（〔2008〕民三他字第 4 号）答复意见的精神，即专利权人参与了标准的制定或者经其同意，将专利纳入国家、行业或者地方标准的，视为专利权人许可他人在实施标准的同时实施该专利，他人的有关实施行为不属于专利法第十一条所规定的侵害专利权的行为。本案专利已经被纳入河北省地方标准，权利人参与了标准的制定，应视为张晶廷许可他人在实施标准的同时实施本案专利，子牙河公司的行为不构成侵权，但应当向张晶廷支付一定数额的专利使用费。二审法院据此判决撤销一审判决，改判子牙河公司支付张晶廷专利使用费 10 万元。张晶廷不服，向最高人民法院申请再审。最高人民法院裁定提审本案，并于 2014 年 1 月 2 日撤销二审判决及一审判决第一项，维持一审判决第三项，改判子牙河公司赔偿张晶廷经济损失 40 万元。

【裁判意见】

最高人民法院提审认为：2006 年规程为推荐性标准，张晶廷履行了专利披露义务，且在 2006 年规程的前言部分，明确记载有识别的专利技术和专利权人的联系方式。因此，规程的实施者不能从中推断出，2006 年规程包含专利技术或者专利权人向公众开放免费的专利使用许可的意图。实施该标准，应当取得专利权人的许可，并支付许可使用费。在未经专利权人的许可，并拒绝支付许可使用费的情况下，原则上，专利侵权救济不应当受到限制。本案也不存在权利人有意隐瞒专利权的存在，从而导致标准的实施者产生该技术为无需付费的公知技术的信赖，子牙河公司的行为侵害了本案专利权。二审法院援引的答复意见系针对个案，不应直接作为裁判案件的依据，二审法院据此认定不构成侵权属于适用法律错误。此外，由于设计单位根据专利技术完成设计图纸的行为不属于专利法第十一条规定的侵权行为，亦无证据证明华泽公司对子牙河公司实施了诱导或帮助等侵权行为，故华泽公司设计建筑施工图纸的行为不构成专利侵权。

4. 专利权人向他人提供专利图纸的行为是否构成默示许可

【裁判要旨】

专利权人向他人提供本案专利图纸进行推广的行为，不当然地等同于许可他人实施其专利的意思表示。

【关键词】

实用新型　权利人　推广　默示许可

【案号】

最高人民法院〔2013〕民提字第 223 号

【基本案情】

在再审申请人范俊杰与被申请人吉林市亿辰工贸有限公司（以下简称亿辰公司）侵害实用新型专利权纠纷案中，范俊杰系名称为"棘齿防盗螺栓及紧固工具"的实用新型专利（即本案专利）的权利人。范俊杰自述，其于 2006 年曾将本案专利图纸及电子文件提供给吉林省公路勘测设计院（以下简称设计院），设计院在该图纸基础上完成了被诉侵权螺栓的设计图纸。亿辰公司根据需方吉林宏运公路工程股份有限公司（以下简称宏运公司）提供的设计图纸（来源于设计院）完成了被诉侵权螺栓的加工制作和销售，被诉侵权螺栓被实际使用于营梅高速公路 01 标段工程中。被诉侵权产品与本案专利权利要求 1、权利要求 3 记载的技术特征相同。范俊杰以亿辰公司侵害本案专利权为由，提起诉讼。吉林省长春市中级人民法院一审认为，范俊杰提供图纸的行为不是权利人销售专利产品的行为，且本案专利及相应技术方案已经向社会公开，本领域普通技术人员通过阅读权利要求可以绘制出相应的图纸或制造产品，不能据此推断出范俊杰许可亿辰公司实施本案专利。据此判决亿辰公司停止侵权行为并赔偿范俊杰经济损失 30 万元。亿辰公司不服，提出上诉。吉林省高级人民法院二审认为，范俊杰作为本案专利的权利人，未按照法律规定对其专利技术加以保护，而是无偿将其提供给公路设计部门，且公路设计部门未将本案专利的权属问题披露给第三方，范俊杰的行为属于许可使用，亿辰公司未侵害本案专利权。遂判决撤销一审判决，驳回范俊杰的诉讼请求。范俊杰不服，向最高人民法院申请再审。最高人民法院裁定提审本案，并于 2014 年 6 月 30 日判决撤销二审判决，改判亿辰公司立即停止侵权行为并赔偿范俊杰经济损失 20 万元。

【裁判意见】

最高人民法院提审认为：根据专利法第十二条的规定，任何单位或者个人实施他人专利的，应当与专利权人订立实施许可合同，向专利权人支付专利使用费。被许可人无权允许合同以外的任何单位或者个人实施该专利。根据范俊杰和设计院的陈述，范俊杰确实曾向设计院提供本案专利图纸进行推广，设计院也是在该图纸的基础上制作了被诉侵权产品的图纸。但是，设计院本身并不实施专利产品的制造、销售和使用行为，范俊杰从未与设计院签订实施许可合同并主张支付使用费，故从范俊杰上述推广行为中，并不能得出其许可设计院实施本案专利的意思表示，更无法得出范俊杰许可设计方案的具体实施方宏运公司、亿辰公司实施本案专利的意思表示。宏运公司、亿辰公司如需实施本案专利的技术方案，仍需从专利权人或者经其许可的主体处购买专利产品，或者依法获得专利权人的许可。亿辰公司未经范俊杰的许可，销售落入本案专利权保护范围的被诉侵权产品，侵害了范俊杰的专利权，依法应当承担相应的民事责任。

5. 保护范围对外观设计专利侵权判断的影响

【裁判要旨】

本案专利虽然仅仅保护形状设计而不包括图案，但形状和图案在外观设计上属于相互独立的设计要素，在形状之上增加图案并不必然对形状设计本身产生视觉影响。在二者的形状设计构成近似的情况下，包含图案的被诉侵权产品仍然落入本案专利的保护范围。

【关键词】

外观设计　保护范围　设计要素　视觉影响

【案号】

最高人民法院〔2014〕民申字第 438 号

【基本案情】

在再审申请人兰溪市长城食品有限公司（以下简称长城公司）与被申请人陈纯彬、原审被告北京民生家乐商业管理有限公司（以下简称民生公司）侵害外观设计专利权纠纷案中，陈纯彬系名称为"食品包装罐（1）"的外观设计专利（即本案专利）的权利人。根据授权公告的视图可见，本案专利的罐体截面近似椭圆形，有四个对称内凹；罐顶有一个椭圆形的罐盖和两个条状提手。本案专利为无图案的形状设计。陈纯彬以长城公司生产、民生公司销售的被诉侵权产品侵害本案专利权为由，提起诉讼。经对比，被诉侵权产品与本案专利均为食品包装罐，由罐体、罐盖、提手三部分组成，其中罐盖均为椭圆形，提手均为条状。二者的主要区别在于被诉侵权产品的罐体截面系具有八个对称内凹的近似椭圆形，本案专利的相同部位仅有四个对称内凹；被诉侵权产品包含图案，本案专利没有图案。浙江省金华市中级人民法院一审认为，外观设计专利侵权判断中，对比的范围应当限于专利权的保护范围，本案专利为单纯的形状设计专利，侵权对比的范围亦应仅限于此。与本案专利相比，被诉侵权产品仅多了四个小的内凹，该不同点未导致视觉效果上的明显差异，被诉侵权产品落入本案专利权的保护范围。据此判决长城公司、民生公司立即停止侵权行为，长城公司赔偿陈纯彬经济损失5万元。长城公司不服，提起上诉。浙江省高级人民法院二审判决驳回上诉、维持原判。长城公司不服，向最高人民法院申请再审。最高人民法院于2014年7月15日裁定驳回长城公司的再审申请。

【裁判意见】

最高人民法院审查认为：根据专利法第五十九条第二款的规定，外观设计专利权的保护范围以表示在图片或者照片中的该产品的外观设计为准，简要说明可以用于解释图片或者照片所表示的该产品的外观设计。经与本案专利对比，被诉侵权产品和本案专利的整体形状均是由横截面的形状所决定，被诉侵权产品与本案专利在罐盖和提手部分设计基本相同，虽然被诉侵权产品增加的四个内凹使得罐体轮廓在整体视觉上产生一定的变化，但上述局部变化尚不构成实质性差异。此外，由本案专利授权公告的视图可见，其保护范围为产品形状而不包括图案设计。虽然被诉侵权产品的罐体有图案，但该额外增加的图案设计要素对整体视觉效果并不具有实质性或显著影响，被诉侵权产品落入本案专利的保护范围。

6. 并非由产品功能唯一决定的设计特征应当在外观设计相同或者相近似判断中予以考虑

【裁判要旨】

不是由产品功能唯一决定的设计特征，应当在判断外观设计是否相同或相近似时予以考虑。

【关键词】

外观设计　近似判断　产品功能　设计特征

【案号】

最高人民法院〔2014〕民提字第193号

【基本案情】

在再审申请人洛阳晨诺电气有限公司（以下简称晨诺公司）与被申请人天津威科真空开关有限公司（以下简称威科公司）、张春江、一审被告、二审被上诉人天津市智合电器有限公司（以下简称智合公司）侵害外观设计专利权纠纷案中，张春江系名称为"真空接触器（极柱式）"外观设计专利（即本案专利）的权利人。2011年9月15日，张春江将本案专利的生产权转让给威科公司。威科公司、张春江以晨诺公司、智合公司生产、销售的真空接触器侵害本案专利权为由，提起诉讼。天津市第一中级人民法院一审认为，被诉侵权产品实施的为现有设计。据此判决驳回张春江、威科公司的诉讼请求。威科公司不服，提出上诉。天津市高级人民法院二审认为，对于极柱式接触器、断路器这类产品而言，对整体视觉效果更具影响的是极柱区和箱体的具体设计变化，被诉侵权产品与本案专利在极柱形状、极柱与箱体的连接方式方面无实质性差异。尽管二者的极柱在波纹的形状和数量方面不尽相同，但该区别属于细微差异，不足以对视觉效果产生显著影响。遂判决撤销一审判决，改判晨诺公司立即停止侵权行为，赔偿威科公司经济损失20万元。晨诺公司不服，向最高人民法院申请再审。最高人民法院裁定提审本案，并于2014年12月20日判决撤销二审判决，维持一审判决。

【裁判意见】

最高人民法院提审认为：判断被诉侵权产品是否与本案专利设计相同或者近似，须遵循整体观察、综合判断的原则。对于极柱式接触器、断路器这类产品而言，产品整体由等大极柱和类似立方体的箱体组成是惯常设计，且受其功能影响，极柱表面均有凸起的波纹。因此，被诉侵权产品与本案专利设计在上述方面的相同点不会对产品的整体视觉效果产生显著影响，对该类产品的整体视觉效果更具有影响的是极柱区和箱体的具体设计，这也是该类产品通常可以进行设计变化的部位。被诉侵权产品与本案专利设计虽然在导电端子的形状、位置、极柱与箱体通过连接板连接上相同，但在极柱与箱体的比例、极柱的形状、波纹的分布、疏密和形状、臂状结构的具体形状、箱体上部连接板的具体形状及与箱体的具体连接方式、箱体上孔洞的具体形状和位置以及箱体底部是否有底盘等方面均存在不同，这些具体设计上的差别，足以对二者的整体视觉效果产生显著影响，使该类外观设计产品的一般消费者将二者区别开来。虽然对于极柱式接触器、断路器这类产品而言，受其功能影响，极柱表面均会有凸起的波纹，但波纹的具体形状、疏密以及波纹在极柱表面的分布并不是由该类产品的功能所唯一决定的，故在判断该类产品的外观设计是否相同或者相近似时，对于波纹的具体设计变化也应予以考虑。被诉侵权产品与本案专利设计既不相同也不近似。

（二）专利行政案件审判

7. 专利复审及无效阶段对"明显实质性缺陷"的审查范围

【裁判要旨】

《专利审查指南》在实质审查以及复审无效审查部分并未对"明显实质性缺陷"的具体情形进行列举。虽然在初步审查、实质审查及复审无效这三个阶段对"明显实质性缺陷"的审查范围不完全一致，但"明显实质性缺陷"的性质应当相同。因此，《专利审查指南》中列举的初步审查阶段的"明显实质性缺陷"，当然也适用于实质审查和复审无效审查阶段。

【关键词】

发明　实质审查　复审无效审查　明显实质性缺陷

【案号】

最高人民法院〔2014〕知行字第2号

【基本案情】

在再审申请人中华人民共和国国家知识产权局专利复审委员会（以下简称专利复审委员会）与被申请人赢创德固赛有限责任公司（以下简称德固赛公司）发明专利申请驳回复审行政纠纷案中，德固赛公司于2004年5月13日提出名称为"表面改性的沉淀二氧化硅"的发明专利申请（以下简称本案申请）。2009年12月4日，中华人民共和国国家知识产权局（以下简称国家知识产权局）以权利要求1—31不符合专利法第三十三条规定为由，对本案申请予以驳回。德固赛公司不服，于2010年3月18日向专利复审委员会提出复审请求，并同时修改了权利要求书。2011年3月15日，专利复审委员会作出第30895号专利复审请求审查决定（以下简称第30895号决定），认为德固赛公司在复审程序中对权利要求书的修改符合专利法及专利法实施细则的有关规定，但修改后的权利要求1不具备创造性，据此维持了国家知识产权局的驳回决定。德固赛公司不服，提起行政诉讼。北京市第一中级人民法院一审认为，《专利审查指南》在初步审查部分所规定的"明显实质性缺陷"的审查对象，不包括专利法第二十二条第三款，且专利法实施细则第五十三条关于"明显实质性缺陷"审查的规定中，亦不包含对创造性问题的审查。专利复审委员会主动将本案申请是否具备创造性的问题纳入"明显实质性缺陷"的审查范围之中，缺乏法律依据。据此判决撤销第30895号决定并责令专利复审委员会重新作出审查决定。专利复审委员会不服，提起上诉。北京市高级人民法院二审判决驳回上诉、维持原判。专利复审委员会仍不服，向最高人民法院申请再审。最高人民法院于2014年9月17日裁定驳回专利复审委员会的再审申请。

【裁判意见】

最高人民法院审查认为，《专利审查指南》在"发明专利申请的初步审查"部分列举了属于"明显实质性缺陷"的各种情形，包括是否属于完整的技术方案、是否违反法律或社会公德等情形，都属于本领域技术人员无需深入调查证实或无需技术比对即可判定的情形，但创造性评价并不包含其中。虽然初步审查与实质审查、复审无效审查阶段对"明显实质性缺陷"的审查范围不应当完全一致，但"明显实质性缺陷"的性质应当相同。因此，在实质审查以及复审无效审查阶段对"明显实质性缺陷"的审查，应当依照《专利审查指南》在初步审查阶段列举的具体情形进行判断。初步审查阶段的"明显实质性缺陷"，当然也适用于实质审查及复审无效审查阶段。此外，对创造性问题的评价，不仅要考虑本案申请的技术方案本身，还要考虑所属技术领域、所要解决的技术问题及所产生的技术效果，因此，也不宜将《专利审查指南》列明的"明显实质性缺陷"的审查范围涵盖至创造性问题。

8. 专利无效审查程序中依职权审查的范围

【裁判要旨】

2006年《审查指南》[①] 对专利复审委员会可以依职权审查的具体情形作了列举规定，限定了专利复审委员会依职权审查的范围。对于请求人放弃的无效理由和证据，在没有法律依据的情况下，专利复审委员会通常不应再作审查。

【关键词】

实用新型　无效程序　请求原则　依职权审查原则

【案号】

最高人民法院〔2013〕知行字第92号

【基本案情】

在再审申请人国家知识产权局专利复审委员会（以下简称专利复审委员会）与被申请人王伟耀及一审第三人、二审上诉人福田雷沃国际重工股份有限公司（以下简称福田雷沃公司）实用新型专利权无效行政纠纷案中，王伟耀系名称为"全喂入联合收割机的脱粒与分离装置"的实用新型专利（即本案专利）的权利人。2011年9月30日，福田雷沃公司针对本案专利向专利复审委员会提出无效宣告请求。在口头审理过程中，福田雷沃公司明确其无效理由为权利要求1—4相对于对比文件2结合公知常识不具备创造性，放弃对比文件3、5、6、7分别结合公知常识评价创造性的理由。其后，专利复审委员会决定对权利要求1相对于对比文件2、3和公知常识的结合是否具备创造性进行依职权审查，并发出无效宣告请求审查通知书。王伟耀对专利复审委员会依职权审查的内容提出异议。专利复审委员会于2012年7月4日作出第18967号无效宣告请求审查决定（以下简称第18967号决定），以权利要求1—4相对于对比文件2、3及公知常识的结合不具有创造性为由，宣告本案专利权全部无效。王伟耀不服，提起行政诉讼。北京市第一中级人民法院一审认为，专利复审委员会依职权审查的情形应当是明确而特定的，原则上限于《审查指南》的明确规定，不能对依职权审查原则作任意的扩大解释。福田雷沃公司在口头审理过程中已经明确放弃对比文件3结合公知常识评价本案专利创造性的理由，专利复审委员会依职权引入权利要求1—4相对于对比文件2、3及公知常识的结合不具备创造性的理由没有法律依据。据此判决撤销第18967号决定并责令专利复审委员会重新作出审查决定。专利复审委员会不服，提出上诉。北京市高级人民法院二审判决驳回上诉、维持原判。专利复审委员会仍不服，向最高人民法院申请再审。最高人民法院于2014年5月21日裁定驳回专利复审委员会的再审申请。

【裁判意见】

最高人民法院审查认为：请求原则是无效宣告审查程序的基本原则，无效宣告审查程序依当事人的请求而启动，且仅针对当事人明确的无效宣告请求的范围、理由和提交的证据进行审查是请求原则的应有之义，专利复审委员会不承担全面审查权利有效性的义务。请求原则还意味着请求人有权处分自己的权利，可以放弃全部或者部分无效宣告理由及证据。对于请求人已经放弃的理由和证据，在没有法律依据的情况下，专利复审

[①] 对应2014年3月新修订《专利审查指南》。

委员会通常不应再作审查。《审查指南》同时规定了依职权审查原则，并对专利复审委员会可以依职权引入无效理由的具体情形作了列举规定。依职权审查原则是请求原则的例外，它一方面赋予专利复审委员会在给予公众相应预期的前提下主动审查的职权，另一方面也限定了专利复审委员会可以依职权审查的范围。本案中，福田雷沃公司并未提出过本案专利相对于对比文件2、3和公知常识的结合不具备创造性的无效理由，且在口头审理过程中明确放弃对比文件3结合公知常识评价本案专利创造性的理由，专利复审委员会主动引入请求人放弃的对比文件3及请求人未提出的证据组合方式，并据此宣告本案专利权无效，缺乏相应的法律依据。

9. 区别技术特征的认定应当以记载在权利要求中的技术特征为基础

【裁判要旨】

认定权利要求与最接近现有技术之间的区别技术特征，应当以权利要求记载的技术特征为准，并将其与最接近的现有技术公开的技术特征进行逐一对比。未记载在权利要求中的技术特征不能作为对比的基础，当然也不能构成区别技术特征。

【关键词】

发明　权利要求　现有技术　区别技术特征

【案号】

最高人民法院〔2013〕知行字第77号

【基本案情】

在再审申请人北京亚东生物制药有限公司（以下简称亚东制药公司）与被申请人国家知识产权局专利复审委员会（以下简称专利复审委员会）、一审第三人山东华洋制药有限公司（以下简称华洋公司）发明专利权无效行政纠纷案（以下简称"乳腺疾病药物组合物及制备方法"发明专利无效案）中，亚东制药公司是名称为"治疗乳腺增生性疾病的药物组合物及其制备方法"发明专利的权利人。本案专利权利要求1通过重量份的方式限定了药物组合物的原料药构成及制备方法，但权利要求及说明书中未记载丹酚酸B的功能、效果等内容。2010年3月10日，华洋公司针对本案专利向专利复审委提出无效宣告请求，并提交了证据1、证据3作为对比文件。权利要求1与证据1相比，中药组分和配比相同，区别在于二者的剂型不同，且本案专利省略了减压干燥步骤。此外，证据1还记载了按照药典标准生产的乳块消片产品总有效率为89.32%。证据3公开了颗粒剂的两种制法。亚东制药公司提交了反证3和反证4，反证3的发表时间晚于本案专利的申请日，其以丹酚酸B为指标，比较了减压干燥、喷雾干燥两种干燥方式制备的乳块消片提取物的含量差异，结论为喷雾干燥制备的乳块消片中提取物丹酚酸B的含量比较高。反证4记载了北京中医药大学药厂生产的乳块消片的总有效率为86%。专利复审委员会于2010年10月15日作出第15409号无效宣告请求审查决定（简称第15409号决定），宣告本案专利权全部无效。亚东制药公司不服，提起行政诉讼。北京市第一中级人民法院一审认为，第15409号决定夸大了本领域技术人员对本案专利技术效果的预期能力，权利要求1—3具备创造性。据此判决撤销第15409号决定并责令专利复审委员会重新作出审查决定。专利复审委员会不服，提起上诉。北京市高级人民法院二审认为，本案专利仅是对已知药物常规剂型的转换，且省略减压干燥步骤所带来的技术效果的改变是本领域技术人员可以预料的。遂判决撤销一审判决，维持第15409号决定。亚东制药公司不服，向最高人民法院申请再审。最高人民法院于2014年10月17日裁定驳回亚东制药公司的再审申请。

【裁判意见】

最高人民法院审查认为：认定权利要求与最接近现有技术之间的区别技术特征，应当以权利要求记载的技术特征为准，未记载在权利要求中的技术特征不能作为对比的基础，也不能构成区别技术特征。本案专利权利要求1限定的是原料药的组分、配比、制备方法，并未限定最终制备形成的药物组合物产品的活性成分及含量。丹酚酸B的功能、效果等技术内容也未记载在本案专利权利要求书及说明书中。因此，在阅读本案专利权利要求书和说明书后，本领域的技术人员无法得知请求保护的技术方案是提高丹酚酸B的提取物含量，以及其含量与本案专利要解决的技术问题有何关联。亚东制药公司关于丹酚酸B的含量构成权利要求1与现有技术的区别技术特征的主张，缺乏事实与法律依据。

10. 未记载在说明书中的技术贡献不能作为要求获得专利权保护的基础

【裁判要旨】

未记载在说明书中的技术贡献不能作为要求获得专利权保护的基础。对于专利权人提交的申请日之后的技术文献，用于证明未在专利说明书中记载的技术内容，如该技术内容不属于申请日之前的公知常识，或不是用于证明本领域技术人员的知识水平与认知能力的，一般不应作为判断能否获得专利权的依据。

【关键词】

发明　创造性　现有技术　技术贡献

【案号】

最高人民法院〔2013〕知行字第77号

【裁判意见】

在前述"乳腺疾病药物组合物及制备方法"发明专利无效案中，最高人民法院审查认为：作为以公开换保护的专利制度，对专利权的保护应当与发明人相对于申请日前的现有技术所作出的技术贡献相称，其技术贡献应当充分公开，并记载在说明书中。申请日提交的专利申请文件是确定专利申请能否获得授权的基础。反证3虽然一定程度上解释了制备工艺与丹酚酸B含量之间的关系，但其系本案专利申请日之后公开的技术文献，所述技术内容并非用于证明本领域技术人员在本案专利申请日前所具有的知识水平与认知能力，故不应当以反证3记载的内容作为判断本案专利技术效果的基础。在本案专利说明书没有记载提高丹酚酸B含量及其技术效果的情况下，也不应当将反证3作为对比实验数据使用。而且，即使考虑反证3中的相关内容，由于亚东制药公司所主张的本案专利的技术效果，即丹酚酸B含量的提高可以有效改善乳块消片的临床效果，并未记载在专利申请文件中，且本案专利与证据1的区别也并非在于用喷雾干燥替换减压干燥，故反证3中的相关内容与判断本案专利是否具备创造性之间也缺乏直接关联。

11. 确定区别技术特征是否已经被现有技术公开应当考虑它们在各自技术方案中所起的作用

【裁判要旨】

在确定本案专利的某一区别技术特征与现有技术中的技术特征是否具有对应关系，从而导致该区别技术特征已经被现有技术所公开时，要考虑它们在各自技术方案中所起的作用是否相同。

【关键词】

发明　区别技术特征　现有技术　对应关系

【案号】

最高人民法院〔2014〕知行字第43号

【基本案情】

在再审申请人宁波展通电信设备实业有限公司（以下简称展通公司）与被申请人泰科电子瑞侃有限公司（以下简称泰科公司）及一审被告、二审被上诉人中华人民共和国国家知识产权局专利复审委员会（以下简称专利复审委员会）发明专利权无效行政纠纷案中，泰科公司系名称为"闭锁装置"的发明专利（即本案专利）的权利人。根据本案专利权利要求书的记载，权利要求1限定的接合表面和延长段均设置在杠杆11的一个自由端上，在工作时，延长段与第二部分协同作用，提供初始闭锁杠杆作用，接合表面与第二部分相接触，提供最终的杠杆闭锁作用。对于延长段和接合表面实现上述作用的具体结构和方式，本案专利没有作出进一步的限定，也没有对自由端进行进一步的解释。2010年6月28日，展通公司针对本案专利向专利复审委员会提出无效宣告请求，主张权利要求1相对于证据1和证据2的结合不具有创造性。证据1（GB2253020A）涉及一种可释放的夹具，证据1中设有凹口24A和延长到凹口24A之外的延伸部分的杠杆11A的这一端通过枢轴9A与第二部分B相连，无法与第二部分分离，运动轨迹固定。证据2（US5315489A）公开了一种闭锁装置，其中杠杆38具有一个自由端，上面设置有一个与物件的第二部分32接合的接合表面42。专利复审委员会审查认为，本案专利权利要求1与证据1的区别在于，本案专利中接合表面设置在杠杆的自由端上，而证据1中接合表面设置在杠杆的侧部而非自由端，但该区别技术特征已经被证据2所公开。在此基础上，专利复审委员会认定本案专利相对于证据1和证据2的结合不具有创造性，并作出第16394号无效宣告请求审查决定（简称第16394号决定），宣告本案专利权全部无效。泰科公司不服，提起行政诉讼。北京市第一中级人民法院一审判决驳回泰科公司的诉讼请求。泰科公司不服，提起上诉。北京市高级人民法院二审认为，第16394号决定及一审判决未考虑权利要求1与证据1在实现相应功能时的技术手段的差异，而此种差异足以构成两种技术方案中的区别技术特征。遂判决撤销第16394号决定及一审判决。展通公司不服，向最高人民法院申请再审。最高人民法院于2014年12月12日裁定驳回展通公司的再审申请。

【裁判意见】

最高人民法院审查认为：判断发明相对于现有技术而言是否显而易见，通常要先确定发明与最接近的现有技术之间的区别技术特征。具体而言，需要先把本案专利权利要求保护的技术方案划分为若干技术特征，进而判断最接近的现有技术公开了哪些技术特征，哪些技术特征与本案专利的技术特征相当，以及哪些技术特征构成区别技术特征。但应当注意，本案专利技术方案是一个整体，其所包含的技术特征之间并非孤立存在，不能割裂技术特征之间的关系，从而忽视有关技术特征在整体技术方案中所发挥的作用。特别是在机械结构领域的发明创造中，由于技术方案的整体技术构思、工作方式、技术效果不同，结构或者位置关系类似的部件在不同的技术方案中发挥的作用可能完全不同。因此，在确定现有技术中的某个技术特征与本案专利的必要技术特征是否具有相当性时，应当考虑它们在各自技术方案中所起到的作用是否相同。展通公司主张证据1中的凹口24A相当于本案专利的接合表面，杠杆11A延长到凹口24A之外的延伸部分相当于权利要求1中的延长段。虽然由于权利要求1中没有进一步限定延长段和接合表面实现上述作用的具体结构和方式，不能将其他权利要求和实施例进一步限定的结构、方式特征引入来与证据1进行比对，但必须考虑权利要求1中已有的位置关系和作用限定。权利要求1中延长段和接合表面均是设置在可以脱离于第二部分而自由运动的杠杆的一端，该限定服从于本案专利的整体技术方案，服务于本案专利的发明目的，也决定了延长段和接合表面的工作方式和功能作用。由于证据1的技术方案所要解决的技术问题和实现的技术效果与本案专利不同，因此，证据1中凹口24A和延长到凹口24A之外的延伸部分相对于其他部件的位置关系与权利要求1中的接合表面、延长段和其他部件的位置关系明显不同，在各自技术方案中所起作用也不同，不能认定证据1中凹口24A和延长到凹口24A之外的延伸部分相当于权利要求1中限定的接合表面和延长段。

12. "独立权利要求缺少必要技术特征"与"权利要求书应当以说明书为依据"的关系

【裁判要旨】

独立权利要求缺少必要技术特征，不符合专利法实施细则第二十一条第二款①规定的，一般也不能得到说明书的支持，不符合专利法第二十六条第四款的规定。

【关键词】

发明　权利要求　技术特征　说明书

【案号】

最高人民法院〔2014〕行提字第13—15号

【基本案情】

在再审申请人（瑞士）埃利康亚洲股份公司（以下简称埃利康公司）与被申请人中华人民共和国国家知识产权局专利复审委员会（以下简称专利复审委员会）、一审第三人刘夏阳、怡峰工业设备（深圳）有限公司（以下简称怡峰公司）发明专利权无效行政纠纷案（以下简称"机动车托架"发明专利无效案）中，埃利康公司系名称为"自动的机械停车场中用于机动车水平传送的托架"发明专利（即本案专利）的权利人。本案专利共有15项权利要求，其中独立权利要求1为："在轮子（3）上自行走的托架，……一个部分还具有一对装置（58），装置（58）可对称地垂直于该托架纵轴线移动并被构

---

① 对应2010年1月新修订《专利法实施细则》第二十条第二款。

造用来支承、定中心、停止移动及抬升该机动车的一个轴的两个车轮,而另一部分具有一对装置(59),装置(59)可对称地垂直于该托架纵轴线移动并被构造用来支承、定中心、停止移动及抬升该机动车第二轴的两个车轮……"本案专利说明书部分有如下记载:"关于已知的托架及附属系统,……这些中没有一个令人满意地解决了涉及以下诸方面的所有问题:机动车的可靠传送(以下简称可靠传送)、传送的速度(以下简称传送速度)、减小传送及停泊机动车所需的空间(以下简称减小空间),和减小用于传送及停泊机动车的托架及相关系统的综合成本(以下简称减小成本)。因此,本发明的目的是以这样一种方法来解决所有这些问题:提供一种托架,是区别特性的总和的革新,该托架在实现其功能及克服现有技术的局限上是最佳的。""……本发明具有上面指出的所有最佳的特性,并且当与列举过的所有已知发明比较时是优越的。"针对本案专利,刘夏阳、怡峰公司先后于2009年2月9日、2009年5月4日及2009年7月24日分三次提出无效宣告请求,理由之一为权利要求1—15缺少必要技术特征,不符合专利法实施细则第二十一条第二款①的规定。专利复审委员会对上述无效宣告请求进行合案审理后认为,权利要求1—3,引用权利要求1—3中任一项的权利要求5、6,以及权利要求7—15缺少必要技术特征,故作出本案涉及的第14538号决定,宣告上述权利要求无效。在认定权利要求1及有关从属权利要求缺少必要技术特征并宣告其无效的基础上,专利复审委员会进一步审查了权利要求4、权利要求5或6直接或间接引用权利要求4的技术方案是否符合专利法第二十六条第四款的规定,并认为上述权利要求符合专利法第二十六条第四款的规定。埃利康公司不服,提起行政诉讼,北京市第一中级人民法院及北京市高级人民法院先后判决维持第14538号决定。埃利康公司不服,向最高人民法院申请再审。最高人民法院裁定提审本案,并于2014年12月18日判决撤销第14538号决定及一审、二审判决,责令专利复审委员会重新作出审查决定。

【裁判意见】

最高人民法院提审认为:专利法第二十六条第四款与专利法实施细则第二十一条第二款均涉及权利要求书与说明书的对应关系。专利法实施细则第二十一条第二款仅适用于独立权利要求缺少必要技术特征的情形,专利法第二十六条第四款的适用范围更为宽泛。不仅适用于独立权利要求,也适用于从属权利要求。不仅适用于权利要求中记载的技术特征的范围过宽,技术特征本身不能得到说明书支持的情形,也适用于权利要求缺少技术特征,使得其所限定的技术方案不能解决专利所要解决的技术问题,使权利要求整体上不能得到说明书支持的情形。因此,独立权利要求缺少必要技术特征,不符合专利法实施细则第二十一条第二款的规定的,一般也不能得到说明书的支持,不符合专利法第二十六条第四款的规定。第14538号决定一方面认定权利要求1中没有详细描述支承装置(58、59)的结构以及如何通过该装置同时完成支承、定中心、停止移动和抬升机动车的方式,本领域技术人员不能得知该装置是如何通过车轮的水平运动来进行定中心的,据此认定权利要求1缺少必要技术特征。另一方面,又认定权利要求1虽然使用了功能性限定的技术特征,但本领域技术人员根据说明书、说明书附图及本领域的公知

---

① 对应2010年1月新修订《专利法实施细则》第二十条第二款。

常识，能够确定合适的实施方式，据此认定权利要求 4 等符合专利法第二十六条第四款的规定。上述认定在理由及结论上相互矛盾，缺乏法律依据。

13. 在确定独立权利要求是否记载必要技术特征时，如何考虑权利要求中记载的功能性技术特征

【裁判要旨】

独立权利要求记载了解决技术问题的必要技术特征的，即使其为功能性技术特征，亦应当认定其符合专利法实施细则第二十一条第二款的规定，不宜再以独立权利要求中没有记载实现功能的具体结构或者方式为由，认定其缺少必要技术特征。

【关键词】

发明　权利要求　技术特征　功能性

【案号】

最高人民法院〔2014〕行提字第 13—15 号

【裁判意见】

在前述"机动车托架"发明专利无效案中，最高人民法院提审认为：在权利要求中使用功能性技术特征，不为法律法规所禁止。在"无法用结构特征来限定，或者用结构特征限定不如用功能或效果特征来限定更为恰当"等情形下，亦有必要允许使用功能性技术特征进行限定。在认定独立权利要求是否缺少必要技术特征时，关键在于独立权利要求中是否记载了解决技术问题的必要技术特征，即必要技术特征的有无问题。对于必要技术特征概括得是否适当，以及能否得到说明书的支持，应当另行依据专利法第二十六条第四款进行审查判断。独立权利要求中记载了解决技术问题的必要技术特征的，即使其为功能性技术特征，亦应当认定其符合专利法实施细则第二十一条第二款的规定，不宜再以独立权利要求中没有记载实现该功能的具体结构或者方式为由，认定其缺少必要技术特征。

14. 发明实际所要解决的技术问题的确定

【裁判要旨】

在创造性判断中，确定发明实际解决的技术问题，通常要在发明相对于最接近的现有技术存在的区别技术特征的基础上，由本领域技术人员在阅读本案专利说明书后，根据该区别技术特征在权利要求请求保护的技术方案中所产生的作用、功能或者技术效果等来确定。

【关键词】

发明　创造性　技术问题　区别特征

【案号】

最高人民法院〔2013〕知行字第 77 号

【裁判意见】

在前述"乳腺疾病药物组合物及制备方法"发明专利无效案中，最高人民法院审查认为：在采用"三步法"判断权利要求是否具备创造性时，确定权利要求保护的发明实际要解决的技术问题是判断该发明相对于现有技术是否显而易见的基础和前提。亚东制药公司主张本案专利实际要解决的技术问题是提高丹酚酸 B 的含量，并非改变剂型。

然而，本案专利权利要求书中并没有记载药物组合物中丹酚酸B的含量，也没有记载用于提高丹酚酸B的具体技术手段，更没有记载丹酚酸B的含量与疗效之间的因果关系。本领域技术人员在阅读说明书后，无法得知本发明要解决的技术问题与提高丹酚酸B的含量有何关联，更无法得出本案专利实际要解决的技术问题是改变药物特定活性成分比例的结论。

15. 背景技术不能用于确定发明实际所要解决的技术问题

【裁判要旨】

发明实际所要解决的技术问题的确定，是通过与最接近的现有技术比较得出的，而非以其背景技术的记载为依据。

【关键词】

发明　技术问题　现有技术　背景技术

【案号】

最高人民法院〔2014〕知行字第6号

【基本案情】

在再审申请人深圳市理邦精密仪器股份有限公司（以下简称理邦公司）与被申请人国家知识产权局专利复审委员会（以下简称专利复审委员会）、第三人深圳迈瑞生物医疗电子股份有限公司（以下简称迈瑞公司）发明专利权无效行政纠纷案中，迈瑞公司系名称为"一种便携超声诊断仪"的发明专利（即本案专利）的权利人。本案专利权利要求1限定了电源板竖直设置于主机架一侧，主板与探头板竖直设置于主机架另一侧。根据说明书的记载，本案专利权利要求1所要实际解决的技术问题是在便携超声诊断仪中减小电源板对探头板的干扰以及避免机器重心的偏差。说明书的背景技术部分同时记载，现有的便携式超声诊断系统中的架构方案为主板和探头板竖直分置于机器的两侧，电源板和探头板紧挨在一起。2011年7月4日，理邦公司针对本案专利向专利复审委员会提出无效宣告请求，并提交了证据1（US6561979B1）作为对比文件。证据1公开了一种便携式超声诊断仪，其中：信号处理板432、发射/接收板430竖直安装于金属结构402内，电源板426竖直安装于金属结构402后下部。理邦公司同时提交了证据2和证据11作为公知常识性证据。证据2公开了电子设备防干扰的控制策略、原理和技术，并具体公开了将相互易干扰的设备尽量安排得距离远一些、将其分别放置使之各自隔离以便实现防止干扰的相关技术手段。证据11记载了超声诊断设备的结构设计依据要考虑到整体轻便。2011年12月21日，专利复审委员会作出第17842号无效宣告请求审查决定（以下简称第17842号决定），维持本案专利权有效。理邦公司不服，提起行政诉讼。北京市第一中级人民法院一审认为，权利要求1相对于证据1与公知常识的结合对本领域技术人员来说是显而易见的，不具有突出的实质性特点和显著的进步。据此判决撤销第17842号决定，责令专利复审委员会重新作出审查决定。迈瑞公司、专利复审委员会均不服，提出上诉。北京市高级人民法院二审认为，如何根据证据2及证据11所公开的基本原理，将其运用到本案专利所要解决的技术问题中从而实现其技术效果，需要本领域技术人员付出创造性的劳动。权利要求1相对于证据1与公知常识的结合具备创造性。遂判决撤销一审判决，维持第17842号决定。理邦公司不服，向最高人民法院申请再审。最高人民法院于 2014 年 7 月 16 日裁定驳回理邦公司的再审申请。

【裁判意见】

最高人民法院审查认为：判断要求保护的发明是否具有创造性，就是要判断对本领域技术人员来说，该发明相对于现有技术是否显而易见。在这一判断过程中，要确定现有技术整体上是否存在某种启示，以促使本领域技术人员在面对所述技术问题时，有动机改进最接近的现有技术并获得要求保护的发明。权利要求 1 实际要解决的技术问题是，在便携超声诊断仪中减小电源板对探头板的干扰以及避免机器重心的偏差。证据 1 中防止各组件之间的电磁干扰主要是通过设置封闭的屏蔽隔室的技术手段来实现的。证据 2 公开了电子设备防干扰控制的空间分离方法、元器件布局技术；证据 11 记载了超声诊断设备的结构设计要尽量做到外形美观、整体轻便。证据 2 和证据 11 并没有具体披露本案专利所要实际解决的技术问题的具体技术手段。本案专利虽然在背景技术部分记载了现有 CRT 显示器的超声诊断系统的主板、探头板、电源板是放置在机架两侧的，理邦公司也据此主张对于采用 CRT 显示器的超声诊断仪而言，将电路板布置在 CRT 显示器两侧是常规技术手段，本案专利实际要解决的技术问题仅在于到底哪块电路板放置在哪一侧，这对于本领域技术人员而言是显而易见的。但发明实际要解决的技术问题，是指为获得更好的技术效果而需对最接近的现有技术进行改进的技术任务。该技术问题的确定，是将其与最接近的现有技术相比较而得出的，而非以其背景技术的记载为依据。权利要求 1 对本领域技术人员而言并非显而易见，实现本案专利的技术效果需要本领域技术人员付出创造性劳动。

16. 如何认定专利法实施细则第二十一条第二款中的"技术问题"

【裁判要旨】

专利法实施细则第二十一条第二款所称的"技术问题"，是指说明书中记载的专利所要解决的技术问题，是申请人根据其对说明书中记载的背景技术的主观认识，在说明书中声称其要解决的技术问题。当说明书中明确记载本案专利能够解决多个技术问题时，独立权利要求中应当记载能够同时解决上述技术问题的全部必要技术特征。

【关键词】

发明　说明书　技术问题　技术特征

【案号】

最高人民法院〔2014〕行提字第 13—15 号

【裁判意见】

在前述"机动车托架"发明专利无效案中，最高人民法院提审认为：首先，独立权利要求中记载的必要技术特征应当与发明或者实用新型专利所要解决的技术问题相对应。正确认定专利法实施细则第二十一条第二款所称的"技术问题"，是判断独立权利要求是否缺少必要技术特征的基础。其次，专利法实施细则第二十一条第二款的规定，旨在进一步规范说明书与独立权利要求之间的对应关系。在确定专利所要解决的技术问题时，应当以说明书中记载的技术问题为基本依据，并综合考虑说明书中有关背景技术及其存在的技术缺陷、本案专利相对于背景技术取得的有益效果等内容。独立权利要求中记载的技术特征本身，并非认定专利所要解决的技术问题的依据。再次，专利法实施细则第二十一条第二款所称的"技术问题",不同于判断权利要求是否具有创造性时,根据区别技术特征重新确定的专利实际要解决的技术问题。在认定权利要求是否缺少必要技术特征时,也不能以重新确定的技术问题为基础。最后,专利权的保护范围应当与其创新程度相适应。在专利所要解决的各个技术问题以及解决技术问题的技术特征均彼此相对独立的情况下,独立权利要求中记载了解决一个或者部分技术问题的必要技术特征的,即可认定其符合专利法实施细则第二十一条第二款的规定。但是,说明书中明确记载专利技术方案能够同时解决多个技术问题的,独立权利要求中应当记载能够同时解决各个技术问题的全部必要技术特征。根据说明书的记载,本案专利要同时解决可靠传送、传送速度、减小空间、减小成本四方面的技术问题。独立权利要求1中应当记载能够同时解决上述技术问题的全部必要技术特征。第14538号决定和一审、二审判决依据权利要求1中记载的技术特征,认定本案专利所要解决的技术问题仅为传送速度和减小成本,认定事实与适用法律均有错误。

17. 对预料不到的技术效果的确定

【裁判要旨】

发明的技术效果是判断创造性的重要因素。如果发明相对于现有技术所产生的技术效果在质或量上发生明显变化,超出了本领域技术人员的合理预期,可以认定发明具有预料不到的技术效果。在认定是否存在预料不到的技术效果时,应当综合考虑发明所属技术领域的特点尤其是技术效果的可预见性、现有技术中存在的技术启示等因素。通常,现有技术中给出的技术启示越明确,技术效果的可预见性就越高。

【关键词】

发明　创造性　现有技术　技术效果

【案号】

最高人民法院〔2013〕知行字第77号

【裁判意见】

在前述"乳腺疾病药物组合物及制备方法"发明专利无效案中,最高人民法院审查认为:片剂和颗粒剂均为中药领域常见剂型,该领域对两种制备方法及所带来的技术效果的可预见性研究得较为充分。在对技术效果存在合理预期的情况下,面对本案专利实际要解决的剂型改变的技术问题时,本领域技术人员容易想到结合证据3公开的将中药提取物制成颗粒剂的常规制法。由于常规颗粒剂制法的两种具体方法均不含减压干燥步骤,本领域技术人员对本案专利所采用的颗粒剂的常规制法有利于保持药物活性、产品易于崩解、药物溶出度和生物利用度好进而能够提高药物有效率,具有普遍的预期。亚东制药公司以本案专利说明书记载的药物总有效率明显优于现有技术的产品总有效率为由,主张本案专利具有预料不到的技术效果。但现有证据无法认定上述产品有效率是以同一种测定方法做出的,故相关实验结果数据不能证明本案专利具有临床疗效上的显著进步。此外,由于本案专利在制备颗粒剂时省去了减压干燥步骤,对药物活性成分的影响也相应减少,因此带来的药物整体有效率的提高也是本领域技术人员能够合理预期的。即使认可上述实验数据,本案专利的药物有效率优于现有技术的原因是本案专利限定的制备方法本身的特点所带来的,亦不能得出本案专利具有预料不到技术效果的结论。

18. 未取得预料不到技术效果的数值范围选择不能给本专利带来创造性

【裁判要旨】

在判断权利要求是否具备创造性时,应当考虑其选择的数值范围与现有技术相比是否取得了预料不到的技术效果。

【关键词】

发明　创造性　数值范围　技术效果

【案号】

最高人民法院〔2014〕知行字第84号

【基本案情】

在再审申请人日本斯倍利亚社股份有限公司(以下简称斯倍利亚社)与被申请人中华人民共和国国家知识产权局专利复审委员会(以下简称专利复审委员会)、一审第三人史天蕾发明专利权无效行政纠纷案中,斯倍利亚社的前身斯比瑞尔社股份有限公司(以下简称斯比瑞尔社)于1999年3月15日向国家知识产权局提出名称为"无铅软钎焊料合金"的发明专利(以下简称本案专利)申请,并于2004年9月29日获得授权。本案专利授权公告的权利要求1为:"1、无铅的钎焊料合金,其特征在于,含有0.1—2wt%Cu,0.002—1wt%Ni,其余为Sn。"史天蕾于2006年6月30日针对本案专利向专利复审委员会提出无效宣告请求,并提交了证据1(US5366692)作为对比文件。与权利要求1相比,证据1中公开的合金组成中Ni为0.5wt%。斯比瑞尔社于2006年9月15日对权利要求书进行了修改,修改后的权利要求1仍为含有0.002—1wt%Ni。2007年8月6日,专利复审委员会作出第10354号无效宣告请求审查决定(以下简称第10354号决定),宣告本案专利权利要求1至6全部无效。斯比瑞尔社不服,提起行政诉讼。北京市第一中级人民法院于2008年3月31日作出(2008)一中行初字第133号行政判决(以下简称第133号判决),维持第10354号决定。斯比瑞尔社不服,提出上诉。北京市高级人民法院二审判决撤销第133号判决和第10354号决定,责令专利复审委员会重新作出无效宣告请求审查决定。2009年1月9日,国家知识产权局核准本案专利权人变更为斯倍利亚社。2009年8月24日,斯倍利亚社再次修改了权利要求书,修改后的权利要求1中含有0.04—0.1wt%的Ni。2010年9月17日,专利复审委员会重新作出第15158号无效宣告请求审查决定(以下简称第15158号决定),宣告本案专利权全部无效。斯倍利亚社不服,提起行政诉讼。北京市第一中级人民法院一审认为,权利要求1与证据1的区别在于Ni的含量不同。本领域技术人员通过证据1的教导并结合普通技术人员的常规实验能力,很容易得到权利要求1保护的技术方案。据此判决维持第15158号决定。斯倍利亚社不服,提出上诉。北京市高级人民法院二审判决驳回上诉、维持原判。斯倍利亚社不服,向最高人民法院申请再审。最高人民法院于2014年12月16日裁定驳回斯倍利亚社的再审申请。

【裁判意见】

最高人民法院审查认为:本案专利权利要求1与证据1的区别技术特征仅为Ni的含量不同。在此情况下,判断本案专利权利要求1是否具有创造性,则应当考虑该数值范围与现有技术相比的技术效果是否产生了质的变化，具有新的性能，或者产生了量的变化，超出人们的预期。斯倍利亚社虽主张调节 Ni 的含量能够改善熔融焊料合金的流动性，但从其据以佐证的说明书所示试验数据的记载来看，不能证明权利要求 1 限定的 Ni 的含量范围相较于证据 1 公开的技术方案，以及包含有该技术方案的修改前的技术方案中 Ni 的含量范围，在改善流动性方面具有预料不到的技术效果，也不能说明焊料合金的伸长率仅仅是由 Ni 的含量决定的，更不能确定或教导焊料合金中 Ni 的含量不同和伸长率之间具有必然联系，且说明书中亦未记载附表中的伸长率与熔融焊料合金的流动性的线性关系。因此，权利要求 1 对于 Ni 含量的选择，是本领域技术人员通过有限的试验就可以得到的，并未取得预料不到的技术效果，相对于证据 1 而言是显而易见的，不具有突出的实质性特点和显著的进步。

19. **申请日在先的注册商标专用权可以用于判断是否与外观设计专利权相冲突**

【裁判要旨】

只要商标申请日在外观设计专利申请日之前，且提起无效宣告请求时商标已被核准注册并仍然有效，该注册商标专用权就能够用于评述在后外观设计专利权是否与之构成权利冲突。

【关键词】

外观设计　注册商标　申请日　权利冲突

【案号】

最高人民法院〔2014〕知行字第 4 号

【基本案情】

在再审申请人国家知识产权局专利复审委员会（以下简称专利复审委员会）与被申请人白象食品股份有限公司（以下简称白象公司）、一审第三人陈朝晖外观设计专利权无效行政纠纷案中，产品名称为"食品包装袋"的外观设计专利（即本案专利）由陈朝晖于 2000 年 10 月 16 日向国家知识产权局提出申请，2001 年 5 月 2 日被授权公告。白象公司持有的第 1506193 号"白象"商标（以下简称白象商标）的申请日为 1997 年 12 月 12 日，核准注册日为 2001 年 1 月 14 日。2009 年 8 月 4 日，白象公司针对本案专利，以其与在先的白象商标权冲突为由，向专利复审委员会提出无效宣告请求。专利复审委员会于 2009 年 12 月 8 日作出第 14261 号无效宣告请求审查决定（以下简称第 14261 号决定），认为白象商标的核准注册日在本案专利申请日之后，不属于专利法第二十三条规定的合法在先权利，故维持本案专利权有效。白象公司不服，提起行政诉讼。北京市第一中级人民法院一审认为，应以外观设计专利权的"授权公告日"而非"专利申请日"作为判断在先权利的时间标准，即在"授权公告日"之前已合法产生的权利或权益构成外观设计专利权的在先权利。因白象商标的核准注册日为 2001 年 1 月 14 日，早于本案专利的授权公告日，白象商标构成本案专利的在先权利。北京市第一中级人民法院据此判决撤销第 14261 号决定，并责令专利复审委员会重新作出审查决定。专利复审委员会不服，提起上诉。北京市高级人民法院二审认为，白象商标的申请日早于本案专利的申请日，白象公司基于白象商标而享有的商标申请权构成专利法第二十三条规定的在先取得的合法权利。遂判决驳回上诉、维持原判。专利复审委员会不服，向最高人民法院申请再审。最高人民法院于 2014 年 10 月 11 日裁定驳回专利复审委员会的再审申请。

【裁判意见】

最高人民法院审查认为：商标申请权本身是现实存在的合法权益，在性质上是对注册商标专用权的一种期待权，应当受到法律保护。在商标申请日早于外观设计专利申请日的情况下，外观设计专利权的实施不会对商标是否可被核准注册产生影响，也不会产生二者的权利冲突问题。因此，商标申请权不能作为专利法第二十三条所称的在先取得的合法权利。但是，商标申请权对于判断外观设计专利权和注册商标专用权是否构成权利冲突具有重要意义。商标申请权作为一种期待权，最终期待的完整权利是注册商标专用权，只有商标获得注册，商标申请的最终权益才得以实现。此时，应当溯及既往地对商标申请权进行保护，确认商标申请日对于注册商标专用权的法律意义。只要商标申请日在外观设计专利申请日之前，在先申请的注册商标专用权就可以对抗申请日在后的外观设计专利权。白象商标获得注册后，本案专利的实施客观上会与其产生权利冲突，应当依照保护在先权利的原则，认定申请日在先的白象注册商标专用权可用于对抗陈朝晖的外观设计专利权。至于二者是否会构成实际的权利冲突，应当由专利复审委员会重新审查后作出判断。

二、商标案件审判

（一）商标民事案件审判

20. 恶意取得并行使商标权的行为不受法律保护

【裁判要旨】

诚实信用原则是一切市场活动参与者所应遵循的基本准则，民事诉讼活动同样应当遵循诚实信用原则。任何违背法律目的和精神，以损害他人正当权益为目的，恶意取得并行使商标权的行为均属于权利滥用，相关主张不能得到法律的保护和支持。

【关键词】

商标侵权　诚实信用　恶意　权利滥用

【案号】

最高人民法院〔2014〕民提字第 24 号

【基本案情】

在再审申请人深圳歌力思服饰股份有限公司（以下简称歌力思公司）、再审申请人王碎永及一审被告杭州银泰世纪百货有限公司（以下简称杭州银泰公司）侵害商标权纠纷案中，深圳市歌力思服饰设计有限公司（以下简称歌力思设计公司）成立于 1996 年 11 月 18 日，为本案歌力思公司的股东（发起人）之一。第 1348583 号"歌力思"商标由歌力思设计公司提出注册申请，核定使用于第 25 类的服装等商品之上，核准注册于 1999 年 12 月，现商标权人为歌力思公司。第 4225104 号"ELLASSAY"商标的注册人为深圳歌力思服装实业有限公司，核定使用在第 18 类的钱包、手提包等商品上。第 7925873 号"歌力思"商标（以下简称"歌力思"商标）核准注册于 2011 年 6 月，注册人王碎永，核定使用商品为第 18 类的钱包、手提包等。第 4157840 号"歌力思及图"商标（以下简称"歌力思及图"商标）于 2004 年 7 月 7 日提出注册申请，经初步审定公告后，歌力思设计公司在法定异议期内提出异议申请。北京市高级人民法院于2014年4月2日二审认定第4157840号商标损害了歌力思投资管理有限公司享有的在先商号权，不应予以核准注册。自2011年9月起，王碎永先后在杭州、南京、上海、福州等地的"ELLASSAY"专柜，通过公证程序购买了带有"品牌中文名：歌力思，品牌英文名：ELLASSAY"字样吊牌的皮包。2012年3月7日，王碎永以歌力思公司及杭州银泰公司生产、销售上述皮包的行为构成对王碎永拥有的"歌力思"商标、"歌力思及图"商标权的侵害为由，提起诉讼。杭州市中级人民法院一审认为，歌力思公司及杭州银泰公司生产、销售被诉侵权商品的行为侵害了王碎永的注册商标专用权。遂判决歌力思公司、杭州银泰公司承担停止侵权行为、赔偿王碎永经济损失及合理费用共计10万元及消除影响等法律责任。歌力思公司不服，提起上诉。浙江省高级人民法院二审判决驳回上诉、维持原判。歌力思公司及王碎永均不服，向最高人民法院申请再审。最高人民法院裁定提审本案，并于2014年8月14日判决撤销一审、二审判决，驳回王碎永的全部诉讼请求。

【裁判意见】

最高人民法院提审认为："歌力思及图"商标迄今为止尚未被核准注册，王碎永无权据此对他人提起侵害商标权之诉。对于歌力思公司、杭州银泰公司的行为是否侵害"歌力思"商标权的问题，首先，歌力思公司拥有合法的在先权利基础。歌力思公司及其关联企业最早将"歌力思"作为企业字号使用的时间为1996年，最早在服装等商品上取得"歌力思"注册商标专用权的时间为1999年。经长期使用和广泛宣传，作为企业字号和注册商标的"歌力思"已经具有了较高的市场知名度，歌力思公司对前述商业标识享有合法的在先权利。其次，歌力思公司在本案中的使用行为系基于合法的权利基础，使用方式和行为性质均具有正当性。从销售场所来看，歌力思公司对被诉侵权商品的展示和销售行为均完成于杭州银泰公司的歌力思专柜，专柜通过标注歌力思公司的"ELLASSAY"商标等方式，明确表明了被诉侵权商品的提供者。在歌力思公司的字号、商标等商业标识已经具有较高的市场知名度，而王碎永未能举证证明其"歌力思"商标同样具有知名度的情况下，歌力思公司在其专柜中销售被诉侵权商品的行为，不会使普通消费者误认该商品来自于王碎永。从歌力思公司的具体使用方式来看，被诉侵权商品的外包装、商品内的显著部位均明确标注了"ELLASSAY"商标，而仅在商品吊牌之上使用了"品牌中文名：歌力思"的字样。由于"歌力思"本身就是歌力思公司的企业字号，且与其"ELLASSAY"商标具有互为指代关系，故歌力思公司在被诉侵权商品的吊牌上使用"歌力思"文字来指代商品生产者的做法并无明显不妥，不具有攀附王碎永"歌力思"商标知名度的主观意图，亦不会为普通消费者正确识别被诉侵权商品的来源制造障碍。在此基础上，杭州银泰公司销售被诉侵权商品的行为亦不为法律所禁止。最后，王碎永取得和行使"歌力思"商标权的行为难谓正当。"歌力思"商标由中文文字"歌力思"构成，与歌力思公司在先使用的企业字号及在先注册的"歌力思"商标的文字构成完全相同。"歌力思"本身为无固有含义的臆造词，具有较强的固有显著性，依常理判断，在完全没有接触或知悉的情况下，因巧合而出现雷同注册的可能性较低。作为地域接近、经营范围关联程度较高的商品经营者，王碎永对"歌力思"字号及商标完全不了解的可能性较低。在上述情形之下，王碎永仍在手提包、钱包等商品上申请注册"歌力思"商标，其行为难谓正当。王碎永以非善意取得的商标权对歌力思公司的正当使用行为提起的侵权之诉，构成权利滥用。

21. 不具有区分商品来源作用的描述性使用不构成商标侵权

【裁判要旨】

不具有区分商品或服务来源作用的描述性使用，不构成对商标权的侵害。

【关键词】

商标侵权　商标使用　描述性使用　区分来源

【案号】

最高人民法院〔2014〕民申字第1033号

【基本案情】

在再审申请人陕西茂志娱乐有限公司（以下简称茂志公司）与被申请人梦工场动画影片公司（以下简称梦工场公司）、派拉蒙影业公司（以下简称派拉蒙公司）、中国电影集团公司（以下简称中影公司）、北京华影天映影院管理有限公司（以下简称华影天映公司）侵害商标权纠纷案中，茂志公司于2010年6月28日获准注册第6353409号"功夫熊猫及图"商标（即本案商标），核定使用服务为第41类的图书出版、电影制作等。动画电影《KUNG FU PANDA》（中文名称为《功夫熊猫》）、《KUNG FU PANDA2》（中文名称为《功夫熊猫2》）由梦工场公司制作、派拉蒙公司发行，先后于2008年6月和2011年5月在中国大陆地区首映。中影公司拥有《功夫熊猫2》中国大陆地区的电影发行权，华影天映公司经营的传奇时代影城宣传册中使用了"功夫熊猫2"字样。茂志公司以梦工场公司、派拉蒙公司、中影公司、华影天映公司的上述行为侵害本案商标权为由，提起诉讼。北京市第二中级人民法院一审认为，"功夫熊猫"作为该部电影作品的组成部分，系用以概括说明电影内容的表达主题，本身具有叙述性，而并非用以区分电影的来源，即电影的制作主体。电影名称不能起到商标所具有的区分服务来源的功能。遂判决驳回茂志公司的诉讼请求。茂志公司不服，提起上诉，北京市高级人民法院二审判决驳回上诉、维持原判。茂志公司不服，向最高人民法院申请再审。最高人民法院于2014年11月27日裁定驳回茂志公司的再审申请。

【裁判意见】

最高人民法院审查认为：商标的基本特性是区别商品或者服务来源，构成侵害商标权的行为应当是在商业标识意义上使用相同或者近似商标的行为，即被诉侵权标识必须进行了商标意义上的使用。梦工场公司制作的《功夫熊猫》电影在本案商标获准注册前的2008年就已经在中国大陆地区公映，并自2005年起就在新闻报道、海报等宣传材料中以"功夫熊猫"作为电影名称进行了持续宣传。梦工场公司制作完成相关电影后，将其"DREAMWORKS"标识显著地使用于电影、电影海报及其他宣传材料中，用以表明其电影制作服务来源是"DREAMWORKS"。由于《功夫熊猫2》使用"功夫熊猫"字样是对前述《功夫熊猫》电影的延续，且"功夫熊猫"表示的是该电影的名称，用以概括说明电影内容的表达主题，属于描述性使用，而并非用以区分电影的来源，故梦工场对"功夫熊猫"文字的使用并非商标意义上的使用，不构成对本案商标权的侵害。

22. 足以导致混淆、误认的回收利用行为构成商标侵权

【裁判要旨】

符合国家政策导向的回收利用行为亦不能损害他人的合法利益。使用回收容器的行为未合理避让他人的商标权或其他合法权利，并足以导致消费者对商品或服务的来源产生混淆、误认的，构成商标侵权行为。

【关键词】

商标侵权　回收利用　混淆　误认

【案号】

最高人民法院〔2014〕民申字第1182号

【基本案情】

在再审申请人浙江喜盈门啤酒有限公司（原浙江汾湖啤酒有限公司，以下简称喜盈门公司）与被申请人百威英博（中国）销售有限公司（以下简称百威英博公司）、一审被告浙江蓝堡投资有限公司（以下简称蓝堡公司）、抚州喜盈门啤酒有限公司（以下简称抚州喜盈门公司）、黑龙江北国啤酒集团有限公司（以下简称北国公司）侵害商标权及不正当竞争纠纷案中，安海斯—布希公司于2011年8月7日经核准注册了"百威英博"文字商标，核定使用商品为第32类的啤酒等。2012年7月，安海斯—布希公司（许可人）与百威英博公司（被许可人）签订《商标使用维权许可协议》，许可百威英博公司使用"百威英博"商标，并以自身名义提起维权之诉及获得赔偿。2012年5月至6月期间，百威英博公司的委托代理人先后通过公证程序取得了喜盈门冰纯啤酒和哈啤冰纯啤酒若干。上述啤酒瓶的瓶体下部均有"百威英博"或"百威英博专用瓶"浮雕字样。百威英博公司以蓝堡公司、喜盈门公司、北国公司、抚州喜盈门公司在其共同生产、销售的啤酒商品上，擅自使用"百威"、"百威英博"商标和"百威英博"字号的行为构成商标侵权及不正当竞争为由，提起诉讼。上海市第一中级人民法院一审认为，蓝堡公司等在啤酒瓶上使用"百威英博"或者"百威英博专用瓶"浮雕文字的行为，属于商标使用。现有证据不足以证明蓝堡公司等使用的带有"百威英博"浮雕文字的啤酒瓶系回收瓶。且即使使用回收瓶，亦不能妨碍他人行使商标权。被诉侵权商品的背贴上虽将上述四家公司均列为生产商，但瓶盖上的生产商编号与喜盈门公司对应，喜盈门公司也认可该啤酒由其生产、销售，故蓝堡公司、北国公司、抚州喜盈门公司与喜盈门公司不构成共同侵权行为。据此判令喜盈门公司立即停止侵权行为、消除影响并赔偿百威英博公司经济损失及合理费用10万元。喜盈门公司不服，提起上诉。上海市高级人民法院二审判决驳回上诉、维持原判。喜盈门公司仍不服，向最高人民法院申请再审。最高人民法院于2014年11月28日裁定驳回喜盈门公司的再审申请。

【裁判意见】

最高人民法院审查认为：回收并重复利用符合安全标准的啤酒瓶为国家环保政策所提倡，也是我国啤酒行业多年来的通行做法。啤酒生产企业应使用符合安全标准的啤酒瓶（包括回收并重复利用），是国家对公共利益保护的具体要求。啤酒生产企业在生产、销售产品的过程中，应遵守国家的相关法律规定，不损害他人权益，不侵害他人的知识产权，也是其应尽的法律义务。一般情况下，如果仅仅是将回收的其他企业的专用瓶作

为自己的啤酒容器使用，且在啤酒瓶的瓶身粘贴自己的商标和企业名称的瓶贴（包括包装装潢），与其他企业的瓶贴存在明显区别，使消费者通过不同的瓶贴即可区分啤酒的商标和生产商，不会产生混淆误认的，该使用方式应属于正当使用，不构成侵权。但在本案中，百威英博公司经公证购买的整箱被诉侵权商品的酒瓶下部均有"百威英博"、"百威英博专用瓶"浮雕文字，这与一般回收行业混杂回收各种啤酒瓶的客观事实不相吻合，喜盈门公司未对此作出合理的解释。喜盈门公司实施的系列行为明显具有傍名牌、搭便车的主观故意，构成对"百威英博"商标权的侵害。

（二）商标行政案件审判

23. 作为商品包装的立体商标的显著性判断

【裁判要旨】

对于以商品包装形式体现的三维标志，设计上的独特性不当然地等同于商标的显著性，而仍应当以其能否区分商品来源作为固有显著性的判断标准。同业经营者的使用情况对通过使用获得显著性的认定具有影响，当现有证据不足以克服相关公众对三维标志仅为商品包装这一认知的情况下，不能认定该三维标志通过使用获得了显著性。

【关键词】

商标争议　三维标志　商品包装　显著性

【案号】

最高人民法院〔2014〕知行字第 21 号

【基本案情】

在再审申请人雀巢产品有限公司（以下简称雀巢公司）与被申请人开平味事达调味品有限公司（以下简称味事达公司）、中华人民共和国国家工商行政管理总局商标评审委员会（以下简称商标评审委员会）商标争议行政纠纷案中，国际注册第 640537 号三维标志商标（以下简称争议商标），于 2002 年 3 月 14 日在中国提出注册申请，核定使用在第 30 类"食用调味品"商品上，指定颜色为棕色、黄色，权利人为雀巢公司。在争议期内，味事达公司针对争议商标向商标评审委员会提出撤销申请。商标评审委员会作出商评字〔2010〕第 15921 号《关于国际注册第 640537 号"三维标志"商标争议裁定书》（以下简称第 15921 号裁定），对争议商标的注册予以维持。味事达公司不服，提起行政诉讼。北京市第一中级人民法院以违反法定程序为由，撤销第 15921 号裁定。商标评审委员会对审理程序进行补正后，重新作出商评字〔2010〕第 15921 号重审第 00789 号《关于国际注册第 640537 号"三维标志"商标争议裁定书》（以下简称重审第 789 号裁定），认定指定使用在食用调味品商品上的争议商标已具备显著特征，对争议商标的注册予以维持。味事达公司不服，提起行政诉讼。北京市第一中级人民法院一审认为，争议商标不具有固有显著性，亦无证据证明通过使用获得了显著性，争议商标的注册不符合商标法第十一条[①]的规定。据此判决撤销重审第 789 号裁定。雀巢公司不服，提起上诉。北京市高级人民法院二审判决驳回上诉、维持原判。雀巢公司不服，向

---

① 对应 2013 年 8 月新修订《商标法》第十一条，规定："下列标志不得作为商标注册：（一）仅有本商品的通用名称、图形、型号的；（二）仅直接表示商品的质量、主要原料、功能、用途、重量、数量及其他特点的；（三）其他缺乏显著特征的。前款所列标志经过使用取得显著特征，并便于识别的，可以作为商标注册。"

最高人民法院申请再审。最高人民法院于2014年10月24日裁定驳回了雀巢公司的再审申请。

【裁判意见】

最高人民法院审查认为：作为商品包装的三维标志，由于其具有实用因素，在设计上具有一定的独特性并不当然表明其具有作为商标所需的显著性，而仍应当以相关公众的一般认识，判断其是否能够区别商品的来源。争议商标指定"使用的"调味品"是普通消费者熟悉的日常用品，在争议商标申请领土延伸保护之前，市场上已存在与争议商标瓶型近似的同类商品包装，且由于2001年修改前的商标法并无三维标志可注册商标的规定，相关公众不会将其作为区分不同商品来源的标志，故争议商标不具有固有显著性。味事达公司及其关联公司至迟于1983年即开始使用与争议商标近似的棕色方形瓶作为产品的包装，持续使用多年并进行了大量广告宣传，使用该包装的"味极鲜"酱油具有很高的市场占有率。此外，在争议商标申请日之前，多项他人申请的外观设计专利中亦显示了与争议商标近似的包装瓶，多家知名的调味品生产企业亦使用了与争议商标近似的棕色（或透明）方形瓶作为液体调味产品的容器和外包装，而雀巢公司在中国大陆的最早使用时间为1997年，晚于味事达公司等企业的使用时间。大量同行业企业使用近似的瓶型作为调味品包装这一事实，进一步强化了争议商标瓶型仅是商品包装这一认知，在现有证据不足以克服相关公众上述认知的情况下，雀巢公司同样未能证明争议商标已经通过使用获得了显著性。

24. 代表人或者代理人抢注被代表人或者被代理人商标的适用条件

【裁判要旨】

商标法第十五条系针对代理或者代表关系这种特殊法律关系，基于诚实信用原则而设立的对被代理人或者被代表人的商标予以特殊保护的制度，并不一概要求该商标已经在先使用；只要特定商标应归于被代理人或者被代表人，代理人或者代表人即应善尽忠诚和勤勉义务，不得擅自以自己名义进行注册。

【关键词】

商标争议　代理代表关系　诚实信用　特殊保护

【案号】

最高人民法院〔2014〕行提字第3号

【基本案情】

在再审申请人香港雷博有限公司（以下简称雷博公司）与被申请人中华人民共和国国家工商行政管理总局商标评审委员会（以下简称商标评审委员会）、家园有限公司（以下简称家园公司）商标争议行政纠纷案中，2001年8月，雷博公司的两个实际创始人爱德华·雷门和博杨曾就创办新公司进行过磋商。双方就共同创建未来的公司达成了基本一致的意见，只是对未来公司的部分细节问题没有形成明确的一致意见。双方曾谈及公司名称使用"LehmanBrown"，并形成了未来公司主要面向中国大陆开展会计、咨询等业务，以及要将公司品牌申请注册为商标的共识。博杨还专门设计了"LehmanBrown"标志样式及含有该标志的信头纸。2001年11月7日，爱德华·雷门提出第3013120号"LehmanBrown"商标（以下简称争议商标）的注册申请，申请注册的商品类别为第 35 类：税务咨询、会计、审计等服务。经双方交涉，爱德华·雷门于 2001 年 11 月 16 日出具承诺函，认可其以自己名义申请了争议商标，并不可撤回地同意，一旦上述商标获得注册，会将该商标转让给新公司。后爱德华·雷门单方将争议商标转让给家园公司。雷博公司以争议商标申请违反商标法第十五条规定为由，向商标评审委员会提出撤销注册申请。商标评审委员会于 2010 年 3 月 1 日作出商评字〔2010〕第 04597 号《关于第 3013120 号"LehmanBrown"商标争议裁定》（以下简称第 4597 号裁定），维持争议商标的注册。雷博公司不服，提起行政诉讼。北京市第一中级人民法院一审认为，雷博公司提交的证据不能证明在本案争议商标注册申请日之前，该公司已经实际商业使用了与争议商标相同或近似的标志，且使用范围与争议商标核定使用服务相同或者类似。据此判决维持第 4597 号裁定。雷博公司不服，提出上诉。北京市高级人民法院二审认为，雷博公司不能证明对争议商标享有任何在先权利，遂判决驳回上诉、维持原判。雷博公司不服，向最高人民法院申请再审。最高人民法院裁定提审本案，并于 2014 年 9 月 16 日判决撤销一审、二审判决，责令商标评审委员会重新作出裁定。

【裁判意见】

最高人民法院提审认为：适用商标法第十五条关于代理人或者代表人以自己的名义注册被代理人或者被代表人商标的规定，需要具备如下条件：商标申请人与异议人之间构成代表或者代理关系；争议商标系被代理人或者被代表人的商标；争议商标核定使用的商品或者服务与被代理人或者被代表人提供的商品或者服务类似；代表人或者代理人违反诚信原则，未经授权擅自以自己名义将争议商标进行注册。代理或者代表关系是一种具有信赖性的特殊法律关系。基于这种特殊的法律关系，代理人或者代表人对于被代理人或者被代表人负有特殊的忠诚和勤勉义务，必须恪尽职守，秉承最大限度有利于被代理人或者被代表人的利益之原则行事。商标法第十五条系针对代理或者代表关系这种特殊法律关系，基于诚实信用原则而设立的对被代理人或者被代表人的商标予以特殊保护制度，并不一概要求该商标已经在先使用。只要特定商标应归于被代理人或者被代表人，代理人或者代表人即应善尽忠诚和勤勉义务，不得擅自以自己名义进行注册。被代理人或者被代表人是否已经将该商标投入商业使用，并非商标法第十五条的适用条件。作为正在创建中的雷博公司的代表人，爱德华·雷门对雷博公司负有善尽忠诚和勤勉义务，应该最大限度地维护雷博公司的利益。爱德华·雷门在其与博杨就筹建中的雷博公司的名称、商号以及将公司品牌申请商标等事宜已经达成一致，雷博公司将使用"LehmanBrown"作为名称和商号的情况下，依然将争议商标以个人名义进行注册，违反了代表人的忠诚和勤勉义务，损害了正在筹建中的雷博公司的利益。爱德华·雷门在此过程中还一直存在隐瞒事实的行为，且争议商标的转让进一步增大了危及雷博公司利益的可能性。争议商标属于商标法第十五条规定的不予注册的情形。一审、二审法院关于商标法第十五条的适用应以被代理人或者被代表人在先使用与争议商标相同或近似的标志为条件的认定，适用法律错误。

25. 中文商标与英文商标之间的近似性判断需要考虑的因素

【裁判要旨】

确定中文商标与英文商标之间的近似性，需要考虑相关公众对英文商标的认知水平和能力、中文商标与英文商标含义上的关联性或者对应性、引证商标自身的知名度和显著性、争议商标实际使用情况等因素。

【关键词】

商标争议　商标近似　知名度　显著性

【案号】

最高人民法院〔2014〕知行字第49号

【基本案情】

在再审申请人高文新与被申请人戴比尔斯百年有限公司（以下简称戴比尔斯公司）、中华人民共和国国家工商行政管理总局商标评审委员会（以下简称商标评审委员会）商标争议行政纠纷案中，高文新于2005年2月4日提出第4497942号"永恒印记"商标（以下简称争议商标）的注册申请，2008年4月14日获准注册，核定使用在第14类未加工或半加工贵重金属、宝石（珠宝）等商品上。戴比尔斯公司名下拥有国际注册第745654号"FOREVERMARK"商标（以下简称引证商标一）、第2018506号"FOREVERMARK及图"商标（以下简称引证商标二）。其中，引证商标一于2000年向中国提出领土延伸保护申请，后被核定使用于第14类宝石等商品上。引证商标二于2004年获准核定使用在第14类未加工或半加工贵重金属等商品上。2011年6月22日，戴比尔斯公司针对争议商标向商标评审委员会提出撤销申请。2012年12月10日，商标评审委员会作出商评字〔2012〕第49687号《关于第4497942号"永恒印记"商标争议裁定书》（以下简称第49687号裁定），裁定对争议商标予以维持。戴比尔斯公司不服，提起行政诉讼。北京市第一中级人民法院一审认为，"FOREVER"及"MARK"均为常见的英文单词，相关公众很容易将"FOREVERMARK"认读为"永恒印记"，争议商标与引证商标一、二分别构成使用在相同或类似商品上的近似商标。遂判决撤销第49687号裁定，责令商标评审委员会重新作出裁定。高文新不服，提出上诉。北京市高级人民法院二审判决驳回上诉、维持原判。高文新仍不服，向最高人民法院申请再审。最高人民法院于2014年11月28日裁定驳回了高文新的再审申请。

【裁判意见】

最高人民法院审查认为：判断争议商标与引证商标是否构成近似，关键在于判断"永恒印记"与"FOREVERMARK"是否构成近似。由于"永恒印记"与"FOREVERMARK"在音、形上不相同也不相近似，因此主要需从含义上确定两者近似与否。确定争议的中文商标与引证的英文商标的近似性，需要考虑如下因素：相关公众对英文商标的认知水平和能力、中文商标与英文商标含义上的关联性或者对应性、引证商标自身的知名度和显著性、争议商标实际使用情况等。第一，相关公众对英文商标的认知水平和能力。需要考虑我国相关公众对英文文字的认知水平和引证的英文商标词汇自身的常用程度。我国境内相关公众对于常用英文词汇具有一定的认知能力和水平。同时，"FOREVER"和"MARK"均为使用频度较高的常用英文单词。在我国境内相关公众对于引证商标的中文含义具有相当的理解力的情况下，容易将引证商标相对应的中文含义与引证商标联系起来。第二，引证的英文商标与争议的中文商标含义上的关联性或者对应性程度。这种对应性和关联性可以从英译中和中译英两个角度进行考量。"FOR-

EVER"具有"永远、永恒、永久、常常、始终"等含义,"MARK"具有"标志、分数、痕迹、记号"等含义,且"MARK"在注册的中英文组合商标中常被译为"印记","FOREVERMARK"可译为"永恒印记"。同时,"永恒印记"翻译成英文,也可译为"FOREVERMARK"。由此可见,"永恒印记"与"FOREVERMARK"含义上确实存在呼应关系,相关公众容易将二者对应起来。当争议商标和引证商标共同使用在相同或类似商品上时,相关公众施以一般注意力,容易误认为其商品来自同一主体或者两者之间存在特定联系。第三,引证商标的知名度。根据当事人提供的证据,戴比尔斯公司在争议商标申请日以前,曾在国内的报纸上采取有奖销售等形式宣传使用引证商标,引证商标具有一定的知名度。第四,争议商标的实际使用情况。高文新提交的证据不足以证明争议商标经过实际使用已经具有较高的市场声誉,更不能证明相关公众已在客观上将争议商标与引证商标区别开来。据此,争议商标与引证商标构成近似商标。

26. 复杂历史因素下对商标法第二十八条[①]的适用

【裁判要旨】

通常情况下,依据商标法第二十八条的规定,被异议商标与引证商标构成使用在相同或者类似商品上的近似商标的,不应予以核准注册。但本案具有复杂的历史因素,当一方当事人主张被异议商标系对其在先字号及在先注册商标的延续时,判断其应否被核准注册,除依据商标法的规定外,亦应对历史、现实以及业已形成的市场秩序给予充分的尊重,在尽可能地划清有关商业标识之间界限的基础上,公平合理地作出裁判。

【关键词】

商标异议　商标近似　历史因素　市场秩序

【案号】

最高人民法院〔2014〕知行字第85号

【基本案情】

在再审申请人苏州稻香村食品工业有限公司(以下简称苏州稻香村公司)与被申请人国家工商行政管理总局商标评审委员会(以下简称商标评审委员会)、一审第三人北京稻香村食品有限责任公司(以下简称北京稻香村公司)商标异议复审行政纠纷案中,苏州稻香村食品厂成立于1980年12月,曾获得"中华老字号"称号。2004年3月,苏州稻香村食品厂、河北保定稻香村新亚食品有限公司、北京新亚趣香食品有限公司共同设立苏州稻香村公司。保定市稻香村食品厂先后于1982年4月2日、1988年5月24日申请了分别核定使用于第30类"饼干"和"果子面包、糕点"商品上的"稻香村DXC及图"商标。上述商标曾被评为1995年河北省著名商标。2004年11月14日,两商标经核准转让给苏州稻香村公司。2006年7月18日,苏州稻香村公司提出第5485873号"稻香村及图"商标(以下简称被异议商标)的注册申请,指定使用商品为第30类的"面包、糕点"等食品。国家工商行政管理总局商标局(以下简称商标局)对被异议商标予以初步审定公告。北京稻香村公司的前身为北京东城区稻香村南味食品店,后于1984年变更为北京市稻香村南味食品店,1994年组建为北京稻香村食品集

---

① 对应2013年8月新修订《商标法》第三十条。

团，2005年10月改制后成立北京稻香村公司。第1011610号"稻香村"商标（以下简称引证商标一）由北京稻香村食品集团提出注册申请，并于1997年5月21日获准注册，核定使用商品为第30类的年糕、粽子等商品。2006年7月31日，引证商标一的注册人名义变更为北京稻香村公司。北京稻香村公司的"稻香村"商标多次荣获北京市著名商标称号。2009年7月2日，北京稻香村公司在法定期限内对被异议商标提出异议申请。商标局裁定异议理由不成立，被异议商标予以核准注册。北京稻香村公司不服，向商标评审委员会申请复审。2013年4月2日，商标评审委员会作出商评字〔2013〕第9277号《关于第5485873号"稻香村及图"商标异议复审裁定书》（以下简称第9277号裁定），对被异议商标不予核准注册。苏州稻香村公司不服第9277号裁定，提起行政诉讼。北京市第一中级人民法院、北京市高级人民法院一审、二审均判决维持第9277号裁定。苏州稻香村公司仍不服，向最高人民法院申请再审。最高人民法院于2014年12月19日裁定驳回苏州稻香村公司的再审申请。

【裁判意见】

最高人民法院审查认为：被异议商标与引证商标一构成使用在相同或者类似商品上的近似商标。通常情况下，依据商标法第二十八条的规定，被异议商标不应核准注册。但对因历史原因形成不同市场主体各自拥有相同字号或相同类似商品上的相同、近似商标，当其中一方主体以对在先字号及在先注册商标具有历史延续关系为由，提出新的商标注册申请时，对该商标是否应予核准注册的审查，除应当依据商标法的规定外，亦应尊重历史和现状，以及业已形成的市场秩序，全面、审慎、客观地考量各种因素，以尽可能地划清商业标识之间的界限为指针，公平合理地作出裁判。"稻香村"字号已经由苏州稻香村公司、北京稻香村公司及其关联企业分别使用多年，且两公司均拥有第30类商品上的在先商标权利。在此情形下，被异议商标的申请注册是否具有合理性，还应当考量两公司的发展历史、在先注册商标和引证商标一的实际使用状况、知名度，以及被异议商标与在先注册商标和引证商标一本身的近似程度等因素。综合上述因素，对被异议商标不予核准注册的结论并无不妥。特别是考虑到如果核准被异议商标的注册，一方面会破坏业已稳定的市场共存格局，导致"稻香村"标识之间的混淆或误认，从而损害消费者的利益；另一方面也不利于苏州稻香村公司和北京稻香村公司划清彼此商业标识之间的界限，不利于各自企业的发展壮大以及稻香村品牌知名度的进一步提升。在市场经济条件下，苏州稻香村公司和北京稻香村公司只有诚信经营，相互尊重，才能增强和提升各自企业的核心竞争力，焕发稻香村老字号的生命和活力，才能得到广大消费者的认同和赞誉，使"稻香村"老字号基业长青。而任何投机取巧，希望通过不诚信经营而获取他人商誉的行为都是短视的商业行为，不为法律所支持和保护，最终也会损害"稻香村"老字号的利益。

27. 商标法第三十一条[①]**规定中在先权利"利害关系人"的界定**

【裁判要旨】

现行法律法规并未对"利害关系人"的范围作出明确界定，虽然利害关系人多以被

---

① 对应2013年8月新修订《商标法》第三十二条。

许可使用人、合法继承人的形式体现，但其他有证据证明与案件具有利害关系的主体，亦可依据商标法第三十一条的规定，以利害关系人的身份对争议商标提出撤销申请。

【关键词】

商标争议　在先权利　商号权　利害关系

【案号】

最高人民法院〔2014〕行提字第2号

【基本案情】

在再审申请人采埃孚转向系统有限公司（以下简称采埃孚公司）与被申请人中华人民共和国国家工商行政管理总局商标评审委员会（以下简称商标评审委员会）、第三人台州汇昌机电有限公司（以下简称汇昌机电公司）商标争议行政纠纷案中，汇昌机电公司于2002年1月4日向中华人民共和国国家工商行政管理总局商标局申请注册第3060409号"采埃孚"商标（即争议商标）。2003年7月28日，争议商标被核准注册在第7类液压泵、液压阀等商品上。2004年9月10日，采埃孚公司以争议商标违反商标法第三十一条等规定为由，向商标评审委员会提出撤销申请。2010年7月26日，商标评审委员会作出商评字〔2010〕第17687号《关于第3060409号"采埃孚"商标争议裁定书》（以下简称第17687号裁定），对争议商标的注册予以维持。采埃孚公司不服，提起行政诉讼。北京市第一中级人民法院一审判决维持第17687号裁定。采埃孚公司不服，向北京市高级人民法院提起上诉。北京市高级人民法院二审认为，商标法第四十一条第二款[1]所规定的"利害关系人"应当主要包括相关权利的被许可使用人、合法继承人。采埃孚公司主张争议商标的注册侵犯了其在先商号权，但其提交的使用和宣传证据中均未显示该公司名称，也不能证明其与证据中显示的上海采埃孚转向机有限公司（以下简称上海采埃孚公司）、柳州采埃孚机械有限公司（以下简称柳州采埃孚公司）等单位存在商标权或商号权上的利害关系。且采埃孚公司亦无证据证明在争议商标申请日前，采埃孚公司或其商号权的利害关系人在争议商标核定使用的商品或类似商品上在先将"采埃孚"作为商号在中国大陆地区使用并具有一定的知名度，争议商标未构成商标法第三十一条规定的情形。遂判决驳回上诉、维持原判。采埃孚公司不服，向最高人民法院申请再审。最高人民法院裁定提审本案，并于2014年7月17日判决撤销第17687号裁定及一审、二审判决，责令商标评审委员会重新作出裁定。

【裁判意见】

最高人民法院提审认为：采埃孚公司明确主张以上海采埃孚公司、柳州采埃孚公司等国内企业对"采埃孚"字号的使用证据，作为"采埃孚"系在先商号权予以保护的证明。采埃孚公司为上海采埃孚公司、柳州采埃孚公司的发起人，且依超过50%的投资比例对上海采埃孚公司形成控股。上海采埃孚公司、柳州采埃孚公司等使用"采埃孚"

---

[1] 对应2013年8月新修订《商标法》第四十四条第二款，规定："商标局做出宣告注册商标无效的决定，应当书面通知当事人。当事人对商标局的决定不服的，可以自收到通知之日起十五日内向商标评审委员会申请复审。商标评审委员会应当自收到申请之日起九个月内做出决定，并书面通知当事人。有特殊情况需要延长的，经国务院工商行政管理部门批准，可以延长三个月。当事人对商标评审委员会的决定不服的，可以自收到通知之日起三十日内向人民法院起诉。"

字号的国内企业，均由采埃孚公司参与投资设立，上述企业对"采埃孚"字号的使用显然是基于投资关系而获得的采埃孚公司的授权或许可。采埃孚公司应有权根据上海采埃孚公司等企业对"采埃孚"字号的使用行为，提出将"采埃孚"作为在先商号权进行保护的周津上的利益。二审法院关于现有证据不能证明采埃孚公司与上海采埃孚公司等存在商标权或商号权上的利害关系的认定缺乏事实依据。至争议商标申请日即2002年1月4日，通过上海采埃孚公司等企业的使用，"采埃孚"已经成为在中国大陆境内具有一定市场知名度的商号，应当作为商标法第三十一条所称的"在先权利"予以保护。作为同业经营者的汇昌机电公司，应当知道采埃孚公司及上海采埃孚公司在先使用的"采埃孚"商号已经在转向机等汽车零配件等商品上具有一定知名度，却将与该商号完全相同的"采埃孚"文字作为商标注册在与上海采埃孚公司的实际经营范围联系紧密的液压泵、液压阀等商品上，损害了采埃孚公司及其关联公司对"采埃孚"字号享有的在先商号权，违反了商标法第三十一条的规定。

28. 商标法第三十一条规定中"在先权利"的界定

【裁判要旨】

申请商标不得损害他人现有的在先权利。在中国境内具有一定市场知名度、为相关公众所知悉的企业名称中的字号，亦可以作为企业名称权的一种特殊情况对待，作为商标法第三十一条所规定的在先权利受到保护。

【关键词】

商标异议　在先权利　字号　企业名称权

【案号】

最高人民法院〔2014〕行提字第9号

【基本案情】

在再审申请人帕克无形资产有限责任公司（以下简称帕克公司）与被申请人中华人民共和国国家工商行政管理总局商标评审委员会（以下简称商标评审委员会）、第三人戴均欢商标异议复审行政纠纷案中，戴均欢于2004年9月8日向中华人民共和国国家工商行政管理总局商标局（以下简称商标局）申请注册第4259661号"派克汉尼汾PARKERHANNIFIN"商标（即被异议商标），指定使用在第17类的密封环、PVC软管等商品上。经初步审定公告后，帕克公司向商标局提出异议申请。商标局裁定被异议商标予以核准注册。帕克公司不服，向商标评审委员会提出复审申请。商标评审委员会于2011年12月1日作出商评字（2011）第31393号《关于第4259661号"派克汉尼汾PARKERHANNIFIN"商标异议复审裁定书》（以下简称第31393号裁定），对被异议商标予以核准注册。帕克公司不服，提起行政诉讼。北京市第一中级人民法院、北京市高级人民法院先后作出一审、二审判决，维持第31393号裁定。帕克公司仍不服，向最高人民法院申请再审。最高人民法院裁定提审本案，并于2014年8月13日判决撤销第31393号裁定及一审、二审判决，责令商标评审委员会重新作出裁定。

【裁判意见】

最高人民法院提审认为：中国境内具有一定市场知名度、为相关公众所知悉的企业名称中的字号，可以作为企业名称权的一种特殊情况对待，作为商标法第三十一条所规定的"在先权利"受到保护。本案中,"Parker Hannifin"是两个名称的组合,其中Parker是派克公司的创始人的名字,Hannifin是其合并公司的名称,这种因为公司并购后以两家公司名称组合的字号有其特别的历史背景,作为商业标记具有较强的显著性。"派克汉尼汾"是其惯用音译,通过派克汉尼汾公司及其关联公司的使用及相关宣传报道,已成为"Parker Hannifin"对应音译。"PARKER HANNIFIN"、"派克汉尼汾"作为派克汉尼汾公司及其子公司或关联公司的字号,在被异议商标申请日之前在中国已经使用多年,且在相关新闻报道及报刊杂志文章中,亦清晰地显示了派克汉尼汾公司及其关联公司的企业名称及其相关排名、销售额及市场情况。在被异议商标申请日之前,通过派克汉尼汾公司及其关联公司的使用,"派克汉尼汾"已经成为在中国大陆地区具有一定市场知名度的字号,可以作为商标法第三十一条所称的"在先权利"予以保护。现有证据证明,派克汉尼汾公司及其关联公司所生产经营的商品包括各种流体连接件、橡胶等60个大类的产品。被异议商标指定使用商品中的密封环、PVC软管等商品,与派克汉尼汾公司及其关联公司在中国生产和经营的部分产品明显具有类似性或较强的关联性。本案中,被异议商标与派克汉尼汾公司及其关联公司的中英文字号完全相同,并指定使用在类似商品上。戴均欢作为产品具有密切关系的同业经营者,应当知道派克汉尼汾字号的知名度,却仍将与该中英文字号完全相同的文字申请注册为商标,难以认定巧合,具有明显攀附派克汉尼汾公司及其关联公司字号商誉的恶意,侵犯了该公司的在先字号权,争议商标不应予以核准注册。

29. 包含通用名称的商标显著性的认定

【裁判要旨】

商标中虽然包含通用名称等不具有显著性的部分,但其他具有显著性的图案或者文字具有突出的识别效果,仍可认定商标整体具备显著性。

【关键词】

商标争议 通用名称 显著性 识别效果

【案号】

最高人民法院〔2013〕行提字第8号

【基本案情】

在再审申请人上海避风塘美食有限公司(以下简称上海避风塘公司)与被申请人中华人民共和国国家工商行政管理总局商标评审委员会(以下简称商标评审委员会)及一审第三人、二审被上诉人上海磐石意舟餐饮管理有限公司(以下简称磐石意舟公司)商标争议行政纠纷案中,第1427895号"竹家庄避风塘及图"商标(即争议商标)由上海竹家庄美食有限公司(以下简称竹家庄公司)于1999年4月28日提出注册申请,使用于第42类"餐馆;酒吧"等服务上。2010年12月27日,争议商标转让至磐石意舟公司。第1055861号"避风塘BFT"商标(以下简称"避风塘BIT"商标)由成都市武侯区避风塘海鲜大排档于1996年1月29日提出注册申请,指定使用在第42类"餐馆"等服务上。1999年8月1日,竹家庄公司针对"避风塘BFT"商标向商标评审委员会提出撤销申请。2000年2月,商标评审委员会于2000年2月作出(2000)第11号终局裁定,以"避风塘"为一种风味料理名称、不应由一家独占为由,撤销"避风塘

BFT"商标。2003年11月11日，上海避风塘公司针对争议商标向商标评审委员会提出撤销申请。2008年12月29日，商标评审委员会作出商评字〔2008〕第30896号《关于第1427895号"竹家庄避风塘及图"商标争议裁定书》（以下简称第30896号裁定），对争议商标予以维持。商标评审委员会认为，争议商标除"避风塘"文字外还包括具有显著特征的图形部分，不能认定其整体缺乏显著特征；由于争议商标的注册情况属于公开信息，竹家庄公司申请撤销他人"避风塘BIT"商标的行为，不属于以欺骗手段取得注册的情形，争议商标未违反商标法第四十一条第一款①的规定。上海避风塘公司不服，提起行政诉讼。北京市第一中级人民法院、北京市高级人民法院先后判决维持第30896号裁定。上海避风塘公司仍不服，向最高人民法院申请再审，最高人民法院裁定提审本案，并于2015年1月8日判决维持二审判决。

【裁判意见】

最高人民法院提审认为："避风塘"一名源于香港，最初是指香港渔民躲避台风的港湾。后渔民在港湾附近打捞鱼虾并以简单的烹饪方法（油盐水、艇仔粥）进行加工并销售给游客，这种料理因保留了鱼虾等食材的原味和鲜美而广受欢迎，"避风塘"一词遂由地理名词逐渐发展成为一种特别的风味料理或者烹饪方法的通用名称。从上世纪七十年代起，香港已有多家经营避风塘料理的餐饮店。上世纪八十年代，我国大陆地区开始出现经营避风塘料理的餐馆。目前，全国范围内经营避风塘菜品的店铺已有一百多家。这些店铺的菜单以及有关烹饪的书籍，均载有"避风塘炒蟹""避风塘炒虾""避风塘茄子"等菜肴名称。因此，"避风塘"一词除具有渔民躲避台风的港湾这一涵义外，还具有指称一种特别的风味料理或者菜肴烹饪方法的涵义。但由于争议商标由竹子图案与"竹家庄避风塘"文字组成，不仅仅是"避风塘"文字，故争议商标具有显著性。

三、著作权案件审判

30. 图片作品著作权权属的证明

【裁判要旨】

专业图片公司在官方网站上登载图片并销售的行为，虽然不同于传统意义上的"发表"，但同样是"公之于众"的一种方式。网站中对作品的"署名"，包括权利声明和水印，在没有相反证据的情况下，构成著作权权利归属的初步证明。

【关键词】

著作权侵权　图片作品　署名　权属证明

【案号】

最高人民法院〔2014〕民提字第57号

【基本案情】

在再审申请人华盖创意（北京）图像技术有限公司（以下简称华盖公司）与被申请人哈尔滨正林软件开发有限责任公司（以下简称正林公司）侵害著作权纠纷案中，2008

---

① 对应2013年8月新修订《商标法》第四十四条第一款，规定："已经注册的商标，违反本法第十条、第十一条、第十二条规定的，或者是以欺骗手段或者其他不正当手段取得注册的，由商标局宣告该注册商标无效；其他单位或者个人可以请求商标评审委员会宣告该注册商标无效。"

年6月9日，Getty Images. Inc，（以下简称Getty公司）的高级副总裁、总顾问John J. LaphamⅢ签署了确认授权书，确认Getty公司的图片展示于www.gettyimages.com网站之上，华盖公司为Getty公司在中国的授权代表，有权在中国境内展示、销售和许可他人使用Getty公司的品牌图片，并有权以自己的名义对侵犯Getty公司知识产权的行为采取法律行动。授权书加盖了Getty公司的印章，所涉图片品牌包括Photodisc。其后，公证机关出具公证书证实，www.gettyimages.cn网站上有名为"Shipping"的图片，图片编号AA030502，同时附有Getty公司的权利声明。域名gettyimages.cn的注册人为华盖公司。正林公司在其企业宣传品中使用了与AA030502的图片内容一致的图片。华盖公司以正林公司侵害著作权为由，提起诉讼。黑龙江省哈尔滨市中级人民法院一审认为，正林公司的行为构成侵权，遂判决其停止侵权行为并赔偿华盖公司经济损失3000元。正林公司不服，提起上诉。黑龙江省高级人民法院二审认为，现有证据不足以证明Getty公司是被诉侵权图片的著作权人。遂判决撤销一审判决，驳回华盖公司的诉讼请求。华盖公司不服，向最高人民法院申请再审。最高人民法院裁定提审本案，并于2014年10月21日撤销一审、二审判决，判令正林公司停止侵权行为并赔偿华盖公司经济损失及合理费用共计4000元。

【裁判意见】

最高人民法院提审认为：著作权具有作品创作完成即自动产生的特性，缺乏类似专利权、商标权授予的审查和公示程序，无法通过提交权利证书的方式来主张权利。著作权登记证书仅是权利人自愿取得的著作权权属的初步证明，是否登记并不影响著作权的获取。除非有相反证据，作品中的署名一般可以作为确定著作权权利归属的初步证据。对初步证据的举证要求，要结合作品及具体案情予以合理确定。Getty公司、华盖公司在其官方网站中登载并销售图片的行为，虽然不同于传统意义上的公开发表，但同样是"公之于众"的一种方式。网站上的"署名"，包括权利声明和图片中"gettyimages"水印，在没有相反证据的情况下，可以作为著作权权属的证明。如果对初步证据要求过高，如要求每一张图片都取得摄影师的授权证明，或者都进行著作权登记，将为权利人带来巨大的负担。且如相关费用属于合理开支，最终仍要由侵权人承担。华盖公司以确认授权书、网站权利声明以及图片上的水印共同主张权利，已经完成了著作权权属证明的初步举证责任。

31. 根据同一历史题材创作作品中的必要场景和有限表达方式不受著作权法保护

【裁判要旨】

著作权法所保护的是作品中具有独创性的表达，即思想或情感的表现形式，不包括思想或情感本身。创意、素材、公有领域的信息、创作形式、必要场景、有限或唯一的表达方式，均不受著作权法的保护。

【关键词】

著作权侵权　独创性　表现形式　公有领域

【案号】

最高人民法院〔2013〕民申字第1049号

【基本案情】

在再审申请人张晓燕与被申请人雷献和、赵琪、一审被告山东爱书人音像图书有限公司侵害著作权纠纷案中，张晓燕于1999年12月3日取得小说《雪域河源》电视剧制作及改编权，并于2000年1月创作完成二十集电视连续剧《高原骑兵连》（以下简称《张剧》）剧本。2000年8月17日，张晓燕代表山东省国际友好联络会与雷献和代表的兰州军区政治部电视艺术中心签订合作拍摄电视剧协议。《张剧》的著作权及相关权益归张晓燕个人所有。2004年5月期间，《张剧》在中央电视台第八套节目播出。《解放军文艺》于1996年第12期发表了赵琪的小说《骑马挎枪走天涯》。2001年4月，解放军文艺出版社出版了师永刚的小说《天苍茫》。2003年4月24日，雷献和代表的兰州军区政治部电视艺术中心与师永刚签订合同，取得了长篇小说《天苍茫》的电视剧改编权。2003年7月21日，雷献和代表的兰州军区政治部电视艺术中心与赵琪签订关于修改电视剧《最后的骑兵》（以下简称《雷剧》）剧本的协议书，邀请赵琪修改由雷献和根据师永刚长篇小说《天苍茫》改编的电视剧本《雷剧》。2004年5月期间，《雷剧》在中央电视台第一套节目播出。张晓燕于2010年以《雷剧》侵害了《张剧》剧本及电视剧著作权为由提起诉讼。经鉴定，《雷剧》与《张剧》主要人物设置及关系部分相似；主要线索脉络相似；情节部分相同或者近似，但除一处语言表达基本相同之外，情节的具体表达基本不同。山东省济南市中级人民法院一审判决驳回张晓燕的诉讼请求。张晓燕不服，提起上诉。山东省高级人民法院二审判决驳回上诉、维持原判。张晓燕仍不服，向最高人民法院提出再审申请。最高人民法院于2014年11月28日裁定驳回张晓燕的再审申请。

【裁判意见】

最高人民法院审查认为：著作权法所保护的是作品中作者具有独创性的表达，即思想或情感的表现形式，不包括作品中所反映的思想或情感本身。著作权法保护的表达不仅指文字、色彩、线条等符号的最终形式，当作品的内容被用于体现作者的思想、情感时，内容也属于受著作权法保护的表达，但创意、素材或公有领域的信息、创作形式、必要场景或表达唯一或有限则被排除在著作权法的保护范围之外。在判断《雷剧》与《张剧》是否构成实质相似时，应比较两部作品中对于思想和情感的表达，即两部作品表达中作者的取舍、选择、安排、设计是否相同或相似。从题材主线来看，《张剧》、《雷剧》、《骑马挎枪走天涯》、《天苍茫》，均系以二十世纪八十年代中期精简整编中骑兵部队撤（缩）编为历史背景而创作的军旅题材作品，该题材主线是全社会的共同财富，不能为个别人所垄断，四部作品的作者都有权以自己的方式对此类题材加以利用并创作作品。从人物设置与人物关系来看，《张剧》、《雷剧》、《天苍茫》三部作品中均包含的三角恋爱关系、官兵上下关系、军民关系等人物设置和人物关系，属于军旅题材作品不可避免的必要场景，因表达方式有限，不应受到著作权法的保护。从语言表达和故事情节来看《雷剧》与《张剧》除故事情节完全不同的部分外，其相同、相似的部分多属于公有领域素材或缺乏独创性的素材，情节所展开的具体内容和表达的意义并不相同，不会导致读者和观众对两部作品产生相同、相似的欣赏体验，不能得出两部作品实质相似的结论。《雷剧》与《张剧》属于由不同作者就同一题材创作的作品，两剧都有独创性，各自享有独立的著作权。

32. 对雕塑作品进行合理使用过程中署名义务的确定

【裁判要旨】

对设置在室外公共场所的雕塑作品进行临摹、摄影等，无需征得许可和支付报酬，但应指明作者姓名和作品名称。社会公众应指明的作者姓名取决于雕塑本身的署名情况。如果该雕塑作品并未注明系依据他人绘画作品而创作，进行合理使用的社会公众没有义务去追溯原始绘画作品的作者并为其署名。但本案中的管理者并非一般的社会公众，在负有更高注意义务的情况下，应为原作者署名。

【关键词】

著作权侵权　雕塑作品　合理使用　署名

【案号】

最高人民法院〔2013〕民提字第15号

【基本案情】

在申诉人绍兴市水利局与被申诉人王巨贤，一审被告、二审被上诉人绍兴神采印刷有限公司（以下简称神采公司）侵害著作权纠纷案中，王巨贤于2005年5月将其创作的《康乾驻跸图》等十一幅绘画作品交付浙江东方现代文化艺术有限公司（以下简称东方公司），参与绍兴市龙横江整治鹿湖园（以下简称鹿湖园）雕塑工程竞标。中标后，东方公司经王巨贤授权并根据其画稿，组织钱士元等人创作完成《康乾驻跸碑》等十一幅雕塑作品，并放置于鹿湖园景区内。王巨贤以东方公司侵害其署名权为由，提起诉讼。经查，《康乾驻跸碑》当时的碑记记载：东方公司设计制作，潘鸿海主创，王巨贤绘画，钱士元雕刻。浙江省绍兴市中级人民法院判决认为，王巨贤系涉案十一幅雕塑作品的绘画作者，东方公司应对王巨贤提出署名主张的《勾践围鹿》、《越人驯鹿》雕塑作品署名为绘画王巨贤，将《康乾驻跸碑》雕塑第二段说明文字改为"碑由东方公司设计制作，王巨贤绘画，钱士元雕刻"。该判决生效后，一审法院依法采取强制执行的方式，在上述雕塑作品上署名绘画王巨贤。2009年1月，绍兴市水利局委托上海世纪出版股份有限公司（即学林出版社）出版《绍兴龙横江·鹿湖园》旅游图册，学林出版社委托神采公司印刷、新华书店上海发行所发行。图册中使用了《康乾驻跸碑》等十一幅雕塑作品的摄影图片。王巨贤以绍兴市水利局在图册中未就雕塑作品为王巨贤署名为由，提起诉讼。浙江省绍兴市中级人民法院一审认为，绍兴市水利局在涉案图册中使用了由王巨贤美术作品演绎而来的雕塑作品，但雕塑作品系他人创作，所应标明的权利人并非王巨贤本人，王巨贤所诉侵犯其署名权的主张没有事实与法律依据。一审法院遂判决驳回王巨贤的诉讼请求。王巨贤不服，提起上诉。浙江省高级人民法院二审认为，王巨贤作为原绘画作品的作者，署名权亦应延及演绎作品，绍兴市水利局应在图册中指明王巨贤的作者身份。二审法院遂判决撤销一审判决，判令绍兴市水利局在媒体上刊登声明指明王巨贤的作者身份。绍兴市水利局不服，向最高人民法院申请再审。最高人民法院于2011年12月12日指令浙江省高级人民法院再审本案。浙江省高级人民法院再审维持二审判决。绍兴市水利局仍不服，再次向最高人民法院申诉。最高人民法院裁定提审本案，并于2014年12月24日判决维持浙江省高级人民法院的再审判决。

【裁判意见】

最高人民法院提审认为：绍兴市水利局将十一幅雕塑作品的摄影图片汇编于涉案图册中属于合理使用行为，但仍应当根据著作权法第二十二条第（十）项的规定指明作者姓名、作品名称。社会公众在对室外雕塑作品进行合理使用的过程中，应如何指明作者姓名取决于雕塑本身的署名情况。如果雕塑作品本身并未注明系依据他人绘画作品而创作，以临摹、摄影等方式使用的社会公众没有义务去追溯该雕塑作品是否为演绎作品、是否还存在原始绘画作者，并为该作者署名，否则将影响社会公众正常的合理使用行为。但结合本案事实，即《康乾驻跸碑》碑记中有王巨贤的署名，且考虑到绍兴市水利局的特殊地位，即其并非任意的社会公众，应当知道王巨贤为涉案雕塑的原绘画作者，有义务为王巨贤署名。

33. 著作权合同的解释规则

【裁判要旨】

当事人对合同条款的理解有争议的，应当按照合同所使用的词句、合同有关条款、合同目的、交易习惯以及诚实信用原则，确定该条款的真实意思。在有关概念含义不明的情况下，当事人签订合同时应当更为谨慎并对合同中的权利义务作出明确约定，否则应当承担相应的法律后果。

【关键词】

信息网络传播权　著作权合同　条款　解释

【案号】

最高人民法院〔2014〕民申字第658号

【基本案情】

在再审申请人百视通网络电视技术发展有限责任公司（以下简称百视通公司）与被申请人乐视网信息技术（北京）股份有限公司（以下简称乐视网公司）及一审被告康佳集团股份有限公司（以下简称康佳公司）、国美电器有限公司（以下简称国美公司）侵害作品信息网络传播权纠纷案中，乐视网公司对电影《敢死队》享有独占的信息网络传播权。2010年12月31日，百视通公司与乐视网公司签订《节目授权播出协议》约定，乐视网公司将影片《敢死队》授权百视通公司运营的IPTV平台通过网络对机顶盒、电脑等终端客户提供视频点播、直播（包括VOD、IPTV等）方式进行传播的权利，不包括数字电视、互联网机顶盒和互联网电视机。乐视网公司发现，其从国美公司购买并由康佳公司生产的互联网电视中，可通过连接互联网在线观看影片《敢死队》。康佳公司证实，上述影片由百视通公司提供。乐视网公司以国美公司销售、康佳公司生产的互联网电视可在线观看由百视通公司提供的影片《敢死队》侵害其信息网络传播权为由，提起诉讼。北京市第二中级人民法院一审认为，虽然百视通公司曾与乐视网公司签有《节目授权播出协议》，但该协议的授权范围不包括数字电视、互联网机顶盒和互联网电视机。百视通公司通过互联网电视机对涉案作品的在线播放行为，超出了乐视网公司的授权范围。遂判决百视通公司停止侵权行为并赔偿经济损失及合理支出共2万元。百视通公司不服，提起上诉。北京市高级人民法院二审判决驳回上诉、维持原判。百视通公司仍不服，向最高人民法院申请再审。最高人民法院于2014年7月17日裁定驳回百事通公司的再审申请。

【裁判意见】

最高人民法院审查认为：百事通公司与乐视网公司签订的《节目授权播出协议》共三处均约定"授权范围为：通过网络对机顶盒、电脑等终端客户提供视频点播、直播（包括 VOD、IPTV）等方式进行传播的权利，不包括数字电视、不包括互联网机顶盒和互联网电视机"。百事通公司主张小字体部分："不包括数字电视、不包括互联网机顶盒和互联网电视机"的内容为"衍文"，是笔误。但合同及其附件中三处均有相同约定，百事通公司未能证明三处内容均为笔误，且在该合同履行过程中亦未就该合同条款内容提出异议或者变更、撤销请求，其"笔误"主张不能成立。此外，根据合同条款可知，双方在合同中约定"不包括互联网机顶盒和互联网电视机"，即已经将被诉侵权行为明确排除在授权范围之外，百事通公司通过康佳公司的互联网电视提供涉案影片的行为超出乐视网公司的授权范围，侵犯了乐视网公司的信息网络传播权。由于合同中使用的"IPTV"这一概念目前并无明确、统一的法律定义，故在与合同有关的重要概念含义或范围不明的情况下，当事人在签订合同时应更为谨慎并应就权利范围的具体含义作出明确约定，否则应当承担相应的法律后果。

四、不正当竞争案件审判

34. 互联网市场背景下对反不正当竞争法第二条规定的适用

【裁判要旨】

经营者在市场交易中，应当遵循自愿、平等、公平、诚实信用的原则，遵守公认的商业道德。上述规定同样适用于互联网市场领域。认定行为是否构成不正当竞争，关键在于该行为是否违反了诚实信用原则和互联网行业公认的商业道德，并损害了他人的合法权益。

【关键词】

不正当竞争　互联网市场　诚实信用　公平竞争

【案号】

最高人民法院〔2013〕民三终字第 5 号

【基本案情】

在上诉人北京奇虎科技有限公司（以下简称奇虎公司）、奇智软件（北京）有限公司（以下简称奇智公司）与被上诉人腾讯科技（深圳）有限公司（以下简称腾讯公司）、深圳市腾讯计算机系统有限公司（以下简称腾讯计算机公司）不正当竞争纠纷案（以下简称"腾讯 QQ"不正当竞争案）中，奇虎公司、奇智公司针对 QQ 软件专门开发了扣扣保镖，在相关网站上宣传扣扣保镖全面保护 QQ 用户安全，并提供下载。本案中，在安装了扣扣保镖软件后，该软件会自动对 QQ 软件进行体检，然后显示"体检得分 4 分，QQ 存在严重的健康问题"；"共检查了 40 项，其中 31 项有问题，建议立即修复！重新体检"；"在 QQ 的运行过程中，会扫描您电脑里的文件（腾讯称之为安全扫描），为避免您的隐私泄露，您可禁止 QQ 扫描您的文件"等用语。同时，以红色字体警示用户 QQ 存在严重的健康问题，以绿色字体提供一键修复帮助，同时将"没有安装 360 安全卫士,电脑处于危险之中;升级QQ安全中心;阻止QQ扫描我的文件"列为危险项目;查杀QQ木马时,显示"如果您不安装360安全卫士,将无法使用木马查杀功能",并以绿色功能键提供360安全卫士的安装及下载服务;经过一键修复,扣扣保镖将QQ软件的安全沟通界面替换成扣扣保镖界面。2011年6月10日,腾讯公司、腾讯计算机公司以奇虎公司、奇智公司的上述行为构成不正当竞争为由,提起诉讼。广东省高级人民法院一审认为,奇虎公司、奇智公司针对QQ软件专门开发的扣扣保镖破坏了合法运行的QQ软件及其服务的安全性、完整性,使腾讯公司、腾讯计算机公司丧失合法增值业务的交易机会及广告、游戏等收入,扣扣保镖通过篡改QQ的功能界面从而取代QQ软件的部分功能以推销自己的产品,上述行为违反了诚实信用和公平竞争的原则,构成不正当竞争行为。奇虎公司、奇智公司针对腾讯公司、腾讯计算机公司的经营,故意捏造、散布虚伪事实,损害了腾讯公司、腾讯计算机公司的商业信誉和商品声誉,构成商业诋毁。遂判决奇虎公司、奇智公司公开赔礼道歉、消除影响,并连带赔偿腾讯公司、腾讯计算机公司经济损失及合理维权费用共计500万元。奇虎公司、奇智公司不服,提起上诉。最高人民法院于2014年2月18日判决驳回上诉、维持原判。

【裁判意见】

最高人民法院二审认为:在市场竞争中,经营者通常可以根据市场需要和消费者需求自由选择商业模式,这是市场经济的必然要求。腾讯公司、腾讯计算机公司为谋取市场利益,通过开发QQ软件,以该软件为核心搭建一个综合性互联网业务平台,并提供免费的即时通讯服务,吸引相关消费者体验、使用其增值业务,同时亦以该平台为媒介吸引相关广告商投放广告,以此创造商业机会并取得相关广告收入。这种免费平台与广告或增值服务相结合的商业模式是本案争议发生时,互联网行业惯常的经营方式,也符合我国互联网市场发展的阶段性特征。事实上,本案奇虎公司、奇智公司也采用这种商业模式。这种商业模式并不违反反不正当竞争法的原则精神和禁止性规定,腾讯公司、腾讯计算机公司以此谋求商业利益的行为应受保护,他人不得以不正当干扰方式损害其正当权益。奇虎公司、奇智公司专门针对QQ软件开发、经营扣扣保镖,以帮助、诱导等方式破坏QQ软件及其服务的安全性、完整性,减少了腾讯公司、腾讯计算机公司的经济收益和增值服务交易机会,干扰了其正当经营活动,损害了其合法权益。正当的市场竞争是竞争者通过必要的付出而进行的诚实竞争。不付出劳动或者不正当地利用他人已经取得的市场成果,为自己谋取商业机会,从而获取竞争优势的行为,属于食人而肥的不正当竞争行为。奇虎公司、奇智公司在经营扣扣保镖时,将自己的产品和服务嵌入QQ软件界面,取代了腾讯公司、腾讯计算机公司QQ软件的部分功能,其根本目的在于依附QQ软件强大用户群,通过对QQ软件及其服务进行贬损的手段来推销、推广360安全卫士,从而增加奇虎公司、奇智公司的市场交易机会并获取市场竞争优势,此行为本质上属于不正当地利用他人市场成果,为自己谋取商业机会从而获取竞争优势的行为。据此,奇虎公司、奇智公司的上述行为均违反了诚实信用和公平竞争原则,构成不正当竞争。

35. 互联网市场领域中商业诋毁行为的认定

【裁判要旨】

判定某一行为是否构成商业诋毁，其判定标准是该行为是否属于捏造、散布虚伪事实，对竞争对手的商业信誉或者商品声誉造成了损害。正当的市场竞争是竞争者通过必要的付出而进行的诚实竞争。竞争自由和创新自由必须以不侵犯他人合法权益为边界，互联网的健康发展需要有序的市场环境和明确的市场竞争规则作为保障。

【关键词】

不正当竞争　商业诋毁　虚伪事实　损害

【案号】

最高人民法院〔2013〕民三终字第5号

【裁判意见】

在前述"腾讯QQ"不正当竞争案中，最高人民法院还明确了互联网市场领域中商业诋毁行为的认定规则。最高人民法院二审认为：商业诋毁行为是指经营者针对竞争对手的营业活动、商品或者服务进行虚假陈述而损害其商品声誉或者商业信誉的行为。认定是否构成商业诋毁，其根本要件是相关经营者之行为是否以误导方式对竞争对手的商业信誉或者商品声誉造成了损害。经营者对于他人的产品、服务或者其他经营活动并非不能评论或者批评，但评论或者批评必须有正当目的，必须客观、真实、公允和中立，不能误导公众和损人商誉。经营者为竞争目的对他人进行商业评论或者批评，尤其要善尽谨慎注意义务。奇虎公司、奇智公司无事实依据地宣称QQ软件会对用户电脑硬盘隐私文件强制性查看，并且以自己的标准对QQ软件进行评判并宣传QQ存在严重的健康问题，造成了用户对QQ软件及其服务的恐慌及负面评价，使相关消费者对QQ软件的安全性产生怀疑，影响了消费者的判断，并容易导致相关用户弃用QQ软件及其服务或者选用扣扣保镖保护其QQ软件。这种评论已超出正当商业评价、评论的范畴，突破了法律界限，亦属于反不正当竞争法第十四条予以规范的应有之义。奇虎公司、奇智公司的行为构成商业诋毁。

36. 互联网市场领域技术创新、自由竞争和不正当竞争的界限

【裁判要旨】

竞争自由和创新自由必须以不侵犯他人合法权益为边界，互联网的健康发展需要有序的市场环境和明确的市场竞争规则作为保障。

【关键词】

不正当竞争　互联网市场　技术创新　自由竞争

【案号】

最高人民法院〔2013〕民三终字第5号

【裁判意见】

在前述"腾讯QQ"不正当竞争案中，最高人民法院还明确了互联网市场领域技术创新、自由竞争和不正当竞争的关系。最高人民法院二审认为：互联网的发展有赖于自由竞争和科技创新，互联网行业鼓励自由竞争和创新，但这并不等于互联网领域是一个可以为所欲为的法外空间。竞争自由和创新自由必须以不侵犯他人合法权益为边界，互

联网的健康发展需要有序的市场环境和明确的市场竞争规则作为保障。是否属于互联网精神鼓励的自由竞争和创新,仍然需要以是否有利于建立平等公平的竞争秩序、是否符合消费者的一般利益和社会公共利益为标准来进行判断,而不是仅有某些技术上的进步即应认为属于自由竞争和创新。否则,任何人均可以技术进步为借口,对他人的技术产品或者服务进行任意干涉,就将导致借技术进步、创新之名,而行"丛林法则"之实。技术创新可以刺激竞争,竞争又可以促进技术创新。技术本身虽然是中立的,但技术也可以成为进行不正当竞争的工具。技术革新应当成为公平自由竞争的工具,而非干涉他人正当商业模式的借口。奇虎公司、奇智公司以技术创新为名,专门开发扣扣保镖对QQ软件进行深度干预,难以认定其行为符合互联网自由和创新之精神。

37. 缺乏正当性与合理性而对他人搜索结果实施干扰的行为构成不正当竞争

【裁判要旨】

安全软件在计算机系统中拥有优先权限,其应当审慎运用这种"特权",对用户及其他服务提供者的干预行为应以"实现其功能所必需"为前提。在缺乏合理性与必要性的情况下,未经许可对他人搜索结果实施的干扰行为,构成不正当竞争。

【关键词】

不正当竞争　干扰　合理性　必要性

【案号】

最高人民法院〔2014〕民申字第873号

【基本案情】

在再审申请人北京奇虎科技有限公司(以下简称奇虎公司)与被申请人北京百度网讯科技有限公司(以下简称百度网讯公司)、百度在线网络技术(北京)有限公司(以下简称百度在线公司)及一审被告奇智软件(北京)有限公司(以下简称奇智公司)不正当竞争纠纷案中,根据公证文书的内容显示,在安装运行"360安全卫士v8.6Beta3"后,使用关键词搜索的方式访问百度网时,搜索结果处会出现红底白色感叹号图标(在未安装"360安全卫士v8.6Beta3"之前,搜索结果处无任何图标),点击该图标后自动弹出包含有"360安全中心"、"存在欺诈广告的网站"、"当前页面含有大量未经证实的广告信息,虚假广告可能给您造成财产损失,请您谨慎访问"等内容的对话框。点击搜索结果后,页面内容显示"360网盾"、"存在欺诈广告的网站"、"当前页面含有大量未经证实的广告信息,虚假广告可能给您造成财产损失,请您谨慎访问"。根据该页面的指引,网页自动跳转至s.se.360.cn/v3/bd/ljy.html,该网页包含有"体验360安全浏览器"等字样,点击"体验360安全浏览器",弹出对话框引导用户安装"360安全浏览器4.1正式版"。运行桌面上360安全浏览器的快捷方式,弹出页面进入网站se.360.en,点击该页面上的"开始上网",进入网站hao.360.cn。百度网讯公司、百度在线公司以奇虎公司、奇智公司的相关行为侵害商标权及不正当竞争为由,提起诉讼。北京市第一中级人民法院一审认为,奇虎公司的360安全卫士在百度网站搜索结果页面上有选择地插入了红底白色感叹号图标作为警告标识,以警示用户该搜索结果对应的网站存在风险的行为,违反了反不正当竞争法第二条规定的诚实信用原则,构成不正当竞争。遂判决奇虎公司停止不正当竞争行为,赔偿百度网讯公司、百度在线公司经济损失 40 万元及合理支出 5 万元。奇虎公司不服，提起上诉。北京市高级人民法院二审判决驳回上诉、维持原判。奇虎公司仍不服，向最高人民法院申请再审。最高人民法院于 2014 年 11 月 14 日裁定驳回奇虎公司的再审申请。

【裁判意见】

最高人民法院审查认为：安全软件在计算机系统中拥有优先权限，其应当审慎运用这种"特权"，对用户以及其他服务提供者的干预行为应以"实现其功能所必需"为前提。奇虎公司在未经允许的情况下对百度搜索结果进行了干扰，应证明其行为具有必要性和合理性。本案中，是否添加安全警示以及在哪个搜索结果中添加安全警示，甚至对于哪个搜索引擎的搜索结果添加安全警示，完全依赖于奇虎公司单方的选择和判断，奇虎公司不仅有义务证明其添加警示图标的行为具有合理的基础，且应当证明该行为是实现其安全防护功能所必须采用的措施。搜索结果中可能存在含有有害信息的网站这一事实，不能当然成为安全软件以插标方式干扰他人搜索引擎服务的合理理由。此外，奇虎公司对其声称添加警示图标的两类网站，即含有欺诈信息的网站和含有病毒、木马的网站，采用的是相同的添加警示图标的方式，并没有根据信息的有害程度和安全风险的大小，对应地采取成比例的干扰手段。奇虎公司未能证明其插标行为的合理性和必要性，其行为违反了反不正当竞争法第二条的规定。

五、垄断案件审判

38. 在滥用市场支配地位案件中是否均须明确界定相关市场

【裁判要旨】

并非在任何滥用市场支配地位的案件中均必须明确而清楚地界定相关市场；即使不明确界定相关市场，也可以通过排除或者妨碍竞争的直接证据对被诉经营者的市场地位及被诉垄断行为可能的市场影响进行评估。

【关键词】

滥用市场支配地位　相关市场　市场地位　市场影响

【案号】

最高人民法院〔2013〕民三终字第 4 号

【基本案情】

在上诉人北京奇虎科技有限公司（以下简称奇虎公司）与被上诉人腾讯科技（深圳）有限公司（以下简称腾讯公司）、被上诉人深圳市腾讯计算机系统有限公司（以下简称腾讯计算机公司）滥用市场支配地位纠纷案（以下简称"腾讯 QQ"垄断案）中，奇虎公司、奇智软件（北京）有限公司于 2010 年 10 月 29 日发布扣扣保镖软件。2010 年 11 月 3 日，腾讯公司发布《致广大 QQ 用户的一封信》，在装有 360 软件的电脑上停止运行 QQ 软件。11 月 4 日，奇虎公司宣布召回扣扣保镖软件。同日，360 安全中心亦宣布，在国家有关部门的强力干预下，目前 QQ 和 360 软件已经实现了完全兼容。2010 年 9 月，腾讯 QQ 即时通信软件与 QQ 软件管理一起打包安装，安装过程中并未提示用户将同时安装 QQ 软件管理。2010 年 9 月 21 日，腾讯公司发出公告称，正在使用的 QQ 软件管理和 QQ 医生将自动升级为 QQ 电脑管家。奇虎公司诉至广东省高级人民法院，指控腾讯公司滥用其在即时通信软件及服务相关市场的市场支配地位。奇虎公司主张，腾讯公司和腾讯计算机公司在即时通信软件及服务相关市场具有市场支配地位，两公司明示禁止其用户使用奇虎公司的360软件，否则停止QQ软件服务；拒绝向安装有360软件的用户提供相关的软件服务，强制用户删除360软件；采取技术手段，阻止安装了360浏览器的用户访问QQ空间，上述行为构成限制交易；腾讯公司和腾讯计算机公司将QQ软件管家与即时通信软件相捆绑，以升级QQ软件管家的名义安装QQ医生，构成捆绑销售。请求判令腾讯公司和腾讯计算机公司立即停止滥用市场支配地位的垄断行为，连带赔偿奇虎公司经济损失1.5亿元。广东省高级人民法院一审判决驳回奇虎公司的诉讼请求，但并未明确界定本案相关商品市场的具体范围。奇虎公司不服，提出上诉，其理由之一是一审判决未对本案相关商品市场作出明确认定，属于对案件基本事实认定不清。最高人民法院于2014年10月8日二审判决驳回上诉、维持原判。

【裁判意见】

最高人民法院二审认为：并非在任何滥用市场支配地位的案件中均必须明确而清楚地界定相关市场。竞争行为都是在一定的市场范围内发生和展开的，界定相关市场可以明确经营者之间竞争的市场范围及其面对的竞争约束。在滥用市场支配的案件中，合理地界定相关市场，对于正确认定经营者的市场地位、分析经营者的行为对市场竞争的影响、判断经营者行为是否违法以及在违法情况下需承担的法律责任等关键问题，具有重要意义。因此，在反垄断案件的审理中，界定相关市场通常是重要的分析步骤。尽管如此，是否能够明确界定相关市场取决于案件具体情况，尤其是案件证据、相关数据的可获得性、相关领域竞争的复杂性等。在滥用市场支配地位案件的审理中，界定相关市场是评估经营者的市场力量及被诉垄断行为对竞争的影响的工具，其本身并非目的。即使不明确界定相关市场，也可以通过排除或者妨碍竞争的直接证据对被诉经营者的市场地位及被诉垄断行为可能的市场影响进行评估。因此，并非在每一个滥用市场支配地位的案件中均必须明确而清楚地界定相关市场。一审法院实际上已经对本案相关商品市场进行了界定，只是由于本案相关市场的边界具有模糊性，一审法院仅对其边界的可能性进行了分析而没有对相关市场的边界给出明确结论。有鉴于此，奇虎公司关于一审法院未对本案相关商品市场作出明确界定，属于本案基本事实认定不清的理由不能成立。

39. 相关市场界定中"假定垄断者测试"的可适用性及其适用方法

【裁判要旨】

作为界定相关市场的一种分析思路，假定垄断者测试（HMT）具有普遍的适用性，但是选择何种方式进行假定垄断者测试，需要根据案件具体情况；在产品差异化非常明显且质量、服务、创新、消费者体验等非价格竞争成为重要竞争形式的领域，采用数量不大但有意义且并非短暂的价格上涨（SSNIP）的方法则存在较大困难；此时可以采取该方法的变通形式，例如基于质量下降的假定垄断者测试。

【关键词】

滥用市场支配地位　相关市场　假定垄断者测试　免费商品

【案号】

最高人民法院〔2013〕民三终字第4号

【裁判意见】

在前述"腾讯 QQ"垄断案中，最高人民法院还对假定垄断者测试可否适用于免费商品领域表明了态度。最高人民法院二审认为：第一，作为界定相关市场的一种分析思路，假定垄断者测试（HMT）具有普遍的适用性。实践中，假定垄断者测试的分析方法有多种，既可以通过数量不大但有意义且并非短暂的价格上涨（SSNIP）的方法进行，又可以通过数量不大但有意义且并非短暂的质量下降（SSNDQ）的方法进行。同时，作为一种分析思路或者思考方法，假定垄断者测试在实际运用时既可以通过定性分析的方法进行，又可以在条件允许的情况下通过定量分析的方法进行。第二，在实践中，选择何种方法进行假定垄断者测试取决于案件所涉市场竞争领域以及可获得的相关数据的具体情况。如果特定市场领域的商品同质化特征比较明显，价格竞争是较为重要的竞争形式，则采用数量不大但有意义且并非短暂的价格上涨（SSNIP）的方法较为可行。但是如果在产品差异化非常明显且质量、服务、创新、消费者体验等非价格竞争成为重要竞争形式的领域，采用数量不大但有意义且并非短暂的价格上涨（SSNIP）的方法则存在较大困难。特别是，当特定领域商品的市场均衡价格为零时，运用 SSNIP 方法尤为困难。在运用 SSNIP 方法时，通常需要确定适当的基准价格，进行 5%～10%幅度的价格上涨，然后确定需求者的反应。在基准价格为零的情况下，如果进行 5%～10%幅度的价格增长，增长后其价格仍为零；如果将价格从零提升到一个较小的正价格，则相当于价格增长幅度的无限增大，意味着商品特性或者经营模式发生较大变化，因而难以进行 SSNIP 测试。第三，关于假定垄断者测试在本案中的可适用性问题。互联网服务提供商在互联网领域的竞争中更加注重质量、服务、创新等方面的竞争而不是价格竞争。在免费的互联网基础即时通信服务已经长期存在并成为通行商业模式的情况下，用户具有极高的价格敏感度，改变免费策略转而收取哪怕是较小数额的费用都可能导致用户的大量流失。同时，将价格由免费转变为收费也意味着商品特性和经营模式的重大变化，即由免费商品转变为收费商品，由间接盈利模式转变为直接盈利模式。在这种情况下，如果采取基于相对价格上涨的假定垄断者测试，很可能将不具有替代关系的商品纳入相关市场中，导致相关市场界定过宽。因此，基于相对价格上涨的假定垄断者测试并不完全适宜在本案中适用。尽管基于相对价格上涨的假定垄断者测试难以在本案中完全适用，但仍可以采取该方法的变通形式，例如基于质量下降的假定垄断者测试。由于质量下降程度较难评估以及相关数据难以获得，因此可以采用质量下降的假定垄断者测试进行定性分析而不是定量分析。

40. 互联网领域平台竞争的特点对相关市场界定的影响

【裁判要旨】

判断本案相关商品市场是否应确定为互联网应用平台，其关键问题在于，网络平台之间为争夺用户注意力和广告主的相互竞争是否完全跨越了由产品或者服务特点所决定的界限，并给经营者施加了足够强大的竞争约束；这一问题的答案最终取决于实证检验，在缺乏确切证据支持的情况下，在相关市场界定阶段可以不主要考虑互联网平台竞争的特性。

【关键词】
滥用市场支配地位　相关市场　相关商品市场　互联网应用平台
【案号】
最高人民法院〔2013〕民三终字第4号
【裁判意见】
在前述"腾讯QQ"垄断案中，最高人民法院针对互联网领域平台竞争的特点，阐述了相关市场界定时应如何考虑平台竞争的特点及处理方式。最高人民法院二审认为：第一，互联网竞争一定程度地呈现出平台竞争的特征。被诉垄断行为发生时，互联网的平台竞争特征已经比较明显。互联网经营者通过特定的切入点进入互联网领域，在不同类型和需求的消费者之间发挥中介作用，以此创造价值。第二，判断本案相关商品市场是否应确定为互联网应用平台，其关键问题在于，网络平台之间为争夺用户注意力和广告主的相互竞争是否完全跨越了由产品或者服务特点所决定的界限，并给经营者施加了足够强大的竞争约束。这一问题的答案最终取决于实证检验。在缺乏确切的实证数据的情况下，至少注意如下方面：首先，互联网应用平台之间争夺用户注意力和广告主的竞争以其提供的关键核心产品或者服务为基础。其次，互联网应用平台的关键核心产品或者服务在属性、特征、功能、用途等方面上存在较大的不同。虽然广告主可能不关心这些产品或者服务的差异，只关心广告的价格和效果，因而可能将不同的互联网应用平台视为彼此可以替代，但是对于免费端的广大用户而言，其很难将不同平台提供的功能和用途完全不同的产品或者服务视为可以有效地相互替代。一个试图查找某个历史人物生平的用户通常会选择使用搜索引擎而不是即时通信，其几乎不会认为两者可以相互替代。再次，互联网应用平台关键核心产品或者服务的特性、功能、用途等差异决定了其所争夺的主要用户群体和广告主可能存在差异，因而在获取经济利益的模式、目标用户群、所提供的后续市场产品等方面存在较大区别。最后，本案中应该关注的是被上诉人是否利用了其在即时通信领域中可能的市场支配力量排除、限制互联网安全软件领域的竞争，将其在即时通信领域中可能存在的市场支配力量延伸到安全软件领域，这一竞争过程更多地发生在免费的用户端。鉴于上述理由，在本案相关市场界定阶段将不主要考虑互联网平台竞争的特性。第三，本案中对互联网企业平台竞争特征的考虑方式。相关市场界定的目的是为了明确经营者所面对的竞争约束，合理认定经营者的市场地位，并正确判断其行为对市场竞争的影响。即使不在相关市场界定阶段主要考虑互联网平台竞争的特性，但为了正确认定经营者的市场地位，仍然可以在识别经营者的市场地位和市场控制力时予以适当考虑。因此，对于本案，不在相关市场界定阶段主要考虑互联网平台竞争的特性并不意味着忽视这一特性，而是为了以更恰当的方式考虑这一特性。

41. 网络即时通信服务相关地域市场界定需考虑的因素
【裁判要旨】
基于互联网的即时通信服务并无额外的、值得关注的运输成本、价格成本或者技术障碍，在界定相关地域市场时，可以主要考虑多数需求者选择商品的实际区域、法律法规的规定、境外竞争者的现状及其进入的及时性等因素。

【关键词】

滥用市场支配地位　相关市场　相关地域市场　即时通信

【案号】

最高人民法院〔2013〕民三终字第 4 号

【裁判意见】

在前述"腾讯 QQ 垄断案中,最高人民法院还阐述了即时通信服务相关地域市场界定需要注意的问题。最高人民法院二审认为:本案相关地域市场的界定,应从中国大陆地区的即时通信服务市场这一目标地域开始,对本案相关地域市场进行考察。因为基于互联网的即时通信服务可以低成本、低代价到达或者覆盖全球,并无额外的、值得关注的运输成本、价格成本或者技术障碍,所以在界定相关地域市场时,将主要考虑多数需求者选择商品的实际区域、法律法规的规定、境外竞争者的现状及其进入的及时性等因素。由于每一个因素均不是决定性的,因此需要根据上述因素进行综合评估。首先,中国大陆地区境内绝大多数用户均选择使用中国大陆地区范围内的经营者提供的即时通信服务。中国大陆地区境内用户对于国际即时通信产品并无较高的关注度。其次,我国有关互联网的行政法规规章等对经营即时通信服务规定了明确的要求和条件。我国对即时通信等增值电信业务实行行政许可制度,外国经营者通常不能直接进入我国大陆境内经营,需要以中外合资经营企业的方式进入并取得相应的行政许可。再次,位于境外的即时通信服务经营者的实际情况。在本案被诉垄断行为发生前,多数主要国际即时通信经营者例如 MSN、雅虎、Skype、谷歌等均已经通过合资的方式进入中国大陆地区市场。因此,在被诉垄断行为发生时,尚未进入我国大陆境内的主要国际即时通信服务经营者已经很少。如果我国大陆境内的即时通信服务质量小幅下降,已没有多少境外即时通信服务经营者可供境内用户选择。最后,境外即时通信服务经营者在较短的时间内(例如一年)及时进入中国大陆地区并发展到足以制约境内经营者的规模存在较大困难。境外即时通信服务经营者首先需要通过合资方式建立企业、满足一系列许可条件并取得相应的行政许可,这在相当程度上延缓了境外经营者的进入时间。综上,本案相关地域市场应为中国大陆地区市场。

42. 市场份额在认定市场支配力方面的地位和作用

【裁判要旨】

市场份额只是判断市场支配地位的一项比较粗糙且可能具有误导性的指标,其在认定市场支配力方面的地位和作用必须根据案件具体情况确定。

【关键词】

滥用市场支配地位　市场支配力　市场份额　互联网环境

【案号】

最高人民法院〔2013〕民三终字第 4 号

【裁判意见】

在前述"腾讯 QQ"垄断案中,最高人民法院还阐述了经营者在相关市场中的市场份额在认定其市场支配力方面的地位和作用,澄清了一些模糊认识。最高人民法院二审认为:市场份额在认定市场支配力方面的地位和作用必须根据案件具体情况确定。一般而言,市场份额越高,持续的时间越长,就越可能预示着市场支配地位的存在。尽管如此,市场份额只是判断市场支配地位的一项比较粗糙且可能具有误导性的指标。在市场进入比较容易,或者高市场份额源于经营者更高的市场效率或者提供了更优异的产品,或者市场外产品对经营者形成较强的竞争约束等情况下,高的市场份额并不能直接推断出市场支配地位的存在。特别是,互联网环境下的竞争存在高度动态的特征,相关市场的边界远不如传统领域那样清晰,在此情况下,更不能高估市场份额的指示作用,而应更多地关注市场进入、经营者的市场行为、对竞争的影响等有助于判断市场支配地位的具体事实和证据。

43. 滥用市场支配地位行为的分析步骤与方法

【裁判要旨】

即使初步认定被诉经营者不具有市场支配地位,仍可以进一步分析被诉垄断行为对竞争的影响效果,以检验关于其是否具有市场支配地位的结论正确与否。

【关键词】

滥用市场支配地位　三步法　影响竞争的效果　综合评估

【案号】

最高人民法院〔2013〕民三终字第4号

【裁判意见】

在前述"腾讯QQ"垄断案中,最高人民法院还打破了传统的分析滥用市场支配地位行为的"三步法",采用了更为灵活的分析步骤和方法。最高人民法院二审认为:原则上,如果被诉经营者不具有市场支配地位,则无须对其是否滥用市场支配地位进行分析,可以直接认定其不构成反垄断法所禁止的滥用市场支配地位行为。不过,在相关市场边界较为模糊、被诉经营者是否具有市场支配地位不甚明确时,可以进一步分析被诉垄断行为对竞争的影响效果,以检验关于其是否具有市场支配地位的结论正确与否。此外,即使被诉经营者具有市场支配地位,判断其是否构成滥用市场支配地位,也需要综合评估该行为对消费者和竞争造成的消极效果和可能具有的积极效果,进而对该行为的合法性与否作出判断。

六、植物新品种案件审判

44. 未经登记公告的品种权转让行为无效

【裁判要旨】

著录事项变更虽然是一种行政管理措施,但因其同时涉及权利人与社会公众的利益,变更应当采取公示的方式。在未经登记公示之前,品种权转让行为并未生效。

【关键词】

植物新品种　转让　公示　生效

【案号】

最高人民法院〔2014〕民申字第52—54号

【基本案情】

在再审申请人甘肃省敦煌种业股份有限公司(以下简称敦煌公司)与被申请人武威

市武科种业科技有限责任公司(以下简称武科公司)、被申请人郑州赤天种业有限公司(以下简称赤天公司)、被申请人河南省大京九种业有限公司(以下简称大京九公司)、被申请人河南弘展农业科技有限公司(以下简称弘展公司)侵害植物新品种权纠纷案中,武威市农业科学研究院(以下简称武威农科院)和黄文龙是名称为"吉祥1号"玉米品种的权利人,该品种于2011年1月1日被农业部授予植物新品种权。2011年12月9日,双方签订合同约定黄文龙将其享有的"吉祥1号"玉米植物新品种权全部转让给武威农科院。2011年12月16日,武威农科院将"吉祥1号"的生产经营权转让给敦煌公司,敦煌公司以独占许可的方式获得"吉祥1号"的生产经营权。2012年10月9日,敦煌公司、武威农科院、武科公司三方约定武科公司在甘肃境内生产"吉祥1号",并不得授权他人生产经营。2013年1月25日,敦煌公司购买到了标注有"郑州赤天种业有限公司""武科公司弘展公司经销"和"武科公司大京九公司经销"字样的玉米种子。敦煌公司以武科公司、赤天公司、弘展公司及大京九公司郑州分公司侵害"吉祥1号"的植物新品种权为由,提起诉讼。河南省郑州市中级人民法院一审认为,敦煌公司并无证据证明黄文龙与武威农科院已就品种权转让行为向农业部登记并经公告。在敦煌公司仅取得了部分品种权人授权的情况下,不能基于独占实施许可合同的被许可人身份提起侵权之诉。遂判决驳回敦煌公司的诉讼请求。敦煌公司不服,提起上诉。河南省高级人民法院二审判决驳回上诉、维持原判。敦煌公司不服,向最高人民法院申请再审。最高人民法院于2014年5月21日裁定驳回敦煌公司的再审申请。

【裁判意见】

最高人民法院审查认为:根据植物新品种保护条例第九条第四款的规定,转让申请权或者品种权的,当事人应当订立书面合同,并向审批机关登记,由审批机关予以公告。由此可见,植物新品种权的审查和授予属于国务院农业、林业行政主管部门的职权范围,权利存续与否、期限长短及权利归属均根据行政审批机关登记的内容予以确定。著录事项变更登记虽然是一种行政管理措施,但因其同时涉及权利人与社会公众的利益,植物新品种的权利变动只有在向行政机关进行登记公示后才具有权利外观。未经登记公示之前,品种权转让行为并未生效。不论本案是否存在敦煌公司所称的"吉祥1号"品种权因被依法冻结而不能进行著录项目变更的情况,黄文龙与武威农科院之间的植物新品种权转让未完成变更登记公告是客观事实,故"吉祥1号"的品种权转让行为尚未生效,不能认定武威农科院是"吉祥1号"唯一的品种权人,敦煌公司关于品种权是否登记不影响品种权共有人转让品种权的理由不能成立。虽然双方的转让行为因没能登记公告而未发生法律效力,但双方约定由武威农科院单独行使植物新品种权的意思表示真实合法有效。作为品种权共有人的武威农科院,其亦有权单独实施或许可他人实施"吉祥1号"品种权。根据武威农科院的授权,敦煌公司可作为"吉祥1号"品种权的利害关系人提起诉讼。由于现有证据不能证明存在违反三方协议的生产、销售行为,故尽管一审、二审法院对敦煌公司诉讼主体是否适格的认定存在错误,但驳回敦煌公司诉讼请求的处理结果并无不当。

45. 植物新品种侵权损害赔偿数额的计算

【裁判要旨】

侵权人未能提供相反证据推翻权利人有关授权品种利润的证据，人民法院可以参考权利人的证据酌情确定赔偿数额。

【关键词】

植物新品种　损害赔偿　利润　相反证据

【案号】

最高人民法院〔2014〕民提字第 26 号

【基本案情】

在再审申请人敦煌种业先锋良种有限公司（以下简称敦煌先锋公司）、再审申请人新疆新特丽种苗有限公司（以下简称新特丽公司）与被申请人新疆生产建设兵团农一师四团（以下简称四团）侵害植物新品种权纠纷案（以下简称新特丽公司植物新品种侵权案）中，"先玉335"的品种权人是先锋国际良种公司。2010 年 7 月 22 日，先锋国际良种公司将"先玉335"的植物新品种权授予敦煌先锋公司。2011 年 5 月 10 日，新特丽公司与四团签订合同约定由新特丽公司提供亲本，委托四团繁育 1900 亩玉米品种 HB－09 和 1600 亩玉米品种 XT－25。玉米品种 XT－25 在四团九连共种植 838 亩，总产量为 262781 公斤。敦煌先锋公司以新特丽公司和四团未经许可擅自繁育生产"先玉335"玉米种子的行为侵害敦煌先锋公司的植物新品种权为由，提起诉讼。根据敦煌先锋公司的申请，新疆生产建设兵团农十二师中级人民法院（以下简称一审法院）对涉嫌侵权种子 XT－25 进行了证据保全和委托鉴定，鉴定结论认为涉嫌侵权种子与"先玉335"无明显差异。经审计，每公斤"先玉335"可获得净利润 13.16 元。一审法院认为，新特丽公司的行为构成对"先玉335"植物新品种权的侵犯。敦煌先锋公司主张按侵权人因侵权所得利益确定赔偿数额，故以新特丽公司生产侵权品种的数量×单位利润确定赔偿数额。遂判决新特丽公司立即停止侵权行为并赔偿敦煌先锋公司经济损失 3458185.32 元及鉴定损失 5030 元。敦煌先锋公司、新特丽公司均不服，向新疆维吾尔自治区高级人民法院生产建设兵团分院（以下简称二审法院）提起上诉。二审法院认为，依照证据保全过程中取样地块的面积，新特丽公司种植被诉侵权玉米种的面积应为485 亩。敦煌先锋公司主张以审核报告的利润为标准计算其经济损失的主张于法无据，由于其未举证证明因侵权行为受到的经济损失明显超过 50 万元，二审法院据此判决撤销一审判决，改判新特丽公司立即停止侵权行为并赔偿敦煌先锋公司经济损失 15 万元及鉴定费 5030 元。敦煌先锋公司、新特丽公司均不服，向最高人民法院申请再审。最高人民法院裁定提审本案，并于 2014 年 12 月 13 日判决撤销一审、二审判决，改判新特丽公司立即停止侵权行为并赔偿敦煌先锋公司经济损失 500 万元及合理开支 3 万元。

【裁判意见】

最高人民法院提审认为：在案证据足以证明，被诉侵权的 XT－25 玉米种在四团九连、十一连、十四连种植。一审法院依法在九连二斗四农地块取得被诉侵权的 XT－25 样品，新特丽公司虽主张只能按被取样的二斗四农地块认定侵权品种种植面积，但其并未提交任何证据证明其他地块的玉米种与二斗四农地块的玉米种不是同一品种。在有关证据已经形成证据链条且具有明显证据优势的情况下，据《新特丽制种地亩数及单产》统计，可以认定被诉侵权的XT-25品种的种植面积共计1669亩，总产量705893公斤。敦煌先锋公司提交的《专项审核报告》记载：敦煌先锋公司2011年销售"先玉335"玉米种子的利润为13.16元/公斤。对此，新特丽公司和四团均未提交任何反证予以否定。参照《专项审核报告》记载的"先玉335"的单位利润，并综合考虑新特丽公司未就其利润进行举证、新特丽公司的生产经营模式等因素，酌情确定本案侵权的XT-25的合理利润为10元/公斤。在新特丽公司和四团未举证证明所种植XT-25未进入市场的情况下，根据侵权品种的产量乘以单位合理利润之积计算侵权人因侵权所获利益，即705893公斤×10元/公斤＝7058930元，显然已经超出了敦煌先锋公司本案中索赔的500万元。因此，对于敦煌先锋公司关于本案赔偿数额为500万元的主张予以支持。

46. 植物新品种侵权案件的损害赔偿数额包括为制止侵权行为支付的合理开支

【裁判要旨】

在计算植物新品种侵权案件的损害赔偿数额时，未适用法定赔偿不意味着不能另行计算维权费用。侵犯植物新品种权案件的赔偿数额还可以包括权利人为制止侵权行为所支付的合理开支。

【关键词】

植物新品种　损害赔偿　法定赔偿　合理开支

【案号】

最高人民法院〔2014〕民提字第26号

【裁判意见】

在前述新特丽公司植物新品种侵权案中，最高人民法院提审认为：《最高人民法院关于审理侵犯植物新品种权纠纷案件具体应用法律问题的若干规定》（以下简称植物新品种司法解释）第六条规定，适用法定赔偿时，应当考虑维权费用，并不意味着不适用法定赔偿时就不能另行计算维权费用。参照专利法第六十五条第一款关于"赔偿数额还应当包括权利人为制止侵权行为所支付的合理开支"的规定，对于敦煌先锋公司主张的新特丽公司赔偿其合理维权费用的诉讼请求，应当予以支持。一审、二审法院以维权合理费用规定在植物新品种司法解释第六条第三款为由，未支持敦煌先锋公司的有关合理开支，属于适用法律错误。

47. 植物新品种侵权案件中证据保全效力的认定

【裁判要旨】

邀请相关专业技术人员参与田间取样并非人民法院进行证据保全的必经程序，不能以未邀请有关专业技术人员协助取样为由，当然地否定植物新品种侵权案件中证据保全的效力。

【关键词】

植物新品种　证据保全　协助取证　效力

【案号】

最高人民法院〔2014〕民提字第26号

【裁判意见】

在前述新特丽公司植物新品种侵权案中，最高人民法院提审认为：根据植物新品种司法解释第五条第二款规定，人民法院采取证据保全措施时，可以根据案件具体情况，邀请有关专业技术人员安置相应的技术规程协助取证。该款规定系指导性而非强制性条款。邀请相关专业技术人员参与田间取样并非法院证据保全的必经程序，不能以未邀请有关专业技术人员协助取样为由简单地否定证据保全的效力。本案中，一审法院虽未邀请有关专业技术人员参加取样，但新特丽公司在一审审理过程中对取样过程和样品均无异议，在二审及提审程序中，亦未提交证据证明证据保全行为违反法定程序。因此，一审法院的证据保全程序合法、有效。

七、关于知识产权诉讼程序与证据

48. 合法来源抗辩的举证责任和证明尺度

【裁判要旨】

侵权产品的使用者、销售者与制造者就各自的行为分别承担法律责任，不能因查明或认定了侵权产品的制造者就当然推定使用者、销售者的合法来源抗辩成立，免除其举证责任。也不能因为制造者已经承担了侵权责任，就免除合法来源抗辩不成立的使用者、销售者的赔偿责任。对于合法来源证据的审查应当从严把握，尤其要注重对证据的真实性、证明力、关联性、同一性的审查。

【关键词】

专利侵权　销售者　合法来源　证据审查

【案号】

最高人民法院〔2013〕民提字第187号

【基本案情】

在再审申请人广东雅洁五金有限公司（以下简称雅洁公司）与被申请人杨建忠、卢炳仙侵害外观设计专利权纠纷案（以下简称"锁面组件"外观设计专利侵权案）中，曹湛斌为名称为"锁面组件（H87P－H135G）"的外观设计专利（即本案专利）的权利人。雅洁公司为本案专利的独占实施被许可人。2011年10月18日，雅洁公司的委托代理人通过公证程序，在卢炳仙处购得被诉侵权产品"吉固"门锁一把。被诉侵权产品与本案专利的外观无实质性差异。被诉侵权产品包装上标有"吉固＋JIGU＋图"注册商标，该商标的权利人为温州市鹿城区临江县昌隆五金加工厂的业主杨建忠。卢炳仙提交的发货清单传真件上记载有"温州市昌隆五金厂发货清单"字样，收货单位为"石家庄　卢炳仙"，日期为"2009年7月4日"，所购货物共四种，合计金额3280元。卢炳仙提交的银行个人存款回单上载明的时间为"2009年6月4日15：16：32"，未显示付款人姓名和账号/卡号，交易金额6900元。雅洁公司以杨建忠和卢炳仙侵犯其外观设计专利权为由，提起诉讼。河北省石家庄市中级人民法院一审认为，杨建忠出售被诉侵权产品给卢炳仙的时间为2009年7月4日，在本案专利授权公告日即2009年9月16日之前，故杨建忠的行为不构成侵权。卢炳仙在本案专利授权公告日以后销售被诉侵权产品的行为构成侵权。但现有证据不能证明卢炳仙知道或者应当知道其所售为侵权产品，且因上述产品有合法来源，故卢炳仙无须承担赔偿责任。据此判决卢炳仙停止侵权行为。雅洁公司不服，提起上诉。河北省高级人民法院二审判决驳回上诉、维持原判。雅洁公司仍不服，向最高人民法院申请再审。最高人民法院裁定提审本案，并于2014年6月30日判决撤销一审、二审判决，改判杨建忠、卢炳仙立即停止侵权行为，分别赔偿雅洁公司经济损失5万元和2千元。

【裁判意见】

最高人民法院提审认为：合法来源抗辩需要同时满足使用者、销售者无主观过错及被诉侵权产品具有合法来源两项条件。对于主观要件，需要被诉侵权产品的使用者、销售者证明其不知道使用、许诺销售或者销售的是侵权产品，作为一种消极事实，一般应由权利人举证证明被诉侵权者知道或者应当知道的主观状态。如权利人无法证明，则一般可以推定侵权者没有主观过错。对于被诉侵权产品是否有合法来源，应当由使用者、销售者举证证明被诉侵权产品具有合法的购货渠道、合理的价格和直接的供货方。侵权产品的使用者、销售者与制造者所需承担的法律责任是不同的，所负担的举证责任亦不同。侵权产品的使用者、销售者的这种举证责任，并不因为发现了真正的制造者而得以免除或减轻。当侵权产品的使用者、销售者是从制造者处直接购买产品，而没有其他的中间销售环节，通过事实和法律的认定，可以确认制造者生产并销售了侵权产品，使用者、销售者也不能因此免除或减轻合法来源抗辩的举证责任。首先，合法来源抗辩是法律赋予善意的侵权产品使用者、销售者的一种权利，根据"谁主张、谁举证"的举证责任分配原则，侵权产品的使用者、销售者在行使合法来源抗辩权时，应提供合法获取侵权产品的证据，如购货发票或收据以及付款凭证等。其次，对于这种特殊情况下侵权产品使用者、销售者的举证责任，也应该与存在多个中间销售环节时侵权产品使用者、销售者的举证责任相一致。最后，这种举证责任的分配方式，既可以规范流通环节的市场秩序，也可以防止侵权产品使用者、销售者与他人串通，以提供虚假合法来源证据的方式逃避赔偿责任。侵权产品的使用者、销售者与制造者应就各自的行为分别承担法律责任，不能因查明或认定了侵权产品的制造者就当然地推定使用者、销售者的合法来源抗辩成立，免除其赔偿责任；也不能因为制造者已经承担了侵权责任，就免除合法来源抗辩不成立的使用者、销售者的赔偿责任。对于合法来源抗辩证据的审查应当从严把握，尤其要注重对证据的真实性、证明力、关联性、同一性的审查。本案中，卢炳仙为证明其销售的被诉侵权产品有合法来源，提供了发货清单和个人存款回单。但发货清单为无签名或盖章的传真件，亦无相应的购货合同予以佐证。个人存款回单没有付款人姓名，且付款金额与发货清单不符。卢炳仙虽辩称该金额相对应的发货除了发货清单上所列货品，还有其他货物，但并未就此进行举证，其合法来源抗辩不能成立。

49. 侵权产品上所示商标的权利人可以被合理地推定为侵权产品的制造者

【裁判要旨】

侵权产品外包装上使用的注册商标的权利人有制造能力，且无相反证据证明侵权产品的实际制造者并非商标权人本人的情况下，可以合理地推定商标权人是侵权产品的制造者。

【关键词】

专利侵权　商标权　制造能力　制造者

【案号】

最高人民法院〔2013〕民提字第187号

【裁判意见】

在前述"锁面组件"外观设计专利侵权案中，最高人民法院提审认为：侵权产品上标注有"吉固＋JIGU＋图"商标，杨建忠为商标权人。温州市鹿城区临江县昌隆五金加工厂由杨建忠注册成立，足以证明杨建忠有制造侵权产品的能力。在没有相反证据证明侵权产品的实际制造者并非杨建忠本人，且其从未对此提出任何异议的情况下，可以合理地推定杨建忠是侵权产品的制造者。

50. 警告函对销售商主观过错的证明作用

【裁判要旨】

当事人援引专利法第七十条的规定主张"合法来源"抗辩时，如果专利权人能够证明，已经向销售商发出了明确记载有专利权和被诉侵权产品的基本情况、侵权比对结果及联系人等信息的警告函，且销售商已经收到该警告函的情况下，原则上可以推定销售商知道其销售的是专利侵权产品。

【关键词】

专利侵权　销售商　合法来源　警告函

【案号】

最高人民法院〔2014〕民申字第1036号

【基本案情】

在再审申请人孙俊义与被申请人郑宁侵害实用新型专利权纠纷案中，孙俊义是名称为"防粘连自动排气阀"的实用新型专利（即本案专利）的权利人。2013年6月28日，长春市宽城锅炉排气阀厂向个体工商户业主郑宁发出通知函，主要内容为：你店销售的"胜益"牌全自动排气阀已经侵犯了长春市宽城锅炉排气阀厂"中权"牌排气阀的专利权（专利号为ZL200320112523.2，专利权人为孙俊义）。请你店立即停止销售，并与我厂联系，协商赔偿事宜，否则将向人民法院提起诉讼。落款处有"长春市宽城锅炉排气阀厂打假办"公章和专利权人孙俊义的签章，并附有通讯地址、邮政编码、联系人及联系电话。2013年7月，孙俊义从郑宁处购买到了被诉侵权产品即"胜益"牌排气阀，并以郑宁侵害其实用新型专利权为由提起诉讼。辽宁省沈阳市中级人民法院一审认为，被诉侵权产品的技术特征与本案专利的技术方案构成等同，落入本案专利权的保护范围。孙俊义虽然于2013年6月28日向郑宁邮寄了通知函，但通知函并未附有专利证书和其他必要的文件，不足以使郑宁认识到其销售的被诉侵权产品将构成侵害本案专利权。作为销售者，鉴于郑宁已经提供了专利侵权产品的合法来源，主观上并无过错，依法可免除赔偿责任。据此判决驳回孙俊义的诉讼请求。孙俊义不服，提出上诉。辽宁省高级人民法院二审判决驳回上诉、维持原判。孙俊义不服，向最高人民法院申请再审。最高人民法院于2014年12月13日裁定指令辽宁省高级人民法院再审本案。

【裁判意见】

最高人民法院审查认为：专利侵权行为的构成不以过错为要件。同时，考虑到侵权产品销售者进行侵权判断的实际困难，为维护正常的市场经营秩序和鼓励打击侵权源头，专利法第七十条对侵权产品销售者的赔偿责任作出了免责规定，即不知道是未经专利权人许可而制造并售出的专利侵权产品，能证明该产品合法来源的，不承担赔偿责任。判断销售者是否知道其销售的是专利侵权产品，应当结合案件事实进行综合判断。如销售者曾经销售过专利产品，或其购入被诉侵权产品的价格不合理地低于专利产品的市场价格等，均可以作为认定销售者知道其销售的是专利侵权产品的事实基础。如果上述情况均不存在，而仅仅是权利人向销售者发出过侵权警告函，则需要进一步对警告函中的具体内容予以审查。如果警告函中记载或包含有专利权（专利号、专利名称、专利权证书复印件等）和被诉侵权产品的基本情况、侵权比对结果及联系人信息等内容，在销售者也已经收到该警告函的情况下，原则上应当推定其知道销售的是专利侵权产品。

结　语

今年是最高人民法院第七次发布知识产权案件年度报告，案件年度报告在明晰裁判规则、指导审判实践、统一法律适用方面发挥着重要的作用，也日益受到社会各界的普遍关注和高度重视。但仍需要说明的是，案件年度报告是最高人民法院在具体案件裁判中针对新型、复杂、疑难问题形成的认识、具有较强的个案性、探索性和阶段性，在法律适用标准和方法方面难免存在局限，并可能随着认识的深入和时代的发展发生调整和变化。在未来的工作中，最高人民法院将围绕"努力让人民群众在每一个司法案件中感受到公平正义"的目标，坚持司法为民、公正司法工作主线，忠实履行宪法法律赋予的职责，充分发挥知识产权审判职能作用，依法公正高效审理案件，不断提升知识产权司法保护的权威性和公信力，为深入实施创新驱动发展战略，推进依法治国和建设法治中国作出更大贡献。

最高人民法院知识产权案件年度报告（2015）

（2016年4月25日）

序　言

2015年，最高人民法院坚持服务大局，更好地适应和服务经济发展新常态。积极实施国家知识产权战略，充分发挥司法保护知识产权的主导作用。鼓励和支持大众创业、万众创新。倡导诚实守信，依法保护知识产权，积极维护市场经济秩序。不断扩大知识产权司法保护的国际影响力，努力服务和保障经济社会发展。

最高人民法院知识产权审判庭2015年全年共新收各类知识产权案件759件。在新收案件中，按照案件审理程序划分，共有二审案件8件，提审案件29件，申请再审案件696件，请示案件26件。按照案件所涉客体类型划分，共有专利案件257件，植物新品种案件3件，商标案件325件，著作权案件83件，集成电路布图设计案件3件，垄断案件3件，商业秘密案件9件，其他不正当竞争案件14件，知识产权合同案件34件，其他案件28件（主要涉及知识产权审判管理事务）。按照案件性质划分，共有行政案件378件，占全部新收案件的49.80%，其中专利行政案件112件，商标行政案件266件，分别比2014年上升100%及198.88%；共有民事案件381件，占全部新收案件的50.20%。另有2014年旧存案件77件，2015年共有各类在审案件836件。全年共审结各类知识产权案件754件，其中二审案件7件，提审案件39件，申请再审案件682件，请示案件26件。在审结的682件申请再审案件中，行政申请再审案件361件，民事申请再审案件321件；裁定驳回再审申请514件，裁定提审81件，裁定指令或者指定再审38件，裁定撤诉（包括和解撤诉）16件，以其他方式处理33件。

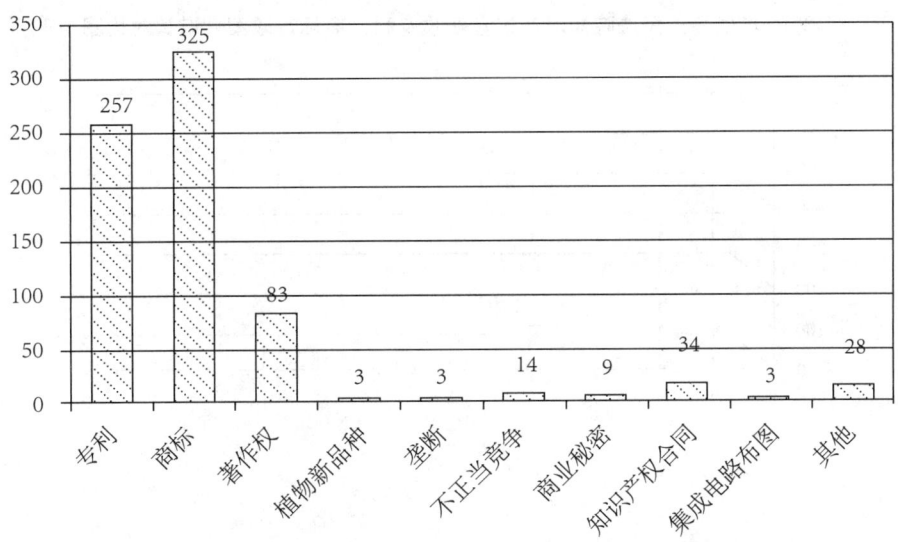

2015最高人民法院知识产权庭新收知识产权案件类型图

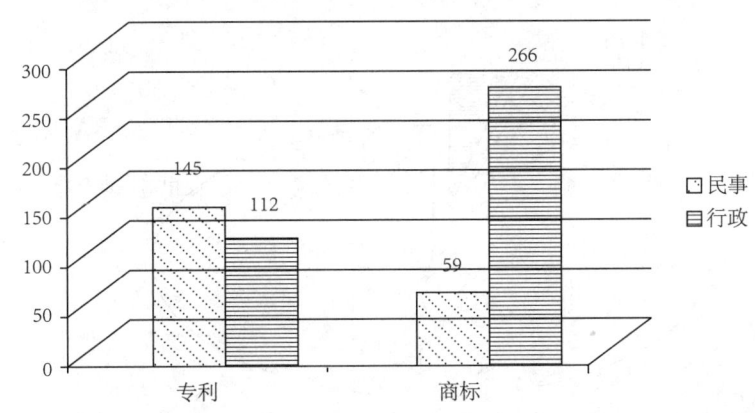

2015年最高人民法院知识产权庭受理专利、商标民事及行政案件数量对比图

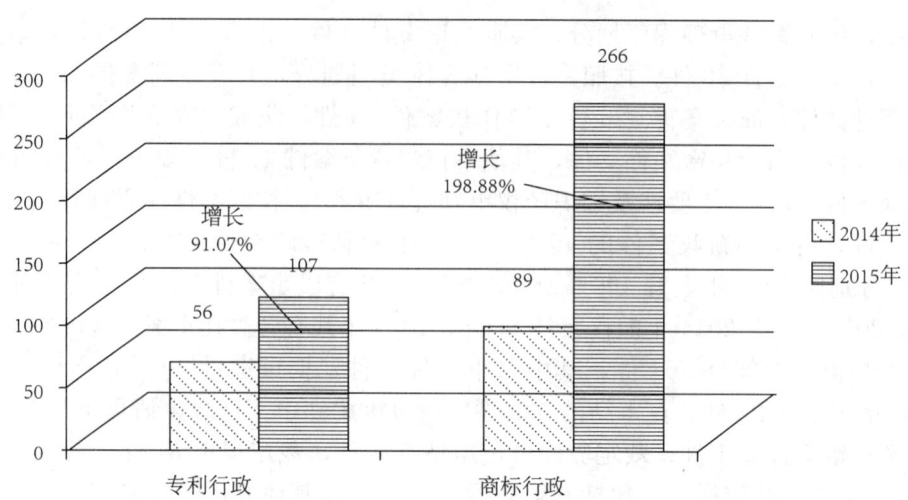

2015年最高人民法院知识产权庭新收专利、商标行政案件增长对比图

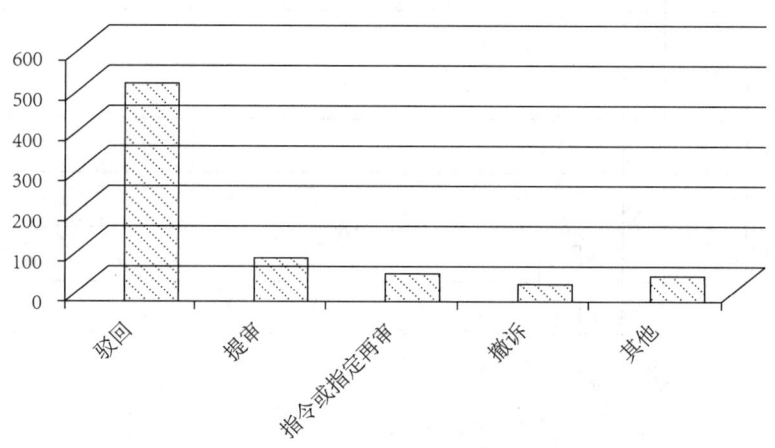

2015年最高人民法院知识产权庭再审审查案件结案方式统计图

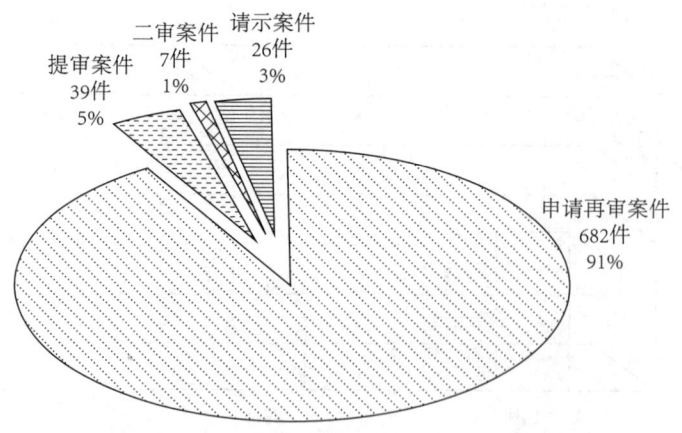

2015年最高人民法院知识产权庭审结案件类型图

最高人民法院2015年审理的知识产权和竞争案件的基本规律和特点是：与专利和商标有关的知识产权案件仍在全部受理案件中占有最大比重，专利及商标授权确权类行政案件增幅明显；专利行政案件更多涉及的仍是技术特征的划分和解释、背景技术公开内容的确定、说明书是否充分公开等基础性法律问题，专利民事案件中涉及等同侵权争议的案件比例较高，现有技术抗辩和先有权抗辩的运用比较普遍；植物新品种案件在借助DNA等技术进行同一性对比方面继续向纵深发展，所涉技术问题更为复杂和专业；商标案件整体增幅较大，商标行政案件数量在2015年再次出现大比例增长，商标近似和商品类似的判断、在先权利的保护等法律问题仍居主导地位，诚实信用原则对商标案件审理的价值引导作用更为突出；著作权案件的数量和所占比例基本平稳，新商业模式下的网络侵权问题仍然突出，影视作品著作权争议频发。竞争案件中商业秘密纠纷所占比例较大，权利人取证和举证能力较弱，进而导致保护范围难以确定的现象时有发生。最高人民法院还首次审结集成电路布图设计案件，并对布图设计保护范围的确定等问题进行了有益的探索。

最高人民法院根据服务大局的要求，结合案件特点，在行使知识产权审判职能方面体现出如下特点：坚持依法保护知识产权，倡导诚实守信，合理确定知识产权的保护范围，维护公平竞争的市场格局和经济秩序；充分发挥知识产权司法保护机制的保障和激励作用，加强对创新成果的保护力度，鼓励和支持大众创业、万众创新；贯彻落实"加强保护、分门别类、宽严适度"的知识产权司法保护基本政策，依法有效维护知识产权权利人的合法利益，增强市场活力；明晰知识产权行政授权确权类案件的司法审查标准，注重纠纷的实质性解决；深化司法公开，用公开促公正，不断加强知识产权审判对核心价值建设的影响力。

本年度报告从最高人民法院2015年审结的知识产权和竞争案件中精选了32件（案件事实和法律问题基本相同的关联案件计为1件）典型案件，上述案件涵盖了已经入选2015年中国法院10大知识产权案件和50件典型知识产权案例的全部案件。我们从中归纳出38个具有普遍指导意义的法律适用问题，反映了最高人民法院在知识产权和竞争领域处理新型、疑难、复杂案件的审理思路和裁判方法，现予公布。

一、专利案件审判

（一）专利民事案件审判

2015年，最高人民法院知识产权庭审理的专利民事案件反映出如下问题：

第一，侵害专利权案件中，专利权利人仅针对销售商或者终端用户提起诉讼的案件占据相当比例，合法来源抗辩成为该类案件审理的重点。对此问题，最高人民法院在多个案件均表明了态度。最高人民法院指出，审查合法来源是否成立时，一方面要充分考虑市场环境、尊重市场交易实际，保护基本的交易安全，另一方面又要合理确定销售商注意义务和合法来源抗辩标准，引导和规范市场流通领域经营者合法规范经营，避免侵权行为在流通领域的扩大。对于处于不同销售环节的销售商，应当分别审查其提交的证据是否足以证明其销售的产品具有合法来源，不能因查明或认定被诉侵权产品的生产者或者该商品的上家销售商就当然认为被诉侵权的销售商所主张的合法来源抗辩成立而不必再承担举证责任，免除被诉销售商的赔偿责任。

第二，涉及等同侵权争议的案件比例较高。在68件侵害发明和实用新型专利权纠纷案件中，有12件案件中当事人对是否构成等同侵权发生了争议。在该12件案件中，除1件案件被指令再审外，其他案件的最终裁判结果均认定等同侵权不成立。最高人民法院通过案件进一步发展了等同侵权的判断标准，指出：判断专利权利要求的特定技术特征与被诉侵权产品的相应技术特征是否构成等同时，对于并非专利发明点的技术特征，不宜过分限制该技术特征的等同范围。

第三，权利人因证据不足而败诉的案件占有一定比例。在132件侵害专利权纠纷案件中，有11件案件权利人因证据不足而败诉。其中涉及的主要问题是权利人不能证明被告实施了相应的侵权行为。这反映出权利人在获取侵权证据时存在一定困难。在个别案件中，权利人通过向专利行政管理部门投诉来获取被告侵权证据，但由于专利行政管理部门在行政查处过程中取证不规范，致使相应证据难以证明案件事实。为此，最高人民法院在案件中表达了依法支持当事人的证据保全申请的态度，即对于专利权人依法提出证据保全，并且符合法律规定的证据保全条件的，人民法院应当及时采取证据保全措施。权利人已经提供了初步证据，证明对方当事人有可能实施了侵权行为，而权利人对于对方当事人的其他侵权证据难以取得的情况下，法院应当根据民事诉讼法第六十四条第二款的规定调查收集相关证据。据此，最高人民法院指令原审法院再审该案。

第四，技术特征划分和技术特征解释问题争议频发。对于发明和实用新型专利而言，对于专利技术特征的划分及其解释问题往往成为案件争议的核心所在。运用说明书、意见陈述、生效的专利无效宣告决定、涉及专利权效力问题的生效行政判决等解释权利要求的情形较为多见。最高人民法院通过案件审理，对如何划分技术特征的问题作出了明确阐释，指出：技术特征是指构成要求保护的技术方案的技术单元，每个技术单元能够实现相对独立的功能，产生相应的效果。就产品专利而言，技术特征不等同于产品的组成部件，不能根据产品部件简单划分技术特征。如果由一个以上部件组合形成特定工作关系以实现某一相对独立功能的技术单元，应当作为一项技术特征予以认定。

第五，现有技术抗辩以及先用权抗辩较为常见。在68件侵害发明和实用新型专利权纠纷案件中，有13件案件涉及现有技术或者先用权抗辩。最高人民法院在再审申请人慈溪市博生塑料制品有限公司与被申请人陈剑侵害实用新型专利权纠纷案（〔2015〕民申字第188号）中，参照现有技术抗辩，明确认可了抵触申请抗辩。在再审申请人北京英特莱技术公司与被申请人北京华润曙光房地产开发有限公司等侵害发明专利权纠纷案（〔2015〕民申字第1541号）中，最高人民法院对可以主张先用权抗辩的主体做了扩展，即认为销售商在证明合法来源的情况下，亦可以主张生产商享有的先用权。

第六，外观设计侵权判定争议较多。在63件侵害外观设计专利权纠纷案件中，有13件案件的当事人对于被诉产品设计与专利设计是否相同或者近似发生了争议，且被告往往同时提出现有设计抗辩。对此，最高人民法院通过裁判形成了较为成熟的侵权判断方法。例如在再审申请人浙江健龙卫浴有限公司与被申请人高仪股份公司侵害外观设计专利权纠纷案（〔2015〕民提字第23号）、再审申请人丹阳市盛美照明器材有限公司与被申请人童先平侵害外观设计专利权纠纷案（〔2015〕民申字第633号）等案件中，最高人民法院明确了在审查现有设计抗辩时，对外观设计专利、被诉侵权设计及现有设计之间进行对比的步骤、区别于现有设计的设计特征对于外观设计的整体视觉效果更具有影响等规则。

第七，在一定事实和数据基础上，根据具体案情酌定实际损失或侵权所得的裁量性赔偿案件逐渐增多。在5件侵害专利权案件中，法院在计算赔偿所需的部分数据确有证据支持的基础上，根据案情运用裁量权确定计算赔偿所需的其他数据，酌定公平合理的赔偿数额。在部分案件中，最高人民法院对于原审法院考虑产品价值并结合双方当事人主张的利润率，在酌情确定侵权产品合理利润率的基础之上，对赔偿数额予以酌定的损害赔偿计算方法予以支持，体现出在计算赔偿数额方面依靠证据、实事求是、公平合理的司法态度。

第八，判决不停止侵害行为的案件极为罕见。在仅有的1件未判决使用者停止相应行为的案件中，原审法院综合考虑涉案专利权的类型、侵权行为的性质、被诉侵权产品的销售价格以及权利人为制止侵权行为所支付的合理开支等，判决使用人支付合理使用费的方式替代其停止侵权的责任履行方式。最高人民法院在该案的再审审查程序中对此予以支持。

第九，专利权权属纠纷和职务发明奖励报酬纠纷有增多趋势。在全部专利民事纠纷中，专利申请权纠纷、专利权权属纠纷、职务发明奖励报酬纠纷以及类似性质的纠纷共计有19件，占比12.26％。这些纠纷大多与职务发明创造有关，反映出单位与职工之间在专利权归属以及奖励报酬方面缺乏明确约定，争议较大。

第十，申请再审案件中，因涉案专利在原审判决作出后被宣告无效或者部分无效而中止诉讼或者进入再审程序的案件比例较高。在中止诉讼的14件案件中，中止诉讼的原因均为涉案专利在原审判决作出后被宣告无效或者部分无效，尚处于专利无效行政诉讼程序。在指令再审和提审的30件案件中，有7件案件进入再审程序的原因为涉案专利已经确定被宣告无效或者部分无效，且原审判决并未执行完毕。这一问题反映出，原审法院在审理与无效行政程序交织的专利民事侵权案件时，对于中止诉讼的审查标准把握过严，致使多件问题专利在侵权程序中获得了保护。

（二）专利行政案件审判

2015年，最高人民法院知识产权审判庭审理的专利行政案件反映出如下问题：

第一，对权利要求的解释和技术特征的理解仍然是案件中的基础性问题。在再审申请人李晓乐与被申请人国家知识产权局专利复审委员会及一审第三人、二审上诉人郭伟等发明专利权无效行政纠纷案（〔2014〕行提字第17号）中，最高人民法院就权利要求的最大合理解释原则作出了进一步的明确。而对于权利要求记载的技术特征的字面含义存在歧义的情况下，应当以本领域技术人员以符合发明目的，以及不得与公知常识相抵触的原则进行理解，是最高人民法院在申诉人辽宁般若网络科技有限公司与被申诉人国家知识产权局专利复审委员会、一审第三人中国惠普有限公司发明专利权无效行政纠纷案（〔2013〕行提字第17号）中阐释的观点。

第二，创造性的判断仍是专利授权确权案件中的难点问题。在对专利是否具有创造性进行判断的过程中，除了因对技术特征的解释而导致的事实认定问题之外，因采取"事后诸葛亮"的审查方式而产生的欠缺客观性的创造性评判结论，仍然具有一定的普遍性。如还原发明创造产生的过程时，简单机械地进行特征比对和拼凑，将发明所要解决技术问题的技术手段替代技术问题本身，而未能根据区别技术特征所能够达到的技术效果，来确定技术问题。对于是否存在技术启示进行认定的过程中，亦存在直接以常规技术手段的认定而替代当事人必要的举证责任的现象。

第三，化学领域产品发明的说明书充分公开问题一直受到业界的广泛关注。在再审申请人国家知识产权局专利复审委员会、北京嘉林药业股份有限公司与被申请人沃尼尔·朗伯有限责任公司、一审第三人张楚发明专利权无效行政纠纷案（〔2014〕行提字第8号）中，最高人民法院进一步厘清了确定发明所要解决的技术问题与判断说明书是否充分公开之间的关系，明确了技术方案的再现和是否解决了技术问题、产生了技术效果的评价之间，存在着先后顺序上的逻辑关系的观点。即从审理思路上，应首先确认本领域技术人员根据说明书公开的内容是否能够实现该技术方案，然后再确认是否解决了技术问题、产生了技术效果。

第四，进一步明确网络证据的真实性审查标准。在审查判断以公证书形式固定的互联网站网页发布时间的真实性与证明力时，最高人民法院强调，应综合考虑相关公证书的制作过程、网页及其发布时间的形成过程、管理该网页的网站资质和信用状况、经营管理状况、所采用的技术手段等相关因素，结合案件其他证据，对该公证书及所附网页发布时间的真实性和证明力作出判断。在审查证据的基础上，如果确信现有证据能够证明待证事实的存在具有高度可能性，对方当事人对相应证据的质疑或者提供的反证不足以实质削弱相关证据的证明力，不能影响相关证据的证明力达到高度盖然性的证明标准的，应当认定待证事实存在。

二、商标案件审判

（一）商标民事案件审判

2015年，最高人民法院知识产权审判庭审理的商标民事案件反映出如下问题：

第一，侵害商标权与不正当竞争行为的竞合在商标民事案件中大量存在。在2015年审结的侵害商标权纠纷案件中，有23件存在与不正当竞争案由并存的情形，占全部商标民事案件数量的38.3%。

第二，诚实信用原则的适用在商标民事案件审理过程中得到了更为广泛的运用。最高人民法院在近年来审结的多起案件中，通过对当事人以非善意取得的商标权为权利基础，对他人的正当使用行为提起的诉讼不予支持的方式，重申了诚实信用原则在商标民事案件审理过程中的重要作用。如在再审申请人宁波广天赛克思液压有限公司与被申请人邵文军侵害商标权纠纷案（〔2014〕民提字第168号）中，最高人民法院再次明确了以违反诚实信用原则恶意取得的注册商标专用权，对他人的正当使用行为提起的侵害商标权之诉，不应得到法律的支持和保护的观点。

第三，商标民事案件与企业字号的保护问题关系密切，在案件审理过程中常需面对复杂的历史背景，以及权利能否共存等需要进行利益平衡的问题。最高人民法院通过多起案件的审理，对该类具有一定特殊性案件的审理进行了指引。

第四，对于《中华人民共和国商标法》（以下简称商标法）第五十九条规定的关于通用名称等描述性内容的正当使用问题，也是近年来商标法适用过程中一个较为突出的问题。最高人民法院通过部分案件的审理，明确了正当使用行为的界限。最高法院指出，在被诉侵权产品的宣传中使用注册商标中包含的历史地名，系对该产品历史产地所作的描述性说明，反映的是商品的其他特点，该行为不构成对注册商标专用权的侵害。

(二) 商标行政案件审判

2015年，最高人民法院知识产权庭审理的商标行政案件反映出如下问题：

第一，商标近似、商品类似判断问题仍然是商标行政案件争议的主要焦点。在驳回再审申请的181案件中，有61件案件涉及当事人对引证商标与被异议商标、争议商标是否近似、商品是否类似的问题。在11件提审判决中，7件涉及商标近似、商品类似的问题。对此问题，最高人民法院在多个案件中均支持了商标评审委员会和原审法院的意见。此外，亦在裁判过程中明确了商标近似性的判断要考虑引证商标的知名度以及特定的历史背景等因素，不能仅仅以商标的含义相同为由即作出商标近似的结论。

第二，对特定领域相关公众的界定作出了进一步的明确。相关公众的界定和范围，一直是司法实践中的重点和难点问题。在部分案件的审理过程中，最高人民法院明确，在指定使用商品为医药制剂等特定领域的商品类别时，相关公众的范围也应区别于一般意义上的消费者，而包括可能或实际使用前述类别药品进行病患预防、诊断和治疗的医护、药剂、病患人员，以及经营销售前述类别药品的相关经营人员。

第三，关于在先权利保护的商标行政案件中，涉及著作权及商号权益保护的案件数量较多。对于这类在先权益的保护问题，最高人民法院明确，对于在先商号权益能否阻碍在后的注册商标申请，需要考虑商号登记注册的时间以及在后商标的申请日、商号的知名度、在先商号与在后注册商标的共存是否容易导致相关公众混淆误认以及是否可能损害在先商号权益人的利益等因素。被异议商标的注册申请是否侵犯在先著作权，应依据著作权法的规定，判断涉案作品是否具有独创性，是否构成著作权法意义上的作品。

第四，在商标行政案件中明确和重申驰名商标的按需认定原则。近年来，当事人在商标行政案件审理过程中提出驰名商标认定请求的情况屡见不鲜。特别是在适用商标法第十三条规定的过程中，部分当事人提出了适用商标法第十三条的前提是驰名商标的认定这样一种观点。对此，最高人民法院在再审申请人巨化集团公司与被申请人国家工商行政管理总局商标评审委员会，一审第三人胡金云商标异议复审行政案（〔2015〕知行字第112号）中，进一步明确和强调了在商标行政案件中亦应遵循驰名商标按需认定原则的观点，即在判断诉争商标是否违反了商标法第十三条规定的过程中，如果诉争商标并没有构成对在先商标的复制、摹仿或者翻译，或者诉争商标获准注册的结果并不会导致误导公众并可能损害在先商标权利人利益的结果，即无需对在先商标是否构成驰名的问题作出审查和认定。

第五，对代理人、代表人抢注被代理人、被代表人商标情形的规范，进一步明确了法律适用的具体要求。最高人民法院指出，无论被代理人或者被代表人对其商标的使用是否侵害他人的合法权益，均无法成为代理人或者代表人申请注册诉争商标的合法事由。即使被代理人或被代表人对商标的使用可能侵害他人的合法权益，亦需在相关权利人提出权利主张的情况下，通过适当程序予以解决，代理人或代表人无权对此主张权利。

第六，坚持诚实信用、保护在先合法权利的司法态度。在再审申请人北京福联升鞋业有限公司因与被申请人国家工商行政管理总局商标评审委员会、北京内联升鞋业有限公司商标异议复审行政案（〔2015〕知行字第116号）中，最高人民法院指出，民事活动应当遵循诚实信用的原则。诉争商标的申请人作为同业竞争者，在明确知晓在先商标具有较高知名度和较强显著性的情况下，仍然恶意申请注册、使用与之近似的诉争商标，如果承认以该种行为形成的所谓市场秩序或知名度，无异于鼓励同业竞争者违背诚实信用原则，罔顾他人合法在先权利，并终将严重损害在先商标权人的合法权益以及广大消费者的利益。

第七，当事人将违反法定程序作为再审申请理由的情况仍较为普遍，具体理由涉及主体资格的审查、证据采信及是否存在程序瑕疵等问题。对于提出异议申请的主体与一事不再理原则的关系问题，最高人民法院指出，根据商标法第十九条的规定，初步审定公告之日起三个月内，任何人均可提出异议申请。这一异议程序是向所有单位和个人开放的，任何潜在的异议人的权利都得到了该条款的法律保护。因此，异议一经裁定，任何人，包括异议申请人及未提出异议的其他任何人，均不得以相同的事实和理由再次申请裁定，否则将造成行政、司法资源的无端浪费，并影响终局裁定的法律既判力。对于如何对待当事人在行政诉讼程序中补交证据的行为，最高人民法院对当事人补充提交证据的行为作出了进一步的规范，即行政诉讼作为司法复审程序，是对具体行政行为的合法性进行审查，在行政程序中如果任由裁决双方当事人提交其在行政程序中无正当理由未提交的证据，势必影响行政裁定的严肃性、稳定性，亦与司法复审的属性相背离。

三、著作权案件审判

2015年，最高人民法院知识产权庭审理的著作权民事案件反映出如下问题：

第一，案件的广度和维度不断扩张。案件延伸呈现出立体全方位的态势。著作权主体多样化，既有单一的权利主体，又有两个或多个权利主体；著作权保护客体广泛化，既有传统意义上的作品，又有衍生出来的作品；侵权主体扩大化，既有个人侵权，又有单位侵权；案件空间不断扩展，既有现实社会的作品保护纠纷，又有虚拟空间的作品保护纠纷；案件类型全覆盖，既有传统的权属纠纷、侵权纠纷等案件类型，又有网络环境和数字化环境衍生的传统媒体新闻作品保护、影视作品保护等案件类型。

第二，网络著作权侵权案件数量仍然较多并出现新情况，除表现出传统网络著作权侵权案件的一般性特征外，还体现出了在新商业模式下的网络著作权案件的新态势。如在部分涉及开放平台著作权侵权的案件中，最高人民法院明确了开放平台的经营者获取利益和承担义务应具有对等性与一致性的原则。

第三，影视作品保护新问题层出不穷。此类案件除涉及传统的修改改编与原创作者的权利冲突之外，也出现了抄袭剽窃、合理使用、共有权利人侵权纠纷以及作品角色的衍生保护等问题，还涉及到了对影视作品著作权进行质押和转让问题。最高人民法院在北京金色里程文化艺术有限公司与上海晋鑫影视发展有限公司等侵害著作权纠纷案（〔2015〕民申字第131号）中，明确了共有权利人单独行使权利必须具备四个条件，即与对方协商不成、对方无正当理由、行使的权利不含转让、与对方分享收益。此外，因对著作权进行质押和转让，是对著作权的重大处分，在未与共有权利人进行协商的情况下，构成对共有权人利益的侵害。

第四，摄影作品侵权案件数量较多，但赔偿标准仍待统一。此类案件原告诉讼请求金额较低，数量较多。由代理人或专门机构进行商业化和批量维权的现象仍然比较突出，维权范围辐射全国，被告地域分布范围较广。赔偿数额的确定仍以酌定为主，各地法院的赔偿标准仍待统一。

第五，网络环境下证据举证和证据采信仍面临一些困难。互联网环境下，网络产业发展迅速，新的网络功能和新的商业经营模式不断推出，为当事人对证据的收集及人民法院对案件事实的查明不断提出新的挑战。

此外，在著作权审判领域尚有一些亟待解决的问题：

第一，关于影视作品的保护问题。目前我国影视作品剧本涉嫌侵权的情况大量存在，伴随着电视剧综艺节目的发展及相关收视率提升所带来的显著经济效益和品牌效应，有关综艺节目的法律关系日趋复杂，法律纠纷逐渐增多。而在影视作品中包含的音乐作品及其后期制作、广告宣传、发行过程中可能出现的各种法律问题，均尚待研究。

第二，数字环境下传统媒体新闻作品的著作权保护问题。进入互联网时代后，由于传统媒体的著作权保护意识相对薄弱，缺乏有效的维权机制，网络媒体侵害传统媒体新闻作品著作权的问题越来越突出。如何提高传统媒体的著作权保护意识，正确运用法律手段维护自身的合法权益，需要引起相关从业者的深思。

第三，角色形象的著作权保护问题。近年来，随着人们对优秀国产动画片价值认识的不断加深，一些经典的国产动画片被重新制作和包装后推出市场，在获得良好的经济效益的同时，与角色形象有关的权利归属等法律问题的争议也受到了广泛关注，亦需要人民法院及时明确有关的裁判规则。

四、不正当竞争案件及垄断案件审判

2015年，最高人民法院知识产权庭审理的不正当竞争及垄断案件反映出如下问题：

第一，与侵害商标权行为的竞合现象较为普遍，在超过半数的不正当竞争案件中，当事人均同时提出了侵害商标权的诉由。

第二，不正当竞争案件中，商业秘密案件占有较大的比重。最高人民法院通过部分案件的审理，明确了商业秘密案件的一些重要的裁判规则。如在再审申请人新发药业有限公司与被申请人亿帆鑫富药业股份有限公司、一审被告姜红海、马吉锋侵害商业秘密纠纷案（〔2015〕民申字第2035号）中，最高人民法院就权利人对商业秘密内容和范围的明确与固定问题表明了观点，即应当允许权利人在案件审理过程中对其商业秘密的内容和范围进行明确和固定，在不影响对方当事人程序性权利的情况下，人民法院在此基础上的裁判不构成超出诉讼请求裁判的行为。

第三，垄断案件的数量较少，所涉具体行为类型主要集中于滥用市场支配地位。在垄断案件审理的过程中，当事人诉讼能力较弱的现象仍然比较突出，人民法院对此类案件的审判经验亦有待进一步的积累。

五、其他案件的审判

（一）技术合同案件审判

2015年，最高人民法院知识产权庭审理的技术合同案件反映出如下问题：

第一,审结的案件均涉及合同履行是否符合约定,是否存在违约行为的事实查明是此类案件审理的主要问题,如不能达产达标是由于技术出让方所涉技术不符合合同约定还是技术受让方的不当行为所导致等情形。

第二,案件争议焦点多集中于合同是否应当解除以及法律责任的承担。由于所涉技术的经济价值以及完整实施需要多个技术合同的配套实施,关联案件的存在增加了事实查明的难度。此外,此类案件通常涉及事实时间跨度大、证据多、证据真实性难以判断,为案件事实的查明提出了诸多挑战。

第三,关于当事人是否履行了合同约定的阶段性义务,亦是技术合同案件中争议较大的问题。其中,又以如何判断是否构成情势变更以及民事责任的承担为其中的难点。最高人民法院在部分案件的审理过程中,也对此明确了观点,即虽然合同法及有关司法解释并未明确规定政府政策调整等情况属于情势变更的情形,但如果确因政策调整,导致不能继续履行合同或者不能实现合同目的,当然属于合同当事人意志之外的客观情况发生重大变化的情形,属于合同法规定的情势变更,合同履行方的行为不构成违约。此外,如何分割技术开发协议期间形成的共有财产也曾在技术合同案件中引发争议,尤以涉及新药研发的技术合同案件表现得最为突出。对此,最高人民法院指出,新药研发属于高投入、高风险的科研活动,不仅需要投入巨额资金,而且时间周期长,研发风险大。临床试验是新药研发的关键环节,完成临床试验并通过审批的新药,方能获得新药证书。因此,如果在获得临床批件之后,技术开发方拒绝履行合作开发协议约定的相关合同义务,未在法定期限内进行临床试验,则临床批件将自行废止,并会导致无法实现合同目的。因此,技术开发方对其拒绝履行约定的临床试验的后果是清楚的,在获得临床批件前后,其以无正当理由拒绝履行,应视为对其曾经开发的技术成果所能享有的权利进行了处分。在此基础上,对于在合同解除后的技术成果归属问题的处理,亦应有利于鼓励守约方进一步开展研发工作,促进科技创新和成果转化。

(二)植物新品种案件审判

2015年,最高人民法院审理的植物新品种案件反映出:植物新品种权案件的同一性对比问题继续向纵深发展。如何审查认定DNA鉴定结论,以及存在DNA鉴定结论的情况下,是否允许当事人进行田间种植测试,如何分配举证责任成为此类案件审判中的新问题。近年来,我国在水稻、玉米育种创新领域,仍然存在着育成品种遗传基础狭窄、种植资源研究和利用水平不高、多数品种为低水平派生等现象。通过植物新品种案件的审判,如何推动和提高我国植物新品种领域的育种质量和水平,也值得我们进一步研究。

(三)集成电路布图设计案件审判

2015年,最高人民法院审理的集成电路布图设计案件反映出:案件的焦点问题集中于能否依据权利人登记时提交的样品确定集成电路布图设计的保护范围,案件深入分析了确定集成电路布图设计保护范围的事实和法律依据、如何看待集成电路样品的法律地位、如何看待集成电路布图专有权保护与专利权保护之间的关系等深层次的法律问题。

一、专利案件审判

(一) 专利民事案件审判

1. 专利权人主张本国优先权时的举证责任和说明义务

【裁判要旨】

专利权人主张本国优先权时，应当承担相应的举证责任和说明义务。未能提交与本国优先权主题相关的在先申请文件，亦未能证明本案专利与在先申请属于相同主题的发明创造，不能依据在先申请日享有本国优先权。

【关键词】

实用新型专利　侵权　本国优先权　举证责任

【案号】

最高人民法院〔2015〕民申字第 188 号

【基本案情】

在再审申请人慈溪市博生塑料制品有限公司（简称博生公司）与被申请人陈剑侵害实用新型专利权纠纷案中（简称"清洁工具"实用新型专利侵权案），陈剑系名称为"清洁工具"的实用新型专利（即本案专利）的权利人，本案专利的申请日为 2011 年 6 月 24 日。2013 年 6 月 20 日，陈剑以博生公司未经许可，制造、销售、许诺销售的被诉侵权产品侵害本案专利权为由，提起诉讼。浙江省杭州市中级人民法院一审认为，被诉侵权产品未落入本案专利权的保护范围，据此判决驳回陈剑的诉讼请求。陈剑不服，提起上诉。在二审答辩过程中，博生公司除认为被诉侵权产品未落入本案专利权的保护范围外，还提出申请号为 201120157568.6、名称为"用于手压式旋转拖的拖把底盘和脱水桶"的实用新型专利（简称在先申请专利）的申请日早于本案专利的申请日，构成本案专利的抵触申请。博生公司系依据在先申请专利制造被诉侵权产品，不构成对本案专利权的侵害。浙江省高级人民法院二审认为，被诉侵权产品落入本案专利权的保护范围，博生公司的抵触申请抗辩主张不能成立。遂判决撤销一审判决，判令博生公司立即停止侵权行为，并赔偿陈剑经济损失 10 万元。博生公司不服，向最高人民法院申请再审。最高人民法院于 2015 年 12 月 2 日裁定驳回博生公司的再审申请。

【裁判意见】

最高人民法院审查认为：本案专利能否享有本国优先权，对于在先申请专利能否构成抵触申请具有实质性影响。本案专利属于实用新型专利，对于其本国优先权的审查，参照《审查指南》的相关规定，审查员在初步审查过程中，仅审查前后两申请的主题是否明显不相关，并不审查二者的实质内容是否一致。在申请主题明显不相关时，即可发出未要求优先权通知书。本案中，国务院专利行政部门在本案专利授权前，并未对其能否享有本国优先权的问题进行实质审查。因此，应由专利权人就本案专利享有本国优先权承担举证责任和说明义务。在权利人未能提交与本国优先权有关的在先申请文件副本，且未能证明本案专利与在先申请属于相同主题的发明创造的，均不能享有本国优先权，也不得以优先权日作为本案专利的申请日。专利权人陈剑虽然提交了其他在先申请文件，但并未证明上述文件与本案专利属于相同主题的技术方案。因此，本案专利不能依据上述在先申请享有本国优先权，在先申请专利构成本案专利的抵触申请。

2. 在说明书引证背景技术文件的情况下，对说明书公开内容的正确理解

【裁判要旨】

在可能的情况下，说明书的背景技术部分应当引证反映背景技术的文件。在文件内容构成本案专利的现有技术，且通过引证的方式，上述内容已经成为说明书所涉技术方案的组成部分，则文件内容应视为已被说明书所公开。

【关键词】

实用新型专利　侵权　背景技术　公开

【裁判意见】

在前述"清洁工具"实用新型专利侵权案中，最高人民法院审查认为：对于抵触申请中公开的具体内容，博生公司提出，在先申请专利已经明确提及专利文献CN201755206U（简称被引证专利）的相关内容，故被引证专利中的拖把杆结构应视为已经被在先申请专利所公开。根据《中华人民共和国专利法实施细则》第十七条的规定，在可能的情况下，背景技术部分应当引证反映背景技术的文件。本案中，在先申请专利在说明书中先后两次援引被引证专利。其一是在说明书背景技术中记载："为达到旋转的目的，常采用的驱动方式分为两种：……另一种采用被引证专利公开的手压式旋转拖。"其二是在说明书具体实施方式中记载："'拖把杆13'具有被引证专利公开的结构"。本案中，被引证专利的授权公告日早于本案专利的申请日，构成本案专利的现有技术。且在先申请专利不仅在说明书背景技术中援引了被引证专利，用于说明其公开的手压式旋转拖属于本领域"常采用的驱动方式"，还在说明书具体实施方式中明确记载了拖把杆13与被引证专利公开的结构一致。即被引证专利中的拖把杆结构属于在先申请专利技术方案的组成部分，应视为作为抵触申请的在先申请专利中已经公开的内容。因此，二审判决认定在先申请专利并未涉及拖把杆的具体结构和特征的结论，缺乏事实与法律依据。

3. 应用环境特征在方法专利侵权判断过程中的作用

【裁判要旨】

对于虽然并未作为技术特征写入权利要求，却是实施专利方法最为合理、常见和普遍的运行环境和操作模式，应当在涉及方法专利的侵权判断中予以考量。

【关键词】

发明专利　方法　侵权　应用环境

【案号】

最高人民法院〔2015〕民申字第2720号

【基本案情】

在再审申请人华为技术有限公司（以下简称华为公司）与被申请人中兴通讯股份有限公司（以下简称中兴公司）、杭州阿里巴巴广告有限公司（以下简称阿里巴巴公司）侵害发明专利权纠纷案中，华为公司是名称为"一种动态地址分配中防止IP地址欺骗的方法"的发明专利（即本案专利）的权利人。本案专利权利要求1描述了一种动态IP地址分配中防止IP地址欺骗的方法，即先行在合法用户地址表中添加用户终端的

MAC 地址和源 IP 地址信息，继而由用户终端向交换机发出 ARP 报文，交换机在合法用户地址表中查找是否有与信息相匹配项，若存在，即将发出该 ARP 报文中的源 IP 地址和源 MAC 地址加入 ARP 表，使得用户终端能够上网通信；否则，丢弃该 ARP 报文，该用户终端即不能上网通信，从而实现防止 IP 地址欺骗的发明目的。权利要求 1 中未对具体的网络应用环境进行限定。华为公司以中兴公司生产、阿里巴巴公司销售的型号为 ZXR103952A 的交换机（以下简称被诉侵权产品）使用的技术方案落入了本案专利权的保护范围为由，提起诉讼。杭州市中级人民法院一审认为，侵害方法发明专利的表现形式为使用了专利方法。鉴于华为公司不能证明中兴公司在生产被诉侵权产品时使用华为组网方式进行相应的技术开发和检测，或者被诉侵权产品的使用者根据华为组网方式使用该产品，而被诉侵权产品在本案专利文件中给出的组网方式下所呈现的技术方案与本案专利权利要求 1 不一致，故现有证据不能证明中兴公司使用了本案专利方法。遂判决驳回华为公司的诉讼请求。华为公司不服，提起上诉。华为公司认为，一审法院将权利要求 1 并未涉及的"开启 DHCP 中继的组网方式"作为其隐含技术特征予以解读，对华为组网方式予以排除，缩小了权利要求 1 的保护范围。浙江省高级人民法院二审判决驳回上诉、维持原判。华为公司仍不服，向最高人民法院申请再审。最高人民法院于 2015 年 12 月 11 日裁定驳回华为公司的再审申请。

【裁判意见】

最高人民法院审查认为：本案专利虽未将专利方法的具体网络应用环境作为技术特征写入权利要求 1，但专利方法的实施不能与之相分离。因为本案专利方法正是为了防止在动态 IP 地址的申请和分配过程中所可能发生的 IP 地址欺骗行为，其间必然涉及 DHCP 服务器与用户终端之间的通信，具体运行时也就存在 DHCP 服务器与用户终端是否处于同一网段的两种情形。就本案专利而言，首先，对权利要求作体系化解读，从属权利要求所涉的用户终端在动态 IP 地址的申请和分配过程中与 DHCP 服务器之间的通信均通过 DHCP 中继进行，并通过交换机的转发处理，将分配给用户的 IP 地址和 MAC 地址写入合法用户地址表，这意味着权利要求书是在开启 DHCP 中继的情形下，给出了如何完成权利要求 1 所描述的防止 IP 地址欺骗的第一个步骤"在合法用户地址表中增加用户终端 MAC 地址、源 IP 地址信息"的相关启示。其次，根据本案专利的说明书记载，本案专利是为了解决在跨网段的实际网络应用环境下可能出现的 IP 地址欺骗问题，亦主张基于网络安全考量，将 DHCP 服务器设置于单独网段，与用户终端作跨网段设置。再者，本案专利的附图说明明确记载"图 1 为本发明的网络应用环境示意图"，亦即专利方法的实际组网应用情况，而该图 1 正是将 DHCP 客户端与 DHCP 服务器分置于两个子网，通过"具备 DHCP 中继功能的三层交换机"相连接。故综合上述内容，依据本领域普通技术人员的通常理解，应确认开启 DHCP 中继使得 DHCP 服务器实现为不在其网段的用户终端提供服务应是实施本案专利方法最为合理、最为常见和普遍的运行环境和操作模式，也是华为公司作为专利权人所预设的专利方法理想的网络应用环境。二审判决的相关认定并不存在对本案专利技术特征的增减，对此应予维持。

4. 专利法意义上的销售行为的认定标准

【裁判要旨】

专利法意义上销售行为的认定，需要考虑专利法第十一条的立法目的，正确厘定销售行为与许诺销售行为之间的关系，充分保护专利权人利益。为此，销售行为的认定应当以销售合同成立为标准，而不应以合同生效、合同价款支付完成、标的物交付或者所有权转移为标准。

【关键词】

实用新型专利 侵权 销售行为 合同成立

【案号】

最高人民法院〔2015〕民申字第1070号

【基本案情】

在再审申请人刘鸿彬与被申请人北京京联发数控科技有限公司（以下简称京联发公司）、天威四川硅业有限责任公司（以下简称天威公司）侵害实用新型专利权纠纷案中，刘鸿彬是名称为"硅棒锥度或外圆数控磨床"的实用新型专利（即本案专利）的权利人。本案专利的申请日为2008年12月31日，授权日为2009年10月21日。2009年4月10日，天威公司（买方）通过公开招投标与京联发公司（卖方）签订《加工设备购销合同》，其中涉及将本案被诉侵权产品硅芯磨锥机销售给天威公司。该合同还约定，买方支付合同总额90%的货款后，卖方同时向买方提供合同总价100%的商业发票；剩余合同总价的10%作为质保金，待合同设备初步验收合格，一年保证期满后1个月内支付。2009年10月16日，京联发公司向天威公司出具了合同总价全额的增值税专用发票。刘鸿彬以京联发公司生产制造并销售给天威公司的硅芯磨锥机与本案专利权利要求1的特征完全相同为由，提起诉讼。四川省成都市中级人民法院一审认为，被诉侵权产品落入本案专利权利要求1的保护范围，京联发公司未经刘鸿彬许可，以生产经营为目的，制造、销售了被诉侵权产品，侵害了本案专利权；天威公司公开招标的时间以及签订《加工设备购销合同》的时间均早于本案专利授权公告日，尽到了合理审查义务，且能够证明其使用的被诉侵权产品具有合法来源，不应承担赔偿责任。遂判决天威公司和京联发公司停止侵害，京联发公司赔偿刘鸿彬经济损失10万元。京联发公司不服，提起上诉。四川省高级人民法院二审认为，在实用新型专利授权公告日之前发生和实施与该专利相同技术方案的行为，不构成侵害专利权。遂撤销一审判决，驳回刘鸿彬的诉讼请求。刘鸿彬不服，向最高人民法院申请再审。最高人民法院于2015年8月28日裁定驳回刘鸿彬的再审申请。

【裁判意见】

最高人民法院审查认为：专利法意义上销售行为的认定，需要考虑《中华人民共和国专利法》（以下简称专利法）第十一条的立法目的，正确厘定销售行为与许诺销售行为之间的关系，充分保护专利权人利益。该条规定的立法目的在于清晰界定专利权的权利范围，划定专利权人与社会公众的权利界限，充分保护专利权人的利益。该条规定从行为类型入手，规定发明和实用新型专利的权利人拥有制造、使用、许诺销售、销售和进口等五项权能，外观设计专利的权利人拥有制造、许诺销售、销售和进口等四项权能。上述权能同时构成专利权人禁止权的范围，是认定侵权行为的重要尺度。为确保专利权权利范围的清晰性，增强可预见性并预防纠纷发生，销售权能或者说销售侵权行为的认定标准必须清晰明确、简单易行、可操作性强。同时，为充分保护专利权人的利益，销售行为的认定标准还应当尽可能实现许诺销售行为与销售行为之间的无缝衔接，以便覆盖对专利权人利益产生较大影响的有关交易环节和过程，从而更有效地制止销售侵权行为。关于销售行为是否完成，京联发公司主张应以合同成立或者生效为标准，刘鸿彬则主张以标的物所有权转移或者合同价款支付为标准。因此，对于销售行为的认定标准，至少存在四种选择：合同成立标准、合同生效标准、合同价款支付完成标准、标的物交付或者所有权转移标准。如果采用标的物交付或者所有权转移标准，则被诉侵权人自合同成立到标的物交付或者所有权转移之前的行为将不构成销售，此段行为将脱离专利权人的权利范围，过分缩小了专利权人的权利空间；而且，标的物交付或者所有权转移必须结合合同具体内容以及履行过程来判断，不仅使得认定标准复杂化，还大大增加了专利权人维权时的取证成本和证明难度。如果采用价款支付完成标准，则被诉侵权人自合同订立到合同价款支付完成之前的行为同样无法构成销售，脱离专利权人的权利范围，缩小了权利人的权利空间；而且，合同价款支付涉及合同履行过程，当事人在实践中可能采取分期支付、抵销、债务让与等多种方式履行合同，同样会导致认定标准复杂化，增加专利权人维权时的取证成本和证明难度。如果采用合同生效标准，则自合同成立到生效之前的行为同样无法构成销售，脱离专利权人的权利范围，缩小了权利人的权利空间；而且，合同生效是法律对合同效力评价的结果，合同是否发生效力并非完全取决于当事人的意愿，将其作为认定销售行为尤其是销售侵权产品的标准，与作为侵权责任基础的意志自由原则相悖。如果采用合同成立作为认定销售行为的判断标准，由于合同成立之前当事人以广告、商品展示等方式作出的销售商品的单方意思表示属于许诺销售行为，双方就销售商品的意思表示达成合意属于销售行为，则销售行为与许诺销售行为可以实现密切衔接，使得销售行为与许诺销售行为之间不存在专利权无法覆盖的空间，有利于充分保护专利权人的利益。同时，合同成立是双方当事人就销售商品的意思表示达成合意的事实状态，往往通过书面合同等材料体现出来，不需要进一步考察合同的具体条款和履行过程，专利权人获取证据和证明销售行为成立更为容易，取证成本和认定成本均较低。因此，销售行为的认定，一般应当以销售合同成立为标准。本案中，天威公司与京联发公司之间的《加工设备购销合同》签订于2009年4月10日，专利法意义上的销售行为在该日已经实施，早于本案专利授权公告日（2009年10月21日）。二审法院认定京联发公司销售被诉侵权产品的行为在本案专利授权公告日前已经完成，结论正确。

5. 专利申请时已经明确排除的技术方案，不能以技术特征等同为由在侵权判断时重新纳入专利权的保护范围

【裁判要旨】

等同原则的适用需要兼顾专利权人和社会公众的利益，且须考虑专利申请与专利侵权时的技术发展水平，合理界定专利权的保护范围。

【关键词】

实用新型专利　侵权　保护范围　等同原则

【案号】

最高人民法院〔2015〕民申字第740号

【基本案情】

在再审申请人孙俊义与被申请人任丘市博成水暖器材有限公司（以下简称博成公司）、张泽辉、乔泰达侵害实用新型专利权纠纷案中，孙俊义系名称为"防粘连自动排气阀"实用新型专利的权利人（即本案专利）。本案专利请求保护的防粘连自动排气阀包括壳体、浮球、阀座，壳体底部有进水口，进水口上有进水套，其特征之一在于进水套的上表面呈锥面。本案专利说明书同时载明，进水套的锥面与浮球为线接触，所以不会产生腐蚀，这样就防止了由于腐蚀造成的锈块粘连，避免了跑水事故的发生。孙俊义以博成公司、张泽辉、乔泰达生产销售的"必安阁"排气阀（以下简称被诉侵权产品）侵害本案专利权为由，提起诉讼。经对比，各方当事人对于被诉侵权产品的进水套上表面呈平面，且区别于本案专利上表面为锥面的技术特征均无异议。黑龙江省哈尔滨市中级人民法院一审认为，被诉侵权产品使用进水套的上表面呈平面、浮球中部凸沿落在进水套上的技术特征，与本案专利进水套的上表面呈锥面、浮球下部落在进水套上的技术特征构成等同，侵害了本案专利权。遂判决乔泰达赔偿孙俊义经济损失1万元，博成公司、张泽辉赔偿孙俊义经济损失49万元并对乔泰达承担连带赔偿责任。博成公司、张泽辉不服，提起上诉。黑龙江省高级人民法院二审认为，本案专利将进水套上表面限定为"锥面"，显然认为进水套上表面呈"平面"无法达到其发明目的，或者"锥面"具有更先进的功能和效果，故"进水套上表面呈平面"这一常规手段应当被排除在本案专利的保护范围之外，被诉侵权产品并未落入本案专利权的保护范围，不构成专利侵权。孙俊义不服，向最高人民法院申请再审。最高人民法院于2015年11月12日裁定驳回了孙俊义的再审申请。

【裁判意见】

最高人民法院审查认为：判断被诉侵权产品"一体式盖母上表面呈平面"与本案专利"进水套上表面呈锥面"的技术特征是否等同，需考虑以下因素：首先，应考虑等同原则与专利权保护范围之间的关系，以及专利法律制度规定等同原则的必要性。一方面，在专利侵权判定中，等同原则是对专利权利要求字面保护范围的扩张，为专利权人提供了更为切实有效的法律保护，鼓励了技术创新；另一方面，专利制度本身又要确保专利权的保护范围具有足够的法律确定性和可预见性，不因等同原则的滥用而导致保护范围缺乏确定性而损害社会公众的利益。因此，等同原则的适用需要兼顾专利权人和社会公众的利益，既要保护专利权人在现有技术基础上作出的技术贡献，又要促进科学技术的进步。其次，等同原则的适用须考虑专利申请与专利侵权时的技术发展水平，防止对专利技术方案中的某些技术特征，以申请日后新出现的技术进行简单替换而规避侵权的发生，合理界定专利权的保护范围。本案中，本案专利的权利要求和说明书均明确记载和限定，进水套的上表面呈锥面。由于锥面和平面均为本案专利申请日前公知的技术方案，专利权人作出上述限定的目的，即为将平面排除在本案专利权的保护范围之外。

因此，在进行侵权判定时，亦不能将技术特征"锥面"扩张到"平面"予以保护，否则将有损社会公众对专利权保护范围确定性和可预见性的信赖，并损害社会公众的利益，动摇专利制度的基石。据此，被诉侵权产品的技术特征与本案专利权利要求记载的技术特征相比，并未构成等同的技术特征，被诉侵权产品未落入本案专利权的保护范围。

6. 外观设计近似性判断的判断主体、比对方法和比对对象

【裁判要旨】

外观设计近似性的判断，应当基于一般消费者的知识水平和认知能力，根据外观设计的全部设计特征，以整体视觉效果进行综合判断。当专利保护的是产品整体的外观设计时，不应当将产品整体予以拆分、改变原使用状态后进行比对。如果实物照片真实反映了被诉侵权产品的客观情况，可以使用照片中的被诉侵权产品与本案专利进行比对。

【关键词】

外观设计专利　侵权　判断主体　比对方法

【案号】

最高人民法院〔2014〕民三终字第8号

【基本案情】

在上诉人本田技研工业株式会社（以下简称本田株式会社）与被上诉人石家庄双环汽车股份有限公司（以下简称双环股份公司）、石家庄双环汽车有限公司（以下简称双环有限公司）、石家庄双环新能源汽车有限公司侵害外观设计专利权纠纷案中，本田株式会社系名称为"汽车"的外观设计专利（即本案专利）的权利人。本田株式会社以双环股份公司、双环有限公司共同制造、销售"LAIBAO S—RV"汽车（以下简称被诉侵权产品）的行为侵害本案专利权为由，提起诉讼。河北省高级人民法院一审认为，被诉侵权产品未落入本案专利权的保护范围，遂判决驳回本田株式会社的诉讼请求。本田公司不服，提起上诉。本田公司认为，一审法院对于外观设计侵权判断的判断主体、比对方法、对象等，均存在错误。最高人民法院于2015年7月23日二审判决驳回上诉、维持原判。

【裁判意见】

最高人民法院二审认为：第一，关于判断主体。对外观设计近似性的判断，应当基于一般消费者的知识水平和认知能力，根据外观设计的全部设计特征，以整体视觉效果进行综合判断。一般消费者是指对相关设计状况具有常识性了解，且对不同外观设计之间在形状、图案、色彩上的差别具有分辨力的人，但其通常不会注意到形状、图案、色彩的微小变化。一般消费者是法律虚拟的一个概念，其所具有的"常识性了解"与一般的汽车发烧友并不一致。一审法院未将本田株式会社提交的各类媒体文章、汽车发烧友的评论等内容作为认定一般消费者认知的证据，并无不当之处。第二，关于比对方法。外观设计专利侵权的比对，应当以授权公告中的图片或者照片与被诉侵权产品的实物进行对比，判断两者的外观设计是否相同或近似。当实物照片真实反映了实物的客观情况，将照片中被诉侵权产品的外观与本案专利进行比对，亦是侵权案件中经常采用的方法。本田株式会社在提起本案诉讼时，并未向一审法院提交被诉侵权产品的实物，一审法院使用本田株式会社提交的、与实物并无明显视觉差异的图片进行比对的方法，并无

不当之处。第三，关于比对对象。外观设计专利侵权判断采用整体观察、综合判断的标准，对比对象是产品在正常使用状态下的可视整体外观，不应当将产品整体予以拆分、改变原使用状态后，对部分外观设计进行对比。本田株式会社主张，在侵权对比过程中，不应考虑汽车顶部的行李架横杆、导流板、前后保险杠护板等选装件。但拆除上述选装件后，产品所呈现的是组装时的外观状态，而非一般消费者在购买后的正常使用状态。本田株式会社的上述主张，亦与其以整车外观设计为依据提起本案诉讼的事实基础不符。

7. 设计特征的认定及对外观设计近似性判断的影响

【裁判要旨】

设计特征体现了授权外观设计不同于现有设计的创新内容，也体现了设计人对现有设计的创造性贡献。如果被诉侵权产品未包含授权外观设计区别于现有设计的全部设计特征，一般可以推定二者不构成近似外观设计。设计特征的存在应由专利权人进行举证，允许第三人提供反证予以推翻，并由人民法院依法予以确定。

【关键词】

外观设计专利　侵权　设计特征　显著影响

【案号】

最高人民法院〔2015〕民提字第23号

【基本案情】

在再审申请人浙江健龙卫浴有限公司（以下简称健龙公司）与被申请人高仪股份公司（以下简称高仪公司）侵害外观设计专利权纠纷案中，高仪公司系"手持淋浴喷头（NO. A4284410X2）"外观设计专利（即本案专利）的权利人。高仪公司以健龙公司生产、销售和许诺销售的丽雅系列等卫浴产品（即被诉侵权产品）侵害本案专利权为由，提起诉讼。浙江省台州市中级人民法院一审认为，高仪公司主张喷头出水面设计为本案专利的设计要点，但本案专利授权公告的"简要说明"中对此并无体现，被诉侵权产品与本案专利虽在喷头的出水面上高度近似，但喷头头部周边设计、手柄设计存在差别，两者不构成近似。据此判决驳回高仪公司的诉讼请求。高仪公司不服，提起上诉。浙江省高级人民法院二审认为，跑道状的喷头出水面应作为本案专利区别于现有设计的设计特征予以重点考量，而被诉侵权产品正是采用了与之高度相似的出水面设计。此外，被诉侵权产品与本案专利在淋浴喷头的整体轮廓、喷头与把手的长度分割比例等方面均非常相似，应认定二者构成相近似的外观设计。据此判决撤销一审判决，判令健龙公司停止侵权行为，销毁库存侵权产品，赔偿高仪公司经济损失人民币10万元。健龙公司不服，向最高人民法院申请再审。最高人民法院裁定提审本案，并于2015年8月11日判决撤销二审判决，维持一审判决。

【裁判意见】

最高人民法院提审认为：外观设计专利制度的立法目的在于保护具有美感的创新性工业设计方案，一项外观设计应当具有区别于现有设计的可识别性创新设计才能获得专利授权，该创新设计即是授权外观设计的设计特征。由于设计特征的存在，一般消费者容易将授权外观设计区别于现有设计，因此，其对外观设计产品的整体视觉效果具有显著影响，如果被诉侵权产品未包含授权外观设计区别于现有设计的全部设计特征，一般可以推定被诉侵权产品与授权外观设计不近似。专利权人可能将设计特征记载在简要说明中，也可能会在专利授权确权或者侵权程序中对设计特征作出相应陈述。无论是专利权人举证证明的设计特征，还是通过授权确权有关审查文档记载确定的设计特征，如果第三人提出异议，都应当允许其提供反证予以推翻。人民法院在听取各方当事人质证意见的基础上，对证据进行充分审查，依法确定授权外观设计的设计特征。本案专利的设计特征有三点：一是喷头及其各面过渡的形状，二是喷头出水面形状，三是喷头宽度与手柄直径的比例。虽然被诉侵权产品采用了与本案专利高度近似的跑道状出水面，但在喷头及其各面过渡的形状这一设计特征上，二者在设计风格上呈现明显差异。二审判决仅重点考虑了本案专利跑道状出水面的设计特征，而对于其他设计特征，以及产品正常使用时容易被直接观察到的其他区别设计特征未予考虑，从而认定二者构成近似外观设计的结论是错误的。

8. 抵触申请抗辩成立的条件

【裁判要旨】

被诉侵权人以其实施的技术方案属于抵触申请为由，主张不侵害专利权的，应当审查被诉侵权技术方案是否已被抵触申请完整公开。在该技术方案相对于抵触申请不具有新颖性时，抵触申请抗辩成立。

【关键词】

实用新型专利　侵权　抗辩　抵触申请

【裁判意见】

在前述"清洁工具"实用新型专利侵权案中，最高人民法院审查认为：如果被诉侵权技术方案已被抵触申请公开，则相较于抵触申请不应被授予专利权，也不应被纳入本案专利权的保护范围。因此，被诉侵权人以其实施的技术方案属于抵触申请为由，主张未侵害本案专利权的，人民法院可以参照有关现有技术抗辩的规定，对抵触申请抗辩能否成立进行审查。但是，由于抵触申请与现有技术的含义和性质存在一定差异，故抵触申请抗辩的审查判断标准应与抵触申请的性质相适应。即抵触申请仅可以被用来单独评价本案专利的新颖性，既不能与现有技术或者公知常识结合，更不能用于评价本案专利的创造性。且只有在被诉侵权技术方案的各项技术特征均已被抵触申请单独、完整地公开，相对于抵触申请不具有新颖性时，才能够认定抵触申请抗辩成立。本案中，在先申请专利没有公开被诉侵权产品中的"拖把杆包括内杆和外杆""内外杆间相互套接"等技术特征，被诉侵权产品相对于抵触申请具有新颖性。此外，博生公司有关将在先申请专利与公知常识结合后进行抵触申请抗辩的主张，缺乏法律依据，其抵触申请抗辩不能成立。

9. 现有设计抗辩的审查与判断

【裁判要旨】

在被诉侵权产品与本案专利相近似的情况下，如果被诉侵权产品采用了本案专利与现有设计相区别的设计特征，现有设计抗辩不能成立。

【关键词】
外观设计专利　侵权　抗辩　现有设计
【案号】
最高人民法院〔2015〕民申字第 633 号
【基本案情】
在再审申请人丹阳市盛美照明器材有限公司（以下简称盛美公司）与被申请人童先平侵害外观设计专利权纠纷案中，童先平为"LED 路灯（JD－2006B）"外观设计专利（即本案专利）的权利人。童先平以盛美公司制造、销售以及许诺销售被诉侵权产品的行为侵害本案专利权为由，提起诉讼。江苏省镇江市中级人民法院一审认为，被诉侵权产品与本案专利在整体视觉效果上无实质性差异，两者构成近似，盛美公司的现有设计抗辩主张不能成立，遂判令盛美公司立即停止侵权行为，并赔偿童先平经济损失 58950 元。盛美公司不服，提起上诉。江苏省高级人民法院二审判决驳回上诉、维持原判。盛美公司仍不服，向最高人民法院申请再审。最高人民法院于 2015 年 10 月 23 日裁定驳回盛美公司的再审申请。
【裁判意见】
最高人民法院审查认为：现有设计是指外观设计申请日前为国内外公众所知的设计。被诉侵权人有证据证明其实施的设计属于现有设计的，不构成侵害外观设计专利权。盛美公司对于被诉侵权产品与本案专利构成相近似的结论并无异议，但主张被诉侵权产品属于现有设计。通过对比可见，除产品尾部设计是否有螺钉固定外，本案专利与现有设计在正面整体轮廓、下灯盖侧面形状、灯槽、灯罩、内部反光板形状、上灯盖背部以及产品尾部接口处截面设计方面的区别设计特征，均体现在被诉侵权产品与现有设计的区别中，而正是这些区别设计特征的存在，使本案专利在整体视觉效果上明显区别于现有设计，也即这些区别设计特征是本案专利的创新之处，其相较于本案专利的其他设计特征而言，对于外观设计相同或近似的判断，在整体视觉效果上更具有影响。在被诉侵权产品采用了本案专利与现有设计相区别的设计特征的情况下，被诉侵权产品与本案专利构成近似，与现有设计则存在实质性差异，盛美公司的现有设计抗辩不能成立。

10. 先用权抗辩的审查与认定
【裁判要旨】
现有证据能够证明，制造商在申请日前已经实施或已经为实施本案专利做好了技术或物质上的必要准备，且仅在原有范围内继续制造的，先用权抗辩成立。在制造商并非本案被告，但销售商能够证明被诉侵权产品的合法来源以及制造商享有先用权的情况下，销售商可以提出先用权抗辩。
【关键词】
发明专利　侵权　抗辩　先用权
【案号】
最高人民法院〔2015〕民申字第 1255 号
【基本案情】
在再审申请人北京英特莱技术公司（以下简称英特莱公司）与被申请人深圳蓝盾公

司北京分公司(以下简称蓝盾北京分公司)、北京蓝盾创展门业有限公司(以下简称蓝盾创展公司)侵害发明专利权纠纷案中,英特莱公司是名称为"防火隔热卷帘用耐火纤维复合卷帘及其应用"的发明专利(即本案专利)的权利人。英特莱公司以蓝盾北京分公司、蓝盾创展公司制造的防火卷帘产品(以下简称被诉侵权产品)落入了本案专利权的保护范围,侵害本案专利权为由,提起诉讼。经比对,被诉侵权产品落入本案专利权保护范围。但蓝盾北京分公司、蓝盾创展公司主张,被诉侵权产品来源于案外人深圳市蓝盾实业有限公司(以下简称深圳蓝盾公司),且深圳蓝盾公司享有先用权,被诉侵权产品不构成对本案专利权的侵害。北京市第二中级人民法院一审认为,被诉侵权产品落入本案专利权的保护范围,但被诉侵权产品是从深圳蓝盾公司进货,蓝盾北京分公司和蓝盾创展公司不是被诉侵权产品的制造者。而深圳蓝盾公司在专利申请日前已经制造相同产品,并且仅在原有范围内继续制造,依法享有先用权,蓝盾北京分公司和蓝盾创展公司所提先用权抗辩理由成立。遂判决驳回英特莱公司的诉讼请求。英特莱公司不服,提出上诉。北京市高级人民法院二审判决驳回上诉、维持原判。英特莱公司仍不服,向最高人民法院申请再审。最高人民法院于 2015 年 10 月 9 日裁定驳回英特莱公司的再审申请。

【裁判意见】

最高人民法院审查认为:蓝盾北京分公司和蓝盾创展公司提供了深圳蓝盾公司研发与本案专利相同的防火卷帘产品的设计可行性报告、计划书、任务书、研制报告书、设计总结、相关研发会议纪要和技术人员的证人证言以及案外人提供研发产品原材料的证明,可以证明被诉侵权产品系深圳蓝盾公司自行研发。在已确认国家建设部门相关规范的修订导致全行业开展新产品研发和深圳蓝盾公司于本案专利申请日前已生产出相关产品这两项事实的前提下,本案相关证据已经形成较为完整的证据链,可以认定深圳蓝盾公司在申请日前为实施本案专利做好了制造的必要准备。此外,虽然享有先用权的主体应为制造商,但制造商并非本案被告。在销售商已经举证证明被诉侵权产品的合法来源,及制造商享有先用权的情况下,如果一味要求追加制造商为当事人或者驳回销售商的抗辩,不仅会增加当事人诉累,也与在制造商享有先用权的情况下,其生产的产品可以合法流通的立法宗旨相违背,故销售商可以在本案中提出先用权抗辩。

(二) 专利行政案件审判

11. 权利要求的解释所需遵循的一般原则

【裁判要旨】

在专利授权确权程序中解释权利要求用语的含义时,必须顾及专利法关于说明书应该充分公开发明的技术方案、权利要求书应当得到说明书支持、专利申请文件的修改不得超出原说明书和权利要求书记载的范围等法定要求,基于权利要求的文字记载,结合对说明书的理解,对权利要求作出最广义的合理解释。

【关键词】

发明专利　无效程序　权利要求　解释

【案号】

最高人民法院〔2014〕行提字第 17 号

【基本案情】

在再审申请人李晓乐与被申请人国家知识产权局专利复审委员会（以下简称专利复审委员会）、一审第三人、二审上诉人郭伟、沈阳天正输变电设备制造有限责任公司（以下简称沈阳天正公司）发明专利权无效行政纠纷案中，郭伟和沈阳天正公司为第03123304.X号、名称为"反射式萨格奈克干涉仪型全光纤电流互感器"的发明专利（即本案专利）的共同权利人。本案专利共有12项权利要求，独立权利要求1公开了一种反射式萨格奈克干涉仪型全光纤电流互感器，其特征之一在于：它至少由光电单元和光纤电流感应单元连接构成。权利要求1中没有关于反射膜的内容记载。权利要求10为权利要求1的从属权利要求，其进一步限定了光纤电流感应单元设在电流互感器的高压区，至少由λ/4波片，其中λ为光纤中传递的光信号的波长、感应光纤线圈和感应光纤线圈端面镀反射膜组成。2009年9月27日，李晓乐以本案专利不具有新颖性、创造性等为由，向专利复审委员会提出无效宣告请求。专利复审委员会于2010年4月22日作出第14794号无效宣告请求审查决定（以下简称第14794号决定），维持本案专利权有效，并认定权利要求1中的"全光纤"应当是在光纤电流感应单元中由光纤端面镀反射膜作为反射体而构成的全光纤结构。李晓乐不服，提起行政诉讼。北京市第一中级人民法院一审维持第14794号决定。李晓乐、郭伟、沈阳天正公司均不服，提起上诉。北京市高级人民法院二审认为，虽然权利要求1没有记载由光纤端面镀反射膜作为反射体这一技术特征，而是在权利要求10中记载了该特征，但权利要求1所记载的技术特征应不包含使用镜子作为反射体的内容，即权利要求1中的全光纤应当是使用镜子以外的其他反射体进行反射的全光纤结构。专利复审委员会对相关技术特征的认定正确。遂判决驳回上诉、维持原判。李晓乐仍不服，向最高人民法院申请再审。最高人民法院裁定提审本案，并于2015年8月11日判决撤销一审、二审判决和第14794号决定，判令专利复审委员会重新作出审查决定。

【裁判意见】

最高人民法院提审认为：专利授权确权程序中，权利要求解释的目的在于通过明确权利要求的含义及其保护范围，对权利要求是否符合专利授权条件或者其效力如何作出判断。基于此目的，在解释权利要求用语的含义时，必须顾及专利法关于说明书应该充分公开发明的技术方案、权利要求书应当得到说明书支持、专利申请文件的修改不得超出原说明书和权利要求书记载的范围等法定要求。通常情况下，在专利授权确权程序中，对权利要求的解释采取最大合理解释原则，即基于权利要求的文字记载，结合对说明书的理解，对权利要求作出最广义的合理解释。如果说明书未对权利要求用语的含义作出特别界定，原则上应采取本领域普通技术人员在阅读权利要求书、说明书和附图之后对该术语所能理解的通常含义，尽量避免利用说明书或者审查档案对该术语作不适当的限制，以便对权利要求是否符合授权条件和效力问题作出更清晰的结论，从而促使申请人修改和完善专利申请文件，提高专利授权确权质量。本案中，本专利权利要求1中记载全光纤电流互感器至少由光电单元和光纤电流感应单元连接构成，并没有记载"反射膜"的技术特征，"反射膜"的技术特征出现在权利要求1的从属权利要求10的附加技术特征中。说明书中既没有将具有"反射膜"的技术方案作为背景技术描述，也没有用"反射膜"这一技术特征对权利要求1所述的"全光纤电流互感器"作出特别界定，说明书中的相关内容仅能说明本专利在对应于从属权利要求10的进一步的优选实施例中，采用了光纤端面镀反射膜的方式，并不是指本专利权利要求1中的"全光纤电流互感器"具有此处描述的特定含义。第14794号决定在对权利要求1中的"全光纤电流互感器"进行界定时，引入其从属权利要求的附加技术特征和说明书的内容对其进行限缩性解释，适用法律错误，应予纠正。

12. 字面含义存在歧义的技术特征的解释规则

【裁判要旨】

对于权利要求中字面含义存在歧义的技术特征的解释，应当结合说明书及附图中已经公开的内容，并符合本案专利的发明目的，且不得与本领域的公知常识相矛盾。

【关键词】

发明专利　无效程序　技术术语　解释

【案号】

最高人民法院〔2013〕行提字第17号

【基本案情】

在申诉人辽宁般若网络科技有限公司（以下简称般若公司）与被申诉人国家知识产权局专利复审委员会（以下简称专利复审委员会）、一审第三人中国惠普有限公司（以下简称惠普公司）发明专利权无效行政纠纷案中，般若公司为第01106125.1号、名称为"容错阵列服务器"的发明专利（即本案专利）的权利人。本案专利权利要求1的技术特征b为："键盘、鼠标、显示器、网卡和电源通过整体插头和整体插座连接"。本案专利说明书记载了如下内容：本发明的目的是提供一种一次插拔就可以完成键盘、鼠标、显示器、网卡和电源的连接，主板可以带电插拔、同一背板上可以插拔多个服务器的容错阵列服务器。它通过切换器实现光驱、软驱、键盘、显示器和鼠标的共用。2009年2月23日，惠普公司以权利要求1~8不具有创造性为由，向专利复审委员会提出无效宣告请求。专利复审委员会于2009年6月23日作出第13610号无效宣告请求审查决定（简称第13610号决定），宣告本案专利权全部无效。般若公司不服，提起行政诉讼。北京市第一中级人民法院一审判决维持第13610号决定。般若公司不服，提起上诉。北京市高级人民法院二审判决驳回上诉、维持原判。般若公司仍不服，向最高人民法院申请再审。其再审申请理由之一为，权利要求1的技术特征b限定了服务器与机箱的连接方式和内容。其中整体插头和整体插座连接，键盘、鼠标、显示器、网卡和电源为并列关系。第13610号决定认定权利要求1的特征b是"键盘、鼠标、显示器……连接电源"，与权利要求1的内容不符。最高人民法院裁定提审本案，并于2015年4月1日判决撤销第13610号决定及一审、二审判决，责令专利复审委员会重新作出审查决定。

【裁判意见】

最高人民法院提审认为：对于技术特征b，本案中有两种理解。专利复审委员会认为，电源是键盘、鼠标、显示器和网卡的连接对象。般若公司则认为，电源与键盘、鼠标、显示器、网卡为并列关系。因此，技术特征b的字面含义存在歧义。对于权利要求中该种技术特征的解释，应当结合说明书及其附图中的有关内容，符合本案专利的发明目的,且不得与本领域的公知常识相矛盾。首先,根据说明书中关于发明目的和技术效果的记载,本案专利通过一次性的热插拔,实现键盘、鼠标、显示器、网卡和电源的连接,通过切换器实现光驱、软驱、键盘、显示器和鼠标的共用。其次,本案专利的改进之一为通过设置集中容错电源,实现同时给容错阵列服务器供电,以避免传统电源在容错时一个服务器备用一个冗余电源的技术缺陷。因此,集中容错电源是为了给容错阵列服务器中各个服务器集中供电,而非仅仅为键盘、鼠标、显示器、网卡供电而设置。各个服务器是通过整体插头和整体插座的一次插拔,实现键盘、鼠标、显示器、网卡以及电源的连接和断开,而不仅仅是将键盘、鼠标、显示器、网卡与电源相连接。再次,在现有技术中,鼠标、键盘和网卡通常无需单独连接电源,而是通过接口的插拔同时实现电力以及信号的传输。因此,如果将技术特征 b 仅仅理解为通过整体插头和整体插座的连接,使得键盘、鼠标、显示器、网卡与电源相连接,既不能实现本案专利所要解决的"一次插拔"的发明目的,亦有悖于本领域的公知常识,般若公司关于技术特征 b 应理解为"电源与键盘、鼠标、显示器、网卡为并列关系,所述部件均通过整体插头和整体插座连接"的主张成立。

13. 化学领域产品发明说明书充分公开的判断

【裁判要旨】

化学领域产品发明的专利说明书中应当记载化学产品的确认、制备和用途。

【关键词】

发明专利　化学产品　无效程序　充分公开

【案号】

最高人民法院〔2014〕行提字第 8 号

【基本案情】

在再审申请人国家知识产权局专利复审委员会(简称专利复审委员会)、北京嘉林药业股份有限公司(简称嘉林公司)与被申请人沃尼尔·朗伯有限责任公司(简称沃尼尔·朗伯公司)、一审第三人张楚发明专利权无效行政纠纷案(简称"阿托伐他汀"发明专利权无效案)中,1996 年 7 月 8 日,沃尼尔·朗伯公司申请了名称为"结晶[R—(R*,R*)]—2—(4—氟苯基)—β,δ—二羟基—5—(1—甲基乙基)—3—苯基—4—[(苯氨基)羰基]—1H—吡咯—1—庚酸半钙盐"发明专利(即本案专利),2002 年 7 月 10 日获得授权,专利号为 96195564.3。本案专利权利要求 1 的主题为含 1—8 摩尔水的 I 型结晶阿托伐他汀水合物,特征部分用 X—射线粉末衍射图(XPRD)予以限定。针对本案专利,嘉林公司、张楚分别向专利复审委员会提起无效宣告请求,专利复审委员会合并审理后于 2009 年 6 月 17 日作出第 13582 号无效宣告请求审查决定(简称第 13582 号决定),以本案专利不符合专利法第二十六条第三款规定为由,宣告本案专利权全部无效。主要理由为:1. 说明书中没有提供任何定性或定量的数据证明其得到的 I 型结晶阿托伐他汀水合物中确实包含 1—8 摩尔(优选 3 摩尔)水;而且,从其制备方法的步骤,以及用于表征产品晶型的 XPRD 数据及谱图中也无法确切地推知其产品中水含量为 1—8 摩尔(或 3 摩尔)。因此,本领域技术人员根据说明书公开的内容无法确认权利要求中保护的产品。2. 本领域技术人员根据本案专利说明书的内容无法确信如何才能制备得到本案专利保护的含1—8摩尔水（优选3摩尔）的Ⅰ型结晶阿托伐他汀水合物。沃尼尔·朗伯公司不服，提起行政诉讼。北京市第一中级人民法院一审判决维持第13582号决定。沃尼尔·朗伯公司不服，提起上诉。北京市高级人民法院二审认为，本发明要解决的技术问题是要获得阿托伐他汀的结晶形式，具体是Ⅰ型结晶阿托伐他汀，用以克服"无定形阿托伐他汀不适合大规模生产中的过滤和干燥"的技术问题。由于专利复审委员会并没有确定本发明所要解决的技术问题，也没有明确哪些参数是"与要解决的技术问题相关的化学物理性能参数"。因此，专利复审委员会在未对本发明要解决的技术问题进行整体考虑的情况下，作出本案专利不符合专利法第二十六条第三款规定的相关认定显属不当。遂判决撤销一审判决和第13582号决定，并责令专利复审委员会重新作出决定。专利复审委员会、嘉林公司均不服，向最高人民法院申请再审。最高人民法院裁定提审本案，并于2015年4月16日判决撤销二审判决，维持一审判决。

【裁判意见】

最高人民法院提审认为：本发明涉及Ⅰ型结晶阿托伐他汀及其水合物，为典型的化学领域产品发明，而化学领域发明专利相比于其他领域具有特殊性，即化学领域属于实验性科学领域，影响发明结果的因素是多方面、相互交叉且错综复杂的。由于化学领域发明专利的这些特性，化学产品发明的专利说明书中应当记载化学产品的确认、制备和用途。具体而言，当发明是一种化合物时，说明书中应当说明该化合物的化学结构及与发明要解决的技术问题相关的化学、物理性能参数，使本领域技术人员能确认该化合物。化学产品的确认是指本领域技术人员应能够根据说明书中公开的内容清楚地确认权利要求所保护的化学产品。本案专利请求保护的Ⅰ型结晶阿托伐他汀水合物中的水含量是该产品发明的组成部分和结构特征，说明书中应当有定性或者定量的数据使本领域技术人员相信本案专利请求保护的Ⅰ型结晶阿托伐他汀水合物中确实含有1到8摩尔水，优选3摩尔水。也就是说，含水量的确认作为证明本案专利产品实际存在状态的证据，属于本案专利产品确认中必不可少的重要内容。沃尼尔·朗伯公司认可本案专利说明书中未测定得到的Ⅰ型结晶阿托伐他汀含有多少水，也认可通过本案专利说明书公开的图谱本身不能确定对应的化合物中水的含量，在说明书仅有声称性结论的情况下，本领域技术人员无法确认本案专利请求保护的Ⅰ型结晶阿托伐他汀水合物确实含有1到8摩尔水，优选3摩尔水。说明书中还应当至少公开一种制备方法，使本领域技术人员能够实施。由于本案专利说明书中没有对请求保护的Ⅰ型结晶阿托伐他汀水合物中的水进行清楚、完整的说明，本领域技术人员无论是根据本案专利说明书中的一般性记载，还是根据其中具体的实施例，均无法确信可以受控地制备得到本案专利请求保护的含1—8摩尔水（优选3摩尔）的Ⅰ型结晶阿托伐他汀水合物。从化学产品确认和制备的角度，本案专利说明书不符合专利法第二十六条第三款的规定。

14. 确定发明所要解决的技术问题与判断说明书是否充分公开之间的关系

【裁判要旨】

技术方案的再现与是否解决了技术问题、产生了技术效果的评价之间，存在着先后顺序上的逻辑关系，应首先确认本领域技术人员根据说明书公开的内容是否能够实现该技术方案，然后再确认是否解决了技术问题、产生了技术效果。

【关键词】

发明　无效程序　充分公开　技术问题

【裁判意见】

在前述"阿托伐他汀"发明专利权无效案中，最高人民法院还对判断说明书是否充分公开与实现技术方案和解决技术问题之间的关系表明了态度。最高人民法院提审认为：本案专利说明书应对权利要求所限定的发明内容进行清楚、完整的说明，以本领域技术人员根据说明书公开的内容能够实现为准。而"能够实现"，参照《审查指南》的规定，是指本领域技术人员根据说明书公开的内容，能够实现发明的技术方案，解决其技术问题，并且产生预期的技术效果。也就是说，必须是能够实现技术方案、解决技术问题、产生预期效果三者同时满足，才符合专利法第二十六条第三款的规定。可见，在判断是否符合专利法第二十六条第三款的规定时，需要考虑发明所要解决的技术问题，如果说明书给出了技术手段，但本领域技术人员采用该手段不能解决发明所要解决的技术问题，同样不符合专利法第二十六条第三款的规定。但需要考虑发明解决的技术问题并不意味须首先考虑发明所需解决的技术问题，如果一个发明的技术方案本身都无法实现，显然已经不符合专利法第二十六条第三款的规定，这时候再考虑发明要解决的技术问题已经没有实际意义。因此，技术方案的再现和是否解决了技术问题、产生了技术效果的评价之间，存在着先后顺序上的逻辑关系，应首先确认本领域技术人员根据说明书公开的内容是否能够实现该技术方案，然后再确认是否解决了技术问题、产生了技术效果，在不对技术方案本身是否可以实现作出确认的前提下，其与现有技术相比是否能够解决相应的技术问题，并实现有益的技术效果均无从谈起。本案中，二审法院实际并没有考虑本案专利权利要求限定的技术方案的可实现性，而是首先考虑发明要解决的技术问题，进而考虑与要解决的技术问题相关的化学物理性能参数，该审理思路不当，对此应当予以纠正。

15. 申请日后补交的实验性证据是否可以用于证明说明书充分公开

【裁判要旨】

在申请日后提交的用于证明说明书充分公开的实验性证据，如果可以证明以本领域技术人员在申请日前的知识水平和认知能力，通过说明书公开的内容可以实现该发明，那么该实验性证据应当予以考虑，不能仅仅因为该证据是申请日后提交而不予接受。

【关键词】

发明专利　无效程序　申请日　实验性证据

【裁判意见】

在前述"阿托伐他汀"发明专利权无效案中，沃尼尔·朗伯公司和嘉林公司均提交了实验性证据用以证明本领域技术人员根据说明书的内容是否可以实现本案专利。最高人民法院提审认为：专利法第二十六条第三款要求，本领域技术人员在专利申请日之前就可以根据说明书充分公开的内容实现发明，而在申请日后补充的实验性证据，一般以事后验证的方式来证明说明书达到了上述要求。在专利申请日后提交的用于证明说明书充分公开的实验性证据，如果可以证明以本领域技术人员在申请日前的知识水平和认知能力，通过说明书公开的内容可以实现该发明，那么该实验性证据应当予以考虑，不应仅仅因为该证据是申请日后提交而不予接受。在考虑实验性证据是否采纳的时候应严格审查时间和主体两个条件。首先，实验性证据涉及的实验条件、方法等在时间上应该是申请日或优先权日前本领域技术人员通过阅读说明书能够直接得到或容易想到的；其次，在主体上，应立足于本领域技术人员的知识水平和认知能力。沃尼尔·朗伯公司和嘉林公司提交的实验性证据均无法达到上述要求，故对此不予采纳。

16. 从属权利要求是否得到说明书支持的判断

【裁判要旨】

对于形式上具有从属关系，实质上替换了独立权利要求中特定技术特征的从属权利要求，应当按照其限定的技术方案的实质内容来确定其保护范围，并在此基础上判断是否得到说明书的支持。

【关键词】

发明专利　无效程序　从属权利要求　说明书

【案号】

最高人民法院〔2014〕行提字第32号

【基本案情】

在再审申请人朱福奶、翟佑华、马国奶与被申请人国家知识产权局专利复审委员会（以下简称专利复审委员会）及一审第三人、二审上诉人河南全新液态起动设备有限公司（以下简称全新公司）发明专利权无效行政纠纷案中，朱福奶、翟佑华、马国奶系名称为"无刷自控电机软启动器"的第03112809.2号发明专利（即本案专利）的权利人。本案专利共有5项权利要求，其中，独立权利要求1请求保护一种无刷自控电机软启动器，包括电解液、电解液贮容器，处于电解液中可相对移动的静电极和动电极以及与其电气相连接的接线柱，接线柱与电机电枢连接，使静电极和动电极之间的电阻与电枢串接。其特征包括，动电极与静电极之间设有阻止动电极向静电极移动的弹性阻力装置；所述弹性阻力装置的阻力与动电极和静电极之间距离成反比，电解液贮容器上还设有排气阀和安全阀。权利要求3在权利要求1或2的基础上，进一步限定弹性阻力装置为拉簧，拉簧的一端固定在动电极上，另一端固定在环形凹腔的内环侧壁上。权利要求5在权利要求3的基础上，进一步限定所述排气阀为离心式排气阀，设置在靠近转轴位置的端面上。针对本案专利，全新公司于2010年1月14日以权利要求书未得到说明书的支持等为由，向专利复审委员会提出无效宣告请求。专利复审委员会作出第15243号无效宣告请求审查决定（简称第15243号决定）认为，权利要求1中记载的是动、静电极之间设有弹性阻力装置，而根据说明书记载，动电极与静电极之间并未设置任何部件。因此，权利要求1没有得到说明书的支持。权利要求2~5直接或间接从属于权利要求1，其各自限定部分的内容并未克服权利要求1得不到说明书支持的缺陷，权利要求2~5也不符合专利法第二十六条第四款的规定，遂宣告本案专利权全部无效。朱福奶、翟佑华、马国奶不服第15243号决定，提起行政诉讼。北京市第一中级人民法院一审认为，本案专利权利要求1保护的范围是"动电极与静电极之间设有阻止动电极向静电极移动的弹性阻力装置。所述弹性阻力装置的阻力与动电极和静电极之间距离成反比"。说明书记载了"动电极与静电极之间设有阻止动电极向静电极移动的弹性阻力装置",并对弹性阻力装置作用进行了清楚的说明。同时,在说明书具体实施方式二结构剖视图及具体实施方式一结构剖视图中,均可以清晰地看出为实现本案专利发明目的所设置的弹性阻力装置(弹簧、杠杆)。本案专利符合专利法第二十六条第四款的规定。遂判决撤销第15243号决定,并责令专利复审委员会重新作出审查决定。专利复审委员会、全新公司均不服,提起上诉。北京市高级人民法院二审认为,本领域技术人员在阅读说明书中有关"阻止动电极向静电极移动的弹性阻力装置"设置在动电极与凹腔内环侧壁之间的具体实施方式后,无法得出本案专利权利要求中记载有"动电极与静电极之间设有阻止动电极向静电极移动的弹性阻力装置"的技术方案。本案专利的权利要求未以说明书为依据来说明要求专利保护的技术方案。二审法院遂撤销一审判决,维持第15243号决定。朱福奶、翟佑华、马国奶不服,向最高人民法院申请再审。最高人民法院裁定提审本案,并于2015年7月1日判决撤销一审、二审判决,并责令专利复审委员会重新作出审查决定。

【裁判意见】

最高人民法院提审认为:第15243号决定及二审判决认定权利要求1、2、4没有得到说明书支持的结论是正确的。权利要求3虽然形式上是权利要求1的从属权利要求,但权利要求3替换了权利要求1中"动电极与静电极之间"的技术特征。对于这种形式上从属于某权利要求,但实质上替换了特定技术特征的权利要求,应当按照其限定的技术方案的实质内容来确定其保护范围,并在此基础上判断是否得到说明书的支持。本案专利说明书记载了环形凹腔外环侧壁上敷设一层薄铜皮构成静电极以及每块动电极与凹腔内环侧壁之间对称地设有一对拉簧。权利要求3限定的技术方案在说明书中有具体的实施例,得到了说明书的支持。权利要求5作为权利要求3的从属权利要求,进一步限定了排气阀为离心式排气阀,设置在靠近转轴位置的端面上。该技术方案同样得到了说明书的支持。第15243号决定以及二审判决以权利要求1没有得到说明书支持,进而直接认定其从属权利要求3和5得不到说明书支持,没有结合本案专利的具体情况,对权利要求3和5的具体技术方案作进一步分析,导致结论错误,对此应予纠正。

17. 同一技术方案中产品权利要求与方法权利要求创造性评判之间的关系

【裁判要旨】

对于同时包含产品权利要求与方法权利要求的发明专利而言,如果产品权利要求并非由方法权利要求所唯一限定,即存在通过其他方法获得该产品的可能性。在方法权利要求具备创造性的情况下,并不能必然得出产品权利要求也具备创造性的结论。

【关键词】

发明专利　无效程序　产品权利要求　方法权利要求

【案号】

最高人民法院〔2015〕知行字第261号

【基本案情】

在再审申请人广东天普生化医药股份有限公司(以下简称天普生化公司)与被申请人国家知识产权局专利复审委员会(以下简称专利复审委员会)、第三人张亮发明专利权无效行政纠纷案中，天普生化公司系名称为"高纯度乌司他丁及其制备方法和含有乌司他丁的药物组合物"的发明专利（即本案专利）的权利人，本案专利授权公告共 8 项权利要求。其中，权利要求 1 和 8 为产品权利要求，权利要求 2～7 为方法权利要求。权利要求 1 公开了"一种高纯度乌司他丁"的产品及其特征，权利要求 8 公开了一种以权利要求 1 中的高纯度乌司他丁作为活性成分的药物组合物。权利要求 2～7 公开了一种制备权利要求 1 中高纯度乌司他丁的方法及其具体步骤。2011 年 9 月 2 日，张亮以本案专利不具有新颖性、创造性等为由，向专利复审委员会提出无效宣告请求。专利复审委员会于 2012 年 11 月 14 日作出第 19578 号无效宣告请求审查决定（以下简称第 19578 号决定），宣告本案专利的权利要求 1、8 无效，在权利要求 2～7 的基础上继续维持本案专利权有效。天普生化公司不服，提起行政诉讼。北京市第一中级人民法院一审判决维持第 19578 号决定。天普生化公司不服，提起上诉。北京市高级人民法院二审判决驳回上诉、维持原判。天普生化公司仍不服，向最高人民法院申请再审。天普公司的再审申请理由之一为，本领域技术人员在现有技术的基础上获得权利要求 1 要求保护的乌司他丁产品需要付出创造性劳动。最高人民法院于 2015 年 12 月 24 日裁定驳回天普生化公司的再审申请。

【裁判意见】

最高人民法院审查认为：天普生化公司在再审程序中主张本案专利具备创造性所依据的事实实际上是本案专利限定的方法技术方案，而在对方法权利要求 2～7 的无效审查程序中，第 19578 号决定已经在相对于对比文件和公知常识结合的基础上，认定其具备创造性。但是，权利要求 1 并非是由权利要求 2～7 限定的产品，在无证据证明权利要求 1 的产品只能由权利要求 2～7 的方法获得，而更高纯度乌司他丁产品可以通过其他方法获得的情况下，如果认定权利要求 1 的乌司他丁产品具备创造性，就会使得通过其他方法获得的高纯度乌司他丁产品落入权利要求 1 的保护范围，而事实上，这种保护与发明人对本案专利权利要求 1 所作出的技术贡献并不匹配。由于本案专利权利要求 1、8 并非由权利要求 2～7 的特定纯化方法限定，第 19578 号决定认定权利要求 2～7 的纯化方法具有创造性，与作为产品权利要求的权利要求 1 和 8 不具备创造性的结论并不存在矛盾。

二、商标案件审判

（一）商标民事案件审判

18. 缺乏合法性基础的注册商标专用权不能对抗他人的正当使用行为

【裁判要旨】

以违反诚实信用原则恶意取得的注册商标专用权，对他人的正当使用行为提起的侵害商标权之诉，不应得到法律的支持和保护。

【关键词】

商标　侵权　诚实信用　正当使用

【案号】

最高人民法院〔2014〕民提字第 168 号

【基本案情】

在再审申请人宁波广天赛克思液压有限公司（以下简称广天赛克思公司）与被申请人邵文军侵害商标权纠纷案中，邵文军原系宁波市工商行政管理局江北分局的工作人员，2003年辞去公职。2006年2月10日，邵文军向国家工商行政管理总局商标局申请注册第5154071号"赛克思SAIKESI"商标（即本案商标），该商标于2009年3月21日被核准注册，核定使用商品为第7类：泵膜片；机器、发动机和引擎的液压控制器；液压滤油器；泵（机器）；加热装置用泵；液压泵；液压元件等。邵文军以广天赛克思公司使用与本案商标相同的文字作为企业字号，并在本案商标核定使用的商品上突出使用，构成对本案商标权的侵害为由，提起诉讼。浙江省宁波市中级人民法院一审认为，广天赛克思公司的使用行为具有合法的在先权利基础，且不具有攀附邵文军商标声誉的恶意，客观上也不会使相关公众对商品的来源产生混淆、误认，不构成对本案商标权的侵害。据此，一审法院判决驳回邵文军的诉讼请求。邵文军不服，提出上诉。浙江省高级人民法院二审认为，广天赛克思公司在先使用了"赛克思""SAIKESI""saikesi"等标识，有权继续规范使用其企业名称。但是，我国实行的是商标注册制度，商标一旦获准注册，不论该商标实际使用的情况如何，注册商标专用权均应受到法律保护。广天赛克思公司对与本案商标相近似的标识进行了商标意义上的使用，容易导致相关公众混淆误认，其行为构成侵权。但因本案商标并未进行实际使用，广天赛克思公司亦不存在侵权的主观故意，邵文军并无实际损失，故赔偿数额仅限于合理开支部分。据此，二审法院判决撤销一审判决，并判令广天赛克思公司立即停止侵权行为，赔偿邵文军经济损失两万元。广天赛克思公司不服，向最高人民法院申请再审。最高人民法院裁定提审本案，并于2015年10月30日判决撤销二审判决，维持一审判决。

【裁判意见】

最高人民法院提审认为：广天赛克思公司对由其字号"赛克思"拼音首字母组成的"SKS"商标享有在先的注册商标专用权，以及合法的在先字号和域名权益，其在本案商标申请注册前，对合法拥有的商标、企业字号文字、拼音以及企业名称简称的文字、拼音的使用行为不具有恶意。从本案商标注册申请日起，至二审判决作出时，邵文军都未能提交对本案商标进行实际使用并产生知名度的证据，故广天赛克思公司的被诉侵权行为不具有攀附本案商标知名度的主观恶意。广天赛克思公司将"SKS""赛克思液压""SKS HYDRAULIC""赛克思厂"组合在一起，经过长期使用，已具有较高的知名度，不会导致相关公众的混淆和误认，其使用行为具有正当性。此外，邵文军在辞职时亦有条件知悉广天赛克思公司及其关联企业的商标注册情况、字号及企业名称简称的实际使用状况等信息，其辞职后在与广天赛克思公司经营范围相同的商品类别上，申请注册与广天赛克思公司企业字号主要部分的文字及拼音相同的商标，直至本案二审程序结束亦未实际使用，却对在先权利人提起侵权之诉，其行为有违诚实信用原则，不应当受到法律保护。据此，邵文军以非善意取得的商标权对广天赛克思公司的正当使用行为提起侵权之诉，属于对其注册商标专用权的滥用，其诉讼请求不应得到支持。

19. 涉外委托加工中商标使用行为的判断

【裁判要旨】

商标法保护商标的基本功能，是保护其识别性。判断在相同或类似商品上使用相同或近似商标的行为是否容易导致混淆，要以商标发挥或者可能发挥识别功能为前提。在全部用于出口的委托加工产品上贴附的标志，既不具有区分所加工商品来源的意义，也不能实现识别该商品来源的功能，该标志不具有商标的属性，该贴附行为不构成商标意义上的使用行为。

【关键词】

商标　侵权委托加工　商标使用

【案号】

最高人民法院〔2014〕民提字第38号

【基本案情】

在再审申请人浦江亚环锁业有限公司（以下简称亚环公司）与被申请人莱斯防盗产品国际有限公司（以下简称莱斯公司）侵害商标权纠纷案中，许浩荣于2003年5月21日在第6类的"家具用金属附件、五金锁具、挂锁、金属锁（非电）"等商品上获准注册第3071808号"PRETUL及椭圆图形"商标（即本案商标）。2010年3月27日，本案商标经核准转让给莱斯公司。亚环公司于2010年与案外人墨西哥TRUPER HERRAMIENTAS S. A. DE C. V.（以下简称储伯公司）签订售货确认书若干，约定由亚环公司向储伯公司供给挂锁。后宁波海关分两次查获亚环公司自该海关出口至墨西哥的228箱684打和3411箱10233打被诉侵权挂锁。挂锁的锁体、钥匙及所附的产品说明书上均带有"PRETUL"商标，挂锁包装盒上标有"PRETUL及椭圆图形"商标，并以西班牙文标明"进口商：储伯公司"和"中国制造"，但并未标注亚环公司的相关信息。储伯公司在墨西哥等多个国家和地区拥有第6类、第8类商品类别上的"PRETUL"或"PRETUL及椭圆图形"商标权，其出具声明称，亚环公司生产的标有"PRETUL"商标的所有型号的挂锁均是根据该公司的授权而生产，并全部出口墨西哥。莱斯公司以亚环公司的前述行为构成侵害其商标权为由，提起诉讼。浙江省宁波市中级人民法院一审认为，莱斯公司是本案商标的合法权利人，亚环公司在挂锁锁体、钥匙及产品说明书上标注"PRETUL"等标识，属于商标意义上的使用行为。储伯公司在墨西哥取得的商标权不受我国法律保护。亚环公司在其加工的产品上标注的"PRETUL"商标与本案商标不相同，产品不在中国境内销售，消费者没有发生混淆的可能，故"PRETUL"商标未侵害本案商标权。但包装盒上标注的"PRETUL及椭圆图形"商标与本案商标相同，亚环公司对该商标的使用行为构成对本案商标权的侵害。遂判决亚环公司停止侵权并承担相应的民事责任。莱斯公司、亚环公司均不服一审判决，向浙江省高级人民法院提起上诉。浙江省高级人民法院二审认为，亚环公司在同类商品上使用"PRETUL"商标的行为构成对本案商标权的侵害。遂撤销一审判决，判令亚环公司立即停止侵权行为并赔偿莱斯公司经济损失8万元。亚环公司仍不服，向最高人民法院申请再审。最高人民法院裁定提审本案，并于2015年11月26日判决撤销一审、二审判决，驳回莱斯公司的诉讼请求。

【裁判意见】

最高人民法院提审认为：商标作为区分商品或者服务来源的标识，其基本功能在于商标的识别性。亚环公司依据储伯公司的授权使用"PRETUL"标志，在中国境内仅属物理贴附行为，为储伯公司在享有商标专用权的墨西哥国使用其商标提供了必要的技术性条件，在中国境内并不具有识别商品来源的功能。因此，亚环公司在委托加工产品上贴附的标志，既不具有区分所加工商品来源的意义，也不能实现识别该商品来源的功能，其所贴附的标志不具有商标的属性，在产品上贴附标志的行为亦不能被认定为商标意义上的使用行为。在商标并不能发挥识别作用，并非商标法意义上的商标使用的情况下，判断是否在相同商品上使用相同的商标，或者判断在相同商品上使用近似的商标，或者判断在类似商品上使用相同或者近似的商标是否容易导致混淆，都不具实际意义。

（二）商标行政案件审判

20. 对包含外文文字的申请商标是否构成禁止注册的外国国家名称，应基于相关公众的知识水平和认知能力作出判断

【裁判要旨】

相关公众基于其知识水平和认知能力，不会认为申请商标整体上与外国国家名称相同或近似的，应认定申请商标未违反商标法第十条第一款第（二）项的规定。

【关键词】

商标　驳回复审程序　国家名称　外文商标

【案号】

最高人民法院〔2015〕知行字第80号

【基本案情】

在再审申请人耐克国际有限公司（以下简称耐克公司）与被申请人国家工商行政管理总局商标评审委员会（以下简称商标评审委员会）商标驳回复审行政纠纷案中，耐克公司于2009年10月13日申请注册第7752573号"JORDAN"商标（即申请商标），指定使用商品为第28类篮球、球类专用袋等。2010年10月12日，国家工商行政管理总局商标局以申请商标"JORDAN"的中文可译为"约旦"，为不得作为商标使用的外国国家名称，以及申请商标违反商标法第二十八条规定为由，决定对申请商标予以驳回。商标评审委员会维持商标局的驳回决定。耐克公司不服，提起行政诉讼。北京市第一中级人民法院一审判决驳回耐克公司的诉讼请求。耐克公司不服，提起上诉。北京市高级人民法院二审判决驳回上诉、维持原判。耐克公司仍不服，向最高人民法院申请再审。最高人民法院于2015年12月2日裁定驳回耐克公司的再审申请。

【裁判意见】

最高人民法院审查认为：与外国国家名称相同或近似的标志不得作为商标注册的立法目的，在于尊重外国的国家主权。在认定申请商标是否违反上述法律规定时，应当以相关公众作为判断主体，将申请商标标识整体与外国国家名称进行比较。相关公众基于其知识水平和认知能力，认定申请商标整体上与外国国家名称不相同也不近似的，应当认定申请商标未违反商标法第十条第一款第（二）项的规定。本案中，申请商标为组合商标，由上方的"人"图形和下方的"JORDAN"文字共同组成。其中文字部分"Jordan"除了构成约旦国（全称约旦哈希姆王国）英文国家名称"The Hashemite Kingdom of Jordan"的重要组成部分外，还具有人名、地名等其他含义。而且，申请商标的文字部分与图形部分"人"紧密结合，整体上与"JORDAN"形成了一定的差异。由于地理差距、语言差异等因素，我国境内的相关公众对"JORDAN"为约旦国家英文名称重要组成部分的了解程度相对有限，相关公众基于其知识水平和认知能力，一般不会将申请商标中的"JORDAN"与约旦国联系在一起，更不会认为申请商标整体上与约旦的国家名相同或者近似，申请商标未违反商标法第十条第一款第（二）项的规定。

21. 驰名商标按需认定原则在商标授权确权行政案件中的适用
【裁判要旨】
人民法院审理涉及驰名商标保护的商标授权确权行政案件，亦应遵循驰名商标的按需认定原则。如果被异议商标并未构成对引证商标的复制、摹仿或者翻译，或者被异议商标获准注册并不会导致误导公众并可能损害引证商标权利人利益的结果，即无需对引证商标是否构成驰名的问题作出审查和认定。
【关键词】
商标　异议程序　驰名商标　按需认定
【案号】
最高人民法院〔2014〕知行字第112号
【基本案情】
在再审申请人巨化集团公司（以下简称巨化公司）与被申请人国家工商行政管理总局商标评审委员会（以下简称商标评审委员会）、第三人胡金云商标异议复审行政纠纷案中，巨化公司在先于第1类液氯、电石、甲醇、烧碱等商品上获准注册第143726号"巨化牌JH"商标（即引证商标）。第5894566号"巨化"商标（即被异议商标）由胡金云于2007年2月7日向国家工商行政管理总局商标局（简称商标局）提出注册申请，指定使用商品为第11类灯、灯罩、车灯、煤气热水器等。巨化集团在法定异议期内对被异议商标提出异议申请。2011年9月7日，商标局裁定对被异议商标予以核准注册。巨化集团不服，向商标评审委员会提出复审申请。商标评审委员会于2013年11月11日作出商评字〔2013〕第101103号《关于第5894566号"巨化"商标异议复审裁定》（简称101103号裁定）认定：巨化公司提交的证据不足以证明引证商标在被异议商标申请日之前在第1类商品上已构成驰名商标，即使引证商标已构成驰名商标，其赖以驰名的第1类烧碱等商品与被异议商标指定使用的第11类灯等商品区别较大，被异议商标的注册使用不会引起消费者的混淆、误认，被异议商标未违反商标法第十三条的规定。此外，被异议商标亦未违反商标法第三十一条的规定。据此，商标评审委员会对被异议商标予以核准注册。巨化公司不服，提起行政诉讼。北京市第一中级人民法院一审认为，根据驰名商标按需认定的原则，由于被异议商标指定使用的第11类灯、灯罩、龙头商品与引证商标指定使用的第1类烧碱、液氯、电石等商品区别较大，即便引证商可以被认定为驰名商标，亦无法予以跨类保护，被异议商标的申请注册未违反商标法第十三条第二款的规定。此外，被异议商标亦未违反商标法第三十一条的规定，遂判决维持第101103号裁定。巨化公司不服，提起上诉。北京市高级人民法院于2014年9月9日判决驳回上诉、维持原判。巨化公司仍不服，向最高人民法院申请再审，其再审申请理由之一为，一审、二审法院及商标评审委员会漏审引证商标是否构成驰名商标的事实，被异议商标是对已注册驰名商标（即引证商标）的恶意复制和摹仿，违反了商标法第十三条第二款的规定。最高人民法院于2015年8月7日裁定驳回巨化公司的再审申请。

【裁判意见】

最高人民法院审查认为：在先商标为已经在中国注册的驰名商标、被异议商标构成对该驰名商标的复制、摹仿或者翻译，以及被异议商标的申请注册将容易导致消费者混淆或者误导公众，进而损害驰名商标注册人的利益，是在本案中适用商标法第十三条第二款规定的三个基本条件。在案件审理过程中，固然要对异议申请人请求予以保护的引证商标所具有的知名度予以考量，但并不意味着必须将其作为适用商标法第十三条第二款的前提条件，即首先对引证商标是否构成驰名商标的问题进行审查和认定。我国商标法律框架之下驰名商标法律保护制度的立法本义，在于给予具有较高知名度的商标与其显著性和知名度相适应的保护范围和保护强度，并非授予一项荣誉称号。《最高人民法院关于审理涉及驰名商标保护的民事纠纷案件应用法律若干问题的解释》第二条第一款第（一）项明确了驰名商标的按需认定原则，人民法院审理涉及驰名商标保护的商标授权确权行政案件，亦应遵循驰名商标的按需认定原则。如果被异议商标并没有构成对引证商标的复制、摹仿或者翻译，或者被异议商标获准注册并不会导致误导公众，并可能损害引证商标权利人利益的结果，即无需对引证商标是否构成驰名的问题作出审查和认定。引证商标核定使用的"烧碱、甲醇"等化工产品与被异议商标指定使用的"灯、煤气热水器"等家用电器商品，无论是从功能、用途、还是商品的销售渠道、消费者群体等方面看，均具有较大的差异性，虽然引证商标在化工产品上积累了一定的市场知名度，但并未能证明该种知名度已经于被异议商标申请日之前，辐射到了被异议商标指定使用的商品，或类似商品或具有关联性的商品之上，不足以证明因引证商标的在先知名度，被异议商标的核准注册将产生误导公众，并损害引证商标权利人利益的结果。一审、二审法院认定被异议商标的注册并未违反商标法第十三条第二款规定的结论正确。且在引证商标不符合给予其特殊保护条件的情况下，一审、二审法院对其是否构成驰名商标的问题不予评述的做法亦符合法律规定。

22. 在先商标具有较高显著性和知名度的情况下，在后申请人应负有更高的注意和避让义务

【裁判要旨】

在引证商标具有较高的显著性和知名度的情况下，与其构成近似商标的范围较普通商标也应更宽，同业竞争者亦应具有更高的注意和避让义务。

【关键词】

商标　异议程序　显著性　知名度

【案号】

最高人民法院〔2015〕知行字第 116 号

【基本案情】

在再审申请人北京福联升鞋业有限公司（以下简称福联升公司）与被申请人国家工商行政管理总局商标评审委员会（以下简称商标评审委员会）、北京内联升鞋业有限公司（以下简称内联升公司）商标异议复审行政纠纷案中，内联升公司系在先申请注册的第 7307621 号"内联升"商标（即引证商标）的权利人，引证商标核定使用商品为第 25 类的"鞋"。福联升公司于 2009 年 6 月 29 日向国家工商行政管理总局商标局申请注册第 7504400 号"福联升 FULIANSHENG 及图"商标（即被异议商标），被异议商标指定使用在第 25 类的"服装、内衣、鞋"商品上。在法定异议期内，内联升公司对被异议商标提出异议申请，商标局裁定对被异议商标予以核准注册。内联升公司不服，向商标评审委员会提出复审申请。商标评审委员会于 2013 年 12 月 2 日作出的商评字〔2013〕第 123029 号《关于第 7504400 号"福联升 FULIANSHENG 及图"商标异议复审裁定》（以下简称第 123029 号裁定），以被异议商标违反商标法第二十八条规定为由，裁定对被异议商标不予核准注册。福联升公司不服，提起行政诉讼。北京市第一中级人民法院一审认为，被异议商标与引证商标共存于市场，不会导致相关公众的混淆误认，被异议商标未违反商标法第二十八条规定。遂判决撤销第 123029 号裁定，并责令商标评审委员会重新作出复审裁定。商标评审委员会和内联升公司均不服，提起上诉。北京市高级人民法院二审认为，考虑到引证商标在被异议商标申请日前已经具有一定知名度，当二者同时使用在同一种或类似商品上时，相关公众容易误认为二者是同一市场主体提供的系列商标，或者误认为二者的提供者之间存在某种特定联系。遂判决撤销一审判决，维持第 123029 号裁定。福联升公司不服，向最高人民法院申请再审。最高人民法院于 2015 年 11 月 18 日裁定驳回福联升公司的再审申请。

【裁判意见】

最高人民法院审查认为："内联升"系中国驰名商标，先后被认定为中华老字号、国家非物质文化遗产，荣获"中国布鞋第一家"等荣誉称号，其销售的布鞋产品在相关公众中具有极高的美誉。在引证商标具有如此高的显著性和知名度的情况下，与其构成近似商标的范围较普通商标也应更宽，同业竞争者亦应具有更高的注意和避让义务。本案中，福联升公司作为同地域的同业竞争者，理应对内联升公司及其引证商标的知名度和显著性有相当程度的认识，在鞋类商品上注册、使用有关商标时，理应遵守诚实信用原则，而本案相关证据表明，福联升公司在注册、使用被异议商标时，存在攀附内联升公司与引证商标的明显恶意。虽然福联升公司经过一定时间和范围的使用，客观上形成了一定的市场规模，但被异议商标的使用行为大多是在申请日之后而尚未获准注册的情况下发生。且在福联升公司大规模使用被异议商标之前，理应认识到基于引证商标的知名度和显著性，存在被异议商标不被核准注册，乃至侵犯引证商标权利的法律风险。福联升公司未能尽到合理的注意和避让义务，仍然申请注册并大规模使用被异议商标，如果承认福联升公司此种行为所形成的所谓市场秩序或知名度，无异于鼓励同业竞争者违背诚实信用原则，罔顾他人合法在先权利，强行将其恶意申请的商标做大、做强。这样既不利于有效区分市场，亦不利于净化商标注册、使用环境，并终将严重损害在先商标权人的合法权益以及广大消费者的利益，违背诚实信用原则以及商标法的立法宗旨。

23. 商标之间适当共存的考量因素

【裁判要旨】

商标之间的适当共存，一般具有特殊的历史背景，且需考虑在先权利人的意愿和客观上是否已经形成了市场区分的事实。

【关键词】

商标　异议程序　共存　市场区分

【案号】

最高人民法院〔2015〕行提字第 3 号

【基本案情】

在再审申请人特多瓦公司与被申请人北京龟博士汽车清洗连锁有限公司（以下简称龟博士公司）及一审被告、二审被上诉人国家工商行政管理总局商标评审委员会（以下简称商标评审委员会），一审第三人、二审被上诉人北京半隆贸易中心（以下简称半隆中心）商标异议复审行政纠纷案中，特多瓦公司在先于第 3 类"汽车上光蜡、清洗液"商品上获准注册第 908487 号"龟博士"商标（即引证商标）。长沙大地公司于 2002 年 5 月 8 日向国家工商行政管理总局商标局（以下简称商标局）提出第 3167289 号"龟博士"商标（即被异议商标）的注册申请，核定使用在"车辆加润滑油；车辆维修"服务上。2010 年 7 月，被异议商标经核准转让给龟博士公司。在法定异议期内，特多瓦公司、半隆中心对被异议商标提出异议申请，商标局裁定对被异议商标予以核准注册。特多瓦公司、半隆中心不服，向商标评审委员会申请复审。商标评审委员会作出商评字〔2010〕第 38951 号《关于第 3167289 号"龟博士"商标异议复审裁定书》（以下简称第 38951 号裁定）认为，被异议商标违反商标法第十五条、第二十八条的规定，被异议商标不予核准注册。龟博士公司不服，提起行政诉讼。北京市第一中级人民法院一审认为，被异议商标违反了商标法第二十八条的规定，但商标评审委员会认定被异议商标违反商标法第十五条的规定有误，故判决驳回龟博士公司的诉讼请求。龟博士公司、特多瓦公司均不服，提起上诉。北京市高级人民法院二审认为，商标法第十五条规定不适用于本案。但鉴于龟博士公司在汽车维修等服务上使用的"龟博士"商标已有一定知名度，被异议商标和引证商标已分别建立各自的消费群体，应认定两商标不构成近似商标。二审法院遂撤销一审判决，并责令商标评审委员会重新作出裁定。特多瓦公司不服，向最高人民法院申请再审。最高人民法院裁定提审本案，并于 2015 年 11 月 18 日判决撤销二审判决，并在对法律适用问题予以纠正的前提下对一审判决予以维持。

【裁判意见】

最高人民法院审查认为：通常情况下，如果同一商标分别使用在不同的商品或服务上，会使相关公众认为上述商品或服务系由同一主体提供或存在特定联系，容易造成混淆。被异议商标核定使用的"车辆加润滑油、车辆维修"服务和引证商标核定使用的"汽车上光蜡、清洗液"商品均属车辆维修、保养范畴，因"车辆加润滑油、车辆维修"服务提供者在提供服务时亦可能会使用"汽车上光蜡、清洗液"等商品，二者的服务场所或销售场所、消费对象存在同一性可能，故如在上述商品或服务上均使用"龟博士"商标，以相关公众的一般交易观念和通常认识，可能误认为二者系由同一主体提供或提供者之间具有特定联系，从而导致混淆误认的结果。允许商标之间的适当共存，需基于特殊历史原因或历史延续关系，且需考虑在先权利人的意愿及客观上是否已经形成了市场区分等因素。本案中，并无需要考量的特殊历史因素，亦无在先权利人同意共存且双方商标客观上已经形成市场区分的事实，故被异议商标违反了商标法第二十八条的规定。

24. 特殊历史背景下在先使用并有一定影响商标的认定

【裁判要旨】

判断被异议商标是否属于以不正当手段抢先注册他人在先使用并有一定影响的商标时，需考查在先商标的历史、申请注册情况，并结合在先商标在被异议商标申请日前是否为合法使用等因素综合判断。

【关键词】

商标　异议程序　在先使用　知名度

【案号】

最高人民法院〔2015〕知行字第115号

【基本案情】

在再审申请人贵州赖世家酒业有限责任公司（以下简称赖世家酒业公司）与被申请人国家工商行政管理总局商标评审委员会（以下简称商标评审委员会）、一审第三人中国贵州茅台酒厂（集团）有限责任公司（以下简称茅台酒厂有限公司）商标异议复审行政纠纷案中，1951年至1953年，贵州省仁怀县人民政府通过赎买、没收、接管等方式将仁怀茅台镇"成义酒房""荣和酒房""恒兴酒厂"三家私营酿酒烧房资产收归国有，成立贵州茅台酒厂，并将三家私营酿酒烧房所生产的"华茅""王茅""赖茅"酒产品整合，统一称为"茅台酒"。1988年12月29日，贵州茅台酒厂在酒商品上申请注册"赖茅""王茅""华茅"商标，"赖茅"商标（简称在先"赖茅"商标）于1996年6月27日获准注册，注册号为627426号。2003年7月，深州市赖永初酒业经销有限公司以连续三年停止使用为由，申请撤销在先"赖茅"商标。2005年3月16日，国家工商行政管理总局商标局（简称商标局）决定撤销在先"赖茅"商标，商标评审委员会维持上述撤销决定。2005年3月29日，茅台酒厂有限公司在酒（饮料）等商品上提出第4570381号"赖茅"商标（即被异议商标）的注册申请。赖世家酒业公司及贵州赖永初酒业有限公司在法定期限内提出异议申请。2012年7月30日，商标评审委员会作出商评字〔2012〕第33395号《关于第4570381号"赖茅"商标异议复审裁定》（简称第33395号裁定），对被异议商标予以核准注册。赖世家酒业公司不服，提起行政诉讼。北京市第一中级人民法院一审认为，被异议商标未构成商标法第三十一条所指以不正当手段抢先注册他人在先使用并有一定影响商标之情形，遂判决维持第33395号裁定。赖世家酒业公司不服，提起上诉，北京市高级人民法院二审判决驳回上诉、维持原判。赖世家酒业公司仍不服，向最高人民法院申请再审。最高人民法院于2015年9月10日裁定驳回赖世家酒业公司的再审申请。

【裁判意见】

最高人民法院审查认为：判断被异议商标的申请注册是否属于以不正当手段抢先注册赖世家酒业公司在先使用并有一定影响的在先"赖茅"商标，需考查在先"赖茅"商标的历史、申请注册情况，并结合赖世家酒业公司在被异议商标申请注册日前是否为合法使用等因素。首先，根据原审法院查明的事实，1951 年至 1953 年，贵州省仁怀县人民政府通过赎买、没收、接管等方式将仁怀茅台镇"成义酒房""荣和酒房"和"恒兴酒厂"三家私营酿酒烧房资产收归国有，在此基础上成立贵州茅台酒厂，并将三家私营酿酒烧房所生产的"华茅""王茅""赖茅"酒产品整合，统一称为"茅台酒"。赖世家酒业公司在五十年代后对"赖茅"商标并不享有商标权益。其次，从在先"赖茅"商标核准注册到该商标因三年不使用被撤销期间，茅台酒厂有限公司对在先"赖茅"商标享有注册商标专用权，任何人未经其许可，不得在与酒相同或者类似商品上使用"赖茅"标识。赖世家酒业公司在此期间的使用行为实为侵犯在先"赖茅"商标专用权的行为，并不能因违法行为而产生商标权益。赖世家酒业公司虽主张其在先使用"赖茅"商标且在原有范围内继续使用并不违法，但在先"赖茅"商标五十年代后即归属贵州茅台酒厂，虽然我国商标法于 1982 年 8 月 23 日颁布，但并不表明此前商标权利人对商标没有权利。在在先"赖茅"商标五十年代后已折价划归贵州茅台酒厂的情形下，即使如赖世家酒业公司所述，其前身于八十年代开始生产"赖茅"酒，该行为难言正当，亦不能产生商标法意义上的在先使用权益。茅台酒厂有限公司于在先"赖茅"商标被撤销后十几日即申请注册被异议商标，赖世家酒业公司在短短十几日内使用"赖茅"商标亦难以达到一定影响。据此，被异议商标的申请注册并未违反商标法第三十一条的规定。

25. 注册商标连续三年停止使用制度中的"使用"行为，应以核定使用的商品为限

【裁判要旨】

在注册商标连续三年停止使用予以撤销制度中，复审商标的使用行为应以核定使用的商品为限。

【关键词】

商标　撤销复审程序　使用　核定商品

【案号】

最高人民法院〔2015〕知行字第 255 号

【基本案情】

在再审申请人宁波市青华漆业有限公司（以下简称青华公司）与被申请人国家工商行政管理总局商标评审委员会（以下简称商标评审委员会）、一审第三人上海市方达（北京）律师事务所（以下简称方达事务所）商标撤销复审行政纠纷案中，青华公司系第 1688809 号"B 及图"商标（即复审商标）的权利人。复审商标于 2001 年 12 月 28 日被核准注册，核定使用在国际分类第 2 类的油漆、漆、铝涂料、银涂料等商品上，专用期限经续展至 2021 年 12 月 27 日止。2010 年 6 月 11 日，方达事务所以连续三年停止使用为由，对复审商标提出撤销请求。国家工商行政管理总局商标局（以下简称商标局）以青华公司提供的使用证据有效为由，维持复审商标继续有效。方达事务所不服，提出复审请求。商标评审委员会以青华公司未能提供证据证明复审商标在核定使用商品上进行了真实有效的商业使用为由，以商评字〔2014〕第97239号《关于第1688809号"B及图"商标撤销复审决定书》（以下简称第97239号决定）对复审商标予以撤销。青华公司不服，提起行政诉讼。北京知识产权法院一审认为，批墙膏与油漆、涂料等商品属于同类商品，青华公司在批墙膏等商品上对复审商标的使用应视为在核定使用商品上的使用。据此，判决撤销第97239号决定，并责令商标评审委员会重新作出复审决定。商标评审委员会不服，提起上诉。北京市高级人民法院二审认为，复审商标在批墙膏商品上的使用，不应视为在核定商品上的使用。遂判决撤销一审判决，维持第97239号决定。青华公司不服，向最高人民法院申请再审。最高人民法院于2015年11月23日裁定驳回青华公司的再审申请。

【裁判意见】

最高人民法院审查认为：商标法第四十四条第（四）项的规定旨在督促商标权人积极使用核准注册的商标，避免商标资源闲置。该条规定中所称的注册商标连续三年停止使用中的"使用"行为，应当理解为在核定类别商品上的使用。虽然青华公司提供的经销协议、增值税发票、广告合同、制作单及门店招牌等证据，可以证明青华公司在批墙膏商品上使用了复审商标，但批墙膏不包括在复审商标核定使用的第2类商品中的油漆、漆、铝涂料、银涂料等商品范围之中，且与该类商品在功能、用途等方面存在一定的差异。因此，复审商标在批墙膏商品上的使用，不应视为在核定商品上的使用，复审商标应当予以撤销。

26. 象征性使用不构成商标的实际使用行为

【裁判要旨】

在注册商标连续三年停止使用的复审案件中，判断复审商标是否进行了实际使用，需要考察商标注册人是否具有真实的使用意图和使用行为。仅为维持复审商标存在而进行的象征性使用，不构成商标的实际使用行为。

【关键词】

商标　撤销复审程序　象征性使用　实际使用

【案号】

最高人民法院〔2015〕知行字第181号

【基本案情】

在再审申请人成超与被申请人通用磨坊食品亚洲有限公司（以下简称通用磨坊公司）、一审被告国家工商行政管理总局商标评审委员会（以下简称商标评审委员会）商标撤销复审行政纠纷案中，第1591629号"湾仔码头"商标（即复审商标）由中山市南区百鸟归巢火锅美食店于2000年3月31日提出注册申请，核定使用在第42类的咖啡馆、自助食堂、餐厅等服务上。2009年8月13日，复审商标经核准转让予成超。2009年8月21日，通用磨坊公司以复审商标连续三年停止使用为由，向国家工商行政管理总局商标局（以下简称商标局）提出撤销申请。后商标局以成超提供的使用证据无效为由，决定对复审商标予以撤销。成超不服，向商标评审委员会提出复审申请。商标评审委员会于2013年6月2日作出商评字〔2013〕第18947号《关于第1591629号"湾仔码头"商标撤销复审决定书》（以下简称第18947号决定），对复审商标予以撤销。成超不服，提起行政诉讼。北京市第一中级人民法院一审认为，成超在指定期限内对复审商标进行了真实的商业使用，遂判决撤销第 18947 号决定，并责令商标评审委员会重新作出复审决定。通用磨坊公司不服，向北京市高级人民法院提起上诉。北京市高级人民法院二审认为，成超提供的使用证据多为意在维持复审商标注册的单次、象征性使用，商标评审委员会所作复审商标在指定期间并无真实商业使用行为的结论正确，遂判决撤销一审判决，维持第 18947 号决定。成超不服，向最高人民法院申请再审。最高人民法院于 2015 年 12 月 2 日裁定驳回成超的再审申请。

【裁判意见】

最高人民法院审查认为：商标的价值在于识别商品或者服务的来源，商标法第四十四条规定连续三年停止使用予以撤销的制度目的，在于促使商标的实际使用，发挥商标的实际效用，防止浪费商标资源。商标的使用，不仅包括商标权人自用，也包括许可他人使用以及其他不违背商标权人意志的使用。没有实际使用注册商标，仅有转让、许可行为，或商标注册信息的公布以及享有注册商标专用权的声明等，不能认定为商标使用。判断商标是否实际使用，需要判断商标注册人是否有真实的使用意图和实际的使用行为，仅为维持注册商标的存在而进行的象征性使用，不构成商标的实际使用。本案中，成超主张复审商标在指定期间内以广告宣传和许可他人使用的方式进行了使用，但其提交的《广告代理合同》《广告协议》、湾仔码头小吃部的招商广告、《湾仔码头商标合作合同》《商标许可使用合同》等证据，或无相关证据予以佐证，或发生时间晚于商标局指定期间，均不能证明其对复审商标进行了实际使用。此外，二审法院参考成超申请注册 50 余件与他人知名商标相同或近似商标的情况，认定其并无对复审商标进行真实使用的意图，该结论并无不当。

三、著作权案件审判

27. 表格类表达方式是否具备独创性的判断

【裁判要旨】

作品的独创性应体现在作品的表达方式而非思想或观点之中，具有独创性的表达方式应由作者独立完成且不同以往。表格形式仍属于一般性的表格分类方式，表格内容的表达方式相对固定，不具备作品所应具有的独创性，不能受到著作权法的保护。

【关键词】

著作权　侵权　表格　独创性

【案号】

最高人民法院〔2015〕民申字第 1665 号

【基本案情】

在再审申请人马琦与被申请人乐山市文化广播影视新闻出版局（以下简称出版局）、唐长寿著作权权属、侵害著作权纠纷案中，马琦曾参加全国第二次文物普查工作中四川省乐山市市中区的文物调查。调查工作中使用的相关表格由四川省文物普查办公室提供。其中，《文物分布一览表》内容项有"市县名称、编号、名称、位置、时代、文物保护单位级别、说明、备注。"《古墓葬调查表》内容项有"市县、编号、名称、位置、文物保护单位级别、数量及范围、保存现状、周围环境、墓葬型制规格、出土器物、墓碑、评定与建议、备注、照片、调查日期。"《古建筑调查表》内容项有"市县、编号、名称、位置、文物保护单位级别、照片号、绘图号、沿革、保存现状、内容（包括座向、平面布局、建筑材料、建筑形式、测量数据、特定、价值等）、参考文件及题记、周围环境、备注、照片、调查日期。"马琦参加了近40个文物点的调查和制表工作，并将调查表上报给乐山市文化局，后该局将相关资料汇集后上报四川省文化厅文物普查办公室。2008年，为了对历次文物调查的成果进行系统整理和科学总结，国家文物局编辑出版《中国文物地图集》，该图集由国家文物局主编，文物出版社出版。其中，《中国文物地图集·四川分册》中收录了马琦参与制作的调查表。马琦以其为《中国文物地图集·四川分册》中的文物调查表的作者，著作权遭受侵害为由，提起诉讼。四川省乐山市中级人民法院一审认为，马琦参与填写的调查表不具有独创性，不构成著作权法所保护的作品，遂判决驳回其诉讼请求。马琦不服，提起上诉。四川省高级人民法院二审判决驳回上诉、维持原判。马琦仍不服，向最高人民法院申请再审。最高人民法院于2015年10月30日裁定驳回马琦的再审申请。

【裁判意见】

最高人民法院审查认为：著作权法所称作品，是指文学、艺术和科学领域内具有独创性并能以某种有形形式复制的智力成果。这里的独创性是指作品表达形式而非作品思想或观点的独创性。按照著作权法对独创性的要求，作品的表达形式应当是作者独立完成且不同于公有领域业已存在或他人在先作品的表达形式。本案中，马琦主张受到保护的文物调查表是其独立完成，但调查表本身并未超出一般表格分类的表现形式，不符合独创性的要求。表格中所填写的内容，由于是对文物点名称、年代、形状、数量、大小等事实的客观描述，受上述基本事实信息真实、客观、准确要求的限制，其文字选择有限，表达方式相对固定，亦不具有独创性。此外，马琦虽主张其对相关文物点历史年代的考证具有创新性、其为相关数据的准确测量付出了辛苦劳动等理由，但对历史年代的考证结论以及说明事物性状的具体数据属于思想而不是表达，对相关数据的测量行为更多表现为体力劳动而非智力成果，不具备作品的构成要件。

28. 共有权利人之间相互侵害著作权行为的认定

【裁判要旨】

著作权的共有权利人可以在与对方协商不成、对方无正当理由、行使的权利不含转让、与对方分享收益等情况下，有条件地单独行使权利。但著作权的质押和转让，是对权利的重大处分。未与共有权人协商而对著作权进行转让，构成未经许可侵害共有权人著作权的行为。

【关键词】

著作权　侵权　共有权利　权利处分

【案号】

最高人民法院〔2015〕民申字第131号

【基本案情】

在再审申请人北京金色里程文化艺术有限公司（以下简称金色里程公司）与被申请

人上海晋鑫影视发展有限公司（以下简称晋鑫公司）、原审被告李晓军、李文秀侵害著作权纠纷案中，晋鑫公司与金色里程公司于2006年11月22日签订《联合摄制合同》约定：双方共同摄制20集电视连续剧《天情》；电视剧版权及与此有关的一切权利均属晋鑫公司、金色里程公司共有并按出资比例分配；所有与拍摄电视剧有关的合同和协议的订立和生效均需双方同意；未经对方书面同意，任何一方不得抵押或出卖关于联合摄制电视剧的任何财产、资产和无形权利，不得将其在电视剧中的权益转让或抵押。2007年2月25日，金色里程公司与案外人中天公司签订《版权质押典当合同》，约定作价30万元将《天情》版权及原剧本的电视剧使用权质押给中天公司。2007年12月25日，金色里程公司与中天公司签订《绝当协议书》，对《版权质押典当合同》进行绝当处理，金色里程公司将《天下父母心》（原名《天情》）的版权及原剧本的电视剧使用权、发行权和唯一的电视剧摄制数码母带（含制作许可证、发行许可证）移交给中天公司，由中天公司全权处置。2008年4月8日，中天公司作价54.8万元，将上述全部权利转让给晋杰公司。晋鑫公司以金色里程公司的上述行为侵害其著作权为由，提起诉讼。江苏省无锡市中级人民法院一审认为，金色里程公司擅自典当电视剧著作权的行为侵害了晋鑫公司的著作权，遂判决金色里程公司赔偿晋鑫公司经济损失50万元。晋鑫公司不服，提起上诉。江苏省高级人民法院二审认为，因金色里程公司的过错致使涉案电视剧未能发行，故晋鑫公司主张以其无法回收的投资款作为实际损失，具有事实依据。遂改判金色里程公司赔偿晋鑫公司经济损失2631993.50元。金色里程公司不服，向最高人民法院申请再审。最高人民法院于2015年6月25日裁定驳回金色里程公司的再审申请。

【裁判意见】

最高人民法院审查认为：涉案电视剧由金色里程公司和晋鑫公司共同摄制，双方为共同著作权人。著作权法实施条例规定，不可分割的合作作品，共有权利人应协商行使著作权，在不能协商一致的情况下，共有权利人有权单独行使除转让以外的其他权利，但所得收益应当合理分配给共有人，另一方有正当理由的除外。双方亦在合同中约定，对于作品的典当质押行为应与对方协商并征得书面同意。通常情况下，权利的行使必须经过权利人的同意，但共有权利人可以在与对方协商不成、对方无正当理由、行使的权利不含转让、与对方分享收益等条件满足的情况下，单独行使权利。对著作权进行质押和转让，是对著作权权利的重大处分，金色里程公司实施的上述行为未与晋鑫公司进行任何协商，违反了著作权法及双方合同的约定，导致作品著作权被转让的严重后果，使共有权利人丧失了对涉案作品的控制和联系，并无法参与到涉案作品的发行利用及由此产生的利益分享和亏损承担，属于未经共有权利人许可侵害其权利的行为。

四、不正当竞争案件审判

29. 权利人对商业秘密内容和范围的明确与固定

【裁判要旨】

在商业秘密案件审理过程中，应当允许权利人对其商业秘密的内容和范围进行明确和固定，人民法院在此基础上进行的审理和裁判，只要不影响当事人的程序性权利，即不构成超出诉讼请求的裁判。

【关键词】
商业秘密　侵权　诉讼请求内容范围
【案号】
最高人民法院〔2015〕民申字第 2035 号
【基本案情】
在再审申请人新发药业有限公司（以下简称新发公司）与被申请人亿帆鑫富药业股份有限公司（以下简称鑫富公司）、一审被告姜红海、马吉锋侵害商业秘密纠纷案中，鑫富公司是一家主要生产 D-泛酸钙的公司，其主张对微生物酶法制备D-泛解酸技术享有商业秘密。鑫富公司以新发公司、姜红海、马吉锋非法获取、披露、允许他人使用鑫富公司的上述商业秘密为由，提起诉讼。鑫富公司在起诉状中明确其商业秘密的内容为"微生物酶法制备 D-泛解酸技术"。在一审庭审过程中，鑫富公司称，其主张的"微生物酶法制备 D-泛解酸技术"是对"微生物酶法拆分生产 D-泛酸钙工艺中的技术指标、生产操作的具体方法和要点、异常情况处理方法等技术信息、5000T泛酸钙的工艺流程图中记载技术信息的整体组合"的概括。一审、二审法院以鑫富公司于庭审中概括的商业秘密范围为准，对本案进行了审理并作出裁判。上海市第一中级人民法院一审认为，鑫富公司主张受到保护的技术信息符合商业秘密的保护条件，三被告的行为均构成对原告鑫富公司所享有的商业秘密权利的侵犯，应当承担相应的侵权民事责任。遂判决新发公司立即停止侵权行为，姜红海、马吉锋、新发公司连带赔偿鑫富公司经济损失 31557903.87 元及合理费用 10 万元。新发公司不服，提起上诉。上海市高级人民法院二审认为，新发公司、姜红海、马吉锋的行为构成共同侵权，应当承担相应的法律责任。但鑫富公司并未提供证据证明涉案商业秘密因新发公司及姜红海、马吉锋的侵权行为而为公众所知悉，故一审法院以研发投入为标准确定损害赔偿数额有所不妥。在鑫富公司的损失难以准确计算的情况下，二审法院酌情确定损害赔偿额为 900 万元。新发公司不服，向最高人民法院申请再审。最高人民法院于 2015 年 12 月 22 日裁定驳回鑫富公司的再审申请。

【裁判意见】
最高人民法院审查认为：新发公司主张，一审、二审法院以鑫富公司在一审庭审中对商业秘密内容的描述为基础确定商业秘密的范围，超出了鑫富公司的诉讼请求。对此，在商业秘密侵权纠纷审判实践中，参加诉讼的原告即商业秘密权利人内部的技术人员、法务人员、管理人员或者外请的代理律师会对商业秘密范围有不同的理解，甚至同一诉讼参加人随着诉讼进程的推进，对商业秘密范围也会有不同的认识。人民法院审理商业秘密侵权纠纷首先需要做的工作就是由原告固定商业秘密的范围。这是商业秘密侵权纠纷不同于其他知识产权侵权纠纷的特殊之处。人民法院根据原告固定后的商业秘密范围进行审理和裁判，只要不影响被告的程序权利，应当允许，不构成超出诉讼请求裁判。

30. 专利权人于侵权认定作出前发送侵权警告维护自身权益的行为，不构成不正当竞争

【裁判要旨】

专利权人可以在提起侵权诉讼之前或者起诉期间发送侵权警告，发送侵权警告是其自行维护权益的途径和协商解决纠纷的环节，法律对此并无禁止性规定，且允许以此种方式解决争议有利于降低维权成本、提高纠纷解决效率和节约司法资源，符合经济效益。

【关键词】

确认不侵权　警告函　自力救助　争议解决

【案号】

最高人民法院〔2014〕民三终字第7号

【基本案情】

在石家庄双环汽车股份有限公司（以下简称双环股份公司）与本田技研工业株式会社（以下简称本田株式会社）确认不侵害专利权、损害赔偿纠纷案中（以下简称"汽车"外观设计专利确认不侵权案）中，本田株式会社系名称为"汽车"的外观设计专利（即本案专利）的权利人。2003年9月起，本田株式会社以双环股份公司生产、销售的"LAIBAO S-RV"汽车（以下简称被诉侵权产品）涉嫌侵害本案专利权为由，多次向其发送警告，并于2003年11月向北京市高级人民法院提起侵害外观设计专利权之诉。2003年10月16日，双环股份公司向河北省石家庄市中级人民法院提起请求确认不侵害外观设计专利权及损害赔偿之诉。在上述案件审理期间，双环股份公司针对本案专利，向国家知识产权局专利复审委员会（以下简称专利复审委员会）提出无效宣告请求。2006年3月6日，专利复审委员会作出第8105号无效宣告请求审查决定（以下简称第8105号决定），宣告本案专利权无效。本田株式会社不服，提起行政诉讼。北京市第一中级人民法院及北京市高级人民法院先后判决维持第8105号决定。据此，双环股份公司以本田株式会社发送警告信散布不良舆论，导致其经营权、名誉权受损为由，在其提起的确认不侵害外观设计专利权及损害赔偿之诉中，增加诉讼请求为赔偿经济损失36574万元。本田株式会社不服北京市高级人民法院维持第8105号决定的行政判决，向最高人民法院申请再审。最高人民法院裁定提审本案，并于2010年11月26日判决撤销一审、二审判决及第8105号决定。本案专利权恢复有效后，本田株式会社撤回此前对双环股份公司提出的侵害外观设计专利权之诉，将索赔金额提高到34857.04万元之后，重新向河北省高级人民法院对双环股份公司提起侵权之诉。后根据最高人民法院的指定，河北省石家庄市中级人民法院将此前受理的双环股份公司所提确认不侵害外观设计专利权之诉移送至河北省高级人民法院，由该院对本田株式会社提起的侵害外观设计专利权及损害赔偿纠纷及双环股份公司提起的确认不侵害外观设计专利权纠纷合并审理。2014年2月19日，河北省高级人民法院就两案分别作出一审判决。在本案涉及的确认不侵害外观设计专利权及损害赔偿之诉中，河北省高级人民法院一审确认双环股份公司生产、销售的被诉侵权产品不侵害本案专利权，并判令本田株式会社赔偿双环股份公司经济损失人民币5000万元。双环股份公司、本田株式会社均不服，提起上诉。最

高人民法院于 2015 年 12 月 8 日二审判决确认双环股份公司生产、销售的被诉侵权产品不侵害本案专利权，改判本田株式会社赔偿经济损失 1600 万元。

【裁判意见】

最高人民法院二审认为：本田株式会社提起侵权之诉前，向双环股份公司发送侵权警告信之时，本案专利权合法有效。双环股份公司接到侵权警告信后，经与本田株式会社协商沟通，明确被警告行为的具体信息，双环股份公司立即对其所称"非定型产品"的外观进行了修改，并于 2003 年 10 月 15 日将改变后的定型产品的外观设计告知本田株式会社。双环股份公司的行为表明，本田株式会社侵权警告信的内容足以使双环股份公司知悉被警告行为可能存在侵害本案专利权的事实。双环股份公司自行作出判断，选择了立即与本田株式会社沟通，并修改被诉侵权产品的外观设计。侵权警告信的内容对于双环股份公司而言是明确的。双环股份公司所谓停止生产、推迟上市以及对产品外观等进行改造导致的损失，属于其自行对侵权警告进行判断后所带来的商业风险，不利后果应由其自行承担。本田株式会社在起诉之前向双环股份公司发送侵权警告的行为，属于专利权人正当的维权行为。专利权人针对已经法院判决认定的侵权行为可以向被诉侵权行为人发送侵权警告，也可以在提起专利侵权诉讼之前或者起诉期间发送侵权警告维护权益。专利权人发送侵权警告是其自行维护权益的途径和协商解决纠纷的环节，法律对于在侵权判决作出之前专利权人自行维护其权益的行为，并无禁止性规定。允许以此种方式解决争议有利于降低维权成本、提高纠纷解决效率和节约司法资源，符合经济效益，双环股份公司主张本田株式会社在法院侵权之诉的判决作出前发送侵权警告无法律依据的理由不能成立。

31. 侵权警告的发送应限于合理范围，并善尽注意义务

【裁判要旨】

权利人发送侵权警告维护自身合法权益是其行使民事权利的应有之义，但行使权利应当在合理的范围内，并善尽注意义务。

【关键词】

确认不侵权　侵权警告　合理范围　注意义务

【裁判意见】

在前述"汽车"外观设计专利确认不侵权案中，最高人民法院二审认为：权利人发送侵权警告维护自身合法权益是其行使民事权利的应有之义，但行使权利应当在合理的范围内。在采取维护权利行为的同时，也要注重对公平竞争秩序的维护，避免滥用侵权警告，打压竞争对手合法权益。权利人发送侵权警告的目的，在于让被警告者知悉存在可能侵害他人权利的事实，自行停止侵权或与权利人积极沟通、协商解决纠纷，权利人无需再提起侵权之诉寻求公力救济。制造者作为侵权的源头，通常是权利人进行侵权警告的主要对象，权利人希望被警告的制造者停止侵权行为或与其进行协商以获得授权，制造者往往会选择与权利人正面协商、沟通的方式解决纠纷。权利人发送侵权警告的对象还可能包括产品的销售商、进口商，或者发明或实用新型产品的使用者等，这些人作为制造者的交易相对方，往往也是权利人争夺的目标客户群。由于他们通常对是否侵权的判断认知能力相对较弱，对所涉侵权的具体情况知之较少，与制造者不同，他们的避险意识较强,更易受到侵权警告的影响,可能会选择将产品下架、退货等方式停止被警告行为。因此,向这些主体进行警告的行为容易直接导致制造商无法销售,影响所涉产品的竞争交易秩序。向销售商发送侵权警告时,对确定被警告行为构成侵权而产生的注意义务要高于向制造者发送侵权警告的情形,其警告所涉信息应当详细、充分,如披露请求保护的权利的范围、涉嫌侵权的具体信息以及其他与认定侵权和停止侵权相关的必要信息。本案中,本田株式会社在双环股份公司已经与其进行沟通协商,且双方均已启动司法救济程序后,仍继续向被诉侵权产品的销售商发送侵权警告信,并扩大警告对象的范围,难以认定其尽到了审慎注意义务,其行为违反了反不正当竞争法第二条的规定。

32. 善意的在先使用行为不构成擅自使用他人企业名称

【裁判要旨】

他人善意使用诉争名称的时间早于权利人对其企业名称的使用,该使用行为不构成擅自使用他人企业名称的行为。

【关键词】

商标侵权　不正当竞争　企业名称　在先使用

【案号】

最高人民法院〔2013〕民提字第 102 号

【基本案情】

在再审申请人广州星河湾实业发展有限公司(以下简称星河湾公司)、广州宏富房地产有限公司(以下简称宏富公司)与被申请人江苏炜赋集团建设开发有限公司(以下简称炜赋公司)侵害商标权及不正当竞争纠纷案(以下简称"星河湾"商标侵权及不正当竞争案)中,核定使用在第 36 类"公寓出租、公寓管理"等服务上的第 1946396 号和第 1948763 号组合商标由宏富公司提出注册申请,后先后转让给案外人宏宇企业集团(香港)有限公司(以下简称宏宇公司)及星河湾公司。宏富公司经许可使用上述两注册商标,并有权以自身的名义提起侵权诉讼。宏富公司及其关联企业先后在广州、北京、上海等地开发以"星河湾"命名的地产项目,"星河湾"地产项目及宏宇集团、星河湾公司先后获得多项荣誉。自 2000 年起,炜赋公司在江苏省南通市先后推出"星河湾花园""星辰花园""星景花园"等多个地产项目,小区名称均报经南通市民政局批准。星河湾公司、宏富公司以炜赋公司在开发的不动产项目中使用"星河湾"字样,侵害其注册商标权并构成不正当竞争为由,提起诉讼。江苏省南通市中级人民法院一审认为,炜赋公司使用"星河湾花园"作为其开发的楼盘名称,未导致消费者对该楼盘来源产生混淆,不构成商标侵权。宏富公司开发的"星河湾"楼盘在广州地区具有较高知名度,但炜赋公司长期正当、合理使用"星河湾花园"这一名称,主观上并无搭便车之故意,客观上也未造成消费者误认,故炜赋公司使用该名称不构成不正当竞争。遂判决驳回星河湾公司、宏富公司的诉讼请求。星河湾公司、宏富公司不服,向江苏省高级人民法院提起上诉。江苏省高级人民法院二审判决驳回上诉、维持原判。星河湾公司、宏富公司仍不服,向最高人民法院申请再审。最高人民法院裁定提审本案,并于

2015年2月26日判决撤销一审、二审判决，判令炜赋公司在其尚未出售的楼盘和将来拟开发的楼盘上不得使用相关"星河湾"名称作为其楼盘名称，并赔偿星河湾公司、宏富公司经济损失5万元。

【裁判意见】

最高人民法院提审认为：星河湾公司原名为广州明宇木业有限公司，2007年8月更名为星河湾公司。以"星"字开头命名楼盘名称，是炜赋公司自2000年以来形成的习惯和传统，且早在2006年5月15日，炜赋公司已向南通市民政局申请命名该小区为"炜赋·星河湾"，理由为：继星辰花园、星景花园后仍以"星"字开头，因保留该地原有两条河流穿过小区，故以"炜赋·星河湾"命名。同年5月25日，南通市民政局批复同意炜赋公司将该住宅区命名为"星河湾花园"，因此诉争楼盘名称的使用先于星河湾公司企业名称的使用，该种使用并不属于擅自使用他人企业名称的行为。

五、植物新品种案件审判

33. 侵害植物新品种权案件中，对结论不同的测试报告的采信与认定

【裁判要旨】

特征特性相同为认定侵害植物新品种权行为的前提条件。植物新品种的授权依据为田间种植的DUS测试，当田间种植的DUS测试确定的特异性结论与DNA指纹检测结论不同时，应以田间种植的DUS测试结论为准。

【关键词】

植物新品种　侵权　特征特性　测试报告

【案号】

最高人民法院〔2015〕民申字第2633号

【基本案情】

在再审申请人山东登海先锋种业有限公司（以下简称登海公司）与被申请人陕西农丰种业有限责任公司（以下简称农丰种业公司）、山西大丰种业有限公司（以下简称大丰公司）侵害植物新品种权纠纷案中，先锋国际良种公司是"先玉335"植物新品种的权利人，其授权登海公司可以自身名义对侵害其植物新品种权的行为提起民事诉讼。本案中的被诉侵权产品为大丰公司生产、农丰种业公司销售的"大丰30"玉米种子。根据农业行政执法部门的委托，河南省依斯特种子质量检测有限公司对"大丰30"进行品种真实性检测的结论为"大丰30"与"先玉335"的电泳谱带对比一致。其后，扶风县农业管理部门对前述"大丰30"玉米种子予以扣押，并送交北京玉米种子检测中心进行DNA检验，检验结果为"大丰30"与"先玉335"相同或极近似。因对上述检测结论存在异议，大丰公司提交了农业部植物新品种测试中心出具的《农业植物新品种测试报告》（以下简称DUS测试报告），该报告的结论为"大丰30"具有特异性、一致性、稳定性。陕西省西安市中级人民法院一审认为，"大丰30"和"先玉335"不是同一个玉米品种，故判决驳回登海公司的诉讼请求。登海公司不服，提出上诉。陕西省高级人民法院二审判决驳回上诉、维持原判。登海公司仍不服，向最高人民法院提出再审申请。最高人民法院于2015年12月11日裁定驳回登海公司的再审申请。

【裁判意见】

最高人民法院审查认为："大丰30"曾于申请品种审定过程中被认定与"先玉335"无差异，DUS测试报告是大丰公司对上述检测结论提出异议后，山西省农业种子总站委托农业部植物新品种测试中心进行测试形成的，测试报告本身具备合法性。大丰公司对品种审定过程中的DNA指纹检测提出异议，申请进行田间种植检测的主要原因即为两个品种在性状上具有明显差异，为不同品种。DUS测试报告是通过田间种植表现出的特征特性，核实两个品种是否具有差异，且作为活体繁殖材料，其特征特性应当依据田间种植进行DUS测试所确定的性状特征为准。DUS测试报告证明，"大丰30"与"先玉335"通过田间种植后进行比较，"大丰30"具有特异性，"大丰30"与"先玉335"的特征特性并不相同。由于"被诉侵权物的特征特性与授权品种的特征特性相同，或者特征特性不同是因为非遗传变异所导致"才能够认定为侵害植物新品种权的行为，故"大丰30"并未构成对"先玉335"植物新品种权的侵害。此外，由于DNA检测所采取的核心引物（位点）与DUS测试的性状特征之间并不一定具有对应性，而植物新品种的授予所依据的是田间种植的DUS测试，因此，当DNA鉴定结论为相同或高度近似时，可直接进行田间成对DUS测试比较，通过田间表型确定身份。大丰公司主张以田间种植DUS测试确定的特异性结论推翻DNA指纹检测结论，且DUS测试报告亦表明，通过田间种植，"大丰30"与"先玉335"相比具有特异性，故一审、二审法院驳回登海公司的诉讼请求并无不当。

六、集成电路布图设计案件审判

34. 登记图样和样品对集成电路布图设计保护范围确定的作用

【裁判要旨】

登记时已投入商业利用的集成电路布图设计，其专有权的保护内容应当以申请登记时提交的复制件或图样为准，必要时样品可以作为辅助参考。

【关键词】

集成电路布图设计　侵权　保护范围　图样

【案号】

最高人民法院〔2015〕民申字第785号

【基本案情】

在再审申请人昂宝电子（上海）有限公司（以下简称昂宝公司）与被申请人南京智浦芯联电子科技有限公司（以下简称南京芯联公司）、深圳赛灵贸易有限公司（以下简称深圳赛灵公司）、深圳市梓坤嘉科技有限公司（以下简称深圳梓坤嘉公司）侵害集成电路布图设计专有权纠纷案中，2009年11月19日，昂宝公司获得名称为OB2535/6/8，登记号为BS.09500527.7的集成电路布图设计（即本案布图设计）登记证书。本案布图设计在登记时已经投入商业使用。昂宝公司在登记时提交了集成电路样品及部分纸质图样。纸质图样共有两层：图样一Metal－1和图样二Metal－2，该两层均为金属层图样。昂宝公司以南京芯联公司和深圳赛灵公司直接复制并商业利用了本案布图设计，深圳梓坤嘉公司商业利用了本案布图设计为由，提起诉讼。江苏省南京市中级人民法院一审认为，昂宝公司提交的布图设计图样，只有两层金属层图样，无法确定包含有源元件在内的各种元件与互连线路的具体内容。如果公众不能通过公开的图样，而只能通过商业利用的集成电路产品获得相关布图设计，势必与保护布图设计的法律宗旨相违背，也会导致布图设计的保护范围出现不确定性。在无法确定本案布图设计专有权保护范围的情况下，亦无法将被诉侵权的布图设计与之进行侵权对比。遂判决驳回昂宝公司的诉讼请求。昂宝公司不服，提起上诉。江苏省高级人民法院二审判决驳回上诉、维持原判。昂宝公司仍不服，向最高人民法院申请再审。最高人民法院于2015年11月19日裁定驳回昂宝公司的再审申请。

【裁判意见】

最高人民法院审查认为：根据《集成电路布图设计保护条例》第十六条的规定，申请布图设计登记时，应当提交布图设计的复制件或者图样。布图设计已投入商业利用的，应当提交含有该布图设计的集成电路样品。同时，根据《集成电路布图设计保护条例实施细则》第三十九条的规定，在布图设计登记公告后，公众可以请求查阅该布图设计的复制件或者图样的纸件。由此可知，无论布图设计在登记时是否已经投入商业利用，对布图设计的复制件或图样的提交要求均没有差异。因此，如果人民法院在相关诉讼程序中忽略复制件或图样的法律地位，直接依据样品确定布图设计保护内容，极有可能引发轻视复制件或图样法律地位的错误倾向，也将使现行法律关于登记时应当提交申请资料的相关规定无法落实。此外，也会使公众可以通过查阅方式获知布图设计内容的制度设计目的落空。因此，昂宝公司所称布图设计的复制件或者图样无法精确表示布图设计的保护内容，而应以登记时提交的样品确定布图设计保护范围的相关主张，缺乏充分的事实和法律依据。原审法院据此判决驳回昂宝公司诉讼请求符合法律规定。

七、关于知识产权诉讼程序与证据

35. 具有举证能力的一方当事人拒绝明确商业秘密的具体内容，不影响人民法院对确认不侵害商业秘密案件的受理

【裁判要旨】

在确认不侵害商业秘密纠纷案中，应当根据当事人的举证能力和取证难度，确定商业秘密的具体内容和诉讼权利义务的指向对象。具有举证能力的一方当事人拒绝明确商业秘密的具体内容，应就此承担不利的法律后果，但不影响人民法院对确认不侵害商业秘密案件的受理。

【关键词】

确认不侵权　商业秘密　举证能力　案件受理

【案号】

最高人民法院〔2015〕民申字第628号

【基本案情】

在再审申请人丹东克隆集团有限责任公司（以下简称丹东克隆公司）与被申请人江西华电电力有限责任公司（以下简称江西华电公司）确认不侵害商业秘密纠纷案中，江西华电公司向丹东克隆公司及其客户发送侵权警告函称，丹东克隆公司进行的螺杆膨胀动力机开发、生产和经营活动侵害了江西华电公司的商业秘密。但在近三年的时间里，江西华电公司既未撤回侵权警告函也未向人民法院提起侵权诉讼。丹东克隆公司据此提起诉讼，请求确认其行为不构成侵权。辽宁省丹东市中级人民法院一审认为，丹东克隆公司作为利害关系人可以向人民法院提出诉讼请求，确认其行为不侵害知识产权。丹东克隆公司从公知技术渠道获得了螺杆动力机所依赖的技术，亦未采取不正当手段获取商业秘密。据此判决确认丹东克隆公司生产、销售涉案螺杆膨胀动力机的行为不侵害江西华电公司的商业秘密。江西华电公司不服，提起上诉。辽宁省高级人民法院二审认为，丹东克隆公司要求确认其生产的螺杆动力机属公知技术、不侵害江西华电公司商业秘密的诉讼请求，无法确定诉讼权利义务关系所指向的对象，不属于人民法院受理民事诉讼的范围。据此判决撤销一审判决，驳回丹东克隆公司的起诉。丹东克隆公司不服，向最高人民法院申请再审。最高人民法院于2015年11月27日裁定撤销二审判决，指令辽宁省高级人民法院再审本案。

【裁判意见】

最高人民法院审查认为：确认不侵权之诉，是通过确定权利人与被诉侵权人之间侵权法律关系的存在与否，防止权利人滥发侵权警告函等滥用权利的行为给被诉侵权人合法权益造成损害，平衡权利人与被指控侵权人的程序利益。本案中，江西华电公司向丹东克隆公司及其客户发送侵权警告函，但在将近三年的时间里又未向人民法院提起侵权诉讼，丹东克隆公司为此提起本案诉讼，请求确认其生产的螺杆膨胀动力机未侵害江西华电的商业秘密。与专利权等知识产权相比，商业秘密不具有外显性，本案虽由丹东克隆公司提起，但根据双方的举证能力和获取证据的难易程度，江西华电公司应当可以明确侵权警告函中所称丹东克隆公司所侵害的商业秘密的具体内容。如果江西华电公司拒绝明示其商业秘密，则依法应由其承担不利的法律后果。二审法院以本案商业秘密不明、诉讼权利义务指向对象难以确定为由，认定本案不属于人民法院受理民事诉讼的范围，适用法律错误，应予纠正。

36. 电子证据真实性和证明力的审查判断

【裁判要旨】

在审查判断以公证书形式固定的互联网站网页发布时间的真实性与证明力时，应考虑公证书的制作过程、网页及其发布时间的形成过程、管理该网页的网站资质和信用状况、经营管理状况、所采用的技术手段等相关因素，结合案件其他证据进行综合判断。

【关键词】

外观设计专利　无效程序　电子证据　证明力

【案号】

最高人民法院〔2015〕知行字第61号

【基本案情】

在再审申请人董健飞与被申请人吴树祥、一审被告、二审上诉人国家知识产权局专利复审委员会（以下简称专利复审委员会）外观设计专利权无效行政纠纷案中，董健飞系名称为"水晶烫钻模（5）"的外观设计专利（即本案专利）的权利人。吴树祥针对本案专利提出无效宣告请求，并提交了附件1即世界工厂网互联网网站公证打印页及附件

2 即世界工厂网网站运营商出具的关于网页发布情况的复函作为证据，主张本案专利在申请日前已经通过互联网方式公开。专利复审委员会认为，互联网中的网页信息具有可编辑性，现有证据既不能证明公证下载的网页首次生成时具有的内容，又不能排除该网页在被下载之前已经过修改的可能性，不足以证明相关网页上的图片在本案专利申请日之前公开发布。据此，专利复审委员会作出第 20444 号无效宣告请求审查决定（以下简称第 20444 号决定），维持本案专利权有效。吴树祥不服，提起行政诉讼。北京市第一中级人民法院一审认为，世界工厂网系案外人经营的网站，虽然该网站的信息由企业自行发布，但网站上载明的发布该信息的时间在通常情况下由计算机服务器自动生成，信息发布人难以对该发布时间进行更改，可以证明相关网页上的图片在本案专利申请日之前公开发布。遂判决撤销第 20444 号决定。专利复审委员会和董健飞均不服，提起上诉。北京市高级人民法院二审判决驳回上诉、维持原判。董健飞不服，向最高人民法院申请再审。最高人民法院于 2015 年 10 月 29 日裁定驳回董健飞的再审申请。

【裁判意见】

最高人民法院审查认为：在审查判断以公证书形式固定的互联网站网页发布时间的真实性与证明力时，应综合考虑相关公证书的制作过程、该网页及其发布时间的形成过程、管理该网页的网站资质和信用状况、经营管理状况、所采用的技术手段等相关因素，结合案件其他证据，对该公证书及所附网页发布时间的真实性和证明力作出明确判断。在审查证据的基础上，如果确信现有证据能够证明待证事实的存在具有高度可能性，对方当事人对相应证据的质疑或者提供的反证不足以实质削弱相关证据的证明力，不能影响相关证据的证明力达到高度盖然性的证明标准的，应该认定待证事实存在。本案中，附件 1 显示，以非注册的普通用户身份登陆"世界工厂网"，可以看到第 7 页显示的烫钻模具图片发布时间为 2010 年 8 月 16 日，第 10 页显示的烫钻模具图片发布时间为 2010 年 3 月 8 日，均早于本案专利申请日（2010 年 9 月 7 日）。"世界工厂网"系规模较大、知名度较高的电子商务平台，具有较高的信用和较好的管理手段。在此情况下，除非存在人为删改的情况，该网站上网页图片显示的发布时间与其真实的发布时间通常一致。董健飞提交的反证并未实质性削弱附件 1 的证明力。原审法院认定附件 1 以公证书形式固定的互联网网站图片在本案专利申请日前已经公开，并无不当。

37. 对证据证明效力的审核认定及对提供伪证行为的处罚

【裁判要旨】

人民法院应当按照法定程序，全面、客观地审核证据，依照法律规定，运用逻辑推理和日常生活经验法则，对证据有无证明力和证明力大小进行判断，并公开判断的理由和结果。对于严重违反诚实信用原则，提交伪证、进行虚假陈述、扰乱司法秩序的行为，应当按照法定程序予以处罚。

【关键词】

不正当竞争　证据伪证　处罚

【案号】

最高人民法院〔2014〕民提字第 196 号

【基本案情】

在再审申请人广东华润涂料有限公司（以下简称华润公司）与被申请人江苏大象东亚制漆有限公司（以下简称大象公司）、一审被告吴雪春不正当竞争纠纷案中，大象公司以其在油漆商品上使用的"滑雪人物版面"的包装装潢构成知名商品特有包装装潢，华润公司未经许可使用了上述包装装潢为由，提起诉讼。江苏省苏州市中级人民法院一审认为，采用"滑雪人物版面"包装装潢的"大象"油漆涂料商品属于有较高知名度的商品，"滑雪人物版面"文字及色彩特征具有显著性，应认定为知名商品特有的包装装潢。华润公司生产的"IdoI 爱的漆"滑雪人图案包装装潢与大象公司"滑雪人物版面"包装装潢构成近似。遂判决华润公司、吴雪春立即停止侵权行为，华润公司赔偿大象公司经济损失 2217.274 万元。华润公司、吴雪春均不服，提起上诉。江苏省高级人民法院二审认为，大象公司于 2008 年 9 月向一审法院提起本案诉讼已超过两年的诉讼时效，但华润公司的侵权行为在大象公司起诉时仍在持续，故虽应判决华润公司停止侵权行为，但在确定损失赔偿额时应以两年计算。遂改判华润公司赔偿大象公司经济损失 40 万元。华润公司仍不服，向最高人民法院申请再审。最高人民法院裁定提审本案，并于 2015 年 11 月 4 日判决撤销一审、二审判决，驳回大象公司的全部诉讼请求。并于同日以在诉讼中提交伪证并进行虚假陈述为由，对大象公司及其法定代表人杨少武下达处罚决定书，分别对二者罚款一百万元及十万元。

【裁判意见】

最高人民法院提审认为：人民法院应当按照法定程序，全面、客观地审核证据，依照法律规定，运用逻辑推理和日常生活经验法则，对证据有无证明力和证明力大小进行判断，并公开判断的理由和结果。本案的争议焦点之一为大象公司提交的公证保全证据中，用以证明其在先使用行为的爱地漆包装罐是否系伪造。经审查现有证据可知，大象公司没有任何证据证明其"爱地漆"商品的销售额情况、涉案包装装潢中的文字设计过程和使用图片的来源，并结合其提交的包装罐上的电话数位与实际使用时间不符，书面说明、证人证言与庭审陈述自相矛盾等事实，运用逻辑推理和日常生活经验法则进行分析判断，通过全面、客观的审核，足以认定大象公司提交的用以证明其在先使用行为的涉案包装罐是伪证，故对此不予采信。此外，鉴于大象公司利用该包装罐及相应的公证书，对华润公司多次提起商标争议、行政诉讼、民事诉讼，严重违反诚信原则，提交伪证、作虚假陈述，严重妨碍人民法院审理案件，扰乱司法秩序，影响司法公正。大象公司的法定代表人杨少武不仅对上述证据造假及恶意诉讼活动知情，而且显然参与了相关活动。大象公司的证人陶国庆提供虚假证言，帮助大象公司作伪证，也是明知故犯。据此，对大象公司及其法定代表人杨少武的造假行为及不诚信诉讼行为，对证人陶国庆作伪证的行为，予以严厉谴责，并将另行依照法定程序予以处罚。

38. 停止侵权责任的承担，应当遵循善意保护原则并兼顾公共利益

【裁判要旨】

在商标权等知识产权与物权等财产权发生冲突时，是否判令当事人承担停止使用的法律责任，应当遵循善意保护原则并兼顾公共利益。

【关键词】

商标侵权　不正当竞争　停止侵权　善意保护

【裁判意见】

在前述"星河湾"商标侵权及不正当竞争案中，最高人民法院提审认为：根据民法关于善意保护之原则，在商标权等知识产权与物权等其他财产权发生冲突时，应以其他财产权是否善意作为权利界限和是否容忍的标准，同时应兼顾公共利益之保护。本案中，由于炜赋公司经南通市民政局批准将小区命名为"炜赋·星河湾"，小区居民已经入住多年，且并无证据证明其购买该房产时知晓小区名称侵犯星河湾公司商标权，如果判令停止使用该小区名称，会导致商标权人与公共利益及小区居民利益的失衡，故不再判令停止使用该小区名称，但炜赋公司在其尚未出售的楼盘和将来拟开发的楼盘上不得使用相关"星河湾"名称作为其楼盘名称。

结　语

今年是最高人民法院第八次发布知识产权案件年度报告，年度报告在明晰裁判规则、指导审判实践、统一法律适用方面发挥着重要的作用，也日益受到社会各界的普遍关注和高度重视。但仍需要说明的是，年度报告是最高人民法院在具体案件裁判中针对新型、复杂、疑难问题形成的认识，具有较强的个案性、探索性和阶段性，在法律适用标准和方法方面难免存在局限，并可能随着认识的深入和时代的发展发生调整和变化。在未来的工作中，最高人民法院将紧紧围绕"努力让人民群众在每一个司法案件中感受到公平正义"的目标，忠实履行宪法法律赋予的职责，充分发挥知识产权审判职能作用，不断提升知识产权司法保护的权威性和公信力，通过发挥职能作用，保障创新驱动发展。

最高人民法院办公厅
关于印发《最高人民法院知识产权案件年度报告（2016）》的通知

2017年4月26日　　　　　　　　　　　　　法办〔2017〕74号

各省、自治区、直辖市高级人民法院，解放军军事法院，新疆维吾尔自治区高级人民法院生产建设兵团分院：

为及时总结知识产权和竞争案件审判经验，加强审判指导，推进司法公开和提升司法公信，最高人民法院从2016年审结的知识产权和竞争案件中精选了27件典型案例，归纳出39个具有普遍指导意义的法律适用问题，形成了《最高人民法院知识产权案件年度报告（2016）》。该年度报告反映了最高人民法院处理新型、疑难、复杂知识产权和竞争案件的审判标准、裁判方法和司法导向，对于知识产权审判工作具有重要指导意义。

现将《最高人民法院知识产权案件年度报告（2016）》印发给你们，供在知识产权审判工作中参考借鉴。

附：

最高人民法院知识产权案件年度报告（2016）

序　言

2016年，最高人民法院积极主动适应国际形势新变化和经济发展新常态，切实增强机遇意识、责任意识、创新意识，深入贯彻实施国家知识产权战略和创新驱动发展战略，贯彻"司法主导、严格保护、分类施策、比例协调"的基本司法政策，以严格保护、深化改革、完善制度、统一规则为着力点，不断推进知识产权司法体系和司法能力现代化，为建设知识产权强国和世界科技强国提供坚强有力的司法保障。

最高人民法院知识产权庭2016年全年共新收各类知识产权案件724件。在新收案件中，按照案件审理程序划分，共有抗诉案件2件，二审案件7件，提审案件99件，申请再审案件601件，申诉案件3件，请示案件12件。按照案件所涉客体类型划分，共有专利案件227件，植物新品种案件1件，商标案件337件，著作权案件64件，集成电路布图设计案件2件，垄断案件2件，商业秘密案件12件，其他不正当竞争案件23件，知识产权合同案件38件，其他案件18件（主要涉及知识产权审判管理事务）。按照案件性质划分，共有行政案件352件，其中专利行政案件84件，商标行政案件268件；共有民事案件372件。全年共审结各类知识产权案件735件，其中抗诉案件2件，二审案件11件，提审案件96件，申请再审案件614件，请示案件12件。在审结的614件申请再审案件中，行政申请再审案件283件，民事申请再审案件331件；裁定驳回再审申请454件，裁定提审76件，裁定指令或者指定再审31件，裁定撤诉（包括和解撤诉）18件，以其他方式处理35件。

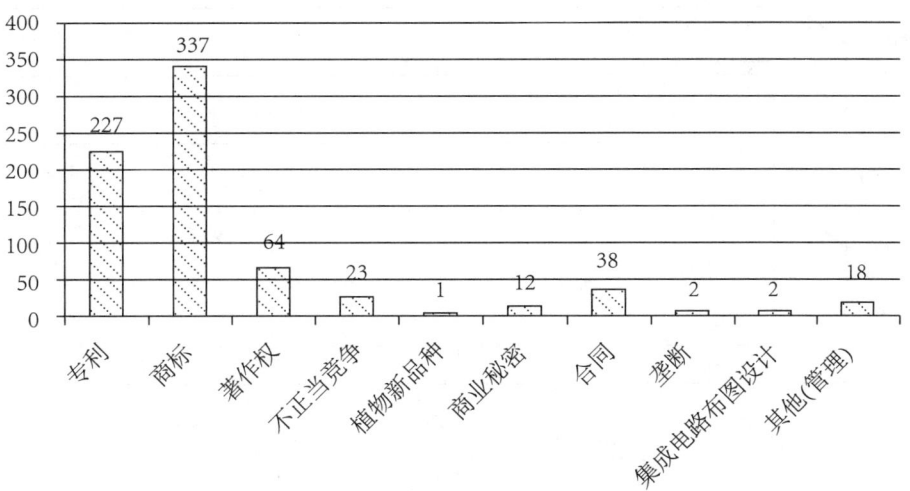

2016最高人民法院知识产权庭新收知识产权案件类型图

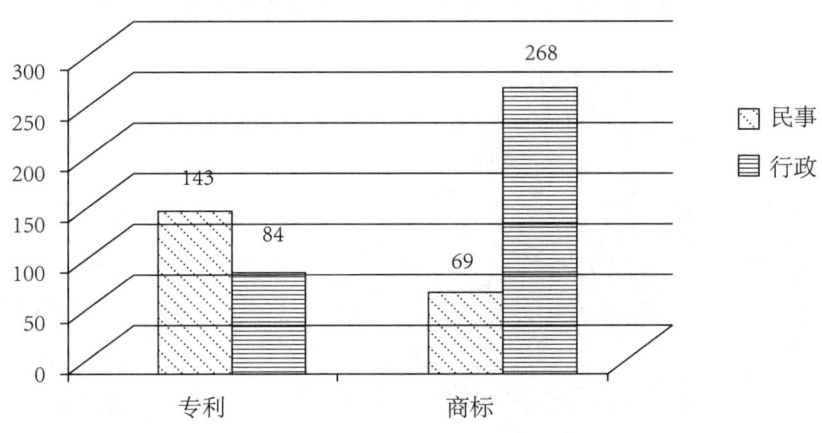

2016年最高人民法院知识产权庭受理专利、商标民事及行政案件数量对比图

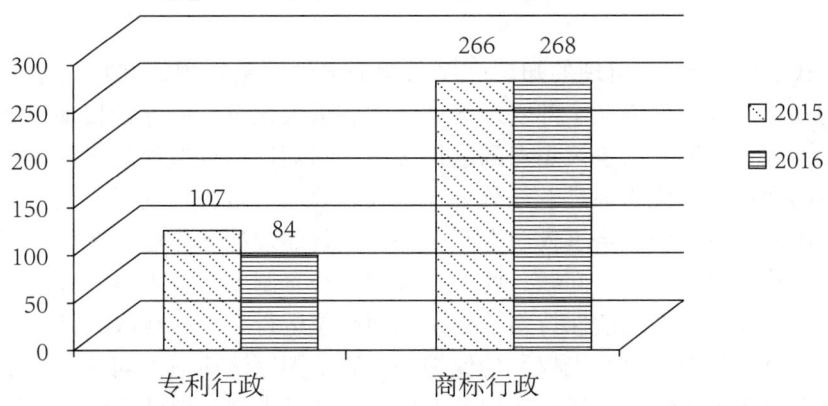

2016年最高人民法院知识产权庭新收专利、商标行政案件增长对比图

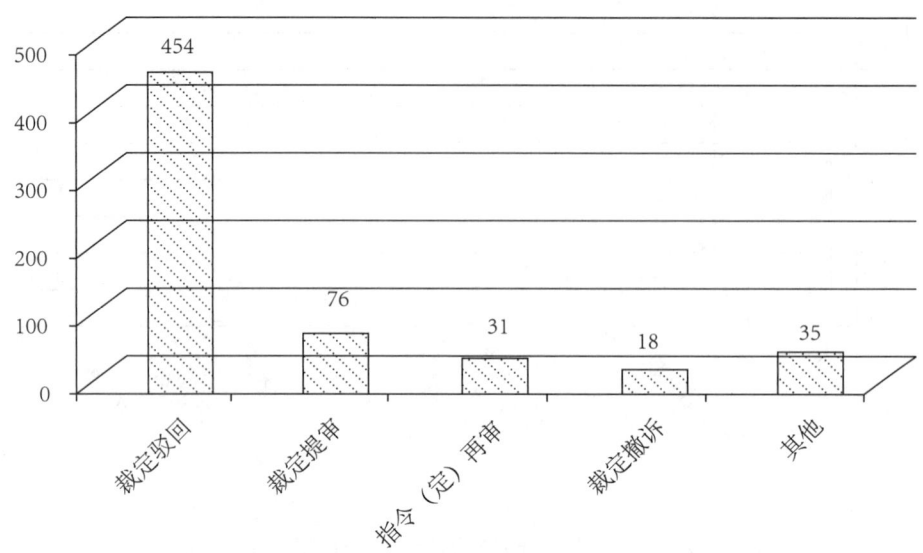

2016年最高人民法院知识产权庭再审审查案件结案方式统计图

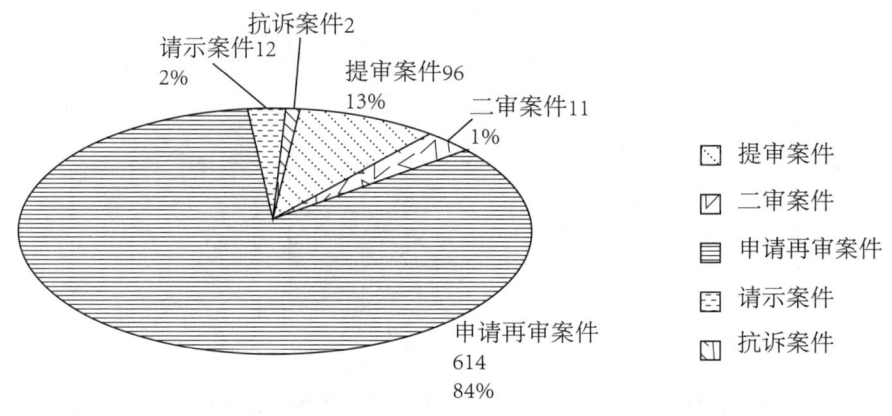

2016年最高人民法院知识产权庭审结案件类型图

最高人民法院2016年审理的知识产权和竞争案件的基本规律和特点是：与专利和商标有关的知识产权案件仍在全部受理案件中占有最大比重，商标授权确权类行政案件增幅明显；专利行政案件的争议焦点问题仍集中于新颖性和创造性的评价，在化学和医药生物领域的案件中，说明书是否充分公开、权利要求书是否得到了说明书的支持，仍然是较为突出的法律问题。当事人对专利权评价报告的地位和作用存在认识误区，是专利民事案件中普遍存在的一个问题。此外，技术调查官制度在技术事实查明方面发挥的作用值得关注；商标案件继续保持整体数量上的高位运行，商标行政案件占比较大，诉争商标是否具有不良影响及在先权利的保护条件和范围等法律适用问题仍存争议，裁判标准和尺度有待明确和统一。通过运用商标近似、商品类似、混淆等弹性因素，在充分考虑市场实际的基础上，体现商标权保护的强度与商标的显著程度、知名度相适应，

"比例协调"原则在商标民事案件的审理中得到了较为充分的体现；著作权案件的数量和所占比例基本平稳，涉及卡拉OK经营者等诉讼主体的关联性案件较多，当事人取证程序不规范以及证据认定标准不一的情况仍然比较普遍；竞争案件中的商业秘密纠纷占比较大，争议焦点多集中于相关信息的秘密性，以及是否采取了保密措施等与权利基础的证明有关的法律问题，垄断案件的数量有所上升，但当事人的诉讼能力尚需积累和提升。

本年度报告从最高人民法院2016年审结的知识产权和竞争案件中精选了27件（案件事实和法律问题基本相同的关联案件计为1件）典型案件，上述案件涵盖了已经入选2016年中国法院10大知识产权案件和50件典型知识产权案例的全部案件。我们从中归纳出39个具有普遍指导意义的法律适用问题，反映了最高人民法院在知识产权和竞争领域处理新型、疑难、复杂案件的审理思路和裁判方法，现予公布。

各类知识产权案件审理情况概要

一、专利案件审判

（一）专利民事案件审判

2016年，最高人民法院知识产权庭审结的专利民事案件共157件，其中，裁定驳回再审申请127件，最高人民法院裁定提审17件，指令下级法院再审10件，发回重审1件，最高人民检察院抗诉案件2件。案件类型涉及侵害发明专利权纠纷59件，侵害实用新型专利权纠纷37件，侵害外观设计专利权纠纷38件。上述案件反映出如下特点和问题：

第一，涉及损害赔偿数额争议的案件比例较高。在134件侵害专利权纠纷案件中，有16件涉及酌定赔偿数额的确定。最高人民法院在这些案件中指出，在无充分证据证明权利人实际损失、侵权人所获利益以及专利许可使用费的情况下，法院根据专利权的类型、侵权行为的性质和情节等因素酌定赔偿数额并无不当。同时，在适用法定赔偿的方式具体确定赔偿数额的过程中，应准确参考相关因素，依靠证据，实事求是。对于原审法院将没有证据证明实际发生的专利许可使用费纳入法定赔偿之参考因素的做法，最高人民法院予以纠正；对于有证据证明侵权产品合理利润较高，原审法院在专利法规定的法定赔偿额幅度之上确定赔偿数额的做法，最高人民法院予以支持，彰显公平合理的司法态度。

第二，涉及管辖权异议的案件占一定比例，知识产权案件级别管辖分工有待明确。在《全国人大常委会关于在北京、上海、广州设立知识产权法院的决定》《最高人民法院关于北京、上海、广州知识产权法院案件管辖的规定》《最高人民法院关于知识产权法院案件管辖等有关问题的通知》等决定、规定和通知以及现行其他有效的法律和司法解释没有对高级人民法院与知识产权法院之间的案件管辖分工作出特别规定的情形下，知识产权法院受理案件的级别管辖仍应受到《最高人民法院关于审理民事级别管辖异议案件若干问题的规定》《最高人民法院关于调整地方各级人民法院管辖第一审知识产权民事案件标准的通知》等一般规定拘束。从级别管辖上，不排除高级人民法院对一审知识产权案件的管辖权。

第三，技术调查官首次参与最高人民法院的案件审理程序。在礼来公司与华生公司侵害发明专利权纠纷一案中，最高人民法院依法组成合议庭，并指派技术调查官参与诉讼。综合运用技术调查官、专家辅助人、科技专家咨询等多种途径来解决技术事实查明问题，提高了知识产权审判的专业化水平。

第四，当事人对专利权评价报告的功能存在认识误区。最高人民法院在3件涉及侵害实用新型专利权纠纷案中，对该问题予以明确：专利权评价报告的主要功能是提供评估专利有效性的参考，其定位是审理专利侵权纠纷的证据之一。不可直接依据专利权评价报告中对专利权人的不利结论驳回专利权人的诉讼请求，此外，如果专利复审委员会已经就涉案专利权作出了维持有效的审查决定，则不能仅以实用新型专利权评价报告的结论推翻专利复审委员会审查决定的结论。

第五，申请再审案件中，因涉案专利在原审判决作出后被宣告无效或者部分无效而中止诉讼或者进入再审程序的案件比例较高。在中止诉讼的9件案件中，中止诉讼的原因均为涉案专利在原审判决作出后被宣告无效或者部分无效，尚处于权利不稳定状态。最高人民法院同时指出，如果被告是在答辩期满后请求宣告涉案专利权无效的，人民法院应当审查是否属于确有必要中止案件诉讼的情形。

（二）专利行政案件审判

2016年，最高人民法院知识产权庭审结专利行政案件共84件。从案件处理结果看，裁定驳回再审申请70件，提审后判决6件，裁定提审8件。案件涉及发明专利纠纷44件，实用新型专利纠纷17件，外观设计专利纠纷21件（含关联案件16件），其他专利行政纠纷2件。上述案件反映出如下特点和问题：

第一，随着专利复审委员会实行以"新颖性、创造性、实用性"为中心的审查思路，多数案件的争议焦点问题也集中于"新颖性、创造性、实用性"的审查标准。此外，医药生物领域的行政案件较多涉及说明书是否充分公开以及权利要求书是否得到了说明书支持的问题，案件复杂程度普遍较高。与商业方法有关的专利行政案件的数量也有明显的上升趋势。最高人民法院通过对专利行政案件的审理，对以下法律适用标准予以明确：

（1）在涉及新颖性问题的审查中，最高人民法院对于物质的医药用途以及外观设计相近似的判断标准沿袭既往，保持了与审查指南标准的基本一致。在涉及化合物新颖性问题的案件中，最高人民法院明确，对于现有技术文献是否已公开了某化合物，应当以所属领域的普通技术人员根据该文献的启示，能否制造或分离出该化合物为准。专利申请人对此提出相反主张的，应承担进一步的举证责任。

（2）在涉及创造性问题的案件中，争议焦点集中于对技术特征的理解，以及由此引发的对区别技术特征的认定是否存在错误的问题。对于以制备方法主张产品权利要求具备创造性的案件，最高人民法院明确，制备方法特征并未在产品权利要求中予以限定的，不应作为判断该产品权利要求是否具备创造性的考量因素。

（3）在涉及实用性问题的案件中，最高人民法院明确了实用性所要求的"能够制造或者使用"和说明书公开充分所体现的"能够实现"条款二者之间的关系，明确了在形式上虽然体现为技术方案未进行充分公开，但技术方案在实质上违反自然规律的情况下可以适用实用性条款的原则。

（4）在涉及是否充分公开问题的案件中，最高人民法院在部分案件中明确，对于化学产品的专利申请，应当完整公开该产品的用途和/或使用效果。

（5）在涉及是否具有可专利性问题的案件中，最高人民法院对于商业管理方法专利申请的审查标准保持了与审查指南的一致性，并在部分案件中明确，如果一项发明申请没有采用技术手段或者利用自然规律，也没有解决技术问题和产生技术效果，则其请求保护的内容不构成技术方案，不具有可专利性。

（6）在涉及修改是否超范围问题的案件中，最高人民法院在部分案件中明确，专利法第三十三条的意旨在于对先申请制度的维护，而非对创造性予以评价。以增加技术特征的修改方式为例，只要该新增技术特征在原说明书和权利要求书记载的范围之内，无论其是否属于本领域公知常识，这一修改都符合专利法第三十三条之规定；反之，若该新增技术特征不在原说明书和权利要求书记载的范围之内，即便其是本领域公知常识，也不能认定这一修改符合专利法第三十三条规定。

（7）在涉及外观设计专利审查的案件中，焦点问题多集中于对是否构成现有设计证据的审查判断，特别是鉴定机关对此问题出具的鉴定报告的证明力。对于近似外观设计的判断，集中在是否存在明显差异，是否为惯常设计或功能性特征的认定。

第二，专利行政案件审理过程中涉及证据审查认定的案件数量仍然较多。对此，最高人民法院严格证据审查的标准，依据证据规则，并结合优势证据认定的经验法则及生活常识，综合判断证据的证明效力。

第三，涉及行政程序性异议的案件数量不多。这一特点也在一定程度上反映出专利审查过程中的程序性问题已经得到了重视。最高人民法院在部分案件中也进一步明确了对"审查范围"的理解，最高人民法院指出，对从属权利要求进行创造性判断时，专利复审委员会在审查过程中引入该从属权利要求引用的权利要求的对比文件作为证据，不属于超范围审查。

第四，当事人怠于行使诉权的现象仍然比较突出。在2016年审结的专利行政案件中，出现了多起因当事人超过法定期限起诉原审法院未予受理，进而申请再审的案件。这一现象的产生，也提醒当事人在重视实体权利维护的同时，也要避免因诉讼权利的懈怠而产生于己不利的法律后果。

二、商标案件审判

（一）商标民事案件审判

2016年，最高人民法院知识产权庭审理的商标民事案件共75件，其中，最高人民法院裁定提审13件，指令下级法院再审3件，最高人民检察院抗诉案件1件，终结审查程序6件，中止审理1件，撤销申请2件，驳回再审申请49件。案件类型涉及侵害商标权纠纷65件，商标合同纠纷7件（商标权转让合同纠纷4件、商标许可使用合同纠纷2件、特许经营合同纠纷1件），股东出资纠纷1件，财产损害赔偿纠纷1件，商标权权属纠纷1件。除了商标相同近似以及商品类似认定问题外，还反映出如下特点和问题：

第一，侵害商标权纠纷和相关权属纠纷交错。2016年审结的多起侵权案件中同时涉及对诉争商标权属或取得方式有争议，或是当事人曾为合作关系，合作终止后对相关无形资产处置不明晰；又或是相关老字号传承人与注册商标权人之间的纠纷；再或是企业改制对相关国有资产处置模糊以及相关商标的承继不清。

第二，审理了多起涉及新商标法第五十九条第一款和第三款的案件。该条第一款规定了商标的正当使用问题，第三款规定了在先使用抗辩问题。关于是否构成商标的正当使用，案件的争议焦点往往围绕于事实的查明。如果已有证据显示，注册商标中含有本商品通用名称等或直接表示商品的质量等特点或者含有地名的，注册商标权人无权禁止他人正当使用。关于在先使用抗辩问题，通过对已经审结的案件进行分析，对该条款的适用需要注意的问题包括：判定在先使用的时间节点原则上应为商标申请日；商品或者服务构成相同或者类似应为适用的前提；在商标申请日前的使用行为是否具有一定影响。

第三，如何在正确认定商品关联关系的基础上合理划定商标权的保护范围，仍然是审判中的难点，需要多加研究。既需考虑现行商品和服务分属不同类别注册的注册体系，又要考虑此类商品经营的客观现实，还要综合考虑是否存在注册商标之间的冲突以及是否侵犯他人在先权利等因素。

（二）商标行政案件审判

2016年，最高人民法院知识产权庭共审结商标行政案件257件，按案件类型划分：商标驳回复审案件81件，商标异议复审案件99件，商标争议案件44件，商标无效案件14件，商标撤销复审案件14件，其他案件5件；按裁判结果划分：裁定驳回再审申请135件，撤诉9件，裁定指令再审1件，裁定中止诉讼8件，裁定提审43件，提审后改判49件，提审后维持原判7件，其他案件5件。上述案件主要反映出如下问题与特点：

第一，商标近似、商品类似判断问题仍然是商标行政案件争议的主要焦点。在裁定驳回再审申请的135件案件中，有88件涉及商标是否近似、商品是否类似的问题。在56件提审判决中，19件涉及商标近似、商品类似的问题。对此问题，最高人民法院在多数案件中的意见与商标评审委员会及一审、二审法院一致，但也存在部分分歧。在裁判过程中，最高人民法院明确了进行商标近似性判断要综合考虑引证商标的知名度、申请商标使用情况、申请商标申请人的主观意图、相关公众的注意程度等因素，同时也要关注引证商标权利人与商标申请人之间的共存协议及特定历史背景等因素；对于涉及中、外文商标的近似性判断，还要考虑该中、外文商标是否已经与特定商标和主体形成了较为稳定的对应关系。

第二，对于不良影响条款的适用标准仍需进一步明确和统一。在部分驳回复审和异议复审类案件中，最高人民法院明确了商标法第十条第一款第（八）项"不良影响"规定条款适用的条件，即应当是对申请商标是否可能损及公共利益或善良风俗的道德评价，是否导致消费者的误认误购并不构成不良影响。此外，对于含有中华人民共和国和外国国家名称，但整体上与中国和外国国家名称并不相同或者不相近似的标志，虽然不属于商标法第十条第一款第（一）（二）项规定的情形，但如果上述标志作为商标注册可能损害国家尊严的，可以认定其属于商标法第十条第一款第（八）项规定的情形。

第三，关于在先权利保护的商标行政案件中，涉及著作权、姓名权保护的问题仍呈增长趋势。对于以著作权主张在先权利保护的案件，最高人民法院明确，人民法院应当依照著作权法等相关规定，对所主张的客体是否构成作品、当事人是否为著作权人或者其他有权主张著作权的利害关系人以及诉争商标是否构成对著作权的侵害等进行审查。在该商标标志构成作品，又没有相反证据足以推翻的情况下，当事人提供的诉争商标申请日之前的著作权登记证书可以作为证明著作权归属的初步证据；商标公告、商标注册证等可以作为确定商标申请人为有权主张商标标志著作权的利害关系人的初步证据。对于以姓名权主张在先权利的案件，最高人民法院明确，当事人以其全名、笔名、艺名、译名等特定名称主张姓名权，如果该特定名称具有一定的知名度，且能与该自然人建立稳定对应关系，相关公众以其指代该自然人的，该名称可以作为在先权利予以保护。他人使用与该名称相同或近似的标志，相关公众认为该标志指代了该自然人，容易认为标记有该商标的商品系经过该自然人许可或者与该自然人存在特定联系的，人民法院应当认定该商标侵害了自然人的姓名权。

第四，对于商标使用证据的把握不应过于苛刻。在因连续三年停止使用撤销复审案件中，最高人民法院明确，对于使用证据的把握应注重考察是否能证明具有真实有效的使用意图以及是否存在持续使用的事实。商标权人自行使用、他人经许可使用以及其他不违背商标权人意志的使用，均可认定为商标使用行为。实际使用的商标标志与核准注册的商标标志有细微差别，但未改变其显著特征的，也可以视为注册商标的使用。第五，由于引证商标被撤销或者无效，在先权利障碍不复存在，人民法院根据情势变更原则，依据新的事实撤销商标评审委员会相关裁决的案件增多。在上述案件中，最高人民法院明确，申请注册商标并不是简单地占有某一特定符号，商标的价值源于其识别性，如果在申请商标授权之前，已经不存在可能与之形成权利冲突的商标标识，申请商标可以正常发挥其识别功能的情况下，其注册申请是可以被核准的。因此，在人民法院审理商标授权确权行政案件的过程中，商标评审委员会对诉争商标予以驳回、不予核准注册或者予以无效宣告的事由不复存在的，人民法院可以依据新的事实撤销商标评审委员会相关裁决，并判令其根据变更后的事实重新作出裁决。

三、著作权案件审判

2016年，最高人民法院知识产权庭共审结著作权纠纷案件66件。其中，提审后改判3件，裁定提审2件，裁定指令下级法院再审17件，裁定驳回再审申请44件。上述案件反映出如下特点和问题：

第一，涉及卡拉OK经营者的侵害著作权纠纷案件占比较高，该类案件中关于公证证据的采信标准亟待统一。2016年最高人民法院审理的涉及卡拉OK经营者的侵害著作权纠纷案件达22件，占全部著作权纠纷案件的33.33％；其中有14件因原审法院对公证证据的采信标准把握不当，而被指令再审，占该类案件总数的63.64％。最高人民法院在上述案件中指出，部分人民法院对于公证证据的采信标准过于苛刻，未完整录制被诉侵权的 MTV 不能当然构成相关公证证据不应予以采信的充分理由。

第二，涉及著作权基本法律问题的案件占一定比例，相关司法裁判标准有待进一步统一。2016 年最高人民法院审理的著作权纠纷案件中涉及独创性判断、实质性近似判断等著作权基本法律问题的案件仍占一定比例。其中，独创性判断问题最为突出。最高人民法院在部分案件中明确指出，独立创作是独创性的首要之义，作品的外在表现是否与公有领域作品存在一定程度的差异是独创性判断的重要方面。

第三，著作权语境下的合同解释规则进一步丰富。2016 年，最高人民法院审理了 6 件著作权领域的合同纠纷，其中大都涉及合同解释问题。最高人民法院在部分案件中指出，当合同未能明确约定，业内亦无惯例可循时，对于出版合同的解释，应当兼顾出版商利益的保护和作者创作积极性的维护，促进出版行业健康有序发展。

第四，著作权侵权责任承担规则进一步完善。在最高人民法院 2016 年审理的侵害著作权纠纷案件中，侵权责任的承担问题仍是较为集中的案件争议焦点。最高人民法院在部分案件中明确了侵权责任法第十二条在侵害著作权纠纷案件中的具体适用规则。此外，还在有关案件中明确了著作权领域合法来源抗辩的规则，即若销售商能够证明其所售侵权刊物具有合法来源，则其仅须停止侵权，而无需承担赔偿损失的侵权责任。

四、不正当竞争案件审判

2016 年，最高人民法院知识产权庭共审结反不正当竞争案件 30 件。其中，最高人民法院裁定提审 4 件，指令下级法院再审 1 件，撤回再审申请 2 件，驳回再审申请 23 件。案件类型涉及虚假宣传纠纷 10 件，仿冒纠纷 3 件，侵害商业秘密纠纷 12 件，冒用企业名称（商号）纠纷 2 件，擅自使用知名商品特有的名称、包装、装潢纠纷 2 件，其他不正当竞争纠纷 1 件。其中，不正当竞争与侵害商标权纠纷交叉案件 2 件。上述案件反映出如下特点和问题：

第一，在全部不正当竞争纠纷案件中，侵害商业秘密纠纷仍然占有较大比例。从商业秘密案件的自身情况来看：商业秘密权利人对自身权利保护不充分是其败诉的重要原因之一。最高人民法院在部分案件中指出，当事人虽主张对商业秘密共有，但仍应举证证明其均对商业秘密采取了合理的保密措施。商业秘密案件的权利人对主张商业秘密的范围界定不清楚，是导致此类案件审理难度较大的一个原因。商业秘密案件中，如果原告主张其商业秘密被侵害，应当首先明确商业秘密的具体内容。但在 2016 年审结的多起案件中，均不同程度地存在权利人对商业秘密的具体内容含糊其辞或多次变更主张的秘密点的现象，导致此类案件的事实查明难度较大，审理周期较长。刑民交织是商业秘密案件的重要特点。是否能够在民事诉讼程序中直接援引刑事判决的内容，仍应结合案件当中的具体情况，而不宜一概而论。例如，在先生效刑事判决认定的商业秘密内容若与当事人在民事案件中主张的权利范围不一致，即不能直接援引刑事判决中的相关认定。

第二，涉及虚假宣传、商业诋毁的案件数量较多。在 2016 年审结的案件当中，经营者因在生产经营活动中使用片面的宣传和对比方式、具有歧义性的语言，损害其他经营者的合法权益，是很多案件纠纷发生的诱因。最高人民法院在部分案件中指出，当事人通过混淆商品概念等不当宣传方式，使相关公众可能产生对具有竞争关系的其他企业和产品的错误认识，应当认定该行为构成对其他生产经营者的商业诋毁。

第三，在涉及企业字号的案件中，不正当竞争与商标权纠纷交织，且纠纷常产生于复杂历史背景之下的现象亦十分突出。

五、垄断案件审判

2016年，最高人民法院知识产权庭共审结反垄断案件5件。其中，最高人民法院裁定提审1件，驳回再审申请4件。案件类型涉及经营者集中纠纷2件，垄断协议纠纷1件，滥用市场支配地位纠纷2件。上述案件反映出如下特点和问题：

第一，反垄断案件总体数量不多，但增幅较大，相较于2015年，案件数量增幅达66.7％。

第二，通过对已经审结的案件进行分析，垄断案件当事人的诉讼能力亟待加强。在部分涉及滥用市场支配地位行为的案件中，根据法律明确规定，原告应就被告在相关市场中具有支配地位及存在滥用行为等事实承担举证责任。但经法院反复释明，部分当事人仍无法按照法律规定完成其应有的举证责任。

第三，人民法院在积极探索反垄断纠纷案件审理思路的同时，有关法律适用标准仍待统一。如对竞争者是否具有市场支配地位的认定，部分案件未予涉及，而直接以对诉争行为是否具有排除、限制竞争的后果，或者诉争行为是否属于没有正当理由拒绝与交易相对人进行交易的判断进行取代，并得出诉争行为是否构成垄断的结论；有的案件则遵循了首先对竞争者是否具有市场支配地位进行认定，再对被诉行为本身进行分析，进而认定其是否属于反垄断法禁止的滥用市场支配地位行为的审理思路。

六、技术合同案件审判

2016年，最高人民法院知识产权庭共审结各类技术合同纠纷案件22件。其中，二审案件2件、再审判决1件、裁定指令再审3件、裁定提审1件，裁定驳回再审申请15件，在案件类型方面，广泛涉及技术开发合同、技术转让、技术服务、技术咨询等纠纷。上述案件反映出如下特点和问题：

第一，案件类型较为集中。在技术合同纠纷中，案件数量仍以技术转让合同与技术开发合同居多，技术咨询和技术服务合同数量相对较少。

第二，对违约行为的审查判断仍为案件审理的焦点。其中，对双方履约事实的查明往往是案件审理当中的难点，双方同时存在违约的现象在部分案件中表现得比较突出。在此基础上，如何合理确定违约责任、后续合同履行及合同款项亦是案件当中涉及较多的问题。

第三，技术成果的无形性特征，使对当事人是否履行了合同义务及附随义务的判断较为复杂。在部分案件中，最高人民法院明确指出，对于接受委托的一方是否如约交付了技术成果，是否形成了符合合同约定的技术效果，应当在正确分配举证责任的基础上进行审查判断。

第四，与药品研发有关的技术合同通常涉及技术提供方与原料提供商、药品生产商、销售商等多个环节，履行时间跨度较大，证据繁多，且需要考虑药品研发本身的特点，故此类案件仍为技术合同案件中的疑难领域。最高人民法院在部分案件中指出，一项新药研发和上市，研发单位通常需要投入大量的人力、物力和财力，并经过反复实验、临床试验等多道程序才能完成。且在研发过程中，新药研发能否成功的不确定性非常高。因此，研发单位为了保证自己的利益，约定合作协议期满后合同的另外一方不得生产涉案药品，具有一定合理性，不能构成合同条款无效的理由。

一、专利案件审判

（一）专利民事案件审判

1. 药品制备方法专利侵权纠纷中被诉侵权药品制备工艺的查明

【裁判要旨】

药品制备方法专利侵权纠纷中，在无其他相反证据的情形下，应当推定被诉侵权药品在药监部门的备案工艺为其实际的制备工艺；有证据证明被诉侵权药品备案工艺不真实的，应当充分审查被诉侵权药品的技术来源、生产规程、批生产记录、备案文件等证据，依法确定被诉侵权药品的实际制备工艺。对于被诉侵权药品制备工艺等复杂的技术事实，可以综合运用技术调查官、专家辅助人、司法鉴定以及科技专家咨询等多种途径进行查明。

【关键词】

发明专利　侵权　技术调查官　技术事实查明

【案号】

〔2015〕民三终字第1号

【基本案情】

在上诉人礼来公司与上诉人常州华生制药有限公司（以下简称华生公司）侵害发明专利权纠纷案中，礼来公司系名称为"制备一种噻吩并苯二氮杂䓬化合物的方法"的第91103346.7号发明专利（即本案专利）的权利人，使用本案专利方法制备的药物奥氮平为新产品。2001年7月，中国医学科学院药物研究所（以下简称医科院药物所）和华生公司向国家药品监督管理局（以下简称国家药监局）申请奥氮平及其片剂的新药证书。2003年5月9日，医科院药物所和华生公司获得国家药监局颁发的奥氮平原料药和奥氮平片《新药证书》。华生公司获得奥氮平和奥氮平片《药品注册批件》。新药申请资料中《原料药生产工艺的研究资料及文献资料》记载了制备工艺（即2003年备案工艺）为：加入4－氨基－2－甲基－10－苄基－噻吩并苯并二氮杂䓬、盐酸盐、甲基哌嗪及二甲基甲酰胺搅拌，得粗品，收率94.5％；加入2－甲基－10－苄基－（4－甲基－1－哌嗪基）－4H－噻吩并苯并二氮杂䓬、冰醋酸、盐酸搅拌，然后用氢氧化钠中和后得粗品，收率73.2％；再经过两次精制，总收率为39.1％。从反应式分析，该过程就是以式四化合物与甲基哌嗪反应生成式五化合物，再对式五化合物脱苄基，得式一化合物。2003年8月，华生公司向青岛市第七人民医院推销其生产的"华生－奥氮平"5mg－新型抗精神病药，其产品宣传资料记载，奥氮平片主要成分为奥氮平，其化学名称为2—甲基—10—（4—甲基—1—哌嗪）—4H—噻吩并苯并二氮杂䓬。礼来公司以华生公司使用落入本案专利权保护范围的制备方法生产药物奥氮平并用于销售，侵害了本案专利权为由提起诉讼。根据江苏省高级人民法院的委托，上海市科技咨询服务中心于2011年8月25日出具〔2010〕鉴字第19号《技术鉴定报告书》，鉴定结论为华生公司备案资料中记载的生产原料药奥氮平的关键反应步骤缺乏真实性，该备案的生产工艺不可行。在一审审理过程中，华生公司又提交了2010年9月8日国家药监局《药品补充申请批件》（即2008年备案工艺），其后所附《奥氮平药品补充申请注册资料》中5.1原料药生产工艺的研究资料及文献资料章节中5.1.1说明内容为："根据我公司奥氮平原料药的实际生产情况，在不改变原来申报生产工艺路线的基础上，对奥氮平的制备工艺过程做了部分调整变更，对工艺进行优化，使奥氮平各中间体的质量得到进一步的提高和保证，其制备过程中的相关杂质得到有效控制。……由于工艺路线没有变更，并且最后一步的结晶溶剂亦没有变更，故化合物的结构及晶型不会改变。"5.1.5工艺变更前后的具体变化及变更解释中记载：仲胺化反应中，原料之一的钠氢变更为氢氧化钠，变更理由是可以增加生产安全性；溶剂四氢呋喃变更为丙酮，变更理由为可以节约成本；反应24小时，变更为4~5小时，变更理由为溶剂改变后相应的反应时间也缩短了。华生公司主张，其自2003年至今一直使用2008年补充报批的奥氮平备案生产工艺，该备案文件已于2010年9月8日获国家药监局批准，具备可行性。在礼来公司未提供任何证据证明华生公司的生产工艺的情况下，应以华生公司2008年奥氮平备案工艺作为认定侵权与否的比对工艺。江苏省高级人民法院一审认为，相关鉴定报告已经认定华生公司2003年备案的生产工艺不可行，华生公司在本案中并未明确指出何种具体工艺的变更克服了2003年备案工艺中的缺陷，从而导致其生产工艺发生实质性变更，进而证明其2008年备案工艺具有可行性，也未证明其提交的生产记录、生产规程与2008年备案工艺相一致。根据现有证据，华生公司的不侵权抗辩主张不能成立。据此，判决华生公司赔偿礼来公司经济损失及为制止侵权支出的合理费用350万元；驳回礼来公司的其他诉讼请求。礼来公司、华生公司均不服，提起上诉。最高人民法院在二审审理过程中，为准确查明案件所涉技术事实，经当事人申请，通知礼来公司的专家辅助人、华生公司的证人、鉴定机构工作人员出庭参加诉讼。同时，首次指派技术调查官出庭，就相关技术问题与各方当事人分别询问了专家辅助人、证人及鉴定人。2016年5月31日，最高人民法院二审判决撤销一审判决，驳回礼来公司的诉讼请求。

【裁判意见】

最高人民法院二审认为：华生公司主张其自2003年至今一直使用2008年向国家药监局补充备案工艺生产奥氮平，并提交了其2003年和2008年奥氮平批生产记录、2003年、2007年和2013年生产规程、《药品补充申请批件》等证据证明其实际使用的奥氮平制备工艺。本案的侵权判定关键在于两个技术方案反应路线的比对，华生公司2008年补充备案工艺的反应路线可见于其向国家药监局提交的《奥氮平药品补充申请注册资料》，其中5.1"原料药生产工艺的研究资料及文献资料"之5.1.2"工艺路线"图显示该反应路线为：先将"仲胺化物"中的仲氨基用苄基保护起来，制得"苄基化物"（苄基化），再进行闭环反应，生成"苄基取代的噻吩并苯并二氮杂"三环化合物（还原化物）。"还原化物"中的氨基被 N—甲基哌嗪取代，生成"缩合物"，然后脱去苄基，制得奥氮平。最高人民法院对此认为，现有在案证据能够形成完整证据链，证明华生公司2003年至涉案专利权到期日期间一直使用其2008年补充备案工艺的反应路线生产奥氮平。首先，华生公司2008年向国家药监局提出奥氮平药品补充申请注册，在其提交的《奥氮平药品补充申请注册资料》中，明确记载了其奥氮平制备工艺的反应路线。针对该补充申请，江苏省药监部门于2009年7月7日和8月25日对华生公司进行了生产现场检查和产品抽样，并出具了《药品注册生产现场检查报告》，该报告显示华生公司的"生产过程按申报的工艺进行"，三批样品"已按抽样要求进行了抽样"，现场检查结论为"通过"。也就是说，华生公司2008年补充备案工艺经过药监部门的现场检查，具备可行性。基于此，2010年9月8日，国家药监局向华生公司颁发了《药品补充申请批件》，同意华生公司奥氮平"变更生产工艺并修订质量标准"。对于华生公司2008年补充备案工艺的可行性，礼来公司专家辅助人在二审庭审中予以认可，江苏省科技咨询中心出具的〔2014〕司鉴字第02号《技术鉴定报告》在其鉴定结论部分也认为"华生公司2008年向国家药监局备案的奥氮平制备工艺是可行的"。因此，在无其他相反证据的情形下，应当推定华生公司2008年补充备案工艺即为其取得《药品补充申请批件》后实际使用的奥氮平制备工艺。其次，一般而言，适用于大规模工业化生产的药品制备工艺步骤繁琐，操作复杂，其形成不可能是一蹴而就的。从研发阶段到实际生产阶段，其长期的技术积累过程通常是在保持基本反应路线稳定的情况下，针对实际生产中发现的缺陷不断优化调整反应条件和操作细节。华生公司的奥氮平制备工艺受让于医科院药物所，双方于1999年10月28日签订了《技术转让合同》。按照合同约定，医科院药物所负责完成临床前报批资料并在北京申报临床。在医科院药物所1999年10月填报的《新药临床研究申请表》中，"制备工艺"栏绘制的反应路线显示，其采用了与华生公司2008年补充备案工艺相同的反应路线。2003年5月9日，医科院药物所和华生公司获得国家药监局颁发的奥氮平原料药和奥氮平片《新药证书》。由此可见，华生公司自1999年即拥有了与其2008年补充备案工艺反应路线相同的奥氮平制备工艺，并以此申报新药注册，取得新药证书。因此，华生公司在2008补充备案工艺之前使用反应路线完全不同的其他制备工艺生产奥氮平的可能性不大。最后，国家药监局2010年9月8日向华生公司颁发的《药品补充申请批件》"审批结论"栏记载："变更后的生产工艺在不改变原合成路线的基础上，仅对其制备工艺中所用溶剂和试剂进行调整"，即国家药监局确认华生公司2008年补充备案工艺与其之前的制备工艺反应路线相同。经二审审查，华生公司2003、2008年的奥氮平批生产记录是分别依据2003、2007年的生产规程进行实际生产所作的记录，上述生产规程和批生产记录均表明华生公司奥氮平制备工艺的基本反应路线与其2008年补充备案工艺的反应路线相同，只是在保持该基本反应路线不变的基础上对反应条件、溶剂等生产细节进行调整，不断优化，这样的技术积累过程是符合实际生产规律的。综上，华生公司2008年补充备案工艺真实可行，2003年至涉案专利权到期日期间华生公司一直使用2008年补充备案工艺的反应路线生产奥氮平。

2. 产品说明书是否属于专利法意义上的公开出版物

【裁判要旨】

产品操作和维护说明书随产品销售而交付使用者,使用者及接触者均没有保密义务,且其能够为不特定公众所获取,属于专利法意义上的公开出版物。其中记载的技术方案,以交付给使用者的时间作为公开时间。

【关键词】

发明专利　侵权　产品说明书　出版物公开

【案号】

〔2016〕最高法民再 179 号

【基本案情】

在再审申请人蒂森克虏伯机场系统(中山)有限公司(以下简称蒂森中山公司)与被申请人中国国际海运集装箱(集团)股份有限公司(以下简称中集公司)、深圳中集天达空港设备有限公司(以下简称天达公司)、一审被告广州市白云国际机场股份有限公司(以下简称白云机场)侵害发明专利权纠纷案中,中集公司系名称为"登机桥辅助支撑装置和带有该装置的登机桥及其控制方法"的第 200410004652.9 号发明专利(即本案专利)的权利人,本案专利的申请日为 2004 年 2 月 26 日,授权公告日为 2007 年 8 月 22 日。授权时的专利权人是中集公司。2009 年 5 月 8 日,本案发明专利权人变更为中集公司和天达公司。中集公司与天达公司以白云机场和蒂森中山公司未经许可擅自实施本案专利的技术方案侵害其专利权为由,提起诉讼。蒂森中山公司在一审诉讼过程中提出现有技术抗辩,并提交了蒂森克虏伯机场系统公司运营总监雷蒙德·K·斯特里特的证言及来源于该公司的佐证证言的附件作为支持其现有技术抗辩的证据。该证据记载,从 2000 年 10 月至 2001 年 3 月,蒂森克虏伯集团派往旧金山国际机场的现场小组为消除晃动幅度过大的问题研究出一种技术解决方案,其中包括在登机桥的横梁/负重轮的两侧均安装一个液压稳定器,以增强登机桥的稳定性。这种方法被称为"悬臂梁设计"或"悬臂梁装置"。用户接受使用"悬臂梁设计"或"悬臂梁装置"的建议。随后便进行了生产和安装。《手册》的附录 Y "液压稳定器"(以下简称附录 Y)经更新后发布并交付用户。蒂森中山公司主张,附录 Y 证明其使用的为现有技术。广东省广州市中级人民法院一审认为,附录 Y 是一份由蒂森中山公司关联公司自行印制的非正规出版物。在蒂森中山公司不能证明其关联公司曾使用"悬臂梁装置"技术的情况下,一审法院难以确认该附录 Y 内容的真实性及其印制及交付给旧金山国际机场的时间。因蒂森中山公司不能证明"悬臂梁装置"技术于 2000~2001 年就已通过附录 Y 公开发表,故其现有技术抗辩不能成立。一审法院遂判决蒂森中山公司、白云机场立即停止侵权行为,蒂森中山公司赔偿中集公司与天达公司经济损失 50 万元并驳回中集公司与天达公司的其他诉讼请求。蒂森中山公司不服,提起上诉。广东省高级人民法院二审判决驳回上诉、维持原判。蒂森中山公司仍不服,向最高人民法院申请再审。最高人民法院裁定提审本案,并于 2016 年 10 月 10 日判决撤销一审、二审判决,驳回中集公司与天达公司的诉讼请求。

【裁判意见】

最高人民法院提审认为：蒂森中山公司在本案中主张现有技术抗辩，即因附录Y构成出版物公开，故其使用的是现有技术，不侵害本案专利权。专利法意义上的出版物是指记载有技术或设计内容的独立存在的传播载体，并且应当表明或者有其他证据证明其公开发表或出版的时间。附录Y虽是一份产品操作和维护说明书并随产品销售而交付使用者，但其使用者以及接触者均没有保密义务，也即附录Y是可公开的，且其能够为不特定公众通过复印的方式获取。由此可见，附录Y系独立存在的传播载体，鉴于其也记载了涉案专利技术的技术特征，其交付给旧金山国际机场的时间，即公开时间亦能确定，故其属于专利法意义上的出版物公开，蒂森中山公司据此主张现有技术抗辩，有事实和法律依据，应当予以支持。

3. 对专利法第四十七条第二款中"追溯力"的理解

【裁判要旨】

在专利权被宣告无效前，人民法院作出侵权认定的判决已经执行完毕，宣告专利权无效的决定对上述判决内容不具有追溯力。但专利权被无效后，有关技术方案即进入公有领域，任何单位和个人均可自由实施，专利权人无权予以制止。

【关键词】

实用新型专利　侵权　专利权无效　溯及力

【案号】

〔2016〕最高法民再384号

【基本案情】

在再审申请人上海优周电子科技有限公司（以下简称优周公司）与被申请人深圳市精华隆安防设备有限公司（以下简称精华隆公司）侵害实用新型专利权纠纷案中，精华隆公司系专利号为200920131979.0、名称为"红外线探测器支架"的实用新型专利（即本案专利）的权利人。精华隆公司以优周公司生产的"带线拔插式安装支架"侵害本案专利权为由，提起诉讼。广东省深圳市中级人民法院一审认定优周公司的侵权行为成立，遂判决其停止侵权行为并赔偿精华隆公司经济损失5万元。优周公司不服，提起上诉。广东省高级人民法院二审判决驳回上诉、维持原判。二审判决作出后，优周公司于2015年6月10日向精华隆公司支付了经济赔偿5万元。其后，本案专利权于2015年8月13日被专利复审委员会宣告无效。优周公司遂针对二审判决，向最高人民法院申请再审，请求撤销一审、二审判决并由精华隆公司返还全部赔偿金。最高人民法院于2016年12月13日裁定维持二审判决，驳回优周公司的再审申请。

【裁判意见】

最高人民法院提审认为：因二审判决在涉案专利权被宣告无效之前已经执行，根据专利法第四十七条第二款之规定，无效决定对本案二审判决不具有追溯力，对优周公司的再审申请不应予以支持。但是，鉴于涉案专利权已经无效，该专利的技术方案已经进入社会公有领域，任何单位和个人实施该技术方案，即制造、使用、许诺销售、销售、进口涉案专利产品都不构成侵权，精华隆公司均无权予以制止。

(二) 专利行政案件审判

4. 发明专利申请是否具备实用性的判断

【裁判要旨】

发明专利申请具备实用性，是指该技术方案本身符合自然规律，可实际应用并能够工业化再现。

【关键词】

发明专利　复审程序　实用性　工业化再现

【案号】

〔2016〕最高法行申789号

【基本案情】

在再审申请人顾庆良、彭安玲与被申请人国家知识产权局专利复审委员会（以下简称专利复审委员会）发明专利申请驳回复审行政纠纷案（以下简称"磁悬浮磁能动力机"发明专利权驳回复审案）中，申请号为201010147700.5、名称为"磁悬浮磁能动力机"的发明专利申请（即本案申请）的申请人为顾庆良、彭安玲。根据本案申请说明书的记载，其请求保护的磁悬浮磁能动力机，是替代应用汽、风、水、汽油、柴油及交流电机作动力源的节能环保型动力机。本案申请要创新出目前动力驱动设备中没有使用过的能源——"磁能"来驱动设备……本发明的磁悬浮磁能动力机利用磁能为动力，将磁极的同性相斥、异性相吸的公知常识具体应用在本发明中，采用少量直流电能做启动和控制，巧妙地利用特殊的结构支撑这一目前仅有的磁悬浮磁能动力机……这种发明维持旋转动力的能量主要来自磁能……采用磁极同性相斥、异性相吸的原理，通过特殊结构，很好的把"磁能"应用到磁悬浮磁能动力机，实现驱动。国家知识产权局原审查部门以本案申请违反能量守恒定律、不具有实用性为由予以驳回。顾庆良、彭安玲向专利复审委员会提出复审请求。专利复审委员会作出第68294号复审请求审查决定（以下简称第68294号决定），以本案申请不具有实用性为由，维持国家知识产权局作出的驳回决定。顾庆良、彭安玲不服，提起行政诉讼。北京市第一中级人民法院一审判决维持第68294号决定。顾庆良、彭安玲不服，提起上诉，主张本案申请不违反能量守恒定律的理由在于，电能驱动后，飞轮能量、惯性能量等为本申请动磁场不断地输入能量，是利用定子环对转子的摆动不断补充能量，实现连续运转的主要能量源是"磁能"，而不是提供给飞轮转动的电能。北京市高级人民法院二审判决驳回上诉、维持原判。顾庆良、彭安玲仍不服，向最高人民法院申请再审。最高人民法院于2016年11月7日裁定驳回顾庆良、彭安玲的再审申请。

【裁判意见】

最高人民法院审查认为：对于本案申请是否具有实用性，应当结合说明书和权利要求书公开的整体技术内容，判断该技术方案能否解决技术问题，并且能够产业上制造、使用。本案申请限定的技术方案强调的是利用"磁能"，实现节能环保的效果，该"磁能"的来源是动力机的内部特定结构，且该"磁能"是动力机旋转的主要能量来源。故判断本案申请是否具有实用性，关键在于其利用"磁能"实现连续运转的技术方案能否在产业上制造或者使用。依据本案申请公开的整体技术内容，该磁悬浮磁能动力机具备外转子和内转子以及飞轮等结构，在少量的动能输入的情况下，由磁场产生磁力对负载阻力做功，主要能量来源于内部特定结构产生的"磁能"。飞轮的惯性需要外力提供，外力对飞轮做功后，一方面要克服负载阻力，另一方面要加速推动外转子旋转做功，而要维持该磁场为动磁场，也需要能量的输入。由此可知，要达到持续推动飞轮前进，并对外做功的效果，输出的能量必然要大于输入的能量。但依据本案申请权利要求书和说明书公开的整体技术内容，其请求保护的技术方案的实质是要在磁悬浮磁能动力机只有少量用于维持飞轮转动的直流电输入的情况下，通过动力机特定结构得到"磁能"，满足300°空间不消耗电能，实现连续运转的技术效果。由于离开永磁体磁场之时与进入永磁体磁场之时相比而言无法获得更多能量，在运转的设备还存在能量消耗的情况下，本案申请不可能通过磁场内部产生的磁力得到一个大于输入的输出能量，本案申请违反了能量守恒定律。因此，本案申请请求保护的技术方案仅仅是一种设想或者结果，依靠所谓的"磁能"实现不间断的连续运转的技术方案不能够在产业上制造或使用。

5. 专利法关于"能够制造或者使用"与"能够实现"之间的关系

【裁判要旨】

专利法第二十二条第四款规定的"能够制造或者使用"是指发明或者实用新型的技术方案具有在产业中被制造或使用的可能性。专利法第二十六条第三款规定的"能够实现"是指本领域技术人员根据说明书的内容能否实现该发明或实用新型。两者判断标准不同，之间没有必然联系。

【关键词】

发明专利　复审程序　制造或使用　实现

【裁判意见】

在前述"磁悬浮磁能动力机"发明专利权驳回复审案中，最高人民法院还对专利法第二十二条第四款规定的"能够制造或者使用"与专利法第二十六条第三款规定的"能够实现"之间的关系表明了态度。最高人民法院审查认为：本案申请说明书尽管在形式上没有公开电能驱动后如何利用所获得的"磁能"实现连续运转的具体技术方案，以至于本领域技术人员不能够实现该技术方案。但是，本案申请能否在产业上被制造或者使用，是基于技术方案的本质而言。由于本案申请的技术方案违反自然规律，导致其事实上就不包含可以实施的技术信息，无法在工业上再现并产生积极的效果，因此，这种由于技术方案本身固有的缺陷引起的不能够制造或使用，与说明书中是否充分公开了权利要求的相关信息并无关系。虽然本案申请说明书同样没有对发明作出清楚、完整的说明，形式上存在本领域技术人员不能够实现的问题，但鉴于本案申请存在的本质缺陷，第68294号决定以本案申请不具备实用性予以审查评述，并无不当。

6. 化学产品专利申请充分公开的要求

【裁判要旨】

对于化学产品的专利申请，应当完整公开该产品的用途和/或使用效果。如果所属技术领域的技术人员无法根据现有技术预测发明能够实现所述用途和/或使用效果，则说明书中还应当记载对于本领域技术人员来说，足以证明发明的技术方案可以实现所述用途和/或达到预期效果的定性或定量实验数据。

【关键词】

发明专利　复审程序化学产品　充分公开

【案号】

〔2015〕知行字第 352 号

【基本案情】

在再审申请人田边三菱制药株式会社（以下简称田边株式会社）与被申请人国家知识产权局专利复审委员会（以下简称专利复审委员会）发明专利申请驳回复审行政纠纷案中，2012 年 11 月 29 日，专利复审委员会针对田边株式会社申请号为 200480022007.8、名称为"新颖化合物"的发明专利申请（即本案申请）作出第 47530 号复审请求审查决定（简称第 47530 号决定），认为：本案申请权利要求 1~6 请求保护式（I）（略）化合物或其医药上可接受的盐，权利要求 7 请求保护医药组合物，权利要求 8 和 9 请求保护式（I）化合物的制备方法。根据说明书的记载，本案申请的目的是提供具有钠依赖型葡萄糖转运体（SGLT）抑制活性的化合物，所述 SGLT 抑制剂通过降低糖尿病患者的血糖水平而预防糖尿病及糖尿病并发症如糖尿病视网膜病变、糖尿病神经病变、糖尿病肾病以及延迟性伤口愈合的发病与进程。本案申请说明书记载了大量式（I）化合物的苯环上连有噻吩基甲基和 $1-\beta-D-$吡喃葡萄糖基的具体化合物的制备实施例。但是，说明书没有给出式（I）化合物对钠依赖性葡萄糖转运体（SGLT）的抑制活性数据或其降低血糖的效果数据，也未给出任何实验室试验（包括动物试验）或者临床试验的定性或者定量数据证明本案申请式（I）化合物具有所述生物活性及医药用途，仅仅在发明内容部分断言式地描述式（I）化合物具有上述活性和相关医药用途。在此基础上，所属领域技术人员难以从中得出式（I）化合物具有上述活性和相关医药用途的结论，进而无法确信本案申请请求保护的化合物具有其声称的预防糖尿病及糖尿病并发症的效果。本案申请说明书公开不清楚、完整，不符合专利法第二十六条第三款的规定。在此基础上，专利复审委员会维持国家知识产权局原审查部门对本案申请作出的驳回决定。田边株式会社不服，提起行政诉讼。北京市第一中级人民法院一审判决维持第 47530 号决定。田边株式会社不服，提起上诉。北京市高级人民法院二审认为，对于新化合物产品及其制备方法权利要求，不能仅仅因为说明书没有充分公开新化合物能够取得某种治疗效果或具体用途的实验数据就认定说明书公开不充分。虽然在判断创造性和实用性时有可能需要考虑化合物能够取得的治疗效果或具体用途，但这与说明书充分公开是不同的问题，应分别判断。说明书没有充分公开实验数据支持发明人声称的治疗效果或具体用途是否会导致其不具备创造性或者实用性，应当根据法律对创造性或者实用性的相关规定进行判断。如果本案申请权利要求 1 仅仅要求保护式（I）化合物这种物质本身，从充分公开的角度来看，不需要说明书充分公开该化合物是否能够取得某种治疗效果。但是，本案申请对（I）化合物在医药上可接受的盐公开不充分。二审法院遂以此为由，判决驳回上诉、维持原判。田边株式会社仍不服，向最高人民法院申请再审。最高人民法院于 2016 年 2 月 26 日裁定驳回田边株式会社的再审申请。

【裁判意见】

最高人民法院审查认为：首先，发明专利权作为一种工业产权，应当具备产业上的利用价值，对于尚不确定其具有何种技术意义或者无积极效果的发明创造不应予以保护。其次，一项发明的技术方案是否具备产业的利用价值，需要根据说明书公开的内容并结合现有技术状况来判断，即专利说明书是判断发明创造是否实质上被完成以及是否应给予专利保护的关键，因此，说明书应当记载发明创造是否具备产业价值、是否已实质上完成的技术信息。基于此，《专利审查指南》第二部分第十章"关于化学领域发明专利申请审查的若干规定"第 3.1 节"化学产品发明的充分公开"部分有如下规定："要求保护的发明为化学产品本身的，说明书中应当记载化学产品的确认、化学产品的制备以及化学产品的用途。""对于化学产品发明，应当完整地公开该产品的用途和/或使用效果，即使是结构首创的化合物，也应当至少记载一种用途。""如果所属技术领域的技术人员无法根据现有技术预测发明能够实现所述用途和/或使用效果，则说明书中还应当记载对于本领域技术人员来说，足以证明发明的技术方案可以实现所述用途和/或达到预期效果的定性或定量实验数据。"上述关于化学产品发明充分公开的判断标准符合我国专利法第二十六条第三款的规定，也为我国专利审查实践所长期遵循。最后，对于化学领域的发明创造，要求公开其用途和效果是该领域发明创造的特点决定的。在多数情况下，化学发明能否实施以及具备何种用途或效果往往难以预测，必须借助于实验结果加以证实才能得到确认。因此，在本领域技术人员根据现有技术不能预测新的化合物具备说明书所述用途和/或使用效果的情况下，专利申请说明书应当记载该化合物可以实现所述用途和/或达到预期效果的定性或定量实验数据。

7. 化合物新颖性判断中现有技术公开内容的认定标准

【裁判要旨】

在涉及化合物专利是否具有新颖性的判断过程中，对于现有技术文献是否已公开了该化合物，应以所属领域的普通技术人员根据该文献的启示，能否制造或分离出该化合物为标准。

【关键词】

发明专利　复审程序　新颖性　化合物

【案号】

〔2015〕知行字第 356 号

【基本案情】

在基因技术股份有限公司（以称简称基因公司）与国家知识产权局专利复审委员会（以下简称专利复审委员会）发明专利驳回复审行政纠纷案中，基因公司是名称为"用离子交换层析纯化蛋白质"发明专利申请（即本案申请）的申请人。经实质审查，国家知识产权局原审查部门以本案申请不具备新颖性等为由，对本案申请予以驳回。驳回决定所针对的权利要求 1 为："1. 一种包含抗－HER2 抗体和一种或多种其酸性变体的组合物，其特征在于，该酸性变体的量少于 25%，该组合物还包含药物学上可接受的载体，该抗－HER2 抗体是 humMAb4D5－8，其轻链氨基酸序列是 SEQ ID NO：1，而重链氨基酸序列是 SEQ ID NO：2，其中所述酸性变体主要是抗 HER2 抗体的一个或多个天冬酰胺残基已被脱酰胺的脱酰胺变体，且所述脱酰胺变体在 humMAb4D5－8 的任一或两个 VL 区的 CDR1 中的 Asn30 被转换为天冬氨酸。"基因公司不服，向专利复审委员会提出复审请求。专利复审委员会认为，对比文件1（WO9704801A1，公开日为1997年2月13日）公开了一系列包含抗－HER2的全长人源化抗体humMAb4D5－8的液体制剂及其稳定性测试结果。根据对比文件公开的内容，本领域技术人员可推断出上述液体制剂中除非变性蛋白以外，还含有酸性变体Asp30（尤其是在pH为6.0的情况下，如附图6、7），且该酸性变体的量应小于18%，在降解后最多达到28%。而humMAb4D5－8作为一种已知的常用抗体，其轻链和重链氨基酸序列都是已知的添加其序列特征并不会使其结构发生变化。可见，对比文件1已经隐含公开了权利要求1的组合物技术方案，权利要求1所要求保护的技术方案相对于对比文件1不具有新颖性。据此，专利复审委员会于2010年3月8日作出第36975号复审请求审查决定（以下简称第36975号决定），维持国家知识产权局原审查部门对本案申请作出的驳回决定。基因公司不服，提起行政诉讼。北京市第一中级人民法院一审判决维持第36975号决定。基因公司不服，提起上诉。在二审诉讼过程中，基因公司认可对比文件1实施例中所涉及的抗体就是本案申请所要保护的抗体，仅主张该抗体在本案申请优先权日之前并未公开，公众无法获得，故本案申请符合专利法关于新颖性的要求。北京市高级人民法院二审判决驳回上诉、维持原判。基因公司仍不服，向最高人民法院申请再审。最高人民法院于2016年6月29日裁定驳回基因公司的再审申请。

【裁判意见】

最高人民法院审查认为：对于现有技术文献是否已公开了某化合物，应以所属领域的普通技术人员从该文献的启示能否制造或分离出该化合物为准。本案中，基因公司已经认可对比文件1实施例中所使用的抗体即是本案申请中的纯化抗体，即应推定本案申请不具有新颖性。基因公司主张对比文件1披露的技术结果公众无法获得，即所属领域的普通技术人员不能制造或分离出该产品，其应进一步举证证明。在二审法院指定的举证期限内，基因公司所提交的证据，仅能证明在本申请优先权日之前，其对使用本案申请说明书的纯化方法制备本案申请产品采取了保密措施，尚不能证明对比文件1提及的产品公众无法获得。二审法院据此认为基因公司并未完成举证责任，进而认定本案申请相对于对比文件1不具有新颖性，并无不当。

8. 使用同源性加上来源和功能限定方式的生物序列权利要求得到说明书支持的判断

【裁判要旨】

对于保护主题为生物序列的权利要求是否得到说明书的支持，需要考虑其中的同源性、来源、功能等技术特征对该生物序列的限定作用。如果这些特征的限定导致包含于该权利要求中的生物序列极其有限，且根据专利说明书公开的内容能够预见到这些极其有限的序列均能实现发明目的，达到预期的技术效果，则权利要求能够得到说明书的支持。

【关键词】

发明专利　无效程序　同源性加上来源和功能限定　说明书支持

【案号】

〔2016〕最高法行再85号

【基本案情】

在再审申请人国家知识产权局专利复审委员会（以下简称专利复审委员会）、诺维信公司与被申请人江苏博立生物制品有限公司（以下简称博立公司）发明专利权无效行政纠纷案中，国家知识产权局于2006年6月28日授权公告名称为"热稳定的葡糖淀粉酶"的发明专利（即本案专利），专利号为98813338.5，申请日为1998年11月26日，专利权人为诺维信公司。本案专利与争议焦点相关的部分权利要求如下："6. 一种具有葡糖淀粉酶活性的分离的酶，与SEQ ID NO：7中所示全长序列之间同源的程度至少为99%，并且具有由等电聚焦测定的低于3.5的等电点……10. 根据权利要求6~9任一项的分离的酶，所述的酶来源于丝状真菌Talaromyces属，其中丝状真菌是T. emersonii菌株。11. 权利要求10的酶，其中丝状真菌是T. emersonii CBS 793.97。12. 一种克隆的DNA序列，所述DNA序列编码表现出葡糖淀粉酶活性的酶，该DNA序列包括：（a）在SEQ ID NO：33中所示DNA序列的所述葡糖淀粉酶编码部分；（b）在SEQ ID NO：33中第649-2724位中所示的DNA序列或其互补链……13. 权利要求12的DNA序列，其中所述的DNA序列来源于丝状真菌Talaromyces属，其中所述丝状真菌是T. emersonii的菌株。14. 权利要求13的DNA序列，其中所述丝状真菌是T. emersonii CBS 793.97……" 2011年7月1日，博立公司与案外人山东隆大生物工程有限公司以本案专利权利要求未得到说明书支持等为由，分别请求宣告本案专利的权利要求1~28无效。专利复审委员会针对该无效宣告请求，作出第17956号决定认为：在说明书已经证实了来源于T. emersonii CBS 793.97的酶具有葡糖淀粉酶活性的基础上，本领域技术人员可以预计来源于T. emersonii菌株，且与SEQ ID NO：7全长序列具有至少99%同源的多肽也具有葡糖淀粉酶的活性，因此，权利要求10和11能够得到说明书的支持；权利要求13和14中引用权利要求12的（a）和（b）的技术方案也能够得到说明书的支持。博立公司不服，提起行政诉讼。北京市第一中级人民法院一审认为，权利要求10、11、13和14虽然限定到了具体的菌株，但其中有关同源性和开放式的撰写方式使得被限定的氨基酸序列和DNA序列包括了可能产生各种变异的其他序列，在本专利说明书未给出充分实验数据支持的情况下，上述权利要求的概括显然超出了说明书的内容。一审法院遂判决撤销第17956号决定。专利复审委员会不服，提起上诉。北京市高级人民法院二审判决驳回上诉、维持原判。专利复审委员会和诺维信公司仍不服，向最高人民法院申请再审。最高人民法院裁定提审本案，并于2016年12月30日判决撤销一审、二审判决，维持第17956号决定。

【裁判意见】

最高人民法院提审认为：根据专利法第二十六条第四款规定，权利要求所要求保护的技术方案应当是所属技术领域的技术人员能够从说明书充分公开的内容中得到或概括得出的技术方案，并且不得超出说明书的范围。对于全长591个氨基酸的SEQ ID NO：7而言，尽管与之具有99%以上同源性的序列仍有约5、6个氨基酸位点的差异，但是，除了同源性特征之外，权利要求10、11进一步限定所述的酶来源于T. emersonii菌种和特定菌株T. emersonii CBS 793.97。本领域普通技术人员一般认为，种是生物分类的基本单位，在某些基本特征上，同一种中的个体彼此显示出高度的相似性。同一种真菌或同一株真菌编码其体内某种酶的基因序列一般是确定的，偶尔会存在极少数同源性极高的变体序列，相应地，由该基因编码的酶也是确定的或者极少数的。本案中，99％以上同源性与菌种或者菌株来源的双重限定已经使得权利要求10和11的保护范围限缩至极其有限的酶，何况权利要求10和11还包括权利要求6所限定的酶的等电点和具有葡糖淀粉酶活性的功能。因此，在说明书实施例1～4已经证实了上述SEQ ID NO：7具有葡糖淀粉酶活性的情况下，权利要求10和11的保护范围能够得到说明书的支持。权利要求13和14中引用权利要求12（a）（b）的技术方案也能够得到说明书的支持。

二、商标案件审判

（一）商标民事案件审判

9.商标权共有人行使权利的一般规则

【裁判要旨】

在商标权共有的情况下，商标权的行使应遵循当事人意思自治原则，由共有人协商一致行使；不能协商一致，又无正当理由的，任何一方共有人不得阻止其他共有人以普通许可的方式许可他人使用该商标。

【关键词】

商标　侵权　权利共有　权利行使

【案号】

〔2015〕民申字第3640号

【基本案情】

在再审申请人张绍恒与被申请人沧州田霸农机有限公司（以下简称田霸公司）、朱占峰侵害商标权纠纷案中，张绍恒与朱占峰于2009年4月共同成立沧州科丰农机有限公司（以下简称科丰公司）。2010年9月14日，科丰公司获准注册"田霸"商标（即涉案商标）。2012年3月28日，科丰公司将涉案商标转让给田霸公司。2012年5月8日，张绍恒与朱占峰在河北省河间市人民法院就科丰公司的清算问题达成调解协议，河北省河间市人民法院出具了〔2011〕河民清字第1452号民事调解书。调解书中明确约定：涉案商标归张绍恒和朱占峰共同所有，田霸公司归朱占峰所有；张绍恒承诺不再以任何方式追究朱占峰的任何责任或以任何方式再向其提出任何主张等。2013年1月4日，张绍恒以"朱占峰利用曾任科丰公司法定代表人的便利条件，将'田霸'商标擅自转让给田霸公司，田霸公司的行为严重损害了其合法权益"为由，提起诉讼，请求确认转让行为无效。该案经河北省沧州市中级人民法院、河北省高级人民法院和最高人民法院审理，认定朱占峰擅自转让涉案商标的行为无效。张绍恒认为，朱占峰未经商标权共有人的同意，擅自将涉案商标转让给田霸公司使用至今，侵害了张绍恒的商标权。基于此，张绍恒提起本案诉讼。河北省沧州市人民法院一审认为，根据〔2011〕河民清字第1452号调解书第三条的约定，张绍恒不得再向朱占峰主张"协议约定之外的任何权利"，现张绍恒提起本案诉讼违反了上述约定，故对张绍恒的诉讼请求不予支持。张绍恒不服，提起上诉。河北省高级人民法院二审认为，张绍恒在二审开庭时明确其主张的是调解协议之后田霸公司使用涉案商标的侵权行为。根据〔2011〕河民清字第1452号调解书第二条的约定，涉案商标归张绍恒和朱占峰共同所有。张绍恒在没有合理理由的情况下，不能阻止朱占峰许可田霸公司使用涉案商标，田霸公司的行为不构成侵权。二审法院遂判决驳回上诉、维持原判。张绍恒不服，向最高人民法院申请再审。最高人民法院于2016年3月31日裁定驳回张绍恒的再审申请。

【裁判意见】

最高人民法院审查认为：本案关键问题在于作为涉案商标权共有人之一的朱占峰是否有权以普通许可的方式单独许可田霸公司使用该商标。首先，商标只有用于生产经营活动中，与商品或者服务结合起来，才能起到区分商品或者服务来源的作用，体现商标的真正价值。如果因为商标权共有人难以协商一致导致注册商标无法使用，不仅难以体现出注册商标的价值，有悖于商标法的立法本意，也难以保障共有人的共同利益。其次，商标权共有人单独以普通许可方式许可他人使用该商标，一般不会影响其他共有人利益，其他共有人可以自己使用或者以普通许可方式许可他人使用该商标，该种许可方式原则上应当允许。商标权共有人如果单独以排他许可或者独占许可的方式许可他人使用该商标，则对其他共有人的利益影响较大，原则上应禁止。再次，根据商标法的规定，许可人应当监督被许可人使用其注册商标的商品质量，被许可人应当保证使用该注册商标的商品质量。因此，从保证商品质量和商标商誉的角度，商标权共有人单独进行普通许可，对其他共有人的利益一般也不会产生重大影响。退一步而言，即便商标权共有人单独进行普通许可造成了该商标商誉的降低，损害到了其他共有人的利益，也是商标权共有制度自身带来的风险。在商标权共有人对权利行使规则没有作出约定的情况下，共有人应对该风险有所预期。最后，要求商标权共有人全部同意才可进行普通许可，无疑会增加商标许可使用的成本，甚至导致一些有价值的商标因共有人不能达成一致而无法使用。据此，最高人民法院认为，商标权作为一种私权，在商标权共有的情况下，其权利行使的规则应遵循意思自治原则，由共有人协商一致行使；不能协商一致，又无正当理由的，任何一方共有人不得阻止其他共有人以普通许可的方式许可他人使用该商标。按照上述规则，涉案商标共有人朱占峰有权单独以普通许可方式许可田霸公司使用该商标，田霸公司使用该商标的行为不构成侵权。

10. 商标权的保护强度应当与其显著性和知名度相适应

【裁判要旨】

商标权的保护强度，应当与其显著性和知名度相适应。如果使用行为并未损害涉案商标的识别和区分功能，亦未因此而导致市场混淆的后果，即不为法律所禁止。

【关键词】

商标　侵权　显著性　知名度

【案号】

〔2016〕最高法民再216号

【基本案情】

在再审申请人杭州奥普卫厨科技有限公司（以下简称奥普卫厨公司）与被申请人浙江现代新能源有限公司（以下简称新能源公司）、浙江凌普电器有限公司（以下简称凌普公司）、杨艳侵害商标权纠纷案中，1995年2月起，奥普卫厨公司的关联企业即开始在第 11 类"照明器材"等商品上申请并获准注册多个"奥普"文字及图文组合商标。2001 年 6 月起,"奥普"系列商标先后被评为杭州市及浙江省著名商标,"奥普"商号被认定为浙江省知名商号。2005 年 9 月,核定使用在第 11 类商品上的"奥普"商标被司法机关认定为驰名商标。第 1737521 号 aopu奥普 商标(即涉案商标)于 2002 年 3 月 28 日被核准注册,核定使用在第 6 类的"金属建筑材料、家具用金属附件"等商品上。2009 年 8 月 7 日,涉案商标经核准转让于新能源公司,凌普公司为涉案商标的被许可使用人。2009 年 11 月 18 日,新能源公司通过公证程序,在杨艳经营的"奥普 I+N 浴顶"商店内,购买了由奥普卫厨公司生产、标注有"AUPU 奥普©"字样的"浴顶"十四箱。在被诉侵权产品的外包装上,除标注有"产品名称:普通扣板"之外,还清晰地标明了生产商奥普卫厨公司企业名称的全称、奥普卫厨公司经许可使用的"1+N 浴顶""浴顶"的商标图样。新能源公司、凌普公司遂以奥普卫厨公司生产、杨艳销售的被诉侵权产品侵害涉案商标权为由,提起诉讼。请求法院判令:奥普卫厨公司、杨艳立即停止侵权行为;连带赔偿经济损失 500 万元;在全国媒体上发表声明消除影响。江苏省苏州市中级人民法院一审认为,奥普卫厨公司在金属扣板产品上显著标注了"AUPU 奥普"标识,"AUPU 奥普"与"aopu奥普"两者应属于近似,容易造成消费者的混淆和误认。遂判决奥普卫厨公司、杨艳停止侵权行为;奥普卫厨公司赔偿经济损失 10 万元等。新能源公司、凌普公司、奥普卫厨公司、杨艳均不服,提起上诉。后凌普公司在二审阶段放弃其全部诉讼请求。江苏省高级人民法院二审认为,奥普卫厨公司、杨艳在其生产、销售的金属扣板商品上使用"AUPU 奥普"标识的行为,构成对涉案商标权的侵害。奥普卫厨公司的"奥普"商标知名度较高,新能源公司合法行使其涉案商标专用权受到的压制及所受损失必然较大,一审法院赔偿数额偏低,遂改判奥普卫厨公司赔偿经济损失 30 万元。奥普卫厨公司不服,向最高人民法院申请再审。最高人民法院裁定提审本案,并于 2016 年 6 月 25 日判决撤销一审、二审判决,驳回新能源公司的全部诉讼请求。

【裁判意见】

最高人民法院提审认为:商标法所要保护的,是商标所具有的识别和区分商品及服务来源的功能,而并非仅以注册行为所固化的商标标识本身。商标权的保护强度,应当与其应有的显著性和知名度相适应。商标标识本身的近似不是认定侵权行为是否成立的决定性因素,如果使用行为并未损害涉案商标的识别和区分功能,亦未因此而导致市场混淆的后果,该种使用行为即不在商标法所禁止的范围之中。具体到本案而言,涉案商标中的中文文字"奥普"为臆造词,具有较强的固有显著性,且与奥普卫厨公司及其关联企业的商号完全一致。至涉案商标申请日之前,经奥普卫厨公司及其关联企业的使用,"奥普"系列商标已经具有了较高的知名度。与此相比,经新能源公司的许可,凌普公司在对涉案商标进行使用的过程中,多次因不规范或突出使用"奥普"文字的行为,受到行政处罚或被司法机关认定为不正当竞争行为。其商誉攀附的对象,正是在市场中已经具有较高知名度的奥普电器产品。因此,涉案商标中"奥普"文字的显著性和知名度,实际上来源于奥普公司及其关联企业的使用行为。涉案商标虽然在"金属建筑材料"上享有注册商标专用权,但对该权利的保护范围和保护强度,应当与新能源公司对该商标的显著性和知名度所作出的贡献相符。本案中,被诉侵权产品的销售地点为奥普公司的正规销售门店,门店之上突出标注了奥普公司的字号及注册商标。被诉侵权产品的外包装和产品本身清晰标注了奥普卫厨公司企业名称的全称及其关联企业在第6类商品上拥有的"1+N浴顶"等注册商标。结合奥普卫厨公司的在先权利基础,一般消费者凭借奥普卫厨公司在销售场所和被诉侵权商品上标注的上述信息,已足以实现对商品来源的清晰区分,不会导致误认被诉侵权产品来源于新能源公司的结果,亦不会产生攀附涉案商标商业信誉的损害后果。因此,奥普卫厨公司、杨艳生产、销售使用"AUPU奥普©"及"AUPU"标识的被诉侵权商品的行为,不构成对涉案商标权的侵害。

11. 销售发票指向非侵权商品的商标使用行为不构成侵权

【裁判要旨】

销售发票上的商标使用行为是否合法,需要根据其指向的商品或服务本身是否构成侵权作出判断。

【关键词】

商标　侵权　销售发票　使用

【案号】

〔2016〕最高法民申2216号

【基本案情】

在无锡小天鹅股份有限公司(以下简称小天鹅公司)与内蒙古包头百货大楼集团股份有限公司(以下简称包头百货公司)及内蒙古包头百货大楼集团股份有限公司昆区海威超市(以下简称海威超市)侵害商标权及不正当竞争纠纷一案中,小天鹅公司为核定使用在第7类"洗衣机、洗衣机甩干机"商品上的第788582号"小天鹅"商标(即涉案商标)的注册商标专用权人。小天鹅公司以海威超市销售的洗衣机(即被诉侵权商品)外包装盒及洗衣机面板、使用说明书均标注"海南三金小天鹅电器有限公司",包头百货公司开具的发票中载明"小天鹅洗衣机"的行为侵害涉案商标权并构成不正当竞争为由,提起诉讼。内蒙古自治区包头市中级人民法院一审认为,被诉侵权商品并未在企业名称中突出使用其字号,不构成对涉案商标权的侵害。在被诉侵权商品本身不侵害涉案商标权的基础上,不能单独凭借发票中对该商品的文字标注即认定该商品构成侵权。据此,包头百货公司销售被诉侵权商品的行为亦不构成侵权。遂判决驳回小天鹅公司的诉讼请求。小天鹅公司不服,提起上诉。内蒙古自治区高级人民法院二审判决驳回上诉、维持原判。小天鹅公司仍不服,向最高人民法院申请再审。最高人民法院于2016年9月18日裁定驳回小天鹅公司的再审申请。

【裁判意见】

最高人民法院审查认为:被诉侵权商品在面板及商品外包装上,标注有生产商的企业名称全称,并未突出使用"小天鹅"字样,故被诉侵权商品未侵害涉案商标权。关于包头百货公司在发票上标注"小天鹅"字样的行为是否构成侵权的问题,最高人民法院认为，商标是用以区分商品或服务来源的标识，独立的标识无法构成商标法意义上的商标。作为商品交易文书的一种，发票使用属于一种商标使用行为，但在实际使用中，发票对商标的使用必然是与特定商品或服务的结合性使用。因此，在判断该使用行为是否侵犯他人权利时，仍然需要结合其指向的商品或服务本身予以综合判断。具体到本案而言，按交易惯例，购买洗衣机一般均是在先察看商品、了解功能价格来源等情况下，再决定购买、付款，销售者在款项收讫的情况下出具发票，发票出具是商品交易过程中的一个环节。包头百货公司在发票上的标注属于对商标的使用，但该行为所指向的对象仍是被诉侵权商品本身。在被诉侵权商品本身不构成侵权的情况下，仅凭发票标注"小天鹅"字样，尚不足以认定该行为构成侵害商标权。

12. 姓名的商业使用不能与他人合法的在先权利相冲突

【裁判要旨】

公民享有合法的姓名权，并有权合理使用自己的姓名，但不得违反诚实信用原则，侵害他人的在先权利。明知他人注册商标或字号具有较高的知名度，仍以攀附他人知名度为目的，将相同文字注册为字号并突出使用，即使该字号中含有与姓名相同的文字，亦不属于对姓名的合理使用，而构成侵害他人注册商标专用权及不正当竞争。

【关键词】

商标　侵权　不正当竞争　姓名

【案号】

〔2016〕最高法民再 238 号

【基本案情】

在再审申请人北京庆丰包子铺（以下简称庆丰包子铺）与被申请人山东庆丰餐饮管理有限公司（以下简称庆丰餐饮公司）侵害商标权与不正当竞争纠纷案中，北京市西城区饮食公司庆丰包子铺于 1986 年 6 月 3 日取得营业执照，经营范围为面食，营业执照中记载的开业时间为 1956 年。2007 年 7 月 24 日，经核准变更名称为庆丰包子铺。庆丰包子铺月坛店于 2007 年被北京市商务局认定为"中国风味特色餐厅"。2007 年至 2009 年 6 月，庆丰包子铺在北京广播电台、北京电视台等媒体投入广告费用共计 450 余万元。后庆丰包子铺先后取得核定使用在第 42 类（现第 43 类）餐馆服务项目上的第 1171838 号"慶豐"商标，以及核定使用在第 30 类包子等商品上的第 3201612 号"老庆丰＋laoqingfeng"商标，上述商标目前均在有效期内。2009 年 6 月 24 日，庆丰餐饮公司经核准登记成立，法定代表人徐庆丰，经营范围为餐饮管理及咨询。庆丰包子铺以庆丰餐饮公司明知庆丰包子铺商标及字号的知名度，仍使用"庆丰"字号成立餐饮公司，并在其官网、店面门头、菜单、广告宣传上使用"庆丰"或"庆丰餐饮"标识，侵害庆丰包子铺的商标权并构成不正当竞争为由，提起诉讼。山东省济南市中级人民法院一审认为，庆丰餐饮公司使用"庆丰"与其使用环境一致，且未从字体、大小和颜色方面突出使用，属于对其字号的合理使用。庆丰包子铺在庆丰餐饮公司注册并使用其字号时，其经营地域和商誉并未涉及或影响到济南和山东，不能证明相关公众存在误认的可能，故不构成对庆丰包子铺商标权的侵害，遂判决驳回庆丰包子铺的诉讼请求。庆丰包子铺不服，提起上诉。山东省高级人民法院二审判决驳回上诉、维持原判。庆丰包子铺仍不服，向最高人民法院申请再审。最高人民法院裁定提审本案，并于 2016 年 9 月 29 日判决撤销一审、二审判决，判令庆丰餐饮公司立即停止侵害商标权的行为及停止使用"庆丰"字号，赔偿庆丰包子铺经济损失及合理费用 5 万元。

【裁判意见】

最高人民法院提审认为：庆丰包子铺采用全国性连锁经营的模式，经过多年诚信经营和广告宣传，其商标及字号取得了较高的显著性和知名度。庆丰包子铺在餐馆服务上注册的"慶豐"商标及在方便面、糕点、包子等商品上注册的"老庆丰＋laoqingfeng"商标，在全国具有较高的知名度和影响力。"慶豐"与"庆丰"是汉字繁体与简体的一一对应关系，其呼叫相同；"老庆丰＋laoqingfeng"完全包含了"庆丰"文字。庆丰餐饮公司将"庆丰"文字商标性使用在与庆丰包子铺的上述两注册商标核定使用的商品或服务类似的餐馆服务上，容易使相关公众对商品或服务的来源产生误认或者认为其与庆丰包子铺之间存在某种特定的联系，可能导致相关公众的混淆和误认。庆丰餐饮公司的法定代表人为徐庆丰，其姓名中含有"庆丰"二字，徐庆丰享有合法的姓名权，当然可以合理使用自己的姓名。但是，徐庆丰曾在北京餐饮行业工作，应当知道庆丰包子铺商标的知名度和影响力，却仍在其网站、经营场所突出使用与庆丰包子铺注册商标相同或相近似的商标，明显具有攀附庆丰包子铺注册商标知名度的恶意，容易使相关公众产生误认，属于给他人注册商标专用权造成其他损害的行为，不属于对该公司法定代表人姓名的合理使用。此外，庆丰包子铺自 1956 年开业，1982 年 1 月 5 日起开始使用"庆丰"企业字号，至庆丰餐饮公司注册之日止已逾二十七年，属于具有较高的市场知名度、为相关公众所知悉的企业名称中的字号，庆丰餐饮公司擅自将庆丰包子铺的字号作为其字号注册使用，经营相同的商品或服务，具有攀附庆丰包子铺企业名称知名度的恶意，其行为构成不正当竞争。

13. 商标侵权案件中对是否构成在先使用的审查判断

【裁判要旨】

主张在先使用权益的一方当事人，应当举证证明其使用时间早于注册商标的申请日，且通过使用行为使未注册商标产生了一定影响。

【关键词】

商标　侵权　在先使用　一定影响

【案号】

〔2015〕民提字第 38 号

【基本案情】

在再审申请人梁或、卢宜坚与被申请人安徽采蝶轩蛋糕集团有限公司（以下简称采蝶轩集团公司）、合肥采蝶轩企业管理服务有限公司（以下简称采蝶轩服务公司）、一审被告、二审被上诉人安徽巴莉甜甜食品有限公司（以下简称巴莉甜甜公司）侵害商标权及不正当竞争纠纷案中（以下简称"采蝶轩"侵害商标权及不正当竞争案），卢宜坚、梁或先后通过受让或自行申请注册的方式，获得核定使用在第 30 类的"咖啡；茶；糖浆；蛋糕面粉"等商品上的第 1328994 号、核定使用在第 42 类"餐馆"等服务上的第 1344787 号、核定使用在第 30 类"糖果；蛋糕；面包"等商品上的第 3422492 号

"采蝶轩"商标，以及核定使用在第 30 类"蛋糕；面包"等商品上的第 4640785 号""图形商标；核定使用在第 43 类"面包店"等服务上的第 4502639 号""和第 4502638 号"采蝶轩"商标；核定使用在第 30 类"蛋糕"等商品上的第 4640787 号""商标。后梁或、卢宜坚将第 1344787 号、第 3422492 号、第 1328994 号、第 1329111 号注册商标许可给中山市采蝶轩食品有限公司使用，并在国家工商行政管理总局商标局备案。2010 年，第 3422492 号注册商标被广东省工商行政管理局认定为广东省著名商标。梁或、卢宜坚提供的其他获奖证书均为中山市采蝶轩食品有限公司获得。合肥采蝶轩食品有限责任公司成立于 2000 年 6 月 8 日，经营范围包括糕点生产、销售等。后其企业名称相继变更为合肥采蝶轩蛋糕有限公司、安徽采蝶轩蛋糕有限公司和安徽采蝶轩蛋糕集团有限公司（即本案中的采蝶轩集团公司）。梁或、卢宜坚以采蝶轩集团公司、采蝶轩服务公司和巴莉甜甜公司擅自在其店面、宣传广告和产品上使用"""采蝶轩 CAIDIEXUAN"和"采蝶轩图形"商标，并将前述注册商标以企业字号的形式突出使用，侵害了梁或、卢宜坚的商标专用权并构成不正当竞争为由，提起诉讼。安徽省合肥市中级人民法院一审认为，相对于本案梁或、卢宜坚取得涉案商品商标权而言，采蝶轩集团公司将"采蝶轩"标识作为非注册商标用于产品使用在先。采蝶轩集团公司"采蝶轩"商品商标在合肥地区的知名度和影响力系由其独创，而梁或、卢宜坚商品商标和服务商标的使用范围和影响力并未延及合肥地区。因此采蝶轩集团公司、采蝶轩服务公司和巴莉甜甜公司将"采蝶轩"标识作为商品商标使用，并未造成相关公众的混淆、误认。但为规范市场竞争秩序，采蝶轩集团公司、采蝶轩服务公司和巴莉甜甜公司应停止以组合或拆分的方式将""作为商品商标使用。采蝶轩服务公司在店面门头上使用"采蝶轩"标识，系对自身享有的服务商标权的行使，未侵害梁或、卢宜坚的商标专用权。对于不正当竞争部分的诉讼主张，一审法院认为，梁或、卢宜坚与采蝶轩集团公司、采蝶轩服务公司和巴莉甜甜公司之间不存在特定、具体的竞争关系，不符合提起不正当竞争之诉的主体要件。一审法院遂判决驳回梁或、卢宜坚的诉讼请求。梁或、卢宜坚不服，提起上诉。安徽省高级人民法院二审判决驳回上诉，维持原判。梁或、卢宜坚仍不服，向最高人民法院申请再审。最高人民法院裁定提审本案，并于 2016 年 6 月 7 日判决撤销一审、二审判决，判令采蝶轩集团公司、采蝶轩服务公司、巴莉甜甜公司立即停止侵权行为，并赔偿梁或、卢宜坚经济损失 544511 元（含合理费用）及消除影响。

【裁判意见】

最高人民法院提审认为：关于采蝶轩集团公司、采蝶轩服务公司和巴莉甜甜公司对"采蝶轩"字号和"采蝶轩"标识的使用是否构成在先使用问题。本案被诉侵权行为发生在现行商标法修正前，因此应适用 2001 年修正的商标法，该法并未对先使用抗辩问题作出明确规定。即使参照现行商标法关于先用权抗辩问题的规定，采蝶轩集团公司、采蝶轩服务公司和巴莉甜甜公司对被诉侵权标识的使用，也不构成在先使用。理由在于，第 1344787 号和第 1328994 号""注册商标的申请日分别是 1998 年 7 月 3 日和 1998 年 7 月 6 日，均早于采蝶轩集团公司的前身合肥采蝶轩公司成立的 2000 年 6 月 8 日，也即采蝶轩集团公司、采蝶轩服务公司对于被诉侵权标识的使用，晚于前述两个注册商标的申请日；即使如原审法院所认定的前述两个注册商标与被控侵权标识不构成类似商品和服务，也即不考虑前述两个注册商标对在先使用判断的影响，在第 3422492 号"采蝶轩"注册商标的申请日，即 2002 年 12 月 31 日前，采蝶轩集团公司当时也只有 5 家门店，且 2003 年的销售额只有 7.58 万元，难言具有一定影响。同理，采蝶轩集团公司对于其企业字号的商标性使用也没有在先使用的权利。故此，原审法院认定采蝶轩集团公司、采蝶轩服务公司和巴莉甜甜公司具有在先使用的权利，没有事实根据，依法予以纠正。

14. 损害赔偿数额的计算应当遵循比例原则

【裁判要旨】

销售收入与生产经营规模、广告宣传、商品质量等密切相关，而不仅仅来源于对商标的使用及其知名度。当事人主张以全部销售收入与销售利润率为基础计算侵权获利的，不应予以支持。

【关键词】

商标侵权　损害赔偿　关联性

【裁判意见】

在前述"采蝶轩"侵害商标权及不正当竞争案中，最高人民法院还在损害赔偿计算的过程中贯彻了比例原则。最高人民法院提审认为：关于侵权损害赔偿问题，根据商标法（2001 年修正）第五十六条第一款、第二款的规定，梁或、卢宜坚主张按照采蝶轩集团公司、采蝶轩服务公司和巴莉甜甜公司分别从 2002 年和 2005 年起至起诉时止的侵权获利来计算损害赔偿额，并据此提出了 1500 万元的赔偿请求。对此最高人民法院认为，关于侵权损害赔偿时间的计算，根据《最高人民法院关于审理商标民事纠纷案件适用法律若干问题的解释》第十八条的规定，梁或、卢宜坚于 2012 年 9 月 17 日向一审法院提起诉讼时，侵权行为仍在持续，故本案的损害赔偿计算时间，应从梁或、卢宜坚提起本案诉讼之日起向前推算两年计算，梁或、卢宜坚主张分别从 2002 年和 2005 年起计算损害赔偿数额没有法律依据。关于采蝶轩集团公司、采蝶轩服务公司和巴莉甜甜公司的侵权获利，梁或、卢宜坚主张按照其销售收入与中山市采蝶轩食品有限公司的销售利润率的乘积计算。采蝶轩集团公司、采蝶轩服务公司和巴莉甜甜公司的销售收入与其生产经营规模、广告宣传、商品质量等是密切相关的，不仅仅来源于对涉案商标的使用以及涉案商标的知名度，故对梁或、卢宜坚的前述主张不予支持。对于本案的损害赔偿数额，应当根据被申请人和巴莉甜甜公司实施侵权行为的性质、期间、后果以及涉案商标的声誉等情况，酌情确定采蝶轩集团公司、采蝶轩服务公司和巴莉甜甜公司赔偿梁或、卢宜坚 50 万元。梁或、卢宜坚为制止侵权行为，支出公证费、差旅费、律师费等合计 44511 元，该合理开支由采蝶轩集团公司、采蝶轩服务公司和巴莉甜甜公司承担。

（二）商标行政案件审判

15. 伤害宗教感情的标志可以认定为"具有其他不良影响"

【裁判要旨】

对具有宗教含义的商标，一般可以该商标的注册有害于宗教感情、宗教信仰或者民间信仰为由，认定其具有"其他不良影响"。判断商标是否具有宗教含义，应当结合当事人提交的证据、宗教人士的认知以及该宗教的历史渊源和社会现实综合予以认定。

【关键词】

商标　争议程序　不良影响　宗教含义

【案号】

〔2016〕最高法行再 21 号

【基本案情】

在再审申请人泰山石膏股份有限公司（以下简称泰山石膏公司）与被申请人山东万佳建材有限公司（以下简称万佳公司）、一审被告、二审被上诉人国家工商行政管理总局商标评审委员会（以下简称商标评审委员会）商标争议行政纠纷案中，第 3011175 号"泰山大帝"商标（即争议商标）由泰安泰山元帅纸面石膏板厂于 2001 年 11 月 5 日提出注册申请，2003 年 3 月 21 日被核准注册，核定使用在第 19 类"石膏板"商品上。2010 年 4 月 14 日，争议商标经核准转让予万佳公司。2013 年 5 月 17 日，泰山石膏公司向商标评审委员会提出争议申请，商标评审委员会于 2014 年 4 月 14 日作出商评字〔2014〕第 051795 号《关于第 3011175 号"泰山大帝"商标争议裁定书》（以下简称第 51795 号裁定），以争议商标容易伤害宗教人士的感情、容易产生社会不良影响为由，对争议商标予以撤销。万佳公司不服，提起行政诉讼。北京市第一中级人民法院一审认为，"泰山大帝"为道教众神之一，万佳公司将"泰山大帝"申请注册为商标并进行使用，容易伤害宗教人士、道教信众的宗教感情，已构成商标法（2001 年修正）第十条第一款第（八）项规定的情形，遂判决维持第 51795 号裁定。万佳公司不服，提起上诉。北京市高级人民法院二审认为，一审法院认定"泰山大帝"为道教山东泰山地区独有的神灵名称缺乏依据，故判决撤销一审判决及第 51795 号裁定，判令商标评审委员会针对争议商标重新作出裁定。泰山石膏公司不服，向最高人民法院申请再审，并提交了泰安市道教协会出具的《关于"泰山大帝"信仰情况的说明》、泰安市人民政府出具的《关于"泰山大帝"民俗和信仰情况的说明》等证据，用以证明"泰山大帝"系日常使用的道教神灵称谓。最高人民法院裁定提审本案，并于 2016 年 5 月 11 日判决撤销二审判决，维持一审判决。

【裁判意见】

最高人民法院提审认为：判断有关标志是否构成具有其他不良影响的情形时，应当考虑该标志或者其构成要素是否可能对我国政治、经济、文化、宗教、民族等社会公共利益和公共秩序产生消极、负面影响。如果某标志具有宗教含义，不论相关公众是否能够普遍认知，该标志是否已经使用并具有一定知名度，通常可以认为该标志的注册有害于宗教感情、宗教信仰或者民间信仰，具有不良影响。本案中，判断"泰山大帝"是否系道教神灵的称谓,是否具有宗教含义,不仅需考量本案当事人所提交的相关证据,也需考量相关宗教机构人士的认知以及道教在中国民间信众广泛的历史渊源和社会现实。首先,虽然当事人提交的大部分证据,也即二审法院认定的官方记载未记载"东岳大帝"或"泰山神"称为"泰山大帝",但有部分书籍、新闻报道和论文中提及"东岳大帝"或"泰山神"称为"泰山大帝"。其次,泰安市民族与宗教事务局、泰安市道教协会也出具说明证明"泰山大帝"系道教神灵的称谓,他们的认知本身即是相关宗教机构人士的认知。第三,道教是我国具有悠久历史传统的一种宗教,在漫长的历史过程中,道教信众广泛,有关记载道教的书籍、杂志、报道众多。因此,关于道教神灵的称谓也难言仅限于国家官方记载。故即便官方文献未记载"泰山大帝"为"泰山神"或"东岳大帝","泰山大帝"不是"东岳大帝"或"泰山神"称谓的唯一对应,但相关证据和宗教界机构人士的认知表明,"泰山大帝"均指向"泰山神"或"东岳大帝",而不是指向其他道教神灵,"泰山大帝"的称谓系客观存在,具有宗教含义。万佳公司以及争议商标原申请注册人将"泰山大帝"作为商标加以注册和使用,可能对宗教信仰、宗教感情或者民间信仰造成伤害,从而造成不良影响。因此,争议商标的注册属于商标法第十条第一款第(八)项规定的情形,应予撤销。

16. 证明商标显著性的认定

【裁判要旨】

商标法虽然对证明商标的申请主体、使用主体及基本功能作出了专门规定,但商标法关于注册商标应当具备显著特征的要求,同样适用于证明商标。

【关键词】

商标　复审程序　证明商标　显著性

【案号】

〔2016〕最高法行申 2159 号

【基本案情】

在再审申请人布鲁特斯 SIG 有限公司(以下简称布鲁特斯公司)与被申请人国家工商行政管理总局商标评审委员会(以下简称商标评审委员会)商标驳回复审行政纠纷案中,第 5918201 号证明商标"蓝牙"(即申请商标),由布鲁特斯公司于 2007 年 2 月 14 日向国家工商行政管理总局商标局(以下简称商标局)提出注册申请,指定使用在第 42 类"计算机编程;与数据、声音、影像及照明的录制、传送及复制有关的计算机硬件及软件咨询"等服务上。商标局以申请商标违反了商标法(2001 年修正)第十一条第一款第(二)项和第二十八条规定为由,对申请商标予以驳回。布鲁特斯公司不服,向商标评审委员会提出复审申请。商标评审委员会于 2013 年 12 月 9 日作出商评字〔2013〕第 129452 号《关于第 5918201 号"蓝牙"(证明商标)商标驳回复审决定》(以下简称第 129452 号决定),对申请商标不予核准注册。布鲁特斯公司不服,提起行政诉讼。北京市第一中级人民法院一审认为,"蓝牙"作为商标使用在指定服务上,直接表示了指定服务的服务内容和服务方式等,缺乏商标应有的显著性。遂判决维持第 129452 号决定。布鲁特斯公司不服,提起上诉。北京市高级人民法院二审判决驳回上诉、维持原判。布鲁特斯公司仍不服,以证明商标与普通商标在区分功能、权利主体、使用主体等方面具有明显区别，证明商标要求的表征特定品质不同于商标法第十一条第一款第（二）项规定的"显著性"标准，原审判决适用法律错误为由，向最高人民法院申请再审。最高人民法院于2016年7月26日裁定驳回布鲁特斯公司的再审申请。

【裁判意见】

最高人民法院审查认为：显著性是商标发挥识别不同商品或者服务功能的基础。虽然商标法对证明商标的申请主体、使用主体及基本功能作出了专门规定，但证明商标作为注册商标的一种类型，仍然应当符合注册商标的一般性规定，即具有显著性。虽然"蓝牙"最初是作为"Bluetooth"的中文翻译进入我国并为中国消费者所认识，而"Bluetooth"也已作为商标在中国被核准注册。但自上世纪90年代蓝牙技术产生后，布鲁特斯公司及电子通信领域的公司长期将"蓝牙"作为"一种近距离无线通信技术"使用在音箱、耳机、打印机、手机、鼠标等产品上，并开展相关标准化活动，蓝牙技术、蓝牙产品已迅速普及并被广大消费者所接受，相关公众普遍认为"蓝牙"是一种能在移动电话、PDA、无线耳机、笔记本电脑、相关外设等众多设备之间进行无线信息交换的短距离无线通信技术，蓝牙产品就是包含短距离无线通信技术的产品。而且，布鲁特斯公司在诉讼过程中也曾称"申请商标一直都是仅使用在符合特定技术标准和要求的商品和服务上，与特定技术标准联系更为紧密。"因此，申请商标"蓝牙"使用在指定服务上，直接表示了服务的技术特点，缺乏商标应有的显著特征，不符合商标法第十一条第一款第（二）项的规定。

17. 驰名商标认定的证据审查标准

【裁判要旨】

在判断相关证据能否证明引证商标驰名与否时，应当注意，公司的经营历史及知名度与引证商标的宣传、使用历史及知名度并不必然等同；相关公众能否通过正规、有效的渠道，认知和了解引证商标；一般性的消息报道，而非针对引证商标的广告宣传，不足以作为认定特定商标已在中国经广泛商业宣传达到驰名程度的事实依据。

【关键词】

商标　异议程序　驰名商标　证据认定

【案号】

〔2016〕最高法行申3386号

【基本案情】

在再审申请人苹果公司与被申请人国家工商行政管理总局商标评审委员会（以下简称商标评审委员会）、一审第三人新通天地科技（北京）有限公司（以下简称新通天地公司）商标异议复审行政纠纷案中，苹果公司在先申请并注册了第3339849号"IPHONE"商标和第4073735号"i-phone"文字及图商标（即引证商标），分别核定使用在国际分类第9类计算机硬件、计算机软件（已录制）等商品以及第9类电话机、手提电话等商品上。新通天地公司于2007年9月29日向国家工商行政管理总局商标局（以下简称商标局）提出第6304198号"IPHONE"商标（即被异议商标）的注册申请，指定使用在第18类"仿皮、牛皮、钱包、小皮夹、皮制绳索"等商品上。在法定异议期内，苹果公司对被异议商标提出异议申请。商标局裁定对被异议商标予以核准注册。苹果公司不服，向商标评审委员会提出复审申请。2013年12月16日，商标评审委员会作出商评字〔2013〕第135654号关于第6304198号"IPHONE"商标异议复审裁定（以下简称第135654号裁定），对被异议商标予以核准注册。苹果公司不服，提起行政诉讼。北京市第一中级人民法院一审判决驳回苹果公司的诉讼请求。苹果公司不服，提起上诉。北京市高级人民法院二审判决驳回上诉、维持原判。苹果公司仍不服，以被异议商标构成对已驰名的引证商标的复制、摹仿为由，向最高人民法院申请再审。苹果公司同时提交了《2007年7月智能手机市场关注度及价格报告》等证据，欲证明在被异议商标申请日之前，引证商标受到中国消费者持续关注，应被认定为驰名商标。最高人民法院于2016年12月27日裁定驳回苹果公司的再审申请。

【裁判意见】

最高人民法院审查认为：引证商标在被异议商标申请日之前是否已达到驰名商标的程度，是其能否合法阻止被异议商标在不相类似商品上获得注册的关键事实。苹果公司主张，引证商标随着IPHONE手机概念的公布及在美国首次销售的信息在全球传播，已瞬间成为驰名商标。对此最高人民法院认为，苹果公司在商标异议复审、一审、二审及再审申请阶段，分别提交了相关证据。上述证据中，部分内容仅涉及引证商标在被异议商标申请日后的实际使用及知名度的事实，与本案的关键事实并无直接关联性。其他证据，如关于苹果公司于1993年开始在北京设立办事处、于2007年1月公布IPHONE手机概念、于2007年6月29日在美国上市第一代IPHONE手机，以及"中关村在线"网站等媒体报道或网站信息，其证明的相关事实虽早于被异议商标申请日发生，但仍不足以证明引证商标在被异议商标申请日之前已达到驰名程度，主要理由在于：（1）苹果公司派驻代表机构在中国开展商务活动之初，尚不存在任何关于宣传和使用IPHONE商业标志的事实，苹果公司的经营历史及知名度与引证商标的宣传、使用历史及知名度并不必然等同；（2）苹果公司正式向中国市场销售IPHONE手机的时间为2009年10月，自IPHONE手机概念公布至2009年10月的逾两年内，苹果公司并未在中国市场销售IPHONE手机，相关公众在中国市场无法通过正规销售渠道购得IPHONE手机，中国相关公众缺乏通过购买、使用IPHONE手机熟悉并高度认同IPHONE商标的有效渠道；（3）"中关村在线"网站发布的《2007年7月智能手机市场关注度及价格报告》等证据亦显示，在被异议商标申请日前通过非正规销售渠道流入中国市场的IPHONE手机，在当时的中国智能手机市场中并未占有较高份额；（4）在被异议商标申请日之前，与IPHONE手机有关的信息内容主要集中在对苹果公司下一代产品及经营策略的新闻报道、分析预测性文章，传播载体集中于《程序员》《软件世界》《环球》《经济论丛》等专业性较强的报刊，鲜有面向中国相关公众（尤其是广大消费者）的IPHONE手机商业广告。相反的是，苹果公司的部分证据反映了以下特点：（2）IPHONE手机概念公布至被异议商标申请日期间，IPHONE手机是部分媒体关注的对象，但并非中国主要媒体商业广告的对象，也未成为中国市场广大消费者熟悉并认可的知名品牌；（2）IPHONE手机概念公布至苹果公司正式向中国市场销售IPHONE手机的逾两年内，苹果公司基于其经营策略，未实施向中国市场投放IPHONE品牌广告、销售IPHONE手机商品等经营行为，IPHONE商标至少在被异议商标申请日之前缺乏在中国驰名的客观条件。因此，苹果公司的证据尚未有效证明在被异议商标申请日前，引证商标为中国相关公众所熟知并已达到驰名程度的事实。苹果公司主张引证商标随着IPHONE手机概念的公布及在美国首次销售的信息在全球传播而瞬间成为驰名商标的理由，既不符合2007年互联网在中国的实际状况，也不符合引证商标当时在中国的使用状况。苹果公司主张引证商标在被异议商标申请日之前已在中国驰名的理由无事实根据。

18. 判断中外文商标是否构成近似应当考虑二者是否已经形成了稳定的对应关系

【裁判要旨】

判断中文商标与外文商标是否构成近似，不仅要考虑商标构成要素及其整体的近似程度、相关商标的显著性和知名度、所使用商品的关联程度等因素，还应考虑二者是否已经在相关公众之间形成了稳定的对应关系。

【关键词】

商标　争议程序　商标近似　对应关系

【案号】

〔2016〕最高法行再34号

【基本案情】

在再审申请人拉菲罗斯柴尔德酒庄（以下简称拉菲酒庄）与被申请人国家工商行政管理总局商标评审委员会（以下简称商标评审委员会）、南京金色希望酒业有限公司（以下简称金色希望公司）商标争议行政纠纷案（以下简称"拉菲庄园"商标争议案）中，第4578349号"拉菲庄园"商标（即争议商标）的申请日为2005年4月1日，核定使用在第33类葡萄酒、酒（饮料）、果酒（含酒精）、蒸馏酒精饮料、苹果酒、含酒精液体、含水果的酒精饮料、米酒、青稞酒、料酒商品上，注册商标专用权人为金色希望公司。"LAFITE"商标（即引证商标）申请日为1996年10月10日，核定使用在第33类的含酒精饮料（啤酒除外）商品上，注册商标专用权人为拉菲酒庄。在法定期限内，拉菲酒庄以争议商标违反商标法（2001年修正）第二十八条等规定为由，向商标评审委员会提出争议申请。商标评审委员会于2013年9月2日作出商评字〔2013〕第55856号《关于第4578349号"拉菲庄园"商标争议裁定书》（以下简称第55856号裁定），以争议商标违反商标法第二十八条规定为由，对争议商标予以撤销。金色希望公司不服，提起行政诉讼。北京市第一中级人民法院一审判决维持第55856号裁定。金色希望公司不服，提起上诉。北京市高级人民法院二审认为，难以认定引证商标在争议商标申请日之前，已经在我国具有市场知名度，相关公众已经能够将引证商标与"拉菲"进行对应性识别。争议商标的注册和使用长达十年之久，其已经形成稳定的市场秩序，从维护已经形成和稳定的市场秩序考虑，本案争议商标的注册应予维持。遂判决撤销一审判决及第55856号裁定。拉菲酒庄不服，向最高人民法院申请再审。经查明，中国经济网2014年2月12日《质检总局公布六款进口"拉菲"葡萄酒质量不合格》报道记载："'拉菲'葡萄酒一直让中国消费者对其趋之若鹜……然而近日，国家质检总局公布六款洋拉菲酒质量不合格，让'拉菲迷'们大跌眼镜。中国经济网了解到，六款不合格产品为：拉菲庄园 2012 干红葡萄酒……" 2016 年 8 月 1 日搜狐财经刊登图文消息："'拉菲庄园'隆重登陆糖酒会，消费者不知其为山寨"。最高人民法院裁定提审本案，并于 2016 年 12 月 23 日判决撤销二审判决，维持一审判决及第 55856 号裁定。

【裁判意见】

最高人民法院提审认为：认定商标是否近似，既要考虑商标构成要素及其整体的近似程度，也要考虑相关商标的显著性和知名度、所使用商品的关联程度等因素，以是否容易导致混淆作为判断标准。争议商标由中文文字"拉菲庄园"构成，"庄园"用在葡萄酒类别上显著性较弱，"拉菲"系争议商标的主要部分，判断争议商标与引证商标是否构成近似，关键在于判断"拉菲"与"LAFITE"是否构成近似或者形成了较为稳定的对应关系。在争议商标申请日前，各类宣传报道中即有将引证商标"LAFITE"音译为"拉菲"的情况，且《新快报》《扬子晚报》《北京日报》等刊物属于消费者容易接触到的、受众面较大的宣传媒介。相关媒体所载文章均对"LAFITE"葡萄酒给予了极高评价，引证商标具有较高的知名度。此外，拉菲酒庄通过多年的商业经营活动，客观上在"拉菲"与"LAFITE"之间建立了稳固的联系，我国相关公众通常以"拉菲"指代"LAFITE"商标，争议商标与引证商标构成近似商标。此外，对于已经注册使用一段时间的商标，是否已经通过使用建立较高市场声誉和形成自身的相关公众群体，并非由使用时间决定，而是要看相关公众能否通过其使用行为，在客观上实现了与其他商标的区分。根据查明的事实，有关新闻报道所涉不合格产品，均系使用了争议商标的相关产品。从前述报道也可以看出，相关公众对争议商标与引证商标仍会混淆误认。因此，金色希望公司提交的证据未能证明其通过对争议商标的使用已经形成了相关公众群体，二审法院所作争议商标已经形成了稳定的市场秩序的结论并无事实依据，对此应予纠正。

19. 已注册商标是否已经形成稳定的市场秩序的判断

【裁判要旨】

对于已经注册使用的商标，是否已经通过使用建立较高市场声誉，并形成了相关公众群体，应当以相关公众能否在客观上实现市场区分并避免混淆误认的结果为判断标准。

【关键词】

商标 争议程序 市场区分 混淆

【裁判意见】

在前述"拉菲庄园"商标争议案中，最高人民法院还明确了已注册商标是否已经形成了稳定的市场秩序的判断标准。最高人民法院提审认为：对于已经注册使用一段时间的商标，是否已经通过使用建立较高市场声誉和形成自身的相关公众群体，并非由使用时间的长短决定，而是要看相关公众能否通过其使用行为，在客观上实现了市场区分。金色希望公司主张，争议商标的知名度和市场占有率远远超过拉菲酒庄，其对争议商标的大量使用所形成的稳定市场秩序足以使争议商标与引证商标相区分。但根据查明的事实，有关新闻报道所涉不合格产品，均系使用了争议商标的相关产品。从前述报道也可以看出，相关公众对争议商标与引证商标仍会混淆误认。金色希望公司提交的证据未能证明其通过对争议商标的使用已经形成了自身的相关公众群体，相关公众不会将争议商标和引证商标混淆误认。二审法院认定"争议商标的注册和使用长达十年之久,其已经形成稳定的市场秩序,从维护已经形成和稳定的市场秩序考虑,本案争议商标的注册应予维持"的结论并无事实和法律依据,对此予以纠正。

20. 共存协议在2001年修正的商标法第二十八条适用过程中的作用

【裁判要旨】

共存协议是认定申请商标是否违反2001年修正的商标法第二十八条规定的重要考量因素。在共存协议没有损害国家利益、社会公共利益或者第三人合法权益的情况下,不应简单以损害消费者利益为由,对共存协议不予采信。

【关键词】

商标　复审程序　共存协议消费者利益

【案号】

〔2016〕最高法行再103号

【基本案情】

在再审申请人谷歌公司与被申请人国家工商行政管理总局商标评审委员会(以下简称商标评审委员会)商标驳回复审行政纠纷案中,案外人株式会社岛野于1999年5月13日提出第1465863号"NEXUS"商标(即引证商标)的注册申请,核定使用在第9类"自行车用计算机"商品上,专用期限至2020年10月27日。谷歌公司于2012年11月7日提出第11709162号"NEXUS"商标(即申请商标)的注册申请,指定使用在第9类"手持式计算机、便携式计算机"商品上。2013年9月9日,国家工商行政管理总局商标局(以下简称商标局)以申请商标与引证商标构成近似,违反商标法(2001年修正)第二十八条规定为由,对申请商标予以驳回。谷歌公司不服,向商标评审委员会申请复审。商标评审委员会于2014年3月25日作出商评字〔2014〕第36493号《关于第11709162号"NEXUS"商标驳回复审决定》(以下简称第36493号决定),对申请商标予以驳回。谷歌公司不服,提起行政诉讼,并提交了引证商标的权利人株式会社岛野于2014年9月3日出具的"同意书",其主要内容为同意谷歌公司在我国境内使用和注册包括申请商标在内的有关商标。北京市第一中级人民法院一审认为,申请商标与引证商标构成使用在类似商品上的近似商标。谷歌公司主张其与引证商标权利人签署了商标共存协议,故申请商标应予核准注册。但商标法的立法目的一方面在于保护商标权人的利益,另一方面在于保障消费者利益,防止市场混淆。因此,若两商标指定使用的商品相同或类似,标识相同或极为近似,出于维护正常市场秩序、防止混淆的目的,通常不应考虑相关的共存协议。一审法院据此判决维持第36493号决定。谷歌公司不服,提起上诉。北京市高级人民法院二审判决驳回上诉、维持原判。谷歌公司仍不服,向最高人民法院申请再审,最高人民法院裁定提审本案,并于2016年12月23日判决撤销第36493号决定和一审、二审判决,判令商标评审委员会针对申请商标重新作出复审决定。

【裁判意见】

最高人民法院提审认为:引证商标权利人在本案中出具的同意书,是认定申请商标的注册是否违反商标法第二十八条规定的重要考虑因素。首先,引证商标权利人通过出具同意书,明确对争议商标的注册、使用予以认可,是引证商标权利人处分其合法权利的方式之一。在同意书没有损害国家利益、社会公共利益或者第三人合法权益的情况下,应当予以必要的尊重。其次,保障消费者的利益和生产、经营者的利益均是商标法的立法目的,二者不可偏废。虽然是否容易造成相关公众的混淆、误认是适用商标法第二十八条的重要考虑因素,但也要考虑到相关公众对于近似商业标志具有一定的分辨能力,在现实生活中也难以完全、绝对地排除商业标志的混淆可能性。考虑到特定历史背景等因素,可能产生因不同生产、经营者善意注册、使用行为而出现的商业标志共存。本案中,相较于尚不确实是否受到损害的一般消费者的利益,申请商标的注册和使用对于引证商标权利人株式会社岛野利益的影响更为直接和现实。株式会社岛野出具同意书,同意谷歌公司的商标申请行为,表明其对申请商标的注册是否容易导致相关公众的混淆、误认持否定或者容忍态度。尤其是考虑到谷歌公司、株式会社岛野分别为相关领域的知名企业,本案中没有证据证明,谷歌公司申请或使用申请商标存在攀附株式会社岛野及引证商标知名度的恶意,也没有证据证明申请商标的注册会损害国家利益或者社会公共利益。最后,虽然商标的主要作用在于区分商品或者服务的来源,但除申请商标和引证商标外,包括谷歌公司的企业名称及字号、相关商品特有的包装装潢等其他商业标志也可以一并起到区分来源的作用。即使准予申请商标注册,如在实际使用过程中结合其他商业标志,也可以有效避免相关公众的混淆、误认。综合考虑申请商标与引证商标指定使用的商品的关联程度,以及株式会社岛野出具同意书等情形,应当认定申请商标的注册未违反商标法(2001年修正)第二十八条的规定。

21. 姓名权构成商标法保护的"在先权利"

【裁判要旨】

姓名权是自然人对其姓名享有的重要人身权,姓名权可以构成2001年修正的商标法第三十一条规定的"在先权利"。

【关键词】

商标 争议程序 在先权利 姓名权

【案号】

〔2016〕最高法行再27号

【基本案情】

在再审申请人迈克尔·杰弗里·乔丹(以下简称乔丹)与被申请人国家工商行政管理总局商标评审委员会(以下简称商标评审委员会)、一审第三人乔丹体育股份有限公司(以下简称乔丹公司)商标争议行政纠纷案(以下简称"乔丹"商标争议案)中,第6020569号"乔丹"商标(以下简称争议商标)由乔丹公司于2007年4月26日提出注册申请,核定使用在国际分类第28类的"体育活动器械、游泳池(娱乐用)、旱冰鞋、圣诞树装饰品(灯饰和糖果除外)"商品上,专用权期限自2012年3月28日至2022年3月27日。2012年10月31日,乔丹以争议商标的注册损害了其在先权利等为由,提出撤销申请。2014年4月14日,商标评审委员会作出商评字〔2014〕第052058号《关于第6020569号"乔丹"商标争议裁定》(以下简称第52058号裁定),对争议商标的注册予以维持。乔丹不服,提起行政诉讼。北京市第一中级人民法院一审认为,本案证据尚不足以证明单独的"乔丹"明确指向乔丹。此外,争议商标指定使用的商品与乔丹具有影响力的篮球运动领域差别较大,相关公众不易将争议商标与乔丹相联系,现有证据不足以证明争议商标的注册与使用不当利用了乔丹的知名度,或可能对乔丹的姓名权造成其他影响。争议商标的注册未损害乔丹的姓名权。一审法院遂判决维持第 52058 号裁定。乔丹不服,提起上诉。北京市高级人民法院二审判决驳回上诉、维持原判。乔丹仍不服,向最高人民法院申请再审。最高人民法院裁定提审本案,并于 2016 年 12 月 30 日判决撤销第 52058 号裁定和一审、二审判决,判令商标评审委员会对争议商标重新作出裁定。

【裁判意见】

最高人民法院提审认为:商标法(2001 年修正)第三十一条规定:"申请商标注册不得损害他人现有的在先权利"。对于商标法已有特别规定的在先权利,应当根据商标法的特别规定予以保护。对于商标法虽无特别规定,但根据民法通则、侵权责任法和其他法律的规定应予保护,并且在争议商标申请日之前已由民事主体依法享有的民事权利或者民事权益,应当根据该概括性规定给予保护。民法通则第九十九条第一款、侵权责任法第二条第二款均明确规定,自然人依法享有姓名权。故姓名权可以构成商标法第三十一条规定的"在先权利"。争议商标的注册损害他人在先姓名权的,应当认定该争议商标的注册违反商标法第三十一条的规定。姓名被用于指代、称呼、区分特定的自然人,姓名权是自然人对其姓名享有的重要人身权。随着我国社会主义市场经济不断发展,具有一定知名度的自然人将其姓名进行商业化利用,通过合同等方式为特定商品、服务代言并获得经济利益的现象已经日益普遍。在适用商标法第三十一条的规定对他人的在先姓名权予以保护时,不仅涉及对自然人人格尊严的保护,而且涉及对自然人姓名,尤其是知名人物姓名所蕴含的经济利益的保护。未经许可擅自将他人享有在先姓名权的姓名注册为商标,容易导致相关公众误认为标记有该商标的商品或者服务与该自然人存在代言、许可等特定联系的,应当认定该商标的注册损害他人的在先姓名权,违反商标法第三十一条的规定。

22. 自然人可就其未主动使用的特定名称获得姓名权的保护

【裁判要旨】

"使用"是姓名权人享有的权利内容之一,并非其承担的义务,更不是姓名权人主张保护其姓名权的法定前提条件。在符合有关姓名权保护条件的情况下,自然人有权根据 2001 年修正的商标法第三十一条的规定,就其并未主动使用的特定名称获得姓名权的保护。

【关键词】

商标　争议程序　姓名权　主动使用

【裁判意见】

在前述"乔丹"商标争议案中,最高人民法院还明确了权利人的主动使用行为与其获得姓名权保护之间的关系。最高人民法院提审认为:首先,根据民法通则第九十九条第一款的规定,"使用"是姓名权人享有的权利内容之一,并非其承担的义务,更不是姓名权人"禁止他人干涉、盗用、假冒",主张保护其姓名权的法定前提条件。其次,在适用商标法第三十一条的规定保护他人在先姓名权时，相关公众是否容易误认为标记有争议商标的商品或者服务与该自然人存在代言、许可等特定联系，是认定争议商标的注册是否损害该自然人姓名权的重要因素。因此，在符合前述有关姓名权保护的三项条件的情况下，自然人有权根据商标法第三十一条的规定，就其并未主动使用的特定名称获得姓名权的保护。最后，对于在我国具有一定知名度的外国人，其本人或者利害关系人可能并未在我国境内主动使用其姓名；或者由于便于称呼、语言习惯、文化差异等原因，我国相关公众、新闻媒体所熟悉和使用的"姓名"与其主动使用的姓名并不完全相同。商标评审委员会、乔丹公司关于乔丹、耐克公司未主动使用"乔丹"，故对"乔丹"不享有姓名权的主张不能成立。

23. 自然人就特定名称主张姓名权保护时应当满足的条件

【裁判要旨】

自然人就特定名称主张姓名权保护的，该特定名称应当符合三项条件：其一，该特定名称在我国具有一定的知名度、为相关公众所知悉；其二，相关公众使用该特定名称指代该自然人；其三，该特定名称已经与该自然人之间建立了稳定的对应关系。外国人外文姓名的中文译名如符合前述三项条件，可以依法主张姓名权的保护。

【关键词】

商标　争议程序　姓名权　特定名称

【裁判意见】

在前述"乔丹"商标争议案中，最高人民法院还明确了自然人根据特定名称主张姓名权保护时应当满足的条件。最高人民法院提审认为，自然人依据商标法第三十一条的规定，就特定名称主张姓名权保护时，应当满足必要的条件。其一，该特定名称应具有一定知名度、为相关公众所知悉，并用于指代该自然人。《最高人民法院关于审理不正当竞争民事案件应用法律若干问题的解释》第六条第二款是针对"擅自使用他人的姓名，引人误认为是他人的商品"的不正当竞争行为的认定作出的司法解释，该不正当竞争行为本质上也是损害他人姓名权的侵权行为。认定该行为时所涉及的"引人误认为是他人的商品"，与本案中认定争议商标的注册是否容易导致相关公众误认为存在代言、许可等特定联系是密切相关的。因此，在本案中可参照适用上述司法解释的规定，确定自然人姓名权保护的条件。其二，该特定名称应与该自然人之间已建立稳定的对应关系。在解决本案涉及的在先姓名权与注册商标权的权利冲突时，应合理确定在先姓名权的保护标准，平衡在先姓名权人与商标权人的利益。既不能由于争议商标标志中使用或包含有仅为部分人所知悉或临时性使用的自然人"姓名"，即认定争议商标的注册损害该自然人的姓名权；也不能如商标评审委员会所主张的那样，以自然人主张的"姓名"与该自然人形成"唯一"对应为前提，对自然人主张姓名权的保护提出过苛的标准。自然人所主张的特定名称与该自然人已经建立稳定的对应关系时，即使该对应关系达不到"唯一"的程度，也可以依法获得姓名权的保护。综上，在适用商标法第三十一条关于"不得损害他人现有的在先权利"的规定时，自然人就特定名称主张姓名权保护的，该特定名称应当符合以下三项条件：其一，该特定名称在我国具有一定的知名度、为相关公众所知悉；其二，相关公众使用该特定名称指代该自然人；其三，该特定名称已经与该自然人之间建立了稳定的对应关系。在判断外国人能否就其外文姓名的部分中文译名主张姓名权保护时，需要考虑我国相关公众对外国人的称谓习惯。中文译名符合前述三项条件的，可以依法主张姓名权的保护。

24. 非以诚信经营为前提的商业成功与市场秩序不是维持商标注册的正当理由

【裁判要旨】

商标权人主张的市场秩序或者商业成功并不完全是诚信经营的合法成果，而是一定程度上建立于相关公众误认的基础之上。维护此种市场秩序或者商业成功，不仅不利于保护姓名权人的合法权益，而且不利于保障消费者的利益，更不利于净化商标注册和使用环境。

【关键词】

商标　争议程序　诚实信用　市场秩序

【裁判意见】

在前述"乔丹"商标争议案中，最高人民法院还就商标权人主张已经形成的市场秩序和商业成功，与争议商标的注册是否应予维持之间的关系进行了阐释。最高人民法院提审认为，乔丹公司的经营状况，以及乔丹公司对其企业名称、有关商标的宣传、使用、获奖、被保护等情况，均不足以使争议商标的注册具有合法性。其一，从权利的性质以及损害在先姓名权的构成要件来看，姓名被用于指代、称呼、区分特定的自然人，姓名权是自然人对其姓名享有的人身权。而商标的主要作用在于区分商品或者服务来源，属于财产权，与姓名权是性质不同的权利。在认定争议商标的注册是否损害他人在先姓名权时，关键在于是否容易导致相关公众误认为标记有争议商标的商品或者服务与姓名权人之间存在代言、许可等特定联系，其构成要件与侵害商标权的认定不同。因此，即使乔丹公司经过多年的经营、宣传和使用，使得乔丹公司及其"乔丹"商标在特定商品类别上具有较高知名度，相关公众能够认识到标记有"乔丹"商标的商品来源于乔丹公司，也不足以据此认定相关公众不容易误认为标记有"乔丹"商标的商品与乔丹之间存在代言、许可等特定联系。其二，乔丹公司恶意申请注册争议商标，损害乔丹的在先姓名权，明显有悖于诚实信用原则。商标评审委员会、乔丹公司主张的市场秩序或者商业成功并不完全是乔丹公司诚信经营的合法成果，而是一定程度上建立于相关公众误认的基础之上。维护此种市场秩序或者商业成功，不仅不利于保护姓名权人的合法权益，而且不利于保障消费者的利益，更不利于净化商标注册和使用环境。

25. 商标申请或注册人信息不属于著作权法规定的表明作者身份的署名行为

【裁判要旨】

商标申请人及商标注册人信息仅能证明注册商标权的归属，不属于著作权法规定的表明作品创作者身份的署名行为。

【关键词】

商标　异议程序　注册信息　署名

【案号】

〔2016〕最高法行申 2154 号

【基本案情】

在再审申请人格里高利登山用品有限公司（以下简称格里高利公司）与被申请人鹤山三丽雅工艺制品有限公司（以下简称三丽雅公司）、一审被告、二审被上诉人国家工商行政管理总局商标评审委员会（以下简称商标评审委员会）商标异议复审行政纠纷案（以下简称"格里高利"商标异议案）中，被异议商标系第5636685号"GREGORY及图"商标，于2006年9月28日向国家工商行政管理总局商标局（以下简称商标局）提出注册申请，指定使用在第9类"计算器袋（套）、时钟、量具、假币检测器、传真机、电话机、光学品、麦克风、教学投影灯、教学仪器"等商品上。初步审定公告后，格里高利公司在法定期限内以被异议商标损害其在先著作权为由，提出异议申请。商标局裁定对被异议商标予以核准注册。格里高利公司不服，向商标评审委员会提出复审申请。各方当事人对被异议商标与格里高利公司主张在先著作权的"GREGORY山形图案"构成实质性近似这一事实并无异议。商标评审委员会于2013年10月28日作出商评字〔2013〕第94808号《关于第5636685号"GREGORY及图"商标异议复审裁定书》（以下简称第94808号裁定）认为：格里高利公司所述的"GREGORY山形图案"标识属于我国著作权法保护的美术作品，其创作完成时间早于被异议商标申请注册日，格里高利公司对该作品享有在先著作权。三丽雅公司将格里高利公司在先享有著作权的作品作为被异议商标申请注册，构成对格里高利公司享有的在先著作权之损害，遂裁定对被异议商标不予核准注册。三丽雅公司不服，提起行政诉讼。北京市第一中级人民法院一审判决维持第94808号裁定。三丽雅公司不服，提起上诉。北京市高级人民法院二审认为，虽然格里高利公司主张其著作权最初来源于边奇公司的授权，并提供了边奇公司在美国申请注册相关商标的证据，但上述证据未经翻译和公证认证。此外，仅有商标申请注册文件不足以证明涉案作品的著作权归属。因此，格里高利公司提交的证据尚不足以证明其对涉案作品享有著作权。二审法院遂判决撤销一审判决及第94808号裁定，判令商标评审委员会重新作出复审裁定。格里高利公司不服，向最高人民法院申请再审。最高人民法院于2016年9月21日裁定驳回格里高利公司的再审申请。

【裁判意见】

最高人民法院审查认为：本案的关键问题是判断"GREGORY山形图案"的著作权是否归格里高利公司享有。格里高利公司主张涉案"GREGORY山形图案"的著作权归其享有的主要理由是：Pamela Beverly创作了"GREGORY山形图案"，边奇公司享有该图形的著作权，边奇公司将该图形的著作权转让给原格里高利公司前身，原格里高利公司前身更名为原格里高利公司，原格里高利公司与珠穆朗玛联合Ⅱ有限公司合并成立格里高利公司，格里高利公司继受了原格里高利公司的所有知识产权，故格里高利公司对"GREGORY山形图案"享有在先的著作权。格里高利公司为此提交了边奇公司于1992年11月16日向美国专利及商标局申请注册"GREGORY山形图案"商标、1994年5月17日获准注册的证据以证明其享有"GREGORY山形图案"的在先著作权。首先，著作权法规定，在作品上署名的公民、法人或者其他组织为作者。商标申请人及商标注册人信息仅仅能证明注册商标权的归属，不属于著作权法规定的表明作品创作者身份的署名行为。因此，边奇公司在美国申请并核准注册"GREGORY山形图案"

商标的证据不足以证明该涉案作品的著作权最早归边奇公司享有。其次，格里高利公司字号最早的使用时间晚于被异议商标申请日，且"GREGORY 山形图案"中英文文字"GREGORY"是整个图案的组成部分，"GREGORY"系常见男子名，故格里高利公司商标注册证上显示的"GREGORY"不能视为格里高利公司的署名行为。最后，商标具有地域性，持有美国的商标注册证，仅能证明商标注册人从著作权人处获得了在美国申请注册该图形商标的权利，不能据此证明其当然享有在中国行使著作权的权利。

26. 著作权登记证书对在先著作权的证明效力

【裁判要旨】

在商标申请日之前取得的著作权登记证书，在作品具有独创性、没有相反证据足以推翻的情况下，可以证明登记证书上记载的权利人享有在先著作权。申请日之后取得的著作权登记证书，不具有证明在先著作权的证明效力。

【关键词】

商标　异议程序　在先权利　著作权登记

【裁判意见】

在前述"格里高利"商标异议案中，最高人民法院还认为，格里高利公司为证明其对"GREGORY 山形图案"享有在先著作权，在商标评审期间向商标评审委员会提交了 2009 年 10 月 27 日颁发的《著作权登记证书》，载明原格里高利公司经边奇公司转让，取得了美术作品"GREGORY 山形图案"在中国范围内的著作权，转让期间自 1992 年起至永久。首先，我国著作权登记采取自愿登记制，著作权登记机关仅进行形式审查，在注册商标申请日之前取得的著作权登记证书，在该作品具有独创性、没有相反证据足以推翻的情况下，可以证明登记证书上记载的权利人在先享有著作权。本案被异议商标于 2006 年 9 月 28 日申请注册，格里高利公司取得《著作权登记证书》晚于被异议商标注册申请日三年多，故在后取得的著作权登记证书，不足以证明其享有在先的著作权。其次，被异议商标于 2009 年 5 月 21 日予以初步审定公告，格里高利公司自公告之日起三个月内，向商标局提出异议申请，随后进行著作权登记，格里高利公司在商标异议申请后取得的著作权登记证书，不足以证明其享有在先的著作权。最后，三丽雅公司于 2006 年 12 月 7 日早于格里高利公司对与涉案"GREGORY 山形图案"构成实质性近似的被异议商标图形亦进行了著作权登记，故格里高利公司在后取得的著作权登记证书，不足以证明其享有在先的著作权。

三、著作权案件审判

27. 对作品的独创性与有形形式的理解与认定

【裁判要旨】

如果智力成果在表现形式上是唯一的，无法体现与已有作品存在的差异，即不符合著作权法关于独创性的要求。智力劳动成果必须借助特定形式为他人知晓和确定，是作品须具备有形形式要求的应有之义。

【关键词】

著作权　侵权　独创性　有形形式

【案号】

〔2016〕最高法民申 2136 号

【基本案情】

在再审申请人孙新争与被申请人马居奎侵害著作权纠纷案中，孙新争系莘县康宝养鸡专业合作社成员，其于 2013 年 3 月 12 日对《716 预测 817 行情趋势方向图表》（以下简称涉案图表）进行了著作权登记，涉案图表拟对 817 品种鸡苗价格进行分析预测。孙新争自述，涉案图表中的紫线代表每天鸡苗的价格，红线代表 45 日的移动平均趋势线，黑色曲折线代表 21 日短期移动平均趋势线；绿线代表 60 日移动平均趋势线，通过鸡苗价格线与 60 天移动平均线的变化，来分析今后的鸡苗价格从而增加收入减少损失等。孙新争以马居奎根据涉案图表的提示投资鸡苗获取利润的行为侵害其著作权为由，提起诉讼。根据孙新争的陈述，一审法院当庭使用 WPS 表格工具，演示了涉案图表的生成过程。山东省聊城市中级人民法院一审认为，涉案图表是孙新争经过 WPS 表格软件通过输入数据完成，只是其利用现有的表格软件进行制作，并没有孙新争自己独立构思的内容。对图表的数据分析不属于表现形式范畴，故涉案图表不能获得著作权法保护。遂判决驳回孙新争的诉讼请求。孙新争不服，提起上诉。山东省高级人民法院二审判决驳回上诉、维持原判。孙新争仍不服，向最高人民法院申请再审。最高人民法院于 2016 年 9 月 13 日裁定驳回孙新争的再审申请。

【裁判意见】

最高人民法院审查认为：具备独创性并能以某种有形形式复制的智力成果，是著作权法给予保护的作品。首先，判断一部作品是否具有独创性，应当从是否独立创作及在外在表现上是否与已有作品存在一定程度的差异，或具备最低程度的创造性进行分析判断。如果智力成果的表现形式是唯一的，因其无法呈现出作品与已有作品的差异性或者最低的创造性，在现实上也是无法与已有的智力劳动成果进行区分的。本案中，孙新争所主张的曲线图，系当事人根据客观的价格数据，通过使用 WPS 制表工具制作完成。鉴于图表所使用的数据客观存在，数量有限，WPS 为通用软件，将上述数据录入制表工具所形成的结果，尽管属于孙新争运用智力的结果，但使用上述数据与工具所产生的结果缺少差异性。这种唯一或有限的表达方式，通常被排除在独创性之外。其次，著作权法保护那些凝结了作者智力劳动的成果归其所有，作者的智力劳动须借助于特定的形式予以传达，否则该智力劳动他人无从知晓，智力成果也将是不确定的，这是作品须具备有形形式的本质含义。对说明性作品而言，即使在作品本身可以获得著作权法保护的情况下，著作权法通常也仅着重于保护作品的表达方式而非结论本身，垄断结论不符合著作权法的立法本义。孙新争主张保护的曲线图本身并不符合作品构成的要件，加之其主张的所谓分析结果并无明确确定的形式，一审、二审法院对其主张不予支持的作法并无不当。

28. 对包含他人合法在先权利作品的著作权行使规则

【裁判要旨】

著作权人在行使自身权利之时，应遵循合法、善意及审慎的原则，对于因历史原因而包含于作品当中的他人合法的在先权利，应当合理避让。

【关键词】

商标　侵权　权利交叉　合理避让

【案号】

〔2016〕最高法民申 1975 号

【基本案情】

在再审申请人诸暨市开心猫食品有限公司（以下简称开心猫公司）与被申请人诸暨市优莱客食品商行（以下简称优莱客食品商行）、王坤、何铁永、傅凤丽、广东飞鹅包装彩印有限公司（以下简称飞鹅公司）、长沙市裕得康食品贸易有限公司（以下简称裕得康公司）侵害商标权纠纷案中，王坤系第 4315837 号"波斯猫 BOSIMAO"商标（以下简称涉案商标）的权利人，涉案商标于 2007 年 3 月 14 日获准注册，核定使用在第 29 类水果沙拉、五香豆等商品上，有效期至 2017 年 3 月 13 日止。2004 年 12 月起，何铁永与王坤等曾先后签订"波斯猫"系列商品的合作协议。双方合作期间，王坤自 2004 年 10 月起，开始申请并获准注册了包括涉案商标在内的多个"波斯猫"商标。何铁永自 2005 年 4 月起，以诸暨市永利食品厂（以下简称永利食品厂，系优莱客食品商行的前身）名义，委托案外人设计了包含涉案商标的"波斯猫"食品包装袋，湖南省高级人民法院〔2013〕湘高法民终字第 55 号判决认定上述包装袋所载美术作品"波斯猫爱挑逗"的著作权人系永利食品厂。2006 年 4 月 30 日，何铁永与王坤协议终止合作，协议同时允许永利食品厂使用涉案商标五个月，此后即应终止使用行为。2014 年 11 月 24 日，王坤通过公证程序购买了由优莱客食品商行授权，开心猫公司等生产、销售并包含涉案商标的被诉侵权商品，被诉侵权商品外包装图案与永利食品厂享有著作权的美术作品相符。王坤以被诉侵权商品侵害其涉案商标权为由，提起诉讼。浙江省绍兴市中级人民法院一审认为，被诉侵权产品外包装左上角的"波斯猫 BOSIMAO"标识与涉案商标视觉基本无差别，且使用在相同商品上，构成侵害涉案商标权的行为，遂判决开心猫公司、优莱客食品商行、飞鹅公司、裕得康公司停止侵权行为并赔偿经济损失及合理开支五十万元。开心猫公司不服，提出上诉。浙江省高级人民法院二审判决驳回上诉、维持原判。开心猫公司、优莱客食品商行仍不服，以其对包含涉案商标的"波斯猫爱挑逗"作品享有著作权、其使用行为具有合法性为由，向最高人民法院申请再审。最高人民法院于 2016 年 11 月 7 日裁定驳回波斯猫公司、优莱客食品商行的再审申请。

【裁判意见】

最高人民法院审查认为：虽然已有生效判决确认优莱客食品商行系"波斯猫爱挑逗"作品的著作权人，但该判决同时确认，优莱客食品商行创作完成该作品的时间为 2005 年 5 月 17 日，其时何铁永与王坤尚在合作期间，何铁永在产品包装中使用涉案商标的行为，系基于王坤的明确授权。双方亦曾明确约定，在合作终止后，优莱客食品商行不得再继续使用涉案商标。因此，至本案被诉侵权行为发生之时，优莱客食品商行在产品包装中对被诉侵权标识的使用已经不具备合法性基础。其在行使自身享有的著作权权利之时，应对王坤合法拥有的在先涉案商标权予以避让，即不能继续在包装中使用涉案商标，是优莱客食品商行合法、善意、审慎行使其著作权的应有之义。但本案被诉侵权行为的发生，具有一定的历史原因和背景：首先，双方之间曾经存在合作及知识产权许可关系。自2004年起，何铁永与王坤即针对"波斯猫"商品开展了一系列合作经营活动。涉案产品包装中对"波斯猫BOSIMAO"等标识的使用，最早即来源于王坤在合作过程中的明确授权。本案被诉侵权行为的性质因此而区别于恶意攀附他人商誉的"搭便车"行为。其次，知识产权权利保护客体具有一定的特殊性，使其在权利的行使和权利边界界定的过程中，相较于具有明确物理边界的物权而言，具有更多的复杂因素。具体到本案而言，在双方各自拥有的著作权与商标权形成和行使的过程中，因伴随着曾经的合作和知识产权许可关系，而使得权利的行使出现了一定程度的交叉。对于并不具有专业知识背景的本案当事人而言，如何正确理解和行使知识产权的相关权利，客观上确实存在一定的困难。双方曾经存在长期的合作关系，并均因此而获益。在合作终止后，双方所涉知识产权纠纷不断，不仅影响了正常的生产经营活动，亦可能损及自身的企业形象。而即使作为具有同业经营关系的市场经营者，亦应遵循诚实信用原则，遵守公认的商业道德，开展有序的市场竞争，而不应以诉讼为名行恶性竞争之实。双方在充分尊重他人合法权利的同时，亦应善意、审慎地行使自身权利，从而在诚信经营的基础上，获取消费者的认同和赞誉。

四、不正当竞争案件审判

29. 不正当竞争案件中当事人诉讼主体资格的确定

【裁判要旨】

不正当竞争案件中原告主体资格的确定，不能仅依据其与被告是否为具有直接竞争关系的产品经营者判断。

【关键词】

不正当竞争　主体资格　竞争关系　产品经营者

【裁判意见】

在前述"采蝶轩"侵害商标权及不正当竞争案中，最高人民法院还明确了不正当竞争案件中诉讼主体资格的条件。最高人民法院提审认为：根据反不正当竞争法第二条第二款、第三款规定，不正当竞争，是指经营者违反法律规定，损害其他经营者的合法权益，扰乱社会经济秩序的行为。经营者，是指从事商品经营或者营利性服务的法人、其他经济组织和个人。梁或、卢宜坚是涉案注册商标权人，其认为采蝶轩集团公司、采蝶轩服务公司和巴莉甜甜公司的行为侵害了涉案注册商标专用权，构成不正当竞争，即可以据此提起诉讼，其诉讼主体资格的有无，不能仅据其是否系具体的涉诉商标产品的实际经营者来判断。原审法院认定梁或、卢宜坚与采蝶轩集团公司、采蝶轩服务公司和巴莉甜甜公司不具有竞争关系，不符合提起不正当竞争之诉的主体要件，没有法律依据，对此予以纠正。

30. 商业秘密共有案件中合理保密措施的认定

【裁判要旨】

当事人虽对相关商业秘密主张共有，但涉案信息实际上是在各当事人处分别形成。故某一当事人采取的保密措施，不能取代其他当事人应分别对涉案商业秘密采取的合理保密措施。

【关键词】

商业秘密　侵权　共有　保密措施

【案号】

〔2014〕民三终字第 3 号

【基本案情】

在上诉人化学工业部南通合成材料厂（以下简称合成材料厂）、南通星辰合成材料有限公司（以下简称星辰公司）、南通中蓝工程塑胶有限公司（以下简称中蓝公司）与被上诉人南通市旺茂实业有限公司（原南通市东方实业有限公司，简称旺茂公司）、周传敏、陈建新、陈晞、李道敏、戴建勋（统称五自然人被告）侵害商业技术秘密和商业经营秘密纠纷案中，聚对苯二甲酸丁二醇酯（PBT）是一种热塑型饱和聚酯类工程塑料，属五大通用工程塑料之一。国内外对 PBT 进行了广泛的改性研究，采用化学或物理的方法改变其力学性能、阻燃性能、耐热性能、抗老化性能等，以达到客户指定的各种使用性能要求。经过改性的 PBT 称为改性 PBT 或 PBT 改性产品。合成材料厂设立于 1990 年 7 月 31 日，经营范围包括化工产品的生产销售等。1991 年 10 月 22 日，合成材料厂成立 PBT 合成车间，并随后对 PBT 装置进行了多次试车。星辰公司设立于 2000 年 8 月 21 日，经营范围包括工程塑料等，合成材料厂为星辰公司成立时的股东之一。中蓝公司设立于 2003 年 1 月 23 日，经营范围包括工程塑料及改性产品等。合成材料厂称，PBT 改性产品系中蓝公司主导生产，星辰公司、中蓝公司提供技术、人员服务。1997 年 7 月，合成材料厂成立技术保密小组并制定技术保密管理办法。该《保密工作管理办法》对企业要求保护的技术信息秘密、经营信息秘密的内容范围及管理工作办法进行了明确规定。2000 年 6 月 12 日，合成材料厂作出《关于保护秘密、限制同行业竞争、签订保密协议的通知》，要求全员签订保密协议。周传敏、陈建新、陈晞、李道敏、戴建勋于 2000 年分别与合成材料厂签订了保密协议。星辰公司的《文件和记录管理规定》中记载，制定该文件的目的是："为了使受控文件的编制、发放、更改、保存和管理规范化，确保质量管理活动的有效进行。"其内容主要涉及对公司文件的管理性措施。中蓝公司的《程序文件一览表》记载了 26 项程序文件的名称及编号，《文件与资料和管理程序》规定了文件的结构、部门职责、审核批准程序、编制规则及资料管理等事项。星辰公司、中蓝公司主张，由于其从事 PBT 改性产品的生产和管理人员的劳动关系均在合成材料厂，故其在实际生产经营中也执行合成材料厂规定的保密措施。周传敏自 1998 年起，先后任合成材料厂副厂长、厂长，星辰公司董事、总经理，中蓝公司董事兼董事长。陈建新自 1991 年起，先后任合成材料厂 PBT 合成车间副主任、主任、副厂长、PBT 装置第八次试车指挥部成员兼办公室主任，星辰公司副总经理，中蓝公司董事。陈晞与周传敏系夫妻关系，曾分别在合成材料厂检测中心、研发中心、国际贸易部工作。戴建勋、李道敏原均系合成材料厂员工。东方公司（即旺茂公司前身）原由周传敏之父周庆壁等四名自然人于 2003 年 10 月 21 日投资设立，生产销售的产品以 PBT 改性产品为主。周传敏、陈建新、陈晞、李道敏、戴建勋离开原单位后，陆续至东方公司工作。周传敏任总经理，陈建新任副总经理，陈晞、李道敏从事产品研发工作，戴建勋从事销售工作。合成材料厂、星辰公司、中蓝公司以旺茂公司、五自然人被告侵害其在改性 PBT 材料领域持有的技术秘密和经营秘密为由，提起诉讼。江苏省高级人民法院一审认为，关于技术信息，涉案改性 PBT 产品的相关技术信息已不在当事人所约定的保密范围之内。即便仍属当事人约定的保密范围，各权利人也未采取合理的保密措施。关于涉案改性 PBT 产品的相关客户交易信息，因其不具备明显有别于公知信息的深度交易信息，现有证据不能证明权利主体已采取了合理的保密措施，故不符合经营秘密的构成要件。遂判决驳回合成材料厂、星辰公司、中蓝公司的诉讼请求。合成材料厂、星辰公司、中蓝公司不服，提起上诉。最高人民法院于 2016 年 9 月 26 日判决驳回上诉，维持原判。

【裁判意见】

最高人民法院二审认为：合成材料厂、星辰公司、中蓝公司是否对其主张商业秘密保护的涉案信息采取了合理的保密措施是本案的争议焦点。合成材料厂、星辰公司、中蓝公司主张，涉案信息为合成材料厂、星辰公司、中蓝公司共同共有，只要当事人之一采取了合理的保密措施，就应视为合成材料厂、星辰公司、中蓝公司均采取了合理的保密措施。首先，保密措施通常是由商业秘密的权利人所采取的，体现出权利人对其主张商业秘密保护的信息具有保密的主观意愿。本案中，合成材料厂、星辰公司、中蓝公司主张的技术秘密为改性 PBT 的 155 项配方以及相关工艺，经营秘密为 55 项客户名单。涉案信息实际上是在较长时间内，在合成材料厂、星辰公司和中蓝公司三个民事主体处分别形成的。涉案信息中的一部分以出资的方式，在合成材料厂与星辰公司之间，以及星辰公司与中蓝公司之间，先后经历了两次权利人的变更。合成材料厂、星辰公司、中蓝公司为各自独立的民事主体，组织机构各不相同，本案并无充分证据证明三者存在"三个单位、一套人马、三位一体"的情形。在合成材料厂、星辰公司和中蓝公司主张共有之前，中蓝公司作为涉案信息唯一的权利人，应当就涉案信息采取合理的保密措施。在合成材料厂、星辰公司和中蓝公司人主张共有之后，中蓝公司作为共有人之一，亦应当就涉案信息采取合理的保密措施。但是在本案中，合成材料厂、星辰公司和中蓝公司提供的证据不能证明中蓝公司采取了合理的保密措施。同理，合成材料厂采取的保密措施仅适用于在该厂形成的有关涉案信息，不能作为在星辰公司、中蓝公司处取得或形成的有关涉案信息的保密措施。相应的，星辰公司采取的保密措施，也不能作为在中蓝公司处取得或形成的有关涉案信息的保密措施。其次，关于合成材料厂、星辰公司、中蓝公司主张共有涉案信息对本案的影响。在没有相反证据证明的情况下，因共有而发生的涉案信息权利人的变更并不能对形成共有之前的保密措施的认定带来实质性影响。且不论共有方式如何，合成材料厂、星辰公司、中蓝公司均应就涉案信息采取合理的保密措施。因此，一审法院认定"在共同共有的状态下，合理的保密措施还意味着各共有人对该非公知信息均应采取合理的保密措施"并无不当。合成材料厂、星辰公司、中蓝公司有关"只要某一当事人采取了合理的保密措施，就应视为合成材料厂、星辰公司、中蓝公司均采取了合理的保密措施"的主张缺乏事实和法律依据。

五、垄断案件审判

31. 经营者占有市场支配地位的认定

【裁判要旨】

作为特定区域内唯一合法经营有线电视传输业务的经营者及电视节目集中播控者,在市场准入、市场份额、经营地位、经营规模等各要素上均具有优势,可以认定该经营者占有市场支配地位。

【关键词】

垄断　捆绑交易　经营者　市场支配地位

【案号】

〔2016〕最高法民再 98 号

【基本案情】

在再审申请人吴小秦与被申请人陕西广电网络传媒(集团)股份有限公司(以下简称广电公司)捆绑交易纠纷案(以下简称广电公司捆绑交易案)中,广电公司是经陕西省政府批准,陕西境内唯一合法经营有线电视传输业务的经营者和唯一电视节目集中播控者。2012年5月10日,吴小秦前往广电公司缴纳数字电视基本收视维护费时获悉,数字电视基本收视维护费每月最低标准由25元上调至30元。吴小秦缴纳了2012年5月10日至8月9日的数字电视基本收视维护费90元。广电公司向吴小秦出具的收费专用发票载明:数字电视基本收视维护费75元及数字电视节目费15元。之后,吴小秦通过广电公司客户服务中心咨询,广电公司节目升级增加了不同的收费节目,有不同的套餐,其中最低套餐基本收视费每年360元,用户每次最少应缴纳3个月费用。之后,吴小秦获悉数字电视节目应由用户自由选择,自愿订购。吴小秦认为,广电网络公司属于公用企业,在数字电视市场内具有支配地位,其收取数字电视节目费的行为剥夺了自己的自主选择权,构成搭售,故诉至法院,请求确认广电公司2012年5月10日收取其数字电视节目费15元的行为无效并返还其15元。陕西省西安市中级人民法院一审确认广电公司收取吴小秦数字电视节目费15元的行为无效,并判令广电公司返还吴小秦15元。广电公司不服,提起上诉。陕西省高级人民法院二审认为,广电公司在销售时不仅提供了组合服务,也提供了基本服务,存在两种以上的选择。选择权既然存在,就不符合搭售行为的构成要件。二审法院遂判决撤销一审判决并驳回吴小秦的诉讼请求。吴小秦不服,向最高人民法院申请再审。最高人民法院裁定提审本案,并于2016年5月31日改判撤销二审判决,维持一审判决。

【裁判意见】

最高人民法院提审认为:反垄断法第十七条第五项规定,禁止具有市场支配地位的经营者没有正当理由搭售商品或者在交易时附加其他不合理的交易条件。本案中,广电公司在一审答辩中明确认可其"是经陕西省政府批准,陕西境内唯一合法经营有线电视传输业务的经营者。作为陕西省内唯一电视节目集中播控者,广电公司具备陕西省有线电视市场支配地位,鼓励用户选择更丰富的有线电视套餐,但并未滥用市场支配地位,也未强行规定用户在基本收视业务之外必须消费的服务项目。"二审中,广电公司虽对此不予认可,但并未举出其不具有市场支配地位的相应证据。再审审查过程中,广电公司对一审、二审法院认定其具有市场支配地位的事实并未提出异议。鉴于广电公司作为陕西境内唯一合法经营有线电视传输业务的经营者,陕西省内唯一电视节目集中播控者,一审、二审法院在查明事实的基础上认定在有线电视传输市场中,广电公司在市场准入、市场份额、经营地位、经营规模等各要素上均具有优势,占有支配地位,并无不当。

32. 滥用市场支配地位案件中"搭售"行为的认定

【裁判要旨】

经营者利用市场支配地位,将数字电视基本收视维护费和数字电视付费节目费捆绑在一起向消费者收取,侵害了消费者的消费选择权,不利于其他服务提供者进入数字电视服务市场。经营者即使存在两项服务分别收费的例外情形,也不足以否认其实施了反垄断法所禁止的搭售行为。

【关键词】

垄断 滥用市场支配地位 捆绑交易 搭售

【裁判意见】

在前述广电公司捆绑交易案中,最高人民法院还明确了在滥用市场支配地位的案件中,认定"搭售"行为的标准。最高人民法院提审认为:广电公司的工作人员告知吴小秦每月最低收费标准已从2012年3月起由25元上调为30元,每次最少缴纳一个季度,并未告知吴小秦可以单独缴纳数字电视基本收视维护费或者数字电视付费节目费。结合广电公司给吴小秦开具的收费专用发票记载的收费项目—数字电视基本收视维护费75元及数字电视节目费15元的事实,可以认定广电公司实际上是将数字电视基本收视节目和数字电视付费节目捆绑在一起向吴小秦销售,并没有告知吴小秦是否可以单独选购数字电视基本收视服务的服务项目。虽然广电公司提交了向其他用户单独收取数字电视基本收视维护费的相关票据,但仅能证明广电公司在收取该费用时存在客户服务中心说明的套餐之外的例外情形,并不足以否认广电公司将数字电视基本收视维护费和数字电视付费节目费一起收取的普遍做法。因此,现有证据不能证明普通消费者可以仅缴纳数字电视基本收视维护费或者数字电视付费节目费,即不能证明消费者选择权的存在。此外,数字电视基本收视维护费和数字电视付费节目费属于两项单独的服务,广电公司未证明将两项服务一起提供符合提供数字电视服务的交易习惯;同时,如将数字电视基本收视维护费和数字电视付费节目费分别收取,现亦无证据证明会损害该两种服务的性能和使用价值;广电公司更未对前述行为说明其正当理由,在此情形下,广电公司利用其市场支配地位,将数字电视基本收视维护费和数字电视付费节目费一起收取,客观上影响消费者选择其他服务提供者提供相关数字付费节目,同时也不利于其他服务提供者进入电视服务市场,对市场竞争具有不利的效果。一审法院认定其违反了反垄断法第十七条第五项之规定,并无不当。

六、技术合同案件审判

33. 技术委托开发合同中欺诈行为认定的基本原则

【裁判要旨】

对于技术委托开发合同中受托方欺诈行为的认定，应当尊重技术开发活动本身的特点和规律，区分技术开发的不同阶段，以合同签订之时的已知事实和受托方当时可以合理预知的情况，作为判断其是否告知了虚假情况或隐瞒了真实情况的标准。

【关键词】

技术合同　欺诈　技术开发　合理预知

【案号】

〔2015〕民三终字第 8 号

【基本案情】

在上诉人钦州锐丰钒钛铁科技有限公司（以下简称钦州锐丰公司）与被上诉人北京航空航天大学（以下简称北航大学）技术合同纠纷案（以下简称"钒钛磁铁砂矿"技术合同纠纷案）中，北航大学与北京金坤宏宇矿业科技有限公司（以下简称北京金坤宏宇公司）共同研发了"钒钛磁铁砂矿综合利用技术"，该技术已经过半工业试验，相关技术成果经中国有色金属工业协会鉴定合格，并出具《科学技术成果鉴定证书》（以下简称《鉴定证书》）。《鉴定证书》记载了涉案钒钛磁铁砂矿综合利用技术的简要技术说明、主要技术性能指标、推广应用前景与措施、主要技术文件目录及来源、鉴定意见等内容。其中"鉴定意见"一节载明"……该试验对工艺技术条件进行了优化，流程简单、技术先进，为工业试验提供了技术依据。预计将有较好的经济效益和社会效益，其工艺技术达到国际先进水平……该项目的实施符合国家循环经济和节能减排产业政策……建议尽快进行工业化试验和建设处理钒钛磁铁矿的工业示范基地。"此外，《鉴定证书》第 1 页"2.1 钒钛磁铁砂矿综合利用的工艺流程"一节记载"……电炉深度还原熔分—高钒铁水、高钛渣……"钦州锐丰公司的母公司香港锐丰集团有限公司（以下简称香港锐丰公司）与北航大学就钒钛铁分离技术工业化示范项目的合作问题多次洽谈，并多次到北航大学进行技术考察。涉案合同磋商阶段，北航大学向香港锐丰公司提交了《鉴定证书》《钒钛铁分离技术工业化示范项目申请报告》（以下简称《示范项目申请报告》）。《示范项目申请报告》是该技术规模化工业试验阶段的项目规划，报告第 21 页记载，在工业试验阶段的"熔分过程仅进行钛渣与钒铁分离"，所得钛渣经过"进一步提取和加工"才能得到高钛渣。2010 年 8 月 10 日，钦州锐丰公司作为委托方、北航大学作为受托方签订了《技术开发（委托）合同》及相关附件（以下简称涉案合同），约定双方共同研究开发钒钛铁分离技术工业化示范项目。涉案合同签订后，钦州锐丰公司实际向北航大学支付了人民币 5796 万元。其后，钦州锐丰公司以北航大学提供虚假技术，虚报项目产品、产值，虚报项目开发成本，构成对钦州锐丰公司的欺诈为由，提起诉讼，请求撤销涉案合同，返还锐丰公司已经支付的技术开发经费 5796 万元，并赔偿钦州锐丰公司经济损失 22704 万元。北京市高级人民法院一审认为，没有足够有效证据证明北航大学提供的技术存在致命缺陷，北航大学以其经鉴定合格的钒钛铁分离技术与钦州锐丰公司合作并签订涉案合同以寻求该技术的工业化的过程并不存在欺诈。遂判决驳回钦州锐丰公司的诉讼请求。钦州锐丰公司不服,提起上诉。最高人民法院于2016年11月29日判决驳回上诉、维持原判。

【裁判意见】

最高人民法院二审认为:在技术委托开发合同领域,对于受托方是否告知虚假情况或隐瞒真实情况的判断,须充分考虑技术开发活动本身的特性。技术开发活动具有阶段性,其结果具有不确定性。从实验室试验,到半工业试验、工业试验,再到成熟的工业生产,研发阶段的不断递进不只是产量和规模的简单递增,更是不断克服已知和未知困难的复杂过程,技术开发活动中的某些困难可能难以预见、难以预防、难以控制、难以克服。规模化工业试验并不是半工业试验的简单再现,二者在试验目的、试验环境、试验规模、试验设备等方面均有不同,可能遇到的技术困难也不尽一致。以顺畅的规模化工业生产为目的,对半工业试验中的工艺进行适应性调整和改进,本就是工业试验的题中之意。因而,工业试验在整体工艺和具体工序上与半工业试验的工艺、工序有所差异,实属正常。关于北航大学是否向钦州锐丰公司告知了虚假情况或隐瞒了真实情况的判断,主要应考虑两个方面的问题:一是北航大学是否向钦州锐丰公司完整告知了半工业试验阶段钒钛磁铁砂矿综合利用技术的真实情况;二是北航大学是否向钦州锐丰公司完整告知了钒钛铁分离技术工业化示范项目的真实规划。北航大学在涉案合同磋商阶段向香港锐丰公司、钦州锐丰公司提供了《鉴定证书》,即已完整告知了关于涉案钒钛磁铁砂矿综合利用技术半工业试验阶段的真实情况。北航大学正是在钒钛磁铁砂矿综合利用技术半工业试验的基础上,对工业试验阶段的工艺作出了调整。北航大学完整地告知了钦州锐丰公司钒钛磁铁砂矿综合利用技术半工业试验阶段的真实情况,其未对涉案技术在这一研发阶段的情况实施欺诈;且依据现有证据难以认定《鉴定证书》所载钒钛磁铁砂矿综合利用技术系虚假技术。同时,北航大学在涉案合同磋商阶段也向钦州锐丰公司提交了《示范项目申请报告》,用以说明其关于钒钛磁铁砂矿综合利用技术工业化试验项目的规划。鉴于北航大学完整告知了钒钛磁铁砂矿综合利用技术半工业试验阶段的真实情况,以及钒钛铁分离技术工业化示范项目的真实规划,故北航大学不构成对钦州锐丰公司的欺诈。

34. 对技术委托开发合同中"产品"的理解与受托方欺诈行为的认定

【裁判要旨】

对于技术合同中"产品"的理解,应当考虑技术研发活动具有的阶段性及阶段产品存在差异的特点。对受托方使用不尽相同的概念对技术合同中的产品进行指代的行为,应当在考虑其所处研发阶段及对应具体工序的基础上,认定其是否实施了虚报项目产品的欺诈行为。

【关键词】

技术合同　研发阶段　产品　欺诈

【裁判意见】

在前述"钒钛磁铁砂矿"技术合同纠纷案中,最高人民法院还明确了如何在正确理解合同约定中"产品"概念的基础上,认定受托方是否存在欺诈行为。最高人民法院二审认为：钦州锐丰公司以《示范项目申请报告》中使用了"富钛渣""高钛渣""钛渣""钒铁金属间化合物""钒铁"等多个概念为由，认为北航大学虚报了项目产品。对此最高人民法院认为，技术研发活动具有阶段性，后一阶段并非前一阶段的简单复现和放大，不同研发阶段的产品可能存在差异；即便就同一研发阶段而言，不同工序也会对应不同产品。所谓"中间产品"本就不是一个指向固定的概念，中间产品为何物，取决于其对应的工序为何者。故对于产品的理解，特别是对中间产品的理解，既要考虑其所处的研发阶段，也要考虑其所对应的具体工序。本案中，《示范项目申请报告》中既有对《鉴定证书》所载钒钛磁铁砂矿综合利用技术半工业试验阶段的情况回顾，也有对该技术规模化工业试验阶段的项目规划；既有对钒钛铁分离技术示范项目一期工程的介绍，也有对后期工程的展望，因而其中所涉及的产品相对复杂。对于《示范项目申请报告》中"富钛渣""高钛渣""钛渣""钒铁金属间化合物""钒铁"等产品概念的理解，必须结合不同语境，明确其所指向的研发阶段和具体工序，不能简单因为报告中同时出现了上述概念就认定其自相矛盾或陈述不实。首先，《示范项目申请报告》中的"富钛渣""高钛渣"基本都指向半工业试验阶段的钒钛磁铁砂矿综合利用技术或整个钒钛铁分离技术工业化示范项目。其次，《示范项目申请报告》中"钛渣"基本都指向钒钛铁分离技术工业化示范项目的一期工程。再次，根据《示范项目申请报告》第1页的记载，该报告中的"钒铁"均为"钒铁金属间化合物"的简称，故在该报告语境下"钒铁金属间化合物"和"钒铁"并无差异。最后，《示范项目申请报告》在产品描述方面也确有未尽精准之处，混杂出现了钛渣、富钛富钒渣、高钛渣等多个概念。但考虑到：一方面，"中间产品"的概念确有一定的不确定性，一个工艺流程包含若干不同工序，本就可以有多个不同的中间产品；另一方面，报告关于熔分后的产物为钛渣，钛渣中二氧化钛含量为46%的表述自始至终是清晰、一贯的，且这与涉案合同中关于钒钛铁分离技术工业化示范项目一期工程的产品为还原铁、钛渣、钒渣的明确约定也是一致的，故上述表述并不涉及故意告知虚假情况或故意隐瞒真实情况等陈述不实之情形。

35. 对技术委托开发合同中"技术开发成本"的理解与受托方欺诈行为的认定

【裁判要旨】

技术开发成本包括但不限于试验设备的相关费用，也仅仅是决定技术开发合同价款的因素之一。对技术开发成本的认定，应当符合技术开发成本的客观构成，以及技术开发合同定价的基本规律，并在此基础上认定受托方是否以虚报技术开发成本的方式实施了欺诈行为。

【关键词】

技术合同 技术开发成本 虚报 欺诈

【裁判意见】

在前述"钒钛磁铁砂矿"技术合同纠纷案中，最高人民法院还明确了在如何理解合同约定中的"技术开发成本"的基础上，认定受托人是否存在欺诈行为。该案中钦州锐丰公司主张，涉案合同的总额为3.15亿元，但北航大学向案外人发包生产线制造项目的总费用仅为1.702亿元，故北航大学以虚报1.448亿元项目开发成本的方式实施了欺诈行为。对此最高人民法院认为，首先，技术开发成本包括但不限于试验设备的相关费用。尽管试验设备在技术开发活动中的作用举足轻重，但其远非技术研发活动的全部。尤其是在工业化试验项目中，除试验设备外，项目的整体设计、生产工艺的优化、生产流程的监控等也都至关重要，其相应对价均可计入技术开发成本。其次，技术开发成本仅仅是决定技术开发合同价款的因素之一。技术成果的先进性、技术成果实施转化和应用的程度、当事人享有的权益和承担的责任、技术成果的经济效益等，亦与技术开发成本一样，是技术开发合同定价的重要考虑因素。故在本案中，北航大学向案外人发包生产线制造项目的1.702亿元仅是钒钛铁分离技术工业化示范项目技术开发成本的一部分，而该项目的技术开发成本也仅是整个合同定价的考虑因素之一。钦州锐丰公司将项目生产线的制造费用等同于整个技术开发成本，又将技术开发成本等同于涉案合同价款，既不符合技术开发成本的客观构成，也不符合技术开发合同定价的基本规律，其关于北航大学虚报技术开发成本的主张，缺乏依据。

36. 技术委托开发合同中委托方应当自行完成的商业判断与受托方欺诈行为的认定

【裁判要旨】

判断技术合同中的委托方是否因受欺诈而陷于错误判断，应当充分尊重技术开发活动的特性，并综合考虑委托方的认知能力、信息来源及所能合理预知的情况等因素。在受托方已经尽到合理告知义务的情况下，委托方未完成应由其自行完成的商业判断，不能据此认定受托方构成欺诈。

【关键词】

技术合同　欺诈　委托方　商业判断

【裁判意见】

在前述"钒钛磁铁砂矿"技术合同纠纷案中，最高人民法院还对技术合同的委托方应自行完成的商业判断，与认定受托方是否构成欺诈之间的关系作出了明确。该案中钦州锐丰公司主张，北航大学以虚报项目成本和产值，使其陷入错误判断的方式实施了欺诈行为。对此最高人民法院认为，技术开发活动具有阶段性，其结果具有不确定性。对于技术委托开发合同中委托方是否因受欺诈而陷于错误判断，并在此基础上做出违背其真意的意思表示的认定，也应在充分尊重技术开发活动固有特性的前提下，综合考虑委托方对合同项目的认知能力、委托方的信息来源、委托方所能合理预知的情况等因素，认定其是否陷于错误判断，以及其错误判断与受托方的欺诈行为是否具有因果关系。关于是否向规模化工业试验项目投资的判断，尽管离不开对技术和项目的理解，但本质上仍是一种商业判断。磋商阶段，技术方应确保其所供技术并非虚假，所做规划未有不实；至于估算项目产值，核算项目成本，预测项目利润等商业分析理应由投资方自行完成。本案中，北航大学固然是对钒钛铁分离技术工业化示范项目的商业价值提出了参考意见，但是否投资该项目仍应是钦州锐丰公司自己的商业判断。鉴于北航大学真实、完整地告知了钦州锐丰公司钒钛磁铁砂矿综合利用技术半工业试验阶段的情况和钒钛铁分离技术工业化示范项目的规划；亦鉴于，涉案合同载明的还原铁、钛渣、钒渣等项目一期工程产品均系行业内的常见产品，钦州锐丰公司完全有能力自行估算项目产值，并在此基础上判断以3.15亿元的对价签订涉案合同是否符合其商业利益。钦州锐丰公司主张北航大学虚报项目成本和产值，使其陷入错误判断，缺乏依据，对此不予支持。

七、集成电路布图设计案件审判

37. 集成电路布图设计侵权案件中合法来源抗辩是否成立的判断

【裁判要旨】

集成电路布图设计公告内容通常仅包括著录项目信息,不包括布图设计的具体内容。有证据证明通过合法途径获得被诉侵权产品,不知道也没有合理理由知道其中含有非法复制的布图设计的,合法来源抗辩成立。

【关键词】

集成电路布图设计　侵权　合法来源抗辩　举证责任

【案号】

〔2016〕最高法民申 1491 号

【基本案情】

在再审申请人南京微盟电子有限公司(以下简称微盟公司)与被申请人泉芯电子技术(深圳)有限公司(以下简称泉芯公司)侵害集成电路布图设计专有权纠纷案中,微盟公司的"ME6206 线性稳压器芯片"的布图设计(即涉案布图设计)于 2007 年 3 月 26 日获得国家知识产权局颁发的《集成电路布图设计登记证书》,登记号为 BS.07500011.3。微盟公司以泉芯公司在市场上销售的 QX6206 芯片(即被诉侵权产品)与微盟公司的涉案布图设计相同并构成侵权为由,提起诉讼。泉芯公司以被诉侵权产品系购自案外人深圳市京众电子有限责任公司(以下简称京众公司)为由,提出合法来源抗辩。广东省深圳市中级人民法院一审认为,被诉侵权产品与涉案布图设计属相同产品。但泉芯公司提交的证据不能证明被诉侵权产品来源于京众公司,其合法来源抗辩不能成立。遂判决泉芯公司停止侵权行为并赔偿微盟公司人民币 40 万元。泉芯公司不服,提起上诉。广东省高级人民法院二审认为,根据泉芯公司提交的证据,其多次、持续、大批量向京众公司购买了被诉侵权产品,相关交易在双方的对账单、送货单以及增值税专用发票中均有明确指向。在微盟公司未能提供相反证据的情况下,可以认定被诉侵权产品即来源于京众公司。二审法院遂判决撤销一审判决,驳回微盟公司的诉讼请求。微盟公司不服,向最高人民法院申请再审。微盟公司认为,泉芯公司并非普通的销售公司,其作为专注于集成电路设计和开发的企业,应当知晓微盟公司已经登记并受法律保护的集成电路布图设计,其合法来源抗辩主张不能成立。最高人民法院于 2016 年 11 月 18 日裁定驳回微盟公司的再审申请。

【裁判意见】

最高人民法院审查认为:在泉芯公司主张其不知道且没有合理理由应当知道时,二审法院认定应由微盟公司承担举证责任,证明泉芯公司具有知道或者应当知道的主观状态,并无不当。本案中,微盟公司没有提供证据证明泉芯公司知道或者应当知道 QX6206 中含有非法复制的布图设计。根据《集成电路布图设计保护条例》第十八条的规定,布图设计公告内容通常仅包括相关著录项目信息,不包括布图设计的具体内容,公众若希望了解具体内容,仍需办理查阅手续。微盟公司没有提交证据证明泉芯公司查阅了布图设计的具体内容。故微盟公司的再审主张缺乏事实依据,不应予以支持。

八、关于知识产权诉讼程序与证据

38. 商标驳回复审程序中通常不应当考虑与知名度有关的证据

【裁判要旨】

由于商标驳回复审程序为单方程序,引证商标权利人并无机会提交有关引证商标知名度的证据。为维护程序的正当性,在商标驳回复审程序中通常不应当考虑与知名度有关的证据。

【关键词】

商标　复审程序　单方性　知名度

【案号】

〔2016〕最高法行申 362 号

【基本案情】

在再审申请人深圳市柏森家居用品有限公司(以下简称柏森公司)与被申请人国家工商行政管理总局商标评审委员会(以下简称商标评审委员会)商标驳回复审行政纠纷案中,柏森公司于 2012 年 12 月 28 日提出第 11971963 号"BESON"商标(即申请商标)的注册申请,指定使用在第 20 类的"凳子(家具)、办公家具、家具、镜子(玻璃镜)"等商品上。第 3352410 号"美洲野牛 BISON 及图"商标(即引证商标一)的申请日为 2002 年 10 月 30 日,2008 年 1 月 21 日被核准注册,核定使用在第 20 类的"办公家具"等商品上。第 5631303 号"邦元·名匠 beson 及图"商标(即引证商标二)的申请日为 2006 年 9 月 26 日,2010 年 1 月 21 日被核准注册,核定使用在第 20 类的"像框、个人用扇(非电动)、家庭宠物箱"等商品上。商标评审委员会于 2014 年 11 月 26 日作出商评字〔2014〕第 87886 号商标驳回复审决定书(以下简称第 87886 号决定),以申请商标与引证商标构成使用在同一种或类似商品上的近似商标为由,对申请商标的注册申请予以驳回。柏森公司不服,提起行政诉讼。北京知识产权法院一审认为,申请商标与两引证商标并不构成近似商标,未违反商标法(2001 年修正)第二十八条的规定,遂判决撤销第 87886 号决定。商标评审委员会不服,提起上诉。柏森公司在二审阶段提交了部分合同、发票、荣誉证书,用以证明申请商标的使用、宣传和获奖情况。北京市高级人民法院二审认为,申请商标与引证商标一、二的显著部分在字母构成、发音方面均高度近似,同时使用在类似商品上,相关公众施以一般注意力,易对其指定使用的商品来源产生混淆或误认。本案为商标申请驳回复审行政纠纷,对于引证商标一、二的实际使用情况尚不知晓,仅凭柏森公司的证据亦不足以证明申请商标与引证商标一、二能够区分。二审法院遂判决撤销一审判决,驳回柏森公司的诉讼请求。柏森公司不服,向最高人民法院申请再审。最高人民法院于 2016 年 9 月 26 日裁定驳回柏森公司的再审申请。

【裁判意见】

最高人民法院审查认为:商标驳回复审案件为单方程序,引证商标持有人不可能作为诉讼主体参与到该程序中,有关引证商标知名度的证据因而在该程序中无法得以出示,在缺乏对申请商标,特别是引证商标进行充分举证和辩论的情况下,商标知名度实际上无法予以考虑。否则，将有违程序的正当性。本案中，只有柏森公司提交证据，试图证明申请商标知名度强、引证商标知名度弱，而引证商标持有人并无机会参与诉讼程序。由于柏森公司的证据均为单方证据，故二审法院认为仅凭柏森公司的证据不足以证明申请商标与引证商标一、引证商标二能够实现区分，该结论并无不当。

39. 对法律适用存在瑕疵但裁判结果正确的二审判决的处理方式

【裁判要旨】

二审判决在适用法律方面存在瑕疵，但裁判结果正确，可参照适用民事诉讼法及相关司法解释的规定，对二审判决适用法律存在的瑕疵予以纠正的基础上，裁定驳回再审申请。

【关键词】

商标　复审程序　法律适用　裁判结果

【案号】

〔2016〕最高法行申356号

【基本案情】

在再审申请人黄小东与被申请人国家工商行政管理总局商标评审委员会（以下简称商标评审委员会）、原审第三人沙特阿若必恩石油公司（以下简称阿若必恩公司）商标异议复审行政纠纷案中，第4378454号"沙特阿美及图"商标（即被异议商标）由黄小东于2004年11月23日向国家工商行政管理总局商标局（以下简称商标局）申请注册，指定使用在第4类的"工业用脂、石油（原油或精炼油）、切削液、发动机油、润滑油、石油气、二甲苯、汽车燃料非化学添加剂、地蜡、燃料油"等商品上。阿若必恩公司在法定期限内提出异议申请。商标局裁定对被异议商标予以核准注册。阿若必恩公司不服，向商标评审委员会申请复审。2013年10月28日，商标评审委员会作出商评字（2013）第94152号《关于第4378454号"沙特阿美及图"商标异议复审裁定书》（以下简称第94152号裁定）认为，被异议商标"沙特阿美及图"中"沙特"一词易使消费者理解为"沙特阿拉伯"，其已经构成商标法（2001年修正）第十条第一款第（二）项所规定的情形，故对被异议商标不予核准注册。黄小东不服，提起行政诉讼。北京市第一中级人民法院一审判决维持第94152号裁定。黄小东不服，提起上诉。北京市高级人民法院二审判决驳回上诉、维持原判。黄小东仍不服，向最高人民法院申请再审。最高人民法院在纠正二审判决法律适用瑕疵的基础上，于2016年6月27日裁定驳回黄小东的再审申请。

【裁判意见】

最高人民法院审查认为：商标法第十条第一款第（二）项所称"同外国的国家名称相同或者近似的标志"，是指该标志作为整体同外国国家名称相同或者近似。如果该标志含有与外国国家名称相同或者近似的文字，且其与其他要素相结合，作为一个整体已不再与外国国家名称构成相同或者近似的，则不宜认定为同外国国家名称相同或者近似的标志。本案中，被异议商标为"沙特阿美及图"，图形为狗头图案，文字为"沙特阿美"，图形在文字上方，图形所占面积超过文字所占面积的二倍。被异议商标虽然含有"沙特"二字，但该标志整体上并未与沙特阿拉伯王国的国家名称相同或者近似。但根据商标法第十条第一款第（八）项的规定，有害于社会主义道德风尚或者有其他不良影响的标志不得作为商标使用。被异议商标的构成要素中含有"沙特"和狗头图形，且被异议商标指定使用于"石油"等相关商品上，相关公众容易认为其指定使用的商品与沙特阿拉伯王国有所联系。在此情况下，如果允许被异议商标在我国予以注册并作商业使用，将产生不良影响。因此，被异议商标违反了商标法第十条第一款第（八）项的规定，不应当予以核准注册。综上，被异议商标虽然并未构成商标法第十条第一款第（二）项规定的情形，但构成了商标法第十条第一款第（八）项规定的情形，同样不应当核准注册。二审判决在适用法律方面存在瑕疵，但裁判结果正确。对于此种情况如何处理，行政诉讼法并未作出明确规定。但根据行政诉讼法第一百零一条的规定，对此可参照适用民事诉讼法的相关规定。根据《最高人民法院关于适用〈中华人民共和国民事诉讼法〉的解释》第三百三十四条规定："原判决、裁定认定事实或者适用法律虽有瑕疵，但裁判结果正确的，第二审人民法院可以在判决、裁定中纠正瑕疵后，依照民事诉讼法第一百七十条第一款第一项规定予以维持。"依照和参照上述规定，在对二审判决适用法律存在的瑕疵予以纠正的基础上，驳回黄小东的再审申请。

结　语

今年是最高人民法院第九次发布知识产权案件年度报告，年度报告作为最高人民法院知识产权案例指导制度体系的重要组成部分，在严格执行法律，统一司法理念、尺度和规则方面发挥着积极的作用。一如既往需要予以说明的是，年度报告是最高人民法院在具体案件裁判中针对新型、复杂、疑难问题形成的认识，具有较强的个案性、探索性和阶段性，在法律适用标准和方法方面难免存在局限，并可能随着认识的深入和时代的发展发生调整和变化。在未来的工作中，最高人民法院将始终铭记知识产权司法保护的使命与担当，充分发挥司法保护知识产权的主导作用，进一步完善知识产权司法保护的体制机制，努力打造更加科学高效的知识产权审判体系，为建设知识产权强国提供坚强有力的司法保障。

最高人民法院办公厅
关于印发《最高人民法院知识产权案件年度报告（2017）》的通知

2018年4月20日　　　　　　　　　　　　　法办〔2018〕67号

各省、自治区、直辖市高级人民法院，解放军军事法院，新疆维吾尔自治区高级人民法院生产建设兵团分院；北京、上海、广州知识产权法院：

为及时总结知识产权和竞争案件审判经验，加强审判指导，推进司法公开和提高司法公信，最高人民法院从 2017 年审结的知识产权和竞争案件中精选了 33 件典型案件，归纳出 42 个具有一定指导意义的法律适用问题，形成了《最高人民法院知识产权案件年度报告（2017）》。该案件年度报告反映了最高人民法院处理新型、疑难、复杂知识产权和竞争案件的审判标准、裁判方法和司法导向，对于知识产权审判工作具有指导意义。

现将《最高人民法院知识产权案件年度报告（2017）》印发给你们，供在知识产权审判工作中参考借鉴。

附：

最高人民法院知识产权案件年度报告（2017）

目　录

序言
各类知识产权案件审理情况概要
一、专利案件审判
（一）专利民事案件审判
（二）专利行政案件审判
二、商标案件审判
（一）商标民事案件审判
（二）商标行政案件审判
三、著作权案件审判
四、不正当竞争案件审判
五、垄断案件审判
六、植物新品种案件审判
七、技术合同案件审判
八、特许经营合同案件审判
一、专利案件审判
（一）专利民事案件审判
1. 当事人在与涉案专利享有共同优先权的其他专利的授权确权程序中所作意见陈述的参考作用
2. 专利侵权案件中适用禁止反悔原则的限制条件
3. 专利侵权判断中权利要求技术特征的划分标准
4. 仅具有技术功能的零部件不构成外观设计侵权
5. 专利侵权案件中制造行为的认定
6. 实用新型专利的非形状构造类技术特征在认定现有技术抗辩时原则上不予考虑

（二）专利行政案件审判

7. 专利行政执法中程序违法的认定和处理

8. 行政诉讼起诉期限起算点的确定

9. 说明书是否清楚完整的认定

10. 权利要求是否以说明书为依据的认定

11. 在认定权利要求是否以说明书为依据时涉案专利所要解决的技术问题的确定

12. 权利要求是否以说明书为依据与该权利要求是否具有创造性的关系

13. 马库什权利要求的性质

14. 马库什权利要求在无效程序中的修改原则

15. 马库什权利要求的创造性判断方法

16. 外观设计专利权无效案件中区别技术特征的认定

二、商标案件审判

（一）商标民事案件审判

17. 注册商标的保护孩被诉侵权商品商标知名度的关系

18. 特殊历史背景下商标与字号共存的考量因素

19. 法定通用名称的认定

20. 约定俗成通用名称的认定

21. 农作物品种名称的正当使用

22. 商标侵权案件中正当使用的认定

（二）商标行政案件审判

23. 商标近似性判断的考量因素

24. 主张在先著作权适格主体的证明

25. 对他人是否享有在先著作权的审查认定

26. 作为在先权利保护的"肖像"应当具有可识别性

三、著作权案件审判

27. 模型作品的认定标准

28. 将他人作品作为商标使用时侵权损害赔偿的计算

四、不正当竞争案件审判

29. 知名商品特有包装装潢中的"商品"与"包装装潢"应当具有特定指向关系

30. 确定知名商品特有包装装潢权益归属的考量因素

五、植物新品种案件审判

31. 植物新品种保护条例第六条规定中"销售"的含义

六、技术合同案件审判

32. 技术工业化合同中合同目的的认定

七、关于知识产权诉讼程序与证据

（一）知识产权民事诉讼程序与证据

33. 网络购物收货地不宜作为知识产权和不正当竞争案件的侵权行为地

34. 对涉及市场统计调查的公证书证据的审查认定

35. 在申请再审程序中以新的证据主张现有技术抗辩不应予以支持

36. 合法来源抗辩应当提供符合交易习惯的相关证据

(二) 知识产权行政诉讼程序与证据

37. 以外观设计专利权与他人在先取得的合法权利相冲突为由提起无效宣告请求的请求人资格

38. 当事人恒定原则可以适用于专利无效宣告行政程序

39. 对于已为在先生效判决所羁束的行政裁决提起行政诉讼所引致的新判决申请再审的受理条件

40. 人民法院可以对行政部门漏审的重要事实依职权作出认定

41. 人民法院可部分撤销专利无效决定

42. 无效宣告程序中外文证据并非一律需要单独提供中文译文

结语

序　言

2017年，最高人民法院深入学习贯彻党的十九大精神，深化知识产权审判领域改革，认真履行执法办案第一要务，严格落实司法责任制，充分发挥知识产权司法保护主导作用，不断推进知识产权审判体系和审判能力现代化，持续提升知识产权领域司法公信力和国际影响力，为建设知识产权强国和世界科技强国做出了积极贡献。

最高人民法院知识产权庭2017年全年共新收各类知识产权案件897件。在新收案件中，按照案件审理程序划分，共有二审案件15件，提审案件56件，申请再审案件796件，请示案件29件，司法制裁复议案件1件。按照案件所涉客体类型划分，共有专利案件336件，植物新品种案件9件，商标案件395件，著作权案件29件，集成电路布图设计案件1件，垄断案件4件，商业秘密案件11件，其他不正当竞争案件14件，知识产权合同案件57件，其他案件41件（主要涉及知识产权审判管理事务）。按照案件性质划分，共有行政案件390件，其中专利行政案件68件，商标行政案件308件，行政请示案件9件，其他行政案件5件；民事案件501件；刑事请示案件5件；司法制裁复议案件1件。

全年共审结各类知识产权案件910件，其中，二审案件13件，提审案件58件，申请再审案件808件，请示案件30件，司法制裁复议案件1件。在审结的808件申请再审案件中，行政申请再审案件366件，民事申请再审案件442件；裁定驳回再审申请615件，裁定提审98件，裁定指令再审66件，裁定撤诉22件，以其他方式处理7件。

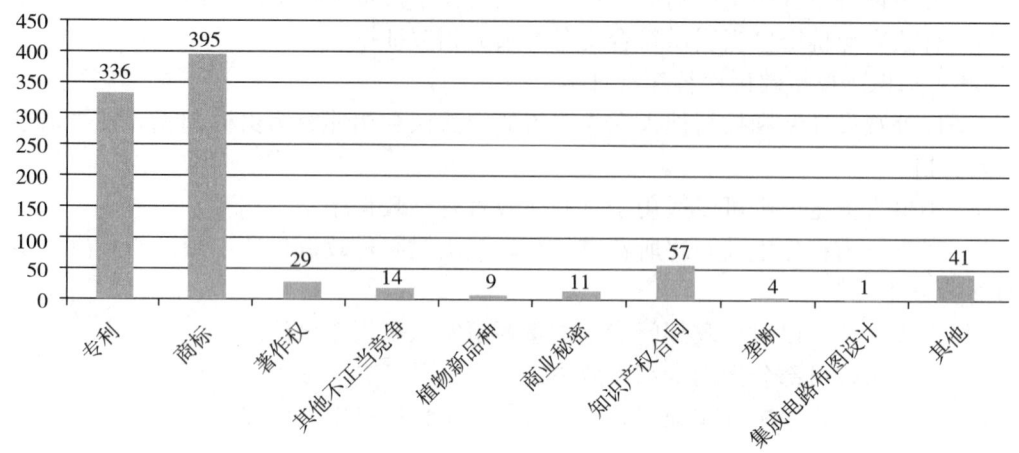

2017年最高人民法院知识产权庭新收知识产权案件类型图

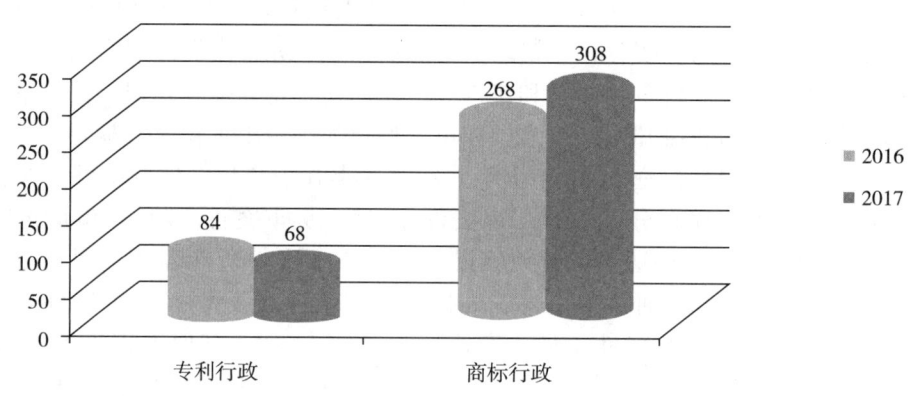

2017年最高人民法院知识产权庭新收专利、商标行政案件增长对比图

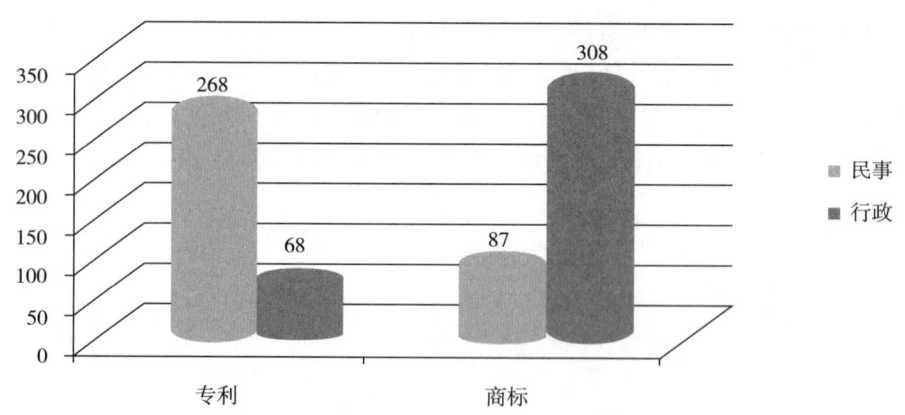

2017年最高人民法院知识产权庭受理专利、商标民事及行政案件数量对比图

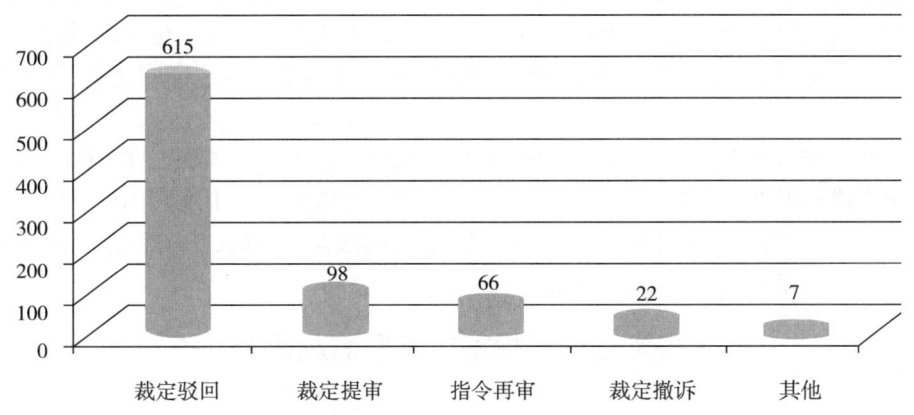

2017 年最高人民法院再审审查案件结案方式统计图

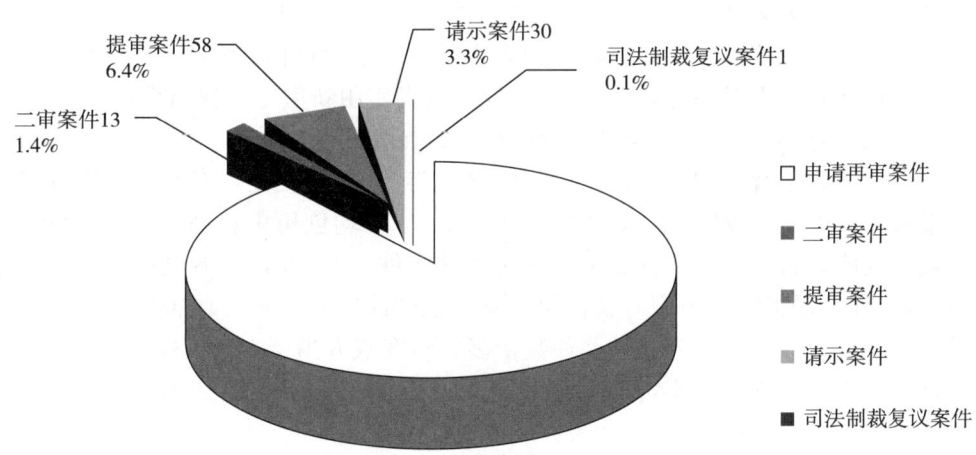

2017 年最高人民法院知识产权庭新收知识产权案件类型图

最高人民法院 2017 年审理的知识产权和竞争案件的基本规律和特点是：与专利和商标有关的知识产权案件仍在全部受理案件中占有最大比重，专利民事案件出现较大增长，商标行政案件继续保持较快增幅；专利民事案件中争议较多的问题为技术特征划分和权利要求解释，涉及职务发明创造发明人奖励、报酬纠纷的关联案件较多。专利行政案件的争议焦点问题仍集中于新颖性和创造性的评价，涉及程序问题的案件比例有所提高。此外，专利行政执法过程中存在较多问题，司法对行政执法行为的监督功能不断强化；商标民事案件中，正当使用、合法来源、先用权成为普遍采用的抗辩事由。商标近似、商品类似、在先权利保护等问题仍是商标行政案件的主要焦点问题；著作权案件数量有所下降，独创性的判断仍是案件主要焦点和难点；竞争案件中的侵害商业秘密纠纷和擅自使用知名商品特有名称、包装、装潢纠纷占比较大，竞争案件对市场竞争秩序的引领作用更加突出。垄断案件较少,相关市场如何认定,经营者是否具有市场支配地位是法院审理的难点;植物新品种案件增长较快,主要涉及销售侵权行为的认定以及侵权比对问题;技术合同和特许经营合同纠纷案件中,合同违约、合同解除等问题较为突出。

本年度报告从最高人民法院 201 年审结的知识产权和竞争案件中精选了 33 件(案件事实和法律问题基本相同的关联案件计为 1 件)典型案件。我们从中归纳出 42 个具有一定指导意义的法律适用问题,反映了最高人民法院在知识产权和竞争领域处理新型、疑难、复杂案件的审理思路和裁判方法,现予公布。

各类知识产权案件审理情况概要

一、专利案件审判

(一)专利民事案件审判

2017 年,最高人民法院知识产权庭审结的专利民事案件共 273 件,其中,申请再审案件 261 件,再审案件 9 件,二审管辖异议案件 3 件。在申请再审案件中,裁定驳回 212 件,裁定提审 19 件,指令再审 28 件,裁定准许撤回再审申请 1 件,终止审查 1 件。案件类型涉及侵害发明专利权纠纷 68 件,侵害实用新型专利权纠纷 47 件,侵害外观设计专利权纠纷 36 件。上述案件反映出如下特点和问题:

第一,总体数量及系列案件数量增幅明显。与 2016 年相比,专利民事案件审结数量同比增长 73.9%,系列案件 117 件,占比 42.9%,均创历史新高。系列案件中,职务发明创造发明人、设计人奖励、报酬纠纷系列案件一起 99 件,专利权权属纠纷系列案件一起 11 件,侵害实用新型专利权纠纷系列案件两起各 2 件,侵害外观设计专利权纠纷系列案件一起 3 件。系列案件往往数量多,涉案双方当事人争议较大,最高人民法院在审理过程中认真查明事实,准确适用法律,依法支持了其中 115 件案件的二审裁判结果,对于 2 件进行了纠正。

第二,指令再审案件占一定比例。261 件申请再审案件中,指令下级法院再审 28 件,在不考虑系列案件为基数的前提下,指令再审率较 2016 年有显著提升。从案件所涉争议看,大多为原审法院在权利要求解释、等同特征认定、证据规则适用、审查范围确定等方面出现问题导致事实查明不清、行为定性有误。对于该类案件,最高人民法院在指出原审错误的同时,明确了再审裁判标准、审查重点或者应注意的问题,既避免当事人受到审级损失,也为原审法院再审指明了方向。

第三,技术特征划分和权利要求解释问题仍存在较多争议。在 116 件侵害发明和实用新型专利权纠纷案件中,有 23 件案件中当事人对技术特征划分和权利要求解释发生了分歧。对于技术特征划分,最高人民法院强调技术特征的划分应该结合发明的整体技术方案,考虑能够相对独立地实现一定技术功能并产生相对独立的技术效果的较小技术单元。

第四,强化再审程序终局裁判的作用。申请再审案件是最高人民法院受理案件的主要类型,2017 年审结的专利民事案件中,申请再审案件占比达 95.6%。最高人民法院通过强化裁判文书说理，客观评述原审法院判定结论，在保障当事人实体权利的基础上，对原审法院部分认定存在瑕疵但结论正确的3起案件，依法驳回了申请人的再审请求，避免审判程序重复循环导致司法资源的浪费。

（二）专利行政案件审判

2017年，最高人民法院知识产权审判庭审结专利行政案件73件，其中专利授权确权行政案件56件，专利侵权行政查处案件11件，其他行政案件6件。从案件处理结果看，裁定驳回再审59件，提审后改判6件，裁定提审2件，裁定指令再审6件。在56件专利授权确权行政案件中，涉及发明专利43件，实用新型专利11件，外观设计专利2件；涉及专利驳回复审行政纠纷28件，专利权无效行政纠纷28件。上述案件反映出如下特点和问题：

第一，专利行政执法存在问题较多，司法对行政执法行为的监督功能不断强化。在11件专利侵权行政查处案件中，多达10件案件的被诉行政决定被法院最终撤销，撤销原因包括程序违法、认定事实主要证据不足和适用法律错误等。最高人民法院在（2017）最高法行再84号再审案件中，明确了专利行政执法程序违法的认定和处理标准，有力规范和促进了行政机关依法行政，彰显了知识产权司法保护的主导作用。

第二，在专利授权确权行政案件中，涉及新颖性、创造性的案件占有较大比例。在56件专利授权确权行政案件中，有37件涉及创造性问题，占比66%；6件涉及新颖性问题，占比10.70%。在涉及创造性问题的案件中，有6件案件裁判结果与无效决定或一、二审判决结果不一致，主要原因在于对权利要求解释、区别特征和技术问题的确定、技术启示的判断等存在不同认识，这也反映出有关创造性的判断标准还有待于进一步统一。在涉及新颖性问题的案件中，主要涉及对比文件公开内容的确定和推导等问题。

第三，在专利授权确权行政案件中，发明专利占比较高，且涉及电子、化学、医药等技术性较强的案件有所增长。56件专利授权确权行政案件中，涉及发明专利43件，占比76.8%。在这些案件中，电子、化学、医药等技术性较强领域均有涉及，法律问题也较为典型，主要包括：在认定权利要求是否以说明书为依据时，如何理解专利所要解决的技术问题、物理化学参数表征的化学产品的新颖性的审查、马库什权利要求的性质、修改方式和创造性判断等。

第四，涉及外观设计专利的案件较少。仅有2件案件涉及外观设计，实体法律问题主要为外观设计与对比设计相同近似的判断。

第五，涉及程序问题的案件比例有所提高。涉及程序问题的案件共18件，主要涉及专利行政诉讼中起诉期限的起算、未单独提交中文译文的外文证据的处理、以权利冲突为由提出专利无效宣告请求的请求人主体资格、当事人恒定原则在专利无效宣告程序和行政诉讼程序中的适用、当事人在行政诉讼中新提交公知常识性证据的采纳、行政诉讼审理范围和专利行政执法程序违法的认定等。这些程序问题的处理结果直接影响到当事人的实体权益，有必要明确规则，统一裁判标准。

二、商标案件审判

（一）商标民事案件审判

2017年，最高人民法院知识产权庭审结的商标民事案件共87件，相比2017年75件增长了16%，其中，最高人民法院裁定提审6件，改判7件，维持1件，指令再审7件，抗诉案件1件，终结审查1件，驳回再审申请61件，管辖异议上诉3件。案件类型涉及侵害商标权纠纷82件，商标合同纠纷3件（商标权转让合同纠纷2件、商标许可使用合同纠纷1件），商标权权属纠纷2件。上述案件反映出如下特点和问题：

第一，侵害商标权案件审理难度呈现出两极化，既有案件事实比较简单、适用法律比较清晰的销售侵害商标权商品的案件，又有案件事实繁杂、涉及多种法律关系的侵害商标权案件。在87件商标民事案件中，侵害商标权与反不正当竞争纠纷竞合的案件达26件；公司和个人侵权行为相互交织，在〔2017〕最高法民申1406号案件中，法院判定公司法定代表人与公司就侵权行为承担连带责任；当事人之前具有复杂的历史纠葛，相关商标权状况判断难度大，例如在〔2015〕民提字第46号案中，法院从历史传承、现实情况、法律适用和社会效果四个方面综合判断当事人是否存在历史承继关系、是否享有在先权利。

第二，正当使用、合法来源、先用权已成为侵害商标权案件中的常见抗辩理由。通过这些案件的审理，确立了相关裁判标准。在〔2017〕最高法民申288号案中，法院认定有证据证明在先使用与他人注册商标近似的宣传用语并有一定影响的构成在先权利，注册商标权人无权禁止该宣传用语在原有范围内继续使用。在〔2017〕最高法民申4920号案件中，法院认定当注册商标中含有具有描述性质的文字，而他人使用的目的在于指示或描述客观事实时，权利人无权禁止该种使用行为。

第三，涉互联网商标民事案件地域管辖问题得以明确。在〔2017〕最高法民辖29号案件中，明确指出"鉴于《最高人民法院关于审理商标民事纠纷案件适用法律若干问题的解释》对因侵犯注册商标专用权行为提起民事诉讼的侵权行为地作出了明确规定，本案不宜适用《最高人民法院关于适用〈中华人民共和国民事诉讼法〉的解释》第二十五条的规定以侵权结果发生地确定本案管辖。"

第四，商标刑民案件的关系及相关法律适用问题进一步澄清。在〔2017〕最高法民申3846号案件中，法院还就民事侵权诉讼中如何援引在先生效的刑事判决已认定的事实进行了论述。法院认定在没有提供相反证据的情况下，对被诉侵权人在刑事诉讼中的供述内容可以在民事诉讼中采信，其非法盈利的供述可以作为确定损害赔偿数额的重要因素。被诉侵权人已经受到刑事制裁的，民事侵权之诉中仍然应当承担损害赔偿责任。

第五，商标民事案件中的诉讼程序问题日益突出。在87件商标民事案件中，主要争议焦点涉及程序问题的有10件，包括重复诉讼、超出审理范围、诉讼主体资格、涉网络销售行为的管辖权、中止审理、证据质证等程序性问题。

（二）商标行政案件审判

2017年，最高人民法院知识产权庭共审结商标行政案件330件，按案件类型划分：商标驳回复审案件96件，商标异议复审案件106件，商标争议案件37件，商标无效案件 46 件，商标撤销复审案件 43 件，其他案件 2 件；按裁判结果划分：裁定驳回再审申请 200 件，裁定提审 68 件，裁定指令再审 6 件，裁定撤诉（包括和解撤诉）18 件，裁定中止诉讼 2 件，提审后改判 30 件，其他案件 6 件。上述案件主要反映出如下问题与特点：

第一，商标近似、商品类似判断问题仍然是商标行政案件争议的主要焦点。在裁定驳回再审申请的 200 件案件中，有 72 件涉及商标是否近似、商品是否类似的问题。在 30 件提审判决中，有 19 件涉及商标近似、商品类似的问题。最高人民法院认为，认定商标是否近似需要综合考虑商标标志构成要素及其整体的近似程度，也要考虑相关商标的在先使用状况、显著性和知名度、所使用商品的关联程度等因素，以相关公众是否容易导致混淆作为判断标准。

第二，已注册驰名商标的保护范围应当与其驰名程度相适应。最高人民法院在（2017）最高法行再 46 号案中明确，人民法院应当综合考虑引证商标的显著性和知名程度、商标标志是否足够近似、指定使用的商品情况、相关公众的重合程度及注意程度、与引证商标近似的标志被其他市场主体合法使用的情况或者其他相关因素，以认定诉争商标的使用是否足以使相关公众认为其与驰名商标具有相当程度的联系，从而误导公众，致使驰名商标注册人的利益可能受到损害。

第三，关于在先权利保护的商标行政案件中，涉及著作权及商号权益保护的案件数量占比较大。对于以著作权主张在先权利保护的案件，最高人民法院明确，人民法院应当依照著作权法等相关规定，对所主张的客体是否构成作品、当事人是否为著作权人或者其他有权主张著作权的利害关系人以及诉争商标是否构成对著作权的侵害等进行审查。

第四，由于引证商标被撤销、无效或者转让至申请商标权利人，申请商标注册的在先权利障碍不复存在，人民法院根据新的事实撤销商标评审委员会相关裁决的案件增多。在提审改判的 30 件案件中，有 14 件涉及该问题。在上述案件中，最高人民法院明确，人民法院审理商标授权确权行政案件的过程中，商标评审委员会对诉争商标予以驳回、不予核准注册或者予以无效宣告的事由不复存在的，从提高商标授权确权行政案件审理效率，避免当事人遭受不必要的损失的角度考虑，人民法院可以依据新的事实撤销商标评审委员会相关裁决，并判令其根据变更后的事实重新作出裁决。

第五，对商标法第十条第一款第（八）项"不良影响"条款的适用标准，在审判实践中仍待进一步统一和明晰。在涉及"不良影响"条款适用的案件审理过程中，最高人民法院明确"不良影响"条款适用的条件，应当是对申请商标是否可能损及公共利益或善良风俗的道德评价，是否导致消费者的误认误购并不构成不良影响。

第六，对于连续三年停止使用撤销案件中的商标使用行为的界定仍是争议较大的问题。最高人民法院明确，商标权人自行使用、他人经许可使用以及其他不违背商标权人意志的使用，均可认定属于商标实际使用行为。实际使用的商标标志与核准使用的商标标志有细微差别，但未改变其显著特征的，可以视为注册商标的使用。

三、著作权案件审判

2017年,最高人民法院知识产权庭共审结著作权纠纷案件30件。其中,提审后改判2件,裁定指令下级法院再审7件,裁定驳回再审申请21件。上述案件反映出如下特点和问题:

第一,著作权基本法律问题仍然是案件争议的焦点。在30件案件中,独创性判断问题仍占较大比重。对于模型作品的认定,最高人民法院明确,从原物等比例缩小而来的模型,在不具有独创性的情况下,不构成受我国著作权法保护的模型作品。此外,最高人民法院在部分案件中指出,在涉及经典人物形象创作的动漫作品独创性认定上,应重点考察动漫作品与经典人物形象之间的差异,注意区分它们之间的独创性表达元素,不能因为动漫作品系由经典形象改编,就轻易将动漫作品纳入公有领域。对于经典角色的名称能否受著作权保护,最高人民法院指出要考察该名称是否体现作者一定程度的选择、安排、设计或组合。

第二,著作权与其他知识产权冲突问题值得注意。著作权与商标权、著作权与专利权等权利交织的情形愈发增多,如何解决这些权利冲突的问题值得进一步研究。

第三,著作权损害赔偿额的计算规则得以进一步明确。最高人民法院在部分案件中明确,擅自将他人作品用作商标构成侵权的,应以著作权许可使用费作为计算依据;当事人在著作权合同中约定的违约金可以作为计算损害赔偿的依据。

第四,著作权合同纠纷中违约金高低的判断规则得到明确。在最高人民法院2017年审理的著作权案件中,有合同纠纷案件4件。最高人民法院在部分案件中指出,对于著作权合同中约定的违约金是否过高或过低,应该严格按照合同法解释处理,不可将著作权法定赔偿额的额度等同于对违约金数额高低的判断。

四、不正当竞争案件审判

2017年,最高人民法院知识产权庭共审结反不正当竞争案件48件,比2016年(30件)大幅增长了60%。其中,最高人民法院驳回再审申请34件,驳回上诉、维持原裁定5件,驳回上诉、维持原判2件,改判3件,指定管辖2件,撤销原裁定、重新确定管辖1件,指令再审2件。案件类型涉及侵害商业秘密纠纷9件,擅自使用知名商品特有的名称、包装、装潢纠纷8件,擅自使用企业名称纠纷7件,将他人注册商标作为字号使用的不正当竞争纠纷6件,虚假宣传纠纷1件,互联网不正当竞争纠纷1件。上述案件主要反映出如下特点和问题:

第一,不正当竞争纠纷案由呈现多元化。主要涉及侵害商业秘密(18.7%),擅自使用他人知名商品特有的名称、包装、装潢(16.7%),擅自使用他人企业名称(14.6%),将他人注册商标作为字号使用(12.5%)四类法律问题。大部分不正当竞争纠纷案件还涉及其他知识产权纠纷类型,如同时涉及侵害商标权纠纷的案件26件,同时涉及侵害著作权纠纷的案件1件。

第二,反不正当竞争法适用中疑难问题更加复杂。部分案件既涉及相关法学基础理论的界定,又涉及历史渊源、市场现状的查明,给权益归属的认定以及被诉侵权行为定性带来了极大困难。此外，民事责任承担方式及赔偿数额的认定仍然是当事人攻防焦点和法院审理难点。

第三，反不正当竞争案件对市场竞争秩序的引领作用更加突出。最高人民法院依法审结的广东加多宝公司与大健康公司以及广药集团与广东加多宝公司擅自使用知名商品特有包装装潢纠纷两案，社会影响较大，明确了相关法律适用标准，合理平衡各方当事人的利益，对于维护诚实信用原则的核心价值，营造公平有序的市场竞争秩序起到了积极的引导作用。

第四，侵害商业秘密案件问题较为突出。总体上看，商业秘密内容的确定、保密措施的认定仍是案件审理中的焦点和难点。最高人民法院在多起案件中指出，权利人应当明确其主张商业秘密保护的范围。但同时指出，由于请求作为商业秘密保护的技术信息或者经营信息的类型、所涉领域等不同，不能对商业秘密具体内容的描述提出过于严苛的要求。此外，侵害商业秘密纠纷刑民交叉案件的相关法律适用问题较为突出。

五、垄断案件审判

2017年，最高人民法院知识产权庭共审结垄断案件2件，案件类型均为滥用市场支配地位纠纷，审结方式均为驳回再审申请。该两案反映出如下特点和问题：

第一，垄断案件总体数量少，当事人的诉讼能力较弱，对于反垄断法缺乏了解。

第二，相关市场如何认定，经营者是否具有市场支配地位，既是当事人诉辩对抗的焦点，也是法院审理的难点。

六、植物新品种案件审判

2017年，最高人民法院知识产权庭共审结植物新品种案件11件。其中，最高人民法院裁定指令再审6件（串案），驳回再审申请5件。案件类型涉及侵害植物新品种权纠纷7件，植物新品种实施许可合同纠纷3件，植物新品种申请权属纠纷1件。上述案件反映出如下特点和问题：

第一，植物新品种案件总体数量不多，但增幅较大，2016年无该类型案件，2017年增长为11件。

第二，关联案件占比较大，针对同一植物新品种，若干市场主体分别构成销售侵权，反映出人们对尊重植物新品种权的法律意识不强。

第三，案件的争议焦点主要涉及销售侵权行为的认定以及侵权比对。

七、技术合同案件审判

2017年，最高人民法院知识产权庭共审结各类技术合同纠纷案件25件。其中，再审改判1件、指令再审6件、驳回再审申请17件、准许撤回再审申请1件。在案件类型方面，涉及计算机软件开发合同纠纷4件，技术服务合同纠纷4件，技术合作开发合同纠纷4件，技术委托开发合同纠纷2件，技术转让合同纠纷3件，其他技术合同纠纷8件。上述案件反映出如下特点和问题：

第一，在案件类型上，技术委托开发合同纠纷和技术合作开发合同纠纷较为集中，技术服务合同纠纷和技术转让合同纠纷、技术咨询合同纠纷次之。技术进口纠纷、技术出口纠纷、技术培训纠纷等案件类型未出现。

第二，在涉及法律问题上，合同解除问题最为突出，主要表现为法定解除权的行使是否符合法律规定。最高人民法院在一起案件中指出，在涉及技术工业化的合同中，区分技术工业化和产品商业化的概念，避免在没有明确约定的情况下，将产品商业化认定为技术合同的目的。在另一起案件中，法院以受委托方完成打压采样工作但未提供评价结果为由，认为主要合同义务未完成，而支持委托方的诉讼请求，判决合同解除。

第三，由于技术成果的无形性和技术合同的高风险性，对违约行为的审查判断仍然为案件审理的焦点，尤其是较多案件涉及特定行业的行业规范和专业术语等，需要根据双方的诉辩情况重点审查合同履行的相关证据。

八、特许经营合同案件审判

2017年，最高人民法院知识产权审判庭共审结特许经营合同纠纷案件17件，均为申请再审案件。其中，裁定指令再审1件、裁定驳回再审申请16件。上述案件反映出如下特点和问题：

第一，对涉案合同的法律属性是否为特许经营合同的审查判断仍为案件审理的焦点。最高人民法院在部分案件中指出，这取决于合同对双方权利义务的约定，而与双方对合同的命名没有直接关联。

第二，如何认定合同的效力、判断是否构成违约以及责任承担等问题在案件当中涉及较多。最高人民法院在部分案件中指出，即使合同违反了地方性法规、行政规章的有关规定，该合同或者合同条款亦不当然因之无效。对于被特许人在履约过程中实施的行为已在实质上阻碍合同目的实现，构成违约的，特许人依法有权单方解除涉案合同。合同解除后，当事人可根据合同履行情况和合同性质，要求恢复原状、采取补救措施，并有权要求违约方赔偿损失等。

一、专利案件审判

（一）专利民事案件审判

1. 当事人在与涉案专利享有共同优先权的其他专利的授权确权程序中所作意见陈述的参考作用

【裁判要旨】

在确定权利要求用语含义时，同一专利申请人或专利权人在与涉案专利享有共同优先权的其他专利的授权确权程序中，对该相同用语已经作出了明确陈述的，可以参考上述陈述。

【关键词】

发明专利　侵权　权利要求用语　共同优先权　意见陈述

【案号】

最高人民法院〔2017〕最高法民申1461号

【基本案情】

在再审申请人戴森技术有限公司（简称戴森公司）与被申请人苏州索发电机有限公司（简称索发公司）侵害发明专利权纠纷案中，戴森公司于 2006 年 7 月 18 日在英国提出 GB0614235.0 号名称为"手持式真空吸尘器"的专利申请。2007 年 7 月 6 日，戴森公司向国家知识产权局提出发明名称为"清洁设备"的 PCT 国际申请（即涉案专利），申请号 200780027417.5，于 2011 年 8 月 24 日获授权公告。戴森公司以索发公司生产、销售、许诺销售型号为 DV－888A 等的吸尘器产品，侵害其涉案专利权为由，提起诉讼。江苏省苏州市中级人民法院一审认为，被诉侵权产品中所述电源线并非电源，因此，不具备涉案专利"电源"这一技术特征，判决驳回戴森公司的诉讼请求。戴森公司不服，提起上诉。江苏省高级人民法院二审判决驳回上诉、维持原判。戴森公司不服，向最高人民法院申请再审称，一、二审判决将"电源线"排除出涉案专利权利要求记载的"电源"范畴，既不符合本领域技术人员对"电源"的一般理解，又违背了基本的生活常识。最高人民法院查明，索发公司一审提交了专利号为 200780027217.X 的中国专利文献（简称相关专利），其与涉案专利均是以英国 GB0614235.0 专利为基础享有优先权，戴森公司在相关专利审查程序的意见陈述中明确认为"电源线并非电源"。最高人民法院于 2017 年 11 月 13 日裁定驳回戴森公司的再审申请。

【裁判意见】

最高人民法院审查认为：《最高人民法院关于审理侵犯专利权纠纷案件应用法律若干问题（二）》第六条规定：人民法院可以运用与涉案专利存在分案申请关系的其他专利及其专利审查档案、生效的专利授权确权裁判文书解释涉案专利的权利要求。由于本案中，相关专利与涉案专利并非是分案关系，因此本案不能直接适用上述规定。所述分案申请是指，专利申请人将其在申请日提交的母案申请文件中已经批露、但因单一性等原因不能在母案中获得保护的发明创造另行提出的专利申请，同时保留原申请日。分案申请不得超出母案申请文件公开的范围，即不得在分案申请中补充母案申请文件未曾记载的新内容，以避免专利申请人将申请日后完成的发明创造通过分案申请抢占在先的申请日。因此，分案申请要受到母案申请文件的约束，母案申请构成分案申请特殊的专利审查档案。本案中，相关专利和涉案专利为享有同一外国优先权的两件中国专利，而所谓外国优先权是指申请人在一个成员国首次提出申请后，在一定期限内就同一主题在其他成员国提出的申请，其在后申请同样享有首次申请的申请日，但在后申请不能超出优先权文本记载的范围。因此，相关专利和涉案专利要求保护的主题都必须记载在共同优先权申请中。在此意义上，在后申请与优先权申请之间的关系与分案申请与母案申请之间的关系基本一致。因此，在相关专利发明实质审查阶段，戴森公司在答复意见中就"电源"一词的含义作出的具体陈述，可以用于解释涉案专利的权利要求，即电源线并非"电源"，且上述对"电源"一词含义的确定亦符合涉案专利的发明目的。

2. 专利侵权案件中适用禁止反悔原则的限制条件

【裁判要旨】

人民法院在专利侵权案件中适用禁止反悔原则时，判断权利人作出的意见陈述是否符合《最高人民法院关于审理侵犯专利权纠纷案件应用法律若干问题的解释（二）》第十三条规定的"明确否定",应当对专利授权和确权阶段技术特征的审查进行客观全面的判断,着重考察权利人对技术方案作出的限缩性陈述是否最终被裁判者认可,是否由此导致专利申请得以授权或者专利权得以维持。

【关键词】
发明专利　侵权　禁止反悔　明确否定

【案号】
最高人民法院〔2017〕最高法民申 1826 号

【基本案情】
在再审申请人曹桂兰、胡美玲、蒋莉、蒋浩天与被申请人重庆力帆汽车销售有限公司(简称力帆销售公司)等侵害发明专利权纠纷案中,蒋小平拥有第 200710019425.7 号"鲨鱼鳍式天线"发明专利(即涉案专利),其以力帆销售公司等六被告未经许可擅自实施其专利为由提起诉讼。江苏省南京市中级人民法院一审认定被诉侵权产品落入涉案专利权的保护范围,判决停止侵权并赔偿损失。力帆销售公司等不服,向江苏省高级人民法院提起上诉。在二审审理中,蒋小平因病死亡,其法定继承人曹桂兰、胡美玲、蒋莉、蒋浩天参加诉讼。二审法院查明,在涉案专利的无效审查程序中,蒋少平提交给国家知识产权局专利复审委员会(简称专利复审委员会)的意见陈述书认可涉案专利权利要求与证据1CN1841843A 存在区别特征 a、区别特征 b 和区别特征 c。专利复审委员会在第 25637 号无效审查决定书中并没有对区别特征 a 和 b 是否使得涉案专利具有创造性进行具体评价,而仅就区别特征 c 使得涉案专利具备创造性作出了认定,并在此基础上维持专利权有效。二审法院认为《最高人民法院关于审理侵犯专利权纠纷案件应用法律若干问题的解释(二)》第十三条规定的"明确否定"应当是指以明示的方式作出否定性意思表示,而不能是推定具有否定性意思表示。本案中,蒋小平就区别特征 a、b 所作限缩性意见陈述,涉及到与专利创造性的实质性判断相关的内容,而专利复审委员会并没有对区别特征 a、b 是否使得涉案专利具有创造性作出明确评价,不符合"明确否定"的要求。本案应适用禁止反悔原则,对于专利权人在无效程序中已经放弃的技术方案,在侵权诉讼中不能再以等同特征纳入专利权的保护范围,因此,被诉侵权产品未落入涉案专利权的保护范围。遂判决撤销一审判决,驳回曹桂兰、胡美玲、蒋莉、蒋浩天的诉讼请求。曹桂兰、胡美玲、蒋莉、蒋浩天不服,向最高人民法院申请再审。最高人民法院查明,在涉案专利授权程序中,专利审查部门对蒋小平关于区别特征 a、b 的陈述意见不予认可。最高人民法院于 2017 年 12 月 22 日裁定指令江苏省高级人民法院再审本案。

【裁判意见】
最高人民法院审查认为:根据本案的相关事实,在授权程序中,国家知识产权局专利审查部门对蒋小平关于区别特征 a、b 的陈述意见不予认可,持明确否定意见,而且,涉案专利获得授权并非基于对区别特征 a、b 作出的限缩性陈述。在后续的无效审查程序,专利复审委员会并未推翻实质审查阶段所持的否定意见,不能得出专利复审委员会认为通过连接元件来进行阻抗匹配不是本领域的惯用技术手段,不属于本领域的公知常识的结论,也不能得出"注塑嵌装"及"固定卡装"不是本领域常用的锁固方式,不属于本领域的公知常识的结论。在评价涉案专利具有创造性时，尽管无效决定将特征a、b作为区别特征予以了罗列，但特征a、b的存在并未影响专利复审委员会以现有技术存在相反的技术教导，本领域技术人员不存在结合特征c"所述无线电接收天线为AM/FM共用天线"的动机，而使得涉案专利具有创造性的审查评判。由于专利权人作出的限缩性陈述在实质审查中已被明确否定，而无效审查程序并未推翻该认定得出相反的结论，在这种情况下，应当认定存在专利权人的限缩性陈述已被明确否定的事实。这与所作的限缩性陈述并未带来专利权的获得和专利权的维持的事实相符，与"禁止反悔"原则防止权利人"两头得利"的目的不相悖。因此，蒋小平关于区别特征a、b的意见陈述，不发生技术方案被放弃的法律效果。根据《最高人民法院关于审理侵犯专利权纠纷案件应用法律若干问题的解释（二）》第十三条的规定，本案侵权判定不应适用禁止反悔原则。

3. 专利侵权判断中权利要求技术特征的划分标准

【裁判要旨】

恰当划分专利权利要求的技术特征是进行侵权比对的基础。技术特征的划分应该结合发明的整体技术方案，考虑能够相对独立地实现一定技术功能并产生相对独立的技术效果的较小技术单元。

【关键词】

实用新型专利　　侵权　　权利要求　　技术特征

【案号】

最高人民法院〔2017〕最高法民申3802号

【基本案情】

在再审申请人刘宗贵与被申请人台州市丰利莱塑胶有限公司（简称丰利莱公司）侵害实用新型专利权纠纷案中，刘宗贵系专利号为ZL200510060680.7、名称为"可调节的婴幼儿座椅"的发明专利（即涉案专利）权利人。该专利权利要求1为：一种可调节的婴幼儿座椅，包括两根前腿和两根后腿，前腿与其所对应的后腿相纹接，且纹接处位于前腿和后腿的顶端，在每根前腿上均套有一个椅体座，椅体座可沿前腿上下滑动，在两个椅体座之间固连有横杆，椅体设置在横杆上，其特征在于，所述横杆的两端分别固连有调节座，所述调节座上设有若干卡槽；在椅体的靠背处设有一个能移动的调节拉杆，其上分别设有与上述调节座上的卡槽相卡配的销体；所述的调节拉杆呈U型，其两端分别套设有弹簧，在弹簧的外围套有孔径小于弹簧直径的套体。被诉侵权产品的争议技术特征为调节拉杆两端分别挂设有弹簧，弹簧挂设在销体上。浙江省台州市中级人民法院一审认为，与涉案专利技术特征相比，被诉侵权产品的上述特征减少了套体这一部件，且其采用的是弹簧的压缩原理，涉案专利相应技术特征使用的是弹簧的拉伸原理。弹簧的拉伸技术和压缩技术均是涉案专利申请日前公知的技术方案，涉案专利权利要求使用了弹簧的压缩技术，即为将弹簧的拉伸技术排除在涉案专利权的保护范围之外，故被诉侵权产品未落入涉案专利权利要求1的保护范围。遂判决驳回刘宗贵的诉讼请求。刘宗贵不服，提出上诉。浙江省高级人民法院二审认为，"套体"是实现涉案专利调节座椅所不可缺少的技术特征，被诉侵权产品缺少"套体"这一技术特征，不落入涉案专利权的保护范围。遂判决驳回上诉，维持原判。刘宗贵不服，向最高人民法院申请再审。最高人民法院于2017年12月20日作出裁定，指令浙江省高级人民法院再审本案。

【裁判意见】

最高人民法院审查认为：本案的关键在于恰当划分技术特征以便正确地进行技术特征比对。技术特征的划分应该结合发明的整体技术方案，考虑能够相对独立地实现一定技术功能并产生相对独立的技术效果的较小技术单元。如果划分技术特征时未恰当考虑该技术特征是否能够相对独立地实现一定技术功能并产生相对独立的技术效果，导致技术特征划分过细，则在侵权比对时容易因被诉侵权技术方案缺乏该技术特征而错误认定侵权不成立，不适当地限缩专利保护范围；如果未恰当考虑该技术特征是否系相对独立地实现一定技术功能和技术效果的较小技术单元，导致技术特征划分过宽，则在侵权比对时容易忽略某个必要技术特征而错误认定侵权成立，不适当地扩大专利保护范围。因此，恰当划分技术特征是进行侵权比对的基础。本案中，涉案专利权利要求1关于"其（调节拉杆）两端分别套设有弹簧，在弹簧的外围套有孔径小于弹簧直径的套体"的记载所实现的功能是：当需要调节椅体高度时，对调节拉杆产生回复力，使得销体和卡槽扣紧。可见，"套体"虽然是一个部件，但其功能和效果必须依赖于弹簧的配合才能实现，两者相互配合才能在整体技术方案中发挥作用。因此，在涉案专利权利要求1中，套体本身无法实现相对独立的功能，不宜作为一个独立的技术特征对待。在将涉案专利权利要求的技术特征与被诉侵权产品的相应技术特征进行比对时，应当将"其两端分别套设有弹簧，在弹簧的外围套设有孔径小于弹簧直径的套体"作为一个独立的技术特征进行比对，而不是将"套体"作为一个独立的技术特征进行比对。对比涉案专利权利要求1的上述技术特征与被诉侵权产品的相应特征，被诉侵权产品是通过在调节拉杆两端设置销轴并挂设弹簧的方式实现相应的功能，而涉案专利则是通过在调节拉杆两端设置套体并套装弹簧的方式实现相应功能。两者虽然不属于相同的技术特征，但是无论是利用弹簧的拉伸原理调节座椅，还是采用弹簧的压缩原理调节座椅，均是利用了弹簧具有回复力的基本性质，手段基本相同，实现利用其回复力使得销体和卡槽扣紧的功能，并且两者所能达到的效果基本相同。而且，采用弹簧拉伸还是压缩的方式对于本领域普通技术人员来说是容易联想到的。因此，两者属于等同技术特征。二审法院将涉案专利权利要求记载的"套体"作为单独的技术特征，在此基础上进行侵权比对，进而以被诉侵权产品缺少套体特征为由认定未落入涉案专利权保护范围，未考虑相关技术特征是否构成等同，技术特征划分和侵权比对均有失妥当，应予纠正。

4. 仅具有技术功能的零部件不构成外观设计侵权

【裁判要旨】

将侵犯外观设计专利权的产品作为零部件，制造另一产品并销售的，如零部件在另一产品中仅具有技术功能，该行为不构成侵权。

【关键词】

外观设计专利　侵权　零部件　技术功能

【案号】

最高人民法院〔2017〕最高法民申 2649 号

【基本案情】

在再审申请人欧介仁与被申请人泰州市金申家居用品有限公司（简称金申公司）侵害外观设计专利权纠纷案中，欧介仁主张金申公司制造、销售的移门产品侵害了其享有的名称为"铝型材（8）"、专利号为 ZL201230029521.1 的外观设计专利（即涉案专利），请求法院判令金申公司停止侵权并赔偿损失 20 万元。江苏省南京市中级人民法院一审认为，涉案移门产品在正常使用状态下无法与授权外观设计进行比对，消费者在购买涉案移门产品时也不可能对其进行破坏性拆解来观察被诉侵权设计铝型条的各个视图，从而影响其对涉案移门产品的购买需求，因此，金申公司销售、许诺销售涉案移门产品的行为未侵害涉案专利权，判决驳回欧介仁的诉讼请求。欧介仁不服，提起上诉。江苏省高级人民法院二审判决驳回上诉，维持原判。欧介仁不服，向最高人民法院申请再审。主要理由为：铝型材产品既具有连接型材及镶嵌固定玻璃的技术功能，又具有装饰功能，其横截面的设计特征兼具功能性与装饰性；在制造门、窗的过程中，由于连接型材、镶嵌固定玻璃，从而造成最能体现铝型材设计特征的横截面不能显示于外，但不能因此就认为这一制造过程仅利用了铝型材的技术功能，没有利用装饰功能。最高人民法院于 2017 年 9 月 27 日裁定驳回欧介仁的再审申请。

【裁判意见】

最高人民法院审查认为：涉案专利名称为"铝型材"，授权公告图片由主视图、左视图、右视图、俯视图组成。涉案专利的简要说明中记载，最能表明设计要点的图片为主视图。主视图显示的是铝型材的端面造型，呈两个相对的"个"字并通过一个反"C"字（开口朝左）相连。本案中，被诉侵权产品为金申公司在南京河西国际博览中心进行销售的玻璃移门。作为该玻璃移门的部件，铝型材与移门上的玻璃镶嵌为一体，在正常使用状态下无法观察到铝型材的端面，在该产品中仅具有技术功能。根据《最高人民法院关于审理侵犯专利权纠纷案件应用法律若干问题的解释》第十二条第二款关于"将侵犯外观设计专利权的产品作为零部件，制造另一产品并销售的，人民法院应当认定属于专利法第十一条规定的销售行为，但侵犯外观设计专利权的产品在该另一产品中仅具有技术功能的除外"的规定，金申公司将铝型材作为零部件制造玻璃移门并进行销售的行为，不构成侵权。

5. 专利侵权案件中制造行为的认定

【裁判要旨】

被诉侵权人虽未直接制造被诉侵权产品，但根据其对他人制造行为的控制、最终成品上标注的被诉侵权人企业名称和专属产品型号等因素，可以推定被诉侵权人实施了制造行为。

【关键词】

实用新型专利　侵权　合法来源抗辩　制造

【案号】

最高人民法院〔2017〕最高法民再 122 号

【基本案情】

在再审申请人沈阳中铁安全设备有限责任公司（简称沈阳中铁公司）与被申请人哈尔滨铁路局减速顶调速系统研究中心（简称哈铁减速顶中心）、宁波中铁安全设备制造有限公司（简称宁波中铁公司）及一审被告哈尔滨铁路局侵害实用新型专利权纠纷案中，沈阳中铁公司主张兰州铁路局兰州北编组站安装的短型减速顶侵害了其享有的"短型减速顶"实用新型专利权（专利号为 ZL02282495.2，即涉案专利），该侵权产品由哈铁减速顶中心与宁波中铁公司制造、销售，请求法院判令哈铁减速顶中心、哈尔滨铁路局、宁波中铁公司连带赔偿经济损失 608 万元。甘肃省兰州市中级人民法院一审认为，哈铁减速顶中心未经许可实施涉案专利，应承担侵权赔偿责任；关于其提出的合法来源抗辩，因哈铁减速顶中心作为铁路系统专门从事减速顶项目研究的科研单位，不可能不知道铁道用减速顶在国内的技术发展状况，涉案专利作为铁路减速顶领域内的优秀技术申请实用新型专利并获授权公告，应推定涉案专利已为业界公知，故哈铁减速顶中心不知所施工安装的减速顶产品为侵权产品的理由不能成立，其安装施工行为为侵权行为，应承担相应侵权赔偿责任。遂判决哈铁减速顶中心和宁波中铁公司连带赔偿沈阳中铁公司经济损失 4549200 元。哈铁减速顶中心不服，提起上诉。甘肃省高级人民法院二审认为，一审法院推定涉案专利已为业界公知，哈铁减速顶中心应当知道，属适用法律不当；哈铁减速顶中心提供了购货合同和发票，且宁波中铁公司亦认可其生产被诉侵权产品，哈铁减速顶中心的合法来源抗辩成立。遂改判由宁波中铁公司赔偿沈阳中铁公司 4549200 元。沈阳中铁公司不服，向最高人民法院申请再审。主要理由为：哈铁减速顶中心向宁波中铁公司提供产品规格、技术特征、工艺要求、数量等加工要求后，宁波中铁公司进行加工制作，且被诉侵权产品上标注了哈铁减速顶中心的"TNJ"标识，因此哈铁减速顶中心的行为属于制造行为，而非销售行为，其合法来源抗辩不能成立。最高人民法院裁定提审本案，并于 2017 年 9 月 18 日判决撤销二审判决，维持一审判决。

【裁判意见】

最高人民法院提审认为：本案中，哈铁减速顶中心先是与兰州铁路局签订减速顶设备买卖合同，约定哈铁减速顶中心作为卖方向兰州铁路局提供减速顶设备；其后，哈铁减速顶中心又与宁波中铁公司签订减速顶供货合同，约定由宁波中铁公司负责加工型号为"TDJ－205"的减速顶；然后，哈铁减速顶中心将宁波中铁公司加工完成的减速顶提供给兰州铁路局。综合本案事实，对哈铁减速顶中心相关行为的法律定性应当考察以下因素：第一，宁波中铁公司的加工生产行为完全受控于哈铁减速顶中心，哈铁减速顶中心在合同中为宁波中铁公司指定了减速顶的型号及各项技术指标，并约定哈铁减速顶中心有权对宁波中铁公司的加工生产行为进行检查、监督及提出整改要求；第二，宁波中铁公司在加工完成的减速顶产品上并不标注公司标识，而是交由哈铁减速顶中心标注其专属的"TDJ－205"型号及单位名称。哈铁减速顶中心虽没有在物理上实施制造行为，但基于其对宁波中铁公司制造行为的控制，以及最终成品标注哈铁减速顶中心专属的产品型号和单位名称这一事实，应当认定哈铁减速顶中心不仅是本案被诉侵权产品的销售者，同时也是制造者。因此，本案中哈铁减速顶中心的相关行为不符合专利法第七十条的规定，其合法来源抗辩不成立，应与宁波中铁公司向沈阳中铁公司承担连带赔偿责任。

6. 实用新型专利的非形状构造类技术特征在认定现有技术抗辩时原则上不予考虑

【裁判要旨】

实用新型专利的保护对象是由形状、构造及其结合所构成的技术方案，故权利要求中非形状构造类技术特征对于该权利要求的新颖性和创造性不产生贡献。因此，在实用新型专利侵权案件中，现有技术抗辩的认定原则上不考虑现有技术是否公开了权利要求记载的非形状构造类技术特征。

【关键词】

实用新型专利　侵权　现有技术抗辩　非形状构造类技术特征

【案号】

最高人民法院〔2017〕最高法民申 3712 号

【基本案情】

在再审申请人谭熙宁与被申请人镇江新区恒达硅胶有限公司（简称恒达公司）侵害实用新型专利权和外观设计专利权纠纷案中，谭熙宁主张恒达公司制造、销售的产品侵害了其名为"一种矩形密封圈"的实用新型专利（ZL 201020117558.5，即涉案专利）与名为"橡胶密封圈（包覆聚四氟乙烯）"的外观设计专利（ZL 201330402267.X），请求法院判令恒达公司停止侵权并赔偿损失 50 万元以及维权合理费用 4 万元。江苏省镇江市中级人民法院一审认为，被诉侵权产品侵害了谭熙宁享有的实用新型专利权与外观设计专利权，判决恒达公司停止侵权并赔偿损失与合理开支共 30 万元。恒达公司不服，提起上诉。江苏省高级人民法院二审认为，恒达公司上诉提出的现有技术抗辩和现有设计抗辩成立，故恒达公司不构成侵权，判决撤销一审判决，驳回谭熙宁的全部诉讼请求。谭熙宁不服，向最高人民法院申请再审，主要理由为：恒达公司在二审诉讼中提交的证据"管法兰用非金属聚四氟乙烯包覆垫片 GB/T 13404－2008"（以下简称管法兰国家标准），是用冷加工方法将聚四氟乙烯嵌入橡胶圈，两种材质是分离的，不是热压结合在一起，而涉案专利是将聚四氟乙烯与橡胶通过热压的方法有机地结合在一起，故现有技术管法兰国家标准未公开涉案专利权利要求 1 的技术方案。最高人民法院于 2017 年 9 月 28 日裁定驳回谭熙宁的再审申请。

【裁判意见】

最高人民法院审查认为：根据《中华人民共和国专利法》第二条第三款的规定，实用新型是对产品的形状、构造或者其结合所提出的适于实用的新的技术方案。据此可知，实用新型专利的保护对象是由形状、构造及其结合所构成的技术方案。实用新型专利权利要求中非形状构造类技术特征对于该实用新型专利权利要求的新颖性和创造性不能产生贡献。因此，审查针对该具有非形状构造类技术特征的实用新型专利权利要求所提出的现有技术抗辩时，原则上不考虑该现有技术是否公开了该非形状构造类技术特征。相反，如果考虑该非形状构造类技术特征，则会将已经全部公开了有关形状构造类技术特征的现有技术囊括在该具有非形状构造类技术特征的实用新型专利权利要求的保护范围之内，导致该实用新型专利权利要求的保护范围与其技术贡献不相适应。本案中，尽管涉案专利在其权利要求 1 中用"热压"限制聚四氟乙烯包裹层，但"热压"既不属于形状范畴,也不属于构造范畴,故不属于涉案专利的保护范围,因而管法兰国家标准未公开"热压"这一非形状构造类技术特征,不影响恒达公司根据该标准主张现有技术抗辩。

(二)专利行政案件审判

7. 专利行政执法中程序违法的认定和处理

【裁判要旨】

已经被明确变更的合议组成员又在被诉行政决定书上署名,实质上等于"审理者未裁决、裁决者未审理",构成对法定程序的严重违反。原则上,作出被诉行政决定的合议组应由该行政机关具有专利行政执法资格的工作人员组成。即使异地调配执法人员,也应当履行正式、完备的公文手续。

【关键词】

实用新型专利　专利行政执法　程序违法　执法资格

【案号】

最高人民法院〔2017〕最高法行再84号

【基本案情】

在再审申请人西峡龙成特种材料有限公司(简称西峡公司)与被申请人榆林市知识产权局(简称榆林局)、陕西煤业化工集团神木天元化工有限公司(简称天元公司)专利侵权纠纷行政处理案中,西峡公司以天元公司制造、使用的设备侵犯其ZL201020586802.2号"内煤外热式煤物质分解设备"实用新型专利权(即涉案专利)为由,请求榆林局行政处理。2015年9月1日,榆林局作出榆知法处字〔2015〕9号《专利侵权纠纷案件处理决定书》(简称被诉行政决定),认定被控侵权设备中的相应技术特征与涉案专利的"密封窑体"和"煤物质推进分解管道"不构成等同特征,前者未落入后者的保护范围,故天元公司不构成对涉案专利的侵权。被诉行政决定合议组成员包括宝鸡市知识产权局工作人员苟红东,但无正式公文决定调其参与涉案纠纷的行政处理,且榆林局的口头审理笔录没有记载将苟红东的正式身份及其参与合议组的理由告知西峡公司、天元公司。此外,榆林局对涉案专利侵权纠纷进行了两次口头审理,在第二次口头审理时告知当事人的合议组成员与被诉行政决定书上署名的合议组成员不同。西峡公司不服被诉行政决定,提起行政诉讼。陕西省西安市中级人民法院一审认为,行政执法人员在系统内调度,属于行政机关内部行为,不违反内部交流制度。鉴于榆林局现有工作人员欠缺,经请示陕西省知识产权局后,抽调宝鸡市知识产权局工作人员参与案件处理并无不当,被诉行政决定的作出并未违反法定程序。此外,被诉行政决定在侵权实体问题的认定上亦无不当,故判决驳回西峡公司诉讼请求。西峡公司不服,提起上诉。陕西省高级人民法院二审判决驳回上诉、维持原判。西峡公司不服,向最高人民法院申请再审。最高人民法院裁定提审本案,并于2017年12月25日判决撤销一、二审判决及被诉行政决定,责令榆林局重新作出行政决定。

【裁判意见】

最高人民法院提审认为:被诉行政决定的作出违反法定程序,应予撤销。首先,榆林局在处理平等民事主体关于涉案专利的侵权纠纷时,实际上处于居中裁决的地位,本应秉持严谨、规范、公开、平等的程序原则,但是,在合议组成员已经被明确变更的情况下,却又在被诉行政决定书上署名,实质上等于"审理者未裁决、裁决者未审理",构成对法定程序的重大且明显违反。其次,作出被诉行政决定的榆林局合议组应由该局具有专利行政执法资格的工作人员组成。即便在特殊情况下需要跨区域调配执法人员,也应履行正式、完备的公文手续。否则,行政执法程序的规范性和严肃性无从保证,既不利于规范行政执法活动,也不利于强化行政执法责任。榆林局提交的陕西省知识产权局协调保护处的所谓答复(复印件),实为该处写给该局领导的内部请示,既无文号,更无公章,国家知识产权局专利管理司给陕西省知识产权局的《关于在个案中调度执法人员的复函》晚于被诉行政决定的作出时间,从内容上看与本案无直接关联,均不能作为苟红东参与被诉行政决定合议组的合法、有效依据。再次,榆林局虽主张在口头审理时将苟红东的具体身份以及参与合议组的理由告知过当事人,但其提交的证据并不能证明该项主张,当事人是否认可合议组成员身份并不能成为评判被诉行政行为程序是否合法的前提和要件。因此,榆林局和天元公司提出的"西峡公司对于合议组成员不持异议,故程序合法"的主张不能成立。

8. 行政诉讼起诉期限起算点的确定

【裁判要旨】

行政诉讼的起诉期限从知道或者应当知道具体行政行为内容之日、或者具体行政行为作出之日起计算,而非从知道或者应当知道具体行政行为违法之日起计算。

【关键词】

行政诉讼　起诉期限　起算点　行政行为违法

【案号】

最高人民法院〔2017〕最高法行申 2778 号

【基本案情】

在再审申请人北京泰隆自动化设备有限公司(简称北京泰隆公司)、王宇与被申请人河南省知识产权局其他行政纠纷案中,2004 年 11 月 9 日,河南省知识产权局向国家知识产权局递交豫知〔2004〕74 号《河南省知识产权局关于河南郑州拓普轧制技术有限公司专利纠纷案件及有关新闻媒体报道事件的调查的报告》(简称调查报告)。2015年,北京泰隆公司、王宇以该调查报告侵害其合法权益为由向河南省郑州市中级人民法院提起行政诉讼。一审法院认为,北京泰隆公司知道该调查报告在社会上扩散的时间为 2006 年 12 月,而其到 2015 年才对该行政行为提起本案诉讼,明显超过了法律规定的五年起诉期限,据此裁定驳回起诉。北京泰隆公司、王宇不服,提起上诉。河南省高级人民法院二审裁定维持一审裁定。北京泰隆公司、王宇不服,向最高人民法院申请再审称,被诉行政行为源于所谓郑州拓普轧制技术有限公司提起的涉案专利侵权诉讼,由于 2012 年 9 月 24 日专利被宣告无效,河南省高级人民法院于 2013 年 12 月对涉案专利侵权诉讼作出终审判决,驳回郑州拓普轧制技术有限公司的诉讼请求。上述情况属于其意志以外和难以掌控的原因,应当以河南省高级人民法院院终审判决时间即 2013 年 12 月作为计算本案起诉期限的起算时间。最高人民法院于 2017 年 6 月 27 日裁定驳回其再审申请。

【裁判意见】

最高人民法院审查认为：1990年实施的行政诉讼法第三十九条和《最高人民法院关于执行〈中华人民共和国行政诉讼法〉若干问题的解释》第四十二条规定的起诉期限起算时间为公民、法人或者其他组织知道或者应当知道具体行政行为内容之日与具体行政行为作出之日，而非知道或者应当知道具体行政行为违法之日；而且，对本案被诉行政行为是否合法的司法审查不是必须以涉案专利侵权诉讼的审理结果为依据，涉案专利侵权诉讼的审理并不影响北京泰隆公司、王宇就河南省知识产权局被诉行政行为提起行政诉讼的权利，因此对北京泰隆公司、王宇的相应申请再审理由不予支持。

9. 说明书是否清楚完整的认定

【裁判要旨】

判断专利说明书是否清楚、完整，应当以本领域技术人员是否理解技术方案并能够实现作为判断标准。如果本领域技术人员在阅读说明书公开的内容时，即能理解、发现并更正其错误，且该理解和更正并不会导致权利要求的技术方案发生变化，则应当允许对专利说明书中存在的错误予以更正理解。

【关键词】

发明　无效程序　说明书　清楚完整

【案号】

最高人民法院〔2016〕最高法行再95号

【基本案情】

在再审申请人斯托布利—法韦日公司（简称斯托布利公司）与被申请人常熟纺织机械厂有限公司（简称常熟纺织公司），一审被告、二审被上诉人国家知识产权局专利复审委员会（简称专利复审委员会）发明专利权无效行政纠纷案中，斯托布利公司系第97123475.2号名称为"旋转多臂机构以及装备此类多臂机构的织机"的发明专利（即本专利）的权利人。2010年8月27日，常熟纺织公司针对本专利权向专利复审委员会提出无效宣告请求。专利复审委员会于2011年11月8日作出第17563号无效宣告请求审查决定（简称第17563号决定），认为常熟纺织公司所提出的5点不清楚之处，本领域技术人员根据说明书上下文的记载和附图能够清楚理解。本专利说明书已对本发明的技术内容作出了清楚、完整的说明，本领域技术人员基于说明书中描述的内容能够实现本发明，故本专利权利要求1—5所要求保护的技术方案已在说明书中得以充分公开。据此维持本专利有效。常熟纺织公司不服，提起行政诉讼。北京市第一中级人民法院一审认为，说明书对技术内容是否作出清楚、完整的说明，应从说明书全文和附图整体上把握。常熟纺织公司指出的5点不清楚之处并没有事实依据。据此判决维持第17563号决定。常熟纺织公司不服，提出上诉。北京市高级人民法院二审认为，本专利说明书撰写存在多处严重错误，所描述的技术方案不清楚，也不完整，所属技术领域的技术人员需要过度劳动或需要进行大量纠错行为才能再现专利技术方案。由于本专利说明书存在严重错误，导致权利要求所要求保护的技术方案未在说明书中得以充分公开。据此判决撤销一审判决和第17563号决定并责令专利复审委员会重新作出审查决定。斯托布利公司不服，向最高人民法院申请再审。最高人民法院裁定提审本案，并于2017年6月28

日判决撤销二审判决,维持一审判决。

【裁判意见】

最高人民法院提审认为:本专利说明书确有部分语句不清楚或者标记错误,但这些不清楚之处更多是对本专利的背景技术、现有技术所进行的描述。由于本领域技术人员在阅读本专利说明书公开的内容时,即能理解说明书不清楚之处的相关技术含义,看出其存在的错误,且在再现本发明的技术方案时,可以在自行理解和纠正的基础上实现发明创造的技术方案。因此,不宜以错误多少或者是否严重作为判断标准,而应当以本领域技术人员是否理解技术方案并能够实现作为判断标准。说明书记载达到何种程度才算清楚、完整,与阅读者的水平有关。无论是判断专利说明书是否清楚、完整,还是判断说明书中是否存在错误,判断主体都是本领域技术人员,而非一般的公众。如果本领域技术人员在阅读说明书公开的内容时,即能理解、发现并更正其错误,尤其是该理解和更正并不会导致权利要求的技术方案发生变化,进而损害权利要求的公示性和稳定性的情况下,若不对说明书的不清楚之处及标记错误作出更正性理解,将会导致专利权人获得的利益与其对社会作出的贡献明显不相适应。从保护发明创造,鼓励发明创造的基本原则出发,一方面应当允许对授权后的专利说明书中存在的错误予以更正理解;另一方面,也要防止专利权人滥用这一规则。要准确界定错误,在合理保护专利权人利益和维护社会公众利益之间进行利益平衡,以契合专利法鼓励发明创造、促进科技进步与经济社会发展的立法本意。

10. 权利要求是否以说明书为依据的认定

【裁判要旨】

权利人有权在说明书充分公开的具体实施方式等内容的基础上,通过合理概括的方式撰写权利要求,以获得适度的保护范围。权利要求限定的保护范围应当与涉案专利的技术贡献和说明书充分公开的范围相适应。

【关键词】

发明专利　无效程序　权利要求　以说明书为依据

【案号】

最高人民法院〔2016〕最高法行再19号

【基本案情】

在再审申请人传感电子有限责任公司(简称传感电子公司)与被申请人国家知识产权局专利复审委员会(简称专利复审委员会)、一审第三人宁波讯强电子科技有限公司(简称讯强公司)发明专利权无效行政纠纷案(简称"电子货品监视用标识器"发明专利权无效行政纠纷案)中,涉及专利号为97197519.1、名称为"具有低矫顽磁力特性的偏磁元件的磁力式电子货品监视用标识器"的发明专利(即涉案专利),其包括47项权利要求,传感电子公司为专利权人。针对涉案专利,讯强公司以全部权利要求均未能以说明书为依据,不符合专利法第二十六条第四款的规定等为由,向专利复审委员会提出无效宣告请求。专利复审委员会作出第18161号无效宣告请求审查决定(简称被诉决定)。被诉决定认定:涉案专利权利要求1—4、6、7、9—12、14—18、20—26、29、30、34、35、37—42、44、46、47未能以说明书为依据,不符合专利法第二十六条第四款的规定,故宣告所述权利要求无效。讯强公司关于权利要求5、8、13、19、27、28、31—33、36、43、45未能以说明书为依据,不符合专利法第二十六条第四款规定的无效理由不能成立,故在所述权利要求的基础上维持专利权继续有效。讯强公司未就被诉决定提起行政诉讼。传感电子公司不服被诉决定,提起行政诉讼。北京市第一中级人民法院一审判决维持被诉决定。传感电子公司不服,提起上诉。北京市高级人民法院二审判决驳回上诉,维持原判。传感电子公司不服,向最高人民法院申请再审。最高人民法院裁定提审本案,并于2017年3月23日判决撤销一、二审判决;部分撤销被诉决定中有关权利要求5、8、13、19、27、28、32、A6、43和45符合专利法第二十六条第四款规定,维持所述权利要求有效的认定,由专利复审委员会就所述权利要求是否符合专利法第二十六条第四款的规定重新作出审查决定。

【裁判意见】

最高人民法院提审认为:权利人有权在说明书充分公开的具体实施方式等内容的基础上,通过合理概括的方式撰写权利要求,以获得适度的保护范围而不仅仅限于具体实施方式本身,从而给发明创造提供必要、适度的激励。另一方面,权利要求限定的保护范围应当与涉案专利的技术贡献和说明书充分公开的范围相适应,以免过宽的保护范围阻碍科学技术的进步。"权利要求应当以说明书为依据"是维护权利人与社会公众的利益平衡,防止专利权侵蚀公有领域,为后续创新保留必要空间的重要制度保障。针对涉案专利的47项权利要求,分别作出如下认定:1. 关于权利要求1—4、6、7、9—12、14—18、20—26、29、30、37—42、44、46—47,其中均没有限定制作偏磁元件、磁致伸缩元件的具体材料,而是以材料或者标识器应当具有的某种或某几种特性及其参数范围来限定权利要求的保护范围。根据涉案专利说明书的记载,特定材料以及由其制作的标识器具有多种材料特性,仅仅在权利要求中限定某项或者某几项特定的特性及其参数范围,则限定的保护范围中不仅包括了涉案专利说明书中充分公开的实施例的技术方案,也包括了其他数目无法穷尽,由各种已知甚至未知的材料制作的偏磁元件以及标识器。而对于哪些具体材料可用于实施涉案专利技术方案,本领域技术人员基于涉案专利说明书充分公开的技术内容,涉案专利作出的技术贡献,以及现有技术的整体状况,难以作出合理的预测,而是必须通过大量的选择、实验验证甚至发现,才能确认在所述权利要求所限定的范围内的哪些具体材料能够,或者不能解决涉案专利所要解决的技术问题,实现涉案专利所要实现的技术效果,权利要求1—4、6、7、9—12、14—18、20—26、29、30、37—42、44、46—47的保护范围明显超出了涉案专利说明书充分公开的程度和涉案专利的技术贡献程度,未能以说明书为依据。2. 权利要求34、35限定的技术方案缺乏具体实施方式支持,不符合专利法第二十六条第四款的规定。3. 关于被诉决定维持有效的权利要求5、8、13、19、27、28、31、32、33、36、43和45。第一,权利要求5、8、13、19、27、28、36、43和45中没有限定制作偏磁元件、磁致伸缩元件的具体材料,而是以偏磁元件或者标识器具有的某种或某几种特性及其参数范围来限定权利要求的保护范围,未能以说明书为依据,不符合专利法第二十六条第四款的规定。第二,权利要求31、33均引用权利要求30,分别进一步限定了"偏磁元件由SB1材料形成",以及"磁致伸缩元件由2628CoA材料形成",能够得到说明书中充分公开的具体实施方式的支持。权利要求31、33符合专利法第二十六条第四款的规定。第三，涉案专利说明书中没有公开与权利要求32中限定的"Metglas 2628MB材料"对应的具体实施方式，本领域技术人员不能合理确认权利要求32限定的技术方案能够解决涉案专利所要解决的技术问题，实现所要实现的技术效果，故权利要求32未能以说明书为依据，不符合专利法第二十六条第四款的规定。

11. 在认定权利要求是否以说明书为依据时涉案专利所要解决的技术问题的确定

【裁判要旨】

在认定权利要求是否以说明书为依据时，可以结合说明书中记载的背景技术及其存在的缺陷，发明内容中记载的"发明目的""所要解决的技术问题""有益效果"，以及具体实施方式中与"技术问题""有益效果"相关的内容等，对涉案专利所要解决的技术问题和实现的技术效果进行认定。根据权利要求与"最接近的现有技术"的区别技术特征所重新确定的"实际解决的技术问题"可能不同于涉案专利所要解决的技术问题，不能直接作为认定权利要求是否以说明书为依据的基础。

【关键词】

发明专利　无效程序　权利要求以说明书为依据　技术问题

【裁判意见】

在前述"电子货品监视用标识器"发明专利权无效行政纠纷案中，最高人民法院还针对在认定权利要求是否以说明书为依据时，如何认定涉案专利所要解决的技术问题进行了明确。最高人民法院提审认为：正确认定涉案专利所要解决的技术问题和所要实现的技术效果，对于认定涉案专利权利要求1—47是否以说明书为依据具有重要意义。根据专利法实施细则第十八条第一款有关专利说明书撰写作出的规定，对于涉案专利所要解决的技术问题、实现的技术效果，以及具体实施方式等，说明书中均应当予以写明。人民法院可以结合说明书中记载的背景技术及其存在的缺陷，发明内容中记载的"发明目的""所要解决的技术问题""有益效果"，以及具体实施方式中与"技术问题""有益效果"相关的内容等，对涉案专利所要解决的技术问题和实现的技术效果进行认定。综合考虑涉案专利说明书中有关背景技术、发明目的、有益效果、具体实施方式等内容，涉案专利相对于背景技术作出的改进主要在于以特定材料制作偏磁元件，以使得标识器更容易退活化，并且标识器不会因"存储、运输或装卸时所可能会出现的磁场作用"而意外退活化。针对传感电子公司有关"应根据权利要求与'最接近的现有技术'的区别技术特征，参照说明书中的相关内容综合确定技术问题"的主张，最高人民法院认为，专利法第二十六条第四款规定的"以说明书为依据"涉及的主要是权利要求书与说明书的相互关系问题，相应地，在适用该法律规定的过程中，应当以说明书本身记载的相关内容为基本依据来认定涉案专利要解决的技术问题和实现的技术效果。虽然在判断权利要求是否具有创造性时，会根据权利要求与"最接近的现有技术"的区别技术特征所重新确定"实际解决的技术问题"。但是，该"实际解决的技术问题"可能并不同于涉案专利要解决的技术问题，不能直接作为认定权利要求是否以说明书为依据的基础。具体理由如下：第一，重新确定"实际解决的技术问题"的目的是为了在判断权利要求是否具有创造性的过程中，确定"现有技术整体上是否存在某种技术启示，即现有技术中是否给出将上述区别特征应用到该最接近的现有技术以解决其存在的技术问题（即"实际解决的技术问题"）的启示"。因此，确定"最接近的现有技术""实际解决的技术问题"的目的与专利法第二十六条第四款的立法目的并不一致。第二，"最接近的现有技术"的认定是相对的、动态的，并与无效宣告请求人或者审查员的举证、检索情况密切相关。因此，权利要求与"最接近的现有技术"的区别技术特征，以及"实际解决的技术问题"都是相对的、动态的，会随着判断主体选择的"最接近的现有技术"改变而改变。"实际解决的技术问题"往往会不同于说明书中记载的专利要解决的技术问题。第三，在认定权利要求是否以说明书为依据时，并不以该权利要求具有或不具有创造性为前提。如果案件中并未同时涉及该权利要求是否具有"创造性"的争议，自然更不会涉及对"最接近的现有技术""实际解决的技术问题"的认定。

12. 权利要求是否以说明书为依据与该权利要求是否具有创造性的关系

【裁判要旨】

即使权利要求具备创造性，对于其中记载的包括区别技术特征在内的各项技术特征是否概括适当，以及权利要求限定的技术方案整体上是否概括适当，仍然需要根据专利法第二十六条第四款的规定进行认定。

【关键词】

发明专利　无效程序　权利要求以说明书为依据　创造性

【裁判意见】

在前述"电子货品监视用标识器"发明专利权无效行政纠纷案中，最高人民法院还就权利要求是否以说明书为依据与权利要求的创造性的关系问题作出了认定。最高人民法院提审认为：专利法第二十二条第三款、第二十六条第四款分别对创造性和权利要求应当以说明书为依据做出规定。因此，即使权利要求具备创造性，对于其中记载的包括区别技术特征在内的各项技术特征是否概括适当，以及权利要求限定的技术方案整体上是否概括适当，仍然需要根据专利法第二十六条第四款的规定进行认定。在权利要求相对于现有技术具备区别技术特征，且现有技术整体上未能给出技术启示的情况下，如果该区别特征概括得过于宽泛，未能以说明书为依据，则只能依据专利法第二十六条第四款的规定请求宣告该权利要求无效。专利法中有关创造性、权利要求以说明书为依据的规定分别从不同角度，对权利要求的合法性进行规范和调整，共同保障专利制度的运行符合立法目的。综上，创造性和以说明书为依据均属于权利要求应当满足的法律规定，应当分别进行认定。

13. 马库什权利要求的性质

【裁判要旨】

以马库什方式撰写的化合物权利要求应当被理解为一种概括性的技术方案，而不是众多化合物的集合。

【关键词】

发明专利　无效程序　马库什权利要求　性质

【案号】

最高人民法院〔2016〕最高法行再 41 号

【基本案情】

在再审申请人国家知识产权局专利复审委员会（简称专利复审委员会）与被申请人北京万生药业有限责任公司（简称万生公司）、一审第三人第一三共株式会社发明专利权无效行政纠纷案（简称"马库什权利要求"专利无效行政纠纷案）中，第一三共株式会社系名称为"用于治疗或预防高血压症的药物组合物的制备方法"、专利号为97126347.7的发明专利（即涉案专利）的权利人。涉案专利权利要求以马库什方式撰写。万生公司以涉案专利不具备创造性等为由向专利复审委员会提出无效宣告请求。2010年8月30日，第一三共株式会社对权利要求进行了修改，其中包括：删除了权利要求1中"或其可作药用的盐或酯"中的"或酯"两字；删除权利要求1中R4定义下的"具有1至6个碳原子的烷基"；删除了权利要求1中R5定义下除羧基和式COOR5a'外的其他技术方案。专利复审委员会在口头审理过程中告知第一三共株式会社，对于删除权利要求1中"或酯"的修改予以认可，但其余修改不符合专利法实施细则第六十八条的相关规定，该修改文本不予接受。第一三共株式会社和万生公司对此无异议。2011年1月14日，第一三共株式会社提交了修改后的权利要求书替换页，其中删除权利要求1中的"或酯"。专利复审委员会作出第16266号无效宣告请求审查决定（简称第16266号决定），认为涉案专利权利要求1相比于证据1是非显而易见的，具有创造性，符合专利法第二十二条第三款的规定。遂在第一三共株式会社于2011年1月14日提交的修改文本的基础上，维持涉案专利权有效。万生公司不服，提起行政诉讼。北京市第一中级人民法院认为，专利复审委员会以不符合专利法实施细则第六十八条的规定对第一三共株式会社于2010年8月30日提交的修改文本不予接受，不存在法律适用错误。涉案专利权利要求1相对于证据1是非显而易见的，具备创造性。遂判决维持第16266号决定。万生公司不服，提起上诉。北京市高级人民法院二审认为，马库什权利要求属于并列技术方案的特殊类型，第一三共株式会社于2010年8月30日提交的修改文本缩小了涉案专利权的保护范围，符合专利法实施细则第六十八条第一款规定。涉案专利权利要求所涵盖的一个具体实施例的效果与现有技术的证据1中实施例329的技术效果相当，因此，涉案专利权利要求1未取得预料不到的技术效果，不具备创造性。遂判决撤销一审判决和第16266号决定，专利复审委员会重新作出决定。专利复审委员会不服，向最高人民法院申请再审。最高人民法院裁定提审本案，并于2017年12月20日判决撤销二审判决，维持一审判决。

【裁判意见】

最高人民法院提审认为：马库什权利要求是化学发明专利申请中一种特殊的权利要求撰写方式，即一项申请在一个权利要求中限定多个并列的可选择要素概括的权利要求。马库什权利要求撰写方式的产生是为了解决化学领域中多个取代基基团没有共同上位概念可概括的问题，其本身一直被视为结构式的表达方式，而非功能性的表达方式。马库什权利要求限定的是并列的可选要素而非权利要求，其所有可选择化合物具有共同性能和作用，并且具有共同的结构或者所有可选择要素属于该发明所属领域公认的同一化合物。虽然马库什权利要求的撰写方式特殊，但是也应当符合专利法和专利法实施细则关于单一性的规定。马库什权利要求具有极强的概括能力，一旦获得授权，专利权保护范围将涵盖所有具有相同结构、性能或作用的化合物，专利权人权益将得到最大化实现。而从本质而言，专利权是对某项权利的垄断，专利权人的所享有的权利范围越大，社会公众所受的限制也就越多，因此，从公平角度出发，对马库什权利要求的解释应当从严。马库什权利要求不管包含多少变量和组合，都应该视为一种概括性的组合方案。选择一个变量应该生成一种具有相同效果药物，即选择不同的分子式生成不同的药物，但是这些药物的药效不应该有太大差异，相互应当可以替代，而且可以预期所要达到的效果是相同的，这才符合当初创设马库什权利要求的目的。因此，马库什权利要求应当被视为马库什要素的集合，而不是众多化合物的集合，马库什要素只有在特定情况下才会表现为单个化合物，但通常而言，马库什要素应当理解为具有共同性能和作用的一类化合物。如果认定马库什权利要求所表述的化合物是众多化合物的集合，就明显与单一性要求不符，因此二审判决认为马库什权利要求属于并列技术方案不妥，应当予以纠正。

14. 马库什权利要求在无效程序中的修改原则

【裁判要旨】

允许对马库什权利要求进行修改的原则应当是不能因为修改而产生具有新性能和作用的一类或单个化合物，但是同时也要充分考量个案因素。

【关键词】

发明专利　无效程序　马库什权利要求　修改方式

【裁判意见】

在前述"马库什权利要求"专利无效行政纠纷案中，最高人民法院还对以马库什方式撰写的化合物权利要求在无效程序中的修改方式进行了明确。最高人民法院提审认为，2010年《专利审查指南》规定无效宣告请求审查阶段，发明和实用新型专利文件的修改应仅限于权利要求书，其遵循的基本原则是：1. 不得改变原权利要求的主题名称；2. 与授权的权利要求相比，不得扩大原专利的保护范围；3. 不得超出原说明书和权利要求书中技术特征；4. 一般不得增加未包含在授权权利要求书中的技术特征。但是，目前修改方式已经改为在满足上述修改原则的前提下，修改权利要求书的具体方式一般限于权利要求的删除、技术方案的删除、权利要求的进一步限定、明显错误的修正。权利要求进一步限定是指在权利要求中补入其他权利要求中记载的一个或者多个技术特征，以缩小保护范围。可见，在无效程序中，专利文件修改方式更加多样化。但是，化学领域发明专利申请审查存在诸多特殊问题，如化学发明是否能够实施需要借助于实验结果才能确认，有的化学产品需要借助于参数或者制备方法定义，已知化学产品新的性能和用途并不意味着结构或者组分的改变等。鉴于化学发明创造的特殊性，同时考虑到在马库什权利要求撰写之初，专利申请人为了获得最大的权利保护范围就有机会将所有结构方式尽可能写入一项权利要求，因此在无效阶段对马库什权利要求进行修改必须给予严格限制，允许对马库什权利要求进行修改的原则应当是不能因为修改而产生新性能和作用的一类或单个化合物，但是同时也要充分考量个案因素。如果允许专利申请人或专利权人删除任一变量的任一选项，即使该删除使得权利要求保护范围缩小，不会损伤社会公众的权益，但是由于是否因此会产生新的权利保护范围存在不确定性，不但无法给予社会公众稳定的预期，也不利于维护专利确权制度稳定，因此二审法院相关认定明显不妥，应当予以纠正。

15. 马库什权利要求的创造性判断方法

【裁判要旨】

以马库什方式撰写的化合物权利要求的创造性判断应当遵循创造性判断的基本方法，即专利审查指南所规定的"三步法"。意料不到的技术效果是创造性判断的辅助因素，通常不宜跨过"三步法"直接适用具有意料不到的技术效果来判断专利申请是否具有创造性。

【关键词】

发明专利　无效程序　马库什权利要求　创造性

【裁判意见】

在前述"马库什权利要求"专利无效行政纠纷案中，最高人民法院还对以马库什方式撰写的化合物权利要求的创造性判断进行了明确。最高人民法院提审认为，马库什权利要求创造性判断应当遵循创造性判断的基本方法，即专利审查指南所规定的"三步法"。意料不到的技术效果是创造性判断的辅助因素，而且作为一种倒推的判断方法，具有特殊性，不具有普遍适用性。因此，只有在经过"三步法"审查和判断得不出是否是非显而易见时，才能根据具有意料不到的技术效果认定专利申请是否具有创造性，通常不宜跨过"三步法"直接适用具有意料不到的技术效果来判断专利申请是否具有创造性。关于技术效果比对结果的问题，本案中，专利复审委员会在无效程序中并未将比文件1实施例10、17、50和69和涉案专利的实施例进行比对且就此作出认定，而二审直接进行比对并作出认定，明显超出了无效审查决定的审查范围，不符合行政诉讼法和相关司法解释的规定，应当予以纠正。无效宣告请求人万生公司认为涉案专利权利要求1不具备创造性，并将证据1作为最接近的对比文件。专利复审委员会和一审法院在对涉案专利权利要求1的创造性进行判断时，严格遵循了"三步法"，认定权利要求1的式Ⅰ化合物和证据1的式Ⅰ化合物相比较具有两项区别技术特征，然后对两项区别技术特征的非显而易见性进行了分析，从而认定涉案专利权利要求1具有创造性并无不当。

16. 外观设计专利权无效案件中区别技术特征的认定

【裁判要旨】

对于在外观设计专利主视图中没有任何体现，且立体图无清晰显示的特征，不构成外观设计专利与对比设计的区别技术特征。

【关键词】

外观设计专利　无效程序　区别技术特征　立体图

【案号】

最高人民法院〔2017〕最高法行申3687号

【基本案情】

在再审申请人YKK株式会社与被申请人国家知识产权局专利复审委员会（简称专利复审委员会）、一审第三人理想（广东）拉链实业有限公司（简称理想公司）、开易（广东）服装配件有限公司（简称开易公司）外观设计专利权无效行政纠纷案中，专利号为200930191288.5，名称为"拉链用牙链"的外观设计专利（即涉案专利），专利权人为YKK株式会社。涉案专利由主视图、后视图、右视图、俯视图、仰视图和立体图表示。理想公司、开易公司分别以涉案专利违反专利法第二十三条规定为由请求宣告涉案专利权无效，并提交了专利号为200530086728.2的外观设计专利（即对比设计）。专利复审委员会作出第24208号无效宣告请求审查决定（简称第24208号决定）认为：将涉案专利与对比设计相比，两者的主要相同点在于：链牙均由上下两层结构组成，上下结构通过中间的芯部连接在一起，且下层结构、形状完全相同。两者的主要不同点在于：（1）涉案专利牙链的上层结构整体呈瓶形，而对比设计呈子弹形。（2）涉案专利的牙链端部较后部薄，而对比设计厚度无明显变化。虽然涉案专利与对比设计存在上述区别，但整体形状非常接近，上层结构均为前窄后宽，加之链牙本身体积较小，上述区别仅属于局部细微变化，不会对整体视觉效果产生影响，涉案专利与对比设计构成相近似的外观设计。遂宣告涉案专利权全部无效。YKK株式会社不服，提起行政诉讼。北京知识产权法院一审判决维持专利复审委员会第24208号决定。YKK株式会社不服，提起上诉。北京市高级人民法院二审判决驳回上诉，维持原判。YKK株式会社不服，向最高人民法院申请再审。最高人民法院于2017年12月29日裁定驳回YKK株式会社的再审申请。

【裁判意见】

最高人民法院审查认为：YKK株式会社主张与现有设计相比，涉案专利还具有如下创新设计特征：（1）上层链牙长宽高的尺寸比例关系，特别是牙身部的长宽高的尺寸比例关系不同；（2）上层链牙的上表面形状不同，上层链牙的上表面具有明显的下倾斜面、上表面整体上呈前低后高的曲面设计；（3）上层链牙的牙头部和牙颈部的形状不同，牙头部呈海豚嘴状，牙颈部左右侧面分别为向外鼓而后向内收的平滑曲面形状；（4）上层链牙的牙身部的形状不同，上层链牙的牙身部呈上宽下窄的梯台形。对于YKK株式会社主张的涉案专利与现有设计的区别（1），通过对比涉案专利设计与现有设计，确实存在链牙长宽高比例关系及修长与否的区别，但修长设计亦应属于本领域的惯常设计。至于YKK株式会社主张的区别（2），无效决定已经认定涉案专利的牙链端部较后部薄，只是YKK株式会社主张牙链端部较后部"明显"薄，牙头与牙身间具有明显的倾斜。涉案专利设计的右视图和立体图，存在牙头与牙身的倾斜设计。对比设计的仰视图与俯视图亦显示，牙头与牙身间是弧线设计，也具有一定角度的倾斜。鉴于涉案专利设计的倾斜角度未达到超过45度的程度，而对比设计也存在一定的弧度，二者在倾斜度上的区别应当属于细微差别，尚不足以对专利整体外观产生实质性的影响。对于YKK株式会社主张的区别（3）即有关牙颈部设计的不同，在专利文件即外观设计图片中并不明显。对于YKK株式会社主张的区别（4），亦存在与（3）同样的问题，即YKK株式会社在再审审查中提交的三维模型证据中比较明显，但专利文件图片显示不明显。外观设计的特征应以专利文件附图为准，在专利文件附图中无法看出或者不明显的特征，不能作为涉案专利的技术特征。而且，尽管在立体图中对（3）和（4）似有指示，但主视图没有任何体现，按照YKK株式会社的主张，即上述特征明显的情况下，不仅右视图、立体图中应有展现，主视图亦应有所呈显。鉴于涉案专利的图片未能清晰展现YKK株式会社主张的区别（3）和（4），对YKK株式会社关于涉案专利与现有设计存在区别（3）和（4）的主张，不予采信。

二、商标案件审判

（一）商标民事案件审判

17. 注册商标的保护孩被诉侵权商品商标知名度的关系

【裁判要旨】

注册商标作为一项标识性民事权利，商标权人不仅有权禁止他人在相同类似商品上使用该注册商标标识，更有权使用其注册商标标识，在相关公众中建立该商标标识与其商品来源的联系。相关公众是否会混淆误认，既包括将使用被诉侵权标识的商品误认为商标权人的商品或者与商标权人有某种联系，也包括将商标权人的商品误认为被诉侵权人的商品或者误认商标权人与被诉侵权人有某种联系。

【关键词】

商标　侵权　知名度　商品来源　混淆误认

【案号】

最高人民法院〔2017〕最高法民再273号

【基本案情】

在再审申请人曹晓冬与被申请人云南下关沱茶（集团）股份有限公司（简称下关沱茶公司）侵害商标权纠纷案中，曹晓冬起诉下关沱茶公司，称该公司生产的茶产品侵犯了曹晓冬注册取得的第5492697号"金戈铁马"注册商标专用权（即涉案商标）。下关沱茶公司在其生产的金印系列产品包装上使用了"甲午金戈铁马铁饼"字样，字体为简体字，其中"甲午"及"铁饼"字体较小，而"金戈铁马"四字字体较大，在"金戈铁马"四字旁边还配有一匹呈现奔跑状态马的图案。同时，下关沱茶公司在其生产的上述茶饼的内、外包装上均标注有"松鹤延年"注册商标和"下关沱茶"字样，并在内、外包装上标注有下关沱茶公司名称。云南省昆明市中级人民法院一审判决下关沱茶公司停止侵权行为并赔偿经济损失20万元。下关沱茶公司不服，提起上诉。云南省高级人民法院二审认为：从商标的知名度和显著性来看，下关沱茶公司提交的一份"中华老字号"认定书可以证实，该公司在被诉侵权商品上使用的"下关沱茶"商标，已经被国家商务部认定为"中华老字号"；而曹晓冬没有提交任何证据证明涉案商标获得过能表示其知名度的国家权威机构的认证。二审法院由此推断，被诉侵权商品上所使用的"下关沱茶"商标的知名度，远远高于涉案商标的知名度，被诉侵权商品没有必要攀附涉案商标来提高自己的知名度。而且涉案商标所使用的"金戈铁马"四字，在文学作品中经常出现，相关公众即使注意到被诉侵权商品上的这四个字，也不会将被诉侵权商品当然地与涉案商标的商品联系在一起，更不会当然地误认为二者都是曹晓冬或者曹晓冬所授权的公司生产的商品。遂判决撤销一审判决，驳回曹晓冬的全部诉讼请求。曹晓冬不服，向最高人民法院申请再审。最高人民法院裁定提审，并于2017年9月20日判决撤销二审判决，维持一审判决。

【裁判意见】

最高人民法院提审认为：首先，商标作为一种区分商品或者服务来源的标识，其基本属性是其标识性。金戈铁马虽然是文学作品中的常见词汇，但其注册使用在第30类茶、蜂蜜、糖、咖啡等商品上具有显著性，能够发挥识别商品来源的作用。其次，人民法院认定事实应当是在审查当事人提供证据的基础上进行审查判定，而非进行简单推断。即使根据案件优势证据需要对当事人的相关意图进行推断时，也须结合相关证据认定的事实进行。根据一审法院查明的事实，曹晓冬第5492697号"金戈铁马"商标注册时间早于下关沱茶公司的"松鹤延年"（第6209882号）和"下关沱茶"商标（第12201774号）注册时间；曹晓冬于2009年8月16日许可云南金戈铁马茶业有限公司使用其注册商标，而下关沱茶公司生产被诉侵权商品系2014年，也晚于曹晓冬注册商标的使用时间；第5492697号"金戈铁马"注册商标在多款茶叶上使用，并已形成了一定的市场份额，具有一定的消费群体。在没有证据证明"下关沱茶"商标具有更高知名度的情况下，原审此推断并无事实依据。最后，即使下关沱茶商标较本案诉争商标具有更高的知名度，原审法院认定被诉侵权商品没有必要攀附涉案商标来提高自己的知名度虽有一定的可能性，但该推断忽视了注册商标作为一项标识性民事权利的权能和作用，其不仅有权禁止他人在相同类似商品上使用该注册商标标识，更有权使用其注册商标标识其商品或者服务，在相关公众中建立该商标标识与其商品来源的联系。相关公众是否会混淆误认，既包括将使用被诉侵权标识的商品误认为商标权人的商品或者与商标权人有某种联系，也包括将商标权人的商品误认为被诉侵权人的商品或者误认商标权人与被诉侵权人有某种联系，妨碍商标权人行使其注册商标专用权，进而实质性妨碍该注册商标发挥识别作用。因此，如果认为被诉侵权人享有的注册商标更有知名度即可以任意在其商品上使用他人享有注册商标的标识，将实质性损害该注册商标发挥识别商品来源的基本功能，对该注册商标专用权造成基本性损害。二审法院以被诉侵权商品自有商标知名度高为由认定不构成侵犯涉案商标专用权，认定事实和适用法律均有不当，予以纠正。

18. 特殊历史背景下商标与字号共存的考量因素

【裁判要旨】

在特殊历史背景下，对于使用与他人商标相同的字号是否构成商标侵权和不正当竞争，应当从历史传承、现实情况、法律适用和社会效果等方面综合考量。

【关键词】

商标　不正当竞争　字号　共存

【案号】

最高人民法院〔2015〕民提字第46号

【基本案情】

在申诉人太原大宁堂药业有限公司（简称大宁堂药业）与被申诉人山西省药材公司商标侵权、不正当竞争纠纷案中，2000年10月7日，山西省药材公司在国家工商管理局商标局注册了第1455748号"大宁堂"文字及图商标（即涉案商标），核定服务项目为第35类，即推销（替他人），注册有效期限为"自2000年10月7日至2010年10月

6日止"。《山西通志》第四十一卷记载，太原中药厂前身为大宁堂药铺，建于明末清初，1956年经过公私合营，隶属太原药材公司中药总店领导，之后中药店厂分设，在大宁堂制药生产的基础上建立了太原中药厂。1999年4月9日经太原中药厂第一届职工代表大会专题会议通过，成立"太原大宁堂药业有限公司"，该公司为股份合作制公司，注册资金50万元，经营方式为制造、销售中西成药，公司租用太原中药厂厂房、设备、有偿使用或受让太原中药厂的生产技术。山西省药材公司主张大宁堂药业将与其注册商标完全相同的"大宁堂"登记为企业名称中的字号，该行为构成对其注册商标专用权的侵犯，并构成不正当竞争。山西省太原市中级人民法院一审认为，早在山西省药材公司申请注册商标之前大宁堂药业已经合法登记并使用了现在继承使用的企业名称，因此，其完全有权利在自己的企业名称中使用"大宁堂"字号。遂判决驳回山西省药材公司的诉讼请求。山西省药材公司不服，提起上诉。山西省高级人民法院二审认为，大宁堂药业称其由太原中药厂改制而来，但二者之间并无法律上的承继关系。大宁堂药业将与他人注册商标相同的文字登记为企业名称中的字号，属于侵犯商标专用权的行为，同时也是不正当竞争行为。遂判决撤销一审判决，大宁堂药业立即停止侵权。大宁堂药业不服，向最高人民法院申请再审，最高人民法院裁定驳回再审申请。最高人民检察院就本案向最高人民法院提起抗诉，最高人民法院裁定提审，并与2017年9月20日判决撤销二审判决，维持一审判决。

【裁判意见】

最高人民法院再审认为：大宁堂药业与太原中药厂之间存在历史承继关系，对"大宁堂"字号享有在先权利。第一，从历史传承看，太原中药厂的前身大宁堂药铺采"前店后厂"模式，其于1956年公私合营后店厂分设，前店（包括匾牌）归山西药材公司，后厂（包括生产批件和大宁堂秘制药方）归太原中药厂，太原中药厂后来又历经分立、破产并改制成大宁堂药业，因此，大宁堂药业与太原中药厂乃至山西药材公司之间存在历史传承关系。大宁堂药业是因历史原因而使用大宁堂字号，与通常那种恶意搭车攀附而做大做强的情形不同。在太原中药厂破产前对其所承载的大宁堂商誉如何处置没有明确约定情况下，可以认定大宁堂药业承继了相应的商誉。第二，从现实情况看，山西省药品监督管理局的批复、山西省中药厂和山西太原中药厂工会委员会共同做出的"关于设立太原大宁堂药业有限公司的决议"以及纠纷出现后山西省经贸委多次协调等事实均表明，该企业分立是主管部门批准的企业自救行为，原厂的领导班子和绝大多数职工均进入大宁堂药业。这种自救行为在上个世纪八九十年代比较常见，一方面通过分立或破产来解决外部债务问题，另一方面通过设立新的股份制企业来解决职工安置和企业转型问题。现实情况是，大宁堂药业拥有大宁堂药铺传统配方秘制中药的生产批件并一直在生产，而山西省省药材公司只拥有"大宁堂"商标和牌匾，因此为了承继和弘扬大宁堂药铺商誉，两者善意共存较为合理。第三，从法律适用看，太原中药厂在分立改制时并没有现在企业的知识产权观念和意识，该企业及其上级主管部门最关心的不是商誉问题，而是企业如何生存、职工如何安置的问题。因此，若以现行商标法的规则和理念去认定和解决20多年前的问题，实质是适用市场经济时代的法律去解决计划经济下形成的法律关系，不仅违反"法不溯及既往"原则，也有悖公平合理之精神。四是从社会效果看，如果不认可大宁堂药业享有在先权利，就会导致大宁堂药铺秘方药和商誉得不到传承，因为大宁堂传统秘制中药药方的实际传承人大宁堂药业将不得不停止使用大宁堂字号，其已经注册的商标亦将被撤销；而山西省药材公司只有"大宁堂"商标和牌匾，却一直没有生产和销售大宁堂药铺的传统秘方药。综上，比较公平合理的解决方式应当是允许两者善意共存，大宁堂公司继续使用大宁堂字号并生产大宁堂传统秘方药品，山西省药材公司可销售大宁堂药业生产的药品。如此，前店后厂的历史传承关系能够被继续维系，大宁堂的商誉亦可以由两家共同弘扬。

19. 法定通用名称的认定

【裁判要旨】

农作物品种审定办法规定的通用名称与商标法意义上的通用名称含义并不完全相同，不能仅以审定公告的品种名称为依据，认定该名称属于商标法意义上的法定通用名称。

【关键词】

商标　侵权　法定　通用名称

【案号】

最高人民法院〔2016〕最高法民再374号

【基本案情】

在再审申请人福州米厂与被申请人五常市金福泰农业股份有限公司（简称五常公司）、福建新华都综合百货有限公司福州金山大景城分店（简称大景城分店）、福建新华都综合百货有限公司（简称新华都公司）侵害商标权纠纷案（简称"稻花香"侵害商标权纠纷案）中，福州米厂为第1298859号"稻花香 DAOHUAXIANG"注册商标（即涉案商标）专用权人，涉案商标于1998年3月提出申请，于1999年7月28日获准注册，核定使用商品为第30类大米。2009年3月18日，黑龙江省农作物品种审定委员会出具的《黑龙江省农作物品种审定证书》记载：品种名称为"五优稻4号"，原代号为"稻花香2号"，推广区域为黑龙江省五常市平原自流灌溉区插秧栽培，该品种经区域试验和生产试验，符合推广优良品种条件，决定从2009年起定为推广品种。2014年2月18日，福州米厂经过公证程序，在大景城分店购买了一袋由五常公司生产、销售的"乔家大院稻花香米"。大米实物包装袋正面中间位置以大字体标注有"稻花香（字体中空，底色黑色）DAOHUAXIANG"。福州米厂以五常公司生产、销售、大景城分店、新华都公司销售的被诉侵权产品侵害其商标权为由，提起诉讼。请求法院判令：五常公司停止生产、销售行为，赔偿损失30万；大景城分店、新华都公司停止销售行为，赔偿损失3万。一审中，五常公司主张"稻花香"构成通用名称，并提供了五常市农业局、五常市龙凤山镇人民政府、育种人出具的证明材料和媒体的相关报道等证据。福建省福州市中级人民法院一审认为，五常公司未经许可，在产品包装袋上使用与涉案商标非常近似的标志，容易误导消费者，侵害了涉案商标权。"稻花香"不构成通用名称。遂判决五常公司停止生产、销售行为，赔偿经济损失97000元；大景城分店、新华都公司停止销售行为，支付合理费用3000元等。五常公司不服，提起上诉。福建省高级人民法院二审认为，黑龙江省农作物品种审定委员会所审定的"五优稻4号"，原代号为

"稻花香2号"的水稻品种可以认定为法定的通用名称。五常这一特定地域范围内的相关种植农户、大米加工企业和消费者均普遍认为"稻花香"指代的是一类稻米品种。可以认定,基于五常市这一特定的地理种植环境所产生的"稻花香"大米属于约定俗成的通用名称。五常公司在其生产、销售的大米产品包装上使用"稻花香"文字及拼音以表明大米品种来源的行为,主观上出于善意,客观上也未造成混淆误认,应属于正当使用,并未构成商标侵权。遂改判撤销一审判决,驳回福州米厂全部诉讼请求。福州米厂不服,向最高人民法院申请再审。最高人民法院裁定提审本案,并于2017年12月22日判决撤销二审判决,维持一审判决。

【裁判意见】

最高人民法院提审认为:首先,法律规定为通用名称的,或者国家标准、行业标准中将其作为商品通用名称使用的,应当认定为通用名称。本案中,五常公司并无证据证明"稻花香"依据法律规定或者国家标准、行业标准应认定为法定的通用名称。其次,农作物品种审定办法规定的通用名称与商标法意义上的通用名称含义并不完全相同,不能仅以审定公告的名称为依据,认定该名称属于商标法意义上的通用名称。农作物品种审定办法第三十二条第三款规定,"审定公告公布的品种名称为该品种的通用名称。禁止在生产、经营、推广过程中擅自更改该品种的通用名称。"此处规定的通用名称是指根据农作物品种审定办法审定公告的主要农作物品种名称,用以指代该特定品种。该名称在生产、经营、推广过程中禁止擅自更改。商标法中的通用名称指代某一类商品,因该名称不能用于指代特定的商品来源,故相关公众都可以正当使用。再次,根据农作物品种审定办法第三十二条的规定,审定公告的通用名称在实际的使用过程中不得擅自更改。审定公告的原代号为"稻花香2号",并非"稻花香",在在先存在涉案商标权的情况下,不能直接证明"稻花香"为法定的通用名称。综上,现有证据不足以证明"稻花香"为法定的通用名称。

20. 约定俗成通用名称的认定

【裁判要旨】

产品的相关市场并不限于特定区域而是涉及全国范围的,应以全国范围内相关公众的通常认识为标准判断是否属于约定俗成的通用名称。

【关键词】

商标 侵权 约定俗成 通用名称

【裁判意见】

在前述"稻花香"侵害商标权纠纷案中,最高人民法院还对约定俗成的通用名称的判断标准进行了明确。最高人民法院提审认为:约定俗成的通用名称一般以全国范围内相关公众的通常认识为判断标准。当然,基于历史传统、风土人情、地理环境等原因,某些商品所对应的相关市场相对固定,如果不加区分地仍以全国范围相关公众的认知为标准,判断与此类商品有关的称谓是否已经通用化,有违公平原则。但是,适用不同评判标准的前提是,当事人应首先举证证明此类商品属于相关市场较为固定的商品。否则,是否构成约定俗成的通用名称,仍应当以全国范围内相关公众的通常认知作为判断依据。本案中,被诉侵权产品销售范围并不局限于五常地区,而是销往全国各地,在福州米厂的所在地福建省福州市的超市内就有被诉侵权产品销售。在这种情况下，被诉侵权产品相关市场并非较为固定在五常市地域范围内，应以全国范围内相关公众的通常认识为标准判断"稻花香"是否属于约定俗成的通用名称。为证明"稻花香"属于约定俗成的通用名称，五常公司先后提交了五常市农业局出具的《关于稻花香大米名称的使用证明》、五常市龙凤山镇人民政府出具的《证明》、五常市稻米商业商会提供的《关于五常市稻花香大米品牌维权的综合材料》、"稻花香2号"主要育种人田永太出具的证明材料、媒体的相关报道等证据，并申请证人出庭作证。上述证据多为五常市当地有关部门、稻农或育种人出具的证明材料，媒体报道数量有限，以全国范围内相关公众的通常认识为标准，现有证据不足以证明"稻花香"属于约定俗成的通用名称。

21. 农作物品种名称的正当使用

【裁判要旨】

在存在他人在先注册商标权的情况下，经审定公告的农作物品种名称可以规范使用于该品种的种植收获物加工出来的商品上，但该种使用方式仅限于表明农作物品种来源且不得突出使用。

【关键词】

商标　侵权　审定公告　品种来源

【裁判意见】

在前述"稻花香"侵害商标权纠纷案中，最高人民法院还对在存在他人在先注册商标权的情况下，经审定公告的品种名称如何使用的问题进行了明确。最高人民法院提审认为：本案的特殊之处在于，福州米厂申请注册涉案商标主观上并无恶意，注册商标专用权在全国范围内具有效力，应得到有效保护。根据现有证据，"稻花香2号"作为审定公告的品种，对于五常这一特定地域范围内的相关种植农户、大米加工企业和消费者而言，在以"稻花香2号"种植加工出的大米上使用"稻花香"主观上也并无攀附涉案商标的恶意。基于公平原则，考虑到双方的利益平衡，最高人民法院认为，对于五常这一特定地域范围内的相关种植农户、大米加工企业和消费者而言，可以在以"稻花香2号"种植加工出的大米上规范标注"稻花香2号"，以表明品种来源。但需要在此特别强调，该种标注方式仅限于表明品种来源且不得突出使用。

22. 商标侵权案件中正当使用的认定

【裁判要旨】

被诉侵权人在其企业名称中及其他商业活动中使用相关符号的主要目的在于客观描述并指示其服务的特点，并且在其实际使用过程中，从未完整使用与涉案商标相同的图文组合形式，亦无证据显示被诉侵权人对相关符号文字的使用旨在攀附涉案商标的商业信誉，可以认定被诉侵权行为并不具有使相关公众混淆误认的可能性，进而不构成侵害涉案商标权。

【关键词】

商标　侵权　正当使用　客观描述

【案号】

最高人民法院〔2017〕最高法民申4920号

【基本案情】

在再审申请人冯印与被申请人西安曲江阅江楼餐饮娱乐文化有限公司（简称阅江楼公司）侵害商标权纠纷案中，冯印经国家工商行政管理总局商标局核准，于2011年3月27日从山东省淄博市临淄区桓公路小三峡川菜馆受让了2002年10月21日即被核准注册的第1962118号 注册商标（即涉案商标），核定服务项目为第42类的"餐馆；餐厅；饭店；快餐馆；旅馆预订；提供食宿旅馆；自助餐馆（截止）。"阅江楼公司于2010年8月16日经西安市工商行政管理局登记成立，该公司企业法人营业执照登记的经营范围为餐饮服务。冯印起诉主张阅江楼公司在其经营场所正门悬挂有"阅江楼"三字的牌匾，且菜单、餐具等服务用具上均有"阅江楼"字样，阅江楼公司在网络上也对"阅江楼"进行宣传，相关行为构成了对其注册商标专用权的侵犯。陕西省西安市中级人民法院一审认为，首先，"阅江楼"作为中国名楼（位于南京市狮子山巅）及水边楼阁的常见称谓，弱化了其作为餐饮商标的显著性，且冯印未提供证据证明因其大量宣传和使用"阅江楼"与其餐饮服务和商品建立更为特定的联系，故其商标中的"阅江楼"文字保护强度很弱。其次，阅江楼公司虽将"阅江楼"文字作为企业字号在餐饮服务上突出使用，但其经营场所在陕西省西安市曲江，而冯印的经营场所位于山东省淄博市张店区，冯印未提交证据证明两者的经营地域产生交叉，也未证明阅江楼公司的使用使一般消费者认为二者的商品或服务是同一主体提供，或认为二者存在特定联系，阅江楼公司的使用行为并未使相关公众产生混淆、误认，故，判决认定阅江楼公司使用"阅江楼"字号的行为不构成对涉案商标专用权的侵犯。冯印不服，提起上诉。陕西省高级人民法院二审判决驳回上诉、维持原判。冯印不服，向最高人民法院申请再审。最高人民法院于2017年12月13日裁定驳回冯印的再审申请。

【裁判意见】

最高人民法院审查认为：根据商标法第五十七条的规定，未经商标注册人的许可，在同一种商品上使用与其注册商标近似的商标，或者在类似商品上使用与其注册商标相同或者近似的商标并容易导致混淆的，构成侵害注册商标专用权的行为。同时，根据商标法第五十九条第一款的规定，注册商标中含有的本商品的通用名称、图形、型号，或名称、图形、型号，或者直接表示商品的质量、主要原料、功能、用途、重量、数量及其他特点，或者含有地名，注册商标专用权人无权禁止他人正当使用。具体到本案而言，涉案商标由"阅江楼"文字及其上方的图形部分组合而成，冯印指称阅江楼公司实施的被诉侵权行为包括：将"阅江楼"文字作为其企业字号从事餐饮服务、在经营场所正门悬挂"阅江楼"巨幅招牌并在餐具、菜单等处突出使用"阅江楼"文字。对于上述主张，最高人民法院认为，注册商标专用权人有权制止他人未经许可，在相同或类似商品上使用相同或者近似商标并可能导致公众混淆的行为，但同时，商标权人应当遵循诚实信用原则，依法正当行使自身的权利。当注册商标中含有具有描述性质的文字，而他人使用的目的在于指示或描述客观事实时，权利人无权禁止该种使用行为。具体到本案被诉侵权行为而言，根据原审法院已经查明的事实，西安阅江楼为座落于西安曲江池遗址公园内的一处景观。根据阅江楼公司与西安曲江文化（旅游）集团有限公司的协议，阅江楼公司获得了在阅江楼经营餐饮项目的权利。阅江楼公司的企业名称完整使用了

"曲江阅江楼"字样,且根据阅江楼租赁合作协议,阅江楼及其相关场地、设备、设施、装饰、装修等附属资产,亦全部来自于原有的阅江楼景观。因此,无论是阅江楼公司在其企业名称中选用"阅江楼"文字,还是在其经营场所及菜单、餐具上使用"阅江楼"文字的行为,主要目的仍在于客观描述并指示其经营场所所在地西安阅江楼。在其使用过程中,阅江楼公司从未完整使用与涉案商标相同的图文组合形式,亦无证据显示阅江楼公司对"阅江楼"文字的使用旨在攀附涉案商标的商业信誉。据此,一审、二审法院认定被诉侵权行为并不具有使相关公众混淆误认的可能性,进而不构成侵害涉案商标权的结论,具备事实与法律依据,予以支持。当然,也需要指出的是,市场经营者在开展经营活动的过程中,应当秉持诚实信用原则,尽量保持有关商业标识之间的足够距离。因此,阅江楼公司在今后的经营活动中,亦应合理、审慎地使用有关商业标识,避免引发不必要的纠纷。

(二)商标行政案件审判

23. 商标近似性判断的考量因素

【裁判要旨】

判断被异议商标与引证商标是否构成使用在相同或类似商品上的近似商标,应当综合考虑被异议商标和引证商标的构成要素、被异议商标的在先使用状况及知名度等因素,若不会导致相关公众的混淆误认,则应认定被异议商标与引证商标不构成近似。

【关键词】

商标　异议程序　商标近似　混淆误认

【案号】

最高人民法院〔2014〕知行字第37号

【基本案情】

在再审申请人四川省宜宾五粮液集团有限公司(简称五粮液公司)与被申请人国家工商行政管理总局商标评审委员会(简称商标评审委员会)、甘肃滨河食品工业(集团)有限责任公司(简称滨河公司)商标异议复审行政纠纷案中,滨河公司于2005年5月9日申请在第"类"酒(饮料)、烧酒"等商品上注册"滨河九粮液"商标(即被异议商标),五粮液公司以被异议商标与其在第33类商品上合法注册的"WULIANGYE五粮液及图"商标(即引证商标)构成使用在相同或类似商品上的近似商标为由,对被异议商标提出异议申请,国家工商行政管理总局商标局裁定被异议商标不予核准注册。滨河公司不服,向商标评审委员会申请异议复审,商标评审委员会于2012年7月30日作出商评字〔2012〕第32222号《关于第4646265号"滨河九粮液"商标异议复审裁定》(简称第32222号裁定),裁定被异议商标予以核准注册。五粮液公司不服,提起行政诉讼。北京市第一中级人民法院一审判决撤销被诉裁定,判令商标评审委员会重新作出裁定。商标评审委员会及滨河公司不服,提起上诉。北京市高级人民法院二审判决撤销一审判决,维持第32222号裁定。五粮液公司不服,向最高人民法院申请再审,最高人民法院于2017年6月30日裁定驳回五粮液公司的再审申请。

【裁判意见】

最高人民法院审查认为:本案的引证商标为"五粮液及图",被异议商标为"滨河九粮液"文字,二者相比对,标志本身存在一定程度的区别。虽然考虑到"五粮液"商标的知名度较高,相关公众容易将"五粮液"视作引证商标的主要识别部分,但是,根据二审法院查明的事实,滨河公司于 1987 年 7 月 21 日就申请注册了"滨河及图"商标,并于 1988 年 2 月 20 日被核准注册,该商标经过使用已经具有较高知名度,"滨河"作为该商标的主要识别部分,已经在相关公众中与滨河公司形成对应联系。在这种情况下,被异议商标在整体上与引证商标形成较大差异,白酒类商品的相关公众施以一般注意力可以将二者进行区分,不会造成混淆误认。此外,滨河公司主张其在被异议商标中使用"九粮"二字,源于其自主研发的"九粮九轮酿制工艺",滨河公司已经将该酿制工艺向主管部门申报备案了"九粮香型白酒"生产企业标准;而且,根据现有证据,在被异议商标申请日前,滨河公司就于 1996 年将"滨河九粮液"项目在"第八届中国新技术新产品博览会"上展出,并获得该博览会颁发的金牌。综合考虑引证商标和被异议商标的构成要素、被异议商标的使用状况及知名度等情况,两商标共同使用在相同商品上不会导致相关公众混淆误认,不构成商标法第二十八条规定的相同或类似商品上的相同或近似商标。二审判决认定事实和适用法律并无不当,应当予以维持。

24. 主张在先著作权适格主体的证明

【裁判要旨】

著作权人、著作权的利害关系人均可依据商标法第三十一条的规定主张在先著作权。诉争商标申请日之后的著作权登记证书不能单独作为在先著作权的权属证据。诉争商标申请日之前的商标注册证虽不能作为著作权权属证据,但可以作为确定商标权人为有权主张商标标志著作权的利害关系人的初步证据。

【关键词】

商标　无效程序　在先著作权　利害关系人

【案号】

最高人民法院〔2017〕最高法行申 7174 号

【基本案情】

在再审申请人温州市伊久亮光学有限公司(简称伊久亮公司)与被申请人达马股份有限公司(简称达马公司)及二审被上诉人国家工商行政管理总局商标评审委员会(简称商标评审委员会)商标权无效宣告请求行政纠纷案中,第 1316126 号鲨鱼图形商标(即诉争商标),于 1998 年 5 月 4 日申请注册,于 2008 年 3 月 26 日被核准注册,注册人为伊久亮公司,核定使用的商品为第 9 类眼镜。第 250160 号"PAUL&SHARK YACHTING 及图"商标(即引证商标),于 1985 年 7 月 27 日申请注册,1986 年 5 月 15 日被核准注册,注册人为达马公司,核定使用的商品为第 25 类服装。达马公司申请撤销伊久亮公司注册的诉争商标,其主要理由之一为诉争商标构成对达马公司在先著作权的侵害。商标评审委员会认为,达马公司提交的经过公证的作品登记证书的登记日期晚于诉争商标的申请注册日,在达马公司未能提交其他证据证明其在诉争商标申请注册前已创作完成或公开发表其美术作品的情况下,不能认定达马公司对鲨鱼图形作品享有著作权。达马公司主张撤销诉争商标的各项理由均不能成立。商标评审委员会作出商评字〔2015〕第 66491 号《关于第 1316126 号图形商标无效宣告请求裁定书》(简称被诉裁定），维持了诉争商标。达马公司不服，提起行政诉讼。北京知识产权法院一审认为，在没有在先署名的情况下，仅凭在后作品上的署名及在先商标的申请注册，尚不具备推定其为在先著作权人的前提条件，更不能以此推定其为在先著作权人，故达马公司主张诉争商标的注册损害了其在先著作权依据不足。据此，判决驳回达马公司的诉讼请求。达马公司不服，提起上诉。北京市高级人民法院二审认为，在无相反证据的情况下，可以依据达马公司所提交的诉争商标申请日之后的著作权登记证书，认定其享有"鲨鱼"图形的著作权。该著作权登记证书所载创作完成时间与达马公司提交的意大利共和国商标注册证的登记时间互相印证，故可认定该作品创作完成的时间早于诉争商标申请日。综合考虑达马公司在诉争商标申请日前即在中国大陆申请注册含"鲨鱼"图形的引证商标的事实，以及诉争商标中"鲨鱼"图形与达马公司主张著作权的"鲨鱼"图形完全相同的事实，可以认定伊久亮公司申请注册诉争商标侵害了达马公司对该"鲨鱼"图形享有的在先著作权。据此，判决撤销了一审判决及被诉裁定，判令商标评审委员会重新作出裁定。伊久亮公司不服，向最高人民法院申请再审。最高人民法院于2017年10月27日裁定驳回伊久亮公司的再审申请。

【裁判意见】

最高人民法院审查认为：因我国实行作品自愿登记制度，著作权登记机关在制作、颁发著作权登记证书时不对所登记内容进行实质审查，故当著作权登记时间晚于诉争商标申请日时，仅凭著作权登记证书尚不足以认定登记的著作权人在诉争商标申请日之前即享有著作权。但除诉争商标申请日之后的著作权登记证书外，达马公司还提交了诉争商标申请日之前的意大利商标注册证和引证商标注册证，参照商标授权确权司法解释第十九条第三款之规定，商标注册证可以作为确定商标申请人为有权主张商标标志著作权的利害关系人的初步证据。本案中，鉴于伊久亮公司、商标评审委员会均未提交相反证据，故应认定达马公司有权主张涉案"鲨鱼"图形的著作权。伊久亮公司关于达马公司无权主张该图形著作权的主张，缺乏依据，不能成立。

25. 对他人是否享有在先著作权的审查认定

【裁判要旨】

对于当事人是否享有在先著作权，需要综合考量相关证据予以认定。在著作权登记证明晚于诉争商标申请日时，可以结合商标注册证、包含商标标志的网站页面、记载作品创作过程的报刊内容、产品实物、著作权转让证明等证据，在确认相关证据相互印证、已形成完整的证据链时，可以认定当事人对该商标标志享有在先著作权。

【关键词】

商标　异议程序　在先著作权　证据审查认定

【案号】

最高人民法院〔2017〕最高法行再35号

【基本案情】

在再审申请人杰杰有限公司（简称杰杰公司）与被申请人国家工商行政管理总局商标评审委员会（简称商标评审委员会）、一审第三人金华市百姿化妆品有限公司（简称百姿公司）商标异议复审行政纠纷案中，百姿公司于2006年2月20日申请注册第

5165219号"TOOFACED及图"商标（即被异议商标），指定使用在第3类化妆品、清洁制剂、指甲油、香皂、香水成套化妆用具等商品上。经初步审定公告后，杰杰公司在法定异议期内对被异议商标提出异议，认为其在中国大陆地区对"（ENVY-DOTLOGO，简称羡慕标志）作品享有在先著作权，被异议商标侵犯了其在先著作权。国家工商行政管理总局商标局（简称商标局）裁定对被异议商标予以核准注册。杰杰公司不服，提出异议复审申请。商标评审委员会作出商评字（2013）第19020号《关于第5165219号"TOOFACED及图"商标异议复审裁定书》（简称被诉裁定），裁定被异议商标予以核准注册。杰杰公司不服，提起行政诉讼。北京市第一中级人民法院一审以杰杰公司提供的作品登记证书、登记证明、作品存档证明、著作权转让证明等证据均晚于被异议商标申请注册日，羡慕标志的美国商标注册证明等证据对于著作权而言证明力不足等理由，认定杰杰公司提供的证据不足以证明在被异议商标申请日之前，其在中国大陆地区对羡慕标志作品享有著作权。据此判决驳回杰杰公司的诉讼请求。杰杰公司不服，提起上诉。北京市高级人民法院二审判决驳回上诉、维持原判。杰杰公司不服，向最高人民法院申请再审。在再审审查及审理程序中，杰杰公司补充提交了羡慕标志作品前身"ENVY"系列作品的《美国著作权登记证书》、包含有杰杰公司网站（toofaced.com）过去特定时间页面的公证书、2004年12月6日美国《橘子郡商业报》、杰杰公司2005年部分产品实物及照片等证据。最高人民法院裁定提审本案，并于2017年12月21日判决撤销一审、二审判决及被诉裁定，商标评审委员会重新作出复审裁定。

【裁判意见】

最高人民法院审查认为：虽然杰杰公司在一审期间提交的作品登记证书、登记证明、作品存档证明、著作权转让证明等证据均形成于2014年，但杰杰公司向最高人民法院提交的羡慕标志作品前身"ENVY"系列作品的《美国著作权登记证书》，可以证明杰罗德·布兰丁于1997年将羡慕标志作品的前身ENVY作品向美国版权局进行登记。杰杰公司网站过去特定时间页面的相关内容表明，该公司至迟于2001年已使用涉案羡慕标志作品。2004年12月6日美国《橘子郡商业报》中关于杰罗德·布兰丁的采访报道，不仅提及杰罗德·布兰丁对羡慕标志作品的创作过程，包括设计了一个夸张的曲线型女性轮廓剪影，而且该报还刊登了带有羡慕标志作品的TOO FACED品牌化妆品照片。杰杰公司2005年推出的部分产品实物表明，其多款化妆品包装盒上使用了羡慕标志作品。杰杰公司除在该公司网站及有关产品包装上就著作权保留作出声明之外，还专门指明相关作品系杰罗德·布兰丁为杰杰公司独家创作。尽管前述著作权保留声明是笼统针对网页或产品包装，但羡慕标志作品作为其中的重要内容，应当包括在前述声明的内容之中。羡慕标志的美国商标注册证亦可明确表明，含有羡慕标志的涉案商标图形至迟于2005年11月前已形成。在没有相反证据的情况下，前述证据与杰杰公司在原审期间提交的羡慕标志作品《美国著作权登记证明》、作品存档证明、著作权转让证明等证据相结合，能够证明杰罗德·布兰丁为羡慕标志作品的作者，亦可以证明其在创作完成羡慕标志作品后将其依法享有的相关著作权让与杰杰公司进行商业使用的事实，发生在被异议商标2006年2月20日申请注册之前。杰杰公司关于被异议商标的申请注册损害其在先著作权的主张，具有事实和法律依据。

26. 作为在先权利保护的"肖像"应当具有可识别性

【裁判要旨】

肖像权所保护的"肖像"应当具有可识别性，其中应当包含足以使社会公众识别其所对应的权利主体，即特定自然人的个人特征，从而能够明确指代该特定的权利主体。

【关键词】

商标　争议程序　肖像权　可识别性

【案号】

最高人民法院〔2015〕知行字第332号

【基本案情】

在再审申请人迈克尔·杰弗里·乔丹（简称迈克尔·乔丹）与被申请人国家工商行政管理总局商标评审委员会（简称商标评审委员会）、一审第三人乔丹体育股份有限公司（简称乔丹公司）商标争议行政纠纷案中，涉及乔丹公司的第6020570号"图形商标（即涉案商标），核定使用在国际分类第28类的游戏机、木偶、玩具等商品上，商标注册号为6020570。迈克尔·乔丹主张该商标含有其特定篮球运动形象，易使相关公众将之与其相联系，损害了其在先肖像权，故依据商标法第三十一条的规定针对涉案商标提起撤销申请。商标评审委员会认为，涉案商标图形部分为运球人物剪影，动作形象较为普通，并不具有特定指向性，难以认定该图形与迈克尔·乔丹存在一一对应关系，故作出商评字〔2014〕第52052号《关于第6020570号图形商标争议裁定书》（简称第52052号裁定），裁定诉争商标予以维持。迈克尔·乔丹不服，提起行政诉讼。北京市第一中级人民法院一审判决驳回其诉讼请求。迈克尔·乔丹不服，提起上诉。北京市高级人民法院二审判决驳回上诉，维持原判。迈克尔·乔丹不服，向最高人民法院申请再审。迈克尔·乔丹提交了其在相关期刊上登载的其本人持球运动照片，并主张涉案商标标识""与照片中其运动形象的身体轮廓基本一致，损害其肖像权。最高人民法院于2017年12月27日裁定驳回迈克尔·乔丹的再审申请。

【裁判意见】

最高人民法院审查认为：肖像权所保护的"肖像"是对特定自然人体貌特征的视觉反映，社会公众通过"肖像"识别、指代其所对应的自然人，并能够据此将该自然人与他人相区分。根据肖像权以及肖像的性质，肖像权所保护的"肖像"应当具有可识别性，其中应当包含足以使社会公众识别其所对应的权利主体，即特定自然人的个人特征，从而能够明确指代其所对应的权利主体。如果请求肖像权保护的标识不具有可识别性，不能明确指代特定自然人，则难以在该标识上形成依法应予保护，且归属于特定自然人的人格尊严或人格利益。从社会公众的认知习惯和特点来看，自然人的面部特征是其体貌特征中最为主要的个人特征，一般情况下，社会公众通过特定自然人的面部特征就足以对其进行识别和区分。如果当事人主张肖像权保护的标识并不具有足以识别的面部特征，则应当提供充分的证据，证明该标识包含了其他足以反映其所对应的自然人的个人特征，具有可识别性，使得社会公众能够认识到该标识能够明确指代该自然人。关于迈克尔·乔丹在本案中主张的肖像权。照片中的迈克尔·乔丹运动形象清晰反映了其面部特征、身体形态、球衣号码等个人特征，社会公众据此能够清楚无误地识别该照片中的自然人为迈克尔·乔丹，故迈克尔·乔丹就照片中的运动形象享有肖像权。关于涉案商标标识"🏀"，虽然该标识与照片中迈克尔·乔丹运动形象的身体轮廓的镜像基本一致，但该标识仅仅是黑色人形剪影，除身体轮廓外，其中并未包含任何与迈克尔·乔丹有关的个人特征。并且，迈克尔·乔丹就该标识所对应的动作本身并不享有其他合法权利，其他自然人也可以作出相同或者类似的动作，该标识并不具有可识别性，不能明确指代迈克尔·乔丹。因此，迈克尔·乔丹不能就该标识享有肖像权，其有关涉案商标的注册损害其肖像权的主张不能成立。

三、著作权案件审判

27. 模型作品的认定标准

【裁判要旨】

在判断是否构成受著作权法保护的模型作品时，不能将著作权法实施条例第四条第（十三）项模型作品的规定与第二条作品的规定割裂开来适用。在仅仅满足著作权法实施条例第四条第（十三）项规定的情况下，尚不能认定构成受著作权法保护的模型作品。

【关键词】

著作权　侵权　模型作品　独创性

【案号】

最高人民法院〔2017〕最高法民再353号

【基本案情】

在再审申请人深圳市飞鹏达精品制造有限公司（简称飞鹏达公司）与被申请人北京中航智成科技有限公司（简称中航智成公司）侵害著作权纠纷案中，中航智成公司一审起诉主张飞鹏达公司制造、销售的歼十飞机模型侵害其歼十飞机美术作品著作权，侵害其于2007年11月16日从中国航空工业集团公司成都飞机设计研究所（以下简称成飞所）获得授权制造、销售的歼十飞机模型的模型作品著作权，侵害其设计图纸的图形作品及美术作品著作权。中航智成公司主张其获得授权的歼十飞机模型是从歼十飞机等比例缩小而来。北京市第一中级人民法院一审判决驳回中航智成公司的全部诉讼请求。中航智成公司不服，提起上诉。二审期间中航智成公司仅主张歼十飞机构成美术作品，歼十飞机模型构成模型作品，并主张其要求保护的歼十飞机模型产生于歼十飞机（1998年3月首飞）之前。北京市高级人民法院二审认定歼十飞机不构成美术作品，同时认定中航智成公司要求保护的模型作品是2007年1月5日央视国际报道上公开的由成飞所完成的模型，该模型是歼十飞机等比例缩小而来．根据著作权法实施条例第四条第（十三）项的规定，模型与原物的近似程度越高或越满足需要，其独创性越高，歼十飞机模型构成模型作品。飞鹏达公司构成侵害中航智成公司歼十飞机模型作品著作权，判令飞鹏达公司停止侵权并赔偿中航智成公司经济损失40万元及合理费用33360元等．飞鹏达公司不服，向最高人民法院申请再审。中航智成公司于申请再审期间不要求保护歼十飞机的美术作品著作权。最高人民法院裁定提审本案，并于2017年12月29日判决撤销二审判决，维持一审判决。

【裁判意见】

最高人民法院提审认为：中航智成公司一审起诉要求保护的歼十飞机模型作品，是其从成飞所获得授权制造、销售的歼十飞机模型，该模型是歼十飞机的等比例缩小，故歼十飞机产生在先，中航智成公司在本案中要求保护的歼十飞机模型产生在后。中航智成公司主张飞鹏达公司生产、销售的歼十飞机模型侵害其对歼十飞机模型享有的模型作品著作权，应当对其获得授权制造、销售的歼十飞机模型构成受我国著作权法保护的模型作品负有举证责任。中航智成公司在本案中要求保护的歼十飞机模型与歼十飞机相比，除材质、大小不同外，外观造型完全相同。因此，无论中航智成公司在将歼十飞机等比例缩小的过程中付出多么艰辛的劳动，中航智成公司均未经过自己的选择、取舍、安排、设计、综合、描述，创作出新的点、线、面和几何结构，其等比例缩小的过程仅仅只是在另一载体上精确地再现了歼十飞机原有的外观造型，没有带来新的表达，属于严格按比例缩小的技术过程。在中航智成公司不能证明其根据歼十飞机等比例缩小而制造的歼十飞机模型具有独创性的情况下，该过程仍然是复制，产生的歼十飞机模型属于歼十飞机的复制件，不构成受我国著作权法所保护的模型作品。即便按二审法院认定的事实，中航智成公司制造、销售的歼十飞机模型是对成飞所完成的歼十飞机模型的复制，因二审法院认定由成飞所完成的歼十飞机模型，亦为歼十飞机的等比例缩小，故基于与上述同样的理由，该成飞所完成的模型亦不具有独创性，不受我国著作权法的保护。因此，二审法院关于"模型与原物的近似程度越高，其独创性越高"的认定，违背我国著作权法的基本原理。又鉴于我国著作权法只保护作品的表达，不延及思想、工艺、操作方法或数学概念，且我国著作权法保护的表达是具有文学、艺术和科学审美意义的智力成果，不保护为满足人们实际生活需要的实用性和功能性的表达，因此，二审法院关于"模型越满足实际需要，其独创性越高"的认定，也违背我国著作权法的立法本意。中航智成公司关于飞鹏达公司侵害其歼十飞机模型作品著作权的起诉主张缺乏事实和法律依据，一审法院对其诉讼主张不予支持正确。

28. 将他人作品作为商标使用时侵权损害赔偿的计算

【裁判要旨】

未经许可将他人作品作为商标使用，构成侵害他人著作权的，不应依据权利人损失或侵权人获益计算损害赔偿，而应主要考虑著作权许可使用费。被诉侵权人商标设计费用可以作为确定著作权许可使用费的参考。

【关键词】

著作权　侵权损害赔偿　商标使用

【案号】

最高人民法院〔2017〕最高法民申2348号

【基本案情】

在再审申请人李艳霞与被申请人吉林市永鹏农副产品开发有限公司（简称永鹏公司）及一审第三人南关区本源设计工作室（简称本源工作室）侵害著作权纠纷案中，2008年9月，李艳霞创作完成"鹿献灵芝""为鹿疗伤""人鹿和谐"等连环画形式的系列剪纸作品，取名为《老爷岭的传说》，后改名为《老爷岭的故事》。该系列剪纸作品在 2009 年 2 月出版的《剪纸画吉林》、2012 年 2 月出版的《剪纸画关东》《中华剪纸》等多种书刊上进行过公开发表。永鹏公司设立于 2002 年 2 月，经营范围为大米加工等。2012 年 6 月 13 日，永鹏公司与本源工作室签订《本源设计项目委托合同书》，约定的设计项目内容为各种不同规则的包装袋，设计费为 1.5 万元。合同签订后，本源工作室向永鹏公司提供了产品外包装的设计图，永鹏公司如约支付设计费。2012 年 10 月，永鹏公司申请将该设计图中的"人鹿图案"注册为商标，并于 2014 年 3 月 14 日取得商标注册证，永鹏公司将该商标用于多种粮食产品的外包装上进行销售经营。李艳霞以永鹏公司侵害其著作权为由，提起诉讼，主张按照权利人损失或侵权人获利计算损害赔偿，永鹏公司需赔偿 210 万元。吉林省吉林市中级人民法院一审认为，永鹏公司注册并在产品外包装上使用的"人鹿图案"商标与李艳霞创作的"人鹿和谐"剪纸作品中的人、鹿形象高度相似，永鹏公司提供的现有证据不足以证明其注册并使用的商标具有合法独立创作来源或授权，应认定构成著作权侵权。李艳霞主张的损失赔偿计算方式，缺乏合理合法依据。综合考虑涉案作品价值、独创性程度、侵权情节、主观过错程度及诉讼合理支出等因素，酌定赔偿数额为 8 万元。李艳霞不服，提起上诉。吉林省高级人民法院二审判决驳回上诉、维持原判。李艳霞不服，向最高人民法院申请再审。最高人民法院于 2017 年 9 月 26 日裁定驳回了李艳霞的再审申请。

【裁判意见】

最高人民法院审查认为：本案所涉作品为剪纸美术作品。就美术作品而言，如果侵权行为系出版行为，可按照权利人因此遭受的稿酬损失计算；如果侵权行为系复制美术品的方式，一般应按照侵权人的市场利润即复制品数量与单位利润计算，因为作品是侵权复制品定价的核心，侵权复制品的获利应当视为来自作品的全部贡献或主要贡献。如果是将美术作品用于宣传其他商品，如用于广告、装饰装潢等，商品利润与作品价值之间并无直接的因果关系，不宜将商品利润直接作为作品损失。侵权行为的收益往往表现在应当支付但未支付的成本，即著作权许可费用。本案所涉侵权行为系擅自将他人作品用作商标的行为。作品被用作商标，一般有两种情况，一种是通过许可使用合同获得已有作品的授权，一种是自行或委托他人创作。在使用许可合同中，作品的独创性可能对商标显著性有影响，作品的知名度对商标的知名度有贡献，均可作为作品价值的参考要素，体现在许可使用费中。如果是自行创作或委托创作，一般分为两阶段，商标设计制作和商标交付使用阶段。在商标设计制作阶段，设计人使用的是作品，其通过创作作品获得相应报酬，因此商标设计费是作品被用作商标的对价。在商标使用过程中，使用人主要使用的是商标而非作品，其产生的价值应当主要属于商标价值而非作品价值。无论上述哪种情况，对作品权利人而言，当作品被他人擅自用作商标，丧失的既非出版稿酬损失，也非美术品损失，而是许可他人用作商标的费用与机会损失。因此，二审法院认为，不宜以标有商标的包装袋数量作为侵权复制品的数量，应以作品授权许可费用作为标准计算本案损失，符合法律规定。本案中，作品被复制侵权的第一使用人系本源工作室，其通过为永鹏公司设计商标获取的费用，是其使用涉案作品获得的直接利益，可以作为衡量作品损失的参考标准。一般认为，侵权复制者的成本较低，其授权作品的价格可能低于合法授权作品的价格，因此，可在参考该费用的基础上，考虑侵权行为的性质、影响等因素，乘以适当倍数，进行计算。有鉴于此，一审、二审法院综合考虑涉案作品价值、独创性程度、侵权情节、主观过错程度及诉讼合理支出等因素，酌定赔偿数额为 8 万元并无不妥。

四、不正当竞争案件审判

29. 知名商品特有包装装潢中的"商品"与"包装装潢"应当具有特定指向关系

【裁判要旨】

反不正当竞争法第五条第二项规定的"知名商品"和"特有包装装潢"之间具有互为表里、不可割裂的关系，只有使用了特有包装装潢的商品，才能够成为反不正当竞争法调整的对象。抽象的商品名称或无确定内涵的商品概念，脱离于包装装潢所依附的具体商品，缺乏可供评价的实际使用行为，不具有依据反不正当竞争法第五条第二项规定进行评价的意义。

【关键词】

不正当竞争　知名商品　特有包装装潢　权益归属

【案号】

最高人民法院〔2015〕民三终字第 2 号、第 3 号

【基本案情】

在上诉人广东加多宝饮料食品有限公司（简称加多宝公司）与被上诉人广州医药集团有限公司（简称广药集团）、广州王老吉大健康产业有限公司（简称大健康公司）擅自使用知名商品特有包装装潢纠纷两案（简称"红罐"特有包装装潢纠纷案）中，2012 年 7 月 6 日，广药集团与加多宝公司于同日分别向法院提起诉讼，均主张享有"红罐王老吉凉茶"知名商品特有包装装潢的权益，并据此诉指对方生产销售的红罐凉茶商品的包装装潢构成侵权。广东省高级人民法院一审认为，"红罐王老吉凉茶"包装装潢的权益享有者应为广药集团，大健康公司经广药集团授权生产销售的红罐凉茶不构成侵权。由于加多宝公司不享有涉案包装装潢权益，故其生产销售的一面"王老吉"、一面"加多宝"和两面"加多宝"的红罐凉茶均构成侵权。一审法院遂判令加多宝公司停止侵权行为，刊登声明消除影响，并赔偿广药集团经济损失 1.5 亿元及合理维权费用 26 万余元。加多宝公司不服两案一审判决，向最高人民法院提起上诉。最高人民法院终审判决认为，本案中的知名商品为"红罐王老吉凉茶"，在红罐王老吉凉茶产品的罐体上包括"黄色王老吉文字、红色底色等色彩、图案及其排列组合等组成部分在内的整体内容"，为知名商品的特有包装装潢。广药集团与加多宝公司均主张对红罐王老吉凉茶的特有包装装潢享有权益，具体而言，作为"王老吉"注册商标的权利人，广药集团认为，因"王老吉"商标是包装装潢不可分割的组成部分，并发挥了指示商品来源的显著识别作用，消费者当然会认为红罐王老吉凉茶来源于"王老吉"商标的权利人，而配方、口味并不会影响消费者对商品的识别和判断。作为红罐王老吉凉茶曾经的实际经营者，加多宝公司认为，包装装潢权益与"王老吉"商标权的归属问题各自独立，互不影响。消费者喜爱的是由加多宝公司生产并选用特定配方的红罐王老吉凉茶，本案包装装潢由加多宝公司使用并与前述商品紧密结合，包装装潢的相关权益应归属于加多宝公司。最高人

民法院对此认为，结合红罐王老吉凉茶的历史发展过程、双方的合作背景、消费者的认知及公平原则的考量，因广药集团及其前身、加多宝公司及其关联企业，均对涉案包装装潢权益的形成、发展和商誉建树，各自发挥了积极的作用，将涉案包装装潢权益完全判归一方所有，均会导致显失公平的结果，并可能损及社会公众利益。因此，涉案知名商品特有包装装潢权益，在遵循诚实信用原则和尊重消费者认知并不损害他人合法权益的前提下，可由广药集团与加多宝公司共同享有。在此基础上，广药集团所称加多宝公司生产销售的红罐凉茶商品，以及加多宝公司所称大健康公司根据广药集团授权生产销售的红罐凉茶商品构成擅自使用他人知名商品特有包装装潢权益的主张，均不能成立。最高人民法院遂于2017年7月7日二审判决对广药集团及加多宝公司的诉讼请求均予以驳回。

【裁判意见】

最高人民法院二审认为：包装装潢具有显著识别特征，并使用于具有一定知名度的商品之上，是与包装装潢有关的商业标识性权益获得反不正当竞争法保护的条件。在适用反不正当竞争法第五条第二项的规定时，应对"特有包装装潢"与"知名商品"之间的关系作出正确理解，即二者具有互为表里、不可割裂的关系。只有使用了特有包装装潢的商品，才能够成为反不正当竞争法评述的对象。相反，抽象的商品名称，或无确定内涵的商品概念，脱离于包装装潢所依附的具体商品，缺乏可供评价的实际使用行为，不具有依据反不正当竞争法第五条第二项规定进行评价的意义。"王老吉凉茶"作为一种商品名称，在双方纠纷发生之时，至少可以指代由广药集团生产的绿色纸盒或加多宝公司生产的红色罐装等不同包装装潢形式的凉茶商品。而本案界定"知名商品"的目的，是为了判断附着于其上的、特定的包装装潢形式，是否符合反不正当竞争法对商业标识性权益提供保护的条件。因此，该"知名商品"应当与涉案包装装潢形式具有明确的指向关系。一审法院脱离了商品与包装装潢所应具有的依附关系，将指代并不唯一的商品名称"王老吉凉茶"认定为本案的"知名商品"，缺乏事实与法律依据，对此予以纠正。

30. 确定知名商品特有包装装潢权益归属的考量因素

【裁判要旨】

在确定特有包装装潢的权益归属时，既要在遵循诚实信用原则的前提下鼓励诚实劳动，也应当尊重消费者基于包装装潢本身具有的显著特征而客观形成的对商品来源指向关系的认知。

【关键词】

不正当竞争　知名商品　特有包装装潢　权益归属

【裁判意见】

在前述"红罐"特有包装装潢纠纷案中，最高人民法院还明确了确定知名商品特有包装装潢权益归属的考量因素。最高人民法院二审认为：本案所涉知名商品特有包装装潢纠纷的产生，源于双方在签订和履行商标许可使用合同的过程中，并未对可能产生于许可使用期间的衍生利益如何进行分割作出明确的约定。通常情况下，在商标许可使用关系终止后，被许可人应停止使用行为，被许可使用商标之上所积累的商誉，应同时归还于许可人。但本案纠纷发生的特殊之处在于，许可使用期间形成的特有包装装潢，既与被许可商标的使用存在密切联系，又因其具备反不正当竞争法下独立权益的属性，而产生了外溢于商标权之外的商誉特征。双方各自提出的权利主张，既涉及与商业标识性权益保护有关的一般性法律适用问题，也体现了本案所特有的包装装潢权益在形成过程中所包含的复杂历史和现实因素。注册商标制度与知名商品特有包装装潢权益保护制度虽然均属于对商业标识性权益提供保护的法律制度，但二者的权利来源和保护条件有所不同。注册商标与包装装潢可以各自发挥其独立的识别作用，并分属于不同的权利主体潢红罐王老吉凉茶推出市场后，经过加多宝公司及其关联企业有效的营销活动，红罐王老吉凉茶使用的包装装潢因其知名度和独特性，已经形成了独立的商业标识性权益。但本案的特殊之处在于，作为涉案包装装潢实际经营者的加多宝公司，在设计、使用及宣传推广的过程中，始终将作为广药集团注册商标的"王老吉"文字在包装装潢中进行了突出使用，且从未着意阻断和清晰区分包装装潢与其中包含的注册商标之间的关系，客观上使包装装潢同时指向了加多宝公司与广药集团。消费者亦不会刻意区分法律意义上的商标权与知名商品特有包装装潢权益，而会自然地将红罐王老吉凉茶与广药集团、加多宝公司同时建立联系。实际上，涉案包装装潢中确实也同时蕴含了广药集团"王老吉"品牌的影响力，以及加多宝公司通过十余年的生产经营和宣传推广而形成、发展而来的商品知名度和包装装潢的显著识别效果。综合考虑上述因素，结合红罐王老吉凉茶的历史发展过程、双方的合作背景、消费者的认知及公平原则的考量，因广药集团及其前身、加多宝公司及其关联企业，均对涉案包装装潢权益的形成、发展和商誉建树，各自发挥了积极的作用，将涉案包装装潢权益完全判归一方所有，均会导致显失公平的结果，并可能损及社会公众利益。因此，涉案知名商品特有包装装潢权益，在遵循诚实信用原则和尊重消费者认知并不损害他人合法权益的前提下，可由广药集团与加多宝公司共同享有。

五、植物新品种案件审判

31. 植物新品种保护条例第六条规定中"销售"的含义
【裁判要旨】
对于植物新品种保护条例第六条规定中"销售"一词的含义，应该结合我国已经加入的《国际植物新品种保护公约》（1978年文本）第五条第一款的规定予以理解。根据国际法与国内法解释一致性原则，植物新品种保护条例第六条所称的"销售"应该包括许诺销售行为。
【关键词】
植物新品种　侵权　销售　国际公约
【案号】
最高人民法院〔2017〕最高法民申4999号
【基本案情】
在再审申请人莱州市永恒国槐研究所（简称永恒国槐研究所）与被申请人葛燕军侵害植物新品种权纠纷案中，永恒国槐研究所系名称为"双季米槐"的植物新品种的权利人，品种权自 2004 年 12 月 20 日起生效，有效期限 20 年。永恒国槐研究所以葛燕军未经许可生产、销售"双季米槐"苗木侵害其植物新品种权为由，提起诉讼。一审时，永恒国槐研究所提交了《购苗木合同》、录音、录像等证据，以证明葛燕军侵权的事实。《购苗木合同》仅有甲方葛燕军的签名，无乙方永恒国槐研究所签章。山西省太原市中级人民法院一审认为，《购苗木合同》仅一方签章，不符合合同成立的要件。依据现有证据，永恒国槐研究所不能证明葛燕军存在侵犯其植物新品种权的行为。遂判决驳回永恒国槐研究所的诉讼请求。永恒国槐研究所不服，提起上诉。山西省高级人民法院二审判决驳回上诉，维持原判。永恒国槐研究所不服，向最高人民法院申请再审。2017 年 12 月 26 日，最高人民法院裁定指令山西省高级人民法院再审本案。

【裁判意见】

最高人民法院审查认为：虽然《购苗木合同》上无买方签章、该合同亦未生效，但是《购苗木合同》中品种名称明确载明为"双季米槐"，结合该合同书的形成过程及内容可以认定，葛燕军至少实施了推销"双季米槐"繁殖材料的行为。音像材料亦显示，葛燕军认可其销售的是"双季米槐"。《中华人民共和国植物新品种保护条例》第十八条第一款规定："授予品种权的植物新品种应当具备适当的名称，并与相同或者相近的植物属或者种中已知品种的名称相区别。该名称经注册登记后即为该植物新品种的通用名称。"据此可知，授权品种的名称具有独特性，在没有相反证据时，名称相同的品种可推定为同一品种。因此，基于本案原审现有证据，可以认定葛燕军对外推销的繁殖材料为授权品种"双季米槐"的可能性较大，达到了高度盖然性的证明尺度。根据植物新品种保护条例第六条的规定，未经品种权人许可，为商业目的生产或者销售该授权品种的繁殖材料属于侵犯品种权的行为。对于该规定中"销售"一词的含义，应该结合我国已经加入的《国际植物新品种保护公约》（1978 年文本）中的相关规定予以理解，使得对国内法的解释与我国加入的国际公约保持协调。该公约第五条第一款规定："授予育种者权利的效果是在对受保护品种自身的有性或无性繁殖材料进行下列处理时，应事先征得育种者同意：以商业销售为目的之生产；许诺销售；市场销售。"根据国际法与国内法解释一致性原则，植物新品种保护条例第六条所称的"销售"应该包括许诺销售行为。本案中，葛燕军通过合同磋商销售"双季米槐"繁殖材料的行为构成许诺销售，属于销售行为的一种。对此，葛燕军应承担相应的民事责任。

六、技术合同案件审判

32. 技术工业化合同中合同目的的认定

【裁判要旨】

能否产出符合合同约定的产品，与该产品能否上市销售、是否适销对路、有否利润空间等，并非同一层面的问题。在涉及技术工业化的合同中，如无明确约定，不应将产品商业化认定为合同目的。

【关键词】

技术合同　技术工业化　产品商业化　合同目的

【案号】

最高人民法院〔2016〕最高法民再251号

【基本案情】

在再审申请人陕西天宝大豆食品技术研究所（简称天宝所）与被申请人汾州裕源土特产品有限公司（简称裕源公司）技术合同纠纷案中，裕源公司、天宝所于2006年5月5日签订了《专利实施许可合同》，约定天宝所将其"核桃乳酸菌饮料及其制备方法"专利（即涉案专利）许可裕源公司实施。次日，双方又签订了《投资合作协议书》。裕源公司以利用天宝所的涉案技术生产出的核桃乳酸菌饮料不合格，涉案技术达不到工业化生产的条件，致使合同无法履行，构成根本性违约为由，请求解除《专利实施许可合同》和《投资合作协议书》（统称涉案合同），返还技术服务费并赔偿损失。山西省吕梁市中级人民法院一审认为，裕源公司已举证证明其履行了合同义务，并就涉案设备、产品等所存在的问题和缺陷提交了证据，天宝所并未提交反证，故应由天宝所承担举证不利的后果。据此，判决解除涉案合同，返还技术使用费并赔偿相关损失。天宝所不服，提起上诉。山西省高级人民法院二审认为，裕源公司始终未能生产出符合上市条件的合格产品，双方就涉案非标设备的质量问题亦有争议。因天宝所未能解决试生产饮品存在的口感不稳定、沉淀等问题，故可以认定天宝所并没有按合同约定完成其合同义务。鉴于裕源公司签订涉案合同的目的落空，故应判决解除合同、返还技术使用费。但因双方均不存在主观过错，故对相关损失应依照公平原则分担，由裕源公司承担20%的损失；由天宝所承担80%的损失。故判决维持了一审判决关于解除合同和返还技术使用费的判项，对赔偿损失的数额作出了调整。天宝所不服，向最高人民法院申请再审。最高人民法院裁定提审本案，并于2017年1月24日作出再审判决，撤销了一审、二审判决，驳回裕源公司的全部诉讼请求。

【裁判意见】

最高人民法院提审认为：合同法第九十四条确立了合同法定解除权制度。其作为合同法项下的制度，必然须以维护意思自治、鼓励市场交易、稳定市场秩序、实现资源的有效配置的合同法立法宗旨和价值取向为依归，故对合同法定解除权的适用条件予以严格限定才是这一制度的主要方面和价值侧重。技术合同领域，特别是在涉及技术工业化的合同中，尤应注意对合同法定解除权的适用予以严格规范。区分技术工业化和产品商业化的概念，避免在没有明确约定的情况下，将产品商业化认定为技术合同的目的。技术工业化以技术的工业化运用为目标，其仅解决技术能否从实验室走向工厂，产出合格产品的问题；产品商业化则以盈利为目标，其所关心的是供给侧和需求侧在质和量上是否匹配的问题，亦即产品是否适销对路、有否利润空间的问题。技术工业化只是产品商业化的必要条件，而非充分条件。产品商业化的达成，还需要满足诸如精准分析市场需求、巧妙设定营销策略、严格控制产销成本、切实保障资金流转等与技术无关的其他条件。故若在无明确约定的情况下将产品商业化，乃至盈利，认定为技术合同的合同目的，将阻滞技术向生产力的转化。本案中，涉案合同明确约定，合同项下合格产品的认定标准为国家标准。二审法院以"符合上市条件"作为认定产品合格的依据，将合同约定的技术标准拔高为市场标准，系对涉案合同关于合格产品认定标准条款的错误理解，其关于天宝所因始终未能解决试产产品存在的口感不稳定、有沉淀等问题而构成根本违约的认定，确有错误。最高人民法院亦指出，投资方应审慎签订涉及技术工业化的合同，在技术指标的设置和产品合格标准的选择上，应当尽可能贴近市场对产品的要求，尤应避免在市场竞争较为激烈或相关公众要求较高的领域，仅以市场准入标准作为合同项下的产品合格标准，从而陷入产品合格而商业失败的窘境。

七、关于知识产权诉讼程序与证据

（一）知识产权民事诉讼程序与证据

33. 网络购物收货地不宜作为知识产权和不正当竞争案件的侵权行为地

【裁判要旨】

侵犯知识产权和不正当竞争案件中，原告通过网络购物方式购买被诉侵权产品，不宜适用民事诉讼法司法解释第二十条的规定，以网络购物收货地作为侵权行为地确定案件的地域管辖。

【关键词】

不正当竞争　管辖　网络购物收货地　侵权行为地

【案号】

最高人民法院〔2016〕最高法民辖终107号

【基本案情】

在上诉人广东马内尔服饰有限公司（简称马内尔公司）、周乐伦与被上诉人新百伦贸易（中国）有限公司（简称新百伦公司）、一审被告南京东方商城有限责任公司（简称南京东方商城）不正当竞争纠纷管辖异议案中，广州市星珈服饰有限公司（简称广州星珈公司）于2013年4月1日至2014年3月31日期间在南京东方商城开设专柜销售"新百伦"和"百伦"牌男鞋，消费者购买被诉产品后向南京东方商城付款，并由其出具发票。新百伦公司通过网络向马内尔公司购买"新百伦"和"百伦"牌鞋（即被诉侵权产品），后者交付被诉侵权产品的地址即收货地为南京。2015年4月21日，新百伦公司以其享有"新百伦"在先企业字号权、知名商品特有名称"新百伦"、周乐伦恶意受让"百伦"、恶意抢注"新百伦"商标、南京东方商城和马内尔公司销售被诉产品，共同构成不正当竞争为由，向江苏省高级人民法院提起不正当竞争之诉。周乐伦、马内尔公司在答辩期内提出管辖权异议。江苏省高级人民法院一审认为，本案系不正当竞争纠纷案件，双方当事人争议内容涉及企业字号及商标侵权，故在案件性质上属于侵权纠纷的一种类型。网络交易的特性决定了侵权行为人是在买受人收货地交付被诉侵权产品，因而网络交易收货地既是侵权行为实施地，也是侵权结果发生地，二者高度重合。我国相关知识产权法律均明确规定未经权利人许可，销售侵权产品构成侵权行为。为方便权利人维权诉讼、及时制止侵权行为，销售地作为侵权行为地早已成为知识产权侵权以及不正当竞争纠纷案件确定地域管辖的重要联结点，也是确定地域管辖的全球通例。根据本案相关事实，南京地区既是被告南京东方商城的住所地，也是被诉侵权行为地，故江苏省高级人民法院依法享有管辖权，裁定驳回周乐伦、马内尔公司对本案管辖权提出的异议。周乐伦、马内尔公司不服，提起上诉。最高人民法院于2017年6月13日作出二审裁定，撤销一审裁定，本案应分案后重新确定管辖法院。

【裁判意见】

最高人民法院审理认为：侵犯知识产权案件和不正当竞争案件均属于侵权类案件，根据民事诉讼法第二十八条以及民事诉讼法司法解释第二十四条规定，可以依据侵权行为地确定案件的管辖法院，侵权行为地包括侵权行为实施地和侵权结果发生地。在此类案件中，由于附着了相关知识产权的商品具有大范围的可流通性，如何确定侵权行为地有不同于一般民事纠纷案件的特殊性。根据《关于审理商标民事纠纷案件适用法律若干问题的解释》（法释〔2002〕32号）第六条的规定，在侵犯商标权案件中，除了大量侵权商品的储藏地以及海关、工商等行政机关依法查封、扣押侵权商品的所在地外，仅侵权行为的实施地或者被告住所地可以作为管辖依据，不再依据侵权结果发生地确定管辖。本案中，新百伦公司认为马内尔公司的侵权行为是基于周乐伦的授权，通过网络销售被诉侵权产品，参照前述司法解释规定，新百伦公司可以在马内尔公司被诉侵权行为的实施地以及该公司住所地的人民法院提起诉讼。马内尔公司住所地位于广东省广州市天河区，新百伦公司亦无其他证据证明其在公司住所地之外的其他地区实施了侵权行为，故应以该住所地作为对马内尔公司相应行为确定管辖的依据。民事诉讼法司法解释第二十条规定："以信息网络方式订立的买卖合同，通过信息网络交付标的的，以买受人住所地为合同履行地；通过其他方式交付标的的，收货地为合同履行地。合同对履行地有约定的，从其约定。"该条规定是对民事诉讼法第二十三条、第三十四条关于合同履行地的补充规定。对于以信息网络方式订立的买卖合同，确定被告住所地或者合同履行地存在一定的困难，故司法解释该条进行了明确。由于合同案件与侵犯知识产权及不正当竞争案件存在较大的不同，合同案件一般发生在合同当事人之间，且其影响基本仅限于特定的行为和特定的当事人，而在侵犯知识产权和不正当竞争案件中，当事人通过网络购物方式取得被诉侵权产品，虽然形式上与"以信息网络方式订立买卖合同"并无区别，但其所提出的侵权主张并非仅针对这一特定的产品，而是包含了特定权利的所有产品；其主张也并非仅针对合同的另一方主体，而可能是与此产品相关的、根据法律规定可能构成侵权的其他各方主体。考虑到上述区别，并考虑到侵犯知识产权案件和不正当竞争案件中对侵权行为地的确定有专门的规定，在此类案件中，如果原告通过网络购物方式购买被诉侵权产品，不宜适用民事诉讼法司法解释第二十条的规定来确定案件的地域管辖。一审法院援引民事诉讼法司法解释第二十条的规定，认定南京市既是马内尔公司的侵权行为实施地，也是侵权结果发生地，适用法律不当，予以纠正。

34. 对涉及市场统计调查的公证书证据的审查认定

【裁判要旨】

对涉及市场统计调查的公证书证据的审查认定，应当具体审查该市场统计调查的客观性、科学性、适法性等有关情况，不能仅因该调查经过公证就当然采信。

【关键词】

不正当竞争　侵权　市场统计调查　公证书

【案号】

最高人民法院〔2017〕最高法民申3918号

【基本案情】

在再审申请人河北六仁烤饮品有限公司（简称六仁烤公司）与被申请人河北养元智汇饮品股份有限公司（简称养元公司）及一审被告金华市金东区叶保森副食店（简称叶保森副食店）擅自使用知名商品特有包装、装潢纠纷案中，养元公司主张该公司的"六个核桃"核桃乳饮品为知名商品，该饮品采用"蓝罐奶花飘带图""奶花篮框祥云图""六个核桃六六大顺贺岁图""蓝罐奶花飘带复合图"等作为产品包装、装潢，六仁烤公司未经许可在其生产的核桃乳产品上使用了与养元公司相似的包装、装潢，构成不正当竞争，请求法院判令六仁烤公司与叶保森副食店停止该不正当竞争行为并共同赔偿损失20万元。浙江省金华市中级人民法院一审认为，养元公司生产、销售的"六个核桃"核桃乳饮料的包装装潢属于知名商品特有的包装装潢，六仁烤公司生产、销售被诉侵权产品的行为构成不正当竞争，判决六仁烤公司停止侵权并赔偿养元公司损失与合理开支共12万元，叶保森副食店停止销售被诉侵权产品并赔偿养元公司损失与合理开支共5000元。六仁烤公司不服，提起上诉。浙江省高级人民法院二审判决驳回上诉，维持原判。六仁烤公司不服，向最高人民法院申请再审，主要理由包括：原判决认定六仁烤公司的商品包装、装潢与养元公司的商品包装、装潢近似，易使相关公众产生误认，该认定缺乏证据证明。六仁烤公司在一审诉讼中提交的证据〔2016〕晋证经字第498号公证书（简称第498号公证书）可以证明消费者对该两种商品不会产生混淆误认。最高人民法院于2017年9月29日裁定驳回六仁烤公司的再审申请。

【裁判意见】

最高人民法院审查认为：关于六仁烤公司所称第498号公证书可以证明其商品包装、装潢与养元公司商品包装、装潢不近似、不会使消费者产生混淆误认一节，第498号公证书涉及市场统计调查，对该项证据应否采信，应当具体审查该市场统计调查的客观性、科学性、适法性等有关情况，不能仅因该调查经过公证就当然采信。第498号公证书所记载的市场统计调查，由六仁烤公司设计、提供相关表格，并派员参与调查过程，非由中立第三方独立完成，故其客观性存疑；从调查表格的设计来看，一张调查表同时记录多名受访人的意见，每名受访人均能看到其他受访人的选择结果，不是在不受外界影响的状态下独立作出判断，易出现从众效应，故不具有科学性；调查过程中，对两种商品的摆放不符合判断商品包装装潢是否近似时应隔离比对的要求，每名受访人均能同时看到两种商品；从问卷问题的设计来看，直接询问受访人是否发生实际混淆，没有考虑混淆可能性。因此，原审法院对第498号公证书不予采信并无不当。

35. 在申请再审程序中以新的证据主张现有技术抗辩不应予以支持

【裁判要旨】

专利侵权案件中，被诉侵权人在申请再审程序中以新的证据主张现有技术抗辩，表面上系以新证据为由申请再审，但实质上相当于另行提出新的现有技术抗辩。如允许被诉侵权人在申请再审程序中无限制地提出新的现有技术抗辩，与专利权人应当在一审法庭庭审辩论终结前固定其主张的权利要求相比，对专利权人显失公平，且构成对专利权人的诉讼突袭，亦将架空一、二审诉讼程序。

【关键词】

专利　侵权　申请再审程序　现有技术抗辩

【案号】

最高人民法院〔2017〕最高法民申768号

【基本案情】

在再审申请人唐山先锋印刷机械有限公司（简称先锋公司）与被申请人天津长荣印刷设备股份有限公司（简称长荣公司）、一审被告常州市恒鑫包装彩印有限公司（简称恒鑫公司）侵害发明专利权纠纷案中，2004年11月29日，长荣公司向国家知识产权局提出了名称为"一种一次走纸供多次压印工位的模压工艺及自动模切烫印机"的发明专利申请，该申请于2005年5月11日公开，并于2008年12月24日获得授权，专利号为ZL200410093700.6（即涉案专利）。长荣公司一审起诉先锋公司及恒鑫公司侵犯其涉案专利权。先锋公司在一审诉讼中提交授权公告号为CN2416050Y，专利号为00226345.9，名称为"烫金模切机"，授权公告日为2001年1月24日的专利文件，主张被诉侵权产品实施的技术属于现有技术。江苏省常州市中级人民法院一审认定先锋公司的现有技术抗辩不成立，判令先锋公司停止侵权并赔偿长荣公司经济损失。先锋公司不服，提起上诉。江苏省高级人民法院二审判决驳回上诉，维持原判。先锋公司不服，向最高人民法院申请再审，称其实施的技术属于现有技术，并提交了未曾在一、二审程序中提交过的公开号为CN1302730A，申请号为00134692.X，名称为"一种烫印模切联动机及其联动方法"，公开日为2001年7月11日的专利文件。最高人民法院于2017年3月29日裁定驳回先锋公司的再审申请。

【裁判意见】

最高人民法院审查认为：《中华人民共和国专利法》第六十二条规定，在专利侵权纠纷中，被诉侵权人有证据证明其实施的技术或者设计属于现有技术或者现有设计的，不构成侵犯专利权。本案中，先锋公司在一审、二审诉讼中提交授权公告号为CN2416050Y的专利文件，主张被诉侵权产品实施的技术属于现有技术。先锋公司现申请再审称其实施的技术属于现有技术，并提交了公开号为CN1302730A的另一份专利文件作为新证据。该证据是先锋公司在一审、二审阶段可以取得的，其在不同诉讼程序中以不同的证据主张现有技术抗辩，表面上系以新证据为由申请再审，但实质上相当于另行提出新的现有技术抗辩。根据《最高人民法院关于审理侵犯专利权纠纷案件应用法律若干问题的解释》第一条关于"人民法院应当根据权利人主张的权利要求，依据专利法第五十九条第一款的规定确定保护范围。权利人在一审法庭辩论终结前变更其主张的权利要求的，人民法院应当准许"之规定，专利权人应当在一审法庭庭审辩论终结前固定其权利要求。如允许先锋公司无限制地提出新的现有技术抗辩，与专利权人应当在一审法庭庭审辩论终结前固定其主张的权利要求相比，对专利权人显失公平，且构成对专利权人长荣公司的诉讼突击，亦将架空一审、二审的诉讼程序，不利于引导当事人在法定的一审、二审程序中解决纠纷，故对其相关主张不予支持。

36. 合法来源抗辩应当提供符合交易习惯的相关证据

【裁判要旨】

一方当事人出具的有关其生产并提供被诉侵权产品给其他当事人的"声明"属于当事人陈述，在专利权人对该声明不予认可，且缺乏其他客观证据证明的情况下，应认定合法来源抗辩不能成立。

【关键词】

外观设计专利　侵权　合法来源抗辩　当事人陈述

【案号】

最高人民法院〔2017〕最高法民申 1671 号

【基本案情】

在再审申请人宁波欧琳实业有限公司（简称欧琳公司）与被申请人宁波搏盛阀门管件有限公司（简称搏盛公司），二审上诉人宁波欧琳厨具有限公司、宁波欧琳网络科技有限公司，二审被上诉人宁波市鄞州时蓉塑胶有限公司（简称时蓉公司）侵害外观设计专利权纠纷案中，涉及专利号为 200930140537.8、名称为"开关（圆形双头－1），外观设计专利（即涉案专利），搏盛公司系专利权人。搏盛公司向浙江省宁波市中级人民法院起诉，请求判令欧琳公司、宁波欧琳厨具有限公司、宁波欧琳网络科技有限公司承担停止侵权、赔偿损失的民事责任。一审法院根据欧琳公司申请，追加时蓉公司为本案被告参加诉讼。一审法院审理认为，被诉侵权产品并未落入涉案专利权的保护范围，故判决驳回搏盛公司的诉讼请求。搏盛公司不服，提起上诉。浙江省高级人民法院二审认为，被诉侵权产品与涉案专利外观设计构成相近似的设计，落入涉案专利权的保护范围；欧琳公司等有关现有设计抗辩、合法来源抗辩的主张不能成立，故判决撤销一审判决，欧琳公司等承担停止侵权，赔偿损失等民事责任。欧琳公司不服，向最高人民法院申请再审，并提供了时蓉公司出具的"声明"，称被诉侵权产品系由时蓉公司生产并提供给欧琳公司，据此主张合法来源抗辩成立。最高人民法院于 2017 年 9 月 28 日裁定驳回欧琳公司的再审申请。

【裁判意见】

最高人民法院审查认为：被诉侵权人主张合法来源抗辩的，应当提供符合交易习惯的相关证据。本案中，欧琳公司并未提供符合交易习惯的相关证据，以证明被诉侵权产品来自于时蓉公司，具有合法来源。首先，欧琳公司提交的"买卖总合同"以及"采购订单"不能相互印证，不足以证明被诉侵权产品源于时蓉公司。其次，时蓉公司出具的"产品清单"真实性难以确认。最后，关于时蓉公司出具的"声明"，声称被诉侵权产品系由时蓉公司生产并提供给欧琳公司。由于时蓉公司是一审法院根据欧琳公司申请，将其追加为本案被告，而搏盛公司在一、二审中均对此明确提出异议。时蓉公司作为被告之一，其出具的"声明"以及被诉侵权产品由其生产的主张均属于《中华人民共和国民事诉讼法》第六十三条规定的"当事人陈述"。时蓉公司的陈述是否被采信，对于欧琳公司在本案中承担何种侵权责任，以及搏盛公司能否获得充分的赔偿，均具有潜在的重大影响。然而经反复释明，时蓉公司以及欧琳公司始终未能提供充分的证据，证明被诉侵权产品系由时蓉公司生产并提供给欧琳公司。《最高人民法院关于民事诉讼证据的若干规定》第七十六条规定"当事人对自己的主张，只有本人陈述而不能提出其他相关证据的，其主张不予支持。但对方当事人认可的除外。"由于博盛公司对欧琳公司有关合法来源抗辩的主张不予认可，对时蓉公司有关其生产被诉侵权产品的主张亦不予认可，故对时蓉公司的陈述不予支持。综上，欧琳公司有关被诉侵权产品具有合法来源的主张不能成立。

（二）知识产权行政诉讼程序与证据

37. 以外观设计专利权与他人在先取得的合法权利相冲突为由提起无效宣告请求的请求人资格

【裁判要旨】

专利无效理由可以区分为绝对无效理由和相对无效理由两种类型，两者在被规范的客体本质、立法目的等方面存在重大区别。有关外观设计专利权与他人在先合法权利冲突的无效理由属于相对无效理由。当专利法第四十五条关于请求人主体范围的规定适用于权利冲突的无效理由时，基于相对无效理由的本质属性、立法目的以及法律秩序效果等因素，无效宣告请求人的主体资格应受到限制，原则上只有在先合法权利的权利人及其利害关系人才能主张。

【关键词】

外观设计专利　无效程序　权利冲突　主体资格

【案号】

最高人民法院〔2017〕最高法行申 8622 号

【基本案情】

在再审申请人斯特普尔斯公司与被申请人罗世凯、一审被告国家知识产权局专利复审委员会（简称专利复审委员会）外观设计专利权无效行政纠纷案（简称"碎纸机"外观设计专利权无效行政纠纷案）中，专利号为 200830102005.0、名称为"碎纸机（HC0802）"的外观设计专利（即本案专利），申请日为 2008 年 2 月 22 日，授权公告日为 2009 年 8 月 5 日，专利权人为罗世凯。2012 年 5 月 25 日，斯特普尔斯公司以本案专利与其在先著作权相冲突为由，请求宣告本案专利无效。2013 年 4 月 2 日，专利复审委员会作出第 20813 号无效宣告请求审查决定认为，本案专利与斯特普尔斯公司取得的合法有效的在先著作权相冲突，不符合专利法第二十三条的规定。罗世凯不服，提起行政诉讼。北京市第一中级人民法院一审认为，斯特普尔斯公司提交的证据不足以证明其享有在先著作权，亦无法证明本案专利与其在先取得的著作权相冲突。专利复审委员会宣告本案专利全部无效结论错误，应予撤销。斯特普尔斯公司不服，提起上诉。二审法院查明，斯特普尔斯公司主张其享有在先著作权的作品已于 2012 年 11 月 20 日转让给案外人铁志公司。北京市高级人民法院二审认为，当请求人以外观设计专利权与他人在先取得的合法权利相冲突为由，提起无效宣告请求时，该请求人主体资格应限定为权利人或利害关系人。根据在案证据，无论是基于斯特普尔斯公司所主张的在先著作权已经转让的事实，或是该公司所提交的相关证据存在前后矛盾的情形，均不足以证明斯特普尔斯公司为其所主张的在先著作权的权利人或利害关系人，故斯特普尔斯公司所提无效宣告请求缺乏事实和法律依据。遂判决驳回上诉、维持原判。斯特普尔斯公司不服，向最高人民法院申请再审。最高人民法院于 2017 年 12 月 25 日裁定指令北京市高级人民法院再审本案。

【裁判意见】

最高人民法院审查认为：本案中，无效宣告请求人以专利法第二十三条关于授予专利权的外观设计不得与他人在先取得的合法权利相冲突为由提出无效请求，对于依据该特定无效理由提出无效宣告的请求人资格问题，首先，关于被规范的客体本质。无效宣告请求人依据专利法第四十五条提出无效宣告请求时，根据专利法关于专利权授予条件的相关规定，其据以主张的无效理由可以大致分为两类：一是有关可专利性、新颖性、创造性、实用性、充分公开、权利要求得到说明书支持等专利授权实质条件的无效理由；二是有关外观设计专利权与他人在先合法权利冲突的无效理由。由于不同类型无效理由的本质属性存在差异，当专利法第四十五条关于请求人主体范围的规定适用于上述不同类型的无效理由时，其请求人主体资格问题与无效理由本质属性密切相关。专利申请被授权后，专利权人将获得在一定期间内排他性实施该专利的独占权。为保证被授权的专利值得获得这种保护，要求该专利真正符合新颖性、创造性、实用性等专利实质条件，以使其获得的保护与其贡献相匹配。任何不符合专利实质条件的专利申请的授权，均将不当限制社会公众的自由利用与创新。为此，专利法设置了无效宣告制度，意在借助公众的力量，发现和清除不当授予的专利权，以维护有利于创新的公共空间。同时，对于社会公众而言，其亦有能力和机会获得有关可专利性、新颖性、创造性、实用性、充分公开、权利要求得到说明书支持等专利授权实质条件的证据材料，对此并不存在实际障碍。因此，有关专利授权实质条件的前述第一类无效理由属于专利无效的绝对理由，任何人均可主张。对于外观设计专利权而言，其有关新颖性和区别性的无效理由，同样属于任何人均可主张的绝对理由。与第一类无效理由不同，有关外观设计专利权与他人在先合法权利冲突的第二类无效理由具有自身特殊的属性。如果外观设计专利权与他人在先合法权利冲突，直接影响的仅仅是在先合法权益，与公共利益无涉。同时，在实践操作层面上，证明外观设计专利权与他人在先合法权利相冲突的证据通常只有在先权利的权利人或者利害关系人才能掌握，他人难以获知。因此，关于外观设计专利权与他人在先合法权利冲突的无效理由属于相对无效理由，通常只能由在先权利的权利人或者利害关系人主张。主张该无效理由的请求人主体资格受到相对无效理由本质属性的天然限制。其次，关于专利法第二十三条有关权利冲突规定的立法目的。"授予专利权的外观设计不得与他人在先取得的合法权利相冲突"这一规定系专利法第二次修正时加入，其目的在于解决实践中出现的外观设计专利申请人未经许可将他人享有权利的客体结合自己的产品申请外观设计专利的问题，为在先权利人请求宣告相应外观设计专利无效提供法律依据。因此，该规定的立法目的本身即为维护在先权利。基于该立法目的，自应由权利人或者利害关系人提出该无效主张。专利法实施细则第六十五条第三款的规定即是在实践层面对上述立法目的的贯彻实施。最后，关于法律秩序效果。如果任何人均可主张外观设计专利权与他人在先合法权利冲突的无效理由，可能会在法律秩序上造成不良效果。允许任何人均可以外观设计专利权与他人在先合法权利冲突为由提出无效宣告请求，不可避免地会造成违背在先权利人意志的窘境。还应注意的是，外观设计专利权与他人在先合法权利冲突的本质在于外观设计专利权的实施将侵害他人在先权利，该冲突状态将因外观设计专利人获得在先权利人的许可或者同意而消除。因此，在先权利人及其利害关系人之外的社会公众发动无效宣告程序后，其后的行政程序和行政诉讼程序均可能因权利冲突状态的消除而随时归于无效，造成行政和司法资源的浪费。相反，如果仅允许在先权利人及其利害关系人主张权利冲突的无效理由，则可避免上述不良效果。基于上述理由，当专利法第四十五条关于请求人主体范围的规定适用于有关外观设计专利权与他人在先合法权利冲突的无效理由时，无效宣告请求人的主体资格将因被规范的客体本质、立法目的以及法律秩序效果等而受到限制，原则上只有在先合法权利的权利人及其利害关系人才能主张。二审判决从外观设计专利保护客体的特殊性方面立论，理由虽欠妥当，但认定结论正确，予以确认。

38. 当事人恒定原则可以适用于专利无效宣告行政程序

【裁判要旨】

在行政诉讼程序中，人民法院受理相关诉讼后，为保证诉讼程序的稳定和避免诉讼不确定状态的发生，当事人的主体资格不因有关诉讼标的的法律关系随后发生变化而丧失。专利无效宣告行政程序属于准司法程序，当事人恒定原则对于该程序亦有参照借鉴意义。对于无效宣告行政程序启动时符合资格条件的请求人，即便随后有关诉讼标的的法律关系发生变化，其亦不因此当然丧失主体资格。

【关键词】

外观设计专利　无效程序　当事人恒定原则　主体资格

【裁判意见】

在前述"碎纸机"外观设计专利权无效行政纠纷案中，最高人民法院还对无效宣告行政程序启动时符合资格条件的请求人是否因有关诉讼标的的法律关系发生变化而丧失资格的问题表明了态度。最高人民法院审查认为，《最高人民法院关于适用〈中华人民共和国民事诉讼法〉的解释》第二百四十九条第一款规定："在诉讼中，争议的民事权利义务转移的，不影响当事人的诉讼主体资格和诉讼地位。人民法院作出的发生法律效力的判决、裁定对受让人具有拘束力。"该规定体现了民事诉讼中的当事人恒定原则，该原则和精神对于行政诉讼亦有参照作用。根据该原则和精神，在行政诉讼程序中，人民法院受理相关诉讼后，为保证诉讼程序的稳定和避免诉讼不确定状态的发生，当事人的主体资格不因有关诉讼标的的法律关系随后发生变化而丧失。相反，如果允许当事人的主体资格因随后有关诉讼标的的法律关系发生变化而丧失，导致已经进行的行政诉讼程序归于无效，将对程序的稳定性和结果的确定性产生严重的不利影响，造成司法资源的浪费。同时，有关诉讼标的的法律关系发生变化后，新权利人的利益可以通过程序设计予以保障。例如，新权利人可以申请替代原当事人承担诉讼，人民法院根据案件具体情况决定是否准许。人民法院予以准许的，原当事人已经完成的诉讼行为对新权利人具有拘束力。对于专利无效宣告行政程序而言，其具有双方当事人参与和专利复审委员会原则上居中裁决的特点，属于准司法程序。当事人恒定原则对于该程序亦有参照借鉴意义。否则，同样可能导致专利无效宣告行政程序的不稳定及行政资源的浪费。因此，对于无效宣告行政程序启动时符合资格条件的请求人，即便随后有关诉讼标的的法律关系发生变化，其亦不因此当然丧失主体资格。本案中，假定斯特普尔斯公司在提出无效宣告请求时确实是涉案作品的著作权人或者利害关系人，即便其随后将该作品著作权转让给案外人，亦不会因此而丧失以权利冲突为由提出无效宣告请求的请求人主体资格。二审判决以斯特普尔斯公司所主张的涉案著作权已经转让为由，否定斯特普尔斯公司以涉案外观设计专利与其在先著作权相冲突为由提出无效宣告请求的请求人资格，适用法律错误，应予纠正。

39. 对于已为在先生效判决所羁束的行政裁决提起行政诉讼所引致的新判决申请再审的受理条件

【裁判要旨】

当事人对于商标评审委员会依据法院生效判决作出的行政裁决再次提起行政诉讼，人民法院依据原生效判决的认定作出维持该行政裁决的判决，当事人可否针对该新判决申请再审，应结合被诉行政裁决的法律性质、新判决的内容及尽可能防止循环诉讼等因素予以考虑。如果被诉行政裁决完全被在先生效判决所羁束，新判决系根据在先生效判决确定的事实和理由作出，未对被诉行政裁决进行实体审理，为避免循环诉讼，对于该新判决不应允许申请再审。

【关键词】

商标　撤销程序　申请再审　受理条件

【案号】

最高人民法院〔2017〕最高法行申 5093 号

【基本案情】

在再审申请人三得利控股株式会社（简称三得利株式会社）与被申请人国家工商行政管理总局商标评审委员会（简称商标评审委员会）、原审第三人杭州保罗酒店管理集团股份有限公司（简称保罗公司）之商标权承继人浙江向网科技有限公司商标撤销复审行政纠纷案中，保罗公司系第 313758 号"三得利 SDL 及图"注册商标（即诉争商标）的权利人。三得利株式会社以三年不使用为由，向国家工商行政管理总局商标局（简称商标局）提出撤销诉争商标的申请。商标局作出决定，认定诉争商标继续有效。三得利株式会社不服，向商标评审委员会申请复审。商标评审委员会作出商评字〔2012〕第 35021 号复审决定，撤销商标局的决定，诉争商标予以撤销。保罗公司不服，提起行政诉讼。北京市第一中级人民法院经审理作出〔2013〕一中知行初字第 470 号行政判决，撤销第 35021 号复审决定，责令商标评审委员会重新作出决定。商标评审委员会和三得利株式会社均不服，提出上诉。北京市高级人民法院经审理作出〔2013〕高行终字第 1751 号行政判决，驳回上诉，维持原判。商标评审委员会依据第 470 号行政判决和第 1751 号行政判决作出商评字〔2012〕第 35021 号重审第 14 号复审决定，对诉争商标予以维持。三得利株式会社不服，再次提起行政诉讼。北京知识产权法院以商标评审委员会根据在先生效判决作出第 35021 号重审第 14 号复审决定、三得利株式会社没有足够证据推翻在先生效判决为由，判决维持第 35021 号重审第 14 号复审决定。三得利株式会社仍不服，再次提起上诉。北京市高级人民法院以基本相同理由作出二审判决，维持一审判决。三得利株式会社针对该二审判决申请再审。最高人民法院于 2017 年 12 月

28 日作出裁定，驳回三得利株式会社的再审申请。

【裁判意见】

最高人民法院审查认为：本案涉及当事人对于商标评审委员会依据法院生效判决作出的复审决定再次提起行政诉讼，人民法院依据原生效判决的认定作出维持该复审决定的判决，当事人可否针对该新判决申请再审的法律问题。对此问题应结合被诉复审决定的法律性质、新判决的内容及尽可能防止循环诉讼等因素予以考虑。首先，本案第35021 号重审决定系商标评审委员会依据在先生效判决确定的裁判内容作出，商标评审委员会依法忠实履行了在先生效判决确定的法律义务，作为本案诉讼标的的被诉复审决定已为在先生效判决所羁束。其次，本案一、二审判决系根据在先生效判决确定的事实和理由作出裁决，对第 35021 号重审决定实际上并未进行实体审理。最后，如果允许当事人对于新的判决可以申请再审，则可能导致已为在先生效判决所羁束的复审决定再次进入司法程序，造成循环诉讼和纠纷久拖不决。为防止循环诉讼问题，《最高人民法院关于审理商标授权确权行政案件若干问题的规定》第三十条明确规定："人民法院生效裁判对于相关事实和法律适用已作出明确认定，相对人或者利害关系人对于商标评审委员会依据该生效裁判重新作出的裁决提起诉讼的，人民法院依法裁定不予受理；已经受理的，裁定驳回起诉。"虽然该司法解释在本案发生后才施行，但是其所蕴含的法律精神对于适用 2001 年修正的商标法审理的商标授权确权行政案件仍可参照适用。根据该规定，对于已为在先生效判决所羁束的复审决定提起行政诉讼的，应该不予受理或者驳回起诉。参照该规定的精神，对于已为在先生效判决所羁束的复审决定提起行政诉讼所引致的一审、二审判决，当然更不应该允许申请再审。因此，三得利株式会社的再审申请不符合应予受理的条件。

40. 人民法院可以对行政部门漏审的重要事实依职权作出认定

【裁判要旨】

申请人在申请商标注册时主张有优先权，行政部门对申请商标是否享有优先权存在漏审，导致被诉决定错误的，人民法院应当在查清相关事实的基础上依法作出裁判。

【关键词】

商标　复审程序　优先权　漏审

【案号】

最高人民法院〔2017〕最高法行再 10 号

【基本案情】

在再审申请人普兰娜生活艺术有限公司（简称普兰娜公司）与被申请人国家工商行政管理总局商标评审委员会（简称商标评审委员会）商标申请驳回复审行政纠纷案中，普兰娜公司于 2010 年 12 月 28 日向商标局申请注册第 8996648 号"prAna 及图"商标（即申请商标），指定使用的商品为国际分类第 28 类第 2807、2809 群组"瑜伽砖；瑜伽板；瑜伽带；攀岩用皮带"。引证商标一为第 8885559 号"Prana"商标，申请日期为 2010 年 11 月 26 日。引证商标二为第 G686680 号"PRADA 及图"商标，国际注册日为 1997 年 12 月 23 日。商标局认定申请商标与引证商标一、二构成类似商品上的近似商标，驳回申请商标的注册申请。普兰娜公司不服，申请复审。商标评审委员会作出商评字〔2013〕第 129449 号关于第 8996648 号"prAna 及图"商标驳回复审决定（简称被诉决定），申请商标予以驳回。普兰娜公司不服，提起行政诉讼。北京市第一中级人民法院一审认为，申请商标指定使用的"攀岩用皮带"与引证商标一核定使用的"滑板"等商品不构成类似商品。引证商标二的权利人已同意申请商标在"瑜珈砖；瑜珈板；瑜珈带；攀岩用皮带"商品上的中国注册，考虑到上述情况以及申请商标与引证商标二标识本身并非完全相同，引证商标二已非申请商标在全部商品上获准注册的在先权利障碍。据此判决撤销被诉决定，商标评审委员会重新作出决定。普兰娜公司不服，提起上诉。北京市高级人民法院二审判决驳回上诉，维持原判。二审判决后，商标评审委员会于 2016 年 1 月 27 日重新作出复审决定书，申请商标指定使用在"攀岩用皮带"商品上的注册申请予以初步审定，申请商标指定使用在其余复审商品上的注册申请予以驳回。2016 年 3 月 29 日，普兰娜公司对该决定不服，向北京知识产权法院提起行政诉讼，其理由之一为商标评审委员会关于引证商标一为在先商标的认定属于事实认定错误。普兰娜公司不服本案二审判决，向最高人民法院申请再审，其主要理由为申请商标的优先权日期早于引证商标一的申请日期，指定使用在"瑜珈砖；瑜珈板；瑜珈带"商品上的申请商标应予核准注册。最高人民法院查明，普兰娜公司依据其于 2010 年 11 月 19 日在美国提交的"prAna 及图"商标申请，于 2010 年 12 月 28 日向商标局提交了申请商标的注册申请，在申请书中主张优先权，并于 2011 年 1 月 27 日提交了相应的优先权证明文件。申请商标的优先权日期为 2010 年 11 月 19 日。最高人民法院裁定提审本案，并于 2017 年 5 月 9 日判决撤销一审、二审判决以及被诉决定，商标评审委员会重新作出复审决定。

【裁判意见】

最高人民法院审查认为：普兰娜公司在商标授权的行政程序中曾经提出过优先权的主张，商标局并未对该申请给予回复，商标评审委员会亦未能在审查阶段对该事实予以认定，导致被诉决定存在遗漏当事人请求的情形。根据查明的事实，申请商标的优先权日期应当为 2010 年 11 月 19 日，申请商标的优先权日期早于引证商标一的申请日期。本案一、二审法院均已判决商标评审委员会对申请商标重新作出决定，而对于优先权认定的基本事实，商标评审委员会重新作出的决定并未涉及。由于优先权的认定是判断本案引证商标一是否能够成为申请商标的权利障碍的关键事实，且普兰娜公司对重新作出的商标驳回复审决定再次提出了行政诉讼。鉴于被诉决定对申请商标的优先权日存在漏审，导致错误认定了引证商标一成为注册申请的权利障碍，为避免循环诉讼、及时维护当事人权益、提高诉讼效率，参照《最高人民法院关于审理商标授权确权行政案件若干问题的规定》第二条关于"人民法院对商标授权确权行政行为进行审查的范围，一般应根据原告的诉讼请求及理由确定。原告在诉讼中未提出主张，但商标评审委员会相关认定存在明显不当的，人民法院在各方当事人陈述意见后，可以对相关事由进行审查并做出裁判"的规定，对被诉决定认定的错误事实予以纠正，申请商标的优先权日期为 2010 年 11 月 19 日，而非 2010 年 12 月 28 日。由于申请商标的优先权日期早于引证商标一的申请日期，故引证商标一不构成申请商标能否注册申请的权利障碍。在此情形下，无需讨论申请商标与引证商标一是否构成同一种或类似商品上的近似商标。综上，普兰娜公司关于优先权的再审申请理由成立，商标评审委员会作出的被诉决定结论错误，应予撤销。

41. 人民法院可部分撤销专利无效决定

【裁判要旨】

被诉专利无效决定的相关认定可以区分处理的，人民法院可部分撤销无效决定中认定错误的部分。

【关键词】

发明专利　无效程序　无效决定　部分撤销

【裁判意见】

在前述"电子货品监视用标识器"发明专利权无效行政纠纷案中，最高人民法院还就发明专利无效行政纠纷案件中的判决方式问题作出了改进。最高人民法院提审认为，行政诉讼法第七十条规定："行政行为有下列情形之一的，人民法院判决撤销或者部分撤销，并可以判决被告重新作出行政行为：……"根据该规定，在被诉决定中的各项认定属于可以区分的情况下，人民法院可以依法判决部分撤销被诉决定中的有关认定。本案中，被诉决定对权利要求1—47是否符合专利法的有关规定分别作出认定。由于每一项权利要求是一项独立的技术方案，其单独限定保护范围，也可以单独用于主张专利权的保护，或者单独被宣告无效，故被诉决定中关于各项权利要求的合法性的认定是可以区分的。此外，被诉决定中涉及专利法第二十二条第三款，第二十六条第三款、第四款，第三十三条等不同法律规定，被诉决定就相关权利要求是否符合所述法律规定也是分别作出认定，故被诉决定中关于各个法律规定的认定亦属于可以区分的情形。综上，本案可区分不同权利要求以及不同的法律规定，对被诉决定中的相关认定分别审理并作出认定，部分撤销被诉决定中认定错误的部分。由此可以避免不加区分地一并撤销被诉决定，使得已经由被诉决定宣告无效的权利要求又回复为有效状态，对既已稳定的权利义务关系和社会公众的合理信赖造成损害。由此也可避免不必要地增加专利复审委员会重新作出审查决定时的行政成本，避免循环诉讼。关于本案的47项权利要求。第一，关于权利要求1—4、6、7、9—12、14—18、20—26、29、30、34、35、37—42、44、46—47，被诉决定认定所述权利要求未能以说明书为依据，不符合专利法第二十六条第四款规定，宣告所述权利要求无效的认定正确，对于传感电子公司的相关申请再审理由不予支持。第二，关于权利要求31、33，被诉决定认定该两项权利要求符合专利法第二十六条第四款规定，维持该两项权利要求有效的认定正确。第三，关于权利要求5、8、13、19、27、28、32、36、43和45，被诉决定认定所述权利要求符合专利法第二十六条第四款规定，维持所述权利要求有效的认定错误，对被诉决定中的该部分认定应予部分撤销，由专利复审委员会针对所述权利要求是否符合专利法第二十六条第四款的规定另行作出审查决定。

42. 无效宣告程序中外文证据并非一律需要单独提供中文译文

【裁判要旨】

在专利无效宣告程序中，对于外文证明文件并非一律需要单独提供中文译文，国务院专利行政部门可以根据具体情况决定是否有必要要求当事人提交中文译文。提交中文译文的必要性通常需要考量方便专利复审委员会和对方当事人理解证据内容、保证行政效率、保障和便利当事人行使发表意见的权利等因素，在特殊情况下无需单独提供中文译文。

【关键词】

发明专利　无效程序　外文证据　中文译文

【案号】

最高人民法院〔2017〕最高法行申4798号

【基本案情】

在再审申请人中兴通讯股份有限公司（简称中兴公司）因与被申请人国家知识产权局专利复审委员会（简称专利复审委员会）、美商内数位科技公司（简称美商内数位公司）发明专利权无效行政纠纷案中，美商内数位公司拥有专利号为03810259.5的发明专利（即涉案专利）。针对该专利，中兴公司向专利复审委员会提出无效宣告请求，并提交了相应的对比文件，包括附件3、附件6和附件7。其中，附件3为标题为"HS-SCCH：Performanceresults and improved structure"的3GPP草案，附件6和附件7为证明附件3的公开日期的文件，以上材料均为英文。中兴公司提交了附件3相应内容的中文译文。对于附件6和附件7，中兴公司用以证明附件3公开日期的内容仅为"Last modified 02－Apr－2002"这一英文短语。中兴公司在意见陈述书中指出，根据附件6可以确定，附件3的文件上传日期为2002年4月2日。在审查过程中，当事人就附件3中"Last modified"的中文译文达成了一致意见，即"最后修订日"。专利复审委员会认为，附件6和附件7可以证明附件3的最后修订日为2002年4月2日，结合3GPP网站的性质及附件3的压缩文件的特点，附件3的最后修订日可以作为专利法意义上的公开日，附件3可以作为现有技术评价涉案专利的创造性。据此，专利复审委员会作出第18492号无效宣告请求审查决定，认定涉案专利部分权利要求不具备创造性。美商内数位公司不服，提起行政诉讼。美商内数位公司主张，中兴公司未就附件6、7中"last modified"进行翻译，上述证据不应被采信。北京市第一中级人民法院对美商内数位公司的上述主张不予支持。美商内数位公司不服，提起上诉。北京市高级人民法院认为，因中兴公司未提交附件6和附件7外文的中文译文，上述证据中的外文部分应当视为未提交，不能作为证据使用。中兴公司不服，向最高人民法院申请再审。最高人民法院于2017年12月27日作出裁定，指令北京高级人民法院再审本案。

【裁判意见】

最高人民法院审查认为：2010年修订的专利法实施细则第三条规定："依照专利法和本细则规定提交的各种证件和证明文件是外文的，国务院专利行政部门认为必要时，可以要求当事人在指定期限内附送中文译文；期满未附送的，视为未提交该证件和证明文件。"该规定明确了对于外文证明文件需要提交中文译文的条件、时限以及未在指定期限内提交的法律后果。根据上述规定，对于外文证明文件并非一律需要提供中文译文，国务院专利行政部门可以根据具体情况决定是否有必要要求当事人提交中文译文。在专利无效宣告程序中，提交中文译文的必要性通常是考量方便专利复审委员会和对方当事人理解证据内容、保证行政效率、保障和便利当事人行使发表意见的权利等因素的结果。因此，对于《专利审查指南》中有关"当事人提交外文证据的，应当提交中文译文，未在举证期限内提交中文译文的，该外文证据视为未提交"，以及"当事人应当以书面方式提交中文译文，未以书面方式提交中文译文的，该中文译文视为未提交"等规定，应理解为一种适用于一般情况的原则性规定，容许在特殊情况下存在例外。如果该外文证据内容短小，无效宣告程序的双方当事人对于相关外文的中文含义并无争议，专利复审委员会亦不认为有专门提供中文译文的必要，此时便存在无需单独提交中文译文的可能性。具体到本案，首先，本案事实上无需另行单独提交中文译文。在无效宣告程序中，各方当事人经协商对于该英文词组的中文含义已无异议，均认可其中文含义是"最后修订日期"，本案事实上已经不存在另行单独提交中文译文的必要。其次，中兴公司实际上已经对相关外文的中文含义进行了说明。中兴公司虽然未就附件 6 和附件 7 中"Last modified"一词提供单独的中文译文页，但其在无效宣告程序中已经通过意见陈述书、口头陈述等方式对"last modified"一词的中文含义进行了解释和说明。最后，美商内数位公司在无效宣告程序中并没有对中兴公司未提交附件 6 和附件 7 的中文译文提出异议，上述异议系在行政诉讼程序中才首次提出，对此不宜给予支持和鼓励。二审法院以中兴公司未提交附件 6 和附件 7 的中文译文为由，认定上述证据中的外文部分应当视为未提交，不能作为证据使用，与专利法实施细则第三条规定的法律精神不符，应予纠正。

结　语

今年是最高人民法院第十次发布知识产权案件年度报告，年度报告作为最高人民法院知识产权案例指导制度体系的重要组成部分，在明晰裁判规则、指导审判实践、统一法律适用方面发挥着重要的作用。需要予以说明的是，年度报告是最高人民法院在具体案件裁判中针对新型、复杂、疑难问题形成的认识，具有较强的个案性、探索性和阶段性，在法律适用标准和方法方面难免存在局限，并可能随着认识的深入和时代的发展发生调整和变化。在未来的工作中，最高人民法院将紧紧围绕"努力让人民群众在每一个司法案件中感受到公平正义"目标，坚持司法为民、公正司法，不断深化知识产权审判领域改革，充分发挥知识产权司法保护主导作用，树立保护知识产权就是保护创新的理念，优化科技创新法治环境，推动实施创新驱动发展战略，为实现"两个一百年"奋斗目标和建设知识产权强国、世界科技强国提供有力司法保障。

最高人民法院
关于印发 2009 年中国法院知识产权司法保护 10 大案件和 50 件典型案例的通知

2010 年 4 月 14 日　　　　　　　　　　　　法〔1010〕172 号

各省、自治区、直辖市高级人民法院，解放军军事法院，新疆维吾尔自治区高级人民法院生产建设兵团分院：

在过去一年中，全国法院审结了大量知识产权和竞争法领域的重大、复杂、疑难和新类型案件。为积极开展好 2010 年全国知识产权宣传周的活动，深入贯彻国家知识产权战略，进一步加大知识产权司法保护宣传的力度，充分展示人民法院知识产权司法保护工作的成就，努力营造有利于人民法院知识产权司法保护事业健康发展的良好氛围，经各高级人民法院推荐，并结合去年我院审理的知识产权案件情况，我院选定了 2009 年中国法院知识产权司法保护 10 大案件和 50 件典型案例。现将这些案件和典型案例名单印发给你们，供各级人民法院在知识产权审判工作中参考借鉴。

特此通知。

附：

2009 年中国法院知识产权司法保护 10 大案件名单

一、知识产权民事案件（8 件）

1. 正泰诉施耐德"小型断路器"实用新型专利案

正泰集团股份有限公司诉施耐德电气低压（天津）有限公司、宁波保税区斯达电气设备有限公司乐清分公司侵犯实用新型专利权纠纷上诉案（浙江省高级人民法院〔2007〕浙民三终字第 276 号民事调解书）

2. 江汉石油"牙轮钻头"商业秘密案

江汉石油钻头股份有限公司诉天津立林钻头有限公司、幸发芬侵犯商业秘密纠纷上诉案（湖北省高级人民法院〔2009〕鄂民三终字第 30 号民事调解书）

3. 武汉晶源"烟气脱硫"方法专利案

武汉晶源环境工程有限公司诉日本富士化水工业株式会社、华阳电业有限公司侵犯发明专利权纠纷上诉案（最高人民法院〔2008〕民三终字第 8 号民事判决书）

4. 宝马诉世纪宝马驰名商标案

宝马股份公司诉深圳市世纪宝马服饰有限公司、傅献琴、家润多商业股份有限公司侵犯商标专用权及不正当竞争纠纷案（湖南省高级人民法院〔2009〕湘高法民三初字第1号民事判决书）

5. "吴良材"商标及不正当竞争案

上海三联（集团）有限公司、上海三联（集团）有限公司吴良材眼镜公司诉苏州市吴良材眼镜有限责任公司、苏州市吴良材眼镜有限责任公司观前店、吴林泉、周彩珍侵犯商标专用权及不正当竞争纠纷上诉案（江苏省高级人民法院〔2009〕苏民三终字第0181号民事判决书）

6. "鲁锦"商标及不正当竞争案

山东鲁锦实业有限公司诉鄄城县鲁锦工艺品有限责任公司、济宁礼之邦家纺有限公司侵犯商标专用权及不正当竞争纠纷上诉案（山东省高级人民法院〔2009〕鲁民三终字第34号民事判决书）

7. "道道通"导航电子地图著作权案

北京长地万方科技有限公司诉深圳市中佳讯科技有限公司、凯立德欣技术（深圳）有限公司、深圳市凯立德计算机系统技术有限公司、佛山市劲力汽车用品有限公司南海分公司侵犯著作权纠纷上诉案（广东省高级人民法院〔2008〕粤高法民三终字第290号民事判决书）

8. 黄金假日诉携程机票预订不正当竞争案

北京黄金假日旅行社有限公司诉携程计算机技术（上海）有限公司、上海携程商务有限公司、河北康辉国际航空服务有限公司、北京携程国际旅行社有限公司虚假宣传纠纷上诉案（最高人民法院〔2007〕民三终字第2号民事判决书和〔2007〕民三终字第4号民事裁定书）

二、知识产权行政案件（1件）

9. "采乐"商标撤销行政诉讼案

佛山市圣芳（联合）有限公司诉中华人民共和国国家工商行政管理总局商标评审委员会、第三人强生公司商标撤销行政纠纷再审案（最高人民法院〔2008〕行提字第2号行政判决书）

三、知识产权刑事案件（1件）

10. "番茄花园"软件网络盗版案

成都共软网络科技有限公司、孙显忠、张天平、洪磊、梁焯勇侵犯著作权罪案（江苏省苏州市虎丘区人民法院〔2009〕虎知刑初字第0001号刑事判决书）

2009 年中国法院知识产权司法保护 50 件典型案例名单

一、知识产权民事案件（46 件）

（一）专利侵权案件（5 件）

1. OBE－工厂·翁玛赫特与鲍姆盖特纳有限公司诉浙江康华眼镜有限公司侵犯发明专利权纠纷申请再审案（最高人民法院〔2008〕民申字第 980 号民事裁定书）

2. 北京英特莱摩根热陶瓷纺织有限公司诉北京德源快捷门窗厂侵犯发明专利权纠纷上诉案（北京市高级人民法院〔2009〕高民终字第 4721 号民事判决书）

3. （日本）泉株式会社诉广州美视晶莹银幕有限公司、北京仁和世纪科技有限公司侵犯实用新型专利权纠纷上诉案（北京市高级人民法院〔2008〕高民终字第 941 号民事判决书）

4. 美国 3M 公司诉山东双球防护器材有限公司侵犯专利权纠纷上诉案（山东省高级人民法院〔2008〕鲁民三终字第 158 号民事判决书）

5. 王世昌、河北伟达建筑设计有限公司诉双鸭山市晨光房地产开发有限公司侵犯发明专利权纠纷上诉案（黑龙江省高级人民法院〔2009〕黑知终字第 41 号民事判决书）

（二）植物新品种侵权案件（1 件）

6. 杨凌新西北种业有限公司诉陕西省泾阳县现代种业有限责任公司侵犯植物新品种权纠纷上诉案（陕西省高级人民法院〔2009〕陕民三终字第 42 号民事判决书）

（三）著作权侵权案件（11 件）

7. 徐州市淮海戏剧王音像有限公司诉新沂电视台、第三人丁相宇、刘汉飞、张银侠侵犯著作权纠纷上诉案（江苏省高级人民法院〔2009〕苏民三终字第 0250 号民事判决书）

8. 上海地创网络技术有限公司、上海万格科学器材有限公司诉北京万户名媒科技有限公司、北京万户名媒科技有限公司上海分公司侵犯计算机软件著作权纠纷案（上海市浦东新区人民法院〔2008〕浦民三（知）初字第 453 号民事判决书）

9. 中国友谊出版公司诉浙江淘宝网络有限公司、杨海林侵犯著作权纠纷上诉案（北京市第二中级人民法院〔2009〕二中民终字第 15423 号民事判决书）

10. （美国）微软公司诉北京思创未来科技发展有限公司侵犯计算机软件著作权纠纷上诉案（北京市高级人民法院〔2009〕高民终字第 4462 号民事判决书）

11. 北京慈文影视制作有限公司诉中国网络通信集团公司海南省分公司侵犯著作权纠纷再审案（最高人民法院〔2009〕民提字第 17 号民事判决书）

12. 朱德庸诉辽宁东北网络台侵犯著作权纠纷案（辽宁省沈阳市中级人民法院〔2009〕沈中民四初字第 97 号民事判决书）

13. 北京网尚文化传播有限公司诉银川阳光无限网络有限公司侵犯著作财产权纠纷案（宁夏回族自治区银川市中级人民法院〔2009〕银民知初字第 41 号民事判决书）

14. 吴思欧等诉上海书画出版社、江苏省苏州市新华书店侵犯著作财产权纠纷上诉案（江苏省高级人民法院〔2009〕苏民三终字第 0101 号民事判决书）

15. 宋氏企业公司诉珠海出版社、上海新华传媒连锁有限公司侵犯著作财产权纠纷案（上海市黄浦区人民法院〔2007〕黄民三（知）初字第 75 号民事判决书）

16. 毕淑敏诉淮北市实验高级中学侵犯著作权纠纷上诉案（安徽省高级人民法院〔2009〕皖民三终字第 0014 号民事判决书）

17. 黄天源诉内蒙古大学出版社、广西壮族自治区外文书店侵犯著作权纠纷上诉案（广西壮族自治区高级人民法院〔2009〕桂民三终字第 48 号民事判决书）

（四）商标侵权案件（16 件）

18. 山东泰和世纪投资有限公司、济南红河饮料制剂经营部诉云南城投置业股份有限公司侵犯商标专用权纠纷再审案（最高人民法院〔2008〕民提字第 52 号民事判决书）

19. 辉瑞有限公司、辉瑞制药有限公司诉上海东方制药有限公司破产清算组、北京健康新概念大药房有限公司、广州威尔曼药业有限公司不正当竞争、侵犯未注册驰名商标权纠纷申请再审案（最高人民法院〔2009〕民申字第 313 号民事裁定书）

20. 狗不理集团有限公司诉济南市大观园商场天丰园饭店侵犯商标专用权纠纷申请再审案（最高人民法院〔2008〕民三监字第 10－1 号民事裁定书）

21. 漳州片仔癀药业股份有限公司诉漳州市宏宁家化有限公司侵犯商标专用权纠纷申请再审案（最高人民法院〔2009〕民申字第 1310 号民事裁定书）

22. 四川滕王阁制药有限公司诉四川保宁制药有限公司侵犯商标专用权纠纷上诉案（四川省高级人民法院〔2009〕川民终字第 155 号民事判决书）

23. 福建省白沙消防工贸有限公司诉南安市白沙消防设备有限公司侵犯企业名称（商号）权及不正当竞争纠纷上诉案（福建省高级人民法院〔2008〕闽民终字第 514 号民事判决书）

24. 雪佛龙全球能源公司诉济南加德士润滑油有限公司、济南腾飞达石化有限责任公司不正当竞争及侵犯商标专用权纠纷上诉案（山东省高级人民法院〔2009〕鲁民三终字第 194 号民事判决书）

25. 路易威登马利蒂（法国）诉时间廊（广东）钟表有限公司、雄腾（上海）贸易有限公司、深圳市金光华商业有限公司侵犯商标专用权纠纷上诉案（广东省高级人民法院〔2008〕粤高法民三终字第 345 号民事判决书）

26. 江西蚂蚁物流有限公司、成都蚂蚁物流有限公司诉南昌市蚂蚁搬家服务有限公司侵犯商标专用权及不正当竞争纠纷上诉案（江西省高级人民法院〔2009〕赣民三终字第 20 号民事判决书）

27. 米其林集团总公司诉天津米其林电动自行车有限公司侵犯商标专用权纠纷案（天津市第二中级人民法院〔2008〕二中民三初字第 3 号民事判决书）

28. 王美燕诉浙江杭州市新华书店有限公司、广东中凯文化发展有限公司侵犯商标专用权纠纷上诉案（浙江省高级人民法院〔2009〕浙知终字第 98 号民事判决书）

29. 古丈茶业发展研究中心诉湖南省华茗茶业有限公司、湖南平和堂实业有限公司侵犯商标专用权纠纷案（湖南省长沙市天心区人民法院〔2008〕天民初字第 2500 号民

事判决书）

30. 路易威登马利蒂（法国）诉林益仲、上海仲雯贸易有限公司、吴蓓雯侵犯商标专用权纠纷案（上海市第一中级人民法院〔2009〕沪一中民五（知）初字第34号民事判决书）

31. 卡地亚国际有限公司诉云南卡地亚婚纱摄影有限公司侵犯商标专用权及不正当竞争纠纷上诉案（云南省高级人民法院〔2009〕云高民三终字第35号民事判决书）

32. 陈国明诉海南省人民医院侵犯商标专用权纠纷上诉案（海南省高级人民法院〔2009〕琼民三终字第25号民事判决书）

33. 中国贵州茅台酒厂有限责任公司诉重庆南方君临酒店有限公司侵犯商标专用权纠纷上诉案（重庆市高级人民法院〔2009〕渝高法民终字第159号民事判决书）

（五）不正当竞争案件（10件）

34. 山东起重机厂有限公司诉山东山起重工有限公司侵犯企业名称权纠纷申请再审案（最高人民法院〔2008〕民申字第758号民事裁定书）

35. 上海避风塘美食有限公司诉上海东涌码头餐饮管理有限公司不正当竞争纠纷申诉案（最高人民法院〔2007〕民三监字第21－1号民事裁定书）

36. 嘉实多有限公司（英国）诉姚育新、美国嘉实多国际石油集团（香港）有限公司、宁波市鄞州嘉帅润滑油厂不正当竞争纠纷案（上海市第二中级人民法院〔2008〕沪二中民五（知）初字第91号民事判决书）

37. 四川江口醇酒业（集团）有限公司诉泸州佳冠酒业有限公司、林锦泉不正当竞争及侵犯商标专用权纠纷上诉案（广东省高级人民法院〔2007〕粤高法民三终字第318号民事判决书）

38. 安徽省华信生物药业股份有限公司诉江西草珊瑚药业有限公司、安徽百姓缘大药房连锁有限公司擅自使用知名商品特有名称、包装、装潢纠纷上诉案（安徽省高级人民法院〔2009〕皖民三终字第0026号民事判决书）

39. 大连瑞特建材有限公司、大连中德珍珠岩厂诉刘嘉旺不正当竞争纠纷案（辽宁省大连市中级人民法院〔2009〕大民四初字第237号民事判决书）

40. 世纪金源投资集团有限公司诉河南世纪金源置业有限公司不正当竞争纠纷案（河南省高级人民法院〔2009〕豫法民三终字第12号民事调解书和郑州市中级人民法院〔2007〕郑民三初字第274号民事判决书）

41. 新疆乌苏啤酒有限责任公司诉伊犁禹宫啤酒有限公司等擅自使用知名商品特有名称、包装、装潢纠纷上诉案（新疆维吾尔自治区高级人民法院〔2009〕新民三终字第21号民事判决书）

42. 重庆银翼文化传媒有限公司诉重庆交通大学、重庆方特乐园旅游有限公司虚假宣传纠纷案（重庆市第五中级人民法院〔2009〕渝五中法民初字第247号民事判决书）

43. 厦门正新橡胶工业有限公司诉天津豪文科技有限公司、正新轮胎（台湾）控股集团有限公司擅自使用他人企业名称纠纷案（天津市第二中级人民法院〔2008〕二中民三初字第78号民事调解书）

（六）知识产权合同案件（3件）

44. 山东聚丰网络有限公司诉韩国 MGAME 公司、第三人天津风云网络技术有限公司网络游戏代理及许可合同纠纷管辖权异议上诉案（最高人民法院〔2009〕民三终字第4号民事裁定书）

45. 深圳市硕星交通电子设备有限公司诉玉环隆中机车零部件有限公司专利实施许可及技术服务合同纠纷申请再审案（最高人民法院〔2009〕民申字第1325号民事裁定书）

46. 刘法新诉济源市农业科学研究所职务技术成果完成人奖励纠纷上诉案（河南省高级人民法院〔2009〕豫法民三终字第75号民事判决书）

二、知识产权行政案件（3件）

（一）专利授权确权案件（2件）

47. 临海金利隆鞋业有限公司诉国家知识产权局专利复审委员会、第三人浙江省三门县胶带制品厂、临海市保田履带制造有限公司专利无效行政纠纷申请再审案（最高人民法院〔2006〕行监字第32-2驳回再审申请通知书）

48. 阿文蒂斯药物股份有限公司诉中华人民共和国国家知识产权局专利复审委员会、第三人江苏恒瑞医药股份有限公司发明专利无效行政纠纷上诉案（北京市高级人民法院〔2009〕高行终字第1148号行政判决书）

（二）商标授权确权案件（1件）

49. 拜耳消费者护理有限公司诉国家工商行政管理总局商标评审委员会、第三人西南药业股份有限公司商标行政纠纷再审案（最高人民法院〔2009〕行提字第1号行政判决书）

三、知识产权刑事案件（1件）

50. 上海长正物资有限公司、谭天销售假冒注册商标的商品罪案（上海市浦东新区人民法院〔2009〕浦刑初字第1824号刑事判决书）

最高人民法院办公厅
关于印发 2010 年中国法院知识产权司法保护 10 大案件和 50 件典型案例的通知

2011 年 4 月 18 日　　　　　　　　　　　　　　法办〔2011〕85 号

各省、自治区、直辖市高级人民法院，解放军军事法院，新疆维吾尔自治区高级人民法院生产建设兵团分院：

在过去一年中，全国法院受理的知识产权及竞争案件数量继续增多，新类型案件以及重大复杂疑难案件增多，社会关注度提高。在此情况下，各级法院深入贯彻实施国家知识产权战略，充分发挥司法保护知识产权的主导作用，不断加强知识产权司法保护，较好地完成了各项知识产权审判任务。为集中展示人民法院知识产权司法保护工作的成就，积极开展好 2011 年全国知识产权宣传周的活动，充分发挥典型案例的示范引导作用，进一步加大知识产权司法保护宣传的力度，经各高级人民法院推荐，并结合去年我院审理的知识产权案件情况，我院选定了 2010 年中国法院知识产权司法保护 10 大案件和 50 件典型案例。现将这些案件和典型案例名单印发给你们，供各级人民法院在知识产权审判工作中参考借鉴。

特此通知。

附：

2010 年中国法院知识产权司法保护 10 大案件名单

一、知识产权民事案件

1. 上海世博会法国馆"高架立体建筑物"发明专利案

王群诉上海世博会法国馆、中国建筑第八工程局有限公司侵犯发明专利权纠纷上诉案（上海市高级人民法院〔2010〕沪高民三（知）终字第 83 号民事判决书）

2. "鳄鱼"商标案

（法国）拉科斯特股份有限公司（LACOSTE）诉（新加坡）鳄鱼国际机构私人有限公司（CROCODILE INTERNATIONAL PTE LTD）、上海东方鳄鱼服饰有限公司北京分公司侵犯商标专用权纠纷上诉案（最高人民法院〔2009〕民三终字第 3 号民事判决书）

3. 伊莱利利公司吉西他滨及吉西他滨盐酸盐专利案

（美国）伊莱利利公司诉江苏豪森药业股份有限公司侵犯发明专利权纠纷上诉案（最高人民法院〔2009〕民三终字第6号民事判决书）

4. "天府可乐"配方及生产工艺商业秘密案

中国天府可乐集团公司（重庆）诉重庆百事天府饮料有限公司、百事（中国）投资有限公司侵犯技术秘密纠纷案（重庆市第五中级人民法院〔2009〕渝五中法民初字第299号民事判决书）

5. 干扰搜索引擎服务不正当竞争纠纷案

北京百度网讯科技有限公司诉中国联合网络通信有限公司青岛市分公司、青岛奥商网络技术有限公司、中国联合网络通信有限公司山东省分公司、青岛鹏飞国际航空旅游服务有限公司不正当竞争纠纷上诉案（山东省高级人民法院〔2010〕鲁民三终字第5－2号民事判决书）

6. "红肉蜜柚"植物新品种权属案

林金山诉福建省农业科学院果树所、陆修闽、卢新坤植物新品种权属纠纷上诉案（福建省高级人民法院〔2010〕闽民终字第436号民事判决书）

7. LED照明用集成电路布图设计案

华润矽威科技（上海）有限公司诉南京源之峰科技有限公司侵犯集成电路布图设计专有权纠纷案（南京市中级人民法院〔2009〕宁民三初字第435号民事判决书）

二、知识产权行政案件

8. 本田汽车外观设计专利无效案

本田技研工业株式会社诉国家知识产权局专利复审委员会、第三人石家庄双环汽车股份有限公司、河北新凯汽车制造有限公司破产清算组外观设计专利权无效行政纠纷再审案（最高人民法院〔2010〕行提字第3号行政判决书）

9. "杏花村"商标异议复审案

山西杏花村汾酒厂股份有限公司诉国家工商行政管理总局商标评审委员会、第三人安徽杏花村集团有限公司商标异议复审行政纠纷上诉案（北京市高级人民法院〔2010〕高行终字第1118号行政判决书）

三、知识产权刑事案件

10. 制售假冒洋酒案

刘兆龙假冒注册商标罪案（北京市大兴区人民法院〔2010〕大刑初字第320号刑事判决书）

2010年中国法院知识产权司法保护50件典型案例名单

一、知识产权民事案件

（一）侵犯专利权纠纷案件

1. 澳诺（中国）制药有限公司诉湖北午时药业股份有限公司、王军社侵犯发明专利权纠纷再审案（最高人民法院〔2009〕民提字第20号民事判决书）

2. 张喜田诉石家庄制药集团欧意药业有限公司、石家庄制药集团华盛制药有限公司等侵犯发明专利权纠纷再审案（最高人民法院〔2009〕民提字第84号民事判决书）

3. 成都优他制药有限责任公司诉江苏万高药业有限公司、四川科伦医药贸易有限公司侵犯发明专利权纠纷再审案（最高人民法院〔2009〕民提字第158号民事判决书）

4. 好孩子儿童用品有限公司诉广州中威日用品企业有限公司、广州市上威贸易有限公司、南京中央商场股份有限公司侵犯发明专利权纠纷申请再审案（最高人民法院〔2010〕民申字第978号民事裁定书）

5. 浙江黄岩塑料机械厂、俞晟诉深圳市恒泰达实业有限公司侵犯实用新型专利权纠纷申请再审案（最高人民法院〔2010〕民申字第672号民事裁定书）

6. 蔡少兴诉刘建金侵犯实用新型专利权纠纷申请再审案（最高人民法院〔2010〕民申字第184号民事裁定书）

7. 浙江新安化工集团股份有限公司诉浙江金帆达生化股份有限公司侵犯发明专利权纠纷上诉案（浙江省高级人民法院〔2009〕浙知终字第187号民事判决书）

8. 济南建工总承包集团有限公司与山东天齐置业集团股份有限公司侵犯发明专利权纠纷上诉案（山东省高级人民法院〔2010〕鲁民三终字第52号民事判决书）

9. 广州市兆鹰五金有限公司诉黄冈艾格尔五金制造有限公司侵犯实用新型专利权纠纷上诉案（湖北省高级人民法院〔2010〕鄂民三终字第15号民事判决书）

10. 程润昌诉龚举东、桂林合鑫实业有限责任公司侵犯实用新型专利权纠纷再审案（广东省高级人民法院〔2010〕粤高法审监民再字第44号民事判决书）

11. 北京先行新机电技术有限责任公司诉广州智光电气股份有限公司侵犯发明专利权纠纷上诉案（广东省高级人民法院〔2010〕粤高法民三终字第271号民事判决书）

（二）著作权权属、侵权纠纷案件

12. 华盖创意（北京）图像技术有限公司诉中国外运重庆有限公司侵犯著作权纠纷再审案（最高人民法院〔2010〕民提字第199号民事判决书）

13. 李长福诉中国文史出版社侵犯著作权纠纷再审案（最高人民法院〔2010〕民提字第117号民事判决书）

14. 株式会社万代诉汕头市澄海区泓利电子玩具实业有限公司、黄士成侵犯著作权纠纷上诉案（北京市高级人民法院〔2010〕高民终字第1814号民事判决书）

15. 李强诉于芬侵犯著作权纠纷案（北京市海淀区人民法院〔2010〕海民初字第

2197号民事判决书)

16. 白广成诉北京稻香村食品有限责任公司著作权权属、侵权纠纷案(北京市东城区人民法院〔2010〕东民初字第2764号民事判决书)

17. 何瑞东诉李向华、天津理想慧天科技发展有限有限公司侵犯著作权纠纷上诉案(天津市高级人民法院〔2009〕津高民三终字第29号民事判决书)

18. 保定双狐软件有限公司、保定恒泰艾普双狐软件技术有限公司诉三河环波软件有限公司、赵殿君计算机软件著作权权属纠纷上诉案(河北省高级人民法院〔2010〕冀民三终字第52号民事判决书)

19. 北京世纪飞乐影视传播有限公司诉上海掌上灵通咨询有限公司、中国移动通信集团山西有限公司、第三人上海蔚蓝计算机有限公司侵犯著作权纠纷案(山西省太原市中级人民法院〔2008〕并民初字第42号民事判决书)

20. 中国音乐著作权协会诉于莹侵犯著作权纠纷案(黑龙江省哈尔滨市中级人民法院〔2010〕哈知初字第49号民事判决书)

21. 微软公司诉大众保险股份有限公司侵犯著作权纠纷案(上海市浦东新区人民法院〔2009〕浦民三(知)初字第128号民事判决书)

22. 叶兆言诉北京大学出版社、陈彤、南京先锋图书文化传播有限责任公司侵犯著作权纠纷上诉案(江苏省南京市中级人民法院〔2010〕宁知民终字第8号民事判决书)

23. 湖南快乐阳光互动娱乐传媒有限公司诉舟山市定海博缘网吧侵犯著作权纠纷上诉案(浙江省高级人民法院〔2010〕浙知终字第107号民事判决书)

24. 株式会社京滨诉福建省友力化油器有限公司、重庆凯尔摩托车制造有限公司、李艳超侵犯著作权纠纷上诉案(山东省高级人民法院〔2010〕鲁民三终字第47号民事判决书)

25. 丁运长诉常照荣侵犯著作权纠纷上诉案(河南省高级人民法院〔2010〕豫法民三终字第46号民事判决书)

26. 广州市喀什图制衣有限公司诉广州市杰晖服装有限公司、朱固民侵犯著作权纠纷上诉案(广东省广州市中级人民法院〔2010〕穗中法民三终字第106号民事判决书)

27. 北京网尚文化传播有限公司诉海口正合网吧侵犯著作权纠纷案(海南省海口市中级人民法院〔2010〕海中法民三初字第32号民事判决书)

28. 陈建诉富顺县万普印务有限公司侵犯著作权纠纷上诉案(四川省高级人民法院〔2010〕川民终字第334号民事判决书)

29. 张恒诉陕西攀峰实业有限公司、王建军侵犯著作权纠纷上诉案(陕西省高级人民法院〔2010〕陕民三终字第29号民事判决书)

(三)侵犯商标权纠纷案件

30. 李惠廷诉王将饺子(大连)餐饮有限公司侵犯商标专用权纠纷再审案(最高人民法院〔2010〕民提字第15号民事判决书)

31. 北面服饰股份有限公司诉梅朝辉、上海皓柏服饰有限公司、杭州柏尔豪工贸有限公司、安吉县白天鹅制衣有限公司侵犯商标专用权纠纷上诉案(上海市高级人民法院〔2010〕沪高民三(知)终字第14号民事判决书)

32. 雅培制药有限公司诉汕头市雅培食品有限公司、朱春兰侵犯商标专用权及不正当竞争纠纷案（上海市第一中级人民法院〔2010〕沪一中民五（知）初字第9号民事判决书）

33. 莱雅公司诉上海美莲妮化妆品有限公司、杭州欧莱雅化妆品有限公司、南通通润发超市有限公司侵犯商标专用权及不正当竞争纠纷上诉案（江苏省高级人民法院〔2009〕苏民三终字第168号民事判决书）

34. 镇江市醋业协会诉安徽腾飞食品有限公司侵犯商标专用权纠纷案（安徽省阜阳市中级人民法院〔2010〕阜民三初字第22号民事判决书）

35. 青岛红领集团有限公司诉枣庄矿业集团新安煤业有限公司、枣庄矿业（集团）有限责任公司侵犯商标专用权纠纷上诉案（山东省高级人民法院〔2010〕鲁民三终字第188号民事判决书）

36. 四川绵竹剑南春酒厂有限公司诉深圳市宝松利实业有限公司、四川省绵竹绵窖酒厂侵犯商标专用权及不正当竞争纠纷上诉案（湖南省高级人民法院〔2010〕湘高法民三终字第11号民事判决书）

37. 开平味事达调味品有限公司诉雀巢产品有限公司确认不侵权注册商标专用权纠纷上诉案（广东省高级人民法院〔2010〕粤高法民三终字第418号民事判决书）

38. 阿迪达斯国际经营管理有限公司诉京固国际通商有限公司、东莞金固复合材料有限公司侵犯商标专用权纠纷案（广东省东莞市中级人民法院〔2010〕东中法民三初字第142号民事判决书）

39. 株式会社尼康诉西安太华电动自行车批发市场有限公司、朱国平、浙江尼康电动车业有限公司侵犯商标专用权及不正当竞争案（陕西省西安市中级人民法院〔2009〕西民四初字第302号民事判决书）

（四）不正当竞争纠纷案件

40. 广东伟雄集团有限公司、佛山市高明区正野电器实业有限公司、广东正野电器有限公司诉佛山市顺德区正野电器有限公司、佛山市顺德区光大企业集团有限公司不正当竞争纠纷再审案（最高人民法院〔2008〕民提字第36号民事判决书）

41. 山东省食品进出口公司、山东山孚日水有限公司、山东山孚集团有限公司诉青岛圣克达诚贸易有限公司、马达庆不正当竞争纠纷申请再审案（最高人民法院〔2009〕民申字第1065号民事裁定书）

42. 上海中韩晨光文具制造有限公司诉宁波微亚达制笔有限公司宁波微亚达文具有限公司、上海成硕工贸有限公司擅自使用知名商品特有装潢纠纷再审案（最高人民法院〔2010〕民提字第16号民事裁定书）

43. 苏州小羚羊电动车有限公司诉天津捷安达车业有限公司、高启萍侵犯企业名称权纠纷上诉案（江苏省高级人民法院〔2010〕苏知民终字第161号民事判决书）

二、知识产权行政案件

（一）商标授权确权案件

44. 山西康宝生物制品股份有限公司诉国家工商行政管理总局商标评审委员会、第

三人北京九龙制药有限公司商标争议行政纠纷申请再审案（最高人民法院〔2010〕知行字第 52 号驳回再审申请通知书）

45．劲牌有限公司诉国家工商行政管理总局商标评审委员会商标驳回复审行政纠纷再审案（最高人民法院〔2010〕行提字第 4 号行政判决书）

46．（香港）德士活有限公司诉国家工商行政管理总局商标评审委员会、第三人广东苹果实业有限公司商标异议复审行政纠纷再审案（最高人民法院〔2009〕行提字第 2 号民事判决书）

（二）商标行政处罚案件

47．常熟市聚满仓食品有限公司诉无锡工商行政管理局北塘分局、第三人无锡市洁雷副食品商行工商行政处罚纠纷上诉案（江苏省无锡市中级人民法院〔2010〕锡知行终字第 1 号行政判决书）

三、知识产权刑事案件

48．杨昌君销售假冒注册商标的商品罪案（北京市第二中级人民法院〔2010〕二中刑终字第 682 号刑事裁定书）

49．仇海营、崔留芷等六被告假冒注册商标罪案（内蒙古自治区呼和浩特市中级人民法院〔2010〕呼刑知初字第 2 号刑事判决书）

50．李兵侵犯著作权罪、贩卖淫秽物品牟利罪案（江苏省南京市中级人民法院〔2010〕宁知刑终字第 1 号刑事裁定书）

最高人民法院办公厅
关于印发 2011 年中国法院知识产权司法保护 10 大案件和 50 件典型案例的通知

2012 年 4 月 11 日　　　　　　　　　　法办〔2012〕91 号

各省、自治区、直辖市高级人民法院，解放军军事法院，新疆维吾尔自治区高级人民法院生产建设兵团分院：

在过去一年中，全国法院受理的知识产权及竞争案件数量继续增多，新类型案件以及重大复杂疑难案件增多，社会关注度提高。在此情况下，各级人民法院深入贯彻实施国家知识产权战略，充分发挥司法保护知识产权的主导作用，不断加强知识产权司法保护，较好地完成了各项知识产权审判任务。为集中展示人民法院知识产权司法保护工作的成就，积极开展好 2012 年全国知识产权宣传周的活动，充分发挥典型案例的示范引导作用，进一步加大知识产权司法保护宣传的力度，经各高级人民法院推荐，并结合 2011 年我院审理的知识产权案件情况，我院选定了 2011 年中国法院知识产权司法保护

10 大案件和 50 件典型案例。现将这些案件和典型案例名单印发给你们，供各级人民法院在知识产权审判工作中参考借鉴。

特此通知。

2011 年中国法院知识产权司法保护 10 大案件名单

一、知识产权民事案件

1. 淘宝网商标侵权纠纷案

衣念（上海）时装贸易有限公司与浙江淘宝网络有限公司、杜国发侵害商标权纠纷上诉案（上海市第一中级人民法院〔2011〕沪一中民五（知）终字第 40 号民事判决书）

2. "拉菲"商标纠纷案

尚杜·拉菲特罗兹施德民用公司与深圳市金鸿德贸易有限公司、湖南生物医药集团健康产业发展有限公司侵害商标权、不正当竞争纠纷上诉案（湖南省高级人民法院〔2011〕湘高法民三终字第 55 号民事判决书）

3. "大运"与"江淮"汽车商标纠纷案

广州市红太阳机动车配件有限公司与安徽江淮汽车集团有限公司、安徽江淮汽车股份有限公司确认不侵害商标权纠纷申请再审案（最高人民法院〔2011〕民申字第 223 号民事裁定书）

4. 空调器"舒睡模式"专利侵权纠纷案

珠海格力电器股份有限公司与广东美的制冷设备有限公司、珠海市泰锋电业有限公司侵害发明专利权纠纷上诉案（广东省高级人民法院〔2011〕粤高法民三终字第 326 号民事判决书）

5. 百度 MP3 搜索著作权纠纷案

环球唱片有限公司、华纳唱片有限公司、索尼音乐娱乐香港有限公司与北京百度网讯科技有限公司侵害录音制作者权纠纷上诉案（北京市高级人民法院〔2010〕高民终字第 1694 号、1700 号、1699 号民事调解书）

6. "3Q"之争引发的不正当竞争纠纷案

腾讯科技（深圳）有限公司、深圳市腾讯计算机系统有限公司与北京奇虎科技有限公司、北京三际无限网络科技有限公司、奇智软件（北京）有限公司不正当竞争纠纷上诉案（北京市第二中级人民法院〔2011〕二中民终字第 12237 号民事判决书）

7. "开心网"不正当竞争纠纷案

北京开心人信息技术有限公司与北京千橡互联科技发展有限公司、北京千橡网景科技发展有限公司不正当竞争纠纷上诉案（北京市高级人民法院〔2011〕高民终字第 846 号民事判决书）

二、知识产权行政案件

8. "卡斯特"商标三年不使用撤销行政纠纷案

法国卡斯特兄弟股份有限公司与中华人民共和国国家工商行政管理总局商标评审委员会、李道之商标撤销复审行政纠纷申请再审案（最高人民法院〔2010〕知行字第55号行政裁定书）

9. "抗β—内酰胺酶抗菌素复合物"发明专利无效案

北京双鹤药业股份有限公司与湖北威尔曼制药有限公司、国家知识产权局专利复审委员会发明专利权无效行政纠纷申请再审案（最高人民法院〔2011〕行提字第8号行政判决书）

三、知识产权刑事案件

10. 非法复制发行计算机软件侵犯著作权罪案

鞠文明、徐路路、华轶侵犯著作权罪上诉案（江苏省无锡市中级人民法院〔2011〕锡知刑终字第1号刑事裁定书）

2011年中国法院知识产权司法保护50件典型案例名单

一、知识产权民事案件

（一）侵犯专利权纠纷案件

1. 张镇与扬州金自豪鞋业有限公司、包头市同升祥鞋店侵害实用新型专利权纠纷申请再审案（最高人民法院〔2011〕民申字第630号民事裁定书）

2. 中山市君豪家具有限公司与中山市南区佳艺工艺家具厂侵害外观设计专利权纠纷申请再审案（最高人民法院〔2011〕民申字第1406号民事裁定书）

3. 江西银涛药业有限公司与陕西汉王药业有限公司、西安保赛医药有限公司侵害发明专利权纠纷申请再审案（最高人民法院〔2011〕民申字第1490号民事裁定书）

4. 株式会社普利司通与浙江杭廷顿公牛橡胶有限公司、北京邦立信轮胎有限公司侵害外观设计专利权纠纷申请再审案（最高人民法院〔2010〕民提字第189号民事判决书）

5. 徐永伟与宁波市华拓太阳能科技有限公司侵害发明专利权纠纷申请再审案（最高人民法院〔2011〕民提字第64号民事判决书）

6. 深圳市坑梓自来水有限公司与深圳市斯瑞曼精细化工有限公司、深圳市康泰蓝水处理设备有限公司侵害发明专利权纠纷申请再审案（最高人民法院〔2011〕民提字第259号民事判决书）

7. 青岛华盾纸制品有限公司、瑞安市应氏机械有限公司与青岛众和恒业蜂窝纸板制品有限公司侵害发明专利权纠纷上诉案（山东省高级人民法院〔2011〕鲁民三终字第

117号民事判决书)

8. 佛山市嘉俊陶瓷有限公司与广东东鹏陶瓷股份有限公司、广州市天和家园建材有限公司、马杰华侵害发明专利权纠纷上诉案(广东省高级人民法院〔2011〕粤高法民三终字第373号民事判决书)

9. 新疆天元建设有限责任公司与新疆岳麓巨星建材有限责任公司侵害发明专利权纠纷上诉案(新疆维吾尔自治区高级人民法院〔2011〕民三终字第26号民事判决书)

(二)著作权权属、侵权纠纷案件

10. 国家体育场有限责任公司与熊猫烟花集团股份有限公司、浏阳市熊猫烟花有限公司、北京市熊猫烟花有限公司、北京市城关迅达摩托车配件商店侵害著作权纠纷案(北京市第一中级人民法院〔2009〕一中民初字第4476号民事判决书)

11. 谈笑靖与北京市新华书店王府井书店、珠海出版社有限公司著作权权属、侵权纠纷案(北京市东城区人民法院〔2011〕东民初字第05321号民事判决书)

12. 山西金玉泵业有限公司与山西临龙泵业有限公司侵害著作权纠纷上诉案(山西省高级人民法院〔2011〕晋民终字第70号民事判决书)

13. 庄则栋、佐佐木墩子与上海隐志网络科技有限公司侵害作品信息网络传播权纠纷上诉案(上海市第一中级人民法院〔2011〕沪一中民五(知)终字第33号民事判决书)

14. 南京因泰莱电气股份有限公司与西安市远征科技有限公司、西安远征智能软件有限公司、南京友成电力工程有限公司侵害计算机软件著作权纠纷上诉案(江苏省高级人民法院〔2008〕苏民三终字第0079号民事判决书)

15. 叶根友与无锡肯德基有限公司、北京电通广告有限公司上海分公司侵害著作权纠纷上诉案(江苏省高级人民法院〔2011〕苏知民终字第0018号民事判决书)

16. 何吉与杭州天蚕文化传播有限公司著作权权属、侵权纠纷上诉案(浙江省杭州市中级人民法院〔2011〕浙杭知终字第54号民事判决书)

17. 广东原创动力文化传播有限公司与陕西游久数码科技有限公司侵害作品信息网络传播权纠纷案(陕西省西安市中级人民法院〔2011〕西民四初字第00336号民事判决书)

(三)侵犯商标权纠纷案件

18. 佛山市合记饼业有限公司与珠海香记食品有限公司侵害商标权纠纷申请再审案(最高人民法院〔2011〕民提字第55号民事判决书)

19. 卡地亚国际有限公司(Cartier International N.V.)与佛山市三水区铭坤陶瓷有限公司、佛山市金丝玉玛装饰材料有限公司、章云树侵害商标权及不正当竞争纠纷上诉案(上海市高级人民法院〔2011〕沪高民三(知)终字第93号民事判决书)

20. 上海梅思泰克生态科技有限公司与无锡安固斯建筑科技有限公司侵害商标权纠纷上诉案(江苏省高级人民法院〔2011〕苏知民终字第0033号民事判决书)

21. 杭州奥普电器有限公司与浙江凌普电器有限公司、浙江阿林斯普能源科技有限公司、王文华、林珠、杭州鸿景装饰材料有限公司侵害商标权、不正当竞争纠纷上诉案(浙江省高级人民法院〔2011〕浙知终字第200号民事判决书)

22. 杭州盘古自动化系统有限公司与杭州盟控仪表技术有限公司、北京百度网讯科技有限公司侵害商标权纠纷案（浙江省杭州市滨江区人民法院〔2011〕杭滨初字第11号民事判决书）

23. 山东新华医药集团有限责任公司与青州新华包装制品有限公司侵害商标权、不正当竞争纠纷案（山东省潍坊市中级人民法院〔2010〕潍知初字第336号民事判决书）

24. 湖北周黑鸭食品有限公司与湖北汉味周黑鸭饮食文化管理有限责任公司侵害商标权、不正当竞争纠纷上诉案（湖北省高级人民法院〔2011〕鄂民三终字第25号民事判决书）

25. 喻静与米其林集团总公司、何丽芳侵害商标权、不正当竞争纠纷上诉案（广东省高级人民法院〔2011〕粤高法民三终字第163号民事判决书）

26. 英国太古集团有限公司与汇通国基房地产开发有限责任公司、汇通国基房地产开发有限责任公司西安分公司侵害商标权、不正当竞争纠纷案（陕西省西安市中级人民法院〔2011〕西民四初字第528号民事判决书）

（四）不正当竞争纠纷案件

27. 上海富日实业有限公司与黄子瑜、上海萨菲亚纺织品有限公司侵害商业秘密纠纷申请再审案（最高人民法院〔2011〕民申字第122号民事裁定书）

28. 北京一得阁墨业有限责任公司与高辛茂、北京传人文化艺术有限公司侵害商业秘密纠纷申请再审案（最高人民法院〔2011〕民监字第414号民事裁定书）

29. 北京御生堂生物工程有限公司与厦门康士源生物工程有限公司、厦门康中源保健品有限公司、长春市东北大药房有限公司擅自使用知名商品特有名称、包装、装潢纠纷申请再审案（最高人民法院〔2011〕民提字第60号民事判决书）

30. 宣达实业集团有限公司与孟莫克公司、孟山都（上海）有限公司商业诋毁纠纷案（上海市第一中级人民法院〔2009〕沪一中民五（知）初字第228号民事判决书）

31. 镇江唐老一正斋药业有限公司与吉林一正药业集团有限公司、一正集团吉林省医药科技实业有限公司、江苏大德生药房连锁有限公司、江苏大德生药房连锁有限公司镇江新概念药房不正当竞争纠纷上诉案（江苏省高级人民法院〔2009〕苏民三终字第91号民事判决书）

32. 邹志坚与广西运德汽车运输集团有限公司、广西运德汽车运输集团有限公司崇左汽车总站、广西运德汽车运输集团有限公司崇左汽车客运服务中心不正当竞争、垄断纠纷上诉案（广西壮族自治区高级人民法院〔2011〕桂民三终字第9号民事调解书）

（五）技术合同案件

33. 海南康力元药业有限公司、海南通用康力制药有限公司与海口奇力制药股份有限公司技术转让合同纠纷申请再审案（最高人民法院〔2011〕民提字第307号民事判决书）

（六）植物新品种案件

34. 瓦房店市玉米原种场与赵劲霖、佟屏亚、杨雅生、张广力、贺东峰、贺东刚、王业国、北京奥瑞金种业股份有限公司植物新品种权权属纠纷申请再审案（最高人民法院〔2011〕民申字第10号民事裁定书）

35. 安徽皖垦种业股份有限公司与宿州市金种子有限责任公司、李继德侵害植物新品种权纠纷案（安徽省合肥市中级人民法院〔2011〕合民三初字第148号民事判决书）

二、知识产权行政案件

（一）专利授权确权案件

36. 福建多棱钢业集团有限公司与厦门市集美区联捷铸钢厂、国家知识产权局专利复审委员会、福建泉州市金星钢丸有限公司发明专利无效行政纠纷申请再审案（最高人民法院〔2010〕知行字第6号驳回再审通知书）

37. 郑亚俐与精工爱普生株式会社、中华人民共和国国家知识产权局发明专利复审委员会专利无效行政纠纷申请再审案（最高人民法院〔2010〕知行字第53号行政裁定书）

38. 国家知识产权局专利复审委员会与江苏先声药物研究有限公司、南京先声药物研究有限公司、李平发明专利无效行政纠纷申请再审案（最高人民法院〔2011〕知行字第17号行政裁定书）

39. 户谷技研工业株式会社与中华人民共和国国家知识产权局专利复审委员会、无锡市铁民印刷机械有限公司、江阴市汇通包装机械有限公司、上海高沁包装机械有限公司发明专利无效行政诉讼申请再审案（最高人民法院〔2011〕知行字第25号行政裁定书）

40. 珠海格力电器股份有限公司与广东美的电器股份有限公司、国家知识产权局专利复审委员会外观设计专利权无效行政纠纷申请再审案（最高人民法院〔2011〕行提字第1号行政判决书）

41. 爱立信股份有限公司与中华人民共和国国家知识产权局专利复审委员会发明专利权无效行政纠纷上诉案（北京市高级人民法院〔2011〕高行终字第693号行政判决书）

（二）商标授权确权案件

42. 北京华夏长城高级润滑油有限责任公司与中华人民共和国国家工商行政管理总局商标评审委员会、日产自动车株式会社商标争议行政纠纷申请再审案（最高人民法院〔2011〕知行字第45号行政裁定书）

43. 北京台联良子保健技术有限公司与国家工商行政管理总局商标评审委员会、山东良子自然健身研究院有限公司商标争议行政纠纷申请再审案（最高人民法院〔2011〕知行字第50号行政裁定书）

44. 长沙沩山茶业有限公司与国家工商行政管理总局商标评审委员会、湖南宁乡沩山湘沩名茶厂等商标争议行政纠纷申请再审案（最高人民法院〔2011〕行提字第7号行政判决书）

45. 佳选企业服务公司与中华人民共和国国家工商行政管理总局商标评审委员会商标驳回复审行政纠纷申请再审案（最高人民法院〔2011〕行提字第9号行政判决书）

三、知识产权刑事案件

46. 李龙泉侵犯著作权罪案（北京市昌平区人民法院〔2011〕昌刑初字第390号刑

事判决书)

47. 韩恒东、徐清华、沈思阳、武奇、苏喆、闫蕻、沈海侵犯著作权罪上诉案（辽宁省沈阳市中级人民法院〔2011〕沈刑二终字第510号刑事裁定书）

48. 张乐、黄谦、梁文宇、阮晓霞、刘阳侵犯著作权罪案（上海市浦东新区人民法院〔2011〕浦刑初字第3240号刑事判决书）

49. 熊四传、熊雅梦假冒注册商标罪上诉案（湖北省高级人民法院〔2011〕鄂知刑终字第1号刑事附带民事判决书）

50. 王学海、余艳平、陈细龙、余云长、何新兵、文献铭、单绪春侵犯著作权罪案（湖南省长沙市雨花区人民法院〔2011〕雨刑初字第546号刑事判决书）

最高人民法院办公厅
关于印发2012年中国法院知识产权司法保护10大案件、10大创新性案件和50件典型案例的通知

2013年4月15日　　　　　　　　　　　　　　法办〔2013〕44号

各省、自治区、直辖市高级人民法院，解放军军事法院，新疆维吾尔自治区高级人民法院生产建设兵团分院：

在过去一年中，全国法院受理的知识产权及竞争案件数量继续大幅增加，各级人民法院深入贯彻实施国家知识产权战略，充分发挥司法保护知识产权的主导作用，不断加强知识产权司法保护，较好地完成了各项知识产权审判任务。为集中展示人民法院知识产权司法保护工作的成就，充分发挥典型案例的示范引导作用，经各高级人民法院推荐，并结合2012年我院审理的知识产权案件情况，我院选定了2012年中国法院知识产权司法保护10大案件和50件典型案例。同时，当前知识产权审判中新情况新问题层出不穷、新难案件越来越多，对这些案件的裁判能力直观地反映司法保护能力。针对上述现状，为了营造良好的司法环境，培育法官的创新精神，我院同时选定了2012年中国法院知识产权司法保护10大创新性案例一并发布。现将这些案件和典型案例名单印发，供各级人民法院在知识产权审判工作中参考借鉴。

附：

2012年中国法院知识产权司法保护10大案件名单

一、知识产权民事案件

1. "IPAD"商标权属纠纷案

苹果公司、IP申请发展有限公司与唯冠科技（深圳）有限公司商标权权属纠纷上诉案（广东省高级人民法院〔2012〕粤高法民三终字第8、9号民事调解书）

2. "三一"驰名商标保护案

三一重工股份有限公司与马鞍山市永合重工科技有限公司（原名马鞍山市三一重工机械制造有限公司）侵害商标权及不正当竞争纠纷上诉案（湖南省高级人民法院〔2012〕湘高法民三终字第61号民事判决书）

3. 计算机中文字库著作权纠纷案

北京北大方正电子有限公司与暴雪娱乐股份有限公司、九城互动信息技术（上海）有限公司、上海第九城市信息技术有限公司、北京情文图书有限公司侵害著作权纠纷案（最高人民法院〔2010〕民三终字第6号民事判决书）

4. "葫芦娃"动画形象著作权权属纠纷案

胡进庆、吴云初与上海美术电影制片厂著作权权属纠纷上诉案（上海市第二中级人民法院〔2011〕沪二中民五（知）终字第62号民事判决书）

5. 涉及百度文库著作权纠纷案

韩寒与北京百度网讯科技有限公司侵害著作权纠纷案（北京市海淀区人民法院〔2012〕海民初字第5558号民事判决书）

6. CDMA/GSM双模式移动通信方法专利侵权纠纷案

浙江华立通信集团与深圳三星科健移动通信技术有限公司侵害发明专利权纠纷上诉案（浙江省高级人民法院〔2009〕浙知终字第64号民事判决书）

7. "泥人张"不正当竞争纠纷案

张锠、张宏岳、北京泥人张艺术开发有限责任公司与张铁成、北京泥人张博古陶艺厂、北京泥人张艺术品有限公司不正当竞争纠纷再审案（最高人民法院〔2010〕民提字第113号民事判决书）

8. 侵害姚明人格权及不正当竞争纠纷案

姚明与武汉云鹤大鲨鱼体育用品有限公司侵犯人格权及不正当竞争纠纷上诉案（湖北省高级人民法院〔2012〕鄂民三终字第137号民事判决书）

二、知识产权行政案件

9. "乐活"商标侵权行政处罚案

苏州鼎盛食品有限公司与江苏省苏州工商行政管理局工商行政处罚上诉案(江苏省高级人民法院〔2011〕苏知行终字第 4 号行政判决书)

三、知识产权刑事案件

10. 网络游戏私服侵犯著作权罪案

赵学元、赵学保侵犯著作权罪上诉案(江苏省高级人民法院〔2012〕苏知刑终字第 0003 号刑事判决书)

2012 年中国法院知识产权司法保护 10 大创新性案件名单

1. 柏万清与成都难寻物品营销服务中心、上海添香实业有限公司侵害实用新型专利权纠纷申请再审案(最高人民法院〔2012〕民申字第 1544 号民事裁定书)

2. 无锡市隆盛电缆材料厂、上海锡盛电缆材料有限公司与西安秦邦电信材料有限责任公司、古河电工(西安)光通信有限公司侵害发明专利权纠纷申请再审案(最高人民法院〔2012〕民提字第 3 号民事判决书)

3. 腾讯科技(深圳)有限公司与上海虹连网络科技有限公司、上海我要网络发展有限公司侵害计算机软件著作权及不正当竞争纠纷上诉案(湖北省武汉市中级人民法院〔2011〕武知终字第 6 号民事判决书)

4. 中国体育报业总社与北京图书大厦有限责任公司、广东音像出版社有限公司、广东豪盛文化传播有限公司著作权权属、侵权纠纷案(北京市西城区人民法院〔2012〕西民初字第 14070 号民事判决书)

5. 中国科学院海洋研究所、郑守仪与刘俊谦、莱州市万利达石业有限公司、烟台环境艺术管理管理办公室侵害著作权纠纷上诉案(山东省高级人民法院〔2012〕鲁民三终字第 33 号民事判决书)

6. 徐斌与南京名爵实业有限公司、南京汽车集团有限公司、北京公交海依捷汽车服务有限责任公司等侵害商标专用权纠纷上诉案(江苏省高级人民法院〔2012〕苏知民终字第 183 号民事判决书)

7. 联想(北京)有限公司与国家工商行政管理总局商标评审委员会、第三人福建省长汀县汀州酿造厂商标异议复审行政纠纷上诉案(北京市高级人民法院〔2011〕高行终字第 1739 号行政判决书)

8. 利莱森玛公司、利莱森玛电机科技(福州)有限公司与利玛森玛(福建)电机有限公司侵害商标权、擅自使用他人企业名称纠纷上诉案(福建省高级人民法院〔2012〕闽民终字第 819 号民事判决书)

9. 衢州万联网络技术有限公司与周慧民等侵害商业秘密纠纷上诉案(上海市高级

人民法院〔2011〕沪高民三（知）终字第 100 号民事判决书）

10. 刘大华与湖南华源实业有限公司、东风汽车有限公司东风日产乘用车公司垄断纠纷上诉案（湖南省高级人民法院〔2012〕湘高法民三终字第 22 号民事判决书）

2012 年中国法院知识产权司法保护 50 件典型案例名单

一、知识产权民事案件

（一）侵犯专利权纠纷案件

1. 鲜乐仕厨房用品株式会社与上海美之扣实业有限公司、北京惠买时空商贸有限公司侵害发明专利权纠纷上诉案（北京市高级人民法院〔2012〕高民终字第 3974 号民事判决书）

2. 哈尔滨工业大学星河实业有限公司与江苏润德管业有限公司侵害发明专利权纠纷上诉案（江苏省高级人民法院〔2012〕苏知民终字第 0021 号民事判决书）

3. 亚什兰许可和知识产权有限公司、北京天使专用化学技术有限公司与北京瑞仕邦精细化工技术有限公司、苏州瑞普工业助剂有限公司、魏星光侵害发明专利权纠纷案（江苏省苏州市中级人民法院〔2010〕苏中知民初字第 0301 号民事调解书）

4. 淄博诺奥化工有限公司与南京荣欣化工有限公司、南京乌江化工有限公司、淄博金博科贸有限公司侵害发明专利权纠纷案（山东省淄博市中级人民法院〔2011〕淄民三初字第 15 号民事判决书）

5. 湖南高雷同层排水科技有限公司与张超专利权权属纠纷案（湖南省长沙市中级人民法院〔2012〕长中民五初字第 0334 号民事判决书）

6. 李健开与黄泽凤侵害外观设计权纠纷上诉案（广东省高级人民法院〔2012〕粤高法民三终字第 298 号民事判决书）

7. 上海倍安实业有限公司与首安工业消防有限公司侵害实用新型专利权纠纷上诉案（重庆市高级人民法院〔2012〕渝高法民终字第 00071 号民事判决书）

（二）著作权权属、侵权纠纷案件

8. 薛华克与燕娅娅、北京翰海拍卖有限公司侵害著作权纠纷案（北京市朝阳区人民法院〔2011〕朝民初字第 20681 号民事判决书）

9. 上海玄霆娱乐信息科技有限公司与王钟、北京幻想纵横网络技术有限公司著作权合同纠纷上诉案（上海市第一中级人民法院〔2011〕沪一中民五（知）终字第 136 号民事判决书）

10. 周传康、章金元等与浙江省戏剧家协会等侵害著作权纠纷案（浙江省杭州市中级人民法院〔2011〕浙杭知初第 967 号民事判决书）

11. 孙根荣与冯绍锦侵害复制权、发行权纠纷案（江西省景德镇市中级人民法院〔2011〕景民三初字第 16 号民事判决书）

12. 上海世纪华创文化形象管理有限公司与湖北新一佳超市有限公司侵害著作权纠

纷上诉案（湖北省高级人民法院〔2012〕鄂民三终字第 23 号民事判决书）

13. 上海激动网络股份有限公司与武汉市广播影视局、武汉网络电视股份有限公司侵害信息网络传播权纠纷案（湖北省武汉市中级人民法院〔2012〕鄂武汉中知初字第 3 号民事判决书）

14. 游戏天堂电子科技（北京）有限公司与三亚鸿源网吧侵害著作权纠纷上诉案（海南省高级人民法院〔2012〕琼民三终字第 39 号民事判决书）

15. 重庆帝华广告传媒有限公司与四川美术学院、周宗凯委托创作合同纠纷上诉案（重庆市高级人民法院〔2012〕渝高法民终字第 00115 号民事判决书）

16. 外语教学与研究出版社有限责任公司与王后雄、中国青年出版社、四川凯迪文化有限公司侵害著作权纠纷上诉案（四川省高级人民法院〔2012〕川民终字第 472 号民事判决书）

17. 中国电影集团公司电影营销策划分公司与成都市金牛区星空牧羊星网吧侵害信息网络传播权纠纷案（四川省成都市中级人民法院〔2012〕成民初字第 1093 号民事判决书）

18. 张弓与兰州市城关区人民政府、中共兰州市城关区委党史资料征集研究委员会办公室、马莉侵害著作权纠纷上诉案（甘肃省高级人民法院〔2012〕甘民三终字第 87 号民事判决书）

（三）侵犯商标权纠纷案件

19. 舟山市水产流通与加工行业协会与北京申马人食品销售有限公司、北京华冠商贸有限公司侵害商标权纠纷上诉案（北京市高级人民法院〔2012〕高民终字第 58 号民事判决书）

20. 宝马股份公司与广州世纪宝驰服饰实业有限公司、北京方拓商业管理有限公司、李淑芝侵害商标权及不正当竞争纠纷上诉案（北京市高级人民法院〔2012〕高民终字第 918 号民事判决书）

21. 株式会社迪桑特与北京今日都市信息技术有限公司、深圳走秀网络科技有限公司侵害商标权纠纷上诉案（北京市高级人民法院〔2012〕高民终字第 3969 号民事判决书）

22. 美国威斯康辛州花旗参农业总会与浙江淘宝网络有限公司、吉林市参乡瑰宝土特产品有限公司侵害商标权纠纷上诉案（吉林市高级人民法院〔2012〕吉民三涉终字第 3 号民事判决书）

23. 吕秋阳与哈尔滨银行侵害商标权纠纷上诉案（黑龙江省高级人民法院〔2012〕黑知终字第 50 号民事判决书）

24. 立邦涂料（中国）有限公司与上海展进贸易有限公司、浙江淘宝网络有限公司等侵害商标权纠纷上诉案（上海市第一中级人民法院〔2012〕沪一中民五（知）终字第 64 号民事判决书）

25. 南京圣迪奥时装有限公司与周文刚、南京奥杰制衣有限公司侵害商标权纠纷上诉案（江苏省高级人民法院〔2012〕苏知民终字第 218 号民事判决书）

26. 法国轩尼诗公司与郑维平、昌黎轩尼诗酒庄有限责任公司、上海华晋贸易有限公司、秦皇岛玛歌葡萄酿酒有限公司侵害商标专用权及不正当竞争纠纷案（安徽省合肥市中级人民法院〔2012〕合民三初字第29号民事判决书）

27. 年年红国际食品有限公司与德国舒乐达公司、厦门国贸实业有限公司侵害商标权纠纷上诉案（福建省高级人民法院〔2012〕闽民终字第378号民事判决书）

28. 周志坚与厦门山国饮艺茶业有限公司侵害商标专用权纠纷上诉案（福建省高级人民法院〔2012〕闽民终字第498号民事判决书）

29. 海门市晨光照明电器有限公司与青岛莱特电器有限公司侵害商标权纠纷上诉案（山东省高级人民法院〔2012〕鲁民三终字第80号民事判决书）

30. 鳄鱼恤有限公司与青岛瑞田服饰有限公司侵害商标专用权纠纷上诉案（山东省高级人民法院〔2012〕鲁民三终字第81号民事判决书）

31. 河南杜康酒业股份有限公司与汝阳县杜康村酒泉酒业有限公司、河南世纪联华超市有限公司侵害商标权及不正当竞争纠纷案（河南省郑州市中级人民法院〔2011〕郑民三初字第74号民事判决书）

32. 广东欧珀移动通讯有限公司与深圳市星宝通电子科技有限公司、郑关笑侵害商标权纠纷上诉案（广东省高级人民法院〔2012〕粤高法民三终字第79号民事判决书）

33. 成都科析仪器成套有限公司与成都新世纪科发实验仪器有限公司、成都市时代科发实验仪器有限公司、上海精密科学仪器有限公司侵害商标权纠纷上诉案（四川省高级人民法院〔2012〕川民终字第208号民事判决书）

34. 博乐市赛里木酒业酿造有限责任公司与新疆赛里木湖大酒店有限责任公司侵害商标权纠纷上诉案（新疆维吾尔自治区高级人民法院〔2012〕新民三终字第6号民事判决书）

（四）不正当竞争纠纷案件及其他

35. 天津中国青年旅行社与天津国青国际旅行社有限公司擅自使用他人企业名称纠纷上诉案（天津市高级人民法院〔2012〕津高民三终字第3号民事判决书）

36. 天津市泥人张世家绘塑老作坊、张宇与陈毅谦、宁夏雅观收藏文化研究所、北京天盈九州网络技术有限公司擅自使用他人企业名称及虚假宣传纠纷上诉案（天津市高级人民法院〔2012〕津高民三终字第0016号民事判决书）

37. 岳彤宇与周立波域名权属、侵权纠纷案（上海市第二中级人民法院〔2011〕沪二中民五（知）初字第171号民事判决书）

38. 无锡市保城气瓶检验有限公司与无锡华润车用气有限公司拒绝交易纠纷上诉案（江苏省高级人民法院〔2012〕苏知民终字第4号民事判决书）

39. 山东亿家乐房产经纪咨询有限公司与李袁燕特许经营加盟合同纠纷上诉案（山东省高级人民法院〔2012〕鲁民三终字第233号民事判决书）

40. 美国通用能源公司与华陆工程科技有限责任公司、山东华鲁恒升化工股份有限公司、西北化工研究院侵害商业秘密纠纷案（陕西省西安市中级人民法院〔2008〕西民四初字第419号民事调解书）

41. 甘肃省敦煌种业股份有限公司与张掖市丰玉鑫陇种子有限公司、曹玉荣侵害植物新品种权纠纷案（甘肃省张掖市中级人民法院〔2012〕张中民初字第83号民事判决

书)

二、知识产权行政案件

(一) 专利授权确权案件

42. 河南省正龙食品有限公司与国家知识产权局专利复审委员会、第三人陈朝晖外观设计专利权无效行政纠纷上诉案（北京市高级人民法院〔2011〕高行终字第 1733 号行政判决书）

43. YKK 株式会社与中华人民共和国国家知识产权局专利复审委员会、第三人广州嘉绩拉链机械有限公司发明专利权无效行政纠纷上诉案（北京市高级人民法院〔2012〕高行终字 1088 号行政判决书）

44. 赢创德固赛有限责任公司与中华人民共和国国家知识产权局专利复审委员会发明专利申请驳回复审行政纠纷上诉案（北京市高级人民法院〔2012〕高行终字第 1486 号行政判决书）

(二) 商标授权确权案件

45. 同济大学与国家工商行政管理总局商标评审委员会、第三人华中科技大学同济医学院附属同济医院商标争议行政纠纷上诉案（北京市高级人民法院〔2012〕高行终字第 703 号行政判决书）

46. 深圳市李金记食品有限公司与国家工商行政管理总局商标评审委员会、第三人李锦记有限公司商标异议复审行政纠纷上诉案（北京市高级人民法院〔2012〕高行终字第 1283 号行政判决书）

三、知识产权刑事案件

47. 伍迪兵、李玉峰侵犯商业秘密罪、侵犯著作权罪案（北京市海淀区人民法院〔2012〕海刑初字第 3240 号刑事判决书）

48. 胡君良假冒注册商标罪、销售假冒注册商标的商品罪案（江苏省宜兴市人民法院〔2012〕宜知刑初字第 9 号刑事判决书）

49. 陈建良假冒注册商标罪案（福建省鼓楼区人民法院〔2012〕鼓刑初字第 399 号刑事判决书）

50. 燕亚航侵犯著作权罪上诉案（广东省深圳市中级人民法院〔2012〕深中法知刑终字第 35 号刑事裁定书）

最高人民法院办公厅
关于印发 2013 年中国法院 10 大知识产权案件、10 大创新型知识产权案件和 50 件典型知识产权案例的通知

2014 年 4 月 15 日　　　　　　　　　　　法办〔2014〕37 号

各省、自治区、直辖市高级人民法院，解放军军事法院，新疆维吾尔自治区高级人民法院生产建设兵团分院：

在过去一年中，人民法院紧紧围绕党和国家工作大局，高度重视知识产权审判工作，积极履行知识产权审判职能，深入贯彻"加强保护、分门别类、宽严适度"的知识产权司法保护基本政策，依法公正高效审理各类知识产权案件，司法在保护知识产权、促进自主创新方面的主导作用得到进一步发挥。为集中展示人民法院知识产权司法保护工作的成就，充分发挥典型案例的示范引导作用，经各高级人民法院推荐，并结合 2013 年最高人民法院审理的知识产权案件情况，我院选定了 2013 年中国法院 10 大知识产权案件、10 大创新性知识产权案件和 50 件典型知识产权案例。现将这些案件和典型案例名单印发，供各级人民法院在知识产权审判工作中参考借鉴。

附：

2013 年中国法院十大知识产权案件

一、知识产权民事案件

1. 新材料技术领域等同判定专利侵权案

湖南科力远新能源股份有限公司与爱蓝天高新技术材料（大连）有限公司等侵害发明专利权纠纷上诉案（江苏省高级人民法院〔2011〕苏知民再终字第 1 号民事判决书）

2. "威极"酱油侵害商标权及不正当竞争纠纷案

佛山市海天调味食品股份有限公司与佛山市高明威极调味食品有限公司侵害商标权及不正当竞争纠纷案（广东省佛山市中级人民法院〔2012〕佛中法知民初字第 352 号民事判决书）

3. 钱钟书书信手稿拍卖诉前行为保全案

杨季康与中贸圣佳国际拍卖有限公司、李国强诉前行为保全案（北京市第二中级人

民法院〔2013〕二中保字第 9727 号民事裁定书）

4. "奥特曼"著作权纠纷案

圆谷制作株式会社、上海圆谷策划有限公司与辛波特·桑登猜、采耀版权有限公司、广州购书中心有限公司、上海音像出版社侵害著作权纠纷申请再审案（最高人民法院〔2011〕民申字第 259 号民事裁定书）

5. 树脂专利相关信息侵害商业秘密纠纷案

圣莱科特国际集团、圣莱科特化工（上海）有限公司与华奇（张家港）化工有限公司、徐捷侵害商业秘密纠纷上诉案（上海市高级人民法院〔2013〕沪高民三（知）终字第 93 号民事判决书）

6. 标准必要专利许可使用费案件

华为技术有限公司与 IDC 公司标准必要专利使用费纠纷上诉案（广东省高级人民法院〔2013〕粤高法民三终字第 305 号民事判决书）

7. 确认"两优 996"品种权实施许可合同无效纠纷案

福建超大现代种业有限公司与安徽省农业科学院水稻研究所确认植物新品种权实施许可合同无效纠纷上诉案（安徽省高级人民法院〔2012〕皖民三终字第 81 号民事裁定书）

二、知识产权行政案件

8. "圣象"驰名商标保护案

圣象集团有限公司与国家工商行政管理总局商标评审委员会、河北广太石膏矿业有限公司商标争议行政纠纷提审案（最高人民法院〔2013〕行提字第 24 号行政判决书）

9. "金骏眉"通用名称商标行政纠纷案

武夷山市桐木茶叶有限公司与国家工商行政管理总局商标评审委员会、福建武夷山国家级自然保护区正山茶业有限公司商标异议复审行政纠纷上诉案（北京市高级人民法院〔2013〕高行终字第 1767 号行政判决书）

三、知识产权刑事案件

10. 假冒食用油注册商标犯罪案

宗连贵等 28 人假冒注册商标罪案（河南省高级人民法院〔2013〕豫法知刑终字第 2 号刑事裁定书）

2013 年中国法院十大创新性知识产权案件

1. 北京锐邦涌和科贸有限公司与强生（上海）医疗器材有限公司、强生（中国）医疗器材有限公司纵向垄断协议纠纷上诉案（上海市高级人民法院〔2012〕沪高民三（知）终字第 63 号民事判决书）

2. 美国礼来公司、礼来（中国）研发公司与黄孟炜侵害技术秘密纠纷案（上海市

第一中级人民法院〔2013〕沪一中民五（知）初字第 119 号民事判决书）

3. 百度在线网络技术（北京）有限公司等与北京奇虎科技有限公司等不正当竞争纠纷上诉案（北京市高级人民法院〔2013〕高民终字第 2352 号民事判决书）

4. 谷歌公司与王莘侵害著作权纠纷上诉案（北京市高级人民法院〔2013〕高民终字第 1221 号民事判决书）

5. 天津天隆种业科技有限公司与江苏徐农种业科技有限公司侵害植物新品种权纠纷上诉案（江苏省高级人民法院〔2011〕苏知民终字第 194 号、（2012）苏知民终字第 55 号民事判决书）

6. 中山市隆成日用制品有限公司与湖北童霸儿童用品有限公司侵害实用新型专利权纠纷提审案（最高人民法院〔2013〕民提字第 116 号民事判决书）

7. 北京鸭王烤鸭店有限公司与上海淮海鸭王烤鸭店有限公司、国家工商行政管理总局商标评审委员会商标异议复审纠纷申请再审案（最高人民法院〔2012〕知行字第 9 号行政裁定书）

8. 李隆丰与中华人民共和国国家工商行政管理总局商标评审委员会、三亚市海棠湾管理委员会商标争议行政纠纷申请再审案（最高人民法院〔2013〕知行字第 41 号行政裁定书）

9. 卡比斯特制药公司与中华人民共和国国家知识产权局专利复审委员会发明专利权无效行政纠纷申请再审案（最高人民法院〔2012〕知行字第 75 号行政裁定书）

10. 江西亿铂电子科技有限公司、中山沃德打印机设备有限公司、余志宏、罗石和、李影红、肖文娟侵犯商业秘密罪案（广东省珠海市中级人民法院〔2013〕珠中法刑终字第 87 号刑事判决书）

2013 年中国法院 50 件典型知识产权案例

一、知识产权民事案件

（一）侵犯专利权纠纷案件

1. 马培德公司与阳江市邦立贸易有限公司、阳江市伊利达刀剪有限公司侵害外观设计专利权纠纷申请再审案（最高人民法院〔2013〕民申字第 29 号民事裁定书）

2. 宜宾长毅浆粕有限责任公司与潍坊恒联浆纸有限公司、成都鑫瑞鑫塑料有限公司侵害发明专利权纠纷申请再审案（最高人民法院〔2013〕民申字第 309 号民事裁定书）

3. 北京市捷瑞特弹性阻尼体技术研究中心与北京金自天和缓冲技术有限公司、王菡夏侵害实用新型专利权纠纷申请再审案（最高人民法院〔2013〕民申字第 1146 号民事裁定书）

4. 桂林南药股份有限公司与三门峡赛诺维制药有限公司侵害外观设计专利权和擅自使用知名商品特有包装、装潢纠纷提审案（最高人民法院〔2013〕民提字第 163 号民

事判决书)

5. 陈顺弟与浙江乐雪儿家居用品有限公司、何建华、温士丹侵害发明专利权纠纷提审案(最高人民法院〔2013〕民提字第225号民事判决书)

6. 大连大金马基础建设有限公司与大连北兴构件吊装运输有限公司侵害发明专利权纠纷案(辽宁省大连市中级人民法院〔2011〕大民四初字第23号民事判决书)

7. 塞伯股份有限公司与浙江爱仕达电器股份有限公司侵害发明专利权纠纷上诉案(浙江省高级人民法院〔2013〕浙知终字第59号民事判决书)

8. 陈锡奎与晋江市凯达石材机械有限公司侵害实用新型专利权纠纷上诉案(福建省高级人民法院〔2013〕闽民终字第482号民事判决书)

9. 本田技研工业株式会社与江门气派摩托车有限公司、力帆实业(集团)股份有限公司、湘潭瑞骑力帆摩托车销售有限公司侵害外观设计专利权纠纷案(湖南省长沙市中级人民法院〔2012〕长中民五初字第620号民事判决书)

10. 江门市亚泰机电科技有限公司与雷炳全侵害实用新型专利权纠纷上诉案(广东省高级人民法院〔2013〕粤高法民三终字第15号民事判决书)

(二) 著作权权属、侵权纠纷案件

11. 吉林美术出版社与海南出版社有限公司、长春欧亚集团股份有限公司欧亚商都侵害著作权纠纷申请再审案(最高人民法院〔2012〕民申字第1150号民事裁定书)

12. 景德镇法蓝瓷实业有限公司与潮州市加兰德陶瓷有限公司侵害著作权纠纷申请再审案(最高人民法院〔2012〕民申字第1392号民事裁定书)

13. 窦骁与北京新画面影业有限公司演出经纪合同纠纷上诉案(北京市高级人民法院〔2013〕高民终字第1164号民事判决书)

14. 北京中文在线数字出版股份有限公司与北京智珠网络技术有限公司侵害作品信息网络传播权纠纷案(北京市朝阳区人民法院〔2013〕朝民初字第8854号民事判决书)

15. 哈尔滨秋林食品有限责任公司与哈尔滨秋林糖果厂有限责任公司、哈尔滨秋林里道斯食品有限责任公司侵害著作权纠纷上诉案(黑龙江省高级人民法院〔2012〕黑知终字第45号民事判决书)

16. 北京汉仪科印信息技术有限公司与青蛙王子(中国)日化有限公司、福建双飞日化有限公司、苏果超市有限公司侵害著作权纠纷上诉案(江苏省高级人民法院〔2012〕苏知民终字第161号民事判决书)

17. 郑子罕与杭州市普通教育研究室著作权权属纠纷上诉案(浙江省高级人民法院〔2012〕浙知终字第105号民事判决书)

18. 蒋友柏与周为军、江苏人民出版社有限公司、北京凤凰联动文化传媒有限公司侵害著作权纠纷上诉案(浙江省杭州市中级人民法院〔2013〕浙杭知终字第13号民事判决书)

19. 广州万唯建设工程顾问有限公司与广州市番禺交通建设投资有限公司、广东海外建设监理有限公司侵害著作权纠纷上诉案(广东省广州市中级人民法院〔2012〕穗中法民三终字第96号民事判决书)

（三）侵犯商标权纠纷案件

20. 北京大宝化妆品有限公司与北京市大宝日用化学制品厂、深圳市碧桂园化工有限公司侵害商标权及不正当竞争纠纷提审案（最高人民法院〔2012〕民提字第166号民事判决书）

21. 陕西茂志娱乐有限公司与梦工场动画影业公司、派拉蒙影业公司侵害商标权纠纷上诉案（北京市高级人民法院〔2013〕高民终字第3027号民事判决书）

22. 兰建军、杭州小拇指汽车维修科技股份有限公司与天津市小拇指汽车维修服务有限公司、天津市华商汽车进口配件公司侵害商标权及不正当竞争纠纷上诉案（天津市高级人民法院〔2012〕津高民三终字第46号民事判决书）

23. 广州市芳奈服饰有限公司与李菊红侵害商标权纠纷上诉案（江西省高级人民法院〔2013〕赣民三终字第21号民事裁定书）

24. 环球股份有限公司与青岛际通文具有限公司、青岛际通铅笔有限公司、青岛永旺东泰商业有限公司侵害商标权纠纷上诉案（山东省高级人民法院〔2013〕鲁民三终字第32号民事判决书）

25. 河南杜康酒业股份有限公司与汝阳县杜康村酒泉酒业有限公司、河南世纪联华超市有限公司侵害商标权纠纷上诉案（河南省高级人民法院〔2011〕豫法民三终字第194号民事判决书）

26. 湖北十堰武当山特区仙尊酿酒有限公司与湖北神武天滋野生葡萄酒业有限公司、武汉天滋武当红酒业销售有限公司侵害商标权纠纷上诉案（湖北省高级人民法院〔2013〕鄂民三终字第132号民事判决书）

27. 广州饮食服务企业集团有限公司与广州市西关世家园林酒家有限公司商标及老字号品牌使用许可合同纠纷上诉案（广东省高级人民法院〔2013〕粤高法民三终字第123号民事判决书）

28. 北京王致和（桂林腐乳）食品有限公司与桂林花桥食品有限公司侵害商标权纠纷上诉案（广西壮族自治区高级人民法院〔2012〕桂民三终字第19号民事判决书）

29. 路易威登马利蒂与三亚宝宏实业有限公司宝宏大酒店、三亚宝宏实业有限公司、潘小爱侵害商标权纠纷上诉案（海南省高级人民法院〔2013〕琼民三终字第80号民事判决书）

30. 成都同德福合川桃片食品有限公司与重庆市合川区同德福桃片有限公司、余晓华侵害商标权及不正当竞争纠纷案（重庆市第一中级人民法院〔2013〕渝一中法民初字第273号民事判决书）

31. 宜宾五粮液股份有限公司与江西精彩生活投资发展有限公司侵害商标权纠纷上诉案（四川省高级人民法院〔2013〕川民终字665号民事判决书）

32. 普拉达有限公司与陕西东方源投资发展有限公司、华商报社侵害商标权及不正当竞争纠纷案（陕西省西安市中级人民法院〔2013〕西民四初字第227号民事判决书）

（四）不正当竞争、垄断纠纷案件及其他

33. 天圣制药集团股份有限公司与海南国栋药物研究所有限公司、海南欣安生物制药有限公司技术转让合同纠纷申请再审案（最高人民法院〔2012〕民申字第1542号民

事裁定书)

34. 济川药业集团股份有限公司与北京福瑞康正医药技术研究所技术转让合同纠纷申请再审案(最高人民法院〔2013〕民申字第718号民事裁定书)

35. 湖北洁达环境工程有限公司与郑州润达电力清洗有限公司、陈庭荣、吴祥林侵害商业秘密纠纷管辖权异议提审案(最高人民法院〔2013〕民提字第16号民事裁定书)

36. 北京天道新源风电科技股份有限公司与哈尔滨空调股份有限公司技术合同纠纷案(黑龙江省哈尔滨市中级人民法院〔2011〕哈知初字第59号民事判决书)

37. 江苏建华管桩有限公司与上海中技桩业股份有限公司虚假宣传纠纷上诉案(江苏省高级人民法院〔2012〕苏知民终字第219号民事判决书)

38. 南京国资绿地金融中心有限公司与江苏紫峰绿洲酒店管理有限公司侵犯著作权、商标权及不正当竞争纠纷上诉案(江苏省南京市中级人民法院〔2012〕宁知民终字第24号民事判决书)

39. 曹彬与济南乾豪科技发展有限公司特许经营合同纠纷上诉案(山东省高级人民法院〔2013〕鲁民三终字第223号民事判决书)

40. 襄阳市农业科学院与四川隆平高科种业有限公司植物新品种实施许可合同纠纷上诉案(湖北省高级人民法院〔2013〕鄂民三终字第323号民事判决书)

41. 华为技术有限公司与IDC公司滥用市场支配地位纠纷上诉案(广东省高级人民法院〔2013〕粤高法民三终字第306号民事判决书)

42. 兰州正丰石油化工技术装备有限责任公司与无锡奋图过滤材料有限公司、王京良、无锡奋图网业进出口贸易有限公司侵害商业秘密纠纷上诉案(甘肃省高级人民法院〔2013〕甘民三终字第5号民事判决书)

二、知识产权行政案件

(一)专利授权确权案件

43. 精工爱普生株式会社与中华人民共和国国家知识产权局专利复审委员会、郑亚俐、佛山凯德利办公用品有限公司、深圳市易彩实业发展有限公司发明专利权无效行政纠纷申请再审案(最高人民法院〔2010〕知行字第53-1号行政裁定书)

44. 北京世纪联保消防新技术有限公司与国家知识产权局专利复审委员会、山西中远消防设备有限公司发明专利权无效行政纠纷提审案(最高人民法院〔2012〕行提字第20号行政判决书)

45. 株式会社岛野与中华人民共和国国家知识产权局专利复审委员会、宁波赛冠车业有限公司发明专利权无效行政纠纷提审案(最高人民法院〔2013〕行提字第21号行政判决书)

46. 新日铁住金不锈钢株式会社与中华人民共和国国家知识产权局专利复审委员会、李建新发明专利权无效行政纠纷上诉案(北京市高级人民法院〔2013〕高行终字第1754号行政判决书)

(二)商标授权确权案件

47. 博内特里塞文奥勒有限公司与中华人民共和国国家工商行政管理总局商标评审

委员会、佛山市名仕实业有限公司商标争议行政纠纷提审案（最高人民法院〔2012〕行提字第 28 号行政判决书）

三、知识产权刑事案件

48. 尤艳、宋兵峰、马化涛侵犯著作权罪案（安徽省蚌埠市禹会区人民法院〔2013〕禹知刑初字第 2 号刑事判决书）
49. 王文利、张剑毅、陈邦取生产、销售伪劣产品罪案（福建省厦门市中级人民法院〔2011〕厦刑初字第 62 号刑事判决书）
50. 周开忠、蔡细漂假冒注册商标罪案（湖北省宜昌市中级人民法院〔2013〕鄂宜昌中知刑初字第 1 号刑事判决书）

最高人民法院办公厅
关于印发 2014 年中国法院 10 大知识产权案件、10 大创新性知识产权案件和 50 件典型知识产权案例的通知

2015 年 4 月 14 日　　　　　　　　　　法办〔2015〕55 号

各省、自治区、直辖市高级人民法院，解放军军事法院，新疆维吾尔自治区高级人民法院生产建设兵团分院：

2014 年，人民法院在以习近平同志为总书记的党中央坚强领导下，深入学习贯彻党的十八大和十八届三中、四中全会精神，深入学习贯彻习近平总书记系列重要讲话精神，紧紧围绕"四个全面"战略布局，努力让人民群众在每一个司法案件中感受到公平正义，坚持司法为民、公正司法工作主线，始终高度重视知识产权司法保护工作，充分发挥司法在保护知识产权中的主导作用，依法独立公正行使审判权，各项工作取得新进展，为全面建成小康社会、全面深化改革和实施创新驱动发展战略提供了有力支撑和保障。为深入实施国家知识产权战略，努力实现知识产权司法保护的主导作用，切实发挥司法裁判的指引和导向作用，我院评选出了 2014 年中国法院 10 大知识产权案件、10 大创新性知识产权案件和 50 件典型知识产权案例。现将这些案件和典型案例名单印发给你们，供各级人民法院在审判工作中参考借鉴。

附：

2014年中国法院10大知识产权案件

一、知识产权民事案件

1. 互联网市场领域商业诋毁行为认定不正当竞争纠纷案

北京奇虎科技有限公司等与腾讯科技（深圳）有限公司等不正当竞争纠纷上诉案（最高人民法院〔2013〕民三终字第5号民事判决书）

2. 互联网市场领域滥用市场支配地位垄断纠纷案

北京奇虎科技有限公司与腾讯科技（深圳）有限公司等滥用市场支配地位纠纷上诉案（最高人民法院〔2013〕民三终字第4号民事判决书）

3. "宝庆"商标特许经营合同及商标侵权纠纷案

南京宝庆银楼首饰有限公司等与南京宝庆银楼连锁有限公司等特许经营合同纠纷、商标侵权纠纷上诉案（江苏省高级人民法院〔2012〕苏知民终字第154号民事判决书）

4. "quna.com"在先注册域名不正当竞争纠纷案

北京趣拿信息技术有限公司与广州市去哪信息技术有限公司不正当竞争纠纷上诉案（广东省高级人民法院〔2013〕粤高法民三终字第565号民事判决书）

5. 集成电路布图设计专有权侵权认定纠纷案

钜泉光电科技（上海）股份有限公司与上海雅创电子零件有限公司等侵害集成电路布图设计专有权纠纷上诉案（上海市高级人民法院〔2014〕沪高民三（知）终字第12号民事判决书）

6. 信息网络传播权诉前禁令纠纷案

深圳市腾讯计算机系统有限公司与广州网易计算机系统有限公司等侵害音乐作品信息网络传播权诉前禁令纠纷案（湖北省武汉市中级人民法院〔2014〕鄂武汉中知禁字第5号、5—1号、5—2号民事裁定书）

二、知识产权行政案件

7. "稻香村"商标异议复审行政纠纷案

苏州稻香村食品工业有限公司与国家工商行政管理总局商标评审委员会、北京稻香村食品有限责任公司商标异议复审行政纠纷上诉案（北京市高级人民法院〔2014〕高行终字第1103号行政判决书）

8. "竹家庄避风塘及图"商标争议纠纷案

上海避风塘美食有限公司与国家工商行政管理总局商标评审委员会、上海磐石意舟餐饮管理有限公司商标争议行政纠纷提审案（最高人民法院〔2013〕行提字第8号行政判决书）

9. "治疗乳腺增生性疾病的药物组合物及其制备方法"发明专利权无效行政纠纷案

北京亚东生物制药有限公司与国家知识产权局专利复审委员会专利行政纠纷申请再审案（最高人民法院〔2013〕知行字第77号行政裁定书）

三、知识产权刑事案件

10. 侵犯著作权犯罪案

周志全等7人侵犯著作权罪案（北京市第一中级人民法院〔2014〕一中刑终字第2516号刑事裁定书）

2014年中国法院10大创新性知识产权案件

1. 国家知识产权局专利复审委员会与白象食品股份有限公司、陈朝晖外观设计专利权无效行政纠纷申请再审案（最高人民法院〔2014〕知行字第4号行政裁定书）

2. （瑞士）埃利康亚洲股份公司与中华人民共和国国家知识产权局专利复审委员会、刘夏阳等发明专利权无效行政纠纷提审案（最高人民法院〔2014〕行提字第11、12、13号行政判决书）

3. 孙俊义与郑宁侵害实用新型专利权纠纷申请再审案（最高人民法院〔2014〕民申字第1036号民事裁定书）

4. 苹果公司与中华人民共和国国家知识产权局专利复审委员会外观设计专利申请驳回复审行政纠纷上诉案（北京市高级人民法院〔2014〕高行（知）终字第2815号行政判决书）

5. 怀化正好制药有限公司与湖南方盛制药股份有限公司确认不侵害专利权纠纷上诉案（湖南省高级人民法院〔2014〕湘高法民三终字第51号民事判决书）

6. 东阳市上蒋火腿厂与浙江雪舫工贸有限公司侵害商标权纠纷上诉案（浙江省高级人民法院〔2013〕浙知终字第301号民事判决书）

7. 深圳市周一品小肥羊餐饮连锁管理有限公司与内蒙古小肥羊餐饮连锁有限公司侵害商标权及不正当竞争纠纷上诉案（广东省高级人民法院〔2014〕粤高法民三终字第27号民事判决书）

8. 杭州聚合网络科技有限公司与中国移动通信集团浙江有限公司、浙江融创信息产业有限公司侵害计算机软件著作权纠纷上诉案（浙江省高级人民法院〔2013〕浙知终字第289号民事判决书）

9. 麦格昆磁（天津）有限公司诉夏某、苏州瑞泰新金属有限公司侵害技术秘密纠纷上诉案（江苏省高级人民法院〔2013〕苏知民终字第159号民事判决书）

10. 张俊雄侵犯著作权罪案（上海市普陀区人民法院〔2013〕普刑（知）初字第11号刑事判决书）

2014年中国法院50件典型知识产权案例

一、知识产权民事案件

（一）侵犯专利权纠纷案件

1. 张晶廷与衡水子牙河建筑工程有限公司等侵害发明专利权纠纷提审案（最高人民法院〔2012〕民提字第125号民事判决书）

2. 范俊杰与亿辰公司侵犯专利权纠纷提审案（最高人民法院〔2013〕民提字第223号民事判决书）

3. 广东雅洁五金有限公司与杨建忠、卢炳仙侵害外观设计专利权纠纷提审案（最高人民法院〔2013〕民提字第187号民事判决书）

4. 洛阳晨诺电气有限公司与天津威科真空开关有限公司、张春江、天津市智合电器有限公司侵害外观设计专利权纠纷提审案（最高人民法院〔2014〕民提字第193号民事判决书）

5. 欧瑞康纺织有限及两合公司与北京中丽制机化纤工程技术有限公司、北京中丽制机工程技术有限公司、杭州翔盛纺织有限公司侵害发明专利权纠纷上诉案（浙江省高级人民法院〔2012〕浙知终字第331号民事判决书）

6. 湖北工业大学职务技术成果完成人奖励、报酬纠纷上诉案（湖北省高级人民法院〔2014〕鄂民三终字第109号民事判决书）

7. 蔡绍基与温瀚泉侵害外观设计专利权纠纷上诉案（广东省高级人民法院〔2014〕粤高法民三终字第37号民事判决书）

8. 法国SEB公司与广东旗峰公司侵害发明专利权纠纷上诉案（广东省高级人民法院〔2013〕粤高法民三终字第279号民事判决书）

9. 惠州强宏达塑胶用品有限公司与泛爵投资有限公司侵害外观设计专利权纠纷上诉案（广东省高级人民法院〔2014〕粤高法民三终字第513号民事判决书）

（二）著作权权属、侵权纠纷案件

10. 张晓燕与雷献和、赵琪、山东爱书人音像图书有限公司侵害著作权纠纷申请再审案（最高人民法院〔2013〕民申字第1049号民事裁定书）

11. 华盖创意（北京）图像技术有限公司与哈尔滨正林软件开发有限责任公司侵害著作权纠纷提审案（最高人民法院〔2014〕民提字第57号民事判决书）

12. 王巨贤与绍兴市水利局、绍兴神采印刷有限公司侵犯著作权纠纷提审案（最高人民法院〔2013〕民提字第15号民事判决书）

13. 苹果公司与麦家侵害信息网络传播权纠纷上诉案（北京市高级人民法院〔2013〕高民终字第2619号民事判决书）

14. 广州网易计算机系统有限公司与北京世纪鹤图软件技术有限责任公司等侵犯著作权、商标权及不正当竞争纠纷案（北京市海淀区人民法院〔2013〕海民初字第27744

号民事判决书）

15. 上海森乐文化传播有限公司与天津酷溜正元信息技术有限公司著作权许可使用合同纠纷上诉案（天津市高级人民法院〔2014〕津高民三终字第 10 号民事判决书）

16. 白先勇与上海电影（集团）有限公司等著作权权属、侵权纠纷案（上海市第二中级人民法院〔2014〕沪二中民五（知）初字第 83 号民事判决书）

17. 章曙祥与江苏真慧影业有限公司导演聘用合同纠纷上诉案（江苏省高级人民法院〔2014〕苏知民终字第 185 号民事判决书）

18. 肇庆金鹏酒店有限公司与中国音像著作权集体管理协会侵害著作权纠纷上诉案（广东省高级人民法院〔2013〕粤高法民三终字第 615 号民事判决书）

19. 中国电信股份有限公司深圳分公司与乐视网信息技术（北京）股份有限公司等侵害信息网络传播权纠纷上诉案（广东省深圳市中级人民法院〔2014〕深中法知民终字第 328 号民事判决书）

20. 刘爱芳等与覃迅云等侵害著作权纠纷上诉案（广西壮族自治区高级人民法院〔2013〕桂民三终字第 65 号民事判决书）

21. 乔天富与重庆华龙网新闻传媒有限公司侵害著作权纠纷上诉案（重庆市高级人民法院〔2013〕渝高法民终字第 261 号民事判决书）

（三）侵犯商标权纠纷案件

22. 深圳歌力思服饰股份有限公司、王碎永、杭州银泰世纪百货有限公司侵害商标权纠纷提审案（最高人民法院〔2014〕民提字第 24 号民事判决书）

23. 浙江喜盈门啤酒有限公司与百威英博（中国）销售有限公司等侵害商标权纠纷案（最高人民法院〔2014〕民申字第 1182 号民事裁定书）

24. 希杰（青岛）食品有限公司与延吉美笑食品有限公司等侵害商标纠纷案（吉林省延边朝鲜族自治州中级人民法院〔2013〕延中民三知初字第 14 号民事判决书）

25. 路易威登马利蒂与安徽白马商业经营管理有限公司、合肥盛装物业管理有限公司、董党伟、丁姝珣等侵害商标权纠纷上诉案（安徽省合肥市中级人民法院〔2014〕合民三初字第 203 号民事判决书）

26. 美商 NBA 产物股份有限公司与特易购商业（青岛）有限公司侵害商标权纠纷上诉案（山东省高级人民法院〔2014〕鲁民三终字第 143 号民事判决书）

27. 拉芳家化股份有限公司与潍坊雨洁消毒用品有限公司侵害商标权纠纷案（山东省潍坊市中级人民法院〔2014〕潍知初字第 341 号民事判决书）

（四）不正当竞争、垄断纠纷案件及其他

28. 娄丙林与北京市水产批发行业协会垄断纠纷上诉案（北京市高级人民法院〔2013〕高民终字第 4325 号民事判决书）

29. 迪尔公司与九方泰禾国际重工（青岛）股份有限公司等侵害商标权及不正当竞争上诉案（北京市高级人民法院〔2014〕高民终字第 382 号民事判决书）

30. 合一信息技术（北京）有限公司与北京金山安全软件有限公司等不正当竞争纠纷上诉案（北京市第一中级人民法院〔2014〕一中民终字第 3283 号民事判决书）

31. 北京永旭良辰文化发展有限公司与北京泽西年代影业有限公司、北京星河联盟影视传媒有限公司及泽西年代公司反诉永旭良辰公司不正当竞争纠纷案（北京市第三中级人民法院〔2014〕三中民初字第 6412 号民事判决书）

32. 派诺特贸易（深圳）有限公司与上海派诺特国际贸易有限公司、仇刚侵害商标权及不正当竞争纠纷案（上海市浦东新区人民法院〔2013〕浦民三（知）初字第 483 号民事判决书）

33. 威尔德摩德公司与济南慧邦汉默实业有限公司等不正当竞争纠纷上诉案（山东省高级人民法院〔2014〕鲁民三终字第 98 号民事判决书）

34. 滚石国际音乐股份有限公司与武汉滚石娱乐有限公司不正当竞争纠纷上诉案（湖北省高级人民法院〔2013〕鄂民三终字第 395 号民事判决书）

35. 杨汉卿、北京新范文化有限公司与恒大足球学校等侵害商标权及不正当竞争纠纷上诉案（广东省高级人民法院〔2013〕粤高法民三终字第 630 号民事判决书）

36. 浙江正泰电器股份有限公司与四川正泰电力电气成套有限公司侵害商标权及不正当竞争纠纷上诉案（四川省高级人民法院〔2014〕川知民终字第 5 号民事判决书）

37. 甘肃省敦煌种业股份有限公司与河南省大京九种业有限公司等侵害植物新品种权纠纷申请再审案（最高人民法院〔2014〕民申字第 52 号民事裁定书）

38. 敦煌种业先锋良种有限公司、新疆新特丽种苗有限公司与新疆生产建设兵团农一师四团侵害植物新品种权纠纷提审案（最高人民法院〔2014〕民提字第 26 号民事判决书）

39. 河南金苑种业有限公司与甘肃泓丰种业有限公司植物新品种追偿权纠纷案（甘肃省兰州市中级人民法院〔2014〕兰民三初字第 12 号民事判决书）

40. 楚雄老拨云堂药业有限公司与云南龙发制药有限公司、楚雄彝族自治州中医院侵害技术秘密纠纷上诉案（云南省高级人民法院〔2014〕云高民三终字第 89 号民事判决书）

41. 泉州市琪祥电子科技有限公司与胡国凤、泉州市南安特易通电子有限公司、林家卯侵害商业秘密纠纷上诉案（福建省高级人民法院〔2013〕闽民终字第 960 号民事判决书）

二、知识产权行政案件

（一）专利授权确权案件

42. 斯倍利亚株式会社与中华人民共和国国家知识产权局专利复审委员会专利无效行政纠纷申请再审案（最高人民法院〔2014〕知行字第 84 号行政裁定书）

43. 国家知识产权局专利复审委员会与王伟耀、福田雷沃国际重工股份有限公司实用新型专利权无效行政纠纷申请再审案（最高人民法院〔2013〕知行字第 92 号行政裁定书）

（二）专利侵权行政处理案件

44. 覃德元与宜昌市知识产权局等不服专利侵权行政处理决定纠纷上诉案（湖北省高级人民法院〔2014〕鄂知行终字第 1 号行政判决书）

（三）商标授权确权案件

45. 采埃孚转向系统有限公司与中华人民共和国国家工商行政管理总局商标评审委员会、台州汇昌机电有限公司商标争议行政纠纷提审案（最高人民法院〔2014〕行提字第 2 号行政判决书）

46. 腾讯科技（深圳）有限公司与国家工商行政管理总局商标评审委员会、奇瑞汽车股份有限公司商标争议行政纠纷上诉案（北京市高级人民法院〔2014〕高行终字第 1696 号行政判决书）

47. 上海城隍珠宝有限公司与国家工商行政管理总局商标评审委员会、上海豫园旅游商城股份有限公司商标争议行政纠纷上诉案（北京市高级人民法院〔2014〕高行终字第 485 号行政判决书）

（四）商标行政处罚案件

48. 江苏祥和泰纤维科技有限公司与江苏省工商行政管理局工商行政处罚纠纷上诉案（江苏省高级人民法院〔2013〕苏知行终字第 4 号行政判决书）

三、知识产权刑事案件

49. 谢汝周等假冒注册商标罪案（广东省广州市中级人民法院〔2014〕穗中法知刑终字第 21 号刑事判决书）

50. 叶俊东、赵小阳、宋涛侵犯商业秘密罪案（贵州省贵阳市中级人民法院〔2014〕筑民三（知刑）初字第 1 号刑事判决书）

最高人民法院办公厅
关于印发 2015 年中国法院 10 大知识产权案件和 50 件典型知识产权案例的通知

2016 年 4 月 19 日　　　　　　　　　　　　法发〔2016〕58 号

各省、自治区、直辖市高级人民法院，解放军军事法院，新疆维吾尔自治区高级人民法院生产建设兵团分院：

在过去一年中，人民法院贯彻落实党的十八大和十八届三中、四中、五中全会精神，贯彻落实中共中央、国务院《关于深化体制机制改革加快实施创新驱动发展战略的若干意见》，积极发挥司法保护知识产权主导作用，严格知识产权司法保护，全面推进知识产权审判体制改革，着力加强审判监督指导，深化司法公开，不断提高司法能力和司法公信力，知识产权司法保护工作取得了新进展。为集中展示人民法院知识产权司法保护工作的成就，充分发挥典型案例的示范引导作用，经各高级人民法院推荐，并结合 2015 年最高人民法院审理的知识产权案件情况，最高法院选定了 2015 年中国法院 10

大知识产权案件和 50 件典型知识产权案例。现将这些案件和典型案例名单印发,供各级人民法院在知识产权审判工作中参考借鉴。

附:

2015 年中国法院 10 大知识产权案件

一、知识产权民事案件

1. 确认不侵犯本田汽车外观设计专利权及损害赔偿案

石家庄双环汽车股份有限公司与本田技研工业株式会社确认不侵害专利权、损害赔偿纠纷上诉案(最高人民法院〔2014〕民三终字第 7 号民事判决书)

2. "手持淋浴喷头"外观设计专利侵权案

高仪股份公司与浙江健龙卫浴有限公司侵害外观设计专利权纠纷再审案(最高人民法院〔2015〕民提字第 23 号民事判决书)

3. 电子商务平台承担专利侵权连带责任案

威海嘉易烤生活家电有限公司与永康市金仕德工贸有限公司、浙江天猫网络有限公司侵害发明专利权纠纷上诉案(浙江省高级人民法院〔2015〕浙知终字第 186 号民事判决书)

4. "星河湾"侵害商标权及不正当竞争案

广州星河湾实业发展有限公司、广州宏富房地产有限公司与江苏炜赋集团建设开发有限公司侵害商标权及不正当竞争纠纷再审案(最高人民法院〔2013〕民提字第 102 号民事判决书)

5. "启航考研"在先使用不侵权案

北京中创东方教育科技有限公司与北京市海淀区启航考试培训学校、北京市启航世纪科技发展有限公司侵害商标权纠纷上诉案(北京知识产权法院〔2015〕京知民终字第 588 号民事判决书)

6. "毕加索"商标许可使用合同案

上海帕弗洛文化用品有限公司与上海艺想文化用品有限公司、毕加索国际企业股份有限公司商标使用许可合同纠纷上诉案(上海市高级人民法院〔2014〕沪高民三(知)终字第 117 号民事判决书)

7. 琼瑶诉于正案

陈喆与余征等侵害著作权纠纷上诉案(北京市高级人民法院〔2015〕高民(知)终字第 1039 号民事判决书)

8. 涉及"魔兽世界"网络游戏诉中禁令案

暴雪娱乐有限公司、上海网之易网络科技发展有限公司诉成都七游科技有限公司等著作权侵权及不正当竞争纠纷诉中禁令案(广州知识产权法院〔2015〕粤知法著民初字

第2—1号、〔2015〕粤知法商民初字第2—1号民事裁定书)

二、知识产权行政案件

9."阿托伐他汀"发明专利权无效行政纠纷案

沃尔尼·朗伯有限责任公司与国家知识产权局专利复审委员会、北京嘉林药业股份有限公司、张楚发明专利权无效行政纠纷再审案(最高人民法院〔2014〕行提字第8号行政判决书)

三、知识产权刑事案件

10. 假冒调味品注册商标案

被告人张盛、邹丽假冒注册商标罪、被告人王渭宝销售非法制造的注册商标标识罪案(湖北省高级人民法院〔2015〕鄂知刑终字第1号刑事裁定书)

2015年中国法院50件典型知识产权案例

一、知识产权民事案件

(一) 侵犯专利权纠纷案件

1. 刘鸿彬与北京京联发数控科技有限公司、天威四川硅业有限责任公司侵害实用新型专利权纠纷申请再审案(最高人民法院〔2015〕民申字第1070号民事裁定书)

2. 上海星客特汽车销售有限公司与天津世之源汽车销售有限公司侵害外观设计专利权纠纷上诉案(天津市高级人民法院〔2014〕津高民三终字第19号民事判决书)

3. 华为技术有限公司与中兴通讯股份有限公司、杭州阿里巴巴广告有限公司侵害发明专利权纠纷上诉案(浙江省高级人民法院〔2014〕浙知终字第161号民事判决书)

4. 陕西银河消防科技装备股份有限公司与山东省天河消防车辆装备有限公司侵害发明专利权纠纷上诉案(山东省高级人民法院〔2015〕鲁民三终字第151号民事判决书)

5. 武汉科兰金利建材有限公司与武汉市黄陂区水利建筑安装工程公司、武汉九州兴建设集团有限公司、阮永红侵害发明专利权纠纷案(湖北省武汉市中级人民法院〔2014〕鄂武汉中知初字第8号民事判决书)

6. 甘肃中顺石化工程装备有限公司与遵义广力环保工程有限公司、云南驰宏锌锗股份有限公司侵害发明专利权纠纷案(云南省昆明市中级人民法院〔2014〕昆知民初字第384号民事判决书)

(二) 商标权侵权、合同等纠纷案件

7. 浦江亚环锁业有限公司与莱斯防盗产品国际有限公司侵害商标权纠纷再审案(最高人民法院〔2014〕民提字第38号民事判决书)

8. 宁波广天赛克思液压有限公司与邵文军侵害商标权纠纷再审案(最高人民法院

〔2014〕民提字第 168 号民事判决书）

9. 大闽食品（漳州）有限公司与北京新华商知识产权代理有限公司、傅发春商标代理合同纠纷申请再审案（最高人民法院〔2015〕民申字第 1272 号民事裁定书）

10. 广州市睿驰计算机科技有限公司与北京小桔科技有限公司侵害商标权纠纷案（北京市海淀区人民法院〔2014〕海民（知）初字第 21033 号民事判决书）

11. 韩晶与哈尔滨报达家政有限公司侵害商标权纠纷上诉案（黑龙江省高级人民法院〔2015〕黑知终字第 9 号民事判决书）

12. 维多利亚的秘密商店品牌管理公司与上海麦司投资管理有限公司侵害商标权及不正当竞争纠纷上诉案（上海市高级人民法院〔2014〕沪高民三（知）终字第 104 号民事判决书）

13. 开德阜国际贸易（上海）有限公司与阔盛管道系统（上海）有限公司、上海欧苏贸易有限公司商标侵权及不正当竞争纠纷上诉案（上海知识产权法院〔2015〕沪知民终字第 161 号民事判决书）

14. 上海柴油机股份有限公司与江苏常佳金峰动力机械有限公司侵害商标权纠纷上诉案（江苏省高级人民法院〔2015〕苏知民终字第 00036 号民事判决书）

15. 南京同舟知识产权事务所有限公司与江苏省广播电视总台、长江龙新媒体有限公司侵害商标专用权纠纷申请再审案（江苏省高级人民法院〔2015〕苏审三知民申字第 00001 号民事裁定书）

16. 3M 公司、3M 中国有限公司与常州华威新材料有限公司等侵害商标权纠纷上诉案（浙江省高级人民法院〔2015〕浙知终字第 152 号民事判决书）

17. 烟台张裕卡斯特酒庄有限公司与上海卡斯特酒业有限公司、李道之确认不侵犯商标权纠纷上诉案（山东省高级人民法院〔2013〕鲁民三终字第 155 号民事判决书）

18. 三全食品股份有限公司与山东威海市鹏得利食品有限公司确认不侵害商标权纠纷上诉案（河南省高级人民法院〔2015〕豫法知民终字第 62 号民事判决书）

19. 中国港中旅集团公司与张家界中港国际旅行社有限公司侵害商标权及不正当竞争纠纷上诉案（湖南省高级人民法院〔2015〕湘高法民三终字第 4 号民事判决书）

20. 法国皮尔法伯护肤化妆品股份有限公司与长沙慧吉电子商务有限公司侵害商标权及不正当竞争纠纷案（湖南省长沙市中级人民法院〔2015〕长中民五初字第 280 号民事判决书）

21. 珠海格力电器股份有限公司与广东美的制冷设备有限公司、珠海市泰锋电业有限公司侵害商标权纠纷上诉案（广东省高级人民法院〔2015〕粤高法民三终字第 145 号民事判决书）

22. 南宁市新华书店有限责任公司与中国新华书店协会确认不侵害商标权纠纷上诉案（广西壮族自治区高级人民法院〔2015〕桂民三终字第 58 号民事判决书）

23. 四川省古蔺郎酒厂有限公司与张晓莉侵害商标权纠纷上诉案（重庆市高级人民法院〔2015〕渝高法民终字第 00509 号民事判决书）

24. 新疆农洋洋国际贸易有限公司与新疆农资（集团）有限责任公司侵害商标权纠纷上诉案（新疆维吾尔自治区高级人民法院〔2015〕新民三终字第 16 号民事裁定书）

（三）著作权侵权、权属纠纷案件

25. 深圳市盟世奇商贸有限公司与天津市宁河县泽安商贸有限公司侵犯著作权纠纷上诉案（天津市高级人民法院〔2015〕津高民三终字第18号民事判决书）

26. 长春出版传媒集团有限责任公司与吉林大学出版社有限责任公司侵害著作权纠纷上诉案（吉林省高级人民法院〔2015〕吉民三知终字第68号民事判决书）

27. 傅敏与吉林音像出版社有限责任公司、无锡当当网信息技术有限公司侵害著作权纠纷案（江苏省无锡市中级人民法院〔2015〕锡知民初字第39号民事判决书）

28. 福建侨龙专用汽车有限公司与陈猛侵害著作权纠纷上诉案（福建省高级人民法院〔2015〕闽民终字第990号民事判决书）

29. 北京导视互动网络技术有限公司与湖北广播电视台、武汉卓讯互动信息科技有限公司侵害计算机软件著作权及不正当竞争纠纷上诉案（湖北省高级人民法院〔2015〕鄂民三终字第618号民事判决书）

30. 中山市商房网络科技有限公司与中山市暴风科技有限公司著作权侵权纠纷上诉案（广东省中山市中级人民法院〔2015〕中中法知民终字第197号民事判决书）

31. 董黄明与桂林市犀灵文化传播广告有限公司、李时斌侵害著作权纠纷再审案（广西壮族自治区高级人民法院〔2015〕桂民提字第118号民事判决书）

32. 重庆世贸科技有限公司与重庆索鼎科技有限公司、吕晓波计算机软件著作权侵权案（重庆市渝北区人民法院〔2014〕渝北法民初字第5772号民事判决书）

33. 洪福远、邓春香与贵州五福坊食品有限公司、贵州今彩民族文化研发有限公司侵害著作权纠纷案（贵州省贵阳市中级人民法院〔2015〕筑知民初字第17号民事判决书）

34. 周立英与王丽云侵害著作权纠纷案（云南省昆明市中级人民法院〔2015〕昆知民初字第117号民事判决书）

（四）不正当竞争、垄断、集成电路布图设计以及植物新品种纠纷案件

35. 江苏大象东亚制漆有限公司与广东华润涂料有限公司等不正当竞争纠纷再审案处罚决定书（最高人民法院〔2014〕民提字第196—1、196—2号处罚决定书）

36. 山东登海先锋种业有限公司与陕西农丰种业有限责任公司、山西大丰种业有限公司侵害植物新品种权纠纷申请再审案（最高人民法院〔2015〕民申字第2633号民事裁定书）

37. 卡骆驰公司、卡骆驰鞋饰（上海）有限公司与厦门卡骆驰贸易有限公司、卡骆驰（晋江）商贸有限公司擅自使用知名商品特有名称、包装、装潢、虚假宣传、擅自使用他人企业名称纠纷案（上海市第二中级人民法院〔2013〕沪二中民五（知）初字第172号、173号、174号民事判决书）

38. 浙江淘宝网络有限公司与上海载和网络科技有限公司、载信软件（上海）有限公司申请诉前停止侵害知识产权纠纷案（上海市浦东新区人民法院〔2015〕浦禁字第1号民事裁定书）

39. 宁波畅想软件股份有限公司与宁波中源信息科技有限公司、宁波中晟信息科技有限公司不正当竞争纠纷上诉案（浙江省高级人民法院〔2015〕浙知终字第71号民事

判决书)

40. 魏章莉与谢家兴恶意提起知识产权诉讼损害责任纠纷案(浙江省绍兴市柯桥区人民法院〔2015〕绍柯知初字第 65 号民事判决书)

41. 中粮集团有限公司与桐城市中粮福润肉业有限公司、安徽海一郎食品有限公司不正当竞争纠纷上诉案(安徽省高级人民法院〔2015〕皖民三终字第 00065 号民事判决书)

42. 广州轻工工贸集团有限公司、广州市虎头电池集团有限公司与临沂华太电池有限公司擅自使用知名商品特有包装装潢纠纷上诉案(广东省高级人民法院〔2104〕粤高法民三终字第 100 号民事判决书)

43. 南京微盟电子有限公司与泉芯电子技术(深圳)有限公司侵害集成电路布图专有权纠纷上诉案(广东省高级人民法院〔2014〕粤高法民三终字第 1231 号民事判决书)

44. 李卫国与中国电信股份有限公司陕西分公司、中国电信股份有限公司西安分公司垄断定价及捆绑交易纠纷案(陕西省西安市中级人民法院〔2015〕西中民四初字第 261 号民事判决书)

二、知识产权行政案件

(一)专利行政案件

45. 李晓乐与国家知识产权局专利复审委员会、郭伟、沈阳天正输变电设备制造有限责任公司发明专利权无效行政纠纷再审案(最高人民法院〔2014〕行提字第 17 号行政判决书)

(二)商标行政案件

46. 贵州赖世家酒业有限责任公司与国家工商行政管理总局商标评审委员会、中国贵州茅台酒厂(集团)有限责任公司商标异议复审行政纠纷申请再审案(最高人民法院〔2015〕知行字第 115 号行政裁定书)

47. 北京福联升鞋业有限公司与国家工商行政管理总局商标评审委员会、北京内联升鞋业有限公司商标异议复审行政纠纷申请再审案(最高人民法院〔2015〕知行字第 116 号行政裁定书)

48. 熊克生与武汉市江岸区工商行政管理局、武汉蔡林记商贸有限公司工商行政处罚纠纷上诉案(湖北省武汉市中级人民法院〔2015〕鄂武汉中知行终字第 1 号行政判决书)

三、知识产权刑事案件

49. 郭明升、郭明锋、孙淑标假冒注册商标罪案(江苏省宿迁市中级人民法院〔2015〕宿中知刑初字第 4 号刑事判决书)

50. 翁存兴侵犯著作权罪案(福建省福州市鼓楼区人民法院〔2014〕鼓刑初字第 461 号刑事判决书)

最高人民法院办公厅
关于印发 2016 年中国法院 10 大知识产权案件和 50 件典型知识产权案例的通知

2017 年 4 月 13 日　　　　　　　　　　法办〔2017〕69 号

各省、自治区、直辖市高级人民法院，解放军军事法院，新疆维吾尔自治区高级人民法院生产建设兵团分院：

2016 年，人民法院全面贯彻党的十八大和十八届三中、四中、五中、六中全会及中央政法工作会议和全国科技创新大会精神，深入学习贯彻习近平总书记系列重要讲话和治国理政新理念新思想新战略，牢固树立"四个意识"，紧紧围绕"努力让人民群众在每一个司法案件中感受到公平正义"目标，全面推行"司法主导、严格保护、分类施策、比例协调"知识产权司法保护基本政策，以执法办案为中心，积极发挥司法保护知识产权主导作用，为服务国家创新驱动发展大局，促进大众创业、万众创新作出了积极的贡献。为集中展示人民法院知识产权司法保护工作的成就，充分发挥典型案例的示范引导作用，经各高级人民法院推荐，并结合 2016 年最高人民法院审理的知识产权案件情况，我院选定了 2016 年中国法院 10 大知识产权案件和 50 件典型知识产权案例。现将这些案件和典型案例名单印发，供各级人民法院在知识产权审判工作中参考借鉴。

附：

2016 年中国法院 10 大知识产权案件简介

1. 迈克尔·杰弗里·乔丹与国家工商行政管理总局商标评审委员会、乔丹体育股份有限公司商标争议行政纠纷再审系列案（最高人民法院〔2016〕最高法行再 15、20、25、26、27、28、29、30、31、32 号行政判决书）

2. 北京庆丰包子铺与山东庆丰餐饮管理有限公司侵害商标权与不正当竞争纠纷再审案（最高人民法院〔2016〕最高法民再 238 号民事判决书）

3. 江苏省广播电视总台、深圳市珍爱网信息技术有限公司与金阿欢侵害商标权纠纷再审案（广东省高级人民法院〔2016〕粤民再 447 号民事判决书）

4. 国家知识产权局专利复审委员会、诺维信公司与江苏博立生物制品有限公司发明专利权无效行政纠纷再审案（最高人民法院〔2016〕最高法行再 85 号行政判决书）

5. 拉菲罗斯柴尔德酒庄与国家工商行政管理总局商标评审委员会、南京金色希望

酒业有限公司商标争议行政纠纷再审案（最高人民法院〔2016〕最高法行再 34 号行政判决书）

6. 松下电器产业株式会社与珠海金稻电器有限公司、北京丽康富雅商贸有限公司侵害外观设计专利权纠纷上诉案（北京市高级人民法院〔2016〕京民终 245 号民事判决书）

7. 上海晨光文具股份有限公司与得力集团有限公司、济南坤森商贸有限公司侵害外观设计专利权纠纷案（上海知识产权法院〔2016〕沪 73 民初 113 号民事判决书）

8. 杭州大头儿子文化发展有限公司与央视动画有限公司侵害著作权纠纷上诉案（浙江省杭州市中级人民法院〔2015〕浙杭知终字第 356 号民事判决书）

9. 河北省林业科学研究院、石家庄市绿缘达园林工程有限公司与九台市园林绿化管理处等侵害植物新品种纠纷再审案（山东省高级人民法院〔2014〕鲁民再字第 13 号民事判决书）

10. 汪紫平侵犯商业秘密上诉案（江苏省高级人民法院〔2015〕苏知刑终字第 00012 号刑事判决书）

2016 年中国法院 50 件典型知识产权案例

一、知识产权民事案件

（一）侵犯专利权纠纷案件

1. 蒂森克虏伯机场系统（中山）有限公司与中国国际海运集装箱（集团）股份有限公司、深圳中集天达空港设备有限公司、广州市白云国际机场（股份）有限公司侵害发明专利权纠纷再审案（最高人民法院〔2016〕最高法民再 179 号民事判决书）

2. 昆山山桥机械科技有限公司与天珩机械股份有限公司确认不侵害专利权纠纷上诉案（江苏省高级人民法院〔2016〕苏民终 610 号民事裁定书）

3. 温州宁泰机械有限公司与温州钱锋科技有限公司侵害发明专利权纠纷上诉案（浙江省高级人民法院〔2016〕浙民终 506 号民事判决书）

4. 埃斯科公司与宁波市路坤国际贸易有限公司侵害发明专利权纠纷案（浙江省宁波市中级人民法院〔2015〕浙甬知初字第 626 号民事判决书）

5. 肇庆市衡艺实业有限公司与杭州阿里巴巴广告有限公司、建阳顺意贸易有限公司侵害发明专利权纠纷上诉案（福建省高级人民法院〔2016〕闽民终 1345 号民事判决书）

6. 李占全与赵金山侵害实用新型专利权纠纷上诉案（山东省高级人民法院〔2016〕鲁民终 1684 号民事裁定书）

7. 江苏腾天工业炉有限公司与重庆沃克斯科技股份有限公司、通裕重工股份有限公司侵害发明专利权纠纷上诉案（山东省高级人民法院〔2016〕鲁民终 2427 号民事判决书）

8. 胡崇亮与佛山市南海迪利装饰材料厂、董峰侵害外观设计专利权纠纷上诉案（广东省高级人民法院〔2015〕粤高法民三终字第 517 号民事判决书）

9. 深圳市基本生活用品有限公司与深圳市思派硅胶电子有限公司侵害外观设计专利权纠纷上诉案（广东省高级人民法院〔2016〕粤民终 1036 号民事判决书）

10. 克里斯提·鲁布托与广州问叹贸易有限公司、广州贝玲妃化妆品有限公司、广州欧慕生物科技有限公司侵害外观设计专利权诉前禁令案（广州知识产权法院〔2016〕粤 73 行保 1、2、3 号民事裁定书）

11. 美国催化蒸馏技术公司申请陕西华浩轩新能源科技开发有限公司侵害专利权诉前证据保全案（陕西省西安市中级人民法院〔2016〕陕 01 证保 2 号民事裁定书）

（二）侵害商标权纠纷案件

12. 张绍恒与沧州田霸农机有限公司、朱占峰侵害商标权纠纷申请再审案（最高人民法院〔2015〕民申字第 3640 号民事裁定书）

13. 杭州奥普卫厨科技有限公司与浙江现代新能源有限公司、浙江凌普电器有限公司及杨艳侵害商标权纠纷再审案（最高人民法院〔2016〕最高法民再 216 号民事判决书）

14. 沈阳广播电视台与沈阳吉宝广告传媒有限公司侵害商标权纠纷案（辽宁省沈阳市中级人民法院〔2016〕辽 01 民初 588 号民事判决书）

15. 哈药集团三精制药有限公司与北京三精日化有限公司等侵害商标权及不正当竞争纠纷案（黑龙江省哈尔滨市中级人民法院〔2015〕哈知初字第 155 号民事判决书）

16. 广州市指南针会展服务有限公司、广州中唯企业管理咨询服务有限公司与优衣库商贸有限公司、优衣库商贸有限公司上海船厂路店侵害商标权纠纷上诉案（上海市高级人民法院〔2015〕沪高民三（知）终字第 97 号民事判决书）

17. 樱花卫厨（中国）股份有限公司与苏州樱花科技发展有限公司、屠荣灵等侵害商标权及不正当竞争纠纷上诉案（江苏省高级人民法院〔2015〕苏知民终字第 00179 号民事判决书）

18. 安徽省高速地产集团（苏州）有限公司与钓鱼台美高梅酒店管理有限公司侵害商标权纠纷上诉案（江苏省高级人民法院〔2016〕苏民终 1167 号民事判决书）

19. 参考消息报社与福建百度博瑞网络科技有限公司侵害商标权纠纷上诉案（福建省高级人民法院〔2015〕闽民终字第 1533 号民事调解书）

20. 深圳市引领平安文化传媒有限公司与中国平安保险（集团）股份有限公司、中超联赛有限责任公司侵害商标权纠纷上诉案（广东省深圳市中级人民法院〔2016〕粤 03 民终 15570 号民事判决书）

21. 广东微信互联网服务有限公司与腾讯科技（深圳）有限公司等侵害商标权及不正当竞争纠纷案（广东省佛山市中级人民法院〔2016〕粤 06 民终 3137 号民事判决书）

22. 安佑生物科技集团股份有限公司与自贡联合饲料有限公司、深圳安佑康牧有限公司侵害商标权纠纷上诉案（四川省高级人民法院〔2016〕川民终 319 号民事判决书）

23. 捷豹路虎控股有限公司与成都路虎商贸有限公司、南通诚荣贸易有限公司、吴

晓春、成都洋洋摩尔百货有限公司侵害商标权纠纷上诉案（四川省高级人民法院〔2016〕川民终 350 号民事判决书）

24. 西双版纳同庆号茶业股份有限公司与云南易武同庆号茶业有限公司、高丽莉侵害商标权及不正当竞争纠纷上诉案（云南省高级人民法院〔2016〕云民终 534 号民事判决书）

25. 重庆松江管道设备厂与上海松江环福橡胶制品厂、重庆环德信管道设备有限公司、重庆市高新技术产业开发区昌元阀门销售部侵害商标权纠纷上诉案（重庆市高级人民法院〔2016〕渝民终 151 号民事判决书）

26. 海宁中国皮革城股份有限公司与重庆空港浙商皮革城管理有限公司侵害商标权及不正当竞争纠纷诉中禁令案（重庆市高级人民法院〔2016〕渝民终 536 号民事裁定书）

27. 小米科技有限责任公司与宁夏华润万家生活超市有限公司银川市正源北街店、宁夏华润万家生活超市有限公司、东方通信股份有限公司侵害商标权纠纷上诉案（宁夏回族自治区高级人民法院〔2016〕宁民终 13 号民事判决书）

（三）著作权侵权、权属纠纷案件

28. 孙新争与马居奎侵害著作权纠纷申请再审案（最高人民法院〔2016〕最高法民申 2136 号民事裁定书）

29. 齐良末等与湖南美术出版社有限责任公司、天津市超越世纪图书商贸有限公司侵害著作权纠纷申请再审案（天津市高级人民法院〔2016〕津民申 200 号民事裁定书）

30. 上海耀宇文化传媒股份有限公司与广州斗鱼网络科技有限公司侵害著作权及不正当竞争纠纷上诉案（上海知识产权法院〔2015〕沪知民终字第 641 号民事判决书）

31. 江苏林芝山阳集团有限公司与磊若软件公司侵害计算机软件著作权纠纷上诉案（江苏省高级人民法院〔2015〕苏知民终字第 00300 号民事判决书）

32. 叶宗轼与浙江冠素堂食品有限公司著作权权属、侵权纠纷上诉案（浙江省高级人民法院〔2016〕浙民终 118 号民事判决书）

33. 上海美术电影制作厂有限公司与杭州玺匠文化创意股份有限公司侵害著作权纠纷上诉案（浙江省高级人民法院〔2016〕浙民终 590 号民事判决书）

34. 安少康与长江文艺出版社有限公司等侵害著作权纠纷上诉案（湖北省高级人民法院〔2015〕鄂民三终字第 00158 号民事判决书）

（四）不正当竞争、合同纠纷案件

35. 钦州锐丰钒钛铁科技有限公司与北京航空航天大学技术合同纠纷上诉案（最高人民法院〔2015〕民三终字第 8 号民事判决书）

36. 浙江唐德影视股份有限公司与上海灿星文化传播有限公司、世纪丽亮（北京）国际文化传媒有限公司等申请诉前行为保全案（北京知识产权法院〔2016〕京 73 行保 1 号民事裁定书）

37. 深圳市恒大饮品有限公司与吉林冰泉食品股份有限公司、湖北承恩山泉饮品股份有限公司、湖北凤源春武当道茶生物科技有限公司不正当竞争纠纷案（吉林省长春市中级人民法院〔2016〕吉 01 民初 310 号民事判决书）

38. 北京爱奇艺科技有限公司与深圳聚网视科技有限公司其他不正当竞争纠纷上诉案（上海知识产权法院〔2015〕沪知民终字第 728 号民事判决书）

39. 李瑞河、漳州天福茶业有限公司与刘建致擅自使用他人企业名称、姓名纠纷上诉案（福建省高级人民法院〔2016〕闽民终 563 号民事判决书）

40. 兖州市量子科技有限责任公司与邹城兖煤明兴达机电设备有限公司、吴宝庆、何金良侵犯商业秘密纠纷上诉案（山东省高级人民法院〔2016〕鲁民终 1364 号民事判决书）

41. 湖南富丽真金家纺有限公司与湖南富丽真金家具有限公司不正当竞争纠纷上诉案（湖南省高级人民法院〔2016〕湘民终 545 号民事判决书）

42. 湖南省梦洁家纺股份有限公司与深圳市富安娜家居用品股份有限公司、南通市名巢靓家家居用品有限公司商业诋毁纠纷上诉案（湖南省长沙市中级人民法院〔2016〕湘 01 民终 1380 号民事判决书）

43. 北京紫御湾科技有限公司与华润水泥（平南）有限公司技术服务合同纠纷案（广西壮族自治区贵港市中级人民法院〔2015〕贵民三初字第 63 号民事判决书）

二、知识产权行政案件

（一）专利行政案件

44. 吕汉杰与汕头市知识产权局、第三人林明海专利行政处理决定纠纷上诉案（广东省高级人民法院〔2016〕粤行终 1134 号行政判决书）

（二）商标行政案件

45. 深圳市柏森家居用品有限公司与国家工商行政管理总局商标评审委员会商标驳回复审行政纠纷申请再审案（最高人民法院〔2016〕最高法行申 362 号行政裁定书）

46. 格里高利登山用品有限公司与鹤山三丽雅工艺制品有限公司、国家工商行政管理总局商标评审委员会商标异议复审行政纠纷申请再审案（最高人民法院〔2016〕最高法行申 2154 号行政裁定书）

47. 布鲁特斯 SIG 有限公司与国家工商行政管理总局商标评审委员会商标驳回复审行政纠纷申请再审案（最高人民法院〔2016〕最高法行申 2159 号行政裁定书）

三、知识产权刑事案件

48. 沈靓等假冒注册商标罪、销售假冒注册商标的商品罪、销售非法制造的注册商标标识上诉案（安徽省蚌埠市中级人民法院〔2016〕皖 03 刑终 194 号刑事裁定书）

49. 邓丰成、程先荣等假冒注册商标罪、销售假冒注册商标的商品罪上诉案（湖北省武汉市中级人民法院〔2016〕鄂 01 刑终 147 号刑事裁定书）

50. 彭梵侵犯商业秘密罪上诉案（贵州省高级人民法院〔2016〕黔刑终 593 号刑事裁定书）

最高人民法院办公厅
关于印发 2017 年中国法院 10 大知识产权案件和 50 件典型知识产权案例的通知

2018 年 4 月 16 日　　　　　　　　　　　法办〔2018〕66 号

各省、自治区、直辖市高级人民法院，解放军军事法院，新疆维吾尔自治区高级人民法院生产建设兵团分院：

2017 年，在以习近平同志为核心的党中央坚强领导下，人民法院坚持以习近平新时代中国特色社会主义思想为指导，全面贯彻落实党的十八大和十九大精神，忠实履行宪法法律赋予的职责，牢固树立"四个意识"，紧紧围绕"努力让人民群众在每一个司法案件中感受到公平正义"的工作目标，充分发挥司法保护知识产权的主导作用，不断推进知识产权审判体系和审判能力现代化，提升知识产权领域司法公信力和国际影响力，为建设知识产权强国和世界科技强国作出了积极贡献。为集中展示人民法院知识产权司法保护工作的成就，充分发挥典型案例的示范引导作用，经各高级人民法院推荐，并结合 2017 年最高人民法院审理的知识产权案件情况，最高人民法院依照相关程序选定了 2017 年中国法院 10 大知识产权案件和 50 件典型知识产权案例。现将这些案件和典型案例名单印发，供各级人民法院在知识产权审判工作中参考借鉴。

附：

2017 年中国法院 10 大知识产权案件

1. 广东加多宝饮料食品有限公司与广州王老吉大健康产业有限公司、广州医药集团有限公司擅自使用知名商品特有包装装潢纠纷两案（最高人民法院〔2015〕民三终字第 2、3 号民事判决书）

2. 西峡龙成特种材料有限公司与榆林市知识产权局、陕西煤业化工集团神木天元化工有限公司专利侵权纠纷行政处理案（最高人民法院〔2017〕最高法行再 84 号行政判决书）

3. 福州米厂与五常市金福泰农业股份有限公司、福建新华都综合百货有限公司福州金山大景城分店、福建新华都综合百货有限公司侵害商标权纠纷案（最高人民法院〔2016〕最高法民再 374 号民事判决书）

4. 国家知识产权局专利复审委员会与北京万生药业有限责任公司、第一三共株式

会社发明专利权无效行政纠纷案（最高人民法院〔2016〕最高法行再 41 号行政判决书）

5. 商务印书馆有限公司与华语教学出版社有限责任公司侵害商标权及不正当竞争纠纷案（北京知识产权法院〔2016〕京 73 民初 277 号民事判决书）

6. 沈韦宁、沈丹燕、沈迈衡与南京经典拍卖有限公司、张晖著作权权属、侵害著作权纠纷案（江苏省南京市中级人民法院〔2017〕苏 01 民终 8048 号民事判决书）

7. 捷豹路虎有限公司与广州市奋力食品有限公司、万明政侵害商标权纠纷案（广东省高级人民法院〔2017〕粤民终 633 号民事判决书）

8. 四川中正科技有限公司与广西壮族自治区博白县农业科学研究所、王腾金、刘振卓、四川中升科技种业有限公司侵害植物新品种权纠纷案（广西壮族自治区高级人民法院〔2017〕桂民终 95 号民事判决书）

9. 鹤壁市反光材料有限公司与宋俊超、鹤壁睿明特科技有限公司、李建发侵害商业秘密纠纷案（河南省高级人民法院〔2016〕豫民终 347 号民事判决书）

10. 北京易查无限信息技术有限公司、于东侵犯著作权罪案（上海市浦东新区人民法院〔2015〕浦刑（知）初字第 12 号刑事判决书）

2017 年中国法院 50 件典型知识产权案例

一、知识产权民事案件

（一）侵害专利权及专利权权属纠纷案件

1. 谭熙宁与镇江新区恒达硅胶有限公司侵害实用新型与外观设计专利权纠纷案（最高人民法院〔2017〕最高法民申 3712 号民事裁定书）

2. 日本电产（东莞）有限公司与 LG 伊诺特有限公司、北京中南双绿科技有限公司发明专利临时保护期使用费和侵害发明专利权纠纷案（北京市高级人民法院〔2017〕京民终 55 号民事判决书）

3. 天津碎易得环保工程技术有限公司与碎得机械（北京）有限公司、杨海龙、王虎成、贾云鹏专利权权属纠纷案（天津市高级人民法院〔2017〕津民终 98 号民事判决书）

4. 南京麦澜德医疗科技有限公司、史志怀、杨瑞嘉、周干、杨东与南京伟思医疗科技股份有限公司专利权权属纠纷案（江苏省高级人民法院〔2016〕苏民终 988 号民事判决书）

5. 杭州永创智能设备股份有限公司与台州旭田包装机械有限公司、上海朝田包装机械有限公司、东莞市旭田包装机械有限公司侵害实用新型专利权纠纷案（浙江省高级人民法院〔2017〕浙民终 160 号民事判决书）

6. 杭州骑客智能科技有限公司与浙江波速尔运动器械有限公司侵害实用新型专利权纠纷案（浙江省高级人民法院〔2017〕浙民终 213 号民事判决书）

7. 日照市立盈机械制造有限公司与日照市德福机械制造有限公司侵害发明专利权纠纷案（山东省高级人民法院〔2017〕鲁民终 890 号民事判决书）

8. 广东力维智能锁业有限公司与广东必达保安系统有限公司侵害外观设计专利权纠纷案（广东省高级人民法院〔2016〕粤民终 1134 号民事判决书）

9. 飞利浦优质生活有限公司与佛山市顺德区巨天电器有限公司侵害发明专利权纠纷案（广东省高级人民法院〔2017〕粤民终 1125 号民事判决书）

（二）侵害商标权纠纷案件

10. 菏泽汇源罐头食品有限公司与北京汇源食品饮料有限公司侵害商标权及不正当竞争纠纷案（最高人民法院〔2015〕民三终字第 7 号民事判决书）

11. 太原大宁堂药业有限公司与山西省药材公司侵害商标权及不正当竞争纠纷案（最高人民法院〔2015〕民提字第 46 号民事判决书）

12. 曹晓冬与云南下关沱茶（集团）股份有限公司侵害商标权纠纷案（最高人民法院〔2017〕最高法民再 273 号民事判决书）

13. 贵州永红食品有限公司与贵阳南明老干妈风味食品有限责任公司、北京欧尚超市有限公司侵害商标权及不正当竞争纠纷案（北京市高级人民法院〔2017〕京民终 28 号民事判决书）

14. 索菲亚家居股份有限公司与吕小林、尹丰荣、南阳市索菲亚集成吊顶有限公司侵害商标权及不正当竞争纠纷案（浙江省高级人民法院〔2016〕浙民终 794 号民事判决书）

15. 刘悦与合肥市安之酸化妆品有限责任公司、合肥安之酸营养美发经营有限公司、北京御奇日通化妆品有限公司、北京韦氏？黛安娜化妆品有限公司侵害商标权纠纷案（安徽省高级人民法院〔2017〕皖民终 525 号民事判决书）

16. 上海瑷馨露贸易有限公司与山东省对外贸易泰丰有限公司及青岛正颐堂贸易有限公司、麦凯乐（青岛）百货总店有限公司侵害商标权纠纷案（山东省高级人民法院〔2016〕鲁民终 493 号民事判决书）

17. 贵州家有在线网络有限公司与家有购物集团股份有限公司侵害商标权纠纷案（贵州省高级人民法院〔2017〕黔民终 822 号民事判决书）

18. 拉菲罗斯柴尔德酒庄与上海保醇实业发展有限公司、保正（上海）供应链管理股份有限公司侵害商标权纠纷案（上海知识产权法院〔2015〕沪知民初字第 518 号民事判决书）

19. 汕头市德生食品厂与济南槐荫金福广调味干果商行、广州康赢食品有限公司侵害商标权纠纷案（山东省济南市中级人民法院〔2016〕鲁 01 民初 1856 号民事判决书）

20. 田任月与张家界市永定区胖嫂打鼓皮餐馆、胡金英侵害商标权纠纷案（湖南省张家界市中级人民法院〔2017〕湘 08 民初 18 号民事判决书）

21. 哥伦比亚运动服装公司与石河子市联邦阿迪服装店侵害商标权纠纷案（新疆生产建设兵团第八师中级人民法院〔2016〕兵 08 民初 50 号民事判决书）

22. 法国轩尼诗公司与蓬莱酒业有限公司侵害商标权纠纷案（重庆市渝北区人民法院〔2016〕渝 0112 民初 17407 号民事判决书）

23. 曾红云与梦工厂动画影片公司网络域名权属、侵权纠纷案（福建省厦门市思明区人民法院〔2015〕思民初字第 4746 号民事判决书）

（三）侵害著作权纠纷案件

24. 深圳市飞鹏达精品制造有限公司与北京中航智成科技有限公司侵害著作权纠纷

案（最高人民法院〔2017〕最高法民再 353 号民事判决书）

25. 李艳霞与吉林市永鹏农副产品开发有限公司、南关区本源设计工作室侵害著作权纠纷案（最高人民法院〔2017〕最高法民申 2348 号民事裁定书）

26. 北京代代读图书有限公司与北京方正阿帕比技术有限公司、国家图书馆侵害著作权纠纷案（北京市海淀区人民法院〔2015〕海民（知）初字第 26904 号民事判决书）

27. 北京金铠星科技有限公司与大连市机动车污染管理处、深圳市安车检测股份有限公司、大连市环境保护局侵害计算机软件著作权纠纷案（辽宁省大连市中级人民法院〔2016〕辽 02 民终 5082 号民事判决书）

28. 宝高（南京）教育玩具有限公司、熙华世（南京）科技有限公司、晋江市东兴电子玩具有限公司与南京金宝莱工贸有限公司侵害其他著作财产权纠纷案（江苏省高级人民法院〔2016〕苏民终 482 号民事判决书）

（四）不正当竞争、合同纠纷案件

29. 河北六仁烤饮品有限公司与河北养元智汇饮品股份有限公司、金华市金东区叶保森副食店擅自使用知名商品特有包装装潢纠纷案（最高人民法院〔2017〕最高法民申 3918 号民事裁定书）

30. 陕西白水杜康酒业有限责任公司与洛阳杜康控股有限公司商业诋毁纠纷案（陕西省高级人民法院〔2017〕陕民终 154 号民事判决书）

31. 哈尔滨市福龙食品酿造厂与黑龙江省克东腐乳有限公司不正当竞争纠纷案（黑龙江高级人民法院〔2017〕黑民终 55 号民事判决书）

32. 无锡市晶源微电子有限公司、无锡友达电子有限公司、深圳市亿达微电子有限公司与恩智浦半导体股份公司、NXP 股份有限公司、恩智浦半导体荷兰有限公司、恩智浦（中国）管理有限公司擅自使用知名商品特有名称纠纷案（广东省深圳市中级人民法院〔2017〕粤 03 民终 835 号民事判决书）

33. 北京万岩通软件有限公司与北京恰行者科技有限公司、石浩田、陈辉侵害商业秘密纠纷案（北京市海淀区人民法院〔2016〕京 0108 民初 7465 号民事判决书）

34. 阳朔县东院弥香客栈与阳朔县玉山居客栈、张超擅自使用知名商品特有装潢纠纷案（广西壮族自治区桂林市叠彩区人民法院〔2017〕桂 0303 民初 214 号民事判决书）

35. 渝中区晓宇老火锅与渝北区林峰晓宇餐饮店不正当竞争纠纷案（重庆市渝北区人民法院〔2017〕渝 0112 民初 7238 号民事判决书）

36. 天津那是生活文化传播有限公司与上海珂兰商贸有限公司知识产权合同纠纷案（天津市高级人民法院〔2017〕津民终 489 号民事判决书）

37. 重庆市足下软件职业培训学院与毛志刚合同纠纷案（重庆市沙坪坝区人民法院〔2017〕渝 0106 民初 3840 号民事判决书）

（五）侵害植物新品种权、垄断及知识产权诉讼损害责任纠纷

38. 南通市粮棉原种场与江苏省高科种业科技有限公司植物新品种追偿权纠纷案（江苏省高级人民法院〔2017〕苏民终 58 号民事判决书）

39. 王丹阳与北京百度网讯科技有限公司滥用市场支配地位纠纷案（黑龙江省哈尔滨市中级人民法院〔2015〕哈知初字第 8 号民事判决书）

40. 华奇（中国）化工有限公司与圣莱科特化工（上海）有限公司恶意提起知识产权诉讼损害责任纠纷案（上海市高级人民法院〔2016〕沪民终501号民事判决书）

二、知识产权行政案件

（一）专利行政案件

41. 传感电子有限责任公司与国家知识产权局专利复审委员会、宁波讯强电子科技有限公司发明专利权无效行政纠纷案（最高人民法院〔2016〕最高法行再19号行政判决书）

42. 刘长寿、周闻涛、刘翔与国家知识产权局专利复审委员会实用新型专利申请驳回复审行政纠纷案（最高人民法院〔2017〕最高法行申5980号行政裁定书）

43. 无锡市知识产权局与江阴澄华投资发展有限公司、无锡市红光标牌有限公司专利侵权纠纷处理决定案（江苏省高级人民法院〔2017〕苏行终610号行政判决书）

（二）商标行政案件

44. 迈克尔·杰弗里·乔丹与国家工商行政管理总局商标评审委员会、乔丹体育股份有限公司商标争议行政纠纷案（最高人民法院〔2015〕知行字第332号行政裁定书）

45. 四川省宜宾五粮液集团有限公司与国家工商行政管理总局商标评审委员会、甘肃滨河食品工业（集团）有限责任公司商标异议复审行政纠纷案（最高人民法院〔2014〕知行字第37号行政裁定书）

46. 温州市伊久亮光学有限公司与达马股份有限公司、国家工商行政管理总局商标评审委员会商标权无效宣告请求行政纠纷案（最高人民法院〔2017〕最高法行申7174号行政裁定书）

47. 安徽国润茶业有限公司与祁门县祁门红茶协会、国家工商行政管理总局商标评审委员会商标权无效宣告请求行政纠纷案（北京市高级人民法院〔2017〕京行终3288号行政判决书）

（三）其他行政案件

48. 捷豹路虎（中国）投资有限公司与上海市浦东新区市场监督管理局、上海市浦东新区人民政府行政复议决定案（上海市浦东新区人民法院〔2017〕沪0115行初291号行政判决书）

三、知识产权刑事案件

49. 合肥市国耀电子有限公司、钟传锐销售假冒注册商标的商品罪案（安徽省合肥高新技术产业开发区人民法院〔2017〕皖0191刑初56号刑事判决书）

50. 陈奕泉等四人侵犯商业秘密罪案（广东省深圳市龙岗区人民法院〔2016〕粤0307刑初2539号刑事判决书）

2017年中国法院10大知识产权案件简介

1. 王老吉加多宝知名商品特有包装装潢纠纷案

广东加多宝饮料食品有限公司与广州王老吉大健康产业有限公司、广州医药集团有限公司擅自使用知名商品特有包装装潢纠纷两案（最高人民法院〔2015〕民三终字第2、3号民事判决书）

【案情摘要】2012年7月6日，广州医药集团有限公司（以下简称广药集团）与广东加多宝饮料食品有限公司（以下简称加多宝公司）分别向法院提起诉讼，均主张享有"红罐王老吉凉茶"知名商品特有包装装潢的权益，并据此指控对方生产销售的红罐凉茶商品的包装装潢构成侵权。一审法院认为，"红罐王老吉凉茶"包装装潢的权益享有者应为广药集团，广州王老吉大健康产业有限公司（以下简称大健康公司）经广药集团授权生产销售的红罐凉茶不构成侵权。由于加多宝公司不享有涉案包装装潢权益，故其生产销售的一面"王老吉"、一面"加多宝"和两面"加多宝"的红罐凉茶均构成侵权。一审法院遂判令加多宝公司停止侵权行为，刊登声明消除影响，并赔偿广药集团经济损失1.5亿元及合理维权费用26万余元，同时驳回加多宝公司的诉讼请求。加多宝公司不服两案一审判决，向最高人民法院提起上诉。最高人民法院终审判决认为，本案中的知名商品为"红罐王老吉凉茶"，在红罐王老吉凉茶产品的罐体上包括"黄色王老吉文字、红色底色等色彩、图案及其排列组合等组成部分在内的整体内容"，为知名商品特有包装装潢。广药集团与加多宝公司均主张对红罐王老吉凉茶的特有包装装潢享有权益，最高人民法院对此认为，结合红罐王老吉凉茶的历史发展过程、双方的合作背景、消费者的认知及公平原则的考量，因广药集团及其前身、加多宝公司及其关联企业，均对涉案特有包装装潢权益的形成、发展和商誉建树，各自发挥了积极的作用，将涉案特有包装装潢权益完全判归一方所有，均会导致显失公平的结果，并可能损及社会公众利益。因此，涉案知名商品特有包装装潢权益，在遵循诚实信用原则和尊重消费者认知并不损害他人合法权益的前提下，可由广药集团与加多宝公司共同享有。在此基础上，广药集团与加多宝公司相互指控对方生产销售的红罐凉茶商品构成擅自使用他人知名商品特有包装装潢的主张，均不能成立，对广药集团及加多宝公司的诉讼请求均予以驳回。

【典型意义】最高人民法院公开开庭审理、宣判王老吉与加多宝包装装潢纠纷两案，新闻媒体、社会公众高度关注。两案宣判后，人民日报、中央电视台、新华社等主流媒体均在第一时间进行了报道。社会舆论高度赞赏最高人民法院判决"用法治收获双赢"，凸显"司法智慧"。境内外媒体高度肯定本案判决对类似案件审判起到的指导作用，认为本案具有重大标杆意义。与此同时，判决释放出"平等保护不同产权"的积极信号，推动行业不断向前发展，受到社会各界认可。此外，两案的判决结果也获得了双方当事人的尊重，实现了法律效果与社会效果的统一。

2. "榆林局"专利侵权纠纷行政处理案

西峡龙成特种材料有限公司与榆林市知识产权局、陕西煤业化工集团神木天元化工

有限公司专利侵权纠纷行政处理案（最高人民法院〔2017〕最高法行再84号行政判决书）

【案情摘要】 西峡龙成特种材料有限公司（以下简称西峡公司）以陕西煤业化工集团神木天元化工有限公司（以下简称天元公司）制造、使用的设备侵犯其"内煤外热式煤物质分解设备"实用新型专利权（即涉案专利）为由，请求榆林市知识产权局（以下简称榆林局）行政处理。2015年9月1日，榆林局作出榆知法处字〔2015〕9号《专利侵权纠纷案件处理决定书》（简称被诉行政决定），认定天元公司不构成对涉案专利的侵权。被诉行政决定合议组成员包括宝鸡市知识产权局工作人员苟红东，但无正式公文决定调其参与涉案纠纷的行政处理，且榆林局的口头审理笔录没有记载将苟红东的正式身份及其参与合议组的理由告知西峡公司、天元公司。此外，榆林局对涉案专利侵权纠纷进行了两次口头审理，在第二次口头审理时告知当事人的合议组成员与被诉行政决定书上署名的合议组成员不同。西峡公司不服被诉行政决定，提起行政诉讼。一审法院认为，行政执法人员在系统内调度，属于行政机关内部行为，不违反内部交流制度。鉴于榆林局现有工作人员欠缺，经请示陕西省知识产权局后，抽调宝鸡市知识产权局工作人员参与案件处理并无不当，被诉行政决定的作出并未违反法定程序。被诉行政决定在侵权实体问题的认定上亦无不当，故判决驳回西峡公司诉讼请求。西峡公司不服，提起上诉。二审法院判决驳回上诉、维持原判。西峡公司仍不服，向最高人民法院申请再审。最高人民法院提审本案后认为，被诉行政决定的作出违反法定程序，应予撤销。首先，榆林局在处理平等民事主体关于涉案专利的侵权纠纷时，实际上处于居中裁决的地位，本应秉持严谨、规范、公开、平等的程序原则，但是，在合议组成员已经被明确变更的情况下，却又在被诉行政决定书上署名，构成对法定程序的重大且明显违反。其次，作出被诉行政决定的榆林局合议组应由该局具有专利行政执法资格的工作人员组成。否则，行政执法程序的规范性和严肃性无从保证，既不利于规范行政执法活动，也不利于强化行政执法责任。榆林局提交的陕西省知识产权局协调保护处的所谓答复，实为该处写给该局领导的内部请示，既无文号，更无公章，国家知识产权局专利管理司给陕西省知识产权局的《关于在个案中调度执法人员的复函》晚于被诉行政决定的作出时间，从内容上看与本案无直接关联，均不能作为苟红东参与被诉行政决定合议组的合法、有效依据。再次，榆林局虽主张在口头审理时将苟红东的具体身份以及参与合议组的理由告知过当事人，但其提交的证据并不能证明该项主张，当事人是否认可合议组成员身份并不能成为评判被诉行政行为程序是否合法的前提和要件。因此，榆林局和天元公司提出的"西峡公司对于合议组成员不持异议，故程序合法"的主张不能成立。

【典型意义】 本案涉及专利行政执法中程序违法的认定和处理。最高人民法院在本案中明确，已经被明确变更的合议组成员又在被诉行政决定书上署名，实质上等于"审理者未裁决、裁决者未审理"，构成对法定程序的严重违反。原则上，作出被诉行政决定的合议组应由该行政机关具有专利行政执法资格的工作人员组成。即使异地调配执法人员，也应当履行正式、完备的公文手续。本案判决有力规范和促进了行政机关依法行政，彰显知识产权司法保护的主导作用，是充分贯彻《关于加强知识产权审判领域改革创新若干问题的意见》提出的"加强对知识产权行政行为的司法审查"的典型案例，对于推动知识产权领域法治建设和优化科技创新法治环境具有重要意义。

3. "稻花香"商标侵权纠纷案

福州米厂与五常市金福泰农业股份有限公司、福建新华都综合百货有限公司福州金山大景城分店、福建新华都综合百货有限公司侵害商标权纠纷案（最高人民法院〔2016〕最高法民再374号民事判决书）

【案情摘要】福州米厂为第1298859号"稻花香DAOHUAXIANG"注册商标（即涉案商标）专用权人，涉案商标于1998年3月提出申请，于1999年7月28日获准注册，核定使用商品为第30类大米。2009年3月18日，黑龙江省农作物品种审定委员会出具的《黑龙江省农作物品种审定证书》记载：品种名称为"五优稻4号"，原代号为"稻花香2号"，推广区域为黑龙江省五常市平原自流灌溉区插秧栽培，该品种经区域试验和生产试验，符合推广优良品种条件，决定从2009年起定为推广品种。2014年2月18日，福州米厂经过公证程序，在福建新华都综合百货有限公司福州金山大景城分店（以下简称大景城分店）购买了一袋由五常市金福泰农业股份有限公司（以下简称五常公司）生产、销售的"乔家大院稻花香米"。大米实物包装袋正面中间位置以大字体标注有"稻花香（字体中空，底色黑色）DAOHUAXIANG"。福州米厂以五常公司生产、销售、大景城分店、新华都公司销售的被诉侵权产品侵害其商标权为由，提起诉讼。一审法院认为，"稻花香"不构成通用名称，五常公司未经许可，在产品包装袋上使用与涉案商标非常近似的标志，容易误导消费者，侵害了涉案商标权。遂认定五常公司、大景城分店、新华都公司的行为构成侵权。二审法院认为，基于五常市这一特定的地理种植环境所产生的"稻花香"大米属于约定俗成的通用名称。五常公司在其生产、销售的大米产品包装上使用"稻花香"文字及拼音以表明大米品种来源的行为，主观上出于善意，客观上也未造成混淆误认，应属于正当使用。遂改判撤销一审判决，驳回福州米厂全部诉讼请求。福州米厂不服，向最高人民法院申请再审。最高人民法院提审本案后认为，五常公司并无证据证明"稻花香"属于法定的通用名称。农作物品种审定办法规定的通用名称与商标法意义上的通用名称含义并不完全相同，不能仅以审定公告的名称为依据，认定该名称属于商标法意义上的通用名称。审定公告的原代号为"稻花香2号"，并非"稻花香"，在涉案商标权已在先注册的情况下，不能直接证明"稻花香"为法定通用名称。最高人民法院遂判决撤销二审判决，维持一审判决。

【典型意义】本案涉及注册商标专用权与品种名称之间的关系、通用名称的判断标准等问题。本案所涉"稻花香2号"是我国大米主要产区黑龙江五常地区的优良稻米品种，案件审理广受业界关注，处理结果更直接关系到"稻花香2号"这一稻米品种正常的生产经营活动和市场秩序的规范。最高人民法院通过对商标法中一些重要法律问题的阐释，如法定通用名称与约定俗成通用名称的判断标准，以及注册商标专用权与品种名称之间的区别与联系，明确了此类案件的裁判标准，较好地平衡了注册商标权人与品种名称使用人之间的利益关系，在充分保护商标权的前提下，维护了公平有序的市场竞争秩序。

4. "马库什权利要求"专利无效行政纠纷案

国家知识产权局专利复审委员会与北京万生药业有限责任公司、第一三共株式会社

发明专利权无效行政纠纷案（最高人民法院〔2016〕最高法行再41号行政判决书）

【案情摘要】第一三共株式会社系名称为"用于治疗或预防高血压症的药物组合物的制备方法"的发明专利（即涉案专利）的权利人。涉案专利权利要求以马库什方式撰写。北京万生药业有限责任公司（以下简称万生公司）以涉案专利不具备创造性等为由向国家知识产权局专利复审委员会（以下简称专利复审委员会）提出无效宣告请求。2010年8月30日，第一三共株式会社对权利要求进行了修改，其中包括：删除了权利要求1中"或其可作药用的盐或酯"中的"或酯"两字；删除权利要求1中R4定义下的"具有1至6个碳原子的烷基"；删除了权利要求1中R5定义下除羧基和式COOR5a外的其他技术方案。专利复审委员会在口头审理过程中告知第一三共株式会社，对于删除权利要求1中"或酯"的修改予以认可，但其余修改不符合专利法实施细则第六十八条的相关规定，该修改文本不予接受。第一三共株式会社和万生公司对此无异议。2011年1月14日，第一三共株式会社提交了修改后的权利要求书替换页，其中删除权利要求1中的"或酯"。专利复审委员会作出第16266号无效宣告请求审查决定（简称第16266号决定），认为涉案专利权利要求1相比于证据1是非显而易见的，具有创造性，符合专利法第二十二条第三款的规定。遂在第一三共株式会社于2011年1月14日提交的修改文本的基础上，维持涉案专利权有效。万生公司不服，提起行政诉讼。一审法院认为，专利复审委员会以不符合专利法实施细则第六十八条的规定对第一三共株式会社于2010年8月30日提交的修改文本不予接受并无不当。涉案专利权利要求1相对于证据1是非显而易见的，具备创造性。遂判决维持第16266号决定。万生公司不服，提起上诉。二审法院认为，马库什权利要求属于并列技术方案的特殊类型，第一三共株式会社于2010年8月30日提交的修改文本缩小了涉案专利权的保护范围，符合专利法实施细则第六十八条第一款规定；涉案专利权利要求所涵盖的一个具体实施例的效果与现有技术的证据1中实施例329的技术效果相当，因此，涉案专利权利要求1未取得预料不到的技术效果，不具备创造性，遂判决撤销一审判决和第16266号决定，责令专利复审委员会重新作出决定。专利复审委员会不服，向最高人民法院申请再审。最高人民法院裁定提审本案后判决撤销二审判决，维持一审判决。最高人民法院认为，以马库什方式撰写的化合物权利要求应当被理解为一种概括性的技术方案，而不是众多化合物的集合；允许对马库什权利要求进行修改的原则应当是不能因为修改而产生具有新性能和作用的一类或单个化合物，但是同时也要充分考量个案因素；以马库什方式撰写的化合物权利要求的创造性判断应当遵循创造性判断的基本方法，即专利审查指南所规定的"三步法"；意料不到的技术效果是创造性判断的辅助因素，通常不宜跨过"三步法"而直接适用具有意料不到的技术效果来判断专利申请是否具有创造性。

【典型意义】本案涉及马库什权利要求的性质、无效程序中的修改原则及创造性的判断方法等问题。马库什权利要求是化学医药发明专利领域相对特殊的权利要求撰写方式，基于其特有的概括功能，其在该领域中的运用日益广泛。马库什权利要求的性质、修改原则及创造性判断标准等问题，将直接影响到数量众多的化学医药类专利技术方案的申请与授权，一直都受到业界与学术界的高度关注。最高人民法院在本案中明确，马库什权利要求的性质为概括性而非化合物集合性质的技术方案，马库什权利要求的修改应当以不产生具有新性能和作用的一类或单个化合物为基本条件,马库什方式撰写的化合物权利要求的创造性判断仍应遵循"三步法"。本案对上述重要法律规则的明确和厘清,对化学医药领域专利申请的撰写与审查具有指导意义。

5."新华字典"商标侵权及不正当竞争纠纷案

商务印书馆有限公司与华语教学出版社有限责任公司侵害商标权及不正当竞争纠纷案(北京知识产权法院〔2016〕京73民初277号民事判决书)

【案情摘要】自1957年至今,商务印书馆有限公司(以下简称商务印书馆)连续出版《新华字典》通行版本至第11版。2010—2015年,商务印书馆出版的《新华字典》在字典类图书市场的平均占有率超过50%。截至2016年,商务印书馆出版的《新华字典》全球发行量超过5.67亿册,获得"最受欢迎的字典"吉尼斯世界纪录及"最畅销的书(定期修订)"吉尼斯世界纪录等多项荣誉。商务印书馆诉称华语教学出版社有限责任公司(以下简称华语出版社)生产、销售"新华字典"辞书的行为侵害了商务印书馆"新华字典"未注册驰名商标,且华语出版社使用商务印书馆《新华字典》(第11版)知名商品特有包装装潢的行为已构成不正当竞争,请求法院判令其立即停止侵害商标权及不正当竞争行为、消除影响并赔偿经济损失。一审法院认为,"新华字典"具有特定的历史起源、发展过程和长期唯一的提供主体以及客观的市场格局,保持着产品和品牌混合属性的商品名称,已经在相关消费者中形成了稳定的认知联系,具有指示商品来源的意义和作用,具备商标的显著特征。"新华字典"已经在全国范围内被相关公众广为知晓,已经获得较大的影响力和较高的知名度,可以认定"新华字典"为未注册驰名商标。华语出版社在字典上使用"新华字典"构成复制他人未注册驰名商标的侵权行为。《新华字典》(第11版)使用的装潢所体现的文字、图案、色彩及其排列组合具有识别和区分商品来源的作用,具备特有性。华语出版社在辞典商品上使用相近似的装潢设计,足以使相关公众对商品来源产生混淆、误认,构成反不正当竞争法第五条第(二)项规定的不正当竞争行为。一审法院遂判决华语出版社立即停止侵权行为、消除影响并赔偿商务印书馆经济损失300万元及合理支出27万余元。

【典型意义】本案是涉及未注册驰名商标保护的典型案例,涉及事实认定、法律适用及利益平衡等复杂问题。本案确立了对"新华字典"这类兼具产品和品牌混合属性的商品名称是否具备商标显著特征的裁判标准。考虑相关公众对"新华字典"的知晓程度、"新华字典"的使用持续时间、销售数量、宣传范围及受保护记录等多方面因素,认定原告商务印书馆的"新华字典"构成未注册驰名商标。在给予"新华字典"未注册驰名商标保护的同时,注重平衡其与出版行业正常的经营管理秩序、促进知识文化传播之间的关系。判决明确指出,商标法对商标独占使用权利的保护的是商标本身而非商标附着的商品,给予商务印书馆独占使用"新华字典"商标的权利并不是给予其出版字典类辞书的专有权,不会造成辞书行业的垄断。通过给予商标保护的方式,促使商标权利人更好地承担商品质量保障的法定义务和传播知识的社会责任,有利于促进出版行业规范有序发展。

6."茅盾手稿"著作权纠纷案

沈韦宁、沈丹燕、沈迈衡与南京经典拍卖有限公司、张晖著作权权属、侵害著作权

纠纷案（江苏省南京市中级人民法院〔2017〕苏 01 民终 8048 号民事判决书）

【案情摘要】茅盾先生于 1958 年将其用毛笔书写创作的一篇评论文章《谈最近的短篇小说》向杂志社投稿，该篇文章的文字内容发表于《人民文学》1958 年第 6 期。后手稿原件被张晖持有。2013 年 11 月 13 日，张晖委托南京经典拍卖有限公司（以下简称经典拍卖公司）拍卖多件物品，其中包括涉案手稿。2013 年 12 月 30 日，经典拍卖公司通过数码相机拍照上传了涉案手稿的高清数码照片，在其公司网站和微博上对手稿以图文结合的方式进行了宣传介绍。公众在浏览经典拍卖公司网站时，可以看到涉案手稿的全貌，也可以通过网页的放大镜功能观察到每页手稿的局部细节。预展过程中，经典拍卖公司展示了涉案作品原件，也向观展者提供了印有涉案拍品的宣传册。2014 年 1 月 5 日，涉案手稿在经典拍卖公司 2013 季秋拍中国书画专场进行拍卖，案外人以 1050 万元的价格竞得涉案手稿。但因此后竞买人未付款导致拍卖未成交，涉案手稿原件仍由张晖持有。拍卖结束后，经典拍卖公司仍在互联网上持续展示涉案手稿，直至 2017 年 6 月才将其删除。沈韦宁、沈丹燕、沈迈衡系茅盾先生的合法继承人，其认为张晖和经典拍卖公司的上述行为侵害了涉案手稿的著作权，故诉至法院。一审法院判决经典拍卖公司停止侵害涉案手稿信息网络传播权的行为并赔偿沈韦宁、沈丹燕、沈迈衡经济损失 10 万元。沈韦宁、沈丹燕、沈迈衡不服一审判决，提起上诉。二审法院认为，涉案手稿既是文字作品也是美术作品，张晖系涉案手稿的合法所有权人，有权选择以拍卖的方式处分自己的合法财产，张晖的行为没有侵害涉案手稿的著作权。经典拍卖公司侵害了涉案手稿的美术作品发表权、复制权和信息网络传播权，应当承担停止侵害、赔礼道歉和赔偿损失的侵权责任。二审法院遂判决经典拍卖公司向沈韦宁、沈丹燕、沈迈衡公开赔礼道歉并赔偿经济损失 10 万元。

【典型意义】本案涉及美术作品拍卖活动中著作权法、物权法、拍卖法三部法律交叉调整地带的相关主体权利义务关系问题。判决平衡了物权人和著作权人的合法权益，明确了拍卖人的知识产权保护注意义务。判决指出，在美术作品著作权与物权分离的情况下，原件所有人依法行使处分权、收益权、展览权的行为，均受到法律保护，著作权人无权干涉。但美术作品原件所有人行使物权应以不损害该作品著作权人的合法权利为前提。拍卖公司作为接受物权人委托的拍卖方，除负有物权保护注意义务外，还应负有合理的著作权保护注意义务，规范尽职地进行拍卖活动，审慎避让著作权人的权益。判决明确了不同主体权利的边界，体现了对物权人和著作权人合法权益平衡保护的司法精神，并按照尽职拍卖人的合理标准确定拍卖公司的注意义务，充分体现了严格保护的司法导向。

7. "路虎"商标侵权纠纷案

捷豹路虎有限公司与广州市奋力食品有限公司、万明政侵害商标权纠纷案（广东省高级人民法院〔2017〕粤民终 633 号民事判决书）

【案情摘要】路虎公司的关联公司先后于 1996 年、2004 年和 2005 年在中国境内申请注册了第 808460 号""商标、第 3514202 号"路虎"商标、第 4309460 号"LAND-ROVER"商标，以上商标均核定使用在第 12 类"陆地机动车辆"等商品上，具有较高知名度，后转让到路虎公司名下。广州市奋力食品有限公司（以下简称奋力公司）在网站、实体店中宣传销售其"路虎维生素饮料",相关产品、包装盒及网页宣传上使用的被诉标识包括"路虎"、"LANDROVER"、"Landrover 路虎"及上下排列的"路虎 LandRover"等。奋力公司曾于 2010 年在第 30 类"非医用营养液"和第 32 类"不含酒精的饮料"等商品上申请注册"路虎 LANDROVER"商标,但均未被核准注册。路虎公司以奋力公司的行为构成侵权为由,提起诉讼。一审法院判令奋力公司停止侵权并向路虎公司赔偿经济损失与合理维权开支人民币 120 万元。二审法院认为,路虎公司提交的证据已经足以证明,涉案商标已为中国境内社会公众广为知晓,达到驰名程度。被诉侵权行为削弱了路虎公司涉案驰名商标所具有的显著性和良好商誉,损害路虎公司的利益,应予制止。遂判决驳回上诉,维持原判。

【典型意义】本案是驰名商标跨类保护、加大知识产权保护力度的典型案例。本案裁判除体现了在驰名商标保护案件中应秉持的"按需认定""个案认定"等基本原则外,其特殊之处在于,除本案被诉侵权标识外,奋力公司还实施了大量涉知名企业与知名人物的商标抢注行为,侵权行为的主观恶意明显。本案裁判在关于赔偿数额确定一节中,全面、详尽论述了确定 120 万元赔偿数额的事实与法律依据,彰显了制止恶意囤积商标行为的司法态度。本案在加大驰名商标保护力度、规制商标恶意抢注行为、引导社会公众尊重知识产权等方面,具有良好的裁判导向与示范效果。

8."博Ⅲ优"植物新品种侵权纠纷案

四川中正科技有限公司与广西壮族自治区博白县农业科学研究所、王腾金、刘振卓、四川中升科技种业有限公司侵害植物新品种权纠纷案(广西壮族自治区高级人民法院〔2017〕桂民终 95 号民事判决书)

【案情摘要】博Ⅲ优 273 获植物新品种权,品种权共有人为广西壮族自治区博白县农业科学研究所(简称博白农科所)、王腾金、刘振卓。博ⅢA 亦获植物新品种权,系博Ⅲ优 9678、博Ⅲ优 273 的亲本,博ⅢA 植物新品种的品种权人为博白农科所。2003 年 11 月 2 日,博白农科所与四川中升科技种业有限公司(以下简称中升公司)签订《品种使用权转让协议书》(即 2003 年协议),博白农科所将"博Ⅱ优 815"、"博Ⅲ优 273"的使用权转让给中升公司独家使用开发。2007 年 11 月 16 日,中升公司与博白农科所签订《协议》(即 2007 年协议)约定,博白农科所将博Ⅲ优 9678、博Ⅱ优 815 的品种使用权转让给中升公司独占使用开发(博Ⅱ优 815 仅限于广东区域),中升公司继续享有博Ⅲ优 273 的使用开发权,博白农科所不得将博Ⅲ优 9678、博Ⅱ优 815(只限广东区域)的品种权转让或授权给第三方,否则应赔偿中升公司相关损失。本协议签订生效后,2003 年协议终止执行。2008 年 1 月 7 日,博白农科所授权中升公司生产经营博Ⅲ优 9678、博Ⅲ优 273。博ⅢA 仅用于配组博Ⅲ优 9678、博Ⅲ优 273,不得作其他商业用途使用。授权起止时间从 2008 年 1 月 7 日至 2012 年 12 月 31 日止。四川中正科技有限公司(以下简称中正公司)根据中升公司的授权和"2007 年协议"的约定,经营博Ⅲ优 9678、博Ⅱ优 815 及博Ⅲ优 273 等品种。2011 年 11 月 2 日,中升公司分别致函中正公司、博白农科所,决定从 2011 年 11 月 2 日起终止对中正公司生产、经营博Ⅲ优 9678、博Ⅲ优 273 及博Ⅱ优 815(已退出市场)的授权,有关品种的生产、经营权为中升公司独占所有。中升公司享有博Ⅲ优 273 的开发权,博白农科所不得再向中正公司提供博Ⅲ优9678、博Ⅲ优273及博Ⅱ优815的不育系、恢复系。博白农科所、王腾金、刘振卓、中升公司主张中正公司在2011年11月2日之后仍委托他人生产博Ⅲ优9678、博Ⅲ优273种子的行为构成侵权，遂向法院提起诉讼。一审法院认为，中正公司的行为侵害了涉案植物新品种权，故判决中正公司停止侵权行为、消除影响并赔偿经济损失180万元。二审法院认为，博ⅢA、博Ⅲ优273两个植物新品种因未按规定交纳年费于2013年11月1日公告终止，于2014年12月4日恢复权利；于2015年11月1日因未按规定交纳年费又公告终止。一审判决认定博ⅢA、博Ⅲ优273这两个植物新品种权仍然有效与本案事实不符，中正公司的相关上诉理由成立。对赔偿数额的确定，应综合考虑如下因素：当事人均认可的亩产量、销售价格以及中正公司认可的生产面积；因中升公司突然中止授权而使中正公司不可避免遭受的损失；侵权持续期间；涉案植物新品种实施许可费的数额以及实施许可的种类、时间、范围等具体情节。据此，二审法院酌定中正公司赔偿博白农科所、王腾金、刘振卓、中升公司经济损失人民币40万元。

【典型意义】本案是涉及植物新品种权保护的典型案例。侵害植物新品种权的行为司法实践中可分为两种类型，一是未经品种权人许可，为商业目的生产或销售授权品种的繁殖材料；二是未经品种权人许可，为商业目的将授权品种的繁殖材料重复使用于生产另一品种的繁殖材料。本案同时涉及以上两种侵权行为的判定，在法律适用方面具有典型性。此外，植物新品种权在保护期限内有可能间歇性地处于终止状态，这是其他类型的知识产权侵权诉讼所不具备的特殊性。本案裁判充分考虑植物新品种保护中的特殊因素，对侵权行为及赔偿数额作出了正确认定，对类似案件的裁判具有规则指引意义。

9."反光材料"商业秘密纠纷案

鹤壁市反光材料有限公司与宋俊超、鹤壁睿明特科技有限公司、李建发侵害商业秘密纠纷案（河南省高级人民法院〔2016〕豫民终347号民事判决书）

【案情摘要】宋俊超自2006年起在鹤壁市反光材料有限公司（以下简称反光材料公司）任业务员，主要负责部分省份的销售及客户拓展工作。反光材料公司与宋俊超先后签订两份劳动合同，并约定有保密条款和竞业限制条款。反光材料公司对其经营信息制定有保密制度，对客户及潜在客户信息采取了必要的保密措施，同时向宋俊超及其他业务员支付了保密费用。鹤壁市睿欣商贸有限公司（以下简称睿欣公司，即鹤壁睿明特科技有限公司前身）成立于2011年6月22日，经营范围为钢材、建材、五金交电、涂板、反光护栏。在睿欣公司经营期间，宋俊超以宋翔名义参与办理睿欣公司工商登记手续的相关工作。睿欣公司银行往来账目显示，自2011年8月1日至2015年7月31日期间，睿欣公司与反光材料公司的多笔交易客户重合，宋俊超以个人名义从睿欣公司账户取款多次。反光材料公司遂以侵害商业秘密为由，将宋俊超等诉至法院。一审法院认为，宋俊超、睿欣公司对反光材料公司的商业秘密构成共同侵权。二审法院认为，根据反光材料公司所提供的交易记录及客户来往票据，其中"品种""规格""数量"能够说明客户的独特需求，"成交日期"能够反映客户要货的规律，"单价"能够说明客户对价格的承受能力和价格成交底线，"备注"反映了客户的特殊信息。这些内容构成了反光材料公司经营信息的秘密点。上述经营信息涉及的客户已与反光材料公司形成了稳定的供货渠道，保持着良好的交易关系，在生产经营中具有实用性，能够为反光材料公司带来经济利益、竞争优势。反光材料公司为上述经营信息制定了具体的保密制度，对客户及潜在客户信息采取了必要的保密措施，并与宋俊超明确约定了保密条款、竞业限制条款，向宋俊超及其他业务员支付了相应的保密费用，可以证明反光材料公司为上述经营信息采取了合理保密措施。综上，可以认定反光材料公司制作的客户名单构成商业秘密。宋俊超负有对反光材料公司的忠实义务，其中包括对工作中接触到的经营信息进行保密的义务，其明知公司的相关管理规定及客户名单的非公开性和商业价值，但仍私自与反光材料公司的客户进行交易，且与睿欣公司来往频繁，构成披露、使用、允许他人使用反光材料公司经营信息的行为，侵害了反光材料公司的商业秘密。睿欣公司不正当地获取、使用了宋俊超所掌握的反光材料公司拥有的商业秘密。宋俊超、睿欣公司对反光材料公司的商业秘密构成共同侵权。因睿欣公司已变更为睿明特公司，故侵权责任应由睿明特公司承担。

【典型意义】本案是涉及商业秘密保护的典型案例。商业秘密案件因证据复杂、隐蔽，通常审理难度较大。特别是，因员工离职等带来的商业秘密保护问题一直是司法实践中的难点。本案判决对商业秘密案件中"不为公众所知悉""保密措施""商业价值"以及赔偿责任的确定等重要法律问题，结合案情进行了细致和全面的阐释，对类似案件的审理具有较强的规则指引意义。此外，本案还着重强调了员工离职后的保密义务，倡导了诚实信用的价值取向。

10. "易查网"侵犯著作权罪案

北京易查无限信息技术有限公司、于东侵犯著作权罪案（上海浦东新区人民法院〔2015〕浦刑（知）初字第12号刑事判决书）

【案情摘要】被告单位北京易查无限信息技术有限公司（以下简称易查公司）系"易查网"的经营者。该公司的法定代表人及技术负责人于东提出开发触屏版小说产品的方案，易查网将WEB小说网页转码成WAP网页供移动用户阅读。公安机关扣押了易查公司的服务器硬盘，鉴定人员以此搭建出局域网环境下的"易查网"，发现可以搜索、阅读并下载小说。鉴定人员对从硬盘中下载的798本小说与玄霆公司享有著作权的同名小说进行了比对，确定相同字节数占总字节数70%以上的有588本。被告人及其辩护人提出，"易查网"的开发设想系提供搜索及转码服务，而非内容服务，即在用户搜索并点击阅读时，对来源网页进行转码后临时复制到硬盘上形成缓存并提供给用户阅读，当用户离开阅读页面时自动删除该缓存。但根据鉴定确认的事实可知，"易查网"在将其所谓"临时复制"的内容传输给触发"转码"的用户后，并未随即将相应内容从服务器硬盘中自动删除，被"复制"的小说内容仍可被其他用户再次利用，上述行为已明显超出转码技术的必要过程。据此可以认定，"易查网"直接向网络用户提供了涉案文字作品。易查公司未经著作权人许可，通过"易查网"传播他人享有著作权的文字作品500余部，情节严重，已构成侵犯著作权罪。于东作为易查公司直接负责的主管人员，亦应承担侵犯著作权罪的刑事责任。本案中，易查公司及于东具有自首和通过赔偿获得被害单位谅解的等酌情从轻处罚情节，法院综合考虑本案的犯罪情节、后果，依法判处单位罚金，判处于东缓刑及罚金。宣判后，易查公司、于东均未提出上诉。

【典型意义】转码技术是随着移动阅读逐渐普及产生的一项技术，本案是移动阅读网站不当使用转码技术构成侵犯著作权罪的案件。判决对"转码"技术实施的特点以及必要限度进行了详细阐释，从信息网络传播行为的本质出发，厘清了"转码"行为罪与非罪的界限。本案较好地展现了在技术飞速发展的时代背景下，知识产权司法保护在坚持技术中立的同时，如何结合技术事实认真厘清有关技术是否超越法律范围、侵犯他人合法权利的标准。对于以技术为挡箭牌，侵权情节严重，符合知识产权犯罪构成要件的行为，应依法给予刑事处罚。本案的裁判结果充分体现了人民法院处理科技进步带来的新型犯罪行为的司法智慧和司法能力，彰显了依法打击侵犯知识产权犯罪行为的力度和决心。

三、专　利　权

最高人民法院
关于对诉前停止侵犯专利权行为
适用法律问题的若干规定

法释〔2001〕20号

(2001年6月5日最高人民法院审判委员会第1179次会议通过　2001年6月7日最高人民法院公告公布　自2001年7月1日起施行)

为切实保护专利权人和其他利害关系人的合法权益，根据《中华人民共和国民法通则》、《中华人民共和国专利法》(以下简称专利法)、《中华人民共和国民事诉讼法》(以下简称民事诉讼法)的有关规定，现就有关诉前停止侵犯专利权行为适用法律若干问题规定如下：

第一条　根据专利法第六十一条的规定，专利权人或者利害关系人可以向人民法院提出诉前责令被申请人停止侵犯专利权行为的申请。

提出申请的利害关系人，包括专利实施许可合同的被许可人、专利财产权利的合法继承人等。专利实施许可合同被许可人中，独占实施许可合同的被许可人可以单独向人民法院提出申请；排他实施许可合同的被许可人在专利权人不申请的情况下，可以提出申请。

第二条　诉前责令停止侵犯专利权行为的申请，应当向有专利侵权案件管辖权的人民法院提出。

第三条　专利权人或者利害关系人向人民法院提出申请，应当递交书面申请状；申请状应当载明当事人及其基本情况、申请的具体内容、范围和理由等事项。申请的理由包括有关行为如不及时制止会使申请人合法权益受到难以弥补的损害的具体说明。

第四条　申请人提出申请时，应当提交下列证据：

(一)专利权人应当提交证明其专利权真实有效的文件，包括专利证书、权利要求书、说明书、专利年费交纳凭证。提出的申请涉及实用新型专利的，申请人应当提交国务院专利行政部门出具的检索报告。

（二）利害关系人应当提供有关专利实施许可合同及其在国务院专利行政部门备案的证明材料，未经备案的应当提交专利权人的证明，或者证明其享有权利的其他证据。

排他实施许可合同的被许可人单独提出申请的，应当提交专利权人放弃申请的证明材料。

专利财产权利的继承人应当提交已经继承或者正在继承的证据材料。

（三）提交证明被申请人正在实施或者即将实施侵犯其专利权的行为的证据，包括被控侵权产品以及专利技术与被控侵权产品技术特征对比材料等。

第五条 人民法院作出诉前停止侵犯专利权行为的裁定事项，应当限于专利权人或者利害关系人申请的范围。

第六条 申请人提出申请时应当提供担保，申请人不提供担保的，驳回申请。

当事人提供保证、抵押等形式的担保合理、有效的，人民法院应当准予。

人民法院确定担保范围时，应当考虑责令停止有关行为所涉及产品的销售收入，以及合理的仓储、保管等费用；被申请人停止有关行为可能造成的损失，以及人员工资等合理费用支出；其他因素。

第七条 在执行停止有关行为裁定过程中，被申请人可能因采取该项措施造成更大损失的，人民法院可以责令申请人追加相应的担保。申请人不追加担保的，解除有关停止措施。

第八条 停止侵犯专利权行为裁定所采取的措施，不因被申请人提出反担保而解除。

第九条 人民法院接受专利权人或者利害关系人提出责令停止侵犯专利权行为的申请后，经审查符合本规定第四条的，应当在48小时内作出书面裁定；裁定责令被申请人停止侵犯专利权行为的，应当立即开始执行。

人民法院在前述期限内，需要对有关事实进行核对的，可以传唤单方或双方当事人进行询问，然后再及时作出裁定。

人民法院作出诉前责令被申请人停止有关行为的裁定，应当及时通知被申请人，至迟不得超过5日。

第十条 当事人对裁定不服的，可以在收到裁定之日起10日内申请复议一次。复议期间不停止裁定的执行。

第十一条 人民法院对当事人提出的复议申请应当从以下方面进行审查：

（一）被申请人正在实施或即将实施的行为是否构成侵犯专利权；

（二）不采取有关措施，是否会给申请人合法权益造成难以弥补的损害；

（三）申请人提供担保的情况；

（四）责令被申请人停止有关行为是否损害社会公共利益。

第十二条 专利权人或者利害关系人在人民法院采取停止有关行为的措施后15日内不起诉的，人民法院解除裁定采取的措施。

第十三条 申请人不起诉或者申请错误造成被申请人损失的，被申请人可以向有管辖权的人民法院起诉请求申请人赔偿，也可以在专利权人或者利害关系人提起的专利权侵权诉讼中提出损害赔偿的请求，人民法院可以一并处理。

第十四条 停止侵犯专利权行为裁定的效力，一般应维持到终审法律文书生效时止。人民法院也可以根据案情，确定具体期限；期限届满时，根据当事人的请求仍可作出继续停止有关行为的裁定。

第十五条 被申请人违反人民法院责令停止有关行为裁定的，依照民事诉讼法第一百零二条规定处理。

第十六条 人民法院执行诉前停止侵犯专利权行为的措施时，可以根据当事人的申请，参照民事诉讼法第七十四条的规定，同时进行证据保全。

人民法院可以根据当事人的申请，依照民事诉讼法第九十二条、第九十三条的规定进行财产保全。

第十七条 专利权人或者利害关系人向人民法院提起专利侵权诉讼时，同时提出先行停止侵犯专利权行为请求的，人民法院可以先行作出裁定。

第十八条 诉前停止侵犯专利权行为的案件，申请人应当按照《人民法院诉讼收费办法》及其补充规定交纳费用。

最高人民法院
关于审理侵犯专利权纠纷案件应用法律若干问题的解释

法释〔2009〕21号

（2009年12月21日最高人民法院审判委员会第1480次会议通过 2009年12月28日最高人民法院公告公布 自2010年1月1日起施行）

为正确审理侵犯专利权纠纷案件，根据《中华人民共和国专利法》、《中华人民共和国民事诉讼法》等有关法律规定，结合审判实际，制定本解释。

第一条 人民法院应当根据权利人主张的权利要求，依据专利法第五十九条第一款的规定确定专利权的保护范围。权利人在一审法庭辩论终结前变更其主张的权利要求的，人民法院应当准许。

权利人主张以从属权利要求确定专利权保护范围的，人民法院应当以该从属权利要求记载的附加技术特征及其引用的权利要求记载的技术特征，确定专利权的保护范围。

第二条 人民法院应当根据权利要求的记载，结合本领域普通技术人员阅读说明书及附图后对权利要求的理解，确定专利法第五十九条第一款规定的权利要求的内容。

第三条 人民法院对于权利要求，可以运用说明书及附图、权利要求书中的相关权利要求、专利审查档案进行解释。说明书对权利要求用语有特别界定的，从其特别界定。

以上述方法仍不能明确权利要求含义的，可以结合工具书、教科书等公知文献以及本领域普通技术人员的通常理解进行解释。

第四条 对于权利要求中以功能或者效果表述的技术特征，人民法院应当结合说明书和附图描述的该功能或者效果的具体实施方式及其等同的实施方式，确定该技术特征的内容。

第五条 对于仅在说明书或者附图中描述而在权利要求中未记载的技术方案，权利人在侵犯专利权纠纷案件中将其纳入专利权保护范围的，人民法院不予支持。

第六条 专利申请人、专利权人在专利授权或者无效宣告程序中，通过对权利要求、说明书的修改或者意见陈述而放弃的技术方案，权利人在侵犯专利权纠纷案件中又将其纳入专利权保护范围的，人民法院不予支持。

第七条 人民法院判定被诉侵权技术方案是否落入专利权的保护范围，应当审查权利人主张的权利要求所记载的全部技术特征。

被诉侵权技术方案包含与权利要求记载的全部技术特征相同或者等同的技术特征的，人民法院应当认定其落入专利权的保护范围；被诉侵权技术方案的技术特征与权利要求记载的全部技术特征相比，缺少权利要求记载的一个以上的技术特征，或者有一个以上技术特征不相同也不等同的，人民法院应当认定其没有落入专利权的保护范围。

第八条 在与外观设计专利产品相同或者相近种类产品上，采用与授权外观设计相同或者近似的外观设计的，人民法院应当认定被诉侵权设计落入专利法第五十九条第二款规定的外观设计专利权的保护范围。

第九条 人民法院应当根据外观设计产品的用途，认定产品种类是否相同或者相近。确定产品的用途，可以参考外观设计的简要说明、国际外观设计分类表、产品的功能以及产品销售、实际使用的情况等因素。

第十条 人民法院应当以外观设计专利产品的一般消费者的知识水平和认知能力，判断外观设计是否相同或者近似。

第十一条 人民法院认定外观设计是否相同或者近似时，应当根据授权外观设计、被诉侵权设计的设计特征，以外观设计的整体视觉效果进行综合判断；对于主要由技术功能决定的设计特征以及对整体视觉效果不产生影响的产品的材料、内部结构等特征，应当不予考虑。

下列情形，通常对外观设计的整体视觉效果更具有影响：

（一）产品正常使用时容易被直接观察到的部位相对于其他部位；

（二）授权外观设计区别于现有设计的设计特征相对于授权外观设计的其他设计特征。

被诉侵权设计与授权外观设计在整体视觉效果上无差异的，人民法院应当认定两者相同；在整体视觉效果上无实质性差异的，应当认定两者近似。

第十二条 将侵犯发明或者实用新型专利权的产品作为零部件，制造另一产品的，人民法院应当认定属于专利法第十一条规定的使用行为；销售该另一产品的，人民法院应当认定属于专利法第十一条规定的销售行为。

将侵犯外观设计专利权的产品作为零部件，制造另一产品并销售的，人民法院应当认定属于专利法第十一条规定的销售行为，但侵犯外观设计专利权的产品在该另一产品中仅具有技术功能的除外。

对于前两款规定的情形，被诉侵权人之间存在分工合作的，人民法院应当认定为共同侵权。

第十三条 对于使用专利方法获得的原始产品，人民法院应当认定为专利法第十一条规定的依照专利方法直接获得的产品。

对于将上述原始产品进一步加工、处理而获得后续产品的行为，人民法院应当认定属于专利法第十一条规定的使用依照该专利方法直接获得的产品。

第十四条 被诉落入专利权保护范围的全部技术特征，与一项现有技术方案中的相应技术特征相同或者无实质性差异的，人民法院应当认定被诉侵权人实施的技术属于专利法第六十二条规定的现有技术。

被诉侵权设计与一个现有设计相同或者无实质性差异的，人民法院应当认定被诉侵权人实施的设计属于专利法第六十二条规定的现有设计。

第十五条 被诉侵权人以非法获得的技术或者设计主张先用权抗辩的，人民法院不予支持。

有下列情形之一的，人民法院应当认定属于专利法第六十九条第（二）项规定的已经作好制造、使用的必要准备：

（一）已经完成实施发明创造所必需的主要技术图纸或者工艺文件；

（二）已经制造或者购买实施发明创造所必需的主要设备或者原材料。

专利法第六十九条第（二）项规定的原有范围，包括专利申请日前已有的生产规模以及利用已有的生产设备或者根据已有的生产准备可以达到的生产规模。

先用权人在专利申请日后将其已经实施或作好实施必要准备的技术或设计转让或者许可他人实施，被诉侵权人主张该实施行为属于在原有范围内继续实施的，人民法院不予支持，但该技术或设计与原有企业一并转让或者承继的除外。

第十六条 人民法院依据专利法第六十五条第一款的规定确定侵权人因侵权所获得的利益，应当限于侵权人因侵犯专利权行为所获得的利益；因其他权利所产生的利益，应当合理扣除。

侵犯发明、实用新型专利权的产品系另一产品的零部件的，人民法院应当根据该零部件本身的价值及其在实现成品利润中的作用等因素合理确定赔偿数额。

侵犯外观设计专利权的产品为包装物的，人民法院应当按照包装物本身的价值及其在实现被包装产品利润中的作用等因素合理确定赔偿数额。

第十七条 产品或者制造产品的技术方案在专利申请日以前为国内外公众所知的，人民法院应当认定该产品不属于专利法第六十一条第一款规定的新产品。

第十八条 权利人向他人发出侵犯专利权的警告，被警告人或者利害关系人经书面催告权利人行使诉权，自权利人收到该书面催告之日起一个月内或者自书面催告发出之日起二个月内，权利人不撤回警告也不提起诉讼，被警告人或者利害关系人向人民法院提起请求确认其行为不侵犯专利权的诉讼的，人民法院应当受理。

第十九条 被诉侵犯专利权行为发生在 2009 年 10 月 1 日以前的，人民法院适用修改前的专利法；发生在 2009 年 10 月 1 日以后的，人民法院适用修改后的专利法。

被诉侵犯专利权行为发生在 2009 年 10 月 1 日以前且持续到 2009 年 10 月 1 日以后，依据修改前和修改后的专利法的规定侵权人均应承担赔偿责任的，人民法院适用修改后的专利法确定赔偿数额。

第二十条 本院以前发布的有关司法解释与本解释不一致的，以本解释为准。

最高人民法院关于审理侵犯专利权纠纷案件应用法律若干问题的解释（二）

法释〔2016〕1号

（2016 年 1 月 25 日最高人民法院审判委员会第 1676 次会议通过　2016 年 3 月 21 日最高人民法院公告公布　自 2016 年 4 月 1 日起施行）

为正确审理侵犯专利权纠纷案件，根据《中华人民共和国专利法》《中华人民共和国侵权责任法》《中华人民共和国民事诉讼法》等有关法律规定，结合审判实践，制定本解释。

第一条 权利要求书有两项以上权利要求的，权利人应当在起诉状中载明据以起诉被诉侵权人侵犯其专利权的权利要求。起诉状对此未记载或者记载不明的，人民法院应当要求权利人明确。经释明，权利人仍不予明确的，人民法院可以裁定驳回起诉。

第二条 权利人在专利侵权诉讼中主张的权利要求被专利复审委员会宣告无效的，审理侵犯专利权纠纷案件的人民法院可以裁定驳回权利人基于该无效权利要求的起诉。

有证据证明宣告上述权利要求无效的决定被生效的行政判决撤销的，权利人可以另行起诉。

专利权人另行起诉的，诉讼时效期间从本条第二款所称行政判决书送达之日起计算。

第三条 因明显违反专利法第二十六条第三款、第四款导致说明书无法用于解释权利要求，且不属于本解释第四条规定的情形，专利权因此被请求宣告无效的，审理侵犯专利权纠纷案件的人民法院一般应当裁定中止诉讼；在合理期限内专利权未被请求宣告无效的，人民法院可以根据权利要求的记载确定专利权的保护范围。

第四条 权利要求书、说明书及附图中的语法、文字、标点、图形、符号等存有歧义，但本领域普通技术人员通过阅读权利要求书、说明书及附图可以得出唯一理解的，人民法院应当根据该唯一理解予以认定。

第五条 在人民法院确定专利权的保护范围时,独立权利要求的前序部分、特征部分以及从属权利要求的引用部分、限定部分记载的技术特征均有限定作用。

第六条 人民法院可以运用与涉案专利存在分案申请关系的其他专利及其专利审查档案、生效的专利授权确权裁判文书解释涉案专利的权利要求。

专利审查档案,包括专利审查、复审、无效程序中专利申请人或者专利权人提交的书面材料,国务院专利行政部门及其专利复审委员会制作的审查意见通知书、会晤记录、口头审理记录、生效的专利复审请求审查决定书和专利权无效宣告请求审查决定书等。

第七条 被诉侵权技术方案在包含封闭式组合物权利要求全部技术特征的基础上增加其他技术特征的,人民法院应当认定被诉侵权技术方案未落入专利权的保护范围,但该增加的技术特征属于不可避免的常规数量杂质的除外。

前款所称封闭式组合物权利要求,一般不包括中药组合物权利要求。

第八条 功能性特征,是指对于结构、组分、步骤、条件或其之间的关系等,通过其在发明创造中所起的功能或者效果进行限定的技术特征,但本领域普通技术人员仅通过阅读权利要求即可直接、明确地确定实现上述功能或者效果的具体实施方式的除外。

与说明书及附图记载的实现前款所称功能或者效果不可缺少的技术特征相比,被诉侵权技术方案的相应技术特征是以基本相同的手段,实现相同的功能,达到相同的效果,且本领域普通技术人员在被诉侵权行为发生时无需经过创造性劳动就能够联想到的,人民法院应当认定该相应技术特征与功能性特征相同或者等同。

第九条 被诉侵权技术方案不能适用于权利要求中使用环境特征所限定的使用环境的,人民法院应当认定被诉侵权技术方案未落入专利权的保护范围。

第十条 对于权利要求中以制备方法界定产品的技术特征,被诉侵权产品的制备方法与其不相同也不等同的,人民法院应当认定被诉侵权技术方案未落入专利权的保护范围。

第十一条 方法权利要求未明确记载技术步骤的先后顺序,但本领域普通技术人员阅读权利要求书、说明书及附图后直接、明确地认为该技术步骤应当按照特定顺序实施的,人民法院应当认定该步骤顺序对于专利权的保护范围具有限定作用。

第十二条 权利要求采用"至少""不超过"等用语对数值特征进行界定,且本领域普通技术人员阅读权利要求书、说明书及附图后认为专利技术方案特别强调该用语对技术特征的限定作用,权利人主张与其不相同的数值特征属于等同特征的,人民法院不予支持。

第十三条 权利人证明专利申请人、专利权人在专利授权确权程序中对权利要求书、说明书及附图的限缩性修改或者陈述被明确否定的,人民法院应当认定该修改或者陈述未导致技术方案的放弃。

第十四条 人民法院在认定一般消费者对于外观设计所具有的知识水平和认知能力时,一般应当考虑被诉侵权行为发生时授权外观设计所属相同或者相近种类产品的设计空间。设计空间较大的,人民法院可以认定一般消费者通常不容易注意到不同设计之间的较小区别;设计空间较小的,人民法院可以认定一般消费者通常更容易注意到不同设计之间的较小区别。

第十五条　对于成套产品的外观设计专利，被诉侵权设计与其一项外观设计相同或者近似的，人民法院应当认定被诉侵权设计落入专利权的保护范围。

第十六条　对于组装关系唯一的组件产品的外观设计专利，被诉侵权设计与其组合状态下的外观设计相同或者近似的，人民法院应当认定被诉侵权设计落入专利权的保护范围。

对于各构件之间无组装关系或者组装关系不唯一的组件产品的外观设计专利，被诉侵权设计与其全部单个构件的外观设计均相同或者近似的，人民法院应当认定被诉侵权设计落入专利权的保护范围；被诉侵权设计缺少其单个构件的外观设计或者与之不相同也不近似的，人民法院应当认定被诉侵权设计未落入专利权的保护范围。

第十七条　对于变化状态产品的外观设计专利，被诉侵权设计与变化状态图所示各种使用状态下的外观设计均相同或者近似的，人民法院应当认定被诉侵权设计落入专利权的保护范围；被诉侵权设计缺少其一种使用状态下的外观设计或者与之不相同也不近似的，人民法院应当认定被诉侵权设计未落入专利权的保护范围。

第十八条　权利人依据专利法第十三条诉请在发明专利申请公布日至授权公告日期间实施该发明的单位或者个人支付适当费用的，人民法院可以参照有关专利许可使用费合理确定。

发明专利申请公布时申请人请求保护的范围与发明专利公告授权时的专利权保护范围不一致，被诉技术方案均落入上述两种范围的，人民法院应当认定被告在前款所称期间内实施了该发明；被诉技术方案仅落入其中一种范围的，人民法院应当认定被告在前款所称期间内未实施该发明。

发明专利公告授权后，未经专利权人许可，为生产经营目的使用、许诺销售、销售在本条第一款所称期间内已由他人制造、销售、进口的产品，且该他人已支付或者书面承诺支付专利法第十三条规定的适当费用的，对于权利人关于上述使用、许诺销售、销售行为侵犯专利权的主张，人民法院不予支持。

第十九条　产品买卖合同依法成立的，人民法院应当认定属于专利法第十一条规定的销售。

第二十条　对于将依照专利方法直接获得的产品进一步加工、处理而获得的后续产品，进行再加工、处理的，人民法院应当认定不属于专利法第十一条规定的"使用依照该专利方法直接获得的产品"。

第二十一条　明知有关产品系专门用于实施专利的材料、设备、零部件、中间物等，未经专利权人许可，为生产经营目的将该产品提供给他人实施了侵犯专利权的行为，权利人主张该提供者的行为属于侵权责任法第九条规定的帮助他人实施侵权行为的，人民法院应予支持。

明知有关产品、方法被授予专利权，未经专利权人许可，为生产经营目的积极诱导他人实施了侵犯专利权的行为，权利人主张该诱导者的行为属于侵权责任法第九条规定的教唆他人实施侵权行为的，人民法院应予支持。

第二十二条　对于被诉侵权人主张的现有技术抗辩或者现有设计抗辩，人民法院应当依照专利申请日时施行的专利法界定现有技术或者现有设计。

第二十三条 被诉侵权技术方案或者外观设计落入在先的涉案专利权的保护范围，被诉侵权人以其技术方案或者外观设计被授予专利权为由抗辩不侵犯涉案专利权的，人民法院不予支持。

第二十四条 推荐性国家、行业或者地方标准明示所涉必要专利的信息，被诉侵权人以实施该标准无需专利权人许可为由抗辩不侵犯该专利权的，人民法院一般不予支持。

推荐性国家、行业或者地方标准明示所涉必要专利的信息，专利权人、被诉侵权人协商该专利的实施许可条件时，专利权人故意违反其在标准制定中承诺的公平、合理、无歧视的许可义务，导致无法达成专利实施许可合同，且被诉侵权人在协商中无明显过错的，对于权利人请求停止标准实施行为的主张，人民法院一般不予支持。

本条第二款所称实施许可条件，应当由专利权人、被诉侵权人协商确定。经充分协商，仍无法达成一致的，可以请求人民法院确定。人民法院在确定上述实施许可条件时，应当根据公平、合理、无歧视的原则，综合考虑专利的创新程度及其在标准中的作用、标准所属的技术领域、标准的性质、标准实施的范围和相关的许可条件等因素。

法律、行政法规对实施标准中的专利另有规定的，从其规定。

第二十五条 为生产经营目的使用、许诺销售或者销售不知道是未经专利权人许可而制造并售出的专利侵权产品，且举证证明该产品合法来源的，对于权利人请求停止上述使用、许诺销售、销售行为的主张，人民法院应予支持，但被诉侵权产品的使用者举证证明其已支付该产品的合理对价的除外。

本条第一款所称不知道，是指实际不知道且不应当知道。

本条第一款所称合法来源，是指通过合法的销售渠道、通常的买卖合同等正常商业方式取得产品。对于合法来源，使用者、许诺销售者或者销售者应当提供符合交易习惯的相关证据。

第二十六条 被告构成对专利权的侵犯，权利人请求判令其停止侵权行为的，人民法院应予支持，但基于国家利益、公共利益的考量，人民法院可以不判令被告停止被诉行为，而判令其支付相应的合理费用。

第二十七条 权利人因被侵权所受到的实际损失难以确定的，人民法院应当依照专利法第六十五条第一款的规定，要求权利人对侵权人因侵权所获得的利益进行举证；在权利人已经提供侵权人所获利益的初步证据，而与专利侵权行为相关的账簿、资料主要由侵权人掌握的情况下，人民法院可以责令侵权人提供该账簿、资料；侵权人无正当理由拒不提供或者提供虚假的账簿、资料的，人民法院可以根据权利人的主张和提供的证据认定侵权人因侵权所获得的利益。

第二十八条 权利人、侵权人依法约定专利侵权的赔偿数额或者赔偿计算方法，并在专利侵权诉讼中主张依据该约定确定赔偿数额的，人民法院应予支持。

第二十九条 宣告专利权无效的决定作出后，当事人根据该决定依法申请再审，请求撤销专利权无效宣告前人民法院作出但未执行的专利侵权的判决、调解书的，人民法院可以裁定中止再审审查，并中止原判决、调解书的执行。

专利权人向人民法院提供充分、有效的担保，请求继续执行前款所称判决、调解书的，人民法院应当继续执行；侵权人向人民法院提供充分、有效的反担保，请求中止执行的，人民法院应当准许。人民法院生效裁判未撤销宣告专利权无效的决定的，专利权人应当赔偿因继续执行给对方造成的损失；宣告专利权无效的决定被人民法院生效裁判撤销，专利权仍有效的，人民法院可以依据前款所称判决、调解书直接执行上述反担保财产。

第三十条　在法定期限内对宣告专利权无效的决定不向人民法院起诉或者起诉后生效裁判未撤销该决定，当事人根据该决定依法申请再审，请求撤销宣告专利权无效前人民法院作出但未执行的专利侵权的判决、调解书的，人民法院应当再审。当事人根据该决定，依法申请终结执行宣告专利权无效前人民法院作出但未执行的专利侵权的判决、调解书的，人民法院应当裁定终结执行。

第三十一条　本解释自 2016 年 4 月 1 日起施行。最高人民法院以前发布的相关司法解释与本解释不一致的，以本解释为准。

最高人民法院
关于修改《最高人民法院关于审理专利纠纷案件适用法律问题的若干规定》的决定

法释〔2013〕9 号

(2013 年 2 月 25 日最高人民法院审判委员会第 1570 次会议通过
2013 年 4 月 1 日最高人民法院公告公布　自 2013 年 4 月 15 日起施行)

根据最高人民法院审判委员会第 1570 次会议决定，对《最高人民法院关于审理专利纠纷案件适用法律问题的若干规定》作如下修改：

第二条规定增加一款："最高人民法院根据实际情况，可以指定基层人民法院管辖第一审专利纠纷案件。"

最高人民法院
关于修改《最高人民法院关于审理专利纠纷案件适用法律问题的若干规定》的决定

法释〔2015〕4号

(2015年1月19日最高人民法院审判委员会第1641次会议通过 2015年1月29日最高人民法院公告公布 自2015年2月1日起施行)

根据最高人民法院审判委员会第1641次会议决定,对《最高人民法院关于审理专利纠纷案件适用法律问题的若干规定》作如下修改:

一、将第五条第二款修改为:"侵权行为地包括:被诉侵犯发明、实用新型专利权的产品的制造、使用、许诺销售、销售、进口等行为的实施地;专利方法使用行为的实施地,依照该专利方法直接获得的产品的使用、许诺销售、销售、进口等行为的实施地;外观设计专利产品的制造、许诺销售、销售、进口等行为的实施地;假冒他人专利的行为实施地。上述侵权行为的侵权结果发生地。"

二、将第八条第一款修改为:"对申请日在2009年10月1日前(不含该日)的实用新型专利提起侵犯专利权诉讼,原告可以出具由国务院专利行政部门作出的检索报告;对申请日在2009年10月1日以后的实用新型或者外观设计专利提起侵犯专利权诉讼,原告可以出具由国务院专利行政部门作出的专利权评价报告。根据案件审理需要,人民法院可以要求原告提交检索报告或者专利权评价报告。原告无正当理由不提交的,人民法院可以裁定中止诉讼或者判令原告承担可能的不利后果。"

三、将第九条第一项修改为:"(一)原告出具的检索报告或者专利权评价报告未发现导致实用新型或者外观设计专利权无效的事由的;"

四、将第十七条修改为:"专利法第五十九条第一款所称的'发明或者实用新型专利权的保护范围以其权利要求的内容为准,说明书及附图可以用于解释权利要求的内容',是指专利权的保护范围应当以权利要求记载的全部技术特征所确定的范围为准,也包括与该技术特征相等同的特征所确定的范围。"

"等同特征,是指与所记载的技术特征以基本相同的手段,实现基本相同的功能,达到基本相同的效果,并且本领域普通技术人员在被诉侵权行为发生时无需经过创造性劳动就能够联想到的特征。"

五、将第十八条修改为:"侵犯专利权行为发生在2001年7月1日以前的,适用修改前专利法的规定确定民事责任;发生在2001年7月1日以后的,适用修改后专利法的规定确定民事责任。"

六、将第十九条修改为:"假冒他人专利的,人民法院可以依照专利法第六十三条的规定确定其民事责任。管理专利工作的部门未给予行政处罚的,人民法院可以依照民法通则第一百三十四条第三款的规定给予民事制裁,适用民事罚款数额可以参照专利法第六十三条的规定确定。"

七、删除第二十条第一款,第二款改为第一款并修改为:"专利法第六十五条规定的权利人因被侵权所受到的实际损失可以根据专利权人的专利产品因侵权所造成销售量减少的总数乘以每件专利产品的合理利润所得之积计算。权利人销售量减少的总数难以确定的,侵权产品在市场上销售的总数乘以每件专利产品的合理利润所得之积可以视为权利人因被侵权所受到的实际损失。"

第三款改为第二款,修改为:"专利法第六十五条规定的侵权人因侵权所获得的利益可以根据该侵权产品在市场上销售的总数乘以每件侵权产品的合理利润所得之积计算。侵权人因侵权所获得的利益一般按照侵权人的营业利润计算,对于完全以侵权为业的侵权人,可以按照销售利润计算。"

八、将第二十一条修改为:"权利人的损失或者侵权人获得的利益难以确定,有专利许可使用费可以参照的,人民法院可以根据专利权的类型、侵权行为的性质和情节、专利许可的性质、范围、时间等因素,参照该专利许可使用费的倍数合理确定赔偿数额;没有专利许可使用费可以参照或者专利许可使用费明显不合理的,人民法院可以根据专利权的类型、侵权行为的性质和情节等因素,依照专利法第六十五条第二款的规定确定赔偿数额。"

九、将第二十二条修改为:"权利人主张其为制止侵权行为所支付合理开支的,人民法院可以在专利法第六十五条确定的赔偿数额之外另行计算。"

十、将第二十四条修改为:"专利法第十一条、第六十九条所称的许诺销售,是指以做广告、在商店橱窗中陈列或者在展销会上展出等方式作出销售商品的意思表示。"

根据本决定,将《最高人民法院关于审理专利纠纷案件适用法律问题的若干规定》作相应修改,重新公布。

附：

最高人民法院
关于审理专利纠纷案件适用法律问题的若干规定

(2001年6月19日最高人民法院审判委员会第1180次会议通过
根据2013年2月25日最高人民法院审判委员会第1570次会议
通过的《最高人民法院关于修改〈最高人民法院关于审理
专利纠纷案件适用法律问题的若干规定〉的决定》第一次修正
根据2015年1月19日最高人民法院审判委员会第1641次
会议通过的《最高人民法院关于修改〈最高人民法院关于审理
专利纠纷案件适用法律问题的若干规定〉的决定》第二次修正)

为了正确审理专利纠纷案件，根据《中华人民共和国民法通则》（以下简称民法通则）、《中华人民共和国专利法》（以下简称专利法）、《中华人民共和国民事诉讼法》和《中华人民共和国行政诉讼法》等法律的规定，作如下规定：

第一条 人民法院受理下列专利纠纷案件：
1. 专利申请权纠纷案件；
2. 专利权权属纠纷案件；
3. 专利权、专利申请权转让合同纠纷案件；
4. 侵犯专利权纠纷案件；
5. 假冒他人专利纠纷案件；
6. 发明专利申请公布后、专利权授予前使用费纠纷案件；
7. 职务发明创造发明人、设计人奖励、报酬纠纷案件；
8. 诉前申请停止侵权、财产保全案件；
9. 发明人、设计人资格纠纷案件；
10. 不服专利复审委员会维持驳回申请复审决定案件；
11. 不服专利复审委员会专利权无效宣告请求决定案件；
12. 不服国务院专利行政部门实施强制许可决定案件；
13. 不服国务院专利行政部门实施强制许可使用费裁决案件；
14. 不服国务院专利行政部门行政复议决定案件；
15. 不服管理专利工作的部门行政决定案件；
16. 其他专利纠纷案件。

第二条 专利纠纷第一审案件，由各省、自治区、直辖市人民政府所在地的中级人民法院和最高人民法院指定的中级人民法院管辖。

最高人民法院根据实际情况，可以指定基层人民法院管辖第一审专利纠纷案件。

第三条 当事人对专利复审委员会于 2001 年 7 月 1 日以后作出的关于实用新型、外观设计专利权撤销请求复审决定不服向人民法院起诉的，人民法院不予受理。

第四条 当事人对专利复审委员会于 2001 年 7 月 1 日以后作出的关于维持驳回实用新型、外观设计专利申请的复审决定，或者关于实用新型、外观设计专利权无效宣告请求的决定不服向人民法院起诉的，人民法院应当受理。

第五条 因侵犯专利权行为提起的诉讼，由侵权行为地或者被告住所地人民法院管辖。

侵权行为地包括：被诉侵犯发明、实用新型专利权的产品的制造、使用、许诺销售、销售、进口等行为的实施地；专利方法使用行为的实施地，依照该专利方法直接获得的产品的使用、许诺销售、销售、进口等行为的实施地；外观设计专利产品的制造、许诺销售、销售、进口等行为的实施地；假冒他人专利的行为实施地。上述侵权行为的侵权结果发生地。

第六条 原告仅对侵权产品制造者提起诉讼，未起诉销售者，侵权产品制造地与销售地不一致的，制造地人民法院有管辖权；以制造者与销售者为共同被告起诉的，销售地人民法院有管辖权。

销售者是制造者分支机构，原告在销售地起诉侵权产品制造者制造、销售行为的，销售地人民法院有管辖权。

第七条 原告根据 1993 年 1 月 1 日以前提出的专利申请和根据该申请授予的方法发明专利权提起的侵权诉讼，参照本规定第五条、第六条的规定确定管辖。

人民法院在上述案件实体审理中依法适用方法发明专利权不延及产品的规定。

第八条 对申请日在 2009 年 10 月 1 日前（不含该日）的实用新型专利提起侵犯专利权诉讼，原告可以出具由国务院专利行政部门作出的检索报告；对申请日在 2009 年 10 月 1 日以后的实用新型或者外观设计专利提起侵犯专利权诉讼，原告可以出具由国务院专利行政部门作出的专利权评价报告。根据案件审理需要，人民法院可以要求原告提交检索报告或者专利权评价报告。原告无正当理由不提交的，人民法院可以裁定中止诉讼或者判令原告承担可能的不利后果。

侵犯实用新型、外观设计专利权纠纷案件的被告请求中止诉讼的，应当在答辩期内对原告的专利权提出宣告无效的请求。

第九条 人民法院受理的侵犯实用新型、外观设计专利权纠纷案件，被告在答辩期间内请求宣告该项专利权无效的，人民法院应当中止诉讼，但具备下列情形之一的，可以不中止诉讼：

（一）原告出具的检索报告或者专利权评价报告未发现导致实用新型或者外观设计专利权无效的事由的；

（二）被告提供的证据足以证明其使用的技术已经公知的；

（三）被告请求宣告该项专利权无效所提供的证据或者依据的理由明显不充分的；

（四）人民法院认为不应当中止诉讼的其他情形。

第十条 人民法院受理的侵犯实用新型、外观设计专利权纠纷案件，被告在答辩期间届满后请求宣告该项专利权无效的，人民法院不应当中止诉讼，但经审查认为有必要中止诉讼的除外。

第十一条 人民法院受理的侵犯发明专利权纠纷案件或者经专利复审委员会审查维持专利权的侵犯实用新型、外观设计专利权纠纷案件，被告在答辩期间内请求宣告该项专利权无效的，人民法院可以不中止诉讼。

第十二条 人民法院决定中止诉讼，专利权人或者利害关系人请求责令被告停止有关行为或者采取其他制止侵权损害继续扩大的措施，并提供了担保，人民法院经审查符合有关法律规定的，可以在裁定中止诉讼的同时一并作出有关裁定。

第十三条 人民法院对专利权进行财产保全，应当向国务院专利行政部门发出协助执行通知书，载明要求协助执行的事项，以及对专利权保全的期限，并附人民法院作出的裁定书。

对专利权保全的期限一次不得超过六个月，自国务院专利行政部门收到协助执行通知书之日起计算。如果仍然需要对该专利权继续采取保全措施的，人民法院应当在保全期限届满前向国务院专利行政部门另行送达继续保全的协助执行通知书。保全期限届满前未送达的，视为自动解除对该专利权的财产保全。

人民法院对出质的专利权可以采取财产保全措施，质权人的优先受偿权不受保全措施的影响；专利权人与被许可人已经签订的独占实施许可合同，不影响人民法院对该专利权进行财产保全。

人民法院对已经进行保全的专利权，不得重复进行保全。

第十四条 2001年7月1日以前利用本单位的物质技术条件所完成的发明创造，单位与发明人或者设计人订有合同，对申请专利的权利和专利权的归属作出约定的，从其约定。

第十五条 人民法院受理的侵犯专利权纠纷案件，涉及权利冲突的，应当保护在先依法享有权利的当事人的合法权益。

第十六条 专利法第二十三条所称的在先取得的合法权利包括：商标权、著作权、企业名称权、肖像权、知名商品特有包装或者装潢使用权等。

第十七条 专利法第五十九条第一款所称的"发明或者实用新型专利权的保护范围以其权利要求的内容为准，说明书及附图可以用于解释权利要求的内容"，是指专利权的保护范围应当以权利要求记载的全部技术特征所确定的范围为准，也包括与该技术特征相等同的特征所确定的范围。

等同特征，是指与所记载的技术特征以基本相同的手段，实现基本相同的功能，达到基本相同的效果，并且本领域普通技术人员在被诉侵权行为发生时无需经过创造性劳动就能够联想到的特征。

第十八条 侵犯专利权行为发生在2001年7月1日以前的，适用修改前专利法的规定确定民事责任；发生在2001年7月1日以后的，适用修改后专利法的规定确定民事责任。

第十九条 假冒他人专利的，人民法院可以依照专利法第六十三条的规定确定其民事责任。管理专利工作的部门未给予行政处罚的，人民法院可以依照民法通则第一百三十四条第三款的规定给予民事制裁，适用民事罚款数额可以参照专利法第六十三条的规定确定。

第二十条 专利法第六十五条规定的权利人因被侵权所受到的实际损失可以根据专利权人的专利产品因侵权所造成销售量减少的总数乘以每件专利产品的合理利润所得之积计算。权利人销售量减少的总数难以确定的，侵权产品在市场上销售的总数乘以每件专利产品的合理利润所得之积可以视为权利人因被侵权所受到的实际损失。

专利法第六十五条规定的侵权人因侵权所获得的利益可以根据该侵权产品在市场上销售的总数乘以每件侵权产品的合理利润所得之积计算。侵权人因侵权所获得的利益一般按照侵权人的营业利润计算，对于完全以侵权为业的侵权人，可以按照销售利润计算。

第二十一条 权利人的损失或者侵权人获得的利益难以确定，有专利许可使用费可以参照的，人民法院可以根据专利权的类型、侵权行为的性质和情节、专利许可的性质、范围、时间等因素，参照该专利许可使用费的倍数合理确定赔偿数额；没有专利许可使用费可以参照或者专利许可使用费明显不合理的，人民法院可以根据专利权的类型、侵权行为的性质和情节等因素，依照专利法第六十五条第二款的规定确定赔偿数额。

第二十二条 权利人主张其为制止侵权行为所支付合理开支的，人民法院可以在专利法第六十五条确定的赔偿数额之外另行计算。

第二十三条 侵犯专利权的诉讼时效为二年，自专利权人或者利害关系人知道或者应当知道侵权行为之日起计算。权利人超过二年起诉的，如果侵权行为在起诉时仍在继续，在该项专利权有效期内，人民法院应当判决被告停止侵权行为，侵权损害赔偿数额应当自权利人向人民法院起诉之日起向前推算二年计算。

第二十四条 专利法第十一条、第六十九条所称的许诺销售，是指以做广告、在商店橱窗中陈列或者在展销会上展出等方式作出销售商品的意思表示。

第二十五条 人民法院受理的侵犯专利权纠纷案件，已经过管理专利工作的部门作出侵权或者不侵权认定的，人民法院仍应当就当事人的诉讼请求进行全面审查。

第二十六条 以前的有关司法解释与本规定不一致的，以本规定为准。

最高人民法院关于审理第一审专利案件聘请专家担任陪审员的复函

1991年6月6日　　　　　　　　　　　　法（经）函〔1991〕64号

北京市高级人民法院：

你院京高法〔1990〕第208号请示收悉。经研究，同意你院的意见。人民法院在审理第一审专利案件时，可以根据该案件所涉及的技术领域，聘请有关技术专家担任陪审员。

最高人民法院关于在专利侵权诉讼中当事人均拥有专利权应如何处理问题的批复

1993年8月16日　　　　　　　　　　　〔1993〕经他字第20号

北京市高级人民法院：

你院京高法（1992）143号关于《天津市东郊农牧场诉中国人民解放军3608工厂专利侵权上诉案》有关问题的请示收悉。经研究，答复如下：

在专利侵权诉讼中，人民法院应当依据中国专利局授予的有效专利权作为法律保护的客体，审查其是否受到侵害。至于原告的专利权或者原、被告双方各自拥有的专利权是否真正符合专利性条件，应当由诉讼当事人通过撤销程序或者无效程序解决；诉讼当事人不向专利复审委员会请求撤销或者宣告对方专利权无效的，人民法院应当认定诉讼当事人拥有的专利权有效。

对于相同或者类似产品，不同的人都拥有专利权的有以下三种情形：一是不同的发明人对该产品所作出的发明创造的发明点不同，他们的技术方案之间有本质区别；二是在后的专利技术是对在先的专利技术的改进或者改良，它比在先的专利技术更先进，但实施该技术有赖于实施前一项专利技术，因而它属于从属专利；三是因实用新型专利未经实质审查，前后两项实用新型专利的技术方案相同或者等同，后一项实用新型专利属于重复授权。

人民法院在审理专利侵权纠纷案件时，根据《中华人民共和国专利法》规定的先申请原则，只要原告先于被告提出专利申请，则应当依据原告的专利权保护范围，审查被告制造的产品主要技术特征是否完全覆盖原告的专利保护范围。在一般情况下，前述第一种情形由于被告发明的技术方案同原告发明的技术方案有本质的区别，故被告不构成侵权。后两种情形或者被告为了实施其从属专利而未经在先专利权人的许可，实施了在先的专利技术；或者由于前后两项实用新型专利的技术方案相同或者等同，被告对后一项重复授权专利技术的实施，均构成对原告专利权的侵犯。因此，人民法院不应当仅以被告拥有专利权为由，不进行是否构成专利侵权的分析判断即驳回原告的诉讼请求，而应当分析被告拥有专利权的具体情况以及与原告专利权的关系，从而判定是否构成侵权。

最高人民法院
关于林翠雯、福州九星企业集团公司与福特卫视电子有限公司、福建华强特种器材公司专利侵权纠纷案的函

1998年12月31日　　　　　　　　〔1998〕知监字第4—3号函

福建省高级人民法院：

　　林翠雯和福州九星企业集团公司诉福特卫视电子有限公司、福建华强特种器材公司专利侵权纠纷一案，本院知识产权审判庭曾于1998年2月19日以（1998）法知监字第4号函要求你院就本案有关问题进行复查，并于同年4月17日以（1998）知监字第4—2号函建议你院暂缓对本案判决的执行。你院已通知福州市中级人民法院暂缓执行本案判决。日前，林翠雯和福州九星企业集团公司向本院提交了中国专利局于1998年10月16日作出的《撤销专利权请求的审查决定书》（该决定在新的权利要求书的基础上维持了林翠雯的95222858.0号实用新型专利权），并同时请求解除暂缓执行，继续执行原判决。经审查有关材料，现对本案有关问题的处理意见函告如下：

　　1. 关于是否继续暂缓执行本案判决的问题，请你院在对林翠雯的95222858.0号专利新的权利要求书与被告产品技术特征进行对比后自行作出决定。

　　2. 关于原判决所采用的技术特征对比方法的问题和侵权赔偿额确定的问题，请你院复查后，将复查结果直接答复申请再审人。

　　现一并将林翠雯和神州发星企业集团公司致本院知识产权审判庭的《请求解除的报告》和中国专利局关于林翠雯95222858.0号专利的《撤销专利权请求的审查决定书》复印件各一份转去，请你院审查处理。

最高人民法院知识产权审判庭
关于梁祥荣与玉林市玉林镇人造革厂侵犯专利权纠纷案的函

1999年5月29日　　　　　　　　　　　　〔1999〕知监字第11号函

广西壮族自治区高级人民法院：

申请再审人梁祥荣因与玉林市玉林镇人造革厂侵犯专利权纠纷一案，不服你院(1997)桂经终字第191号民事判决，向本院申请再审称：

1. 被申请人在专利申请日前并没有做好使用该专利方法的必要准备，更不存在已经使用该方法制造、销售产品的事实。

2. 我国专利法对"先用权"有非常严格的限制，即先用权人只能在原有范围内继续制造、使用，否则就构成侵权。但二审判决却未调查被申请人原有的使用范围，也不考虑其是否在原有范围内继续使用。

现将申请再审人的有关材料转你院，请你院对以上两个问题乾地复查，将复查结果于三个月内报告我院并迳复申请再审人。

最高人民法院知识产权审判庭
关于天津天狮经济发展总公司、天津天狮生物工程公司与内蒙古广润生物科技开发公司等专利使用侵权案的答复

2000年5月30日　　　　　　　　　　　　〔2000〕知他字第1号函

内蒙古自治区高级人民法院：

你院《关于天津天狮经济发展总公司、天津天狮生物工程公司与内蒙古广润生物科技开发公司、北京中科信广润生物技术开发有限公司、陈勇专利使用侵权案的报告》收悉。经研究，答复如下：

1. 同意你院报告对天狮经济发展总公司与中科隆达研究部签订的《技术转让合同书》及其附件《几点说明》、《关于合作的补充协议》、《关于技术转让合同的补充协议》等几份合同的效力的认定。《合资经营天津天狮生物工程公司合同》因双方未履行报批

手续，该合同未依法生效。

2. 同意你院对天狮生物工程公司诉权问题的认定。

3. 天狮经济发展总公司在合同规定的期限内未履行支付25%利润提成的技术转让费的合同义务，构成违约，根据原技术合同法第二十四条第（一）项、原技术合同法实施条例第三十一条、第七十三条第二款的规定，转让方中科隆达研究部有权解除合同，但该解除合同的请求已被天津仲裁委员会驳回，因此，该技术转让合同仍然合法有效，双方当事人均应履行合同义务。陈勇在独占许可合同的许可范围内，未经受让方同意将该技术再许可亦不适当。你院可以根据双方履行合同的具体情况和当事人的请求作出应否解除合同以及民事责任如何承担的决定。

鉴于本案所涉及多个当事人和不同地区的多个案件的诉讼，请你院耐心细致地做调解工作，兼顾各方当事人的合法权益，依法公正处理。

上述意见仅供你院在审理中参考。

最高人民法院知识产权审判庭
关于太极集团涪陵制药厂与上海医科大学附属华山医院发明专利权属纠纷案的函

2000年6月6日　　　　　　　　　　　　〔2000〕知监字第29号函

重庆市高级人民法院：

关于太极集团涪陵制药厂（以下简称涪陵药厂）与上海医科大学附属华山医院（以下简称华山医院）因急支糖浆的制备方法发明专利权属纠纷一案，华山医院不服你院（1999）渝高法知终字第8号民事判决，向本院申请再审。今年全国人大会议期间，全国人大代表刘豫阳也向本院反映本案的有关问题。现将有关申请再审材料转你院，请你院依法予以复查。复查中应当注意以下问题：

一、华山医院在本案中可以主张权利的技术方案

1. 从你院认定的事实看，华山医院在履行其与涪陵药厂1984年7月3日签订的急支糖浆技术转让协议时，转让给涪陵药厂的技术方案是沈自尹提交的处方和其学生胡国让提交的一份简单的生产工艺。对这部分技术成果，华山医院只是许可涪陵药厂使用，其整体权利包括专利申请权并未一并转让给涪陵药厂，其技术成果权是否仍应属于华山医院？

2. 涪陵药厂1984年7月28日起草的急支糖浆试制工艺规程，从其是经过华山医院沈自尹批注"同意以上试制工艺规程"并经过华山医院盖章确认的事实看，应当认为是属于双方合作进行后续改进形成的成果？否则，涪陵药厂根本无需再"寄请华山医院校对审核"。

因此，华山医院在本案中可以主张权利的技术方案，是否应当确定为其转让的技术和在转让后共同完成后续改进的技术？

二、华山医院技术方案与专利技术方案的比较

本案专利技术方案由原料配方和工艺两部分组成。

1. 关于配方。从专利说明书和中国专利局的《撤销专利权请求的审查决定书》看，本案专利配方的创造性主要体现在："申请人选择了过去从未用于治疗咳嗽的金荞麦作为配方的主药，按照中医君臣佐使原则进行选药组方，以特定的用量配比进行配置组成方剂。"而这一特点已经体现在华山医院转让的处方中，专利的配方实质上就是华山医院转让的处方。专利配方组分用量比例范围只是在华山医院处方组分含量的基础上提出的，这种用量范围上的同比扩展一般而言并不产生新的创造性。而且华山医院处方组分含量也在专利配方组分用量比例范围之内。在专利不被认为丧失新颖性的情况下，华山医院转让的处方也同样不能认为在申请日前已经属于现有公知技术。因此，仅就配方而言，其技术权益是否应当归华山医院享有？

2. 关于工艺。从专利说明书和中国专利局的《撤销专利权请求的审查决定书》看，其创造性主要体现在回流提取与水煎煮提取相结合的联合提取工艺，以及分次加入回流提取的挥发油有效成分和蔗糖的技术内容。而这一特点在双方共同完成后续改进的急支糖浆试制工艺规程中已经基本得到了体现。对这部分技术内容，是否应当由双方共同享有技术权益？

3. 即使不认为专利工艺部分的后续改进系双方共同完成而认定为是涪陵药厂单独完成，从专利的整体技术方案看，是否也应当判定专利属双方共有？

4. 从专利证书看，将华山医院职工沈自尹列为第一发明人，说明专利技术方案中至少有沈自尹发明的技术内容，而沈自尹又从未受聘于涪陵药厂，其作为华山医院的职工所完成的职务技术成果，其使用权和转让权是否应属于华山医院？

三、原判判决理由自相矛盾

原一、二审均肯定了专利技术方案由配方和生产工艺两部分组成，一审却又以专利技术方案是涪陵药厂在华山医院转让的阶段性技术成果的基础上进行后续开发取得的技术成果，即判决专利权归后续开发人单方享有；二审仅仅因生产工艺技术系涪陵药厂经过后续开发取得，即将专利权判归涪陵药厂单独设计所有。如果涪陵药厂改进（且不论这种改进是单方还是共同完成）之前的技术即华山医院转让的技术（主要是配方）在专利申请日前已经属于公知技术，则专利权应当归涪陵药厂单方所有。可是，从专利独立权利要求看，其将配方和工艺一并写入特征部分，而且经过专利局撤销程序审查认为专利具备新颖性。可见，专利技术方案的组成内容（配方和工艺）在申请日以前均未成为公知技术。原审也未认定华山医院转让的技术在专利申请日以前已经成为公知技术。因此，专利技术方案中至少是包含有华山医院的技术成果，即使不对专利技术方案比较于华山医院转让的技术方案是否有创造性进行技术对比鉴定，是否也应当认定专利权属于

双方共有?

另外,从更加稳妥地处理纠纷和科学地判定技术权益出发,建议将华山医院转让涪陵药厂的配方和工艺分别与专利技术方案中的配方和工艺进行技术对比鉴定,看后技术方案比前技术方案能否形成专利法上的创造性。如果有创造性存在,则应当判定专利权共有,如果无创造性存在,则应当判定专利权归华山医院。

以上问题,请你院抓紧复查,在3个月内向本院报告结果并迳复申请再审人。

最高人民法院知识产权审判庭
关于澄海市金徽实业有限公司与开泰制管股份有限公司专利侵权纠纷案的函

2000年6月16日　　　　　　　　　〔2000〕知监字第4号函

湖北省高级人民法院:

申请再审人澄海市金徽实业有限公司(以下简称金徽公司)与被申请人开泰制管股份有限公司(以下简称开泰公司)因专利侵权纠纷一案,不服你院〔1998〕鄂经终字第383号民事判决,向我院申请再审。现将申请再审材料转给你们,请予复查。在复查申请注意以下问题:

第一,金徽公司是否实施了生产、制造被控侵权产品的行为。在人民法院对其展示的被控侵权产品进行财产保全后,金徽公司是否有继续销售该被控侵权产品的行为?

第二,金徽公司销售的管路接头是否使用了已有公知技术?

第三,一、二审法院是否已对金徽公司在进行财产保全后仍销售的数量予以查明?如果查明,参照许可费判决金徽公司赔偿开泰公司人民币80万元是否公平?

请你院对上述问题进行复查后,将复查结果三个月内报我庭。

最高人民法院
关于浙江东方制药有限公司、绍兴中药厂与四川涪陵制药厂专利侵权纠纷案的函

2000年6月20日　　　　　　　　　　〔2000〕知监字第27—2号函

四川省高级人民法院：

　　浙江东方制药有限公司、绍兴中药厂为与四川涪陵制药厂（现名太极集团涪陵制药厂）专利侵权纠纷一案，不服你院（1996）川高法经一终字第75号民事判决，向本院申请再审，本院已予调卷审查并建议你院在本院调卷审查期间暂缓执行本案判决。

　　今年4月，太极集团有限公司致函本院称，浙江东方制药有限公司、绍兴中药厂的出资人浙江震元（集团）国有资本投资有限公司与太极集团有限公司已于今年3月24日签订《股权转让与组建新公司协议书》，约定浙江东方制药有限公司由双方合资，组建太极集团浙江东方制药有限公司，太极集团有限公司出资占总资本的70%。据此，太极集团有限公司认为双方已不存在纷争，希望尽快结束对本案的审查。今年5月26日，太极集团有限公司又向本院知识产权审判庭来函，声明放弃执行本案的判决和要求赔偿的请求。

　　鉴于以上情况，从有利于双方当事人之间更好地发展生产出发，请你院抓紧工作，争取双方当事人尽快和解，撤回再审申请。现将该案全部案卷退回你院，并将有关材料转去，请你院审查处理。有关工作进展情况，望及时报告本院。

最高人民法院
给全国人大代表张玺钧的复函三

2000年6月29日　　　　　　　　　　〔2000〕法知字第7号函

全国人大代表张玺钧：

　　你反映的郑州国玺包装科技有限责任公司与浙江星星电器工业公司技术转让合同纠纷管辖权的申诉材料收悉。

　　经研究认为：双方签订的《技术设备转让合同书》实质是包含了专用设备购销的所谓专利技术实施许可合同。合同约定：交货地点在椒江，转让方负责设备安装、调试，

派技术人员协助受让方生产一年；在安装调试完毕后，在郑州为受让方培训人员。上述约定已经表明该"专利技术"实施许可合同中的主要义务在浙江椒江市履行。虽然合同中有"技术实施地在郑州"的约定，但是，该约定并不能排除椒江市也是合同履行地，原告浙江星星电器工业公司又选择向浙江省台州市中级人民法院起诉，因此，浙江省台州市中级人民法院对本案纠纷有管辖权。台州市中级人民法院和浙江省高级人民法院的民事裁定书认定事实和适用法律并无不当。

特此函告。

最高人民法院民事审判第三庭
关于王川与合肥继初贸易有限责任公司等专利侵权纠纷案的函

2001年2月2日　　　　　　　　　　　　〔2000〕知监字第32号函

安徽省高级人民法院：

关于王川诉合肥继初贸易有限责任公司、西安神电避雷器有限公司（以下简称神电公司）专利侵权纠纷一案，神电公司不服你院（1999）知终字第3号终审民事判决，向本院申请再审。经本院调卷审查后认为，本案存在的问题比较明显，特别是原审依据的技术鉴定似不足以采信。请你院对本案予以全面复查并依法作出处理，复查中请注意以下问题：

（一）公知公用技术抗辩问题

神电公司认为其使用的技术属专利申请日前的公知公用技术，并提供了《电瓷避雷器》杂志1976年第3期论文《新产品FCD4—10型保护燃汽轮机发电成套设备用磁吹阀式避雷器试制成功》和1973年第2期论文《FCD3系列保护交流旋转电机用磁吹阀式避雷器的研制》两份证据。一审对此抗辩事由未作任何审查认定；二审未就该两份对比文件所披露的技术与神电公司技术进行对比，而是与王川专利进行对比得出两者不相同的结论。这种作法似不妥当。不论神电公司技术与王川专利是否相同，在神电公司提出公知公用技术抗辩事由的情况下，只有在将神电公司技术与公知公用技术进行对比得出否定性结论以后，才能将神电公司技术与王川专利进行异同比较。在将神电公司技术与公知公用技术进行对比时，不仅要比较神电公司技术中有关必要技术特征是否已为对比文件所全部披露，而且在二者有关技术特征有不同的情况下，还要看这种不同是否属于本质的不同，即有关技术特征的替换是否是显而易见的。只有经过这样的对比，得出二者有本质不同以后，才能否定神电公司的该抗辩理由。另外，这种技术对比一般应当委托鉴定部门鉴定或者至少进行专家咨询为宜。

（二）神电公司技术与专利技术的对比问题

在将神电公司技术与王川专利进行相同或者等同判定时，首先要确定专利的保护范围，然后才是通过技术鉴定等方式来比较争议技术方案的异同。经审查一、二审案卷材料和申请再审材料，神电公司对其产品具备王川专利的两个区别技术特征无异议，但对该专利保护范围的界定以及对专利已知技术特征的解释上存有异议。

发明和实用新型专利的保护范围以其权利要求的内容为准。一般的发明或者实用新型的独立权利要求的内容包括写在前序部分的已知技术特征和写在特征部分的区别技术特征。这两部分特征一起构成发明或者实用新型的全部必要技术特征，限定专利权利要求的保护范围。王川专利的必要技术特征除写在特征部分的"三组合接线方式"和"氧化锌阀片"这两个区别技术特征外，还应当包括写在前序部分的"由放电间隙和阀片串联连接构成保护支路"这一已知技术特征。这也为专利复审委员会第1097号《无效宣告请求审查决定》所确认。而二审判决认为王川专利的必要技术特征只有"三组合接线方式"和"氧化锌阀片"这两个技术特征，似明显错误。一审判决虽未明确将专利必要技术特征认定为这两个，但其判决所依据的技术鉴定仅针对该两个区别技术特征进行了对比，未将已知技术特征一并纳入专利整体技术方案予以对比，这种鉴定不论其结论是否正确，其对比方法的根本错误足以导致其不能作为有效证据来作为定案的依据。

专利法规定，说明书及附图可以用于解释权利要求。在权利要求表述的技术特征的含义不清或者产生歧义时，就不能仅以权利要求的字面表述简单判定，而应当结合说明书和附图的相关描述准确界定。也就是说，对相关技术特征的解释不能超出说明书表述的范围。同时，在专利侵权判定中必然涉及专利保护范围的确定，必须考虑专利权人和有权机关在授权和维持程序中对其权利范围的界定，对已经排除在专利保护范围之外的技术内容，专利权人不能再就此主张权利。这也就是专利侵权诉讼司法实践中广泛采用的"禁止反悔原则"。对此虽无明确的法律依据，但也属于民法诚实信用原则的一种体现，也是为了合理平衡专利权人与社会公众的利益，已为社会各界所普遍认同。因此，本案的专利说明书、王川于1998年5月22日在另案专利无效宣告程序中的《意见陈述书》和专利复审委员会第1097号决定，均应当作为判定专利保护范围的依据。二审判决认为王川在专利无效宣告程序中的陈述的内容与本案审理标的不一致以及本案不应适用禁止反悔原则，均属不妥。

王川专利说明书指出："本实用新型由于采用氧化锌阀片，其所具有的伏安特性可使间隙在放电之后，能在较高的电压下熄弧，使间隙结构简化，而且由于串联间隙，在正常情况下，氧化锌阀片不承受电压，荷电率为零"。实施例中进一步指出："每一保护支路分别由一处简单的间隙与氧化锌阀片串联……。"在二审和专利无效宣告程序中，王川也承认其专利的间隙是单间隙，无并联电阻，无需防爆装置。专利复审委员会第1097号决定也作了相同的认定。据此，可以确定专利的已知技术特征实际是指"由简单间隙与阀片串联连接"这样一种特征。即，对其权利要求所述"放电间隙"应解释为简单间隙，而不能将该特征直接扩大到包括有并联电阻和防爆装置复杂间隙。

另外，神电公司还主张王川专利属于省略要素的专利。二审判决对此认为实用新型专利不属省略要素的发明，也是错误的。《审查指南》第三部分第四章第3.1节指出：

"本指南第二部分（注：指实质审查）第三章、第四章和第五章中有关新颖性、创造性和实用性的审查基准均适用于对撤销发明和实用新型专利权的理由的审查。"本案从现有材料看，可以认定王川专利中确无并联电阻，也无需防爆装置。但因专利无效宣告程序中的对比文件与神电公司技术方案是否相同或者等同尚不能直接确定，因此，还不能直接得出王川专利相对于神电公司技术是否属于省略要素专利的结论。

现将一、二审案卷退回你院，一并将有关申请再审材料转去。请你院在3个月内将复查结果报告本院民事审判第三庭并迳复申请再审人。

最高人民法院民事审判第三庭关于对出具检索报告是否为提起实用新型专利侵权诉讼的条件的请示的答复

2001年11月13日　　　　　　　　　　　〔2001〕民三函字第2号

北京市高级人民法院：

你院京高法〔2001〕279号《关于出具检索报告是否提起实用新型专利侵权诉讼条件的请示》收悉，经研究，答复如下：

最高人民法院《关于审理专利纠纷案件适用法律问题的若干规定》第八条第一款规定："提起侵犯实用新型专利权诉讼的原告，应当在起诉时出具由国务院专利行政部门作出的检索报告。"该司法解释是根据《专利法》第五十七条第二款的规定作出的，主要针对在专利侵权诉讼中因被告提出宣告专利权无效导致中止诉讼问题而采取的措施。因此，检索报告，只是作为实用新型专利权有效性的初步证据，并非出具检索报告是原告提起实用新型专利侵权诉讼的条件。该司法解释所称"应当"，意在强调从严执行这项制度，以防过于宽松而使之失去意义。凡符合民事诉讼法第一百零八条规定的起诉条件的案件，人民法院均应当立案受理。但对于原告坚持不出具检索报告，且被告在答辩期间内提出宣告该项实用新型专利权无效的请求，如无其他可以不中止诉讼的情形，人民法院应当中止诉讼。

同意你院请示中的第二种意见。

最高人民法院
关于对国家知识产权局《在新修改的专利法实施前受理但尚未结案的专利纠纷案件适用法律问题的函》的答复

2002年2月21日　　　　　　　　　　　〔2002〕民三函字第3号

国家知识产权局：

贵局《关于在新修改的专利法实施前受理但尚未结案的专利纠纷案件适用法律问题的函》（国知发法字〔2001〕第163号）收悉。经研究，答复如下：

新修改的《专利法》已经于2001年7月1日起施行。《专利法》规定，专利管理部门对侵权赔偿数额等涉及当事人民事权益争议的，只能进行调解。调解不成，当事人向人民法院提起民事诉讼。在新修改的《专利法》实施后，专利管理部门仍旧适用原《专利法》有关处理纠纷程序上的规定行使职权，已丧失了法律依据，也将与人民法院依法审判涉及专利的民事纠纷案件及行政案件发生矛盾。因此，对于专利管理部门在2001年7月1日前受理尚未审结的案件，应当适用现行的《专利法》及其实施细则的规定处理。

特此函告。

最高人民法院
关于对江苏省高级人民法院《关于当宣告专利权无效或者维持专利权的决定已被提起行政诉讼时相关的专利侵权案件是否应当中止审理问题的请示》的批复

2003年4月15日　　　　　　　　　　　〔2002〕民三他字第8号

江苏省高级人民法院：

你院《关于当宣告专利权无效或者维持专利权的决定已被提起行政诉讼时相关的专利侵权案件是否应当中止审理问题的请示》收悉。经研究，答复如下：

人民法院在审理侵犯专利权民事案件过程中，当事人不服专利复审委员会有关宣告专利权无效或者维持专利权的决定，在法定期间内依法向人民法院提起行政诉讼的，该侵犯专利权民事案件可以不中止诉讼。但是，根据现有证据材料，受理该侵犯专利权民事案件的人民法院认为继续审理与相关专利行政案件的判决结果可能发生冲突的，经当事人书面申请，也可以中止诉讼。

你院请示中所说的陈建民诉南京三能电力仪表有限公司和苏州工业园区大余电子有限公司专利侵权上诉一案是否中止诉讼，由你院根据上述处理原则并结合本案的具体情况决定。

此复。

最高人民法院
对"处理专利侵权纠纷可否认定部分侵权"问题的答复

2004年7月26日　　　　　　　　　　　　　〔2004〕行他字第8号

辽宁省高级人民法院：

你院〔2004〕辽行终字第3号《关于处理专利侵权纠纷可否认定部分侵权的请示报告》收悉。经研究，答复如下：

判断专利侵权通常适用"全面覆盖"原则，即被控侵权产品要具有专利独立权利要求记载的全部必要技术特征，方能认定侵权成立，不存在部分侵权的问题。就本案来说，权利要求1记载的是粉镀锌的方法，权利要求2记载的是粉镀锌装置，两者均为独立权利要求，当被控侵权的方法具有权利要求1记载的全部必要技术特征时，即构成对该方法专利权的侵犯；当被控侵权的方法和装置同时具有权利要求1和权利要求2记载的全部必要技术特征时，既构成对该专利的方法专利权的侵犯，也构成对该专利的产品专利权的侵犯。

此复。

最高人民法院
关于在专利侵权诉讼中能否直接裁判涉案专利属于从属专利或者重复授权专利问题的复函

2004年12月6日　　　　　　　　　　　　　〔2004〕民三他字第9号

云南省高级人民法院：

你院云高法报〔2004〕91号《关于人民法院能否直接裁判无独立请求权的第三人的专利为从属专利等问题的请示》收悉。经研究，根据所涉及案件的具体情况，答复如下：

人民法院审理专利侵权纠纷案件时，无需在判决中直接认定当事人拥有或者实施的专利是否属于某项专利的从属专利，也不宜认定是否属于重复授权专利。但是，根据专利法规定的先申请原则，应当依法保护申请在先的专利。不论被控侵权物是否具有专利，只要原告的专利是在先申请的，则应根据被控侵权物的技术特征是否完全覆盖原告的专利权保护范围，判定被告是否构成专利侵权。在进行技术对比判定时，应当以申请在先的原告专利的权利要求记载的全部必要技术特征与被控侵权物的相应技术特征进行对比。被控侵权物包含了权利要求记载的全部技术特征的，或者被控侵权物的个别或某些技术特征虽然与权利要求记载的相应技术特征不相同，但依据等同原则属于与权利要求记载的技术特征相等同的技术特征的，人民法院应当认定被控侵权物落入专利权保护范围，被告构成专利侵权。

此复。

最高人民法院
关于昆明制药集团股份有限公司与昆明龙津药业有限公司专利侵权纠纷一案的答复

2005年9月20日　　　　　　　　　　　　　〔2005〕民三他字第10号

云南省高级人民法院：

你院云高法报〔2005〕68号《关于昆明制药集团股份有限公司与昆明龙津药业有限公司专利侵权纠纷上诉案》有关问题的请示收悉。经研究，答复如下：

一、根据《中华人民共和国专利法实施细则》第二十一条第一款规定,权利要求书应当有独立权利要求,也可以有从属权利要求。因此,一件申请的权利要求当中,应当至少有一项独立权利要求。在符合《中华人民共和国专利法》第三十一条第一款及《中华人民共和国专利法实施细则》第三十五条有关发明或者实用新型专利申请的单一性规定的情况下,即属于一个总的发明构思的两项以上发明或者实用新型作为一件专利申请时,权利要求书中可以有两项或者两项以上独立权利要求。其中,写在最前面的独立权利要求为第一独立权利要求,其他独立权利要求为并列独立权利要求。《审查指南》第二部分 2.2.1（2）对属于一个总的发明构思的两项以上发明规定了六种权利要求的撰写方式,其中,"产品和专用于制造该产品的方法的独立权利要求"的组合即为撰写方式之一。因此,属于一个总的发明构思的两项以上发明或者实用新型专利,其权利要求书中可以有两项或者两项以上独立权利要求。

又根据《中华人民共和国专利法实施细则》第二十一条第二款和第三款规定,独立权利要求应当从整体上反映发明或者实用新型的技术方案,记载解决技术问题的必要技术特征。从属权利要求应当用附加的技术特征,对引用的权利要求进一步限定。因此,只有从属权利要求对所引用的权利要求有限定作用,而独立权利要求之间不具有相互限定的作用,应当按照各自的内容确定专利权的保护范围。

就本案来说,昆明制药集团股份有限公司拥有的"灯盏花素粉针剂及制备方法"发明专利,实质上是"灯盏花素粉针剂"产品和制造该产品的方法两个发明,二者属于一个总的发明构思,可以作为一件专利申请,其权利要求1记载的是"灯盏花素粉针剂"产品的技术方案,权利要求2记载的是制造该产品的方法的技术方案,二者均为独立权利要求,属于前述《审查指南》规定的"产品和专用于制造该产品的方法的独立权利要求组合"的撰写方式。由于权利要求1和权利要求2都是独立权利要求,应当按照各自的权利要求的内容确定专利权的保护范围,权利要求2对权力要求1不具有限定作用。故此,同意你院审判委员会的第二种处理意见。

二、有关本案产品涉及的检测问题,如果国家没有制定相关的检测标准,可以参照《中华人民共和国合同法》第六十二条第一款第（一）项的规定,按照本领域的惯常作法来进行检测。只要所采用的方法具有充分的科学依据,其检测结果一般可以作为定案的依据。至于本案中云南省分析测试中心所作的检测结果能否作为定案的依据,请你院根据上述原则,并结合案件的具体情况予以确定。

最高人民法院
关于广东省高级人民法院请示阳江虹阳食品工业有限公司与叶冠东专利侵权纠纷案的答复

2007年6月20日　　　　　　　　　　　〔2006〕民三他字第19号

广东省高级人民法院：

你院粤高法〔2006〕380号《关于阳江虹阳食品工业有限公司与叶冠东专利侵权纠纷一案如何适用法律的请示》收悉。经研究，答复如下：

根据《中华人民共和国专利法》第五十六条第一款的规定，发明或者实用新型专利权的保护范围以其权利要求的内容为准，说明书及附图可以用于解释权利要求。对于权利要求记载的技术特征，应当首先以说明书及附图为依据进行解释。权利要求书等有关表述歧义，不能直接得出具体、确定、唯一的解释的，应当依据所属领域的技术人员通过阅读权利要求书和说明书及附图，对实现要求保护的技术方案得出具体、确定、唯一的解释，以达到确定该专利保护范围的目的。本案所涉及技术方案中的滤网的位置，所属领域技术人员通过阅读权利要求书和说明书及附图后综合判断，应当可以得出滤网只能在桶体底部胶质出口之上的理解。至于本案被控侵权产品是否落入专利保护范围，请你院经依法审判自行认定。

此复。

最高人民法院
关于对当事人能否选择从属权利要求确定专利权保护范围的请示的答复

2007年11月13日　　　　　　　　　　　〔2007〕民三他字第10号

江苏省高级人民法院：

你院《关于连云港鹰游纺机有限责任公司与江阴周庄纺织设备厂专利侵权纠纷一案的请示》收悉。经研究，答复如下：

一、当事人放弃独立权利要求，自愿选择从属权利要求确定专利权保护范围的，人民法院应当允许。专利法第五十六条第一款规定，发明或者实用新型专利权的保护范围以其权利要求的内容为准。专利法实施细则第二十一条第一款规定，权利要求书应当有独立权利要求，也可以有从属权利要求。由于专利法第五十六条第一款所说的"权利要求"没有仅限定为专利法实施细则第二十一条第一款规定的"独立权利要求"，因此也应当包括实施细则规定的"从属权利要求"。"从属权利要求"是附加的技术特征，对其所引用的权利要求包括独立权利要求作进一步的限定，因此从属权利要求所限定的专利权的保护范围要小于独立权利要求或者其所引用的权利要求所限定的专利权的保护范围。因此，在当事人放弃独立权利要求，自愿选择从属权利要求作为其专利权保护范围的依据的情况下，由于这种选择既不违反法律，也没有损害社会公众利益，人民法院应当允许。

二、当事人选择从属权利要求确定专利权保护范围与该专利权是否经过无效程序似没有直接关系，但与案件是否中止诉讼有关系。正如前述，既然当事人选择从属权利要求确定专利权保护范围并不违反法律，也不损害社会公众利益，那么一项专利权无论经过宣告专利权无效程序还是没有经过宣告专利权无效程序，都应当允许当事人选择从属权利要求确定专利权保护范围。但是，当一方当事人所选择的从属权利要求不具备法律稳定性并且符合民事诉讼法及本院有关司法解释规定的中止诉讼的情形时，人民法院应当中止诉讼。例如，当专利权是实用新型专利时，由于未经过实质审查，也未经过宣告专利权无效程序对其有效性进行审查，甚至也未提供检索报告证明该实用新型专利权具备法律稳定性的初步证据，或者提供的检索报告初步证明该实用新型专利权的所有权利要求缺乏新颖性、创造性，那么无论是该实用新型专利权的独立权利要求还是从属权利要求均不具备法律稳定性。在此情况下，一方当事人仍然可以放弃独立权利要求而选择从属权利要求作为确定其专利权保护范围的依据。但是，由于所选择的从属权利要求也不具备法律稳定性，如果对方当事人在答辩期内提出宣告该专利权无效请求并申请中止诉讼的，人民法院应当中止诉讼，待专利无效结果作出后再恢复诉讼。如果对方当事人明确表示拒绝提出宣告该实用新型专利权无效请求并且不申请中止诉讼，而仅以不侵权或者公知技术进行抗辩的，当事人选择从属权利要求作为确定其专利权保护范围依据的，人民法院也可以不中止诉讼，在推定该实用新型专利权有效的基础上，直接进行侵权对比或者确认公知技术抗辩是否成立。

三、当当事人放弃独立权利要求，选择从属权利要求确定专利权保护范围时，应当以其所选择的从属权利要求记载的技术特征与该从属权利要求所引用的权利要求记载的技术特征共同限定该专利权的保护范围。这就是说，不能仅以该从属权利要求本身记载的技术特征作为确定专利权保护范围的依据，也不能将没有引用关系的其他权利要求记载的技术特征加在一起作为确定专利权保护范围的依据。因为每一个从属权利要求与其所引用的权利要求记载的都系各自不同的完整的技术方案，应当分别受到保护。例如，本案中，权利要求1为独立权利要求，权利要求2、3、4、5均为从属权利要求。其中，权利要求2与其所引用的权利要求1；权利要求3与其所引用的权利要求1；权利要求3与其所引用的权利要求2和权利要求2引用的权利要求1；权利要求4与其所引用的权利要求1；权利要求4与其所引用的权利要求2和权利要求2引用的权利要求1；权利要求5与其所引用的权利要求1，均为独立的技术方案，专利权人可以选择其中的一个或者全部予以保护，法院可以引导专利权人作出适当的选择。

四、在当事人没有放弃独立权利要求，自愿选择从属权利要求确定专利权保护范围的情况下，人民法院不得自行采用从属权利要求确定专利权的保护范围。因为独立权利要求的保护范围最大，在当事人没有主动放弃保护请求的情况下，人民法院应当尊重当事人的选择。当当事人没有明确放弃以独立权利要求确定专利权保护范围时，如果另一方当事人对该独立权利要求提出公知技术抗辩并且成立的，人民法院应当依照公知技术抗辩原则处理，认定被控侵权产品或者方法属于公知技术，不构成侵权。

此复。

最高人民法院
关于朝阳兴诺公司按照建设部颁发的行业标准《复合载体夯扩桩设计规程》设计、施工而实施标准中专利的行为是否构成侵犯专利权问题的函

2008年7月8日　　　　　　　　　　〔2008〕民三他字第4号

辽宁省高级人民法院：

你院《关于季强、刘辉与朝阳市兴诺建筑工程有限公司专利侵权纠纷一案的请示》（〔2007〕辽民四知终字第126号）收悉。经研究，答复如下：

鉴于目前我国标准制定机关尚未建立有关标准中专利信息的公开披露及使用制度的实际情况，专利权人参与了标准的制定或者经其同意，将专利纳入国家、行业或者地方标准的，视为专利权人许可他人在实施标准的同时实施该专利，他人的有关实施行为不属于专利法第十一条所规定的侵犯专利权的行为。专利权人可以要求实施人支付一定的使用费，但支付的数额应明显低于正常的许可使用费；专利权人承诺放弃专利使用费的，依其承诺处理。

对于你院所请示的案件，请你院在查明有关案件事实，特别是涉案专利是否已被纳入争议标准的基础上，按照上述原则依法作出处理。

此复。

最高人民法院
印发《关于专利、商标等授权确权类知识产权行政案件审理分工的规定》的通知

2009年6月26日　　　　　　　　　　　　法发〔2009〕39号

各省、自治区、直辖市高级人民法院，解放军军事法院，新疆维吾尔自治区高级人民法院生产建设兵团分院：

现将最高人民法院《关于专利、商标等授权确权类知识产权行政案件审理分工的规定》印发给你们，请认真贯彻执行。

附：

最高人民法院
关于专利、商标等授权确权类知识产权行政案件审理分工的规定

（2009年6月22日最高人民法院审判委员会第1469次会议讨论通过）

为贯彻落实《国家知识产权战略纲要》，完善知识产权审判体制，确保司法标准的统一，现就专利、商标等授权确权类知识产权行政案件的审理分工作如下规定：

第一条 下列一、二审案件由北京市有关中级人民法院、北京市高级人民法院和最高人民法院知识产权审判庭审理：

（一）不服国务院专利行政部门专利复审委员会作出的专利复审决定和无效决定的案件；

（二）不服国务院专利行政部门作出的实施专利强制许可决定和实施专利强制许可的使用费裁决的案件；

（三）不服国务院工商行政管理部门商标评审委员会作出的商标复审决定和裁定的案件；

（四）不服国务院知识产权行政部门作出的集成电路布图设计复审决定和撤销决定的案件；

（五）不服国务院知识产权行政部门作出的使用集成电路布图设计非自愿许可决定的案件和使用集成电路布图设计非自愿许可的报酬裁决的案件；

(六) 不服国务院农业、林业行政部门植物新品种复审委员会作出的植物新品种复审决定、无效决定和更名决定的案件;

(七) 不服国务院农业、林业行政部门作出的实施植物新品种强制许可决定和实施植物新品种强制许可的使用费裁决的案件。

第二条 当事人对于人民法院就第一条所列案件作出的生效判决或者裁定不服,向上级人民法院申请再审的案件,由上级人民法院知识产权审判庭负责再审审查和审理。

第三条 由最高人民法院、北京市高级人民法院和北京市有关中级人民法院知识产权审判庭审理的上述案件,立案时统一使用"知行"字编号。

第四条 本规定自2009年7月1日起施行,最高人民法院于2002年5月21日作出的《关于专利法、商标法修改后专利、商标相关案件分工问题的批复》(法〔2002〕117号) 同时废止。

最高人民法院
对天津市高级人民法院关于正在执行的判决是否因专利权被宣告无效而终结执行的请示案的复函

2009年7月23日　　　　　　　　　　　〔2009〕民三他字第13号

天津市高级人民法院:

你院津高法〔2009〕120号《关于专利权在判决后被宣告无效,正在执行的判决是否应终结执行的请示》收悉。经研究,答复如下:

当事人以发生法律效力的宣告专利权全部无权的决定为依据,申请终结执行专利权无效前人民法院作出但尚未执行或者尚未执行完毕的专利侵权的判决,人民法院经审查属实的,应当裁定终结执行。当事人认定原裁判有错误的,依照审判监督程序办理。

最高人民法院关于四川省高级人民法院关于四川隆盛药业有限公司诉淮南市杰明生物医药研究所确认不侵犯专利权纠纷请示的复函

2009年7月24日　　　　　　　　　　〔2009〕民三他字第6号

四川省高级人民法院：

你院川高法民三〔2009〕3号《关于四川隆盛药业有限公司诉淮南市杰明生物医药研究所确认不侵犯专利纠纷一案的请示》收悉。经研究，答复如下：

一、人民法院生效裁判确认特定产品或者方法构成侵犯他人专利权后，行为人实质性变更了该产品或者方法中涉及侵权的相应技术或者设计内容的，有关实施变更后的技术或者设计的行为，不属于原生效裁判的执行标的，行为人实施变更后的技术或者设计的行为是否仍构成对该专利权的侵犯，应当通过另行提起诉讼予以认定。

二、行为人拒不履行人民法院生效裁判确定的停止侵害的义务，继续其原侵权行为的，权利人除可以依法请求有关机关追究其拒不执行判决、裁定的法律责任外，也可以另行起诉追究其继续侵权行为的民事责任。

三、关于四川隆盛药业有限公司国药准字H51023188号"亮菌口服溶液"药品批文被注销应当如何处理的问题，由于该批文被注销是国家食品药品监督管理局履行另一案件中人民法院协助执行通知书内容的结果，不属于本案审理范围。如果四川隆盛药业有限责任公司对有关执行行为有异议。可以依法通过执行异议程序解决。

请有关法院根据上述答复意见，依法稳妥处理好相关案件。

此复。

最高人民法院
关于学习贯彻修改后的专利法的通知

2009年9月27日　　　　　　　　　　　　　　　法发〔2009〕49号

各省、自治区、直辖市高级人民法院，解放军军事法院，新疆维吾尔自治区高级人民法院生产建设兵团分院：

全国人民代表大会常务委员会《关于修改〈中华人民共和国专利法〉的决定》于2008年12月27日经第十一届全国人民代表大会常务委员会第六次会议审议通过，自2009年10月1日起施行。为了保证修改后的专利法的贯彻实施，现就有关问题通知如下：

一、认真做好修改后的专利法的学习、贯彻工作。修改后的专利法，适度调整了专利授权条件，赋予外观设计专利权人许诺销售权，强化专利侵权损害赔偿责任，明确规定诉前证据保全措施、现有技术和现有设计抗辩事由等，对激励自主创新、促进科学技术进步和经济社会发展具有十分重要的意义，是我国专利制度发展历程中又一里程碑。各级人民法院要充分认识专利法修改的重要意义，高度重视修改后的专利法的学习、贯彻工作，结合人民法院的实际情况，制定学习、贯彻的具体计划和措施，学习好、领会好新的立法精神，为贯彻实施修改后的专利法打下良好的基础。

二、人民法院审理侵犯专利权纠纷案件，对于2009年10月1日以前的被诉侵犯专利权行为，适用修改前的专利法；对于2009年10月1日以后的被诉侵犯专利权行为，适用修改后的专利法；对于发生在2009年10月1日以前且持续到2009年10月1日以后的被诉侵犯专利权行为，依据修改前和修改后的专利法侵权人均应承担赔偿责任的，适用修改后的专利法确定赔偿数额。

三、被诉侵犯专利权行为发生在2009年10月1日以前，当事人在2009年10月1日以后向人民法院申请采取责令停止有关行为的措施、申请保全证据的，适用修改后的专利法。

四、人民法院适用修改后的专利法审理专利纠纷案件时，最高人民法院《关于对诉前停止侵犯专利权行为适用法律问题的若干规定》、最高人民法院《关于审理专利纠纷案件适用法律问题的若干规定》与修改后的专利法相抵触的内容，不再适用。

五、各级人民法院在适用修改后的专利法的过程中，要不断总结经验。对遇到的问题，要认真研究并提出意见，及时向最高人民法院请示报告，以保证修改后的专利法正确贯彻实施。

特此通知。

最高人民法院
关于专利代理人担任诉讼代理人参加知识产权纠纷案件有关问题的通知

2016年2月24日　　　　　　　　　　　　　　　　法〔2016〕64号

各省、自治区、直辖市高级人民法院，解放军军事法院，新疆维吾尔自治区高级人民法院生产建设兵团分院：

根据《最高人民法院关于适用〈中华人民共和国民事诉讼法〉的解释》第八十七条第二款规定，专利代理人经中华全国专利代理人协会推荐，可以在专利纠纷案件中担任诉讼代理人。《最高人民法院关于新修订的〈中华人民共和国行政诉讼法〉实施后专利代理人能否继续代理专利行政诉讼案件的批复》（法〔2015〕243号）规定，经中华全国专利代理人协会推荐的专利代理人，可以接受当事人委托，在专利行政诉讼案件中担任诉讼代理人。各级人民法院应按照上述司法解释的规定审查当事人委托的代理人以及委托事项是否合法有效。

为推动中华全国专利代理人协会加强行业管理和自律，现就诉讼代理人名单确认方式进行相应的调整，即由中华全国专利代理人协会自行审查考核代理人资格，并对外公布，同时定期更新代理人名单，不再采取由最高人民法院审核中华全国专利代理人协会集中推荐代理人名单并予以公布的方式。《最高人民法院关于在知识产权审判中贯彻落实〈全国人民代表大会常务委员会关于《中华人民共和国民事诉讼法》的决定〉有关问题的通知》（法〔2012〕317号）所涉关于民事诉讼专利代理人的相关内容不再适用。

《中华全国专利代理人协会诉讼代理管理办法》就专利代理人的执业行为规定了与司法机关进行监督沟通的机制，明确了规范专利代理人诉讼行为的具体惩戒机制。各级人民法院可根据专利代理人担任诉讼代理人参加诉讼的具体情况，对其执业行为进行监督。

本通知执行中如有问题和新情况，请及时层报最高人民法院。

最高人民法院
关于新修订的《中华人民共和国行政诉讼法》实施后专利代理人能否继续代理专利行政诉讼案件的批复

2015年8月25日　　　　　　　　　　　　法〔2015〕243号

北京市高级人民法院：

你院《关于新修订的〈中华人民共和国行政诉讼法〉施行后专利代理人能否继续代理专利行政诉讼的请示》（京高法〔2015〕120号）收悉。经研究，批复如下：

《中华人民共和国行政诉讼法（2014年修正）》第三十一条规定，当事人、法定代理人，可以委托一至二人作为诉讼代理人。下列人员可以被委托为诉讼代理人：（一）律师、基层法律服务工作者；（二）当事人的近亲属或者工作人员；（三）当事人所在社区、单位以及有关社会团体推荐的公民。经中华全国专利代理人协会推荐的专利代理人，可以接受当事人委托，在专利行政诉讼案件中担任诉讼代理人。

此复。

四、商 标 权

最高人民法院关于审理商标民事纠纷案件适用法律若干问题的解释

法释〔2002〕32号

（2002年10月12日最高人民法院审判委员会第1246次会议通过 2002年10月12日最高人民法院公告公布 自2002年10月16日起施行）

为了正确审理商标纠纷案件，根据《中华人民共和国民法通则》、《中华人民共和国合同法》、《中华人民共和国商标法》、《中华人民共和国民事诉讼法》等法律的规定，就适用法律若干问题解释如下：

第一条 下列行为属于商标法第五十二条第（五）项规定的给他人注册商标专用权造成其他损害的行为：

（一）将与他人注册商标相同或者相近似的文字作为企业的字号在相同或者类似商品上突出使用，容易使相关公众产生误认的；

（二）复制、摹仿、翻译他人注册的驰名商标或其主要部分在不相同或者不相类似商品上作为商标使用，误导公众，致使该驰名商标注册人的利益可能受到损害的；

（三）将与他人注册商标相同或者相近似的文字注册为域名，并且通过该域名进行相关商品交易的电子商务，容易使相关公众产生误认的。

第二条 依据商标法第十三条第一款的规定，复制、摹仿、翻译他人未在中国注册的驰名商标或其主要部分，在相同或者类似商品上作为商标使用，容易导致混淆的，应当承担停止侵害的民事法律责任。

第三条 商标法第四十条规定的商标使用许可包括以下三类：

（一）独占使用许可，是指商标注册人在约定的期间、地域和以约定的方式，将该注册商标仅许可一个被许可人使用，商标注册人依约定不得使用该注册商标；

（二）排他使用许可，是指商标注册人在约定的期间、地域和以约定的方式，将该注册商标仅许可一个被许可人使用，商标注册人依约定可以使用该注册商标但不得另行许可他人使用该注册商标；

（三）普通使用许可，是指商标注册人在约定的期间、地域和以约定的方式，许可他人使用其注册商标，并可自行使用该注册商标和许可他人使用其注册商标。

第四条 商标法第五十三条规定的利害关系人，包括注册商标使用许可合同的被许可人、注册商标财产权利的合法继承人等。

在发生注册商标专用权被侵害时，独占使用许可合同的被许可人可以向人民法院提起诉讼；排他使用许可合同的被许可人可以和商标注册人共同起诉，也可以在商标注册人不起诉的情况下，自行提起诉讼；普通使用许可合同的被许可人经商标注册人明确授权，可以提起诉讼。

第五条 商标注册人或者利害关系人在注册商标续展宽展期内提出续展申请，未获核准前，以他人侵犯其注册商标专用权提起诉讼的，人民法院应当受理。

第六条 因侵犯注册商标专用权行为提起的民事诉讼，由商标法第十三条、第五十二条所规定侵权行为的实施地、侵权商品的储藏地或者查封扣押地、被告住所地人民法院管辖。

前款规定的侵权商品的储藏地，是指大量或者经常性储存、隐匿侵权商品所在地；查封扣押地，是指海关、工商等行政机关依法查封、扣押侵权商品所在地。

第七条 对涉及不同侵权行为实施地的多个被告提起的共同诉讼，原告可以选择其中一个被告的侵权行为实施地人民法院管辖；仅对其中某一被告提起的诉讼，该被告侵权行为实施地的人民法院有管辖权。

第八条 商标法所称相关公众，是指与商标所标识的某类商品或者服务有关的消费者和与前述商品或者服务的营销有密切关系的其他经营者。

第九条 商标法第五十二条第（一）项规定的商标相同，是指被控侵权的商标与原告的注册商标相比较，二者在视觉上基本无差别。

商标法第五十二条第（一）项规定的商标近似，是指被控侵权的商标与原告的注册商标相比较，其文字的字形、读音、含义或者图形的构图及颜色，或者其各要素组合后的整体结构相似，或者其立体形状、颜色组合近似，易使相关公众对商品的来源产生误认或者认为其来源与原告注册商标的商品有特定的联系。

第十条 人民法院依据商标法第五十二条第（一）项的规定，认定商标相同或者近似按照以下原则进行：

（一）以相关公众的一般注意力为标准；

（二）既要进行对商标的整体比对，又要进行对商标主要部分的比对，比对应当在比对对象隔离的状态下分别进行；

（三）判断商标是否近似，应当考虑请求保护注册商标的显著性和知名度。

第十一条 商标法第五十二条第（一）项规定的类似商品，是指在功能、用途、生产部门、销售渠道、消费对象等方面相同，或者相关公众一般认为其存在特定联系、容易造成混淆的商品。

类似服务，是指在服务的目的、内容、方式、对象等方面相同，或者相关公众一般认为存在特定联系、容易造成混淆的服务。

商品与服务类似，是指商品和服务之间存在特定联系，容易使相关公众混淆。

第十二条 人民法院依据商标法第五十二条第（一）项的规定，认定商品或者服务是否类似，应当以相关公众对商品或者服务的一般认识综合判断；《商标注册用商品和服务国际分类表》、《类似商品和服务区分表》可以作为判断类似商品或者服务的参考。

第十三条 人民法院依据商标法第五十六条第一款的规定确定侵权人的赔偿责任时，可以根据权利人选择的计算方法计算赔偿数额。

第十四条 商标法第五十六条第一款规定的侵权所获得的利益，可以根据侵权商品销售量与该商品单位利润乘积计算；该商品单位利润无法查明的，按照注册商标商品的单位利润计算。

第十五条 商标法第五十六条第一款规定的因被侵权所受到的损失，可以根据权利人因侵权所造成商品销售减少量或者侵权商品销售量与该注册商标商品的单位利润乘积计算。

第十六条 侵权人因侵权所获得的利益或者被侵权人因被侵权所受到的损失均难以确定的，人民法院可以根据当事人的请求或者依职权适用商标法第五十六条第二款的规定确定赔偿数额。

人民法院在确定赔偿数额时，应当考虑侵权行为的性质、期间、后果，商标的声誉，商标使用许可费的数额，商标使用许可的种类、时间、范围及制止侵权行为的合理开支等因素综合确定。

当事人按照本条第一款的规定就赔偿数额达成协议的，应当准许。

第十七条 商标法第五十六条第一款规定的制止侵权行为所支付的合理开支，包括权利人或者委托代理人对侵权行为进行调查、取证的合理费用。

人民法院根据当事人的诉讼请求和案件具体情况，可以将符合国家有关部门规定的律师费用计算在赔偿范围内。

第十八条 侵犯注册商标专用权的诉讼时效为二年，自商标注册人或者利害权利人知道或者应当知道侵权行为之日起计算。商标注册人或者利害关系人超过二年起诉的，如果侵权行为在起诉时仍在持续，在该注册商标专用权有效期限内，人民法院应当判决被告停止侵权行为，侵权损害赔偿数额应当自权利人向人民法院起诉之日起向前推算二年计算。

第十九条 商标使用许可合同未经备案的，不影响该许可合同的效力，但当事人另有约定的除外。

商标使用许可合同未在商标局备案的，不得对抗善意第三人。

第二十条 注册商标的转让不影响转让前已经生效的商标使用许可合同的效力，但商标使用许可合同另有约定的除外。

第二十一条 人民法院在审理侵犯注册商标专用权纠纷案件中，依据民法通则第一百三十四条、商标法第五十三条的规定和案件具体情况，可以判决侵权人承担停止侵害、排除妨碍、消除危险、赔偿损失、消除影响等民事责任，还可以作出罚款，收缴侵权商品、伪造的商标标识和专门用于生产侵权商品的材料、工具、设备等财物的民事制裁决定。罚款数额可以参照《中华人民共和国商标法实施条例》的有关规定确定。

工商行政管理部门对同一侵犯注册商标专用权行为已经给予行政处罚的，人民法院不再予以民事制裁。

第二十二条 人民法院在审理商标纠纷案件中，根据当事人的请求和案件的具体情况，可以对涉及的注册商标是否驰名依法作出认定。

认定驰名商标，应当依照商标法第十四条的规定进行。

当事人对曾经被行政主管机关或者人民法院认定的驰名商标请求保护的，对方当事人对涉及的商标驰名不持异议，人民法院不再审查。提出异议的，人民法院依照商标法第十四条的规定审查。

第二十三条 本解释有关商品商标的规定，适用于服务商标。

第二十四条 以前的有关规定与本解释不一致的，以本解释为准。

最高人民法院关于审理商标案件有关管辖和法律适用范围问题的解释

法释〔2002〕1号

(2001年12月25日最高人民法院审判委员会第1203次会议通过　2002年1月9日最高人民法院公告公布　自2002年1月21日起施行)

《全国人民代表大会常务委员会关于修改〈中华人民共和国商标法〉的决定》(以下简称商标法修改决定)已由第九届全国人民代表大会常务委员会第二十四次会议通过，自2001年12月1日起施行。为了正确审理商标案件，根据《中华人民共和国商标法》(以下简称商标法)、《中华人民共和国民事诉讼法》和《中华人民共和国行政诉讼法》(以下简称行政诉讼法)的规定，现就人民法院审理商标案件有关管辖和法律适用范围等问题，作如下解释：

第一条 人民法院受理以下商标案件：

1. 不服国务院工商行政管理部门商标评审委员会（以下简称商标评审委员会）作出的复审决定或者裁定的案件；
2. 不服工商行政管理部门作出的有关商标的具体行政行为的案件；
3. 商标专用权权属纠纷案件；
4. 侵犯商标专用权纠纷案件；
5. 商标专用权转让合同纠纷案件；
6. 商标许可使用合同纠纷案件；

7. 申请诉前停止侵犯商标专用权案件；

8. 申请诉前财产保全案件；

9. 申请诉前证据保全案件；

10. 其他商标案件。

第二条 本解释第一条所列第 1 项第一审案件，由北京市高级人民法院根据最高人民法院的授权确定其辖区内有关中级人民法院管辖。

本解释第一条所列第 2 项第一审案件，根据行政诉讼法的有关规定确定管辖。

商标民事纠纷第一审案件，由中级以上人民法院管辖。

各高级人民法院根据本辖区的实际情况，经最高人民法院批准，可以在较大城市确定 1~2 个基层人民法院受理第一审商标民事纠纷案件。

第三条 商标注册人或者利害关系人向工商行政管理部门就侵犯商标专用权行为请求处理，又向人民法院提起侵犯商标专用权诉讼请求损害赔偿的，人民法院应当受理。

第四条 商标评审委员会在商标法修改决定施行前受理的案件，于该决定施行后作出复审决定或裁定，当事人对复审决定或裁定不服向人民法院起诉的，人民法院应当受理。

第五条 除本解释另行规定外，对商标法修改决定施行前发生，属于修改后商标法第四条、第五条、第八条、第九条第一款、第十条第一款第（二）、（三）、（四）项、第十条第二款、第十一条、第十二条、第十三条、第十五条、第十六条、第二十四条、第二十五条、第三十一条所列举的情形，商标评审委员会于商标法修改决定施行后作出复审决定或者裁定，当事人不服向人民法院起诉的行政案件，适用修改后商标法的相应规定进行审查；属于其他情形的，适用修改前商标法的相应规定进行审查。

第六条 当事人就商标法修改决定施行时已满 1 年的注册商标发生争议，不服商标评审委员会作出的裁定向人民法院起诉的，适用修改前商标法第二十七条第二款规定的提出申请的期限处理；商标法修改决定施行时商标注册不满 1 年的，适用修改后商标法第四十一条第二款、第三款规定的提出申请的期限处理。

第七条 对商标法修改决定施行前发生的侵犯商标专用权行为，商标注册人或者利害关系人于该决定施行后在起诉前向人民法院提出申请采取责令停止侵权行为或者保全证据措施的，适用修改后商标法第五十七条、第五十八条的规定。

第八条 对商标法修改决定施行前发生的侵犯商标专用权行为起诉的案件，人民法院于该决定施行时尚未作出生效判决的，参照修改后商标法第五十六条的规定处理。

第九条 除本解释另行规定外，商标法修改决定施行后人民法院受理的商标民事纠纷案件，涉及该决定施行前发生的民事行为的，适用修改前商标法的规定；涉及该决定施行后发生的民事行为的，适用修改后商标法的规定；涉及该决定施行前发生，持续到该决定施行后的民事行为的，分别适用修改前、后商标法的规定。

第十条 人民法院受理的侵犯商标专用权纠纷案件，已经过工商行政管理部门处理的，人民法院仍应当就当事人民事争议的事实进行审查。

最高人民法院
关于诉前停止侵犯注册商标专用权行为和保全证据适用法律问题的解释

法释〔2002〕2号

(2001年12月25日最高人民法院审判委员会第1203次会议通过　2002年1月9日最高人民法院公告公布　自2002年1月22日起施行)

为切实保护商标注册人和利害关系人的合法权益，根据《中华人民共和国民法通则》、《中华人民共和国商标法》(以下简称商标法)、《中华人民共和国民事诉讼法》(以下简称民事诉讼法)的有关规定，现就有关诉前停止侵犯注册商标专用权行为和保全证据适用法律问题解释如下：

第一条　根据商标法第五十七条、第五十八条的规定，商标注册人或者利害关系人可以向人民法院提出诉前责令停止侵犯注册商标专用权行为或者保全证据的申请。

提出申请的利害关系人，包括商标使用许可合同的被许可人、注册商标财产权利的合法继承人。注册商标使用许可合同被许可人中，独占使用许可合同的被许可人可以单独向人民法院提出申请；排他使用许可合同的被许可人在商标注册人不申请的情况下，可以提出申请。

第二条　诉前责令停止侵犯注册商标专用权行为或者保全证据的申请，应当向侵权行为地或者被申请人住所地对商标案件有管辖权的人民法院提出。

第三条　商标注册人或者利害关系人向人民法院提出诉前停止侵犯注册商标专用权行为的申请，应当递交书面申请状。申请状应当载明：

(一) 当事人及其基本情况；

(二) 申请的具体内容、范围；

(三) 申请的理由，包括有关行为如不及时制止，将会使商标注册人或者利害关系人的合法权益受到难以弥补的损害的具体说明。

商标注册人或者利害关系人向人民法院提出诉前保全证据的申请，应当递交书面申请状。申请状应当载明：

(一) 当事人及其基本情况；

(二) 申请保全证据的具体内容、范围、所在地点；

(三) 请求保全的证据能够证明的对象；

(四) 申请的理由，包括证据可能灭失或者以后难以取得，且当事人及其诉讼代理人因客观原因不能自行收集的具体说明。

第四条　申请人提出诉前停止侵犯注册商标专用权行为的申请时，应当提交下列证据：

（一）商标注册人应当提交商标注册证，利害关系人应当提交商标使用许可合同、在商标局备案的材料及商标注册证复印件；排他使用许可合同的被许可人单独提出申请的，应当提交商标注册人放弃申请的证据材料；注册商标财产权利的继承人应当提交已经继承或者正在继承的证据材料。

（二）证明被申请人正在实施或者即将实施侵犯注册商标专用权的行为的证据，包括被控侵权商品。

第五条 人民法院作出诉前停止侵犯注册商标专用权行为或者保全证据的裁定事项，应当限于商标注册人或者利害关系人申请的范围。

第六条 申请人提出诉前停止侵犯注册商标专用权行为的申请时应当提供担保。

申请人申请诉前保全证据可能涉及被申请人财产损失的，人民法院可以责令申请人提供相应的担保。

申请人提供保证、抵押等形式的担保合理、有效的，人民法院应当准许。

申请人不提供担保的，驳回申请。

人民法院确定担保的范围时，应当考虑责令停止有关行为所涉及的商品销售收益，以及合理的仓储、保管等费用，停止有关行为可能造成的合理损失等。

第七条 在执行停止有关行为裁定过程中，被申请人可能因采取该项措施造成更大损失的，人民法院可以责令申请人追加相应的担保。申请人不追加担保的，可以解除有关停止措施。

第八条 停止侵犯注册商标专用权行为裁定所采取的措施，不因被申请人提供担保而解除，但申请人同意的除外。

第九条 人民法院接受商标注册人或者利害关系人提出责令停止侵犯注册商标专用权行为的申请后，经审查符合本规定第四条的，应当在48小时内作出书面裁定；裁定责令被申请人停止侵犯注册商标专用权行为的，应当立即开始执行。

人民法院作出诉前责令停止有关行为的裁定，应当及时通知被申请人，至迟不得超过5日。

第十条 当事人对诉前责令停止侵犯注册商标专用权行为裁定不服的，可以在收到裁定之日起10日内申请复议一次。复议期间不停止裁定的执行。

第十一条 人民法院对当事人提出的复议申请应当从以下方面进行审查：

（一）被申请人正在实施或者即将实施的行为是否侵犯注册商标专用权；

（二）不采取有关措施，是否会给申请人合法权益造成难以弥补的损害；

（三）申请人提供担保的情况；

（四）责令被申请人停止有关行为是否损害社会公共利益。

第十二条 商标注册人或者利害关系人在人民法院采取停止有关行为或者保全证据的措施后15日内不起诉的，人民法院应当解除裁定采取的措施。

第十三条 申请人不起诉或者申请错误造成被申请人损失的，被申请人可以向有管辖权的人民法院起诉请求申请人赔偿，也可以在商标注册人或者利害关系人提起的侵犯注册商标专用权的诉讼中提出损害赔偿请求，人民法院可以一并处理。

第十四条 停止侵犯注册商标专用权行为裁定的效力,一般应维持到终审法律文书生效时止。

人民法院也可以根据案情,确定停止有关行为的具体期限;期限届满时,根据当事人的请求及追加担保的情况,可以作出继续停止有关行为的裁定。

第十五条 被申请人违反人民法院责令停止侵犯注册商标专用权行为或者保全证据裁定的,依照民事诉讼法第一百零二条规定处理。

第十六条 商标注册人或者利害关系人向人民法院提起商标侵权诉讼时或者诉讼中,提出先行停止侵犯注册商标专用权请求的,人民法院可以先行作出裁定。前款规定涉及的有关申请、证据提交、担保的确定、裁定的执行和复议等事项,参照本司法解释有关规定办理。

第十七条 诉前停止侵犯注册商标专用权行为和保全证据的案件,申请人应当按照《人民法院诉讼收费办法》及其补充规定缴纳费用。

最高人民法院
关于审理注册商标、企业名称与在先权利冲突的民事纠纷案件若干问题的规定

法释〔2008〕3号

(2008年2月18日最高人民法院审判委员会第1444次会议通过 2008年2月18日最高人民法院公告公布 自2008年3月1日起施行)

为正确审理注册商标、企业名称与在先权利冲突的民事纠纷案件,根据《中华人民共和国民事诉讼法》、《中华人民共和国民法通则》、《中华人民共和国商标法》和《中华人民共和国反不正当竞争法》等法律的规定,结合审判实践,制定本规定。

第一条 原告以他人注册商标使用的文字、图形等侵犯其著作权、外观设计专利权、企业名称权等在先权利为由提起诉讼,符合民事诉讼法第一百零八条规定的,人民法院应当受理。

原告以他人使用在核定商品上的注册商标与其在先的注册商标相同或者近似为由提起诉讼的,人民法院应当根据民事诉讼法第一百一十一条第(三)项的规定,告知原告向有关行政主管机关申请解决。但原告以他人超出核定商品的范围或者以改变显著特征、拆分、组合等方式使用的注册商标,与其注册商标相同或者近似为由提起诉讼的,人民法院应当受理。

第二条 原告以他人企业名称与其在先的企业名称相同或者近似,足以使相关公众对其商品的来源产生混淆,违反反不正当竞争法第五条第(三)项的规定为由提起诉讼,符合民事诉讼法第一百零八条规定的,人民法院应当受理。

第三条 人民法院应当根据原告的诉讼请求和争议民事法律关系的性质，按照《民事案件案由规定（试行）》，确定注册商标或者企业名称与在先权利冲突的民事纠纷案件的案由，并适用相应的法律。

第四条 被诉企业名称侵犯注册商标专用权或者构成不正当竞争的，人民法院可以根据原告的诉讼请求和案件具体情况，确定被告承担停止使用、规范使用等民事责任。

最高人民法院关于审理涉及驰名商标保护的民事纠纷案件应用法律若干问题的解释

法释〔2009〕3号

（2009年4月22日最高人民法院审判委员会第1467次会议通过 2009年4月22日最高人民法院公告公布 自2009年5月1日起施行）

为在审理侵犯商标权等民事纠纷案件中依法保护驰名商标，根据《中华人民共和国商标法》、《中华人民共和国反不正当竞争法》、《中华人民共和国民事诉讼法》等有关法律规定，结合审判实际，制定本解释。

第一条 本解释所称驰名商标，是指在中国境内为相关公众广为知晓的商标。

第二条 在下列民事纠纷案件中，当事人以商标驰名作为事实根据，人民法院根据案件具体情况，认为确有必要的，对所涉商标是否驰名作出认定：

（一）以违反商标法第十三条的规定为由，提起的侵犯商标权诉讼；

（二）以企业名称与其驰名商标相同或者近似为由，提起的侵犯商标权或者不正当竞争诉讼；

（三）符合本解释第六条规定的抗辩或者反诉的诉讼。

第三条 在下列民事纠纷案件中，人民法院对于所涉商标是否驰名不予审查：

（一）被诉侵犯商标权或者不正当竞争行为的成立不以商标驰名为事实根据的；

（二）被诉侵犯商标权或者不正当竞争行为因不具备法律规定的其他要件而不成立的。

原告以被告注册、使用的域名与其注册商标相同或者近似，并通过该域名进行相关商品交易的电子商务，足以造成相关公众误认为由，提起的侵权诉讼，按照前款第（一）项的规定处理。

第四条 人民法院认定商标是否驰名，应当以证明其驰名的事实为依据，综合考虑商标法第十四条规定的各项因素，但是根据案件具体情况无需考虑该条规定的全部因素即足以认定商标驰名的情形除外。

第五条 当事人主张商标驰名的，应当根据案件具体情况，提供下列证据，证明被诉侵犯商标权或者不正当竞争行为发生时，其商标已属驰名：

（一）使用该商标的商品的市场份额、销售区域、利税等；

（二）该商标的持续使用时间；

（三）该商标的宣传或者促销活动的方式、持续时间、程度、资金投入和地域范围；

（四）该商标曾被作为驰名商标受保护的记录；

（五）该商标享有的市场声誉；

（六）证明该商标已属驰名的其他事实。

前款所涉及的商标使用的时间、范围、方式等，包括其核准注册前持续使用的情形。

对于商标使用时间长短、行业排名、市场调查报告、市场价值评估报告、是否曾被认定为著名商标等证据，人民法院应当结合认定商标驰名的其他证据，客观、全面地进行审查。

第六条 原告以被诉商标的使用侵犯其注册商标专用权为由提起民事诉讼，被告以原告的注册商标复制、摹仿或者翻译其在先未注册驰名商标为由提出抗辩或者提起反诉的，应当对其在先未注册商标驰名的事实负举证责任。

第七条 被诉侵犯商标权或者不正当竞争行为发生前，曾被人民法院或者国务院工商行政管理部门认定驰名的商标，被告对该商标驰名的事实不持异议的，人民法院应当予以认定。被告提出异议的，原告仍应当对该商标驰名的事实负举证责任。

除本解释另有规定外，人民法院对于商标驰名的事实，不适用民事诉讼证据的自认规则。

第八条 对于在中国境内为社会公众广为知晓的商标，原告已提供其商标驰名的基本证据，或者被告不持异议的，人民法院对该商标驰名的事实予以认定。

第九条 足以使相关公众对使用驰名商标和被诉商标的商品来源产生误认，或者足以使相关公众认为使用驰名商标和被诉商标的经营者之间具有许可使用、关联企业关系等特定联系的，属于商标法第十三条第一款规定的"容易导致混淆"。

足以使相关公众认为被诉商标与驰名商标具有相当程度的联系，而减弱驰名商标的显著性、贬损驰名商标的市场声誉，或者不正当利用驰名商标的市场声誉的，属于商标法第十三条第二款规定的"误导公众，致使该驰名商标注册人的利益可能受到损害"。

第十条 原告请求禁止被告在不相类似商品上使用与原告驰名的注册商标相同或者近似的商标或者企业名称的，人民法院应当根据案件具体情况，综合考虑以下因素后作出裁判：

（一）该驰名商标的显著程度；

（二）该驰名商标在使用被诉商标或者企业名称的商品的相关公众中的知晓程度；

（三）使用驰名商标的商品与使用被诉商标或者企业名称的商品之间的关联程度；

（四）其他相关因素。

第十一条 被告使用的注册商标违反商标法第十三条的规定，复制、摹仿或者翻译原告驰名商标，构成侵犯商标权的，人民法院应当根据原告的请求，依法判决禁止被告使用该商标，但被告的注册商标有下列情形之一的，人民法院对原告的请求不予支持：

(一) 已经超过商标法第四十一条第二款规定的请求撤销期限的;

(二) 被告提出注册申请时,原告的商标并不驰名的。

第十二条 当事人请求保护的未注册驰名商标,属于商标法第十条、第十一条、第十二条规定不得作为商标使用或者注册情形的,人民法院不予支持。

第十三条 在涉及驰名商标保护的民事纠纷案件中,人民法院对于商标驰名的认定,仅作为案件事实和判决理由,不写入判决主文;以调解方式审结的,在调解书中对商标驰名的事实不予认定。

第十四条 本院以前有关司法解释与本解释不一致的,以本解释为准。

最高人民法院
关于商标法修改决定施行后商标案件管辖和法律适用问题的解释

法释〔2014〕4号

(2014年2月10日最高人民法院审判委员会第1606次会议通过 2014年3月25日最高人民法院公告公布 自2014年5月1日起施行)

为正确审理商标案件,根据2013年8月30日第十二届全国人民代表大会常务委员会第四次会议《关于修改〈中华人民共和国商标法〉的决定》和重新公布的《中华人民共和国商标法》、《中华人民共和国民事诉讼法》和《中华人民共和国行政诉讼法》等法律的规定,就人民法院审理商标案件有关管辖和法律适用等问题,制定本解释。

第一条 人民法院受理以下商标案件:

1. 不服国务院工商行政管理部门商标评审委员会(以下简称商标评审委员会)作出的复审决定或者裁定的行政案件;

2. 不服工商行政管理部门作出的有关商标的其他具体行政行为的案件;

3. 商标权权属纠纷案件;

4. 侵害商标专用权纠纷案件;

5. 确认不侵害商标专用权纠纷案件;

6. 商标权转让合同纠纷案件;

7. 商标使用许可合同纠纷案件;

8. 商标代理合同纠纷案件;

9. 申请诉前停止侵害商标专用权案件;

10. 因申请停止侵害商标专用权损害责任案件;

11. 因商标纠纷申请诉前财产保全案件;

12. 因商标纠纷申请诉前证据保全案件;

13. 其他商标案件。

第二条 不服商标评审委员会作出的复审决定或者裁定的行政案件及国家工商行政管理总局商标局（以下简称商标局）作出的有关商标的具体行政行为案件，由北京市有关中级人民法院管辖。

第三条 第一审商标民事案件，由中级以上人民法院及最高人民法院指定的基层人民法院管辖。

涉及对驰名商标保护的民事、行政案件，由省、自治区人民政府所在地市、计划单列市、直辖市辖区中级人民法院及最高人民法院指定的其他中级人民法院管辖。

第四条 在工商行政管理部门查处侵害商标权行为过程中，当事人就相关商标提起商标权权属或者侵害商标专用权民事诉讼的，人民法院应当受理。

第五条 对于在商标法修改决定施行前提出的商标注册及续展申请，商标局于决定施行后作出对该商标申请不予受理或者不予续展的决定，当事人提起行政诉讼的，人民法院审查时适用修改后的商标法。

对于在商标法修改决定施行前提出的商标异议申请，商标局于决定施行后作出对该异议不予受理的决定，当事人提起行政诉讼的，人民法院审查时适用修改前的商标法。

第六条 对于在商标法修改决定施行前当事人就尚未核准注册的商标申请复审，商标评审委员会于决定施行后作出复审决定或者裁定，当事人提起行政诉讼的，人民法院审查时适用修改后的商标法。

对于在商标法修改决定施行前受理的商标复审申请，商标评审委员会于决定施行后作出核准注册决定，当事人提起行政诉讼的，人民法院不予受理；商标评审委员会于决定施行后作出不予核准注册决定，当事人提起行政诉讼的，人民法院审查相关诉权和主体资格问题时，适用修改前的商标法。

第七条 对于在商标法修改决定施行前已经核准注册的商标，商标评审委员会于决定施行前受理、在决定施行后作出复审决定或者裁定，当事人提起行政诉讼的，人民法院审查相关程序问题适用修改后的商标法，审查实体问题适用修改前的商标法。

第八条 对于在商标法修改决定施行前受理的相关商标案件，商标局、商标评审委员会于决定施行后作出决定或者裁定，当事人提起行政诉讼的，人民法院认定该决定或者裁定是否符合商标法有关审查时限规定时，应当从修改决定施行之日起计算该审查时限。

第九条 除本解释另行规定外，商标法修改决定施行后人民法院受理的商标民事案件，涉及该决定施行前发生的行为的，适用修改前商标法的规定；涉及该决定施行前发生，持续到该决定施行后的行为的，适用修改后商标法的规定。

最高人民法院
关于审理商标授权确权行政案件若干问题的规定

法释〔2017〕2号

（2016年12月12日最高人民法院审判委员会第1703次会议通过 2017年1月10日最高人民法院公告公布 自2017年3月1日起施行）

为正确审理商标授权确权行政案件，根据《中华人民共和国商标法》《中华人民共和国行政诉讼法》等法律规定，结合审判实践，制定本规定。

第一条 本规定所称商标授权确权行政案件，是指相对人或者利害关系人因不服国务院工商行政管理部门商标评审委员会（以下简称商标评审委员会）作出的商标驳回复审、商标不予注册复审、商标撤销复审、商标无效宣告及无效宣告复审等行政行为，向人民法院提起诉讼的案件。

第二条 人民法院对商标授权确权行政行为进行审查的范围，一般应根据原告的诉讼请求及理由确定。原告在诉讼中未提出主张，但商标评审委员会相关认定存在明显不当的，人民法院在各方当事人陈述意见后，可以对相关事由进行审查并做出裁判。

第三条 商标法第十条第一款第（一）项规定的同中华人民共和国的国家名称等"相同或者近似"，是指商标标志整体上与国家名称等相同或者近似。

对于含有中华人民共和国的国家名称等，但整体上并不相同或者不相近似的标志，如果该标志作为商标注册可能导致损害国家尊严的，人民法院可以认定属于商标法第十条第一款第（八）项规定的情形。

第四条 商标标志或者其构成要素带有欺骗性，容易使公众对商品的质量等特点或者产地产生误认，商标评审委员会认定其属于2001年修正的商标法第十条第一款第（七）项规定情形的，人民法院予以支持。

第五条 商标标志或者其构成要素可能对我国社会公共利益和公共秩序产生消极、负面影响的，人民法院可以认定其属于商标法第十条第一款第（八）项规定的"其他不良影响"。

将政治、经济、文化、宗教、民族等领域公众人物姓名等申请注册为商标，属于前款所指的"其他不良影响"。

第六条 商标标志由县级以上行政区划的地名或者公众知晓的外国地名和其他要素组成，如果整体上具有区别于地名的含义，人民法院应当认定其不属于商标法第十条第二款所指情形。

第七条 人民法院审查诉争商标是否具有显著特征，应当根据商标所指定使用商品的相关公众的通常认识，判断该商标整体上是否具有显著特征。商标标志中含有描述性要素，但不影响其整体具有显著特征的；或者描述性标志以独特方式加以表现，相关公众能够以其识别商品来源的，应当认定其具有显著特征。

第八条 诉争商标为外文标志时，人民法院应当根据中国境内相关公众的通常认识，对该外文商标是否具有显著特征进行审查判断。标志中外文的固有含义可能影响其在指定使用商品上的显著特征，但相关公众对该固有含义的认知程度较低，能够以该标志识别商品来源的，可以认定其具有显著特征。

第九条 仅以商品自身形状或者自身形状的一部分作为三维标志申请注册商标，相关公众一般情况下不易将其识别为指示商品来源标志的，该三维标志不具有作为商标的显著特征。

该形状系申请人所独创或者最早使用并不能当然导致其具有作为商标的显著特征。

第一款所称标志经过长期或者广泛使用，相关公众能够通过该标志识别商品来源的，可以认定该标志具有显著特征。

第十条 诉争商标属于法定的商品名称或者约定俗成的商品名称的，人民法院应当认定其属于商标法第十一条第一款第（一）项所指的通用名称。依据法律规定或者国家标准、行业标准属于商品通用名称的，应当认定为通用名称。相关公众普遍认为某一名称能够指代一类商品的，应当认定为约定俗成的通用名称。被专业工具书、辞典等列为商品名称的，可以作为认定约定俗成的通用名称的参考。

约定俗成的通用名称一般以全国范围内相关公众的通常认识为判断标准。对于由于历史传统、风土人情、地理环境等原因形成的相关市场固定的商品，在该相关市场内通用的称谓，人民法院可以认定为通用名称。

诉争商标申请人明知或者应知其申请注册的商标为部分区域内约定俗成的商品名称的，人民法院可以视其申请注册的商标为通用名称。

人民法院审查判断诉争商标是否属于通用名称，一般以商标申请日时的事实状态为准。核准注册时事实状态发生变化的，以核准注册时的事实状态判断其是否属于通用名称。

第十一条 商标标志只是或者主要是描述、说明所使用商品的质量、主要原料、功能、用途、重量、数量、产地等的，人民法院应当认定其属于商标法第十一条第一款第（二）项规定的情形。商标标志或者其构成要素暗示商品的特点，但不影响其识别商品来源功能的，不属于该项所规定的情形。

第十二条 当事人依据商标法第十三条第二款主张诉争商标构成对其未注册的驰名商标的复制、摹仿或者翻译而不应予以注册或者应予无效的，人民法院应当综合考量如下因素以及因素之间的相互影响，认定是否容易导致混淆：

（一）商标标志的近似程度；
（二）商品的类似程度；
（三）请求保护商标的显著性和知名程度；
（四）相关公众的注意程度；
（五）其他相关因素。

商标申请人的主观意图以及实际混淆的证据可以作为判断混淆可能性的参考因素。

第十三条 当事人依据商标法第十三条第三款主张诉争商标构成对其已注册的驰名商标的复制、摹仿或者翻译而不应予以注册或者应予无效的，人民法院应当综合考虑如下因素，以认定诉争商标的使用是否足以使相关公众认为其与驰名商标具有相当程度的联系，从而误导公众，致使驰名商标注册人的利益可能受到损害：

（一）引证商标的显著性和知名程度；

（二）商标标志是否足够近似；

（三）指定使用的商品情况；

（四）相关公众的重合程度及注意程度；

（五）与引证商标近似的标志被其他市场主体合法使用的情况或者其他相关因素。

第十四条 当事人主张诉争商标构成对其已注册的驰名商标的复制、摹仿或者翻译而不应予以注册或者应予无效，商标评审委员会依据商标法第三十条规定裁决支持其主张的，如果诉争商标注册未满五年，人民法院在当事人陈述意见之后，可以按照商标法第三十条规定进行审理；如果诉争商标注册已满五年，应当适用商标法第十三条第三款进行审理。

第十五条 商标代理人、代表人或者经销、代理等销售代理关系意义上的代理人、代表人未经授权，以自己的名义将与被代理人或者被代表人的商标相同或者近似的商标在相同或者类似商品上申请注册的，人民法院适用商标法第十五条第一款的规定进行审理。

在为建立代理或者代表关系的磋商阶段，前款规定的代理人或者代表人将被代理人或者被代表人的商标申请注册的，人民法院适用商标法第十五条第一款的规定进行审理。

商标申请人与代理人或者代表人之间存在亲属关系等特定身份关系的，可以推定其商标注册行为系与该代理人或者代表人恶意串通，人民法院适用商标法第十五条第一款的规定进行审理。

第十六条 以下情形可以认定为商标法第十五条第二款中规定的"其他关系"：

（一）商标申请人与在先使用人之间具有亲属关系；

（二）商标申请人与在先使用人之间具有劳动关系；

（三）商标申请人与在先使用人营业地址邻近；

（四）商标申请人与在先使用人曾就达成代理、代表关系进行过磋商，但未形成代理、代表关系；

（五）商标申请人与在先使用人曾就达成合同、业务往来关系进行过磋商，但未达成合同、业务往来关系。

第十七条 地理标志利害关系人依据商标法第十六条主张他人商标不应予以注册或者应予无效，如果诉争商标指定使用的商品与地理标志产品并非相同商品，而地理标志利害关系人能够证明诉争商标使用在该产品上仍然容易导致相关公众误认为该产品来源于该地区并因此具有特定的质量、信誉或者其他特征的，人民法院予以支持。

如果该地理标志已经注册为集体商标或者证明商标，集体商标或者证明商标的权利人或者利害关系人可选择依据该条或者另行依据商标法第十三条、第三十条等主张权利。

第十八条 商标法第三十二条规定的在先权利,包括当事人在诉争商标申请日之前享有的民事权利或者其他应予保护的合法权益。诉争商标核准注册时在先权利已不存在的,不影响诉争商标的注册。

第十九条 当事人主张诉争商标损害其在先著作权的,人民法院应当依照著作权法等相关规定,对所主张的客体是否构成作品、当事人是否为著作权人或者其他有权主张著作权的利害关系人以及诉争商标是否构成对著作权的侵害等进行审查。

商标标志构成受著作权法保护的作品的,当事人提供的涉及商标标志的设计底稿、原件、取得权利的合同、诉争商标申请日之前的著作权登记证书等,均可以作为证明著作权归属的初步证据。

商标公告、商标注册证等可以作为确定商标申请人为有权主张商标标志著作权的利害关系人的初步证据。

第二十条 当事人主张诉争商标损害其姓名权,如果相关公众认为该商标标志指代了该自然人,容易认为标记有该商标的商品系经过该自然人许可或者与该自然人存在特定联系的,人民法院应当认定该商标损害了该自然人的姓名权。

当事人以其笔名、艺名、译名等特定名称主张姓名权,该特定名称具有一定的知名度,与该自然人建立了稳定的对应关系,相关公众以其指代该自然人的,人民法院予以支持。

第二十一条 当事人主张的字号具有一定的市场知名度,他人未经许可申请注册与该字号相同或者近似的商标,容易导致相关公众对商品来源产生混淆,当事人以此主张构成在先权益的,人民法院予以支持。

当事人以具有一定市场知名度并已与企业建立稳定对应关系的企业名称的简称为依据提出主张的,适用前款规定。

第二十二条 当事人主张诉争商标损害角色形象著作权的,人民法院按照本规定第十九条进行审查。

对于著作权保护期限内的作品,如果作品名称、作品中的角色名称等具有较高知名度,将其作为商标使用在相关商品上容易导致相关公众误认为其经过权利人的许可或者与权利人存在特定联系,当事人以此主张构成在先权益的,人民法院予以支持。

第二十三条 在先使用人主张商标申请人以不正当手段抢先注册其在先使用并有一定影响的商标的,如果在先使用商标已经有一定影响,而商标申请人明知或者应知该商标,即可推定其构成"以不正当手段抢先注册"。但商标申请人举证证明其没有利用在先使用商标商誉的恶意的除外。

在先使用人举证证明其在先商标有一定的持续使用时间、区域、销售量或者广告宣传的,人民法院可以认定为有一定影响。

在先使用人主张商标申请人在与其不相类似的商品上申请注册其在先使用并有一定影响的商标,违反商标法第三十二条规定的,人民法院不予支持。

第二十四条 以欺骗手段以外的其他方式扰乱商标注册秩序、损害公共利益、不正当占用公共资源或者谋取不正当利益的,人民法院可以认定其属于商标法第四十四条第一款规定的"其他不正当手段"。

第二十五条 人民法院判断诉争商标申请人是否"恶意注册"他人驰名商标，应综合考虑引证商标的知名度、诉争商标申请人申请诉争商标的理由以及使用诉争商标的具体情形来判断其主观意图。引证商标知名度高、诉争商标申请人没有正当理由的，人民法院可以推定其注册构成商标法第四十五条第一款所指的"恶意注册"。

第二十六条 商标权人自行使用、他人经许可使用以及其他不违背商标权人意志的使用，均可认定为商标法第四十九条第二款所称的使用。

实际使用的商标标志与核准注册的商标标志有细微差别，但未改变其显著特征的，可以视为注册商标的使用。

没有实际使用注册商标，仅有转让或者许可行为；或者仅是公布商标注册信息、声明享有注册商标专用权的，不认定为商标使用。

商标权人有真实使用商标的意图，并且有实际使用的必要准备，但因其他客观原因尚未实际使用注册商标的，人民法院可以认定其有正当理由。

第二十七条 当事人主张商标评审委员会下列情形属于行政诉讼法第七十条第（三）项规定的"违反法定程序"的，人民法院予以支持：

（一）遗漏当事人提出的评审理由，对当事人权利产生实际影响的；

（二）评审程序中未告知合议组成员，经审查确有应当回避事由而未回避的；

（三）未通知适格当事人参加评审，该方当事人明确提出异议的；

（四）其他违反法定程序的情形。

第二十八条 人民法院审理商标授权确权行政案件的过程中，商标评审委员会对诉争商标予以驳回、不予核准注册或者予以无效宣告的事由不复存在的，人民法院可以依据新的事实撤销商标评审委员会相关裁决，并判令其根据变更后的事实重新作出裁决。

第二十九条 当事人依据在原行政行为之后新发现的证据，或者在原行政程序中因客观原因无法取得或在规定的期限内不能提供的证据，或者新的法律依据提出的评审申请，不属于以"相同的事实和理由"再次提出评审申请。

在商标驳回复审程序中，商标评审委员会以申请商标与引证商标不构成使用在同一种或者类似商品上的相同或者近似商标为由准予申请商标初步审定公告后，以下情形不视为"以相同的事实和理由"再次提出评审申请：

（一）引证商标所有人或者利害关系人依据该引证商标提出异议，国务院工商行政管理部门商标局予以支持，被异议商标申请人申请复审的；

（二）引证商标所有人或者利害关系人在申请商标获准注册后依据该引证商标申请宣告其无效的。

第三十条 人民法院生效裁判对于相关事实和法律适用已作出明确认定，相对人或者利害关系人对于商标评审委员会依据该生效裁判重新作出的裁决提起诉讼的，人民法院依法裁定不予受理；已经受理的，裁定驳回起诉。

第三十一条 本规定自2017年3月1日起施行。人民法院依据2001年修正的商标法审理的商标授权确权行政案件可参照适用本规定。

最高人民法院
关于上海啤酒厂破产案中转让
"天鹅"注册商标问题的答复

(1997年3月11日)

上海市高级人民法院：

我院接国家工商行政管理局商标局转来材料，知悉上海市普陀区人民法院受理的上海啤酒厂破产一案中，债权人交通银行上海分行、中国银行上海市分行、建设银行上海三支行及"天鹅"牌上海啤酒商标的独占使用人上海啤酒有限公司向有关法院和国家工商行政管理局商标局反映：上海啤酒厂有《中华人民共和国企业破产法（试行）》第三十五条第一款第（二）项规定的行为，非正常压价出售"天鹅"等注册商标，要求确认该行为无效；同时反映上海啤酒厂企业破产清算组追认该项转让行为，损害了债权人利益。

经研究认为，如果所反映的情况属实，则有关"天鹅"等注册商标的申请转让，应属无效的民事行为；有关注册商标权应并入破产财产，经评估后依照我院《关于贯彻执行〈中华人民共和国企业破产法（试行）〉若干问题的意见》中的有关规定处理。

请你院监督指导上海市普陀区人民法院处理该注册商标转让的有关事宜，妥善处理有关各方的异议，并将处理结果尽快报告我院知识产权庭。

最高人民法院知识产权审判庭
关于烟台市京蓬农药厂诉潍坊市益农
化工厂商标侵权纠纷案的答复

2000年4月17日　　　　　　　　　　〔1999〕知他字第5号函

山东省高级人民法院：

你院鲁高法函〔1999〕118号《关于烟台市京蓬农药厂诉潍坊市益农化工厂商标侵权纠纷一案的请示》收悉。经研究，答复如下：

烟台市京蓬农药厂（以下简称京蓬厂）的"桃小灵"注册商标与潍坊市益农化工厂（以下简称益农厂）的"桃小一次净"商品名称都具有区别商品品质和来源的标识作用，

"桃小"在其中均是起主要识别作用的部分,"灵"与"一次净"都均有功效显著之意,因此,两者的字形和含义存在一定的近似之处。本案的关键问题就是判定这种"近似"是否足以造成消费者的误认,即是否符合《商标法实施细则》第四十一条第(2)项的规定,属于《商标法》第三十八条第(4)项所指的对他人的商标权造成其他损害的行为。参照国家工商行政管理《关于执行〈商标法〉及其〈实施细则〉若干问题的通知》第七条的解释,"足以造成误认"是指会造成对商品来源的误认,或者会产生双方当事人之间存在某种特殊联系的错误认识。从本案现有材料看,证明已经在客观上造成误认的证据似有不足,以普通消费者的一般注意力为标准判定足以造成误认的证据也不扎实,原审判决作出使消费者产生两者存在一种特殊联系感觉的认定,在事实依据方面尚有所欠缺。但你院倾向性意见所述理由似尚不足以推翻原审判决的认定。理由是:一、字型结构、词语组合、包装装潢上的明显差异不能作为否定两者近似并足以造成误认的充足理由,因为认定近似并不需要在字型、读音、含义三方面均构成近似,而且包装装潢的异同不能作为商标侵权的判断依据。二、虽然"桃小"是昆虫的通用名称,商标权人不能以其注册了"桃小灵"商标而限制他人使用该词汇,且农药行业有将药物防治对象与防治效果组合命名的惯例,但这并不等于说他人在任何情况下使用"桃小"均是正当合理的。判断正当与否,要结合案件的实际情况,根据是否造成了对他人商标权的损害来认定。如果本案"桃小灵"与"桃小一次净"之间构成近似并足以造成消费者的误认,则益农厂使用"桃小"就是不正当的,要承担侵权的法律责任。此外,从京蓬厂提供的证据看,似已发生了农药经销商产生"桃小一次净"是"桃小灵"替代产品错误认识的客观事实,经销商虽然不是最终消费者,但在一定程度上反映了普通消费者的主观判断。你院复查本案时应当考虑这一情况。

综上,虽然原审判决存在一定缺陷,但鉴于本案二审判决已经发生法律效力,且本案影响较大,故建议你院进一步查明有关事实,取得足够的事实依据后,依法对本案作出慎重处理。

以上意见供参考。

最高人民法院知识产权审判庭
关于万胜亚洲有限公司、怡东电脑有限公司与华源实业（集团）股份有限公司商标侵权纠纷案的函

2000年5月8日　　　　　　　　　　　　〔1999〕知监字第22号函

广东省高级人民法院：

关于上诉人（原审被告）万胜亚洲有限公司（以下简称万胜公司）、怡东电脑有限公司（以下简称怡东公司）与被上诉人（原审原告）华源泉实业（集团）股份有限公司

（以下简称华源公司）商标侵权纠纷一案，万胜公司不服你院（1997）粤知终字第42号民事判决，向本院申请再审。申请再审期间，万胜公司向本院提交了国家工商行政管理局商标评审委员会于1999年7月21日作出的商评字（1999）第771号《关于第592880号"万胜"商标注册不当终局裁定书》，裁定撤销华源公司的"万胜"注册商标。鉴于本案生效判决尚未执行，现将申请再审人的有关材料转你院，建议你院依照民事诉讼法的有关规定，作出终结执行的裁定。

请你院于三个月内将处理结果报告我院。

最高人民法院民事审判第三庭
关于对注册商标专用权进行财产保全和执行等问题的复函

2002年1月9日　　　　　　　　　　　　　　〔2001〕民三函字第3号

国家工商行政管理总局商标局：

你局商标变（2001）66号来函收悉。经研究，对该函中所提出的问题答复如下：

一、关于不同法院在同一天对同一注册商标进行保全的协助执行问题

根据民事诉讼法和我院有关司法解释的规定，你局在同一天内接到两份以上对同一注册商标进行保全的协助执行通知书时，应当按照收到文书的先后顺序，协助执行在先收到的协助执行通知书；同时收到文书无法确认先后顺序时，可以告知有关法院按照《最高人民法院关于人民法院执行工作若干问题的规定（试行）》第125条关于"两个或两个以上人民法院在执行相关案件中发生争议的，应当协商解决。协商不成的，逐级报请上级法院，直至报请共同的上级法院协调处理"的规定进行协商以及报请协调处理。在有关法院协商以及报请协调处理期间，你局可以暂不办理协助执行事宜。

二、关于你局在依据法院的生效判决办理权利人变更手续过程中，另一法院要求协助保全注册商标的协助执行问题

《最高人民法院关于人民法院执行工作若干问题的规定（试行）》第88条第一款规定，各债权人对执行标的物均无担保物权的，按照执行法院采取执行措施的先后顺序受偿。根据这一规定，对于某一法院依据已经发生法律效力的裁判文书要求你局协助办理注册商标专用权权利人变更等手续后，另一法院对同一注册商标以保全原商标专用权人财产的名义再行保全，又无权利质押情形的，同意你局来函中提出的处理意见，即协助执行在先采取执行措施法院的裁判文书，并将协助执行的情况告知在后采取保全措施的法院。

三、关于法院已经保全注册商标后,另一法院宣告其注册人进入破产程序并要求你局再行协助保全该注册商标的问题

根据《中华人民共和国企业破产法(试行)》第 11 条的规定,人民法院受理破产案件后,对债务人财产的其他民事执行程序必须中止。人民法院应当按照这一规定办理相关案件。在具体处理问题上,你局可以告知审理破产案件的法院有关注册商标已被保全的情况,由该法院通知在先采取保全措施的法院自行解除保全措施。你局收到有关解除财产保全措施的通知后,应立即协助执行审理破产案件法院的裁定。你局也可以告知在先采取保全措施的法院有关商标注册人进入破产程序的情况,由其自行决定解除保全措施。

四、关于法院裁决将注册商标作为标的执行时应否适用商标法实施细则第二十一条规定的问题

根据商标法实施细则第二十一条的规定,转让注册商标的,商标注册人对其在同一种或者类似商品上注册的相同或者近似的商标,必须一并办理。法院在执行注册商标专用权的过程中,应当根据上述规定的原则,对注册商标及相同或者类似商品上相同和近似的商标一并进行评估、拍卖、变卖等,并在采取执行措施时,裁定将相同或近似注册商标一并予以执行。商标局在接到法院有关部门转让注册商标的裁定时,如发现无上述内容,可以告知执行法院,由执行法院补充裁定后再协助执行。

来函中所涉及的具体案件,可按照上述意见处理。

此复。

最高人民法院
关于商标侵权纠纷中注册商标排他使用许可合同的被许可人是否有权单独提起诉讼问题的函

2002 年 9 月 10 日　　　　　　　　　　〔2002〕民三他字第 3 号

上海市高级人民法院:

你院《关于商标侵权纠纷中注册商标排他使用人应如何依法行使诉权的请示》收悉。经研究,答复如下:

注册商标排他使用许可合同的被许可人与商标注册人可以提起共同诉讼,在商标注册人不起诉的情况下,可以自行向人民法院提起诉讼。商标注册人不起诉包括商标注册人明示放弃起诉的情形,也包括注册商标排他使用许可合同的被许可人有证据证明其已告知商标注册人或者商标注册人已知道有侵犯商标专用权行为发生而仍不起诉的情形。

此复。

最高人民法院
关于对 TCL 集团公司在产品促销活动中使用与汉都公司注册商标相近的"千禧龙"文字是否构成商标侵权请示的批复

2003 年 7 月 31 日　　　　　　　　　　　〔2003〕民三他字第 4 号

江苏省高级人民法院：

　　你院〔2003〕苏民三终字第 025 号《关于对 TCL 集团公司在产品促销活动中使用与汉都公司"千禧龙 QIANXILONG"文字商标相近的"千禧龙"文字是否构成侵犯汉都公司商标权问题的请示》收悉。经研究，答复如下：

　　判断在产品促销活动中使用与他人注册商标相同或者相近似的文字是否侵犯商标专用权，应当以这种使用行为是否容易造成相关公众对商品和服务的来源产生混淆，是否借用他人注册商标的信誉为自己谋取不正当利益，或者是否对注册商标专用权造成其他损害为标准进行。

　　由于在产品促销活动中使用与他人注册商标相同或者相近似的文字，不同于在商品和服务中直接使用他人注册商标，因此，在认定是否造成"混淆"、"借用"、"损害"等事实时，应当特别注意：

　　一、要考虑注册商标的知名度与显著性。商标的显著性，即能够起到区别作用的特性的强弱，是商标侵权判断中确定商标专用权权利范围以及确认是否构成侵权的重要因素之一。知名度高显著性强的商标，被"混淆"、"借用"的可能性就大，而知名度低显著性弱的商标，被"混淆"、"借用"的可能性就小。

　　二、要对产品促销活动中使用他人商标的具体情形进行分析，如行为人是否将他人商标作为自己的商标或者自己的商品名称使用，是否在使用他人商标的方式、时间等方面容易使相关公众混淆商品或者服务的来源，或者误认商品、服务的提供者存在特殊的关系等。

　　你院请示中涉及的侵权认定问题，应当在查明事实的基础上，根据法律和司法解释的规定并结合上述意见进行处理。

　　此复。

最高人民法院
关于对杭州张小泉剪刀厂与上海张小泉刀剪总店、上海张小泉刀剪制造有限公司商标侵权及不正当竞争纠纷一案有关适用法律问题的函

2003年11月4日　　　　　　　　　　〔2003〕民三他字第1号

上海市高级人民法院：

你院《关于杭州张小泉剪刀厂与上海张小泉刀剪总店、上海张小泉刀剪制造有限公司商标侵权及不正当竞争纠纷一案的请示报告》收悉。经研究，对请示中涉及的法律适用问题答复如下：

一、同意你院关于应当依法受理本案的意见。

二、同意你院关于在先取得企业名称权的权利人有权正当使用自己的企业名称，不构成侵犯在后注册商标专用权行为的意见。企业名称权和商标专用权各自有其权利范围，均受法律保护。企业名称经核准登记以后，权利人享有在不侵犯他人合法权益的基础上使用企业名称进行民事活动、在相同行政区划范围内阻止他人登记同一名称、禁止他人假冒企业名称等民事权利。考虑到本案纠纷发生的历史情况和行政法规、规章允许企业使用简化名称以及字号的情况，上海张小泉刀剪总店过去在产品上使用"张小泉"或者"上海张小泉"字样的行为不宜认定侵犯杭州张小泉剪刀厂的合法权益。今后上海张小泉刀剪总店应当在商品、服务上规范使用其经核准登记的企业名称。

三、使用与他人在先注册并驰名的商标文字相同的文字作为企业名称或者名称中部分文字，该企业所属行业（或者经营特点）又与注册商标核定使用的商品或者服务相同或者有紧密联系，客观上可能产生淡化他人驰名商标，损害商标注册人的合法权益的，人民法院应当根据当事人的请求对这类行为予以制止。从你院请示报告中所陈述的查明事实看，本案上海张小泉刀剪总店成立在先且其字号的知名度较高，上海张小泉刀剪制造有限公司系上海张小泉刀剪总店与他人合资设立，且"张小泉"文字无论作为字号还是商标，其品牌知名度和声誉的产生都是有长期的历史原因。因此，请你院根据本案存在的上述事实以及本案被告是否存在其他不正当竞争行为等全案情况，对上海张小泉刀剪制造有限公司使用"张小泉"文字是否构成侵权或者不正当竞争及赔偿等问题，依法自行裁决。

以上意见供参考。

最高人民法院
关于对南京金兰湾房地产开发公司与南京利源物业发展有限公司侵犯商标专用权纠纷一案请示的答复

2004年2月2日　　　　　　　　　　　〔2003〕民三他字第10号

江苏省高级人民法院：

你院〔2003〕苏民三审监字第008号《关于南京利源物业发展有限公司与南京金兰湾房地产开发公司商标侵权纠纷一案的请示报告》收悉。经研究，答复如下：

根据《中华人民共和国商标法》第五十二条第（一）项、《中华人民共和国商标法实施条例》第三条、第四十九条的规定，以地名作为文字商标进行注册的，商标专用权人有权禁止他人将与该地名相同的文字作为商标或者商品名称等商业标识在相同或者类似商品上使用来表示商品的来源；但无权禁止他人在相同或者类似商品上正当使用该地名来表示商品与产地、地理位置等之间的联系（地理标志作为商标注册的另论）。能否准确把握上述界限，是正确认定涉及地名的文字商标专用权的权利范围，依法保护商标专用权并合理维护正当的公众利益的关键。

我们认为应当注意以下问题：一、使用人使用地名的目的和方式。使用地名的方式往往表现出使用目的。使用人使用地名的方式是公众惯常理解的表示商品产地、地理位置等方式的，应当认为属于正当使用地名。二、商标和地名的知名度。所使用的文字，如果其作为商标知名度高，则一般情况下，相关公众混淆、误认的可能性较大；如果其作为地名知名度高，则相关公众对其出处的混淆、误认的可能性会较小。三、相关商品或服务的分类情况。商品或服务的分类情况，往往决定了是否需要指示其地理位置。房地产销售中指示房地产的地理位置，一般应当认为是基于说明该商品的自然属性的需要。四、相关公众在选择此类商品或服务时的注意程度。根据相关公众选择此类商品或服务时的一般注意程度，审查确认是否会因这种使用而对该商品或服务的来源混淆、误认。五、地名使用的具体环境、情形。在房地产广告上为突出地理位置的优越而突出使用地名与在一般商品上、一般商品的广告上为突出商品的产地而突出使用地名往往给予公众的注意程度不同，产生的效果也有所差别。

你院请示中涉及的是否构成侵权的问题，请你院在查明事实的基础上，根据有关法律和司法解释的规定并结合上述意见自行决定。

此复。

最高人民法院
对《辽宁省高级人民法院关于大连金州酒业有限公司
与大连市金州区白酒厂商标侵权纠纷一案的请示》的答复

2005年8月10日　　　　　　　　　　　〔2004〕民三他字第6号

辽宁省高级人民法院：

你院〔2004〕辽民四知终字第176号《关于大连金州酒业有限公司与大连市金州区白酒厂商标侵权纠纷一案的请示》收悉。经研究，答复如下：

注册商标含有地名的，商标专用权人不得禁止地名所在区域的其他经营者为表明地理来源等正当用途而在商品名称中使用该地名。但是，除各自使用的地名文字相同外，如果商品名称与使用特殊的字体、形状等外观的注册商标构成相同或者近似，或者注册商标使用的地名除具有地域含义外，还具有使相关公众与注册商标的商品来源必然联系起来的其他含义（即第二含义），则不在此限。

请你院依据有关商标的法律、行政法规和司法解释的规定，并结合上述意见，根据案件事实，认真请示案件中的被诉行为是否构成侵权。

最高人民法院
印发《关于审理商标授权确权行政案件
若干问题的意见》的通知

2010年4月20日　　　　　　　　　　　法发〔2010〕12号

各省、自治区、直辖市高级人民法院，解放军军事法院，新疆维吾尔自治区高级人民法院生产建设兵团分院：

现将《最高人民法院关于审理商标授权确权行政案件若干问题的意见》印发给你们，请认真贯彻执行。

附：

最高人民法院
关于审理商标授权确权行政案件若干问题的意见

自 2001 年 12 月 1 日《全国人民代表大会常务委员会关于修改〈中华人民共和国商标法〉的决定》施行以来，人民法院开始依法受理和审理利害关系人诉国家工商行政管理总局商标评审委员会作出的商标驳回复审、商标异议复审、商标争议、商标撤销复审等具体行政行为的商标授权确权行政案件，对相关法律适用问题进行了积极探索，积累了较为丰富的审判经验。为了更好地审理商标授权确权行政案件，进一步总结审判经验，明确和统一审理标准，最高人民法院先后召开多次专题会议和进行专题调研，广泛听取相关法院、相关部门和专家学者的意见，对于审理商标授权确权行政案件中的法律适用问题进行了研究和总结。在此基础上，根据《中华人民共和国商标法》、《中华人民共和国行政诉讼法》等法律规定，结合审判实际，对审理此类案件提出如下意见：

1. 人民法院在审理商标授权确权行政案件时，对于尚未大量投入使用的诉争商标，在审查判断商标近似和商品类似等授权确权条件及处理与在先商业标志冲突上，可依法适当从严掌握商标授权确权的标准，充分考虑消费者和同业经营者的利益，有效遏制不正当抢注行为，注重对于他人具有较高知名度和较强显著性的在先商标、企业名称等商业标志权益的保护，尽可能消除商业标志混淆的可能性；对于使用时间较长、已建立较高市场声誉和形成相关公众群体的诉争商标，应当准确把握商标法有关保护在先商业标志权益与维护市场秩序相协调的立法精神，充分尊重相关公众已在客观上将相关商业标志区别开来的市场实际，注重维护已经形成和稳定的市场秩序。

2. 实践中，有些标志或者其构成要素虽有夸大成分，但根据日常生活经验或者相关公众的通常认识等并不足以引人误解。对于这种情形，人民法院不宜将其认定为夸大宣传并带有欺骗性的标志。

3. 人民法院在审查判断有关标志是否构成具有其他不良影响的情形时，应当考虑该标志或者其构成要素是否可能对我国政治、经济、文化、宗教、民族等社会公共利益和公共秩序产生消极、负面影响。如果有关标志的注册仅损害特定民事权益，由于商标法已经另行规定了救济方式和相应程序，不宜认定其属于具有其他不良影响的情形。

4. 根据商标法的规定，县级以上行政区划的地名或者公众知晓的外国地名一般不得作为商标注册和使用。实践中，有些商标由地名和其他要素组成，在这种情形下，如果商标因有其他要素的加入，在整体上具有显著特征，而不再具有地名含义或者不以地名为主要含义的，就不宜因其含有县级以上行政区划的地名或者公众知晓的外国地名，而认定其属于不得注册的商标。

5. 人民法院在审理商标授权确权行政案件时，应当根据诉争商标指定使用商品的相关公众的通常认识，从整体上对商标是否具有显著特征进行审查判断。标志中含有的描述性要素不影响商标整体上具有显著特征的，或者描述性标志是以独特方式进行表现，相关公众能够以其识别商品来源的，应当认定其具有显著特征。

6. 人民法院在审理商标授权确权行政案件时，应当根据中国境内相关公众的通常认识，审查判断诉争外文商标是否具有显著特征。诉争标志中的外文虽有固有含义，但相关公众能够以该标志识别商品来源的，不影响对其显著特征的认定。

7. 人民法院在判断诉争商标是否为通用名称时，应当审查其是否属于法定的或者约定俗成的商品名称。依据法律规定或者国家标准、行业标准属于商品通用名称的，应当认定为通用名称。相关公众普遍认为某一名称能够指代一类商品的，应当认定该名称为约定俗成的通用名称。被专业工具书、辞典列为商品名称的，可以作为认定约定俗成的通用名称的参考。

约定俗成的通用名称一般以全国范围内相关公众的通常认识为判断标准。对于由于历史传统、风土人情、地理环境等原因形成的相关市场较为固定的商品，在该相关市场内通用的称谓，可以认定为通用名称。

申请人明知或者应知其申请注册的商标为部分区域内约定俗成的商品名称的，应视其申请注册的商标为通用名称。

8. 人民法院审查判断诉争商标是否属于通用名称，一般以提出商标注册申请时的事实状态为准。如果申请时不属于通用名称，但在核准注册时诉争商标已经成为通用名称的，仍应认定其属于本商品的通用名称；虽在申请时属于本商品的通用名称，但在核准注册时已经不是通用名称的，则不妨碍其取得注册。

9. 如果某标志只是或者主要是描述、说明所使用商品的质量、主要原料、功能、用途、重量、数量、产地等特点，应当认定其不具有显著特征。标志或者其构成要素暗示商品的特点，但不影响其识别商品来源功能的，不属于上述情形。

10. 人民法院审理涉及驰名商标保护的商标授权确权行政案件，可以参照《最高人民法院关于审理涉及驰名商标保护的民事纠纷案件应用法律若干问题的解释》第五条、第九条、第十条等相关规定。

11. 对于已经在中国注册的驰名商标，在不相类似商品上确定其保护范围时，要注意与其驰名程度相适应。对于社会公众广为知晓的已经在中国注册的驰名商标，在不相类似商品上确定其保护范围时，要给予与其驰名程度相适应的较宽范围的保护。

12. 商标代理人、代表人或者经销、代理等销售代理关系意义上的代理人、代表人未经授权，以自己的名义将被代理人或者被代表人商标进行注册的，人民法院应当认定属于代理人、代表人抢注被代理人、被代表人商标的行为。审判实践中，有些抢注行为发生在代理、代表关系尚在磋商的阶段，即抢注在先，代理、代表关系形成在后，此时应将其视为代理人、代表人的抢注行为。与上述代理人或者代表人有串通合谋抢注行为的商标注册申请人，可以视其为代理人或者代表人。对于串通合谋抢注行为，可以视情况根据商标注册申请人与上述代理人或者代表人之间的特定身份关系等进行推定。

13. 代理人或者代表人不得申请注册的商标标志，不仅包括与被代理人或者被代表人商标相同的标志，也包括相近似的标志；不得申请注册的商品既包括与被代理人或者被代表人商标所使用的商品相同的商品，也包括类似的商品。

14. 人民法院在审理商标授权确权行政案件中判断商品类似和商标近似，可以参照《最高人民法院关于审理商标民事纠纷案件适用法律若干问题的解释》的相关规定。

15. 人民法院审查判断相关商品或者服务是否类似，应当考虑商品的功能、用途、生产部门、销售渠道、消费群体等是否相同或者具有较大的关联性；服务的目的、内容、方式、对象等是否相同或者具有较大的关联性；商品和服务之间是否具有较大的关联性，是否容易使相关公众认为商品或者服务是同一主体提供的，或者其提供者之间存在特定联系。《商标注册用商品和服务国际分类表》、《类似商品和服务区分表》可以作为判断类似商品或者服务的参考。

16. 人民法院认定商标是否近似，既要考虑商标标志构成要素及其整体的近似程度，也要考虑相关商标的显著性和知名度、所使用商品的关联程度等因素，以是否容易导致混淆作为判断标准。

17. 要正确理解和适用商标法第三十一条关于"申请商标注册不得损害他人现有的在先权利"的概括性规定。人民法院审查判断诉争商标是否损害他人现有的在先权利时，对于商标法已有特别规定的在先权利，按照商标法的特别规定予以保护；商标法虽无特别规定，但根据民法通则和其他法律的规定属于应予保护的合法权益的，应当根据该概括性规定给予保护。

人民法院审查判断诉争商标是否损害他人现有的在先权利，一般以诉争商标申请日为准。如果在先权利在诉争商标核准注册时已不存在的，则不影响诉争商标的注册。

18. 根据商标法的规定，申请人不得以不正当手段抢先注册他人已经使用并有一定影响的商标。如果申请人明知或者应知他人已经使用并有一定影响的商标而予以抢注，即可认定其采用了不正当手段。

在中国境内实际使用并为一定范围的相关公众所知晓的商标，即应认定属于已经使用并有一定影响的商标。有证据证明在先商标有一定的持续使用时间、区域、销售量或者广告宣传等的，可以认定其有一定影响。

对于已经使用并有一定影响的商标，不宜在不相类似商品上给予保护。

19. 人民法院在审理涉及撤销注册商标的行政案件时，审查判断诉争商标是否属于以其他不正当手段取得注册，要考虑其是否属于欺骗手段以外的扰乱商标注册秩序、损害公共利益、不正当占用公共资源或者以其他方式谋取不正当利益的手段。对于只是损害特定民事权益的情形，则要适用商标法第四十一条第二款、第三款及商标法的其他相应规定进行审查判断。

20. 人民法院审理涉及撤销连续三年停止使用的注册商标的行政案件时，应当根据商标法有关规定的立法精神，正确判断所涉行为是否构成实际使用。

商标权人自行使用、许可他人使用以及其他不违背商标权人意志的使用，均可认定属于实际使用的行为。实际使用的商标与核准注册的商标虽有细微差别，但未改变其显著特征的，可以视为注册商标的使用。没有实际使用注册商标，仅有转让或许可行为，或者仅有商标注册信息的公布或者对其注册商标享有专有权的声明等的，不宜认定为商标使用。

如果商标权人因不可抗力、政策性限制、破产清算等客观事由，未能实际使用注册商标或者停止使用，或者商标权人有真实使用商标的意图，并且有实际使用的必要准备，但因其他客观事由尚未实际使用注册商标的，均可认定有正当理由。

五、著　作　权

最高人民法院
关于审理著作权民事纠纷案件适用
法律若干问题的解释

法释〔2002〕31号

(2002年10月12日最高人民法院审判委员会第1246次会议通过　2002年10月12日最高人民法院公告公布　自2002年10月15日起施行)

为了正确审理著作权民事纠纷案件，根据《中华人民共和国民法通则》、《中华人民共和国合同法》、《中华人民共和国著作权法》、《中华人民共和国民事诉讼法》等法律的规定，就适用法律若干问题解释如下：

第一条　人民法院受理以下著作权民事纠纷案件：

(一) 著作权及与著作权有关权益权属、侵权、合同纠纷案件；

(二) 申请诉前停止侵犯著作权、与著作权有关权益行为，申请诉前财产保全、诉前证据保全案件；

(三) 其他著作权、与著作权有关权益纠纷案件。

第二条　著作权民事纠纷案件，由中级以上人民法院管辖。

各高级人民法院根据本辖区的实际情况，可以确定若干基层人民法院管辖第一审著作权民事纠纷案件。

第三条　对著作权行政管理部门查处的侵犯著作权行为，当事人向人民法院提起诉讼追究该行为人民事责任的，人民法院应当受理。

人民法院审理已经过著作权行政管理部门处理的侵犯著作权行为的民事纠纷案件，应当对案件事实进行全面审查。

第四条　因侵犯著作权行为提起的民事诉讼，由著作权法第四十六条、第四十七条所规定侵权行为的实施地、侵权复制品储藏地或者查封扣押地、被告住所地人民法院管辖。

前款规定的侵权复制品储藏地，是指大量或者经常性储存、隐匿侵权复制品所在地；查封扣押地，是指海关、版权、工商等行政机关依法查封、扣押侵权复制品所在地。

第五条 对涉及不同侵权行为实施地的多个被告提起的共同诉讼，原告可以选择其中一个被告的侵权行为实施地人民法院管辖；仅对其中某一被告提起的诉讼，该被告侵权行为实施地的人民法院有管辖权。

第六条 依法成立的著作权集体管理组织，根据著作权人的书面授权，以自己的名义提起诉讼，人民法院应当受理。

第七条 当事人提供的涉及著作权的底稿、原件、合法出版物、著作权登记证书、认证机构出具的证明、取得权利的合同等，可以作为证据。

在作品或者制品上署名的自然人、法人或者其他组织视为著作权、与著作权有关权益的权利人，但有相反证明的除外。

第八条 当事人自行或者委托他人以定购、现场交易等方式购买侵权复制品而取得的实物、发票等，可以作为证据。

公证人员在未向涉嫌侵权的一方当事人表明身份的情况下，如实对另一方当事人按照前款规定的方式取得的证据和取证过程出具的公证书，应当作为证据使用，但有相反证据的除外。

第九条 著作权法第十条第（一）项规定的"公之于众"，是指著作权人自行或者经著作权人许可将作品向不特定的人公开，但不以公众知晓为构成条件。

第十条 著作权法第十五条第二款所指的作品，著作权人是自然人的，其保护期适用著作权法第二十一条第一款的规定；著作权人是法人或其他组织的，其保护期适用著作权法第二十一条第二款的规定。

第十一条 因作品署名顺序发生的纠纷，人民法院按照下列原则处理：有约定的按约定确定署名顺序；没有约定的，可以按照创作作品付出的劳动、作品排列、作者姓氏笔画等确定署名顺序。

第十二条 按照著作权法第十七条规定委托作品著作权属于受托人的情形，委托人在约定的使用范围内享有使用作品的权利；双方没有约定使用作品范围的，委托人可以在委托创作的特定目的范围内免费使用该作品。

第十三条 除著作权法第十一条第三款规定的情形外，由他人执笔，本人审阅定稿并以本人名义发表的报告、讲话等作品，著作权归报告人或者讲话人享有。著作权人可以支付执笔人适当的报酬。

第十四条 当事人合意以特定人物经历为题材完成的自传体作品，当事人对著作权权属有约定的，依其约定；没有约定的，著作权归该特定人物享有，执笔人或整理人对作品完成付出劳动的，著作权人可以向其支付适当的报酬。

第十五条 由不同作者就同一题材创作的作品，作品的表达系独立完成并且有创作性的，应当认定作者各自享有独立著作权。

第十六条 通过大众传播媒介传播的单纯事实消息属于著作权法第五条第（二）项规定的时事新闻。传播报道他人采编的时事新闻，应当注明出处。

第十七条 著作权法第三十二条第二款规定的转载，是指报纸、期刊登载其他报刊已发表作品的行为。转载未注明被转载作品的作者和最初登载的报刊出处的，应当承担消除影响、赔礼道歉等民事责任。

第十八条 著作权法第二十二条第（十）项规定的室外公共场所的艺术作品，是指设置或者陈列在室外社会公众活动处所的雕塑、绘画、书法等艺术作品。

对前款规定艺术作品的临摹、绘画、摄影、录像人，可以对其成果以合理的方式和范围再行使用，不构成侵权。

第十九条 出版者、制作者应当对其出版、制作有合法授权承担举证责任，发行者、出租者应当对其发行或者出租的复制品有合法来源承担举证责任。举证不能的，依据著作权法第四十六条、第四十七条的相应规定承担法律责任。

第二十条 出版物侵犯他人著作权的，出版者应当根据其过错、侵权程度及损害后果等承担民事赔偿责任。

出版者对其出版行为的授权、稿件来源和署名、所编辑出版物的内容等未尽到合理注意义务的，依据著作权法第四十八条的规定，承担赔偿责任。

出版者尽了合理注意义务，著作权人也无证据证明出版者应当知道其出版涉及侵权的，依据民法通则第一百一十七条第一款的规定，出版者承担停止侵权、返还其侵权所得利润的民事责任。

出版者所尽合理注意义务情况，由出版者承担举证责任。

第二十一条 计算机软件用户未经许可或者超过许可范围商业使用计算机软件的，依据著作权法第四十七条第（一）项、《计算机软件保护条例》第二十四条第（一）项的规定承担民事责任。

第二十二条 著作权转让合同未采取书面形式的，人民法院依据合同法第三十六条、第三十七条的规定审查合同是否成立。

第二十三条 出版者将著作权人交付出版的作品丢失、毁损致使出版合同不能履行的，依据著作权法第五十三条、民法通则第一百一十七条以及合同法第一百二十二条的规定追究出版者的民事责任。

第二十四条 权利人的实际损失，可以根据权利人因侵权所造成复制品发行减少量或者侵权复制品销售量与权利人发行该复制品单位利润乘积计算。发行减少量难以确定的，按照侵权复制品市场销售量确定。

第二十五条 权利人的实际损失或者侵权人的违法所得无法确定的，人民法院根据当事人的请求或者依职权适用著作权法第四十八条第二款的规定确定赔偿数额。

人民法院在确定赔偿数额时，应当考虑作品类型、合理使用费、侵权行为性质、后果等情节综合确定。

当事人按照本条第一款的规定就赔偿数额达成协议的，应当准许。

第二十六条 著作权法第四十八条第一款规定的制止侵权行为所支付的合理开支，包括权利人或者委托代理人对侵权行为进行调查、取证的合理费用。

人民法院根据当事人的诉讼请求和具体案情，可以将符合国家有关部门规定的律师费用计算在赔偿范围内。

第二十七条 在著作权法修改决定施行前发生的侵犯著作权行为起诉的案件，人民法院于该决定施行后做出判决的，可以参照适用著作权法第四十八条的规定。

第二十八条 侵犯著作权的诉讼时效为二年，自著作权人知道或者应当知道侵权行为之日起计算。权利人超过二年起诉的，如果侵权行为在起诉时仍在持续，在该著作权保护期内，人民法院应当判决被告停止侵权行为；侵权损害赔偿数额应当自权利人向人民法院起诉之日起向前推算二年计算。

第二十九条 对著作权法第四十七条规定的侵权行为，人民法院根据当事人的请求除追究行为人民事责任外，还可以依据民法通则第一百三十四条第三款的规定给予民事制裁，罚款数额可以参照《中华人民共和国著作权法实施条例》的有关规定确定。

著作权行政管理部门对相同的侵权行为已经给予行政处罚的，人民法院不再予以民事制裁。

第三十条 对 2001 年 10 月 27 日前发生的侵犯著作权行为，当事人于 2001 年 10 月 27 日后向人民法院提出申请采取责令停止侵权行为或者证据保全措施的，适用著作权法第四十九条、第五十条的规定。

人民法院采取诉前措施，参照《最高人民法院关于诉前停止侵犯注册商标专用权行为和保全证据适用法律问题的解释》的规定办理。

第三十一条 除本解释另行规定外，2001 年 10 月 27 日以后人民法院受理的著作权民事纠纷案件，涉及 2001 年 10 月 27 日前发生的民事行为的，适用修改前著作权法的规定；涉及该日期以后发生的民事行为的，适用修改后著作权法的规定；涉及该日期前发生，持续到该日期后的民事行为的，适用修改后著作权法的规定。

第三十二条 以前的有关规定与本解释不一致的，以本解释为准。

最高人民法院
关于审理侵害信息网络传播权民事纠纷案件适用法律若干问题的规定

法释〔2012〕20 号

（2012 年 11 月 26 日最高人民法院审判委员会第 1561 次会议通过
2012 年 12 月 17 日最高人民法院公告公布　自 2013 年 1 月 1 日起施行）

为正确审理侵害信息网络传播权民事纠纷案件，依法保护信息网络传播权，促进信息网络产业健康发展，维护公共利益，根据《中华人民共和国民法通则》、《中华人民共和国侵权责任法》、《中华人民共和国著作权法》、《中华人民共和国民事诉讼法》等有关法律规定，结合审判实际，制定本规定。

第一条 人民法院审理侵害信息网络传播权民事纠纷案件，在依法行使裁量权时，应当兼顾权利人、网络服务提供者和社会公众的利益。

第二条 本规定所称信息网络,包括以计算机、电视机、固定电话机、移动电话机等电子设备为终端的计算机互联网、广播电视网、固定通信网、移动通信网等信息网络,以及向公众开放的局域网络。

第三条 网络用户、网络服务提供者未经许可,通过信息网络提供权利人享有信息网络传播权的作品、表演、录音录像制品,除法律、行政法规另有规定外,人民法院应当认定其构成侵害信息网络传播权行为。

通过上传到网络服务器、设置共享文件或者利用文件分享软件等方式,将作品、表演、录音录像制品置于信息网络中,使公众能够在个人选定的时间和地点以下载、浏览或者其他方式获得的,人民法院应当认定其实施了前款规定的提供行为。

第四条 有证据证明网络服务提供者与他人以分工合作等方式共同提供作品、表演、录音录像制品,构成共同侵权行为的,人民法院应当判令其承担连带责任。网络服务提供者能够证明其仅提供自动接入、自动传输、信息存储空间、搜索、链接、文件分享技术等网络服务,主张其不构成共同侵权行为的,人民法院应予支持。

第五条 网络服务提供者以提供网页快照、缩略图等方式实质替代其他网络服务提供者向公众提供相关作品的,人民法院应当认定其构成提供行为。

前款规定的提供行为不影响相关作品的正常使用,且未不合理损害权利人对该作品的合法权益,网络服务提供者主张其未侵害信息网络传播权的,人民法院应予支持。

第六条 原告有初步证据证明网络服务提供者提供了相关作品、表演、录音录像制品,但网络服务提供者能够证明其仅提供网络服务,且无过错的,人民法院不应认定为构成侵权。

第七条 网络服务提供者在提供网络服务时教唆或者帮助网络用户实施侵害信息网络传播权行为的,人民法院应当判令其承担侵权责任。

网络服务提供者以言语、推介技术支持、奖励积分等方式诱导、鼓励网络用户实施侵害信息网络传播权行为的,人民法院应当认定其构成教唆侵权行为。

网络服务提供者明知或者应知网络用户利用网络服务侵害信息网络传播权,未采取删除、屏蔽、断开链接等必要措施,或者提供技术支持等帮助行为的,人民法院应当认定其构成帮助侵权行为。

第八条 人民法院应当根据网络服务提供者的过错,确定其是否承担教唆、帮助侵权责任。网络服务提供者的过错包括对于网络用户侵害信息网络传播权行为的明知或者应知。

网络服务提供者未对网络用户侵害信息网络传播权的行为主动进行审查的,人民法院不应据此认定其具有过错。

网络服务提供者能够证明已采取合理、有效的技术措施,仍难以发现网络用户侵害信息网络传播权行为的,人民法院应当认定其不具有过错。

第九条 人民法院应当根据网络用户侵害信息网络传播权的具体事实是否明显,综合考虑以下因素,认定网络服务提供者是否构成应知:

(一)基于网络服务提供者提供服务的性质、方式及其引发侵权的可能性大小,应当具备的管理信息的能力;

（二）传播的作品、表演、录音录像制品的类型、知名度及侵权信息的明显程度；

（三）网络服务提供者是否主动对作品、表演、录音录像制品进行了选择、编辑、修改、推荐等；

（四）网络服务提供者是否积极采取了预防侵权的合理措施；

（五）网络服务提供者是否设置便捷程序接收侵权通知并及时对侵权通知作出合理的反应；

（六）网络服务提供者是否针对同一网络用户的重复侵权行为采取了相应的合理措施；

（七）其他相关因素。

第十条 网络服务提供者在提供网络服务时，对热播影视作品等以设置榜单、目录、索引、描述性段落、内容简介等方式进行推荐，且公众可以在其网页上直接以下载、浏览或者其他方式获得的，人民法院可以认定其应知网络用户侵害信息网络传播权。

第十一条 网络服务提供者从网络用户提供的作品、表演、录音录像制品中直接获得经济利益的，人民法院应当认定其对该网络用户侵害信息网络传播权的行为负有较高的注意义务。

网络服务提供者针对特定作品、表演、录音录像制品投放广告获取收益，或者获取与其传播的作品、表演、录音录像制品存在其他特定联系的经济利益，应当认定为前款规定的直接获得经济利益。网络服务提供者因提供网络服务而收取一般性广告费、服务费等，不属于本款规定的情形。

第十二条 有下列情形之一的，人民法院可以根据案件具体情况，认定提供信息存储空间服务的网络服务提供者应知网络用户侵害信息网络传播权：

（一）将热播影视作品等置于首页或者其他主要页面等能够为网络服务提供者明显感知的位置的；

（二）对热播影视作品等的主题、内容主动进行选择、编辑、整理、推荐，或者为其设立专门的排行榜的；

（三）其他可以明显感知相关作品、表演、录音录像制品为未经许可提供，仍未采取合理措施的情形。

第十三条 网络服务提供者接到权利人以书信、传真、电子邮件等方式提交的通知，未及时采取删除、屏蔽、断开链接等必要措施的，人民法院应当认定其明知相关侵害信息网络传播权行为。

第十四条 人民法院认定网络服务提供者采取的删除、屏蔽、断开链接等必要措施是否及时，应当根据权利人提交通知的形式，通知的准确程度，采取措施的难易程度，网络服务的性质，所涉作品、表演、录音录像制品的类型、知名度、数量等因素综合判断。

第十五条 侵害信息网络传播权民事纠纷案件由侵权行为地或者被告住所地人民法院管辖。侵权行为地包括实施被诉侵权行为的网络服务器、计算机终端等设备所在地。侵权行为地和被告住所地均难以确定或者在境外的，原告发现侵权内容的计算机终端等设备所在地可以视为侵权行为地。

第十六条 本规定施行之日起,最高人民法院《关于审理涉及计算机网络著作权纠纷案件适用法律若干问题的解释》(法释〔2006〕11号)同时废止。

本规定施行之后尚未终审的侵害信息网络传播权民事纠纷案件,适用本规定。本规定施行前已经终审,当事人申请再审或者按照审判监督程序决定再审的,不适用本规定。

最高人民法院
关于加强"红色经典"和英雄烈士合法权益司法保护弘扬社会主义核心价值观的通知

2018年5月11日　　　　　　　　　　　　　　　法〔2018〕68号

各省、自治区、直辖市高级人民法院,解放军军事法院,新疆维吾尔自治区高级人民法院生产建设兵团分院:

为全面贯彻落实习近平新时代中国特色社会主义思想和党的十九大以及十九届二中、三中全会精神,深入贯彻落实《中共中央关于培育和践行社会主义核心价值观的意见》,依法保护红色经典传承和英雄烈士合法权益,倡导讲品位、讲格调、讲责任,教育和引导社会公众尤其是广大青少年自觉抵制"低俗、庸俗、媚俗",抵制历史虚无主义,规范不良传播行为,维护社会公共利益,指导地方各级人民法院正确审理涉及保护红色经典传承和英雄烈士合法权益纠纷案件,弘扬社会主义核心价值观,根据《中华人民共和国民法总则》《中华人民共和国英雄烈士保护法》以及知识产权法律等相关规定,现通知如下。

一、要充分认识保护红色经典和英雄烈士合法权益的重大意义

在中国共产党领导下,在长期的革命战争年代、社会主义建设时期和改革开放过程中诞生了大量的红色经典,涌现出了无数的英雄烈士,他们是我们党和国家的宝贵精神财富,是中华儿女的杰出代表,其所承载的精神价值,是中华民族共同的历史记忆,是全体中国人民共同的价值追求,是社会主义核心价值观的重要源泉。依法保护红色经典和英雄烈士合法权益,就是维护最广大人民群众的根本利益,就是弘扬社会主义核心价值观,这是人民法院审判工作肩负的神圣使命和重大职责,是全面贯彻落实习近平总书记提出的"更好构筑中国精神、中国价值、中国力量,为人民提供精神指引"的必然要求,必须旗帜鲜明毫不动摇地依法保护红色经典传承和英雄烈士合法权益。要正确处理好保护红色经典和英雄烈士合法权益与推动社会主义文化繁荣发展之间的关系,尊重历史,尊重经典,崇尚英雄烈士。通过审判工作,激发广大人民群众的民族自豪感,坚定

"四个自信"，为建设富强民主文明和谐美丽的社会主义现代化强国，实现中华民族伟大复兴的中国梦提供强大的精神动力。

二、要依法妥善审理好使用红色经典作品报酬纠纷和英雄烈士合法权益纠纷案件

要深刻认识使用红色经典作品报酬纠纷和英雄烈士合法权益纠纷案件的特殊性，在侵权认定、报酬计算和判令停止行为时，应当秉承尊重历史、尊重法律、尊重权利的原则，坚持红色经典和英雄烈士合法权益司法保护的利益衡平。为维护党和国家利益、社会公共利益，对因使用红色经典作品产生的报酬纠纷案件，不得判令红色经典作品停止表演或者演出。在确定红色经典作品报酬时，要与其他商品化作品主要由市场决定交易价格和报酬的计算方法相区别，要综合考量红色经典作品的类型、实际表演或者演出情形以及演绎作品对红色经典作品使用比例等因素，同时充分考量创作红色经典时的特殊时代背景，从有利于传承红色经典和宣传英雄烈士光辉事迹的导向作用，酌情确定合理的报酬数额，防止简单化计算金钱给付。

三、要切实保障红色经典和英雄烈士相关利益主体的诉讼权利

根据著作权法规定，红色经典作品的作者对原作品享有署名权、修改权、保护作品完整权，上述人身权的保护期不受时间限制，其他人未经明确授权不得行使。权利人或者利害关系人依法向人民法院提起诉讼的，人民法院应当受理。

如果被侵权的红色经典作品的作者已经死亡而其利害关系人未提起诉讼，或者英雄烈士的姓名、肖像、名誉、荣誉被侵害而没有近亲属或者近亲属未提起诉讼，检察机关或者法律规定的其他机关和有关组织向人民法院提起诉讼的，人民法院可以参照《中华人民共和国民事诉讼法》第五十五条的规定予以受理。

为保护红色经典和英雄烈士合法权益提起诉讼的当事人，缴纳诉讼费用确有困难申请减、缓、免交诉讼费用的，人民法院应当予以支持。

四、要依法正确界定红色经典诉讼双方的权利义务和英雄烈士合法权益

要依法正确界定受著作权法保护的红色经典作品类型，并在此基础上准确认定不同的权利属性和类别。侵害著作权的，应当明确侵害人身权或者财产权的具体权利范围，如署名权、修改权、保护作品完整权以及获得报酬权等；侵害著作权相关权利的，应当明确侵害表演者权、录音录像制作者权、广播组织权等具体权利范围；对于违反商标法和反不正当竞争法的，应当明确相应的权益内容。

要充分发挥知识产权民事、行政和刑事审判"三合一"的机制优势，正确把握民事法律责任、行政法律责任以及刑事法律责任在法律适用上的差异，准确确定侵害相关权利所应当承担的民事、行政和刑事责任，不断提高对红色经典和英雄烈士合法权益司法保护的整体效能。

五、要积极协同推进对红色经典和英雄烈士合法权益的司法保护工作

保护红色经典和英雄烈士合法权益需要全社会协同努力。对案件审理中遇到的重大

疑难敏感问题，地方各级人民法院要深入调查研究，充分发挥人民陪审员制度作用，广泛听取文化宣传和著作权等行政管理部门在内的各界意见，上级法院要加强对下级法院的业务指导，确保案件认定事实清楚，适用法律正确，裁判结果既尊重历史、符合法律，又符合国情社情民意，充分彰显社会主义法治与德治相结合，努力实现办案的法律效果和社会效果的统一。

地方各级人民法院要加强组织领导，按照"三同步"要求，积极做好舆论引导工作，发现新情况新问题要及时层报最高人民法院。

特此通知。

最高人民法院
关于郑谦诉张文勋著作权纠纷案的批复

（1987年12月31日）

云南省高级人民法院：

你院《关于郑谦诉张文勋侵犯著作权一案的请示报告》收悉。据报告称，1958年9月在云南省委宣传部领导下，由中国作家协会昆明分会和云南大学组成了"云南省民族民间文学大理调查队"，到大理州调查搜集白族文学方面的情况，大量州委亦派干部参加了该项调查工作。在调查的基础上，由张文勋、郑谦、郑绍方、张福三、杜惠荣执笔，编写了《白族文学史》一书，初版署名为"云南省民族民间文学大理调查队"。1979年2月，在中国社会科学院召开的全国少数民族文学史编写座谈会上，决定修改此书。经云南大学系、校两级领导批准由张文勋为修订主编，1983年修订本出版，署名为"初版：云南省民族民间文学大理调查队编写。修订版：主编张文勋、助编张福三、付光宇。"郑谦认为，未经其他编写人同意即修改原作，侵犯了他的著作权，为此向昆明市中级法院起诉。你院和中院在认定张文勋是否侵犯了郑谦的著作权的问题上意见不一，向我院请示。

经研究并征求了有关部门的意见，我们认为，根据本案事实和《图书、期刊版权保护试行条例》的规定，《白族文学史》初版和修订版的版权以归主办单位所有为宜。张文勋在修订中的做法虽有不当之处，但尚不属侵犯版权（著作权）的行为。在《版权法》尚未颁布的情况下，请按上述精神，结合本案具体情况争取在有关部门的协助下调解解决。

此复。

最高人民法院
关于刘国础诉叶毓山著作权一案的复函

1990年1月22日　　　　　　　　　〔1989〕民他字第56号

四川省高级人民法院：

你院〔1989〕川法民示字第8号《关于刘国础诉叶毓山著作权一案的请示报告》收悉。经研究，答复如下：

一、歌乐山烈士群雕，是倡议单位聘请叶毓山个人创作并由叶亲自参加和指导下制作完成的，刘国础仅在参加群雕制作过程中提过一些建议，与叶毓山又没有合作创作的约定，不能认定是群雕的共同创作人。

二、全国城市雕塑设计方案展览会只评选雕塑作品，不评选环境沙盘模型。因此，群雕作为雕塑作品所获得的纪念铜牌，只能归其作者叶毓山享有。

三、沙盘模型应由谁署名问题，与叶毓山无关，不属于本案审理的范围，可告知原告，如有争议，应另行起诉。

以上意见供参考。

最高人民法院民事审判庭
关于武生活与杨学洪合作作品署名权纠纷一案的电话答复

1990年2月7日　　　　　　　　　〔1989〕民他字第58号

山东省高级人民法院：

你院"关于临沂市武生活与杨学洪合作作品署名权纠纷一案的请示报告"收悉。经研究，我们提出如下意见：①该案当事人是对《中国城市经济社会年鉴》特载部分的"写作负责人名单"有争议，不是对登载作品作者的署名权之争，也不是作品本身的归属之争，无需作出是职务作品、还是合作作品的认定；②写作负责人错写为李玉华，既不是李的责任，也不涉及李的权利，判决结果也不需要李承担民事责任，故不应将李追加为第三人；③写作负责人名单问题，按要求应以市长指定为准报送。武生活在1986年12月填表时，私自将名单填报李玉华，似应由行政解决，但在1987年4月以市政府名义报送文章时，附表写作负责人为武生活、杨学洪，而《年鉴》仍按前表登"特载"应承担主要责任，可建议由行政出面联系《中国城市经济社会年鉴》予以更正。在联系有关单位妥善解决后，可裁定发回第一审，动员原告撤诉或驳回起诉。

以上意见，供你们审理该案时参考。

附：

山东省高级人民法院
关于临沂市武生活与杨学洪合作作品
署名权纠纷一案的请示报告

1989年8月15日　　　　　　　　　鲁法（民）发〔1989〕78号

最高人民法院：

我省临沂市武生活与杨学洪合作作品署名权纠纷一案，武生活不服临沂地区中级人民法院第一审判决，向省院提出上诉。经我院审理认为，该案有其特殊性，为慎重判处，特此报告请示。现将案情及处理意见报告如下：

上诉人：武生活（原审被告），男，46岁，汉族，大专文化，四川省梓潼县人，现任临沂市人民政府经济研究中心主任，住市府家属院。

委托代理人：宋秉明，山东省经济法律顾问处律师。

被上诉人：杨学洪（原审原告），男，36岁，汉族，大专文化，山东省莒县人，现任临沂市人民政府经济研究中心干部，住临沂市政府家属院。

原审第三人：李玉华，男，25岁，汉族，中专文化，临沂市人，系临沂市人民政府经济研究中心干部。

案情：

1986年2月22日《中国城市经济社会年鉴》（以下简称年鉴）理事会，向临沂市市长发出响应信，并向市长约稿。按照《年鉴》理事会章程规定，凡参加者需交会费（交不起者可免）；市长担任《年鉴》理事会理事并由市长指定理事联络员和写作负责人，当时的临沂市市长陈豁然指定武生活为理事联络员；武生活、杨学洪为写作负责人，并于1986年5月21日签发了同意参加《年鉴》理事会的响应信。在这期间陈豁然、武生活、杨学洪三人按写作提纲，共同研究了文章题目和写作内容，即：在杨学洪、武生活1986年3月为《临沂地区经济社会年鉴》写的《临沂市经济社会概况》一文的基础上，由武生活执笔修改整理而成《古城春晓话临沂》一文。文章写成后经陈豁然修改定稿发往《年鉴》编辑部。编辑部将《古城春晓话临沂》改名为《琅琊古城的今天》。以"临沂市长陈豁然"的署名登载在《年鉴》1986年版第756页上。

1986年12月6日，武生活与本单位打字员李玉华去长沙参加《年鉴》理事会议。会议期间，武生活未经市长指定和李玉华同意（本人不知道），在填写理事联络员、写作负责人登记表时将李玉华的名字填入写作负责人一栏内。后被登载在《年鉴》1987

年版特载上。1987年4月，由被上诉人杨学洪执笔写了《临沂新姿》一文，经副市长刘丕祥，原市长陈豁然修改定稿后报送，仍以临沂市市长陈豁然的署名登载在《年鉴》1987年版第798页上。按照《年鉴》编写提要规定，特载部分登载理事联络员、写作负责人名单。关于城市状况介绍部分规定："文章一般要署作者名（建议小城市仍由市长署名）；文章中的统计数字和打印稿要加盖统计局、市政府办公厅（室）公章"。1986年、1987年临沂报送的两文附页上写作负责人均是武生活和杨学洪二人。但武生活在填表时删掉了写作负责人之一杨学洪的名字。当《年鉴》1987年版发表后，杨学洪发现写作负责人是李玉华，即找上诉人质问，双方酿成纠纷。1988年7月3日被上诉人杨学洪向临沂地区中级人民法院提起诉讼，要求上诉人停止侵害，消除影响，赔礼道歉，赔偿经济损失。上诉人答辩称："两篇作品属职务作品，个人没有署名权。"并反诉称："原告说我侵犯版权纯属无中生有，写作负责人只有我一人。"

第一审审理期间，1988年10月27日临沂市人民政府向《年鉴》编辑部交了5000元会费。在诉争前的1987年武生活将合著的《琅琊古城的今天》一文，作为自己的论文之一，被评为市级拔尖人才，说明武本人承认是合作作品，享有著作权。关于两文的属性问题，职务作品目前在我国无法律规定，山东省新闻出版局版权处与国家版权局对此问题的看法完全相反，省版权处认为是合作作品，国家版权局则认为是职务作品。写作负责人是否属于文章署名权的范围？《年鉴》编辑部的两次函件前后不一致，第一次承认写作负责人是作者。第二次不承认写作负责人是作者。但从1985、1986、1987年出版情况看，具有表明作者身份的意思。1986、1987年的稿酬问题。1986年由武生活从长沙开会期间带回130元，共9人平均分配。1987年由编辑部直接寄给杨洪学130元，由杨学洪个人处理了。

临沂地区中级人民法院审理认为：1986、1987年发表在《年鉴》上的两文系陈豁然、杨学洪、武生活三人共同创作的作品，陈豁然及原、被告均有署名权。被告武生活连续二年侵犯了原告杨学洪写作负责人的署名权，事实清楚，证据充分，应承担民事责任。经调解无效，于1988年11月26日公开审理判决：一、由被告武生活负责恢复原告杨学洪在1986、1987年《中国城市经济社会年鉴》版本中的《琅琊古城的今天》和《临沂新姿》两篇作品的写作负责人署名权；停止对原告杨学洪在此两篇文章中的写作负责人署名权的不法侵害；二、被告武生活向原告杨学洪赔礼道歉，消除影响；三、被告武生活赔偿原告杨学洪经济损失200元整；四、驳回被告武生活的反诉请求。武生活不服，向我院提出上诉。其理由：1.是职务作品，著作权应归市政府所有，原审认定为三人合作作品是错误的。因为一是以市政府名义，并交了会费；二是加盖公章并落款。2.写作负责人只有我一个，并且写作负责人不属署名权范围。3.如果是合作作品，那么侵权人是陈豁然，应追加陈为被告。4.第一审法院偏袒原告一方，并剥夺了我的辩论权。

本案的焦点有两个。一是两文的属性，是职务作品，还是非职务作品？二是写作负责人是一个还是两个？写作负责人是否属于作者署名权范围？

对此，我院审判委员会研究的意见是：参照最高人民法院〔1988〕民他字第21号"关于由别人代为起草而以个人名义发表的会议讲话作品其著作权（版权）应归个人所有的批复"精神，本案所争执的作品属职务作品，因文章的内容基本上反映了市政府的意志；文章内表明的数字为市统计局提供并盖有市政府、市统计局的公章；文章的落款为临沂市人民政府；《年鉴》规定以原市长陈豁然的名义发表；武生活、杨学洪执笔写稿是完成市长交给的工作任务；《年鉴》特载写作负责人名单不属于著作权的署名权范围。因此，本案所争执的作品其著作权应归市政府所有。《年鉴》特载写作负责人姓名具有表明实际作者的意思。因此，上诉人武生活在填报理事、理事联络员、写作负责人登记表时擅自删掉写作负责人之一杨学洪而换成李玉华，可视为侵权，应承担民事责任，向被上诉人杨学洪、第三人李玉华赔礼道歉，并负责向《年鉴》编辑部声明再版时予以更正。本案由省法院改判处理。

上述意见当否，请批示。

最高人民法院
关于范曾诉吴铎侵害著作权一案的复函

1990年7月9日　　　　　　　　　　　　　　〔1989〕民他字第20号

北京市高级人民法院：

你院京高法字〔1989〕第295号《关于范曾诉吴铎侵害著作权一案的请示报告》收悉。经研究，我们同意你院倾向性意见，即吴铎将所临摹范曾的绘画作品署上自己的姓名，赠送给他人，致其临摹作品在日本展览、并制成画册出售，吴铎的行为构成了对范曾著作权的侵害，应承担相应的民事责任。

最高人民法院
关于焦永琦诉付军凯、牡丹江电视台
著作权纠纷案如何处理问题的复函

1992年3月16日　　　　　　　　　　　　　　〔1990〕民他字第47号

黑龙江省高级人民法院：

你院"关于焦永琦诉付军凯、牡丹江电视台著作权纠纷的请示报告"收悉。根据你院报告和案卷材料，以及有关部门的鉴定结论，我们研究认为：

一、付军凯撰写的"八女投江"剧本是在看了焦永琦的"八女投江"剧本后写成的,且两个剧本存在多处雷同,故可认定付军凯有抄袭行为,付军凯应依法承担民事责任。

二、电视剧"血染冰河"剧本系他人与付军凯"另起炉灶"合作创作完成的,焦永琦未参与该剧本的创作,故对焦永琦提出的以合作作者身份署名的请求不予支持。

三、牡丹江电视台未经焦永琦同意,擅自将焦永琦的剧本交给他人修改,且违背了原答应使用该剧本的承诺,也应承担相应的民事责任。

以上意见,供参考。

最高人民法院
关于胡由之、郑乃章诉刘桢、卢碧亮著作权纠纷案的复函

1992年4月13日　　　　　　　　　　　〔1991〕民他字第47号

江西省高级人民法院:

你院赣法(民)发〔1991〕1号《关于胡由之、郑乃章诉刘桢、卢碧亮著作权纠纷案的请示》收悉。

根据你院报告及案卷材料,我们研究认为:由刘桢、胡由之、郑乃章三人署名,并请卢碧亮翻译成英文,向国际古陶瓷学术讨论会投稿的《镇窑结构及其特征的剖析》一文,是在原刘、胡、郑三人合作作品的基础上缩写而成的。此后,刘桢将该文中"技术秘密"的内容去掉,文字上稍加修改润色,以《景德镇窑及其构造特征》(以下简称"特征")为题,请卢碧亮译成英文后发表在国外某杂志上,署名刘桢、卢碧亮。由于该文未署胡由之、郑乃章之名,侵犯了胡、郑二人的著作权,刘桢应承担民事责任。该文本应署名译者的卢碧亮却署名为作者,但由于该文署名方式主要系刘桢所为,卢碧亮对侵权无过错,可不承担民事责任。鉴于在诉讼中,刘桢已将"特征"的中文稿在国内有关杂志上以刘桢、胡由之、郑乃章三人的名义发表,并已向胡、郑二人赔礼道歉等情节,请审理时予以考虑。

以上意见,供参考。

最高人民法院
关于吴冠中诉上海朵云轩、香港永成古玩拍卖有限公司著作权纠纷案的函

(1995年7月6日)

上海市高级人民法院：

你院1995年3月27日关于吴冠中诉上海朵云轩、香港永成古玩拍卖有限公司著作权纠纷案的请示报告收悉。经研究，我们认为：上海朵云轩、香港永成古玩拍卖有限公司不听劝阻，执意拍卖假冒他人署名美术作品的行为，属于严重的侵权行为，应当按照《中华人民共和国著作权法》第四十六条第（七）项及其他有关法律规定予以严肃处理。因此，同意你院提出的上海市中级人民法院对此案具有管辖权，两被告应承担停止侵害、赔礼道歉、消除影响及赔偿损失民事责任的意见。赔偿损失的范围和数额，应根据原告因侵权行为受到的物质损失和精神损害的全部实际损失，以及本案的综合情况予以确定。对被告的侵权行为还应当予以民事制裁。赔偿的数额和民事制裁的具体方式由你院研究决定。

以上意见，供参考。

最高人民法院
关于白亚青、刘七勤与甘肃省卫生厅等著作权纠纷案的答复

1996年5月8日　　　　　　　　　〔1996〕民他字第77号函

甘肃省高级人民法院：

你院关于白亚青、刘七勤诉甘肃省卫生厅等著作权纠纷案请示收悉。经研究同意你院审委会研究的倾向性意见，即《ICD—9卡片索引系统》可作为编辑作品给予著作权法的保护；其著作权归北京协和医院疾病分类合作中心与甘肃省卫生厅享有。

以上意见供参考。

最高人民法院
关于自贡市公共交通总公司与自贡市五星广告灯饰公司侵犯著作权纠纷案的答复

1996年12月17日　　　　　　　　　〔1995〕民他字第38号函

四川省高级人民法院：

你院〔95〕川民他字第10号关于自贡市公共交通总公司诉自贡市五星广告灯饰公司侵犯著作权一案的请示报告收悉。经研究答复如下：1. 自贡市公共交通总公司设计制作的"希望之光"大型灯组，是以线条、色彩、灯光等要素表达主题的作品，将其认定为具有独创性的作品是适当的。2. 该作品是专门为参加灯会创作的，灯会结束后，该作品即被运回存放，不另在公共场所设置或陈列，因而不应将其认定为"设置或者陈列在公共场所的艺术作品"。3. 自贡市五星广告灯饰公司未经作者许可，在自制的电视广告中使用"希望之光"美术作品，不属于著作权法第二十二条第一款第（十）项"合理使用"的范围，侵犯了自贡市公共交通总公司的著作权，应依照著作权法的有关规定承担相应的民事责任。

最高人民法院知识产权审判庭
关于沙茂世与刘新著作权权属、侵权纠纷案的函

1999年3月17日　　　　　　　　　〔1999〕知监字第6号函

浙江省高级人民法院：

沙茂世因与刘新著作权权属、侵权纠纷一案不服杭州市中级人民法院（1997）杭民终字第412号民事裁定，向我院申请再审称：著作权纠纷属于人民法院受理民事诉讼案件的范围，杭州市中级人民法院裁定不予受理缺乏法律依据。请求撤销该裁定，确认沙孟海为相关作品的著作权人。

该案杭州市中级人民法院已经过再审程序驳回了沙茂世的再审申请。鉴于本诉讼涉及人民法院知识产权案件的收案范围的问题，现请你院进行复查，于三个月内将复查结果报告我院，并直接答复当事人。

最高人民法院知识产权审判庭
关于徐州光学仪器总厂与徐州医用光学电子仪器研究所、李国强侵犯著作权及侵犯商业秘密纠纷案的函

1999年4月26日　　　　　　　　　　　〔1999〕知监字第1号函

江苏省高级人民法院：

关于徐州光学仪器总厂（以下简称光仪厂）诉徐州医用光学电子仪器研究所（以下简称医光所）、李国强侵犯著作权及侵犯商业秘密纠纷一案，医光所不服你院（1998）苏知终字第5号民事判决，向本院申请再审称：

1. 李国强利用业余时间自行设计编写的WX型多部位微循环显微仪产品样本，没有利用光仪厂任何物质技术条件，依据著作权法第16条之规定，该样本的著作权应属李国强所有。

2. 二审判决认定医光所侵犯了光仪厂的编辑作品著作权没有事实和法律依据。

另据再审申请人向本院递交的请求书反映，徐州中院将强制执行本案生效判决，并要将李国强关押起来。

现将再审申请人的有关材料转你院，请你院尽快进行复查，并于三个月内将复查结果报我院并直接答复再审申请人。

最高人民法院知识产权审判庭
关于哈尔滨东恪国际通讯设备有限公司与哈尔滨维时通讯电子技术有限公司计算机软件著作权侵权纠纷案的函

1999年5月6日　　　　　　　　　　　〔1999〕知监字第2号函

黑龙江省高级人民法院：

哈尔滨东恪国际通讯设备有限公司诉哈尔滨维时通讯电子技术有限公司（简称维时公司）计算机软件著作权侵权纠纷一案，维时公司不服你院（1997）民终字第3号民事判决，向本院申请再审。

现将再审申请人的有关材料转你院，请你院进行复查。你院在复查中似应注意对维

时公司销售 IC 卡所获利润中硬件、侵权软件和其他非侵权软件各占利润的比例划分问题。请你院将复查结果于三个月内报我院并直接答复申请再审人。

最高人民法院
关于湖南丽丹芬化妆品有限公司与长沙广播电视发展总公司著作权侵权纠纷案的函

1999 年 5 月 20 日　　　　　　　　　　　　　　　　　〔1998〕知监字第 70 号函

湖南省高级人民法院：

　　湖南丽丹芬化妆品有限公司为与长沙广播电视发展总公司、长沙美伦化妆品有限责任公司著作权侵权纠纷一案，不服你院（1996）湘高经二终字第 1 号民事判决，向湖南省人民检察院提出申诉。湖南省人民检察院提请最高人民检察院抗诉，最高人民检察院以高检发民行抗字（1998）第 21 号民事抗诉书向本院提出抗诉。

　　现将最高人民检察院抗诉书及案卷一宗转去，请你院依照《中华人民共和国民事诉讼法》第一百八十六条之规定，对本案进行再审，并将再审结果报告本院及最高人民检察院。

最高人民法院
关于叶庆球与珠海市香洲船舶修造厂等著作权侵权纠纷案的函

1999 年 9 月 22 日　　　　　　　　　　　　　　　　　〔1997〕知监字第 48 号函

广东省高级人民法院：

　　原审上诉人叶庆球为与原审被上诉人珠海市香洲船舶修造厂（以下简称香洲船厂）、梁智川、孙世军、江涌著作权侵权纠纷一案，不服你院（1996）粤知终字第 21 号民事判决，向本院提出再审申请。本院经调卷审查，认为你院判决认定事实不清、适用法律错误，已于 1999 年 9 月 22 日以（1997）智监字第 48 号民事裁定指令你院再审本案。你院在再审过程中请注意审查以下问题：

　　一、关于著作权归属问题。你院认定叶庆球是"VGX8159"总布置图和线型图的作者是正确的，但未对该两图的著作权归属作出认定。本案没有证据证明香港船东与叶庆球之间曾就上述图纸的著作权归属有过约定,也无据证明香港船东以30万元佣金为对价买断图纸的著作权或使用权,根据本案的实际情况,应当认定叶庆平均水平怀香洲船厂之间是一种委托设计关系。由于双方并未约定委托作品的著作权归属,根据著作权法第十七条的规定,应认定委托人叶庆球是上述两图的著作权人。

二、关于侵权定性问题。首先,根据著作权法第五十二条第二款的规定,香洲船厂依照"VZXZ813"图纸建造渔船的行为不是侵犯著作权行为,故叶庆球以蚝洲船厂造船所获利润为索赔依据的诉讼请求,不能得到支持。其次,香洲船厂设计、制作"VZXZ813"总布置图和线型图,是在"VGX8159"图的基础上,仅对其中某些部分,主要是水线以上部分作了改动,且在送审图纸的设计人一栏中未署叶庆球之名,似构成了侵犯叶庆球的署名权、复制权,应承担相应的民事责任。你院二审判决认定"VZXZ813"图纸是香洲船厂"重新设计"的,缺乏事实根据;认定叶庆球与香洲船厂之间无直接法律关系也有所不当。

最高人民法院知识产权审判庭
关于中国和平出版社与王晓龙等著作权侵权纠纷案的函

1999年10月26日　　　　　　　　　　　〔1999〕知监字第26号函

天津市高级人民法院:

中国和平出版社(以下简称和平出版社)为与王晓龙、天津市南开区五环科技文化用品经营部(以下简称五环经营部)侵犯著作权纠纷一案,不服你院(1999)高知终字第2号民事判决,向本院申请再审称:

1. 五环经营部以支付一切必要费用和稿费为代价,根据其与王晓龙签订的合作出版协议第4条之约定,合法取得了《中考总复习系统指导》丛书的专有出版许可,而且协议中没有约定明确的有效期限,故原审判决认定五环经营部已将协议约定的"权利用尽"与事实不符。

2. 和平出版社与五环经营部订立出版合同,合法取得了丛书的出版许可,而且王晓龙对五环经营部委托和平出版社出书是明知而且默认的。

3. 二审判决判令和平出版社和五环经营部分另一次性赔偿王晓龙损失人民币50000元,二者承担连带责任,无事实和法律依据。理由是:首先,和平出版社已如约支付给五环经营部50000元稿酬;其次,和平出版社已经尽了审查义务,主观上没有过错,不存在侵权行为,所以不应承担连带责任。

现将申请再审人的有关材料转你院,请你院进行复查,将复查结果于三个月内报告我院并径复申请再审人。

最高人民法院知识产权审判庭
关于中国标准出版社与中国劳动出版社
著作权侵权纠纷案的答复

1999年11月22日　　　　　　　　　　　〔1998〕知他字第6号函

北京市高级人民法院：

你院〔1998〕286号请示收悉。经研究，答复如下：

1. 推荐性国家标准，属于自愿采用的技术性规范，不具有法规性质。由于推荐性标准在制定过程中需要付出创造性劳动，具有创造性智力成果的属性，如果符合作品的其他条件，应当确认属于著作权法保护的范围。对这类标准，应当依据著作权法的相关规定予以保护。法院应当根据本案的实际情况，确认这类作品的著作权人，确认原告是否经过合法授权，最终确定原告的诉讼请求是否成立。

2. 国家标准化管理机关依法组织制订的强制性标准，是具有法规性质的技术性规范，由标准化管理机关依法发布并监督实施。为保证标准的正确发布实施，标准化管理部门依职权将强制性标准的出版权授予中国标准出版社，这既是一种出版资格的确认，排除了其他出版单位的出版资格；同时也应认定是出版经营权利的独占许可。其他出版单位违反法律、法规出版强制性标准，客观上损害了被许可人的民事权益。请你院与朝阳区法院依据民事诉讼法及其他法律的规定，并考虑办案的社会效果，多做工作，争取调解解决此案。

以上意见供参考。

最高人民法院
关于郑海金与许正雄、天津人民出版社等
著作权侵权纠纷案的函

2000年3月9日　　　　　　　　　　　知监字〔1998〕第33号函

湖南省高级人民法院：

根据有关方面的反映，本院对长沙市北区人民法院一审、长沙市中级人民法院二审审结的郑海金与许正雄、天津人民出版社等著作权侵权纠纷一案中涉及的《侵华日军投

降内幕》(以下简称《内幕》)作品是否应当受到著作权保护的问题进行了审查。经审查认为:《内幕》作品最早发表在 1994 年第二期《炎黄春秋》杂志上,同年 5 月,经四川省委统战部对该书稿进行审查后,批准同意出版。《内幕》一书正文未发现有违反法律的内容。因此,一、二审法院按照著作权法的规定对该作品给予保护,是正确的。鉴于天津人民出版社对赔偿数额等问题提出异议,向本院提出再审申请,根据《中华人民共和国民事诉讼未能》第一百七十八条的规定,现请你院就该再审申请中涉及的有关问题进行复查,并将复查结果直接答复当事人。

最高人民法院
关于深圳市帝慧科技实业有限公司与连樟文等计算机软件著作权侵权纠纷案的函

2000 年 4 月 7 日　　　　　　　　　　〔1999〕知监字第 18 号函

广东省高级人民法院:

原审上诉人深圳市帝慧科技实业有限公司(以下简称帝慧公司)、原审被告连樟文、刘九发为与原审被上诉人曾小坚、曹荣贵计算机软件著作权侵权纠纷一案,不服你院〔1997〕粤知终字第 55 号终审民事判决,向本院申请再审。本院经调卷审查认为,你院上述判决缺乏事实依据,已于 2000 年 4 月 7 日以〔1999〕知监字第 18 号民事裁定指令你院对本院再审。你院在再审过程中请注意以下问题:

一、广东省软件侵权鉴定分析专家组的《"安全文明小区通用电脑管理系统"与"公安基层业务管理系统"的相似性鉴定分析报告》(以下简称《鉴定报告》)并未对原被告软件的源程序或目标程序代码进行实际比较,而是通过比较程序的运行参数(变量)、界面和数据库结构,就得出了两个软件实质相似的结论。运行参数属于软件编制过程中的构思而非表达;界面是程序运行的结果,非程序本身,且相同的界面可以通过不同的程序得到;数据库结构不属于计算机软件,也构不成数据库作品,且本案原告的数据库结构实际上就是公安派出所的通用表格,不具有独创性。因此,《鉴定报告》所称的两个软件存在实质相似性,并非著作权法意义上的实质相似性。

二、根据《鉴定报告》及其附件三("关于程序自动生成的说明"),原告的程序是 Foxbase for DOS 环境下生成的,被告的程序代码很可能通过 Foxpro For Windows 工具自动生成,原被告的程序代码不具有可比性。根据该《鉴定报告》,难以认定被告抄袭了原告的程序代码,同时由于该鉴定未对两个软件文档进行比较鉴定,也不能得出被告抄袭原告文档的结论。因此,依据《鉴定报告》的结论认定被告侵权成立,缺乏事实依据。

最高人民法院
关于对山东省高级人民法院《关于山东天笠广告有限责任公司与青岛海信通信有限公司侵犯著作权纠纷一案的请示报告》的复函

2004年8月24日　　　　　　　　　　〔2004〕民三他字第5号

山东省高级人民法院：

你院〔2003〕鲁民三终字第68号《关于山东天笠广告有限责任公司与青岛海信通信有限公司侵犯著作权纠纷一案的请示报告》收悉。经研究并征求国家版权局意见后，现就你院请示报告中所涉及的有关法律适用问题答复如下：

根据《中华人民共和国著作权法》第二十二条的规定，"对设置或者陈列在室外公共场所的艺术作品进行临摹、绘画、摄影、录像"，"可以不经著作权人许可，不向其支付报酬，但应当指明作者姓名、作品名称，并且不得侵犯著作权人依照本法享有的其他权利"。青岛海信通信有限公司对"五月的风"进行拍摄的行为，属于著作权法上述规定的对作品合理使用的范围。

《最高人民法院关于审理著作权民事纠纷案件适用法律若干问题的解释》第十八条，针对著作权法第二十二条第（十）项的规定作了司法解释，即对设置或者陈列在室外社会公众活动处所的雕塑、绘画、书法等艺术作品的临摹、绘画、摄影、录像人，可以对其成果以合理的方式和范围再行使用，不构成侵权。在此，对于"合理的方式和范围"，应包括以营利为目的的"再行使用"，这是制定该司法解释的本意。司法解释的这一规定既符合伯尔尼公约规定的合理使用的基本精神，也与世界大多数国家的立法例相吻合。根据上述司法解释的规定，你院审判委员会对此案的倾向性处理意见是正确的。

最高人民法院
关于转发〔2005〕民三他字第 6 号函的通知

(2005 年 8 月 22 日)

各省、自治区、直辖市高级人民法院:

现将我院就辽宁省高级人民法院《关于大连金州酒业有限公司与大连市金州区白酒厂商标侵权纠纷一案的请示》的〔2005〕民三他字第 6 号的答复函转发你院,请予参照执行。

附:

〔2005〕民三他字第 6 号函

(2005 年 8 月 19 日)

辽宁省高级人民法院:

你院〔2004〕辽民四知终字第 176 号《关于大连金州酒业有限公司与大连市金州区白酒厂商标侵权纠纷一案的请示》收悉。经研究,答复如下:

注册商标含有地名的,商标专用权人不得禁止地名所在区域的其他经营者为表明地理来源等正当用途而在商品名称中使用该地名。但是,除各自使用的地名文字相同外,如果商品名称与使用特殊的字体、形状等外观的注册商标构成相同或者近似,或者注册商标使用的地名除具有地域含义外,还具有使相关公众与注册商标的商品来源必然联系起来的其他含义(即第二含义),则不在此限。

请你院依据有关商标的法律、行政法规和司法解释的规定,并结合上述意见,根据案件事实,认真请示案件中的被诉行为是否构成侵权。

最高人民法院
关于做好涉及网吧著作权纠纷案件审判工作的通知

2010年11月25日　　　　　　　　　　　法发〔2010〕50号

各省、自治区、直辖市高级人民法院，新疆维吾尔自治区高级人民法院生产建设兵团分院：

近年来，各级法院审理的网吧因提供影视作品被诉侵权的相关案件大幅增加，出现了一些新情况和新问题，引起了有关方面的高度关注。为解决当前审理涉及网吧著作权纠纷案件中存在的突出问题，依法妥善审理好此类案件，现就有关事项通知如下：

一、各级法院要认真研究分析当前涉及网吧著作权纠纷案件急剧上升的成因和现状，在此类案件的审理中，在积极支持当事人依法维权的同时，也要注意防止滥用权利情形的发生。要注意处理好依法保护与适度保护的关系，既要依法保护当事人的著作权，有效制止侵权行为，又要正确确定网吧经营者和相关影视作品提供者的责任承担，注意把握司法导向和利益平衡，积极促进信息传播和规范传播秩序，推动相关互联网文化产业健康发展。

二、要积极探索有效解决纠纷的途径，认真贯彻"调解优先，调判结合"的工作原则。在加强诉讼调解的同时，积极推动建立诉讼与非诉讼相衔接的矛盾纠纷解决机制，发挥行业主管部门和行业协会的作用，采取各种措施引导网吧经营者规范经营行为，以减少诉讼，维护社会和谐稳定。

三、网吧经营者未经许可，通过网吧自行提供他人享有著作权的影视作品，侵犯他人信息网络传播权等权利的，应当根据原告的诉讼请求判决其停止侵权和赔偿损失。赔偿数额的确定要合理和适度，要符合网吧经营活动的特点和实际，除应考虑涉案影视作品的市场影响、知名度、上映档期、合理的许可使用费外，还应重点考虑网吧的服务价格、规模、主观过错程度以及侵权行为的性质、持续时间、对侵权作品的点击或下载数量、当地经济文化发展状况等因素。

法律、行政法规对网吧经营者承担侵权责任的情形另有规定的，按其规定执行。

四、网吧经营者不知道也没有合理理由应当知道涉案影视作品侵犯他人信息网络传播权等权利，且能证明涉案影视作品是从有经营资质的影视作品提供者合法取得的，不承担赔偿损失的民事责任。但网吧经营者经权利人通知后，未及时采取必要措施的，应对损害的扩大部分承担相应的民事责任。

五、网吧经营者请求追加涉案影视作品提供者为共同被告的，可根据案件的具体情况决定是否追加其参加诉讼。

本通知自下发之日起执行。执行中如有问题和新情况，请及时层报最高人民法院。

六、植物新品种权

最高人民法院
关于审理植物新品种纠纷案件若干问题的解释

法释〔2001〕5号

(2000年12月25日最高人民法院审判委员会第1154次会议通过 2001年2月5日最高人民法院公告公布 自2001年2月14日起施行)

为依法受理和审判植物新品种纠纷案件，根据《中华人民共和国民事诉讼法》、《中华人民共和国行政诉讼法》的有关规定，现就有关问题解释如下：

第一条 人民法院受理的植物新品种纠纷案件主要包括以下几类：

（一）是否应当授予植物新品种权纠纷案件；

（二）宣告授予的植物新品种权无效或者维持植物新品种权的纠纷案件；

（三）授予品种权的植物新品种更名的纠纷案件；

（四）实施强制许可的纠纷案件；

（五）实施强制许可使用费的纠纷案件；

（六）植物新品种申请权纠纷案件；

（七）植物新品种权权利归属纠纷案件；

（八）转让植物新品种申请权和转让植物新品种权的纠纷案件；

（九）侵犯植物新品种权的纠纷案件；

（十）不服省级以上农业、林业行政管理部门依据职权对侵犯植物新品种权处罚的纠纷案件；

（十一）不服县级以上农业、林业行政管理部门依据职权对假冒授权品种处罚的纠纷案件。

第二条 人民法院在依法审查当事人涉及植物新品种权的起诉时，只要符合《中华人民共和国民事诉讼法》第一百零八条、《中华人民共和国行政诉讼法》第四十一条规定的民事案件或者行政案件的起诉条件，均应当依法予以受理。

第三条 本解释第一条所列第（一）至（五）类案件，由北京市第二中级人民法院作为第一审人民法院审理；第（六）至（十一）类案件，由各省、自治区、直辖市人民政府所在地和最高人民法院指定的中级人民法院作为第一审人民法院审理。

第四条 以侵权行为地确定人民法院管辖的侵犯植物新品种权的民事案件，其所称的侵权行为地，是指未经品种权所有人许可，以商业目的生产、销售该授权植物新品种的繁殖材料的所在地，或者将该授权品种的繁殖材料重复使用于生产另一品种的繁殖材料的所在地。

第五条 关于是否应当授予植物新品种权的纠纷案件、宣告授予的植物新品种权无效或者维持植物新品种权的纠纷案件、授予品种权的植物新品种更名的纠纷案件，应当以行政主管机关植物新品种复审委员会为被告；关于实施强制许可的纠纷案件，应当以植物新品种审批机关为被告；关于强制许可使用费纠纷案件，应当根据原告所请求的事项和所起诉的当事人确定被告。

第六条 人民法院审理侵犯植物新品种权纠纷案件，被告在答辩期间内向行政主管机关植物新品种复审委员会请求宣告该植物新品种权无效的，人民法院一般不中止诉讼。

最高人民法院
关于审理侵犯植物新品种权纠纷案件具体应用法律问题的若干规定

法释〔2007〕1号

（2006年12月25日最高人民法院审判委员会第1411次会议通过 2007年1月12日最高人民法院公告公布 自2007年2月1日起施行）

为正确处理侵犯植物新品种权纠纷案件，根据《中华人民共和国民法通则》、《中华人民共和国民事诉讼法》等有关规定，结合侵犯植物新品种权纠纷案件的审判经验和实际情况，就具体应用法律的若干问题规定如下：

第一条 植物新品种权所有人（以下称品种权人）或者利害关系人认为植物新品种权受到侵犯的，可以依法向人民法院提起诉讼。

前款所称利害关系人，包括植物新品种实施许可合同的被许可人、品种权财产权利的合法继承人等。

独占实施许可合同的被许可人可以单独向人民法院提起诉讼；排他实施许可合同的被许可人可以和品种权人共同起诉，也可以在品种权人不起诉时，自行提起诉讼；普通实施许可合同的被许可人经品种权人明确授权，可以提起诉讼。

第二条 未经品种权人许可，为商业目的生产或销售授权品种的繁殖材料，或者为商业目的将授权品种的繁殖材料重复使用于生产另一品种的繁殖材料的，人民法院应当认定为侵犯植物新品种权。

被控侵权物的特征、特性与授权品种的特征、特性相同，或者特征、特性的不同是因非遗传变异所致的，人民法院一般应当认定被控侵权物属于商业目的生产或者销售授权品种的繁殖材料。

被控侵权人重复以授权品种的繁殖材料为亲本与其他亲本另行繁殖的，人民法院一般应当认定属于商业目的将授权品种的繁殖材料重复使用于生产另一品种的繁殖材料。

第三条 侵犯植物新品种权纠纷案件涉及的专门性问题需要鉴定的，由双方当事人协商确定的有鉴定资格的鉴定机构、鉴定人鉴定；协商不成的，由人民法院指定的有鉴定资格的鉴定机构、鉴定人鉴定。

没有前款规定的鉴定机构、鉴定人的，由具有相应品种检测技术水平的专业机构、专业人员鉴定。

第四条 对于侵犯植物新品种权纠纷案件涉及的专门性问题可以采取田间观察检测、基因指纹图谱检测等方法鉴定。

对采取前款规定方法作出的鉴定结论，人民法院应当依法质证，认定其证明力。

第五条 品种权人或者利害关系人向人民法院提起侵犯植物新品种权诉讼时，同时提出先行停止侵犯植物新品种权行为或者保全证据请求的，人民法院经审查可以先行作出裁定。

人民法院采取证据保全措施时，可以根据案件具体情况，邀请有关专业技术人员按照相应的技术规程协助取证。

第六条 人民法院审理侵犯植物新品种权纠纷案件，应当依照民法通则第一百三十四条的规定，结合案件具体情况，判决侵权人承担停止侵害、赔偿损失等民事责任。

人民法院可以根据被侵权人的请求，按照被侵权人因侵权所受损失或者侵权人因侵权所得利益确定赔偿数额。被侵权人请求按照植物新品种实施许可费确定赔偿数额的，人民法院可以根据植物新品种实施许可的种类、时间、范围等因素，参照该植物新品种实施许可费合理确定赔偿数额。

依照前款规定难以确定赔偿数额的，人民法院可以综合考虑侵权的性质、期间、后果，植物新品种实施许可费的数额，植物新品种实施许可的种类、时间、范围及被侵权人调查、制止侵权所支付的合理费用等因素，在 50 万元以下确定赔偿数额。

第七条 被侵权人和侵权人均同意将侵权物折价抵扣被侵权人所受损失的，人民法院应当准许。被侵权人或者侵权人不同意折价抵扣的，人民法院依照当事人的请求，责令侵权人对侵权物作消灭活性等使其不能再被用作繁殖材料的处理。

侵权物正处于生长期或者销毁侵权物将导致重大不利后果的，人民法院可以不采取责令销毁侵权物的方法，但法律、行政法规另有规定的除外。

第八条 以农业或者林业种植为业的个人、农村承包经营户接受他人委托代为繁殖侵犯品种权的繁殖材料，不知道代繁物是侵犯品种权的繁殖材料并说明委托人的，不承担赔偿责任。

最高人民法院
关于山东省高级人民法院请示原告山东省莱阳市种子公司与被告山东连胜种业有限公司莱阳农学院确认不侵犯植物新品种案的答复

2008年2月28日　　　　　　　　　〔2007〕民三他字第17号

山东省高级人民法院：

你院鲁高法函〔2007〕47号《关于原告山东省莱阳市种子公司与被告山东连胜种业有限公司莱阳农学院确认不侵犯植物新品种权纠纷一案应否适用先用权原则及先用权认定标准问题的请示》收悉。经研究，答复如下：

根据本案的情况，你院请示所提问题，尚不属于典型的先用权主张和抗辩问题。鉴于当事人之间存在的合同法律关系，可以按照《中华人民共和国合同法》以及《最高人民法院关于审理技术合同纠纷案件适用法律若干问题的解释》的有关规定予以处理。

七、反不正当竞争

最高人民法院
关于审理不正当竞争民事案件应用法律若干问题的解释

法释〔2007〕2号

（2006年12月30日最高人民法院审判委员会第1412次会议通过 2007年1月12日最高人民法院公告公布 自2007年2月1日起施行）

为了正确审理不正当竞争民事案件，依法保护经营者的合法权益，维护市场竞争秩序，依照《中华人民共和国民法通则》、《中华人民共和国反不正当竞争法》、《中华人民共和国民事诉讼法》等法律的有关规定，结合审判实践经验和实际情况，制定本解释。

第一条 在中国境内具有一定的市场知名度，为相关公众所知悉的商品，应当认定为反不正当竞争法第五条第（二）项规定的"知名商品"。人民法院认定知名商品，应当考虑该商品的销售时间、销售区域、销售额和销售对象，进行任何宣传的持续时间、程度和地域范围，作为知名商品受保护的情况等因素，进行综合判断。原告应当对其商品的市场知名度负举证责任。

在不同地域范围内使用相同或者近似的知名商品特有的名称、包装、装潢，在后使用者能够证明其善意使用的，不构成反不正当竞争法第五条第（二）项规定的不正当竞争行为。因后来的经营活动进入相同地域范围而使其商品来源足以产生混淆，在先使用者请求责令在后使用者附加足以区别商品来源的其他标识的，人民法院应当予以支持。

第二条 具有区别商品来源的显著特征的商品的名称、包装、装潢，应当认定为反不正当竞争法第五条第（二）项规定的"特有的名称、包装、装潢"。有下列情形之一的，人民法院不认定为知名商品特有的名称、包装、装潢：

（一）商品的通用名称、图形、型号；

（二）仅仅直接表示商品的质量、主要原料、功能、用途、重量、数量及其他特点的商品名称；

（三）仅由商品自身的性质产生的形状，为获得技术效果而需有的商品形状以及使商品具有实质性价值的形状；

（四）其他缺乏显著特征的商品名称、包装、装潢。

前款第（一）、（二）、（四）项规定的情形经过使用取得显著特征的，可以认定为特有的名称、包装、装潢。

知名商品特有的名称、包装、装潢中含有本商品的通用名称、图形、型号，或者直接表示商品的质量、主要原料、功能、用途、重量、数量以及其他特点，或者含有地名，他人因客观叙述商品而正当使用的，不构成不正当竞争行为。

第三条 由经营者营业场所的装饰、营业用具的式样、营业人员的服饰等构成的具有独特风格的整体营业形象，可以认定为反不正当竞争法第五条第（二）项规定的"装潢"。

第四条 足以使相关公众对商品的来源产生误认，包括误认为与知名商品的经营者具有许可使用、关联企业关系等特定联系的，应当认定为反不正当竞争法第五条第（二）项规定的"造成和他人的知名商品相混淆，使购买者误认为是该知名商品"。

在相同商品上使用相同或者视觉上基本无差别的商品名称、包装、装潢，应当视为足以造成和他人知名商品相混淆。

认定与知名商品特有名称、包装、装潢相同或者近似，可以参照商标相同或者近似的判断原则和方法。

第五条 商品的名称、包装、装潢属于商标法第十条第一款规定的不得作为商标使用的标志，当事人请求依照反不正当竞争法第五条第（二）项规定予以保护的，人民法院不予支持。

第六条 企业登记主管机关依法登记注册的企业名称，以及在中国境内进行商业使用的外国（地区）企业名称，应当认定为反不正当竞争法第五条第（三）项规定的"企业名称"。具有一定的市场知名度、为相关公众所知悉的企业名称中的字号，可以认定为反不正当竞争法第五条第（三）项规定的"企业名称"。

在商品经营中使用的自然人的姓名，应当认定为反不正当竞争法第五条第（三）项规定的"姓名"。具有一定的市场知名度、为相关公众所知悉的自然人的笔名、艺名等，可以认定为反不正当竞争法第五条第（三）项规定的"姓名"。

第七条 在中国境内进行商业使用，包括将知名商品特有的名称、包装、装潢或者企业名称、姓名用于商品、商品包装以及商品交易文书上，或者用于广告宣传、展览以及其他商业活动中，应当认定为反不正当竞争法第五条第（二）项、第（三）项规定的"使用"。

第八条 经营者具有下列行为之一，足以造成相关公众误解的，可以认定为反不正当竞争法第九条第一款规定的引人误解的虚假宣传行为：

（一）对商品作片面的宣传或者对比的；

（二）将科学上未定论的观点、现象等当作定论的事实用于商品宣传的；

（三）以歧义性语言或者其他引人误解的方式进行商品宣传的。

以明显的夸张方式宣传商品，不足以造成相关公众误解的，不属于引人误解的虚假宣传行为。

人民法院应当根据日常生活经验、相关公众一般注意力、发生误解的事实和被宣传对象的实际情况等因素，对引人误解的虚假宣传行为进行认定。

第九条 有关信息不为其所属领域的相关人员普遍知悉和容易获得，应当认定为反不正当竞争法第十条第三款规定的"不为公众所知悉"。

具有下列情形之一的，可以认定有关信息不构成不为公众所知悉：

（一）该信息为其所属技术或者经济领域的人的一般常识或者行业惯例；

（二）该信息仅涉及产品的尺寸、结构、材料、部件的简单组合等内容，进入市场后相关公众通过观察产品即可直接获得；

（三）该信息已经在公开出版物或者其他媒体上公开披露；

（四）该信息已通过公开的报告会、展览等方式公开；

（五）该信息从其他公开渠道可以获得；

（六）该信息无需付出一定的代价而容易获得。

第十条 有关信息具有现实的或者潜在的商业价值，能为权利人带来竞争优势的，应当认定为反不正当竞争法第十条第三款规定的"能为权利人带来经济利益、具有实用性"。

第十一条 权利人为防止信息泄露所采取的与其商业价值等具体情况相适应的合理保护措施，应当认定为反不正当竞争法第十条第三款规定的"保密措施"。

人民法院应当根据所涉信息载体的特性、权利人保密的意愿、保密措施的可识别程度、他人通过正当方式获得的难易程度等因素，认定权利人是否采取了保密措施。

具有下列情形之一，在正常情况下足以防止涉密信息泄露的，应当认定权利人采取了保密措施：

（一）限定涉密信息的知悉范围，只对必须知悉的相关人员告知其内容；

（二）对于涉密信息载体采取加锁等防范措施；

（三）在涉密信息的载体上标有保密标志；

（四）对于涉密信息采用密码或者代码等；

（五）签订保密协议；

（六）对于涉密的机器、厂房、车间等场所限制来访者或者提出保密要求；

（七）确保信息秘密的其他合理措施。

第十二条 通过自行开发研制或者反向工程等方式获得的商业秘密，不认定为反不正当竞争法第十条第（一）、（二）项规定的侵犯商业秘密行为。

前款所称"反向工程"，是指通过技术手段对从公开渠道取得的产品进行拆卸、测绘、分析等而获得该产品的有关技术信息。当事人以不正当手段知悉了他人的商业秘密之后，又以反向工程为由主张获取行为合法的，不予支持。

第十三条 商业秘密中的客户名单，一般是指客户的名称、地址、联系方式以及交易的习惯、意向、内容等构成的区别于相关公知信息的特殊客户信息，包括汇集众多客户的客户名册，以及保持长期稳定交易关系的特定客户。

客户基于对职工个人的信赖而与职工所在单位进行市场交易，该职工离职后，能够证明客户自愿选择与自己或者其新单位进行市场交易的，应当认定没有采用不正当手段，但职工与原单位另有约定的除外。

第十四条 当事人指称他人侵犯其商业秘密的，应当对其拥有的商业秘密符合法定条件、对方当事人的信息与其商业秘密相同或者实质相同以及对方当事人采取不正当手段的事实负举证责任。其中，商业秘密符合法定条件的证据，包括商业秘密的载体、具体内容、商业价值和对该项商业秘密所采取的具体保密措施等。

第十五条 对于侵犯商业秘密行为，商业秘密独占使用许可合同的被许可人提起诉讼的，人民法院应当依法受理。

排他使用许可合同的被许可人和权利人共同提起诉讼，或者在权利人不起诉的情况下，自行提起诉讼，人民法院应当依法受理。

普通使用许可合同的被许可人和权利人共同提起诉讼，或者经权利人书面授权，单独提起诉讼的，人民法院应当依法受理。

第十六条 人民法院对于侵犯商业秘密行为判决停止侵害的民事责任时，停止侵害的时间一般持续到该项商业秘密已为公众知悉时为止。

依据前款规定判决停止侵害的时间如果明显不合理的，可以在依法保护权利人该项商业秘密竞争优势的情况下，判决侵权人在一定期限或者范围内停止使用该项商业秘密。

第十七条 确定反不正当竞争法第十条规定的侵犯商业秘密行为的损害赔偿额，可以参照确定侵犯专利权的损害赔偿额的方法进行；确定反不正当竞争法第五条、第九条、第十四条规定的不正当竞争行为的损害赔偿额，可以参照确定侵犯注册商标专用权的损害赔偿额的方法进行。

因侵权行为导致商业秘密已为公众所知悉的，应当根据该项商业秘密的商业价值确定损害赔偿额。商业秘密的商业价值，根据其研究开发成本、实施该项商业秘密的收益、可得利益、可保持竞争优势的时间等因素确定。

第十八条 反不正当竞争法第五条、第九条、第十条、第十四条规定的不正当竞争民事第一审案件，一般由中级人民法院管辖。

各高级人民法院根据本辖区的实际情况，经最高人民法院批准，可以确定若干基层人民法院受理不正当竞争民事第一审案件，已经批准可以审理知识产权民事案件的基层人民法院，可以继续受理。

第十九条 本解释自 2007 年 2 月 1 日起施行。

最高人民法院
关于广东南海汇泰电机有限公司与果喜集团等侵犯商业秘密纠纷案的函

2000年3月16日　　　　　　　　　　　　　　　〔2000〕知他字第4号函

广东省高级人民法院：

全国政协委员江西省果喜实业集团有限公司董事长张果喜来信反映广东南海汇泰电机有限公司与果喜集团、江西喜泰电机有限公司等八被告侵犯商业秘密一案的有关情况，提出该案的标的额达2亿4千万元，应当由你院一审。经研究，鉴于此案件的标的金额巨大、案情复杂、影响重大，根据《中华人民共和国民事诉讼法》第二十条的规定，由你院作为一审法院管辖更为适当。请你院接此函后办理管辖手续，依法进行审理。

最高人民法院民事审判第三庭
关于山西省永和化工有限公司与运城地区绿康实业总公司不正当竞争纠纷案的函

2001年3月9日　　　　　　　　　　　　　　　〔1999〕知监字第4号函

山西省高级人民法院：

山西省永合化工有限公司（以下简称永合公司）因与运城地区绿康实业总公司（以下简称绿康公司）不正当竞争纠纷一案，不服你院〔1997〕晋经二终字第60号民事判决和〔1998〕晋经监字第55号驳回申请再审通知书，向本院，同时向全国人大常委会申诉。全国人大常委会办公厅信访局于1998年11月20日以信（1998）第0621号函转本院原知识产权审判庭处理并要求函告结果。全国人大代表赵晓颖、李双良也就本案向本院反映有关情况。在本院调卷审查期间，永合公司向本院提交了多份新的证据以证明其在先使用"绿勃康"作为商品名称。鉴于本案的再审程序涉及对部分事实的重新审查和新证据的质证等，现将全部案卷退回并将当事人的有关申请再审材料等转去，请你院依法予以审查并作出处理。审查中应重点注意以下两个问题：

1. 知名商品特有名称、包装、装潢权利的产生，以经营者在先合法使用该特有名称、包装、装潢且该商品在特定市场上知名为确认条件,除非违反法律或者行政法规的强制性规定,该商品是否经过登记不应成为确认权利产生的前提。根据农业部的有关规定,农肥产品在获得登记之前至少应进行三个不同地区、两年以上的田间肥效试验。在如此较大范围、较大时间内使用某种产品进行试验,客观上会使该试验产品在一定范围内为公众所知晓,形成一定的知名度。试验期间生产者在产品上使用特有的名称、包装、装潢等区别性标记并不违反国家强制性规定,属于合法使用。在该产品经过国家有关部门登记能够合法进入市场流通之后,产品的知名度会自然延伸为该登记商品的知名度,使该商品自然成为知名商品。经营者在商品上继续使用的原有名称、包装、装潢,仍然作为区别性标记发挥作用。依照反不正当竞争法的规定,在知名商品上使用的特有名称、包装、装潢受法律保护。农肥产品未经登记就不能取得知名度,没有产品声誉的意见,缺乏事实依据。本案绿康公司在于1995年11月获得农业部颁发的临时许可证之前,既有依据国家有关规定进行肥效试验的行为,又有违反有关规定在获得登记之前擅自对外销售的非法行为。因此本案应当重点查清绿康公司的"绿勃康"产品是否为知名商品及其知名的原因和过程等事实,如绿康公司进行肥效试验的地域范围、施肥面积、使用该试验产品的农户数量和当时的一些宣传报导,绿康公司在登记前后对外销售该产品的范围、时间、数量,等等。在全面查清这些与认定产品知名直接有关的事实后,方可对绿康公司生产的"绿勃康"产品是否能够构成知名商品作出正确的认定。

2. 永合公司在本院调卷审查期间提出其在先使用"绿勃康"作为产品名称,并提供了1989年4月10日廊坊市农林局植保植检站作出的《0.1%"绿勃康"调节棉花增产试验总结》、1989年3月25日、3月29日其分别与河南省柘城县种籽公司和宁陵县园艺生产服务公司签订的两份销货合同等三份新证据。这些证据的真实性的确认,以及永合公司在先并连续使用该名称事实的查明,对是否改变本案原审的相关认定和处理有重要影响。

有关处理结果请你院在3个月内报告本院民事审判第三庭并迳复申诉人。

最高人民法院
关于山东移动通信有限责任公司潍坊分公司与中国联通公司潍坊分公司违反规范市场经营行为协议纠纷一案有关适用法律问题的函

2004年2月18日　　　　　　　　　〔2003〕民三他字第5号

山东省高级人民法院:

你院《关于山东移动通信有限责任公司潍坊分公司与中国联通公司潍坊分公司违反"规范市场经营行为协议"纠纷一案的请示》收悉。经研究,对请示中涉及的法律适用

问题答复如下:

一、本案双方当事人为同业平等民事主体,双方签订的协议涉及较多方面,需根据协议具体条款分别认定其性质、效力等,并适用相应的法律规定予以处理。

(一)合同中关于资费标准以及有关禁止提供话费优惠等变相改变基本话费标准的约定,涉及法律法规确定的由政府确定价值等问题,应当根据《中华人民共和国价格法》、《中华人民共和国电信条例》有关规定认定其不属于当事人之间确立民事法律关系的内容,因此发生的争议不属于人民法院案件管辖范围。

(二)合同中关于不得以不正当手段挖对方客户,不得发布诋毁对方的广告等关于双方竞争关系的约定,以及关于违反合同应当承担的法律责任的相应约定等,属于设定民事法律关系的民事行为,具有相应的财产内容,人民法院应当作为民事纠纷案件予以受理并审判。

二、当事人之间存在合法的竞争关系以及有关竞争关系的合同关系,均受民事法律规范的调整,当发生合同违约责任和侵权责任竞合时,当事人可以选择要求对方承担责任的方式。人民法院应当依法裁决支持或者驳回。鉴于本案当事人存在本诉和反诉关系,双方都从事了违反竞争关系约定的行为,所造成的影响和损失难以界定,双方都主张追究对方的违约责任而非不正当竞争法律责任,建议由你院综合全案情况自行作出处理。

以上意见供参考。

最高人民法院
关于对处方药是否可以作出知名商品认定问题请示的批复

2008年4月25日　　　　　　　　　　〔2008〕民三他字第2号

云南省高级人民法院:

你院云高法报〔2007〕102号《关于对处方药是否可以作出知名商品认定问题的请示》收悉。经研究,答复如下:

《中华人民共和国反不正当竞争法》第五条第(二)项规定的知名商品适用于包括处方药在内的药品。人民法院在审理有关不正当竞争民事案件时,应当按照《中华人民共和国反不正当竞争法》第五条第(二)项以及《最高人民法院关于审理不正当竞争民事案件应用法律若干问题的解释》第一条的规定,结合案件具体情况,认定涉案药品是否构成知名商品。

此复。

最高人民法院
关于全国衡器工业信息中心与中国衡器协会
不正当竞争纠纷一案的答复

2008年10月8日　　　　　　　　　　〔2007〕民三他字第16号

辽宁省高级人民法院：

你院〔2007〕辽民四终字第104号《关于全国衡器工业信息中心与中国衡器协会不正当竞争纠纷一案的请示》收悉。经研究，答复如下：

行业协会从事有偿服务或者其他经营活动的，可以认定为《中华人民共和国反不正当竞争法》（以下简称《反不正当竞争法》）第二条第三款规定的经营者。公用企业以外的由法律、法规、规章或者其他合法规范性文件赋予其从事特定商品或者服务的独占经营资格的经营者，一般可以认定为《反不正当竞争法》第六条规定的"其他具有独占地位的经营者"。至于你院请示报中报涉案件被告的行为是否构成《反不正当竞争法》第二条、第六条规定的不正当竞争行为，请你院根据案件具体情况，依法认定。

此复。

最高人民法院
关于深圳市远航科技有限公司与深圳市腾讯计算机系统
有限公司、腾讯科技（深圳）有限公司、深圳市腾讯
计算机系统有限公司西安分公司侵犯商标权及
不正当竞争纠纷请示案的答复

2008年12月20日　　　　　　　　　　（2018）民三他字第12号

陕西省高级人民法院：

你院（2007）陕民三终字第68号《关于深圳市远航科技有限公司与深圳市腾讯计算机系统有限公司、腾讯科技（深圳）有限公司、深圳市腾讯计算机系统有限公司西安分公司侵犯商标及不正当竞争纠纷一案的请示报告》收悉。经研究，答复如下：

一、根据《最高人民法院关于审理商标民事纠纷案件适用法律若干问题的解释》第十一条第三款的规定，商品和服务是否类似，应当根据商品和服务之间是否存在特定的

联系，以及是否容易使相关公众产生混淆进行判断。至于你院请示案件中所涉商品和服务是否类似，应根据案件的具体情况，结合网络游戏软件使用和网络游戏服务的目的、内容、方式、对象等具体情形，作出认定。

二、对于在一定地域内的相关公众中约定俗成的扑克游戏名称，如果当事人不是将其作为区分商品或者服务来源的商标使用，只是将其用作反映该类游戏内容、特点等的游戏名称，可以认定为正当使用。你院请示案件中涉及的的相关问题是否属于上述情形，请结合案件的具体情况，依据商标法实施条例第四十九条的规定，作出认定。

最高人民法院
关于人民法院应否受理低价倾销不正当竞争纠纷及其管辖确定问题的批复

2010年10月15日　　　　　　　　　　　〔2010〕民三他字第13号

辽宁省高级人民法院：

你院〔2010〕辽立二民申字第00254号《关于申请再审人华润雪花啤酒（辽宁）有限公司与被申请人北方绿色食品股份有限公司清河墨尼啤酒分公司不正当竞争、垄断纠纷一案的请示报告》收悉。经研究，批复如下：

依据《中华人民共和国反不正当竞争法》第二十条第二款的规定，凡经营者的合法权益因不正当竞争行为受到损害的，都可以向人民法院提起民事诉讼。因此，经营者依据《中华人民共和国反不正当竞争法》第十一条的规定以低价倾销不正当竞争纠纷向人民法院提起民事诉讼的，人民法院应当依法受理，并可以参照《最高人民法院关于审理不正当竞争民事案件应用法律若干问题的解释》第十八条的规定确定管辖。如果原告同时依据《中华人民共和国反垄断法》的有关规定以垄断纠纷提出诉讼请求的，则全案宜由省会市或者计划单列市中级人民法院管辖。

此复。

八、反 垄 断

最高人民法院
关于审理因垄断行为引发的民事纠纷案件应用法律若干问题的规定

法释〔2012〕5号

（2012年1月30日最高人民法院审判委员会第1539次会议通过 2012年5月3日最高人民法院公告公布 自2012年6月1日起施行）

为正确审理因垄断行为引发的民事纠纷案件，制止垄断行为，保护和促进市场公平竞争，维护消费者利益和社会公共利益，根据《中华人民共和国反垄断法》、《中华人民共和国侵权责任法》、《中华人民共和国合同法》和《中华人民共和国民事诉讼法》等法律的相关规定，制定本规定。

第一条 本规定所称因垄断行为引发的民事纠纷案件（以下简称垄断民事纠纷案件），是指因垄断行为受到损失以及因合同内容、行业协会的章程等违反反垄断法而发生争议的自然人、法人或者其他组织，向人民法院提起的民事诉讼案件。

第二条 原告直接向人民法院提起民事诉讼，或者在反垄断执法机构认定构成垄断行为的处理决定发生法律效力后向人民法院提起民事诉讼，并符合法律规定的其他受理条件的，人民法院应当受理。

第三条 第一审垄断民事纠纷案件，由省、自治区、直辖市人民政府所在地的市、计划单列市中级人民法院以及最高人民法院指定的中级人民法院管辖。

经最高人民法院批准，基层人民法院可以管辖第一审垄断民事纠纷案件。

第四条 垄断民事纠纷案件的地域管辖，根据案件具体情况，依照民事诉讼法及相关司法解释有关侵权纠纷、合同纠纷等的管辖规定确定。

第五条 民事纠纷案件立案时的案由并非垄断纠纷，被告以原告实施了垄断行为为由提出抗辩或者反诉且有证据支持，或者案件需要依据反垄断法作出裁判，但受诉人民法院没有垄断民事纠纷案件管辖权的，应当将案件移送有管辖权的人民法院。

第六条 两个或者两个以上原告因同一垄断行为向有管辖权的同一法院分别提起诉

讼的，人民法院可以合并审理。

两个或者两个以上原告因同一垄断行为向有管辖权的不同法院分别提起诉讼的，后立案的法院在得知有关法院先立案的情况后，应当在七日内裁定将案件移送先立案的法院；受移送的法院可以合并审理。被告应当在答辩阶段主动向受诉人民法院提供其因同一行为在其他法院涉诉的相关信息。

第七条 被诉垄断行为属于反垄断法第十三条第一款第（一）项至第（五）项规定的垄断协议的，被告应对该协议不具有排除、限制竞争的效果承担举证责任。

第八条 被诉垄断行为属于反垄断法第十七条第一款规定的滥用市场支配地位的，原告应当对被告在相关市场内具有支配地位和其滥用市场支配地位承担举证责任。

被告以其行为具有正当性为由进行抗辩的，应当承担举证责任。

第九条 被诉垄断行为属于公用企业或者其他依法具有独占地位的经营者滥用市场支配地位的，人民法院可以根据市场结构和竞争状况的具体情况，认定被告在相关市场内具有支配地位，但有相反证据足以推翻的除外。

第十条 原告可以以被告对外发布的信息作为证明其具有市场支配地位的证据。被告对外发布的信息能够证明其在相关市场内具有支配地位的，人民法院可以据此作出认定，但有相反证据足以推翻的除外。

第十一条 证据涉及国家秘密、商业秘密、个人隐私或者其他依法应当保密的内容的，人民法院可以依职权或者当事人的申请采取不公开开庭、限制或者禁止复制、仅对代理律师展示、责令签署保密承诺书等保护措施。

第十二条 当事人可以向人民法院申请一至二名具有相应专门知识的人员出庭，就案件的专门性问题进行说明。

第十三条 当事人可以向人民法院申请委托专业机构或者专业人员就案件的专门性问题作出市场调查或者经济分析报告。经人民法院同意，双方当事人可以协商确定专业机构或者专业人员；协商不成的，由人民法院指定。

人民法院可以参照民事诉讼法及相关司法解释有关鉴定结论的规定，对前款规定的市场调查或者经济分析报告进行审查判断。

第十四条 被告实施垄断行为，给原告造成损失的，根据原告的诉讼请求和查明的事实，人民法院可以依法判令被告承担停止侵害、赔偿损失等民事责任。

根据原告的请求，人民法院可以将原告因调查、制止垄断行为所支付的合理开支计入损失赔偿范围。

第十五条 被诉合同内容、行业协会的章程等违反反垄断法或者其他法律、行政法规的强制性规定的，人民法院应当依法认定其无效。

第十六条 因垄断行为产生的损害赔偿请求权诉讼时效期间，从原告知道或者应当知道权益受侵害之日起计算。

原告向反垄断执法机构举报被诉垄断行为的，诉讼时效从其举报之日起中断。反垄断执法机构决定不立案、撤销案件或者决定终止调查的，诉讼时效期间从原告知道或者应当知道不立案、撤销案件或者终止调查之日起重新计算。反垄断执法机构调查后认定构成垄断行为的，诉讼时效期间从原告知道或者应当知道反垄断执法机构认定构成垄断行为的处理决定发生法律效力之日起重新计算。

原告起诉时被诉垄断行为已经持续超过二年,被告提出诉讼时效抗辩的,损害赔偿应当自原告向人民法院起诉之日起向前推算二年计算。

九、其　　他

最高人民法院
关于审理涉及计算机网络域名民事纠纷案件适用法律若干问题的解释

法释〔2001〕24号

(2001年6月26日最高人民法院审判委员会第1182次会议通过　2001年7月17日最高人民法院公告公布　自2001年7月24日起施行)

为了正确审理涉及计算机网络域名注册、使用等行为的民事纠纷案件（以下简称域名纠纷案件），根据《中华人民共和国民法通则》（以下简称民法通则）、《中华人民共和国反不正当竞争法》（以下简称反不正当竞争法）和《中华人民共和国民事诉讼法》（以下简称民事诉讼法）等法律的规定，作如下解释：

第一条　对于涉及计算机网络域名注册、使用等行为的民事纠纷，当事人向人民法院提起诉讼，经审查符合民事诉讼法第一百零八条规定的，人民法院应当受理。

第二条　涉及域名的侵权纠纷案件，由侵权行为地或者被告住所地的中级人民法院管辖。对难以确定侵权行为地和被告住所地的，原告发现该域名的计算机终端等设备所在地可以视为侵权行为地。

涉外域名纠纷案件包括当事人一方或者双方是外国人、无国籍人、外国企业或组织、国际组织，或者域名注册地在外国的域名纠纷案件。在中华人民共和国领域内发生的涉外域名纠纷案件，依照民事诉讼法第四编的规定确定管辖。

第三条　域名纠纷案件的案由，根据双方当事人争议的法律关系的性质确定，并在其前冠以计算机网络域名；争议的法律关系的性质难以确定的，可以通称为计算机网络域名纠纷案件。

第四条　人民法院审理域名纠纷案件，对符合以下各项条件的，应当认定被告注册、使用域名等行为构成侵权或者不正当竞争：

（一）原告请求保护的民事权益合法有效；

（二）被告域名或其主要部分构成对原告驰名商标的复制、模仿、翻译或音译；或者与原告的注册商标、域名等相同或近似，足以造成相关公众的误认；

（三）被告对该域名或其主要部分不享有权益，也无注册、使用该域名的正当理由；

（四）被告对该域名的注册、使用具有恶意。

第五条 被告的行为被证明具有下列情形之一的，人民法院应当认定其具有恶意：

（一）为商业目的将他人驰名商标注册为域名的；

（二）为商业目的注册、使用与原告的注册商标、域名等相同或近似的域名，故意造成与原告提供的产品、服务或者原告网站的混淆，误导网络用户访问其网站或其他在线站点的；

（三）曾要约高价出售、出租或者以其他方式转让该域名获取不正当利益的；

（四）注册域名后自己并不使用也未准备使用，而有意阻止权利人注册该域名的；

（五）具有其他恶意情形的。

被告举证证明在纠纷发生前其所持有的域名已经获得一定的知名度，且能与原告的注册商标、域名等相区别，或者具有其他情形足以证明其不具有恶意的，人民法院可以不认定被告具有恶意。

第六条 人民法院审理域名纠纷案件，根据当事人的请求以及案件的具体情况，可以对涉及的注册商标是否驰名依法作出认定。

第七条 人民法院在审理域名纠纷案件中，对符合本解释第四条规定的情形，依照有关法律规定构成侵权的，应当适用相应的法律规定；构成不正当竞争的，可以适用民法通则第四条、反不正当竞争法第二条第一款的规定。

涉外域名纠纷案件，依照民法通则第八章的有关规定处理。

第八条 人民法院认定域名注册、使用等行为构成侵权或者不正当竞争的，可以判令被告停止侵权、注销域名，或者依原告的请求判令由原告注册使用该域名；给权利人造成实际损害的，可以判令被告赔偿损失。

最高人民法院知识产权审判庭
对公安部经济犯罪侦查局〔1998〕215号文的答复意见

1999年1月19日　　　　　　　　　　　　　〔1999〕法知字第1号函

公安部经济犯罪侦查局：

你局公经〔1998〕215号文收悉。经研究，答复如下：

"江峰"注册商标原是属于江峰机械厂所有的财产，在江峰机械厂并入重庆长江电工厂后，该注册商标与其他财产一样，由长江电工厂接收，成为长江电工厂的合法财产，并非无主财产，也未丧失其价值。虽然长江电工厂应当办理注册人的变更手续，但鉴于我国《商标法》及其实施细则对企业兼并后注册商标的变更问题没有规定明确的程序和期限,故不宜以未办理变更手续而否认长江电工厂对该商标的所有权。

长江电工厂应当依照《商标法》及其实施细则的有关规定,迅速办理变更手续。本意见仅供参考。

最高人民法院知识产权审判庭
关于日本福马克拉株式会社与厦门市升祥贸易公司生产销售代理协议纠纷案的函

2000年5月22日　　　　　　　　　　　　〔1999〕知监字第31号函

福建省高级人民法院:

关于上诉人日本福马克拉株式会社(以下简称福马会社)与被上诉人厦门市升祥贸易公司(以下简称升祥公司)生产销售代理协议纠纷一案,福马会社不服你院〔1998〕闽知终字第14号民事判决,向本院申请再审。

现将申请再审人的有关材料转你院,请你院进行复查。你院在复查中似应注意以下问题:

1. 升祥公司以合同纠纷起诉,但起诉的内容是追究福马会社的侵权责任,你院上述判决亦将本案按照侵权纠纷处理,故将本案案由定为合同纠纷是否妥当?

2. 升祥公司索赔的依据包括库存商品和客户退货两部分,其中库存商品经济损失的承担问题,是福马会社与升祥公司之间协议终止后的后续财产处理问题,属于合同纠纷,与福马会社刊登声明似并无关联,你院上诉判决将其认定为侵权的损害后果,事实和法律依据是否充足?

3. 你院判决书中认定的库存数量是否包含了退货数量?如果其中包含了退货数量,福马会社所刊登的声明是否会导致升祥公司协议终止前已销售商品的退货?

请你院将复查结果于三个月内报我院并迳复申请再审人。

最高人民法院关于开展涉及集成电路布图设计案件审判工作的通知

(2001年10月30日最高人民法院审判委员会第1197次会议通过 2001年11月16日最高人民法院以法发〔2001〕24号发布)

各省、自治区、直辖市高级人民法院,解放军军事法院,新疆维吾尔自治区高级人民法院生产建设兵团分院:

国务院《集成电路布图设计保护条例》自2001年10月1日起施行。对集成电路布图设计专有权进行司法保护,是人民法院的一项新的审判任务。做好这项审判工作,将对保护集成电路布图设计权利人的合法权益,鼓励集成电路技术的创新,促进科学技术的发展具有重要意义。

为确保人民法院依法受理和公正审判涉及集成电路布图设计(以下简称布图设计)的案件,根据《中华人民共和国民事诉讼法》、《中华人民共和国行政诉讼法》及《集成电路布图设计保护条例》的有关规定,现就涉及布图设计案件审判工作的有关问题通知如下:

一、关于受理案件的范围

人民法院受理符合《中华人民共和国民事诉讼法》第一百零八条、《中华人民共和国行政诉讼法》第四十一条规定的起诉条件的下列涉及布图设计的案件:

(一) 布图设计专有权权属纠纷案件;
(二) 布图设计专有权转让合同纠纷案件;
(三) 侵犯布图设计专有权纠纷案件;
(四) 诉前申请停止侵权、财产保全案件;
(五) 不服国务院知识产权行政部门驳回布图设计登记申请的复审决定的案件;
(六) 不服国务院知识产权行政部门撤销布图设计登记申请决定的案件;
(七) 不服国务院知识产权行政部门关于使用布图设计非自愿许可决定的案件;
(八) 不服国务院知识产权行政部门关于使用布图设计非自愿许可的报酬的裁决的案件;
(九) 不服国务院知识产权行政部门对侵犯布图设计专有权行为处理决定的案件;
(十) 不服国务院知识产权行政部门行政复议决定的案件;
(十一) 其他涉及布图设计的案件。

二、关于案件的管辖

本通知第一条所列第（五）至（十）类案件，由北京市第一中级人民法院作为第一审人民法院审理；其余各类案件，由各省、自治区、直辖市人民政府所在地，经济特区所在地和大连、青岛、温州、佛山、烟台市的中级人民法院作为第一审人民法院审理。

三、关于诉前申请采取责令停止有关行为措施的适用

对于申请人民法院采取诉前责令停止侵犯布图设计专有权行为措施的，应当参照《最高人民法院关于对诉前停止侵犯专利权行为适用法律问题的若干规定》执行。

四、关于中止诉讼

人民法院受理的侵犯布图设计专有权纠纷案件，被告以原告的布图设计专有权不具有足够的稳定性为由要求中止诉讼的，人民法院一般不中止诉讼。

各高、中级人民法院要组织有关审判人员认真学习、研究集成电路布图设计条例，熟悉掌握相关的法学理论和专业知识，努力提高审判人员的业务素质和司法水平。要积极开展涉及布图设计案件的调研工作，及时总结审判经验。对涉及布图设计案件终审裁决的法律文书，要及时报送最高人民法院。

行政诉讼及国家赔偿篇

一、行政诉讼

（一）综 合

最高人民法院关于适用《中华人民共和国行政诉讼法》的解释

法释〔2018〕1号

（2017年11月13日最高人民法院审判委员会第1726次会议通过 2018年2月6日最高人民法院公告公布 自2018年2月8日起施行）

为正确适用《中华人民共和国行政诉讼法》（以下简称行政诉讼法），结合人民法院行政审判工作实际，制定本解释。

一、受案范围

第一条 公民、法人或者其他组织对行政机关及其工作人员的行政行为不服，依法提起诉讼的，属于人民法院行政诉讼的受案范围。

下列行为不属于人民法院行政诉讼的受案范围：

（一）公安、国家安全等机关依照刑事诉讼法的明确授权实施的行为；

（二）调解行为以及法律规定的仲裁行为；

（三）行政指导行为；

（四）驳回当事人对行政行为提起申诉的重复处理行为；

（五）行政机关作出的不产生外部法律效力的行为；

（六）行政机关为作出行政行为而实施的准备、论证、研究、层报、咨询等过程性行为；

（七）行政机关根据人民法院的生效裁判、协助执行通知书作出的执行行为，但行政机关扩大执行范围或者采取违法方式实施的除外；

（八）上级行政机关基于内部层级监督关系对下级行政机关作出的听取报告、执法检查、督促履责等行为；

（九）行政机关针对信访事项作出的登记、受理、交办、转送、复查、复核意见等行为；

（十）对公民、法人或者其他组织权利义务不产生实际影响的行为。

第二条 行政诉讼法第十三条第一项规定的"国家行为"，是指国务院、中央军事委员会、国防部、外交部等根据宪法和法律的授权，以国家的名义实施的有关国防和外交事务的行为，以及经宪法和法律授权的国家机关宣布紧急状态等行为。

行政诉讼法第十三条第二项规定的"具有普遍约束力的决定、命令"，是指行政机关针对不特定对象发布的能反复适用的规范性文件。

行政诉讼法第十三条第三项规定的"对行政机关工作人员的奖惩、任免等决定"，是指行政机关作出的涉及行政机关工作人员公务员权利义务的决定。

行政诉讼法第十三条第四项规定的"法律规定由行政机关最终裁决的行政行为"中的"法律"，是指全国人民代表大会及其常务委员会制定、通过的规范性文件。

二、管　辖

第三条 各级人民法院行政审判庭审理行政案件和审查行政机关申请执行其行政行为的案件。

专门人民法院、人民法庭不审理行政案件，也不审查和执行行政机关申请执行其行政行为的案件。铁路运输法院等专门人民法院审理行政案件，应当执行行政诉讼法第十八条第二款的规定。

第四条 立案后，受诉人民法院的管辖权不受当事人住所地改变、追加被告等事实和法律状态变更的影响。

第五条 有下列情形之一的，属于行政诉讼法第十五条第三项规定的"本辖区内重大、复杂的案件"：

（一）社会影响重大的共同诉讼案件；

（二）涉外或者涉及香港特别行政区、澳门特别行政区、台湾地区的案件；

（三）其他重大、复杂案件。

第六条 当事人以案件重大复杂为由，认为有管辖权的基层人民法院不宜行使管辖权或者根据行政诉讼法第五十二条的规定，向中级人民法院起诉，中级人民法院应当根据不同情况在七日内分别作出以下处理：

（一）决定自行审理；

（二）指定本辖区其他基层人民法院管辖；

（三）书面告知当事人向有管辖权的基层人民法院起诉。

第七条 基层人民法院对其管辖的第一审行政案件，认为需要由中级人民法院审理或者指定管辖的，可以报请中级人民法院决定。中级人民法院应当根据不同情况在七日内分别作出以下处理：

（一）决定自行审理；

（二）指定本辖区其他基层人民法院管辖；

（三）决定由报请的人民法院审理。

第八条 行政诉讼法第十九条规定的"原告所在地"，包括原告的户籍所在地、经常居住地和被限制人身自由地。

对行政机关基于同一事实，既采取限制公民人身自由的行政强制措施，又采取其他行政强制措施或者行政处罚不服的，由被告所在地或者原告所在地的人民法院管辖。

第九条 行政诉讼法第二十条规定的"因不动产提起的行政诉讼"是指因行政行为导致不动产物权变动而提起的诉讼。

不动产已登记的，以不动产登记簿记载的所在地为不动产所在地；不动产未登记的，以不动产实际所在地为不动产所在地。

第十条 人民法院受理案件后，被告提出管辖异议的，应当在收到起诉状副本之日起十五日内提出。

对当事人提出的管辖异议，人民法院应当进行审查。异议成立的，裁定将案件移送有管辖权的人民法院；异议不成立的，裁定驳回。

人民法院对管辖异议审查后确定有管辖权的，不因当事人增加或者变更诉讼请求等改变管辖，但违反级别管辖、专属管辖规定的除外。

第十一条 有下列情形之一的，人民法院不予审查：

（一）人民法院发回重审或者按第一审程序再审的案件，当事人提出管辖异议的；

（二）当事人在第一审程序中未按照法律规定的期限和形式提出管辖异议，在第二审程序中提出的。

三、诉讼参加人

第十二条 有下列情形之一的，属于行政诉讼法第二十五条第一款规定的"与行政行为有利害关系"：

（一）被诉的行政行为涉及其相邻权或者公平竞争权的；

（二）在行政复议等行政程序中被追加为第三人的；

（三）要求行政机关依法追究加害人法律责任的；

（四）撤销或者变更行政行为涉及其合法权益的；

（五）为维护自身合法权益向行政机关投诉，具有处理投诉职责的行政机关作出或者未作出处理的；

（六）其他与行政行为有利害关系的情形。

第十三条 债权人以行政机关对债务人所作的行政行为损害债权实现为由提起行政诉讼的，人民法院应当告知其就民事争议提起民事诉讼，但行政机关作出行政行为时依法应予保护或者应予考虑的除外。

第十四条 行政诉讼法第二十五条第二款规定的"近亲属"，包括配偶、父母、子女、兄弟姐妹、祖父母、外祖父母、孙子女、外孙子女和其他具有扶养、赡养关系的亲属。

公民因被限制人身自由而不能提起诉讼的，其近亲属可以依其口头或者书面委托以该公民的名义提起诉讼。近亲属起诉时无法与被限制人身自由的公民取得联系，近亲属可以先行起诉，并在诉讼中补充提交委托证明。

第十五条 合伙企业向人民法院提起诉讼的，应当以核准登记的字号为原告。未依法登记领取营业执照的个人合伙的全体合伙人为共同原告；全体合伙人可以推选代表人，被推选的代表人，应当由全体合伙人出具推选书。

个体工商户向人民法院提起诉讼的，以营业执照上登记的经营者为原告。有字号的，以营业执照上登记的字号为原告，并应当注明该字号经营者的基本信息。

第十六条 股份制企业的股东大会、股东会、董事会等认为行政机关作出的行政行为侵犯企业经营自主权的，可以企业名义提起诉讼。

联营企业、中外合资或者合作企业的联营、合资、合作各方，认为联营、合资、合作企业权益或者自己一方合法权益受行政行为侵害的，可以自己的名义提起诉讼。

非国有企业被行政机关注销、撤销、合并、强令兼并、出售、分立或者改变企业隶属关系的，该企业或者其法定代表人可以提起诉讼。

第十七条 事业单位、社会团体、基金会、社会服务机构等非营利法人的出资人、设立人认为行政行为损害法人合法权益的，可以自己的名义提起诉讼。

第十八条 业主委员会对于行政机关作出的涉及业主共有利益的行政行为，可以自己的名义提起诉讼。

业主委员会不起诉的，专有部分占建筑物总面积过半数或者占总户数过半数的业主可以提起诉讼。

第十九条 当事人不服经上级行政机关批准的行政行为，向人民法院提起诉讼的，以在对外发生法律效力的文书上署名的机关为被告。

第二十条 行政机关组建并赋予行政管理职能但不具有独立承担法律责任能力的机构，以自己的名义作出行政行为，当事人不服提起诉讼的，应当以组建该机构的行政机关为被告。

法律、法规或者规章授权行使行政职权的行政机关内设机构、派出机构或者其他组织，超出法定授权范围实施行政行为，当事人不服提起诉讼的，应当以实施该行为的机构或者组织为被告。

没有法律、法规或者规章规定，行政机关授权其内设机构、派出机构或者其他组织行使行政职权的，属于行政诉讼法第二十六条规定的委托。当事人不服提起诉讼的，应当以该行政机关为被告。

第二十一条 当事人对由国务院、省级人民政府批准设立的开发区管理机构作出的行政行为不服提起诉讼的，以该开发区管理机构为被告；对由国务院、省级人民政府批准设立的开发区管理机构所属职能部门作出的行政行为不服提起诉讼的，以其职能部门为被告；对其他开发区管理机构所属职能部门作出的行政行为不服提起诉讼的，以开发区管理机构为被告；开发区管理机构没有行政主体资格的，以设立该机构的地方人民政府为被告。

第二十二条 行政诉讼法第二十六条第二款规定的"复议机关改变原行政行为"，是指复议机关改变原行政行为的处理结果。复议机关改变原行政行为所认定的主要事实和证据、改变原行政行为所适用的规范依据，但未改变原行政行为处理结果的，视为复议机关维持原行政行为。

复议机关确认原行政行为无效，属于改变原行政行为。

复议机关确认原行政行为违法，属于改变原行政行为，但复议机关以违反法定程序为由确认原行政行为违法的除外。

第二十三条　行政机关被撤销或者职权变更，没有继续行使其职权的行政机关的，以其所属的人民政府为被告；实行垂直领导的，以垂直领导的上一级行政机关为被告。

第二十四条　当事人对村民委员会或者居民委员会依据法律、法规、规章的授权履行行政管理职责的行为不服提起诉讼的，以村民委员会或者居民委员会为被告。

当事人对村民委员会、居民委员会受行政机关委托作出的行为不服提起诉讼的，以委托的行政机关为被告。

当事人对高等学校等事业单位以及律师协会、注册会计师协会等行业协会依据法律、法规、规章的授权实施的行政行为不服提起诉讼的，以该事业单位、行业协会为被告。

当事人对高等学校等事业单位以及律师协会、注册会计师协会等行业协会受行政机关委托作出的行为不服提起诉讼的，以委托的行政机关为被告。

第二十五条　市、县级人民政府确定的房屋征收部门组织实施房屋征收与补偿工作过程中作出行政行为，被征收人不服提起诉讼的，以房屋征收部门为被告。

征收实施单位受房屋征收部门委托，在委托范围内从事的行为，被征收人不服提起诉讼的，应当以房屋征收部门为被告。

第二十六条　原告所起诉的被告不适格，人民法院应当告知原告变更被告；原告不同意变更的，裁定驳回起诉。

应当追加被告而原告不同意追加的，人民法院应当通知其以第三人的身份参加诉讼，但行政复议机关作共同被告的除外。

第二十七条　必须共同进行诉讼的当事人没有参加诉讼的，人民法院应当依法通知其参加；当事人也可以向人民法院申请参加。

人民法院应当对当事人提出的申请进行审查，申请理由不成立的，裁定驳回；申请理由成立的，书面通知其参加诉讼。

前款所称的必须共同进行诉讼，是指按照行政诉讼法第二十七条的规定，当事人一方或者双方为两人以上，因同一行政行为发生行政争议，人民法院必须合并审理的诉讼。

第二十八条　人民法院追加共同诉讼的当事人时，应当通知其他当事人。应当追加的原告，已明确表示放弃实体权利的，可不予追加；既不愿意参加诉讼，又不放弃实体权利的，应追加为第三人，其不参加诉讼，不能阻碍人民法院对案件的审理和裁判。

第二十九条　行政诉讼法第二十八条规定的"人数众多"，一般指十人以上。

根据行政诉讼法第二十八条的规定，当事人一方人数众多的，由当事人推选代表人。当事人推选不出的，可以由人民法院在起诉的当事人中指定代表人。

行政诉讼法第二十八条规定的代表人为二至五人。代表人可以委托一至二人作为诉讼代理人。

第三十条　行政机关的同一行政行为涉及两个以上利害关系人，其中一部分利害关系人对行政行为不服提起诉讼，人民法院应当通知没有起诉的其他利害关系人作为第三人参加诉讼。

与行政案件处理结果有利害关系的第三人，可以申请参加诉讼，或者由人民法院通知其参加诉讼。人民法院判决其承担义务或者减损其权益的第三人，有权提出上诉或者申请再审。

行政诉讼法第二十九条规定的第三人，因不能归责于本人的事由未参加诉讼，但有证据证明发生法律效力的判决、裁定、调解书损害其合法权益的，可以依照行政诉讼法第九十条的规定，自知道或者应当知道其合法权益受到损害之日起六个月内，向上一级人民法院申请再审。

第三十一条　当事人委托诉讼代理人，应当向人民法院提交由委托人签名或者盖章的授权委托书。委托书应当载明委托事项和具体权限。公民在特殊情况下无法书面委托的，也可以由他人代书，并由自己捺印等方式确认，人民法院应当核实并记录在卷；被诉行政机关或者其他有义务协助的机关拒绝人民法院向被限制人身自由的公民核实的，视为委托成立。当事人解除或者变更委托的，应当书面报告人民法院。

第三十二条　依照行政诉讼法第三十一条第二款第二项规定，与当事人有合法劳动人事关系的职工，可以当事人工作人员的名义作为诉讼代理人。以当事人的工作人员身份参加诉讼活动，应当提交以下证据之一加以证明：

（一）缴纳社会保险记录凭证；

（二）领取工资凭证；

（三）其他能够证明其为当事人工作人员身份的证据。

第三十三条　根据行政诉讼法第三十一条第二款第三项规定，有关社会团体推荐公民担任诉讼代理人的，应当符合下列条件：

（一）社会团体属于依法登记设立或者依法免予登记设立的非营利性法人组织；

（二）被代理人属于该社会团体的成员，或者当事人一方住所地位于该社会团体的活动地域；

（三）代理事务属于该社会团体章程载明的业务范围；

（四）被推荐的公民是该社会团体的负责人或者与该社会团体有合法劳动人事关系的工作人员。

专利代理人经中华全国专利代理人协会推荐，可以在专利行政案件中担任诉讼代理人。

四、证　据

第三十四条　根据行政诉讼法第三十六条第一款的规定，被告申请延期提供证据的，应当在收到起诉状副本之日起十五日内以书面方式向人民法院提出。人民法院准许延期提供的，被告应当在正当事由消除后十五日内提供证据。逾期提供的，视为被诉行政行为没有相应的证据。

第三十五条 原告或者第三人应当在开庭审理前或者人民法院指定的交换证据清单之日提供证据。因正当事由申请延期提供证据的，经人民法院准许，可以在法庭调查中提供。逾期提供证据的，人民法院应当责令其说明理由；拒不说明理由或者理由不成立的，视为放弃举证权利。

原告或者第三人在第一审程序中无正当事由未提供而在第二审程序中提供的证据，人民法院不予接纳。

第三十六条 当事人申请延长举证期限，应当在举证期限届满前向人民法院提出书面申请。

申请理由成立的，人民法院应当准许，适当延长举证期限，并通知其他当事人。申请理由不成立的，人民法院不予准许，并通知申请人。

第三十七条 根据行政诉讼法第三十九条的规定，对当事人无争议，但涉及国家利益、公共利益或者他人合法权益的事实，人民法院可以责令当事人提供或者补充有关证据。

第三十八条 对于案情比较复杂或者证据数量较多的案件，人民法院可以组织当事人在开庭前向对方出示或者交换证据，并将交换证据清单的情况记录在卷。

当事人在庭前证据交换过程中没有争议并记录在卷的证据，经审判人员在庭审中说明后，可以作为认定案件事实的依据。

第三十九条 当事人申请调查收集证据，但该证据与待证事实无关联、对证明待证事实无意义或者其他无调查收集必要的，人民法院不予准许。

第四十条 人民法院在证人出庭作证前应当告知其如实作证的义务以及作伪证的法律后果。

证人因履行出庭作证义务而支出的交通、住宿、就餐等必要费用以及误工损失，由败诉一方当事人承担。

第四十一条 有下列情形之一，原告或者第三人要求相关行政执法人员出庭说明的，人民法院可以准许：

（一）对现场笔录的合法性或者真实性有异议的；
（二）对扣押财产的品种或者数量有异议的；
（三）对检验的物品取样或者保管有异议的；
（四）对行政执法人员身份的合法性有异议的；
（五）需要出庭说明的其他情形。

第四十二条 能够反映案件真实情况、与待证事实相关联、来源和形式符合法律规定的证据，应当作为认定案件事实的根据。

第四十三条 有下列情形之一的，属于行政诉讼法第四十三条第三款规定的"以非法手段取得的证据"：

（一）严重违反法定程序收集的证据材料；
（二）以违反法律强制性规定的手段获取且侵害他人合法权益的证据材料；
（三）以利诱、欺诈、胁迫、暴力等手段获取的证据材料。

第四十四条 人民法院认为有必要的，可以要求当事人本人或者行政机关执法人员到庭，就案件有关事实接受询问。在询问之前，可以要求其签署保证书。

保证书应当载明据实陈述、如有虚假陈述愿意接受处罚等内容。当事人或者行政机关执法人员应当在保证书上签名或者捺印。

负有举证责任的当事人拒绝到庭、拒绝接受询问或者拒绝签署保证书，待证事实又欠缺其他证据加以佐证的，人民法院对其主张的事实不予认定。

第四十五条 被告有证据证明其在行政程序中依照法定程序要求原告或者第三人提供证据，原告或者第三人依法应当提供而没有提供，在诉讼程序中提供的证据，人民法院一般不予采纳。

第四十六条 原告或者第三人确有证据证明被告持有的证据对原告或者第三人有利的，可以在开庭审理前书面申请人民法院责令行政机关提交。

申请理由成立的，人民法院应当责令行政机关提交，因提交证据所产生的费用，由申请人预付。行政机关无正当理由拒不提交的，人民法院可以推定原告或者第三人基于该证据主张的事实成立。

持有证据的当事人以妨碍对方当事人使用为目的，毁灭有关证据或者实施其他致使证据不能使用行为的，人民法院可以推定对方当事人基于该证据主张的事实成立，并可依照行政诉讼法第五十九条规定处理。

第四十七条 根据行政诉讼法第三十八条第二款的规定，在行政赔偿、补偿案件中，因被告的原因导致原告无法就损害情况举证的，应当由被告就该损害情况承担举证责任。

对于各方主张损失的价值无法认定的，应当由负有举证责任的一方当事人申请鉴定，但法律、法规、规章规定行政机关在作出行政行为时依法应当评估或者鉴定的除外；负有举证责任的当事人拒绝申请鉴定的，由其承担不利的法律后果。

当事人的损失因客观原因无法鉴定的，人民法院应当结合当事人的主张和在案证据，遵循法官职业道德，运用逻辑推理和生活经验、生活常识等，酌情确定赔偿数额。

五、期间、送达

第四十八条 期间包括法定期间和人民法院指定的期间。

期间以时、日、月、年计算。期间开始的时和日，不计算在期间内。

期间届满的最后一日是节假日的，以节假日后的第一日为期间届满的日期。

期间不包括在途时间，诉讼文书在期满前交邮的，视为在期限内发送。

第四十九条 行政诉讼法第五十一条第二款规定的立案期限，因起诉状内容欠缺或者有其他错误通知原告限期补正的，从补正后递交人民法院的次日起算。由上级人民法院转交下级人民法院立案的案件，从受诉人民法院收到起诉状的次日起算。

第五十条 行政诉讼法第八十一条、第八十三条、第八十八条规定的审理期限，是指从立案之日起至裁判宣告、调解书送达之日止的期间，但公告期间、鉴定期间、调解期间、中止诉讼期间、审理当事人提出的管辖异议以及处理人民法院之间的管辖争议期间不应计算在内。

再审案件按照第一审程序或者第二审程序审理的，适用行政诉讼法第八十一条、第八十八条规定的审理期限。审理期限自再审立案的次日起算。

基层人民法院申请延长审理期限，应当直接报请高级人民法院批准，同时报中级人民法院备案。

第五十一条 人民法院可以要求当事人签署送达地址确认书，当事人确认的送达地址为人民法院法律文书的送达地址。

当事人同意电子送达的，应当提供并确认传真号、电子信箱等电子送达地址。

当事人送达地址发生变更的，应当及时书面告知受理案件的人民法院；未及时告知的，人民法院按原地址送达，视为依法送达。

人民法院可以通过国家邮政机构以法院专递方式进行送达。

第五十二条 人民法院可以在当事人住所地以外向当事人直接送达诉讼文书。当事人拒绝签署送达回证的，采用拍照、录像等方式记录送达过程即视为送达。审判人员、书记员应当在送达回证上注明送达情况并签名。

六、起诉与受理

第五十三条 人民法院对符合起诉条件的案件应当立案，依法保障当事人行使诉讼权利。

对当事人依法提起的诉讼，人民法院应当根据行政诉讼法第五十一条的规定接收起诉状。能够判断符合起诉条件的，应当当场登记立案；当场不能判断是否符合起诉条件的，应当在接收起诉状后七日内决定是否立案；七日内仍不能作出判断的，应当先予立案。

第五十四条 依照行政诉讼法第四十九条的规定，公民、法人或者其他组织提起诉讼时应当提交以下起诉材料：

（一）原告的身份证明材料以及有效联系方式；

（二）被诉行政行为或者不作为存在的材料；

（三）原告与被诉行政行为具有利害关系的材料；

（四）人民法院认为需要提交的其他材料。

由法定代理人或者委托代理人代为起诉的，还应当在起诉状中写明或者在口头起诉时向人民法院说明法定代理人或者委托代理人的基本情况，并提交法定代理人或者委托代理人的身份证明和代理权限证明等材料。

第五十五条 依照行政诉讼法第五十一条的规定，人民法院应当就起诉状内容和材料是否完备以及是否符合行政诉讼法规定的起诉条件进行审查。

起诉状内容或者材料欠缺的，人民法院应当给予指导和释明，并一次性全面告知当事人需要补正的内容、补充的材料及期限。在指定期限内补正并符合起诉条件的，应当登记立案。当事人拒绝补正或者经补正仍不符合起诉条件的，退回诉状并记录在册；坚持起诉的，裁定不予立案，并载明不予立案的理由。

第五十六条 法律、法规规定应当先申请复议，公民、法人或者其他组织未申请复议直接提起诉讼的，人民法院裁定不予立案。

依照行政诉讼法第四十五条的规定，复议机关不受理复议申请或者在法定期限内不作出复议决定，公民、法人或者其他组织不服，依法向人民法院提起诉讼的，人民法院应当依法立案。

第五十七条　法律、法规未规定行政复议为提起行政诉讼必经程序，公民、法人或者其他组织既提起诉讼又申请行政复议的，由先立案的机关管辖；同时立案的，由公民、法人或者其他组织选择。公民、法人或者其他组织已经申请行政复议，在法定复议期间内又向人民法院提起诉讼的，人民法院裁定不予立案。

第五十八条　法律、法规未规定行政复议为提起行政诉讼必经程序，公民、法人或者其他组织向复议机关申请行政复议后，又经复议机关同意撤回复议申请，在法定起诉期限内对原行政行为提起诉讼的，人民法院应当依法立案。

第五十九条　公民、法人或者其他组织向复议机关申请行政复议后，复议机关作出维持决定的，应当以复议机关和原行为机关为共同被告，并以复议决定送达时间确定起诉期限。

第六十条　人民法院裁定准许原告撤诉后，原告以同一事实和理由重新起诉的，人民法院不予立案。

准予撤诉的裁定确有错误，原告申请再审的，人民法院应当通过审判监督程序撤销原准予撤诉的裁定，重新对案件进行审理。

第六十一条　原告或者上诉人未按规定的期限预交案件受理费，又不提出缓交、减交、免交申请，或者提出申请未获批准的，按自动撤诉处理。在按撤诉处理后，原告或者上诉人在法定期限内再次起诉或者上诉，并依法解决诉讼费预交问题的，人民法院应予立案。

第六十二条　人民法院判决撤销行政机关的行政行为后，公民、法人或者其他组织对行政机关重新作出的行政行为不服向人民法院起诉的，人民法院应当依法立案。

第六十三条　行政机关作出行政行为时，没有制作或者没有送达法律文书，公民、法人或者其他组织只要能证明行政行为存在，并在法定期限内起诉的，人民法院应当依法立案。

第六十四条　行政机关作出行政行为时，未告知公民、法人或者其他组织起诉期限的，起诉期限从公民、法人或者其他组织知道或者应当知道起诉期限之日起计算，但从知道或者应当知道行政行为内容之日起最长不得超过一年。

复议决定未告知公民、法人或者其他组织起诉期限的，适用前款规定。

第六十五条　公民、法人或者其他组织不知道行政机关作出的行政行为内容的，其起诉期限从知道或者应当知道该行政行为内容之日起计算，但最长不得超过行政诉讼法第四十六条第二款规定的起诉期限。

第六十六条　公民、法人或者其他组织依照行政诉讼法第四十七条第一款的规定，对行政机关不履行法定职责提起诉讼的，应当在行政机关履行法定职责期限届满之日起六个月内提出。

第六十七条　原告提供被告的名称等信息足以使被告与其他行政机关相区别的，可以认定为行政诉讼法第四十九条第二项规定的"有明确的被告"。

起诉状列写被告信息不足以认定明确的被告的，人民法院可以告知原告补正；原告补正后仍不能确定明确的被告的，人民法院裁定不予立案。

第六十八条 行政诉讼法第四十九条第三项规定的"有具体的诉讼请求"是指：

（一）请求判决撤销或者变更行政行为；

（二）请求判决行政机关履行特定法定职责或者给付义务；

（三）请求判决确认行政行为违法；

（四）请求判决确认行政行为无效；

（五）请求判决行政机关予以赔偿或者补偿；

（六）请求解决行政协议争议；

（七）请求一并审查规章以下规范性文件；

（八）请求一并解决相关民事争议；

（九）其他诉讼请求。

当事人单独或者一并提起行政赔偿、补偿诉讼的，应当有具体的赔偿、补偿事项以及数额；请求一并审查规章以下规范性文件的，应当提供明确的文件名称或者审查对象；请求一并解决相关民事争议的，应当有具体的民事诉讼请求。

当事人未能正确表达诉讼请求的，人民法院应当要求其明确诉讼请求。

第六十九条 有下列情形之一，已经立案的，应当裁定驳回起诉：

（一）不符合行政诉讼法第四十九条规定的；

（二）超过法定起诉期限且无行政诉讼法第四十八条规定情形的；

（三）错列被告且拒绝变更的；

（四）未按照法律规定由法定代理人、指定代理人、代表人为诉讼行为的；

（五）未按照法律、法规规定先向行政机关申请复议的；

（六）重复起诉的；

（七）撤回起诉后无正当理由再行起诉的；

（八）行政行为对其合法权益明显不产生实际影响的；

（九）诉讼标的已为生效裁判或者调解书所羁束的；

（十）其他不符合法定起诉条件的情形。

前款所列情形可以补正或者更正的，人民法院应当指定期间责令补正或者更正；在指定期间已经补正或者更正的，应当依法审理。

人民法院经过阅卷、调查或者询问当事人，认为不需要开庭审理的，可以径行裁定驳回起诉。

第七十条 起诉状副本送达被告后，原告提出新的诉讼请求的，人民法院不予准许，但有正当理由的除外。

七、审理与判决

第七十一条 人民法院适用普通程序审理案件，应当在开庭三日前用传票传唤当事人。对证人、鉴定人、勘验人、翻译人员，应当用通知书通知其到庭。当事人或者其他诉讼参与人在外地的，应当留有必要的在途时间。

第七十二条 有下列情形之一的，可以延期开庭审理：

（一）应当到庭的当事人和其他诉讼参与人有正当理由没有到庭的；
（二）当事人临时提出回避申请且无法及时作出决定的；
（三）需要通知新的证人到庭，调取新的证据，重新鉴定、勘验，或者需要补充调查的；
（四）其他应当延期的情形。

第七十三条 根据行政诉讼法第二十七条的规定，有下列情形之一的，人民法院可以决定合并审理：

（一）两个以上行政机关分别对同一事实作出行政行为，公民、法人或者其他组织不服向同一人民法院起诉的；
（二）行政机关就同一事实对若干公民、法人或者其他组织分别作出行政行为，公民、法人或者其他组织不服分别向同一人民法院起诉的；
（三）在诉讼过程中，被告对原告作出新的行政行为，原告不服向同一人民法院起诉的；
（四）人民法院认为可以合并审理的其他情形。

第七十四条 当事人申请回避，应当说明理由，在案件开始审理时提出；回避事由在案件开始审理后知道的，应当在法庭辩论终结前提出。

被申请回避的人员，在人民法院作出是否回避的决定前，应当暂停参与本案的工作，但案件需要采取紧急措施的除外。

对当事人提出的回避申请，人民法院应当在三日内以口头或者书面形式作出决定。对当事人提出的明显不属于法定回避事由的申请，法庭可以依法当庭驳回。

申请人对驳回回避申请决定不服的，可以向作出决定的人民法院申请复议一次。复议期间，被申请回避的人员不停止参与本案的工作。对申请人的复议申请，人民法院应当在三日内作出复议决定，并通知复议申请人。

第七十五条 在一个审判程序中参与过本案审判工作的审判人员，不得再参与该案其他程序的审判。

发回重审的案件，在一审法院作出裁判后又进入第二审程序的，原第二审程序中合议庭组成人员不受前款规定的限制。

第七十六条 人民法院对于因一方当事人的行为或者其他原因，可能使行政行为或者人民法院生效裁判不能或者难以执行的案件，根据对方当事人的申请，可以裁定对其财产进行保全、责令其作出一定行为或者禁止其作出一定行为；当事人没有提出申请的，人民法院在必要时也可以裁定采取上述保全措施。

人民法院采取保全措施，可以责令申请人提供担保；申请人不提供担保的，裁定驳回申请。

人民法院接受申请后，对情况紧急的，必须在四十八小时内作出裁定；裁定采取保全措施的，应当立即开始执行。

当事人对保全的裁定不服的，可以申请复议；复议期间不停止裁定的执行。

第七十七条 利害关系人因情况紧急，不立即申请保全将会使其合法权益受到难以弥补的损害的，可以在提起诉讼前向被保全财产所在地、被申请人住所地或者对案件有管辖权的人民法院申请采取保全措施。申请人应当提供担保，不提供担保的，裁定驳回申请。

人民法院接受申请后，必须在四十八小时内作出裁定；裁定采取保全措施的，应当立即开始执行。

申请人在人民法院采取保全措施后三十日内不依法提起诉讼的，人民法院应当解除保全。

当事人对保全的裁定不服的，可以申请复议；复议期间不停止裁定的执行。

第七十八条 保全限于请求的范围，或者与本案有关的财物。

财产保全采取查封、扣押、冻结或者法律规定的其他方法。人民法院保全财产后，应当立即通知被保全人。

财产已被查封、冻结的，不得重复查封、冻结。

涉及财产的案件，被申请人提供担保的，人民法院应当裁定解除保全。

申请有错误的，申请人应当赔偿被申请人因保全所遭受的损失。

第七十九条 原告或者上诉人申请撤诉，人民法院裁定不予准许的，原告或者上诉人经传票传唤无正当理由拒不到庭，或者未经法庭许可中途退庭的，人民法院可以缺席判决。

第三人经传票传唤无正当理由拒不到庭，或者未经法庭许可中途退庭的，不发生阻止案件审理的效果。

根据行政诉讼法第五十八条的规定，被告经传票传唤无正当理由拒不到庭，或者未经法庭许可中途退庭的，人民法院可以按期开庭或者继续开庭审理，对到庭的当事人诉讼请求、双方的诉辩理由以及已经提交的证据及其他诉讼材料进行审理后，依法缺席判决。

第八十条 原告或者上诉人在庭审中明确拒绝陈述或者以其他方式拒绝陈述，导致庭审无法进行，经法庭释明法律后果后仍不陈述意见的，视为放弃陈述权利，由其承担不利的法律后果。

当事人申请撤诉或者依法可以按撤诉处理的案件，当事人有违反法律的行为需要依法处理的，人民法院可以不准许撤诉或者不按撤诉处理。

法庭辩论终结后原告申请撤诉，人民法院可以准许，但涉及国家利益和社会公共利益的除外。

第八十一条 被告在一审期间改变被诉行政行为的，应当书面告知人民法院。

原告或者第三人对改变后的行政行为不服提起诉讼的，人民法院应当就改变后的行政行为进行审理。

被告改变原违法行政行为，原告仍要求确认原行政行为违法的，人民法院应当依法作出确认判决。

原告起诉被告不作为，在诉讼中被告作出行政行为，原告不撤诉的，人民法院应当就不作为依法作出确认判决。

第八十二条 当事人之间恶意串通，企图通过诉讼等方式侵害国家利益、社会公共利益或者他人合法权益的，人民法院应当裁定驳回起诉或者判决驳回其请求，并根据情节轻重予以罚款、拘留；构成犯罪的，依法追究刑事责任。

第八十三条 行政诉讼法第五十九条规定的罚款、拘留可以单独适用，也可以合并适用。

对同一妨害行政诉讼行为的罚款、拘留不得连续适用。发生新的妨害行政诉讼行为的，人民法院可以重新予以罚款、拘留。

第八十四条 人民法院审理行政诉讼法第六十条第一款规定的行政案件，认为法律关系明确、事实清楚，在征得当事人双方同意后，可以径行调解。

第八十五条 调解达成协议，人民法院应当制作调解书。调解书应当写明诉讼请求、案件的事实和调解结果。

调解书由审判人员、书记员署名，加盖人民法院印章，送达双方当事人。

调解书经双方当事人签收后，即具有法律效力。调解书生效日期根据最后收到调解书的当事人签收的日期确定。

第八十六条 人民法院审理行政案件，调解过程不公开，但当事人同意公开的除外。

经人民法院准许，第三人可以参加调解。人民法院认为有必要的，可以通知第三人参加调解。

调解协议内容不公开，但为保护国家利益、社会公共利益、他人合法权益，人民法院认为确有必要公开的除外。

当事人一方或者双方不愿调解、调解未达成协议的，人民法院应当及时判决。

当事人自行和解或者调解达成协议后，请求人民法院按照和解协议或者调解协议的内容制作判决书的，人民法院不予准许。

第八十七条 在诉讼过程中，有下列情形之一的，中止诉讼：

（一）原告死亡，须等待其近亲属表明是否参加诉讼的；

（二）原告丧失诉讼行为能力，尚未确定法定代理人的；

（三）作为一方当事人的行政机关、法人或者其他组织终止，尚未确定权利义务承受人的；

（四）一方当事人因不可抗力的事由不能参加诉讼的；

（五）案件涉及法律适用问题，需要送请有权机关作出解释或者确认的；

（六）案件的审判须以相关民事、刑事或者其他行政案件的审理结果为依据，而相关案件尚未审结的；

（七）其他应当中止诉讼的情形。

中止诉讼的原因消除后，恢复诉讼。

第八十八条 在诉讼过程中，有下列情形之一的，终结诉讼：

（一）原告死亡，没有近亲属或者近亲属放弃诉讼权利的；

（二）作为原告的法人或者其他组织终止后，其权利义务的承受人放弃诉讼权利的。

因本解释第八十七条第一款第一、二、三项原因中止诉讼满九十日仍无人继续诉讼的，裁定终结诉讼，但有特殊情况的除外。

第八十九条 复议决定改变原行政行为错误，人民法院判决撤销复议决定时，可以一并责令复议机关重新作出复议决定或者判决恢复原行政行为的法律效力。

第九十条 人民法院判决被告重新作出行政行为，被告重新作出的行政行为与原行政行为的结果相同，但主要事实或者主要理由有改变的，不属于行政诉讼法第七十一条规定的情形。

人民法院以违反法定程序为由，判决撤销被诉行政行为的，行政机关重新作出行政行为不受行政诉讼法第七十一条规定的限制。

行政机关以同一事实和理由重新作出与原行政行为基本相同的行政行为，人民法院应当根据行政诉讼法第七十条、第七十一条的规定判决撤销或者部分撤销，并根据行政诉讼法第九十六条的规定处理。

第九十一条 原告请求被告履行法定职责的理由成立，被告违法拒绝履行或者无正当理由逾期不予答复的，人民法院可以根据行政诉讼法第七十二条的规定，判决被告在一定期限内依法履行原告请求的法定职责；尚需被告调查或者裁量的，应当判决被告针对原告的请求重新作出处理。

第九十二条 原告申请被告依法履行支付抚恤金、最低生活保障待遇或者社会保险待遇等给付义务的理由成立，被告依法负有给付义务而拒绝或者拖延履行义务的，人民法院可以根据行政诉讼法第七十三条的规定，判决被告在一定期限内履行相应的给付义务。

第九十三条 原告请求被告履行法定职责或者依法履行支付抚恤金、最低生活保障待遇或者社会保险待遇等给付义务，原告未先向行政机关提出申请的，人民法院裁定驳回起诉。

人民法院经审理认为原告所请求履行的法定职责或者给付义务明显不属于行政机关权限范围的，可以裁定驳回起诉。

第九十四条 公民、法人或者其他组织起诉请求撤销行政行为，人民法院经审查认为行政行为无效的，应当作出确认无效的判决。

公民、法人或者其他组织起诉请求确认行政行为无效，人民法院审查认为行政行为不属于无效情形，经释明，原告请求撤销行政行为的，应当继续审理并依法作出相应判决；原告请求撤销行政行为但超过法定起诉期限的，裁定驳回起诉；原告拒绝变更诉讼请求的，判决驳回其诉讼请求。

第九十五条 人民法院经审理认为被诉行政行为违法或者无效，可能给原告造成损失，经释明，原告请求一并解决行政赔偿争议的，人民法院可以就赔偿事项进行调解；调解不成的，应当一并判决。人民法院也可以告知其就赔偿事项另行提起诉讼。

第九十六条 有下列情形之一，且对原告依法享有的听证、陈述、申辩等重要程序性权利不产生实质损害的，属于行政诉讼法第七十四条第一款第二项规定的"程序轻微违法"：

（一）处理期限轻微违法；
（二）通知、送达等程序轻微违法；
（三）其他程序轻微违法的情形。

第九十七条 原告或者第三人的损失系由其自身过错和行政机关的违法行政行为共

同造成的，人民法院应当依据各方行为与损害结果之间有无因果关系以及在损害发生和结果中作用力的大小，确定行政机关相应的赔偿责任。

第九十八条 因行政机关不履行、拖延履行法定职责，致使公民、法人或者其他组织的合法权益遭受损害的，人民法院应当判决行政机关承担行政赔偿责任。在确定赔偿数额时，应当考虑该不履行、拖延履行法定职责的行为在损害发生过程和结果中所起的作用等因素。

第九十九条 有下列情形之一的，属于行政诉讼法第七十五条规定的"重大且明显违法"：

（一）行政行为实施主体不具有行政主体资格；
（二）减损权利或者增加义务的行政行为没有法律规范依据；
（三）行政行为的内容客观上不可能实施；
（四）其他重大且明显违法的情形。

第一百条 人民法院审理行政案件，适用最高人民法院司法解释的，应当在裁判文书中援引。

人民法院审理行政案件，可以在裁判文书中引用合法有效的规章及其他规范性文件。

第一百零一条 裁定适用于下列范围：

（一）不予立案；
（二）驳回起诉；
（三）管辖异议；
（四）终结诉讼；
（五）中止诉讼；
（六）移送或者指定管辖；
（七）诉讼期间停止行政行为的执行或者驳回停止执行的申请；
（八）财产保全；
（九）先予执行；
（十）准许或者不准许撤诉；
（十一）补正裁判文书中的笔误；
（十二）中止或者终结执行；
（十三）提审、指令再审或者发回重审；
（十四）准许或者不准许执行行政机关的行政行为；
（十五）其他需要裁定的事项。

对第一、二、三项裁定，当事人可以上诉。

裁定书应当写明裁定结果和作出该裁定的理由。裁定书由审判人员、书记员署名，加盖人民法院印章。口头裁定的，记入笔录。

第一百零二条 行政诉讼法第八十二条规定的行政案件中的"事实清楚"，是指当事人对争议的事实陈述基本一致，并能提供相应的证据，无须人民法院调查收集证据即可查明事实；"权利义务关系明确"，是指行政法律关系中权利和义务能够明确区分；

"争议不大",是指当事人对行政行为的合法性、责任承担等没有实质分歧。

第一百零三条 适用简易程序审理的行政案件,人民法院可以用口头通知、电话、短信、传真、电子邮件等简便方式传唤当事人、通知证人、送达裁判文书以外的诉讼文书。

以简便方式送达的开庭通知,未经当事人确认或者没有其他证据证明当事人已经收到的,人民法院不得缺席判决。

第一百零四条 适用简易程序案件的举证期限由人民法院确定,也可以由当事人协商一致并经人民法院准许,但不得超过十五日。被告要求书面答辩的,人民法院可以确定合理的答辩期间。

人民法院应当将举证期限和开庭日期告知双方当事人,并向当事人说明逾期举证以及拒不到庭的法律后果,由双方当事人在笔录和开庭传票的送达回证上签名或者捺印。

当事人双方均表示同意立即开庭或者缩短举证期限、答辩期间的,人民法院可以立即开庭审理或者确定近期开庭。

第一百零五条 人民法院发现案情复杂,需要转为普通程序审理的,应当在审理期限届满前作出裁定并将合议庭组成人员及相关事项书面通知双方当事人。

案件转为普通程序审理的,审理期限自人民法院立案之日起计算。

第一百零六条 当事人就已经提起诉讼的事项在诉讼过程中或者裁判生效后再次起诉,同时具有下列情形的,构成重复起诉:

(一)后诉与前诉的当事人相同;

(二)后诉与前诉的诉讼标的相同;

(三)后诉与前诉的诉讼请求相同,或者后诉的诉讼请求被前诉裁判所包含。

第一百零七条 第一审人民法院作出判决和裁定后,当事人均提起上诉的,上诉各方均为上诉人。

诉讼当事人中的一部分人提出上诉,没有提出上诉的对方当事人为被上诉人,其他当事人依原审诉讼地位列明。

第一百零八条 当事人提出上诉,应当按照其他当事人或者诉讼代表人的人数提出上诉状副本。

原审人民法院收到上诉状,应当在五日内将上诉状副本发送其他当事人,对方当事人应当在收到上诉状副本之日起十五日内提出答辩状。

原审人民法院应当在收到答辩状之日起五日内将副本发送上诉人。对方当事人不提出答辩状的,不影响人民法院审理。

原审人民法院收到上诉状、答辩状,应当在五日内连同全部案卷和证据,报送第二审人民法院;已经预收的诉讼费用,一并报送。

第一百零九条 第二审人民法院经审理认为原审人民法院不予立案或者驳回起诉的裁定确有错误且当事人的起诉符合起诉条件的,应当裁定撤销原审人民法院的裁定,指令原审人民法院依法立案或者继续审理。

第二审人民法院裁定发回原审人民法院重新审理的行政案件,原审人民法院应当另行组成合议庭进行审理。

原审判决遗漏了必须参加诉讼的当事人或者诉讼请求的，第二审人民法院应当裁定撤销原审判决，发回重审。

原审判决遗漏行政赔偿请求，第二审人民法院经审查认为依法不应当予以赔偿的，应当判决驳回行政赔偿请求。

原审判决遗漏行政赔偿请求，第二审人民法院经审理认为依法应当予以赔偿的，在确认被诉行政行为违法的同时，可以就行政赔偿问题进行调解；调解不成的，应当就行政赔偿部分发回重审。

当事人在第二审期间提出行政赔偿请求的，第二审人民法院可以进行调解；调解不成的，应当告知当事人另行起诉。

第一百一十条 当事人向上一级人民法院申请再审，应当在判决、裁定或者调解书发生法律效力后六个月内提出。有下列情形之一的，自知道或者应当知道之日起六个月内提出：

（一）有新的证据，足以推翻原判决、裁定的；

（二）原判决、裁定认定事实的主要证据是伪造的；

（三）据以作出原判决、裁定的法律文书被撤销或者变更的；

（四）审判人员审理该案件时有贪污受贿、徇私舞弊、枉法裁判行为的。

第一百一十一条 当事人申请再审的，应当提交再审申请书等材料。人民法院认为有必要的，可以自收到再审申请书之日起五日内将再审申请书副本发送对方当事人。对方当事人应当自收到再审申请书副本之日起十五日内提交书面意见。人民法院可以要求申请人和对方当事人补充有关材料，询问有关事项。

第一百一十二条 人民法院应当自再审申请案件立案之日起六个月内审查，有特殊情况需要延长的，由本院院长批准。

第一百一十三条 人民法院根据审查再审申请案件的需要决定是否询问当事人；新的证据可能推翻原判决、裁定的，人民法院应当询问当事人。

第一百一十四条 审查再审申请期间，被申请人及原审其他当事人依法提出再审申请的，人民法院应当将其列为再审申请人，对其再审事由一并审查，审查期限重新计算。经审查，其中一方再审申请人主张的再审事由成立的，应当裁定再审。各方再审申请人主张的再审事由均不成立的，一并裁定驳回再审申请。

第一百一十五条 审查再审申请期间，再审申请人申请人民法院委托鉴定、勘验的，人民法院不予准许。

审查再审申请期间，再审申请人撤回再审申请的，是否准许，由人民法院裁定。

再审申请人经传票传唤，无正当理由拒不接受询问的，按撤回再审申请处理。

人民法院准许撤回再审申请或者按撤回再审申请处理后，再审申请人再次申请再审的，不予立案，但有行政诉讼法第九十一条第二项、第三项、第七项、第八项规定情形，自知道或者应当知道之日起六个月内提出的除外。

第一百一十六条 当事人主张的再审事由成立，且符合行政诉讼法和本解释规定的申请再审条件的，人民法院应当裁定再审。

当事人主张的再审事由不成立，或者当事人申请再审超过法定申请再审期限、超出法定再审事由范围等不符合行政诉讼法和本解释规定的申请再审条件的，人民法院应当裁定驳回再审申请。

第一百一十七条 有下列情形之一的，当事人可以向人民检察院申请抗诉或者检察建议：

（一）人民法院驳回再审申请的；

（二）人民法院逾期未对再审申请作出裁定的；

（三）再审判决、裁定有明显错误的。

人民法院基于抗诉或者检察建议作出再审判决、裁定后，当事人申请再审的，人民法院不予立案。

第一百一十八条 按照审判监督程序决定再审的案件，裁定中止原判决、裁定、调解书的执行，但支付抚恤金、最低生活保障费或者社会保险待遇的案件，可以不中止执行。

上级人民法院决定提审或者指令下级人民法院再审的，应当作出裁定，裁定应当写明中止原判决的执行；情况紧急的，可以将中止执行的裁定口头通知负责执行的人民法院或者作出生效判决、裁定的人民法院，但应当在口头通知后十日内发出裁定书。

第一百一十九条 人民法院按照审判监督程序再审的案件，发生法律效力的判决、裁定是由第一审法院作出的，按照第一审程序审理，所作的判决、裁定，当事人可以上诉；发生法律效力的判决、裁定是由第二审法院作出的，按照第二审程序审理，所作的判决、裁定，是发生法律效力的判决、裁定；上级人民法院按照审判监督程序提审的，按照第二审程序审理，所作的判决、裁定是发生法律效力的判决、裁定。

人民法院审理再审案件，应当另行组成合议庭。

第一百二十条 人民法院审理再审案件应当围绕再审请求和被诉行政行为合法性进行。当事人的再审请求超出原审诉讼请求，符合另案诉讼条件的，告知当事人可以另行起诉。

被申请人及原审其他当事人在庭审辩论结束前提出的再审请求，符合本解释规定的申请期限的，人民法院应当一并审理。

人民法院经再审，发现已经发生法律效力的判决、裁定损害国家利益、社会公共利益、他人合法权益的，应当一并审理。

第一百二十一条 再审审理期间，有下列情形之一的，裁定终结再审程序：

（一）再审申请人在再审期间撤回再审请求，人民法院准许的；

（二）再审申请人经传票传唤，无正当理由拒不到庭的，或者未经法庭许可中途退庭，按撤回再审请求处理的；

（三）人民检察院撤回抗诉的；

（四）其他应当终结再审程序的情形。

因人民检察院提出抗诉裁定再审的案件，申请抗诉的当事人有前款规定的情形，且不损害国家利益、社会公共利益或者他人合法权益的，人民法院裁定终结再审程序。

再审程序终结后，人民法院裁定中止执行的原生效判决自动恢复执行。

第一百二十二条 人民法院审理再审案件，认为原生效判决、裁定确有错误，在撤销原生效判决或者裁定的同时，可以对生效判决、裁定的内容作出相应裁判，也可以裁定撤销生效判决或者裁定，发回作出生效判决、裁定的人民法院重新审理。

第一百二十三条　人民法院审理二审案件和再审案件，对原审法院立案、不予立案或者驳回起诉错误的，应当分别情况作如下处理：

（一）第一审人民法院作出实体判决后，第二审人民法院认为不应当立案的，在撤销第一审人民法院判决的同时，可以径行驳回起诉；

（二）第二审人民法院维持第一审人民法院不予立案裁定错误的，再审法院应当撤销第一审、第二审人民法院裁定，指令第一审人民法院受理；

（三）第二审人民法院维持第一审人民法院驳回起诉裁定错误的，再审法院应当撤销第一审、第二审人民法院裁定，指令第一审人民法院审理。

第一百二十四条　人民检察院提出抗诉的案件，接受抗诉的人民法院应当自收到抗诉书之日起三十日内作出再审的裁定；有行政诉讼法第九十一条第二、三项规定情形之一的，可以指令下一级人民法院再审，但经该下一级人民法院再审过的除外。

人民法院在审查抗诉材料期间，当事人之间已经达成和解协议的，人民法院可以建议人民检察院撤回抗诉。

第一百二十五条　人民检察院提出抗诉的案件，人民法院再审开庭时，应当在开庭三日前通知人民检察院派员出庭。

第一百二十六条　人民法院收到再审检察建议后，应当组成合议庭，在三个月内进行审查，发现原判决、裁定、调解书确有错误，需要再审的，依照行政诉讼法第九十二条规定裁定再审，并通知当事人；经审查，决定不予再审的，应当书面回复人民检察院。

第一百二十七条　人民法院审理因人民检察院抗诉或者检察建议裁定再审的案件，不受此前已经作出的驳回当事人再审申请裁定的限制。

八、行政机关负责人出庭应诉

第一百二十八条　行政诉讼法第三条第三款规定的行政机关负责人，包括行政机关的正职、副职负责人以及其他参与分管的负责人。

行政机关负责人出庭应诉的，可以另行委托一至二名诉讼代理人。行政机关负责人不能出庭的，应当委托行政机关相应的工作人员出庭，不得仅委托律师出庭。

第一百二十九条　涉及重大公共利益、社会高度关注或者可能引发群体性事件等案件以及人民法院书面建议行政机关负责人出庭的案件，被诉行政机关负责人应当出庭。

被诉行政机关负责人出庭应诉的，应当在当事人及其诉讼代理人基本情况、案件由来部分予以列明。

行政机关负责人有正当理由不能出庭应诉的，应当向人民法院提交情况说明，并加盖行政机关印章或者由该机关主要负责人签字认可。

行政机关拒绝说明理由的，不发生阻止案件审理的效果，人民法院可以向监察机关、上一级行政机关提出司法建议。

第一百三十条　行政诉讼法第三条第三款规定的"行政机关相应的工作人员"，包括该行政机关具有国家行政编制身份的工作人员以及其他依法履行公职的人员。

被诉行政行为是地方人民政府作出的，地方人民政府法制工作机构的工作人员，以及被诉行政行为具体承办机关工作人员，可以视为被诉人民政府相应的工作人员。

第一百三十一条 行政机关负责人出庭应诉的，应当向人民法院提交能够证明该行政机关负责人职务的材料。

行政机关委托相应的工作人员出庭应诉的，应当向人民法院提交加盖行政机关印章的授权委托书，并载明工作人员的姓名、职务和代理权限。

第一百三十二条 行政机关负责人和行政机关相应的工作人员均不出庭，仅委托律师出庭的或者人民法院书面建议行政机关负责人出庭应诉，行政机关负责人不出庭应诉的，人民法院应当记录在案和在裁判文书中载明，并可以建议有关机关依法作出处理。

九、复议机关作共同被告

第一百三十三条 行政诉讼法第二十六条第二款规定的"复议机关决定维持原行政行为"，包括复议机关驳回复议申请或者复议请求的情形，但以复议申请不符合受理条件为由驳回的除外。

第一百三十四条 复议机关决定维持原行政行为的，作出原行政行为的行政机关和复议机关是共同被告。原告只起诉作出原行政行为的行政机关或者复议机关的，人民法院应当告知原告追加被告。原告不同意追加的，人民法院应当将另一机关列为共同被告。

行政复议决定既有维持原行政行为内容，又有改变原行政行为内容或者不予受理申请内容的，作出原行政行为的行政机关和复议机关为共同被告。

复议机关作共同被告的案件，以作出原行政行为的行政机关确定案件的级别管辖。

第一百三十五条 复议机关决定维持原行政行为的，人民法院应当在审查原行政行为合法性的同时，一并审查复议决定的合法性。

作出原行政行为的行政机关和复议机关对原行政行为合法性共同承担举证责任，可以由其中一个机关实施举证行为。复议机关对复议决定的合法性承担举证责任。

复议机关作共同被告的案件，复议机关在复议程序中依法收集和补充的证据，可以作为人民法院认定复议决定和原行政行为合法的依据。

第一百三十六条 人民法院对原行政行为作出判决的同时，应当对复议决定一并作出相应判决。

人民法院依职权追加作出原行政行为的行政机关或者复议机关为共同被告的，对原行政行为或者复议决定可以作出相应判决。

人民法院判决撤销原行政行为和复议决定的，可以判决作出原行政行为的行政机关重新作出行政行为。

人民法院判决作出原行政行为的行政机关履行法定职责或者给付义务的，应当同时判决撤销复议决定。

原行政行为合法、复议决定违法的，人民法院可以判决撤销复议决定或者确认复议决定违法，同时判决驳回原告针对原行政行为的诉讼请求。

原行政行为被撤销、确认违法或者无效，给原告造成损失的，应当由作出原行政行为的行政机关承担赔偿责任；因复议决定加重损害的，由复议机关对加重部分承担赔偿责任。

原行政行为不符合复议或者诉讼受案范围等受理条件，复议机关作出维持决定的，人民法院应当裁定一并驳回对原行政行为和复议决定的起诉。

十、相关民事争议的一并审理

第一百三十七条 公民、法人或者其他组织请求一并审理行政诉讼法第六十一条规定的相关民事争议，应当在第一审开庭审理前提出；有正当理由的，也可以在法庭调查中提出。

第一百三十八条 人民法院决定在行政诉讼中一并审理相关民事争议，或者案件当事人一致同意相关民事争议在行政诉讼中一并解决，人民法院准许的，由受理行政案件的人民法院管辖。

公民、法人或者其他组织请求一并审理相关民事争议，人民法院经审查发现行政案件已经超过起诉期限，民事案件尚未立案的，告知当事人另行提起民事诉讼；民事案件已经立案的，由原审判组织继续审理。

人民法院在审理行政案件中发现民事争议为解决行政争议的基础，当事人没有请求人民法院一并审理相关民事争议的，人民法院应当告知当事人依法申请一并解决民事争议。当事人就民事争议另行提起民事诉讼并已立案的，人民法院应当中止行政诉讼的审理。民事争议处理期间不计算在行政诉讼审理期限内。

第一百三十九条 有下列情形之一的，人民法院应当作出不予准许一并审理民事争议的决定，并告知当事人可以依法通过其他渠道主张权利：

（一）法律规定应当由行政机关先行处理的；

（二）违反民事诉讼法专属管辖规定或者协议管辖约定的；

（三）约定仲裁或者已经提起民事诉讼的；

（四）其他不宜一并审理民事争议的情形。

对不予准许的决定可以申请复议一次。

第一百四十条 人民法院在行政诉讼中一并审理相关民事争议的，民事争议应当单独立案，由同一审判组织审理。

人民法院审理行政机关对民事争议所作裁决的案件，一并审理民事争议的，不另行立案。

第一百四十一条 人民法院一并审理相关民事争议，适用民事法律规范的相关规定，法律另有规定的除外。

当事人在调解中对民事权益的处分，不能作为审查被诉行政行为合法性的根据。

第一百四十二条 对行政争议和民事争议应当分别裁判。

当事人仅对行政裁判或者民事裁判提出上诉的，未上诉的裁判在上诉期满后即发生法律效力。第一审人民法院应当将全部案卷一并移送第二审人民法院，由行政审判庭审理。第二审人民法院发现未上诉的生效裁判确有错误的，应当按照审判监督程序再审。

第一百四十三条　行政诉讼原告在宣判前申请撤诉的，是否准许由人民法院裁定。人民法院裁定准许行政诉讼原告撤诉，但其对已经提起的一并审理相关民事争议不撤诉的，人民法院应当继续审理。

第一百四十四条　人民法院一并审理相关民事争议，应当按行政案件、民事案件的标准分别收取诉讼费用。

十一、规范性文件的一并审查

第一百四十五条　公民、法人或者其他组织在对行政行为提起诉讼时一并请求对所依据的规范性文件审查的，由行政行为案件管辖法院一并审查。

第一百四十六条　公民、法人或者其他组织请求人民法院一并审查行政诉讼法第五十三条规定的规范性文件，应当在第一审开庭审理前提出；有正当理由的，也可以在法庭调查中提出。

第一百四十七条　人民法院在对规范性文件审查过程中，发现规范性文件可能不合法的，应当听取规范性文件制定机关的意见。

制定机关申请出庭陈述意见的，人民法院应当准许。

行政机关未陈述意见或者未提供相关证明材料的，不能阻止人民法院对规范性文件进行审查。

第一百四十八条　人民法院对规范性文件进行一并审查时，可以从规范性文件制定机关是否超越权限或者违反法定程序、作出行政行为所依据的条款以及相关条款等方面进行。

有下列情形之一的，属于行政诉讼法第六十四条规定的"规范性文件不合法"：

（一）超越制定机关的法定职权或者超越法律、法规、规章的授权范围的；

（二）与法律、法规、规章等上位法的规定相抵触的；

（三）没有法律、法规、规章依据，违法增加公民、法人和其他组织义务或者减损公民、法人和其他组织合法权益的；

（四）未履行法定批准程序、公开发布程序，严重违反制定程序的；

（五）其他违反法律、法规以及规章规定的情形。

第一百四十九条　人民法院经审查认为行政行为所依据的规范性文件合法的，应当作为认定行政行为合法的依据；经审查认为规范性文件不合法的，不作为人民法院认定行政行为合法的依据，并在裁判理由中予以阐明。作出生效裁判的人民法院应当向规范性文件的制定机关提出处理建议，并可以抄送制定机关的同级人民政府、上一级行政机关、监察机关以及规范性文件的备案机关。

规范性文件不合法的，人民法院可以在裁判生效之日起三个月内，向规范性文件制定机关提出修改或者废止该规范性文件的司法建议。

规范性文件由多个部门联合制定的，人民法院可以向该规范性文件的主办机关或者共同上一级行政机关发送司法建议。

接收司法建议的行政机关应当在收到司法建议之日起六十日内予以书面答复。情况紧急的，人民法院可以建议制定机关或者其上一级行政机关立即停止执行该规范性文件。

第一百五十条 人民法院认为规范性文件不合法的，应当在裁判生效后报送上一级人民法院进行备案。涉及国务院部门、省级行政机关制定的规范性文件，司法建议还应当分别层报最高人民法院、高级人民法院备案。

第一百五十一条 各级人民法院院长对本院已经发生法律效力的判决、裁定，发现规范性文件合法性认定错误，认为需要再审的，应当提交审判委员会讨论。

最高人民法院对地方各级人民法院已经发生法律效力的判决、裁定，上级人民法院对下级人民法院已经发生法律效力的判决、裁定，发现规范性文件合法性认定错误的，有权提审或者指令下级人民法院再审。

十二、执 行

第一百五十二条 对发生法律效力的行政判决书、行政裁定书、行政赔偿判决书和行政调解书，负有义务的一方当事人拒绝履行的，对方当事人可以依法申请人民法院强制执行。

人民法院判决行政机关履行行政赔偿、行政补偿或者其他行政给付义务，行政机关拒不履行的，对方当事人可以依法向法院申请强制执行。

第一百五十三条 申请执行的期限为二年。申请执行时效的中止、中断，适用法律有关规定。

申请执行的期限从法律文书规定的履行期间最后一日起计算；法律文书规定分期履行的，从规定的每次履行期间的最后一日起计算；法律文书中没有规定履行期限的，从该法律文书送达当事人之日起计算。

逾期申请的，除有正当理由外，人民法院不予受理。

第一百五十四条 发生法律效力的行政判决书、行政裁定书、行政赔偿判决书和行政调解书，由第一审人民法院执行。

第一审人民法院认为情况特殊，需要由第二审人民法院执行的，可以报请第二审人民法院执行；第二审人民法院可以决定由其执行，也可以决定由第一审人民法院执行。

第一百五十五条 行政机关根据行政诉讼法第九十七条的规定申请执行其行政行为，应当具备以下条件：

（一）行政行为依法可以由人民法院执行；

（二）行政行为已经生效并具有可执行内容；

（三）申请人是作出该行政行为的行政机关或者法律、法规、规章授权的组织；

（四）被申请人是该行政行为所确定的义务人；

（五）被申请人在行政行为确定的期限内或者行政机关催告期限内未履行义务；

（六）申请人在法定期限内提出申请；

（七）被申请执行的行政案件属于受理执行申请的人民法院管辖。

行政机关申请人民法院执行，应当提交行政强制法第五十五条规定的相关材料。

人民法院对符合条件的申请，应当在五日内立案受理，并通知申请人；对不符合条件的申请，应当裁定不予受理。行政机关对不予受理裁定有异议，在十五日内向上一级人民法院申请复议的，上一级人民法院应当在收到复议申请之日起十五日内作出裁定。

第一百五十六条 没有强制执行权的行政机关申请人民法院强制执行其行政行为，应当自被执行人的法定起诉期限届满之日起三个月内提出。逾期申请的，除有正当理由外，人民法院不予受理。

第一百五十七条 行政机关申请人民法院强制执行其行政行为的，由申请人所在地的基层人民法院受理；执行对象为不动产的，由不动产所在地的基层人民法院受理。

基层人民法院认为执行确有困难的，可以报请上级人民法院执行；上级人民法院可以决定由其执行，也可以决定由下级人民法院执行。

第一百五十八条 行政机关根据法律的授权对平等主体之间民事争议作出裁决后，当事人在法定期限内不起诉又不履行，作出裁决的行政机关在申请执行的期限内未申请人民法院强制执行的，生效行政裁决确定的权利人或者其继承人、权利承受人在六个月内可以申请人民法院强制执行。

享有权利的公民、法人或者其他组织申请人民法院强制执行生效行政裁决，参照行政机关申请人民法院强制执行行政行为的规定。

第一百五十九条 行政机关或者行政行为确定的权利人申请人民法院强制执行前，有充分理由认为被执行人可能逃避执行的，可以申请人民法院采取财产保全措施。后者申请强制执行的，应当提供相应的财产担保。

第一百六十条 人民法院受理行政机关申请执行其行政行为的案件后，应当在七日内由行政审判庭对行政行为的合法性进行审查，并作出是否准予执行的裁定。

人民法院在作出裁定前发现行政行为明显违法并损害被执行人合法权益的，应当听取被执行人和行政机关的意见，并自受理之日起三十日内作出是否准予执行的裁定。

需要采取强制执行措施的，由本院负责强制执行非诉行政行为的机构执行。

第一百六十一条 被申请执行的行政行为有下列情形之一的，人民法院应当裁定不准予执行：

（一）实施主体不具有行政主体资格的；

（二）明显缺乏事实根据的；

（三）明显缺乏法律、法规依据的；

（四）其他明显违法并损害被执行人合法权益的情形。

行政机关对不准予执行的裁定有异议，在十五日内向上一级人民法院申请复议的，上一级人民法院应当在收到复议申请之日起三十日内作出裁定。

十三、附　则

第一百六十二条 公民、法人或者其他组织对 2015 年 5 月 1 日之前作出的行政行为提起诉讼，请求确认行政行为无效的，人民法院不予立案。

第一百六十三条 本解释自 2018 年 2 月 8 日起施行。

本解释施行后，《最高人民法院关于执行〈中华人民共和国行政诉讼法〉若干问题的解释》（法释〔2000〕8 号）、《最高人民法院关于适用〈中华人民共和国行政诉讼法〉若干问题的解释》（法释〔2015〕9 号）同时废止。最高人民法院以前发布的司法解释与本解释不一致的，不再适用。

最高人民法院关于审理国际贸易行政案件若干问题的规定

法释〔2002〕27号

（2002年8月27日最高人民法院审判委员会第1239次会议通过 2002年8月27日最高人民法院公告公布 自2002年10月1日起施行）

为依法公正及时地审理国际贸易行政案件，根据《中华人民共和国行政诉讼法》（以下简称行政诉讼法）、《中华人民共和国立法法》（以下简称立法法）以及其他有关法律的规定，制定本规定。

第一条 下列案件属于本规定所称国际贸易行政案件：
（一）有关国际货物贸易的行政案件；
（二）有关国际服务贸易的行政案件；
（三）与国际贸易有关的知识产权行政案件；
（四）其他国际贸易行政案件。

第二条 人民法院行政审判庭依法审理国际贸易行政案件。

第三条 自然人、法人或者其他组织认为中华人民共和国具有国家行政职权的机关和组织及其工作人员（以下统称行政机关）有关国际贸易的具体行政行为侵犯其合法权益的，可以依照行政诉讼法以及其他有关法律、法规的规定，向人民法院提起行政诉讼。

第四条 当事人的行为发生在新法生效之前，行政机关在新法生效之后对该行为作出行政处理决定的，当事人可以依照新法的规定提起行政诉讼。

第五条 第一审国际贸易行政案件由具有管辖权的中级以上人民法院管辖。

第六条 人民法院审理国际贸易行政案件，应当依照行政诉讼法，并根据案件具体情况，从以下方面对被诉具体行政行为进行合法性审查：
（一）主要证据是否确实、充分；
（二）适用法律、法规是否正确；
（三）是否违反法定程序；
（四）是否超越职权；
（五）是否滥用职权；
（六）行政处罚是否显失公正；
（七）是否不履行或者拖延履行法定职责。

第七条 根据行政诉讼法第五十二条第一款及立法法第六十三条第一款和第二款规定，人民法院审理国际贸易行政案件，应当依据中华人民共和国法律、行政法规以及地方立法机关在法定立法权限范围内制定的有关或者影响国际贸易的地方性法规。地方性法规适用于本行政区域内发生的国际贸易行政案件。

第八条 根据行政诉讼法第五十三条第一款及立法法第七十一条、第七十二条和第七十三条规定，人民法院审理国际贸易行政案件，参照国务院部门根据法律和国务院的行政法规、决定、命令，在本部门权限范围内制定的有关或者影响国际贸易的部门规章，以及省、自治区、直辖市和省、自治区的人民政府所在地的市、经济特区所在地的市、国务院批准的较大的市的人民政府根据法律、行政法规和地方性法规制定的有关或者影响国际贸易的地方政府规章。

第九条 人民法院审理国际贸易行政案件所适用的法律、行政法规的具体条文存在两种以上的合理解释，其中有一种解释与中华人民共和国缔结或者参加的国际条约的有关规定相一致的，应当选择与国际条约的有关规定相一致的解释，但中华人民共和国声明保留的条款除外。

第十条 外国人、无国籍人、外国组织在中华人民共和国进行国际贸易行政诉讼，同中华人民共和国公民、组织有同等的诉讼权利和义务，但有行政诉讼法第七十一条第二款规定的情形的，适用对等原则。

第十一条 涉及香港特别行政区、澳门特别行政区和台湾地区当事人的国际贸易行政案件，参照本规定处理。

第十二条 本规定自2002年10月1日起施行。

最高人民法院
关于审理反倾销行政案件应用法律若干问题的规定

法释〔2002〕35号

（2002年9月11日最高人民法院审判委员会第1242次会议通过　2002年11月21日最高人民法院公告公布　自2003年1月1日起施行）

为依法公正地审理反倾销行政案件，根据《中华人民共和国行政诉讼法》及其他有关法律的规定，制定本规定：

第一条 人民法院依法受理对下列反倾销行政行为提起的行政诉讼：

（一）有关倾销及倾销幅度、损害及损害程度的终裁决定；

（二）有关是否征收反倾销税的决定以及追溯征收、退税、对新出口经营者征税的决定；

（三）有关保留、修改或者取消反倾销税以及价格承诺的复审决定；

（四）依照法律、行政法规规定可以起诉的其他反倾销行政行为。

第二条 与反倾销行政行为具有法律上利害关系的个人或者组织为利害关系人，可以依照行政诉讼法及其他有关法律、行政法规的规定，向人民法院提起行政诉讼。

前款所称利害关系人，是指向国务院主管部门提出反倾销调查书面申请的申请人，有关出口经营者和进口经营者及其他具有法律上利害关系的自然人、法人或者其他组织。

第三条 反倾销行政案件的被告，应当是作出相应被诉反倾销行政行为的国务院主管部门。

第四条 与被诉反倾销行政行为具有法律上利害关系的其他国务院主管部门，可以作为第三人参加诉讼。

第五条 第一审反倾销行政案件由下列人民法院管辖：

（一）被告所在地高级人民法院指定的中级人民法院；

（二）被告所在地高级人民法院。

第六条 人民法院依照行政诉讼法及其他有关反倾销的法律、行政法规，参照国务院部门规章，对被诉反倾销行政行为的事实问题和法律问题，进行合法性审查。

第七条 被告对其作出的被诉反倾销行政行为负举证责任，应当提供作出反倾销行政行为的证据和所依据的规范性文件。

人民法院依据被告的案卷记录审查被诉反倾销行政行为的合法性。

被告在作出被诉反倾销行政行为时没有记入案卷的事实材料，不能作为认定该行为合法的根据。

第八条 原告对其主张的事实有责任提供证据。

经人民法院依照法定程序审查，原告提供的证据具有关联性、合法性和真实性的，可以作为定案的根据。

被告在反倾销行政调查程序中依照法定程序要求原告提供证据，原告无正当理由拒不提供、不如实提供或者以其他方式严重妨碍调查，而在诉讼程序中提供的证据，人民法院不予采纳。

第九条 在反倾销行政调查程序中，利害关系人无正当理由拒不提供证据、不如实提供证据或者以其他方式严重妨碍调查的，国务院主管部门根据能够获得的证据得出的事实结论，可以认定为证据充分。

第十条 人民法院审理反倾销行政案件，根据不同情况，分别作出以下判决：

（一）被诉反倾销行政行为证据确凿，适用法律、行政法规正确，符合法定程序的，判决维持；

（二）被诉反倾销行政行为有下列情形之一的，判决撤销或者部分撤销，并可以判决被告重新作出反倾销行政行为：

1. 主要证据不足的；

2. 适用法律、行政法规错误的；

3. 违反法定程序的；

4. 超越职权的；

5. 滥用职权的。

（三）依照法律或者司法解释规定作出的其他判决。

第十一条 人民法院审理反倾销行政案件，可以参照有关涉外民事诉讼程序的规定。

第十二条 本规定自2003年1月1日起实施。

最高人民法院关于审理反补贴行政案件应用法律若干问题的规定

法释〔2002〕36号

（2002年9月11日最高人民法院审判委员会第1242次会议通过 2002年11月21日最高人民法院公告公布 自2003年1月1日起施行）

为依法公正地审理反补贴行政案件，根据《中华人民共和国行政诉讼法》及其他有关法律的规定，制定本规定：

第一条 人民法院依法受理对下列反补贴行政行为提起的行政诉讼：

（一）有关补贴及补贴金额、损害及损害程度的终裁决定；

（二）有关是否征收反补贴税以及追溯征收的决定；

（三）有关保留、修改或者取消反补贴税以及承诺的复审决定；

（四）依照法律、行政法规规定可以起诉的其他反补贴行政行为。

第二条 与反补贴行政行为具有法律上利害关系的个人或者组织为利害关系人，可以依照行政诉讼法及其他有关法律、行政法规的规定，向人民法院提起行政诉讼。

前款所称利害关系人，是指向国务院主管机关提出反补贴调查书面申请的申请人，有关出口经营者和进口经营者及其他具有法律上利害关系的自然人、法人或者其他组织。

第三条 反补贴行政案件的被告，应当是作出相应被诉反补贴行政行为的国务院主管部门。

第四条 与被诉反补贴行政行为具有法律上利害关系的其他国务院主管部门，可以作为第三人参加诉讼。

第五条 第一审反补贴行政案件由下列人民法院管辖：

（一）被告所在地高级人民法院指定的中级人民法院；

（二）被告所在地高级人民法院。

第六条 人民法院依照行政诉讼法及其他有关反补贴的法律、行政法规，参照国务院部门规章，对被诉反补贴行政行为的事实问题和法律问题，进行合法性审查。

第七条 被告对其作出的被诉反补贴行政行为负举证责任，应当提供作出反补贴行政行为的证据和所依据的规范性文件。

人民法院依据被告的案卷记录审查被诉反补贴行政行为的合法性。

被告在作出被诉反补贴行政行为时没有记入案卷的事实材料，不能作为认定该行为合法的根据。

第八条 原告对其主张的事实有责任提供证据。

经人民法院依照法定程序审查，原告提供的证据具有关联性、合法性和真实性的，可以作为定案的根据。

被告在反补贴行政调查程序中依照法定程序要求原告提供证据，原告无正当理由拒不提供、不如实提供或者以其他方式严重妨碍调查，而在诉讼程序中提供的证据，人民法院不予采纳。

第九条 在反补贴行政调查程序中，利害关系人无正当理由拒不提供证据、不如实提供证据或者以其他方式严重妨碍调查的，国务院主管部门根据能够获得的证据得出的事实结论，可以认定为证据充分。

第十条 人民法院审理反补贴行政案件，根据不同情况，分别作出以下判决：

（一）被诉反补贴行政行为证据确凿，适用法律、行政法规正确，符合法定程序的，判决维持；

（二）被诉反补贴行政行为有下列情形之一的，判决撤销或者部分撤销，并可以判决被告重新作出反补贴行政行为：

1. 主要证据不足的；
2. 适用法律、行政法规错误的；
3. 违反法定程序的；
4. 超越职权的；
5. 滥用职权的。

（三）依照法律或者司法解释规定作出的其他判决。

第十一条 人民法院审理反补贴行政案件，可以参照有关涉外民事诉讼程序的规定。

第十二条 本规定自 2003 年 1 月 1 日起实施。

最高人民法院关于房地产管理机关能否撤销错误的注销抵押登记行为问题的批复

法释〔2003〕17号

(2003年10月14日最高人民法院审判委员会第1293次会议通过 2003年11月17日最高人民法院公告公布 自2003年11月20日起施行)

广西壮族自治区高级人民法院:

你院《关于首长机电设备贸易(香港)有限公司不服柳州市房产局注销抵押登记、吊销〔1997〕柳房他证字第0410号房屋他项权证并要求发还0410号房屋他项权证上诉一案的请示》收悉。经研究答复如下:

房地产管理机关可以撤销错误的注销抵押登记行为。

此复。

最高人民法院关于行政诉讼撤诉若干问题的规定

法释〔2008〕2号

(2007年12月17日最高人民法院审判委员会第1441次会议通过 2008年1月14日最高人民法院公告公布 自2008年2月1日起施行)

为妥善化解行政争议,依法审查行政诉讼中行政机关改变被诉具体行政行为及当事人申请撤诉的行为,根据《中华人民共和国行政诉讼法》制定本规定。

第一条 人民法院经审查认为被诉具体行政行为违法或者不当,可以在宣告判决或者裁定前,建议被告改变其所作的具体行政行为。

第二条 被告改变被诉具体行政行为,原告申请撤诉,符合下列条件的,人民法院应当裁定准许:

(一)申请撤诉是当事人真实意思表示;

(二)被告改变被诉具体行政行为,不违反法律、法规的禁止性规定,不超越或者放弃职权,不损害公共利益和他人合法权益;

（三）被告已经改变或者决定改变被诉具体行政行为，并书面告知人民法院；

（四）第三人无异议。

第三条 有下列情形之一的，属于行政诉讼法第五十一条规定的"被告改变其所作的具体行政行为"：

（一）改变被诉具体行政行为所认定的主要事实和证据；

（二）改变被诉具体行政行为所适用的规范依据且对定性产生影响；

（三）撤销、部分撤销或者变更被诉具体行政行为处理结果。

第四条 有下列情形之一的，可以视为"被告改变其所作的具体行政行为"：

（一）根据原告的请求依法履行法定职责；

（二）采取相应的补救、补偿等措施；

（三）在行政裁决案件中，书面认可原告与第三人达成的和解。

第五条 被告改变被诉具体行政行为，原告申请撤诉，有履行内容且履行完毕的，人民法院可以裁定准许撤诉；不能即时或者一次性履行的，人民法院可以裁定准许撤诉，也可以裁定中止审理。

第六条 准许撤诉裁定可以载明被告改变被诉具体行政行为的主要内容及履行情况，并可以根据案件具体情况，在裁定理由中明确被诉具体行政行为全部或者部分不再执行。

第七条 申请撤诉不符合法定条件，或者被告改变被诉具体行政行为后当事人不撤诉的，人民法院应当及时作出裁判。

第八条 第二审或者再审期间行政机关改变被诉具体行政行为，当事人申请撤回上诉或者再审申请的，参照本规定。

准许撤回上诉或者再审申请的裁定可以载明行政机关改变被诉具体行政行为的主要内容及履行情况，并可以根据案件具体情况，在裁定理由中明确被诉具体行政行为或者原裁判全部或者部分不再执行。

第九条 本院以前所作的司法解释及规范性文件，凡与本规定不一致的，按本规定执行。

最高人民法院
关于审理行政许可案件若干问题的规定

法释〔2009〕20号

(2009年11月9日最高人民法院审判委员会第1476次会议通过 2009年12月14日最高人民法院公告公布 自2010年1月4日起施行)

为规范行政许可案件的审理,根据《中华人民共和国行政许可法》(以下简称行政许可法)、《中华人民共和国行政诉讼法》及其他有关法律规定,结合行政审判实际,对有关问题作如下规定:

第一条 公民、法人或者其他组织认为行政机关作出的行政许可决定以及相应的不作为,或者行政机关就行政许可的变更、延续、撤回、注销、撤销等事项作出的有关具体行政行为及其相应的不作为侵犯其合法权益,提起行政诉讼的,人民法院应当依法受理。

第二条 公民、法人或者其他组织认为行政机关未公开行政许可决定或者未提供行政许可监督检查记录侵犯其合法权益,提起行政诉讼的,人民法院应当依法受理。

第三条 公民、法人或者其他组织仅就行政许可过程中的告知补正申请材料、听证等通知行为提起行政诉讼的,人民法院不予受理,但导致许可程序对上述主体事实上终止的除外。

第四条 当事人不服行政许可决定提起诉讼的,以作出行政许可决定的机关为被告;行政许可依法须经上级行政机关批准,当事人对批准或者不批准行为不服一并提起诉讼的,以上级行政机关为共同被告;行政许可依法须经下级行政机关或者管理公共事务的组织初步审查并上报,当事人对不予初步审查或者不予上报不服提起诉讼的,以下级行政机关或者管理公共事务的组织为被告。

第五条 行政机关依据行政许可法第二十六条第二款规定统一办理行政许可的,当事人对行政许可行为不服提起诉讼,以对当事人作出具有实质影响的不利行为的机关为被告。

第六条 行政机关受理行政许可申请后,在法定期限内不予答复,公民、法人或者其他组织向人民法院起诉的,人民法院应当依法受理。

前款"法定期限"自行政许可申请受理之日起计算;以数据电文方式受理的,自数据电文进入行政机关指定的特定系统之日起计算;数据电文需要确认收讫的,自申请人收到行政机关的收讫确认之日起计算。

第七条 作为被诉行政许可行为基础的其他行政决定或者文书存在以下情形之一的,人民法院不予认可:

(一) 明显缺乏事实根据；

(二) 明显缺乏法律依据；

(三) 超越职权；

(四) 其他重大明显违法情形。

第八条 被告不提供或者无正当理由逾期提供证据的，与被诉行政许可行为有利害关系的第三人可以向人民法院提供；第三人对无法提供的证据，可以申请人民法院调取；人民法院在当事人无争议，但涉及国家利益、公共利益或者他人合法权益的情况下，也可以依职权调取证据。

第三人提供或者人民法院调取的证据能够证明行政许可行为合法的，人民法院应当判决驳回原告的诉讼请求。

第九条 人民法院审理行政许可案件，应当以申请人提出行政许可申请后实施的新的法律规范为依据；行政机关在旧的法律规范实施期间，无正当理由拖延审查行政许可申请至新的法律规范实施，适用新的法律规范不利于申请人的，以旧的法律规范为依据。

第十条 被诉准予行政许可决定违反当时的法律规范但符合新的法律规范的，判决确认该决定违法；准予行政许可决定不损害公共利益和利害关系人合法权益的，判决驳回原告的诉讼请求。

第十一条 人民法院审理不予行政许可决定案件，认为原告请求准予许可的理由成立，且被告没有裁量余地的，可以在判决理由写明，并判决撤销不予许可决定，责令被告重新作出决定。

第十二条 被告无正当理由拒绝原告查阅行政许可决定及有关档案材料或者监督检查记录的，人民法院可以判决被告在法定或者合理期限内准予原告查阅。

第十三条 被告在实施行政许可过程中，与他人恶意串通共同违法侵犯原告合法权益的，应当承担连带赔偿责任；被告与他人违法侵犯原告合法权益的，应当根据其违法行为在损害发生过程和结果中所起作用等因素，确定被告的行政赔偿责任；被告已经依照法定程序履行审慎合理的审查职责，因他人行为导致行政许可决定违法的，不承担赔偿责任。

在行政许可案件中，当事人请求一并解决有关民事赔偿问题的，人民法院可以合并审理。

第十四条 行政机关依据行政许可法第八条第二款规定变更或者撤回已经生效的行政许可，公民、法人或者其他组织仅主张行政补偿的，应当先向行政机关提出申请；行政机关在法定期限或者合理期限内不予答复或者对行政机关作出的补偿决定不服的，可以依法提起行政诉讼。

第十五条 法律、法规、规章或者规范性文件对变更或者撤回行政许可的补偿标准未作规定的，一般在实际损失范围内确定补偿数额；行政许可属于行政许可法第十二条第(二)项规定情形的，一般按照实际投入的损失确定补偿数额。

第十六条 行政许可补偿案件的调解，参照《最高人民法院关于审理行政赔偿案件若干问题的规定》的有关规定办理。

第十七条　最高人民法院以前所作的司法解释凡与本规定不一致的，按本规定执行。

最高人民法院
关于审理房屋登记案件若干问题的规定

法释〔2010〕15号

（2010年8月2日最高人民法院审判委员会第1491次会议通过　2010年11月5日最高人民法院公告公布　自2010年11月18日起施行）

为正确审理房屋登记案件，根据《中华人民共和国物权法》《中华人民共和国城市房地产管理法》《中华人民共和国行政诉讼法》等有关法律规定，结合行政审判实际，制定本规定。

第一条　公民、法人或者其他组织对房屋登记机构的房屋登记行为以及与查询、复制登记资料等事项相关的行政行为或者相应的不作为不服，提起行政诉讼的，人民法院应当依法受理。

第二条　房屋登记机构根据人民法院、仲裁委员会的法律文书或者有权机关的协助执行通知书以及人民政府的征收决定办理的房屋登记行为，公民、法人或者其他组织不服提起行政诉讼的，人民法院不予受理，但公民、法人或者其他组织认为登记与有关文书内容不一致的除外。

房屋登记机构作出未改变登记内容的换发、补发权属证书、登记证明或者更新登记簿的行为，公民、法人或者其他组织不服提起行政诉讼的，人民法院不予受理。

房屋登记机构在行政诉讼法施行前作出的房屋登记行为，公民、法人或者其他组织不服提起行政诉讼的，人民法院不予受理。

第三条　公民、法人或者其他组织对房屋登记行为不服提起行政诉讼的，不受下列情形的影响：

（一）房屋灭失；

（二）房屋登记行为已被登记机构改变；

（三）生效法律文书将房屋权属证书、房屋登记簿或者房屋登记证明作为定案证据采用。

第四条　房屋登记机构为债务人办理房屋转移登记，债权人不服提起诉讼，符合下列情形之一的，人民法院应当依法受理：

（一）以房屋为标的物的债权已办理预告登记的；

（二）债权人为抵押权人且房屋转让未经其同意的；

（三）人民法院依债权人申请对房屋采取强制执行措施并已通知房屋登记机构的；

（四）房屋登记机构工作人员与债务人恶意串通的。

第五条 同一房屋多次转移登记，原房屋权利人、原利害关系人对首次转移登记行为提起行政诉讼的，人民法院应当依法受理。

原房屋权利人、原利害关系人对首次转移登记行为及后续转移登记行为一并提起行政诉讼的，人民法院应当依法受理；人民法院判决驳回原告就在先转移登记行为提出的诉讼请求，或者因保护善意第三人确认在先房屋登记行为违法的，应当裁定驳回原告对后续转移登记行为的起诉。

原房屋权利人、原利害关系人未就首次转移登记行为提起行政诉讼，对后续转移登记行为提起行政诉讼的，人民法院不予受理。

第六条 人民法院受理房屋登记行政案件后，应当通知没有起诉的下列利害关系人作为第三人参加行政诉讼：

（一）房屋登记簿上载明的权利人；

（二）被诉异议登记、更正登记、预告登记的权利人；

（三）人民法院能够确认的其他利害关系人。

第七条 房屋登记行政案件由房屋所在地人民法院管辖，但有下列情形之一的也可由被告所在地人民法院管辖：

（一）请求房屋登记机构履行房屋转移登记、查询、复制登记资料等职责的；

（二）对房屋登记机构收缴房产证行为提起行政诉讼的；

（三）对行政复议改变房屋登记行为提起行政诉讼的。

第八条 当事人以作为房屋登记行为基础的买卖、共有、赠与、抵押、婚姻、继承等民事法律关系无效或者应当撤销为由，对房屋登记行为提起行政诉讼的，人民法院应当告知当事人先行解决民事争议，民事争议处理期间不计算在行政诉讼起诉期限内；已经受理的，裁定中止诉讼。

第九条 被告对被诉房屋登记行为的合法性负举证责任。被告保管证据原件的，应当在法庭上出示。被告不保管原件的，应当提交与原件核对一致的复印件、复制件并作出说明。当事人对被告提交的上述证据提出异议的，应当提供相应的证据。

第十条 被诉房屋登记行为合法的，人民法院应当判决驳回原告的诉讼请求。

第十一条 被诉房屋登记行为涉及多个权利主体或者房屋可分，其中部分主体或者房屋的登记违法应予撤销的，可以判决部分撤销。

被诉房屋登记行为违法，但该行为已被登记机构改变的，判决确认被诉行为违法。

被诉房屋登记行为违法，但判决撤销将给公共利益造成重大损失或者房屋已为第三人善意取得的，判决确认被诉行为违法，不撤销登记行为。

第十二条 申请人提供虚假材料办理房屋登记，给原告造成损害，房屋登记机构未尽合理审慎职责的，应当根据其过错程度及其在损害发生中所起作用承担相应的赔偿责任。

第十三条 房屋登记机构工作人员与第三人恶意串通违法登记，侵犯原告合法权益的，房屋登记机构与第三人承担连带赔偿责任。

第十四条 最高人民法院以前所作的相关的司法解释，凡与本规定不一致的，以本规定为准。

农村集体土地上的房屋登记行政案件参照本规定。

最高人民法院
关于审理政府信息公开行政案件若干问题的规定

法释〔2011〕17号

(2010年12月13日最高人民法院审判委员会第1505次会议通过 2011年7月29日最高人民法院公告公布 自2011年8月13日起施行)

为正确审理政府信息公开行政案件,根据《中华人民共和国行政诉讼法》《中华人民共和国政府信息公开条例》等法律、行政法规的规定,结合行政审判实际,制定本规定。

第一条 公民、法人或者其他组织认为下列政府信息公开工作中的具体行政行为侵犯其合法权益,依法提起行政诉讼的,人民法院应当受理:

(一)向行政机关申请获取政府信息,行政机关拒绝提供或者逾期不予答复的;

(二)认为行政机关提供的政府信息不符合其在申请中要求的内容或者法律、法规规定的适当形式的;

(三)认为行政机关主动公开或者依他人申请公开政府信息侵犯其商业秘密、个人隐私的;

(四)认为行政机关提供的与其自身相关的政府信息记录不准确,要求该行政机关予以更正,该行政机关拒绝更正、逾期不予答复或者不予转送有权机关处理的;

(五)认为行政机关在政府信息公开工作中的其他具体行政行为侵犯其合法权益的。

公民、法人或者其他组织认为政府信息公开行政行为侵犯其合法权益造成损害的,可以一并或单独提起行政赔偿诉讼。

第二条 公民、法人或者其他组织对下列行为不服提起行政诉讼的,人民法院不予受理:

(一)因申请内容不明确,行政机关要求申请人作出更改、补充且对申请人权利义务不产生实际影响的告知行为;

(二)要求行政机关提供政府公报、报纸、杂志、书籍等公开出版物,行政机关予以拒绝的;

(三)要求行政机关为其制作、搜集政府信息,或者对若干政府信息进行汇总、分析、加工,行政机关予以拒绝的;

(四)行政程序中的当事人、利害关系人以政府信息公开名义申请查阅案卷材料,行政机关告知其应当按照相关法律、法规的规定办理的。

第三条 公民、法人或者其他组织认为行政机关不依法履行主动公开政府信息义务,直接向人民法院提起诉讼的,应当告知其先向行政机关申请获取相关政府信息。对行政机关的答复或者逾期不予答复不服的,可以向人民法院提起诉讼。

第四条 公民、法人或者其他组织对国务院部门、地方各级人民政府及县级以上地方人民政府部门依申请公开政府信息行政行为不服提起诉讼的,以作出答复的机关为被告;逾期未作出答复的,以受理申请的机关为被告。

公民、法人或者其他组织对主动公开政府信息行政行为不服提起诉讼的,以公开该政府信息的机关为被告。

公民、法人或者其他组织对法律、法规授权的具有管理公共事务职能的组织公开政府信息的行为不服提起诉讼的,以该组织为被告。

有下列情形之一的,应当以在对外发生法律效力的文书上署名的机关为被告:

(一)政府信息公开与否的答复依法报经有权机关批准的;

(二)政府信息是否可以公开系由国家保密行政管理部门或者省、自治区、直辖市保密行政管理部门确定的;

(三)行政机关在公开政府信息前与有关行政机关进行沟通、确认的。

第五条 被告拒绝向原告提供政府信息的,应当对拒绝的根据以及履行法定告知和说明理由义务的情况举证。

因公共利益决定公开涉及商业秘密、个人隐私政府信息的,被告应当对认定公共利益以及不公开可能对公共利益造成重大影响的理由进行举证和说明。

被告拒绝更正与原告相关的政府信息记录的,应当对拒绝的理由进行举证和说明。

被告能够证明政府信息涉及国家秘密,请求在诉讼中不予提交的,人民法院应当准许。

被告主张政府信息不存在,原告能够提供该政府信息系由被告制作或者保存的相关线索的,可以申请人民法院调取证据。

被告以政府信息与申请人自身生产、生活、科研等特殊需要无关为由不予提供的,人民法院可以要求原告对特殊需要事由作出说明。

原告起诉被告拒绝更正政府信息记录的,应当提供其向被告提出过更正申请以及政府信息与其自身相关且记录不准确的事实根据。

第六条 人民法院审理政府信息公开行政案件,应当视情采取适当的审理方式,以避免泄露涉及国家秘密、商业秘密、个人隐私或者法律规定的其他应当保密的政府信息。

第七条 政府信息由被告的档案机构或者档案工作人员保管的,适用《中华人民共和国政府信息公开条例》的规定。

政府信息已经移交各级国家档案馆的,依照有关档案管理的法律、行政法规和国家有关规定执行。

第八条 政府信息涉及国家秘密、商业秘密、个人隐私的,人民法院应当认定属于不予公开范围。

政府信息涉及商业秘密、个人隐私,但权利人同意公开,或者不公开可能对公共利益造成重大影响的，不受前款规定的限制。

第九条 被告对依法应当公开的政府信息拒绝或者部分拒绝公开的，人民法院应当撤销或者部分撤销被诉不予公开决定，并判决被告在一定期限内公开。尚需被告调查、裁量的，判决其在一定期限内重新答复。

被告提供的政府信息不符合申请人要求的内容或者法律、法规规定的适当形式的，人民法院应当判决被告按照申请人要求的内容或者法律、法规规定的适当形式提供。

人民法院经审理认为被告不予公开的政府信息内容可以作区分处理的，应当判决被告限期公开可以公开的内容。

被告依法应当更正而不更正与原告相关的政府信息记录的，人民法院应当判决被告在一定期限内更正。尚需被告调查、裁量的，判决其在一定期限内重新答复。被告无权更正的，判决其转送有权更正的行政机关处理。

第十条 被告对原告要求公开或者更正政府信息的申请无正当理由逾期不予答复的，人民法院应当判决被告在一定期限内答复。原告一并请求判决被告公开或者更正政府信息且理由成立的，参照第九条的规定处理。

第十一条 被告公开政府信息涉及原告商业秘密、个人隐私且不存在公共利益等法定事由的，人民法院应当判决确认公开政府信息的行为违法，并可以责令被告采取相应的补救措施；造成损害的，根据原告请求依法判决被告承担赔偿责任。政府信息尚未公开的，应当判决行政机关不得公开。

诉讼期间，原告申请停止公开涉及其商业秘密、个人隐私的政府信息，人民法院经审查认为公开该政府信息会造成难以弥补的损失，并且停止公开不损害公共利益的，可以依照《中华人民共和国行政诉讼法》第四十四条的规定，裁定暂时停止公开。

第十二条 有下列情形之一，被告已经履行法定告知或者说明理由义务的，人民法院应当判决驳回原告的诉讼请求：

（一）不属于政府信息、政府信息不存在、依法属于不予公开范围或者依法不属于被告公开的；

（二）申请公开的政府信息已经向公众公开，被告已经告知申请人获取该政府信息的方式和途径的；

（三）起诉被告逾期不予答复，理由不成立的；

（四）以政府信息侵犯其商业秘密、个人隐私为由反对公开，理由不成立的；

（五）要求被告更正与其自身相关的政府信息记录，理由不成立的；

（六）不能合理说明申请获取政府信息系根据自身生产、生活、科研等特殊需要，且被告据此不予提供的；

（七）无法按照申请人要求的形式提供政府信息，且被告已通过安排申请人查阅相关资料、提供复制件或者其他适当形式提供的；

（八）其他应当判决驳回诉讼请求的情形。

第十三条 最高人民法院以前所作的司法解释及规范性文件，凡与本规定不一致的，按本规定执行。

最高人民法院关于审理涉及农村集体土地行政案件若干问题的规定

法释〔2011〕20号

(2011年5月9日最高人民法院审判委员会第1522次会议通过 2011年8月7日最高人民法院公告公布 自2011年9月5日起施行)

为正确审理涉及农村集体土地的行政案件,根据《中华人民共和国物权法》《中华人民共和国土地管理法》和《中华人民共和国行政诉讼法》等有关法律规定,结合行政审判实际,制定本规定。

第一条 农村集体土地的权利人或者利害关系人(以下简称土地权利人)认为行政机关作出的涉及农村集体土地的行政行为侵犯其合法权益,提起诉讼的,属于人民法院行政诉讼的受案范围。

第二条 土地登记机构根据人民法院生效裁判文书、协助执行通知书或者仲裁机构的法律文书办理的土地权属登记行为,土地权利人不服提起诉讼的,人民法院不予受理,但土地权利人认为登记内容与有关文书内容不一致的除外。

第三条 村民委员会或者农村集体经济组织对涉及农村集体土地的行政行为不起诉的,过半数的村民可以以集体经济组织名义提起诉讼。

农村集体经济组织成员全部转为城镇居民后,对涉及农村集体土地的行政行为不服的,过半数的原集体经济组织成员可以提起诉讼。

第四条 土地使用权人或者实际使用人对行政机关作出涉及其使用或实际使用的集体土地的行政行为不服的,可以以自己的名义提起诉讼。

第五条 土地权利人认为土地储备机构作出的行为侵犯其依法享有的农村集体土地所有权或使用权的,向人民法院提起诉讼的,应当以土地储备机构所隶属的土地管理部门为被告。

第六条 土地权利人认为乡级以上人民政府作出的土地确权决定侵犯其依法享有的农村集体土地所有权或者使用权,经复议后向人民法院提起诉讼的,人民法院应当依法受理。

法律、法规规定应当先申请行政复议的土地行政案件,复议机关作出不受理复议申请的决定或者以不符合受理条件为由驳回复议申请,复议申请人不服的,应当以复议机关为被告向人民法院提起诉讼。

第七条 土地权利人认为行政机关作出的行政处罚、行政强制措施等行政行为侵犯其依法享有的农村集体土地所有权或者使用权,直接向人民法院提起诉讼的,人民法院应当依法受理。

第八条 土地权属登记（包括土地权属证书）在生效裁判和仲裁裁决中作为定案证据，利害关系人对该登记行为提起诉讼的，人民法院应当依法受理。

第九条 涉及农村集体土地的行政决定以公告方式送达的，起诉期限自公告确定的期限届满之日起计算。

第十条 土地权利人对土地管理部门组织实施过程中确定的土地补偿有异议，直接向人民法院提起诉讼的，人民法院不予受理，但应当告知土地权利人先申请行政机关裁决。

第十一条 土地权利人以土地管理部门超过两年对非法占地行为进行处罚违法，向人民法院起诉的，人民法院应当按照行政处罚法第二十九条第二款的规定处理。

第十二条 征收农村集体土地时涉及被征收土地上的房屋及其他不动产，土地权利人可以请求依照物权法第四十二条第二款的规定给予补偿的。

征收农村集体土地时未就被征收土地上的房屋及其他不动产进行安置补偿，补偿安置时房屋所在地已纳入城市规划区，土地权利人请求参照执行国有土地上房屋征收补偿标准的，人民法院一般应予支持，但应当扣除已经取得的土地补偿费。

第十三条 在审理土地行政案件中，人民法院经当事人同意进行协调的期间，不计算在审理期限内。当事人不同意继续协商的，人民法院应当及时审理，并恢复计算审理期限。

第十四条 县级以上人民政府土地管理部门根据土地管理法实施条例第四十五条的规定，申请人民法院执行其作出的责令交出土地决定的，应当符合下列条件：

（一）征收土地方案已经有权机关依法批准；

（二）市、县人民政府和土地管理部门已经依照土地管理法和土地管理法实施条例规定的程序实施征地行为；

（三）被征收土地所有权人、使用人已经依法得到安置补偿或者无正当理由拒绝接受安置补偿，且拒不交出土地，已经影响到征收工作的正常进行；

（四）符合《最高人民法院关于执行〈中华人民共和国行政诉讼法〉若干问题的解释》第八十六条规定的条件。

人民法院对符合条件的申请，应当裁定予以受理，并通知申请人；对不符合条件的申请，应当裁定不予受理。

第十五条 最高人民法院以前所作的司法解释与本规定不一致的，以本规定为准。

最高人民法院
关于审理工伤保险行政案件若干问题的规定

法释〔2014〕9号

(2014年4月21日最高人民法院审判委员会第1613次会议通过 2014年6月18日最高人民法院公告公布 自2014年9月1日起施行)

为正确审理工伤保险行政案件,根据《中华人民共和国社会保险法》《中华人民共和国劳动法》《中华人民共和国行政诉讼法》《工伤保险条例》及其他有关法律、行政法规规定,结合行政审判实际,制定本规定。

第一条 人民法院审理工伤认定行政案件,在认定是否存在《工伤保险条例》第十四条第(六)项"本人主要责任"、第十六条第(二)项"醉酒或者吸毒"和第十六条第(三)项"自残或者自杀"等情形时,应当以有权机构出具的事故责任认定书、结论性意见和人民法院生效裁判等法律文书为依据,但有相反证据足以推翻事故责任认定书和结论性意见的除外。

前述法律文书不存在或者内容不明确,社会保险行政部门就前款事实作出认定的,人民法院应当结合其提供的相关证据依法进行审查。

《工伤保险条例》第十六条第(一)项"故意犯罪"的认定,应当以刑事侦查机关、检察机关和审判机关的生效法律文书或者结论性意见为依据。

第二条 人民法院受理工伤认定行政案件后,发现原告或者第三人在提起行政诉讼前已经就是否存在劳动关系申请劳动仲裁或者提起民事诉讼的,应当中止行政案件的审理。

第三条 社会保险行政部门认定下列单位为承担工伤保险责任单位的,人民法院应予支持:

(一)职工与两个或两个以上单位建立劳动关系,工伤事故发生时,职工为之工作的单位为承担工伤保险责任的单位;

(二)劳务派遣单位派遣的职工在用工单位工作期间因工伤亡的,派遣单位为承担工伤保险责任的单位;

(三)单位指派到其他单位工作的职工因工伤亡的,指派单位为承担工伤保险责任的单位;

(四)用工单位违反法律、法规规定将承包业务转包给不具备用工主体资格的组织或者自然人,该组织或者自然人聘用的职工从事承包业务时因工伤亡的,用工单位为承担工伤保险责任的单位;

(五)个人挂靠其他单位对外经营,其聘用的人员因工伤亡的,被挂靠单位为承担工伤保险责任的单位。

前款第（四）、（五）项明确的承担工伤保险责任的单位承担赔偿责任或者社会保险经办机构从工伤保险基金支付工伤保险待遇后，有权向相关组织、单位和个人追偿。

第四条 社会保险行政部门认定下列情形为工伤的，人民法院应予支持：

（一）职工在工作时间和工作场所内受到伤害，用人单位或者社会保险行政部门没有证据证明是非工作原因导致的；

（二）职工参加用人单位组织或者受用人单位指派参加其他单位组织的活动受到伤害的；

（三）在工作时间内，职工来往于多个与其工作职责相关的工作场所之间的合理区域因工受到伤害的；

（四）其他与履行工作职责相关，在工作时间及合理区域内受到伤害的。

第五条 社会保险行政部门认定下列情形为"因工外出期间"的，人民法院应予支持：

（一）职工受用人单位指派或者因工作需要在工作场所以外从事与工作职责有关的活动期间；

（二）职工受用人单位指派外出学习或者开会期间；

（三）职工因工作需要的其他外出活动期间。

职工因工外出期间从事与工作或者受用人单位指派外出学习、开会无关的个人活动受到伤害，社会保险行政部门不认定为工伤的，人民法院应予支持。

第六条 对社会保险行政部门认定下列情形为"上下班途中"的，人民法院应予支持：

（一）在合理时间内往返于工作地与住所地、经常居住地、单位宿舍的合理路线的上下班途中；

（二）在合理时间内往返于工作地与配偶、父母、子女居住地的合理路线的上下班途中；

（三）从事属于日常工作生活所需要的活动，且在合理时间和合理路线的上下班途中；

（四）在合理时间内其他合理路线的上下班途中。

第七条 由于不属于职工或者其近亲属自身原因超过工伤认定申请期限的，被耽误的时间不计算在工伤认定申请期限内。

有下列情形之一耽误申请时间的，应当认定为不属于职工或者其近亲属自身原因：

（一）不可抗力；

（二）人身自由受到限制；

（三）属于用人单位原因；

（四）社会保险行政部门登记制度不完善；

（五）当事人对是否存在劳动关系申请仲裁、提起民事诉讼。

第八条 职工因第三人的原因受到伤害，社会保险行政部门以职工或者其近亲属已经对第三人提起民事诉讼或者获得民事赔偿为由，作出不予受理工伤认定申请或者不予认定工伤决定的，人民法院不予支持。

职工因第三人的原因受到伤害，社会保险行政部门已经作出工伤认定，职工或者其近亲属未对第三人提起民事诉讼或者尚未获得民事赔偿，起诉要求社会保险经办机构支付工伤保险待遇的，人民法院应予支持。

职工因第三人的原因导致工伤，社会保险经办机构以职工或者其近亲属已经对第三人提起民事诉讼为由，拒绝支付工伤保险待遇的，人民法院不予支持，但第三人已经支付的医疗费用除外。

第九条 因工伤认定申请人或者用人单位隐瞒有关情况或者提供虚假材料，导致工伤认定错误的，社会保险行政部门可以在诉讼中依法予以更正。

工伤认定依法更正后，原告不申请撤诉，社会保险行政部门在作出原工伤认定时有过错的，人民法院应当判决确认违法；社会保险行政部门无过错的，人民法院可以驳回原告诉讼请求。

第十条 最高人民法院以前颁布的司法解释与本规定不一致的，以本规定为准。

最高人民法院
关于行政申请再审案件立案程序的规定

法释〔2017〕18号

(2016年11月21日最高人民法院审判委员会第1700次会议通过
2017年10月13日最高人民法院公告公布 自2018年1月1日起施行)

为依法保障当事人申请再审权利，规范人民法院行政申请再审案件立案工作，根据《中华人民共和国行政诉讼法》等有关规定，结合审判工作实际，制定本规定。

第一条 再审申请应当符合以下条件：

（一）再审申请人是生效裁判文书列明的当事人，或者其他因不能归责于本人的事由未被裁判文书列为当事人，但与行政行为有利害关系的公民、法人或者其他组织；

（二）受理再审申请的法院是作出生效裁判的上一级人民法院；

（三）申请再审的裁判属于行政诉讼法第九十条规定的生效裁判；

（四）申请再审的事由属于行政诉讼法第九十一条规定的情形。

第二条 申请再审，有下列情形之一的，人民法院不予立案：

（一）再审申请被驳回后再次提出申请的；

（二）对再审判决、裁定提出申请的；

（三）在人民检察院对当事人的申请作出不予提出检察建议或者抗诉决定后又提出申请的；

前款第一项、第二项规定情形，人民法院应当告知当事人可以向人民检察院申请检察建议或者抗诉。

第三条 委托他人代为申请再审的，诉讼代理人应为下列人员：

（一）律师、基层法律服务工作者；

（二）当事人的近亲属或者工作人员；

（三）当事人所在社区、单位以及有关社会团体推荐的公民。

第四条 申请再审，应当提交下列材料：

（一）再审申请书，并按照被申请人及原审其他当事人的人数提交副本；

（二）再审申请人是自然人的，应当提交身份证明复印件；再审申请人是法人或者其他组织的，应当提交营业执照复印件、组织机构代码证书复印件、法定代表人或者主要负责人身份证明；法人或者其他组织不能提供组织机构代码证书复印件的，应当提交情况说明；

（三）委托他人代为申请再审的，应当提交授权委托书和代理人身份证明；

（四）原审判决书、裁定书、调解书，或者与原件核对无异的复印件；

（五）法律、法规规定需要提交的其他材料。

第五条 当事人申请再审，一般还应提交下列材料：

（一）一审起诉状复印件、二审上诉状复印件；

（二）在原审诉讼过程中提交的主要证据材料；

（三）支持再审申请事由和再审请求的证据材料；

（四）行政机关作出相关行政行为的证据材料；

（五）其向行政机关提出申请，但行政机关不作为的相关证据材料；

（六）认为需要提交的其他材料。

第六条 再审申请人提交再审申请书等材料时，应当填写送达地址确认书，并可同时附上相关材料的电子文本。

第七条 再审申请书应当载明下列事项：

（一）再审申请人、被申请人及原审其他当事人的基本情况。当事人是自然人的，应列明姓名、性别、出生日期、民族、住址及有效联系电话、通讯地址；当事人是法人或者其他组织的，应列明名称、住所地和法定代表人或者主要负责人的姓名、职务及有效联系电话、通讯地址；

（二）原审人民法院的名称，原审判决、裁定或者调解书的案号；

（三）具体的再审请求；

（四）申请再审的具体法定事由及事实、理由；

（五）受理再审申请的人民法院名称；

（六）再审申请人的签名、捺印或者盖章；

（七）递交再审申请书的日期。

第八条 再审申请人提交的再审申请书等材料符合上述要求的，人民法院应当出具《诉讼材料收取清单》，注明收到材料日期，并加盖专用收件章。《诉讼材料收取清单》一式两份，一份由人民法院入卷，一份由再审申请人留存。

第九条 再审申请人提出的再审申请不符合本规定的，人民法院应当当场告知再审申请人。

再审申请人提交的再审申请书等材料不符合要求的，人民法院应当将材料退回再审申请人，并一次性全面告知其在指定的合理期限内予以补正。再审申请人无正当理由逾期不予补正且仍坚持申请再审的，人民法院应当裁定驳回其再审申请。

人民法院不得因再审申请人未提交本规定第五条规定的相关材料，认定其提交的材料不符合要求。

第十条　对符合上述条件的再审申请，人民法院应当及时立案，并应自收到符合条件的再审申请书等材料之日起五日内向再审申请人发送受理通知书，同时向被申请人及原审其他当事人发送应诉通知书、再审申请书副本及送达地址确认书。

因通讯地址不详等原因，受理通知书、应诉通知书、再审申请书副本等材料未送达当事人的，不影响案件的审查。

被申请人可以在收到再审申请书副本之日起十五日内向人民法院提出书面答辩意见，被申请人未提出书面答辩意见的，不影响人民法院审查。

第十一条　再审申请人向原审人民法院申请再审或者越级申请再审的，原审人民法院或者有关上级人民法院应当告知其向作出生效裁判的人民法院的上一级法院提出。

第十二条　当事人申请再审，应当在判决、裁定、调解书发生法律效力后六个月内提出。

申请再审期间为人民法院向当事人送达裁判文书之日起至再审申请人向上一级人民法院申请再审之日止。

申请再审期间为不变期间，不适用中止、中断、延长的规定。

再审申请人对2015年5月1日行政诉讼法实施前已经发生法律效力的判决、裁定、调解书申请再审的，人民法院依据《最高人民法院关于执行〈中华人民共和国行政诉讼法〉若干问题的解释》第七十三条规定的2年确定申请再审的期间，但该期间在2015年10月31日尚未届满的，截止至2015年10月31日。

第十三条　人民法院认为再审申请不符合法定申请再审期间要求的，应当告知再审申请人。

再审申请人认为未超过法定期间的，人民法院可以要求其在十日内提交生效裁判文书的送达回证复印件或其他能够证明裁判文书实际生效日期的相应证据材料。再审申请人拒不提交上述证明材料或逾期未提交，或者提交的证据材料不足以证明申请再审未超过法定期间的，人民法院裁定驳回再审申请。

第十四条　再审申请人申请撤回再审申请，尚未立案的，人民法院退回已提交材料并记录在册；已经立案的，人民法院裁定是否准许撤回再审申请。人民法院准许撤回再审申请或者按撤回再审申请处理后，再审申请人再次申请再审的，人民法院不予立案，但有行政诉讼法第九十一条第二项、第三项、第七项、第八项规定等情形，自知道或者应当知道之日起六个月内提出的除外。

第十五条　本规定自2018年1月1日起施行，最高人民法院以前发布的有关规定与本规定不符的，按照本规定执行。

最高人民法院
关于规范行政案件案由的通知

2004年1月14日　　　　　　　　　　　　　　法发〔2004〕2号

各省、自治区、直辖市高级人民法院，新疆维吾尔自治区高级人民法院生产建设兵团分院：

行政诉讼法实施以来，各地法院行政案件案由的确定和表述不尽一致，有些法院在这方面作了积极的探索，积累了一些经验。为规范行政案件案由，根据《中华人民共和国行政诉讼法》等法律的规定和行政案件的特点，结合行政审判实践经验，现就有关行政案件案由问题提出如下意见，请各级人民法院试行：

一、行政案件案由的构成要素和确定方法

行政案件的案由分为：作为类案件、不作为类案件、行政赔偿类案件。其确定方法如下：

（一）作为类案件案由的构成要素和确定方法

确定作为类案件案由的基本方法是划分案件的类别，以行政管理范围为"类"，以具体行政行为种类为"别"进行构造。案由的结构应当具备以下两个要素：

1. 行政管理范围。行政管理范围是指行政主体代表国家管理行政事务的领域。以行政管理范围作为行政案件案由的第一个要素，将行政案件初步分为"公安""工商""税务"等行政纠纷，从类上区别开来。

一般情况下，以行政管理范围作为案由的第一构成要素，分类后无需再作分解，如海关、计划生育、税务等，直接以"海关""计划生育""税务"作为案由第一构成要素；对个别行政管理范围比较宽泛的领域，如公安行政管理，可细分为治安管理、消防管理等，可以细化、分解后的具体管理范围，将"治安""消防"等作为第一构成要素用语。是否分解，应当结合案件实际，以表述简洁、清楚为原则。

2. 具体行政行为种类。以具体行政行为的种类或性质，如"行政处罚""行政许可""行政确认"等，作为案由的第二个构成要素。具体行政行为的表现形式，如行政处罚中的罚款、拘留等，不以构成要素出现，而均以"行政处罚"代之。

综合上述两个要素，行政作为类案件案由的结构为：管理范围＋具体行政行为种类。以诉公安机关所作的行政拘留处罚为例，案由应确定为："治安行政处罚"。"治安"为公安行政管理范围之下具体的治安管理；"行政处罚"则是具体行政行为的种类，不用具体的处罚形式"拘留"进行表述。以海关作出没收走私物品的行为为例，其案由应确定为"海关行政处罚"。海关管理范围相对窄一些，无需再作分解，可直接以"海关"

作为第一构成要素。

(二) 不作为类案件案由的构成要素和确定方法

不作为类案件的案由，原则上仍适用上述作为类案件的两种构成要素的结构，但又要体现此类案件的特色，其确定方法是：以"诉"作为此类案件案由的第一个构成要素；以行政主体的类别作为第二个构成要素，如"工商行政管理机关""海关"等；以不履行特定行政职责或义务作为第三个构成要素。以公安机关不履行保护人身权法定职责案为例，案由确定为"诉公安机关不履行保护人身权法定职责"。"履行……法定职责"中要求履行的是何种职责，应当根据案件的具体情况确定，如可以具体区分为"诉××（行政主体）不履行保护人身权（财产权）法定职责""诉××（行政主体）不履行行政合同义务""诉××（房屋管理机关等）不履行登记法定职责"等等。

(三) 行政赔偿类案件案由的构成要素和确定方法

行政赔偿类案件分为两种情况，即一并提起行政赔偿和单独提起行政赔偿。对于一并提起的行政赔偿案件，在被诉具体行政行为案件案由后加"及行政赔偿"一语即可。如"工商行政登记及行政赔偿""诉公安机关不履行保护人身权法定职责及行政赔偿"等。对于单独提起行政赔偿的案件，案由的确定方法为：行政管理范围＋行政赔偿。以税务工作人员在执法中致人伤亡单独提起行政赔偿之诉为例，如"税务行政赔偿"等。

二、案由适用范围和确定时间

在立案审查阶段，可以根据当事人的起诉确定初步案由。在审理阶段，如果发现初步确定的案由不准确时，应当根据审理后确定的法律关系性质来确定结案案由。因此，本规定既适用于审查起诉阶段，也适用于审理阶段，但法律文书和卷宗封面等均应以结案案由为准。

三、难以确定案由情况的处理

当出现行政管理范围和具体行政行为种类难以界定、案由难以确定的情况时，可以作为例外情况酌情确定案由。如起诉乡镇人民政府的一些越权行政行为或者不作为案件，就很难确定管理范围，也很难确定其行政行为的种类，这时，可以用"乡（镇）政府行政处理""诉乡（镇）政府不履行法定职责或行政义务"等作为案由。

不属于行政诉讼受案范围的案件，在裁定不予受理或驳回起诉时，案由可通过概括当事人诉讼请求的方式来确定。

各级人民法院在执行该通知的过程中有何问题，请注意总结并及时报告我院。

附：

行政管理范围

1. 公安行政管理
（1）治安管理（治安）
（2）消防管理（消防）
（3）道路交通管理（道路）
（4）其他（公安）
2. 资源行政管理
（1）土地行政管理（土地）
（2）林业行政管理（林业）
（3）草原行政管理（草原）
（4）地质矿产行政管理（地矿）
（5）能源行政管理（能源管理）
（6）其他（资源）
3. 城乡建设行政管理
（1）城市规划管理（规划）
（2）房屋拆迁管理（拆迁）
（3）房屋登记管理（房屋登记）
（4）其他（城建）
4. 计划生育行政管理（计划生育）
5. 工商行政管理（工商）
6. 商标行政管理（商标）
7. 质量监督检验检疫行政管理
（1）质量监督行政管理（质量监督）
（2）质量检验行政管理（质量检验）
（3）检疫行政管理（检疫）
（4）其他（质量监督）
8. 卫生行政管理（卫生）
9. 食品药品安全行政管理（食品、药品）
10. 农业行政管理（农业）
（1）渔业行政管理（渔业）
（2）畜牧行政管理（畜牧）
（3）其他（农业）
11. 物价行政管理（物价）

12. 环境保护行政管理（环保）
13. 交通运输行政管理（交通）
（1）公路交通行政管理（公路）
（2）铁路行政管理（铁路）
（3）航空行政管理（航空）
（4）其他（交通）
14. 信息电讯行政管理（信息、电讯）
15. 邮政行政管理（邮政）
16. 专利行政管理（专利）
17. 新闻出版行政管理（新闻、出版）
18. 税务行政管理（税务）
19. 金融行政管理（金融）
20. 外汇行政管理（外汇）
21. 海关行政管理（海关）
22. 财政行政管理（财政）
23. 劳动和社会保障行政管理（劳动、社会保障）
24. 审计行政管理（审计）
25. 经贸行政管理（内贸、外贸）
26. 水利行政管理（水利）
27. 旅游行政管理（旅游）
28. 烟草专卖行政管理（烟草专卖）
29. 司法行政管理（司法行政）
30. 民政行政管理（民政）
31. 教育行政管理（教育）
32. 文化行政管理（文化）
33. 广播电视电影行政管理（广电）
34. 统计行政管理（统计）
35. 电力行政管理（电力）
36. 国有资产行政管理（国资）
37. 外资行政管理（外资管理）
38. 盐业行政管理（盐业）
39. 体育行政管理（体育）
40. 行政监察（监察）
41. 乡政府
42. 其他行政管理

行政行为种类

1. 行政处罚
2. 行政强制
3. 行政裁决
4. 行政确认
5. 行政登记
6. 行政许可
7. 行政批准
8. 行政命令
9. 行政复议
10. 行政撤销
11. 行政检查
12. 行政合同
13. 行政奖励
14. 行政补偿
15. 行政执行
16. 行政受理
17. 行政给付
18. 行政征用
19. 行政征购
20. 行政征收
21. 行政划拨
22. 行政规划
23. 行政救助
24. 行政协助
25. 行政允诺
26. 行政监督
27. 其他行政行为

最高人民法院
关于印发《民事、行政抗诉案件调卷函样式》的通知

2004年3月9日　　　　　　　　　　　　　　　法发〔2004〕8号

各省、自治区、直辖市高级人民法院，解放军军事法院，新疆维吾尔自治区高级人民法院生产建设兵团分院：

为规范人民法院对人民检察院提出民事、行政抗诉案件的审理，根据民事诉讼法、行政诉讼法和相关司法解释的规定，对于接受抗诉的人民法院如不能及时作出中止原判决执行的再审裁定，应在调取原审卷宗时通知执行法院或有关执行机构暂缓对原判决的执行，直至再审裁定作出为止。

现将我院制定的民事、行政抗诉案件调卷并暂缓执行函的样式印发给你们，请参照办理。

附：民事、行政抗诉案件调卷函样式（略）

最高人民法院
关于进一步加强行政审判工作的通知

2004年3月17日　　　　　　　　　　　　　　　法〔2004〕33号

各省、自治区、直辖市高级人民法院，新疆维吾尔自治区高级人民法院生产建设兵团分院：

行政诉讼法施行以来，各级人民法院认真履行行政审判职责，依法审理了大量的行政案件，审查执行了大量非诉行政执行案件，积极保护公民、法人和其他组织的合法权益，有效地监督和维护行政机关依法行政，各项审判工作取得显著成就，在依法治国、建设社会主义法治国家的伟大进程中发挥了突出的作用。当前，我国行政审判工作正在进入一个新的历史阶段。党的十六大确立了全面建设小康社会的重要目标，要求行政审判在建设完善的社会主义市场经济体制，推进社会主义民主法制进程和促进社会主义政治文明中，发挥更大的作用；我国加入世界贸易组织，要求行政审判承担新的司法审查职能，行政审判领域不断拓宽，社会影响日益增大；行政审判与人民群众的切身利益息

息相关，人民群众对行政审判工作寄予厚望，行政审判在保护人民群众切实利益中的作用日益凸显，行政审判的责任越来越重大。但是，当前行政审判工作的现状与新形势新任务的要求还有较大的差距。行政审判工作还没有受到应有的重视，其宪法和法律地位没有得到充分落实；行政审判组织机构还没有健全，行政审判法官队伍素质有待于进一步提高；行政审判司法环境不尽人意，开展行政审判工作还存在较大的阻力。为充分发挥行政审判职能作用，进一步加强行政审判工作，特通知如下：

一、切实加强对行政审判工作重要性的认识。行政审判是宪法和法律赋予人民法院的神圣职责，是人民法院审判工作的重要方面。搞好行政审判工作是人民法院贯彻"三个代表"重要思想的具体要求，是践行司法为民的重要体现，是衡量各级法院现代法治意识高低的重要标尺。各级法院领导，特别是"一把手"，务必从贯彻"三个代表"重要思想的高度，从依法治国、建设社会主义法治国家的高度，从落实求真务实、司法为民要求的高度，充分认识行政审判工作的现实意义和历史意义，积极采取各种切实可行的措施，把行政审判工作搞好。

二、大力加强行政审判法官队伍建设。行政审判是对行政行为的合法性审查，是对行政权力的司法监督和制约，是展现人民法院法治水平和队伍形象的重要窗口，要求行政审判法官具有较高的政治素质和业务水平。各级法院务必结合行政审判工作的特点，加强行政审判法官队伍建设，按照法律规定配齐行政审判人员，尽快消除当前存在的"一人庭""二人庭"等不能依法组成合议庭、审判组织机构不健全的现象。各级法院行政审判庭庭长、副庭长和审判长的配备要坚持高标准、严要求。行政审判人员要有相对的稳定性，要注意保留业务骨干。行政审判庭庭长要进入审判委员会。要充分发挥各级法院的积极性，加大培训力度，尽快提高行政审判人员的整体职业化水平。

三、积极开展行政审判制度创新。行政审判具有不同于其他审判工作的特殊性。各级法院要按照人民法院司法改革的总体部署，根据行政审判工作的特点和规律，积极改革和创新行政审判制度和工作机制，加强诉权保护，完善诉讼程序，强化行政审判的亲民便民措施，有效地推动各项工作的深入开展，争取短期内使行政审判工作上一个新台阶。

四、努力营造良好的行政审判司法环境。各级法院要结合当地实际，通过定期专题汇报、采取行政诉讼法执法检查等方式，主动自觉地接受党委领导和人大监督，争取政府支持，依法排除各种以言代法、以权压法和非法干预行政审判工作的现象，杜绝"官官相护"，认真清除妨碍行政案件受理和审判的各种"土政策"，优化司法环境，确保司法公正。务必时刻注意维护行政审判的中立性和独立性，遇有当地要求与有关部门"合署办公"、"联合执法"等现象，要积极向有关方面做好说服工作。要加强行政审判工作的司法宣传，增进社会各界对行政审判工作的了解和理解，营造良好的社会氛围。

最高人民法院
关于妥善处理群体性行政案件的通知

2006年12月5日　　　　　　　　　　　　　　法〔2006〕316号

各省、自治区、直辖市高级人民法院，新疆维吾尔自治区高级人民法院生产建设兵团分院：

随着改革的深入，社会利益格局日益多元化和复杂化，行政争议呈现增多的趋势，特别是由农村土地征收、城市房屋拆迁、企业改制、劳动和社会保障、资源环保等社会热点问题引发的群体性行政争议较为突出。依法妥善处理好群体性行政案件，关系到人民群众的切身利益，关系到社会的和谐稳定，必须引起各级人民法院的高度重视。为此，特就妥善处理群体性行政案件的有关事项通知如下：

一、充分认识妥善处理群体性行政争议的重要性

要以党的十六届六中全会《关于构建社会主义和谐社会若干重大问题的决定》为指导，认真学习中共中央办公厅、国务院办公厅《关于预防和化解行政争议，健全行政争议解决机制的意见》和肖扬院长在全国法院加强行政审判工作，妥善处理行政争议电视电话会议的重要讲话精神，认清当前群体性行政争议日趋增多的严峻形势，充分认识妥善处理群体性行政争议的重要意义，牢固树立社会主义的法治理念，准确定位人民法院在维护社会和谐稳定中的作用，切实增强责任感和使命感，依法妥善处理好群体性行政案件。

二、高度重视群体性行政案件的立案受理工作

对于起诉到法院的群体性行政争议，符合法定起诉条件的，应当依法及时立案受理，不得拒之门外；对于不符合起诉条件的，或者不属于法院主管的问题，在依法作出处理前，应当向起诉人说明原因，告知其依法解决问题的途径，并视情况通知有关部门做好稳控工作；对于政治性、政策性强，难以单纯通过行政诉讼解决问题的争议，要慎重对待和处理，尽可能通过当地党委、政府统一协调解决；对于人数众多、重大复杂、符合立案条件的群体性案件，可以由中级人民法院受理，也可以指定其他基层人民法院受理。要根据案件的不同情况，对于可分的群体性案件，可以分别立案受理。各级人民法院的立案庭和行政庭在立案受理环节上要加强沟通，密切配合。

三、认真做好群体性行政案件的稳控工作

针对群体性行政争议涉及人数众多、矛盾尖锐、处理难度大等特点，要把维护稳定

和防止矛盾激化贯穿诉讼活动始终。在受理、审理、开庭、执行等环节耐心细致地做好当事人的工作,对可能出现的影响稳定和案件正常审理等情况的,特别是对重大复杂的群体性案件,要事先做好预测,认真研究并制定相应的预案,防止矛盾激化和事态扩大酿成严重事件。对于重大、复杂和影响大的案件,院长、庭长可以亲自担任审判长。

四、积极探索以和解方式解决群体性行政争议机制

对于群体性行政争议案件,要尽可能通过协调方式加以解决。在依法进行合法性审查的基础上,对行政行为违法或者明显不合理、不适当,符合和解条件的案件,根据当事人自愿,积极做好协调工作,促使当事人达成诉讼和解,以达到消除矛盾、减少对抗、定分止争、案结事了的效果。

五、力求法律效果和社会效果的有机统一

处理群体行政案件,要把司法为民和服务大局紧密联系起来,综合考虑和平衡各方面的利益,即要保护最广大人民群众的根本利益和每一个公民的切身利益,又要监督支持行政机关依法行政,从大局出发,保障各项改革政策和措施的落实,维护经济和社会发展的秩序。要注意裁判的导向作用,通过对行政案件的审理和裁判,彰显社会的公平正义,促进改革和建设的健康发展,为构建社会主义和谐社会提供坚强有力的司法保障。

六、不断提高妥善处理群体性案件的能力

要切实提高协调利益关系、开展群众工作、处理人民内部矛盾、维持社会稳定的本领,讲究审判艺术,注意工作方法;要注重对当事人进行必要的诉讼指导,善于做耐心细致的疏导和解释工作,引导当事人依法行使诉讼权利和主张实体权益;要注意把握裁判的有利时机,缓解当事人的对立情绪,避免因工作方法不当,引起矛盾激化或者形成集体上访;要增强裁判文书的说理性,重视做好释明和答疑工作,使当事人明法知理,服判息诉,避免引发新的矛盾。

七、紧紧依靠党委的领导和政府的支持

对于重大复杂和有影响的群体性行政案件,要主动及时地向当地党委汇报,在党委的统一领导和协调下依法妥善处理。进一步加强与行政机关的沟通与联系,取得行政机关的理解和配合,增进司法与行政的良性互动。对于案件中反映出的苗头性、倾向性问题以及有可能引发群体性案件和影响社会稳定的问题,要及时提出司法建议,便于党委、政府及时采取措施,从源头上预防和减少群体性行政争议的发生。要加强同新闻媒体的协调与联系,注意正确引导舆论,防止对群体性行政案件的恶意炒作。

八、加强对群体性行政争议的调查研究

要了解和掌握群体性行政争议的规律和特点,注意总结预防和妥善处理群体性行政争议的经验。要坚持大要案报告制度,重大、复杂的群体性行政案件要及时向上级人民

法院报告,上级人民法院要加强对下级人民法院受理和审理群体性行政案件指导。对于在审判中出现的重要、敏感情况和问题,应当及时报告上级人民法院。

最高人民法院
印发《最高人民法院关于加强和改进行政审判工作的意见》的通知

2007年4月24日　　　　　　　　　　　　法发〔2007〕19号

各省、自治区、直辖市高级人民法院,解放军军事法院,新疆维吾尔自治区高级人民法院生产建设兵团分院:

现将《最高人民法院关于加强和改进行政审判工作的意见》印发给你们,请结合行政审判工作实际执行。

附:

最高人民法院
关于加强和改进行政审判工作的意见

为切实贯彻党的十六届六中全会精神,落实中共中央办公厅、国务院办公厅《关于预防和化解行政争议健全行政争议解决机制的意见》及第五次全国行政审判工作会议精神,适应新时期我国社会发展的需要,加强和改进行政审判工作,充分发挥行政审判的职能作用,为构建社会主义和谐社会提供更加有力的司法保障,特提出如下意见。

一、全面加强行政审判工作的重要性和紧迫性

1. 实现构建社会主义和谐社会的目标和任务,要求行政审判工作提供更加有力的司法保障。充分发挥行政审判的职能作用,对于妥善处理人民内部矛盾,维护行政管理秩序和社会和谐稳定,都具有极其重要的意义。特别是在当前行政争议数量日益增多,群体性行政争议较为突出的新形势下,行政审判化解行政争议、保护公民权益、维护社会稳定和促进社会和谐的任务更加艰巨。

2. 人民群众日益增长的司法需求,要求行政审判更加注重公正与效率。行政争议呈现增多的趋势,不仅反映社会利益格局日益多元化和复杂化,也反映了人民群众依法维权意识的不断提高和对司法救济的期待不断增强。随着形势的发展和法治建设步伐的加快,人民群众通过诉讼渠道解决行政争议的情况将会越来越多,对人民法院依法提供有效司法救济的要求也将越来越高。人民法院必须坚持"公正司法,一心为民"的指导方针,通过依法审理行政案件,妥善化解行政争议,以及时的救助保护民权,以优质的服务减轻民负,以快捷的审判解除民忧,以公正的裁判保障民利,以有力的执行实现民愿,切实解决行政诉讼"告状难"的问题,为人民群众提供公正及时的司法保护。

3. 加强党的执政能力建设,要求进一步提高行政审判能力。《中共中央关于加强党的执政能力建设的决定》,把科学执政、民主执政、依法执政作为加强党的执政能力建设的总体目标之一。党依法执政的方式,主要是通过立法、行政和司法活动加以实现。重视加强行政审判工作,是提高党的执政能力的必然要求,也是提高党的执政能力的重要保障。各级人民法院和全体行政审判人员,必须从加强党的执政能力建设的战略高度,不断增强行政审判能力,以适应新时期化解行政争议、解决人民内部矛盾的迫切需要。

4. 推进法治政府建设,要求进一步发挥行政审判监督、维护和促进依法行政的积极作用。依法治国、建设社会主义法治国家,不仅是党领导人民治理国家的基本方略,也是一项重要的宪法原则。依法行政是依法治国的核心内容,实现依法治国,必须首先实现依法行政。在建设法治政府,实现政府职能转变和管理方式创新过程中,人民法院通过依法审理行政案件,监督、促进行政机关遵守法律程序,纠正越权和滥用职权行为,对于落实"有权必有责、用权受监督、侵权要赔偿"的依法行政要求,具有积极的、不可替代的重要作用。同时,人民法院对于合法适当的行政行为依法予以维持,通过司法程序确认行政行为的效力,也是对行政机关各项经济社会管理职能得以有效发挥的司法保障。

5. 加入世界贸易组织,要求人民法院承担司法审查的新职责。世贸组织协定对成员方的司法审查制度提出了明确要求,我国加入世贸组织议定书也将司法审查作为确保贸易制度实施的重要措施,作出了明确承诺,并且按照世贸组织规则的要求,修改和制定了大量的法律法规。最高人民法院也制定发布了相应的司法解释,建立和完善了相应的司法审查制度。近年来,涉及执行世贸组织规则的行政案件已经开始出现,特别是涉外知识产权行政案件大幅增加。新形势和新任务不仅扩展了行政审判的领域,还对我国行政审判的司法观念、司法水平提出了更高的要求。

6. 按照新形势和新任务的要求,当前行政审判工作还存在一些不相适应的问题和薄弱环节:一是有些法院的领导对行政审判工作重要性的认识还不够高,没有摆到应有的工作议事日程上来,导致少数法院行政审判机构不健全,审判力量不足,队伍不够稳定,审判人员整体素质不高;二是有的认为行政审判难度大、风险大,怕得罪政府或有关行政机关,不敢行使司法监督权,或是明知行政行为违法,却违心裁判,矛盾上交。也有些法院热衷于办理非诉行政执行案件,不愿受理和审理行政诉讼案件;三是有些行政案件的质量还不高,个别案件久拖不结,影响了当事人合法权益的实现;四是非法干预行政审判的现象在一些地方还不同程度地存在,对当事人诉权加以限制的"土政策"还没有彻底清除;五是对行政审判领域出现的新情况、新问题调查研究不够,等等。这些问题影响了行政诉讼法的贯彻实施,损害了司法权威和公正形象,制约了行政审判职能作用的发挥,必须引起高度重视,切实加以解决。

二、行政审判工作的基本经验和主要任务

7. 多年来，各级人民法院总结积累了许多行政审判方面的宝贵经验，主要是：依法保护行政相对人合法权益，是行政审判的首要任务；正确处理监督与维护的关系，是全面发挥行政审判职能的重要原则；坚持公正与效率相结合，是行政审判工作健康发展的重要保障；坚持法律效果与社会效果的统一，是开展行政审判工作的基本要求；不断改善和优化司法环境，是行政审判健康发展的必要条件；积极探索妥善处理行政争议的新方法，是行政审判工作不断取得新成绩、新发展的重要保证；坚持党的领导、自觉接受人大和社会各界的监督，是搞好行政审判工作的根本保障。

8. 当前和今后一个时期，人民法院行政审判工作的主要任务是：以邓小平理论和"三个代表"重要思想为指导，全面落实科学发展观，紧紧围绕"公正司法，一心为民"的指导方针，牢固树立社会主义司法理念，努力建设公正高效权威的行政审判制度，按照"保护合法权益，促进依法行政，优化司法环境，化解行政争议"的要求，充分发挥行政审判职能作用，为构建社会主义和谐社会提供有力的司法保障。

三、切实保护公民合法权益，促进依法行政

9. 各级人民法院要始终坚持"公正与效率"主题，坚持审判实践中的成功经验和有效做法，切实保证和不断提高行政审判的质量和效率。要全面理解和正确执行行政诉讼法和相关司法解释的规定，加大相对人诉权的保护力度，依法受理涉及公民人身权、财产权的行政案件，依法受理与人身权、财产权密切相关的其他经济社会权利的行政案件。要切实解决行政案件应当受理而不受理，或者不依法及时受理，导致行政相对人"告状难"的问题；切实解决应当撤销违法行政行为而违心迁就、违法办案，损害当事人利益的问题；切实解决一些案件审判效率不高，审判周期过长，久拖不结的问题。上级法院要加大对下级法院审理行政案件的监督力度，对不履行行政审判职责和违法办案的行为，要坚决依法予以纠正，对于造成恶劣影响的典型案件要给予通报和严肃处理。

10. 各级人民法院在依法保护行政相对人合法权益，监督行政机关依法行政的同时，对于行政机关依法实施的行政管理活动及合法行政行为，要给予及时有力的支持。要依法正确受理和及时执行非诉行政执行案件，支持行政机关依法行政。对于各级行政机关依法实施经济调控、市场监管、公共服务、社会管理职能，要积极提供有效的司法保障。要坚决依法支持各级政府和相关行政部门打击制裁土地违法行为、金融证券领域的违法违规行为、侵犯知识产权的违法行为、危害食品药品安全的违法行为、破坏自然资源和环境保护的违法行为、损害农民合法权益的违法行为等专项执法活动，维护正常的行政管理秩序、经济秩序和社会秩序，维护各级政府和行政部门的权威和良好形象。

四、努力营造良好的司法环境

11. 当前影响行政审判工作发展的因素中，司法环境仍然是一个比较突出的问题。各级人民法院要紧紧依靠党委和人大的领导、监督和支持，切实解决以言代法、以权压法和非法干预行政审判的问题，克服行政审判中的地方和部门保护主义。对于干预、阻

碍人民法院受理、审判和执行行政案件的行为，要及时向各级纪检监察机关通报情况，取得支持。

12. 要积极推进行政案件管辖制度的改革和完善，通过加大指定管辖、异地审理的力度，防止和排除地方非法干预，为人民法院依法独立公正审理行政案件提供制度保障。

13. 探索管辖制度改革应当正确处理好以下问题：一是要以确保司法公正为目标。无论是指定管辖还是提级管辖，其目的都在于防止和排除不当干预，保证人民法院依法公正处理行政案件。对于由当地基层法院管辖可能会影响公正审理的案件，中级人民法院可以根据当事人的申请，决定指定管辖或者提级管辖，以确保案件审理的公正性。二是当事人选择和法院决定相结合。当事人可以向被告所在地基层人民法院起诉，也可以申请中级人民法院管辖，或者请求中级人民法院指定本辖区其他基层人民法院管辖，是否准许由中级人民法院决定。三是方便诉讼与案件平衡相兼顾。指定管辖应当考虑当事人的困难和负担，尽可能以就近为原则。同时可以通过指定管辖均衡各基层法院承办行政案件的数量。四是立案和审判机构相配合。在决定指定管辖或者提级管辖时，立案庭和行政庭要加强沟通与配合，如何确定管辖法院可以由行政庭提出意见。五是以解决基层法院公正司法为重点，尽可能把行政争议解决在基层。中级以上人民法院案件的管辖问题，应当按照现行法律和司法解释的规定执行。

五、积极探索行政案件处理新机制

14. 行政争议属于人民内部矛盾，行政争议产生和形成的原因往往比较复杂，每一起行政案件的情况也有所不同。因此，行政争议的解决必须采取多种方式和手段。人民法院在审理行政案件过程中，要按照"坚持合法审查，促进执法完善，依法规范撤诉，力求案结事了"的要求，积极探索行政案件处理新机制。

15. 人民法院在查清事实，分清是非，不损害国家利益、公共利益和他人合法权益的前提下，可以建议由行政机关完善或改变行政行为，补偿行政相对人的损失，人民法院可以裁定准许行政相对人自愿撤诉。特别是对因农村土地征收、城市房屋拆迁、企业改制、劳动和社会保障、资源环保等社会热点问题引发的群体性行政争议，更要注意最大限度地采取协调方式处理。既要有娴熟的司法审查能力，又要具备高超的沟通协调能力和群众工作能力；既要依法保护群众的切身利益，又要善于引导当事人正当合法行使权利；既要保证个案处理的公正性，又要注意社会效益的最大化；既要全力做好本职工作，又要善于取得和依靠党委、政府的支持。要防止和避免因工作方法不当导致矛盾激化和转化，力争将案件处理的负面影响减少到最低限度。

16. 探索和完善协调机制应当正确处理好以下关系：一是合法性审查与协调的关系。人民法院要在查明事实、分清是非，不损害国家利益、公共利益和他人合法权益的前提下，协调处理行政争议。二是自愿撤诉与积极协调的关系。原告申请撤诉必须建立在自愿的基础上，不得代替当事人表达意愿，更不能强迫当事人接受某种条件。三是协调与裁判的关系。当事人不同意撤诉或者和解后又反悔的，应当及时恢复审理、做出裁判，不得片面追求撤诉率而当判不判，久拖不结。四是撤诉与执行的关系。在确认当事人协议效力的同时，对按约应即时履行没有履行的，不能急于送达裁定；对于约定到期履行的，应对义务方履行协议情况进行监督，防止因毁约或者失信而导致循环诉讼。

17. 要认清当前群体性行政争议日趋增多的严峻形势，不断提高依法妥善处理好群体性行政案件的司法能力，要按照最高人民法院下发的《关于妥善处理群体性行政案件的通知》的要求，对本辖区群体性行政案件的情况进行调查分析，制定相应的工作方案和措施，并认真抓好各项工作措施的落实，在党委的统一协调和政府的配合支持下，充分发挥人民法院在维护社会和谐稳定中的积极作用。

六、准确适用法律规范，维护法制统一

18. 要严格规范法律适用问题请示程序。各级人民法院在审理行政案件中遇到法律适用的疑难问题，可以向上级法院请示。上报请示应当严格执行最高人民法院关于请示问题的规定，请示的内容应当限于法律和司法解释的适用问题，不得就案件的事实认定问题、定性问题或者实体处理问题进行请示，更不得全案请示。法律适用问题请示应当逐级上报，不得越级请示。请示法院应当对请示问题的事实负责，并且经过审判委员会讨论提出倾向性意见。

19. 正确处理行政诉讼案件和民事诉讼案件交叉的问题。要区别责任发生的时间、法律对责任实现顺序是否有专门规定，以及是否涉及国家利益、公共利益，审慎解决民事责任和行政责任的冲突。要立足我国社会主义初级阶段的国情，既重视保障民事受害人的及时有效救济，也要兼顾行政与民事两种赔偿责任承担的基本公平。对选择民事或行政救济途径法律规定不明确的，要加强法院内部的沟通协商，不轻易否定起诉人的行政诉权或民事诉权。如争议的民事法律关系是行政行为合法的基础性前提性事实和主要构成要件的，应当先行中止行政诉讼，等候民事诉讼的判决结果。反之则可以行政诉讼先行。不同审判庭或者法院之间应当主动加强沟通协调，不得各行其是。

20. 充分尊重生效裁判的既判力，防止对同一事实或者同一法律问题作出不同裁判。无论是行政案件还是民事案件，在裁判发生法律效力后未经法定程序改判之前，对当事人、司法机关以及其他主体都具有拘束力，其他法院均不得作出与生效裁判不一致的裁判。即使生效裁判确有错误，也必须通过法定程序依法予以纠正，不得无视生效裁判的存在。

21. 高度重视"以罚代刑"的问题。当前在行政程序中，"以罚代刑"的现象比较突出。各级人民法院在行政审判中发现违法行为已经构成犯罪的，应当及时移送刑事侦查机关处理；对于行政机关可能存在"以罚代刑"、放纵犯罪问题的，要向行政机关或者有关部门及时提出司法建议。

七、建立司法与行政良性互动机制

22. 人民法院要采取多种方式加强同政府有关部门和复议机构沟通联系，交流行政审判和行政执法的情况和信息，增加相互之间的了解和共识；分析行政执法存在的问题并提出司法建议，协助行政机关总结经验教训，完善行政程序制度；协助行政机关加强对行政执法人员的教育和培训，提高其法治意识和执法水平；邀请行政复议和行政执法

人员旁听典型案件的开庭审理,增强依法行政观念和依法应诉能力;对于重视和支持行政审判的经验和做法要予以宣传和推广;对非法干扰行政审判、妨碍行政诉讼的典型进行通报或者曝光,维护诉讼秩序和法律尊严。

23. 人民法院在与政府有关部门和复议机构沟通交流中,应当处理好司法权与行政权的关系,人民法院不得参与行政机关对具体行政案件的处理,不得参加行政机关组织的具体执法活动,以保持司法的中立性和公信力。

24. 人民法院要肯定和支持行政领导出庭应诉。地方政府和行政部门领导出庭,是对行政审判工作的重视、支持和尊重,也是国家法治水平提升、社会文明进步的可喜现象,对于增强行政机关的诉讼意识和应诉能力、提高审判质量与效率、妥善解决行政争议、提高执法水平等,都有重要的作用和意义。

25. 人民法院对行政机关法定代表人出庭应诉不宜提出刚性要求和作出强制性规定,但是可以向行政机关或者有关部门提出建议,做好宣传工作,推动这项工作的健康发展。行政机关的主要领导出庭应诉,可以选择一些案情重大、社会普遍关注、具有规范和教育意义的案件;人民法院也可以根据案件具体情况和审判工作的需要,向行政机关提出建议。

八、重视加强对行政审判工作的领导

26. 要进一步提高对行政审判工作重要性的认识。各级人民法院领导务必站在讲政治、讲大局、加强宪政建设的高度,站在依法行政和民主执政一致性的高度,进一步提高对行政审判工作重要性的认识,把加强和改进行政审判工作摆在更加重要的位置。要纠正行政审判可有可无,甚至认为行政审判惹是生非的错误认识,敢于坚持维护宪法和法律的权威,敢于履行宪法和法律赋予人民法院的监督职责,敢于为行政审判人员撑腰打气,敢于出面抵制非法干扰。要通过我们卓有成效的工作,营造出一个守法拥政、政通人和的良好环境。

27. 要加强对行政审判工作的领导。要全面了解和掌握本院和本辖区行政审判工作的状况,学习借鉴有关法院开展行政审判工作的经验,研究制定开展行政审判工作的规划、目标和措施,并认真抓好各项措施的落实。要及时了解和认真解决行政审判实践中存在的问题和困难,对于工作中遇到的行政庭和分管副院长难以解决的问题,院长要亲自出面做好工作。要关心、爱护行政审判人员,支持他们依法履行职责,保障行政审判法官的职业安全。各级人民法院的院长、分管副院长每年可以争取办几件行政案件,亲自担任审判长开庭审理,提高业务能力和领导水平。要结合本地的实际,对行政审判工作提出量化考核的标准或要求,作为目标管理和考评的重要内容,并认真抓好督促、检查、落实和通报。

九、进一步加强行政审判队伍建设

28. 要加强思想政治建设和廉政建设。要继续深入开展社会主义法治理念教育和实践活动,进一步明确司法指导思想,端正司法理念,规范司法行为,改进审判作风,确保司法廉洁。要认真开展廉政建设和反腐败工作,严肃查处少数贪赃枉法、徇私舞弊、

"权权交易"的人员，坚决纠正损害群众利益的不正之风。进一步健全和完善违法办案责任追究制度、案件质量评查制度、评比奖惩和通报等制度。同时，要保障法官的职业安全，预防和制止一切对法官打击报复、诬告伤害的行为，依法维护法官的人身安全和合法权益。

29. 加大行政审判人员的培训力度，进一步提高行政审判人员的素质。要大力加强行政审判人员业务培训，既要重视行政法理论知识的学习和培训，又要注重审判实务和实际操作技能的培训，既要注重行政诉讼知识和审判业务能力的提高，又要注意加强相关行政管理领域专业知识的学习。切实增强行政审判法官服务大局的能力、沟通协调的能力、驾驭庭审活动的能力、群众工作的能力、裁判文书制作的能力和调查研究的能力。最高人民法院和高级人民法院每年要对行政审判人员的业务培训制定计划，认真组织实施，抓好落实。对于新颁布的法律法规和新出台的司法解释，要及时组织培训。要认真总结和坚持在加强法院业务建设、提高法官司法能力方面的成功经验和有效做法，采取多种形式提高行政审判人员的业务素质。

30. 健全行政审判机构、配备审判力量，稳定审判队伍。要进一步健全行政审判机构，配备足够的行政审判人员。除个别地方法院确因编制太少难以达到要求外，基层法院必须保证组成一个合议庭，中级以上法院两个以上合议庭。这项工作要抓紧落实，力争在今年年底前完成。要充分考虑行政审判工作的特点，选配能够胜任和适合行政审判工作的人员充实到行政审判庭。认真解决行政审判庭庭长进审判委员会的问题，法院的专职审判委员会委员中也应当考虑有熟悉行政审判业务的人员。要保留一批具有行政审判经验、经过系统培训的业务骨干和资深法官，除提拔重用外不能轻易调整和调离，以保证行政审判队伍的相对稳定性。要建立符合行政审判工作特点的考核和激励机制，不能以案件数量多少作为衡量审判工作重要性和评判行政审判法官工作业绩的依据。

最高人民法院
关于认真贯彻执行《关于行政诉讼撤诉若干问题的规定》的通知

2008年1月31日　　　　　　　　　　法发〔2008〕9号

各省、自治区、直辖市高级人民法院，新疆维吾尔自治区高级人民法院生产建设兵团分院：

《最高人民法院关于行政诉讼撤诉若干问题的规定》（以下简称《撤诉规定》）已由最高人民法院审判委员会第1441次会议通过，于2008年2月1日起施行。为准确把握和正确适用《撤诉规定》，现就有关问题通知如下：

一、充分认识制定实施《撤诉规定》的重要意义

我国行政诉讼法颁布实施以来，各级人民法院不断重视加强和积极开展行政审判工作，取得了举世瞩目的成就，为保护公民、法人和其他组织的合法权益，监督、支持和促进依法行政，维护社会的和谐与稳定，做出了重要贡献。同时也应当看到，随着时代的进步、形势的发展和人民群众对司法救济的期待不断增强，行政诉讼制度在一些方面已经难以满足审判实践的需要，其中行政争议解决方式的完善，是一个亟待解决的问题。在社会转型加速、社会矛盾凸显的新形势下，行政争议不仅数量逐渐增多，情况也越来越复杂，积极探索和完善行政诉讼处理新机制，对于妥善处理行政争议，增进当事人与行政机关之间的理解和信任，维护社会的和谐稳定，具有重要意义。党中央、国务院对于加强和改进行政审判工作极为重视，并对积极稳妥地推进行政诉讼改革，健全行政争议解决机制提出了明确要求。《撤诉规定》的制定和施行，是最高人民法院深化司法制度改革的一项重要措施，对于规范行政诉讼撤诉，妥善化解行政争议具有重要的意义。各级人民法院要深刻理解制定实施《撤诉规定》的重要性，在审判实践中认真贯彻执行。

二、执行中应当注意处理好的几个问题

一是以依法妥善处理行政争议为目标。制定《撤诉规定》的主要目的，是为了妥善化解行政争议，依法审查行政诉讼中行政机关改变被诉具体行政行为及当事人申请撤诉的行为。人民法院经审查认为被诉具体行政行为违法或者明显不当，可以根据案件的具体情况，建议被告改变其所作的具体行政行为，主动赔偿或补偿原告的损失，原告同意后可以申请撤诉。这种处理机制是在法律允许范围内的制度创新，是新形势下解决行政争议的一项有效制度，是实现"案结事了"，促进"官"民和谐的必然要求。各级人民法院要通过认真执行《撤诉规定》，积极探索协调解决行政争议的新机制。特别是对于群体性行政争议、因农村土地征收、城市房屋拆迁、企业改制、劳动和社会保障、资源环保等社会热点问题引发的行政争议，更要注意最大限度地采取协调方式处理。鼓励和提倡双方当事人通过合意协商，在妥善解决争议的基础上通过撤诉的方式结案。

二是正确处理合法性审查与当事人撤诉的关系。提倡和鼓励以当事人撤诉的方式结案，不能排除或放弃合法性审查原则。人民法院应当在通过对具体行政行为的合法性、适当性进行审查，初步确认具体行政行为违法或明显不当的基础上，根据案件具体情况建议被告改变被诉具体行政行为。被告改变其所作的具体行政行为及原告申请撤诉只有符合法定条件，人民法院才能作出准许撤诉的裁定。

三是准确把握审判组织在新机制中的地位和作用。由于行政诉讼中被告改变其所作的具体行政行为，原告同意并申请撤诉，是建立在当事人自愿的基础上，合议庭可以发挥宣传、建议、协调和法律释明的作用，但要严格遵循当事人自愿原则，坚决防止和杜绝动员甚至强迫当事人撤诉的现象。既要尽可能通过协调化解行政争议，又不能片面追求撤诉率，侵害当事人合法权益。

四是注意选择裁定准许撤诉的时机。在当事人之间达成的和解中，往往具有履行权

利义务的内容，人民法院应当关注和解内容的履行情况，对于有履行内容且履行完毕，符合撤诉条件的，应当裁定准许撤诉；不能即时或者一次性履行的，可以裁定准许撤诉，也可以裁定中止审理，以防止约定的义务不能及时履行或者不履行，使当事人的权益再次受到侵害。

五是正确处理撤诉与裁判的关系。及时救济权利，兼顾行政效率，是行政审判应当追求的目标。要正确处理好撤诉与裁判的关系，防止当判不判，久拖不结。经审查申请撤诉不符合法定条件，或者行政机关改变被诉具体行政行为后当事人不撤诉的，应当及时作出裁判。

六是完善撤诉的结案方式。为了满足审判实践的需要，《撤诉规定》对撤诉裁定的方式进行了必要的完善。准许撤诉裁定可以载明被告改变被诉具体行政行为的主要内容，并可以根据案件具体情况，在裁定理由中明确被诉具体行政行为全部或者部分不再执行。准许撤回上诉或者再审申请的裁定参照上述要求制作，并可以明确被诉具体行政行为或者原裁判全部或者部分不再执行，以解决双方当事人的合意与被诉具体行政行为或者原裁判的冲突。通过对行政机关改变具体行政行为的内容及履行情况加以确认，使当事人的权利义务更加明确。由于裁定通常只解决诉讼程序方面问题，因此，上述已在裁定理由中明确、涉及实体处理的内容，在裁定主文中不再表述。

七是注意撤诉的适用范围。行政机关改变被诉具体行政行为后原告申请撤诉，一般发生在第一审诉讼期间，但在第二审和再审期间也可能出现，如果片面强调判决的既判力和稳定性而不允许撤诉，不利于实现化解行政争议、妥善解决纠纷的目的。《撤诉规定》对此也作了明确规定，当事人在第二审期间申请撤回上诉，再审期间申请撤回再审申请的，均可参照本规定执行。

三、认真抓好《撤诉规定》的贯彻执行

《撤诉规定》虽然条款不多，但是其对于规范行政机关改变被诉具体行政行为及当事人撤诉行为，依法妥善化解行政争议，具有重要的积极作用。各级人民法院要调整工作思路，理顺工作机制，完善相关工作制度，加大对这一司法解释贯彻执行的领导和指导力度。要组织行政审判人员逐条学习理解、准确把握《撤诉规定》的精神和本通知的要求。必要时可以组织开展培训宣传活动，以增进人民群众和行政机关的理解与支持。各高级人民法院和中级人民法院要加强调查研究和对下指导，结合本地实际情况制订实施方案，对于执行过程中出现的新情况新问题，要及时报告上级人民法院。

特此通知。

最高人民法院
关于充分发挥行政审判职能作用为保障和改善民生提供有力司法保障的通知

2008年3月25日　　　　　　　　　　　　　法〔2008〕125号

各省、自治区、直辖市高级人民法院，新疆维吾尔自治区高级人民法院生产建设兵团分院：

党的十七大和十七届二中全会对加快推进以改善民生为重点的社会建设作出了重要部署。为贯彻党的十七大和十七届二中全会精神，充分发挥行政审判职能作用，为保障和改善民生提供有力的司法保障，现就有关问题通知如下：

一、统一思想，提高认识

党的十七大报告指出："社会建设与人民幸福安康息息相关。必须在经济发展的基础上，更加注重社会建设，着力保障和改善民生，推进社会体制改革，扩大公共服务，完善社会管理，促进社会公平正义，努力使全体人民学有所教、劳有所得、病有所医、老有所养、住有所居，推动建设和谐社会。"这是我们党着眼于发展中国特色社会主义，推动科学发展，促进社会和谐，实现全面建设小康社会奋斗目标作出的重要决策和部署。行政审判与保障民生关系最为紧密、最为直接。行政审判工作搞得好不好，直接关系民生的保障和改善程度。各级人民法院要深刻领会、全面贯彻中央关于保障和改善民生的重要部署，牢固树立关注民生、重视民生、保障民生、改善民生的意识，把司法为民和维护社会公平正义作为行政审判工作的出发点和落脚点，充分发挥行政审判保障和改善民生的重要职能作用。

二、公正审判，保障民生

各级人民法院要把保障和改善民生贯彻到行政审判和非诉行政案件执行的每一个环节，以积极的态度救济民权，以优质的服务减轻民负，以快捷的审理解除民忧，以公正的裁判保障民利，以有力的执行实现民愿，切实维护好、实现好、发展好人民群众最关心、最直接、最现实的利益问题。

一是要依法受理和审理好与民生密切相关的行政案件。当前，要审理好涉及居民收入分配的行政案件，切实保障城乡居民收入权益，推动形成合理的收入分配制度；审理好涉及社会保障类的行政案件，切实保障人民群众的基本养老、基本医疗保险、最低生活保障费等合法权益；审理好涉及基本医疗卫生类行政案件，切实保障人民群众身体健康，推动公共卫生体系、医疗服务体系、医疗保障体系、药品保障体系的完善和发展；

审理好关乎人民群众切身利益的土地征收、房屋拆迁行政案件，公平保护被拆迁人的合法利益；审理好涉及受教育权的行政案件，维护教育公平，实现学有所教；审理好涉及劳动权益的行政案件，保障扩大就业的发展战略得到实施。

二是要坚持公正司法，努力实现公平正义。在社会转型时期，行政争议日渐增多，不少群众既对法院是否"官官相护"、能否秉公执法心存疑虑，又对获得公正裁判充满期盼。各级人民法院要主动适应和不断满足人民群众的新要求、新期待，加大行政相对人诉权的保护力度，切实解决行政案件应当受理而不受理，或者不依法及时受理，导致行政相对人"告状难"的问题；切实解决应当撤销违法行政行为而违心迁就、违法办案，损害当事人利益的问题。对于违法或者显失公正的行政行为，要依法判决撤销、确认违法无效或者变更；对于行政机关不履行或者怠于履行行政职责的，要依法判决其在一定期限内履行。要努力做到"五个确保"：确保行政机关和行政相对人的平等法律地位；确保当事人受损害的合法权益得到恢复；确保违法的行政行为得到纠正或者受到否定性评价；确保当事人的真实意愿得到尊重；确保法律的权威得到维护。不仅在案件处理结果上实现司法公正，也要在审判活动中体现程序公正。

三是要切实提高审判效率，及时化解纠纷。人民群众不仅期盼司法公正，也期盼司法高效。各级人民法院要切实解决一些案件审判效率不高，审判周期过长，久拖不结、久拖不执的问题。

四是要妥善处理人民内部矛盾，促进"官"民和谐。要认真执行《最高人民法院关于行政诉讼撤诉若干问题的规定》，依法探索行政案件处理新机制，在查明事实、分清是非，不损害国家利益、公共利益和他人合法权益的前提下，建议由行政机关完善、改变违法或不当的行政行为，弥补行政相对人损失，允许行政相对人自愿撤诉，促进人民群众与行政机关的相互理解和信任。要努力做到"六个善于"：善于通过协调增加共识，求同存异；善于抓住主要矛盾和矛盾的主要方面；善于寻找当事人双方利益的平衡点；善于利用现行体制提供的各种资源，特别是争取人大、党委的支持；善于兼顾国家、集体和个人之间的利益；善于寻找解决公权力纠纷的替代性方案。

五是要维护和支持行政机关旨在保障和改善民生的宏观调控措施和行政执法行为。对于各级政府和行政机关在食品安全、生产安全、生命健康、住房保障、国民教育、消费维权、环境保护、劳动保障等领域实施的保障和改善民生的宏观调控措施和合法的行政行为，要依法给予维护和支持。要妥善处理个人利益、公共利益、国家利益的关系，服务党和国家大局，维护社会安定团结。

六是要落实便民措施，方便群众诉讼。要加强诉讼过程中的释明、引导工作，使当事人知晓其诉讼权利、义务和诉讼流程。要尊重当事人的诉讼主体地位，体现司法的人文关怀。要加大司法救助力度，让有理有据的当事人既打得赢官司，也打得起官司。

三、加强调研，注重宣传

在认真抓好审判和执行工作的同时，各级人民法院要加强涉及民生行政案件的调查研究工作，不断总结审判经验，及时研究解决工作中存在的问题，准确把握法律、政策界限，严把案件审理的事实关、证据关、法律适用关和审判程序关，确保办案质量。对审判实践中遇到的新情况、新问题要及时提出对策和建议，不断提高审理涉及民生类行政案件的工作水平。各高级人民法院要加强对本辖区法院审理涉及民生类案件的监督和指导。对审判工作中遇到的新情况和政策法律适用问题及时进行调查研究，必要时报告最高人民法院。对审判活动中发现的行政机关在行政执法中存在的缺陷和漏洞，及时提出司法建议，帮助其改进和完善。要通过公开审判、公开宣判、庭审直播等形式，扩大审判的社会效果，增强人民群众对行政审判工作的理解和信任。要全面掌握本辖区法院审理民生类行政案件的工作情况，及时总结审判经验。最高人民法院将在今年适当时间选择具有典型意义和良好效果的保障民生方面的行政案件向社会公布，就涉及民生的行政案件的审理和执行工作进行专项通报和宣传。请各高级人民法院在 2008 年 6 月底之前，向最高人民法院报送本辖区法院审理的涉及民生的行政案件。每个高级人民法院至少报送一件。

特此通知。

最高人民法院
印发《关于当前形势下做好行政审判工作的若干意见》的通知

2009 年 6 月 26 日　　　　　　　　　　法发〔2009〕38 号

各省、自治区、直辖市高级人民法院，解放军军事法院，新疆维吾尔自治区高级人民法院生产建设兵团分院：

现将《最高人民法院关于当前形势下做好行政审判工作的若干意见》印发给你们，请结合工作实际，认真贯彻落实。

附：

关于当前形势下做好行政审判工作的若干意见

国际金融危机发生以来，中央采取了一系列正确有效的应对方针和一揽子计划，经济运行出现积极变化，有利条件和积极因素增多，总体形势趋稳向好。同时也必须看到，巩固和发展趋稳向好的形势，需要做好在较长时间内应对各种困难和复杂局面的准备。在此期间产生的一些矛盾和问题，有些已经转化成行政纠纷，有的还呈现出突发性、群体性、极端性的特点。积极应对经济社会形势变化引发的新情况、新问题，引导群众以理性合法的方式表达利益诉求，及时妥善化解行政纠纷，为"保增长、保民生、保稳定"方针的贯彻落实提供司法保障，已成为当前和今后一个时期人民法院行政审判工作的重点。现就当前形势下人民法院做好行政审判工作的若干问题，提出如下意见：

一、统一思想，提高认识，自觉服从、服务于"三保"大局

在金融危机冲击下的特殊困难时期，人民法院的行政审判工作要更加坚持科学发展观，更加坚持"三个至上"的指导思想，积极主动地为党和国家的首要任务提供司法保障和服务。要准确把握金融危机冲击下经济社会形势的新发展、新变化，认真研究特殊困难时期政府行为的特点和方式，深入了解当前形势下人民群众的困难和需求，密切关注新类型行政纠纷的动向和态势，积极探索为"三保"大局服务的思路和办法。要把落实"三保"方针作为行政审判工作的重要目标，把有利于实现"三保"目标作为评价行政审判工作的重要标准。

要妥善处理好"保增长、保民生、保稳定"三者之间的辩证统一关系，既要保证各项应对措施落实到位，又要保证人民群众的合法权益不因权力违法滥用而受损，更要着力避免由此引发群体性事件，影响社会稳定。

二、充分发挥司法保障作用，依法支持行政机关为应对金融危机而采取的各项政策、措施

各级人民法院要切实增强为大局服务的意识，认真审理好因金融危机应对措施引发的行政诉讼案件。要深刻领会党和政府的各项大政方针、决策部署，全面了解相关政策、措施的出台背景，密切跟踪分析形势，及时调整行政审判为大局服务的思路和方法，注意克服就案办案、孤立办案的倾向。

要着眼于科学发展，本着有利于实现"三保"目标的原则，充分尊重行政机关的选择和判断。对于行政机关在拉动内需、促进企业发展、实行积极的财政政策和适度宽松的货币政策、压缩行政许可和行政审批事项、防范金融风险等方面实施的各项行政行为，在坚持合法性审查的基础上依法维护和支持。

对于因行政指导或政策调整而引发的案件，既要注意保护各类企业的信赖利益、公平竞争，促进政府诚实守信，也要考虑因金融危机而导致的情势变更因素，充分考虑特殊时期行政权的运行特点，妥善处理好国家利益、公共利益和个人利益的关系。

要依法慎重受理和审理政府信息公开行政案件，正确处理公开与例外的关系。既要保障公民、法人和其他组织的知情权、参与权、表达权、监督权，促进政务公开和服务型政府建设，又要注意把握信息披露的时间、对象和范围，保证政府信息公开不危及国家安全、经济安全、公共安全和社会稳定。

三、正确处理适用法律与执行政策的关系，努力实现法律效果与社会效果的有机统一

要坚持法制的原则性和灵活性相结合，法律标准与政策考量相结合。在对规范性文件选择适用和对具体行政行为进行审查时，充分考虑行政机关为应对紧急情况而在法律

框架内适当采取灵活措施的必要性，既要遵循法律的具体规定，又要善于运用法律的原则和精神解决个案的法律适用问题。对于没有明确法律依据但并不与上位法和法律原则相抵触的应对举措，一般不应作出违法认定。

要始终坚持法制统一原则，不能以牺牲法律为代价迁就明显违反法律强制性规定、侵犯当事人合法权益的行为。对于那些以应对危机为借口擅自突破法律规定，形成新的地方保护和行业垄断，侵犯公民、法人和其他组织合法权益的违法行为，要依法予以纠正。

四、主动建言献策，促进依法行政，不断强化行政审判的服务功能

要高度重视法律服务工作。积极参与党委、政府为"保增长、保民生、保稳定"出台重大政策、重大项目的研究论证，主动提供司法意见和法律咨询，积极为党委和政府建言献策，协助行政机关完善各项制度措施，从源头上预防和减少争议。

要高度重视司法建议工作。对于个案审理中发现的行政执法方面存在的问题，及时向有关行政机关提出改进意见和建议。对于政府决策和行政管理活动中出现的共性问题，书面报送当地党委、人大和政府，为领导决策和改进工作提供参考。

要高度重视立法建议工作。在审判活动中发现现行法律、法规或者规章确实不适应经济社会发展要求、无法满足应对金融危机需要的，应当通过法定程序及时向有关机关提出修改或者废止的建议。

五、改进和加强非诉行政案件审查执行，确保各项应对措施落到实处

高度重视与"保增长、保民生、保稳定"密切相关的行政行为的非诉执行工作，对于行政机关和权利人依法提出的非诉执行申请，人民法院要尽可能缩短审查期间，及时审查，及时执行。情况紧急需要先予执行的，可以依法先予执行。确有必要采取保全措施的，一般应当准许。在掌握非诉执行的审查标准时，要充分考虑应对金融危机和服务"三保"的特殊需要，不过多纠缠细枝末节，切实保证行政效率和人民群众合法权益的及时救济。

六、畅通行政案件受理渠道，积极引导群众通过理性、合法的方式表达诉求

进一步增强为党委和政府分忧、为群众解难的主动性和自觉性，依法及时受理行政案件，积极引导群众通过理性、合法的方式表达诉求。各级人民法院要高度重视行政诉讼立案工作，不得随意限缩行政诉讼受案范围，不得额外增加受理条件。上级人民法院要加强行政诉讼立案监督，对于符合立案条件不予受理的，及时予以纠正，防止因当事人告状无门而到处上访，激化社会矛盾。

七、高度重视民生类案件的审理，切实维护公民、法人和其他组织的合法权益

要积极参加"人民法官为人民"主题实践活动，高度重视涉及民生的各类行政案件的审理，大力提高审判质量和审判效率，通过公正、快捷的审判，实现好、维护好、发展好人民群众的根本利益。

依法审理好因政府大规模公共投资振兴经济政策引起的农村土地征收、城市房屋拆迁等案件。在确保国家重点项目推进的同时，始终注意保护相对人的实体权益。对土地征收和房屋拆迁补偿标准明显偏低或者因立法滞后造成相对人合法权益不能得到充分保护的，要综合运用多种方式进行合理补偿。

依法审理好农民工返乡后因土地、林地、草原等承包经营权而引发的行政案件。既要注意维持承包经营法律关系的稳定，也要依法保护返乡农民合法的承包经营权益。

依法审理好行政给付类案件。用好用足现行法律规定，最大限度地维护相对人合法权益，保障弱势群体利益。对起诉行政机关依法发放抚恤金、社会保险金、基本生活保障费等案件，可以根据原告的申请依法先予执行。

依法审理好因企业经营状况恶化而引发的劳动和社会保障类行政案件。正确把握法律规范的原则性和灵活性，注重维护劳动者实体权益。在涉及养老、失业、医疗、工伤和生育保险等社会保险费用和工人工资的金额认定方面，合理分配举证责任，准确把握证明标准。行政机关认定的基本事实成立，但在相关金额计算上存在错误的，人民法院可以依法确定相应数额。

依法审理好劳动执法案件。对于劳动部门申请先予执行对恶意欠薪逃匿企业责令发放工资等处理决定的，要及时立案审查，尽快采取先予执行等措施，保证劳动部门处理决定的及时执行，维护劳动者的合法权益。

八、注重行政审判协调，建立健全司法与行政的良性互动机制

要善于运用协调手段有效化解行政纠纷，促进社会和谐。在不违反法律规定的前提下，将协调、和解机制贯穿行政审判的庭前、庭中和庭后全过程。协调过程既可以由法官主持，也可以委托其他机关和个人主持。下级法院协调处理案件存在困难的，可以请求上级法院予以协助。要通过推动行政机关法定代表人出庭应诉制度，为协调、和解提供有效的沟通平台。要关注撤诉和解协议的执行情况，防止裁定撤诉后和解协议得不到及时有效执行而引起新的争议。

要探索建立制度化的沟通协调平台，形成司法与行政良性互动机制。通过制度化的良性互动机制，积极争取当地党委和政府的支持，形成协调、和解的合力，有效化解行政争议，维护社会和谐。

九、丰富和创新行政诉讼裁判方式，快速有效化解纠纷

各级人民法院要通过法律规范释明、诉前风险提示等措施，加强诉讼指导，避免连环诉讼、重复诉讼，使行政法律关系尽快稳定，使各项应对举措发挥实效。

充分发挥行政诉讼附带解决民事争议的功能，在受理行政机关对平等主体之间的民事争议所作的行政裁决、行政确权、行政处理、颁发权属证书等案件时，可以基于当事人申请一并解决相关民事争议。要正确处理行政诉讼与民事诉讼交叉问题，防止出现相互矛盾或相互推诿。

要注意争议的实质性解决，促进案结事了。对于行政裁决和行政确认案件，可以在查清事实的基础上直接就行政主体对原民事性质的事项所作出的裁决或确认依法作出判决,以减少当事人的诉累。撤销具体行政行为责令重新作出具体行政行为的判决以及责令行政机关履行法定职责的判决,要尽可能明确具体,具有可执行性;不宜在判决书或判决主文表述的内容,可以通过司法建议加以明确。

十、更加自觉地依靠党的领导,接受人大的监督,切实加强对下指导

行政审判工作的顺利开展,离不开党的领导和人大的监督。审理与应对金融危机和"保增长、保民生、保稳定"有关的行政案件,与全局和大局的关系更加紧密,政治性和政策性更为突出。各级人民法院更要自觉地依靠党的领导,接受人大的监督。

要坚持大要案报告制度,特别是涉及国家重点项目建设、重要政策,或者可能导致矛盾激化和事态扩大的案件,要及时报告当地党委和上级法院,上级法院要及时给予工作指导和业务监督。

最高人民法院
印发《关于依法保护行政诉讼当事人诉权的意见》的通知

2009年11月9日　　　　　　　　　　　　　　法发〔2009〕54号

各省、自治区、直辖市高级人民法院,解放军军事法院,新疆维吾尔自治区高级人民法院生产建设兵团分院:

现将《最高人民法院关于依法保护行政诉讼当事人诉权的意见》印发给你们,请结合工作实际,认真贯彻落实。

附:

关于依法保护行政诉讼当事人诉权的意见

行政诉讼法施行以来,人民法院依法受理和审理了大量行政案件,有效化解了行政争议,维护了人民群众合法权益,促进了行政机关依法行政,行政审判的特殊职能作用日益彰显。但是,行政诉讼"告状难"现象依然存在,已经成为人民群众反映强烈的突出问题之一。为不断满足人民群众日益增长的司法需求,切实解决行政诉讼有案不收、有诉不理的问题,现就进一步重视和加强行政案件受理,依法保护当事人诉讼权利,切实解决行政诉讼"告状难"问题,提出如下意见:

一、切实提高对行政案件受理工作重要性的认识

行政诉讼制度是保障最广大人民群众利益最有效、最直接的法律制度之一,是新形势下解决人民内部矛盾的一种有效方式,是维护社会和谐稳定的重要手段。行政诉讼受理渠道是否畅通,是这一优良司法制度能否有效发挥功能和作用的前提。诉权保障不力,公民的合法权益就难以有效救济,人民群众日益增长的司法需求就不可能得到满足。随着社会利益格局日益多元化和复杂化,特别是受国际金融危机的影响,行政纠纷日益增多,日趋复杂多样化,有的还呈现出突发性、群体性、极端性的特点。只有畅通行政诉讼渠道,才能引导人民群众以理性合法的方式表达利益诉求,最大限度地减少社会不和谐因素,增进人民群众与政府之间的理解与信任。诉讼渠道不畅,必然导致上访增多,非理性行为加剧,必将严重影响社会和谐稳定,削弱人民法院行政审判"为大局服务,为人民司法"的职能作用。各级人民法院必须充分理解司法权源于人民、属于人民、服务人民、受人民监督的根本属性,从贯彻落实党的十七届四中全会精神和实现司法的人民性的高度,充分认识行政案件受理工作的重要性,认真抓好行政案件受理工作,切实解决行政诉讼"告状难"问题。

二、不得随意限缩受案范围、违法增设受理条件

行政诉讼法和相关司法解释根据我国国情和现阶段的法治发展程度,设计了符合实际的行政案件受案范围,这是人民法院受理行政诉讼案件的法定依据。各级人民法院要全面准确理解和适用,不得以任何借口随意限制受案范围。凡是行政诉讼法明确规定的可诉性事项,不得擅自加以排除;行政诉讼法没有明确规定但有单行法律、法规授权的,也要严格遵循;法律和司法解释没有明确排除的具体行政行为,应当属于人民法院行政诉讼受案范围。不仅要保护公民、法人和其他组织的人身权和财产权,也要顺应权利保障的需要,依法保护法律、法规规定可以提起诉讼的与人身权、财产权密切相关的其他经济、社会权利。要坚决清除限制行政诉讼受理的各种"土政策",严禁以服务地方中心工作、应对金融危机等为借口,拒绝受理某类依法应当受理的行政案件。要准确理解、严格执行行政诉讼法和相关司法解释关于起诉条件、诉讼主体资格、起诉期限的规定,不得在法律规定之外另行规定限制当事人起诉的其他条件。要正确处理起诉权和胜诉权的关系,不能以当事人的诉讼请求明显不成立而限制或者剥夺当事人的诉讼权利。要正确处理诉前协调和立案审理的关系,既要充分发挥诉前协调的作用,又不能使之成为妨碍当事人行使诉权的附加条件。要全面正确审查起诉期限,对不属于起诉人自身原因超过起诉期限的,应当根据案件具体情况依法提供有效救济。

三、依法积极受理新类型行政案件

随着形势的发展和法治的进步,行政行为的方式不断丰富,行政管理的领域不断拓展,人民群众的司法需求不断增长,行政争议的特点不断变化。各级人民法院要深入了解各阶层人民群众的生活现状和思想动向,了解人民群众对行政审判工作的期待,依法受理由此引发的各种新类型案件,积极回应人民群众的现实司法需求。要依法积极受理

行政给付、行政监管、行政允诺、行政不作为等新类型案件；依法积极受理教育、劳动、医疗、社会保障等事关民生的案件；依法积极受理政府信息公开等涉及公民其他社会权利的案件；积极探讨研究公益诉讼案件的受理条件和裁判方式。对新类型案件拿不准的，应当在法定期间先予立案，必要时请示上级人民法院，不得随意作出不予受理决定。

四、完善工作机制，改进工作作风 行政案件立案专业性较强

各级人民法院的立案庭和行政庭要在行政案件受理环节加强协调、沟通与配合。要严格执行行政诉讼法和司法解释有关受理案件的程序制度，对于当事人的起诉要在法定期限内立案或者作出裁定；不能决定是否受理的，应当先予受理，经审查确实不符合法定立案条件的，裁定驳回起诉。要认真执行《关于行政案件管辖若干问题的规定》，对于起诉人向上一级人民法院起诉的，上一级人民法院应当依法及时作出处理，符合受理条件的，督促有管辖权的人民法院立案受理，也可以直接立案后由自己审理或者指定辖区其他人民法院审理。要改进工作作风，强化便民措施，简化立案环节，丰富立案方式，方便群众诉讼。对于情况紧急且涉及人民群众切身利益或公共利益符合立案条件的案件，要及时立案，尽快审理。要大力推行诉讼引导和指导、权利告知、风险提示等措施，由于起诉人法律知识不足导致起诉状内容欠缺、错列被告等情形的，应当给予必要的指导和释明，不得未经指导和释明即以起诉不符合条件为由予以驳回。要增强司法公开和透明，对依法不予受理或驳回起诉的，必须依法出具法律文书，并在法律文书中给出令人信服的理由。

五、加强对行政案件受理工作的监督

上级人民法院要通过审理上诉和申诉案件、受理举报、案件评查、专项检查、通报排名等各种措施，进一步加强对下级人民法院行政案件立案受理工作的指导和监督，切实防止因当事人告状无门而引发到处上访、激化社会矛盾的事件发生。要健全完善行政审判绩效考核办法，加大因违法不受理案件导致申诉信访的考核权重。要严格执行《人民法院审判人员违法审判责任追究办法（试行）》的规定，对于违反法律规定，擅自对应当受理的案件不予受理，或者因违法失职造成严重后果的责任人员，要依法依纪严肃处理。要坚决抵制非法干预行政案件受理的各种违法行为，彻底废除各种违法限制行政案件受理的"土政策"。对于干预、阻碍人民法院受理行政案件造成恶劣影响的，应当及时向当地党委、纪检监察机关和上级人民法院反映，上级人民法院要协助党委和纪检监察机关作出严肃处理。

六、努力营造行政案件立案受理的良好外部环境

要通过典型案例、普法宣传、诉讼指导等多种途径，加大行政诉讼法的宣传力度，提高当事人参与行政诉讼的能力和水平，引导人民群众通过理性合法的方式主张权利；要切实提高行政案件的办案质量，千方百计降低诉讼成本，缩短诉讼周期，加大执行力度，增强行政审判的公信力；要进一步改进工作作风，增强服务意识，提高服务水平，

为人民群众提供更加便捷的救济;要采取强有力的法律保护手段,严厉查处打击报复当事人的行为,使人民群众敢于运用法律手段维护自己的合法权益。要建议政府和有关部门正确理解和评价行政诉讼败诉现象,修改和完善相关考评制度,防止和消除由此产生的负面影响。要更加主动自觉地争取党委的领导和人大的监督,取得政府机关及社会各界的支持。通过不懈努力,使行政案件受理难、审理难、执行难问题得到根本解决,使行政诉讼制度在保护合法权益,促进依法行政,化解行政争议,维护和谐稳定中发挥更加积极的作用。

最高人民法院
关于开展行政诉讼简易程序试点工作的通知

2010年11月17日　　　　　　　　　　　　法〔2010〕446号

各省、自治区、直辖市高级人民法院,新疆维吾尔自治区高级人民法院生产建设兵团分院:

为保障和方便当事人依法行使诉讼权利,减轻当事人诉讼负担,保证人民法院公正、及时审理行政案件,经中央批准,现就在部分基层人民法院开展行政诉讼简易程序试点工作的有关问题通知如下:

一、下列第一审行政案件中,基本事实清楚、法律关系简单、权利义务明确的,可以适用简易程序审理:

(一)涉及财产金额较小,或者属于行政机关当场作出决定的行政征收、行政处罚、行政给付、行政许可、行政强制等案件;

(二)行政不作为案件;

(三)当事人各方自愿选择适用简易程序,经人民法院审查同意的案件。

发回重审、按照审判监督程序再审的案件不适用简易程序。

二、适用简易程序审理的案件,被告应当在收到起诉状副本或者口头起诉笔录副本之日起10日内提交答辩状,并提供作出行政行为时的证据、依据。被告在期限届满前提交上述材料的,人民法院可以提前安排开庭日期。

三、适用简易程序审理的案件,经当事人同意,人民法院可以实行独任审理。

四、人民法院可以采取电话、传真、电子邮件、委托他人转达等简便方式传唤当事人。经人民法院合法传唤,原告无正当理由拒不到庭的,视为撤诉;被告无正当理由拒不到庭的,可以缺席审判。

前述传唤方式,没有证据证明或者未经当事人确认已经收到传唤内容的,不得按撤诉处理或者缺席审判。

五、适用简易程序审理的案件,一般应当一次开庭并当庭宣判。法庭调查和辩论可以围绕主要争议问题进行,庭审环节可以适当简化或者合并。

六、适用简易程序审理的行政案件,应当在立案之日起 45 日内结案。

七、当事人就适用简易程序提出异议且理由成立的,或者人民法院认为不宜继续适用简易程序的,应当转入普通程序审理。

八、最高人民法院确定的行政审判联系点法院(不包括中级人民法院)可以开展行政诉讼简易程序试点。

各高级人民法院可以选择法治环境较好、行政审判力量较强和行政案件数量较多的基层人民法院开展行政诉讼简易程序试点,并报最高人民法院备案。

最高人民法院
关于行政案件申诉复查和再审工作分工的通知

2012 年 8 月 31 日   法发〔2012〕18 号

各省、自治区、直辖市高级人民法院,新疆维吾尔自治区高级人民法院生产建设兵团分院:

为进一步规范人民法院行政案件申诉复查和再审工作分工,提高行政审判的质量和效率,现就有关问题通知如下:

行政申诉和申请再审案件,经立案庭审查,符合立卷复查条件的,立案后统一由各级人民法院行政审判庭负责复查和再审;裁定不予受理案件的申诉复查和再审工作由立案庭负责。当事人向作出生效裁判的人民法院申诉或申请再审,符合立卷复查条件的,立案后由审判监督庭负责复查和再审。

本通知自 2013 年 1 月 1 日起施行。届时尚未办结的案件仍由原审判业务部门负责办理。

特此通知。

最高人民法院
关于进一步规范行政审判工作的通知

2014年1月9日　　　　　　　　　　　　　　法〔2014〕6号

各省、自治区、直辖市高级人民法院，新疆维吾尔自治区高级人民法院生产建设兵团分院：

　　近期个别法院由于在审理行政案件过程中方式不当、行为不够规范，与有关人员发生争执摩擦，被网络报出负面消息，给法院和法官形象造成不良影响，为杜绝类似事件发生，各级法院行政审判庭要进一步规范审判活动和法官的行为。现作如下要求：

　　一、进一步规范诉讼活动，法官在进行与当事人谈话等活动时，应核实当事人及其他随行人员的身份，在法庭或接待室等对外办公场所中进行，无关人员不得参加，严禁在办公室等内部办公地点接待当事人。

　　二、在从事诉讼活动前，应明确告知诉讼参与人员的权利义务等事项，要求当事人遵守诉讼纪律。法官在开庭中或与当事人谈话时，要注意文明用语和谈话方式，不得与当事人或其他人员发生言语和肢体冲突；对于当事人及其他人员不规范的行为，可通过言语方式加以劝导或制止，对不听劝阻者，应通知法警依法处置。

　　三、如果发生当事人或其他人员哄闹等突发事件时，要采取文明理性的方式加以应对，并注意收集保存相关证据；引起社会关注的，应及时向社会公布事实真相以正视听，妥善协调化解矛盾，平息事态，并及时据实报告上级法院。

最高人民法院办公厅
关于印发《行政审判办案指南（一）》的通知

2014年2月24日　　　　　　　　　　　　　法办〔2014〕17号

各省、自治区、直辖市高级人民法院，解放军军事法院，新疆维吾尔自治区高级人民法院生产建设兵团分院：

　　为统一司法裁判尺度，明确法律适用标准，让人民群众在每一个司法案件中都感受到公平正义，我们将对各地行政审判实践中具有前沿性、普遍性、典型性的案例及问题进行归纳研究，定期编发《行政审判办案指南》。现将《行政审判办案指南（一）》印发给你们,请转发至各级法院,供各地在行政案件审理中参考运用。

特此通知。

附:

行政审判办案指南(一)

一、受案范围

1. 会议纪要的可诉性问题

行政机关的内部会议纪要不可诉。但其直接对公民、法人或者其他组织的权利义务产生实际影响,且通过送达等途径外化的,属于可诉的具体行政行为。(1号)①

2. 规范性文件包含具体行政行为内容时的可诉性问题

行政机关发布的具有普遍约束力的规范性文件不可诉,但包含具体行政行为内容的,该部分内容具有可诉性。(44号)

3. 行政处理过程中特定事实之确认的可诉性问题

行政机关委托有关社会组织就特定事实作出确认,并将其作为行政处理决定事实根据的,该确认行为不可诉。(40号)

行政机关依职权就特定事实作出确认,并将其作为行政处理决定事实根据的,该确认行为不能成为独立的诉讼客体,但其直接对公民、法人或者其他组织的权利义务产生实质影响的具有可诉性。(43号)

4. 国有土地使用权拍卖行为的可诉性问题

土地管理部门出让国有土地使用权之前作出的拍卖公告等相关拍卖行为属于可诉的行政行为。(45号)

5. 延长行政许可期限行为的可诉性问题

延长行政许可期限的行为是独立于相关行政许可的行政行为,具有可诉性。在此类案件中,人民法院应当着重审查许可期限延长的理由是否合法、与此前的许可内容是否一致,以及相关行政许可是否存在重大、明显违法等情形。(42号)

二、诉讼参加人

6. 受行政行为潜在影响者的原告资格问题

公民、法人或其他组织认为行政行为对自身合法权益具有潜在的不利影响,如果这种影响以通常标准判断可以预见,则其对该行政行为具有原告资格。(2号)

---

① 最高人民法院行政审判庭编写的《中国行政审判案例》相关案例编号,下同。具明该号便于各级人民法院审判人员对照参考具体案例,全面准确理解本指南要旨。

7. 物权转移登记案件中债权人的原告资格问题

行政机关依债务人申请作出的物权转移登记行为,债权人一般不具有起诉的原告资格,但该登记所涉不动产或者动产因抵押、裁判执行等因素与债权产生特定联系的除外。(3号、49号)

8. 房屋转移登记案件中房屋使用人的原告资格问题

房屋使用人具有起诉房屋转移登记行为的原告资格,但其已被依法确认无权占有房屋的,原告资格随着其与房屋转移登记行为之间法律上利害关系的消失而消失。(48号)

9. 高等院校的适格被告问题

高等院校依据法律、法规授权作出颁发学历、学位证书以及开除学籍等影响学生受教育权利的行政行为,当事人不服提起行政诉讼的,以高等院校为被告。(5号、9号)

三、证 据

10. "知道具体行政行为内容"的证明问题

被告或者第三人认为原告在特定时间已经知道具体行政行为内容,但其就此提供的证据无法排除合理怀疑且原告否认的,可以推定原告当时不知道具体行政行为内容。(8号)

11. 行政裁决申请事实的举证问题

最高人民法院《关于行政诉讼证据若干问题的规定》第四条第二款关于"在起诉被告不作为的案件中,原告应当提供其在行政程序中曾经提出申请的证据材料"之规定,针对的是申请人起诉的情形。被申请人起诉时,只要证明存在申请人申请裁决的事实,即可视为满足该款规定的举证要求。(52号)

12. 简易行政程序情形下执法人员陈述的证明力问题

被诉行政行为适用简易程序,只有一名执法人员从事执法活动的,该执法人员就有关事实所作的陈述具有比原告陈述更高的证明力,但其陈述存在明显影响证明力的瑕疵的除外。(6号)

四、起诉和受理

13. 行政复议机关作出不予受理决定时的起诉与受理问题

行政复议机关作出不予受理决定,并不表明原行政行为经过复议。在复议前置的情况下,当事人起诉不予受理决定的,应当依法受理;起诉原具体行政行为的,应当裁定不予受理。在法律没有规定复议前置的情况下,当事人在不予受理决定和原行政行为之间择一起诉的,应当依法受理。(4号、50号)

14. 行政复议机关受理逾期申请对起诉期限的影响问题

当事人逾期申请复议,行政复议机关决定维持原行政行为,当事人对原行政行为不服提起诉讼,人民法院认为逾期申请复议无正当理由且起诉已超出法定期限的,裁定不予受理。(51号)

五、审理和判决

15. 行政登记案件中被告履行审查义务情况的认定问题

人民法院在审理行政登记案件中，应当以登记机关的法定职责和专业能力为标准，对其是否尽到合理审慎的审查义务作出认定。（10号）

16. 视为申请人放弃申请的认定问题

行政机关要求申请人补正相关材料，申请人以无须补正为由请求继续处理的，行政机关应当依据现有申请材料作出相应处理；简单地视为放弃申请的，构成不履行法定职责。（53号）

17. 行政处罚作出过程中法律规定发生变化时的选择适用问题

被诉行政处罚决定作出过程中新法开始施行的，一般按照实体从旧、程序从新的原则作出处理，但新法对原告更有利的除外。（57号）

18. 与旧法配套的实施细则在新法实施后的适用问题

新法实施后，与之配套的实施细则尚未颁行前，原有细则与新法不相抵触的内容可以适用。（13号）

19. 行政事业性收费免收规定的适用问题

行政机关因建设单位未依法定要求建设防空地下室而向其征收的易地建设费，系由建设单位应尽的法定义务转化而来的行政事业性收费，不适用有关部委规章中关于经济适用住房建设项目免收各种行政事业性收费的规定。（60号）

20. 行政机关对被追究刑事责任的当事人能否再予处罚的问题

行政机关将案件移送司法机关追究刑事责任后，不宜再就当事人的同一违法事实作出与刑事处理性质相同的行政处罚。（14号）

21. 行政机关自设义务可否归入法定职责的问题

行政机关在职权范围内以公告、允诺等形式为自己设定的义务，可以作为人民法院判断其是否对原告负有法定职责的依据。（22号、55号、56号、78号）

22. 履责判决内容具体化的问题

被告不履行法定职责，人民法院认为应当履行且无裁量余地的，可以直接判决其作出特定行政行为。（77号）

六、法律原则的运用

23. 最小侵害原则的运用问题

行政机关未选择对相对人损害较小的执法方式达成执法目的，径行作出被诉行政行为给相对人造成不必要的较大损害的，可以认定被诉行为违法。但在损害较小的方式不能奏效时，行政机关作出被诉行政行为给相对人造成较大损害的，不宜认定违法。（18号、19号）

24. 正当程序原则的运用问题

行政机关作出对利害关系人产生不利影响的行政决定前，未给予该利害关系人申辩机会的，不符合正当程序原则；由此可能损害利害关系人合法权益的，人民法院可以认

定被诉行政行为违反法定程序。(20号)

25. 行政裁量过程中考虑因素的确定问题

行政机关在作出无偿收回闲置土地决定时未考虑相对人是否存在免责事由、在作出房屋征收或者拆迁补偿决定时未考虑老年人等特定被拆迁人群体的合理需求的，属于遗漏应当考虑的因素，人民法院可以据此认定被诉行政行为违法。(68号、71号)

七、若干重要领域

26. 工伤认定相关法定要件的理解问题

(1)"职工"应当包括用人单位聘用的超过法定退休年龄的人员。(69号)

(2)"工作原因"应当包括因履行工作职责、完成工作任务、遵从单位安排等与工作存在直接关系的事项。(31号、34号、35号、70号)

(3)"上下班途中"应包括职工在合理时间内为上下班而往返于居住地和工作单位之间的合理路径。(33号)

(4) 申请工伤认定的"1年期限"可因不归责于申请人的正当事由中止或者中断。(36号、37号、63号)

(5) 职工的旁系近亲属在职工因工伤死亡且无直系亲属时，具有申请工伤认定的资格。(64号)

27. 土地、城建类行政案件审查标准问题

在房屋征收（拆迁）案件中，城市房屋合法附着的土地超出容积率的部分应当按照市场评估价格予以补偿。(16号)

在强制拆除违法建筑的案件中，相对人表明仍需使用建筑材料的，行政机关负有返还义务；行政机关无正当理由拒绝返还的，人民法院可以判决确认违法，并要求行政机关承担相应的赔偿责任。(79号)

28. 不予公开信息案件审理和判决的有关问题

行政机关以申请公开的信息属于国家秘密、商业秘密、个人隐私或者危及"三安全一稳定"为由不予公开的，应当证明申请公开的信息符合《保密法》《反不正当竞争法》以及其他相关法律规范规定的要件。对于能够区分处理而没有区分处理的，人民法院可以在判决中指明需要区分的内容并责令被告重新作出处理。(23号、25号、76号)

八、行政赔偿

29. 混合过错情况下行政许可机关的赔偿责任认定问题

相对人的损失系由其自身过错和行政机关的违法许可行为共同造成的，应依据各方行为与损害结果之间有无因果关系及在损害发生和结果中所起作用的大小，合理确定行政机关的赔偿责任。(29号)

最高人民法院
关于行政诉讼应诉若干问题的通知

2016 年 7 月 28 日　　　　　　　　　　　法〔2016〕260 号

各省、自治区、直辖市高级人民法院，解放军军事法院，新疆维吾尔自治区高级人民法院生产建设兵团分院：

中央全面深化改革领导小组于 2015 年 10 月 13 日讨论通过了《关于加强和改进行政应诉工作的意见》（以下简称《意见》），明确提出行政机关要支持人民法院受理和审理行政案件，保障公民、法人和其他组织的起诉权利，认真做好答辩举证工作，依法履行出庭应诉职责，配合人民法院做好开庭审理工作。2016 年 6 月 27 日，国务院办公厅以国办发〔2016〕54 号文形式正式发布了《意见》。《意见》的出台，对于人民法院进一步做好行政案件的受理、审理和执行工作，全面发挥行政审判职能，有效监督行政机关依法行政，提高领导干部学法用法的能力，具有重大意义。根据行政诉讼法的相关规定，为进一步规范和促进行政应诉工作，现就有关问题通知如下：

一、充分认识规范行政诉讼应诉的重大意义

推动行政机关负责人出庭应诉，是贯彻落实修改后的行政诉讼法的重要举措；规范行政诉讼应诉，是保障行政诉讼法有效实施，全面推进依法行政，加快建设法治政府的重要举措。为贯彻落实《中共中央关于全面推进依法治国若干重大问题的决定》关于"健全行政机关依法出庭应诉、支持法院受理行政案件、尊重并执行法院生效裁判的制度"的要求，《意见》从"高度重视行政应诉工作""支持人民法院依法受理和审理行政案件""认真做好答辩举证工作""依法履行出庭应诉职责""积极履行人民法院生效裁判"等十个方面对加强和改进行政应诉工作提出明确要求，作出具体部署。《意见》是我国首个全面规范行政应诉工作的专门性文件，各级人民法院要结合行政诉讼法的规定精神，全面把握《意见》内容，深刻领会精神实质，充分认识《意见》出台的重大意义，确保《意见》在人民法院行政审判领域落地生根。要及时向当地党委、人大汇报《意见》贯彻落实情况，加强与政府的沟通联系，支持地方党委政府出台本地区的具体实施办法，细化完善相关工作制度，促进行政机关做好出庭应诉工作。

二、依法做好行政案件受理和审理工作

严格执行行政诉讼法和《最高人民法院关于人民法院登记立案若干问题的规定》，进一步强化行政诉讼中的诉权保护，不得违法限缩受案范围、违法增设起诉条件，严禁以反复要求起诉人补正起诉材料的方式变相拖延、拒绝立案。对于不接收起诉状、接收

起诉状后不出具书面凭证,以及不一次性告知当事人需要补正的起诉状内容的,要依照《人民法院审判人员违法审判责任追究办法(试行)》《人民法院工作人员处分条例》等相关规定,对直接负责的主管人员和其他直接责任人员依法依纪作出处理。坚决抵制干扰、阻碍人民法院依法受理和审理行政案件的各种违法行为,对领导干部或者行政机关以开协调会、发文件或者口头要求等任何形式明示或者暗示人民法院不受理案件、不判决行政机关败诉、不履行人民法院生效裁判的,要严格贯彻落实《领导干部干预司法活动、插手具体案件处理的记录、通报和责任追究规定》《司法机关内部人员过问案件的记录和责任追究规定》,全面、如实做好记录工作,做到全程留痕,有据可查。

三、依法推进行政机关负责人出庭应诉

准确理解行政诉讼法和相关司法解释的有关规定,正确把握行政机关负责人出庭应诉的基本要求,依法推进行政机关负责人出庭应诉工作。一是出庭应诉的行政机关负责人,既包括正职负责人,也包括副职负责人以及其他参与分管的负责人。二是行政机关负责人不能出庭的,应当委托行政机关相应的工作人员出庭,不得仅委托律师出庭。三是涉及重大公共利益、社会高度关注或者可能引发群体性事件等案件以及人民法院书面建议行政机关负责人出庭的案件,被诉行政机关负责人应当出庭。四是行政诉讼法第三条第三款规定的"行政机关相应的工作人员",包括该行政机关具有国家行政编制身份的工作人员以及其他依法履行公职的人员。被诉行政行为是人民政府作出的,人民政府所属法制工作机构的工作人员,以及被诉行政行为具体承办机关的工作人员,也可以视为被诉人民政府相应的工作人员。

行政机关负责人和行政机关相应的工作人员均不出庭,仅委托律师出庭的;或者人民法院书面建议行政机关负责人出庭应诉,行政机关负责人不出庭应诉的,人民法院应当记录在案并在裁判文书中载明,可以依照行政诉讼法第六十六条第二款的规定予以公告,建议任免机关、监察机关或者上一级行政机关对相关责任人员严肃处理。

四、为行政机关依法履行出庭应诉职责提供必要条件

各级人民法院要在坚持依法独立公正行使审判权、平等保护各方当事人诉讼权利的前提下,加强与政府法制部门和行政执法机关的联系,探索建立行政审判和行政应诉联络工作机制,及时沟通、协调行政机关负责人出庭建议书发送和庭审时间等具体事宜,切实贯彻行政诉讼法和《意见》规定的精神,稳步推进行政机关出庭应诉工作。要为行政机关负责人、工作人员、政府法律顾问和公职律师依法履行出庭应诉职责提供必要的保障和相应的便利。要正确理解行政行为合法性审查原则,行政复议机关和作出原行政行为的行政机关为共同被告的,可以根据具体情况确定由一个机关实施举证行为,确保庭审的针对性,提高庭审效率。改革案件审理模式,推广繁简分流,实现简案快审、繁案精审,减轻当事人的诉讼负担。对符合《最高人民法院关于适用〈中华人民共和国行政诉讼法〉若干问题的解释》第三条第二款规定的案件,人民法院认为不需要开庭审理的,可以径行裁定驳回起诉。要及时就行政机关出庭应诉和行政执法工作中的问题和不足提出司法建议,及时向政府法制部门通报司法建议落实和反馈情况,从源头上预防和

化解争议。要积极参与行政应诉教育培训工作,提高行政机关负责人、行政执法人员等相关人员的行政应诉能力。

五、支持行政机关建立健全依法行政考核体系

人民法院要支持当地党委政府建立和完善依法行政考核体系,结合行政审判工作实际提出加强和改进行政应诉工作的意见和建议。对本地区行政机关出庭应诉工作和依法行政考核指标的实施情况、运行成效等,人民法院可以通过司法建议、白皮书等适当形式,及时向行政机关作出反馈、评价,并可以适当方式将本地区行政机关出庭应诉情况向社会公布,促进发挥考核指标的倒逼作用。

地方各级人民法院要及时总结本通知贯彻实施过程中形成的好经验好做法;对贯彻实施中遇到的困难和问题,要及时层报最高人民法院。

最高人民法院
印发《关于进一步保护和规范当事人依法行使行政诉权的若干意见》的通知

2017年8月31日　　　　　　　　　　　　法发〔2017〕25号

各省、自治区、直辖市高级人民法院,解放军军事法院,新疆维吾尔自治区高级人民法院生产建设兵团分院:

现将《最高人民法院关于进一步保护和规范当事人依法行使行政诉权的若干意见》印发给你们,请认真贯彻执行。

附:

关于进一步保护和规范当事人依法行使行政诉权的若干意见

新行政诉讼法和立案登记制同步实施以来,各级人民法院坚持司法为民的工作宗旨,进一步强化诉权保护意识,着力从制度上、源头上、根本上解决人民群众反映强烈的"立案难"问题,对依法应当受理的案件有案必立、有诉必理,人民群众的行政诉权得到了充分保护,立案渠道全面畅通,新行政诉讼法实施和立案登记制改革取得了重大成果。但与此同时,阻碍当事人依法行使诉权的现象尚未完全消除;一些当事人滥用诉权,浪费司法资源的现象日益增多。为了更好地保护和规范当事人依法行使诉权,引导当事人合理表达诉求，促进行政争议实质化解，结合行政审判工作实际，提出如下意见：

一、进一步强化诉权保护意识，积极回应人民群众合理期待，有力保障当事人依法合理行使诉权

1. 各级人民法院要高度重视诉权保护，坚持以宪法和法律为依据，以满足人民群众需求为导向，以实质化解行政争议为目标，对于依法应当受理的行政案件，一律登记立案，做到有案必立、有诉必理，切实维护和保障公民、法人和其他组织依法提起行政诉讼的权利。

2. 要切实转变观念，严格贯彻新行政诉讼法的规定，坚决落实立案登记制度，对于符合法定起诉条件的，应当当场登记立案。严禁在法律规定之外，以案件疑难复杂、部门利益权衡、影响年底结案等为由，不接收诉状或者接收诉状后不出具书面凭证。

3. 要不断提高保护公民、法人和其他组织依法行使诉权的意识，对于需要当事人补充起诉材料的，应当一次性全面告知当事人需要补正的内容、补充的材料及补正期限等；对于当事人欠缺法律知识的，人民法院必须做好诉讼引导和法律释明工作。

4. 要坚决清理限制当事人诉权的"土政策"，避免在立案环节进行过度审查，违法将当事人提起诉讼的依据是否充分、事实是否清楚、证据是否确凿、法律关系是否明确等作为立案条件。对于不能当场作出立案决定的，应当严格按照行政诉讼法和司法解释的规定，在七日内决定是否立案。人民法院在七日内既不立案、又不作出不予立案裁定，也未要求当事人补正起诉材料的，当事人可以向上一级人民法院起诉，上一级人民法院认为符合起诉条件的，应当立案、审理或指定其他下级人民法院立案、审理。

5. 对于属于人民法院受案范围的行政案件，人民法院发现没有管辖权的，应当告知当事人向有管辖权的人民法院起诉；已经立案的，应当移送有管辖权的人民法院。对于不属于复议前置的案件，人民法院不得以当事人的起诉未经行政机关复议为由不予立案或者不接收起诉材料。当事人的起诉可能超过起诉期限的，人民法院应当进行认真审查，确因不可抗力或者不可归责于当事人自身原因耽误起诉期限的，人民法院不得以超过起诉期限为由不予立案。

6. 要进一步提高诉讼服务能力，充分利用"大数据""互联网＋""人工智能"等现代技术，继续推进诉讼服务大厅、诉讼服务网络、12368热线、智能服务平台等建设，不断创新工作理念，完善服务举措，为人民群众递交材料、办理手续、领取文书以及立案指导、咨询解答、信息查询等提供一站式、立体化服务，为人民群众依法行使诉权提供优质、便捷、高效的诉讼引导和服务。

7. 要依法保障经济困难和诉讼实施能力较差的当事人的诉权。通过法律援助、司法救助等方式，让行使诉权确有困难的当事人能够顺利进入法院参与诉讼。要积极建立与律师协会、法律援助中心等单位的沟通交流和联动机制，为当事人提供及时有效的法律援助，提高当事人的诉讼实施能力。

8. 要严格执行中共中央办公厅、国务院办公厅印发的《领导干部干预司法活动、插手具体案件处理的记录、通报和责任追究规定》和中央政法委印发的《司法机关内部人员过问案件的记录和责任追究规定》，及时制止和纠正干扰依法立案、故意拖延立案、人为控制立案等违法违规行为。对于阻碍和限制当事人依法行使诉权、干预人民法院依法受理和审理行政案件的机关和个人，人民法院应当如实记录，并按规定报送同级党委政法委，同时可以向其上级机关或监察机关进行通报、提出处理建议。

二、正确引导当事人依法行使诉权，严格规制恶意诉讼和无理缠诉等滥诉行为

9. 要正确理解立案登记制的精神实质，在防止过度审查的同时，也要注意坚持必要审查。人民法院除对新行政诉讼法第四十九条规定的起诉条件依法进行审查外，对于起诉事项没有经过法定复议前置程序处理、起诉确已超过法定起诉期限、起诉人与行政行为之间确实没有利害关系等明显不符合法定起诉条件的，人民法院依法不予立案，但应当向当事人说明不予立案的理由。

10. 要引导当事人依法行使诉权，对于没有新的事实和理由，针对同一事项重复、反复提起诉讼，或者反复提起行政复议继而提起诉讼等违反"一事不再理"原则的起诉，人民法院依法不予立案，并向当事人说明不予立案的理由。当事人针对行政机关未设定其权利义务的重复处理行为、说明性告知行为及过程性行为提起诉讼的，人民法院依法不予立案，并向当事人做好释明工作，避免给当事人造成不必要的诉累。

11. 要准确把握新行政诉讼法第二十五条第一款规定的"利害关系"的法律内涵，依法审查行政机关的行政行为是否确与当事人权利义务的增减得失密切相关，当事人在诉讼中是否确实具有值得保护的实际权益，不得虚化、弱化利害关系的起诉条件。对于确与行政行为有利害关系的起诉，人民法院应当予以立案。

12. 当事人因请求上级行政机关监督和纠正下级行政机关的行政行为，不服上级行政机关作出的处理、答复或者未作处理等层级监督行为提起诉讼，或者不服上级行政机关对下级行政机关作出的通知、命令、答复、回函等内部指示行为提起诉讼的，人民法院在裁定不予立案的同时，可以告知当事人可以依法直接对下级行政机关的行政行为提起诉讼。上述行为如果设定了当事人的权利义务或者对当事人权利义务产生了实际影响，人民法院应当予以立案。

13. 当事人因投诉、举报、检举或者反映问题等事项不服行政机关作出的行政行为而提起诉讼的，人民法院应当认真审查当事人与其投诉、举报、检举或者反映问题等事项之间是否具有利害关系，对于确有利害关系的，应当依法予以立案，不得一概不予受理。对于明显不具有诉讼利益、无法或者没有必要通过司法渠道进行保护的起诉，比如当事人向明显不具有事务、地域或者级别管辖权的行政机关投诉、举报、检举或者反映问题，不服行政机关作出的处理、答复或者未作处理等行为提起诉讼的，人民法院依法不予立案。

14. 要正确区分当事人请求保护合法权益和进行信访之间的区别，防止将当事人请求行政机关履行法定职责当作信访行为对待。当事人因不服信访工作机构依据《信访条例》作出的处理意见、复查意见、复核意见或者不履行《信访条例》规定的职责提起诉讼的，人民法院依法不予立案。但信访答复行为重新设定了当事人的权利义务或者对当事人权利义务产生实际影响的，人民法院应当予以立案。

15. 要依法制止滥用诉权、恶意诉讼等行为。滥用诉权、恶意诉讼消耗行政资源，挤占司法资源，影响公民、法人和其他组织诉权的正常行使，损害司法权威，阻碍法治进步。对于以危害国家主权和领土完整、危害国家安全、破坏国家统一和民族团结、破坏国家宗教政策为目的的起诉，人民法院依法不予立案；对于极个别当事人不以保护合法权益为目的，长期、反复提起大量诉讼，滋扰行政机关，扰乱诉讼秩序的，人民法院依法不予立案。

16. 要充分尊重和保护公民、法人或者其他组织的知情权，依法及时审理当事人提起的涉及申请政府信息公开的案件。但对于当事人明显违反《中华人民共和国政府信息公开条例》立法目的，反复、大量提出政府信息公开申请进而提起行政诉讼，或者当事人提起的诉讼明显没有值得保护的与其自身合法权益相关的实际利益，人民法院依法不予立案。公民、法人或者其他组织申请公开已经公布或其已经知晓的政府信息，或者请求行政机关制作、搜集政府信息或对已有政府信息进行汇总、分析、加工等，不服行政机关作出的处理、答复或者未作处理等行为提起诉讼的，人民法院依法不予立案。

17. 在认定滥用诉权、恶意诉讼的情形时，应当从严掌握标准，要从当事人提起诉讼的数量、周期、目的以及是否具有正当利益等角度，审查其是否具有滥用诉权、恶意诉讼的主观故意。对于属于滥用诉权、恶意诉讼的当事人，要探索建立有效机制，依法及时有效制止。

（二）受案范围

最高人民法院关于行政机关根据法院的协助执行通知书实施的行政行为是否属于人民法院行政诉讼受案范围的批复

法释〔2004〕6号

（2004年7月6日最高人民法院审判委员会第1318次会议通过　2004年7月13日最高人民法院公告公布　自2004年7月20日起施行）

山东省高级人民法院：

你院"关于行政机关根据法院的协助执行通知书实施的行政行为是否属于人民法院行政诉讼受案范围的请示"收悉。经研究，批复如下：

行政机关根据人民法院的协助执行通知书实施的行为，是行政机关必须履行的法定协助义务，不属于人民法院行政诉讼受案范围。但如果当事人认为行政机关在协助执行时扩大了范围或违法采取措施造成其损害，提起行政诉讼的，人民法院应当受理。

此复。

最高人民法院
关于征用土地、落实私房政策等具体行政行为相互矛盾而引起的房屋纠纷不应由人民法院处理的复函

(1994年9月30日)

陕西省高级人民法院：

你院1994年1月27日《关于陈水泉与中国工商银行勉县支行、勉县房地产管理避返还房屋、赔偿纠纷一案的请示报告》收悉。

据你院报告称：讼争房屋原系陈水泉之父陈根生所有，1965年私房改造时由国家经租。1978年中国工商银行勉县支行（以下简称工商行）经有关部门审批同意，征用3.96亩土地作为营业用地，讼争房屋在征用土地范围内，工商行对该房屋的拆迁作了安置补偿。勉县房地产管理局（以下简称房地局）一直未将征用范围内的讼争房屋拆除，且继续出租他人使用。1988年5月，勉县人民政府经复查确认讼争房屋系错改，遂撤销原改造决定，将产权发还陈家。陈水泉持发还通知，通过房地局搬入讼争房屋。工商行即为讼争房屋的归属与房地局发生纠纷，并于1989年8月诉至法院，要求收回征用的土地及其范围内的房屋，并要求房地局赔偿损失。

经研究，我们认为，此案的争议系由征用土地、落实私房政策两个具体行政行为相矛盾引起的，依照有关法律规定，不应由人民法院处理，以交由政府有关部门解决为宜。

以上意见，供参考。

最高人民法院行政审判庭
关于拖欠社会保险基金纠纷是否由法院主管的答复

(1998年3月25日)

吉林省高级人民法院：

你院《关于拖欠社会保险基金纠纷是否应由法院主管问题的请示》收悉。经研究，现答复如下：

根据现行的有关法律法规规定，社会保险基金经办机构是法律法规授权的组织，依法收支、管理和运营社会保险基金，并负有使社会保险基金保值增值的责任。社会保险基金经办机构与用人单位因拖欠社会保险费而发生的纠纷，属于行政争议。用人单位认为社会保险基金经办机构在收支、管理和运营社会保险基金中的具体行政行为侵犯其合法权益，可依法申请行政复议或者提起行政诉讼；既不履行义务又不依法申请复议或者起诉的，社会保险基金经办机构可以依法通知银行扣缴或者申请人民法院强制执行。

最高人民法院行政审判庭
关于地质矿产主管部门作出的非法采矿及破坏性采矿鉴定结论是否属于人民法院受案范围问题的答复

2005年2月22日　　　　　　　　　　〔2004〕行他字第16号

河北省高级人民法院：

你院〔2004〕冀法行字第1号请示报告收悉，经研究，答复如下：

《最高人民法院关于审理非法采矿、破坏性采矿刑事案件具体应用法律若干问题的解释》第六条中规定的"地质矿产主管部门所作的鉴定结论"，作为刑事案件中的证据，将在刑事诉讼中接受审查，对当事人不直接产生权利义务的实质影响。因此，当事人对地质矿产主管部门作出的上述鉴定结论有异议，可以依照刑事诉讼法的有关规定要求重新鉴定，一般不能直接向人民法院提起行政诉讼。

此复。

最高人民法院行政审判庭
关于李彩莲、姜伟诉兰州市公安局违法使用武器及行政赔偿一案请示的电话答复

2005年12月29日　　　　　　　　　法〔2005〕行他字第3号

甘肃省高级人民法院：

你院〔2004〕甘行终字第117号《关于李彩莲、姜伟诉兰州市公安局违法使用武器及行政赔偿一案的法律适用问题请示》收悉。经研究，答复如下：

依据《最高人民法院关于执行〈中华人民共和国行政诉讼法〉若干问题的解释》第一条第二款第（二）项的规定，李彩莲、姜伟诉兰州市公安局违法使用武器及请求赔偿一案，不属于人民法院行政诉讼受案范围。

此复。

最高人民法院行政审判庭
关于不予受理决定是否属于行政诉讼受案范围问题的答复

2010年6月28日　　　　　　　　　〔2010〕行他字第15号

山东省高级人民法院：

你院报送来的《关于如何适用〈山东省行政复议条例〉第二十三条的请示》收悉。经研究，答复如下：

根据行政复议法和行政诉讼法的有关规定，公民、法人或者其他组织不服行政复议机关作出的不予受理决定，依法提起行政诉讼的，人民法院应当受理。

此复。

最高人民法院行政审判庭
关于行政机关不履行其上级机关交办的安置破产、改制国有企业职工法定职责行为是否属于行政诉讼受案范围问题的答复

2011年7月7日　　　　　　　　　　　　〔2011〕行他字第51号

海南省高级人民法院：

你院《关于上诉人海南省昌江黎族自治县人民政府与被上诉人周纯顺请求履行法定职责案的请示》收悉。经研究，答复如下：

国有企业破产、改制过程中，企业职工认为行政机关不履行上级行政机关交办的法定安置职责侵犯其合法权益，向人民法院提起行政诉讼的，属于人民法院行政诉讼受案范围。

最高人民法院
关于货币真伪鉴定行为是否可诉的电话答复

2012年5月17日　　　　　　　　　　　　〔2012〕行他字第4号

天津市高级人民法院：

你院《关于孙宇剑请求撤销中国人民银行天津分行〈货币真伪鉴定书〉一案的请示》收悉，经研究，答复如下：

货币真伪鉴定系中国人民银行或者其委托的国有独资商业银行业务机构对货币的真伪问题实施的科学技术鉴定行为，人民法院难以通过诉讼程序对相关科学技术问题进行合法性审查。因此，货币鉴定行为本身不属于行政诉讼受案范围。人民法院可以在当事人对没收假币行为提起的行政诉讼中对货币真伪鉴定行为作为证据进行审查。

最高人民法院
关于收回国有土地使用权案件适用法律问题的答复

2012年12月29日　　　　　　　　　〔2012〕行他字第10号

山东省高级人民法院：

你院《关于青岛九方集团有限公司诉海阳市人民政府收回国有土地使用权通知一案适用法律问题的请示》收悉。经研究，答复如下：

同意你院审判委员会少数意见。在国有土地使用权出让合同纠纷中，具有土地行政管理职能的市、县人民政府决定收回国有土地使用权的行为，是单方履行行政职权的行为，对该行为不服提起诉讼的，属于行政诉讼受案范围。

最高人民法院
关于行政机关不履行人民法院协助执行义务行为是否属于行政诉讼受案范围的答复

2013年7月29日　　　　　　　　　〔2012〕行他字第17号

辽宁省高级人民法院：

你院《关于宫起斌诉大连市道路客运管理处、大连市金州区交通局、大连市金州区公路运输管理所不履行法定职责及行政赔偿一案的请示报告》收悉，经研究，答复如下：

行政机关根据人民法院的协助执行通知书实施的行为，是行政机关必须履行的法定协助义务，公民、法人或者其他组织对该行为不服提起诉讼的，不属于人民法院行政诉讼受案范围。

行政机关拒不履行协助义务的，人民法院应当依法采取执行措施督促其履行；当事人请求人民法院判决行政机关限期履行协助执行义务的，人民法院不予受理。但当事人认为行政机关不履行协助执行义务造成其损害，请求确认不履行协助执行义务行为违法并予以行政赔偿的，人民法院应当受理。

此复。

最高人民法院
关于行政机关不依法履行政府信息公开义务行为是否属于行政复议范围问题的答复

2014年6月26日　　　　　　　　　　　　　〔2014〕行他字第5号

吉林省高级人民法院：

你院《关于戚凤春、云庆强诉吉林省人民政府政府信息公开行政复议一案的请示》收悉。经研究，答复如下：

行政机关针对政府信息公开申请作出不予公开答复或者逾期不予答复，属于《中华人民共和国政府信息公开条例》第三十三条第二款规定的"行政机关在政府信息公开工作中的具体行政行为"，公民、法人或者其他组织认为侵犯其合法权益的，可以依法申请行政复议。行政复议机关依照《中华人民共和国政府信息公开条例》第三十三条第一款不予受理，系适用法律错误，人民法院依法应予纠正。

最高人民法院行政审判庭
关于行政机关撤销或者变更已经作出的协助执行行为是否属于行政诉讼受案范围请示问题的答复

2014年10月31日　　　　　　　　　　　　　〔2014〕行他字第6号

辽宁省高级人民法院：

你院〔2013〕辽行终字第41号请示收悉，经研究答复如下：

行政机关认为根据人民法院生效裁判或者协助执行通知书作出相应行政行为可能损害国家利益、公共利益或他人合法权益，可以向相关人民法院提出建议；行政机关擅自撤销已经作出的行政行为，相对人不服提起行政诉讼的，人民法院应当依法受理。

（三）管　辖

最高人民法院
关于行政案件管辖若干问题的规定

法释〔2008〕1号

（2007年12月17日最高人民法院审判委员会第1441次会议通过
2008年1月14日最高人民法院公告公布　自2008年2月1日起施行）

为保证人民法院依法公正审理行政案件，切实保护公民、法人和其他组织的合法权益，维护和监督行政机关依法行使职权，根据《中华人民共和国行政诉讼法》制定本规定。

第一条　有下列情形之一的，属于行政诉讼法第十四条第（三）项规定的应当由中级人民法院管辖的第一审行政案件：

（一）被告为县级以上人民政府的案件，但以县级人民政府名义办理不动产物权登记的案件可以除外；

（二）社会影响重大的共同诉讼、集团诉讼案件；

（三）重大涉外或者涉及香港特别行政区、澳门特别行政区、台湾地区的案件；

（四）其他重大、复杂的案件。

第二条　当事人以案件重大复杂为由或者认为有管辖权的基层人民法院不宜行使管辖权，直接向中级人民法院起诉，中级人民法院应当根据不同情况在7日内分别作出以下处理：

（一）指定本辖区其他基层人民法院管辖；

（二）决定自己审理；

（三）书面告知当事人向有管辖权的基层人民法院起诉。

第三条　当事人向有管辖权的基层人民法院起诉，受诉人民法院在7日内未立案也未作出裁定，当事人向中级人民法院起诉，中级人民法院应当根据不同情况在7日内分别作出以下处理：

（一）要求有管辖权的基层人民法院依法处理；

（二）指定本辖区其他基层人民法院管辖；

（三）决定自己审理。

第四条　基层人民法院对其管辖的第一审行政案件，认为需要由中级人民法院审理或者指定管辖的，可以报请中级人民法院决定。中级人民法院应当根据不同情况在 7 日内分别作出以下处理：

（一）决定自己审理；

（二）指定本辖区其他基层人民法院管辖；

（三）决定由报请的人民法院审理。

第五条　中级人民法院对基层人民法院管辖的第一审行政案件，根据案件情况，可以决定自己审理，也可以指定本辖区其他基层人民法院管辖。

第六条　指定管辖裁定应当分别送达被指定管辖的人民法院及案件当事人。本规定第四条的指定管辖裁定还应当送达报请的人民法院。

第七条　对指定管辖裁定有异议的，不适用管辖异议的规定。

第八条　执行本规定的审理期限，提级管辖从决定之日起计算；指定管辖或者决定由报请的人民法院审理的，从收到指定管辖裁定或者决定之日起计算。

第九条　中级人民法院和高级人民法院管辖的第一审行政案件需要由上一级人民法院审理或者指定管辖的，参照本规定。

第十条　本规定施行前已经立案的不适用本规定。本院以前所作的司法解释及规范性文件，凡与本规定不一致的，按本规定执行。

附：行政案件管辖相关司法文书样式（试行）（略）

最高人民法院
关于认真贯彻执行《关于行政案件管辖若干问题的规定》的通知

2008 年 1 月 14 日　　　　　　　　　　　　　法发〔2008〕7 号

各省、自治区、直辖市高级人民法院，新疆维吾尔自治区高级人民法院生产建设兵团分院：

《最高人民法院关于行政案件管辖若干问题的规定》（法释〔2008〕1 号，以下简称《管辖规定》）将于 2008 年 2 月 1 日起施行，为准确把握和正确适用《管辖规定》，现就有关问题通知如下：

一、充分认识制定实施《管辖规定》的重要意义

我国行政诉讼法颁布实施以来，各级人民法院不断重视加强和积极开展行政审判工作，取得了举世瞩目的成就，为保护公民、法人和其他组织的合法权益，监督、支持和

促进依法行政，维护社会的和谐与稳定，做出了重要贡献。同时也应当看到，当前影响行政审判工作发展的因素还不同程度存在，其中司法环境不理想仍然是一个比较突出的问题，一些地方政府和行政管理部门不理解、不配合、不尊重甚至干预人民法院受理和审判行政案件的现象还没有得到很好解决，影响了人民法院独立、公正行使司法审查权和行政审判职能作用的发挥。党中央、国务院对于加强和改进行政审判工作极为重视，并对积极稳妥地推进行政诉讼改革，通过探索完善行政案件管辖制度改革措施，保障人民法院依法独立公正行使行政审判职能提出了明确要求。《管辖规定》是最高人民法院深化司法制度改革的一项重要措施，对于进一步改善行政审判司法环境，保证人民法院依法独立公正审理行政案件，具有重要的现实意义和深远的历史意义。各级人民法院要深刻理解制定实施《管辖规定》的重要意义，在审判实践中认真贯彻执行。

二、执行中应当注意处理好的几个问题

一是以确保独立公正审判为目标。行政案件管辖制度改革的目的在于防止和排除不当干预，使人民法院能够独立公正地受理和审理行政案件。因此，在如何确定案件管辖问题上，必须以是否有利于保证人民法院独立公正审判为标准。对于可能存在影响审判独立和公正司法情形的案件，下级人民法院应当主动报请上级人民法院管辖或者指定管辖，上级人民法院要依照《管辖规定》及时作出指定管辖或者提级管辖的决定。

二是当事人起诉和人民法院决定相结合。《管辖规定》在指定管辖和提级管辖的启动上赋予了当事人一定选择权，但最终是否要实行指定管辖或者提级管辖，必须由人民法院作出决定。公民、法人或者其他组织以案件重大、复杂为由或者认为有管辖权的基层人民法院不宜行使管辖权，可以直接向中级人民法院起诉。对于当事人的起诉，中级人民法院应当结合本地实际情况和案件具体情况确定案件的管辖，对于可能存在影响公正审理事由的，应当指定本辖区其他基层人民法院管辖或者决定自己审理；如果认为被告所在地人民法院能够保证案件审理的公正与效率，也可以书面告知起诉人向有管辖权的基层人民法院起诉。

三是以指定管辖为主，以提级管辖为辅。实践证明，适当提高个别行政案件的审级对于保证公正审理案件是必要的，同时也要坚持和体现将矛盾和争议解决在基层的原则和精神。《管辖规定》在对中级人民法院管辖的第一审行政案件适度进行调整的同时，重点对中级人民法院指定管辖作了规定。各地在执行过程中应当坚持以指定管辖为主，确有必要时再选择提级管辖，尽可能将行政争议化解在基层。

四是兼顾方便诉讼与案件平衡。指定管辖可能会给当事人带来一定程度的不便，因此在确定管辖法院时，应当尽可能采取就近原则。地处边远、交通不便的地方，应当考虑当事人的困难和负担，必要时可以征求当事人的意见。同时，还应注意通过指定管辖，适当均衡各基层人民法院审理行政案件的工作量，使司法资源得到合理配置。

五是防止法院之间固定对应管辖。中级人民法院在指定管辖法院时，应当尽量避免两个人民法院之间形成规律性的固定对应管辖，防止因此而产生负面效应，影响指定管辖作用的发挥。

六是立案和审判机构协同配合。行政案件的立案受理和管辖涉及的问题往往比较复

杂，鉴于行政审判庭对受案范围和起诉条件的把握较为熟悉，对辖区法院的司法环境、行政案件质量及行政审判力量配置等情况更为了解，在决定案件管辖时，立案庭和行政审判庭要加强沟通配合，对如何确定管辖法院立案庭应当在主动征求行政庭意见后作出决定。高级人民法院和中级人民法院要结合本地实际，对行政案件管辖工作分工和衔接问题制定相应的具体措施。

七是以改善和优化基层司法环境为重点。从实践情况看，行政审判遇到干扰相对较多的是基层人民法院。《管辖规定》重点对基层人民法院管辖的第一审行政案件的指定管辖和级别管辖问题作出规定。中级人民法院和高级人民法院管辖的第一审行政案件，需要由上一级人民法院审理或者指定管辖的，可以参照本规定办理。

八是规范和统一案件管辖相关司法文书。执行《管辖规定》涉及相关司法文书的制作。为了规范和统一案件管辖相关司法文书，本通知后附有行政案件管辖的相关司法文书样式，供各级人民法院试行。试行中如有问题，及时向我院反映。

三、认真抓好《管辖规定》的贯彻执行

《管辖规定》虽然条款不多，但是其对于行政案件诉讼制度改革的力度较大，由此产生的社会影响力也将是深远的。各级人民法院要充分认识领会《管辖规定》的精神实质和重要意义，调整工作思路，理顺工作机制，完善相关的工作制度，加大对这一司法解释贯彻执行的领导和指导力度。要组织全体立案和行政审判人员逐条学习理解、准确把握《管辖规定》和本通知的精神和要求。必要时可以在一定范围内组织开展宣传活动，以增进人民群众和社会各界的理解和支持。各高级人民法院和中级人民法院要加强调查研究和对下指导，结合本地实际情况制定实施方案，对于执行过程中出现的新情况新问题，要及时报告上级法院。

特此通知。

最高人民法院
关于国有资产产权管理行政案件管辖问题的解释

法释〔2001〕6号

（2001年1月10日最高人民法院审判委员会第1156次会议通过　2001年2月16日最高人民法院公告公布　自2001年2月21日起施行）

为了正确适用《中华人民共和国行政诉讼法》第十七条、第十九条的规定，现对国有资产产权管理行政案件的管辖问题作出如下解释：

当事人因国有资产产权界定行为提起行政诉讼的，应当根据不同情况确定管辖法

院。产权界定行为直接针对不动产作出的,由不动产所在地人民法院管辖。产权界定行为针对包含不动产在内的整体产权作出的,由最初作出产权界定的行政机关所在地人民法院管辖;经过复议的案件,复议机关改变原产权界定行为的,也可以由复议机关所在地人民法院管辖。

最高人民法院关于海关行政处罚案件诉讼管辖问题的解释

法释〔2002〕4号

(2002年1月28日最高人民法院审判委员会第1209次会议通过 2002年1月30日最高人民法院公告公布 自2002年2月7日起施行)

为规范海事法院的受理案件范围,根据《中华人民共和国行政诉讼法》的有关规定,现就海关行政处罚案件的诉讼管辖问题解释如下:

相对人不服海关作出的行政处罚决定提起诉讼的案件,由有管辖权的地方人民法院依照《中华人民共和国行政诉讼法》的有关规定审理。相对人向海事法院提起诉讼的,海事法院不予受理。

最高人民法院对广西壮族自治区高级人民法院《关于覃正龙等四人不服来宾县公安局维都林场派出所林业行政处罚一案管辖问题的请示报告》的复函

1991年10月1日   法〔行〕函〔1991〕102号

广西壮族自治区高级人民法院:

你院《关于覃正龙等四人不服来宾县公安局维都林场派出所林业行政处罚一案管辖问题的请示报告》收悉。经研究,我们认为:由县级以上林业主管部门(包括自治区林业厅)授权的单位所作的行政处罚决定属于由行政机关委托的组织所作的具体行政行为,根据《中华人民共和国行政诉讼法》第二十五条第四款的规定,本案被告应是广西壮族自治区林业厅,本案应由该厅所在地人民法院南宁市新城区人民法院管辖。

此复。

最高人民法院
关于开展行政案件相对集中管辖试点工作的通知

2013年1月4日　　　　　　　　　　　　　法〔2013〕3号

各省、自治区、直辖市高级人民法院，新疆维吾尔自治区高级人民法院生产建设兵团分院：

为深入贯彻党的十八大精神，充分发挥法治在国家治理和社会管理中的重要作用，确保人民法院依法独立公正行使行政审判权，充分保护公民、法人和其他组织的合法权益，维护国家法制统一、尊严、权威，最高人民法院决定在部分中级人民法院辖区内开展行政案件相对集中管辖试点工作。现就有关问题通知如下：

一、提高对试点工作重要性的认识

行政诉讼制度是新时期正确处理人民内部矛盾，完善党和政府主导的维护群众权益的重要机制之一，是畅通和规范群众诉求表达的重要渠道。行政诉讼法实施以来，各级人民法院审理了一大批行政案件，妥善化解了大量行政争议，为保障和促进经济社会科学发展、维护社会和谐稳定作出了重要贡献。但是由于有的地方司法环境欠佳，案件的受理和审理往往受到不当干预；有的地区行政案件不均衡，有的法院受案不多甚至无案可办；有的法院因怕惹麻烦而不愿意受理行政案件。人民法院不能依法受理行政案件，并独立公正地行使审判权，不仅损害司法的权威，最终也将损害法律和国家的权威，动摇党的执政基础。近年来，党中央和社会各界高度关注人民法院为确保依法独立公正行使审判权进行的改革与探索。部分地方人民法院在当地党委、人大、政府的支持配合下，以行政案件管辖制度改革为突破口，通过提级管辖、指定管辖、交叉管辖和相对集中管辖等方式，在现行法律框架下实现了司法审判区域与行政管理区域的有限分离，使行政审判制度及时有效化解行政争议、妥善处理人民内部矛盾的功能得以正常发挥。这些探索和实践，有利于依法治国基本方略全面落实，有利于回应和保障人民群众的司法诉求，有利于推进法治政府建设，也有利于改善行政审判司法环境、统一司法标准、促进司法公正。最高人民法院在总结各地经验的基础上，决定在部分中级人民法院辖区内开展行政案件相对集中管辖试点工作。各级人民法院要充分认识试点工作的重要意义，将其作为完善我国行政诉讼制度、进一步深化司法体制改革的重要措施，切实加强组织领导，认真研究具体实施方案，确保试点工作的顺利开展并取得实效。

二、做好试点法院的遴选工作

行政案件相对集中管辖，就是将部分基层人民法院管辖的一审行政案件，通过上级人民法院统一指定的方式，交由其他基层人民法院集中管辖的制度。各高级人民法院应当结合本地实际，确定1~2个中级人民法院进行试点。试点中级人民法院要根据本辖区具体情况，确定2~3个基层人民法院为集中管辖法院，集中管辖辖区内其他基层人民法院管辖的行政诉讼案件；集中管辖法院不宜审理的本地行政机关为被告的案件，可以将原由其管辖的部分或者全部案件交由其他集中管辖法院审理。非集中管辖法院的行政审判庭仍予保留，主要负责非诉行政执行案件等有关工作，同时协助、配合集中管辖法院做好本地区行政案件的协调、处理工作。集中管辖法院的选择，应当考虑司法环境较好、行政案件数量较多、行政审判力量较强、经济社会发展水平较高等因素，并制定试点方案报请高级人民法院决定。

三、落实试点工作保障措施

试点工作涉及机构编制、人员调配、物资保障等多方面问题。各高级人民法院、开展试点的中级人民法院以及相关基层人民法院，要主动向当地党委、人大、政府汇报，通报试点工作的重要意义和主要做法，力争各方面的理解与配合，并在党委领导、人大监督和政府的支持下，积极有序开展试点工作。集中管辖法院要研究落实试点工作保障措施，配齐配强行政审判人员，行政审判庭设置不少于两个合议庭，所需审判人员可以在所属中级人民法院辖区内择优调配，也可以其他方式选调充实。要结合试点工作需要，做好集中管辖法院行政审判庭的办公用房、办公设备、车辆等物资保障，为开展试点工作提供必要的物质条件。

四、贯彻司法便民原则

试点工作应当坚持和体现以人为本、便民利民原则。确定集中管辖法院，要充分考虑其所处地理位置和交通条件，尽可能方便当事人参与诉讼。试点中级人民法院辖区内各基层人民法院的立案窗口，要免费提供试点工作相关的宣传和释明材料，便于公众了解试点情况，指导当事人正确行使诉讼权利、参与诉讼活动。当事人向非集中管辖法院提起诉讼的，应当告知其向管辖法院起诉，或者在收到起诉状后及时将相关材料移送集中管辖法院。要充分考虑当事人诉讼的便利性，尽可能通过到当地调查取证、巡回审判等方式，减轻当事人诉讼负担。

五、加强组织领导和宣传

各高级人民法院和试点中级人民法院要加强对试点工作的组织领导，及时出台试点方案，支持、指导、监督集中管辖法院做好试点工作。要指导、监督集中管辖法院与其他法院的合理分工与配合，共同做好案件的受理、审理、执行和息诉稳控工作。对试点工作中存在的困难和问题，要适时进行调研和解决。试点工作中取得的经验和遇到的问题，要及时层报上级法院。试点中级人民法院要及时将集中管辖法院及其管辖范围以适当方式进行公告，充分利用各种形式向社会各界广泛宣传试点工作，争取对试点工作的理解、关心和支持。

各高级人民法院应当在 2013 年 3 月底前，将试点中级人民法院名单及其试点方案报最高人民法院。

最高人民法院
印发《关于人民法院跨行政区域集中管辖行政案件的指导意见》的通知

2015 年 6 月 16 日　　　　　　　　　　　　法发〔2015〕8 号

各省、自治区、直辖市高级人民法院，解放军军事法院，新疆维吾尔自治区高级人民法院生产建设兵团分院：

2015 年 6 月 3 日，最高人民法院司法改革领导小组全体会议审议通过了《关于人民法院跨行政区域集中管辖行政案件的指导意见》，现予印发，请认真贯彻执行。执行中发现情况和问题请及时报告最高人民法院。

附：

关于人民法院跨行政区域集中管辖行政案件的指导意见

为全面贯彻党的十八届四中全会决定关于完善保障法院独立审判、监督政府依法行政、维护法律公正实施的体制机制建设的精神，认真落实《中华人民共和国行政诉讼法》的规定，现就高级人民法院确定部分人民法院跨行政区域集中管辖行政案件工作，提出如下指导意见：

一、明确指导思想，积极慎重推进改革

人民法院行政案件管辖制度改革应当以《中共中央关于全面推进依法治国若干问题的决定》关于"完善行政诉讼体制机制，合理调整行政诉讼案件管辖制度，切实解决行政诉讼立案难、审理难、执行难等突出问题"的总体要求为指导，以行政诉讼法第十八条第二款规定为依据，从有利于保证人民法院依法独立行使审判权、有利于防止和排除影响公正司法的非法干预、有利于让人民群众从每一起行政案件中感受到公平正义的目标出发，结合本地实际制定改革方案，积极慎重抓好各项措施的落实，确保管辖制度改革取得良好成效。

二、厘清基本思路，因地制宜制定方案

行政案件集中管辖改革以普通人民法院为主，同时可以充分挖掘其他可利用司法资源，诸如铁路运输法院、林区法院、农垦法院、油田法院及开发区法院等潜力。要从本地实际出发，审慎拟定改革方案，并注意配套和保障措施的跟进。要认真研究案件集中管辖的可行性，力求改革经验的可推广、可复制。普通人民法院条件允许或者其他可利用司法资源比较丰富的地方，可以将行政案件全部或者大部向指定的管辖法院集中，普通人民法院条件有限或者可利用司法资源较少的地方，可以实行局部集中管辖或者按照案件类型指定管辖。利用其他司法资源管辖行政案件的法院，法院的现有名称、人员管理体制维持不变。已经设立跨行政区划人民法院的北京、上海，可以逐步将行政案件向跨行政区划法院及两地铁路运输基层法院集中。首批报经最高人民法院批准管辖改革方案的省份，应当尽快按照拟定方案抓紧实施，并可以根据实际情况和需要适当加以调整，调整情况及时报最高人民法院。尚未制定行政案件管辖改革方案的高级人民法院要抓紧提出方案，报当地党委同意后报最高人民法院批准。

三、采取必要措施，保证便民诉讼

集中管辖改革要始终坚持并充分考虑方便当事人行使诉讼权利和参加诉讼，采取多种措施解决便民诉讼和便于人民法院审理和裁判问题。一是根据案件数量、队伍情况和区域政治、经济、文化、交通等实际，确定集中管辖法院和布局；二是可将辖区内部分非集中管辖的基层人民法院行政庭，作为集中管辖法院的派出法庭，负责部分行政案件的立案、审理工作；三是集中管辖法院可以采取巡回审判的方式，定期或不定期赴各县市区审理案件；四是二审法院也可以在部分县市区设置派出法庭，或者采取巡回审判方式办案；五是实行电话预约、网上立案或邮寄等方式受理案件，也可以由当地法院代收代转起诉状等。非集中管辖法院的行政庭，可以审理当事人选择由本地法院审理的案件或者事实清楚、权利义务关系明确、争议不大且可以适用简易程序审理的案件，办理部分非诉行政申请执行案件，协助集中管辖法院办理有关委托事项。

四、完善管理机制，加强队伍建设

集中管辖行政案件的法院，可以根据需要设置若干行政审判庭，编制原则上在省级政法编制范围内统一调剂。法官从当地行政审判骨干中选任、调配，也可从其他司法资源现有符合条件的人员、律师、法学专家等专业人员中选任，注意保留行政审判骨干力量并发挥其工作积极性。法院实行分类管理，按法官、司法辅助人员和司法行政人员配备，法官实行员额制，具体员额按照司法改革整体要求并根据案件总量与人均办案数量比确定和调整。实行法官审判责任制，落实办案质量终身制和错案责任倒查问责制，完善防止内部人员干扰办案等机制。

五、依靠党委领导，各方协同推进

行政案件管辖改革工作必须在当地党委统一领导和有关部门配合支持下进行。高级人民法院要认真研究并主动向党委汇报行政案件管辖改革的思路、设想和方案，争取将此项工作纳入当地全面深化改革实施方案，与当地改革整体部署协调同步进行。要全面分析论证方案的必要性和可行性，争取党委协调组织、编制和财政等部门支持与配合，落实集中管辖法院的选定、编制调整、人员调配以及财政保障等问题。要认真听取社会各界意见和建议，力求形成广泛共识。要注意做好行政案件管辖改革的正面宣传和引导，工作方案确定后实施前，应以公告形式对外发布。

高级人民法院要加强调研和指导，改革过程中及方案实施中的新情况和新问题，望及时报告我院。

(四)诉讼参加人

最高人民法院
关于公路路政管理机构行政主体资格及有关法律适用问题的答复

1995年1月15日　　　　　　　　　　〔1994〕行复字第4号

四川省高级人民法院：

你院《关于公路路政管理机构行政主体资格及有关法律适用问题的请示》收悉。经研究并征求全国人民代表大会常务委员会法制工作委员会和国务院法制局的意见，答复如下：

（一）《中华人民共和国公路管理条例实施细则》第九条规定的授权只能理解为是委托授权，公路养护管理总段（分段）不具备行政主体资格，且省政府也不具备该项行政管理权的授权主体资格。

（二）四川省人大常委会发布的《四川省公路路政管理条例》第五条中有关"其他单位和个人占用、挖掘公路，应向交通部门缴纳公路占用费"的规定，与《中华人民共和国公路管理条例》的有关规定不一致，人民法院审理具体行政案件时，应执行《中华人民共和国公路管理条例》的有关规定。

此复。

最高人民法院行政审判庭
关于对在案件审理期间法定代表人被更换，新的法定代表人提出撤诉申请，法院是否准予撤诉问题的答复

1998年10月28日　　　　　　　　　　　　〔1998〕法行字第14号

山西省高级人民法院：

你院〔1998〕晋法行字第5号《在案件审理期间法定代表人被更换新的法定代表人代表原企业提出撤诉申请法院是否准予撤诉的请示报告》收悉。经研究答复如下：

原则同意你院意见，即：在企业法定代表人被行政机关变更或撤换的情况下，原企业法定代表人有权提起行政诉讼。新的法定代表人提出撤诉申请，缺乏法律依据。

最高人民法院办公厅
关于中国人民银行分支机构是否具有行政诉讼主体资格问题的复函

2002年5月31日　　　　　　　　　　　　法办〔2002〕119号

中国人民银行办公厅：

你厅银办函〔2002〕236号函收悉。经研究认为，根据《中华人民共和国中国人民银行法》等法律法规规章和《中华人民共和国行政诉讼法》及司法解释的有关规定，当事人对人民银行分支机构依法律授权作出的金融监管的具体行政行为不服提起行政诉讼的，应当以人民银行分支机构为被告。

最高人民法院关于诉商业银行行政处罚案件的适格被告问题的答复

2003年8月8日 〔2003〕行他字第11号

北京市高级人民法院：

你院京高法〔2003〕191号《关于当事人不服商业银行行政处罚提起行政诉讼，应如何确定被告的请示》收悉，经研究，答复如下：

根据《中华人民共和国中国人民银行法》第十二条和《支付结算办法》第二百三十九条的规定，商业银行受中国人民银行的委托行使行政处罚权，当事人不服商业银行行政处罚提起行政诉讼的，应当以委托商业银行行使行政处罚权的中国人民银行分支机构为被告。

此复。

最高人民法院关于审理涉及保险公司不正当竞争行为的行政处罚案件时如何确定行政主体问题的复函

2003年12月10日 法函〔2003〕65号

湖南省高级人民法院：

你院湘高法〔2003〕124号《关于审理涉及保险公司不正当竞争行为的行政处罚案件如何确定监督检查主体的请示》收悉。经研究，答复如下：

经国务院批准、由国务院办公厅2003年7月7日印发的《中国保险监督管理委员会主要职责内设机构和人员编制规定》明确规定，中国保险监督管理委员会"依法对保险机构和保险从业人员的不正当竞争等违法、违规行为以及对非保险机构经营或变相经营保险业务进行调查、处罚"。这一规定与《中华人民共和国反不正当竞争法》的第三条第二款有关"县级以上人民政府工商行政管理部门对不正当竞争行为进行监督检查"的规定并不矛盾。人民法院在审理涉及保险机构不正当竞争行为的行政处罚案件时，应当以中国保险监督管理委员会作为有权进行调查、处罚的主体。

我院以前的规定与本答复不一致的，以本答复为准。

最高人民法院
关于行政诉讼中台湾地区居民能否以个人名义担任诉讼代理人等有关问题的答复

2004年4月9日　　　　　　　　　　　　　〔2004〕行他字第4号

上海市高级人民法院：

你院《关于行政诉讼中台湾地区居民能否以个人名义担任诉讼代理人的请示》收悉。经研究，答复如下：

参照《中华人民共和国民事诉讼法》及有关司法解释的规定，台湾地区诉讼当事人可以委托台湾地区居民以公民个人名义代理诉讼，但不得以律师身份代理。

最高人民法院
关于土地实际使用人对行政机关出让土地的行为不服可否作为原告提起诉讼问题的答复

2005年6月3日　　　　　　　　　　　　　〔2005〕行他字第12号

辽宁省高级人民法院：

你院〔2005〕辽行终字第1号《关于李永明是否具有原告资格的请示》收悉。经研究，答复如下：

同意你院审委会多数人意见。根据《中华人民共和国行政诉讼法》第二条和《最高人民法院关于执行〈中华人民共和国行政诉讼法〉若干问题的解释》第十二条的规定，土地的实际使用人对行政机关出让土地行为不服，可以作为原告提起行政诉讼。

此复。

最高人民法院行政审判庭
关于地方国有资产监督管理委员会是否可以作为行政诉讼被告问题的答复

2009年8月4日　　　　　　　　　　〔2009〕行他字第14号

山东省高级人民法院：

你院《关于曹明华诉临沂市财政局临沂市科学技术局资产认定行政批复一案适用法律问题的请示收悉》，经研究，答复如下：

原则同意你院意见，即：按照《中华人民共和国行政诉讼法》第二十五条第五款规定，原地方国有资产管理局被撤销，其确认企业资产性质的职能为地方国有资产监督管理委员会所承受，当事人对原地方国有资产管理局作出的确认企业资产性质的行为不服提起行政诉讼的，应当以地方国有资产监督管理委员会为被告。

此复。

最高人民法院
关于请求公开与本人生产、生活、科研等特殊需要无关政府信息的请求人是否具有原告诉讼主体资格问题的批复

2010年12月14日　　　　　　　　　〔2010〕行他字第193号

山东省高级人民法院：

你院鲁高法〔2010〕153号请示收悉。经研究，答复如下：

公民、法人或者其他组织认为行政机关针对政府信息公开申请作出的答复或者逾期不予答复侵犯其合法权益，提起行政诉讼的，人民法院应予受理。申请人申请公开的政府信息是否与本人生产、生活、科研等特殊需要有关，属于实体审理的内容，不宜作为原告的主体资格条件。

最高人民法院
关于行政诉讼中当事人委托其他公民担任诉讼代理人有关问题的答复

2012 年 4 月 12 日　　　　　　　　　　　　　〔2011〕行他字第 93 号

四川省高级人民法院：

你院《关于曾少梅、张昌洪等四人不服成都市人民政府行政复议上诉一案的请示》收悉。经研究，答复如下：

根据《行政诉讼法》第二十九条、《法官法》第十七条之规定并参照《最高人民法院关于适用〈中华人民共和国民事诉讼法〉若干问题的意见》第六十八条等规定，人民法院是否准许其他公民作为诉讼代理人，应当考虑该公民的行为能力、是否存在法定的回避情形、是否可能损害被代理人利益以及是否可能妨碍诉讼活动等因素，不能简单以其曾受过刑事处罚或不具有相关法律知识为由否定其代理资格。

人民法院经审查认为其他公民不宜作诉讼代理人的，应当做出书面或口头决定，并告知理由。口头决定的，应记录在案。

最高人民法院
关于政府办公厅（室）能否作为政府信息公开行政争议的行政复议被申请人和行政诉讼被告问题的请示的答复

2016 年 3 月 18 日　　　　　　　　　　　　　〔2015〕行他字第 32 号

天津市高级人民法院：

你院津高法〔2015〕207 号《关于姚淑芬诉天津市河东区人民政府政府信息公开行政复议上诉一案的请示》收悉。经研究，并征求国务院法制办公室及国务院办公厅政府信息与政务公开办公室意见，答复如下：

公民、法人或其他组织向政府办公厅（室）提出的信息公开申请，应当视为向本级人民政府提出。人民政府对公民、法人或者其他组织提出的申请，可以政府办公厅（室）的名义进行答复，也可由负责政府信息公开工作的部门加盖"某某人民政府办公厅（室）信息公开专用章"的形式答复。公民、法人或者其他组织对以政府办公厅（室）或负责政府信息公开工作部门作出的政府信息公开行政行为不服提起诉讼的，应当以本级人民政府作为被告。

（五）起诉与受理

最高人民法院
关于对医疗事故争议案件
人民法院应否受理的复函

1989年10月10日　　　　　　　　法〔行〕函〔1989〕63号

四川省高级人民法院：

你院川法研〔1989〕23号的请示经研究并征求有关部门意见，答复如下：

医疗事故技术鉴定委员会所作的医疗事故鉴定结论，系卫生行政部门认定和处理医疗事故的依据。病员及其亲属如果对医疗事故鉴定结论有异议，可以向上一级医疗事故技术鉴定委员会申请重新鉴定，如因对鉴定结论有异议向人民法院起诉的，人民法院不予受理。如果当事人对卫生行政机关作出的医疗事故处理决定不服依法向人民法院提起行政诉讼的，人民法院应当受理。当事人仅要求医疗单位赔偿经济损失向人民法院提起诉讼的，应依照《中华人民共和国民事诉讼法（试行）》的规定，按民事案件立案受理。

最高人民法院
关于全民所有制工业企业承包经营合同、租赁
经营合同纠纷当事人不服工商行政管理机关终局
裁决向人民法院起诉是否受理问题的复函

1990年10月11日　　　　　　　　法〔经〕函〔1990〕75号

河北省高级人民法院：

你院冀法（研）字第〔1990〕144号《关于全民所有制工业企业承包经营合同纠纷、全民所有制小型工业企业租赁经营合同纠纷当事人不服工商行政管理机关终局裁决的，人民法院是否可以受理的请示报告》收悉。经研究，答复如下：

根据国务院发布的《全民所有制工业企业承包经营责任制暂行条例》第二十一条和《全民所有制小型工业企业租赁经营暂行条例》第二十二条的规定，企业承包经营合同、租赁经营合同的当事人可以选择解决纠纷的方式。当事人在合同中约定发生纠纷后向工商行政管理机关申请仲裁，或在发生纠纷后达成申请工商行政管理机关仲裁的书面协议的，应由工商行政管理机关受理。任何一方当事人对仲裁机关的裁决不服，均可向上一级仲裁机关申请复议。上一级仲裁机关作出的复议裁决及逾期未申请复议的仲裁决定，都是终局裁决。当事人对工商行政管理机关的终局裁决不服，向人民法院起诉的，人民法院不予受理。

最高人民法院行政审判庭关于对公安机关采取监视居住行为不服提起诉讼法院应否受理问题的电话答复

（1991年5月25日）

福建省高级人民法院行政庭：

你院闽法传字〔91〕147号关于《对公安机关采取监视居住或名义上监视居住行为不服起诉法院应否立案受理问题的请示报告》收悉。现答复如下：

《中华人民共和国刑事诉讼法》第三十八条规定，"人民法院、人民检察院和公安机关根据案件情况，对被告人可以拘传、取保候审或者监视居住。被监视居住的被告人不得离开指定的区域……"

公安机关为了防止被告逃避侦查而作出监视居住决定，限制其活动区域和住所，是刑事侦查措施，不属行政诉讼法受案范围所列行为，公民对此不服坚持起诉，法院应裁定不予受理。

至于公安机关作出监视居住决定，但将监视居住对象关押在派出所、拘留所等场所的做法，这是刑事侦查过程中的违法行为，不属于行政诉讼法受案范围。公民对此不服坚持起诉，法院应裁定不予受理。其可向上级公安部门及有关单位反映。

此复。

最高人民法院行政审判庭
关于公安机关未具法定立案搜查手续对公民进行住宅人身搜查被搜查人提起诉讼人民法院可否按行政案件受理问题的电话答复

（1991年6月18日）

四川省高级人民法院：

你院川法研〔1991〕22号请示收悉。经研究，同意请示中第一种意见。公安机关在侦破刑事案件中，对公民的住宅、人身进行搜查，属于刑事侦查措施。对于刑事侦查措施不服提起诉讼的，不属于行政诉讼调整范围。如果公安机关在采取上述措施时违反法定程序，可以向该公安机关或其上级机关及有关部门反映解决，人民法院不应作为行政案件受理。

最高人民法院
关于《行政诉讼法》施行前法律未规定由法院受理的案件应如何处理的批复

1993年2月15日　　　　　　　　　　　　〔1992〕民他字第10号

河南省高级人民法院：

你院豫法（告）请〔1991〕38号《关于不服工商行政机关的查封、划拨通知书能否按民事或行政侵权案件受理的请示》收悉。

经我院审判委员会讨论，同意你院请示报告中的第二种意见，即：开封市工商局1988年对开封市曹门经销部作出冻结划拨酒款通知书，并以"白条"为收据提走其1653件川曲酒替开封市豫川副食品联营公司冲抵货款的行为，是行政侵权行为，但案发在行政诉讼法施行之前，当时的法律没有规定法院受理此类案件，因此，人民法院不能受理。曹门经销部应向有关行政机关申请解决。

最高人民法院
关于不服政府或房地产行政主管部门对争执
房屋的确权行为提起诉讼人民法院
应作何种案件受理问题的函

1993年4月17日　　　　　　　　　　　　法函〔1993〕33号

四川省高级人民法院：

你院川高法〔1993〕27号关于不服政府或房地产行政主管部门对争执房屋的确权行为提起诉讼，人民法院应作何种案件受理的请示收悉。经研究，答复如下：

当事人对人民政府或房地产行政主管部门关于房屋产权争议的确权决定不服而提起诉讼的，人民法院应作为行政案件受理。

最高人民法院
关于在同一事实中对同一当事人，行政机关同时作出
限制人身自由和扣押财产两种具体行政行为，
当事人依法向其住所地法院起诉，受诉法院
是否可以合并审理问题的答复[*]

1993年7月9日　　　　　　　　　　　　〔93〕行他16号

江西省高级人民法院：

你院赣高法函（1993）4号《关于在同一事实中对同一当事人，行政机关同时作出限制人身自由和扣押财产两种具体行政行为，当事人依法向其住所地法院起诉，受诉法院是否可以合并审理问题的请示》收悉。经研究，我们原则同意你院的意见。行政机关基于同一事实，对同一当事人作出限制人身自由和扣押财产两种具体行政行为，如果当事人对这两种具体行政行为均不服，向原告所在地人民法院提起诉讼，原告所在地人民法院可以将当事人的两个诉讼请求合并审理。

此复。

---

[*] 也作"最高人民法院关于江西省高级人民法院赣高法函〔1993〕4号请示的答复"。

最高人民法院
关于当事人对行政机关作出的全民所有制工业企业分立的决定不服提起诉讼人民法院应作为何种行政案件受理问题的复函

1994年6月27日　　　　　　　　　　　　　　法函〔1994〕34号

山西省高级人民法院：

你院〔1994〕晋法行字第14号请示收悉。经研究，我们认为，根据《中华人民共和国全民所有制工业企业法》第二条第二款、《全民所有制工业企业转换经营机制条例》第六条和《中华人民共和国行政诉讼法》第十一条第一款第（三）项的规定，当事人对行政机关强行作出的关于全民所有制工业企业分立的决定不服，依法向人民法院提起行政诉讼的，人民法院应作为"侵犯法律规定的经营自主权的"行政案件受理。

此复。

最高人民法院
关于对"当事人以卫生行政部门不履行法定职责为由提起行政诉讼人民法院应否受理"的答复

1995年6月14日　　　　　　　　　　　　　　〔1995〕行他字第6号

安徽省高级人民法院：

你院〔1994〕皖行监字第06号请示报告收悉。经研究，答复如下：医疗事故鉴定委员会已作出不属于医疗事故的最终鉴定，卫生行政部门对医疗争议拒绝作出处理决定，当事人以不履行法定职责为由依法向人民法院提起行政诉讼，人民法院应予受理。

此复。

最高人民法院
关于对因政府调整划转企业国有资产引起的纠纷是否受理问题的批复

1996年4月2日　　　　　　　　　　　　　法复〔1996〕4号

各省、自治区、直辖市高级人民法院,解放军军事法院:

近年来,在地方政府及其所属主管部门对一些企业国有资产以改变隶属关系或者分设新企业等方式进行调整、划转之后,出现了企业不服政府及其所属主管部门的决定,要求收回已被调整、划转资产的纠纷。一些高级人民法院就人民法院是否应当受理因这类纠纷提起的诉讼问题,向我院请示,现答复如下:

一、因政府及其所属主管部门在对企业国有资产调整、划转过程中引起相关国有企业之间的纠纷,应由政府或所属国有资产管理部门处理。国有企业作为当事人向人民法院提起民事诉讼的,人民法院不予受理。

二、当事人不服政府及其所属主管部门依据有关行政法规作出的调整、划转企业国有资产决定,向人民法院提起行政诉讼,凡符合法定起诉条件的,人民法院应当受理。

最高人民法院行政审判庭
关于征收城市排水设施有偿使用费发生纠纷案件受理的答复意见

1996年8月24日　　　　　　　　　　　　〔1996〕法行字第10号

湖北省高级人民法院:

你院《关于征收城市排水设施有偿使用费发生的纠纷人民法院可否作为经济纠纷案件受理的请示报告》收悉。经研究,答复如下:

有关部门根据人民政府的授权,征收城市排水设施使用费与行政管理相对方发生的争议属于行政争议。根据行政诉讼法第十一条的规定,行政管理相对一方对有关部门作出的处理决定不服,依法向人民法院起诉的,人民法院应作为行政案件受理。行政管理相对一方在法定期限内不起诉,又不履行行政处理决定的,作出行政处理决定的有关部门可依法申请人民法院强制执行。

最高人民法院
关于不服计划生育管理部门采取的扣押财物、限制人身自由等强制措施而提起的诉讼人民法院应否受理问题的批复

1997年4月4日　　　　　　　　　　　　　　法复〔1997〕3号

福建省高级人民法院：

你院〔1996〕闽行他字第3号请示收悉。经研究，答复如下：

根据《中华人民共和国行政诉讼法》第十一条第一款第（二）项的规定，当事人对计划生育管理部门采取的扣押财物、限制人身自由等强制措施不服依法提起行政诉讼的，人民法院应予受理。

此复。

最高人民法院行政审判庭
关于对兴平市第二运输公司诉兴平市人民政府侵犯企业经营自主权一案受理问题的答复

1997年10月27日　　　　　　　　　　　　〔1997〕行他字第15号

陕西省高级人民法院：

你院〔1996〕陕高法行监字第26号请示收悉。经研究，答复如下：

原则同意你院审判委员会的倾向性意见。即县委工交财贸部作出的"免职决定"不属于具体行政行为，亦不能视为县人民政府的行为，故市第二运输公司以县人民政府为被告提起行政诉讼，不符合行政诉讼法规定的起诉条件。

此复。

最高人民法院行政审判庭
关于对当事人不服公安机关采取的留置措施提起的诉讼法院能否作为行政案件受理的答复

1997年10月29日　　　　　　　　　　　　〔1997〕法行字第21号

安徽省高级人民法院：

你院〔1997〕皖行请字第03号请示报告收悉。

经研究，基本同意你院的第一种意见，即留置是公安机关行政管理职权的一种行政强制措施，属于《行政诉讼法》第十一条第一款第二项规定的人民法院行政诉讼受案范围。

最高人民法院行政审判庭
对内蒙古自治区高级人民法院《关于李树华、王英不服呼盟毕拉河林业公安局收容审查申诉一案的请示报告》的答复

1998年8月19日　　　　　　　　　　　　〔1998〕行他字第10号

内蒙古自治区高级人民法院：

你院《关于李树华、王英不服呼盟毕拉河林业公安局收容审查申诉一案的请示报告》收悉。经研究认为：

1. 收容审查属于强制性行政审查措施，当事人对公安机关作出的收容审查决定不服向人民法院提起诉讼的，人民法院应作为行政案件受理。

2. 取保候审属于刑事强制措施，当事人对公安机关作出的取保候审决定不服向人民法院提起诉讼的，人民法院不予受理。

最高人民法院
关于当事人不服教育行政部门对适龄儿童入学争议作出的处理决定可否提起行政诉讼的答复

1998年8月21日　　　　　　　　　　　　〔1998〕法行字第7号

山东省高级人民法院：

你院《关于学校不接受适龄儿童入学是否可提起行政诉讼的请示》收悉。经研究认为：根据《教育法》第四十二条第（四）项和《未成年人保护法》第四十六条的规定，当事人不服教育行政部门对适龄儿童入学争议作出的行政处理决定，属于行政诉讼法第十一条第二款规定的受案范围，人民法院应当受理。

最高人民法院
对孙德金诉海南省监察厅行政赔偿一案应否驳回上诉的请示的答复

2000年11月1日　　　　　　　　　　　　行他〔2000〕3号

海南省高级人民法院：

你院〔1999〕琼行终字第12号《关于孙德金诉海南省监察厅行政赔偿一案应否驳回上诉的请示报告》收悉。

经研究，原则同意你院审判委员会的意见，即：本案监察机关作出的开除处分行为，不属于人民法院行政诉讼受案范围。

最高人民法院行政审判庭
对江西省高级人民法院《关于人民法院能否直接受理因纳税主体资格引起的税务行政案件的请示》的答复

2001年11月28日　　　　　　　　　　法行〔2000〕31号

江西省高级人民法院：

你院赣高法〔2000〕264号《关于人民法院能否直接受理因纳税主体资格引起的税务行政案件的请示》收悉。经研究，答复如下：

原则同意你院第一种意见。即行政相对人因纳税主体资格问题与税务机关发生的争议属于纳税争议。根据原《税收征管法》第五十六条第一款或修改后的《税收征管法》第八十八条第一款的规定，可以依法申请行政复议，对行政复议决定不服的，可以依法向人民法院起诉。当事人未经行政复议直接提起诉讼的，人民法院不予受理。

最高人民法院
关于教育行政主管部门出具介绍信的行为是否属于可诉具体行政行为请示的答复

2003年11月26日　　　　　　　　　〔2003〕行他字第17号

辽宁省高级人民法院：

你院《关于大连市教育局出具介绍信的行为是否为具体行政行为的疑请报告》收悉。经研究，答复如下：

教育行政主管部门出具介绍信的行为对行政相对人的权利义务产生实际影响的，属于可诉的具体行政行为。

最高人民法院行政审判庭
对人事争议仲裁委员会的仲裁行为是否可诉问题的答复

2003年12月1日　　　　　　　　　　〔2003〕行他字第5号

重庆市高级人民法院：

你院〔2002〕渝高法行示字第68号《关于周孝平诉渝北区人事争议仲裁委员会履行法定职责一案的请示》收悉。经研究，答复如下：

人事争议仲裁是人事主管部门对当事人的人事争议进行的人事裁决，该裁决直接涉及当事人的人身权、财产权，根据《中华人民共和国行政诉讼法》第十一条第十二条和最高人民法院《关于人民法院审理事业单位人事争议案件若干问题的规定》的规定，当事人认为人事争议仲裁委员会作出的人事争议仲裁侵犯其人身权、财产权的，可依法提起行政诉讼，但国家行政机关与其工作人员之间发生的人事争议和事业单位与其工作人员之间因辞职、辞退及履行聘用合同所发生的争议除外。

此复。

最高人民法院行政审判庭
关于当事人起诉的行政行为发生在行政诉讼法施行以前，起诉时行政诉讼法已施行且未超过起诉期限的，人民法院是否受理问题的答复

2005年4月4日　　　　　　　　　　〔2004〕行他字第21号

黑龙江省高级人民法院：

你院报送的《关于当事人起诉的行政行为发生在行政诉讼法施行以前，起诉时行政诉讼法已施行且未超过起诉期限的，人民法院是否受理问题的请示》收悉。

经研究，答复如下：

从请示案件的材料看，被诉具体行政行为在《中华人民共和国行政诉讼法》实施之前即已作出，故当事人的起诉应当适用《中华人民共和国行政诉讼法》实施之前的法律及相关司法解释的规定。

最高人民法院行政审判庭
关于婚姻登记行政案件原告资格及判决方式有关问题的答复

2005年10月8日　　　　　　　　　　　　法〔2005〕行他字第13号

浙江省高级人民法院：

你院《关于婚姻关系当事人以外的其他人可否对婚姻登记行为提起行政诉讼及对程序违法的婚姻登记行为能否判决撤销的请示》收悉。经研究，答复如下：

一、依据《中华人民共和国行政诉讼法》第二十四条第二款规定，有权起诉婚姻登记行为的婚姻关系当事人死亡的，其近亲属可以提起行政诉讼。

二、根据《中华人民共和国婚姻法》第八条规定，婚姻关系双方或一方当事人未亲自到婚姻登记机关进行婚姻登记，且不能证明婚姻登记系男女双方的真实意思表示，当事人对该婚姻登记不服提起诉讼的，人民法院应当依法予以撤销。

此复。

最高人民法院
关于不服信访工作机构依据《信访条例》处理信访事项的行为提起行政诉讼人民法院是否受理的复函[*]

2005年12月12日　　　　　　　　　　　　〔2005〕行立他字第4号

湖北省高级人民法院：

你院鄂高法〔2005〕210号《关于不服县级以上人民政府信访行政管理部门、负责受理信访事项的行政管理机关以及镇（乡）人民政府作出的处理意见或者不再受理决定而提起的行政诉讼人民法院是否受理的请示》收悉。经研究，答复如下：

一、信访工作机构是各级人民政府或政府工作部门授权负责信访工作的专门机构，

---

[*] 也作"最高人民法院关于不服县级以上人民政府信访行政管理部门，负责受理信访事项的行政管理机关以及镇（乡）人民政府作出的处理意见或者不再受理决定而提起的行政诉讼人民法院是否受理的请示的批复"。

其依据《信访条例》作出的登记、受理、交办、转送、承办、协调处理、督促检查、指导信访事项等行为,对信访人不具有强制力,对信访人的实体权利义务不产生实质影响。信访人对信访工作机构依据《信访条例》处理信访事项的行为或者不履行《信访条例》规定的职责不服提起行政诉讼的,人民法院不予受理。

二、对信访事项有权处理的行政机关依据《信访条例》作出的处理意见、复查意见、复核意见和不再受理决定,信访人不服提起行政诉讼的,人民法院不予受理。

最高人民法院行政审判庭关于拍卖出让国有建设用地使用权的土地行政主管部门与竞得人签署成交确认书行为的性质问题请示的答复

2010年12月21日　　　　　　　　　〔2010〕行他字第191号

山东省高级人民法院:

你院鲁高法函〔2010〕17号《关于国有土地使用权拍卖后土地管理部门与竞得人签署的成交确认书行为的性质问题的请示》收悉。经研究,答复如下:

土地行政主管部门通过拍卖出让国有建设用地使用权,与竞得人签署成交确认书的行为,属于具体行政行为。当事人不服提起行政诉讼的,人民法院应当依法受理。

此复。

最高人民法院行政审判庭关于谭永智不服甘肃省人民政府房产登记行政复议决定请示案答复

2011年7月12日　　　　　　　　　〔2011〕行他字第26号

甘肃省高级人民法院:

你院《关于谭永智不服甘肃省人民政府房产登记行政复议决定一案的请示报告》收悉,经研究答复如下:

一、根据《行政复议法》第十二条的规定,对县级以上地方各级人民政府工作部门的具体行政行为不服的,申请人既可以向该部门的本级人民政府申请行政复议,也可以向上一级主管部门申请行政复议。上级行政机关认为行政复议机关无正当理由不依法受理复议申请的，可以依据《行政复议法》第二十条和《行政复议法实施条例》第三十一条的规定，先行督促行政复议机关受理；经督促仍不受理的，应当责令行政复议机关限期受理，必要时上级行政机关也可以直接受理。

二、公司的法定代表人应以在公司登记机关登记备案为准。经股东大会或者董事会任命的董事长虽未依法办理法定代表人登记手续，但在全体股东对股东大会或者董事会决议的合法性无异议的情况下，可以代表公司申请行政复议或提起诉讼。如其后的股东大会、董事会已经通过新的决议否定了对原董事长的任命，则原董事长无权代表公司申请复议或诉讼。公司股东对行政复议机关或人民法院受理原董事长的复议申请或起诉提出异议后，行政复议机关或人民法院不应作出实体裁判，而应中止案件审理，要求相关当事人先行依法解决公司决议纠纷，明确公司代表权。

最高人民法院
关于特种设备监督检验所出具的《电梯验收检验报告》是否属于可诉行政行为问题的答复

2012年6月5日　　　　　　　　　　〔2011〕行他字第100号

湖北省高级人民法院：

你院〔2010〕鄂行他字第2号《关于特种设备监督检验机构出具〈电梯验收检验报告〉是否属于可诉行政行为的请示》收悉。经研究，答复如下：

根据《中华人民共和国行政许可法》第十二条第（四）项、第三十九条第二款的规定，特种设备检验机构对电梯实施检验检测后出具的《电梯验收检验报告》，似可作为行政许可行为对待。但凯恩斯国际置业（武汉）有限公司是否具有本案原告资格，请你院进一步研究后作出正确认定。

此复。

最高人民法院
关于地方人民政府作出的同意收回国有土地使用权批复是否属于可诉具体行政行为问题的答复

2012年8月23日　　　　　　　　　　　〔2012〕行他字第9号

安徽省高级人民法院：

你院《关于魏永高、陈守志诉来安县人民政府收回土地使用权行政批复一案适用法律问题的请示》收悉。经研究，答复如下：

地方人民政府针对其所属土地行政管理部门作出的同意收回国有土地使用权批复，土地行政管理部门直接据此付诸实施且已经过复议程序，原国有土地使用权人对地方人民政府同意收回土地使用权的批复不服提起诉讼的，人民法院应当依法受理。

最高人民法院
关于举报人对行政机关就举报事项作出的处理或者不作为行为不服是否具有行政复议申请人资格问题的答复

2014年3月14日　　　　　　　　　　　〔2013〕行他字第14号

辽宁省高级人民法院：

你院《关于李万珍等人是否具有复议申请人资格的请示报告》收悉，经研究答复如下：

根据《中华人民共和国行政复议法》第九条第一款、《行政复议法实施条例》第二十八条第（二）项规定，举报人为维护自身合法权益而举报相关违法行为人，要求行政机关查处，对行政机关就举报事项作出的处理或者不作为行为不服申请行政复议的，具有行政复议申请人资格。

此复。

最高人民法院
关于行政相对人不服兵团农牧团场具体行政行为提起的行政诉讼兵团垦区人民法院应否受理的请示答复

2014年10月31日　　　　　　　　　　　　〔2014〕行他字第14号

新疆维吾尔自治区高级人民法院生产建设兵团分院：

你院〔2014〕新兵行他字第1号请示收悉，经研究，答复如下：

新疆生产建设兵团实行党政军企合一体制，是在自己所辖垦区内依照国家和新疆维吾尔自治区的法律、法规，自行管理内部行政、司法事务，在国家实行计划单列的特殊社会组织。对于兵团团场依照国务院《国有土地上房屋征收与补偿条例》的有关规定作出的房屋征收与补偿行为，被征收人不服，可以依法申请行政复议或提起行政诉讼。管辖权限应当依照《最高人民法院关于新疆生产建设兵团人民法院案件管辖权问题的若干规定》确定执行。

最高人民法院行政审判庭
关于集体土地征收补偿救济途径问题的答复

2014年12月15日　　　　　　　　　　　　〔2014〕行他字第9号

山西省高级人民法院：

你院《关于王文胜等47人诉运城市盐湖区人民政府征地补偿纠纷适用法律问题的请示》收悉，经研究，答复如下：

据《中华人民共和国土地管理法实施条例》第二十五条第三款、最高人民法院《关于审理涉及农村集体土地行政案件若干问题的规定》第十条和国务院法制办公室国法〔2011〕35号《关于依法做好征地补偿安置争议行政复议工作的通知》的规定精神，王文胜等人对运城市人民政府的复议决定不服提起诉讼的，人民法院应当受理。

最高人民法院行政审判庭
关于婚姻关系当事人死亡后近亲属
能否提起行政诉讼请示的答复

2014年12月26日　　　　　　　　　　　　　〔2014〕行他字第17号

安徽省高级人民法院：

你院〔2014〕皖行终字第056号婚姻登记请示收悉，经研究，答复如下：

对婚姻登记行为不服提起诉讼的，一般只能是婚姻关系当事人婚姻关系当事人死亡后，其近亲属仅以婚姻登记程序违法等为由提起诉讼的，人民法院一般不予受理。婚姻关系当事人死亡后，其近亲属以婚姻关系当事人未到场办理婚姻登记、事后也不知晓婚姻登记为由提起诉讼，请求确认婚姻登记行为无效的，人民法院应当依法受理，并依据查明的事实依法作出裁判。请求确认婚姻登记行为无效的诉讼，起诉期限从近亲属知道婚姻登记行为之日起计算，但最长不得超过两年。

（六）证　　据

最高人民法院
关于行政诉讼证据若干问题的规定

法释〔2002〕21号

（2002年6月4日最高人民法院审判委员会第1224次会议通过
2002年7月24日最高人民法院公告公布　自2002年10月1日起施行）

为准确认定案件事实，公正、及时地审理行政案件，根据《中华人民共和国行政诉讼法》（以下简称行政诉讼法）等有关法律规定，结合行政审判实际，制定本规定。

一、举证责任分配和举证期限

第一条　根据行政诉讼法第三十二条和第四十三条的规定，被告对作出的具体行政行为负有举证责任，应当在收到起诉状副本之日起10日内，提供据以作出被诉具体行政行为的全部证据和所依据的规范性文件。被告不提供或者无正当理由逾期提供证据的，视为被诉具体行政行为没有相应的证据。

被告因不可抗力或者客观上不能控制的其他正当事由，不能在前款规定的期限内提供证据的，应当在收到起诉状副本之日起10日内向人民法院提出延期提供证据的书面申请。人民法院准许延期提供的，被告应当在正当事由消除后10日内提供证据。逾期提供的，视为被诉具体行政行为没有相应的证据。

第二条　原告或者第三人提出其在行政程序中没有提出的反驳理由或者证据的，经人民法院准许，被告可以在第一审程序中补充相应的证据。

第三条　根据行政诉讼法第三十三条的规定，在诉讼过程中，被告及其诉讼代理人不得自行向原告和证人收集证据。

第四条　公民、法人或者其他组织向人民法院起诉时，应当提供其符合起诉条件的相应的证据材料。

在起诉被告不作为的案件中，原告应当提供其在行政程序中曾经提出申请的证据材料。但有下列情形的除外：

（一）被告应当依职权主动履行法定职责的；

（二）原告因被告受理申请的登记制度不完备等正当事由不能提供相关证据材料并

能够作出合理说明的。

被告认为原告起诉超过法定期限的，由被告承担举证责任。

第五条 在行政赔偿诉讼中，原告应当对被诉具体行政行为造成损害的事实提供证据。

第六条 原告可以提供证明被诉具体行政行为违法的证据。原告提供的证据不成立的，不免除被告对被诉具体行政行为合法性的举证责任。

第七条 原告或者第三人应当在开庭审理前或者人民法院指定的交换证据之日提供证据。因正当事由申请延期提供证据的，经人民法院准许，可以在法庭调查中提供。逾期提供证据的，视为放弃举证权利。

原告或者第三人在第一审程序中无正当事由未提供而在第二审程序中提供的证据，人民法院不予接纳。

第八条 人民法院向当事人送达受理案件通知书或者应诉通知书时，应当告知其举证范围、举证期限和逾期提供证据的法律后果，并告知因正当事由不能按期提供证据时应当提出延期提供证据的申请。

第九条 根据行政诉讼法第三十四条第一款的规定，人民法院有权要求当事人提供或者补充证据。

对当事人无争议，但涉及国家利益、公共利益或者他人合法权益的事实，人民法院可以责令当事人提供或者补充有关证据。

二、提供证据的要求

第十条 根据行政诉讼法第三十一条第一款第（一）项的规定，当事人向人民法院提供书证的，应当符合下列要求：

（一）提供书证的原件，原本、正本和副本均属于书证的原件。提供原件确有困难的，可以提供与原件核对无误的复印件、照片、节录本；

（二）提供由有关部门保管的书证原件的复制件、影印件或者抄录件的，应当注明出处，经该部门核对无异后加盖其印章；

（三）提供报表、图纸、会计账册、专业技术资料、科技文献等书证的，应当附有说明材料；

（四）被告提供的被诉具体行政行为所依据的询问、陈述、谈话类笔录，应当有行政执法人员、被询问人、陈述人、谈话人签名或者盖章。

法律、法规、司法解释和规章对书证的制作形式另有规定的，从其规定。

第十一条 根据行政诉讼法第三十一条第一款第（二）项的规定，当事人向人民法院提供物证的，应当符合下列要求：

（一）提供原物。提供原物确有困难的，可以提供与原物核对无误的复制件或者证明该物证的照片、录像等其他证据；

（二）原物为数量较多的种类物的，提供其中的一部分。

第十二条 根据行政诉讼法第三十一条第一款第（三）项的规定，当事人向人民法院提供计算机数据或者录音、录像等视听资料的，应当符合下列要求：

（一）提供有关资料的原始载体。提供原始载体确有困难的，可以提供复制件；
（二）注明制作方法、制作时间、制作人和证明对象等；
（三）声音资料应当附有该声音内容的文字记录。

第十三条 根据行政诉讼法第三十一条第一款第（四）项的规定，当事人向人民法院提供证人证言的，应当符合下列要求：
（一）写明证人的姓名、年龄、性别、职业、住址等基本情况；
（二）有证人的签名，不能签名的，应当以盖章等方式证明；
（三）注明出具日期；
（四）附有居民身份证复印件等证明证人身份的文件。

第十四条 根据行政诉讼法第三十一条第一款第（六）项的规定，被告向人民法院提供的在行政程序中采用的鉴定结论，应当载明委托人和委托鉴定的事项、向鉴定部门提交的相关材料、鉴定的依据和使用的科学技术手段、鉴定部门和鉴定人鉴定资格的说明，并应有鉴定人的签名和鉴定部门的盖章。通过分析获得的鉴定结论，应当说明分析过程。

第十五条 根据行政诉讼法第三十一条第一款第（七）项的规定，被告向人民法院提供的现场笔录，应当载明时间、地点和事件等内容，并由执法人员和当事人签名。当事人拒绝签名或者不能签名的，应当注明原因。有其他人在现场的，可由其他人签名。

法律、法规和规章对现场笔录的制作形式另有规定的，从其规定。

第十六条 当事人向人民法院提供的在中华人民共和国领域外形成的证据，应当说明来源，经所在国公证机关证明，并经中华人民共和国驻该国使领馆认证，或者履行中华人民共和国与证据所在国订立的有关条约中规定的证明手续。

当事人提供的在中华人民共和国香港特别行政区、澳门特别行政区和台湾地区内形成的证据，应当具有按照有关规定办理的证明手续。

第十七条 当事人向人民法院提供外文书证或者外国语视听资料的，应当附有由具有翻译资质的机构翻译的或者其他翻译准确的中文译本，由翻译机构盖章或者翻译人员签名。

第十八条 证据涉及国家秘密、商业秘密或者个人隐私的，提供人应当作出明确标注，并向法庭说明，法庭予以审查确认。

第十九条 当事人应当对其提交的证据材料分类编号，对证据材料的来源、证明对象和内容作简要说明，签名或者盖章，注明提交日期。

第二十条 人民法院收到当事人提交的证据材料，应当出具收据，注明证据的名称、份数、页数、件数、种类等以及收到的时间，由经办人员签名或者盖章。

第二十一条 对于案情比较复杂或者证据数量较多的案件，人民法院可以组织当事人在开庭前向对方出示或者交换证据，并将交换证据的情况记录在卷。

三、调取和保全证据

第二十二条 根据行政诉讼法第三十四条第二款的规定，有下列情形之一的，人民法院有权向有关行政机关以及其他组织、公民调取证据：

（一）涉及国家利益、公共利益或者他人合法权益的事实认定的；

（二）涉及依职权追加当事人、中止诉讼、终结诉讼、回避等程序性事项的。

第二十三条 原告或者第三人不能自行收集，但能够提供确切线索的，可以申请人民法院调取下列证据材料：

（一）由国家有关部门保存而须由人民法院调取的证据材料；

（二）涉及国家秘密、商业秘密、个人隐私的证据材料；

（三）确因客观原因不能自行收集的其他证据材料。

人民法院不得为证明被诉具体行政行为的合法性，调取被告在作出具体行政行为时未收集的证据。

第二十四条 当事人申请人民法院调取证据的，应当在举证期限内提交调取证据申请书。

调取证据申请书应当写明下列内容：

（一）证据持有人的姓名或者名称、住址等基本情况；

（二）拟调取证据的内容；

（三）申请调取证据的原因及其要证明的案件事实。

第二十五条 人民法院对当事人调取证据的申请，经审查符合调取证据条件的，应当及时决定调取；不符合调取证据条件的，应当向当事人或者其诉讼代理人送达通知书，说明不准许调取的理由。当事人及其诉讼代理人可以在收到通知书之日起3日内向受理申请的人民法院书面申请复议一次。人民法院应当在收到复议申请之日起5日内作出答复。

人民法院根据当事人申请，经调取未能取得相应证据的，应当告知申请人并说明原因。

第二十六条 人民法院需要调取的证据在异地的，可以书面委托证据所在地人民法院调取。受托人民法院应当在收到委托书后，按照委托要求及时完成调取证据工作，送交委托人民法院。受托人民法院不能完成委托内容的，应当告知委托的人民法院并说明原因。

第二十七条 当事人根据行政诉讼法第三十六条的规定向人民法院申请保全证据的，应当在举证期限届满前以书面形式提出，并说明证据的名称和地点、保全的内容和范围、申请保全的理由等事项。

当事人申请保全证据的，人民法院可以要求其提供相应的担保。

法律、司法解释规定诉前保全证据的，依照其规定办理。

第二十八条 人民法院依照行政诉讼法第三十六条规定保全证据的，可以根据具体情况，采取查封、扣押、拍照、录音、录像、复制、鉴定、勘验、制作询问笔录等保全措施。

人民法院保全证据时，可以要求当事人或者其诉讼代理人到场。

第二十九条 原告或者第三人有证据或者有正当理由表明被告据以认定案件事实的鉴定结论可能有错误，在举证期限内书面申请重新鉴定的，人民法院应予准许。

第三十条 当事人对人民法院委托的鉴定部门作出的鉴定结论有异议申请重新鉴

定，提出证据证明存在下列情形之一的，人民法院应予准许：

（一）鉴定部门或者鉴定人不具有相应的鉴定资格的；

（二）鉴定程序严重违法的；

（三）鉴定结论明显依据不足的；

（四）经过质证不能作为证据使用的其他情形。

对有缺陷的鉴定结论，可以通过补充鉴定、重新质证或者补充质证等方式解决。

第三十一条 对需要鉴定的事项负有举证责任的当事人，在举证期限内无正当理由不提出鉴定申请、不预交鉴定费用或者拒不提供相关材料，致使对案件争议的事实无法通过鉴定结论予以认定的，应当对该事实承担举证不能的法律后果。

第三十二条 人民法院对委托或者指定的鉴定部门出具的鉴定书，应当审查是否具有下列内容：

（一）鉴定的内容；

（二）鉴定时提交的相关材料；

（三）鉴定的依据和使用的科学技术手段；

（四）鉴定的过程；

（五）明确的鉴定结论；

（六）鉴定部门和鉴定人鉴定资格的说明；

（七）鉴定人及鉴定部门签名盖章。

前款内容欠缺或者鉴定结论不明确的，人民法院可以要求鉴定部门予以说明、补充鉴定或者重新鉴定。

第三十三条 人民法院可以依当事人申请或者依职权勘验现场。

勘验现场时，勘验人必须出示人民法院的证件，并邀请当地基层组织或者当事人所在单位派人参加。当事人或其成年亲属应当到场，拒不到场的，不影响勘验的进行，但应当在勘验笔录中说明情况。

第三十四条 审判人员应当制作勘验笔录，记载勘验的时间、地点、勘验人、在场人、勘验的经过和结果，由勘验人、当事人、在场人签名。

勘验现场时绘制的现场图，应当注明绘制的时间、方位、绘制人姓名和身份等内容。

当事人对勘验结论有异议的，可以在举证期限内申请重新勘验，是否准许由人民法院决定。

四、证据的对质辨认和核实

第三十五条 证据应当在法庭上出示，并经庭审质证。未经庭审质证的证据，不能作为定案的依据。

当事人在庭前证据交换过程中没有争议并记录在卷的证据，经审判人员在庭审中说明后，可以作为认定案件事实的依据。

第三十六条 经合法传唤，因被告无正当理由拒不到庭而需要依法缺席判决的，被告提供的证据不能作为定案的依据，但当事人在庭前交换证据中没有争议的证据除外。

第三十七条 涉及国家秘密、商业秘密和个人隐私或者法律规定的其他应当保密的证据，不得在开庭时公开质证。

第三十八条 当事人申请人民法院调取的证据，由申请调取证据的当事人在庭审中出示，并由当事人质证。

人民法院依职权调取的证据，由法庭出示，并可就调取该证据的情况进行说明，听取当事人意见。

第三十九条 当事人应当围绕证据的关联性、合法性和真实性，针对证据有无证明效力以及证明效力大小，进行质证。

经法庭准许，当事人及其代理人可以就证据问题相互发问，也可以向证人、鉴定人或者勘验人发问。

当事人及其代理人相互发问，或者向证人、鉴定人、勘验人发问时，发问的内容应当与案件事实有关联，不得采用引诱、威胁、侮辱等语言或者方式。

第四十条 对书证、物证和视听资料进行质证时，当事人应当出示证据的原件或者原物。但有下列情况之一的除外：

（一）出示原件或者原物确有困难并经法庭准许可以出示复制件或者复制品的；

（二）原件或者原物已不存在，可以出示证明复制件、复制品与原件、原物一致的其他证据。

视听资料应当当庭播放或者显示，并由当事人进行质证。

第四十一条 凡是知道案件事实的人，都有出庭作证的义务。有下列情形之一的，经人民法院准许，当事人可以提交书面证言：

（一）当事人在行政程序或者庭前证据交换中对证人证言无异议的；

（二）证人因年迈体弱或者行动不便无法出庭的；

（三）证人因路途遥远、交通不便无法出庭的；

（四）证人因自然灾害等不可抗力或者其他意外事件无法出庭的；

（五）证人因其他特殊原因确实无法出庭的。

第四十二条 不能正确表达意志的人不能作证。

根据当事人申请，人民法院可以就证人能否正确表达意志进行审查或者交由有关部门鉴定。必要时，人民法院也可以依职权交由有关部门鉴定。

第四十三条 当事人申请证人出庭作证的，应当在举证期限届满前提出，并经人民法院许可。人民法院准许证人出庭作证的，应当在开庭审理前通知证人出庭作证。

当事人在庭审过程中要求证人出庭作证的，法庭可以根据审理案件的具体情况，决定是否准许以及是否延期审理。

第四十四条 有下列情形之一，原告或者第三人可以要求相关行政执法人员作为证人出庭作证：

（一）对现场笔录的合法性或者真实性有异议的；

（二）对扣押财产的品种或者数量有异议的；

（三）对检验的物品取样或者保管有异议的；

（四）对行政执法人员的身份的合法性有异议的；

（五）需要出庭作证的其他情形。

第四十五条　证人出庭作证时，应当出示证明其身份的证件。法庭应当告知其诚实作证的法律义务和作伪证的法律责任。

出庭作证的证人不得旁听案件的审理。法庭询问证人时，其他证人不得在场，但组织证人对质的除外。

第四十六条　证人应当陈述其亲历的具体事实。证人根据其经历所作的判断、推测或者评论，不能作为定案的依据。

第四十七条　当事人要求鉴定人出庭接受询问的，鉴定人应当出庭。鉴定人因正当事由不能出庭的，经法庭准许，可以不出庭，由当事人对其书面鉴定结论进行质证。

鉴定人不能出庭的正当事由，参照本规定第四十一条的规定。

对于出庭接受询问的鉴定人，法庭应当核实其身份、与当事人及案件的关系，并告知鉴定人如实说明鉴定情况的法律义务和故意作虚假说明的法律责任。

第四十八条　对被诉具体行政行为涉及的专门性问题，当事人可以向法庭申请由专业人员出庭进行说明，法庭也可以通知专业人员出庭说明。必要时，法庭可以组织专业人员进行对质。

当事人对出庭的专业人员是否具备相应专业知识、学历、资历等专业资格等有异议的，可以进行询问。由法庭决定其是否可以作为专业人员出庭。

专业人员可以对鉴定人进行询问。

第四十九条　法庭在质证过程中，对与案件没有关联的证据材料，应予排除并说明理由。

法庭在质证过程中，准许当事人补充证据的，对补充的证据仍应进行质证。

法庭对经过庭审质证的证据，除确有必要外，一般不再进行质证。

第五十条　在第二审程序中，对当事人依法提供的新的证据，法庭应当进行质证；当事人对第一审认定的证据仍有争议的，法庭也应当进行质证。

第五十一条　按照审判监督程序审理的案件，对当事人依法提供的新的证据，法庭应当进行质证；因原判决、裁定认定事实的证据不足而提起再审所涉及的主要证据，法庭也应当进行质证。

第五十二条　本规定第五十条和第五十一条中的"新的证据"是指以下证据：

（一）在一审程序中应当准予延期提供而未获准许的证据；

（二）当事人在一审程序中依法申请调取而未获准许或者未取得，人民法院在第二审程序中调取的证据；

（三）原告或者第三人提供的在举证期限届满后发现的证据。

五、证据的审核认定

第五十三条　人民法院裁判行政案件，应当以证据证明的案件事实为依据。

第五十四条　法庭应当对经过庭审质证的证据和无需质证的证据进行逐一审查和对全部证据综合审查，遵循法官职业道德，运用逻辑推理和生活经验，进行全面、客观和公正地分析判断，确定证据材料与案件事实之间的证明关系，排除不具有关联性的证据材料，准确认定案件事实。

第五十五条 法庭应当根据案件的具体情况，从以下方面审查证据的合法性：

（一）证据是否符合法定形式；

（二）证据的取得是否符合法律、法规、司法解释和规章的要求；

（三）是否有影响证据效力的其他违法情形。

第五十六条 法庭应当根据案件的具体情况，从以下方面审查证据的真实性：

（一）证据形成的原因；

（二）发现证据时的客观环境；

（三）证据是否为原件、原物，复制件、复制品与原件、原物是否相符；

（四）提供证据的人或者证人与当事人是否具有利害关系；

（五）影响证据真实性的其他因素。

第五十七条 下列证据材料不能作为定案依据：

（一）严重违反法定程序收集的证据材料；

（二）以偷拍、偷录、窃听等手段获取侵害他人合法权益的证据材料；

（三）以利诱、欺诈、胁迫、暴力等不正当手段获取的证据材料；

（四）当事人无正当事由超出举证期限提供的证据材料；

（五）在中华人民共和国领域以外或者在中华人民共和国香港特别行政区、澳门特别行政区和台湾地区形成的未办理法定证明手续的证据材料；

（六）当事人无正当理由拒不提供原件、原物，又无其他证据印证，且对方当事人不予认可的证据的复制件或者复制品；

（七）被当事人或者他人进行技术处理而无法辨明真伪的证据材料；

（八）不能正确表达意志的证人提供的证言；

（九）不具备合法性和真实性的其他证据材料。

第五十八条 以违反法律禁止性规定或者侵犯他人合法权益的方法取得的证据，不能作为认定案件事实的依据。

第五十九条 被告在行政程序中依照法定程序要求原告提供证据，原告依法应当提供而拒不提供，在诉讼程序中提供的证据，人民法院一般不予采纳。

第六十条 下列证据不能作为认定被诉具体行政行为合法的依据：

（一）被告及其诉讼代理人在作出具体行政行为后或者在诉讼程序中自行收集的证据；

（二）被告在行政程序中非法剥夺公民、法人或者其他组织依法享有的陈述、申辩或者听证权利所采用的证据；

（三）原告或者第三人在诉讼程序中提供的、被告在行政程序中未作为具体行政行为依据的证据。

第六十一条 复议机关在复议程序中收集和补充的证据，或者作出原具体行政行为的行政机关在复议程序中未向复议机关提交的证据，不能作为人民法院认定原具体行政行为合法的依据。

第六十二条 对被告在行政程序中采纳的鉴定结论，原告或者第三人提出证据证明有下列情形之一的，人民法院不予采纳：

（一）鉴定人不具备鉴定资格；

（二）鉴定程序严重违法；

（三）鉴定结论错误、不明确或者内容不完整。

第六十三条 证明同一事实的数个证据，其证明效力一般可以按照下列情形分别认定：

（一）国家机关以及其他职能部门依职权制作的公文文书优于其他书证；

（二）鉴定结论、现场笔录、勘验笔录、档案材料以及经过公证或者登记的书证优于其他书证、视听资料和证人证言；

（三）原件、原物优于复制件、复制品；

（四）法定鉴定部门的鉴定结论优于其他鉴定部门的鉴定结论；

（五）法庭主持勘验所制作的勘验笔录优于其他部门主持勘验所制作的勘验笔录；

（六）原始证据优于传来证据；

（七）其他证人证言优于与当事人有亲属关系或者其他密切关系的证人提供的对该当事人有利的证言；

（八）出庭作证的证人证言优于未出庭作证的证人证言；

（九）数个种类不同、内容一致的证据优于一个孤立的证据。

第六十四条 以有形载体固定或者显示的电子数据交换、电子邮件以及其他数据资料，其制作情况和真实性经对方当事人确认，或者以公证等其他有效方式予以证明的，与原件具有同等的证明效力。

第六十五条 在庭审中一方当事人或者其代理人在代理权限范围内对另一方当事人陈述的案件事实明确表示认可的，人民法院可以对该事实予以认定。但有相反证据足以推翻的除外。

第六十六条 在行政赔偿诉讼中，人民法院主持调解时当事人为达成调解协议而对案件事实的认可，不得在其后的诉讼中作为对其不利的证据。

第六十七条 在不受外力影响的情况下，一方当事人提供的证据，对方当事人明确表示认可的，可以认定该证据的证明效力；对方当事人予以否认，但不能提供充分的证据进行反驳的，可以综合全案情况审查认定该证据的证明效力。

第六十八条 下列事实法庭可以直接认定：

（一）众所周知的事实；

（二）自然规律及定理；

（三）按照法律规定推定的事实；

（四）已经依法证明的事实；

（五）根据日常生活经验法则推定的事实。

前款（一）、（三）、（四）、（五）项，当事人有相反证据足以推翻的除外。

第六十九条 原告确有证据证明被告持有的证据对原告有利，被告无正当事由拒不提供的，可以推定原告的主张成立。

第七十条 生效的人民法院裁判文书或者仲裁机构裁决文书确认的事实，可以作为定案依据。但是如果发现裁判文书或者裁决文书认定的事实有重大问题的，应当中止诉讼，通过法定程序予以纠正后恢复诉讼。

第七十一条 下列证据不能单独作为定案依据：

（一）未成年人所作的与其年龄和智力状况不相适应的证言；

（二）与一方当事人有亲属关系或者其他密切关系的证人所作的对该当事人有利的证言，或者与一方当事人有不利关系的证人所作的对该当事人不利的证言；

（三）应当出庭作证而无正当理由不出庭作证的证人证言；

（四）难以识别是否经过修改的视听资料；

（五）无法与原件、原物核对的复制件或者复制品；

（六）经一方当事人或者他人改动，对方当事人不予认可的证据材料；

（七）其他不能单独作为定案依据的证据材料。

第七十二条 庭审中经过质证的证据，能够当庭认定的，应当当庭认定；不能当庭认定的，应当在合议庭合议时认定。

人民法院应当在裁判文书中阐明证据是否采纳的理由。

第七十三条 法庭发现当庭认定的证据有误，可以按照下列方式纠正：

（一）庭审结束前发现错误的，应当重新进行认定；

（二）庭审结束后宣判前发现错误的，在裁判文书中予以更正并说明理由，也可以再次开庭予以认定；

（三）有新的证据材料可能推翻已认定的证据的，应当再次开庭予以认定。

六、附　则

第七十四条 证人、鉴定人及其近亲属的人身和财产安全受法律保护。

人民法院应当对证人、鉴定人的住址和联系方式予以保密。

第七十五条 证人、鉴定人因出庭作证或者接受询问而支出的合理费用，由提供证人、鉴定人的一方当事人先行支付，由败诉一方当事人承担。

第七十六条 证人、鉴定人作伪证的，依照行政诉讼法第四十九条第一款第（二）项的规定追究其法律责任。

第七十七条 诉讼参与人或者其他人有对审判人员或者证人、鉴定人、勘验人及其近亲属实施威胁、侮辱、殴打、骚扰或者打击报复等妨碍行政诉讼行为的，依照行政诉讼法第四十九条第一款第（三）项、第（五）项或者第（六）项的规定追究其法律责任。

第七十八条 对应当协助调取证据的单位和个人，无正当理由拒不履行协助义务的，依照行政诉讼法第四十九条第一款第（五）项的规定追究其法律责任。

第七十九条 本院以前有关行政诉讼的司法解释与本规定不一致的，以本规定为准。

第八十条 本规定自2002年10月1日起施行。2002年10月1日尚未审结的一审、二审和再审行政案件不适用本规定。

本规定施行前已经审结的行政案件，当事人以违反本规定为由申请再审的，人民法院不予支持。

本规定施行后按照审判监督程序决定再审的行政案件,适用本规定。

最高人民法院
印发《关于审理证券行政处罚案件证据若干问题的座谈会纪要》的通知

2011年7月13日　　　　　　　　　　　　　　法〔2011〕225号

各省、自治区、直辖市高级人民法院,新疆维吾尔自治区高级人民法院生产建设兵团分院:

现将《关于审理证券行政处罚案件证据若干问题的座谈会纪要》印发给你们,请结合审判工作实际参照执行。执行中遇到问题,请及时报告我院。

附:

关于审理证券行政处罚案件证据若干问题的座谈会纪要

为进一步完善证券行政处罚案件的证据规则,推动证券监管机构依法行政,保护广大投资者合法权益,促进资本市场健康发展,最高人民法院对证券行政处罚案件证据运用中存在的突出问题进行了专题调研,在充分听取有关法院和部门意见并反复论证的基础上,根据《中华人民共和国行政诉讼法》、《中华人民共和国行政处罚法》和《中华人民共和国证券法》等法律规定,起草了证券行政处罚案件中有关证据问题的意见。2011年6月23日,最高人民法院会同有关部门在北京召开专题座谈会,对证券行政处罚案件中有关证据审查认定等问题形成共识。现将有关内容纪要如下:

一、关于证券行政处罚案件的举证问题

会议认为,监管机构根据行政诉讼法第三十二条、《最高人民法院关于行政诉讼证据若干问题的规定》第一条的规定,对作出的被诉行政处罚决定承担举证责任。人民法院在审理证券行政处罚案件时,也应当考虑到部分类型的证券违法行为的特殊性,由监管机构承担主要违法事实的证明责任,通过推定的方式适当向原告、第三人转移部分特定事实的证明责任。

监管机构在听证程序中书面明确告知行政相对人享有提供排除其涉嫌违法行为证据

的权利,行政相对人能够提供但无正当理由拒不提供,后又在诉讼中提供的,人民法院一般不予采纳。行政处罚相对人在行政程序中未提供但有正当理由,在诉讼中依照《最高人民法院关于行政诉讼证据若干问题的规定》提供的证据,人民法院应当采纳。

监管机构除依法向人民法院提供据以作出被诉行政处罚决定的证据和依据外,还应当提交原告、第三人在行政程序中提供的证据材料。

二、关于电子数据证据

会议认为,证券交易和信息传递电子化、网络化、无线化等特点决定电子交易信息、网络 IP 地址、通讯记录、电子邮件等电子数据证据在证券行政案件中至关重要。但由于电子数据证据具有载体多样,复制简单、容易被删改和伪造等特点,对电子数据证据的证据形式要求和审核认定应较其他证据方法更为严格。根据行政诉讼法第三十一条第一款第(三)项的规定,《最高人民法院关于行政诉讼证据若干问题的规定》第十二条、第六十四条的规定,当事人可以向人民法院提供电子数据证据证明待证事实,相关电子数据证据应当符合下列要求:

(一)无法提取电子数据原始载体或者提取确有困难的,可以提供电子数据复制件,但必须附有不能或者难以提取原始载体的原因、复制过程以及原始载体存放地点或者电子数据网络地址的说明,并由复制件制作人和原始电子数据持有人签名或者盖章,或者以公证等其他有效形式证明电子数据与原始载体的一致性和完整性。

(二)收集电子数据应当依法制作笔录,详细记载取证的参与人员、技术方法、步骤和过程,记录收集对象的事项名称、内容、规格、类别以及时间、地点等,或者将收集电子数据的过程拍照或录像。

(三)收集的电子数据应当使用光盘或者其他数字存储介质备份。监管机构为取证人时,应当妥善保存至少一份封存状态的电子数据备份件,并随案移送,以备法庭质证和认证使用。

(四)提供通过技术手段恢复或者破解的与案件有关的光盘或者其他数字存储介质、电子设备中被删除的数据、隐藏或者加密的电子数据,必须附有恢复或破解对象、过程、方法和结果的专业说明。对方当事人对该专业说明持异议,并且有证据表明上述方式获取的电子数据存在篡改、剪裁、删除和添加等不真实情况的,可以向人民法院申请鉴定,人民法院应予准许。

三、关于专业意见

会议认为,对被诉行政处罚决定涉及的专门性问题,当事人可以向人民法院提供其聘请的专业机构、特定行业专家出具的统计分析意见和规则解释意见;人民法院认为有必要的,也可以聘请相关专业机构、专家出具意见。

专业意见应当在法庭上出示,并经庭审质证。当事人可以申请人民法院通知出具相关意见的专业人员出庭说明,人民法院也可以通知专业人员出庭说明。专业意见之间相互矛盾的,人民法院可以组织专业人员进行对质。

人民法院应当根据案件的具体情况,从以下方面审核认定上述专业意见:(一)专业机构或者专家是否与本案有利害关系；（二）专业机构或者专家是否具有合法资质；（三）专业机构或者专家所得出的意见是否超出指定的范围，形式是否规范，内容是否完整，结论是否明确；（四）行政程序中形成的专业意见是否告知对方当事人，并听取对方当事人的质辩意见。

四、关于上市公司信息披露违法责任人的证明问题

会议认为，根据证券法第六十八条规定，上市公司董事、监事、高级管理人员对上市公司信息披露的真实性、准确性和完整性应当承担较其他人员更严格的法定保证责任。人民法院在审理证券法第一百九十三条违反信息披露义务行政处罚案件时，涉及对直接负责的主管人员和其他直接责任人员处罚的，应当区分证券法第六十八条规定的人员和该范围之外其他人员的不同责任标准与证明方式。

监管机构根据证券法第六十八条、第一百九十三条规定，结合上市公司董事、监事、高级管理人员与信息披露违法行为之间履行职责的关联程度，认定其为直接负责的主管人员或者其他直接责任人员并给予处罚，被处罚人不服提起诉讼的，应当提供其对该信息披露行为已尽忠实、勤勉义务等证据。

对上市公司董事、监事、高级管理人员之外的人员，监管机构认定其为上市公司信息披露违法行为直接负责的主管人员或者其他直接责任人员并给予处罚的，应当证明被处罚人具有下列情形之一：（一）实际履行董事、监事和高级管理人员的职责，并与信息披露违法行为存在直接关联；（二）组织、参与、实施信息披露违法行为或直接导致信息披露违法。

五、关于内幕交易行为的认定问题

会议认为，监管机构提供的证据能够证明以下情形之一，且被处罚人不能作出合理说明或者提供证据排除其存在利用内幕信息从事相关证券交易活动的，人民法院可以确认被诉处罚决定认定的内幕交易行为成立：（一）证券法第七十四条规定的证券交易内幕信息知情人，进行了与该内幕信息有关的证券交易活动；（二）证券法第七十四条规定的内幕信息知情人的配偶、父母、子女以及其他有密切关系的人，其证券交易活动与该内幕信息基本吻合；（三）因履行工作职责知悉上述内幕信息并进行了与该信息有关的证券交易活动；（四）非法获取内幕信息，并进行了与该内幕信息有关的证券交易活动；（五）内幕信息公开前与内幕信息知情人或知晓该内幕信息的人联络、接触，其证券交易活动与内幕信息高度吻合。

（七）法律适用

最高人民法院关于适用《行政复议法》第三十条第一款有关问题的批复

法释〔2003〕5号

（2003年1月9日最高人民法院审判委员会第1263次会议通过 2003年2月25日最高人民法院公告公布 自2003年2月28日起施行）

山西省高级人民法院：

你院《关于适用〈行政复议法〉第三十条第一款有关问题的请示》收悉。经研究，答复如下：

根据《行政复议法》第三十条第一款的规定，公民、法人或者其他组织认为行政机关确认土地、矿藏、水流、森林、山岭、草原、荒地、滩涂、海域等自然资源的所有权或者使用权的具体行政行为，侵犯其已经依法取得的自然资源所有权或者使用权的，经行政复议后，才可以向人民法院提起行政诉讼，但法律另有规定的除外；对涉及自然资源所有权或者使用权的行政处罚、行政强制措施等其他具体行政行为提起行政诉讼的，不适用《行政复议法》第三十条第一款的规定。

此复。

最高人民法院行政审判庭
关于税务行政案件起诉期限问题的电话答复

(1990年12月27日)

湖北省高级人民法院：

你院行审文字〔90〕第42号关于税务行政案件起诉期限的请示报告收悉。经研究，同意你院意见，即根据行政诉讼法第三十八条第二款的规定："申请人不服复议决定的，可以在收到复议决定书之日起十五日内向人民法院提起诉讼。""法律另有规定的除外。"中华人民共和国税收征收管理暂行条例规定当事人不服税务机关复议裁决的起诉期限为三十日。因该条例属于行政法规，不属于法律，故应适用行政诉讼法规定的起诉期限。如果税务复议裁决交代起诉期限为三十日，当事人在接到复议决定书之日起十五日后至三十日以前向人民法院起诉的，应视为当事人在法定期限内提起诉讼。

此复。

最高人民法院
关于人民检察院对行政诉讼进行法律监督
具体程序问题请示的答复

1991年8月19日　　　　　　　　　　法〔行〕函〔1991〕91号

广东省高级人民法院：

你院粤法行〔1991〕33号《关于人民检察院对行政诉讼进行法律监督具体程序问题的请示》收悉。经研究，答复如下：

根据《行政诉讼法》第六十四条、《人民检察院组织法》第十八条的规定，参照《民事诉讼法》第一百八十六条和第一百八十八条的规定，对人民检察院按照审判监督程序提出抗诉的行政案件，人民法院应当再审。再审开庭时，应当通知人民检察院派员出席法庭，并将裁判结果告诉提出抗诉的人民检察院。人民检察院在审查拟提出抗诉的行政案件时，可以向人民法院调阅有关案件材料。

最高人民法院行政审判庭
关于出售淫秽物品如何计算
追溯期限问题的电话答复

(1991年8月21日)

四川省高级人民法院：

你院川法研〔1991〕30号《关于出售淫秽物品如何计算追溯期限问题的请示》收悉。经研究答复如下：

原则上同意你院的意见。

一、行为人"将淫秽物品出售他人后"，应当视为其违法行为已经终了。"致使淫秽物品接连不断地在社会上转卖、复制、传播"，只能作为其违法行为的情节（即所造成的后果）来考虑，而不能视为连续或继续状态。

二、根据《治安管理处罚条例》第十八条之规定，违反治安管理处罚条例的行为，只要超过法定追溯期限，即不能追究行为人的法律责任。

此复。

最高人民法院行政审判庭
关于乡治安室工作人员执行职务中故意
伤害当事人造成的损害乡人民政府
应否承担责任问题的电话答复

(1991年10月10日)

四川省高级人民法院：

你院川法研〔1991〕45号《关于乡治安室工作人员执行职务中故意伤害当事人造成的损害乡人民政府应否承担赔偿责任的请示》收悉。经研究，同意你们的第二种意见。

最高人民法院
关于人民法院审理行政案件对缺乏法律和法规依据的规章的规定应如何参照问题的答复

1994年1月13日　　　　　　　　　　　　法行复字〔1993〕第5号

辽宁省高级人民法院：

你院〔1993〕行疑字第3号《关于刘淑华不服公路费征稽行政处罚一案如何参照规章问题的请示》收悉。经研究并征求国务院法制局的意见，答复如下：

国务院发布的《中华人民共和国公路管理条例》没有规定公路行政管理部门对拖缴、逃缴公路规费的单位和个人可以采取扣留驾驶证、行车证、车辆等强制措施。而辽宁省人民政府发布的《关于加强公路养路费征收稽查工作的通告》第六条"可以采取扣留驾驶证、行车证、车辆等强制措施"的规定，缺乏法律和法规依据，人民法院在审理具体案件时应适用国务院发布的《中华人民共和国公路管理条例》的有关规定。

此复。

最高人民法院办公厅
关于转发《国务院办公厅关于征收水资源费有关问题的通知》的通知

1995年5月10日　　　　　　　　　　　　法办发〔1995〕1号

各省、自治区、直辖市高级人民法院：

现将国务院办公厅国办发〔1995〕27号《国务院办公厅关于征收水资源费有关问题的通知》转发你们，请你们在审理关于征收水资源费行政案件时，参照该通知的有关规定执行。

附:

国务院办公厅
关于征收水资源费有关问题的通知

1995年4月25日　　　　　　　　　　　国办发〔1995〕27号

各省、自治区、直辖市人民政府,国务院各部委、各直属机构:

自1988年7月1日起施行的《中华人民共和国水法》规定,水资源费征收办法由国务院规定。在国务院未发布水资源费征收办法的情况下,一些省、自治区、直辖市先后制定了征收水资源费的办法,在本行政区域内开征了水资源费。经国务院同意,现就有关问题通知如下:

一、水资源费征收和使用办法已经列入国务院的立法工作计划,水利部和建设部应当抓紧起草,尽快报国务院审批。

二、在国务院发布水资源费征收和使用办法前,水资源费的征收工作暂按省、自治区、直辖市的规定执行。但是,对中央直属水电厂的发电用水和火电厂的循环冷却水暂不征收水资源费,已经征收的,不再重新处理;对在农村收取的水资源费,按照《中共中央办公厅、国务院办公厅关于涉及农民负担项目审核处理意见的通知》的规定,缓收5年。

最高人民法院
关于对河道采砂应否缴纳矿产资源补偿费问题的答复

1995年9月6日　　　　　　　　　　　〔1995〕法行字第9号

湖南省高级人民法院:

你院湘高法行〔1995〕2号请示收悉。关于河道采砂应否缴纳矿产资源补偿费的问题,经研究,答复如下:

国务院1994年4月1日颁布施行的《矿产资源补偿费征收管理规定》第二条规定:"在中华人民共和国领域和其他管辖海域开采矿产资源,应当依照本规定缴纳矿产资源补偿费,法律、法规另有规定的,从其规定。"附录中将天然石英砂(玻璃用砂、建筑用砂、铸型用砂、水泥标准用砂、砖瓦用砂)列在应征收矿产资源补偿费的矿种之内。

据此，采砂人凡在《矿产资源补偿费征收管理规定》施行以后在河道采砂的，均应依照该规定缴纳矿产资源补偿费。法律、行政法规另有规定的除外。

此复。

最高人民法院
关于对地下热水的属性及适用法律问题的答复

1996年5月6日　　　　　　　　　　　　　〔1996〕法行字第5号

福建省高级人民法院：

你院〔1995〕闽行他字第4号《关于地下热水的属性及适用法律问题的请示》收悉。经研究并征求国务院法制局的意见，现答复如下：

地下热水（25℃以上）属于地热资源，具有矿产资源和水资源的双重属性。对地下热水的勘查、开发、利用、保护和管理应当适用《中华人民共和国矿产资源法》、《中华人民共和国矿产资源法实施细则》和《矿产资源补偿费征收管理规定》。但在依法办理城市规划区内地下热水（25℃以上）的开采登记手续时，应当附具水行政主管部门和城市建设行政主管部门的审查意见。

此复。

最高人民法院办公厅
关于转发《国务院法制局关于征收企业专用码头货物港务费具体适用规章问题的复函》的通知

1996年5月8日　　　　　　　　　　　　　法办〔1996〕36号

各省、自治区、直辖市高级人民法院：

现将国务院法制局国法办函〔1996〕31号"关于征收企业专用码头货物港务费具体适用规章问题的复函"转发给你们，请你们在审理此类案件时予以参照。

附：

国务院法制局
关于征收企业专用码头货物港务费
具体适用规章问题的复函

1996年4月15日　　　　　　　　　　　　　国法办函〔1996〕31号

最高人民法院行政审判庭：

你庭〔1995〕行复字第3号函收悉。经研究，提出以下意见，供参考：

1983年3月25日国务院批转的《交通部关于长江航运体制改革方案》规定，"为鼓励各航运企业、工矿企业和物资部门建设码头的积极性，要本着谁建、谁用、谁管、谁受益的原则，经港口管理局批准，均可建立专用码头，成立装卸服务公司，亦可经营船舶装卸业务"，"港务费（包括船舶港务费和货物港务费）应由港口管理当局征收，用于维护进出港航道、码头和锚地"。1984年1月9日，原国家经委、交通部制定的《企业专用码头建设和管理试行办法》（即交海字17号文件）第九条规定，"企业专用码头从事本企业生产所需的原材料和产品的装卸时，免收货物港务费"，同时要求"由主航道通向企业专用码头的航道、码头前沿以及港池水深的维护，由企业负责"。此后，交通部根据长江干线港口基础设施维护的实际情况，会同原国家物价局制定了新的港口费收办法，规定对经企业自建码头装卸的货物按规定金额征收货物港务费，然后向码头所属单位返回50%，用于码头等基础设施的维护。这一规定是符合交通部职责权限的，也是基本符合实际情况的。因此，原则上长江干线港口收费问题可按交通部会同原国家物价局制定的新的规定办理。但是，考虑到有的企业自建专用码头的情况比较特殊，经商交通部同意，对企业自行负责进出港航道、码头及锚地维护工作的，应当在现行收费标准的基础上酌情减免其货物港务费。

最高人民法院行政审判庭关于对佳木斯进出口公司第二部诉绥芬河市口岸管理委员会拍卖财产案的答复

1996年7月25日　　　　　　　　　　　　〔1996〕行他字第14号

黑龙江省高级人民法院：

你院〔1996〕黑行他字第1号"关于佳木斯进出口公司第二部不服绥芬河市口岸管理委员会拍卖财产一案的请示"收悉。经研究，答复如下：

进口货物在办妥报关手续前应根据《海关法》第二十一条的规定，由海关监管，其他机关对进口货物无管理职权。具体案件请你院依据法律规定处理。

最高人民法院行政审判庭关于《呼和浩特市废旧金属管理暂行规定》的效力问题的答复

1996年9月23日　　　　　　　　　　　　〔1996〕行他字第23号

内蒙古自治区高级人民法院：

你院关于在审理案件中是否适用《呼和浩特市废旧金属管理暂行规定》的请示，经研究原则上同意你院意见，即：《呼和浩特市废旧金属管理暂行规定》中关于废旧金属出省区运输必须办理准运证，非法外运的由公安机关没收的规定是没有法律法规依据的。人民法院在审理此类案件中应以国务院有关规定为依据。

最高人民法院行政审判庭
关于如何适用国务院国发〔1994〕41号
文件有关问题请示的答复

1997年6月4日　　　　　　　　　　　　　〔1997〕法行字第6号

山西省高级人民法院：

你院〔1997〕晋法行字第1号请示收悉。经研究，答复如下：

同意你院审判委员会的倾向性意见，即工商行政管理机关根据有关规定，对被举报涉嫌拉运假酒的特定车辆进行堵截，并对所载涉嫌假酒采取暂扣措施，不属于国务院国发〔1994〕41号文件明令禁止的上路设卡检查的行为。

最高人民法院行政审判庭
关于对无财产的已满14岁不满18岁的人
违反《治安管理处罚条例》可否适用
罚款处罚问题的电话答复

（1988年10月21日）

四川省高级法院研究室：

你院川法研〔1988〕48号请示收悉。关于对无财产的已满14岁不满18岁的人，违反《治安管理处罚条例》可否适用罚款处罚的问题，经研究，我们同意你院的第二种意见。

这个问题条例第九条已作明确规定，已满14岁不满18岁的人违反治安管理的，从轻处罚；不满14岁的人违反治安管理的，免予处罚，但是可以予以训诫，并责令其监护人严加管教。《条例》对无财产的已满14岁不满18岁的人违反治安管理，没有规定，不适用罚款处罚。鉴于监护人对未成年人员有法定的监护责任，所以对无财产的已满14岁不满18岁的人违反治安管理的可以适用罚款处罚，由其监护人支付罚款。

最高人民法院行政审判庭关于部门规章之间规定不一致时应如何对待问题的复函

1991年10月16日　　　　　　　　　　　　　　　法行〔1991〕1号

新疆维吾尔自治区高级人民法院：

你院新法行〔1991〕35号《关于国务院几个部、局制定的有关规章之间不一致的几个问题的请示》收悉。经研究，答复如下：

皮山县供销社不服皮山县税务局行政处罚一案，法院应适用当事人行为发生时生效的法律规范进行处理。从你院请示报告中所反映的该案的基本情况看，1988年3月至5月间皮山县供销社实施转移收购棉花的升溢款的行为时，生效的法律文件只有商业部〔1986〕商棉字第1号《关于棉花收购、加工盈亏问题的批复》。国家物价局、国家技术监督局〔1988〕价检字743号文件，国家物价局、国家技术监督局、商业部、纺织部〔1990〕价检字250号文件，国家税务局国税发〔1990〕205号文件当时均未生效。因此，该案不存在国务院几个部、局制定的有关规章之间不一致的问题，请你院依照该案的具体情况自行处理。

此复。

最高人民法院关于收容审查决定经行政判决撤销后被收审人又因同一事实被判刑原收审日期应否折抵刑期问题的答复

1995年9月13日　　　　　　　　　　　　　　　法明传〔1995〕382号

上海市高级人民法院：

你院沪高法〔1995〕6号《关于被告人被收容审查决定经行政判决撤销被收容审查的日期应否折抵刑期的请示》收悉。经研究，答复如下：

公安机关的收容审查决定经人民法院行政判决撤销，被收审人依法获得赔偿后，又因同一事实被人民法院判处刑罚的，其被收容审查的日期不予折抵刑期。

最高人民法院行政审判庭
关于对苹果苗木的检疫职权应由何部门行使的答复

1995年9月18日　　　　　　　　　　　〔1995〕行他字第16号

河南省高级人民法院：

你院《关于河南日报农村专版读者服务部不服长葛市森林病虫防治检疫站行政处罚一案的请示报告》收悉。经研究并征求国务院法制局的意见，答复如下：

根据1983年农业部、林业部两部分工的规定，本案中对苹果苗木的检疫职权应由农业部门行使。

本案中的其他问题请你院根据该案的具体情况依法处理。

此复。

最高人民法院行政审判庭
关于对《中华人民共和国城市规划法》第四十条如何适用的答复

1995年11月14日　　　　　　　　　　　〔1995〕法行字第15号

吉林省高级人民法院：

你院关于对《中华人民共和国城市规划法》第四十条应如何适用的请示收悉。经研究，答复如下：违反城市规划的行为人其违法行为是否属于"严重影响城市规则"，应从其违法行为的性质和后果来确认。违反该法第三十五条规定的，属于"严重影响城市规划"的行为，但"严重影响城市规划"的行为不仅限于该规定，应根据个案的具体情况予以确认。

最高人民法院行政审判庭
关于对包头市人民政府办公厅转发《包头市城市公共客运交通线路经营权有偿出让和转让的实施办法》中设定罚则是否符合法律、法规规定问题的答复

1997年6月2日　　　　　　　　　　　　〔1997〕行他字第11号

内蒙古自治区高级人民法院：

你院《关于对包头市人民政府办公厅转发〈包头市城市公共客运交通线路经营权有偿出让和转让的实施办法〉中设定罚则是否符合法律、法规问题的请示》收悉。经研究，答复如下：

包头市人民政府办公厅转发的包头市城乡建设局《包头市城市公共客运交通线路经营权有权出让和转让的实施办法》中设定的行政处罚种类，缺乏法律、法规依据，不宜作为审查被诉具体行政行为是否合法的根据。

此复。

最高人民法院
关于对自费出国留学人员计划生育有关问题的答复

1997年7月15日　　　　　　　　　　　　法函〔1997〕86号

浙江省高级人民法院：

你院"关于赵惠玲不服杭州市上城区人民政府清泰街道办事处计划生育行政处理一案的请示报告"（〔1996〕浙法行他字第15号）收悉。就该案涉及的国计生政字〔1989〕272号《通知》是否适用自费留学人员的问题，经研究并征求有关部门的意见，答复如下：

一、自费出国留学人员的计划生育问题，可以参照国家计划生育委员会、国家教委国计生政字〔1989〕272号《通知》的有关规定进行处理。

二、自费出国留学人员留学期间生育二胎属于超计划生育。教育、计划生育等部门

应根据国家有关政策对其进行批评、教育，但不宜征收超计划生育等费用。

最高人民法院
对山西省高级人民法院《关于对县级以上人民政府设立的建设工程质量监督站是否应由计量行政主管部门进行计量认证问题的请示》的答复

1997年8月29日　　　　　　　　　　　　〔1996〕法行字第7号

山西省高级人民法院：

你院《关于对县级以上人民政府设立的建设工程质量监督站是否应由计量行政部门进行计量认证问题的请示》收悉。经研究并征求有关部门意见，答复如下：

一、县级以上人民政府根据国家有关规定和实际情况设立的工程质量监督站是专门负责对建设工程质量监督检查的机构，该机构不需要经计量行政部门计量认证。

二、对建筑材料的质量管理应适用《中华人民共和国产品质量法》。凡从事建筑材料质量检验的机构必须具备相应的检验条件和能力，并经省级以上人民政府质量监督管理部门或者其授权的部门考核合格后，方可承担建筑材料的质量检验工作。

三、依据《中华人民共和国产品质量法》第十条的规定，根据监督抽查需要对产品进行检验的，不得向企业收取检验费用。

最高人民法院行政审判庭
关于劳动行政部门是否有权作出强制企业支付工伤职工医疗费用的决定的答复

1998年2月15日　　　　　　　　　　　　〔1997〕法行字第29号

山西省高级人民法院：

你院〔1997〕晋法行字第6号《关于如何理解和执行〈劳动法〉第五十七条的请示》收悉。经研究，原则同意你院的意见，即：根据现行法律规定，劳动行政部门无权作出强制企业支付工伤职工医疗费用的决定。

此复。

最高人民法院行政审判庭
关于非法取得土地使用权再转让
行为的法律适用问题的答复

1998年5月15日　　　　　　　　　　　　　〔1997〕法行字20号

福建省高级人民法院：

你院闽高法〔1997〕176号《关于对尚未依法取得房产权和划拨土地使用权而转让房地产的行为应如何定性问题的请示》收悉。经征求全国人大法工委的意见，答复如下：

关于你院请示对尚未依法取得房产权和划拨土地使用权而转让房地产的行为应如何定性的问题，全国人大法工委已对你省人大常委会办公厅闽常办〔1995〕综字037号《关于非法取得土地使用权后进行转让行为应如何定性问题的请示》作了答复。即："根据《土地管理法》的规定，无论以何种方式非法取得土地使用权，其再转让的行为都构成非法转让土地，应适用有关土地管理的法律追究其法律责任。"故不再另行答复，请你院据此执行。

最高人民法院行政审判庭
关于对农民长期使用但未取得合法权属
证明的土地应如何确定权属问题的答复

1998年8月17日　　　　　　　　　　　　〔1997〕行他字第17号

广西壮族自治区高级人民法院：

你院《关于北海市铁山港区营盘镇白龙村公所坪底村委第八（三）生产队不服合浦县人民政府土地权属处理纠纷一案适用法律问题的请示》收悉。经研究，答复如下：

根据《宪法》、《土地管理法》关于土地所有权规定的基本精神，对土地所有权有争议，但不能依法证明土地属农民集体所有的土地，应依照《土地管理法实施条例》第三条第（三）项的规定，并参照原国家土地管理局确定土地所有权使用权的有关规定确定土地所有权。

此外，考虑到该案的争议土地系农民长期使用，但未取得合法权属证明的特殊情况,建议你院向政府提出司法建议,即:如果国家使用该争议地,应参照国家征用土地的有关规定给以适当补偿。

最高人民法院行政审判庭
关于对人民防空部门出租人防设施,以洞养洞,是否收取土地出让金的答复

1998年12月6日　　　　　　　　　　　　　〔1996〕法行字第21号

湖南省高级人民法院:

你院〔1996〕湘行请字5号《关于人民防空地下设施改变使用性质是否需要收取土地出让金适用法律的请示》收悉。经研究并征求国务院法制办公室意见,我们认为:

人民防空是国防的组成部分,人民防空部门依据平战结合原则,出租人防设施,以洞养洞,似不应收取土地出让金。

最高人民法院行政审判庭
对河南省高级人民法院《关于应泽忠诉西峡县交通局行政强制措施案的法律问题的请示》的答复意见

1998年12月27日　　　　　　　　　　　　　〔1998〕行他字第23号

河南省高级人民法院:

你院《关于应泽忠诉西峡县交通局行政强制措施案的法律问题的请示》收悉。经研究,同意你院的倾向性意见,即在审理应泽忠诉河南省西峡县交通局行政强制措施一案中,应执行《中华人民共和国公路法》的有关规定。

最高人民法院行政审判庭
对吉林省高院"关于个体诊所是否应向工商行政部门办理营业执照的请示"的答复

1999年1月19日　　　　　　　　　　〔1996〕法行字第14号

吉林省高级人民法院：

你院吉高法〔1996〕59号请示收悉。经研究，答复如下：

关于个体诊所是否应向工商行政部门办理营业执照问题，法律、行政法规未作明确规定。人民法院在审理这类案件时，如地方性法规有明确规定，可参照地方性法规的具体规定办理。

最高人民法院行政审判庭
关于对广西壮族自治区高级人民法院《关于审理广东省雷州市外经公司凯华食品厂、刘秋海和冯昌炳不服广西北海市银海区公安交通警察大队暂扣汽车及其行驶证一案有关问题的请示》答复意见

1999年2月2日　　　　　　　　　　〔1999〕行他字第2号

广西壮族自治区高级人民法院：

你院《关于审理广东省雷州市外经公司凯华食品厂、刘秋海和冯昌炳不服广西北海市银海区公安交通警察大队暂扣汽车及其行驶证一案有关问题的请示》收悉。经研究，现就请示中的第一个问题答复如下：

关于被上诉人广西北海市银海区公安交通警察大队开具暂扣凭证和将车辆及行驶证扣押的行为能否当作两种行为看待的问题，我们原则同意你院审判委员会的第二种意见，即不应将开具暂扣凭证和将车辆及行驶证暂扣的行为看成是性质不同的两种行为，开具暂扣凭证和将车辆及行驶证暂扣的行为是一种强制措施行为。

请示中的其他问题，请你院根据案件的具体情况，依法处理。

最高人民法院行政审判庭
关于对违法收取电费的行为应由
物价行政管理部门监督管理的答复

1999年11月17日　　　　　　　　　　　　行他〔1999〕第6号

山西省高级人民法院：

你院〔1999〕晋法行字第9号"关于对乡镇企业管理局是否有权对电业局非法收取农村分类综合电价外的费用的行为进行处罚的请示"收悉。经研究，答复如下：

原则同意你院倾向性意见。即遵循特别法规定优于普通法规定的原则，对违法收取电费的行为，根据《电力法》第六十六条的规定，应由物价行政管理部门监督管理。

此复。

最高人民法院行政审判庭
关于审理行政案件时对善意
取得适用法律问题的答复

1999年11月24日　　　　　　　　　　　　〔1999〕行他字第5号

广东省高级人民法院：

你院〔1998〕粤高法行终字第9号《关于潮州市金贸经济发展有限公司诉饶平县公安局冻结、扣划银行存款上诉一案有关法律适用问题的请示报告》收悉。经研究，答复如下：

最高人民法院1996年12月16日发布的《关于审理诈骗案件具体应用法律的若干问题的解释》适用于该解释生效后发生的案件或者正在审理的案件。关于潮州市金贸经济发展有限公司被扣划的存款是否为善意取得，请你院在查清事实的基础上依法确认。

最高人民法院行政审判庭对《关于行政机关违法扣押当事人财产后又主动解除扣押的行为能否视为确认的请示》的答复

2000年1月25日　　　　　　　　　　　　法行〔1999〕18号

福建省高级人民法院：

你院《关于行政机关违法扣押当事人财产后又主动解除扣押的行为能否视为确认的请示》收悉。经研究，答复如下：

行政机关扣押当事人财产后又解除扣押，如解除扣押时明示扣押行为违法的，应认定扣押行为的违法性已被确认；解除时未明示扣押行为违法的，不能视为行政机关对扣押行为违法性已作确认。

最高人民法院关于对审理农用运输车行政管理纠纷案件应当如何适用法律问题的答复

2000年2月29日　　　　　　　　　　　　法行〔1999〕第14号

河南省高级人民法院：

你院〔1999〕豫法行请字第1号《关于审理农用运输车行政管理纠纷案件应当如何适用法律的请示报告》收悉。经研究，答复如下：

机动车道路交通应当由公安机关实行统一管理；作为机动车一种的农用运输车，其道路交通管理包括检验、发牌和驾驶员考核、发证等，也应当由公安机关统一负责。人民法院审理农用运输车行政管理纠纷案件，涉及相关行政管理职权的，应当适用《中华人民共和国道路交通管理条例》和《国务院关于改革道路交通管理体制的通知》的有关规定。

此复。

最高人民法院
关于如何适用《治安管理处罚条例》
第三十条规定的答复

2000年2月29日　　　　　　　　　　　〔1999〕行他字第27号

重庆市高级人民法院：

　　你院《关于董国亮不服重庆市公安局大渡口区分局治安管理处罚抗诉再审请示一案的请示报告》收悉。经研究，答复如下：

　　《治安管理处罚条例》第三十条规定的"卖淫嫖娼"，一般是指异性之间通过金钱交易，一方向另一方提供性服务以满足对方性欲的行为。至于具体性行为采用什么方式，不影响对卖淫嫖娼行为的认定。

　　此复。

最高人民法院行政审判庭
关于对人民法院审理港务监督
行政案件适用法律问题的答复

2000年11月1日　　　　　　　　　　　行他〔2000〕第13号

辽宁省高级人民法院：

　　你院〔2000〕辽行疑字第12号"关于大连康大船务公司诉大连港务监督停航通知行政行为的性质的请示报告"收悉。经研究，原则上同意你院审判委员会多数人的意见，即：大连港务监督大港监字〔1999〕第25号《关于南海明珠轮立即停航的紧急通知》，其性质属于行政强制措施，应适用《中华人民共和国海上交通安全法》。

　　此复。

最高人民法院
关于对人民法院审理公路交通行政案件
如何适用法律问题的答复

2001年2月1日　　　　　　　　　　　　　〔1999〕行他字第29号

广西壮族自治区高级人民法院：

你院〔1999〕桂行请字第60号《关于张仕红不服隆林县交通局暂扣车辆一案适用法律问题的请示》收悉。经研究，答复如下：

人民法院审理公路交通行政案件涉及地方性法规对交通部门暂扣运输车辆的规定与《中华人民共和国公路法》有关规定不一致的，应当适用《中华人民共和国公路法》的有关规定。

最高人民法院
关于对人民法院审理产品质量监督行政案件
如何适用法律问题的答复

2001年2月18日　　　　　　　　　　　　　〔1999〕行他字第15号

河南省高级人民法院：

你院关于审理产品质量监督行政案件中如何适用法律问题的请示收悉。经研究，答复如下：

人民法院在审理涉及产品质量监督行政案件时，应当适用具体行政行为作出时已经施行的《中华人民共和国产品质量法》的有关规定。

最高人民法院
关于对计量违法行为处一万元以上罚款的决定是否受《计量法实施细则》第六十条调整的请示的答复

2001年6月25日　　　　　　　　　　　　　　〔2000〕行他字第17号

辽宁省高级人民法院：

你院〔2000〕辽行疑字第15号《关于对计量违法行为适用〈辽宁省计量监督条例〉处一万元以上罚款是否受〈中华人民共和国计量法实施细则〉调整的请示》收悉。经研究，答复如下：

原则同意你院第一种意见。即辽宁省人民代表大会常务委员会通过的《辽宁省计量监督条例》第五十条的规定与经国务院批准、国家计量局发布的《中华人民共和国计量法实施细则》第六十条规定是一致的，人民法院认定诉计量行政罚款1万元以上决定的案件的行政处罚主体资格时，亦应适用《中华人民共和国计量法实施细则》第六十条的规定。

此复。

最高人民法院
关于劳动教养管理所不履行法定职责是否承担行政赔偿责任问题的批复

2001年7月4日　　　　　　　　　　　　　　〔1999〕行他字第11号

重庆市高级人民法院：

你院〔1999〕渝高法行示字第1号"关于王承玉、刘克勤诉重庆市西山坪劳动教养管理所行政赔偿上诉案的请示报告"收悉。经研究，答复如下：

重庆市西山坪劳动教养管理所未尽监管职责的行为属于不履行法定职责，对刘元林在劳动教养期间被同监室人员殴打致死，应当承担行政赔偿责任。人民法院在确定赔偿的数额时，应当考虑重庆市西山坪劳动教养管理所不履行法定职责的行为在造成刘元林死亡结果发生过程中所起的作用等因素。

此复。

最高人民法院关于对署法函〔2002〕442号函的答复意见的函

2002年11月7日　　　　　　　　　　法函〔2002〕87号

海关总署：

你署署法函〔2002〕442号《关于请求明确民事调解书认定事实法律效力的函》收悉。经研究，答复如下：

民事案件中当事人在不违反法律、行政法规的强制性规定的前提下，可以自由处置自己的实体权利和程序权利，包括对他人侵权行为的追究。在实践中，当事人也可能会基于诉讼成本的考虑或者其他原因放弃侵权抗辩或者侵权认定。《民事诉讼法》第八十五条规定"在事实清楚的基础上，分清是非，进行调解"与当事人自主处分其民事权利并不矛盾。在当事人已达成协议的情况下，人民法院可以在民事调解书中不对有关行为的侵权性质作出明确认定。

本案民事调解书〔即上海市第一中级人民法院〔2002〕沪一中民五（知）初字第141号民事调解书〕所确认的协议系双方当事人自愿并在对有关事实无争议的基础上达成的对有关行为的责任和当事人之间权利和义务的协议，符合民事诉讼法的有关规定。该民事调解书应属合法有效，当事人和有关行政执法部门应当执行该生效司法文书。

如涉及对该民事调解书具体内容的理解问题，应当由采取扣留措施的海关向出具该民事调解书的人民法院进行了解或请求该人民法院对有关问题作出解释。

最高人民法院对人民法院在审理计量行政案件中涉及的应否对食品卫生监督机构进行计量认证问题的答复

2003年4月29日　　　　　　　　　　法行〔2000〕29号

吉林省高级人民法院：

你院吉高法〔2000〕86号《关于食品卫生监督检验机构开展食品卫生监督检验工作是否应当适用〈中华人民共和国计量法〉第二十二条规定需要进行计量认证的请示》

收悉。经研究，答复如下：

参照 1996 年 10 月 7 日卫生部和国家技术监督局共同作出的《关于成立"国家计量认证卫生评审组"的通知》（卫科教发〔1996〕第 35 号）的有关规定，食品卫生监督机构一般不进行机构计量认证，但应按照《中华人民共和国计量法》及有关规定进行计量器具检定。

此复。

最高人民法院
对人民法院在审理盐业行政案件中如何适用国务院《食盐专营办法》第二十五条规定与《河南省盐业管理条例》第三十条第一款规定问题的答复

2003 年 4 月 29 日　　　　　　　　　　　　　　法行〔2000〕36 号

河南省高级人民法院：

你院豫高法行请〔2000〕4 号《关于〈河南省盐业管理条例〉第三十条第一款与国务院〈食盐专营办法〉第二十五条规定是否一致问题的请示》收悉。经研究，答复如下：

根据《中华人民共和国行政处罚法》第十一条第二款关于"法律、行政法规对违法行为已经作出行政处罚规定，地方性法规需要作出具体规定的，必须在法律、行政法规规定的给予行政处罚的行为、种类和幅度的范围内规定"的规定，《河南省盐业管理条例》第三十条第一款关于对承运人罚款基准为"盐产品价值"及对货主及承运人罚款幅度为"1 倍以上 3 倍以下"的规定，与国务院《食盐专营办法》第二十五条规定不一致。人民法院在审理有关行政案件时，应根据《中华人民共和国立法法》第六十四条第二款、第七十九条第二款规定的精神进行选择适用。

此复。

最高人民法院
对《关于秦大树不服重庆市涪陵区林业局行政处罚争议再审一案如何适用法律的请示》的答复

2003年6月23日　　　　　　　　　　　　〔2001〕行他字第7号

重庆市高级人民法院：

　　你院渝高法〔2001〕78号《关于秦大树不服重庆市涪陵区林业局行政处罚争议再审一案如何适用法律的请示》收悉。经研究，答复如下：

　　根据《中华人民共和国行政处罚法》第十一条第二款关于"法律、行政法规对违法行为已经作出行政处罚规定，地方性法规需要作出具体规定的，必须在法律、行政法规规定的给予行政处罚的行为、种类和幅度的范围内规定"的规定，《重庆市林业行政处罚条例》第二十二条第一款第（一）项关于没收无规定林产品运输证的林产品的规定，超出了《中华人民共和国森林法》规定的没收的范围。人民法院在审理有关行政案件时，应当适用上位法的规定。

最高人民法院办公厅
关于转发全国人民代表大会常务委员会法制工作委员会"对海关法第三十条规定具体适用问题的答复意见"的通知

2003年7月25日　　　　　　　　　　　　法办〔2003〕236号

辽宁、天津、山东、上海、浙江、湖北、福建、广东、海南、广西高级人民法院，各海事法院：

　　现将全国人民代表大会常务委员会法制工作委员会就海关总署请示的关于《海关法》第三十条规定具体适用问题的答复转发给你们，请在审判工作中执行。

附：

全国人民代表大会常务委员会法制工作委员会对海关法第三十条规定具体适用问题的答复意见

2003 年 6 月 26 日　　　　　　　　　　　法工委复字〔2003〕9 号

海关总署：

你署关于"商请对海关法第三十条规定具体适用问题进行研究并予以答复的函"（署法函〔2003〕74 号）已收悉。经研究，现答复如下：

1. 依照海关法第三十条第一款的规定，对海关变卖超期未报关的进口货物的余款，有权申请发还的主体为进口货物的收货人。

2. 海关法对"收货人"未作定义，对此应当按照通常的理解和其他法律的规定确定。按照通常理解和合同法、海商法的有关规定，"收货人"应当是指在运输合同中载明的收货人或凭指示的收货人，或者是不记名提单的持有人等有权提取货物的人。

3. 依照海关法第三十条第一款的规定，由海关依本条规定变卖处理的货物，如不属于限制进口的，变卖所得在依法扣除有关款项和税款后的余款，收货人有权在规定的期限内申请发还；海关应当发还。

最高人民法院
关于工商行政管理部门对医疗机构购买工业氧代替医用氧用于临床的行为是否有处罚权问题的答复

2003 年 9 月 5 日　　　　　　　　　　　〔2003〕行他字第 8 号

湖南省高级人民法院：

你院《关于涟源市人民医院不服涟源市工商行政管理局行政处罚一案的请示》收悉。经研究，答复如下：

《药品管理法》第三十二条规定，药品必须符合药品标准。国务院药品监督管理部门颁布的《中华人民共和国药典》和药品标准为国家药品标准。医用氧被列入《中华人民共和国药典》，制定有相应的国家药品标准，应当按照药品管理。

《产品质量法》和《消费者权益保护法》规定，有关法律、法规对处罚机关和处罚方式有规定的，依照法律、法规的规定执行。医疗机构购买工业氧代替医用氧用于临床的行为违反了《药品管理法》的有关规定，应当依照《药品管理法》的规定，由药品监督管理部门予以处罚。

最高人民法院
对《关于宋德基诉湛江市赤坎区国家税务局追缴税款行政纠纷最高人民检察院抗诉再审一案有关问题的请示》的答复

2003年9月22日　　　　　　　　　　　　〔2001〕行他字第17号

广东省高级人民法院：

你院《关于宋德基诉湛江市赤坎区国家税务局追缴税款行政纠纷最高人民检察院抗诉再审一案有关问题的请示》收悉。经研究，答复如下：

湛江市赤坎区国家税务局作出的〔94〕粤缴计字00028795号《中华人民共和国税收缴款书》是可诉的具体行政行为。当事人提起行政诉讼的，人民法院应当依法对其进行合法性审查。

最高人民法院
关于雷电防护设施检测机构是否应当进行计量认证问题的答复

2003年11月26日　　　　　　　　　　　〔2003〕行他字第13号

黑龙江省高级人民法院：

你院《关于五常市气象局不服哈尔滨市五常质量技术监督局行政处罚一案有关法律适用问题的请示报告》收悉。经研究，答复如下：

根据《中华人民共和国计量法》等有关法律的规定，雷电防护设施检测机构需要经过资格认证，但不需要经过计量认证。

最高人民法院
关于如何认定质量监督检验检疫部门在产品流通领域中行政管理职权问题的答复

2003年12月1日　　　　　　　　　　　　〔2003〕行他字第15号

湖北省高级人民法院：

你院《关于如何认定质量技术监督部门在产品流通领域中行政管理职权的请示》收悉，经研究认为：

国办发〔2001〕56号文和57号文根据《中华人民共和国产品质量法》第七十条的授权明确规定，国家质量监督检验检疫总局负责生产领域的产品质量监督管理；国家工商行政管理总局负责流通领域产品质量监督管理。有关部门在行使行政管理职权时，应当以此为依据。

此复。

最高人民法院
关于学校向学生推销保险收取保险公司佣金入账的行为是否构成不正当竞争行为的答复

2004年1月8日　　　　　　　　　　　　〔2003〕行他字第21号

黑龙江省高级人民法院：

你院〔2003〕黑行他字第3号《关于鹤岗铁路职工小学不服鹤岗市工商行政管理局行政处罚一案的请示报告》收悉。经研究答复如下：

根据《中华人民共和国反不正当竞争法》第八条第二款的规定，学校向学生推销保险收取保险公司佣金并入账的行为不宜视为不正当竞争行为。

此复。

最高人民法院行政审判庭
关于"红帽子"企业产权纠纷处理有关问题的意见

(2004年1月16日)

农业部乡镇企业行政执法领导小组:

基于20世纪80年代和90年代初的政策背景,企业"红帽子"现象比较普遍,产权界定存在障碍,产权纠纷的处理也存在一些不同的认识。结合乡镇企业法和行政诉讼法等有关规定,就"红帽子"企业产权纠纷处理有关问题提出如下意见:

一、程序上可以通过"红帽子"企业产权利害关系人向工商行政管理部门申请变更企业登记项目,工商行政管理部门拒绝变更的,申请人可以依法向人民法院提起行政诉讼,人民法院可以根据有关证据作出裁判;

二、人民法院在审理这类行政案件时,对实体问题应当尊重"谁投资谁所有"的原则。在审理过程中,人民法院可以依法委托审计等机关进行审计或者鉴定;

三、涉及企业产权可能存在国有性质的、应当告知当事人先向国有资产管理部门申请予以界定。

以上意见供参考。

最高人民法院
对《湖北省高级人民法院关于对塔式起重机的监督管理权限如何选择适用行政规章的请示》的答复

2004年2月16日　　　　　　　　　　〔2004〕行他字第2号

湖北省高级人民法院:

你院《关于塔式起重机的监督管理权限如何选择适用行政规章的请示》收悉,经研究,答复如下:

国家建设部、工商局、质量技术监督局联合制定的《施工现场安全防护用具及机械设备使用监督管理规定》,对起重机械的监督管理权限作了明确划分。人民法院审查行政机关在国务院《特种设备安全监察条例》施行前作出的相关具体行政行为,应当参照《施工现场安全防护用具及机械设备使用监督管理规定》。

最高人民法院
关于复议机关是否有权改变复议决定请示的答复

2004年4月5日　　　　　　　　　　　　　　〔2004〕行他字第5号

贵州省高级人民法院：

你院〔2004〕黔高行终字第02号《关于吴睿铧诉贵阳市人民政府撤销复议决定一案适用法律的请示》收悉。经研究认为：

行政复议机关认为自己作出的已经发生法律效力的复议决定有错误，有权自行改变。因行政机关改变或者撤销其原行政行为给当事人造成损害的，行政机关应该承担相应的责任。

此复。

最高人民法院行政审判庭
关于用水单位从水库取水应否缴纳水资源费问题的答复

2004年4月25日　　　　　　　　　　　　　〔2004〕行他字第24号

湖北省高级人民法院：

你院〔2004〕鄂行他字第5号《关于荆门市供水总公司诉湖北省水利厅水利行政征收一案法律适用问题的请示报告》收悉。

经研究并征求国务院法制办的意见，现答复如下：

水法对水资源属于国有和水资源实行有偿使用只作了原则性规定，在国务院制定水资源费征收办法前，除法律、行政法规明确规定不得征收水资源费的情况外，水资源费征收范围应暂按省、自治区、直辖市的规定执行。目前水库分为设计有供水功能的水库和没有供水功能的水库。有供水功能的水库，且水库管理单位已向水行政主管部门申请取水许可证并缴纳水资源费的，用水户仅需按用水量和水利工程供水价格向水库管理单位支付水利工程水费，无需再向国家缴纳水资源费；没有供水功能的水库，则用水户应当依法直接向水行政主管部门申请取水许可并缴纳水资源费。

此复。

最高人民法院
关于印发《关于审理行政案件适用法律规范问题的座谈会纪要》的通知

2004年5月18日　　　　　　　　　　　　　　　法〔2004〕96号

各省、自治区、直辖市高级人民法院，新疆维吾尔自治区高级人民法院生产建设兵团分院：

现将《关于审理行政案件适用法律规范问题的座谈会纪要》印发给你们，请参照执行。执行中有什么问题，请及时报告我院。

附：

关于审理行政案件适用法律规范问题的座谈会纪要

行政审判涉及的法律规范层级和门类较多，《立法法》施行以后有关法律适用规则亦发生了很大变化，在法律适用中经常遇到如何识别法律依据、解决法律规范冲突等各种疑难问题。这些问题能否妥当地加以解决，直接影响行政审判的公正和效率。而且，随着我国法治水平的提高和适应加入世贸组织的需要，行政审判在解决法律规范冲突、维护法制统一中的作用越来越突出。为准确适用法律规范，确保行政案件的公正审理，维护国家法制的统一和尊严，促进依法行政，最高人民法院行政审判庭曾就审理行政案件适用法律规范的突出问题进行专题调研，并征求有关部门意见。2003年10月，最高人民法院在上海召开全国法院行政审判工作座谈会期间，就审理行政案件适用法律规范问题进行了专题座谈。与会人员在总结审判经验的基础上，根据《立法法》《行政诉讼法》及其他有关法律规定，对一些带有普遍性的问题形成了共识。现将有关内容纪要如下：

一、关于行政案件的审判依据

根据《行政诉讼法》和《立法法》有关规定，人民法院审理行政案件，依据法律、行政法规、地方性法规、自治条例和单行条例，参照规章。在参照规章时，应当对规章的规定是否合法有效进行判断，对于合法有效的规章应当适用。根据《立法法》《行政法规制定程序条例》和《规章制定程序条例》关于法律、行政法规和规章的解释的规定，全国人大常委会的法律解释，国务院或者国务院授权的部门公布的行政法规解释，人民法院作为审理行政案件的法律依据；规章制定机关作出的与规章具有同等效力的规章解释，人民法院审理行政案件时参照适用。

考虑建国后我国立法程序的沿革情况，现行有效的行政法规有以下三种类型：一是国务院制定并公布的行政法规；二是《立法法》施行以前，按照当时有效的行政法规制定程序，经国务院批准、由国务院部门公布的行政法规。但在《立法法》施行以后，经国务院批准、由国务院部门公布的规范性文件，不再属于行政法规；三是在清理行政法规时由国务院确认的其他行政法规。

行政审判实践中，经常涉及有关部门为指导法律执行或者实施行政措施而作出的具体应用解释和制定的其他规范性文件，主要是：国务院部门以及省、市、自治区和较大的市的人民政府或其主管部门对于具体应用法律、法规或规章作出的解释；县级以上人民政府及其主管部门制定发布的具有普遍约束力的决定、命令或其他规范性文件。行政机关往往将这些具体应用解释和其他规范性文件作为具体行政行为的直接依据。这些具体应用解释和规范性文件不是正式的法律渊源，对人民法院不具有法律规范意义上的约束力。但是，人民法院经审查认为被诉具体行政行为依据的具体应用解释和其他规范性文件合法、有效并合理、适当的，在认定被诉具体行政行为合法性时应承认其效力；人民法院可以在裁判理由中对具体应用解释和其他规范性文件是否合法、有效、合理或适当进行评述。

二、关于法律规范冲突的适用规则

调整同一对象的两个或者两个以上的法律规范因规定不同的法律后果而产生冲突的，一般情况下应当按照《立法法》规定的上位法优于下位法、后法优于前法以及特别法优于一般法等法律适用规则，判断和选择所应适用的法律规范。冲突规范所涉及的事项比较重大、有关机关对是否存在冲突有不同意见、应当优先适用的法律规范的合法有效性尚有疑问或者按照法律适用规则不能确定如何适用时，依据《立法法》规定的程序逐级送请有权机关裁决。

（一）下位法不符合上位法的判断和适用

下位法的规定不符合上位法的，人民法院原则上应当适用上位法。当前许多具体行政行为是依据下位法作出的，并未援引和适用上位法。在这种情况下，为维护法制统一，人民法院审查具体行政行为的合法性时，应当对下位法是否符合上位法一并进行判断。经判断下位法与上位法相抵触的，应当依据上位法认定被诉具体行政行为的合法性。从审判实践看，下位法不符合上位法的常见情形有：下位法缩小上位法规定的权利主体范围，或者违反上位法立法目的扩大上位法规定的权利主体范围；下位法限制或者剥夺上位法规定的权利，或者违反上位法立法目的扩大上位法规定的权利范围；下位法扩大行政主体或其职权范围；下位法延长上位法规定的履行法定职责期限；下位法以参照、准用等方式扩大或者限缩上位法规定的义务或者义务主体的范围、性质或者条件；下位法增设或者限缩违反上位法规定的适用条件；下位法扩大或者限缩上位法规定的给予行政处罚的行为、种类和幅度的范围；下位法改变上位法已规定的违法行为的性质；

下位法超出上位法规定的强制措施的适用范围、种类和方式，以及增设或者限缩其适用条件；法规、规章或者其他规范文件设定不符合行政许可法规定的行政许可，或者增设违反上位法的行政许可条件；其他相抵触的情形。

法律、行政法规或者地方性法规修改后，其实施性规定未被明文废止的，人民法院在适用时应当区分下列情形：实施性规定与修改后的法律、行政法规或者地方性法规相抵触的，不予适用；因法律、行政法规或者地方性法规的修改，相应的实施性规定丧失依据而不能单独施行的，不予适用；实施性规定与修改后的法律、行政法规或者地方性法规不相抵触的，可以适用。

（二）特别规定与一般规定的适用关系

同一法律、行政法规、地方性法规、自治条例和单行条例、规章内的不同条文对相同事项有一般规定和特别规定的，优先适用特别规定。

法律之间、行政法规之间或者地方性法规之间对同一事项的新的一般规定与旧的特别规定不一致的，人民法院原则上应按照下列情形适用：新的一般规定允许旧的特别规定继续适用的，适用旧的特别规定；新的一般规定废止旧的特别规定的，适用新的一般规定。不能确定新的一般规定是否允许旧的规定继续适用的，人民法院应当中止行政案件的审理，属于法律的，逐级上报最高人民法院送请全国人民代表大会常务委员会裁决；属于行政法规的，逐级上报最高人民法院送请国务院裁决；属于地方性法规的，由高级人民法院送请制定机关裁决。

（三）地方性法规与部门规章冲突的选择适用

地方性法规与部门规章之间对同一事项的规定不一致的，人民法院一般可以按照下列情形适用：（1）法律或者行政法规授权部门规章作出实施性规定的，其规定优先适用；（2）尚未制定法律、行政法规的，部门规章对于国务院决定、命令授权的事项，或者对于中央宏观调控的事项、需要全国统一的市场活动规则及对外贸易和外商投资等需要全国统一规定的事项作出的规定，应当优先适用；（3）地方性法规根据法律或者行政法规的授权，根据本行政区域的实际情况作出的具体规定，应当优先适用；（4）地方性法规对属于地方性事务的事项作出的规定，应当优先适用；（5）尚未制定法律、行政法规的，地方性法规根据本行政区域的具体情况，对需要全国统一规定以外的事项作出的规定，应当优先适用；（6）能够直接适用的其他情形。不能确定如何适用的，应当中止行政案件的审理，逐级上报最高人民法院按照《立法法》第八十六条第一款第（二）项的规定送请有权机关处理。

（四）规章冲突的选择适用

部门规章与地方政府规章之间对相同事项的规定不一致的，人民法院一般可以按照下列情形适用：（1）法律或者行政法规授权部门规章作出实施性规定的，其规定优先适用；（2）尚未制定法律、行政法规的，部门规章对于国务院决定、命令授权的事项，或者对属于中央宏观调控的事项、需要全国统一的市场活动规则及对外贸易和外商投资等事项作出的规定，应当优先适用；（3）地方政府规章根据法律或者行政法规的授权，根据本行政区域的实际情况作出的具体规定，应当优先适用；（4）地方政府规章对属于本行政区域的具体行政管理事项作出的规定，应当优先适用；（5）能够直接适用的其他情形。不能确定如何适用的，应当中止行政案件的审理，逐级上报最高人民法院送请国务院裁决。

国务院部门之间制定的规章对同一事项的规定不一致的，人民法院一般可以按照下列情形选择适用：（1）适用与上位法不相抵触的部门规章规定；（2）与上位法均不抵触的，优先适用根据专属职权制定的规章规定；（3）两个以上的国务院部门就涉及其职权范围的事项联合制定的规章规定，优先于其中一个部门单独作出的规定；（4）能够选择适用的其他情形。不能确定如何适用的，应当中止行政案件的审理，逐级上报最高人民法院送请国务院裁决。

国务院部门或者省、市、自治区人民政府制定的其他规范性文件对相同事项的规定不一致的，参照上列精神处理。

三、关于新旧法律规范的适用规则

根据行政审判中的普遍认识和做法，行政相对人的行为发生在新法施行以前，具体行政行为作出在新法施行以后，人民法院审查具体行政行为的合法性时，实体问题适用旧法规定，程序问题适用新法规定，但下列情形除外：（一）法律、法规或规章另有规定的；（二）适用新法对保护行政相对人的合法权益更为有利的；（三）按照具体行政行为的性质应当适用新法的实体规定的。

四、关于法律规范具体应用解释问题

在裁判案件中解释法律规范，是人民法院适用法律的重要组成部分。人民法院对于所适用的法律规范，一般按照其通常语义进行解释；有专业上的特殊涵义的，该涵义优先；语义不清楚或者有歧义的，可以根据上下文和立法宗旨、目的和原则等确定其涵义。

法律规范在列举其适用的典型事项后，又以"等""其他"等词语进行表述的，属于不完全列举的例示性规定。以"等""其他"等概括性用语表示的事项，均为明文列举的事项以外的事项，且其所概括的情形应为与列举事项类似的事项。

人民法院在解释和适用法律时，应当妥善处理法律效果与社会效果的关系，既要严格适用法律规定和维护法律规定的严肃性，确保法律适用的确定性、统一性和连续性，又要注意与时俱进，注意办案的社会效果，避免刻板僵化地理解和适用法律条文，在法律适用中维护国家利益和社会公共利益。

最高人民法院
对甘肃省高级人民法院〔2003〕甘行终字第98号请示的答复[*]

2004年7月15日　　　　　　　　　　〔2004〕行他字第10号

甘肃省高级人民法院：

你院〔2003〕甘行终字第98号《关于胡起立不服甘肃省公安厅少年收容教养决定上诉一案的请示》已收悉。经研究，答复如下：

《刑法》第十七条第四款关于"因不满十六周岁不予刑事处罚的……；在必要的时候，可以由政府收容教养"的规定，适用于因不满十四周岁不予刑事处罚的情形。

此复。

最高人民法院
关于没收财产是否应进行听证及没收经营药品行为等有关法律问题的答复

2004年9月4日　　　　　　　　　　〔2004〕行他字第1号

新疆维吾尔自治区高级人民法院：

你院〔2003〕新行监字第27号请求报告收悉。经研究，答复如下：

一、人民法院经审理认定，行政机关作出没收较大数额财产的行政处罚决定前，未告知当事人有权要求举行听证或者未按规定举行听证的，应当根据《行政处罚法》的有关规定，确认该行政处罚决定违反法定程序。有关较大数额的标准问题，实行中央垂直领导的行政管理部门作出的没收处罚决定，应参照国务院部委的有关较大数额罚款标准的规定认定；其他行政管理部门作出没收处罚决定，应参照省、自治区、直辖市人民政府的相关规定认定。

二、根据《行政处罚法》《药品管理法》的有关规定，没收处罚只能由法律、行政法规或者地方性法规、自治条例作出规定。

---

[*] 也作"最高人民法院关于胡起立不服甘肃省公安厅少年收容教养决定上诉一案的请示的答复"。

最高人民法院行政审判庭关于河南省高级人民法院就《焦作爱依斯万方公司诉焦作市劳动局工伤认定案件的请示》的电话答复

2005年1月12日　　　　　　　　　　　　　　　〔2004〕行他字第14号

河南省高级人民法院：

你院《焦作爱依斯万方公司诉焦作市劳动局工伤认定案件的请示》收悉。经研究，答复如下：

请示案件的事实发生在1996年10月1日至2004年1月1日期间应当适用《企业职工工伤保险试行办法》的有关规定，依法定程序处理工伤认定；2004年1月1日之后，应当适用《工伤保险条例》等有效的法律规范进行判断。

最高人民法院行政审判庭关于行政机关颁发自然资源所有权或者使用权证的行为是否属于确认行政行为问题的答复

2005年2月24日　　　　　　　　　　　　　　　〔2005〕行他字第4号

甘肃省高级人民法院：

你院报送的《关于行政机关颁发土地、矿藏等自然资源所有权或者使用权证的行为是否属于确认具体行政行为的请示》收悉。经研究答复如下：

最高人民法院法释〔2003〕5号批复中的"确认"，是指当事人对自然资源的权属发生争议后，行政机关对争议的自然资源的所有权或者使用权所作的确权决定。有关土地等自然资源所有权或者使用权的初始登记，属于行政许可性质，不应包括在行政确认范畴之内。据此，行政机关颁发自然资源所有权或者使用权证书的行为不属于复议前置的情形。

此复。

最高人民法院关于行政复议机关受理行政复议申请后，发现复议申请不属于行政复议法规定的复议范围，复议机关作出终止行政复议决定的，人民法院如何处理的答复

2005年6月3日　　　　　　　　　　　　〔2005〕行他字第11号

北京市高级人民法院：

你院京高法〔2005〕102号《关于国务院法制办公室对北京市人民政府法制办公室〈关于终止审理余国玉复议案件的请示的复函〉有关问题的请示》收悉。经研究，原则同意你院倾向性意见，即行政复议机关受理行政复议申请后，发现该行政复议申请不符合法定的行政复议范围，作出终止行政复议决定。当事人不服，向人民法院提起诉讼，人民法院经审查认为，该复议申请不属于行政复议范围的，可以依法驳回其诉讼请求。

附：

北京市高级人民法院关于国务院法制办公室对北京市人民政府法制办公室《关于终止审理余国玉复议案件的请示的复函》有关问题的请示

2005年4月19日

最高人民法院：

国务院法制办公室国法函〔2002〕3号《对北京市人民政府法制办公室〈关于终止审理余国玉复议案件的请示〉的复函》（以下简称《复函》）规定：行政复议机关受理行政复议申请后，发现该行政复议申请不符合《中华人民共和国行政复议法》（以下简称《行政复议法》）规定的，可以决定终止行政复议。

针对上述情况，实践中有两种意见：一种意见认为《行政复议法》对行政复议机关受理行政复议申请后，发现复议申请不属于《行政复议法》复议范围而决定终止行政复议的，不符合《行政复议法》规定的复议终止情形，人民法院对此应以缺乏法律依据为由，判决撤销复议决定。另一种意见认为《复函》是对行政复议机关不应受理而受理的

行政复议申请提出的结案方式意见,是对《行政复议法》结案方式上存在不足的弥补。行政复议机关受理行政复议申请后,发现复议申请不属于《行政复议法》规定的复议范围,可以参照《复函》的规定,决定终止行政复议。人民法院在审理此类案件中,经审查,如果认为行政复议机关终止行政复议决定行为认定事实清楚,应予维持。经研究,我们倾向于第二种意见。

当否,请批复。

最高人民法院
关于适用《中华人民共和国行政复议法》第三十条第二款有关问题的答复

2005年9月20日　　　　　　　　　　　　　〔2005〕行他字第23号

江苏省高级人民法院:

你院《关于适用〈中华人民共和国行政复议法〉第三十条第二款有关问题的请示》收悉,经研究,同意你院审委会第一种意见,即《中华人民共和国行政复议法》第三十条第二款规定的最终裁决应当包括两种情形:一是国务院或者省级人民政府对行政区划的勘定、调整或者征用土地的决定;二是省级人民政府据此确认自然资源的所有权或者使用权的行政复议决定。

此复。

最高人民法院
关于经销商对分期付款保留所有权的车辆应否承担缴纳养路费义务问题的答复

2006年4月6日　　　　　　　　　　　　　〔2005〕行他字第18号

山西省高级人民法院:

你院〔2005〕晋法行字第3号《关于对分期付款保留所有权的车辆经销商应否承担缴纳养路费义务问题的请示》收悉。经研究,答复如下:

原则同意你院第一种意见。《公路养路费征收管理规定》第四条和《山西省公路养路费征收管理规定》第二条的规定,车辆的所有权人应当依照有关规定缴纳养路费。

最高人民法院
关于工商部门对农村信用合作社的不正当竞争行为是否有权查处问题的答复

2006年8月18日　　　　　　　　　　　　　〔2005〕行他字第10号

安徽省高级人民法院：

你院《关于安徽省利辛县孙集农村信用合作社诉安徽省亳州市工商行政管理局工商行政处罚一案适用法律问题的请示报告》收悉。经研究，并征求国务院法制办、国家工商总局和银监会的意见，答复如下：

原则同意你院第一种意见，即依照《中华人民共和国商业银行法》第十条、第七十四条第（三）项、第九十三条规定及《中华人民共和国反不正当竞争法》第三条第二款规定，对农村信用合作社的金融违法行为包括反不正当竞争行为的监督管理职权，应由银行业监督管理机构行使。

最高人民法院行政审判庭
关于对江苏高院就徐继康不服南京市工商行政管理局下关分局扣押财产一案请示的答复

2006年9月27日　　　　　　　　　　　　　〔2004〕行他字第3号

江苏省高级人民法院：

你院《关于徐继康不服南京市工商局下关分局扣押财产强制措施一案的请示报告》收悉。经研究，答复如下：

原则同意你院审判委员会倾向性意见，即："坐堂医生"接受医院的聘请，宣传推销其研制的药品并为患者代购药品，如果其不具有销售药品的经营权，不宜认定为反不正当竞争法所规定的经营者。

反不正当竞争法没有授予工商行政管理机关扣押财产的权力，如果下位法与该法的规定不一致，应当适用反不正当竞争法的规定。

最高人民法院行政审判庭关于对无烟草专卖批发企业许可证经营烟草批发业务行为应当由何机关处理的答复

2006年9月29日　　　　　　　　　　　〔2006〕行他字第1号

云南省高级人民法院：

你院报送的《关于昆明旭明经贸有限公司诉昆明市工商行政管理局五华分局行政处罚抗诉再审一案的请示报告》收悉。经研究答复如下：

有烟草零售许可证但无烟草专卖批发企业许可证经营烟草批发业务的，应当适用《中华人民共和国烟草专卖法》第三十三条的规定，由烟草主管行政机关处理。

此复。

最高人民法院行政审判庭关于在已取得土地使用权的范围内开采砂石是否需办理矿产开采许可证问题的答复

2006年10月31日　　　　　　　　　　　〔2006〕行他字第15号

青海省高级人民法院：

你院《关于对在已取得土地使用权的范围内开采砂石是否再办理矿产开采许可证的请示》收悉。经研究，答复如下：

原则同意你院第二种意见。即根据《矿产资源法实施细则》第十五条关于"本细则由地质矿产部负责解释"的规定，参照国土资源部国土资函（1998）190号《关于开山凿石、采挖砂、石、土等矿产资源适用法律问题的复函》中关于"建设单位因工程施工而动用砂、石、土，但不将其投入流通领域以获取矿产品营利为目的，或就地采挖砂、石、土用于公益性建设的，不办理采矿许可证，不缴纳资源补偿费"的解释，水电站建设单位因工程施工而在批准用地的范围内采挖砂、石、土，用于水电站大坝混凝土浇筑工程的，无须办理矿产开采许可证及缴纳资源补偿费。

此复。

最高人民法院行政审判庭
关于工商行政管理部门审查颁发个体工商户营业执照是否以环保评价许可为前置条件问题的答复

2006年11月27日　　　　　　　　　　　〔2006〕行他字第2号

福建省高级人民法院：

　　你院《关于工商行政管理部门审查颁发个体工商户营业执照是否适用法律规定环保评价前置许可的请示》收悉。经研究，答复如下：

　　公民个人租赁住宅楼开办个体餐馆的，不属于环境影响评价法第十六条第三款关于"建设项目的环境影响评价分类名录"规定中的"建设项目"。

　　公民之间因个体餐馆排放的噪声空气污染产生争议的，可以依照环境噪声污染防治法和大气污染防治法的有关规定处理，经营管理者应采取有效措施，使其边界噪声、排放物达到国家规定的环境噪声、排放物的排放标准；对他人造成危害的，应承担相应的赔偿责任。

　　此复。

最高人民法院
关于因第三人造成工伤的职工或其亲属在获得民事赔偿后是否还可以获得工伤保险补偿问题的答复

2006年12月28日　　　　　　　　　　　〔2006〕行他字第12号

新疆维吾尔自治区高级人民法院生产建设兵团分院：

　　你院《关于因第三人造成工伤死亡的亲属在获得高于工伤保险待遇的民事赔偿后是否还可以获得工伤保险补偿问题的请示报告》收悉。经研究，答复如下：

　　原则同意你院审判委员会的倾向性意见。即根据《中华人民共和国安全生产法》第四十八条以及最高人民法院《关于审理人身损害赔偿案件适用法律若干问题的解释》第十二条的规定，因第三人造成工伤的职工或其近亲属，从第三人处获得民事赔偿后，可以按照《工伤保险条例》第三十七条的规定，向工伤保险机构申请工伤保险待遇补偿。

　　此复。

最高人民法院
关于退休人员与现工作单位之间是否构成劳动关系以及工作时间内受伤是否适用《工伤保险条例》问题的答复

2007年7月5日　　　　　　　　　　〔2007〕行他字第6号

重庆市高级人民法院：

你院〔2006〕渝高法行示字第14号《关于离退休人员与现在工作单位之间是否构成劳动关系以及工作时间内受伤是否适用〈工伤保险条例〉一案的请示》收悉。

经研究，原则同意你院第二种意见，即：根据《工伤保险条例》第2条、第61条等有关规定，离退休人员受聘于现工作单位，现工作单位已经为其缴纳了工伤保险费，其在受聘期间因工作受到事故伤害的，应当适用《工伤保险条例》的有关规定处理。

最高人民法院
关于职工外出学习休息期间受到他人伤害应否认定为工伤问题的答复

2007年9月7日　　　　　　　　　　〔2007〕行他字第9号

辽宁省高级人民法院：

你院〔2007〕辽行他字第1号《关于职工外出学习休息期间受到他人伤害应否认定为工伤的请示》收悉。

经研究，答复如下：

原则同意你院审判委员会倾向性意见，即职工受单位指派外出学习期间，在学习单位安排的休息场所休息时受到他人伤害的，应当认定为工伤。

此复。

最高人民法院行政审判庭
关于征收中央直属发电厂的水力发电用水和火力发电贯流式冷却用水水资源费问题的答复

2007 年 11 月 5 日　　　　　　　　　　〔2007〕行他字第 17 号

广西壮族自治区高级人民法院：

你院报来的《关于广西桂冠电力股份有限公司诉大化瑶族自治县水利局征收水资源费及行政处罚上诉一案的请示》收悉。经研究，答复如下：

国务院颁布的《取水许可和水资源费征收管理条例》于 2006 年 4 月 15 日起施行，在该条例施行之后，应当根据该条例的有关规定征收水资源费。

此复。

最高人民法院
关于印发《关于审理与低温雨雪冰冻灾害有关的行政案件若干问题的座谈会纪要》的通知

2008 年 4 月 29 日　　　　　　　　　　法〔2008〕139 号

各省、自治区、直辖市高级人民法院，新疆维吾尔自治区高级人民法院生产建设兵团分院：

现将《关于审理与低温雨雪冰冻灾害有关的行政案件若干问题的座谈会纪要》印发给你们，请参照执行。执行中有什么问题，请及时报告最高人民法院。

附：

关于审理与低温雨雪冰冻灾害有关的行政案件若干问题的座谈会纪要

2008年1月中旬到2月上旬，我国南方地区遭受历史罕见的低温雨雪冰冻灾害。灾情发生后，党中央、国务院高度重视，及时作出部署，采取有力措施，在受灾地区干部群众的共同努力和全国人民的大力支援下，夺取了抗灾救灾和灾后重建工作的重大胜利。此间，各级人民政府及其相关部门实施了大量应急措施，在确保了应急抢险抗灾和灾后恢复重建等各项工作高效有序开展的同时，也不可避免地会引发一些矛盾和纠纷，其中有些行政争议已经起诉到人民法院。为了妥善处理此类案件，切实维护抗灾救灾大局，最高人民法院行政审判庭于2008年4月11日在贵州省贵阳市召开了部分法院参加的审理低温雨雪冰冻灾害相关行政案件若干问题的座谈会，根据《行政诉讼法》和《突发事件应对法》等有关法律的规定，对一些具有普遍性的问题达成了共识。现就有关内容纪要如下：

一、关于审理原则

会议认为，低温雨雪冰冻灾害属于造成严重社会危害的突发事件，需要采取应急处置措施予以应对。与此相关的行政案件，具有不同于一般行政案件的特殊性，因此，在审理时应把握好以下原则：

（一）服从服务大局，实现两个统一。对低温雨雪冰冻灾害的应急抢险抗灾措施，是在党中央、国务院直接领导下研究、决定和部署的特别重大突发事件的应对工作，事关国家安全、公共安全、人民生命和财产安全，事关社会的稳定与和谐。人民法院在处理有关行政案件时，必须牢固树立服从和服务大局的意识，克服就案办案、孤立办案倾向，妥善处理国家利益、公共利益和个人利益的关系，努力实现法律效果和社会效果的统一。通过公正、高效的审判，切实维护抗灾救灾的胜利成果和灾后恢复与重建的各项部署和安排。

（二）注重权利救济，切实保障民生。低温雨雪冰冻灾害期间行政权力的特殊行使，有时对公民权利会有一些限制或者造成损害。人民法院在办案时应当从关注和保障民生，维护好、实现好、发展好最广大人民根本利益的高度出发，充分保护公民、法人和其他组织依法获得救济的权利。对因灾害引发的行政案件，凡是符合法定起诉条件的，均应当及时立案，不得以属于紧急状态为由不予受理。在案件审理中，要用足、用好法律、法规的规定，最大程度地保护公民、法人或者其他组织的合法权益。

（三）遵从应急规则，维护权力运行。突发事件应对属于非常时期，与正常情况下行政权力的行使有着明显的不同。人民法院在审理相关行政案件时，既要坚持合法性审查原则，依法对行政机关突发事件应对活动进行司法监督，又要充分考虑灾害期间行政权力的特殊运行原则，切实维护行政机关在控制、减轻和消除灾害后果方面所采取的各种必要的应对活动。一是为了保护人民生命财产安全，维护国家安全、公共安全、环境安全和社会秩序，有可能暂停、限制或者克减特定个体的某些权利；二是为了迅速应对突发事件，需要更多地追求效率价值，遵循某些特殊的程序性规定；三是行政权力应当依法行使，行政机关依照《突发事件应对法》和其他有关法律、法规、规章规定采取的应急处置措施，人民法院应当依法予以维护；四是人民法院应当尊重行政机关在危机状态下较大的自由裁量权，但以处置灾害为由滥用行政权力的，人民法院不予支持；五是有关人民政府及其部门采取的应对突发事件的措施，与突发事件可能造成社会危害的性质、程度和范围相适应的，人民法院应当依法予以支持；有多种措施可供选择的，应当选择有利于最大程度地保护公民、法人或者其他组织权益的措施。

二、关于期限问题

（一）关于起诉期限。公民、法人或者其他组织因低温雨雪冰冻灾害耽误法定起诉期限，在障碍消除后的 10 日内申请延长期限的，人民法院应当认定属于《行政诉讼法》第四十条规定的不可抗力。低温雨雪冰冻灾害的起止时间，原则上应以当地气象部门的认定为准。

（二）关于举证期限。被告因低温雨雪冰冻灾害逾期提供证据，或者无法在收到起诉状副本之日起 10 日内向人民法院提出延期提供证据书面申请的，人民法院应当认定属于《最高人民法院关于行政诉讼证据若干问题的规定》第一条规定的不可抗力或者客观上不能控制的其他正当事由，一般不视为被诉具体行政行为没有相应的证据。原告或者第三人因低温雨雪冰冻灾害申请延期提供证据的，经人民法院准许，可以在法庭调查中提供。由于低温雨雪冰冻灾害属于众所周知的事实，原则上无需诉讼当事人举证证明。

（三）关于中止诉讼问题。因低温雨雪冰冻灾害致使诉讼活动不能正常进行的，适用《最高人民法院关于执行〈中华人民共和国行政诉讼法〉若干问题的规定》第五十一条关于中止诉讼的规定，人民法院可以依职权作出中止诉讼的裁定。

三、关于行政处罚、行政强制措施类案件的处理

（一）不服行政处罚和行政强制措施案件。对于履行统一领导职责的人民政府以及公安、工商、物价等机关依照《突发事件应对法》作出的行政处罚和行政强制措施等行政行为，只要实体合法，不宜仅以行政程序存在瑕疵而判决撤销或者确认违法。

（二）不服交通管制案件。对于不服履行统一领导职责的人民政府以及公安机关为应对雨雪冰冻灾害而采取的交通管制、交通秩序疏导等措施提出行政赔偿请求的案件，可以依法判决驳回原告的诉讼请求。

（三）不服临时价格干预措施案件。对于物价部门加强市场监管，对生活必需品、救灾物资实行临时价格干预的措施，可以依法判决驳回原告的诉讼请求。

（四）不服林业执法案件。对于林业行政执法部门针对公民、法人或者其他组织灾

后以树木难以成活等为由，未经批准自行清理的行为作出的罚款、没收财物等行政处罚，人民法院应根据案件具体情况慎重处理；对于自行清理行为构成借机乱砍滥伐林木的，应当依法维持行政机关的行政处罚决定。

四、关于工伤认定类行政案件的处理

（一）临时雇用员工的工伤认定。低温雨雪冰冻灾害期间，用人单位为维护国家利益和公共利益的需要，在恢复交通、通信、供电、供水、排水、供气、道路抢修、保障食品、饮用水、燃料等基本生活必需品的供应、组织营救和救治受害人员等过程中，临时雇用员工受到伤害的，可视为工伤，参照《工伤保险条例》的规定进行处理。

（二）工作时间的认定。低温雨雪冰冻灾害期间，工作时间应作宽泛理解，不仅指企业明确规定的上班至下班时间段，还应包括企业当班组长、班长或者某项具体工作负责人同意和安排的临时加班工作的时间。

（三）工作场所的认定。鉴于灾害期间的特殊情势，对于工作场所的认定，应当综合考虑工作职责、工作性质、工作需要、工作纪律等因素。某些劳动者可能存在多处或者不固定的工作地点和工作岗位，也有可能在企业住所地以外的场所，应当根据具体案情从宽掌握。原则上，凡是与职工的工作职责相关的场所，一般应认定为工作场所。

（四）上下班途中的认定。低温雨雪冰冻灾害期间，上下班的路线不宜只严格掌握为工作地点和居住地点之间特定的、固定的路线。只要路线没有显失合理且方向正确，一般应予认定。

五、关于行政征用、发放救济款物以及减免税费、救助、抚恤、安置等类行政案件的处理

（一）行政征用案件。公民、法人或者其他组织就有关人民政府及其部门依照《突发事件应对法》作出的行政征用行为提起诉讼的，人民法院应当依法受理，并可判决或者建议有关人民政府及其部门在使用完毕或者突发事件应急处置工作结束后，及时返还被征用的财产。对于财产被征用或者征用后毁损、灭失的，应当判决给予补偿。法律、法规对补偿标准有具体规定的，依照规定；没有具体规定的，按照适当与合理的原则裁判。也可以建议双方当事人协商解决补偿争议。

（二）发放救济款物案件。对要求人民政府及其部门依法发放自然灾害生活救助资金、城乡低保对象临时补助等救济款物的案件，人民法院应当及时进行处理。在审理过程中发现救济款物管理中存在问题的，及时向有关部门提出司法建议。发现截留、挪用、私分或者变相私分应急救援资金、物资或者救灾款物线索的，应当移送有关部门处理。

（三）要求减免税费、救助、抚恤、安置等案件。对于公民、法人或者其他组织以低温雨雪冰冻灾害发生较大损失，正常生产经营活动受到较大影响为由主张减税、免税或者减免行政收费负担的，人民法院应当及时与有关行政机关沟通，征求相关部门意见，确有证据证明受灾损失较大的，应当依法予以支持。对于公民、法人或者其他组织要求人民政府履行救助、抚恤、安置等法定职责的，应当及时作出判决。

会议还认为，为了公正及时地审理好冰雪灾害有关的行政案件，各级人民法院应当坚持案件沟通协调制度，立案后及时与行政机关沟通联系，准确掌握行政行为发生的全面情况，加大协调处理的力度；坚持重大案件请示汇报制度，对重大、复杂或者群体性、敏感性等可能导致矛盾激化和事态扩大的案件，应当及时向上级人民法院和当地党委、人大汇报，力求得到及时妥善处理；要通过行使释明权以及案外沟通工作，向当事人做好耐心细致的宣传解释工作，树立人民法院关注民生、服务大局的良好形象。

人民法院在审理与其他自然灾害等突发事件有关的行政案件时，可以参照本座谈会纪要的精神处理。

最高人民法院
关于非固定居所到工作场所之间的路线是否属于"上下班途中"的答复

2008年8月22日　　　　　　　　　　　　　〔2008〕行他字第2号

山东省高级人民法院：

你院《关于翟恒芝、邹依兰诉肥城市劳动和社会保障局工伤行政确认一案的请示》收悉。

经研究认为：如邹平确系下班直接回其在济南的住所途中受到机动车事故伤害，应当适用《工伤保险条例》第十四条第（六）项的规定。

此复。

最高人民法院
关于审理房屋登记行政案件中发现涉嫌刑事犯罪问题应如何处理的答复

2008年9月23日　　　　　　　　　　　　　〔2008〕行他字第15号

天津市高级人民法院：

你院《关于李宵诉天津市国土资源和房屋管理局房屋登记一案如何适用法律问题的请示报告》收悉。经研究答复如下：

人民法院在审理有关房屋登记行政案件中，发现涉嫌刑事犯罪问题的，不应将该案全案移送公安机关处理，而应区别不同情况分别处理：

一、第三人购买的房屋不属于善意取得，参照民法通则第五十八条和合同法第五十二条、第五十九条的规定，房屋买卖行为属于无效的行为，人民法院应当依法判决撤销被诉核发房屋产权证行为。

二、第三人购买的房屋属于善意取得，房屋管理机关未尽审慎审查职责的，依据物权法第一百零六条等有关法律的规定，第三人的合法权益应当予以保护，人民法院可以判决确认被诉具体行政行为违法。

三、如果不能确定第三人购买的房屋是否属于善意取得，应当中止案件审理，待有权机关作出有效确认后，再恢复审理。

此复。

最高人民法院
关于公安交警部门能否以交通违章行为未处理为由不予核发机动车检验合格标志问题的答复

2008年11月17日　　　　　　　　　　　　〔2007〕行他字第20号

湖北省高级人民法院：

你院鄂高法〔2007〕鄂行他字第3号《关于公安交警部门能否以交通违章行为未处理为由不予核发机动车检验合格标志问题的请示》收悉。经研究答复如下：

《道路交通安全法》第十三条对机动车进行安全技术检验所需提交的单证及机动车安全技术检验合格标志的发放条件作了明确规定："对提供机动车行驶证和机动车第三者责任强制保险单的，机动车安全技术检验机构应当予以检验，任何单位不得附加其他条件。对符合机动车国家安全技术标准的，公安机关交通管理部门应当发给检验合格标志。"法律的规定是清楚的，应当依照法律的规定执行。

此复。

最高人民法院行政审判庭
关于国家机关聘用人员工作期间死亡
如何适用法律请示的答复

2009年5月19日　　　　　　　　　　　　〔2009〕行他字第2号

黑龙江省高级人民法院：

你院《关于国家机关聘用人员工作期间死亡如何适用法律的请示》收悉。经研究答复如下：

根据《劳动法》第二条、第七十三条和《工伤保险条例》第六十二条的规定，鹤岗市公安局东山分局东方红派出所临时聘用、未参加工伤保险、不是正式干警的司机王奎在单位突发疾病死亡，应由鹤岗市劳动和社会保障局参照《工伤保险条例》认定是否属于工伤、确定工伤待遇的标准。有关工伤待遇费用由聘用机关支付。

最高人民法院行政审判庭
关于《工伤保险条例》第六十四条理解和
适用问题请示的答复

2009年6月10日　　　　　　　　　　　　〔2009〕行他字第5号

江西省高级人民法院：

你院《关于国务院〈工伤保险条例〉第六十四条的理解和适用问题的请示》收悉。经研究，答复如下：

原则同意你院第一种意见。即，企业职工因工伤害发生在《企业职工工伤保险试行办法》施行之前，当时有关单位已按照有关政策作出处理的，不属于《工伤保险条例》第六十四条规定的"尚未完成工伤认定的情形"。

此复。

最高人民法院行政审判庭
关于劳动行政部门在工伤认定程序中是否具有劳动关系确认权请示的答复

2009年7月20日　　　　　　　　　　〔2009〕行他字第12号

湖北省高级人民法院：

你院《关于劳动行政部门在工伤认定程序中是否具有劳动关系确认权的请示》收悉。经研究，答复如下：

根据《劳动法》第九条和《工伤保险条例》第五条、第十八条的规定，劳动行政部门在工伤认定程序中，具有认定受到伤害的职工与企业之间是否存在劳动关系的职权。

此复。

最高人民法院
关于工商行政管理机关能否对建筑领域转包行为进行处罚及法律适用问题的答复

2009年11月19日　　　　　　　　　　〔2009〕行他字第6号

湖北省高级人民法院：

你院《关于工商行政管理机关能否对建筑领域转包行为进行处罚及法律适用问题的请示》收悉。经研究，并经征求国务院法制办公室意见，答复如下：

《中华人民共和国建筑法》第七十六条第一款中的"有关部门"指的是铁路、交通、水利等专业建设工程主管部门，不包括工商行政管理部门。除根据该条第二款吊销营业执照外，工商行政管理部门查处非法转包建筑工程行为缺乏法律依据。

此复。

最高人民法院
关于土地管理部门出让国有土地使用权之前的拍卖行为以及与之相关的拍卖公告等行为性质的答复

2009 年 12 月 23 日　　　　　　　　　　〔2009〕行他字第 55 号

四川省高级人民法院：

你院〔2009〕川行终字第 64 号《关于土地管理部门出让国有土地使用权以及与之相关的拍卖、拍卖公告等行为性质的请示》收悉。经研究，答复如下：

原则同意你院第二种意见，即土地管理部门出让国有土地使用权之前的拍卖行为以及与之相关的拍卖公告等行为属于行政行为，当事人不服提起行政诉讼的，人民法院应当依法受理。

此复。

最高人民法院行政审判庭
关于超过法定退休年龄的进城务工农民因工伤亡的，应否适用《工伤保险条例》请示的答复

2010 年 3 月 17 日　　　　　　　　　　〔2010〕行他字第 10 号

山东省高级人民法院：

你院报送的《关于超过法定退休年龄的进城务工农民工作时间内受伤是否适用〈工伤保险条例〉的请示》收悉。经研究，原则同意你院的倾向性意见。即：用人单位聘用的超过法定退休年龄的务工农民，在工作时间内、因工作原因伤亡的，应当适用《工伤保险条例》的有关规定进行工伤认定。

此复。

最高人民法院行政审判庭
关于报废汽车回收、拆解企业工商登记是否需要前置资格认定问题的答复

2010年6月30日　　　　　　　　　　〔2010〕行他字第11号

湖北省高级人民法院：

你院〔2009〕鄂行他字第00004号《关于报废汽车回收、拆解企业工商登记是否需要前置资格认定的请示》收悉。经研究，答复如下：

原则同意你院审判委员会倾向性意见，即根据《国务院关于取消第一批行政审批项目的决定》（国发〔2002〕24号）附件中第六十六条的规定，报废汽车回收拆解企业资格认证已明确取消。这既包括国家经贸委的审批，也包括经贸委系统的审批。

据悉，国务院正在研究修改《报废汽车回收管理办法》，可能会恢复报废机动车回收拆解企业资格许可制度。鉴于此种情况，建议涉及的相关个案以协调方式处理为妥。

最高人民法院行政审判庭
关于设区的市的区劳动和社会保障局是否具有劳动保障监察职权的答复

2010年10月25日　　　　　　　　　〔2010〕行他字第128号

山东省高级人民法院：

你院报送的《关于区劳动和社会保障局是否具有劳动保障监察职权的请示》收悉。经研究，答复如下：

原则同意你院审判委员会多数人的意见。即根据《劳动保障监察条例》第十三条的规定，设区的市的"区劳动保障行政部门"具有对用人单位实施劳动保障监察职权，但地方性法规或者规章明确规定由市劳动保障行政部门实施的除外。

此复。

最高人民法院
关于安监部门是否有权对道路交通安全问题予以行政处罚及适用法律问题的答复

2010年10月27日　　　　　　　　　　　　〔2010〕行他字第12号

湖北省高级人民法院：

根据《安全生产法》第二条规定，《道路交通安全法》等法律、行政法规对道路交通安全有关问题有特别规定的，应当适用特别规定。没有特别规定的，安监部门可以适用《安全生产法》和《生产安全事故报告和调查处理条例》的规定处理。

运输企业违反《安全生产法》第二十一条规定的，安监部门可以适用《安全生产法》第八十二条第三款予以处罚。未履行安全生产教育和培训义务不是发生交通事故直接原因的，安监部门适用《生产安全事故报告和调查处理条例》第三十七条对相关运输企业实施行政处罚不妥。

最高人民法院
关于《公司登记管理条例（1994年颁布）》第五十九条适用问题请示的答复

2010年11月1日　　　　　　　　　　　　〔2010〕行他字第113号

安徽省高级人民法院：

你院《关于申诉人深港贸易公司与被申诉人范楚琦、福建省土木建筑开发深圳实业公司、原审被上诉人临泉县工商行政管理局、原审第三人中国水利电力物资公司工商行政登记撤销决定提审一案有关问题的请示》收悉。经研究答复如下：

行政相对人在办理公司变更登记时提交虚假证明文件或者采取其他欺诈手段，情节严重的，工商机关在1994年7月1日后、2005年12月18日前，未经责令改正，直接对公司变更登记予以撤销的，不违背1994年7月1日起施行的《中华人民共和国公司登记管理条例》第五十九条的规定。

此复。

最高人民法院行政审判庭
关于流经集体土地的水流或水资源权属问题的答复

2010年11月1日　　　　　　　　　　　〔2009〕行他字第25号

吉林省高级人民法院：

你院〔2009〕吉高法行示字第1号《关于水流权属确认暨适用法律问题的请示》收悉。经研究，答复如下：

根据《中华人民共和国宪法》《中华人民共和国水法》和《中华人民共和国物权法》等法律规定，水流或水资源属国家所有。流经集体土地的水流或水资源，集体经济组织具有优先使用权。

鉴于请示所涉案件，既涉及地方政府以及相关部门对所争水域的管理，又涉及农村集体和农民的重大权益，建议你院按照有利生产、方便生活、互惠互利、公平合理的精神，尽可能协调各方，妥善处理，避免矛盾激化。

最高人民法院
关于职工在上下班途中因无证驾驶机动车导致伤亡的，应否认定为工伤问题的答复

2010年12月14日　　　　　　　　　　　〔2010〕行他字第182号

安徽省高级人民法院：

你院〔2010〕皖行再他字第0001号《关于陈宝英、尚祥诉安徽省桐城市劳动和社会保障局工伤行政确认一案的请示报告》收悉。经研究，答复如下：

原则同意你院第二种意见。即职工在上下班途中因无证驾驶机动车、驾驶无牌机动车或者饮酒后驾驶机动车发生事故导致伤亡的，不应认定为工伤。

最高人民法院关于经营工业用盐是否需要办理工业盐准运证等请示的答复

2011年1月17日　　　　　　　　　　〔2010〕行他字第82号

江苏省高级人民法院：

你院〔2009〕苏行他字第0012号《关于鲁潍（福建）盐业进出口有限公司苏州分公司诉苏州市盐务管理局盐业行政处罚及行政赔偿一案的请示报告》收悉。经研究并征求全国人大法工委及国务院法制办意见，答复如下：

一、《行政许可法》第十五条第一款规定："本法第十二条所列事项，尚未制定法律、行政法规的，地方性法规可以设定行政许可；尚未制定法律、行政法规和地方性法规的，因行政管理的需要，确需立即实施行政许可的，省、自治区、直辖市人民政府规章可以设定临时性的行政许可。临时性的行政许可实施满一年需要继续实施的，应当提请本级人民代表大会及其常务委员会制定地方性法规。"第十六条第二款规定："地方性法规可以在法律、行政法规设定的行政许可事项范围内，对实施该行政许可作出具体规定。"第十六条第三款规定："规章可以在上位法设定的行政许可事项范围内，对实施该行政许可作出具体规定。"据此，在已经制定法律、行政法规的情况下，地方性法规或者地方政府规章只能在法律、行政法规设定的行政许可事项范围内对实施该行政许可作出具体规定，不能设定新的行政许可。法律及《盐业管理条例》没有设定工业盐准运证这一行政许可，地方性法规或者地方政府规章不能设定工业盐准运证制度。

二、《行政处罚法》第十三条规定："省、自治区、直辖市人民政府和省、自治区人民政府所在地的市人民政府以及经国务院批准的较大的市人民政府制定的规章可以在法律、法规规定的给予行政处罚的行为、种类和幅度的范围内作出具体规定。""尚未制定法律、法规的，前款规定的人民政府制定的规章对违反行政管理秩序的行为，可以设定警告或者一定数量罚款的行政处罚。"据此，在已经制定行政法规的情况下，地方政府规章只能在行政法规规定的给予行政处罚的行为、种类和幅度的范围内作出具体规定。《盐业管理条例》对盐业公司之外的其他企业经营盐的批发业务没有规定行政处罚，地方政府规章不能对该行为规定行政处罚。

最高人民法院行政审判庭
关于职工无照驾驶无证车辆在上班途中受到机动车伤害死亡能否认定工伤请示的答复

2011年5月19日　　　　　　　　　　〔2011〕行他字第50号

新疆维吾尔自治区高级人民法院生产建设兵团分院：

你院《关于职工无照驾驶无证车辆在上班途中受到机动车伤害死亡能否认定工伤的请示》收悉。经研究，答复如下：

在《工伤保险条例（修订）》施行前（即2011年1月1日前），工伤保险部门对职工无照或者无证驾驶车辆在上班途中受到机动车伤害死亡，不认定为工伤的，不宜认为适用法律、法规错误。

此复。

最高人民法院行政审判庭
关于工会选举程序和公司法人工商登记等法律适用问题的答复

2011年7月5日　　　　　　　　　　〔2010〕行他字第190号

山东省高级人民法院：

你院鲁高法函〔2010〕16号《关于工会选举程序公司法人工商登记等法律适用问题的请示》收悉。经征求全国人大常委会法工委和国务院法制办意见，现答复如下：

一、依据《工会法》第十条"企业、事业单位、机关有会员二十五人以上的，应当建立基层工会委员会""县级以上地方建立地方各级总工会"等规定精神，《工会法》第十一条、第十七条规定的"上一级工会"既包括基层工会所在地的地方总工会，也包括上一级企业工会。

二、《工会法》第九条规定"工会会员大会或者会员代表大会有权撤换或者罢免其所选举的代表或者工会委员会组成人员"，《工会法》未要求撤换工会委员时原工会主席一定到场，只要撤换程序符合法律、法规和工会章程有关规定，应视为合法。

三、公司依据《公司法》规定的程序召开股东会议，依法作出股东会决议，公司据此向工商行政管理部门申请变更登记，不宜认定为《公司法》第一百九十九条规定的"提交虚假材料或者采取其他欺诈手段隐瞒重要事实取得公司登记的"情形。

鉴于目前相关法律规定不够明确，各方对本案争议问题存在较大意见分歧，请你院结合案件实际妥善处理，并注意听取各方面的意见，积极协调化解纠纷，力求案结事了。

最高人民法院行政审判庭
关于职工因公外出期间死因不明应否认定工伤的答复

2011年7月6日　　　　　　　　　　　　　〔2010〕行他字第236号

山东省高级人民法院：

你院《关于于保柱诉临清市劳动和社会保障局劳动保障行政确认一案如何适用〈工伤保险条例〉第十四条第（五）项的请示》收悉。经研究，答复如下：

原则同意你院的第一种意见。即职工因公外出期间死因不明，用人单位或者社会保障部门提供的证据不能排除非工作原因导致死亡的，应当依据《工伤保险条例》第十四条第（五）项和第十九条第二款的规定，认定为工伤。

最高人民法院行政审判庭
关于对兽药经营企业能否购入同时为兽药原料药的国药准字H原料药并销售给兽药生产企业的答复

2011年9月26日　　　　　　　　　　　　〔2011〕行他字第18号

江西省高级人民法院：

你院《关于江西鑫利生物科技有限公司诉南昌市食品药品监督管理局药品行政处罚案的请示》收悉。经研究，现答复如下：

《药品管理法》第一百零二条规定，人用药品包括化学原料药及其制剂。兽药管理条例第二十七条规定，禁止兽药经营企业经营人用药品。据此，兽药经营企业不能购进国药准字H原料药并销售给兽药生产企业。

考虑到兽医行政管理部门长期将生产兽药原料所需的化学原料药按照兽药管理的实际，请你院尽可能通过协调方式处理该案。倘若协调不成，可以考虑案件的特殊情况，判决免除或者减轻对江西鑫利生物科技有限公司的行政处罚。

最高人民法院行政审判庭
关于鞠先荣诉鹤岗市人民政府颁发国有土地使用证请示案的答复

2011年10月9日　　　　　　　　　　　　　　　〔2011〕行他字第27号

黑龙江省高级人民法院：

你院关于《鞠先荣诉鹤岗市人民政府颁发国有土地使用证一案的请示》收悉。经研究，提出如下意见：

一、根据《中华人民共和国土地管理法》第五十四条关于"建设单位使用国有土地，应当以出让等有偿使用方式取得"和第五十五条关于"以出让等有偿使用方式取得国有土地使用权的建设单位，按照国务院规定的标准和办法，缴纳土地使用权出让金等土地有偿使用费和其他费用后，方可使用土地"的规定，以出让方式取得的国有土地使用权应当是用于建设的国有土地。

二、根据《中华人民共和国城镇国有土地使用权出让和转让暂行条例》第二条关于"国家按照所有权与使用权分离的原则，实行城镇国有土地使用权出让、转让制度，但地下资源、埋藏物和市政公用设施除外。前款所称城镇国有土地是指市、县城、建制镇、工矿区范围内属于全民所有的土地"的规定，实行国有土地使用权出让和转让制度的土地是指市、县城、建制镇、工矿区范围内的全民所有的土地。

综上，请你院结合本案的具体情况，依法妥善处理。

最高人民法院行政审判庭
关于其他财产共有人起诉期限计算以及对抵押权人是否适用善意取得问题的答复

2011年12月13日　　　　　　　　　　　　　　〔2011〕行他字第75号

山东省高级人民法院：

你院《关于金延花诉烟台市芝罘区人民政府房屋行政登记一案有关法律适用问题的请示》收悉，经研究，答复如下：

一方共有人未经其他共有人同意处分共有财产，行政机关作出产权变更登记，有证据证明其他共有人不知道该产权变更登记行为的，其他共有人自知道该变更登记内容之日起2年内，有权依法提起行政诉讼。抵押权的实现是物权变更的原因和方式之一，同样可以适用善意取得制度。

最高人民法院关于农村集体土地被征收后能否判决政府履行征地公告及征地补偿、安置方案公告法定职责问题的电话答复

2011年12月16日　　　　　　　　　　　　　〔2011〕行他字第67号

山西省高级人民法院：

你院〔2010〕晋行示字第1号《关于农村集体土地被征收后能否判决政府履行征地公告及征地补偿、安置方案公告法定职责问题的请示》收悉。经研究，答复如下：

第一，土地征用和土地租赁是两种不同性质的法律关系，租金不能作为土地征用的补偿方式。

第二，征用土地必须依照《土地管理法》《征用土地公告办法》以及相关法律规定的条件和程序进行。

第三，如在征地补偿问题上存有争议，不能达成一致，应当依法由行政机关裁决。

第四，建议你院尽量通过协调妥善化解纠纷，满足被征地农民的合理要求。

最高人民法院办公厅关于印发《关于审理公司登记行政案件若干问题的座谈会纪要》的通知

2012年3月7日　　　　　　　　　　　　　　法办〔2012〕62号

各省、自治区、直辖市高级人民法院，新疆维吾尔自治区高级人民法院生产建设兵团分院：

现将《关于审理公司登记行政案件若干问题的座谈会纪要》印发给你们，请结合审判工作实际参照执行。执行中遇到问题，请及时报告我院。

附：

关于审理公司登记行政案件若干问题的座谈会纪要

为进一步规范公司登记行政案件的审理，维护正常的市场主体登记管理秩序，保护公司、股东以及利害关系人的合法权益，最高人民法院对公司登记行政案件中存在的有关问题进行了专题调研，并征求了有关部门的意见。2011年10月15日，最高人民法院在广东东莞与部分地方法院和相关部门召开座谈会，根据《中华人民共和国行政诉讼法》、《中华人民共和国公司法》等相关法律规定，对审理公司登记行政案件中亟须解决的若干问题如何处理形成共识。现将有关内容纪要如下：

一、以虚假材料获取公司登记的问题

因申请人隐瞒有关情况或者提供虚假材料导致登记错误的，登记机关可以在诉讼中依法予以更正。登记机关依法予以更正且在登记时已尽到审慎审查义务，原告不申请撤诉的，人民法院应当驳回其诉讼请求。原告对错误登记无过错的，应当退还其预交的案件受理费。登记机关拒不更正的，人民法院可以根据具体情况判决撤销登记行为、确认登记行为违法或者判决登记机关履行更正职责。

公司法定代表人、股东等以申请材料不是其本人签字或者盖章为由，请求确认登记行为违法或者撤销登记行为的，人民法院原则上应按照本条第一款规定处理，但能够证明原告此前已明知该情况却未提出异议，并在此基础上从事过相关管理和经营活动的，人民法院对原告的诉讼请求一般不予支持。

因申请人隐瞒有关情况或者提供虚假材料导致登记错误引起行政赔偿诉讼，登记机关与申请人恶意串通的，与申请人承担连带责任；登记机关未尽审慎审查义务的，应当根据其过错程度及其在损害发生中所起作用承担相应的赔偿责任；登记机关已尽审慎审查义务的，不承担赔偿责任。

二、登记机关进一步核实申请材料的问题

登记机关无法确认申请材料中签字或者盖章的真伪，要求申请人进一步提供证据或者相关人员到场确认，申请人在规定期限内未补充证据或者相关人员未到场确认，导致无法核实相关材料真实性，登记机关根据有关规定作出不予登记决定，申请人请求判决登记机关履行登记职责的，人民法院不予支持。

三、公司登记涉及民事法律关系的问题

利害关系人以作为公司登记行为之基础的民事行为无效或者应当撤销为由，对登记行为提起行政诉讼的，人民法院经审查可以作出如下处理：对民事行为的真实性问题，可以根据有效证据在行政诉讼中予以认定；对涉及真实性以外的民事争议，可以告知通过民事诉讼等方式解决。

四、备案行为的受理问题

备案申请人或者备案事项涉及的董事、监事、经理、分公司和清算组等备案关系人，认为登记机关公开的备案信息与申请备案事项内容不一致，要求登记机关予以更正，登记机关拒绝更正或者不予答复，因此提起行政诉讼的，人民法院应予受理。

备案申请人以外的人对登记机关的备案事项与备案申请人之间存在争议，要求登记机关变更备案内容，登记机关不予变更，因此提起行政诉讼的，人民法院不予受理，可以告知通过民事诉讼等方式解决。

五、执行生效裁判和仲裁裁决的问题

对登记机关根据生效裁判、仲裁裁决或者人民法院协助执行通知书确定的内容作出的变更、撤销等登记行为，利害关系人不服提起行政诉讼的，人民法院不予受理，但登记行为与文书内容不一致的除外。

公司登记依据的生效裁判、仲裁裁决被依法撤销，利害关系人申请登记机关重新作出登记行为，登记机关拒绝办理，利害关系人不服提起行政诉讼的，人民法院应予受理。

多份生效裁判、仲裁裁决或者人民法院协助执行通知书涉及同一登记事项且内容相互冲突，登记机关拒绝办理登记，利害关系人提起行政诉讼的，人民法院经审理应当判决驳回原告的诉讼请求，同时建议有关法院或者仲裁机关依法妥善处理。

最高人民法院
关于行政强制法实施后行政机关申请人民法院强制执行几个问题的答复

2012年5月28日　　　　　　　　　　　〔2012〕行他字第5号

天津市高级人民法院：

你院津高法〔2011〕316号请示收悉。经研究，答复如下：

一、被执行人申请行政复议或者提起行政诉讼的法定期限在2012年1月1日前已经届满的，应当适用《最高人民法院关于执行〈中华人民共和国行政诉讼法〉若干问题的解释》第八十八条的规定。

二、人民法院审查市、县级人民政府申请强制执行其作出的房屋征收补偿决定案件的期限，适用《最高人民法院关于办理申请人民法院强制执行国有土地上房屋征收补偿决定案件若干问题的规定》第四条规定。其他疑难复杂案件可依据《行政强制法》第五

十八条规定进行审查,并自受理之日起三十日内作出裁定。特殊情况需要延长审查期限的,由高级人民法院批准。

三、关于催告程序和免于缴纳申请费问题,同意你院倾向性意见。即行政机关在 2012 年 1 月 1 日后申请人民法院强制执行《行政强制法》施行前生效的行政决定,不缴纳申请费,强制执行的费用由被执行人承担。但在申请人民法院强制执行前,行政机关应当按照《行政强制法》第五十四条的规定先行催告当事人履行义务。

最高人民法院
关于陈代煊不服福建省人力资源和社会保障厅颁发退休证请示一案的答复

2012 年 6 月 5 日　　　　　　　　　　　　　　〔2012〕行他字第 2 号

福建省高级人民法院:

你院《关于陈代煊不服福建省人力资源和社会保障厅颁发退休证一案的请示》收悉。经研究,答复如下:

1995 年 7 月,福建省电力勘测设计院作出《关于同意陈代煊同志退休的决定》后,陈代煊领取退休金并一直享受退休待遇。为规范福建省参保职工《退休证》的管理。2006 年 10 月,原福建省劳动和社会保障厅为陈代煊颁发编号为 19950010135 的《退休证》,并未影响其享有的退休待遇,对其权利义务亦没有产生实际影响。

最高人民法院
关于学位授予单位制定的授予学士学位的条件与上位法不一致应如何适用法律问题请示的答复

2012 年 6 月 11 日　　　　　　　　　　　　　　〔2011〕行他字第 77 号

山东省高级人民法院:

你院《关于学位授予单位制定的授予学士学位的条件与上位法不一致应如何适用法律问题的请示》收悉,经征求教育部意见,答复如下:

学位是学位授予单位颁发的、表明学位获得者完成相应高等学历教育培养任务,达到毕业要求并具有相应学术水平的证明。学位授予单位有权依据《中华人民共和国学位条例》、《中华人民共和学位条例暂行实施办法》的规定，制定符合教学要求和培养特点的授予学位细则，进一步明确学生需要遵守的行为准则和要求，并在组织实施学位评定工作过程中依法行使办学自主权。学位授予单位制定的学位授予细则，可以与学术水平评价及相关的思想品德考察相联系。但因学术水平问题及相关的思想品德问题之外的其他不当行为所受到的处分或处罚，一般不宜直接作为不授予学位的条件。学位授予单位未经甄别、评鉴程序，即以学生学术水平及相关思想品德问题之外的原因直接剥夺学生申请学位的权利，或者直接影响学位评定委员会的决定的，人民法院不予支持。

最高人民法院
关于严格执行法律法规和司法解释依法妥善办理征收拆迁案件的通知

2012 年 6 月 13 日　　　　　　　　　　　　　法〔2012〕148 号

各省、自治区、直辖市高级人民法院，新疆维吾尔自治区高级人民法院生产建设兵团分院：

自《中华人民共和国行政强制法》（以下简称《行政强制法》）、《国有土地上房屋征收与补偿条例》（以下简称《条例》）和最高人民法院《关于办理申请人民法院强制执行国有土地上房屋征收补偿决定案件若干问题的规定》（以下简称《规定》）颁布实施以来，依法文明和谐征收拆迁得到社会广泛肯定。但是，今春以来，一些地区违法征收拆迁的恶性事件又屡有发生，并呈上升势头。为防范和遏制类似事件的继续发生，为党的十八大胜利召开营造良好的社会环境，现就有关问题通知如下：

一、加强相关法律法规和司法解释的学习培训

各级人民法院的领导和相关审判执行人员要认真学习领会《行政强制法》《条例》和《规定》，全面理解掌握法律法规和司法解释的立法背景及具体规定精神，认真学习理解最高人民法院《关于坚决防止土地征收、房屋拆迁强制执行引发恶性事件的紧急通知》和《关于认真贯彻执行〈关于办理申请人民法院强制执行国有土地上房屋征收补偿决定案件若干问题的规定〉的通知》，特别是要组织基层人民法院搞好专门培训，切实把思想认识和工作思路统一到法律、法规、司法解释和最高人民法院的要求上来，在立案、审查和执行等工作中严格贯彻落实，不得擅自变通和随意解读。

二、抓紧对征收拆迁案件进行一次全面排查

各地法院近期要对已经受理或将要受理的征收拆迁诉讼案件和非诉执行案件进行一次全面排查，提前预测、主动应对和有效消除可能影响社会稳定的隐患。同时，对法律

法规和司法解释颁布施行后的执法情况进行一次检查，在自查的基础上，上级人民法院要派出督查组对排查工作进行监督指导，特别是对近期发生征收拆迁恶性事件的地区和城郊结合部、城中村改造、违法违章建筑拆除等领域，要进行重点检查。坚决防止因工作失误、执法不规范或者滥用强制手段导致矛盾激化，造成人员伤亡或财产严重损失等恶性后果以及引发大规模群体性事件。

三、认真研究解决征收拆迁案件的新情况新问题

当前征收拆迁主要问题集中在违法征收土地和房屋、补偿标准偏低、实施程序不规范、滥用强制手段和工作方法简单粗暴等方面。各级人民法院要结合当地实际，认真研究受案范围、立案条件、审理标准、执行方式等具体法律适用问题，着力解决群众反映强烈的补偿标准过低、补偿不到位、行政权力滥用等突出问题。对于审判执行工作中的重大问题，要及时向当地党委汇报取得支持，加强与政府的沟通互动，积极探索创新社会管理方式，疏通行政争议化解渠道，努力实现保护人民群众合法权益与维护公共利益的有机统一，保障促进社会和谐稳定。

四、规范司法行为，强化审判执行监督

各级人民法院在办理征收拆迁案件过程中，立案、审查、执行机构要注意加强沟通配合，创新工作机制，共同研究解决办案中的重大疑难问题。对行政机关申请强制执行国有土地上房屋征收补偿决定（或拆迁裁决）的案件，要严格按照《规定》及最高人民法院相关通知精神办理，严把立案、审查、执行关，切实体现"裁执分离"的原则，不得与地方政府搞联合执行、委托执行。要依法受理被执行人及利害关系人因行政机关强制执行过程中具体行政行为违法而提起的行政诉讼或者行政赔偿诉讼；对申请先予执行的案件，原则上不得准许；凡由人民法院强制执行的，须报经上一级人民法院审查批准方可采取强制手段；对涉及面广、社会影响大、社会关注度高的案件，上级人民法院应当加强监督指导，防范和制止下级人民法院强制执行中的违法行为和危害社会稳定的情形发生。

五、建立完善信息和舆情报告制度

为便于了解掌握各级人民法院办理征收拆迁案件的信息和情况，要建立和完善征收拆迁案件信息和舆情报告制度，特别是在十八大召开前夕和会议期间，各高级人民法院要按月搜集掌握辖区法院办理征收拆迁诉讼案件和非诉执行案件的情况，凡在办案中出现影响社会稳定重大隐患或事件的，有关人民法院必须立即向当地党委和上级人民法院如实报告有关情况，做到信息准确、反应迅速。上下级人民法院要畅通信息沟通渠道，随时掌握相关重要舆情动态，及时调查了解事实真相并采取应对措施，回应社会关切。要严格执行重大信息报告制度，对隐瞒不报、歪曲事实、造成严重负面影响的，严肃追究有关领导和直接责任人员的责任，并予以曝光通报。

最高人民法院
关于公安派出所不予处罚决定有关问题的答复

2012 年 8 月 22 日　　　　　　　　　　　　　〔2012〕行他字第 7 号

山东省高级人民法院：

　　你院《关于公安派出所就其没有处罚权的治安案件在调查后认为违法事实不成立的能否直接以公安派出所的名义作出不予处罚决定问题的请示》收悉。经研究，答复如下：

　　根据《中华人民共和国治安管理处罚法》第九十一条规定，公安派出所对于在其法定授权范围内的治安案件，有权作出处罚决定或者不予处罚决定。

最高人民法院
关于超过法定退休年龄的进城务工农民在工作时间内因公伤亡的，能否认定工伤的答复

2012 年 11 月 25 日　　　　　　　　　　　　　〔2012〕行他字第 13 号

江苏省高级人民法院：

　　你院〔2012〕苏行他字第 0002 号《关于杨通诉南京市人力资源和社会保障局终止工伤行政确认一案的请示》收悉。经研究，答复如下：

　　同意你院倾向性意见。相同问题我庭 2010 年 3 月 17 日在给山东省高级人民法院的《关于超过法定退休年龄的进城务工农民因公伤亡的，应否适用〈工伤保险条例〉请示的答复》（〔2010〕行他字第 10 号）中已经明确。即，用人单位聘用的超过法定退休年龄的务工农民，在工作时间内、因工作原因伤亡的，应当适用《工伤保险条例》的有关规定进行工伤认定。

最高人民法院
关于《城市房地产抵押管理办法》在建工程抵押规定与上位法是否冲突问题的答复

2012 年 11 月 28 日　　　　　　　　　　〔2012〕行他字第 8 号

山东省高级人民法院：

你院鲁高法函〔2012〕3 号请示收悉，经征求全国人大常委会法制工作委员会、住房和城乡建设部意见，答复如下：

在建工程属于《担保法》规定的可以抵押的财产范围。法律对在建工程抵押权人的范围没有作出限制性规定，《城市房地产抵押管理办法》第三条第五款有关在建工程抵押的规定，是针对贷款银行作为抵押权人时的特别规定，但并不限制贷款银行以外的主体成为在建工程的抵押权人。

最高人民法院
关于江西省高级人民法院就姚文辉、姚明水、周建军诉江西省国土资源厅土地行政复议案的请示的答复

2012 年 12 月 18 日　　　　　　　　　　〔2012〕行他字第 11 号

江西省高级人民法院：

你院赣高法报〔2012〕592 号《江西省高级人民法院关于姚文辉、姚明水、周建军诉江西省国土资源厅土地行政复议案的请示》收悉。经研究，答复如下：

行政机关在《行政复议法》实施后《行政复议法实施条例》施行前作出的行政行为，应当告知行政相对人申请复议的权利、复议机关和复议申请期限。行政机关未告知前述内容的，复议期限可参照《最高人民法院关于执行〈中华人民共和国行政诉讼法〉若干问题的解释》第四十一条的规定办理。

本案当事人不服行政机关作出的行政行为，向有权受理复议案件的机关信访申诉，该机关对信访申诉的处理期间，不宜计算在复议申请期限内。

最高人民法院
关于山西星座房地产开发有限公司不服山西省工商行政管理局工商行政登记一案法律适用问题的答复

2013年3月14日　　　　　　　　　〔2012〕行他字第15号

山西省高级人民法院：

你院〔2011〕晋行他字第1号《关于山西星座房地产开发有限公司不服山西省工商行政管理局工商行政登记一案法律适用问题的请示》收悉。经研究，答复如下：

一、在起诉公司变更登记的行政案件中，人民法院所作维持判决对被诉企业变更登记的羁束力以该判决认定的事实为限，行政机关以该判决认定的事实之外的其他事实为依据对原行政行为予以改变的，与前述维持判决的羁束力不矛盾。为避免出现维持判决与行政自我纠正之间的冲突，建议今后一般不使用维持判决，尽量代之以驳回诉讼请求判决。

二、《中华人民共和国公司法》一百九十九条规定的撤销公司登记，其行为性质不属于行政处罚。

最高人民法院
关于征收国有土地上房屋时是否应当对被征收人未经登记的空地和院落予以补偿的答复

2013年5月15日　　　　　　　　　〔2012〕行他字第16号

山东省高级人民法院：

你院《关于征收国有土地上房屋时是否应当对被征收人未确权登记的空地和院落单独予以补偿的请示》收悉，经研究，答复如下：

对土地公有制之前，通过购买房屋方式使用私有的土地，土地转为国有后迄今仍继续使用的，未经确权登记，亦应确定现使用者的国有土地使用权。

国有土地上房屋征收补偿中，应将当事人合法享有国有土地使用权的院落、空地面积纳入评估范围，按照征收时的房地产市场价格，一并予以征收补偿。

最高人民法院
关于《中华人民共和国公司法》（2004 修正）有关虚假出资问题的答复

2013 年 7 月 22 日　　　　　　　　　　　　　〔2012〕行他字第 6 号

安徽省高级人民法院：

你院〔2010〕皖行再终字第 00006 号《关于杜军、李燕以公司财产向其他公司出资是否构成虚假出资以及对〈中华人民共和国公司法〉（2004 修正）第二百零八条如何理解适用问题的请示报告》收悉，经研究，提出如下意见供参考：

如果公司登记申请人在申请过程中存在弄虚作假等违法情形，工商机关有权依法处罚。

公司新旧股东对变动股权、增加公司资本等事宜以签订协议、修改公司章程等方式作出合法约定，新股东实际参与了公司相关事项的工商变更登记过程，变更登记前亦未提出异议的，可以认定新旧股东认可申请变更登记事项。

股东的出资方式、出资比例应当根据股东之间的合法协议加以确定。

请示报告所涉案件的处理，建议尽可能通过协调方式妥善解决，公平保障争议各方的合法权益。

最高人民法院行政审判庭
关于企业资产行政划转后原企业法定代表人起诉国有资产监督管理委员会主体是否适格以及对企业债务处理达成的协议能否等同于财务报告的答复

2013 年 9 月 16 日　　　　　　　　　　　　　〔2012〕行他字第 14 号

新疆维吾尔自治区高级人民法院生产建设兵团分院：

你院〔2011〕新高兵法行示字第 1 号《关于企业资产行政划转后，原企业法定表人起诉国有资产监督管理委员会主体是否适格以及对企业债务处理达成的协议能否等同于清算报告的请示》收悉。经研究，答复如下：

一、企业资产行政划转后,原企业法定代表人起诉国有资产监督管理委员会的,具有行政诉讼原告资格。

二、企业资产行政划转过程中,对企业内部债务处理达成的协议不能等同于财政部财管字〔1999〕301号《关于企业国有资产办理无偿划转手续的规定》第九条规定的"财务报告"。

请你院在综合考量维护国家利益和保障当事人权益两方面因素的基础上,妥善协调处理本案。

最高人民法院行政审判庭
关于对江苏省高级人民法院南通金大洋海水晶有限公司诉如皋市盐务管理局盐务行政处罚一案的请示的答复

2013年12月23日 〔2013〕行他字第7号

江苏省高级人民法院:

你院《关于南通金大洋海水晶有限公司诉如皋市盐务管理局盐务行政处罚一案的请示》(〔2013〕苏行他字第0002号)收悉。经研究,答复如下:

对工业盐制销企业向肠衣加工企业销售工业用盐,供其生产香肠肠衣的行为,盐务部门有权依照《食盐专营办法》第十六条第(二)项、第二十三条等规定作出处理。

最高人民法院行政审判庭
关于行政机关申请法院强制执行维持或驳回诉讼请求判决应如何处理的答复

2013年12月23日 〔2013〕行他字第11号

湖南省高级人民法院:

你院《关于人民法院判决维持行政决定或者驳回原告诉讼请求后,法律规定有强制执行权的行政机关申请人民法院强制执行,人民法院如何处理的请示》收悉。经研究,答复如下:

人民法院判决维持被诉行政行为或者驳回原告诉讼请求后,行政机关申请人民法院

强制执行的,人民法院应当依照《中华人民共和国行政强制法》第十三条第二款的规定,作出如下处理:

一、法律已授予行政机关强制执行权的,人民法院不予受理,并告知由行政机关强制执行。

二、法律未授予行政机关强制执行权的,人民法院对符合法定条件的申请,可以作出准予强制执行的裁定,并应明确强制执行的内容。

最高人民法院
关于原公司法定代表人与后续工商变更登记是否有法律上利害关系的请示的答复

2014年7月1日　　　　　　　　　　　〔2014〕行他字第7号

福建省高级人民法院:

你院〔2013〕闽行他字第12号《关于原公司法定代表人与后续工商变更登记是否有法律上的利害关系的请示》收悉。经研究,答复如下:

在原公司法定代表人是公司实际控制人的情况下,其与后续工商变更登记具有法律上的利害关系,如对变更登记有异议,可以提起行政诉讼。因后续变更登记行为已经发生,若仅对涉及其本人的首次变更登记行为起诉,不利于解决实际纠纷,人民法院应当释明其对首次变更登记行为及后续变更登记行为一并提起行政诉讼,行政复议机关应当受理原公司法定代表人提出的复议申请,如果需要等待相关民事诉讼就公司股权纠纷的确认,可中止复议程序。

最高人民法院
关于非因工作原因对遇险者实施救助导致伤亡的情形是否认定工伤问题的答复

2014年7月3日　　　　　　　　　　　〔2014〕行他字第2号

江西省高级人民法院:

你院赣高法报〔2014〕5号《关于张贤锋、王年姣诉信丰县人力资源和社会保障局劳动与社会保障行政确认的请示》收悉,经研究,答复如下:

非因工作原因对遇险者实施救助导致伤亡的,如未经有关部门认定为见义勇为,似不属于《工伤保险条例》第十五条第一款第(二)项规定的视同工伤情形。考虑到请示所涉案件中张诗春舍身救人的行为值得提倡,建议你院与下级法院协调当地有关部门,尽可能通过其他方式做好相关安抚工作,以妥善化解争议。

最高人民法院行政审判庭
转发国务院法制办公室《关于认定被征地农民"知道"征收土地决定有关问题的意见》的通知

2014年8月28日　　　　　　　　法〔行政〕明传〔2014〕9号

各省、自治区、直辖市高级人民法院行政审判庭,新疆维吾尔自治区高级人民法院生产建设兵团分院行政审判庭:

现将国务院法制办公室《关于认定被征地农民"知道"征收土地决定有关问题的意见》转发给你们,请在办理相关案件时予以参考。

附:

国务院法制办公室
关于认定被征地农民"知道"征收土地决定有关问题的意见

国法〔2014〕40号

各省、自治区、直辖市人民政府法制办公室:

根据《中华人民共和国行政复议法》第九条规定,公民、法人或者其他组织认为具体行政行为侵犯其合法权益,申请行政复议的,应当在知道该具体行政行为之日起60日内提出。近来,一些被征地农民以征收土地决定作出时不知道、系事后通过申请政府信息公开等方式知道为由,就省级人民政府多年前作出的征收土地决定申请行政复议,大大超出了法定的60日申请期限。实践中,各地方对认定被征地农民知道征收土地决定问题把握标准不一致。为了保障被征地农民依法行使权利,确保有关行政复议申请期限法律规定的正确实施,提出以下意见:

一、申请人对行政机关已经发布征收土地公告的主张提出异议,行政机关不能提供证据的,不能认定申请人知道征收土地决定。

二、行政机关能够提供下列证据之一，经查证属实的，可以作为认定依法发布了征收土地公告的证据：

（一）行政机关出具的在被征收土地所在地的村、组内张贴公告的书面证明及视听资料；征收乡（镇）农民集体所有土地的，出具的在乡（镇）人民政府所在地张贴公告的书面证明及视听资料；

（二）被征地农民出具的证实其被征收土地已张贴公告的证言等证据。

征收土地公告有确定期限的，可以认定申请人自公告确定的期限届满之日起知道征收土地决定；征收土地公告没有确定期限的，可以认定申请人自公告张贴之日起满10个工作日起知道征收土地决定。

三、行政机关不能提供发布征收土地公告的相关证据，但是能够举证证明已经按照法律、法规和规章的规定发布了征收土地补偿安置公告，且在公告中载明了征收土地决定的主要内容，经查证属实的，可以视为申请人自公告确定的期限届满之日起知道征收土地决定；公告没有确定期限的，可以视为申请人自公告张贴之日起满10个工作日起知道征收土地决定。

四、行政机关不能提供发布征收土地公告或者征收土地补偿安置公告的证据，但是能够举证证明申请人在征收土地决定作出后有下列行为之一，经查证属实的，可以视为申请人自该行为发生之日起知道征收土地决定：

（一）已经办理征收土地补偿登记的，自申请人办理征收土地补偿登记之日起；

（二）已经签订征收土地补偿协议的，自申请人签订征收土地补偿协议之日起；

（三）已经领取征收土地补偿款或者收到征收土地补偿款提存通知的，自申请人领取征收土地补偿款或者收到征收土地补偿款的提存通知之日起；

（四）已经签订房屋拆迁协议的，自申请人签订房屋拆迁协议之日起；

（五）对补偿标准存有争议，已经申请县级以上地方人民政府进行协调的，自申请人申请协调之日起。

同时存在上述两种或者两种以上行为的，以最早可以认定的知道征收土地决定的时间为准。

五、行政机关不能证明有本意见第二条至第四条情形，但是能够举证证明申请人通过行政复议、政府信息公开、信访、诉讼等其他途径知道征收土地决定主要内容，经查证属实的，可以认定申请人自有证据证明之日起知道征收土地决定。

六、行政机关在征收土地决定作出后，没有告知被征地农民申请行政复议的权利、行政复议机关或者申请期限的，行政复议申请期限参照《最高人民法院关于执行〈中华人民共和国行政诉讼法〉若干问题的解释》第四十一条办理，即：行政复议申请期限从公民、法人或者其他组织知道或者应当知道申请行政复议的权利、行政复议机关或申请期限之日起计算，但从知道或者应当知道征收土地决定内容之日起最长不得超过2年。

各省、自治区、直辖市人民政府法制办公室要按照本意见的规定，进一步规范对不服征收土地决定类行政复议申请的受理，依法保护被征地农民合法权益，及时化解行政争议，切实维护社会和谐稳定。

最高人民法院
关于《海关行政处罚实施条例》第六十二条第一款第（二）项"收缴"行为法律适用问题的答复

2014年9月30日　　　　　　　　　　　　　〔2014〕行他字第1号

广东省高级人民法院：

你院《关于郑丽东与中华人民共和国闸口海关行政收缴纠纷如何适用法律问题的请示》收悉。经研究，答复如下：

《海关行政处罚实施条例》第六十二条第一款第（二）项关于"携带数量零星的国家禁止进出境的物品进出境，依法可以不予行政处罚的"，"由海关予以收缴"的规定，仅适用于符合《中华人民共和国行政处罚法》第二十七条第二款"违法行为轻微并及时纠正，没有造成危害后果，不予行政处罚"的情形。携带国家禁止进出境物品数量较多、数额较大的，应当按照《海关法》第八十二条规定依法没收走私物品。

海关作出上述收缴行为，应当遵守国务院《全面推进依法行政实施纲要》规定的程序正当原则和基本要求。

最高人民法院
关于户籍行政登记案件如何适用《中华人民共和国婚姻法》第二十二条的答复

2014年11月28日　　　　　　　　　　　　〔2010〕行他字第127号

山东省高级人民法院：

你院《关于在北雁云依诉济南市公安局历下区分局燕山派出所户籍行政登记一案中如何适用〈中华人民共和国婚姻法〉第二十二条的请示》收悉，经研究，答复如下：

第十二届全国人民代表大会常务委员会第十一次会议2014年11月1日通过《全国人民代表大会常务委员会关于〈中华人民共和国民法通则〉第九十九条第一款、〈中华人民共和国婚姻法〉第二十二条的解释》，请你院按照该解释的意见办理。

最高人民法院
关于《物业管理条例》第十六条、第十九条理解与适用有关问题的答复

2014年11月29日　　　　　　　　　　　〔2014〕行他字第11号

湖北省高级人民法院：

你院《关于纪少红诉宜昌市房地产管理局不履行法定职责案法律理解与适用问题的请示》（鄂高法〔2014〕205号）收悉。经研究，答复如下：

《物业管理条例》第十六条第一款规定的物业所在地的区、县人民政府房地产行政主管部门和街道办事处、乡镇人民政府对业主委员会的备案行为，属于可诉行政行为，人民法院应依法对其合法性进行审查；第十九条第二款规定的"业主大会、业主委员会作出的决定"，包括业主大会和业主委员会的人事决定，上述行政主体认为决定违反法律、法规的，有权依法作出处理。

最高人民法院
关于对山东省高级人民法院就国土资源部《闲置土地处置办法》第二条第二款第（二）项关于闲置土地认定的规定是否违反上位法规定等问题的请示的答复

2014年12月25日　　　　　　　　　　　〔2014〕行他字第3号

山东省高级人民法院：

你院〔2012〕鲁行终字第125号《关于国土资源部〈闲置土地处置办法〉第二条第二款第（二）项关于闲置土地认定的规定是否违反上位法规定等问题的请示》收悉。经研究并征求全国人民代表大会常务委员会法制工作委员会、国务院法制办公室等部门意见，现答复如下：

国土资源部1999年发布的《闲置土地处置办法》第二条第二款第（二）项规定的闲置土地，应依据该办法第三条的规定，采取延长开发建设时间、安排临时使用、置换等价土地等方式处置；对于城市规划区内，出让等有偿使用方式取得土地使用权进行房

地产开发，超过规定期限未动工的闲置土地，则适用该办法第四条第二款的规定处置。该规定没有违反土地管理法和城市房地产管理法的有关规定。

最高人民法院办公厅
关于建设项目执行环境影响评价和"三同时"制度有关问题意见的复函

2017年1月20日　　　　　　　　　　　　法办函〔2017〕86号

环境保护部办公厅：

你部《关于征求建设项目执行环境影响评价和"三同时"制度有关问题意见的函》收悉。经研究，就环境保护部提出的最高人民法院行政审判庭于2006年11月27日作出的《关于工商行政管理部门审查颁发个体工商户营业执照是否以环保评价许可为前置条件问题的答复》（〔2006〕行他字第2号）（以下简称《答复》）的效力问题以及通过租赁他人房屋从事餐饮业是否要执行环境影响评价和"三同时"制度问题，回复如下：

该《答复》是针对福建省高级人民法院请示的环评审批应否作为工商行政管理部门审查颁发营业执照的前置条件的问题作出，明确了公民个人通过租赁住宅楼开办个体餐馆的，不属于环境影响评价法第十六条第三款关于"建设项目的环境影响评价分类名录"规定中的"建设项目"，该《答复》现行有效，性质上不属于司法解释，但是对各级人民法院审理同类案件仍具有普遍指导意义。

(八) 送达、期限

最高人民法院办公厅
关于向外国送达涉外行政案件司法文书的通知

2004年7月20日　　　　　　　　　　　　　法办〔2004〕346号

各省、自治区、直辖市高级人民法院，解放军军事法院，新疆维吾尔自治区高级人民法院生产建设兵团分院：

我国加入世界贸易组织以后，我国法院审理的涉外行政案件将不断增加，为保护中外当事人的合法权益，确保我国法院审判工作顺利进行，现可参照我国加入的海牙民商事送达公约，请求外国协助送达我国涉外行政案件司法文书。现就我国向外国送达涉外行政案件司法文书的做法通知如下：

对于需要向海牙民商事送达公约成员国送达涉外行政案件司法文书的，可参照1965年订立于海牙的《关于向国外送达民事或商事司法文书和司法外文书公约》和我国内相关程序向有关外国提出司法协助请求，通过公约规定的途径送达。

最高人民法院
关于对涉外行政案件的审理期限应当如何掌握的复函

2002年11月20日　　　　　　　　　　　　〔2002〕行他字第2号

广东省高级人民法院：

你院粤高法〔2002〕63号有关涉外涉港澳台行政案件审理期限的请示收悉。经研究，答复如下：

一、《行政诉讼法》中有关案件审理期限的规定，并无一般行政案件与涉外（含涉港澳台，下同）行政案件的区分，涉外行政案件的审限应当适用该法有关案件审理期限的规定。

二、我国加入世界贸易组织议定书中的有关规定，要求我国对与WTO规则有关的具体行政行为迅速进行司法审查。如对涉外行政案件审限不加以限制，不符合上述规定的要求。

三、我国司法审查制度应当遵循世界贸易组织规则有关国民待遇的基本原则，如对涉外行政案件没有审限要求，不符合国民待遇的基本原则。

四、在审判实践中，涉外行政案件的诉讼程序比一般行政案件的诉讼程序需要更多的时间，但这涉及排除不计入审限事项的时间，与涉外行政案件执行有关审限的规定并不冲突。

综上，同意你院请示中的第二种意见，即涉外行政案件的审理期限，应当适用《行政诉讼法》及我院《关于严格执行案件审理期限制度的若干规定》中有关行政案件审理期限的相关规定。

（九）执　　行

最高人民法院
关于办理申请人民法院强制执行国有土地上房屋征收补偿决定案件若干问题的规定

法释〔2012〕4号

（2012年2月27日最高人民法院审判委员会第1543次会议通过　2012年3月26日最高人民法院公告公布　自2012年4月10日起施行）

为依法正确办理市、县级人民政府申请人民法院强制执行国有土地上房屋征收补偿决定（以下简称征收补偿决定）案件，维护公共利益，保障被征收房屋所有权人的合法权益，根据《中华人民共和国行政诉讼法》《中华人民共和国行政强制法》《国有土地上房屋征收与补偿条例》（以下简称《条例》）等有关法律、行政法规规定，结合审判实际，制定本规定。

第一条　申请人民法院强制执行征收补偿决定案件，由房屋所在地基层人民法院管辖，高级人民法院可以根据本地实际情况决定管辖法院。

第二条　申请机关向人民法院申请强制执行，除提供《条例》第二十八条规定的强制执行申请书及附具材料外，还应当提供下列材料：

（一）征收补偿决定及相关证据和所依据的规范性文件；

（二）征收补偿决定送达凭证、催告情况及房屋被征收人、直接利害关系人的意见；

（三）社会稳定风险评估材料；

（四）申请强制执行的房屋状况；

（五）被执行人的姓名或者名称、住址及与强制执行相关的财产状况等具体情况；

（六）法律、行政法规规定应当提交的其他材料。

强制执行申请书应当由申请机关负责人签名，加盖申请机关印章，并注明日期。

强制执行的申请应当自被执行人的法定起诉期限届满之日起三个月内提出；逾期申请的，除有正当理由外，人民法院不予受理。

第三条　人民法院认为强制执行的申请符合形式要件且材料齐全的，应当在接到申请后五日内立案受理，并通知申请机关；不符合形式要件或者材料不全的应当限期补正，并在最终补正的材料提供后五日内立案受理；不符合形式要件或者逾期无正当理由不补正材料的，裁定不予受理。

申请机关对不予受理的裁定有异议的，可以自收到裁定之日起十五日内向上一级人民法院申请复议，上一级人民法院应当自收到复议申请之日起十五日内作出裁定。

第四条 人民法院应当自立案之日起三十日内作出是否准予执行的裁定；有特殊情况需要延长审查期限的，由高级人民法院批准。

第五条 人民法院在审查期间，可以根据需要调取相关证据、询问当事人、组织听证或者进行现场调查。

第六条 征收补偿决定存在下列情形之一的，人民法院应当裁定不准予执行：

（一）明显缺乏事实根据；

（二）明显缺乏法律、法规依据；

（三）明显不符合公平补偿原则，严重损害被执行人合法权益，或者使被执行人基本生活、生产经营条件没有保障；

（四）明显违反行政目的，严重损害公共利益；

（五）严重违反法定程序或者正当程序；

（六）超越职权；

（七）法律、法规、规章等规定的其他不宜强制执行的情形。

人民法院裁定不准予执行的，应当说明理由，并在五日内将裁定送达申请机关。

第七条 申请机关对不准予执行的裁定有异议的，可以自收到裁定之日起十五日内向上一级人民法院申请复议，上一级人民法院应当自收到复议申请之日起三十日内作出裁定。

第八条 人民法院裁定准予执行的，应当在五日内将裁定送达申请机关和被执行人，并可以根据实际情况建议申请机关依法采取必要措施，保障征收与补偿活动顺利实施。

第九条 人民法院裁定准予执行的，一般由作出征收补偿决定的市、县级人民政府组织实施，也可以由人民法院执行。

第十条 《条例》施行前已依法取得房屋拆迁许可证的项目，人民法院裁定准予执行房屋拆迁裁决的，参照本规定第九条精神办理。

第十一条 最高人民法院以前所作的司法解释与本规定不一致的，按本规定执行。

最高人民法院
关于认真贯彻执行《关于办理申请人民法院强制执行国有土地上房屋征收补偿决定案件若干问题的规定》的通知

2012年4月5日　　　　　　　　　　　　　　　法〔2012〕97号

各省、自治区、直辖市高级人民法院，解放军军事法院，新疆维吾尔自治区高级人民法院生产建设兵团分院：

《最高人民法院关于办理申请人民法院强制执行国有土地上房屋征收补偿决定案件若干问题的规定》（法释〔2012〕4号，以下简称《规定》）已由最高人民法院审判委员会第1543次会议讨论通过，于2012年4月10日起施行。为准确把握和正确适用《规定》，现就有关问题通知如下：

一、充分认识制定实施《规定》的重要意义

制定实施《规定》是人民法院服务大局、回应社会关切的需要。房屋征收与补偿事关社会稳定、人民安居乐业、经济社会协调发展，党中央、国务院高度重视。《中华人民共和国行政强制法》（以下称《行政强制法》）、《国有土地上房屋征收与补偿条例》（以下称《条例》）颁布实施以来，有关市、县级人民政府申请人民法院强制执行房屋征收补偿决定（以下称征收补偿决定）以及新旧规定衔接等问题成为社会关注焦点。人民法院审判、执行工作面临许多新情况、新问题，需要统一法律、法规适用标准，明确具体工作规范。《规定》是对相关法律、法规规定精神的进一步细化和落实。

制定实施《规定》是解决现实工作难题、保障合法权益与实现公共利益的需要。近年来，一些地方因强制拆迁引发的恶性事件屡屡发生，为此，国务院下大力气进行专项整治，我院也下发紧急通知并开展专项检查，取得了明显成效。《规定》从案件受理、审查和执行等各个环节作出明确规定，规范相关程序和执行主体，有利于从制度上切实保障人民群众合法权益和公共利益的实现，理顺征收与补偿工作秩序，防止类似事件的发生。

制定实施《规定》是探索和改革执行方式、创新和加强社会管理的需要。《条例》是一项重大制度创新，关于强制执行方式问题《行政强制法》尚未明确规定，为人民法院的探索和改革留有空间。《规定》充分反映了有关国家机关反复协商后形成的共识，是紧密结合中国国情，创新和完善执行工作体制和工作机制的重要举措，对推进人民法院司法改革、创新和加强社会管理必将发挥积极的促进作用。各级人民法院要深刻理解制定实施《规定》的重要性，在审判实践中认真贯彻执行。

二、注意处理好有关问题

一是案件管辖问题。《规定》明确了申请人民法院强制执行征收补偿决定的案件，以房屋所在地基层人民法院管辖为原则，旨在体现将矛盾化解在基层的处理纠纷总原则。因案件情况和各地执法环境存在较大差异，《规定》授权高级人民法院可根据本地实际情况决定管辖法院，包括可以就相关案件管辖作出统一规定，也包括可以就个案管辖作出具体处理。各高级人民法院要准确、灵活地适用法律和司法解释有关规定，科学配置中、基层人民法院的管辖权。

二是案件受理问题。《规定》明确了申请机关提出强制执行申请时应当提交的各项材料，其中社会稳定风险评估材料应当依照《条例》第十二条有关规定形成（涉及被征收人数量较多的还应包括经政府常务会议讨论决定方面的材料）。人民法院要认真审查申请是否符合形式要件、材料是否齐全，依照《规定》和《最高人民法院关于执行〈中华人民共和国行政诉讼法〉若干问题的解释》（以下称《若干解释》）的有关规定作出相应处理。

三是审查方式和标准问题。《规定》明确了人民法院审查时可以根据需要调取相关证据、询问当事人、组织听证或者进行现场调查，列举了裁定不准予执行的八种情形。特别是"明显不符合公平补偿原则，严重损害被执行人合法权益，被执行人基本生活、生产经营条件没有保障"，"明显违反行政目的，严重损害公共利益"以及"严重违反法定程序或者正当程序"等规定，具有鲜明的针对性。人民法院要准确理解和把握其精神实质，坚持以人为本的正确导向，坚持程序合法性与正当性审查标准，坚决防止滥用强制手段和"形式合法、实质不合法"现象的发生。

四是审查期限问题。《规定》依照《行政强制法》第五十八条规定，将相关案件审查期限规定为三十日，主要考虑此类案件许多具有复杂性和敏感性，法官需要有相对充分的审查时间，以做到审慎稳妥、判断准确，防止因草率裁定而损害被征收人合法权益或者使公众产生审查程序流于形式的误解。因特殊情况（如案情疑难复杂、需征求有关部门意见或调查取证等）需要延长审查期限的，由高级人民法院批准。基层人民法院应参照《若干解释》第八十二条规定的程序，直接报请高级人民法院批准，同时报中级人民法院备案。

五是裁决方式问题。人民法院在相关案件受理、审查和复议程序中所作的裁定，都应当说明理由，特别要注重增强不准予执行裁定的逻辑严密性和说理透彻性。上级人民法院经复议撤销原审裁定的同时，既可以直接作出是否受理或者是否准予执行的裁定，也可以针对原审裁定认定事实不清、证据不足等情形，裁定发回原审法院重新审查，申请机关对重新审查后的裁定可再次依法申请复议。

六是强制执行方式问题。《规定》明确了人民法院裁定准予执行的，一般由作出征收补偿决定的市、县级人民政府组织实施的总原则，以体现"裁执分离"的改革方向。人民法院在作出准予执行的裁定时，可以同时载明由相关政府组织实施；认为自身有足够能力实施时（个别例外情形），也可以依照《规定》由人民法院执行。

七是司法建议问题。人民法院作出准予执行的裁定时，可以根据案件的实际情况，就审查中预见的与强制执行相关的问题,书面建议申请机关依法采取必要措施消除隐患或者落实必要的应对预案,也可以针对政府组织实施行为提出相关建议,以保障征收与补偿活动依法有序顺利实施。人民法院不得与地方政府搞联合执行、委托执行;对被执行人及利害关系人认为强制执行过程中具体行政行为违法而提起的行政诉讼或者行政赔偿诉讼,应当依法受理。

八是新旧规定衔接问题。《规定》明确对行政机关依据《条例》施行前的规定作出的房屋拆迁裁决,人民法院裁定准予执行的,参照《规定》第九条精神办理。对行政机关就上述裁决提出的强制执行申请,人民法院应当依照相关法律、法规及司法解释的规定,严格立案、审查,认真执行《最高人民法院关于坚决防止土地征收、房屋拆迁强制执行引发恶性事件的紧急通知》(法明传〔2011〕327号)的具体要求,凡存在补偿安置不到位或其他不宜强制执行情形的,不得裁定准予执行;对于裁定准予执行的,要按照《规定》第九条确定的强制执行方式妥善处理,以促进房屋拆迁活动依法稳妥有序进行。

三、认真抓好《规定》的贯彻执行

《规定》条款内容虽然不多,但是对于解决房屋征收与补偿领域的突出矛盾,规范人民法院依法办理相关案件和强制执行活动稳妥实施,具有重要的积极作用。各级人民法院要调整工作思路,理顺工作机制,完善工作制度,加大对贯彻执行《规定》的领导和指导力度。要组织审判人员逐条学习理解、准确把握《规定》的精神和本通知的要求。必要时可以组织开展培训宣传活动,以增进人民群众和行政机关的理解与支持。要大力加强调查研究,积极争取地方党委、政府加大对人民法院机构设置、人员配备、物质装备建设的支持力度,切实解决相关案件数量大幅度增加后人民法院面临的实际困难。要结合本地实际情况制定实施方案,对于《规定》贯彻执行过程中出现的新情况新问题,要及时报告上级人民法院。

特此通知。

附:

1. 裁定书样式一(不予受理强制执行申请用)(略)
2. 裁定书样式二(对不服不予受理裁定的复议案件用)(略)
3. 裁定书样式三(准予或不准予强制执行用)(略)
4. 裁定书样式四(对不服不准予强制执行裁定的复议案件用)(略)

最高人民法院关于违法的建筑物、构筑物、设施等强制拆除问题的答复

法释〔2013〕5号

（2013年3月25日最高人民法院审判委员会第1572次会议通过　2013年3月27日最高人民法院公告公布　自2013年4月3日起施行）

北京市高级人民法院：

根据行政强制法和城乡规划法有关规定精神，对涉及违反城乡规划法的违法建筑物、构筑物、设施等的强制拆除，法律已经授予行政机关强制执行权，人民法院不受理行政机关提出的非诉行政执行申请。

最高人民法院关于对行政侵权赔偿案件执行中有关问题的复函

1993年6月16日　　　　　　　　　　　　　　法函〔1993〕51号

甘肃省高级人民法院：

你院〔1993〕甘法执请字第002号《关于行政侵权赔偿案件执行中有关问题的请示报告》收悉，经研究，答复如下：

行政机关作出的具体行政行为侵犯公民、法人或者其他组织的合法权益造成损害的，根据《中华人民共和国行政诉讼法》第六十八条的规定，应由作出具体行政行为的行政机关负责赔偿。如果负责赔偿的行政机关暂无执行能力，应当中止执行，待中止的情形消失后，恢复执行。

最高人民法院
关于对林业行政机关依法作出具体行政行为申请人民法院强制执行问题的复函

1993年12月24日　　　　　　　　　　　　　法函〔1993〕91号

林业部：

你部林函策字〔1993〕308号函收悉。经研究，同意你部所提意见，即：林业主管部门依法作出的具体行政行为，公民、法人或者其他组织在法定期限内既不起诉又不履行的，林业主管部门依据行政诉讼法第六十六条的规定可以申请人民法院强制执行，人民法院应予受理。

附：

林业部
关于行政机关依法作出具体行政行为申请人民法院强制执行的函

1993年12月1日　　　　　　　　　　　　　林函策字〔1993〕308号

最高人民法院：

最近，一些地方林业主管部门向我部反映，林业主管部门根据《森林法》第六条、第三十四条、第三十七条等规定，作出依法交纳育林基金、责令赔偿损失、责令补种树木等具体行政行为时，当事人在规定的期限内既不起诉又不履行，林业主管部门向人民法院申请强制执行时，一些法院不予受理，影响《森林法》贯彻执行。

我部认为，根据《行政诉讼法》等有关规定，公民、法人或者其他组织对林业主管部门依法作出的具体行政行为，在法定期限内不提起诉讼又不履行的，林业主管部门可以申请人民法院强制执行；对林业主管部门依法申请强制执行的，人民法院应予以受理。

以上意见当否，请复。

最高人民法院对《当事人对人民法院强制执行生效具体行政行为的案件提出申诉人民法院应如何受理和处理的请示》的答复

1995年8月22日　　　　　　　　　　法行〔1995〕12号

吉林省高级人民法院：

你院《关于当事人对人民法院强制执行生效具体行政行为的案件提出申诉人民法院应如何受理和处理的请示》收悉。经研究认为：公民、法人和其他组织认为人民法院强制执行生效的具体行政行为违法，侵犯其合法权益，向人民法院提出申诉，人民法院可以作为申诉进行审查。人民法院的全部执行活动合法，而生效具体行政行为违法的，应转送作出具体行政行为的行政机关依法处理，并通知申诉人同该行政机关直接联系；人民法院采取的强制措施等违法，造成损害的，应依照国家赔偿法的有关规定办理。

最高人民法院关于行政机关依法申请强制执行，被申请人拒不搬迁，人民法院予以强制执行是否正确问题的函

（1989年7月4日）

贵州省高级人民法院：

你院黔法〔1989〕民请字第1号关于个体工商户阎兴文、黄祥荣所经营商店被拆除一案处理意见的请示报告收悉。经研究，并征求了建设部和化工部的意见，我们认为：

由省、自治区、直辖市人民政府确定单独编制城市规划的矿区行政管理部门，对拆迁纠纷可以作出处理决定，也可以根据其处理决定申请人民法院强制执行。个体工商户阎兴文和黄祥荣是拆迁户，在他们拒不搬迁的情况下，开阳县人民法院于1984年1月根据有关法律规定精神以及开阳矿务局的申请，强制执行阎、黄搬迁并无不当。至于一些遗留问题，可根据具体情况妥善处理。

以上意见，仅供你院参考。

最高人民法院
关于劳动行政部门作出责令用人单位支付劳动者工资报酬、经济补偿和赔偿金的劳动监察指令书是否属于可申请法院强制执行的具体行政行为的答复

1998年5月17日　　　　　　　　　　　　　〔1998〕法行字第1号

广东省高级人民法院：

　　你院《关于如何处理〈劳动监察指令书〉问题的请示》收悉。经研究，原则同意你院意见，即：劳动行政部门作出责令用人单位支付劳动者工资报酬、经济补偿和赔偿金的劳动监察指令书，不属于可申请人民法院强制执行的具体行政行为，人民法院对此类案件不予受理。劳动行政部门作出责令用人单位支付劳动者工资报酬、经济补偿和赔偿金的行政处理决定书，当事人既不履行又不申请复议或者起诉的，劳动行政部门可以依法申请人民法院强制执行。

最高人民法院办公厅
关于对《关于请解决劳动监察决定强制执行问题的函》的答复

1998年6月30日　　　　　　　　　　　　　法办〔1998〕69号

劳动和社会保障部办公厅：

　　你办《关于请解决劳动监察决定强制执行问题的函》收悉。经研究，现答复如下：

　　一、关于《劳动监察限期改正指令书》的适用范围，《劳动法》和《劳动监察规定》已有具体明确的规定，实践中如何具体适用，不属于由我院作具体解释的问题。

　　二、关于劳动监察决定的强制执行问题。根据《行政诉讼法》、《劳动法》和《劳动监察规定》的规定，劳动和社会保障部门作出的行政处理决定和行政处罚决定，可以依法申请人民法院强制执行；但劳动监察限期改正指令书不属于可申请人民法院强制执行的具体行政行为，当事人不履行该指令书确定的义务的，劳动和社会保障部门可依照《劳动监察规定》的规定处理或者处罚。

　　三、关于预交申请执行费问题。根据我院《人民法院诉讼收费办法》的有关规定，

如果申请人预交执行费确有困难的，可以向执行法院提出缓交、减交或者免交的申请。

最高人民法院
关于办理行政机关申请强制执行案件
有关问题的通知

1998年8月18日   法〔1998〕77号

各省、自治区、直辖市高级人民法院，新疆维吾尔自治区高级人民法院生产建设兵团分院：

关于人民法院办理行政机关申请强制执行其作出的具体行政行为的案件，行政庭与执行庭如何分工的问题，经我院审判委员会讨论，并已正式下发文件（法发〔1996〕12号）。我院《关于人民法院执行工作若干问题的规定（试行）》下发后，一些法院就上述两个文件的关系问题向我院提出询问。现就有关问题重申如下：

一、行政机关申请人民法院强制执行案件由行政审判庭负责审查。经教育，行政行为相对人自动履行的，即可结案。需要强制执行的，由行政审判庭移送执行庭办理。

二、对于申请执行的具体行政行为，人民法院必须认真进行审查，切实履行法律赋予的监督职责，坚决防止和杜绝违法失职现象的发生。因不审查或不认真审查而给被申请人造成损失的，应当追究有关人员的责任。

三、人民法院经审查，确认申请执行的具体行政行为有明显违法问题，侵犯相对人实体合法权益的，裁定不予执行，并向申请机关提出司法建议。

最高人民法院
对《关于非诉执行案件中作为被执行人的
法人终止，人民法院是否可以直接裁定
变更被执行人的请示》的答复

2000年5月29日   法行〔2000〕16号

山东省高级人民法院：

你院鲁高法函〔1999〕62号《关于非诉执行案件中作为被执行人的法人终止，人民法院是否可以直接裁定变更被执行人的请示》收悉。经研究，答复如下：

人民法院在办理行政机关申请人民法院强制执行其具体行政行为的案件过程中，作为被执行人的法人出现分立、合并、兼并、合营等情况，原具体行政行为仍应执行的，人民法院应当通知申请机关变更被执行人。对变更后的被执行人，人民法院应当依法进行审查。

最高人民法院关于判决驳回原告诉讼请求行政案件执行问题的答复

2008 年 12 月 15 日　　　　　　　　　　　〔2008〕行他字第 24 号

湖北省高级人民法院：

你院鄂高法〔2008〕391 号《关于判决驳回原告的诉讼请求行政案件执行问题的请示》收悉。经研究答复如下：

被诉具体行政行为具有可执行内容的，人民法院作出驳回原告诉讼请求判决生效后，行政机关申请执行被诉具体行政行为的，人民法院应依法裁定准予执行，并明确执行的具体内容。

此复。

最高人民法院行政审判庭关于在非诉执行案件中没收的地上建筑物如何移交问题的电话答复

2009 年 9 月 27 日　　　　　　　　　　　〔2009〕行他字第 10 号

山东省高级人民法院：

你院鲁高法〔2009〕9 号《关于审查执行土地行政处罚案件中"没收地上建筑物""拆除地上建筑物"的理解适用问题的请示》收悉，经研究答复如下：

国土资源管理部门申请人民法院强制执行其依法作出的没收地上建筑物的行政处罚，人民法院在采取强制执行措施后，应当将没收的建筑物移交申请执行的国土资源管理部门。

最高人民法院
关于转发住房和城乡建设部《关于无证房产依据协助执行文书办理产权登记有关问题的函》的通知

2012 年 6 月 15 日　　　　　　　　　　　　法〔2012〕151 号

各省、自治区、直辖市高级人民法院，解放军军事法院，新疆维吾尔自治区高级人民法院生产建设兵团分院：

现将住房和城乡建设部《关于无证房产依据协助执行文书办理产权登记有关问题的函》（建法函〔2012〕102 号）转发你们，请参照执行，并在执行中注意如下问题：

一、各级人民法院在执行程序中，既要依法履行强制执行职责，又要尊重房屋登记机构依法享有的行政权力；既要保证执行工作的顺利开展，也要防止"违法建筑"等不符合法律、行政法规规定的房屋通过协助执行行为合法化。

二、执行程序中处置未办理初始登记的房屋时，具备初始登记条件的，执行法院处置后可以依法向房屋登记机构发出《协助执行通知书》；暂时不具备初始登记条件的，执行法院处置后可以向房屋登记机构发出《协助执行通知书》，并载明待房屋买受人或承受人完善相关手续具备初始登记条件后，由房屋登记机构按照《协助执行通知书》予以登记；不具备初始登记条件的，原则上进行"现状处置"，即处置前披露房屋不具备初始登记条件的现状，买受人或承受人按照房屋的权利现状取得房屋，后续的产权登记事项由买受人或承受人自行负责。

三、执行法院向房屋登记机构发出《协助执行通知书》，房屋登记机构认为不具备初始登记条件并作出书面说明的，执行法院应在 30 日内依照法律和有关规定，参照行政规章，对其说明理由进行审查。理由成立的，撤销或变更《协助执行通知书》并书面通知房屋登记机构；理由不成立的，书面通知房屋登记机构限期按《协助执行通知书》办理。

特此通知。

最高人民法院
关于对公路桥梁下面违法建筑
强制拆除适用法律问题的答复

2013 年 12 月 18 日　　　　　　　　　　　　〔2013〕行他字第 12 号

安徽省高级人民法院：

你院〔2013〕皖行他字第 00003 号《关于公路桥梁下面违法建筑强制拆除如何适用法律问题的请示》收悉。经研究：

原则同意你院倾向性意见，根据《中华人民共和国行政强制法》第五十条、《中华人民共和国公路法》第五十六条、第八十一条和《公路安全保护条例》第十一条第三款的规定，公路管理机构对公路桥梁下面修建的违法建筑，有强制拆除的权力。公路管理机构向人民法院申请强制执行的，人民法院不予受理。

最高人民法院
关于在征收拆迁案件中进一步严格规范司法行为
积极推进"裁执分离"的通知

2014 年 7 月 22 日　　　　　　　　　　　　　　法〔2014〕191 号

各省、自治区、直辖市高级人民法院，新疆维吾尔自治区高级人民法院生产建设兵团分院：

当前，依法妥善审理各类土地、房屋征收拆迁行政案件，是人民法院参与国家治理、推进城镇化建设、保障人民群众合法权益、促进社会和谐稳定的十分重要的职责。《中华人民共和国行政强制法》（以下简称《行政强制法》）和《国有土地上房屋征收与补偿条例》（以下简称《条例》）颁布实施以来，最高人民法院先后出台了一系列司法解释和指导性文件，针对国有土地上房屋征收非诉执行案件实行由法院审查作裁定、政府组织实施的"裁执分离"原则，许多地方法院积极贯彻落实并取得明显实效，但是仍有一些基层法院领会司法解释精神不到位，审查环节不严谨，直接组织强制执行以至引发恶性后果。前不久，山西省中阳县发生一起被执行人两名亲属在法院组织的非诉强制执行过程中自焚致伤、从窑顶跳下摔伤的严重事件。为防止类似事件再次发生，现就有关问题通知如下：

一、高度重视宣传，深刻领会司法解释和相关文件精神

针对最高人民法院近年来颁布的《关于办理申请人民法院强制执行国有土地上房屋征收补偿决定案件若干问题的规定》《关于审理涉及农村集体土地行政案件若干问题的规定》《关于认真贯彻执行〈关于办理申请人民法院强制执行国有土地上房屋征收补偿决定案件若干问题的规定〉的通知》《关于坚决防止土地征收、房屋拆迁强制执行引发恶性事件的紧急通知》和《关于严格执行法律法规和司法解释依法妥善办理征收拆迁案件的通知》等司法解释和司法文件，各级人民法院必须进一步加大宣传力度，确保广大基层法院领导和相关审判执行人员能够熟悉上述规定和通知内容，深刻领会最高人民法院三令五申的办案要求和"裁执分离"原则的基本精神，特别要注意及时转发、认真组织基层法院搞好专门培训，切实统一思想认识和工作思路，在立案、审查和执行等工作中严格贯彻落实，不得擅自变通和随意解读。同时，通过多种途径向当地党政领导和行政执法机关及其工作人员积极宣传，做好沟通解释工作，尽最大努力获得支持与配合，共同促进《行政强制法》《条例》等法律法规的正确实施。

二、严格规范司法行为，确保裁判公开公正

各级人民法院在办理征收拆迁案件过程中，要紧紧围绕"让人民群众在每一个司法案件中感受到公平正义"的目标，坚持合法性审查，坚守法律底线，敢于担当、敢于碰硬，只服从事实、只服从法律，坚决抵制各种非法干预。在诉讼案件立案审理环节，要坚决防止背离公正、中立立场、从地方或部门利益出发迁就违法或不当的行政行为，对依法该立案的坚决立案，对行政行为该确认违法的坚决确认违法，该撤销的坚决撤销，对申请先予执行的案件，原则上不得准许；在非诉执行案件审查环节，要严格遵循司法解释相关规定审查行政机关提出的申请，凡存在对群众补偿安置不到位、程序违法或违反程序正当性、未进行社会稳定风险评估等情形的，一律依法裁定不予受理或不准予执行。要正确处理裁判和协调的关系，坚决防止违背当事人意愿过度协调、久拖不决，无原则地"和稀泥"。要大力推进司法公开，以公开促公正，以公开防干预，确保征收拆迁一审案件全部公开开庭，确保每一份相关裁判文书说理充分、公开上网、及时送达。

三、积极推进"裁执分离"，逐步拓宽适用范围

"裁执分离"是最高人民法院为破解征收拆迁案件"执行难""执行乱"难题着力推进的一项重要原则。该原则由有关中央国家机关充分协商后通过司法解释加以确定，既有利于发挥司法专业优势、监督功能，又有利于发挥行政机关资源优势，对明确司法与行政的职能定位，确保依法拆迁、和谐拆迁意义重大。各级人民法院在贯彻执行过程中，一方面要严格落实司法解释及相关通知有关"由政府组织实施为总原则、由法院执行属个别例外情形"的基本要求，立案、审查、执行机构要注意加强沟通配合，创新工作机制，共同研究解决办案中的重大疑难问题，不得与地方政府搞联合执行、委托执行，杜绝参加地方牵头组织的各类"拆迁领导小组""项目指挥部"等，依法受理因行

政机关组织实施活动违法而引发的诉讼;另一方面要积极拓宽"裁执分离"适用范围,以践行立法机关提出给相关改革探索"留有空间"的意见和中央有关部门对法院工作的相关建议。今年以来,浙江省高级人民法院在省委、省政府的大力支持下出台相关规定,明确将"裁执分离"扩大至征收集体土地中的房屋拆迁、建筑物非法占地强制拆除等非诉案件和诉讼案件,该做法值得推广和借鉴。

四、进一步加强上级法院监督力度

针对下级法院办理征收拆迁案件,上级法院必须严格把关,切实发挥审级监督指导作用。要建立和完善有案不立、有诉不理的发现机制,严肃追究限制收案、拖延立案的违法违纪行为。要集中清理和废止不符合法律法规和司法解释要求的征地拆迁"土政策",带头抵制各种非法干预,坚决为下级法院审判执行法官撑腰。要建立科学、合理的考评机制,准确、客观评价下级法院工作,改变以协调撤诉率排名等不科学的考核方式。要严禁下级法院执行机构在未经行政审判庭审查并作出准予执行裁定情况下,擅自采取执行措施以及擅自扩大强制执行范围。要尽快完善申诉、申请再审案件分流机制,避免将有限力量耗费于无理缠访和陈年旧案上。要积极探索行政审判体制改革,在有条件的地方尽早建立与行政区划适当分离的司法管辖制度。今后,凡是未及时向下级法院传达相关司法解释、司法文件精神,或者案件经最高人民法院改判纠正的,最高人民法院将一律予以通报。下级法院在探索司法改革、推进"裁执分离"过程中的各种好经验、好做法与现实困难,要及时向上级法院反映,确保改革依法有序、统筹兼顾;在办案中遇到法律适用方面的各种新情况新问题,要依照法定程序逐级向上级法院反映;在原则上不准先予执行的前提下,确需先予执行的,须报上一级法院批准;在个别例外情形下法院认为自身有足够能力直接执行时,须报上一级法院审查同意;对不按要求向上级法院报告,无视"裁执分离"原则,擅自使用司法强制手段导致矛盾激化,造成人员伤亡、财产严重损失以及大规模群体性事件,或者对重大舆情隐瞒不服、歪曲事实的,要依法依纪严肃追究有关法院领导和直接责任人员的责任。

（十）其　他

最高人民法院
关于人民法院大力支持税收征管工作的通知

1989年11月4日　　　　　　　　　法〔行〕发〔1989〕31号

各省、自治区、直辖市高级人民法院：

　　随着经济体制改革的深入和社会主义商品经济的发展，税收在国民经济中的地位显得越来越重要，它对确保国家财政收入，促进国民经济协调发展，起着极为重要的作用。但是，目前偷税漏税现象十分严重，暴力抗税时有发生。据不完全统计，目前全国国营、集体企业偷税面约占50%，个体户偷漏税面约占80%，1986年以来，全国发生冲击税务机关、围攻殴打税务人员案件共8017件，打死11人，致残26人，重伤713人。这些违法犯罪行为，严重干扰了税务人员依法执行公务，破坏了国家税法的贯彻执行，减少了国家的财政收入，加剧了社会分配不公的矛盾，破坏了正常的经济秩序，影响了社会的安定。因此，整顿税收秩序，是当前国家治理整顿的一项十分重要的任务。各级人民法院应当充分运用审判职能，大力支持、积极配合税务机关依法加强税收的征管工作，坚决有效地制止漏税、欠税、偷税、抗税的违法犯罪行为。

　　一、依法严厉打击偷税、抗税以及以暴力、威胁方法阻碍国家税务人员依法执行职务的犯罪分子

　　各级法院都要主动加强与税务机关和检察机关的联系，对大案、要案提前了解情况。对检察机关提起公诉的偷税、抗税，阻碍国家税务人员依法执行职务，以及税务人员玩忽职守、索取收受贿赂的案件，在基本事实清楚，基本证据确凿的前提下要及时审理，从严惩处，并选择典型案件，进行公开审判或公开宣判，打击偷税、抗税分子的嚣张气焰，造成以法治税的强大声势。

　　二、依法审理好税务行政案件，支持国家税务机关依法行使税收征管职权

　　对纳税人、代征人或其他当事人对税务机关纳税或者违章处理的决定不服向人民法院起诉的案件，人民法院应当严格审查提起诉讼的法定条件，不符合的不予受理。对于事实清楚，适用法律、法规正确的税务处理决定，应予维持；对于实体上处理正确，但程序上有缺陷的税务机关的处理决定，在税务机关补正后，也要维持税务机关有关征税和处罚的决定。对于税务机关根据纳税人（个体工商户）的申报，经过典型调查、测算

和民主评议以后，合理确定纳税人应纳税额和缴纳期限，并书面通知纳税人依照执行，纳税人不服向人民法院起诉的，人民法院一般应予维持。

三、强化执行工作，及时处理税务机关申请人民法院强制执行的案件

对税务机关根据《中华人民共和国税收征收管理暂行条例》第三十八条的规定，申请人民法院强制执行的拖欠税款、滞纳金、罚款案件，人民法院应当依法及时处理。税务机关的决定没有错误的，应及时依法执行；确有错误或手续不全的，应当及时通知税务机关予以纠正或补正。人民法院的执行工作，应主动与有关部门加强联系，取得支持。

四、人民法院在审理经济纠纷和其他案件中，要注意发现当事人或其他人有无偷税、漏税或违法减免税等违法行为，积极向税务机关提供有关情况或提出司法建议，并将有关材料移送税务机关依法处理。如发现犯罪线索，应及时将有关材料移送检察机关处理。

财政部 最高人民法院 最高人民检察院 公安部 司法部 关于加强耕地占用税征收管理工作的联合通知

1990年7月28日　　　　　　　　　　　〔90〕财农税字第55号

各省、自治区、直辖市财政厅（局）、高级人民法院、市人民检察院、公安厅（局）、司法厅（局）（不发西藏），各计划单列市财政局、法院、检察院、公安局、司法局：

为了贯彻《中华人民共和国耕地占用税暂行条例》精神，切实搞好耕地占用税的征收管理，确保该项税款及时足额入库，现就有关问题通知如下：

一、占用耕地建房或者从事其他非农业建设的单位和个人，都是耕地占用税的纳税义务人，应当按照《中华人民共和国耕地占用税暂行条例》规定缴纳耕地占用税。各级司法部门要配合财政征收机关搞好税收法律、政策宣传工作。要充分利用各种宣传工具，大力普及税法知识，宣传税收政策，增强公民依法纳税观念，培养公民自觉纳税习惯，做到家喻户晓，人人皆知。

二、各级人民法院要支持财政机关做好依法征税工作。对纳税人拖欠税款、滞纳金、罚款，经催缴无效。（一）可按照1988年5月7日〔88〕财农税字第8号"一部""四行"联合通知，由财政征收机关开具扣缴税款通知书，通知其开户银行扣缴应缴税款；（二）可提请土地管理部门停发或收回土地使用证，限期缴纳税款。采取上述两项措施无效时，由财政机关按照最高人民法院法（行）发〔1989〕31号文件的规定，申请人民法院强制执行。情节严重构成犯罪的，依法追究刑事责任。

三、各级人民检察院要支持财政征收机关征收耕地占用税。对财政征收机关移送的

偷税、抗税案件，人民检察院要及时受理，认真查处。各级人民检察院应将查处征收耕地占用税中的犯罪案件作为一项任务。各级财政征收机关、人民检察院要相互配合，在强化征收管理，坚持以法治税方面，进一步采取有效措施，保证耕地占用税收入时足额入库。

四、各级公安部门要大力支持财政征收机关和征收人员依法执行公务，对围攻财政征收机关和殴打征收人员案件要及时认真查处。凡构成违反治安管理行为的，要按照《中华人民共和国治安管理处罚条例》的规定给予治安处罚；情节严重，构成犯罪的，要依法提请司法机关追究刑事责任。

五、各级财政征收机关必须按照《国务院关于违反财政法规处罚的暂行规定》，做好耕地占用税征收工作。对于违反财政法规，隐瞒、截留应当上缴的耕地占用税收入和超越权限擅自减免税收的，对直接责任人员和领导人，要按照《国务院关于违反财政法规处罚的暂行规定》处理。

六、各级财政征收机关要为政清廉，坚持原则，秉公执法，认真贯彻国家税收政策，依法办事，依率计征，并主动接受群众监督。对擅自减税、免税、贪污受贿以及违法渎职的征收人员要严加追究，依法处理。

七、农业税、农林特产税、契税、牧业税的征收管理工作，各地可结合具体情况，按照本通知的规定执行。

二、国家赔偿

（一）综 合

最高人民法院
关于适用《中华人民共和国国家赔偿法》若干问题的解释（一）

法释〔2011〕4号

（2011年2月14日最高人民法院审判委员会第1511次会议通过 2011年2月28日最高人民法院公告公布 自2011年3月18日起施行）

为正确适用2010年4月29日第十一届全国人民代表大会常务委员会第十四次会议修正的《中华人民共和国国家赔偿法》，对人民法院处理国家赔偿案件中适用国家赔偿法的有关问题解释如下：

第一条 国家机关及其工作人员行使职权侵犯公民、法人和其他组织合法权益的行为发生在2010年12月1日以后，或者发生在2010年12月1日以前、持续至2010年12月1日以后的，适用修正的国家赔偿法。

第二条 国家机关及其工作人员行使职权侵犯公民、法人和其他组织合法权益的行为发生在2010年12月1日以前的，适用修正前的国家赔偿法，但有下列情形之一的，适用修正的国家赔偿法：

（一）2010年12月1日以前已经受理赔偿请求人的赔偿请求但尚未作出生效赔偿决定的；

（二）赔偿请求人在2010年12月1日以后提出赔偿请求的。

第三条 人民法院对2010年12月1日以前已经受理但尚未审结的国家赔偿确认案件，应当继续审理。

第四条 公民、法人和其他组织对行使侦查、检察、审判职权的机关以及看守所、监狱管理机关在 2010 年 12 月 1 日以前作出并已发生法律效力的不予确认职务行为违法的法律文书不服,未依据修正前的国家赔偿法规定提出申诉并经有权机关作出侵权确认结论,直接向人民法院赔偿委员会申请赔偿的,不予受理。

第五条 公民、法人和其他组织对在 2010 年 12 月 1 日以前发生法律效力的赔偿决定不服提出申诉的,人民法院审查处理时适用修正前的国家赔偿法;但是仅就修正的国家赔偿法增加的赔偿项目及标准提出申诉的,人民法院不予受理。

第六条 人民法院审查发现 2010 年 12 月 1 日以前发生法律效力的确认裁定、赔偿决定确有错误应当重新审查处理的,适用修正前的国家赔偿法。

第七条 赔偿请求人认为行使侦查、检察、审判职权的机关以及看守所、监狱管理机关及其工作人员在行使职权时有修正的国家赔偿法第十七条第(一)、(二)、(三)项、第十八条规定情形的,应当在刑事诉讼程序终结后提出赔偿请求,但下列情形除外:

(一)赔偿请求人有证据证明其与尚未终结的刑事案件无关的;

(二)刑事案件被害人依据刑事诉讼法第一百九十八条的规定,以财产未返还或者认为返还的财产受到损害而要求赔偿的。

第八条 赔偿请求人认为人民法院有修正的国家赔偿法第三十八条规定情形的,应当在民事、行政诉讼程序或者执行程序终结后提出赔偿请求,但人民法院已依法撤销对妨害诉讼采取的强制措施的情形除外。

第九条 赔偿请求人或者赔偿义务机关认为人民法院赔偿委员会作出的赔偿决定存在错误,依法向上一级人民法院赔偿委员会提出申诉的,不停止赔偿决定的执行;但人民法院赔偿委员会依据修正的国家赔偿法第三十条的规定决定重新审查的,可以决定中止原赔偿决定的执行。

第十条 人民检察院依据修正的国家赔偿法第三十条第三款的规定,对人民法院赔偿委员会在 2010 年 12 月 1 日以后作出的赔偿决定提出意见的,同级人民法院赔偿委员会应当决定重新审查,并可以决定中止原赔偿决定的执行。

第十一条 本解释自公布之日起施行。

最高人民法院关于人民法院赔偿委员会审理国家赔偿案件程序的规定

法释〔2011〕6号

(2011年2月28日最高人民法院审判委员会第1513次会议通过 2011年3月17日最高人民法院公告公布 自2011年3月22日起施行)

根据2010年4月29日修正的《中华人民共和国国家赔偿法》(以下简称国家赔偿法),结合国家赔偿工作实际,对人民法院赔偿委员会(以下简称赔偿委员会)审理国家赔偿案件的程序作如下规定:

第一条 赔偿请求人向赔偿委员会申请作出赔偿决定,应当递交赔偿申请书一式四份。赔偿请求人书写申请书确有困难的,可以口头申请。口头提出申请的,人民法院应当填写《申请赔偿登记表》,由赔偿请求人签名或者盖章。

第二条 赔偿请求人向赔偿委员会申请作出赔偿决定,应当提供以下法律文书和证明材料:

(一)赔偿义务机关作出的决定书;

(二)复议机关作出的复议决定书,但赔偿义务机关是人民法院的除外;

(三)赔偿义务机关或者复议机关逾期未作出决定的,应当提供赔偿义务机关对赔偿申请的收讫凭证等相关证明材料;

(四)行使侦查、检察、审判职权的机关在赔偿申请所涉案件的刑事诉讼程序、民事诉讼程序、行政诉讼程序、执行程序中作出的法律文书;

(五)赔偿义务机关职权行为侵犯赔偿请求人合法权益造成损害的证明材料;

(六)证明赔偿申请符合申请条件的其他材料。

第三条 赔偿委员会收到赔偿申请,经审查认为符合申请条件的,应当在七日内立案,并通知赔偿请求人、赔偿义务机关和复议机关;认为不符合申请条件的,应当在七日内决定不予受理;立案后发现不符合申请条件的,决定驳回申请。

前款规定的期限,自赔偿委员会收到赔偿申请之日起计算。申请材料不齐全的,赔偿委员会应当在五日内一次性告知赔偿请求人需要补正的全部内容,收到赔偿申请的时间应当自赔偿委员会收到补正材料之日起计算。

第四条 赔偿委员会应当在立案之日起五日内将赔偿申请书副本或者《申请赔偿登记表》副本送达赔偿义务机关和复议机关。

第五条 赔偿请求人可以委托一至二人作为代理人。律师、提出申请的公民的近亲属、有关的社会团体或者所在单位推荐的人、经赔偿委员会许可的其他公民,都可以被委托为代理人。

赔偿义务机关、复议机关可以委托本机关工作人员一至二人作为代理人。

第六条 赔偿请求人、赔偿义务机关、复议机关委托他人代理，应当向赔偿委员会提交由委托人签名或者盖章的授权委托书。

授权委托书应当载明委托事项和权限。代理人代为承认、放弃、变更赔偿请求，应当有委托人的特别授权。

第七条 赔偿委员会审理赔偿案件，应当指定一名审判员负责具体承办。

负责具体承办赔偿案件的审判员应当查清事实并写出审理报告，提请赔偿委员会讨论决定。

赔偿委员会作赔偿决定，必须有三名以上审判员参加，按照少数服从多数的原则作出决定。

第八条 审判人员有下列情形之一的，应当回避，赔偿请求人和赔偿义务机关有权以书面或者口头方式申请其回避：

（一）是本案赔偿请求人的近亲属；

（二）是本案代理人的近亲属；

（三）与本案有利害关系；

（四）与本案有其他关系，可能影响对案件公正审理的。

前款规定，适用于书记员、翻译人员、鉴定人、勘验人。

第九条 赔偿委员会审理赔偿案件，可以组织赔偿义务机关与赔偿请求人就赔偿方式、赔偿项目和赔偿数额依照国家赔偿法第四章的规定进行协商。

第十条 组织协商应当遵循自愿和合法的原则。赔偿请求人、赔偿义务机关一方或者双方不愿协商，或者协商不成的，赔偿委员会应当及时作出决定。

第十一条 赔偿请求人和赔偿义务机关经协商达成协议的，赔偿委员会审查确认后应当制作国家赔偿决定书。

第十二条 赔偿请求人、赔偿义务机关对自己提出的主张或者反驳对方主张所依据的事实有责任提供证据加以证明。有国家赔偿法第二十六条第二款规定情形的，应当由赔偿义务机关提供证据。

没有证据或者证据不足以证明其事实主张的，由负有举证责任的一方承担不利后果。

第十三条 赔偿义务机关对其职权行为的合法性负有举证责任。

赔偿请求人可以提供证明职权行为违法的证据，但不因此免除赔偿义务机关对其职权行为合法性的举证责任。

第十四条 有下列情形之一的，赔偿委员会可以组织赔偿请求人和赔偿义务机关进行质证：

（一）对侵权事实、损害后果及因果关系争议较大的；

（二）对是否属于国家赔偿法第十九条规定的国家不承担赔偿责任的情形争议较大的；

（三）对赔偿方式、赔偿项目或者赔偿数额争议较大的；

（四）赔偿委员会认为应当质证的其他情形。

第十五条 赔偿委员会认为重大、疑难的案件，应报请院长提交审判委员会讨论决定。审判委员会的决定，赔偿委员会应当执行。

第十六条 赔偿委员会作出决定前，赔偿请求人撤回赔偿申请的，赔偿委员会应当依法审查并作出是否准许的决定。

第十七条 有下列情形之一的，赔偿委员会应当决定中止审理：

（一）赔偿请求人死亡，需要等待其继承人和其他有扶养关系的亲属表明是否参加赔偿案件处理的；

（二）赔偿请求人丧失行为能力，尚未确定法定代理人的；

（三）作为赔偿请求人的法人或者其他组织终止，尚未确定权利义务承受人的；

（四）赔偿请求人因不可抗拒的事由，在法定审限内不能参加赔偿案件处理的；

（五）宣告无罪的案件，人民法院决定再审或者人民检察院按照审判监督程序提出抗诉的；

（六）应当中止审理的其他情形。

中止审理的原因消除后，赔偿委员会应当及时恢复审理，并通知赔偿请求人、赔偿义务机关和复议机关。

第十八条 有下列情形之一的，赔偿委员会应当决定终结审理：

（一）赔偿请求人死亡，没有继承人和其他有扶养关系的亲属或者赔偿请求人的继承人和其他有扶养关系的亲属放弃要求赔偿权利的；

（二）作为赔偿请求人的法人或者其他组织终止后，其权利义务承受人放弃要求赔偿权利的；

（三）赔偿请求人据以申请赔偿的撤销案件决定、不起诉决定或者无罪判决被撤销的；

（四）应当终结审理的其他情形。

第十九条 赔偿委员会审理赔偿案件应当按照下列情形，分别作出决定：

（一）赔偿义务机关的决定或者复议机关的复议决定认定事实清楚，适用法律正确的，依法予以维持；

（二）赔偿义务机关的决定、复议机关的复议决定认定事实清楚，但适用法律错误的，依法重新决定；

（三）赔偿义务机关的决定、复议机关的复议决定认定事实不清、证据不足的，查清事实后依法重新决定；

（四）赔偿义务机关、复议机关逾期未作决定的，查清事实后依法作出决定。

第二十条 赔偿委员会审理赔偿案件作出决定，应当制作国家赔偿决定书，加盖人民法院印章。

第二十一条 国家赔偿决定书应当载明以下事项：

（一）赔偿请求人的基本情况，赔偿义务机关、复议机关的名称及其法定代表人；

（二）赔偿请求人申请事项及理由，赔偿义务机关的决定、复议机关的复议决定情况；

（三）赔偿委员会认定的事实及依据；
（四）决定的理由及法律依据；
（五）决定内容。

第二十二条 赔偿委员会作出的决定应当分别送达赔偿请求人、赔偿义务机关和复议机关。

第二十三条 人民法院办理本院为赔偿义务机关的国家赔偿案件参照本规定。

第二十四条 自本规定公布之日起，《人民法院赔偿委员会审理赔偿案件程序的暂行规定》即行废止；本规定施行前本院发布的司法解释与本规定不一致的，以本规定为准。

最高人民法院
关于国家赔偿案件立案工作的规定

法释〔2012〕1号

(2011年12月26日最高人民法院审判委员会第1537次会议通过 2012年1月13日最高人民法院公告公布 自2012年2月15日起施行)

为保障公民、法人和其他组织依法行使请求国家赔偿的权利，保证人民法院及时、准确审查受理国家赔偿案件，根据《中华人民共和国国家赔偿法》及有关法律规定，现就人民法院国家赔偿案件立案工作规定如下：

第一条 本规定所称国家赔偿案件，是指国家赔偿法第十七条、第十八条、第二十一条、第三十八条规定的下列案件：

（一）违反刑事诉讼法的规定对公民采取拘留措施的，或者依照刑事诉讼法规定的条件和程序对公民采取拘留措施，但是拘留时间超过刑事诉讼法规定的时限，其后决定撤销案件、不起诉或者判决宣告无罪终止追究刑事责任的；

（二）对公民采取逮捕措施后，决定撤销案件、不起诉或者判决宣告无罪终止追究刑事责任的；

（三）二审改判无罪，以及二审发回重审后作无罪处理的；

（四）依照审判监督程序再审改判无罪，原判刑罚已经执行的；

（五）刑讯逼供或者以殴打、虐待等行为或者唆使、放纵他人以殴打、虐待等行为造成公民身体伤害或者死亡的；

（六）违法使用武器、警械造成公民身体伤害或者死亡的；

（七）在刑事诉讼过程中违法对财产采取查封、扣押、冻结、追缴等措施的；

（八）依照审判监督程序再审改判无罪，原判罚金、没收财产已经执行的；

（九）在民事诉讼、行政诉讼过程中，违法采取对妨害诉讼的强制措施、保全措施或者对判决、裁定及其他生效法律文书执行错误,造成损害的。

第二条 赔偿请求人向作为赔偿义务机关的人民法院提出赔偿申请,或者依照国家赔偿法第二十四条、第二十五条的规定向人民法院赔偿委员会提出赔偿申请的,收到申请的人民法院根据本规定予以审查立案。

第三条 赔偿请求人当面递交赔偿申请的,收到申请的人民法院应当依照国家赔偿法第十二条的规定,当场出具加盖本院专用印章并注明收讫日期的书面凭证。

赔偿请求人以邮寄等形式提出赔偿申请的,收到申请的人民法院应当及时登记审查。

申请材料不齐全的,收到申请的人民法院应当在五日内一次性告知赔偿请求人需要补正的全部内容。收到申请的时间自人民法院收到补正材料之日起计算。

第四条 赔偿请求人向作为赔偿义务机关的人民法院提出赔偿申请,收到申请的人民法院经审查认为其申请符合下列条件的,应予立案:

(一)赔偿请求人具备法律规定的主体资格;

(二)本院是赔偿义务机关;

(三)有具体的申请事项和理由;

(四)属于本规定第一条规定的情形。

第五条 赔偿请求人对作为赔偿义务机关的人民法院作出的是否赔偿的决定不服,依照国家赔偿法第二十四条的规定向其上一级人民法院赔偿委员会提出赔偿申请,收到申请的人民法院经审查认为其申请符合下列条件的,应予立案:

(一)有赔偿义务机关作出的是否赔偿的决定书;

(二)符合法律规定的请求期间,因不可抗力或者其他障碍未能在法定期间行使请求权的情形除外。

第六条 作为赔偿义务机关的人民法院逾期未作出是否赔偿的决定,赔偿请求人依照国家赔偿法第二十四条的规定向其上一级人民法院赔偿委员会提出赔偿申请,收到申请的人民法院经审查认为其申请符合下列条件的,应予立案:

(一)赔偿请求人具备法律规定的主体资格;

(二)被申请的赔偿义务机关是法律规定的赔偿义务机关;

(三)有具体的申请事项和理由;

(四)属于本规定第一条规定的情形;

(五)有赔偿义务机关已经收到赔偿申请的收讫凭证或者相应证据;

(六)符合法律规定的请求期间,因不可抗力或者其他障碍未能在法定期间行使请求权的情形除外。

第七条 赔偿请求人对行使侦查、检察职权的机关以及看守所、监狱管理机关作出的决定不服,经向其上一级机关申请复议,对复议机关的复议决定仍不服,依照国家赔偿法第二十五条的规定向复议机关所在地的同级人民法院赔偿委员会提出赔偿申请,收到申请的人民法院经审查认为其申请符合下列条件的,应予立案:

(一)有复议机关的复议决定书;

(二)符合法律规定的请求期间,因不可抗力或者其他障碍未能在法定期间行使请求权的情形除外。

第八条 复议机关逾期未作出复议决定，赔偿请求人依照国家赔偿法第二十五条的规定向复议机关所在地的同级人民法院赔偿委员会提出赔偿申请，收到申请的人民法院经审查认为其申请符合下列条件的，应予立案：

（一）赔偿请求人具备法律规定的主体资格；

（二）被申请的赔偿义务机关、复议机关是法律规定的赔偿义务机关、复议机关；

（三）有具体的申请事项和理由；

（四）属于本规定第一条规定的情形；

（五）有赔偿义务机关、复议机关已经收到赔偿申请的收讫凭证或者相应证据；

（六）符合法律规定的请求期间，因不可抗力或者其他障碍未能在法定期间行使请求权的情形除外。

第九条 人民法院应当在收到申请之日起七日内决定是否立案。

决定立案的，人民法院应当在立案之日起五日内向赔偿请求人送达受理案件通知书。属于人民法院赔偿委员会审理的国家赔偿案件，还应当同时向赔偿义务机关、复议机关送达受理案件通知书、国家赔偿申请书或者《申请赔偿登记表》副本。

经审查不符合立案条件的，人民法院应当在七日内作出不予受理决定，并应当在作出决定之日起十日内送达赔偿请求人。

第十条 赔偿请求人对复议机关或者作为赔偿义务机关的人民法院作出的决定不予受理的文书不服，依照国家赔偿法第二十四条、第二十五条的规定向人民法院赔偿委员会提出赔偿申请，收到申请的人民法院可以依照本规定第六条、第八条予以审查立案。

经审查认为原不予受理错误的，人民法院赔偿委员会可以直接审查并作出决定，必要时也可以交由复议机关或者作为赔偿义务机关的人民法院作出决定。

第十一条 自本规定施行之日起，《最高人民法院关于刑事赔偿和非刑事司法赔偿案件立案工作的暂行规定（试行）》即行废止；本规定施行前本院发布的司法解释与本规定不一致的，以本规定为准。

最高人民法院
关于人民法院办理自赔案件程序的规定

法释〔2013〕19号

（2013年4月1日最高人民法院审判委员会第1573次会议通过
2013年7月26日最高人民法院公告公布　自2013年9月1日起施行）

根据《中华人民共和国国家赔偿法》，结合人民法院国家赔偿工作实际，对人民法院办理自赔案件的程序作如下规定：

第一条　本规定所称自赔案件，是指人民法院办理的本院作为赔偿义务机关的国家赔偿案件。

第二条　基层人民法院国家赔偿小组、中级以上人民法院赔偿委员会负责办理本院的自赔案件。

第三条　人民法院对赔偿请求人提出的赔偿申请，根据《最高人民法院关于国家赔偿案件立案工作的规定》予以审查立案。

第四条　人民法院办理自赔案件，应当指定一名审判员承办。

负责承办的审判员应当查清事实并提出处理意见，经国家赔偿小组或者赔偿委员会讨论后，报请院长决定。重大、疑难案件由院长提交院长办公会议讨论决定。

第五条　参与办理自赔案件的审判人员是赔偿请求人或其代理人的近亲属，与本案有利害关系，或者有其他关系，可能影响案件公正办理的，应当主动回避。

赔偿请求人认为参与办理自赔案件的审判人员有前款规定情形的，有权以书面或者口头方式申请其回避。

以上规定，适用于书记员、翻译人员、鉴定人、勘验人。

第六条　赔偿请求人申请回避，应当在人民法院作出赔偿决定前提出。

人民法院应当自赔偿请求人申请回避之日起三日内作出书面决定。赔偿请求人对决定不服的，可以申请复议一次。人民法院对复议申请，应当在三日内做出复议决定，并通知复议申请人。复议期间，被申请回避的人员不停止案件办理工作。

审判人员的回避，由院长决定；其他人员的回避，由国家赔偿小组负责人或者赔偿委员会主任决定。

第七条　人民法院应当全面审查案件，充分听取赔偿请求人的意见。必要时可以调取原审判、执行案卷，可以向原案件承办部门或有关人员调查、核实情况。听取意见、调查核实情况，应当制作笔录。

案件争议较大，或者案情疑难、复杂的，人民法院可以组织赔偿请求人、原案件承办人以及其他相关人员举行听证。听证情况应当制作笔录。

第八条　人民法院可以与赔偿请求人就赔偿方式、赔偿项目和赔偿数额在法律规定的范围内进行协商。协商应当遵循自愿、合法的原则。协商情况应当制作笔录。

经协商达成协议的，人民法院应当制作国家赔偿决定书。协商不成的，人民法院应当依法及时作出决定。

第九条　人民法院作出决定前，赔偿请求人撤回赔偿申请的，人民法院应当准许。

赔偿请求人撤回赔偿申请后，在国家赔偿法第三十九条规定的时效内又申请赔偿，并有证据证明其撤回申请确属违背真实意思表示或者有其他正当理由的，人民法院应予受理。

第十条　有下列情形之一的，人民法院应当决定中止办理：

（一）作为赔偿请求人的公民死亡，需要等待其继承人和其他有扶养关系的亲属表明是否参加赔偿案件处理的；

（二）作为赔偿请求人的公民丧失行为能力，尚未确定法定代理人的；

（三）作为赔偿请求人的法人或者其他组织终止，尚未确定权利承受人的；

（四）赔偿请求人因不可抗力或者其他障碍，在法定期限内不能参加赔偿案件处理的；

（五）宣告无罪的案件，人民法院决定再审或者人民检察院按照审判监督程序提出抗诉的。

中止办理的原因消除后，人民法院应当及时恢复办理，并通知赔偿请求人。

第十一条 有下列情形之一的，人民法院应当决定终结办理：

（一）作为赔偿请求人的公民死亡，没有继承人和其他有扶养关系的亲属，或者其继承人和其他有扶养关系的亲属放弃要求赔偿权利的；

（二）作为赔偿请求人的法人或者其他组织终止后，其权利承受人放弃要求赔偿权利的；

（三）赔偿请求人据以申请赔偿的撤销案件决定、不起诉决定或者宣告无罪的判决被撤销的。

第十二条 人民法院应当自收到赔偿申请之日起两个月内作出是否赔偿的决定，并制作国家赔偿决定书。

申请人向人民法院申请委托鉴定、评估的，鉴定、评估期间不计入办理期限。

第十三条 国家赔偿决定书应当载明以下事项：

（一）赔偿请求人的基本情况；

（二）申请事项及理由；

（三）决定的事实理由及法律依据；

（四）决定内容；

（五）申请上一级人民法院赔偿委员会作出赔偿决定的期间和上一级人民法院名称。

第十四条 人民法院决定赔偿或不予赔偿的，应当自作出决定之日起十日内将国家赔偿决定书送达赔偿请求人。

第十五条 赔偿请求人依据国家赔偿法第三十七条第二款的规定向人民法院申请支付赔偿金的，应当递交申请书，并提交以下材料：

（一）赔偿请求人的身份证明；

（二）生效的国家赔偿决定书。

赔偿请求人当面递交申请支付材料的，人民法院应当出具收讫凭证。赔偿请求人书写申请书确有困难的，可以口头申请，人民法院应当记入笔录，由赔偿请求人签名、捺印或者盖章。

第十六条 申请支付材料真实、有效、完整的，人民法院应当受理，并书面通知赔偿请求人。人民法院受理后，应当自收到支付申请之日起七日内，依照预算管理权限向有关财政部门提出支付申请。

申请支付材料不完整的，人民法院应当当场或者在三个工作日内一次性告知赔偿请求人需要补正的全部材料。收到支付申请的时间自人民法院收到补正材料之日起计算。

申请支付材料虚假、无效，人民法院决定不予受理的，应当在三个工作日内书面通知赔偿请求人并说明理由。

第十七条 赔偿请求人对人民法院不予受理申请支付的通知有异议的，可以自收到通知之日起十日内向上一级人民法院申请复核。上一级人民法院应当自收到复核申请之日起五个工作日内作出复核决定,并在作出复核决定之日起三个工作日内送达赔偿请求人。

第十八条 财政部门告知人民法院申请支付材料不符合要求的,人民法院应当自接到通知之日起五个工作日内按照要求提交补正材料。

需要赔偿请求人补正材料的,人民法院应当及时通知赔偿请求人。

第十九条 财政部门告知人民法院已支付国家赔偿费用的,人民法院应当及时通知赔偿请求人。

第二十条 本规定自2013年9月1日起施行。

本规定施行前本院发布的司法解释,与本规定不一致的,以本规定为准。

最高人民法院
关于人民法院赔偿委员会适用质证程序审理国家赔偿案件的规定

法释〔2013〕27号

(2013年12月16日最高人民法院审判委员会第1600次会议通过 2013年12月19日最高人民法院公告公布 自2014年3月1日起施行)

为规范人民法院赔偿委员会(以下简称赔偿委员会)适用质证程序审理国家赔偿案件,根据《中华人民共和国国家赔偿法》等有关法律规定,结合国家赔偿工作实际,制定本规定。

第一条 赔偿委员会根据国家赔偿法第二十七条的规定,听取赔偿请求人、赔偿义务机关的陈述和申辩,进行质证的,适用本规定。

第二条 有下列情形之一,经书面审理不能解决的,赔偿委员会可以组织赔偿请求人和赔偿义务机关进行质证:

(一)对侵权事实、损害后果及因果关系有争议的;

(二)对是否属于国家赔偿法第十九条规定的国家不承担赔偿责任的情形有争议的;

(三)对赔偿方式、赔偿项目或者赔偿数额有争议的;

(四)赔偿委员会认为应当质证的其他情形。

第三条 除涉及国家秘密、个人隐私或者法律另有规定的以外,质证应当公开进行。

赔偿请求人或者赔偿义务机关申请不公开质证,对方同意的,赔偿委员会可以不公开质证。

第四条 赔偿请求人和赔偿义务机关在质证活动中的法律地位平等,有权委托代理人，提出回避申请，提供证据，申请查阅、复制本案质证材料，进行陈述、质询、申辩，并应当依法行使质证权利，遵守质证秩序。

第五条 赔偿请求人、赔偿义务机关对其主张的有利于自己的事实负举证责任，但法律、司法解释另有规定的除外。

没有证据或者证据不足以证明其事实主张的，由负有举证责任的一方承担不利后果。

第六条 下列事实需要证明的，由赔偿义务机关负举证责任：

（一）赔偿义务机关行为的合法性；

（二）赔偿义务机关无过错；

（三）因赔偿义务机关过错致使赔偿请求人不能证明的待证事实；

（四）赔偿义务机关行为与被羁押人在羁押期间死亡或者丧失行为能力不存在因果关系。

第七条 下列情形，由赔偿义务机关负举证责任：

（一）属于法定免责情形；

（二）赔偿请求超过法定时效；

（三）具有其他抗辩事由。

第八条 赔偿委员会认为必要时，可以通知复议机关参加质证，由复议机关对其作出复议决定的事实和法律依据进行说明。

第九条 赔偿请求人可以在举证期限内申请赔偿委员会调取下列证据：

（一）由国家有关部门保存，赔偿请求人及其委托代理人无权查阅调取的证据；

（二）涉及国家秘密、商业秘密、个人隐私的证据；

（三）赔偿请求人及其委托代理人因客观原因不能自行收集的其他证据。

赔偿请求人申请赔偿委员会调取证据，应当提供具体线索。

第十条 赔偿委员会有权要求赔偿请求人、赔偿义务机关提供或者补充证据。

涉及国家利益、社会公共利益或者他人合法权益的事实，或者涉及依职权追加质证参加人、中止审理、终结审理、回避等程序性事项的，赔偿委员会可以向有关单位和人员调查情况、收集证据。

第十一条 赔偿请求人、赔偿义务机关应当在收到受理案件通知书之日起十日内提供证据。赔偿请求人、赔偿义务机关确因客观事由不能在该期限内提供证据的，赔偿委员会可以根据其申请适当延长举证期限。

赔偿请求人、赔偿义务机关无正当理由逾期提供证据的，应当承担相应的不利后果。

第十二条 对于证据较多或者疑难复杂的案件，赔偿委员会可以组织赔偿请求人、赔偿义务机关在质证前交换证据，明确争议焦点，并将交换证据的情况记录在卷。

赔偿请求人、赔偿义务机关在证据交换过程中没有争议并记录在卷的证据，经审判员在质证中说明后，可以作为认定案件事实的依据。

第十三条 赔偿委员会应当指定审判员组织质证，并在质证三日前通知赔偿请求人、赔偿义务机关和其他质证参与人。必要时，赔偿委员会可以通知赔偿义务机关实施原职权行为的工作人员或者其他利害关系人到场接受询问。

赔偿委员会决定公开质证的,应当在质证三日前公告案由,赔偿请求人和赔偿义务机关的名称,以及质证的时间、地点。

第十四条 适用质证程序审理国家赔偿案件,未经质证的证据不得作为认定案件事实的依据,但法律、司法解释另有规定的除外。

第十五条 赔偿请求人、赔偿义务机关应围绕证据的关联性、真实性、合法性,针对证据有无证明力以及证明力大小,进行质证。

第十六条 质证开始前,由书记员查明质证参与人是否到场,宣布质证纪律。

质证开始时,由主持质证的审判员核对赔偿请求人、赔偿义务机关,宣布案由,宣布审判员、书记员名单,向赔偿请求人、赔偿义务机关告知质证权利义务以及询问是否申请回避。

第十七条 质证一般按照下列顺序进行:

(一)赔偿请求人、赔偿义务机关分别陈述,复议机关进行说明;

(二)审判员归纳争议焦点;

(三)赔偿请求人、赔偿义务机关分别出示证据,发表意见;

(四)询问参加质证的证人、鉴定人、勘验人;

(五)赔偿请求人、赔偿义务机关就争议的事项进行质询和辩论;

(六)审判员宣布赔偿请求人、赔偿义务机关认识一致的事实和证据;

(七)赔偿请求人、赔偿义务机关最后陈述意见。

第十八条 赔偿委员会根据赔偿请求人申请调取的证据,作为赔偿请求人提供的证据进行质证。

赔偿委员会依照职权调取的证据应当在质证时出示,并就调取该证据的情况予以说明,听取赔偿请求人、赔偿义务机关的意见。

第十九条 赔偿请求人或者赔偿义务机关对对方主张的不利于自己的事实,在质证中明确表示承认的,对方无需举证;既未表示承认也未否认,经审判员询问并释明法律后果后,其仍不作明确表示的,视为对该项事实的承认。

赔偿请求人、赔偿义务机关委托代理人参加质证的,代理人在代理权限范围内的承认视为被代理人的承认,但参加质证的赔偿请求人、赔偿义务机关当场明确表示反对的除外;代理人超出代理权限范围的承认,参加质证的赔偿请求人、赔偿义务机关当场不作否认表示的,视为被代理人的承认。

上述承认违反法律禁止性规定,或者损害国家利益、社会公共利益、他人合法权益的,不发生自认的效力。

第二十条 下列事实无需举证证明:

(一)自然规律以及定理、定律;

(二)众所周知的事实;

(三)根据法律规定推定的事实;

(四)已经依法证明的事实;

(五)根据日常生活经验法则推定的事实。

前款（二）、（三）、（四）、（五）项，赔偿请求人、赔偿义务机关有相反证据否定其真实性的除外。

第二十一条 有证据证明赔偿义务机关持有证据无正当理由拒不提供的，赔偿委员会可以就待证事实作出有利于赔偿请求人的推定。

第二十二条 赔偿委员会应当依据法律规定，遵照法定程序，全面客观地审核证据，运用逻辑推理和日常生活经验，对证据的证明力进行独立、综合的审查判断。

第二十三条 书记员应当将质证的全部活动记入笔录。质证笔录由赔偿请求人、赔偿义务机关和其他质证参与人核对无误或者补正后签名或者盖章。拒绝签名或者盖章的，应当记明情况附卷，由审判员和书记员签名。

具备条件的，赔偿委员会可以对质证活动进行全程同步录音录像。

第二十四条 赔偿请求人、赔偿义务机关经通知无正当理由拒不参加质证或者未经许可中途退出质证的，视为放弃质证，赔偿委员会可以综合全案情况和对方意见认定案件事实。

第二十五条 有下列情形之一的，可以延期质证：

（一）赔偿请求人、赔偿义务机关因不可抗拒的事由不能参加质证的；

（二）赔偿请求人、赔偿义务机关临时提出回避申请，是否回避的决定不能在短时间内作出的；

（三）需要通知新的证人到场，调取新的证据，重新鉴定、勘验，或者补充调查的；

（四）其他应当延期的情形。

第二十六条 本规定自 2014 年 3 月 1 日起施行。

本规定施行前本院发布的司法解释与本规定不一致的，以本规定为准。

最高人民法院
关于人民法院赔偿委员会依照《中华人民共和国国家赔偿法》第三十条规定纠正原生效的赔偿委员会决定应如何适用人身自由赔偿标准问题的批复

法释〔2014〕7号

(2014年6月23日最高人民法院审判委员会第1621次会议通过 2014年6月30日最高人民法院公告公布 自2014年8月1日起施行)

吉林、山东、河南省高级人民法院：

关于人民法院赔偿委员会在赔偿申诉监督程序中如何适用人身自由赔偿标准问题，经研究，批复如下：

人民法院赔偿委员会依照《中华人民共和国国家赔偿法》第三十条规定纠正原生效的赔偿委员会决定时，原决定的错误系漏算部分侵犯人身自由天数的，应在维持原决定支付的人身自由赔偿金的同时，就漏算天数按照重新审查或者直接审查后作出决定时的上年度国家职工日平均工资标准计算相应的人身自由赔偿金；原决定的错误系未支持人身自由赔偿请求的，按照重新审查或者直接审查后作出决定时的上年度国家职工日平均工资标准计算人身自由赔偿金。

最高人民法院 最高人民检察院
关于办理刑事赔偿案件适用法律若干问题的解释

法释〔2015〕24号

（2015年12月14日最高人民法院审判委员会第1671次会议、2015年12月21日最高人民检察院第十二届检察委员会第46次会议通过　2015年12月28日最高人民法院、最高人民检察院公告公布　自2016年1月1日起施行）

根据国家赔偿法以及有关法律的规定，结合刑事赔偿工作实际，对办理刑事赔偿案件适用法律的若干问题解释如下：

第一条　赔偿请求人因行使侦查、检察、审判职权的机关以及看守所、监狱管理机关及其工作人员行使职权的行为侵犯其人身权、财产权而申请国家赔偿，具备国家赔偿法第十七条、第十八条规定情形的，属于本解释规定的刑事赔偿范围。

第二条　解除、撤销拘留或者逮捕措施后虽尚未撤销案件、作出不起诉决定或者判决宣告无罪，但是符合下列情形之一的，属于国家赔偿法第十七条第一项、第二项规定的终止追究刑事责任：

（一）办案机关决定对犯罪嫌疑人终止侦查的；

（二）解除、撤销取保候审、监视居住、拘留、逮捕措施后，办案机关超过一年未移送起诉、作出不起诉决定或者撤销案件的；

（三）取保候审、监视居住法定期限届满后，办案机关超过一年未移送起诉、作出不起诉决定或者撤销案件的；

（四）人民检察院撤回起诉超过三十日未作出不起诉决定的；

（五）人民法院决定按撤诉处理后超过三十日，人民检察院未作出不起诉决定的；

（六）人民法院准许刑事自诉案件自诉人撤诉的，或者人民法院决定对刑事自诉案件按撤诉处理的。

赔偿义务机关有证据证明尚未终止追究刑事责任，且经人民法院赔偿委员会审查属实的，应当决定驳回赔偿请求人的赔偿申请。

第三条　对财产采取查封、扣押、冻结、追缴等措施后，有下列情形之一，且办案机关未依法解除查封、扣押、冻结等措施或者返还财产的，属于国家赔偿法第十八条规定的侵犯财产权：

（一）赔偿请求人有证据证明财产与尚未终结的刑事案件无关，经审查属实的；

（二）终止侦查、撤销案件、不起诉、判决宣告无罪终止追究刑事责任的；

（三）采取取保候审、监视居住、拘留或者逮捕措施，在解除、撤销强制措施或者强制措施法定期限届满后超过一年未移送起诉、作出不起诉决定或者撤销案件的；

（四）未采取取保候审、监视居住、拘留或者逮捕措施，立案后超过两年未移送起诉、作出不起诉决定或者撤销案件的；

（五）人民检察院撤回起诉超过三十日未作出不起诉决定的；

（六）人民法院决定按撤诉处理后超过三十日，人民检察院未作出不起诉决定的；

（七）对生效裁决没有处理的财产或者对该财产违法进行其他处理的。

有前款第三项至六项规定情形之一，赔偿义务机关有证据证明尚未终止追究刑事责任，且经人民法院赔偿委员会审查属实的，应当决定驳回赔偿请求人的赔偿申请。

第四条 赔偿义务机关作出赔偿决定，应当依法告知赔偿请求人有权在三十日内向赔偿义务机关的上一级机关申请复议。赔偿义务机关未依法告知，赔偿请求人收到赔偿决定之日起两年内提出复议申请的，复议机关应当受理。

人民法院赔偿委员会处理赔偿申请，适用前款规定。

第五条 对公民采取刑事拘留措施后终止追究刑事责任，具有下列情形之一的，属于国家赔偿法第十七条第一项规定的违法刑事拘留：

（一）违反刑事诉讼法规定的条件采取拘留措施的；

（二）违反刑事诉讼法规定的程序采取拘留措施的；

（三）依照刑事诉讼法规定的条件和程序对公民采取拘留措施，但是拘留时间超过刑事诉讼法规定的时限。

违法刑事拘留的人身自由赔偿金自拘留之日起计算。

第六条 数罪并罚的案件经再审改判部分罪名不成立，监禁期限超出再审判决确定的刑期，公民对超期监禁申请国家赔偿的，应当决定予以赔偿。

第七条 根据国家赔偿法第十九条第二项、第三项的规定，依照刑法第十七条、第十八条规定不负刑事责任的人和依照刑事诉讼法第十五条、第一百七十三条第二款规定不追究刑事责任的人被羁押，国家不承担赔偿责任。但是，对起诉后经人民法院错判拘役、有期徒刑、无期徒刑并已执行的，人民法院应当对该判决确定后继续监禁期间侵犯公民人身自由权的情形予以赔偿。

第八条 赔偿义务机关主张依据国家赔偿法第十九条第一项、第五项规定的情形免除赔偿责任的，应当就该免责事由的成立承担举证责任。

第九条 受害的公民死亡，其继承人和其他有扶养关系的亲属有权申请国家赔偿。

依法享有继承权的同一顺序继承人有数人时，其中一人或者部分人作为赔偿请求人申请国家赔偿的，申请效力及于全体。

赔偿请求人为数人时，其中一人或者部分赔偿请求人非经全体同意，申请撤回或者放弃赔偿请求，效力不及于未明确表示撤回申请或者放弃赔偿请求的其他赔偿请求人。

第十条 看守所及其工作人员在行使职权时侵犯公民合法权益造成损害的，看守所的主管机关为赔偿义务机关。

第十一条 对公民采取拘留措施后又采取逮捕措施，国家承担赔偿责任的，作出逮捕决定的机关为赔偿义务机关。

第十二条 一审判决有罪，二审发回重审后具有下列情形之一的，属于国家赔偿法

第二十一条第四款规定的重审无罪赔偿，作出一审有罪判决的人民法院为赔偿义务机关：

（一）原审人民法院改判无罪并已发生法律效力的；

（二）重审期间人民检察院作出不起诉决定的；

（三）人民检察院在重审期间撤回起诉超过三十日或者人民法院决定按撤诉处理超过三十日未作出不起诉决定的。

依照审判监督程序再审后作无罪处理的，作出原生效判决的人民法院为赔偿义务机关。

第十三条 医疗费赔偿根据医疗机构出具的医药费、治疗费、住院费等收款凭证，结合病历和诊断证明等相关证据确定。赔偿义务机关对治疗的必要性和合理性提出异议的，应当承担举证责任。

第十四条 护理费赔偿参照当地护工从事同等级别护理的劳务报酬标准计算，原则上按照一名护理人员的标准计算护理费；但医疗机构或者司法鉴定人有明确意见的，可以参照确定护理人数并赔偿相应的护理费。

护理期限应当计算至公民恢复生活自理能力时止。公民因残疾不能恢复生活自理能力的，可以根据其年龄、健康状况等因素确定合理的护理期限，一般不超过二十年。

第十五条 残疾生活辅助器具费赔偿按照普通适用器具的合理费用标准计算。伤情有特殊需要的，可以参照辅助器具配制机构的意见确定。

辅助器具的更换周期和赔偿期限参照配制机构的意见确定。

第十六条 误工减少收入的赔偿根据受害公民的误工时间和国家上年度职工日平均工资确定，最高为国家上年度职工年平均工资的五倍。

误工时间根据公民接受治疗的医疗机构出具的证明确定。公民因伤致残持续误工的，误工时间可以计算至作为赔偿依据的伤残等级鉴定确定前一日。

第十七条 造成公民身体伤残的赔偿，应当根据司法鉴定人的伤残等级鉴定确定公民丧失劳动能力的程度，并参照以下标准确定残疾赔偿金：

（一）按照国家规定的伤残等级确定公民为一级至四级伤残的，视为全部丧失劳动能力，残疾赔偿金幅度为国家上年度职工年平均工资的十倍至二十倍；

（二）按照国家规定的伤残等级确定公民为五级至十级伤残的，视为部分丧失劳动能力。五至六级的，残疾赔偿金幅度为国家上年度职工年平均工资的五倍至十倍；七至十级的，残疾赔偿金幅度为国家上年度职工年平均工资的五倍以下。

有扶养义务的公民部分丧失劳动能力的，残疾赔偿金可以根据伤残等级并参考被扶养人生活来源丧失的情况进行确定，最高不超过国家上年度职工年平均工资的二十倍。

第十八条 受害的公民全部丧失劳动能力的，对其扶养的无劳动能力人的生活费发放标准，参照作出赔偿决定时被扶养人住所地所属省级人民政府确定的最低生活保障标准执行。

能够确定扶养年限的，生活费可协商确定并一次性支付。不能确定扶养年限的，可按照二十年上限确定扶养年限并一次性支付生活费，被扶养人超过六十周岁的，年龄每增加一岁，扶养年限减少一年；被扶养人年龄超过确定扶养年限的，被扶养人可逐年领取生活费至死亡时止。

第十九条 侵犯公民、法人和其他组织的财产权造成损害的，应当依照国家赔偿法第三十六条的规定承担赔偿责任。

财产不能恢复原状或者灭失的，财产损失按照损失发生时的市场价格或者其他合理方式计算。

第二十条 返还执行的罚款或者罚金、追缴或者没收的金钱，解除冻结的汇款的，应当支付银行同期存款利息，利率参照赔偿义务机关作出赔偿决定时中国人民银行公布的人民币整存整取定期存款一年期基准利率确定，不计算复利。

复议机关或者人民法院赔偿委员会改变原赔偿决定，利率参照新作出决定时中国人民银行公布的人民币整存整取定期存款一年期基准利率确定。

计息期间自侵权行为发生时起算，至作出生效赔偿决定时止；但在生效赔偿决定作出前侵权行为停止的，计算至侵权行为停止时止。

被罚没、追缴的资金属于赔偿请求人在金融机构合法存款的，在存款合同存续期间，按照合同约定的利率计算利息。

第二十一条 国家赔偿法第三十三条、第三十四条规定的上年度，是指赔偿义务机关作出赔偿决定时的上一年度；复议机关或者人民法院赔偿委员会改变原赔偿决定，按照新作出决定时的上一年度国家职工平均工资标准计算人身自由赔偿金。

作出赔偿决定、复议决定时国家上一年度职工平均工资尚未公布的，以已经公布的最近年度职工平均工资为准。

第二十二条 下列赔偿决定、复议决定是发生法律效力的决定：

（一）超过国家赔偿法第二十四条规定的期限没有申请复议或者向上一级人民法院赔偿委员会申请国家赔偿的赔偿义务机关的决定；

（二）超过国家赔偿法第二十五条规定的期限没有向人民法院赔偿委员会申请国家赔偿的复议决定；

（三）人民法院赔偿委员会作出的赔偿决定。

发生法律效力的赔偿义务机关的决定和复议决定，与发生法律效力的赔偿委员会的赔偿决定具有同等法律效力，依法必须执行。

第二十三条 本解释自2016年1月1日起施行。本解释施行前最高人民法院、最高人民检察院发布的司法解释与本解释不一致的，以本解释为准。

最高人民法院关于国家赔偿监督程序若干问题的规定

法释〔2017〕9号

（2017年2月27日最高人民法院审判委员会第1711次会议审议通过 2017年4月20日最高人民法院公告公布 自2017年5月1日起施行）

为了保障赔偿请求人和赔偿义务机关的申诉权，规范国家赔偿监督程序，根据《中华人民共和国国家赔偿法》及有关法律规定，结合国家赔偿工作实际，制定本规定。

第一条 依照国家赔偿法第三十条的规定，有下列情形之一的，适用本规定予以处理：

（一）赔偿请求人或者赔偿义务机关认为赔偿委员会生效决定确有错误，向上一级人民法院赔偿委员会提出申诉的；

（二）赔偿委员会生效决定违反国家赔偿法规定，经本院院长决定或者上级人民法院指令重新审理，以及上级人民法院决定直接审理的；

（三）最高人民检察院对各级人民法院赔偿委员会生效决定，上级人民检察院对下级人民法院赔偿委员会生效决定，发现违反国家赔偿法规定，向同级人民法院赔偿委员会提出重新审查意见的。

行政赔偿案件的审判监督依照行政诉讼法的相关规定执行。

第二条 赔偿请求人或者赔偿义务机关对赔偿委员会生效决定，认为确有错误的，可以向上一级人民法院赔偿委员会提出申诉。申诉审查期间，不停止生效决定的执行。

第三条 赔偿委员会决定生效后，赔偿请求人死亡或者其主体资格终止的，其权利义务承继者可以依法提出申诉。

赔偿请求人死亡，依法享有继承权的同一顺序继承人有数人时，其中一人或者部分人申诉的，申诉效力及于全体；但是申请撤回申诉或者放弃赔偿请求的，效力不及于未明确表示撤回申诉或者放弃赔偿请求的其他继承人。

赔偿义务机关被撤销或者职权变更的，继续行使其职权的机关可以依法提出申诉。

第四条 赔偿请求人、法定代理人可以委托一至二人作为代理人代为申诉。申诉代理人的范围包括：

（一）律师、基层法律服务工作者；

（二）赔偿请求人的近亲属或者工作人员；

（三）赔偿请求人所在社区、单位以及有关社会团体推荐的公民。

赔偿义务机关可以委托本机关工作人员、法律顾问、律师一至二人代为申诉。

第五条 赔偿请求人或者赔偿义务机关申诉，应当提交以下材料：

(一) 申诉状。申诉状应当写明申诉人和被申诉人的基本信息，申诉的法定事由，以及具体的请求、事实和理由；书写申诉状确有困难的，可以口头申诉，由人民法院记入笔录。

(二) 身份证明及授权文书。赔偿请求人申诉的，自然人应当提交身份证明，法人或者其他组织应当提交营业执照、组织机构代码证书、法定代表人或者主要负责人身份证明；赔偿义务机关申诉的，应当提交法定代表人或者主要负责人身份证明；委托他人申诉的，应当提交授权委托书和代理人身份证明。

(三) 法律文书。即赔偿义务机关、复议机关及赔偿委员会作出的决定书等法律文书。

(四) 其他相关材料。以有新的证据证明原决定认定的事实确有错误为由提出申诉的，应当同时提交相关证据材料。

申诉材料不符合前款规定的，人民法院应当一次性告知申诉人需要补正的全部内容及补正期限。补正期限一般为十五日，最长不超过一个月。申诉人对必要材料拒绝补正或者未能在规定期限内补正的，不予审查。收到申诉材料的时间自人民法院收到补正后的材料之日起计算。

第六条 申诉符合下列条件的，人民法院应当在收到申诉材料之日起七日内予以立案：

(一) 申诉人具备本规定的主体资格；

(二) 受理申诉的人民法院是作出生效决定的人民法院的上一级人民法院；

(三) 提交的材料符合本规定第五条的要求。

申诉不符合上述规定的，人民法院不予受理并应当及时告知申诉人。

第七条 赔偿请求人或者赔偿义务机关申诉，有下列情形之一的，人民法院不予受理：

(一) 赔偿委员会驳回申诉后，申诉人再次提出申诉的；

(二) 赔偿请求人对作为赔偿义务机关的人民法院作出的决定不服，未在法定期限内向其上一级人民法院赔偿委员会申请作出赔偿决定，在赔偿义务机关的决定发生法律效力后直接向人民法院赔偿委员会提出申诉的；

(三) 赔偿请求人、赔偿义务机关对最高人民法院赔偿委员会作出的决定不服提出申诉的；

(四) 赔偿请求人对行使侦查、检察职权的机关以及看守所主管机关、监狱管理机关作出的决定，未在法定期限内向其上一级机关申请复议，或者申请复议后复议机关逾期未作出决定或者复议机关已作出复议决定，但赔偿请求人未在法定期限内向复议机关所在地的同级人民法院赔偿委员会申请作出赔偿决定，在赔偿义务机关、复议机关的相关决定生效后直接向人民法院赔偿委员会申诉的。

第八条 赔偿委员会对于立案受理的申诉案件，应当着重围绕申诉人的申诉事由进行审查。必要时，应当对原决定认定的事实、证据和适用法律进行全面审查。

第九条 赔偿委员会审查申诉案件采取书面审查的方式，根据需要可以听取申诉人和被申诉人的陈述和申辩。

第十条　赔偿委员会审查申诉案件，一般应当在三个月内作出处理，至迟不得超过六个月。有特殊情况需要延长的，由本院院长批准。

第十一条　有下列情形之一的，应当决定重新审理：
（一）有新的证据，足以推翻原决定的；
（二）原决定认定的基本事实缺乏证据证明的；
（三）原决定认定事实的主要证据是伪造的；
（四）原决定适用法律确有错误的；
（五）原决定遗漏赔偿请求，且确实违反国家赔偿法规定的；
（六）据以作出原决定的法律文书被撤销或者变更的；
（七）审判人员在审理该案时有贪污受贿、徇私舞弊、枉法裁判行为的；
（八）原审理程序违反法律规定，可能影响公正审理的。

第十二条　申诉人在申诉阶段提供新的证据，应当说明逾期提供的理由。

申诉人提供的新的证据，能够证明原决定认定的基本事实或者处理结果错误的，应当认定为本规定第十一条第一项规定的情形。

第十三条　赔偿委员会经审查，对申诉人的申诉按照下列情形分别处理：
（一）申诉人主张的重新审理事由成立，且符合国家赔偿法和本规定的申诉条件的，决定重新审理。重新审理包括上级人民法院赔偿委员会直接审理或者指令原审人民法院赔偿委员会重新审理。
（二）申诉人主张的重新审理事由不成立，或者不符合国家赔偿法和本规定的申诉条件的，书面驳回申诉。
（三）原决定不予受理或者驳回赔偿申请错误的，撤销原决定，指令原审人民法院赔偿委员会依法审理。

第十四条　人民法院院长发现本院赔偿委员会生效决定违反国家赔偿法规定，认为需要重新审理的，应当提交审判委员会讨论决定。

最高人民法院对各级人民法院赔偿委员会生效决定，上级人民法院对下级人民法院赔偿委员会生效决定，发现违反国家赔偿法规定的，有权决定直接审理或者指令下级人民法院赔偿委员会重新审理。

第十五条　最高人民检察院对各级人民法院赔偿委员会生效决定，上级人民检察院对下级人民法院赔偿委员会生效决定，向同级人民法院赔偿委员会提出重新审查意见的，同级人民法院赔偿委员会应当决定直接审理，并将决定书送达提出意见的人民检察院。

第十六条　赔偿委员会重新审理案件，适用国家赔偿法和相关司法解释关于赔偿委员会审理程序的规定；本规定依据国家赔偿法和相关法律对重新审理程序有特别规定的，适用本规定。

原审人民法院赔偿委员会重新审理案件，应当另行指定审判人员。

第十七条　决定重新审理的案件，可以根据案件情形中止原决定的执行。

第十八条　赔偿委员会重新审理案件，采取书面审理的方式，必要时可以向有关单位和人员调查情况、收集证据，听取申诉人、被申诉人或者赔偿请求人、赔偿义务机关的陈述和申辩。有本规定第十一条第一项、第三项情形，或者赔偿委员会认为确有必要的，可以组织申诉人、被申诉人或者赔偿请求人、赔偿义务机关公开质证。

对于人民检察院提出意见的案件，赔偿委员会组织质证时应当通知提出意见的人民检察院派员出席。

第十九条 赔偿委员会重新审理案件，应当对原决定认定的事实、证据和适用法律进行全面审理。

第二十条 赔偿委员会重新审理的案件，应当在两个月内依法作出决定。

第二十一条 案件经重新审理后，应当根据下列情形分别处理：

（一）原决定认定事实清楚、适用法律正确的，应当维持原决定；

（二）原决定认定事实、适用法律虽有瑕疵，但决定结果正确的，应当在决定中纠正瑕疵后予以维持；

（三）原决定认定事实、适用法律错误，导致决定结果错误的，应当撤销、变更、重新作出决定；

（四）原决定违反国家赔偿法规定，对不符合案件受理条件的赔偿申请进行实体处理的，应当撤销原决定，驳回赔偿申请；

（五）申诉人、被申诉人或者赔偿请求人、赔偿义务机关经协商达成协议的，赔偿委员会依法审查并确认后，应当撤销原决定，根据协议作出新决定。

第二十二条 赔偿委员会重新审理后作出的决定，应当及时送达申诉人、被申诉人或者赔偿请求人、赔偿义务机关和提出意见的人民检察院。

第二十三条 在申诉审查或者重新审理期间，有下列情形之一的，赔偿委员会应当决定中止审查或者审理：

（一）申诉人、被申诉人或者原赔偿请求人、原赔偿义务机关死亡或者终止，尚未确定权利义务承继者的；

（二）申诉人、被申诉人或者赔偿请求人丧失行为能力，尚未确定法定代理人的；

（三）宣告无罪的案件，人民法院决定再审或者人民检察院按照审判监督程序提出抗诉的；

（四）申诉人、被申诉人或者赔偿请求人、赔偿义务机关因不可抗拒的事由，在法定审限内不能参加案件处理的；

（五）其他应当中止的情形。

中止的原因消除后，赔偿委员会应当及时恢复审查或者审理，并通知申诉人、被申诉人或者赔偿请求人、赔偿义务机关和提出意见的人民检察院。

第二十四条 在申诉审查期间，有下列情形之一的，赔偿委员会应当决定终结审查：

（一）申诉人死亡或者终止，无权利义务承继者或者权利义务承继者声明放弃申诉的；

（二）据以申请赔偿的撤销案件决定、不起诉决定或者无罪判决被撤销的；

（三）其他应当终结的情形。

在重新审理期间，有上述情形或者人民检察院撤回意见的，赔偿委员会应当决定终结审理。

第二十五条 申诉人在申诉审查或者重新审理期间申请撤回申诉的，赔偿委员会应当依法审查并作出是否准许的决定。

赔偿委员会准许撤回申诉后，申诉人又重复申诉的，不予受理，但有本规定第十一条第一项、第三项、第六项、第七项规定情形，自知道或者应当知道该情形之日起六个月内提出的除外。

第二十六条 赔偿请求人在重新审理期间申请撤回赔偿申请的，赔偿委员会应当依法审查并作出是否准许的决定。准许撤回赔偿申请的，应当一并撤销原决定。

赔偿委员会准许撤回赔偿申请的决定送达后，赔偿请求人又重复申请国家赔偿的，不予受理。

第二十七条 本规定自 2017 年 5 月 1 日起施行。最高人民法院以前发布的司法解释和规范性文件，与本规定不一致的，以本规定为准。

最高人民法院
印发《关于国家赔偿案件案由的规定》的通知

2012 年 1 月 13 日　　　　　　　　　　　　　　法发〔2012〕32 号

各省、自治区、直辖市高级人民法院，解放军军事法院，新疆维吾尔自治区高级人民法院生产建设兵团分院：

最高人民法院《关于国家赔偿案件案由的规定》已于 2011 年 12 月 26 日由最高人民法院审判委员会第 1537 次会议通过，自 2012 年 2 月 15 日起施行。现印发给你们，请认真贯彻执行。

附：

关于国家赔偿案件案由的规定

为正确适用法律，根据《中华人民共和国国家赔偿法》，结合国家赔偿工作实际，对国家赔偿案件案由规定如下：

一、违法刑事拘留赔偿〔国家赔偿法第十七条第（一）项〕。违反刑事诉讼法的规定对公民采取拘留措施的，或者依照刑事诉讼法规定的条件和程序对公民采取拘留措施，但是拘留时间超过刑事诉讼法规定的时限，其后决定撤销案件、不起诉或者判决宣告无罪终止追究刑事责任的赔偿案件。

二、无罪逮捕赔偿〔国家赔偿法第十七条第（二）项〕。对公民采取逮捕措施后，决定撤销案件、不起诉或者一审判决宣告无罪终止追究刑事责任的赔偿案件。

三、二审无罪赔偿（国家赔偿法第二十一条第四款）。二审改判无罪的赔偿案件。

四、重审无罪赔偿（国家赔偿法第二十一条第四款）。二审发回重审后作无罪处理的赔偿案件。

五、再审无罪赔偿〔国家赔偿法第十七条第（三）项〕。依照审判监督程序再审改判无罪，原判刑罚已经执行的赔偿案件。

六、刑讯逼供致伤、致死赔偿〔国家赔偿法第十七条第（四）项〕。刑讯逼供造成公民身体伤害或者死亡的赔偿案件。

七、殴打、虐待致伤、致死赔偿〔国家赔偿法第十七条第（四）项〕。以殴打、虐待等行为或者唆使、放纵他人以殴打、虐待等行为造成公民身体伤害或者死亡的赔偿案件。

八、违法使用武器、警械致伤、致死赔偿〔国家赔偿法第十七条第（五）项〕。违法使用武器、警械造成公民身体伤害或者死亡的赔偿案件。

九、刑事违法查封、扣押、冻结、追缴赔偿〔国家赔偿法第十八条第（一）项〕。在刑事诉讼过程中，违法对财产采取查封、扣押、冻结、追缴等措施的赔偿案件。

十、错判罚金、没收财产赔偿〔国家赔偿法第十八条第（二）项〕。依照审判监督程序再审改判无罪，原判罚金、没收财产已经执行的赔偿案件。

十一、违法司法罚款赔偿（国家赔偿法第三十八条）。人民法院在民事诉讼、行政诉讼过程中，违法司法罚款造成损害的赔偿案件。

十二、违法司法拘留赔偿（国家赔偿法第三十八条）。人民法院在民事诉讼、行政诉讼过程中，违法司法拘留造成损害的赔偿案件。

十三、违法保全赔偿（国家赔偿法第三十八条）。人民法院在民事诉讼、行政诉讼过程中，违法采取保全措施造成损害的赔偿案件。

十四、错误执行赔偿（国家赔偿法第三十八条）。人民法院在民事诉讼、行政诉讼过程中，对判决、裁定及其他生效法律文书执行错误造成损害的赔偿案件。

最高人民法院
关于国家赔偿案件立案、案由有关问题的通知

2012 年 1 月 13 日　　　　　　　　　　　　　　法发〔2012〕33 号

各省、自治区、直辖市高级人民法院，解放军军事法院，新疆维吾尔自治区高级人民法院生产建设兵团分院：

《最高人民法院关于国家赔偿案件立案工作的规定》（以下简称《立案规定》）、《最

高人民法院关于国家赔偿案件案由的规定》(以下简称《案由规定》)已于 2011 年 12 月 26 日由最高人民法院审判委员会第 1537 次会议讨论通过,自 2012 年 2 月 15 日起施行,《最高人民法院关于刑事赔偿和非刑事司法赔偿案件立案工作的暂行规定(试行)》、《最高人民法院关于刑事赔偿和非刑事司法赔偿案件案由的暂行规定(试行)》同时废止。为正确适用《立案规定》和《案由规定》,切实保障公民、法人和其他组织依法行使请求国家赔偿的权利,把好案件受理关,现就有关问题通知如下:

一、关于国家赔偿案件的立案审查

赔偿请求人向作为赔偿义务机关的人民法院提出赔偿申请,或者依照国家赔偿法第二十四条、第二十五条的规定向人民法院赔偿委员会提出赔偿申请的,由收到申请的人民法院立案部门负责立案审查。与国家赔偿相关的涉法信访接待工作,由人民法院立案信访部门负责。

二、关于立案审查工作的有关事宜

赔偿请求人向作为赔偿义务机关的人民法院提出赔偿申请的,收到申请的人民法院立案部门应当根据《立案规定》第四条的规定予以审查。经审查符合立案条件的,立案部门应当编立案号,在立案之日起五日内向赔偿请求人送达受理案件通知书,并在调齐赔偿申请所涉案件的相关卷宗材料后,一并移送该院理赔机构办理。调取卷宗材料的时间应从作出赔偿决定的期限内予以扣除。

赔偿请求人依照国家赔偿法第二十四条、第二十五条的规定向人民法院赔偿委员会提出赔偿申请的,收到申请的人民法院立案部门根据《立案规定》第五条至第八条的规定予以审查。经审查符合立案条件的,立案部门应当编立案号,在立案之日起五日内向赔偿请求人、赔偿义务机关、复议机关送达受理案件通知书,并向赔偿义务机关、复议机关送达国家赔偿申请书或者《申请赔偿登记表》副本。赔偿义务机关为下一级人民法院的,立案部门还应当向下一级人民法院调齐赔偿申请所涉案件的相关卷宗材料后,一并移送该院赔偿委员会审理。调取卷宗材料的时间应从作出赔偿决定的期限内予以扣除。

对前述两类案件经审查不符合立案条件的,由收到申请的人民法院立案部门在七日内作出不予受理决定,加盖人民法院院印,并在作出决定之日起十日内送达赔偿请求人。

三、关于国家赔偿案件案由的适用

对于赔偿请求人提出的赔偿申请属于《立案规定》第一条规定情形的,应当根据《案由规定》确定案由。在适用《案由规定》第六条至第十条时,一般应根据赔偿申请的具体情况择一确定案由,如赔偿申请涉及违法使用警械造成公民死亡的,案由为违法使用警械致死赔偿,如赔偿申请涉及虐待造成公民身体伤害的,案由为虐待致伤赔偿。

赔偿请求人提出的赔偿申请涉及同一赔偿义务机关的两个以上司法行为,且对应同一权利,应当一并审理的,可以确定并列案由。如赔偿申请既涉及刑事违法查封,又涉及刑事违法追缴的，案由为刑事违法查封、追缴赔偿；如赔偿申请既涉及违法保全，又涉及错误执行的，案由为违法保全、错误执行赔偿。《立案规定》和《案由规定》适用过程中有何新情况和新问题，应当及时报告最高人民法院。

最高人民法院办公厅
关于印发《人民法院国家赔偿案件文书样式》的通知

2012 年 9 月 20 日　　　　　　　　　　　法办发〔2012〕11 号

各省、自治区、直辖市高级人民法院，解放军军事法院，新疆维吾尔自治区高级人民法院生产建设兵团分院：

　　《人民法院国家赔偿案件文书样式》（以下简称《样式》）已经最高人民法院审判委员会第 1554 次会议讨论通过，现印发，并就有关学习贯彻事项通知如下：

　　一、要深刻领会修订和印发《样式》的重要意义。修订和印发《样式》是人民法院贯彻修改后国家赔偿法的一项重要举措，是推动国家赔偿工作自身发展的迫切需要，是满足人民群众日益增长的司法需求的客观要求。国家赔偿案件文书作为人民法院处理国家赔偿案件的载体，样式统一对于规范国家赔偿案件的处理，保护公民、法人和其他组织的合法权益，树立司法公正形象，具有重要意义。

　　二、要认真组织国家赔偿审判人员学习贯彻《样式》，尽快实现国家赔偿案件文书规范化。《样式》专业性强，内容丰富，既是国家赔偿审判人员制作裁判文书的规范，也是指导赔偿请求人申请国家赔偿的文书样本。各级人民法院要集中时间，在本辖区内以各种形式组织学习培训，使每一位审判人员能够深刻领会、准确运用，确保《样式》的顺利贯彻执行。

　　三、要以《样式》的印发为契机，规范国家赔偿案件文书的制作，加强文书的裁判说理，提高国家赔偿案件文书的办理质量，提升司法公信力。

　　四、《样式》自 2012 年 10 月 15 日起施行。我院于 2000 年 1 月 11 日印发的《国家赔偿案件文书样式（试行）》和 2004 年 8 月 16 日印发的《最高人民法院确认案件文书样式》同时废止。各级人民法院在《样式》施行中遇到的具体问题，请及时报告我院赔偿委员会办公室。

　　附：人民法院国家赔偿案件文书样式（略）

最高人民法院办公厅
关于印发国家赔偿典型案例的通知

2012年12月14日　　　　　　　　　　法办〔2012〕481号

各省、自治区、直辖市高级人民法院，解放军军事法院，新疆维吾尔自治区高级人民法院生产建设兵团分院：

国家赔偿法施行以来，各级人民法院忠实履行宪法和法律赋予的职责，公正高效审理各类国家赔偿案件，切实维护了公民、法人和其他组织的合法权益，有力促进了国家机关依法行使职权。为总结经验，充分发挥典型案例的示范引导作用，我院首次在本院审结和各高级人民法院推荐案件的基础上，选定了国家赔偿十个案例。这些案例在诉权保护、举证责任倒置、法律适用规则、正当法律程序、精神损害赔偿和确赔合一司法审查新模式等方面具有一定的典型性和指导性，现予印发。望各级人民法院充分认识做好国家赔偿工作对依法保障人权、规范公权运行的重要意义，以学习贯彻党的十八大精神为契机，依法公正审理国家赔偿案件，不断提升国家赔偿工作水平，推动国家赔偿工作再上新台阶。

附：

国家赔偿十大典型案例

1. 朱红蔚申请广东省人民检察院无罪逮捕国家赔偿案〔最高人民法院赔偿委员会（2011）法委赔字第4号国家赔偿决定书〕

【案情摘要】2005年7月25日，深圳市公安局以涉嫌合同诈骗罪将朱红蔚刑事拘留。同年8月26日，朱红蔚被取保候审。2006年5月26日，广东省人民检察院批准逮捕朱红蔚。同年6月1日，朱红蔚被执行逮捕。嗣后，深圳市人民检察院提起公诉。2008年9月11日，深圳市中级人民法院一审以指控依据不足为由判决朱红蔚无罪。9月19日，朱红蔚被释放。后因检察机关提起抗诉案件进入二审。二审审理期间，广东省人民检察院向广东省高级人民法院撤回抗诉。2010年3月25日，广东省高级人民法院裁定准许广东省人民检察院撤回抗诉。朱红蔚被羁押时间共计875天。

2011年3月15日，朱红蔚申请国家赔偿。赔偿义务机关广东省人民检察院于同年7月19日作出刑事赔偿决定：1. 按照2010年度全国职工日平均工资标准支付侵犯人身自由的赔偿金124254.09元（142.33元×873天）；2. 口头赔礼道歉并依法在职能范围内为朱红蔚恢复生产提供方便；3. 对支付精神损害抚慰金的请求不予支持。朱红蔚不服，于2011年8月2日向最高人民检察院邮寄申请复议书，最高人民检察院逾期未作出复议决定。朱红蔚遂向最高人民法院赔偿委员会申请作出赔偿决定。

最高人民法院赔偿委员会审理认为：本案应适用修正的国家赔偿法；朱红蔚实际羁押时间为875天，广东省人民检察院计算为873天有误，应予纠正；人民法院赔偿委员会变更赔偿义务机关尚未生效的赔偿决定，应以作出本赔偿决定时的上年度即2011年度全国职工日平均工资162.65元为赔偿标准计算赔偿金；朱红蔚被羁押875天，正常的家庭生活和公司经营因此受到影响，应认定精神损害后果严重，鉴于广东省高级人民法院、广东省人民检察院、广东省公安厅已联合发布《关于在国家赔偿工作中适用精神损害抚慰金若干问题的座谈会纪要》，经做协调工作，广东省人民检察院表示可按照该纪要支付精神损害抚慰金，根据本案实际情况，对朱红蔚主张的精神损害抚慰金确定为50000元。最高人民法院赔偿委员会据此作出国家赔偿决定：1. 维持广东省人民检察院刑事赔偿决定第二项；2. 撤销广东省人民检察院刑事赔偿决定第一、三项；3. 广东省人民检察院向朱红蔚支付侵犯人身自由的赔偿金142318.75元；4. 广东省人民检察院向朱红蔚支付精神损害抚慰金50000元；5. 驳回朱红蔚的其他赔偿请求。

【典型意义】修正的国家赔偿法第三十五条明确了精神损害赔偿。对于精神损害抚慰金的数额，一般应根据侵害的手段、场合、行为方式等具体情节，结合侵权行为造成的影响、协商协调情况及当地平均生活水平等因素确定。本案是修正的国家赔偿法施行后，最高人民法院赔偿委员会审理的首例涉及精神损害抚慰金的国家赔偿案件。赔偿请求人以无罪逮捕为由申请赔偿，并提出精神损害赔偿请求。最高人民法院赔偿委员会经审理及做协调工作，最终确定由赔偿义务机关支付相应的精神损害抚慰金，并对原决定的其他问题予以纠正。

2. 卜新光申请安徽省公安厅刑事违法追缴国家赔偿案〔最高人民法院赔偿委员会(2011) 法委赔字第1号国家赔偿决定书〕

【案情摘要】卜新光（深圳新晖实业发展有限责任公司总经理）因涉嫌伪造公司印章罪、非法出具金融票证罪和挪用资金罪被安徽省公安厅立案侦查，1999年9月5日被逮捕。合肥市人民检察院于2000年10月16日向合肥市中级人民法院提起公诉。2001年11月20日，合肥市中级人民法院作出（2001）合刑初字第68号刑事判决，认定卜新光自1995年1月起承包经营安徽省信托投资公司深圳证券业务部（以下简称安信证券部）期间，未经安徽省信托投资公司（以下简称安信公司）授权，安排其聘用人员私自刻制、使用属于安信公司专有的公司印章，并用此假印章伪造文书，获得了安信证券部的营业资格，其行为构成伪造印章罪；违反金融管理法规，两次向他人开具虚假的资信证明，造成1032万元的重大经济损失，其行为构成非法出具金融票证罪；作为安信证券部总经理，利用职务之便，直接或间接将安信证券部资金9173.2286万元用于其个人所有的深圳新晖实业发展有限责任公司（以下简称新晖公司）投资及各项费用，与安信证券部经营业务没有关联，且造成的经济损失由安信证券部、安信公司承担法律责任，应视为卜新光挪用证券部资金归个人使用，其行为构成挪用资金罪。案发后，安徽省公安厅追回赃款、赃物1689.05万元，赃物、住房折合人民币1627万元；查封新晖公司投资的价值 2840 万元房产和位于深圳市龙岗区横岗镇六约深坑村价值 1950 万元的土地（以下简称"深坑村土地"）使用权，共计价值 8106.05 万元。判决对卜新光数罪并罚决定执行有期徒刑十五年，赃款、赃物共计 8106.05 万元予以追缴。卜新光不服，提出上诉。安徽省高级人民法院二审维持原判。刑事判决生效后，安徽省公安厅对"深坑村土地"予以解封并将追缴的土地使用权返还受害人安信证券部，用于抵偿卜新光以安信证券部名义拆借深圳发展银行 2500 万元的债务。2009 年 8 月 4 日卜新光刑满释放。

2010 年 12 月 1 日，卜新光以安徽省公安厅违法处置"深坑村土地"使用权给其造成经济损失为由，申请国家赔偿。2011 年 1 月 15 日，赔偿义务机关安徽省公安厅作出刑事赔偿决定，决定对卜新光提出的国家赔偿请求不予赔偿。卜新光不服，向公安部申请复议。2011 年 5 月 6 日，公安部作出刑事赔偿复议决定，维持安徽省公安厅刑事赔偿决定。卜新光对该复议决定不服，向最高人民法院赔偿委员会申请作出赔偿决定。

最高人民法院赔偿委员会审理认为：卜新光在承包经营安信证券部期间，未经安信公司授权，私刻安信公司印章并冒用，违反金融管理法规向他人开具虚假的资信证明，利用职务之便，挪用安信证券部资金 9173.2286 万元，已被合肥市中级人民法院（2001）合刑初字第 68 号刑事判决认定构成伪造印章罪、非法出具金融票证罪、挪用资金罪。刑事判决同时对卜新光以新晖公司名义投资的"深坑村土地"使用权（价值 1950 万元）等在内的价值 8106.05 万元的赃款、赃物判决予以追缴。卜新光以新晖公司出资购买的该土地部分使用权属其个人合法财产的理由不成立，人民法院生效刑事判决已将新晖公司投资的"深坑村土地"价值 1950 万元的使用权作为卜新光挪用资金罪的赃款、赃物的一部分予以追缴，卜新光无权对人民法院生效判决追缴的财产要求国家赔偿。卜新光主张安徽省公安厅违法返还土地给其造成 316.6 万元的损失没有法律依据。卜新光提出的其他赔偿请求没有事实根据，不符合国家赔偿法的规定。最高人民法院赔偿委员会据此作出国家赔偿决定，维持安徽省公安厅刑事赔偿决定和公安部刑事赔偿复议决定。

【典型意义】修正的国家赔偿法取消了赔偿请求人申请国家赔偿需经先行确认的规定。据此，赔偿请求人认为赔偿义务机关有该法第十七条、第十八条规定情形的，可直接申请赔偿，本案是修正的国家赔偿法施行后，最高人民法院赔偿委员适用确赔合一程序审理的首例刑事赔偿案件。赔偿请求人以公安机关在刑事追诉过程中违法追缴、处置其合法财产为由申请赔偿。最高人民法院赔偿委员会审理认为，本案公安机关将人民法院生效刑事判决追缴的赃款、赃物发还受害单位，程序合法，且未侵犯赔偿请求人的合法权益，不应承担国家赔偿责任，并据此维持了赔偿义务机关、复议机关的决定。

3. 国泰君安证券股份有限公司海口滨海大道（天福酒店）证券营业部申请海南省高级人民法院错误执行国家赔偿案〔最高人民法院赔偿委员会（2011）法委赔字第 3 号国家赔偿决定书〕

【案情摘要】1998 年 9 月 21 日，海南省高级人民法院对原告国泰证券有限公司海口营业部〔赔偿请求人国泰君安证券股份有限公司海口滨海大道（天福酒店）证券营业部的前身，以下统称为国泰海口营业部〕诉被告海南国际租赁有限公司（以下简称海国租公司）证券回购纠纷一案作出（1998）琼经初字第8号民事判决，判决海国租公司向国泰海口营业部支付证券回购款本金人民币3620万元和该款截止到1997年11月30日的利息人民币16362296元；海国租公司向国泰海口营业部支付证券回购款本金3620万元的利息，计息方法为：从1997年12月1日起至付清之日止按年息18％计付。

1998年12月，国泰海口营业部申请海南省高级人民法院执行该判决。海南省高级人民法院受理后，向海国租公司发出执行通知书，嗣经查明该公司无财产可供执行。海国租公司提出其对第三人海南中标物业发展有限公司（以下简称中标公司）享有到期债权；中标公司对此亦予以认可，并表示愿意以景瑞大厦部分房产直接抵偿给国泰海口营业部，以清结其欠海国租公司的部分债务。海南省高级人民法院遂于2000年6月13日作出9—10号裁定，查封景瑞大厦的部分房产，并于当日予以公告。2000年6月29日，国泰海口营业部、海国租公司和中标公司共同签订《执行和解书》，约定海国租公司、中标公司以中标公司所有的景瑞大厦部分房产抵偿国泰海口营业部的债务。据此，海南省高级人民法院于2000年6月30日作出9—11号裁定，对和解协议予以认可。

在办理过户手续过程中，案外人海南发展银行清算组（以下简称海发行清算组）和海南创仁房地产有限公司（以下简称创仁公司）以海南省高级人民法院9—11号裁定抵债的房产属其所有，该裁定损害其合法权益为由提出执行异议。海南省人民检察院也向海南省高级人民法院发出检察意见书。经审查，海南省高级人民法院分别作出9—12号、9—13号裁定，驳回异议。2002年3月14日，国泰海口营业部依照9—11号裁定将上述抵债房产的产权办理变更登记至自己名下，并缴纳相关税费。海发行清算组、创仁公司不服，继续申诉。

海南省高级人民法院经再次审查认为：9—11号裁定将原金通城市信用社（后并入海南发展银行）向中标公司购买并已支付大部分价款的房产当作中标公司房产抵债给国泰海口营业部，损害了海发行清算组的利益，确属不当，海发行清算组的异议理由成立，创仁公司异议主张应通过诉讼程序解决。据此海南省高级人民法院于2003年7月31日作出9—16号裁定，裁定撤销9—11号、9—12号、9—13号裁定，将原裁定抵债房产回转过户至执行前状态。

2004年12月18日，海口市中级人民法院对以海发行清算组为原告，中标公司为被告，创仁公司为第三人的房屋确权纠纷一案作出（2003）海中法民再字第37号民事判决，确认原抵债房产分属创仁公司和海发行清算组所有。该判决发生法律效力。2005年6月，国泰海口营业部向海口市地方税务局申请退税，海口市地方税务局将契税退还国泰海口营业部。2006年8月4日，海南省高级人民法院作出9—18号民事裁定，以海国租公司已被裁定破产还债，海国租公司清算组请求终结执行的理由成立为由，裁定终结（1998）琼经初字第8号民事判决的执行。

（1998）琼经初字第8号民事判决所涉债权，至2004年7月经协议转让给国泰君安投资管理股份有限公司（以下简称国泰投资公司）。2005年11月29日，海国租公司向海口市中级人民法院申请破产清算。破产案件审理中，国泰投资公司向海国租公司管理人申报了包含（1998）琼经初字第8号民事判决确定债权在内的相关债权。2009年3月31日，海口市中级人民法院作出（2005）海中法破字第4—350号民事裁定，裁定终结破产清算程序。国泰投资公司债权未获得清偿。

2010年12月27日,国泰海口营业部以海南省高级人民法院9—16号裁定及执行回转行为违法,并应予返还9—11号裁定抵债房产或赔偿相关损失为由向该院申请国家赔偿。2011年7月4日,海南省高级人民法院作出(2011)琼法赔字第1号赔偿决定,决定对国泰海口营业部的赔偿申请不予赔偿。国泰海口营业部对该决定不服,向最高人民法院赔偿委员会申请作出赔偿决定。

最高人民法院赔偿委员会审理认为:被执行人海国租公司没有清偿债务能力,因其对第三人中标公司享有到期债权,中标公司对此未提出异议并认可履行债务,中标公司隐瞒其与案外人已签订售房合同并收取大部分房款的事实,与国泰海口营业部及海国租公司三方达成《执行和解书》,因侵犯案外人合法权益而存在重大瑕疵。海南省高级人民法院据此作出的9—11号裁定,以及国泰海口营业部据此取得的争议房产产权不应受到法律保护。海南省高级人民法院9—16号裁定系在执行程序中对案外人提出的执行异议审查成立的基础上,对原9—11号裁定予以撤销,将不属于法律文书指定交付特定物的争议房产回复至执行前状态。该裁定及执行回转行为不违反法律及相关司法解释规定,且经生效的海口市中级人民法院(2003)海中法民再字第37号民事判决所认定的内容予以印证,其实体处理并无不当。国泰海口营业部债权未能实现的实质在于海国租公司没有清偿债务的能力,国泰海口营业部及其债权受让人虽经破产债权申报,仍无法获得清偿,该债权未能实现与海南省高级人民法院9—16号裁定及执行回转行为之间无法律上的因果联系。因此,海南省高级人民法院9—16号裁定及执行回转行为,不属于国家赔偿法及其司法解释规定的违法侵权情形。最高人民法院赔偿委员会据此作出国家赔偿决定,维持海南高院(2011)琼法赔字第1号赔偿决定。

【典型意义】本案是修正的国家赔偿法施行后,最高人民法院赔偿委员会适用确赔合一程序审理的首例非刑事司法赔偿案件。最高人民法院赔偿委员会审理认为,人民法院在执行程序中,在审查发现原执行行为所依据的当事人执行和解协议因侵犯案外人合法权益而存在重大瑕疵,案外人提出的执行异议成立的基础上,对原执行行为以裁定形式予以撤销,将不属于法律文书指定交付特定物的争议房产,回复至执行之前状态。该裁定及执行回转行为,不属于国家赔偿法第三十八条以及相关司法解释规定的违法侵权情形,不应承担国家赔偿责任,并据此维持了赔偿义务机关的决定。

4. 程显民、程宇、曹世艳、杨桂兰申请辽宁省丹东市公安局刑讯逼供致死国家赔偿案〔辽宁省高级人民法院赔偿委员会(2010)辽法委赔字第6号国家赔偿决定书〕

【案情摘要】2001年8月下旬,丹东市公安局成立"721"专案组,侦查程绍武涉嫌黑社会性质组织犯罪一案,程绍贵被列为该涉嫌黑社会性质组织成员之一接受审讯,2001年9月11日程绍贵在审讯中死亡。2001年9月27日,辽宁省检察院、法院、公安厅法医联合对程绍贵的死因进行鉴定,结论为:程绍贵系在患有脂肪心、肺结核、胸膜粘连等疾病基础上,因带械具长时间处于异常体位而使呼吸、循环功能发生障碍,最终导致肺功能衰竭而死亡。2003年12月11日,抚顺市望花区人民法院作出(2003)望刑初字第269号刑事判决,认定丹东市公安局原案审处处长卢兆忠为获取口供,指使办案人员将程绍贵戴口罩、头套、双臂平行拷在铁笼子两侧的栏杆上长达18小时,其行为构成刑讯逼供罪。该判决后经抚顺市中级人民法院二审维持。

2005年8月3日,程绍贵父亲程远洪向丹东市公安局提出国家赔偿申请,丹东市公安局于2005年8月30日作出不予确认决定书。程远洪不服,于2005年9月19日向辽宁省公安厅申请复议,辽宁省公安厅逾期未予答复。2006年4月5日,程远洪向辽宁省高级人民法院赔偿委员会申请作出赔偿决定。案件审理中,丹东市公安局提出,复议机关逾期未作决定,赔偿请求人应在期限届满之日起三十日内向同级人民法院赔偿委员会申请作出赔偿决定,本案赔偿请求人的申请已经超过法定申请期限,人民法院赔偿委员会不应受理。

辽宁省高级人民法院赔偿委员会审理认为,国家赔偿法①第二十二条第二款的规定,是体现方便当事人和有利于及时赔偿的原则,而非对当事人权利的限制。复议机关受理案件后,逾期不作出决定,也未告知赔偿请求人诉权,即复议机关逾期不作决定的,赔偿请求人可以向复议机关所在地的同级人民法院赔偿委员会申请作出赔偿决定,由此造成赔偿请求人逾期申请赔偿,其过错在于复议机关,不能因为复议机关的过错剥夺赔偿请求人的诉权。因此,人民法院赔偿委员会应当受理赔偿申请。本案中,有人民法院生效判决认定丹东市公安局干警卢兆忠刑讯逼供罪名成立,并处以刑罚,故丹东市公安局应承担国家赔偿责任。在案件审理中,经该院主持协调,赔偿义务机关与赔偿请求人自愿达成协议。辽宁省高级人民法院赔偿委员会据此作出决定,由丹东市公安局向赔偿请求人支付赔偿金40万元。

【典型意义】国家赔偿法设置国家赔偿复议程序,是为了更好地实现对赔偿请求人的权利救济。辽宁省高级人民法院赔偿委员会审理认为,复议机关受理案件后,逾期不作决定,亦未告知赔偿请求人有向复议机关所在地的同级人民法院赔偿委员会申请作出赔偿决定的权利,以致赔偿请求人逾期申请赔偿。因复议机关怠于行使法定职责,故不能因其过错而剥夺赔偿请求人的请求权。该院赔偿委员会在保护赔偿请求人享有请求权利的基础上,组织赔偿义务机关与赔偿请求人达成协议,支付相应赔偿金,体现了充分救济权利的精神。

5. 许秀琴申请吉林省长春市公安局刑事违法扣押国家赔偿案〔吉林省高级人民法院赔偿委员会(2006)吉高法委赔字第1号国家赔偿决定书〕

【案情摘要】2003年6月26日,长春市公安局对长春市工商局移送的许秀琴等人违法经营案件予以立案,并于同年7月4日、21日先后将许秀琴投资经营的铁艺制品厂设备、产品、圆钢、方钢等予以扣押,但相关文书对于被扣押财产情况记载不明。2003年8月17日,长春市公安局向许秀琴返还钢材61.7吨。2005年2月4日,长春市公安局决定撤销该违法经营刑事案件。许秀琴随即提出国家赔偿申请。

2005年8月19日,长春市公安局作出刑事赔偿决定书,决定赔偿许秀琴因扣押丢失的90.6吨钢材25.821万元,设备损失50万元,劳务费损失按3个月计算赔偿6万元,合计81.821万元。吉林省公安厅复议维持该赔偿决定。许秀琴不服,向吉林省高

---

① 本案作出决定时间为修正的国家赔偿法施行以前,故其所称国家赔偿法为1994年《中华人民共和国国家赔偿法》。

级人民法院赔偿委员会申请作出赔偿决定。在审理过程中，吉林省高级人民法院赔偿委员组织双方质证，并参考吉林省价格认证中心出具的鉴定结论等相关证据，认定长春市公安局的违法扣押行为导致铁艺制品厂支付了劳务费 26 万元，相关设备损失 127.265 万元，并造成角钢和其他钢材灭失。由于缺少角钢和其他钢材数量、质量和价格的原始证据，损害事实无法认定。在吉林省高级人民法院赔偿委员会主持下，长春市公安局与许秀琴经协商达成了角钢损失 126 万元、其他钢材损失 25.821 万元的协议。吉林省高级人民法院赔偿委员会据此作出决定，由长春市公安局赔偿许秀琴前述各项损失共计 305.086 万元。

【典型意义】修正前的国家赔偿法没有关于协商和质证的规定。司法实践中，人民法院赔偿委员通过协商和质证方式处理了大量赔偿争议，收到了良好的效果。修正的国家赔偿法肯定吸收了上述成功经验，规定赔偿请求人和赔偿义务机关就赔偿方式、赔偿项目和赔偿数额依法进行协商，人民法院赔偿委员会可以组织双方进行质证。协商和质证体现了国家赔偿程序的公开性、参与性和公正性，有利于查明事实，确定责任，消除对立，化解矛盾。本案在损害事实难以查清、认定的情况下，吉林省高级人民法院赔偿委员会通过积极组织双方质证和协商，最终促成双方达成一致，纠纷得以实质解决。

6. 马云平申请陕西省蒲城县人民检察院无罪逮捕国家赔偿案〔陕西省高级人民法院赔偿委员会（2010）陕赔他字第 00005 号国家赔偿决定书〕

【案情摘要】马云平于 2003 年 9 月 8 日因涉嫌强奸罪、抢劫罪被蒲城县公安局拘留。同年 10 月 13 日，蒲城县人民检察院批准对其逮捕，11 月 10 日，案件移送蒲城县人民检察院审查起诉。因犯罪嫌疑人翻供，蒲城县人民检察院先后两次退回公安局补充侦查。2004 年 10 月 12 日，蒲城县人民检察院以证据不足，不符合起诉条件为由，对马云平作出不起诉决定，10 月 14 日马云平被释放。

随后，马云平申请国家赔偿。2005 年 12 月 15 日，蒲城县人民检察院以赔偿请求人"故意作虚伪供述"为由决定不予赔偿。2006 年 5 月 17 日，渭南市人民检察院以同样理由复议维持了蒲城县人民检察院的赔偿决定。马云平向渭南市中级人民法院赔偿委员会提出赔偿申请。2006 年 10 月 24 日，渭南市中级人民法院赔偿委员会维持了渭南市人民检察院的复议决定。马云平仍不服，向陕西省高级人民法院赔偿委员会提出申诉。

陕西省高级人民法院赔偿委员会审理认为：本案焦点是赔偿请求人是否"故意作虚伪供述"。公民自己故意作虚伪供述应是指，为欺骗、误导司法机关，或者有意替他人承担刑事责任而主动作与事实不符的供述。本案并无证据证明赔偿请求人具有以上情形，亦不能证明赔偿请求人希望自己被逮捕或定罪量刑，其不具有"故意"的目的和动机，因此不能认定其故意作虚伪供述。陕西省高级人民法院赔偿委员会据此作出决定，由蒲城县人民检察院赔偿马云平被侵犯人身自由赔偿金 50422.86 元。

【典型意义】国家赔偿法第十九条第（一）项规定，因公民自己故意作虚伪供述被羁押或者被判处刑罚的，国家不承担赔偿责任。本案赔偿请求人曾在侦查阶段做过有罪供述，争议焦点是其有罪供述是否属于第十九条规定的故意作虚伪供述。陕西省高级人民法院赔偿委员会审理认为，"公民自己故意作虚伪供述"是指，为欺骗、误导司法机关，或者有意替他人承担刑事责任而主动作与事实不符的供述。赔偿义务机关应提供证据证明赔偿请求人具有前述情形，属于故意作虚伪供述，并足以使检察机关认定其达到被逮捕的法定条件。本案不属于公民自己故意作虚伪供述的情况，因此决定由赔偿义务机关承担相应的赔偿责任。

7. 叶寿美申请江苏省南通监狱虐待致伤国家赔偿案〔江苏省高级人民法院赔偿委员会（2011）苏法委赔字第 0002 号国家赔偿决定书〕

【案情摘要】1994 年 12 月 23 日，叶寿美因犯诈骗罪被宝应县人民法院判处有期徒刑十一年，剥夺政治权利三年。1995 年 1 月 20 日，被保外就医。1996 年 9 月 18 日，叶寿美在保外就医期间因犯奸淫幼女罪，被宝应县人民法院数罪并罚判处有期徒刑十五年，剥夺政治权利四年。在交付执行中，叶寿美以患有"舌根部恶性淋巴肿瘤"为由，申请保外就医。1996 年 11 月 12 日，宝应县公安局决定对其保外就医一年；2000 年 5 月 10 日，叶寿美获准继续保外就医一年。2001 年 12 月 21 日，宝应县人民法院以叶寿美病情好转为由将其送监执行。2002 年 2 月至 4 月，江苏省南通监狱将叶寿美安排在监狱医院服刑。期间，叶寿美以患有"舌根部恶性淋巴肿瘤"为由，向南通监狱申请保外就医。后经南通大学附属医院（以下简称附属医院）检查，未见叶寿美患有舌根部恶性淋巴肿瘤的病灶和手术切除切口。2004 年 9 月 16 日，叶寿美因左眼视物模糊要求医治，根据当时监狱医院病历记载，叶寿美主诉病症为左眼视物模糊呈雾状已 10 年余，经监狱医院检查，诊断为玻璃体云雾状浑浊，建议随诊。2005 年 6 月至 2006 年 6 月期间，监狱医院针对叶寿美的眼病，先后采取监狱医院检查、外请附属医院眼科专家会诊、检查及至附属医院进行检查、手术等形式进行诊断、治疗。2006 年 6 月 8 日，叶寿美经附属医院作三面镜检查，诊断为左眼视网膜脱离、右眼视网膜色素变性；同年 6 月 21 日，叶寿美在附属医院眼科实施左眼巩膜外冷凝＋硅胶加压＋环孔手术。2006 年 8 月、2007 年 1 月经附属医院两次复查，手术部位环扎脊清晰，未见新鲜裂孔。2006 年 6 月至 2008 年 10 月间，监狱医院针对叶寿美给予对症药治疗。2009 年 11 月 22 日，叶寿美刑满出狱。2009 年 12 月 19 日，经江苏省宝应县残联指定医院进行鉴定，结论为叶寿美双眼视力残疾等级为一级。

2010 年 7 月 15 日，叶寿美以在南通监狱服刑期间受到监狱医院虐待致双眼残疾为由，申请国家赔偿，提出 2002 年 3 月 28 日被监狱医院注射 8 支度冷丁药水，面部被多次电击，此后服刑期间视力下降直至双眼残疾。南通监狱于 2010 年 9 月 14 日作出不予赔偿决定书。2010 年 11 月 26 日，江苏省司法厅复议予以维持。叶寿美不服复议决定，向江苏省高级人民法院赔偿委员会申请作出赔偿决定。在江苏省高级人民法院赔偿委员会审理期间，南通监狱提供了相关证据材料。

江苏省高级人民法院赔偿委员会审理认为，度冷丁系国家特殊管理的麻醉药品，南通监狱医院对麻醉药品实行采购、使用、空瓶回收和专册登记簿的管理制度。2002 年 3 月期间，监狱医院具有麻醉药品处方权的主任医师对其他 2 名重病犯人的治疗仅开出 3 支度冷丁麻醉药品处方，并登记在册。南通监狱对使用电警棍亦有严格的适用情形和审批程序，2001 年以来，监狱医院不再配置警棍，也没有使用警棍的记录。叶寿美称被电击，但面部未留有痕迹，又无其他证据印证。其服刑前已患有眼部疾病，视力为 700

多度,左眼视物模糊症状已10年余。服刑期间,南通监狱考虑到赔偿请求人叶寿美患有眼部疾病,将其安排在监狱医院服刑,叶寿美的眼部疾病得到监狱医院的及时医治,并外请附属医院眼科专家会诊,同时对其实施左眼视网复位手术治疗。对此,有南通监狱提供的2003年8月至2008年10月间的病历予以印证。南通监狱提供的以上证据可以采信,赔偿请求人叶寿美提出的相关主张理据不足,不予采纳。江苏省高级人民法院赔偿委员会据此作出决定,维持江苏省司法厅的复议决定。

【典型意义】修正的国家赔偿法规定,被羁押人在羁押期间死亡或者丧失行为能力的,赔偿义务机关的行为与被羁押人的死亡或者丧失行为能力是否存在因果关系,赔偿义务机关应当提供证据。本案即属于适用举证责任倒置的情况。江苏省高级人民法院赔偿委员会审理认为,监狱作为刑罚执行机关,对罪犯依法进行监管的同时也负有保障其人格尊严、人身安全等职责,根据国家赔偿法规定精神,监狱对其行为与被羁押人一级视力残疾之间是否存在因果关系负有举证责任。本案最终通过审查南通监狱对此事实的举证责任完成情况,认定赔偿请求人双眼残疾与监狱行为无关。

8. 张留军申请河南省平顶山市中级人民法院重审无罪国家赔偿案〔河南省高级人民法院赔偿委员会(2011)豫法委赔字第6号国家赔偿决定书〕

【案情摘要】2005年1月30日,平顶山市公安局石龙区分局以涉嫌故意杀人罪对张留军监视居住。2005年2月4日,该局对张留军刑事拘留,并于同日作出延长拘留期限通知书,对其延长拘留至2005年3月6日。2005年3月3日,该局提请批捕。2005年3月10日,石龙区人民检察院以事实不清、证据不足为由,对张留军不予批捕。次日,石龙区分局作出释放通知书,对张留军采取监视居住措施。2005年5月30日,石龙区分局再次以张留军涉嫌抢劫罪为由提请批捕。2005年6月3日,石龙区人民检察院批准逮捕。石龙区分局于6月4日执行逮捕。2006年3月28日,平顶山市中级人民法院作出一审刑事附带民事判决,以抢劫罪判处张留军死刑,缓期二年执行,剥夺政治权利终身;判令张留军与另一被告人共同赔偿附带民事诉讼原告人经济损失79764.75元。张留军不服,提出上诉。河南省高级人民法院经审理以事实不清、证据不足为由,发回平顶山市中级人民法院重新审理。平顶山市中级人民法院经重审判决张留军无罪,不承担民事赔偿责任。2010年9月25日,张留军被释放。2010年12月14日,张留军提出国家赔偿申请。2011年1月25日,平顶山市中级人民法院作出赔偿决定,认为对张留军的国家赔偿申请应适用1994年《国家赔偿法》,决定赔偿张留军被限制人身自由赔偿金259012.95元。张留军不服,向河南省高级人民法院赔偿委员会申请作出赔偿决定。

河南省高级人民法院赔偿委员会审理认为:张留军于2010年9月25日被无罪释放,并于修正的国家赔偿法施行后申请国家赔偿,根据《最高人民法院关于适用〈中华人民共和国国家赔偿法〉若干问题的解释(一)》(以下简称《解释(一)》)第二条第(二)项之规定,本案应适用修正的国家赔偿法;平顶山市中级人民法院决定将张留军被监视居住期间计算在赔偿范围之内,且依照2009年度全国职工日平均工资标准计算赔偿金有误,应予纠正;张留军无罪被错判并长期羁押,妻子离家出走,孩子无法照管,使其遭受严重精神损害,其关于支付精神损害抚慰金的请求应予支持。河南省高级人民法院赔偿委员会据此作出决定,撤销原赔偿决定,平顶山市中级人民法院支付张留军人身自由赔偿金281244.08元、精神损害抚慰金50000元。

【典型意义】修正的国家赔偿法加大了对赔偿请求人的权利保护力度。为更好地实现国家赔偿权利救济的核心理念,《解释(一)》在遵循溯及力一般原理的基础上对部分情形采取有利法律溯及原则,规定国家机关及其工作人员行使职权侵犯公民、法人和其他组织合法权益的行为发生在2010年12月1日以前的,适用修正前的国家赔偿法,但是赔偿请求人在2010年12月1日以后提出赔偿请求的,适用修正的国家赔偿法。河南省高级人民法院赔偿委员会审理认为,根据修正的国家赔偿法及《解释(一)》的规定,本案应适用修正的国家赔偿法,据此更正了原赔偿决定,并支持了赔偿请求人精神损害抚慰金的请求。

9. 熊仲祥申请四川省乐山市中级人民法院重审无罪国家赔偿案〔四川省乐山市中级人民法院(2011)乐法赔字第2号国家赔偿决定书〕

【案情摘要】熊仲祥因涉嫌故意杀人罪、强奸罪于2002年10月18日被乐山市公安局金口河区分局刑事拘留,同月31日被逮捕。2002年12月25日,乐山市人民检察院提起公诉。2003年3月7日,乐山市中级人民法院一审判决熊仲祥死刑,剥夺政治权利终身,并赔偿附带民事诉讼原告人经济损失51394元。熊仲祥不服,提出上诉。2005年4月25日,四川省高级人民法院二审裁定发回重审。乐山市中级人民法院于2005年10月11日作出刑事附带民事判决,判处熊仲祥死刑,缓期二年执行,剥夺政治权利终身,并赔偿附带民事诉讼原告人经济损失51394元。宣判后,熊仲祥仍不服,再次提出上诉。同时,乐山市人民检察院提出抗诉。在二审审理期间,四川省人民检察院撤回抗诉,四川省高级人民法院裁定准许其撤回抗诉,并于2008年7月17日以"原判事实不清、证据不足"为由裁定发回乐山市中级人民法院重审。在重审过程中,乐山市人民检察院以"事实、证据有变化"为由撤回起诉。2008年11月28日,乐山市中级人民法院作出刑事裁定,认为公诉机关指控熊仲祥犯故意杀人罪、强奸罪的事实不清、证据不足,准许公诉机关撤回起诉。之后,乐山市人民检察院将刑事案件退回公安机关补充侦查。熊仲祥于2008年12月4日收到乐山市中级人民法院准予公诉机关撤回起诉的刑事裁定。同日,公安机关以"不能在法定期限内办结、需继续查证"为由将熊仲祥释放,同时对其采取监视居住措施,后于2009年6月2日解除监视居住措施。

熊仲祥向乐山市中级人民法院申请国家赔偿。期间公安机关出具说明,称该案还在进一步侦查过程中。2011年3月22日,乐山市中级人民法院以刑事案件尚在侦查之中,没有终止追究刑事责任为由,驳回熊仲祥的赔偿申请。熊仲祥不服,向四川省高级人民法院赔偿委员会申请作出赔偿决定。四川省高级人民法院赔偿委员会在审理过程中就该案刑事诉讼程序是否终结问题向最高人民法院赔偿委员会请示。最高人民法院赔偿委员会答复,本案可进入国家赔偿程序。2011年12月28日,熊仲祥与乐山市中级人民法院就赔偿事宜达成协议。同日,熊仲祥向四川省高级人民法院赔偿委员会撤回赔偿申请。乐山市中级人民法院根据该协议作出赔偿决定,由该院支付熊仲祥赔偿金30万元。

【典型意义】《解释(一)》规定,赔偿请求人认为赔偿义务机关有修正的国家赔偿法第十七条第（一）、（二）、（三）项、第十八条规定情形的，一般应当在刑事诉讼程序终结后申请赔偿。本案人民检察院将案件退回公安机关补充侦查后，公安机关未在法定期限内侦查完毕移送起诉，也未作出撤销案件决定；人民检察院亦未对该案重新起诉或者作出不起诉决定。赔偿请求人监视居住期限届满后，有关部门也未采取其他强制措施。根据刑事诉讼法及相关司法解释的规定，结合本案的实际情况，乐山市中级人民法院准许乐山市人民检察院撤回起诉的裁定，可视为刑事诉讼程序已终结，可进入国家赔偿程序。本案情形的法律适用有利于充分保护当事人的国家赔偿请求权。

10. 李灵申请山东省嘉祥县人民法院重审无罪国家赔偿案〔山东省济宁市中级人民法院赔偿委员会（2011）济法委赔字第1号赔偿决定书〕

【案情摘要】李灵于2001年2月16日被嘉祥县人民检察院以涉嫌贪污罪刑事拘留，2001年3月2日被逮捕。同年5月2日，嘉祥县人民检察院提起公诉。嘉祥县人民法院经审理，认为犯罪事实不清，证据不足，建议嘉祥县人民检察院撤回起诉。2002年7月26日嘉祥县人民检察院作出取保候审决定，并于同日将李灵释放。2003年2月25日，嘉祥县人民检察院以李灵犯贪污罪再次向嘉祥县人民法院提起公诉，嘉祥县人民法院审理后再次建议嘉祥县人民检察院撤回起诉。嘉祥县人民检察院于2005年5月16日作出不起诉决定书。2005年9月22日，李灵书面请求嘉祥县人民检察院退回被违法扣押的50000元现金，后于2007年3月13日向嘉祥县人民检察院提出赔偿申请，嘉祥县人民检察院逾期未作决定。2007年8月，李灵向济宁市中级人民法院赔偿委员会申请作出赔偿决定。济宁市中级人民法院赔偿委员审理期间，嘉祥县人民检察院以发现新的证据为由，撤销了对李灵的不起诉决定书，并于2008年2月23日以李灵犯贪污罪向嘉祥县人民法院提起公诉。济宁市中级人民法院赔偿委员会因此终止赔偿案件审理。2008年12月9日，嘉祥县人民法院作出一审刑事判决，以李灵犯贪污罪判决其有期徒刑一年零五个月，追缴扣押在嘉祥县人民检察院的赃款21722元。李灵不服，提起上诉。2009年4月17日，济宁市中级人民法院裁定发回重审。重审期间，嘉祥县人民检察院于2010年7月27日以认定李灵犯贪污罪事实不清，证据不足为由，作出撤销案件决定，撤销李灵涉嫌贪污罪一案。

李灵随后向嘉祥县人民法院申请国家赔偿。嘉祥县人民法院于2011年7月25日作出赔偿决定：1. 支付李灵被羁押526天的赔偿金74865.58元；2. 对李灵的其他请求不予赔偿。李灵对该决定第二项不服，向济宁市中级人民法院赔偿委员会申请作出赔偿决定。济宁市中级人民法院赔偿委员会在审理过程中，以抚慰受害人、案结事了为原则，组织双方进行质证并做了大量释法析理工作，在此基础上作出赔偿决定，由嘉祥县人民法院支付李灵精神损害抚慰金25000元。李灵对济宁市中级人民法院赔偿委员会的工作及案件处理结果表示满意，并赠送锦旗表示感谢。

【典型意义】国家赔偿工作事关国家机关形象，事关人民群众切身利益。人民法院赔偿委员会不仅要保证案件公正审理、依法赔偿，更要注重能动司法，注重案结事了，避免就案办案、机械办案。济宁中院赔偿委员会在审理案件过程中，对赔偿请求人既讲法理又讲情理，通过大量的释法析理、沟通协调工作，最终使赔偿请求人服判息诉，案件得以圆满解决，做到案结事了人和，实现了法律效果和社会效果的统一。

最高人民法院办公厅
印发《关于国家赔偿法实施中若干问题的座谈会纪要》的通知

2012年12月25日　　　　　　　　　　　　　　法办〔2012〕490号

各省、自治区、直辖市高级人民法院，解放军军事法院，新疆维吾尔自治区高级人民法院生产建设兵团分院：

现将《关于国家赔偿法实施中若干问题的座谈会纪要》印发给你们，请结合国家赔偿工作实际参照执行。执行中遇到问题，请及时层报我院。

附：

关于国家赔偿法实施中若干问题的座谈会纪要

为进一步贯彻实施修正后的《国家赔偿法》，保障赔偿请求人请求赔偿的权利，保证人民法院依法公正审查处理各类国家赔偿案件，规范和加强国家赔偿工作，最高人民法院对修正后的《国家赔偿法》实施中的新情况、新问题进行了专题调研。2012年10月17日，最高人民法院在贵州贵阳召开座谈会，各高级人民法院参加。会议总结了修正后的国家赔偿法实施中若干新情况、新问题，并依据《国家赔偿法》及其司法解释，对亟待解决的若干问题形成共识，现将有关内容纪要如下：

一、人民法院办理自赔案件，决定准予赔偿请求人撤回赔偿申请，赔偿请求人收到该决定书后，在《国家赔偿法》第三十九条规定的时效内又向作为赔偿义务机关的人民法院提出赔偿申请，且有证据证明其撤回赔偿的申请确属违背真实意思表示或者有其他正当理由的，人民法院应予受理。

二、人民法院赔偿委员会审理国家赔偿案件，决定准予赔偿请求人撤回赔偿申请，赔偿请求人收到该决定书后又向人民法院赔偿委员会申请作出赔偿决定的，收到申请的人民法院应当依照《国家赔偿法》第三十条的规定审查处理。

三、赔偿请求人在刑事诉讼程序结束前书面承诺放弃请求国家赔偿的权利，其后在《国家赔偿法》第三十九条规定的时效内又向作为赔偿义务机关的人民法院提出赔偿申请，收到申请的人民法院应当依照《最高人民法院关于国家赔偿案件立案工作的规定》（以下简称《赔偿立案规定》）予以审查立案。

四、人民法院办理自赔案件，与赔偿请求人达成协议并作出国家赔偿决定书后，赔偿请求人反悔并依照《国家赔偿法》第二十四条的规定向上一级人民法院赔偿委员会提出赔偿申请,收到申请的人民法院应当依照《赔偿立案规定》予以审查立案。

人民法院办理自赔案件,与赔偿请求人达成协议,但未在规定期限内作出国家赔偿决定书,赔偿请求人依照《国家赔偿法》第二十四条的规定向上一级人民法院赔偿委员会提出赔偿申请,收到申请的人民法院应当依照《赔偿立案规定》予以审查立案。

五、人民法院或人民法院赔偿委员会受理国家赔偿案件后,经审查,赔偿义务机关已履行赔偿协议,且给付的金额能够填平补齐赔偿请求人实际损失的,应当决定驳回赔偿请求人提出的赔偿申请。

六、赔偿请求人以赔偿义务机关及其工作人员行使职权侵犯其财产权为由提出赔偿申请,人民法院经审查发现该财产权属尚存在争议的,应当决定不予受理。

已经受理案件的,人民法院或人民法院赔偿委员会应当决定驳回赔偿请求人提出的赔偿申请,并告知其经民事诉讼程序确认财产权属后再行申请赔偿。

七、在涉及普通合伙、合伙企业债权债务清算的民事案件中,部分合伙人以民事诉讼保全措施侵犯其财产权为由提出赔偿申请,人民法院经审查发现该民事案件尚在审理中的,应当决定不予受理。

已经受理案件的,人民法院或人民法院赔偿委员会应当决定驳回赔偿请求人提出的赔偿申请,并告知其在有关债权债务清算案件审理终结并最终确认权利义务关系后再行申请赔偿。

八、赔偿请求人认为人民法院有《国家赔偿法》第三十八条规定情形的,应当在民事诉讼、行政诉讼程序或者执行程序终结后提出赔偿申请。有下列情形之一的,人民法院应当依照《最高人民法院关于适用〈中华人民共和国国家赔偿法〉若干问题的解释(一)》第八条的解释精神,予以审查立案:

(一)不属于被执行人的财产,且经民事诉讼程序确认权属的;

(二)人民法院生效法律文书已确认相关行为违法的;

(三)赔偿请求人有证据证明其与民事诉讼、行政诉讼程序或者执行程序无关的。

九、人民法院办理自赔案件,应当充分听取赔偿请求人的意见。案件争议较大或者案情疑难、复杂的,人民法院可以组织赔偿请求人、原案件承办人以及其他相关人员进行听证。

人民法院赔偿委员会审理国家赔偿案件,对符合《最高人民法院关于人民法院赔偿委员会审理国家赔偿案件程序的规定》第十四条规定情形的,可以组织赔偿请求人和赔偿义务机关进行质证。

人民法院或人民法院赔偿委员会进行听证、质证的,应当对听证、质证的情况制作笔录。

十、人民法院赔偿委员会审理国家赔偿案件,赔偿请求人和赔偿义务机关应当依照《国家赔偿法》第二十六条的规定,对自己提出的主张承担举证责任。

赔偿义务机关主张其行为合法的,应当就其合法性承担举证责任。

被羁押人在羁押期间死亡或丧失行为能力的,赔偿义务机关应当对其行为与被羁押人死亡或者丧失行为能力是否存在因果关系承担举证责任。

十一、批准逮捕与提起公诉不是同一人民检察院的，由作出逮捕决定的人民检察院作为赔偿义务机关。

十二、在行政非诉强制执行中，由人民法院进行合法性审查，行政机关组织具体实施的案件，赔偿请求人仅就具体实施行为申请赔偿的，人民法院应告知其向作出具体实施行为的行政机关提出赔偿申请。

十三、第一审人民法院判处被告人成立数罪，第二审人民法院撤销其中部分罪名，实际羁押期限超出生效刑事判决确定刑期的，国家不承担赔偿责任。

第一审人民法院判处被告人成立两罪，第二审人民法院撤销其中一罪，并依照刑事诉讼法第十五条的规定，对另一罪不追究刑事责任的，国家不承担赔偿责任。

十四、依照《国家赔偿法》第十七条第（四）项的规定，行使侦查、检察、审判职权的机关以及看守所、监狱管理机关及其工作人员，有放纵他人虐待、违法不履行或怠于履行法定职责等不作为情形，且与公民在羁押期间死亡或者受到伤害存在因果关系的，受害人有取得赔偿的权利。

人民法院赔偿委员会应当根据赔偿义务机关就前款所述不作为情形对于造成损害结果所起的作用，决定其应当承担赔偿责任的比例和份额。

十五、《国家赔偿法》第十九条第（一）项规定的"公民自己故意作虚伪供述"，是指非因他人强迫或胁迫，赔偿请求人本人故意作出虚伪供述，导致其被羁押或被刑罚处罚的情形。

十六、修正后的《国家赔偿法》实施前，人民法院已将错判的罚金返还给赔偿请求人，赔偿请求人依照修正后的《国家赔偿法》向人民法院再行主张支付利息的，人民法院不予支持。

十七、人民法院或人民法院赔偿委员会审查处理国家赔偿案件并决定赔偿的，不得以赔偿请求人已获得原单位补发工资、奖金、津贴和补贴为由，拒绝赔偿或者在决定中扣除其依法应当获得的赔偿金。

十八、行使侦查职权的机关违反刑事诉讼法的规定延长拘留时限，其后决定撤销案件、不起诉或者判决宣告无罪终止追究刑事责任的，侵犯人身自由的赔偿金应自拘留之日起计算。

十九、人民法院作出民事判决认定民事诉讼强制措施或保全措施合法，当事人不服，经第二审程序或审判监督程序作出生效民事判决撤销该认定的，当事人可以依照国家赔偿法的规定向作为赔偿义务机关的人民法院提出赔偿申请。

二十、赔偿请求人依照《最高人民法院关于适用〈中华人民共和国国家赔偿法〉若干问题的解释（一）》第七条、第八条规定，在刑事、民事、行政诉讼或者执行程序终结后提出赔偿申请，相关诉讼、执行程序期间不计入赔偿请求时效。

二十一、人民法院赔偿委员会审理国家赔偿案件期间，赔偿请求人与赔偿义务机关达成赔偿协议，人民法院赔偿委员会经审查认为该协议不违反法律规定，应当根据协议内容制作国家赔偿决定书，并撤销原赔偿决定、复议决定。

二十二、人民法院赔偿委员会依照《最高人民法院关于人民法院赔偿委员会审理国家赔偿案件程序的规定》第十九条第二项、第三项规定依法重新作出决定的，应当撤销原赔偿决定、复议决定。

二十三、人民法院或人民法院赔偿委员会依照《国家赔偿法》第三十五条规定,决定为受害人消除影响,恢复名誉,赔礼道歉的,应写入国家赔偿决定书的决定主文。

最高人民法院办公厅印发《关于国家赔偿法实施中若干问题的座谈会纪要(二)》的通知

2013年12月12日　　　　　　　　法办〔2013〕151号

各省、自治区、直辖市高级人民法院,解放军军事法院,新疆维吾尔自治区高级人民法院生产建设兵团分院:

现将《关于国家赔偿法实施中若干问题的座谈会纪要(二)》印发给你们,请结合国家赔偿工作实际参照执行。执行中遇到问题,请及时层报我院。

附:

关于国家赔偿法实施中若干问题的座谈会纪要(二)

为正确贯彻实施《中华人民共和国国家赔偿法》,进一步加强人民法院国家赔偿工作对公民、法人和其他组织合法权益的司法保障,最高人民法院于2013年10月31日在山东省淄博市召开了全国法院国家赔偿工作座谈会,就亟待解决的若干法律适用问题形成共识,现将有关内容纪要如下:

一、赔偿请求人委托他人代理申请赔偿,除向人民法院提交本人身份证明外,还应当提交被委托人的身份证明和委托人签名或者盖章的授权委托书。委托律师的,应当提交律师执业证、授权委托书和律师事务所证明;委托有关社会团体或者所在单位推荐的人,应当提交被推荐人的身份证明,以及有关社会团体或者所在单位的推荐证明。

法人或者其他组织委托他人代理申请赔偿,除按本条第一款提交相关证明材料外,还应当提交法人或者其他组织盖章确认的法定代表人身份证明书或者组织负责人的身份证明。进入破产程序的企业法人,由依法成立的破产管理人申请或者委托他人代理申请赔偿。

赔偿请求人身份证明或者授权委托材料不齐全的,人民法院收到赔偿申请的时间应当自收到补正材料之日起计算。

二、境外自然人、法人或者其他组织申请赔偿,其提交的在我国境外生成的身份证明、组织证明和授权委托书,应当经所在国公证机关证明,并经我国驻该国使领馆认证,或者履行我国与该国订立的有关条约中规定的证明手续。

三、赔偿请求人认为人民法院及其工作人员在民事诉讼、行政诉讼过程中违法采取对妨害诉讼的强制措施、保全措施或者对决、裁定及其他生效法律文书执行错误,侵犯其合法权益的,应当在民事诉讼、行政诉讼程序终结后请求赔偿,但以下情形除外:

(一)人民法院已依法撤销对妨害诉讼采取的强制措施的;

(二)人民法院实施对妨害诉讼采取的强制措施过程中,造成公民身体伤害或者死亡的;

(三)不属于被执行人的财产,且经民事诉讼程序确认权属的;

(四)人民法院生效法律文书已确认相关行为为违法的;

(五)赔偿请求人有证据证明其请求与民事诉讼、行政诉讼程序无关的。

四、《最高人民法院关于国家赔偿案件立案工作的规定》第五条至第八条规定的"法律规定的请求期间",是指赔偿请求人不服赔偿义务机关或者复议机关的决定,依照国家赔偿法第二十四条第二十五条的规定,在三十日内向有管辖权的人民法院赔偿委员会申请作出赔偿决定的期间。赔偿请求人因不可抗力或者其他障碍不能在法定请求期间内提出申请的,请求期间中止。

在立案审查阶段,人民法院难以查明赔偿请求人是否存在因不可抗力或者其他障碍未按期申请赔偿的情形,且赔偿请求人提供了初步证据的,应当先予受理。受理后,经审查发现赔偿请求人确属无正当理由逾期申请赔偿的,应当作出程序性驳回的决定。

五、人民法院赔偿委员会审查国家赔偿案件,遗漏赔偿请求提出的赔偿请求,作出赔偿决定确有违反国家赔偿法规定的,应当依据国家赔偿法第三十条的规定,由本院院长决定或者由上级民法院指令重新审查。

六、赔偿请求人向人民法院赔偿委员会申请作出赔偿决定时,增加新的赔偿请求的,人民法院赔偿委员会应当组织赔偿请求人和赔偿义务机关就新增请求进行协商,协商不成的,人民法院赔偿委员会应当对新增请求一并审查处理。

赔偿请求人依照国家赔偿法第三十条的规定向人民法院赔偿委员会申诉时,增加新的赔偿请求的,不予审查处理。

七、人民法院审查国家赔偿案件时,发现赔偿请求人提出的请求事项或者主张的赔偿数额少于国家赔偿法规定的赔偿项目和赔偿标准的,应当向其释明有关法律规定并记录在案。

八、赔偿义务机关或者复议机关已作出不予赔偿的决定,人法院赔偿委员会经审查认为赔偿请求人提出的赔偿申请事项不属于国家赔偿受案范围的,应当撤销原决定,驳回赔偿请求人的赔偿申请。

九、有下列情形的,不计入人民法院赔偿委员会审查国家赔偿案件的期限:

(一)需要向赔偿义务机关、有关人民法院或者其他国家机关调取案卷或者其他材料的;

(二)需要向最高人民法院请示法律适用问题的;

(三)人民法院赔偿委员会委托鉴定、评估的。

十、用益物权人、担保权人、承租人或者其他合法占有、使用财产的人，认为人民法院在民事诉讼、行政诉讼过程中，违法采取保全措施或者对判决、裁定及其他生效法律文书执行错误，给其合法权益造成损害并依照国家赔偿法第三十八条申请赔偿的，人民法院应当依据《最高人民法院关于国家赔偿案件立案工作的规定》予以受理。

人民法院发现上述财产权益存在争议的，应当决定不予受理。已经受理的，应当决定驳回赔偿请求人的赔偿申请，并告知其经民事诉讼程序确认财产权益后再行申请国家赔偿。

十一、罚款或者罚金、追缴或者没收的金钱已经上缴国库，依照生效赔偿决定应当予以返还的，由赔偿义务机关根据生效赔偿决定向有关财政部门申请支付赔偿金。

没收实物财产已经上缴国库，能够返还的，由赔偿义务机关负协调返还原物；不能返还的，依照国家赔偿法第三十六条的规定支付相应的赔偿金。

十二、受托法院对判决、裁定及其他生效法律文书执行错误，系因委托法院作出执行裁定错误所致的，应由委托法院作为赔偿义务机关；因受托法院具体执行行为违法所致的，应由受托法院作为赔偿义务机关。

十三、根据行政诉讼法第六十六条规定，人民法院审理行政机关申请强制执行其具体行政行为的案件，由于据以强制执行的根据错误，导致人民法院执行错误，或者人民法院虽裁定准予强制执行，但由行政机关具体组织实施造成损害的，不属于国家赔偿法第三十八条规定的赔偿范围；但人民法院自己负责执行，在执行中有违法扩大执行范围、执行对象错误、执行行为侵害他人合法权益以及其他违法行为的除外。

十四、在立案、申诉和信访等过程中，因哄闹、冲击人民法院，殴打法院工作人员，妨碍人民法院正常工作秩序，被人民法院采取司法拘留的强制措施，公民据此申请赔偿的，适用国家赔偿法第三十八条的规定予以审查处理。

十五、人民法院根据当事人的申请采取保全措施，有下列情形之一，造成被保全人合法权益损害的，不适用《最高人民法院关于民事、行政诉讼中司法赔偿若干问题的解释》第七条第（一）项的规定：

（一）明显超过申请保全数额或者保全范围的；

（二）不符合当事人申请保全的特定财产标的的；

（三）对自行保管的查封、扣押财产不履行监管职责的。

十六、根据《最高人民法院关于民事、行政诉讼中司法赔偿若干问题的解释》第七条第（五）项的规定，人民法院查封、扣押财产，指定第三人、申请执行人或者被执行人作为保管人，因保管人不履行监管职责或者擅自处分保管物，导致查封、扣押财产毁损、灭失的，国家不承担赔偿责任。但是，人民法院明知保管人有上述情形而不及时采取措施加以制止的，应当承担相应的赔偿责任。

十七、因房屋登记机构登记错误，导致人民法院对判决、裁定及其他生效法律文书执行错误，不属于国家赔偿法第三十八条规定的赔偿范围。

十八、赔偿请求人与赔偿义务机关就各自主张的财产损失均不能举证证明时，人民法院赔偿委员会可以委托价格鉴定机构对涉案财产进行价格鉴定。

十九、人民法院审查国家赔偿案件，决定程序性驳回赔偿请求人的，决定主文应表述为"驳回赔偿申请";决定实体性驳回赔偿请求人的,决定主文应表述为"不予赔偿"。

最高人民法院办公厅
关于在文书中如何引用国家赔偿法名称的通知

2013年6月3日　　　　　　　　　　　　　法办〔2013〕68号

各省、自治区、直辖市高级人民法院,解放军军事法院,新疆维吾尔自治区高级人民法院生产建设兵团分院:

2012年10月26日,第十一届全国人民代表大会常务委员会第二十九次会议审议通过了《全国人民代表大会常务委员会关于修改〈中华人民共和国国家赔偿法〉的决定》。为统一在文书中引用国家赔偿法的名称,现通知如下:

自收到本通知之日起,在文书中引用2010年4月29日修正以前的国家赔偿法,一律称"1994年《中华人民共和国国家赔偿法》";引用2010年4月29日修正的国家赔偿法,一律称"2010年《中华人民共和国国家赔偿法》";引用2012年10月26日修正的国家赔偿法,一律称"《中华人民共和国国家赔偿法》"。以前发布的通知与本通知不一致的,以本通知为准。

最高人民法院办公厅
关于印发非刑事司法赔偿典型案例的通知

2013年12月18日　　　　　　　　　　　　法办〔2013〕158号

各省、自治区、直辖市高级人民法院,解放军军事法院,新疆维吾尔自治区高级人民法院生产建设兵团分院:

根据现行《中华人民共和国国家赔偿法》(以下简称《国家赔偿法》)的规定,人民法院及其工作人员在民事诉讼、行政诉讼过程中,违法采取对妨害诉讼的强制措施、保全措施或者对判决、裁定及其他生效法律文书执行错误造成损害的,国家应当承担赔偿责任。近年来,各级人民法院充分履行法定职责,依法保障赔偿请求人的合法权益,及时妥善审理了一批非刑事司法赔偿案件,有效维护了人民法院的公正司法形象。为总结经验,发挥典型案例的示范引导作用,最高人民法院赔偿委员会办公室在开展非刑事司法赔偿专项调研工作的基础上,对部分非刑事司法赔偿案例进行收集整理并予汇编。本次汇编的十个案例兼顾非刑事司法赔偿案由以及决定赔偿、不予赔偿等情况,并在赔偿责任承担、司法审查范围、多因一果与责任认定、赔偿方式及标准等方面具有一定的典型性和指导性;此外,这些案例也从一个侧面反映出人民法院在审判、执行中还存在着一定的问题,需要加以改进和完善。现将非刑事司法赔偿典型案例予以印发。望各级人民法院牢牢把握司法为民公正司法工作主线,充分认识非刑事司法赔偿工作对于依法保障人权,促进人民法院公正司法,重塑司法公信等方面具有的重要作用,不断提升人民法院审判、执行工作总体水平,为法治中国、平安中国建设做出新的更大的贡献。

附:

非刑事司法赔偿典型案例

1. 酒泉市绿宝鑫啤酒花有限责任公司申请甘肃省酒泉市中级人民法院违法保全赔偿案

【案情摘要】 酒泉市西域绿嘉啤酒花有限公司(以下简称西域公司)因与酒泉市绿宝鑫啤酒花有限责任公司(以下简称绿宝鑫公司)买卖合同纠纷,于2007年9月6日向甘肃省酒泉市中级人民法院(以下简称酒泉中院)申请保全绿宝鑫公司500000元的财产。酒泉中院裁定查封绿宝鑫公司13.2吨压缩啤酒花,并指定绿宝鑫公司为保管人。查封后,绿宝鑫公司提供房产证作为担保,请求解除查封。酒泉中院未予解除查封。2007年11月,绿宝鑫公司将被查封的压缩啤酒花加工成啤酒花颗粒。案件达成调解协议后,2008年5月20日,绿宝鑫公司以超标的查封为由,申请解除10吨压缩啤酒花的查封,酒泉中院未予同意。绿宝鑫公司与西域公司达成执行和解协议并履行后,酒泉中院于2008年10月6日解除了对绿宝鑫公司13.2吨压缩啤酒花的查封,但因长期查封致使压缩啤酒花甲酸含量降低,查封物报废。

绿宝鑫公司申请确认酒泉中院违法保全,酒泉中院裁定不予确认违法。绿宝鑫公司不服,提出申诉。甘肃省高级人民法院(以下简称甘肃高院)审理认为,酒泉中院的查封行为违反了《最高人民法院关于适用〈中华人民共和国民事诉讼法〉若干问题的意见》第99条的规定,超期查封不宜长期保存的压缩啤酒花,致查封物变质,据此确认酒泉中院查封行为违法。

绿宝鑫公司据此向酒泉中院申请国家赔偿。酒泉中院经审查认为,绿宝鑫公司擅自转移、加工、出售人民法院查封的压缩啤酒花,对此国家不承担赔偿责任,据此决定驳回绿宝鑫公司赔偿请求。绿宝鑫公司不服,向甘肃高院赔偿委员会申请作出赔偿决定。

甘肃高院赔偿委员会审理期间,在该院组织下,绿宝鑫公司与酒泉中院达成调解协议,由酒泉中院对因查封造成绿宝鑫公司的财产损失支付480000元。甘肃高院赔偿委员会审理认为,赔偿请求人、赔偿义务机关经协商,酒泉中院赔偿绿宝鑫公司480000元,双方纠纷了结,该协议不违反法律规定,决定对协议内容予以确认。

【典型意义】非刑事司法赔偿案件中，人民法院违法采取强制措施、保全措施、错误执行，既可能表现为积极作为的情形，也可能表现为怠于履行法定职责情形。本案中，被保全人多次申请解封并提供房产作为担保，但赔偿义务机关违反法律规定，对应予解封的不宜长期保存财产未予解封，又未依法及时处理或变卖保存价款，导致查封财产毁损变质，违反了《最高人民法院关于适用〈中华人民共和国民事诉讼法〉若干问题的意见》第99条关于"人民法院对季节性商品、鲜活、易腐烂变质以及其他不宜长期保存的物品采取保全措施时，可以责令当事人及时处理，由人民法院保存价款；必要时，人民法院可予以变卖，保存价款"的规定，且造成赔偿请求人的财产损失，应当予以赔偿。

此外，最高人民法院《关于民事、行政诉讼中司法赔偿若干问题的解释》第七条第（五）项关于"被保全人、被执行人，或者人民法院依法指定的保管人员违法动用、隐匿、毁损、转移、变卖人民法院已经保全的财产的"，国家不承担赔偿责任的规定，系针对保全、执行中被保全人、被执行人、保管人有违法侵权行为造成财产损害的情形。本案中，被保全人在查封期间自行加工压缩啤酒花的行为，系其作为保管人为确保查封物的价值、降低财产损失的行为，该行为未使查封物脱离法院的控制，性质上不存在违法性，故不属于该司法解释规定的国家免责情形。

2. 新乐市对外贸易公司破产清算组申请河北省新乐市人民法院违法保全赔偿案

【案情摘要】河北省新乐市人民法院（以下简称新乐法院）在中国人民银行无极县支行（以下简称无极人行）诉新乐市医药药材保健品出口公司（以下简称新乐市医药公司）购销纠纷一案中，根据无极人行提出的财产保全申请和担保，裁定保全新乐市医药公司价值400000元的财产，并实际查封海玉牌汽车一辆，扣押甘草184包由无极人行取走保管，就地查封100包甘草由新乐市医药公司负责保管。新乐市医药公司、葆祥河北进出口集团公司（以下简称葆祥公司）分别以被保全的甘草属葆祥公司所有为由，提出保全异议。新乐法院经审查，以不能认定284包甘草使用权属葆祥公司所有为由驳回了新乐市医药公司的异议申请。嗣后，案件经过一审、二审程序，由石家庄市中级人民法院（以下简称石家庄中院）作出二审生效民事判决，判令新乐市医药公司应偿还无极人行186876元并赔偿相应损失。执行期间，新乐法院对查封的甘草进行拍卖，实际得款33712.7元，海玉牌汽车一辆评估作价3700元，上述款项交付给无极人行。

在此期间，葆祥公司以新乐市医药公司不能按约交货为由将其诉至石家庄中院。石家庄中院作出（1997）石法经初字第108号民事判决，认定新乐法院将葆祥公司在新乐市医药公司加工的甘草查封，致使新乐市医药公司不能按约交货属违约行为，应承担违约责任，故判决新乐市医药公司赔偿葆祥公司284件甘草的货款及违约金共计334988.24元。该判决已发生法律效力并已实际执行到位。后新乐市对外贸易公司（含下属16家分支机构，包括新乐市医药公司）被宣告破产。

新乐市对外贸易公司破产清算组（以下简称清算组）以新乐法院诉讼财产保全违法为由向石家庄中院提出确认申请。石家庄中院审理认为，（1997）石法经初字第108号民事判决书认定的事实，能够证明新乐法院在保全中查封、扣押了案外人葆祥公司的财产，遂裁定确认新乐法院查封、扣押284包甘草的行为违法。

清算组据此向新乐法院申请国家赔偿,新乐法院逾期不予赔偿,清算组即向石家庄中院赔偿委员会申请作出赔偿决定,石家庄中院赔偿委员会审理认为:新乐市医药公司经民事判决判令并已支付给葆祥公司的 346104 元(含诉讼费),属新乐法院错误查封、扣押 284 包甘草给赔偿请求人带来的直接损失,依法应予赔偿。284 包甘草拍卖得款 33712.7 元已抵顶了新乐市医药公司对无极人行的欠款,应当予以扣除,另赔偿运费为 4850 元,决定赔偿清算组人民币 317241.3 元。清算组不服该决定,向河北省高级人民法院赔偿委员会提出申诉。河北省高级人民法院赔偿委员经审查对其申诉予以驳回。

清算组不服,向最高人民法院赔偿委员会提出申诉。最高人民法院赔偿委员会审理认为,石家庄中院赔偿决定对因 284 包甘草被查封扣押造成新乐市医药公司已赔偿葆祥公司货款及违约金等所致损失 310000 余元,决定由新乐市人民法院予以赔偿。上述款项已对该公司的直接损失予以弥补。申诉人的理由不能成立,予以驳回。

【典型意义】非刑事司法赔偿案件审理中,已经由生效刑事、民事、行政裁判文书认定的事实,对于人民法院赔偿委员会审查认定案件事实,具有羁束力;在无充分证据证明该生效裁判可能存在错误的情况下,赔偿委员会应直接予以认定。本案中,就法院查封扣押财产是否属于案外人财产以及错误执行案外人财产造成的损失数额,生效民事判决已予以认定。赔偿委员会应据此对错误执行案外人财产的事实及损失予以认定并决定赔偿。

此外,赔偿义务机关违法保全案外人财产,但案外人选择依据合同约定向赔偿请求人主张权利并已实际获得救济,即赔偿请求人已承担了因赔偿义务机关违法保全给案外人造成的损害后果,故赔偿请求人有权作为实际受害人申请并获得国家赔偿。

3. 古厚学申请陕西省汉中市中级人民法院违法保全赔偿案

【案情摘要】古厚学因与汉中市华森木业制品厂(以下简称华森厂)仲裁一案向陕西省汉中市中级人民法院(以下简称汉中法院)申请财产保全并提供担保。汉中法院作出(1999)汉经保字第 06 号民事裁定,对华森厂的财产进行扣押,扣押金额 775000 元,或冻结银行存款 775000 元。裁定作出后,汉中法院先后对华森厂的多项财产进行查封、扣押并制作清单,但未加贴封条。后华森厂向汉中法院申请对扣押的岗木圆棒进行处理。汉中法院告申庭承办人员批注"保全 50 立方米圆棒同意出售,处理价款应如数存入银行,存票交法院保管",但未实际采取控制措施。

经仲裁委员会裁决,华森厂应返还古厚学本金 754490 元、利息 201408.40 元。案件进入执行程序后,汉中法院清点保全财产时,发现查封的 50 立方米圆棒材和 50 立方米圆木材均不存在,已被华森厂的法定代表人胡金泉出售,被查封、扣押的青岗木板材 75 立方米、山毛榉板材 25 立方米,因保全时未编号登记、加贴封条,已无法辨认原物。后汉中法院通过执行华森厂其他财产,总计为古厚学实现债权 173000 元,因华森厂已无财产可供执行,汉中法院终结该案的执行。另查,华森厂法定代表人胡金泉因犯非法处置查封、扣押财产罪,被判处有期徒刑二年。

古厚学申请确认汉中法院保全行为违法。案经汉中法院、陕西省高级人民法院(以下简称陕西高院)审理后,陕西高院作出确认裁定:对汉中法院作出(1999)汉经保字第 06 号民事裁定行为不予确认违法;对汉中法院在不便对保全财产加贴封条的情况下又未张贴查封、扣押公告的行为确认违法；对汉中法院没有组织监督被执行人按照合理价格在指定期限内变卖保全财产和没有采取措施控制变卖价款的行为确认违法。

2007年6月25日，古厚学向汉中法院申请赔偿。汉中法院决定赔偿古厚学经济损失250000元。古厚学不服该院决定，向陕西高院赔偿委员会申请作出赔偿决定。陕西高院赔偿委员会认为，古厚学向汉中法院提出财产保全申请，请求对华森厂的财产进行扣押，扣押金额限定在775000元或冻结存款775000元。执行中，古厚学已实现债权173000元，汉中法院裁定查封金额为775000元，因其违法行为承担国家赔偿责任应以602000元为限。

【典型意义】审查处理非刑事司法赔偿案件时，要注意区分人民法院在保全或执行中作出的法律行为和事实行为。本案中，人民法院依申请裁定采取保全措施的法律行为不存在违法情形，但事实行为不当，属"查封、扣押具体措施不当"的违法情形，具体表现为：裁定查封、扣押被保全人的动产，应当采取加贴封条或张贴公告的方式而未采取，《最高人民法院关于人民法院执行工作若干问题的规定（试行）》第41条。允许被保全人变卖保全财产且未采取措施控制变卖价款造成财产流失，该行为已经生效裁定确认违法。

此外，本案中人民法院违法保全行为与被保全人侵权行为并存，且与损害结果均具有因果关系，即存在多因一果、混合责任的情形。对此，如何确定责任承担方式，实践中存在不同认识。本案中，赔偿委员会在被保全人法定代表人因非法处置查封财产已经刑事判决定罪处罚、被保全人确无其他财产可供执行的情况下，以申请保全的数额为限，扣除执行中已经实现的利益对申请保全人给予全额赔偿，充分保护了申请保全人的合法权益。

4. 海南新世界彩色冲印有限公司申请海南省海口市中级人民法院违法保全赔偿案

【案情摘要】香港百士活有限公司（以下简称百士活公司）在与三亚市海天彩色冲印实业公司（以下简称三亚海天公司）企业经营纠纷申请仲裁期间，向海南省海口市中级人民法院（以下简称海口中院）申请保全其与三亚海天公司合资设立的海南新世界彩色冲印有限公司（以下简称新世界公司）和三亚海天公司的财产，并提供两套房屋作为担保。海口中院扣收担保房屋的房产证原件，作出（1995）海口法民保字第38－1号民事裁定，裁定查封新世界公司、三亚海天公司的财产，并指定新世界公司负责保管。查封期间，海口港集团公司致函海口中院称，该院查封三亚海天公司的机器设备所存放的铺面系该公司所有，该公司已将该铺面收回，请求将所封机器设备转移出该铺面。海口中院执行庭通知三亚海天公司及新世界公司，因二公司不积极协助配合，海口中院在公安机关全程见证下转移查封财产至另一地点保存，不便拆卸的两部空调及一部冲印设备仍留原地，委托海口港集团公司保管。

申请人新世界公司以海口中院违法查封为由申请确认违法，海南省高级人民法院（以下简称海南高院）审理认为，海口中院在（1995）海口法民保字第38－1号民事裁定执行过程中在查封财产被转移后，没有委托或指定专人负责看管，也没有依法采取适当的保全措施，对最终保全财产部分损毁，负有一定的监管不力责任，据此确认海口中院在（1995）海口法民保字第38－1号民事裁定中的执行措施违法。

新世界公司据此向海口中院申请国家赔偿。海口中院审查认为，就新世界公司被查封财产的实际损失，该院查封初始已指定了新世界公司作为保管人，新世界公司擅自使用，未尽保管之责，在接到该院通知后，其作为财产所有人及查封财产保管人又不积极配合财产清点、转移，因此对财产损失，新世界公司自身存在过错，应承担主要责任；该院怠于行使监管职责，应承担次要责任。据此决定由新世界公司承担80%的责任，该院承担20%的责任，故决定赔偿新世界公司财产被违法采取保全措施的损失48880.6元。

新世界公司不服，向海南高院赔偿委员会申请作出赔偿决定。海南高院赔偿委员会认为：海口中院因具有监管不力等情形，依法应承担其所造成查封财产损失的相应过错责任。新世界公司对于财产损失也具有一定过错，理应承担与海口中院相等的过错责任，故决定撤销海口中院赔偿决定，由海口中院对损失承担50%的赔偿责任，决定赔偿新世界公司122951.53元。

【典型意义】非刑事司法赔偿案件中，人民法院违法行使职权造成损害，应承担与其违法侵权行为相适应的国家赔偿责任。此外，根据侵权法中普遍适用的过失相抵原则，如受害人对损害结果的发生或者扩大具有过错，应当依法减轻或者免除赔偿义务人的损害赔偿责任。本案中，查封财产损失，既有法院未指定保管人、未履行监管职责的过错，也有赔偿请求人自身不予配合、未尽保管之责，放任损害发生或扩大的原因。海南高院赔偿委员会的最终认定，既充分考虑了赔偿义务机关违法行为所致损害，也兼顾了受害人自身过错情形以及过失相抵原则的适用。

5. 老挝力宏摩托车组装有限公司申请重庆市第五中级人民法院违法保全赔偿案

【案情摘要】重庆联飞机车有限公司（以下简称联飞公司）因与老挝力宏摩托车组装有限公司（以下简称力宏公司）买卖合同纠纷向重庆市第五中级人民法院（以下简称市五中院）申请诉前保全。市五中院裁定扣押力宏公司价值140000美元的摩托车散件1000套，查封联飞公司提供的打包线、检测线、组装流水线等担保财产，并将上述扣押物和担保物委托联飞公司一并保管。联飞公司未尽妥善保管义务，私自处理了部分被查封物和担保物，现已下落不明。市五中院知情后随即变更了保管人，将尚存的扣押物和担保物委托第三人保管。嗣后，市五中院经审理作出民事判决，力宏公司应支付联飞公司违约金5万美元。判决生效后市五中院解除对摩托车散件价值超过5万美元的部分约640套的扣押，将封存于第三人处尚存的扣押物移交给了力宏公司。

力宏公司以市五中院违法保全为由申请国家赔偿。市五中院审查认为，法院依据联飞公司的申请对力宏公司的摩托车配件进行扣押后，依法将扣押财产交由联飞公司保管，联飞公司应当承担相应的保管责任。在案件审结后，法院裁定解除部分财产的扣押，联飞公司应当将其保管并已解除扣押的财产如数返还给力宏公司。对因部分财产未能返还而造成的财产损失，力宏公司可以基于《中华人民共和国民事诉讼法》（以下简称《民事诉讼法》）第九十六条之规定要求联飞公司赔偿，也可以依据最高人民法院《关于人民法院执行工作若干问题的规定（试行）》第44条之规定，向该院申请责令联飞公司限期追回财产或承担相应的赔偿责任。据此决定驳回力宏公司的赔偿申请。

【典型意义】非刑事司法赔偿案件中，赔偿请求人所受损害，可能牵涉人民法院的职权行为、案件当事人甚至案外人的侵权行为等不同情形，要严格区分因果关系、分清责任。本案中，赔偿义务机关指定申请保全人为保管人，在发现其擅自处分财产后及时变更保管人，故不存在故意不履行监管职责的情形。赔偿请求人所受损害系因申请保全人在保管期间擅自处分查封财产的违法行为所致，《最高人民法院关于民事、行政诉讼中司法赔偿若干问题的解释》第七条第（五）项规定："被保全人、被执行人，或者人民法院依法指定的保管人员违法动用、隐匿、毁损、转移、变卖人民法院已经保全的财产的"，国家不承担赔偿责任。

6. 方淑英申请福建省福州市台江区人民法院违法保全赔偿案

【案情摘要】方淑英因与被告方子安等继承纠纷一案，于 2007 年 7 月 12 日向福建省福州市台江区人民法院（以下简称台江区法院）提出财产保全的申请，请求冻结属方德铨的房屋拆迁补偿款人民币 300000 元。同日，台江区法院通知方淑英应提供担保，并裁定立即冻结拆迁补偿款 300000 元。7 月 13 日，台江区法院案件承办人到福州市拆迁工程处要求冻结房屋拆迁补偿款，但被该处工作人员口头告知该拆迁款在开发商处，应向开发商冻结。因方淑英提供的开发商名称有误，7 月 13 日当日，承办人经多方查找联系开发商未果。经核查开发商准确名称为福建永德信房地产开发有限公司（以下简称永德信公司），台江区法院于 7 月 17 日向永德信公司和福州市拆迁工程处重新作出协助执行通知书，并于当日向福州市拆迁工程处送达，因仍查询不到永德信公司的住所地，该院承办人将协助通知书和裁定书送达到拆迁工地，由工作人员转交。7 月 18 日永德信公司在送达回证盖章，并说明拆迁补偿款已于 7 月 14 日由方子安领取。7 月 24 日，经办人将拆迁款已于 7 月 14 日被方子安领走的事实告知方淑英代理人。嗣后，台江区法院于 2012 年 1 月 5 日作出裁定，认定"方子安暂无财产可供执行"，2012 年 3 月 20 日，台江区法院以经查证被告方子安已死亡为由，裁定终结该案执行。

方淑英以台江区法院违法保全造成财产损失为由申请赔偿，福州市中级人民法院赔偿委员会审理认为，《民事诉讼法》第九十二条第三款规定："人民法院接受申请后，对情况紧急的，必须在四十八小时内作出裁定；裁定采取财产保全措施的，应当立即开始执行。"本案中，赔偿义务机关台江区法院于 2007 年 7 月 12 日收到赔偿请求人方淑英提出的财产保全申请后，同日即作出采取财产保全措施的裁定。因赔偿请求人方淑英未能提供正确的执行信息，导致台江区法院无法在 2007 年 7 月 14 之前及时采取有效的执行措施，请求人主张台江区法院违法保全不能成立。据此决定不予赔偿。

【典型意义】人民法院在审理各类案件过程中，或者是在考虑实施某些职权行为时，享有一定的自由裁量空间。一般来说，人民法院在行使职权过程中作出的司法裁量行为，如无明显违反法律、滥用职权、故意不履行职责或有悖常理等情形，则不属于国家承担赔偿责任的范围。在本案中，民事诉讼法虽对何为"立即"执行未予明确，但赔偿义务机关在收到保全申请同日作出保全裁定，第二日即积极采取保全措施，因赔偿请求人提供的信息有误，后经多方查找核实，人民法院在裁定作出的五个工作日即送达了协助执行单位，不存在故意滥用权力或故意不履行职责或有悖常理等情形，因此，本案情形不具备承担国家赔偿责任的要件。

7. 金昌华西商贸发展有限公司申请甘肃省金昌市金川区人民法院错误执行赔偿案

【案情摘要】2003年至2005年间,金昌华西商贸发展有限公司(以下简称华西公司)因多起民事案件被申请强制执行。2004年2月18日甘肃省金昌市金川区人民法院(以下简称金川区法院)依法查封了华西公司所建华西娱乐园主楼。2004年12月8日和30日金川区法院委托对华西公司在建工程进行评估。2005年3月28日,甘肃信诺房地产咨询估价中心作出在建工程价值为162289元的评估报告,送达后华西公司法定代表人魏登举未提出异议。同年9月16日,拍卖公司函告金川区法院称,标的物委托底价过高,无人竞买,建议降价拍卖。金川区法院于9月23日出具拍卖委托书,对首次拍卖的在建工程以评估价162289元为基础,三次相同比例降价后以93478元为保留价,委托拍卖公司继续拍卖。9月30日,经公开拍卖,金昌典泰房地产开发有限公司以98810元竞买成功。

嗣后,华西公司申请确认法院拍卖行为违法。甘肃省高级人民法院审理认为:金川区法院对华西公司在建工程首次拍卖时,确定的保留价93478元仅为评估价162289元的57.6%,故确认金川区法院对华西公司在建工程降价拍卖行为违法。

华西公司向金川区法院申请国家赔偿。金川区法院决定赔偿华西公司经济损失31021.2元。华西公司不服,向金昌市中级人民法院赔偿委员会申请作出赔偿决定。

金昌市中级人民法院赔偿委员会审理认为,金川区法院应对华西公司在建工程降价拍卖行为给华西公司造成的损害予以赔偿,其直接损失应按照在建工程评估价162289元与实际成交价98810元之差额予以计算。华西公司提出的其他事项不属于国家赔偿法规定的赔偿范围,故不予支持。据此决定:金川区法院赔偿金昌华西商贸发展有限公司损失63479元。

【典型意义】人民法院在民事执行过程中,存在对应当拍卖的财产未予拍卖、拍卖财产未经合法评估、低价拍卖等情形,给当事人造成损失的,应承担相应的赔偿责任。本案中,赔偿义务机关对其委托拍卖物确定保留价的行为违反了《最高人民法院关于人民法院民事执行中拍卖、变卖财产的规定》第八条关于"人民法院确定的保留价,第一次拍卖时,不得低于评估价的百分之八十;如果出现流拍,再行拍卖时,每次降价不得超过前次保留价的百分之二十"的规定内容。《国家赔偿法》第三十六条第(五)项规定:"财产已经拍卖或者变卖的,给付拍卖或者变卖所得的价款;变卖的价款明显低于财产价值的,应当支付相应的赔偿金。"本案中,赔偿义务机关违法降低拍卖保留价,但评估价值仍为有效,赔偿委员会据此决定,对执行标的物评估价值与实际拍卖价值之间的差价作为直接损失予以赔偿,符合上述规定。

8. 刘淑艳申请确认吉林省长春市宽城区人民法院错误执行案

【案情摘要】吉林太阳城有限公司(以下简称太阳城公司)因与刘淑艳房屋租赁纠纷诉至法院。案件审理期间,太阳城公司强行将出租给刘淑艳使用经营的房屋上锁,致使刘淑艳无法对该房屋占有、使用。长春市中级人民法院(以下简称长春中院)审理并作出终审判决,判令双方租赁合同终止,刘淑艳给付太阳城公司各项费用10959.40元,太阳城公司退还相关费用19500元,刘淑艳立即将太阳城美食广场房屋内物品自行拉走。案件执行期间,宽城区人民法院(以下简称宽城区法院)裁定"被执行人刘淑艳立即将太阳城美食广场房屋中的物品拉走",并作出"长春市宽城区人民法院公告",上述裁定及通知送达刘淑艳本人。刘淑艳拒不执行，宽城区法院对其强制执行并制作了执行笔录及物品清单。执行时，被执行人刘淑艳未在场，太阳城美食广场李玉梅等10名工人在场。宽城区法院将执行的财物交太阳城公司保管。后宽城区法院向刘淑艳之母杜雅珍送达搬走物品通知书。同日，杜雅珍向宽城区法院出具了收到14248.60元的收条。

嗣后，经刘淑艳申诉，长春中院作出再审民事判决，判决维持解除合同及部分赔偿项目；同时以太阳城公司强行将出租给刘淑艳使用经营的房屋上锁，违约行为造成刘淑艳损失为由，判决太阳城公司返还刘淑艳清单所列的156项财产，如不能返还，赔偿损失128116元，赔偿利润损失114752.64元；上述款项相抵后，太阳城公司给付刘淑艳290970.02元。案件现已执行到位并终结。

刘淑艳申请确认宽城区法院执行行为违法，长春中院以宽城区法院执行行为符合法律规定，太阳城公司已对刘淑艳滞留财产承担返还赔偿责任等为由，裁定不予确认违法。刘淑艳不服，向吉林省高级人民法院提出申诉。吉林省高级人民法院作出裁定，对宽城区法院的执行行为不予确认违法。

刘淑艳仍不服，向最高人民法院提出申诉。最高人民法院审理认为，本案系对2010年12月1日以前已生效确认裁定的复查，仍应适用1994年《国家赔偿法》。刘淑艳未履行生效判决确定的义务，宽城区法院在立案执行及作出执行通知后对其予以强制搬出，执行时作出执行笔录及造具执行财产清单，并指定太阳城公司保管，以上执行行为并无不妥。刘淑艳申诉所称的财产损失，已由人民法院再审生效民事判决认定系因太阳城公司自行封门、未清点财产的侵权行为所致，并已通过民事诉讼及执行程序予以补救。刘淑艳再行申请确认宽城区法院违法执行造成其物品损失，缺乏事实及法律依据。据此裁定驳回刘淑艳的申诉。

【典型意义】国家赔偿实行法定赔偿原则。在人民法院民事诉讼、执行过程中，对于因其他民事主体违法、侵权行为造成的损害结果，应由相应的民事主体承担赔偿责任，对此国家不承担赔偿责任。本案中，赔偿义务机关依据生效民事判决采取执行措施，其执行行为并无不当。赔偿请求人所主张的损失，已经生效民事判决认定系申请执行人的侵权行为所致，并已经通过民事诉讼及执行得到补救。因此，本案人民法院的执行行为不属于依法应予确认违法并予赔偿的情形。

此外，根据《最高人民法院关于适用〈中华人民共和国国家赔偿法〉若干问题的解释（一）》第四条、第六条的规定，人民法院在修正的《国家赔偿法》实施以后，对2010年12月1日以前已发生法律效力的确认裁定予以复查的，仍应适用1994年《国家赔偿法》及当时的司法解释规定。

9. 张嫦娥申请重庆市渝北区人民法院错误执行赔偿案

【案情摘要】彭学芬向广东省惠州市惠城区人民法院申请执行生效民事判决，要求张嫦娥返还各类款项合计310000元，该院将此案委托重庆市渝北区人民法院（以下简称渝北区法院）执行。因张嫦娥未履行判决确定义务，2009年11月16日，渝北区法院将张嫦娥银行定期存款351863元（含迟延履行期间的债务利息）扣划至法院账户。同日，渝北区法院收到广东省惠州市惠城区人民法院向其发出的公函，要求对该案终结执行。2010年1月13日，渝北区法院通过原渠道退款未果。在终结执行后，该院未及时就上述退款事宜继续联系和查找张嫦娥。2010年8月31日,张嫦娥到渝北区法院了解情况后,领回其被该院扣划的351863元。

赔偿请求人张嫦娥以渝北区法院执行错误造成其银行定期存款利息损失31379.14元为由,申请国家赔偿。渝北区法院决定不予赔偿。张嫦娥向重庆市第一中级人民法院赔偿委员会申请作出赔偿决定。

重庆市第一中级人民法院赔偿委员会审理认为,赔偿请求人张嫦娥所主张的损害后果(利息损失)系渝北区法院实施的强制执行措施所致,依法应以渝北区法院为赔偿义务机关。渝北区法院在发现其对张嫦娥银行存款的扣划行为属于重复执行时,没有即时进行纠正,导致张嫦娥的银行存款在该院银行账户上无故停留九个多月的执行行为确有错误,张嫦娥要求赔偿法院扣划期间存款利息损失的请求符合申请国家赔偿的条件,决定:渝北区法院支付赔偿请求人张嫦娥相当于按351863元本金计算的2009年11月17日至2010年8月30日期间的银行同期存款利息的赔偿金。因赔偿义务机关与赔偿请求人张嫦娥已庭外自行和解达成协议,决定准予赔偿请求人张嫦娥撤回赔偿申请。

【典型意义】修正的《国家赔偿法》施行后,对于原需要单独确认程序认定的事项,应适用"确赔合一"审理模式,即人民法院赔偿委员会在非刑事司法赔偿案件审查中,对人民法院是否存在违法情形、是否给赔偿请求人造成损失、是否应予赔偿及赔偿数额、标准等一并予以审查;人民法院赔偿委员会在其赔偿决定中应当对案件是否存在法律规定的违法侵权情形,是否构成国家赔偿责任,以及赔偿事项及标准等一并进行认定及论证理由。

本案中,受委托执行的法院实际采取执行措施,在其收到终结执行通知后未及时履职,拖延将扣划款项返还赔偿请求人,并造成赔偿请求人的利息损失。根据《国家赔偿法》第三十六条第(七)项规定:"返还执行的罚款或者罚金、追缴或者没收的金钱,解除冻结的存款或者汇款的,应当支付银行同期存款利息"。受委托执行法院应对其扣划期间给赔偿请求人造成的利息损失予以赔偿。

10. 高坤乾申请确认河南省登封市人民法院违法拘留案

【案情摘要】张建伟诉高坤乾人身损害赔偿纠纷一案,河南省登封市人民法院(以下简称登封法院)判决高坤乾赔偿原告医疗费、误工费、护理费等1734.14元。判决生效后,张建伟申请执行,登封法院强制执行高坤乾人民币500元。高坤乾两次保证还款但均未履行。2004年1月12日,登封法院以高坤乾拒不履行生效法律文书所确定的义务为由,决定对高坤乾拘留15日,后于1月21日提前解除对高坤乾的拘留,对其实际拘留10日。嗣后,高坤乾对原生效民事判决不服申请再审。案件经启动再审程序发回登封法院重审后,张建伟申请撤回起诉。

高坤乾以登封法院违法拘留为由,向郑州市中级人民法院提出确认申请。郑州市中级人民法院、河南省高级人民法院经审理,均以民事判决虽被撤销,但登封法院在对高坤乾采取强制执行措施时,存在合法的执行依据,高坤乾不履行该法律文书确定的义务,登封法院对其采取拘留措施符合法律规定为由,裁定对登封法院的拘留行为不予确认违法。

高坤乾不服,向最高人民法院提出申诉。最高人民法院审理认为,原二审判决生效后，该判决即对案件双方当事人具有法律约束力。在高坤乾经人民法院多次催促及先后两次保证支付余款但均未履行的情况下，登封法院以其拒不履行生效法律文书确定义务为由，对其采取司法拘留措施并无不当。该案经再审虽以撤诉告终，但并不意味着登封法院基于原生效判决采取的强制执行及司法拘留措施违法。据此裁定驳回高坤乾的申诉。

【典型意义】民事诉讼中的强制措施作为维护民事判决既判力和法律权威的合法手段，有其独立价值。生效判决在其被依法变更以前，对于案件当事人具有法律效力。当事人对生效判决存有异议，可通过合法渠道寻求救济。1991年《民事诉讼法》第一百七十八条规定："当事人对已发生法律效力的判决、裁定，认为有错误的，可以向原审人民法院或者上一级人民法院申请再审，但不停止判决、裁定的执行。"对于当事人拒不履行生效判决确定义务，或具有其他违法行为符合《民事诉讼法》关于采取拘留措施条件的，人民法院决定采取拘留措施于法有据。该措施之合法性不因作为执行依据的生效判决被依法改判而发生变化。因此，对于司法拘留、罚款等强制措施是否属于《国家赔偿法》第三十八条规定范围之审查，应适用违法归责原则，而非结果归责原则。

最高人民法院 司法部
关于印发《关于加强国家赔偿法律援助工作的意见》的通知

2014年1月2日　　　　　　　　　　　　　司发通〔2014〕1号

各省、自治区、直辖市高级人民法院、司法厅（局），解放军军事法院、总政司法局，新疆维吾尔自治区高级人民法院生产建设兵团分院、新疆生产建设兵团司法局：

　　为进一步规范和促进人民法院办理国家赔偿案件的法律援助工作，最高人民法院、司法部制定了《关于加强国家赔偿法律援助工作的意见》。现印发你们，请遵照执行。

附：

关于加强国家赔偿法律援助工作的意见

　　为切实保障困难群众依法行使国家赔偿请求权，规范和促进人民法院办理国家赔偿案件的法律援助工作，结合法律援助工作实际，就加强国家赔偿法律援助相关工作提出如下意见：

一、提高对国家赔偿法律援助工作重要性的认识

依法为申请国家赔偿的困难群众提供法律援助服务是法律援助工作的重要职能。在人民法院办理的国家赔偿案件中，申请国家赔偿的公民多属弱势群体，身陷经济困难和法律知识缺乏双重困境，亟需获得法律援助。加强国家赔偿法律援助工作，保障困难群众依法行使国家赔偿请求权，是新形势下适应人民群众日益增长的司法需求、加强法律援助服务保障和改善民生工作的重要方面，对于实现社会公平正义、促进社会和谐稳定具有重要意义。各级人民法院和司法行政机关要充分认识加强国家赔偿法律援助工作的重要性，牢固树立群众观点，认真践行群众路线，进一步创新和完善工作机制，不断提高国家赔偿法律援助工作的能力和水平，努力使困难群众在每一个国家赔偿案件中感受到公平正义。

二、确保符合条件的困难群众及时获得国家赔偿法律援助

人民法院和司法行政机关应当采取多种形式公布国家赔偿法律援助的条件、程序、赔偿请求人的权利义务等，让公众了解国家赔偿法律援助相关知识，引导经济困难的赔偿请求人申请法律援助。人民法院应当在立案时以书面方式告知申请国家赔偿的公民，如果经济困难可以向赔偿义务机关所在地的法律援助机构申请法律援助。法律援助机构要充分发挥基层法律援助工作站点在解答咨询、转交申请等方面的作用，畅通"12348"法律服务热线；有条件的地方可以在人民法院设立法律援助工作站，拓宽法律援助申请渠道，方便公民寻求国家赔偿法律援助。法律援助机构对公民提出的国家赔偿法律援助申请，要依法进行审查，在法定时限内尽可能缩短时间，提高工作效率；对无罪被羁押的公民申请国家赔偿，经人民法院确认其无经济来源的，可以认定赔偿请求人符合经济困难标准；对申请事项具有法定紧急或者特殊情况的，法律援助机构可以先行给予法律援助，事后补办有关手续。

三、加大国家赔偿法律援助工作保障力度

人民法院要为法律援助人员代理国家赔偿法律援助案件提供便利，对于法律援助人员申请人民法院调查取证的，应当依法予以积极支持；对法律援助人员复制相关材料的费用，应当予以免收。人民法院办理国家赔偿案件，要充分听取法律援助人员的意见，并记录在案；人民法院办理国家赔偿案件作出的决定书、判决书和裁定书等法律文书应当载明法律援助机构名称、法律援助人员姓名以及所属单位情况等。司法行政机关要综合采取增强社会认可度、完善激励表彰机制、提高办案补贴标准等方法，调动法律援助人员办理国家赔偿法律援助案件积极性，根据需要与有关机关、单位进行协调，加大对案件办理工作支持力度。人民法院和法律援助机构要加强工作协调，就确定或更换法律援助人员、变更听取意见时间、终止法律援助等情况及时进行沟通，相互通报案件办理进展情况。人民法院和司法行政机关要建立联席会议制度，定期交流工作开展情况，确保相关工作衔接顺畅。

四、提升国家赔偿法律援助工作质量和效果

法律援助机构要完善案件指派工作，根据国家赔偿案件类型，综合法律援助人员专业特长、赔偿请求人特点和意愿等因素，合理确定承办机构及人员，有条件的地方推行点援制，有效保证办案质量；要引导法律援助人员认真做好会见、阅卷、调查取证、参加庭审或者质证等工作，根据法律法规和有关案情，从维护赔偿请求人利益出发提供符合标准的法律服务，促进解决其合法合理赔偿请求。承办法官和法律援助人员在办案过程中要注重做好解疑释惑工作，帮助赔偿请求人正确理解案件涉及的政策法规，促进赔偿请求人服判息诉。司法行政机关和法律援助机构要加强案件质量管理，根据国家赔偿案件特点完善办案质量监督管理机制，综合运用案件质量评估、案卷检查评比、回访赔偿请求人等方式开展质量监管，重点加强对重大疑难复杂案件办理的跟踪监督，促进提高办案质量。人民法院发现法律援助人员有违法行为或者损害赔偿请求人利益的，要及时向法律援助机构通报有关情况，督促法律援助人员依法依规办理案件。

五、创新国家赔偿法律援助效果延伸机制

人民法院和法律援助机构要建立纠纷调解工作机制，引导法律援助人员选择对赔偿请求人最有利的方式解决纠纷，对于案情简单、事实清楚、争议不大的案件，根据赔偿请求人意愿，尽量采用调解方式处理，努力实现案结事了。要建立矛盾多元化解机制，指导法律援助人员依法妥善处理和化解纠纷，努力解决赔偿请求人的合理诉求，做好无罪被羁押公民的安抚工作，并通过引进社会工作者加入法律援助工作、开通心理热线等方式，加强对赔偿请求人的人文关怀和心理疏导，努力实现法律效果与社会效果的统一。要建立宣传引导机制，加大宣传力度，充分利用报刊、电视、网络等媒体，广泛宣传国家赔偿法律援助工作，及时总结推广工作中涌现出的好经验好做法，为国家赔偿法律援助工作开展营造良好氛围，并对法律援助工作中涌现的先进典型和经验，通过多种形式进行宣传推广，进一步巩固工作成果。

最高人民法院
关于人民法院赔偿委员会审理国家赔偿案件适用精神损害赔偿若干问题的意见

2014 年 7 月 29 日　　　　　　　　　　　　法发〔2014〕14 号

2010 年 4 月 29 日第十一届全国人大常委会第十四次会议审议通过的《全国人民代表大会常务委员会关于修改〈中华人民共和国国家赔偿法〉的决定》，扩大了消除影响、恢复名誉、赔礼道歉的适用范围，增加了有关精神损害抚慰金的规定，实现了国家赔偿

中精神损害赔偿制度的重大发展。国家赔偿法第三十五条规定："有本法第三条或者第十七条规定情形之一，致人精神损害的，应当在侵权行为影响的范围内，为受害人消除影响，恢复名誉，赔礼道歉；造成严重后果的，应当支付相应的精神损害抚慰金。"为依法充分保障公民权益，妥善处理国家赔偿纠纷，现就人民法院赔偿委员会审理国家赔偿案件适用精神损害赔偿若干问题，提出以下意见：

一、充分认识精神损害赔偿的重要意义

现行国家赔偿法与1994年国家赔偿法相比，吸收了多年来理论及实践探索与发展的成果，在责任范围和责任方式等方面对精神损害赔偿进行了完善和发展，有效提升了对公民人身权益的保护水平。人民法院赔偿委员会要充分认识国家赔偿中的精神损害赔偿制度的重要意义，将贯彻落实该项制度作为"完善人权司法保障制度"的重要内容，正确适用国家赔偿法第三十五条等相关法律规定，依法处理赔偿请求人提出的精神损害赔偿申请，妥善化解国家赔偿纠纷，切实尊重和保障人权。

二、严格遵循精神损害赔偿的适用原则

人民法院赔偿委员会适用精神损害赔偿条款，应当严格遵循以下原则：一是依法赔偿原则。严格依照国家赔偿法的规定，不得扩大或者缩小精神损害赔偿的适用范围，不得增加或者减少其适用条件。二是综合裁量原则。综合考虑个案中侵权行为的致害情况，侵权机关及其工作人员的违法、过错程度等相关因素，准确认定精神损害赔偿责任。三是合理平衡原则。坚持同等情况同等对待，不同情况区别处理，适当考虑个案及地区差异，兼顾社会发展整体水平和当地居民生活水平。

三、准确把握精神损害赔偿的前提条件和构成要件

人民法院赔偿委员会适用精神损害赔偿条款，应当以公民的人身权益遭受侵犯为前提条件，并审查是否满足以下责任构成要件：行使侦查、检察、审判职权的机关以及看守所、监狱管理机关及其工作人员在行使职权时有国家赔偿法第十七条规定的侵权行为；致人精神损害；侵权行为与精神损害事实及后果之间存在因果关系。

四、依法认定"致人精神损害"和"造成严重后果"

人民法院赔偿委员会适用精神损害赔偿条款，应当严格依法认定侵权行为是否"致人精神损害"以及是否"造成严重后果"。

一般情形下，人民法院赔偿委员会应当综合考虑受害人人身自由、生命健康受到侵害的情况，精神受损情况，日常生活、工作学习、家庭关系、社会评价受到影响的情况，并考量社会伦理道德、日常生活经验等因素，依法认定侵权行为是否致人精神损害以及是否造成严重后果。

受害人因侵权行为而死亡、残疾（含精神残疾）或者所受伤害经有合法资质的机构鉴定为重伤或者诊断、鉴定为严重精神障碍的，人民法院赔偿委员会应当认定侵权行为致人精神损害并且造成严重后果。

五、妥善处理两种责任方式的内在关系

人民法院赔偿委员会适用精神损害赔偿条款，应当妥善处理"消除影响，恢复名誉，赔礼道歉"与"支付相应的精神损害抚慰金"两种责任方式的内在关系。

侵权行为致人精神损害但未造成严重后果的，人民法院赔偿委员会应当根据案件具体情况决定由赔偿义务机关为受害人消除影响、恢复名誉或者向其赔礼道歉。

侵权行为致人精神损害且造成严重后果的，人民法院赔偿委员会除依照前述规定决定由赔偿义务机关为受害人消除影响、恢复名誉或者向其赔礼道歉外，还应当决定由赔偿义务机关支付相应的精神损害抚慰金。

六、正确适用"消除影响，恢复名誉，赔礼道歉"责任方式

人民法院赔偿委员会适用精神损害赔偿条款，要注意"消除影响、恢复名誉"与"赔礼道歉"作为非财产责任方式，既可以单独适用，也可以合并适用。其中，消除影响、恢复名誉应当公开进行。

人民法院赔偿委员会可以根据赔偿义务机关与赔偿请求人协商的情况，或者根据侵权行为直接影响所及、受害人住所地、经常居住地等因素确定履行范围，决定由赔偿义务机关以适当方式公开为受害人消除影响、恢复名誉。人民法院赔偿委员会决定由赔偿义务机关公开赔礼道歉的，参照前述规定执行。

赔偿义务机关在案件审理终结前已经履行消除影响、恢复名誉或者赔礼道歉义务，人民法院赔偿委员会可以在国家赔偿决定书中予以说明，不再写入决定主文。人民法院赔偿委员会决定由赔偿义务机关为受害人消除影响、恢复名誉或者向其赔礼道歉的，赔偿义务机关应当自收到人民法院赔偿委员会国家赔偿决定书之日起三十日内主动履行消除影响、恢复名誉或者赔礼道歉义务。赔偿义务机关逾期未履行的，赔偿请求人可以向作出生效国家赔偿决定的赔偿委员会所在法院申请强制执行。强制执行产生的费用由赔偿义务机关负担。

七、综合酌定"精神损害抚慰金"的具体数额

人民法院赔偿委员会适用精神损害赔偿条款，决定采用"支付相应的精神损害抚慰金"方式的，应当综合考虑以下因素确定精神损害抚慰金的具体数额：精神损害事实和严重后果的具体情况；侵权机关及其工作人员的违法、过错程度；侵权的手段、方式等具体情节；罪名、刑罚的轻重；纠错的环节及过程；赔偿请求人住所地或者经常居住地平均生活水平；赔偿义务机关所在地平均生活水平；其他应当考虑的因素。

人民法院赔偿委员会确定精神损害抚慰金的具体数额，还应当注意体现法律规定的"抚慰"性质，原则上不超过依照国家赔偿法第三十三条、第三十四条所确定的人身自由赔偿金、生命健康赔偿金总额的百分之三十五，最低不少于一千元。

受害人对精神损害事实和严重后果的产生或者扩大有过错的，可以根据其过错程度减少或者不予支付精神损害抚慰金。

八、认真做好法律释明工作

人民法院赔偿委员会发现赔偿请求人在申请国家赔偿时仅就人身自由或者生命健康所受侵害提出赔偿申请，没有同时就精神损害提出赔偿申请的，应当向其释明国家赔偿法第三十五条的内容，并将相关情况记录在案。在案件终结后，赔偿请求人基于同一事实、理由，就同一赔偿义务机关另行提出精神损害赔偿申请的，人民法院一般不予受理。

九、其他国家赔偿案件的参照适用

人民法院审理国家赔偿法第三条、第三十八条规定的涉及侵犯人身权的国家赔偿案件，以及人民法院办理涉及侵犯人身权的自赔案件，需要适用精神损害赔偿条款的，参照本意见处理。

最高人民法院
关于印发《最高人民法院赔偿委员会工作规则》的通知

2014年12月8日　　　　　　　　法发〔2014〕22号

本院各单位：

《最高人民法院赔偿委员会工作规则》已于2014年12月4日由最高人民法院赔偿委员会第21次会议修订，现予印发。

附：

最高人民法院赔偿委员会工作规则

（1999年4月26日最高人民法院赔偿委员会第7次会议通过
2014年12月4日最高人民法院赔偿委员会第21次会议修订）

第一条　为了规范赔偿委员会工作，充分发挥其职能作用，根据《中华人民共和国国家赔偿法》和有关法律规定，制定本规则。

第二条　赔偿委员会的职责：

（一）讨论、决定下列国家赔偿案件：

1. 赔偿请求人向本院申请赔偿，应由本院作出决定的案件；

2. 不服本院赔偿委员会的决定，需要重新审查并作出决定的案件；

3. 不服高级人民法院赔偿委员会的决定，向本院申诉，需要直接审查并作出决定的案件；

4. 最高人民检察院向本院提出意见，应当重新审查并作出决定的案件；

5. 请示案件和其他重大、疑难的案件。

（二）讨论国家赔偿司法解释草案。

（三）总结国家赔偿工作经验，监督、指导地方各级法院的国家赔偿工作。

（四）讨论、决定其他有关国家赔偿工作的重大事项。

第三条 赔偿委员会两个月召开一次例会。必要时，经主任提议可随时召开。

赔偿委员会开会应有过半数的委员出席。

第四条 赔偿委员会委员应当按时出席会议。因故不能出席会议的，应当及时向主任请假。

第五条 赔偿委员会会议由主任主持，或者由主任委托副主任主持。

经会议主持人同意，赔偿委员会办公室人员或者其他有关人员可以列席会议。

第六条 赔偿委员会讨论的议题，由主任或者副主任决定。

承办人应当预先做好准备，并于会议一日前将相关材料发送各委员和有关列席人员；开会时，应当根据会议主持人的要求向会议汇报，并负责回答委员提出的问题。

赔偿委员会讨论案件的，承办人应当在会前写出审查报告。合议庭和承办人要对案件事实负责，提出的处理意见应当写明有关的法律根据。

第七条 赔偿委员会实行民主集中制。赔偿委员会讨论的案件，必须获得全体委员半数以上同意方能通过。少数委员的意见可以保留并记录在卷。

第八条 赔偿委员会认为重大、疑难的案件，或者有重大分歧的案件，应当报请主任提交审判委员会讨论决定。

审判委员会的决定，赔偿委员会应当执行。

第九条 赔偿委员会讨论、决定的事项，应当作出会议纪要，经会议主持人审定后附卷备查。

第十条 赔偿委员会办公室负责赔偿委员会的会务工作，负责执行赔偿委员会决定事项。

第十一条 赔偿委员会委员以及其他列席会议的人员，应当遵守保密规定，不得泄露赔偿委员会讨论情况。

第十二条 本规则自通过之日起施行。

最高人民法院
关于进一步加强国家赔偿司法公开工作的若干意见

2014年12月11日　　　　　　　　　　　　法〔2014〕320号

为落实司法公开原则，促进司法公正，提升司法公信力，保障社会公众的知情权和监督权，进一步加强和规范人民法院国家赔偿司法公开工作，提出以下意见：

一、人民法院国家赔偿司法公开工作应当坚持依法、及时、主动的原则，不断完善国家赔偿司法公开工作制度，健全国家赔偿司法公开工作规范，自觉接受社会公众监督，切实满足社会公众对国家赔偿司法公开工作的知情权、监督权。

二、人民法院应当通过便捷、有效的方式，将国家赔偿案件的立案条件、法律文书样式、赔偿请求人重要权利义务等内容向社会公众和赔偿请求人公开。

三、人民法院应当借助信息化手段，将国家赔偿案件立案、质证、决定等办案流程及时向当事人或社会公众公开，严格规范办案行为，确保审判流程公开的质量和效果。

四、审判人员、书记员、翻译人员、鉴定人、勘验人的姓名应当向赔偿请求人和赔偿义务机关公开，主动接受赔偿请求人和赔偿义务机关的监督。

五、对需要进行质证的国家赔偿案件，除涉及国家秘密、个人隐私或者法律另有规定的以外，质证应当公开进行。

人民法院赔偿委员会决定公开质证的，应当在质证三日前公告案由、赔偿请求人和赔偿义务机关的名称，以及质证的时间、地点。

六、人民法院应当对国家赔偿案件的质证过程进行同步录音录像，赔偿请求人和赔偿义务机关有权依申请查阅。

七、除涉及国家秘密、个人隐私、未成年人违法犯罪以及其他不适宜公开的案件外，发生法律效力的国家赔偿裁判文书应当在中国裁判文书网公布。各级人民法院对其在中国裁判文书网公布的裁判文书质量负责。

八、国家赔偿裁判文书应当充分表述赔偿请求人和赔偿义务机关的诉辩意见、证据的采信理由、事实的认定、适用法律的推理与解释过程，做到说理公开。

九、人民法院应当积极回应社会公众的关切，通过新闻发布、媒体访谈等形式，公布社会关注度高，具有教育、示范和指导意义的国家赔偿典型案例，增进社会公众对国家赔偿工作的理解和认同。

十、建立健全人民法院赔偿委员会生效赔偿决定的执行信息公开机制，以规范国家赔偿决定的执行，督促赔偿义务机关主动、及时履行赔偿义务。

最高人民法院
关于进一步加强国家赔偿司法便民工作的若干意见

2014年12月15日　　　　　　　　　　　　法〔2014〕321号

为切实保障赔偿请求人行使国家赔偿请求权,坚持司法为民,维护赔偿请求人的合法权益,进一步加强和规范人民法院国家赔偿司法便民工作,提出以下意见。

一、人民法院应当在立案或诉讼服务窗口配备必要的工作人员,负责做好有关国家赔偿的信访接待、疑问解答,引导赔偿请求人合理表达诉求等方面的工作。有条件的人民法院应当通过互联网、诉讼服务场所的电子终端设备或者书面的方式提供国家赔偿申请指南供赔偿请求人查询。

二、经济困难的赔偿请求人依法申请国家赔偿的,人民法院应当在立案时以书面方式告知赔偿请求人可以向赔偿义务机关所在地的法律援助机构申请法律援助。

三、人民法院审理国家赔偿案件,可以邀请人大代表、政协委员、基层组织参加国家赔偿案件的协调工作,促进国家赔偿纠纷实质性化解。

四、赔偿请求人因客观原因不能自行收集的证据,可以申请人民法院赔偿委员会调取。对涉及国家利益、社会公共利益和他人合法权益的事实,人民法院赔偿委员会应当向有关单位和人员调查情况、收集证据。

五、人民法院国家赔偿案件的裁判文书用语要论证充分、说理透彻,便于赔偿请求人正确理解。赔偿请求人和赔偿义务机关、复议机关对国家赔偿决定文书有意见的,承办法官应当做好判后答疑、法律释明等工作。

六、赔偿请求人凭生效的国家赔偿决定书申请支付赔偿金的,作为赔偿义务机关的人民法院收到申请后,应当及时向有关的财政部门提出支付申请并积极沟通协调。

七、人民法院应当采取有效措施完善国家赔偿裁判文书和诉讼档案公开查询制度。赔偿请求人或其委托代理人向人民法院依法申请查阅或者复制已经审结的国家赔偿案件诉讼档案的,人民法院应当提供方便。

八、人民法院审理国家赔偿案件应当积极做好相关善后安抚工作。对赔偿请求人因生活困难需要协调政府有关部门提供社会救助的,应当通过联动机制等多种渠道帮助进行沟通协调。

最高人民法院
关于进一步加强刑事冤错案件国家赔偿工作的意见

2015年1月12日　　　　　　　　　　　　　　　法〔2015〕12号

为进一步提升刑事冤错案件国家赔偿工作质效，切实加强人权司法保护，促进国家机关及其工作人员依法行使职权，根据《中华人民共和国国家赔偿法》，结合工作实际，提出如下意见。

一、坚持依法赔偿。各级人民法院要认真贯彻落实党的十八大和十八届三中、四中全会精神，紧紧围绕习近平总书记提出的"努力让人民群众在每一个司法案件中都感受到公平正义"的目标，认真做好刑事冤错案件的国家赔偿工作。要坚持依法赔偿原则，恪守职权法定、范围法定、程序法定和标准法定的要求，依法、及时、妥善地处理刑事冤错案件引发的国家赔偿纠纷。坚持公开公正原则，严格依法办案，规范工作流程，加强司法公开，自觉接受监督。坚持司法为民原则，不断创新和完善工作机制，延伸国家赔偿工作职能。

二、做好刑事审判与国家赔偿的衔接。各级人民法院要建立健全刑事冤错案件宣告无罪与国家赔偿工作的内部衔接机制，做到关口前移、联合会商、提前应对。对于拟宣告无罪并可能引发国家赔偿的案件，刑事审判（含审判监督）部门要在宣判前及时通知本院国家赔偿办案机构，国家赔偿办案机构接到通知后要及时形成赔偿工作预案，必要时要共同做好整体工作方案。对再审改判宣告无罪并依法享有申请国家赔偿权利的当事人，人民法院要在宣判的同时依照刑事诉讼法司法解释的规定告知其在判决发生法律效力后有依法申请国家赔偿的权利。

三、加强对赔偿请求人的诉权保护和法律释明。各级人民法院要坚持以法治思维、法治方式审查处理刑事冤错案件引发的国家赔偿纠纷，切实依法保障赔偿请求人申请赔偿的权利。要依法做好立案工作，准确把握立案的法定条件，畅通求偿渠道，不得以实体审理标准代替立案审查标准。要认真贯彻执行《最高人民法院、司法部关于加强国家赔偿法律援助工作的意见》，切实为经济困难的赔偿请求人申请赔偿提供便利。要认真对待赔偿请求人提出的各项权利诉求，引导其依法、理性求偿，发现赔偿请求明显超出法律规定的范围或者依法应当赔偿而赔偿请求人没有主张的，人民法院要依法、及时予以释明。

四、提升执法办案的规范性和透明度。各级人民法院要严格执行国家赔偿法和相关司法解释的规定，确保程序合法公正。要不断创新和完善工作机制，加强审判管理，进一步提升立案、审理、决定、执行等各环节的规范化水平。要针对国家赔偿案件的特点，创新司法公开的形式，拓展司法公开的广度和深度，自觉接受人大、政协、检察机关和社会各界的监督。要加强直接、实时监督,对于重大、疑难、复杂案件决定组织听证或者质证的,可以邀请人大代表、政协委员、检察机关代表、律师代表、群众代表等参与旁听,也可以通过其他适当方式公开听证或者质证的过程,进一步提升刑事冤错案件国家赔偿工作的透明度。

五、严格依法开展协商和作出决定。各级人民法院要充分运用国家赔偿法规定的协商机制,与赔偿请求人就赔偿方式、赔偿项目和赔偿数额进行协商。经协商达成协议的,依法制作国家赔偿决定书确认协议内容;协商不成的,依法作出国家赔偿决定。针对具体赔偿项目,有明确赔偿标准的,严格执行法定赔偿标准;涉及精神损害赔偿的,按照《最高人民法院关于人民法院赔偿委员会审理国家赔偿案件适用精神损害赔偿若干问题的意见》办理。要注意加强文书说理,充分说明认定的案件事实和依据,准确援引法律和司法解释规定,确保说理全面、透彻、准确,语言通俗易懂,增强人民群众对国家赔偿决定的认同感。

六、加强国家赔偿决定执行工作。各级人民法院要积极协调、督促财政部门等做好生效国家赔偿决定的执行工作,共同维护生效法律文书的法律权威。赔偿请求人向作为赔偿义务机关的人民法院申请支付赔偿金的,被申请法院要依法审查并及时将审查结果通知赔偿请求人。人民法院受理赔偿请求人的支付申请后,要严格依照预算管理权限在七日内向财政部门提出支付申请。财政部门受理后超过法定期限未拨付赔偿金的,人民法院要积极协调催办并将进展情况及时反馈给赔偿请求人。赔偿请求人就决定执行、赔偿金支付等事宜进行咨询的,人民法院要及时予以回应。

七、积极推进善后安抚和追偿追责等工作。各级人民法院要在依法、及时、妥善处理刑事赔偿案件的同时,根据案件具体情况,沟通协调政府职能部门或者有关社会组织,促进法定赔偿与善后安抚、社会帮扶救助的衔接互补,推动形成刑事冤错案件国家赔偿纠纷的多元、实质化解机制。要深入研究和完善国家赔偿法规定的追偿追责制度,严格依法开展刑事冤错案件的追偿追责工作。积极回应人民群众关切,既要做好正面宣传引导工作,又要根据舆情进展情况,动态、及时、主动、客观地进行回应,为刑事冤错案件的国家赔偿工作营造良好的社会氛围。

八、加强对新情况新问题的调查研究。各级人民法院要不断总结刑事冤错案件国家赔偿工作经验,密切关注重大、疑难、敏感问题和典型案件。对工作中发现的新情况新问题,要认真梳理提炼,深入分析研究,尽早提出对策,必要时及时层报最高人民法院。

最高人民法院
关于印发国家统计局《关于对职工日平均工资计算问题的复函》的通知

1996年2月13日　　　　　　　　　　　　　〔1996〕法赔字第1号

各高级人民法院、解放军军事法院赔偿委员会：

现将国家统计局《关于对职工日平均工资计算问题的复函》印发给你们，对日赔偿金的计算方法，可参照复函的意见办理。

附：

国家统计局
关于对职工日平均工资计算问题的复函

1996年2月1日　　　　　　　　　　　　　国统字〔1996〕34号

最高人民法院：

你院法函〔1995〕166号收悉，现就你们提出的有关职工日平均工资的计算方法答复如下：

一、我局现有的劳动统计中没有设置"职工日平均工资"指标，也不计算"职工日平均工资"。

二、对此项指标，我们建议采用职工年平均工资除以全年法定工作日数的方法计算。

最近，劳动部在关于贯彻执行劳动法若干问题的意见中规定，实行每周40小时工作制的年法定工作日数为254天。

以上方法供你们参考。

最高人民法院
关于2011年作出的国家赔偿决定涉及侵犯公民人身自由权计算标准的通知

2011年5月4日　　　　　　　　　　　　　　法〔2011〕167号

各省、自治区、直辖市高级人民法院，解放军军事法院，新疆维吾尔自治区高级人民法院生产建设兵团分院：

《中华人民共和国国家赔偿法》规定："侵犯公民人身自由的，每日赔偿金按照国家上年度职工日平均工资计算。"

根据国家统计局2011年5月3日发布的2010年城镇非私营单位在岗职工年平均工资（即原"全国在岗职工年平均工资"）数额，2010年城镇非私营单位在岗职工年平均工资为37147元。按照人力资源和社会保障部提供的日平均工资的计算公式，日平均工资标准为37147（元）÷12（月）÷21.75（月计薪天数）＝142.33元。据此，各级人民法院在2011年作出国家赔偿决定时，对侵犯公民人身自由权每日的赔偿金应为142.33元。

特此通知，请遵照执行。

最高人民法院
关于2012年作出的国家赔偿决定涉及侵犯公民人身自由权计算标准的通知

2012年5月29日　　　　　　　　　　　　　法〔2012〕134号

各省、自治区、直辖市高级人民法院，解放军军事法院，新疆维吾尔自治区高级人民法院生产建设兵团分院：

《中华人民共和国国家赔偿法》第三十三条规定："侵犯公民人身自由的，每日赔偿金按照国家上年度职工日平均工资计算。"

根据国家统计局2012年5月29日发布的2011年城镇非私营单位在岗职工年平均工资（即原"全国在岗职工年平均工资"）数额，2011年城镇非私营单位在岗职工年平均工资为42452元。按照人力资源和社会保障部提供的日平均工资的计算公式，日平均工资标准为 42452（元）÷12（月）÷21.75（月计薪天数）＝162.65 元。据此，各级人民法院在 2012 年作出国家赔偿决定时，对侵犯公民人身自由权每日的赔偿金应为 162.65 元。

特此通知，请遵照执行。

最高人民法院关于 2013 年作出的国家赔偿决定涉及侵犯公民人身自由权赔偿金计算标准的通知

2013 年 5 月 17 日　　　　　　　　　　　法〔2013〕114 号

各省、自治区、直辖市高级人民法院，解放军军事法院，新疆维吾尔自治区高级人民法院生产建设兵团分院：

《中华人民共和国国家赔偿法》第三十三条规定："侵犯公民人身自由的，每日赔偿金按照国家上年度职工日平均工资计算。"根据国家统计局 2013 年 5 月 17 日发布的 2012 年城镇非私营单位在岗职工年平均工资（即原"全国在岗职工年平均工资"）数额，2012 年城镇非私营单位在岗职工年平均工资为 47593 元，按照人力资源和社会保障部提供的日平均工资的计算公式，日平均工资标准为 47593（元）÷12（月）÷21.75（月计薪天数）＝182.35 元。据此，各级人民法院在 2013 年作出国家赔偿决定时，对侵犯公民人身自由权每日的赔偿金应为 182.35 元。

特此通知，请遵照执行。

最高人民法院关于 2014 年作出的国家赔偿决定涉及侵犯公民人身自由权赔偿金计算标准的通知

2014 年 5 月 27 日　　　　　　　　　　　法〔2014〕130 号

各省、自治区、直辖市高级人民法院，解放军军事法院，新疆维吾尔自治区高级人民法院生产建设兵团分院：

《中华人民共和国国家赔偿法》第三十三条规定："侵犯公民人身自由的，每日赔偿金按照国家上年度职工日下半场工资计算。"

根据国家统计局2014年5月27日发布的2013年城镇非私营单位在岗职工年平均工资（即原"全国在岗职工年平均工资"）数额，2013年城镇非私营单位在岗职工年平均工资为52379元。按照人力资源和社会保障部提供的日平均工资的计算公式，日平均工资标准为52379（元）÷12（月）÷21.75（月计薪天数）=200.69元。据此，各级人民法院在2014年作出国家赔偿决定时，对侵犯公民人身自由权每日的赔偿金应为200.69元。

特此通知，请遵照执行。

最高人民法院
关于作出国家赔偿决定时适用2015年度全国职工日平均工资标准的通知

2016年5月16日　　　　　　　　　　　　　　　　　　法〔2016〕158号

各省、自治区、直辖市高级人民法院，解放军军事法院，新疆维吾尔自治区高级人民法院生产建设兵团分院：

根据国家统计局2016年5月13日发布的2015年城镇非私营单位在岗职工年平均工资（即原"全国在岗职工年平均工资"）数额，2015年城镇非私营单位在岗职工年平均工资为63241元。按照人力资源和社会保障部提供的日平均工资的计算公式，日平均工资标准为63241（元）÷12（月）÷21.75（月计薪天数）=242.30元。据此，根据《中华人民共和国国家赔偿法》第三十三条和《最高人民法院、最高人民检察院关于办理刑事赔偿案件适用法律若干问题的解释》第二十一条第二款的规定，各级人民法院自2016年5月16日起，作出国家赔偿决定时，对侵犯公民人身自由权每日的赔偿金应为242.30元。

特此通知，请遵照执行。

最高人民法院
关于作出国家赔偿决定时适用 2016 年度全国职工日平均工资标准的通知

2017 年 5 月 31 日　　　　　　　　　　　　　　法〔2017〕161 号

各省、自治区、直辖市高级人民法院，解放军军事法院，新疆维吾尔自治区高级人民法院生产建设兵团分院：

根据国家统计局 2017 年 5 月 27 日发布的 2016 年城镇非私营单位就业人员年平均工资数额，2016 年城镇非私营单位就业人员年平均工资为 67569 元。按照人力资源社会保障部提供的日平均工资的计算公式，日平均工资标准为 67569（元）÷12（月）÷21.75（月计薪天数）＝258.89 元。据此，根据《中华人民共和国国家赔偿法》第三十三条和《最高人民法院、最高人民检察院关于办理刑事赔偿案件适用法律若干问题的解释》第二十一条第二款的规定，各级人民法院自 2017 年 5 月 31 日起，作出国家赔偿决定时，对侵犯公民人身自由的，每日赔偿金应为 258.89 元。

特此通知，请遵照执行。

最高人民法院
关于作出国家赔偿决定时适用 2017 年度全国职工日平均工资标准的通知

2018 年 5 月 16 日　　　　　　　　　　　　　　法〔2018〕24 号

各省、自治区、直辖市高级人民法院，解放军军事法院，新疆维吾尔自治区高级人民法院生产建设兵团分院：

根据国家统计局 2018 年 5 月 15 日发布的 2017 年全国城镇非私营单位就业人员年平均工资数额，2017 年全国城镇非私营单位就业人员年平均工资为 74318 元。按照人力资源和社会保障部提供的日平均工资的计算公式，日平均工资标准为 74318（元）÷12（月）÷21.75（月计薪天数）＝284.74 元。据此，根据《中华人民共和国国家赔偿法》第三十三条和《最高人民法院、最高人民检察院关于办理刑事赔偿案件适用法律若干问题的解释》第二十一条第二款的规定，各级人民法院自 2018 年 5 月 16 日起，作出国家赔偿决定时,对侵犯公民人身自由的,每日赔偿金应为 284.74 元。

特此通知,请遵照执行。

最高人民法院关于《中华人民共和国国家赔偿法》溯及力和人民法院赔偿委员会受案范围问题的批复

1995年1月29日　　　　　　　　　　　　　　法复〔1995〕1号

各省、自治区、直辖市高级人民法院,解放军军事法院:

《中华人民共和国国家赔偿法》(以下简称《国家赔偿法》)公布和施行以来,一些地方高级人民法院就该法的溯及力和人民法院赔偿委员会受理案件的范围问题请示我院,经研究,现答复如下:

一、根据《国家赔偿法》第三十五条规定,《国家赔偿法》1995年1月1日起施行。《国家赔偿法》不溯及既往。即:国家机关及其工作人员行使职权时侵犯公民、法人和其他组织合法权益的行为,发生在1994年12月31日以前的,依照以前的有关规定处理。发生在1995年1月1日以后并经依法确认的,适用《国家赔偿法》予以赔偿。发生在1994年12月31日以前,但持续至1995年1月1日以后,并经依法确认的,属于1995年1月1日以后应予赔偿的部分,适用《国家赔偿法》予以赔偿;属于1994年12月31日以前应予赔偿的部分,适用当时的规定予以赔偿;当时没有规定的,参照《国家赔偿法》的规定予以赔偿。

二、依照《国家赔偿法》的有关规定,人民法院赔偿委员会受理下列案件:

1. 行使侦查、检察、监狱管理职权的机关及其工作人员在行使职权时侵犯公民、法人和其他组织的人身权、财产权,造成损害,经依法确认应予赔偿,赔偿请求人经依法申请赔偿和申请复议,因对复议决定不服或者复议机关逾期不作决定,在法定期间内向复议机关所在地的同级人民法院赔偿委员会申请作出赔偿决定的;

2. 人民法院是赔偿义务机关,赔偿请求人经申请赔偿,因赔偿义务机关逾期不予赔偿或者赔偿请求人对赔偿数额有异议,在法定期间内向赔偿义务机关的上一级人民法院赔偿委员会申请作出赔偿决定的。

最高人民法院
印发《关于人民法院执行〈中华人民共和国国家赔偿法〉几个问题的解释》的通知

1996年5月6日　　　　　　　　　　　　法发〔1996〕15号

各省、自治区、直辖市高级人民法院,解放军军事法院:

现将《最高人民法院关于人民法院执行〈中华人民共和国国家赔偿法〉几个问题的解释》印发给你们,请认真遵照执行。执行中有何意见和问题,请及时报告我院。

附:

最高人民法院
关于人民法院执行《中华人民共和国国家赔偿法》几个问题的解释

(最高人民法院审判委员会第811次会议讨论通过)

一、根据《中华人民共和国国家赔偿法》(以下简称赔偿法)第十七条第(二)项、第(三)项的规定,依照刑法第十四条、第十五条规定不负刑事责任的人和依照刑事诉讼法第十五条规定不追究刑事责任的人被羁押,国家不承担赔偿责任。但是对起诉后经人民法院判处拘役、有期徒刑、无期徒刑和死刑并已执行的上列人员,有权依法取得赔偿。判决确定前被羁押的日期依法不予赔偿。

二、依照赔偿法第三十一条的规定,人民法院在民事诉讼、行政诉讼过程中,违法采取对妨害诉讼的强制措施、保全措施或者对判决、裁定及其他生效法律文书执行错误,造成损害,具有以下情形之一的,适用刑事赔偿程序予以赔偿:

(一)错误实施司法拘留、罚款的;

(二)实施赔偿法第十五条第(四)项、第(五)项规定行为的;

(三)实施赔偿法第十六条第(一)项规定行为的。

人民法院审理的民事、经济、行政案件发生错判并已执行,依法应当执行回转的,或者当事人申请财产保全、先予执行,申请有错误造成财产损失依法应由申请人赔偿的,国家不承担赔偿责任。

三、公民、法人和其他组织申请人民法院依照赔偿法规定予以赔偿的案件,应当经过依法确认。未经依法确认的，赔偿请求人应当要求有关人民法院予以确认。被要求的人民法院由有关审判庭负责办理依法确认事宜，并应以人民法院的名义答复赔偿请求人。被要求的人民法院不予确认的，赔偿请求人有权申诉。

四、根据赔偿法第二十六条、第二十七条的规定，人民法院判处管制、有期徒刑缓刑、剥夺政治权利等刑罚的人被依法改判无罪的，国家不承担赔偿责任，但是，赔偿请求人在判决生效前被羁押的，依法有权取得赔偿。

五、根据赔偿法第十九条第四款"再审改判无罪的，作出原生效判决的人民法院为赔偿义务机关"的规定，原一审人民法院作出判决后，被告人没有上诉，人民检察院没有抗诉，判决发生法律效力的，原一审人民法院为赔偿义务机关；被告人上诉或者人民检察院抗诉，原二审人民法院维持一审判决或者对一审人民法院判决予以改判的，原二审人民法院为赔偿义务机关。

六、赔偿法第二十六条关于"侵犯公民人身自由的，每日的赔偿金按照国家上年度职工日平均工资计算"中规定的上年度，应为赔偿义务机关、复议机关或者人民法院赔偿委员会作出赔偿决定时的上年度；复议机关或者人民法院赔偿委员会决定维持原赔偿决定的，按作出原赔偿决定时的上年度执行。

国家上年度职工日平均工资数额，应当以职工年平均工资除以全年法定工作日数的方法计算。年平均工资以国家统计局公布的数字为准。

最高人民法院赔偿委员会
关于人民法院委托的查封财产保管人擅自动用处分其保管的财产国家不承担赔偿责任的批复[*]

1998年3月11日　　　　　　　　　　　　　　　〔1997〕赔他字第8号

西藏自治区高级人民法院：

你院〔1997〕藏高法赔字第01号《关于拉萨市中级人民法院诉前保全措施不当引起的国家赔偿一案应如何处理的请示》收悉。经研究，答复如下：

党兴、唐国君申请诉前财产保全并提供相应价值的担保，拉萨市中级人民法院根据法律规定采取诉前财产保全措施并责令金敬土保管被查封的财产，均符合法律规定。该院得知金敬土擅自处理被查封的财产后，未采取措施予以制止是不对的，但财产无法执行的原因不是人民法院实施了违法行为，而是金敬土违法动用、变卖了人民法院已经查封的财产。依照《国家赔偿法》的有关规定，本案不属于国家赔偿范围。

---

[*] 也作"最高人民法院赔偿委员会关于党兴、唐国君申请国家赔偿案的批复"。

最高人民法院赔偿委员会关于人民法院对错误执行造成的直接财产损失应当承担国家赔偿责任的批复*

1998年8月10日　　　　　　　　　　　　〔1998〕赔他字第8号

四川省高级人民法院：

你院川高法〔1998〕60号《关于宋才永请求蒲江县、彭州市法院国家赔偿案有关法律问题的请示》收悉。经研究，答复如下：

一、蒲江县人民法院、彭州市人民法院在宋才永提出执行异议以及成都市农工商公司已表示保全财产不属该公司所有的情况下未严格审查，继续保全并执行，属执行对象错误，应当承担执行错误的主要责任。蒲江县中药材公司、彭州市中药材公司申请保全、执行对象错误，对错误执行应承担次要责任。蒲江县中药材公司、彭州市中药材公司与宋才永并无债权债务关系，获得中药材以及变卖的价款缺乏法律依据，应当予以返还。蒲江县人民法院、彭州市人民法院应对错误执行造成的直接损失部分（差价部分、霉变坏损部分）承担国家赔偿责任。

二、对已经被执行的财产估价，应当根据财产的质量、等级、当时当地市场价格等因素综合考虑。宋才永申请赔偿数额，却不能提供相关证据，故不应支持。

三、宋才永虽具有违反工商行政管理法规的行为，但该行为不影响其财产所有权。违反工商行政管理法规的行为应由工商行政管理部门依法查处，不应作为减轻国家赔偿的依据。

此复。

---

* 也作"最高人民法院赔偿委员会关于宋才永申请国家赔偿案的批复"。

最高人民法院赔偿委员会
关于人民法院执行对象错误，应对所造成的直接损失承担国家赔偿责任的答复[*]

1998年12月30日 〔1998〕赔他字第13号

广西壮族自治区高级人民法院：

你院1998年8月24日《关于广西藤县蒙江少雄船舶修造厂申请国家赔偿案如何适用法律问题的请示》收悉。经研究，答复如下：

本案虽然经中、高院审判委员会研究，均认为属错误执行案件，但从现有材料反映，本案未经法定确认程序，应当依法重新确认。在处理本案时应当考虑以下几点：

一、李宗文将尚不属于自己所有的油船壳作为还款保证，导致梧州市万秀区人民法院错误执行并将执行所得为其偿还债务，李宗文应当承担主要责任，应将法院拍卖油船为其还债的部分予以偿还（六十五万元）；梧州市万秀区人民法院将属于少雄船舶修造厂所有的油船壳作为李宗文的财产予以强制执行，属执行对象错误，应当对李宗文偿还债务之后给少雄船舶修造厂造成的其他直接损失承担赔偿责任（如酌情赔偿少雄船舶修造厂为建造该油船而订购的机器、设备等遭受的损失）。

二、梧州市万秀区人民法院将油船予以变卖的行为，事前有公告，并请物价部门根据实物作价，且高于物价部门作价价格卖出，并无违法。根据《国家赔偿法》第二十八条第（五）项的规定，油船价格应当以拍卖价格为准（六十五万元）。

此复。

---

[*] 也作"最高人民法院赔偿委员会关于广西壮族自治区藤县蒙江少雄船舶修造厂申请国家赔偿案的批复"。

最高人民法院赔偿委员会
关于《国家赔偿法》不溯及既往的批复[*]

1999年12月13日　　　　　　　　　　　　〔1999〕赔他字第34号

吉林省高级人民法院：

你院1999年11月22日《关于钟国光申请刑事赔偿案件如何适用法律的请示》收悉，经研究。答复如下：

钟国光被错误限制人身自由的行为，于1993年经吉林省高级人民法院再审刑事判决予以纠正，二道区人民检察院对钟国光财产的扣押行为，也已于1987年12月10日宣布解除。根据《国家赔偿法》第三十五条、最高人民法院《关于〈中华人民共和国国家赔偿法〉溯及力和人民法院赔偿委员会受案范围问题的批复》的规定，本案不适用《国家赔偿法》，应由《国家赔偿法》规定以前的有关法律法规予以调整。

最高人民法院赔偿委员会
关于造成受害人死亡赔偿范围的批复[**]

1999年12月27日　　　　　　　　　　　　〔1999〕赔他字第17号

陕西省高级人民法院赔偿委员会：

你院1999年4月26日（1999）陕高法委赔字第02号《关于赵英武、姚兰英申请赔偿一案的请示》收悉。经研究，答复如下：

受害人赵军生前虽患冠心病，但看守所民警对其实施体罚是造成其死亡的直接原因，根据《国家赔偿法》第十五条第（四）项和第二十七条第（三）项的规定，赔偿义务机关潼关县公安局应承担全部赔偿责任。对姚兰英生活费的赔偿，应是在赵英武、姚兰英夫妻双方收入低于当地最低生活标准的差额部分中考虑，差额部分应由姚兰英子女共同负担，受害人赵军按比例负担的生活费，由赔偿义务机关潼关县公安局承担赔偿责任。受害人赵军之妻及其三个未成年子女依法享有赔偿主体资格，在作出赔偿决定前，

---

[*]　也作"最高人民法院赔偿委员会关于钟国光申请赔偿一案的批复"。
[**]　也作"最高人民法院赔偿委员会关于赵英武、姚兰英申请潼关县公安局刑事赔偿案的批复"。

应告知赵军之妻及三个子女有获得赔偿和未成年人生活费的权利。

此复。

最高人民法院赔偿委员会
关于补发工资后仍应给予国家赔偿的答复[*]

2000年1月10日　　　　　　　　　　　　　　〔1999〕赔他字第20号

陕西省高级人民法院：

你院1999年6月10日〔1999〕陕高法委赔字第6号《关于王至诚申请赔偿案的请示》收悉。经研究，答复如下：

根据《中华人民共和国国家赔偿法》的规定，公民因被侦查、检察、审判机关错拘、错捕、错判而错误限制人身自由的，该公民有权申请并依照法律规定获得赔偿。国家赔偿与单位补发工资性质不同，不能相互混淆。不能基于单位已经补发工资就剥夺该公民依法获得的申请并取得国家赔偿的权利。本案王至诚于1995年1月1日以前被错误羁押的部分，根据以前的规定已经补发工资，国家不承担赔偿义务；其于1995年1月1日以后被错误羁押的部分虽也已补发了工资，但不影响其申请并依照法律规定获得国家赔偿。

最高人民法院赔偿委员会
关于国家赔偿不应扣除已补发工资的答复[**]

2000年1月10日　　　　　　　　　　　　　　〔1999〕赔他字第23号

宁夏回族自治区高级人民法院：

你院1999年7月6日〔1999〕宁高法赔他字第3号《关于蒋广秀申请国家赔偿一案的请示》收悉。经研究，答复如下：

国家赔偿与单位补发工资性质不同，前者是法律赋予公民的权利，后者是一种善后工作，不能相互混淆。根据《中华人民共和国国家赔偿法》的规定，公民因被侦查、检

---

[*] 也作"最高人民法院赔偿委员会关于王至诚申请国家赔偿一案的批复"。
[**] 也作"最高人民法院赔偿委员会关于蒋广秀申请国家赔偿一案的批复"。

察、审判机关错拘、错捕、错判而限制人身自由的，无论其所在单位补发工资与否，该公民有权申请并依照法律规定获得国家赔偿。本案固原县人民法院、固原县人民检察院应当承担全部共同赔偿义务，蒋广秀补发的工资不应扣除。

此复。

最高人民法院赔偿委员会关于被限制人身自由期间的工资已由单位补发国家是否还应支付被限制人身自由的赔偿金的批复

2000年1月26日　　　　　　　　　　　　　〔1999〕赔他字第21号

辽宁省高级人民法院：

你院1999年6月22日〔1999〕辽法委赔疑字第1号《关于被限制人身自由期间的工资已由单位补发，国家是否还应支付被限制人身自由的赔偿金的请示报告》收悉。经研究，答复如下：

国家赔偿是国家机关或国家机关工作人员违法行使职权侵犯公民、法人和其他组织的合法权益造成的损害进行的赔偿。国家赔偿与企业补偿是两种不同性质的补偿方式，不应混淆。根据国家赔偿法第十五条第（二）项规定，赔偿义务机关应作出赔偿决定。

此复。

最高人民法院关于省级监狱管理局为复议机关的国家赔偿案件管辖问题的复函

2011年6月7日　　　　　　　　　　　　　〔2011〕赔他字第4号

黑龙江省高级人民法院：

根据国家赔偿法关于刑事赔偿程序的规定，结合既往国家赔偿工作实践，赔偿请求人对省、自治区、直辖市监狱管理局作为复议机关作出的复议决定不服，或者该复议机关逾期未作复议决定的，其应当向省、自治区、直辖市高级人民法院赔偿委员会申请作出赔偿决定。

（二）行　政　赔　偿

最高人民法院
印发《关于审理行政赔偿案件若干问题的规定》的通知

1997年4月29日　　　　　　　　　　　　　　法发〔1997〕10号

全国地方各级人民法院，各级军事法院，各铁路运输中级法院和基层法院，各海事法院：

现将《最高人民法院关于审理行政赔偿案件若干问题的规定》印发给你们，请在行政审判工作中执行。执行中有何意见和问题，请及时报告我院。

附：

最高人民法院
关于审理行政赔偿案件若干问题的规定

为正确审理行政赔偿案件，根据《中华人民共和国国家赔偿法》和《中华人民共和国行政诉讼法》的规定，对审理行政赔偿案件的若干问题作以下规定：

一、受案范围

第一条　《中华人民共和国国家赔偿法》第三条、第四条规定的其他违法行为，包括具体行政行为和与行政机关及其工作人员行使行政职权有关的，给公民、法人或者其他组织造成损害的，违反行政职责的行为。

第二条　赔偿请求人对行政机关确认具体行政行为违法但又决定不予赔偿，或者对确定的赔偿数额有异议提起行政赔偿诉讼的，人民法院应予受理。

第三条　赔偿请求人认为行政机关及其工作人员实施了国家赔偿法第三条第（三）、（四）、（五）项和第四条第（四）项规定的非具体行政行为的行为侵犯其人身权、财产权并造成损失，赔偿义务机关拒不确认致害行为违法，赔偿请求人可直接向人民法院提起行政赔偿诉讼。

第四条 公民、法人或者其他组织在提起行政诉讼的同时一并提出行政赔偿请求的，人民法院应一并受理。

赔偿请求人单独提起行政赔偿诉讼，须以赔偿义务机关先行处理为前提。赔偿请求人对赔偿义务机关确定的赔偿数额有异议或者赔偿义务机关逾期不予赔偿，赔偿请求人有权向人民法院提起行政赔偿诉讼。

第五条 法律规定由行政机关最终裁决的具体行政行为，被作出最终裁决的行政机关确认违法，赔偿请求人以赔偿义务机关应当赔偿而不予赔偿或逾期不予赔偿或者对赔偿数额有异议提起行政赔偿诉讼，人民法院应依法受理。

第六条 公民、法人或者其他组织以国防、外交等国家行为或者行政机关制定发布行政法规、规章或者具有普遍约束力的决定、命令侵犯其合法权益造成损害为由，向人民法院提起行政赔偿诉讼的，人民法院不予受理。

二、管 辖

第七条 公民、法人或者其他组织在提起行政诉讼的同时一并提出行政赔偿请求的，人民法院依照行政诉讼法第十七条、第十八条、第二十条的规定管辖。

第八条 赔偿请求人提起行政赔偿诉讼的请求涉及不动产的，由不动产所在地的人民法院管辖。

第九条 单独提起的行政赔偿诉讼案件由被告住所地的基层人民法院管辖。

中级人民法院管辖下列第一审行政赔偿案件：

（1）被告为海关、专利管理机关的；

（2）被告为国务院各部门或者省、自治区、直辖市人民政府的；

（3）本辖区内其他重大影响和复杂的行政赔偿案件。

高级人民法院管辖本辖区内有重大影响和复杂的第一审行政赔偿案件。

最高人民法院管辖全国范围内有重大影响和复杂的第一审行政赔偿案件。

第十条 赔偿请求人因同一事实对两个以上行政机关提起行政赔偿诉讼的，可以向其中任何一个行政机关住所地的人民法院提起。赔偿请求人向两个以上有管辖权的人民法院提起行政赔偿诉讼的，由最先收到起诉状的人民法院管辖。

第十一条 公民对限制人身自由的行政强制措施不服，或者对行政机关基于同一事实对同一当事人作出限制人身自由和对财产采取强制措施的具体行政行为不服，在提起行政诉讼的同时一并提出行政赔偿请求的，由受理该行政案件的人民法院管辖；单独提起行政赔偿诉讼的，由被告住所地或原告住所地或不动产所在地的人民法院管辖。

第十二条 人民法院发现受理的案件不属于自己管辖，应当移送有管辖权的人民法院；受移送的人民法院不得再行移送。

第十三条 人民法院对管辖权发生争议的，由争议双方协商解决，协商不成的，报请他们的共同上级人民法院指定管辖。如双方为跨省、自治区、直辖市的人民法院，高级人民法院协商不成的，由最高人民法院及时指定管辖。

依前款规定报请上级人民法院指定管辖时，应当逐级进行。

三、诉讼当事人

第十四条 与行政赔偿案件处理结果有法律上的利害关系的其他公民、法人或者其他组织有权作为第三人参加行政赔偿诉讼。

第十五条 受害的公民死亡，其继承人和其他有抚养关系的亲属以及死者生前抚养的无劳动能力的人有权提起行政赔偿诉讼。

第十六条 企业法人或者其他组织被行政机关撤销、变更、兼并、注销，认为经营自主权受到侵害，依法提起行政赔偿诉讼，原企业法人或其他组织，或者对其享有权利的法人或其他组织均具有原告资格。

第十七条 两个以上行政机关共同侵权，赔偿请求人对其中一个或者数个侵权机关提起行政赔偿诉讼，若诉讼请求系可分之诉，被诉的一个或者数个侵权机关为被告；若诉讼请求系不可分之诉，由人民法院依法追加其他侵权机关为共同被告。

第十八条 复议机关的复议决定加重损害的，赔偿请求人只对作出原决定的行政机关提起行政赔偿诉讼，作出原决定的行政机关为被告；赔偿请求人只对复议机关提起行政赔偿诉讼的，复议机关为被告。

第十九条 行政机关依据行政诉讼法第六十六条的规定申请人民法院强制执行具体行政行为，由于据以强制执行的根据错误而发生行政赔偿诉讼的，申请强制执行的行政机关为被告。

第二十条 人民法院审理行政赔偿案件，需要变更被告而原告不同意变更的，裁定驳回起诉。

四、起诉与受理

第二十一条 赔偿请求人单独提起行政赔偿诉讼，应当符合下列条件：
（1）原告具有请求资格；
（2）有明确的被告；
（3）有具体的赔偿请求和受损害的事实根据；
（4）加害行为为具体行政行为的，该行为已被确认为违法；
（5）赔偿义务机关已先行处理或超过法定期限不予处理；
（6）属于人民法院行政赔偿诉讼的受案范围和受诉人民法院管辖；
（7）符合法律规定的起诉期限。

第二十二条 赔偿请求人单独提起行政赔偿诉讼，可以在向赔偿义务机关递交赔偿申请后的2个月届满之日起3个月内提出。

第二十三条 公民、法人或者其他组织在提起行政诉讼的同时一并提出行政赔偿请求的，其起诉期限按照行政诉讼起诉期限的规定执行。

行政案件的原告可以在提起行政诉讼后至人民法院一审庭审结束前，提出行政赔偿请求。

第二十四条 赔偿义务机关作出赔偿决定时，未告知赔偿请求人的诉权或者起诉期限，致使赔偿请求人逾期向人民法院起诉的，其起诉期限从赔偿请求人实际知道诉权或者起诉期限时计算，但逾期的期间自赔偿请求人收到赔偿决定之日起不得超过 1 年。

第二十五条 受害的公民死亡，其继承人和有抚养关系的人提起行政赔偿诉讼，应当提供该公民死亡的证明及赔偿请求人与死亡公民之间的关系证明。

第二十六条 当事人先后被采取限制人身自由的行政强制措施和刑事拘留等强制措施，因强制措施被确认为违法而请求赔偿的，人民法院按其行为性质分别适用行政赔偿程序和刑事赔偿程序立案受理。

第二十七条 人民法院接到原告单独提起的行政赔偿起诉状，应当进行审查，并在 7 日内立案或者作出不予受理的裁定。

人民法院接到行政赔偿起诉状后，在 7 日内不能确定可否受理的，应当先予受理。审理中发现不符合受理条件的，裁定驳回起诉。

当事人对不予受理或者驳回起诉的裁定不服的，可以在裁定书送达之日起 10 日内向上一级人民法院提起上诉。

五、审理和判决

第二十八条 当事人在提起行政诉讼的同时一并提出行政赔偿请求，或者因具体行政行为和与行使行政职权有关的其他行为侵权造成损害一并提出行政赔偿请求的，人民法院应当分别立案，根据具体情况可以合并审理，也可以单独审理。

第二十九条 人民法院审理行政赔偿案件，就当事人之间的行政赔偿争议进行审理与裁判。

第三十条 人民法院审理行政赔偿案件在坚持合法、自愿的前提下，可以就赔偿范围、赔偿方式和赔偿数额进行调解。调解成立的，应当制作行政赔偿调解书。

第三十一条 被告在一审判决前同原告达成赔偿协议，原告申请撤诉的，人民法院应当依法予以审查并裁定是否准许。

第三十二条 原告在行政赔偿诉讼中对自己的主张承担举证责任。被告有权提供不予赔偿或者减少赔偿数额方面的证据。

第三十三条 被告的具体行政行为违法但尚未对原告合法权益造成损害的，或者原告的请求没有事实根据或法律根据的，人民法院应当判决驳回原告的赔偿请求。

第三十四条 人民法院对赔偿请求人未经确认程序而直接提起行政赔偿诉讼的案件，在判决时应当对赔偿义务机关致害行为是否违法予以确认。

第三十五条 人民法院对单独提起行政赔偿案件作出判决的法律文书的名称为行政赔偿判决书、行政赔偿裁定书或者行政赔偿调解书。

六、执行与期间

第三十六条 发生法律效力的行政赔偿判决、裁定或调解协议，当事人必须履行。一方拒绝履行的，对方当事人可以向第一审人民法院申请执行。

申请执行的期限，申请人是公民的为 1 年，申请人是法人或者其他组织的为 6 个月。

第三十七条 单独受理的第一审行政赔偿案件的审理期限为 3 个月，第二审为 2 个月；一并受理行政赔偿请求案件的审理期限与该行政案件的审理期限相同。如因特殊情况不能按期结案，需要延长审限的，应按照行政诉讼法的有关规定报请批准。

七、其 他

第三十八条 人民法院审理行政赔偿案件，除依照国家赔偿法行政赔偿程序的规定外，对本规定没有规定的，在不与国家赔偿法相抵触的情况下，可以适用行政诉讼的有关规定。

第三十九条 赔偿请求人要求人民法院确认致害行为违法涉及的鉴定、勘验、审计等费用，由申请人预付，最后由败诉方承担。

第四十条 最高人民法院以前所作的有关司法解释与本规定不一致的，按本规定执行。

最高人民法院行政审判庭
关于如何适用最高人民法院《关于审理行政赔偿案件若干问题的规定》第二十一条第（四）项和第三十四条规定的答复

2001年12月24日　　　　　　　　　　　　〔2001〕行他字第10号

天津市高级人民法院：

你院津高法〔2001〕107号请示报告收悉。经研究，答复如下：

根据最高人民法院《关于审理行政赔偿案件若干问题的规定》第二十一条第（四）项和第三十四条的规定，因行政机关的具体行政行为引起的行政赔偿，赔偿请求人单独提起行政赔偿诉讼的，应当符合第二十一条第（四）项规定的起诉条件；因行政机关的事实行为引起的行政赔偿，赔偿请求人单独提起行政赔偿的，应当适用第三十四条的规定。

此复。

最高人民法院
关于公安机关不履行法定行政职责是否承担行政赔偿责任问题的批复

法释〔2001〕23号

(2001年6月26日最高人民法院审判委员会第1182次会议通过 2001年7月17日最高人民法院公告公布 自2001年7月22日起施行)

四川省高级人民法院：

你院川高法〔2000〕198号《关于公安机关不履行法定职责是否承担行政赔偿责任的问题的请示》收悉。经研究，答复如下：

由于公安机关不履行法定行政职责，致使公民、法人和其他组织的合法权益遭受损害的，应当承担行政赔偿责任。在确定赔偿的数额时，应当考虑该不履行法定职责的行为在损害发生过程和结果中所起的作用等因素。

此复。

最高人民法院
关于行政机关工作人员执行职务致人伤亡构成犯罪的赔偿诉讼程序问题的批复

法释〔2002〕28号

(2002年8月5日最高人民法院审判委员会第1236次会议通过 2002年8月23日最高人民法院公告公布 自2002年8月30日起施行)

山东省高级人民法院：

你院鲁高法函〔1998〕132号《关于对行政机关工作人员执行职务时致人伤、亡，法院以刑事附带民事判决赔偿损失后，受害人或其亲属能否再提起行政赔偿诉讼的请示》收悉。经研究，答复如下：

一、行政机关工作人员在执行职务中致人伤、亡已构成犯罪，受害人或其亲属提起刑事附带民事赔偿诉讼的，人民法院对民事赔偿诉讼请求不予受理。但应当告知其可以依据《中华人民共和国国家赔偿法》的有关规定向人民法院提起行政赔偿诉讼。

二、本批复公布以前发生的此类案件，人民法院已作刑事附带民事赔偿处理，受害人或其亲属再提起行政赔偿诉讼的，人民法院不予受理。

此复。

最高人民法院
关于受理行政赔偿案件是否收取诉讼费用的答复

1995年9月18日　　　　　　　　　　　　　　法函〔1995〕121号

四川省高级人民法院：

你院川高法〔1995〕123号《关于国家赔偿法实施后行政赔偿案件是否收取诉讼费用的请示》收悉。经研究，答复如下：

根据《中华人民共和国国家赔偿法》第三十四条的规定，人民法院受理行政赔偿案件，不得向当事人收取诉讼费用。

附：

四川省高级人民法院
关于国家赔偿法实施后行政赔偿案件是否收取诉讼费用的请示

1995年7月24日　　　　　　　　　　　　　　川高法〔1995〕123号

最高人民法院：

对国家赔偿法实施后行政赔偿案件是否收取诉讼费用的问题，我们在讨论中形成三种意见：

第一种意见认为，根据《人民法院诉讼收费办法》第5条第（6）项规定，行政赔偿案件属财产案件，因此，在国家赔偿法实施后，人民法院仍应按财产案件收费标准收取诉讼费用。并按《人民法院诉讼收费办法》的规定确定诉讼费用的负担。

第二种意见认为，根据《中华人民共和国国家赔偿法》第34条的规定，赔偿请求人要求国家赔偿的，人民法院不得向赔偿请求人收取任何费用，因此，人民法院受理的行政赔偿案件，如果是赔偿请求人败诉，人民法院不得向赔偿请求人收取诉讼费用，如果是赔偿义务机关或复议机关败诉，人民法院可按《人民法院诉讼收费办法》的规定向赔偿义务机关或复议机关收取诉讼费用,这样有利于促进行政机关依法行使职权。

第三种意见认为,《中华人民共和国国家赔偿法》施行前,人民法院根据《人民法院诉讼收费办法》的规定,行政赔偿案件按财产案件收取诉讼费用是正确的,但《中华人民共和国国家赔偿法》已将行政赔偿纳入国家赔偿范畴,按照后法优于前法的原则,赔偿法施行后,应执行该法第34条的规定,对行政赔偿案件,不论是何方当事人败诉,人民法院均不得收取诉讼费用。对司法赔偿案件,人民法院同样不得向任何一方当事人收取费用。

我们倾向于第三种意见。妥否,请批复。

最高人民法院赔偿委员会关于如何处理石晓丽等五人请求赔偿一案的批复

1996年10月28日　　　　　　　　　　〔1996〕法赔复2号

吉林省高级人民法院赔偿委员会:

你院《关于如何处理石晓丽等五人请求赔偿案件的请示报告》收悉。经研究答复如下:

根据国家赔偿法第六条第二款的规定,石晓丽等五位赔偿请求人都享有申请国家赔偿的权利,各自都应获得一部分赔偿金。赔偿金不应按份额平均分割,考虑到受害人崔洪福及其妻已与父母分家,子女尚小等因素,在作出赔偿决定时,应适当照顾未成年人的利益,并应就赔偿请求人各自获得的赔偿金额直接作出决定。

同意你院请示中的其他意见。

最高人民法院赔偿委员会
关于北京高院请示孙连贵申请国家赔偿一案的批复[*]

1999年6月1日　　　　　　　　　　　　　　〔1999〕赔他字第3号

北京市高级人民法院：

你院1999年3月12日京高法赔〔1999〕1号《关于孙连贵申请国家赔偿案如何适用法律问题的请示》收悉。经研究答复如下：

根据国家赔偿法第三十条规定：赔偿义务机关对依法确认有本法第十五条第（一）、（二）、（三）项规定的情形之一，并造成受害人名誉权、荣誉权损害的，应当在侵权行为影响的范围内，为受害人消除影响，恢复名誉、赔礼道歉。北京市通州区人民法院对孙连贵以事实不清，证据不足，宣告孙连贵无罪，通州区人民检察院已被依法确认具有国家赔偿法第十五条第（二）项规定情形，通州区人民检察院依法应为孙连贵恢复名誉、赔礼道歉。赔礼道歉不宜作为决定书中的主文内容，但应在决定书的理由部分加以表述。

最高人民法院赔偿委员会
关于公安机关造成伤害或者死亡后果
应当承担国家赔偿责任的批复[**]

1999年8月25日　　　　　　　　　　　　　　〔1999〕赔他字第2号

广东省高级人民法院：

你院1999年1月26日〔1998〕粤法赔复字第4号《关于黄彩华申请连平县公安局刑事赔偿一案的请示》收悉。经研究，答复如下：

《国家赔偿法》第十五条第（四）项以及第二十七条的规定中使用的是"造成"身体伤害或者死亡的表述方法，这与致人伤害或死亡是有区别的。"造成"应当理解为只要实施了法律规定的违法侵权行为，并产生了"伤害或者死亡"的后果，就应当适用

---

[*] 也作"最高人民法院赔偿委员会关于赔偿义务机关应当为受害人消除影响恢复名誉赔礼道歉的批复"。
[**] 也作"最高人民法院赔偿委员会关于黄彩华申请国家赔偿一案的批复"。

《国家赔偿法》第十五条第（四）项的规定。本案应由广东省连平县公安局依照《国家赔偿法》第十五条第（四）项、第二十七条第一款第（三）项之规定，履行对造成韦月新死亡后果的赔偿义务。

此复。

最高人民法院赔偿委员会
关于财产侵权和人身侵权由各侵权机关分别承担国家赔偿责任的批复[*]

1999年8月27日　　　　　　　　　　　　　〔1998〕赔他字第18号

陕西省高级人民法院：

你院1998年11月27日〔1998〕法委赔字第08号《关于王惠琴申请赔偿一案的请示报告》收悉。经研究，答复如下：

莲湖区人民检察院1992年3月扣押赔偿请求人王惠琴财产，并对其采取取保候审，赔偿请求人王惠琴被逮捕羁押是莲湖区人民法院1996年12月作出的决定。因此，1997年6月西安市中院二审宣告王惠琴无罪后，对侵犯赔偿请求人王惠琴人身自由权部分，应由莲湖区人民法院承担赔偿责任。对侵犯赔偿请求人王惠琴财产权部分，应由莲湖区人民法院和莲湖区人民检察院共同赔偿。

此复。

---

[*] 也作"最高人民法院赔偿委员会关于王惠琴申请国家赔偿案的批复"。

最高人民法院
对内蒙古高院《关于内蒙古康辉国际旅行社有限责任公司诉呼和浩特市工商行政管理局履行法定职责一案的请示报告》的答复

1999年11月24日　　　　　　　　　　　　　〔1999〕行他字第13号

内蒙古自治区高级人民法院：

你院〔1999〕内法行请字第1号《关于内蒙古康辉国际旅行社有限责任公司诉呼和浩特市工商行政管理局履行法定职责一案的请示报告》收悉。经研究，答复如下：

依据《中华人民共和国行政诉讼法》第二条，公司登记中的利害关系人认为登记管理机关的登记行为侵犯其合法权益，或者对登记行为不服请求变更、撤销，登记管理机关不予变更或撤销，向人民法院提起行政诉讼的，具备原告资格。

最高人民法院赔偿委员会
关于监狱工作人员使用暴力造成死亡应当承担国家赔偿责任的批复[*]

2000年3月6日　　　　　　　　　　　　　〔1999〕赔他字第27号

黑龙江省高级人民法院：

你院1999年8月25日（1999）黑法委赔批字第3号《关于张坤、邢静怡申请佳木斯监狱工作人员使用暴力造成邢坤死亡赔偿一案的请示》收悉。经研究，答复如下：

佳木斯监狱集训大队教导员乔万仁在带班过程中对邢坤采取的行为，属于职权行为。乔万仁对王小东、曲云鹏殴打邢坤的行为不加制止，且亲自实施殴打行为并指使王小东等人将邢坤吊起来，在邢坤继续遭殴打时采取放任、纵容态度，致使邢坤死亡，这种行为符合《中华人民共和国国家赔偿法》第十五条第（四）项、司法部1995年9月8日《司法行政机关行政赔偿、刑事赔偿办法》第五条的规定，故同意你院赔偿委员会第一种意见，佳木斯监狱应当承担赔偿责任。

---

[*] 也作"最高人民法院赔偿委员会关于张坤、邢静怡申请国家赔偿一案的批复"。

此复。

最高人民法院赔偿委员会关于复议机关未尽告知义务致使赔偿请求人申请逾期，人民法院赔偿委员会应当受理的答复

2001年9月4日 〔2001〕赔他字第8号

辽宁省高级人民法院：

你院2001年6月11日〔2001〕辽法委赔疑字第4号《关于贾德群等四人申请辽中县人民检察院错误逮捕赔偿如何适用赔偿法第二十二条及第三十二条的请示》收悉。经研究，答复如下：

同意你院请示中的第二种意见。《国家赔偿法》第二十二条第二款的规定，是法律赋予当事人的一种选择权，体现方便当事人和有利于及时赔偿的原则，而不是对当事人设定的义务或者对当事人权利的一种限制。复议机关受理案件后，逾期不作决定，也未告知赔偿请求人逾期可以向复议机关所在地的同级人民法院赔偿委员会申请作出赔偿决定的诉权，造成赔偿请求人逾期申请赔偿的过错在复议机关，不能因为复议机关的过错而剥夺赔偿请求人的诉权。根据《国家赔偿法》第三十二条的规定，赔偿请求人请求国家赔偿的时效为两年，赔偿请求人逾期后在法定时效二年内向人民法院赔偿委员会申请作出决定的，人民法院赔偿委员会应当受理。

此复。

---

* 也作"最高人民法院赔偿委员会关于复议机关未尽告知义务致使赔偿请求人逾期申请人民法院赔偿委员会应当受理的批复"。

最高人民法院赔偿委员会关于赔偿义务机关未经确认所作的赔偿决定应予撤销的批复

2001年9月20日　　　　　　　　　　　　　〔2001〕赔他字第11号

河南省高级人民法院：

你院2001年7月13日〔2001〕豫法委赔监字第04号《关于王来运申请错误逮捕赔偿一案的请示》收悉。经研究，答复如下：

一、孟州市人民法院对王来运的逮捕，属于《国家赔偿法》第十五条第（二）项规定的对没有犯罪事实的人错误逮捕的情形，由此造成的损失属于国家赔偿的范围。

二、《国家赔偿法》第十七条第（三）项规定的国家免责情形是指已构成犯罪，且事实清楚，证据充分，当事人没有告诉或者撤诉的情形，而王来运不属此种情形。

三、孟州市人民法院在刑事自诉案件审理过程中，宏锋高档家具公司申请撤回刑事自诉，法院口头裁定准予撤诉，是极不严肃的。且对王来运并未作出追究刑事责任的结论，但在〔1999〕孟法赔字第1号赔偿决定中却认定王来运构成职务侵占罪，本案属于未经确认即进入国家赔偿程序的情形，孟州市人民法院的赔偿决定应当予以撤销。

四、王来运支付给宏峰高档家具公司6000元人民币所造成的损失，不是人民法院的审判行为所造成的，故不应当由国家承担赔偿责任。

最高人民法院赔偿委员会
关于违法查封且未尽保管义务造成直接损失的，
人民法院应当承担国家赔偿责任的答复*

2002年3月7日　　　　　　　　　　　〔2001〕赔他字第2号

四川省高级人民法院：

你院2001年2月5日〔2001〕川法委赔请字第01号《关于泸州汽车运输总公司、李平贵申请泸州市中级人民法院违法查封赔偿一案的请示》收悉。经研究，答复如下：

同意你院请示中的第二种意见。根据《中华人民共和国国家赔偿法》第二十八条第（五）项规定，泸州市中级人民法院违法查封且未尽妥善保管义务造成赔偿请求人的直接损失应以被查封汽车折旧后价值166980元减去该车最终变卖价格6万元的差价计算。

此复。

最高人民法院赔偿委员会
关于人民法院作为赔偿义务机关与赔偿请求人
就赔偿事项达成协议，是否制作赔偿决定书及
交待诉权问题的答复**

2002年7月18日　　　　　　　　　　〔2001〕赔他字第12号

广西壮族自治区高级人民法院：

你院2001年10月10日〔2001〕桂请字第81号《关于人民法院作为赔偿义务机关与赔偿请求人就赔偿的事项达成协议是否应制作赔偿决定书及是否需要交待诉权问题的请示》收悉。经本院赔偿委员会研究，答复如下：

赔偿义务机关违法行使职权，造成的损害事实存在，但损害的程度一时难以查清时，赔偿义务机关与赔偿请求人可就损害程度进行协商。协商达成协议后，经审查符合

---

* 也作"最高人民法院赔偿委员会关于违法查封且未尽保管义务造成损害人民法院应当承担国家赔偿责任的批复"。

** 也作"最高人民法院关于人民法院作为赔偿义务机关与赔偿请求人就赔偿事项达成协议是否应制作赔偿决定书及是否需要交待诉权问题的批复"。

《中华人民共和国国家赔偿法》规定的，应当予以确认。赔偿义务机关仍需制作赔偿决定书，并且在赔偿决定书中向赔偿请求人交待诉权。

最高人民法院赔偿委员会
关于公安机关作出没收决定应视为具体行政行为，不属于刑事赔偿范围的答复[*]

2003年7月18日　　　　　　　　　　　〔2002〕赔他字第11号

山西省高级人民法院：

你院2002年11月15日以晋法委赔字〔2002〕4号《关于蒋桂通申请刑事违法扣押赔偿》一案的请示收悉。经研究，答复如下：

运城市公安局对蒋桂通作出撤销案件决定，即是对侵犯蒋佳通人身权的确认。根据《刑事诉讼法》的规定，公安机关对刑事案件的涉案财物无决定没收的职权，运城市公安局对蒋桂通黄金饰品作出没收决定应视为具体行政行为，不属于刑事赔偿调整范围。蒋桂通提出国家赔偿请求，你院将该案进入刑事赔偿案件程序错误。

最高人民法院
关于对证据保全措施违法是否属于国家赔偿违法确认案件受理范围一案的答复

2006年9月19日　　　　　　　　　　　〔2006〕确他字第3号

吉林省高级人民法院：

国家赔偿范围系由国家赔偿法确定。现行国家赔偿法及其相关司法解释均未将违法采取证据保全措施纳入国家赔偿范围。故同意你院关于证据保全措施违法不应当属于国家赔偿确认案件受理范围的意见。

---

[*] 也作"最高人民法院赔偿委员会关于公安机关作出没收决定应视为具体行政行为不属于刑事赔偿调整范围的批复"。

最高人民法院行政审判庭
关于犯罪嫌疑人、被告人或者罪犯在看守所羁押期间，被同仓人致残而引起的国家赔偿如何处理问题的答复

2006年12月7日　　　　　　　　　　〔2006〕行他字第7号

陕西省高级人民法院：

你院《周乾炳诉镇巴县公安局行政违法及赔偿一案的请示报告》收悉。经研究，答复如下：

犯罪嫌疑人、被告人或者罪犯在被羁押期间，被同仓人致残所引起的国家赔偿，应当按照《中华人民共和国行政诉讼法》和《中华人民共和国国家赔偿法》规定的行政赔偿程序处理。

此复。

最高人民法院
关于公安机关不履行、拖延履行法定职责
如何承担行政赔偿责任问题的答复

2013年9月22日　　　　　　　　　　〔2011〕行他字第24号

甘肃省高级人民法院：

你院《关于张美华等五人诉天水市公安局麦积分局行政赔偿案的请示报告》收悉，经研究，答复如下：

公安机关不履行或者拖延履行保护公民、法人或者其他组织人身权、财产权法定职责，致使公民、法人或者其他组织人身、财产遭受损失的，应当承担相应的行政赔偿责任。

公民、法人或者其他组织人身、财产损失系第三人行为造成的，应当由第三人承担民事侵权赔偿责任；第三人民事赔偿不足、无力承担赔偿责任或者下落不明的，应当根据公安机关不履行、拖延履行法定职责行为在损害发生过程和结果中所起的作用等因素，判决其承担相应的行政赔偿责任。

公安机关承担相应的赔偿责任后，可以向实施侵权行为的第三人追偿。

（三）司法赔偿

最高人民法院
关于审理民事、行政诉讼中司法赔偿案件适用法律若干问题的解释

法释〔2016〕20号

（2016年2月15日最高人民法院审判委员会第1678次会议通过 2016年9月7日最高人民法院公告公布 自2016年10月1日起施行）

根据《中华人民共和国国家赔偿法》及有关法律规定，结合人民法院国家赔偿工作实际，现就人民法院赔偿委员会审理民事、行政诉讼中司法赔偿案件的若干法律适用问题解释如下：

第一条 人民法院在民事、行政诉讼过程中，违法采取对妨害诉讼的强制措施、保全措施、先予执行措施，或者对判决、裁定及其他生效法律文书执行错误，侵犯公民、法人和其他组织合法权益并造成损害的，赔偿请求人可以依法向人民法院申请赔偿。

第二条 违法采取对妨害诉讼的强制措施，包括以下情形：

（一）对没有实施妨害诉讼行为的人采取罚款或者拘留措施的；

（二）超过法律规定金额采取罚款措施的；

（三）超过法律规定期限采取拘留措施的；

（四）对同一妨害诉讼的行为重复采取罚款、拘留措施的；

（五）其他违法情形。

第三条 违法采取保全措施，包括以下情形：

（一）依法不应当采取保全措施而采取的；

（二）依法不应当解除保全措施而解除，或者依法应当解除保全措施而不解除的；

（三）明显超出诉讼请求的范围采取保全措施的，但保全财产为不可分割物且被保全人无其他财产或者其他财产不足以担保债权实现的除外；

（四）在给付特定物之诉中，对与案件无关的财物采取保全措施的；

（五）违法保全案外人财产的；

（六）对查封、扣押、冻结的财产不履行监管职责，造成被保全财产毁损、灭失的；

（七）对季节性商品或者鲜活、易腐烂变质以及其他不宜长期保存的物品采取保全

措施，未及时处理或者违法处理，造成物品毁损或者严重贬值的；

（八）对不动产或者船舶、航空器和机动车等特定动产采取保全措施，未依法通知有关登记机构不予办理该保全财产的变更登记，造成该保全财产所有权被转移的；

（九）违法采取行为保全措施的；

（十）其他违法情形。

第四条 违法采取先予执行措施，包括以下情形：

（一）违反法律规定的条件和范围先予执行的；

（二）超出诉讼请求的范围先予执行的；

（三）其他违法情形。

第五条 对判决、裁定及其他生效法律文书执行错误，包括以下情形：

（一）执行未生效法律文书的；

（二）超出生效法律文书确定的数额和范围执行的；

（三）对已经发现的被执行人的财产，故意拖延执行或者不执行，导致被执行财产流失的；

（四）应当恢复执行而不恢复，导致被执行财产流失的；

（五）违法执行案外人财产的；

（六）违法将案件执行款物执行给其他当事人或者案外人的；

（七）违法对抵押物、质物或者留置物采取执行措施，致使抵押权人、质权人或者留置权人的优先受偿权无法实现的；

（八）对执行中查封、扣押、冻结的财产不履行监管职责，造成财产毁损、灭失的；

（九）对季节性商品或者鲜活、易腐烂变质以及其他不宜长期保存的物品采取执行措施，未及时处理或者违法处理，造成物品毁损或者严重贬值的；

（十）对执行财产应当拍卖而未依法拍卖的，或者应当由资产评估机构评估而未依法评估，违法变卖或者以物抵债的；

（十一）其他错误情形。

第六条 人民法院工作人员在民事、行政诉讼过程中，有殴打、虐待或者唆使、放纵他人殴打、虐待等行为，以及违法使用武器、警械，造成公民身体伤害或者死亡的，适用国家赔偿法第十七条第四项、第五项的规定予以赔偿。

第七条 具有下列情形之一的，国家不承担赔偿责任：

（一）属于民事诉讼法第一百零五条、第一百零七条第二款和第二百三十三条规定情形的；

（二）申请执行人提供执行标的物错误的，但人民法院明知该标的物错误仍予以执行的除外；

（三）人民法院依法指定的保管人对查封、扣押、冻结的财产违法动用、隐匿、毁损、转移或者变卖的；

（四）人民法院工作人员与行使职权无关的个人行为；

（五）因不可抗力、正当防卫和紧急避险造成损害后果的；

（六）依法不应由国家承担赔偿责任的其他情形。

第八条 因多种原因造成公民、法人和其他组织合法权益损害的,应当根据人民法院及其工作人员行使职权的行为对损害结果的发生或者扩大所起的作用等因素,合理确定赔偿金额。

第九条 受害人对损害结果的发生或者扩大也有过错的,应当根据其过错对损害结果的发生或者扩大所起的作用等因素,依法减轻国家赔偿责任。

第十条 公民、法人和其他组织的损失,已经在民事、行政诉讼过程中获得赔偿、补偿的,对该部分损失,国家不承担赔偿责任。

第十一条 人民法院及其工作人员在民事、行政诉讼过程中,具有本解释第二条、第六条规定情形,侵犯公民人身权的,应当依照国家赔偿法第三十三条、第三十四条的规定计算赔偿金。致人精神损害的,应当依照国家赔偿法第三十五条的规定,在侵权行为影响的范围内,为受害人消除影响、恢复名誉、赔礼道歉;造成严重后果的,还应当支付相应的精神损害抚慰金。

第十二条 人民法院及其工作人员在民事、行政诉讼过程中,具有本解释第二条至第五条规定情形,侵犯公民、法人和其他组织的财产权并造成损害的,应当依照国家赔偿法第三十六条的规定承担赔偿责任。

财产不能恢复原状或者灭失的,应当按照侵权行为发生时的市场价格计算损失;市场价格无法确定或者该价格不足以弥补受害人所受损失的,可以采用其他合理方式计算损失。

第十三条 人民法院及其工作人员对判决、裁定及其他生效法律文书执行错误,且对公民、法人或者其他组织的财产已经依照法定程序拍卖或者变卖的,应当给付拍卖或者变卖所得的价款。

人民法院违法拍卖,或者变卖价款明显低于财产价值的,应当依照本解释第十二条的规定支付相应的赔偿金。

第十四条 国家赔偿法第三十六条第六项规定的停产停业期间必要的经常性费用开支,是指法人、其他组织和个体工商户为维系停产停业期间运营所需的基本开支,包括留守职工工资、必须缴纳的税费、水电费、房屋场地租金、设备租金、设备折旧费等必要的经常性费用。

第十五条 国家赔偿法第三十六条第七项规定的银行同期存款利息,以作出生效赔偿决定时中国人民银行公布的一年期人民币整存整取定期存款基准利率计算,不计算复利。

应当返还的财产属于金融机构合法存款的,对存款合同存续期间的利息按照合同约定利率计算。

应当返还的财产系现金的,比照本条第一款规定支付利息。

第十六条 依照国家赔偿法第三十六条规定返还的财产系国家批准的金融机构贷款的,除贷款本金外,还应当支付该贷款借贷状态下的贷款利息。

第十七条 用益物权人、担保物权人、承租人或者其他合法占有使用财产的人,依据国家赔偿法第三十八条规定申请赔偿的,人民法院应当依照《最高人民法院关于国家赔偿案件立案工作的规定》予以审查立案。

第十八条　人民法院在民事、行政诉讼过程中，违法采取对妨害诉讼的强制措施、保全措施、先予执行措施，或者对判决、裁定及其他生效法律文书执行错误，系因上一级人民法院复议改变原裁决所致的，由该上一级人民法院作为赔偿义务机关。

第十九条　公民、法人或者其他组织依据国家赔偿法第三十八条规定申请赔偿的，应当在民事、行政诉讼程序或者执行程序终结后提出，但下列情形除外：

（一）人民法院已依法撤销对妨害诉讼的强制措施的；

（二）人民法院采取对妨害诉讼的强制措施，造成公民身体伤害或者死亡的；

（三）经诉讼程序依法确认不属于被保全人或者被执行人的财产，且无法在相关诉讼程序或者执行程序中予以补救的；

（四）人民法院生效法律文书已确认相关行为违法，且无法在相关诉讼程序或者执行程序中予以补救的；

（五）赔偿请求人有证据证明其请求与民事、行政诉讼程序或者执行程序无关的；

（六）其他情形。

赔偿请求人依据前款规定，在民事、行政诉讼程序或者执行程序终结后申请赔偿的，该诉讼程序或者执行程序期间不计入赔偿请求时效。

第二十条　人民法院赔偿委员会审理民事、行政诉讼中的司法赔偿案件，有下列情形之一的，相应期间不计入审理期限：

（一）需要向赔偿义务机关、有关人民法院或者其他国家机关调取案卷或者其他材料的；

（二）人民法院赔偿委员会委托鉴定、评估的。

第二十一条　人民法院赔偿委员会审理民事、行政诉讼中的司法赔偿案件，应当对人民法院及其工作人员行使职权的行为是否符合法律规定，赔偿请求人主张的损害事实是否存在，以及该职权行为与损害事实之间是否存在因果关系等事项一并予以审查。

第二十二条　本解释自 2016 年 10 月 1 日起施行。本解释施行前最高人民法院发布的司法解释与本解释不一致的，以本解释为准。

最高人民法院
关于民事、行政诉讼中司法赔偿若干问题的解释

法释〔2000〕27 号

（2000 年 9 月 14 日最高人民法院审判委员会第 1130 次会议通过　2000 年 9 月 16 日最高人民法院公告公布　自 2000 年 9 月 21 日起施行）

根据《中华人民共和国国家赔偿法》（以下简称国家赔偿法）以及有关法律规定，现就审理民事、行政诉讼中司法赔偿案件具体适用法律的若干问题解释如下：

第一条 根据国家赔偿法第三十一条的规定，人民法院在民事、行政诉讼过程中，违法采取对妨害诉讼的强制措施、保全措施或者对判决、裁定及其他生效法律文书执行错误，侵犯公民、法人和其他组织合法权益造成损害的，依法应由国家承担赔偿责任。

第二条 违法采取对妨害诉讼的强制措施，是指下列行为：

（一）对没有实施妨害诉讼行为的人或者没有证据证明实施妨害诉讼的人采取司法拘留、罚款措施的；

（二）超过法律规定期限实施司法拘留的；

（三）对同一妨害诉讼行为重复采取罚款、司法拘留措施的；

（四）超过法律规定金额实施罚款的；

（五）违反法律规定的其他情形。

第三条 违法采取保全措施，是指人民法院依职权采取的下列行为：

（一）依法不应当采取保全措施而采取保全措施或者依法不应当解除保全措施而解除保全措施的；

（二）保全案外人财产的，但案外人对案件当事人负有到期债务的情形除外；

（三）明显超过申请人申请保全数额或者保全范围的；

（四）对查封、扣押的财物不履行监管职责，严重不负责任，造成毁损、灭失的，但依法交由有关单位、个人负责保管的情形除外；

（五）变卖财产未由合法评估机构估价，或者应当拍卖而未依法拍卖，强行将财物变卖给他人的；

（六）违反法律规定的其他情形。

第四条 对判决、裁定及其他生效法律文书执行错误，是指对已经发生法律效力的判决、裁定、民事制裁决定、调解、支付令、仲裁裁决、具有强制执行效力的公证债权文书以及行政处罚、处理决定等执行错误。包括下列行为：

（一）执行尚未发生法律效力的判决、裁定、民事制裁决定等法律文书的；

（二）违反法律规定先予执行的；

（三）违法执行案外人财产且无法执行回转的；

（四）明显超过申请数额、范围执行且无法执行回转的；

（五）执行过程中，对查封、扣押的财产不履行监管职责，严重不负责任，造成财物毁损、灭失的；

（六）执行过程中，变卖财物未由合法评估机构估价，或者应当拍卖而未依法拍卖，强行将财物变卖给他人的；

（七）违反法律规定的其他情形。

第五条 人民法院及其工作人员在民事、行政诉讼或者执行过程中，以殴打或者唆使他人以殴打等暴力行为，或者违法使用武器、警械，造成公民身体伤害、死亡的，应当比照国家赔偿法第十五条第（四）项、第（五）项规定予以赔偿。

第六条 人民法院及其工作人员在民事、行政诉讼或者执行过程中，具有本解释第二条至第五条规定情形，造成损害的，应当承担直接损失的赔偿责任。

因多种原因造成的损害，只赔偿因违法侵权行为所造成的直接损失。

第七条 根据国家赔偿法第十七条、第三十一条的规定，具有下列情形之一的，国家不承担赔偿责任：

（一）因申请人申请保全有错误造成损害的；

（二）因申请人提供的执行标的物有错误造成损害的；

（三）人民法院工作人员与行使职权无关的个人行为；

（四）属于民事诉讼法第二百一十条规定情形的；

（五）被保全人、被执行人，或者人民法院依法指定的保管人员违法动用、隐匿、毁损、转移、变卖人民法院已经保全的财产的；

（六）因不可抗力造成损害后果的；

（七）依法不应由国家承担赔偿责任的其他情形。

第八条 申请民事、行政诉讼中司法赔偿的，违法行使职权的行为应当先经依法确认。

申请确认的，应当先向侵权的人民法院提出。

人民法院应自受理确认申请之日起2个月内依照相应程序作出裁决或相关的决定。

申请人对确认裁定或者决定不服或者侵权的人民法院逾期不予确认的，申请人可以向其上一级人民法院申诉。

第九条 未经依法确认直接向人民法院赔偿委员会申请作出赔偿决定的，人民法院赔偿委员会不予受理。

第十条 经依法确认有本解释第二条至第五条规定情形之一的，赔偿请求人可依法向侵权的人民法院提出赔偿申请，人民法院应当受理。人民法院逾期不作决定的，赔偿请求人可以向其上一级人民法院赔偿委员会申请作出赔偿决定。

第十一条 民事、行政诉讼中司法赔偿的赔偿方式主要为支付赔偿金。包括：支付侵犯人身自由权、生命健康权的赔偿金；财产损坏的，赔偿修复所需费用；财产灭失的，按侵权行为发生时当地市场价格予以赔偿；财产已拍卖的，给付拍卖所得的价款；财产已变卖的，按合法评估机构的估价赔偿；造成其他损害的，赔偿直接损失。

能够返还财产或者恢复原状的，予以返还财产或者恢复原状。包括：解除查封、扣押、冻结；返还财产、恢复原状；退还罚款、罚没财物。

第十二条 国家赔偿法第二十八条第（七）项规定的直接损失包括下列情形：

（一）保全、执行过程中造成财物灭失、毁损、霉变、腐烂等损坏的；

（二）违法使用保全、执行的财物造成损坏的；

（三）保全的财产系国家批准的金融机构贷款的，当事人应支付的该贷款借贷状态下的贷款利息。执行上述款项的，贷款本金及当事人应支付的该贷款借贷状态下的贷款利息；

（四）保全、执行造成停产停业的，停产停业期间的职工工资、税金、水电费等必要的经常性费用；

（五）法律规定的其他直接损失。

第十三条 违法采取司法拘留措施的，按国家赔偿法第二十六条规定予以赔偿。

造成受害人名誉权、荣誉权损害的，按照国家赔偿法第三十条规定，在侵权行为影响的范围内，为受害人消除影响、恢复名誉、赔礼道歉。

第十四条 人民法院赔偿委员会在审理侦查、检察、监狱管理机关及其工作人员违法行使职权侵犯公民财产权造成损害的赔偿案件时，可参照本解释的有关规定办理。

最高人民法院赔偿委员会
关于原判数罪再审个罪改判无罪
且已执行属于国家赔偿范围的批复[*]

1996年8月1日　　　　　　　　　　　　法赔复〔1996〕1号

福建省高级人民法院赔偿委员会：

你院〔1995〕闽赔字第1号《关于郑传振申请国家赔偿一案的请示》收悉。经研究，答复如下：

一、你院1995年3月15日〔1995〕闽刑再终字第5号刑事判决，维持了对郑传振投机倒把罪判处有期徒刑1年的部分，撤销了对郑传振盗窃罪判处有期徒刑7年的部分。虽不属于全案宣告无罪，但再审撤销盗窃罪不是因为情节显著轻微，而是因为事实不清、证据不足，盗窃罪不能成立，不属于《国家赔偿法》第十七条规定的国家免责情形。《国家赔偿法》第十五条第（三）项的规定：依照审判监督程序再审改判无罪，原判刑罚已经执行的，受害人有取得赔偿的权利。这一规定应理解为是针对具体个罪而言的。郑传振盗窃罪被撤销，其盗窃罪已执行的刑罚，依法有取得国家赔偿的权利。因此，本案属于国家赔偿的范围。

二、郑传振因盗窃罪被错判，羁押至1995年4月24日，应视为侵权行为持续至1995年1月1日以后。根据最高人民法院法复〔1995〕1号《关于〈中华人民共和国国家赔偿法〉溯及力和人民法院赔偿委员会受案范围问题的批复》的规定，对1995年1月1日以后羁押的部分按《国家赔偿法》的规定予以赔偿；对《国家赔偿法》实施之前羁押的部分，适用当时的规定予以赔偿，当时没有规定的，参照《国家赔偿法》的规定予以赔偿。

此复。

---

[*] 也作"最高人民法院赔偿委员会关于郑传振申请赔偿案请示的批复"。

最高人民法院赔偿委员会关于一审判决有罪二审改判无罪的赔偿案件如何适用法律问题的复函

1997年1月29日　　　　　　　　　　　　　　　〔1997〕法函14号

陕西省高级人民法院：

你院〔1996〕法赔字04号请示收悉。经研究，答复如下：

国家赔偿法第十五条第（二）项的规定应当包括人民法院一审判决有罪，二审改判无罪的情形，因为此种情形即是错误逮捕引起的，经一审法院错误裁判确认的。因此，一审判决有罪，二审改判无罪的赔偿案件，依法应予以赔偿的，应当适用国家赔偿法第十五条第（二）项和第十九条第四款的规定，即作出一审判决的人民法院和作出逮捕决定的机关为共同赔偿义务机关。

最高人民法院赔偿委员会关于王栋伤害赔偿应如何适用法律问题的批复

1997年1月31日　　　　　　　　　　　　　　　〔1996〕法赔他字第3号

海南省高级人民法院赔偿委员会：

你院《关于王栋伤害案经济赔偿处理意见的请示》收悉。经研究，答复如下：

王栋作为人民法院工作人员在执行公务时违法使用暴力造成他人身体伤害，依照《中华人民共和国国家赔偿法》第十五条第（四）项和第二十四条的规定，由国家承担赔偿责任。作为赔偿义务机关的人民法院在赔偿损失后，应当根据具体情况向王栋追偿赔偿费用。

最高人民法院赔偿委员会关于张秀英等四人申请国家赔偿一案请示的批复

1997年8月4日　　　　　　　　　　　　　　〔1996〕赔他字第6号

云南省高级人民法院：

你院1996年12月20日《关于张秀英等四人申请国家赔偿一案的请示》收悉。经我院赔偿委员会第四次会议研究，答复如下：

张秀英等四人殴打他人致轻微伤，其行为不构成犯罪。弥勒县人民检察院批准对张秀英等四人逮捕，属于国家赔偿法第十五条第（二）项规定的情形，对张秀英等四人依法应当予以赔偿。

最高人民法院赔偿委员会关于在假释期间国家不承担赔偿责任的批复*

1998年3月11日　　　　　　　　　　　　　　〔1997〕赔他字第14号

陕西省高级人民法院：

你院1997年10月30日〔1997〕法赔字第08号《关于孙赤兵申请国家赔偿一案的请示报告》收悉。经研究，答复如下：

对被判处有期徒刑、无期徒刑的被告人依法予以释放，属于附条件的提前释放，虽然人身自由受到一定限制，但实际未被羁押。因此，对孙赤兵在假释期间，国家不承担赔偿责任。

＊ 也作"最高人民法院赔偿委员会关于孙赤兵申请国家赔偿一案的批复"。

最高人民法院赔偿委员会
关于检察机关违法扣押财产持续至 1995 年 1 月 1 日以后应当适用《国家赔偿法》的批复[*]

1998年3月11日　　　　　　　　　　　　　　〔1996〕赔他字第4号

浙江省高级人民法院：

你院1996年10月31日《关于邱路光申请国家赔偿一案的请示》收悉。经研究，答复如下：

赔偿请求人邱路光被侵犯人身权的行为发生在1994年12月31日以前，根据《国家赔偿法》的有关规定，不适用《国家赔偿法》。被侵犯财产权的行为虽发生在1994年12月31日以前，但检察机关扣押、追缴其财产持续至1995年1月1日以后，是侵权行为的持续，应当适用《国家赔偿法》。另外，邱路光与三门公司之间的财物所有权纠纷可通过民事诉讼解决。

最高人民法院赔偿委员会
关于保外就医期间国家不承担赔偿责任的批复[**]

1998年3月11日　　　　　　　　　　　　　　〔1997〕赔他字第10号

广东省高级人民法院：

你院1997年7月22日〔1997〕粤法赔字第1号《关于赔偿请求人在刑罚执行期间保外就医是否属国家赔偿范围问题的请示》收悉。经研究，答复如下：

被判处有期徒刑、无期徒刑的犯罪分子，在刑罚执行中保外就医期间，虽然人身自由受到一定限制，但实际上未被羁押。因此，对赔偿请求人朱海在保外就医期间国家不承担赔偿责任。

此复。

---

[*] 也作"最高人民法院赔偿委员会关于邱路光申请国家赔偿一案的批复"。
[**] 也作"最高人民法院赔偿委员会关于保外就医期间国家不承担赔偿责任的批复"。

最高人民法院赔偿委员会
关于无罪判决未对检察机关没收财产作出结论法院赔偿委员会不宜直接作出返还财产决定的批复*

1998年9月2日　　　　　　　　　　　　　　　　〔1998〕赔他字第3号

四川省高级人民法院：

你院1998年1月8日〔1998〕川法委赔他字第1号《关于王健申请四川省人民检察院雅安分院刑事赔偿一案有关问题的请示》收悉。经我院赔偿委员会讨论，现答复如下：

王健在取保候审期间人身自由虽受到部分限制，但实际上没有被羁押，根据《国家赔偿法》的有关规定，宣告无罪后，取保候审期间国家不承担赔偿责任。对于四川省人民检察院雅安分院没收的财产，因该院并未确认其没收行为违法，故人民法院赔偿委员会不宜对此作出应予返还的决定。你院可将应予返还财产的意见向检察机关提出司法建议。

最高人民法院赔偿委员会
关于无罪被羁押并导致人身伤害检察机关和人民法院应当共同承担国家赔偿责任的批复**

1998年9月2日　　　　　　　　　　　　　　　　〔1997〕赔他字第13号

吉林省高级人民法院：

你院1997年11月28日《关于如何处理赵华申请刑事赔偿案件的请示》收悉。经我院赔偿委员会研究认为：

赵华无罪被羁押并导致精神分裂的人身伤害，对此损害后果均应由国家承担赔偿责任。永吉县人民检察院和永吉县人民法院应为此案侵害人身自由权和健康权的共同赔偿义务机关。将永吉县公安局列为赔偿义务机关均缺乏法律依据。但永吉县公安局对此案

---

* 也作"最高人民法院赔偿委员会关于取保候审期间国家不承担赔偿责任问题的批复"。
** 也作"最高人民法院赔偿委员会关于赵华申请刑事赔偿案的批复"。

也负有重要责任,虽不由其承担赔偿义务,但应吸取教训,改进工作,可由你院向其上级机关提出司法建议。

最高人民法院
关于一审判决有罪,二审发回重审后一审改判无罪,如何确定赔偿义务机关问题的批复

1998年9月2日　　　　　　　　　　　　　　　〔1998〕赔他字第5号

河南省高级人民法院:

你院1998年2月16日〔1998〕豫法赔字第01号《关于一审判决有罪二审发回重审后一审又改判无罪的赔偿义务机关如何确定的请示》收悉。经本院赔偿委员会研究决定:

刑事诉讼的被告人一审被判有罪,二审发回重审后一审又改判无罪的,一审人民法院和提起公诉的人民检察院为共同赔偿义务机关。

最高人民法院赔偿委员会
关于一审宣告无罪提起公诉的检察机关应当作为赔偿义务机关的批复[*]

1998年10月12日　　　　　　　　　　　　　　〔1998〕赔他字第12号

广东省高级人民法院赔偿委员会:

你院《关于张安、陈石寿申请紫金县人民检察院刑事赔偿一案的请示》收悉。经研究认为:

本案是经人民法院一审宣告无罪的刑事案件。紫金县人民检察院以诬告陷害罪决定对张安、陈石寿立案侦查,采取收容审查的行政强制措施限制人身自由的做法是违法的。本案是刑事赔偿案件,而不是公安机关违法行使职权的行政案件。检察机关不予赔偿的决定没有法律依据。紫金县人民检察院对张安、陈石寿的违法羁押应视为错误拘留,应当适用《国家赔偿法》第十五条第(一)项的规定,紫金县人民检察院作为赔偿

---

[*] 也作"最高人民法院赔偿委员会关于张安、陈石寿申请刑事赔偿案的批复"。

义务机关，对侵犯张安、陈石寿人身自由予以赔偿。

最高人民法院
关于霍娄中、霍一米申请宝鸡县
人民检察院赔偿案的复函

1998年11月17日　　　　　　　　　　　〔1998〕赔他字第14号

陕西省高级人民法院：

你院〔1998〕法赔字07号请示收悉。经研究，答复如下：

一、根据《国家赔偿法》第十五条第二项、第十九条第三款的规定，对没有犯罪事实的人错误逮捕的，作出逮捕决定的检察机关是赔偿义务机关；

二、基于同一案件、同一事实，同一犯罪嫌疑人，先被公安机关收容审查、拘留，后被检察机关批准逮捕的，经依法确认检察机关为赔偿义务机关的，批准逮捕的检察机关对收容审查部分应当一并承担赔偿责任；

三、因事实不清、证据不足，检察机关决定不起诉或撤销案件的，根据《刑事诉讼法》的规定即不能认定犯罪嫌疑人的犯罪事实，检察机关批准逮捕应视为对没有犯罪事实的人错误逮捕，依照《国家赔偿法》第十五条的规定，检察机关应当承担赔偿责任。

最高人民法院赔偿委员会
关于公安机关以证据不足予以释放当事人申请
国家赔偿人民法院赔偿委员会应当受理的复函[*]

1999年3月10日　　　　　　　　　　　〔1998〕赔他字第17号

浙江省高级人民法院赔偿委员会：

你院〔1998〕浙法委赔他字第2号《关于绍兴市孙胜阳申请刑事赔偿一案的请示》收悉。经研究，答复如下：

一、根据《刑事诉讼法》第六十五条规定，公安机关对重大犯罪嫌疑人因证据不足，应在24小时内予以释放，或者变更强制措施。该案对孙胜阳关押23天，因证据不

---

[*] 也作"最高人民法院赔偿委员会关于孙胜阳申请国家赔偿一案的复函"。

足予以释放,应属违法羁押。

二、公安机关对孙胜阳的释放证明书中明确载明"证据不足予以释放",该行为符合《国家赔偿法》第十五条第(一)项规定,即对没有事实证明有犯罪重大嫌疑的人错误拘留。

三、本案复议机关已给申请人诉权,绍兴市中级人民法院赔偿委员会应当受理,并依法作出赔偿决定。

最高人民法院赔偿委员会
关于赔偿案件审理过程中,人民检察院撤销了原撤销案件决定,人民法院应当终止审理的答复[*]

1999年5月20日　　　　　　　　　　　　〔1998〕赔他字第15号

福建省高级人民法院:

你院〔1998〕闽刑赔字第1号《关于黄肇英申请国家刑事赔偿一案的请示》收悉。经研究,答复如下:

赔偿请求人黄肇英根据延平区人民检察院撤销案件决定书申请赔偿,符合法律规定。南平市中级人民法院在赔偿义务机关、复议机关作出不予赔偿决定的情况下立案审理,亦符合《国家赔偿法》的规定。在赔偿案件审理过程中,延平区人民检察院撤销原决定,致使原无罪确认失效,人民法院赔偿委员会失去了继续审理的前提和法律依据。故此案应宣告终止审理。

此复。

---

[*] 也作"最高人民法院赔偿委员会关于人民法院在赔偿案件审理工作中检察机关变更了原撤销案件决定应当终止审理的批复""最高人民法院赔偿委员会关于黄肇英申请国家赔偿一案的批复"。

最高人民法院
关于公安机关未作出刑事违法侵权的确认，人民法院赔偿委员会作出的赔偿决定应当撤销的答复[*]

1999年5月20日　　　　　　　　　　　　　　　　〔1998〕赔他字第7号

内蒙古自治区高级人民法院：

你院《关于海拉尔市公安局不服呼伦贝尔盟中级人民法院赔偿委员会赔偿决定申诉一案的请示》收悉。经研究，答复如下：

本案海拉尔市公安局未作出刑事违法侵权的确认，不属于刑事赔偿案件，故呼伦贝尔盟中级人民法院赔偿委员会〔1997〕呼盟中法委赔字第1号决定应予撤销。本案强行冲卡系司机呼博吉所为，故海拉尔市公安局应根据《中华人民共和国人民警察使用武器和警械条例》第十五条的规定，参照《中华人民共和国国家赔偿法》的有关规定对死者赵庆林的继承人和有扶养关系的亲属予以补偿。

最高人民法院赔偿委员会
关于因错误逮捕申请国家赔偿赔偿义务机关应如何确定问题的批复

1999年8月27日　　　　　　　　　　　　　　　　〔1999〕赔他字12号

黑龙江省高级人民法院：

你院1999年4月19日〔1999〕黑法委赔字第3号《关于李贵清、陈义、李贵波、周树春因被错误逮捕申请国家赔偿赔偿义务机关应如何确定的请示》收悉。经研究，答复如下：

同意你院意见，即根据《最高人民法院、最高人民检察院关于办理人民法院、人民检察院共同赔偿案件若干问题的解释》第一条的规定，黑龙江省人民检察院农垦分院应作为赔偿义务机关。

---

[*] 也作"最高人民法院赔偿委员会产于违法侵权未经确认人民法院赔偿委员会作出的赔偿决定应当撤销的批复""最高人民法院赔偿委员会关于海拉尔市公安局不服呼伦贝尔盟中级人民法院赔偿委员会决定申诉一案的批复"。

此复。

最高人民法院赔偿委员会关于一审判决有罪二审发回重审一审退补后公诉机关作出不起诉决定赔偿义务机关应如何确定问题的批复

1999年8月27日　　　　　　　　　　　　〔1999〕赔他字第13号

黑龙江省高级人民法院：

你院1999年4月19日〔1999〕黑法委赔批字第1号《关于朱宝军一审被判有罪二审发回重审一审退补后公诉机关作出不起诉决定赔偿义务机关应如何确定的请示》收悉。经研究，答复如下：

同意你院第二种意见，即根据《中华人民共和国国家赔偿法》第十九条第四款、第十五条第（二）项的规定，大庆市中级人民法院与大庆市人民检察院作为共同赔偿义务机关。

此复。

最高人民法院赔偿委员会关于法律监督机关的复查意见可视为确认的批复[*]

1999年8月27日　　　　　　　　　　　　〔1999〕赔他字第4号

湖南省高级人民法院：

你院1999年2月26日作出的〔1998〕湘高法赔请字第7号请示收悉。经研究，答复如下：

湘潭县公安局民警违法使用武器，湘潭市人民检察院已于1997年3月12日作出了《关于黄光辉中弹身亡事件的复查意见》，该文件的结论意见是对该案的确认。公安系统内部的批复不能推翻或者撤销法律监督机关已作出的确认决定。故同意你院赔偿委员会的意见，即湘潭市中级人民法院赔偿委员会应依法审理，作出赔偿决定。

---

[*] 也作"最高人民法院赔偿委员会关于湖南高院请示的黄云霞申请国家赔偿案的批复"。

此复。

最高人民法院赔偿委员会关于青海高院请示的杨文增申请国家赔偿一案的批复

1999年11月30日　　　　　　　　　　　　　　　〔1999〕赔他字第5号

青海省高级人民法院：

你院〔1998〕青法委赔字第6号请示报告收悉。经研究答复如下：

根据一、二审法院的判决、裁定所叙述的事实，杨文增没有犯罪行为，不存在情节显著轻微的问题，一审判决不应适用原《刑事诉讼法》第十一条第（一）项的规定，属于适用法律错误。应依审判监督程序纠正一、二审判决后，重新启动赔偿程序。

此复。

最高人民法院赔偿委员会关于错误逮捕检察机关应当承担国家赔偿责任的批复[*]

1999年12月1日　　　　　　　　　　　　　　　〔1999〕赔他字第8号

天津市高级人民法院：

你院1999年3月25日津高法〔1999〕48号《关于王晋英错误逮捕赔偿一案的请示》收悉。经研究，同意你院审判委员会的一致意见，即《刑事诉讼法》第二十九条是对司法机关工作人员回避的有关规定，不能作为《国家赔偿法》第十七条第（六）项规定的国家免除赔偿责任的其他情形。王晋英虽有接受宴请、收受礼品的违纪行为，但认定其构成徇私舞弊罪的证据不足。宝坻县人民检察院对王晋英的逮捕属于对没有犯罪事实或没有证据证明有犯罪事实的人的错误逮捕。根据《国家赔偿法》第十五条第（二）项的规定，宝坻县人民检察院应当承担赔偿义务。

此复。

---

[*] 也作"最高人民法院赔偿委员会关于对王晋英申请国家赔偿一案的批复"。

最高人民法院赔偿委员会
关于赔偿请求人撒新申请
国家赔偿一案的批复

1999年12月1日　　　　　　　　　　　〔1999〕赔他字第22号

宁夏回族自治区高级人民法院：

　　你院1999年6月30日〔1999〕宁高法赔字第2号《关于撒新申请国家赔偿一案的请示报告》收悉。经研究，答复如下：

　　根据国家赔偿法第十九条第三款"对没有犯罪事实的人错误逮捕的，作出逮捕决定的机关为赔偿义务机关"的规定，西吉县人民法院1998年6月23日作出〔1998〕西刑初字第41号刑事判决，认定撒新犯打击报复罪，判刑三年，并决定逮捕。后又宣告撒新无罪。故西吉县人民法院应为赔偿义务机关。

最高人民法院赔偿委员会
关于李勇申请国家赔偿一案的批复

2000年1月10日　　　　　　　　　　　〔1999〕赔他字第30号

黑龙江省高级人民法院：

　　你院1999年10月10日〔1999〕黑法委赔批字第4号《关于赔偿请求人李勇申请国家赔偿一案的请示》收悉。经研究，答复如下：

　　同意你院对李勇申请国家赔偿一案请示中第一种意见，即赔偿请求人被侵犯人身自由权的事实发生在1995年1月1日国家赔偿法实施之前的，不适用国家赔偿法。赔偿请求人李勇1995年7月13日至1996年2月14日被限制人身自由权的部分，应按照国家赔偿法的规定，由作出错误逮捕决定的机关履行赔偿义务。原单位已补发工资与国家予以赔偿是两种不同性质的补偿方式，两者不能混淆，更不能替代。

　　此复。

最高人民法院赔偿委员会
关于马骏申请国家赔偿一案的批复

2000年1月30日　　　　　　　　　　　　〔1999〕赔他字第26号

宁夏回族自治区高级人民法院：

你院1999年7月20日《关于马骏申请国家赔偿一案的请示》报告收悉。经研究，答复如下：

青铜峡市液化气公司是否构成漏税应由税务部门进行审查，即使构成漏税也应由该公司承担补缴税款的责任，马骏虽为该公司的企业法人代表，但补缴漏税款不应由其个人承担。银南地区中级人民法院赔偿委员会〔1998〕南法委赔字第1号决定由赔偿义务机关赔偿因扣押马骏的个人财产损失20341元是正确的，应予维持。

此复。

最高人民法院赔偿委员会
关于检察机关作出不起诉决定视为无罪应当承担国家赔偿责任的批复*

2000年3月8日　　　　　　　　　　　　〔1999〕赔他字第31号

甘肃省高级人民法院：

你院〔1999〕甘法委赔字第5号《关于梁钦申请兰州市人民检察院赔偿一案的请示报告》收悉。经研究，答复如下：

人民检察院在刑事诉讼过程中，根据《刑事诉讼法》第一百四十条第四款规定作出的不起诉决定，应视为对案件作出了无罪的决定。检察机关在批捕时即便有部分可以证明有罪的证据，但如果在起诉时仅凭这些证据仍不能证明犯罪嫌疑人有罪，并作出不起诉决定的，在法律上不能认定有罪，应按无罪处理。依照《国家赔偿法》第十五条规定，同意你院赔偿委员会的意见，兰州市人民检察院应当承担赔偿义务。

此复。

---

* 也作"最高人民法院赔偿委员会关于对梁钦申请兰州市人民检察院赔偿一案请示的批复"。

最高人民法院赔偿委员会
关于检察机关提起公诉但未采取逮捕措施不承担国家赔偿责任的批复*

2000年4月29日　　　　　　　　　　　　〔1999〕赔他字第43号

辽宁省高级人民法院：

你院1999年12月15日〔1999〕辽法委赔疑字第2号《关于陶玉艳申请国家赔偿案件的请求报告》收悉。经研究，答复如下：

同意你院请示报告中的第一种意见。盖州市人民检察院虽然对陶玉艳提起公诉，但未采取逮捕措施，亦未对其人身自由进行限制，根据《国家赔偿法》第十五条第一项、第二项，第十九条第二、三款的规定，盖州市人民检察院不应承担赔偿责任。本案应由盖州市公安局就错误拘留承担赔偿责任。

此复。

最高人民法院赔偿委员会
关于二审改判无罪的，作出一审判决的人民法院和作出逮捕决定的机关为共同赔偿义务机关的答复**

2000年4月29日　　　　　　　　　　　　〔2000〕赔他字第4号

内蒙古自治区高级人民法院：

你院〔2000〕内法委字第1号《关于阿拉善左旗人民法院对王雄德申请国家赔偿一案是否承担赔偿责任的请示》收悉。经研究，答复如下：

同意你院请示中的第一种意见。即：根据《中华人民共和国国家赔偿法》第十九条第四款的规定，二审改判无罪的，作出一审判决的人民法院和作出逮捕决定的机关是共同赔偿义务机关。因此，阿拉善左旗人民法院和阿拉善左旗人民检察院应为本案的共同赔偿义务机关。

---

* 也作"最高人民法院赔偿委员会关于陶玉艳申请国家赔偿一案的批复"。

** 也作"最高人民法院赔偿委员会关于二审改判无罪作出一审判决的人民法院和作出逮捕决定的机关是共同赔偿义务机关的批复""最高人民法院赔偿委员会关于王雄德申请国家赔偿案有关问题的批复"。

最高人民法院赔偿委员会关于检察机关撤销案件承担错误拘留国家赔偿责任的批复

2001 年 7 月 23 日　　　　　　　　　　　　〔2001〕赔他字第 4 号

广西壮族自治区高级人民法院：

你院 2001 年 3 月 20 日〔2001〕桂法赔请字第 1 号《关于高其峰申请柳城县人民检察院刑事赔偿一案的请示》收悉。经研究，答复如下：

一、根据《刑事诉讼法》第六十五条的规定："公安机关对于被拘留的人，应当在拘留后的 24 小时内进行询问，在发现不应当拘留的时候，必须立即释放，发给释放证明。对需要逮捕而证据还不充分的，可以采取取保候审或者监视居住。"柳城县人民检察院对高其峰涉嫌受贿一案刑事拘留 16 天后，改变强制措施为取保候审。又因证据不足，作出撤销该案的决定。柳城县人民检察院对高其峰的刑事拘留属错误拘留。柳城县人民检察院应当对高其峰承担赔偿责任。

二、根据《刑事诉讼法》第七十九条的规定："期间以时、日、月计算。"《国家赔偿法》第二十六条的规定："侵犯公民人身自由权的，每日的赔偿金按照国家上年度职工日平均工资计算。"《国家赔偿法》规定赔偿金是以日来计算，赔偿的天数应包括当日在内。柳城县人民检察院对高其峰赔偿的日数应以 16 天计算。

此复。

最高人民法院赔偿委员会关于自诉人撤诉决定逮捕的人民法院应当承担国家赔偿责任的批复

2001 年 9 月 29 日　　　　　　　　　　　　〔2001〕赔他字第 7 号

河南省高级人民法院：

你院 2001 年 6 月 1 日〔2001〕豫法委赔监字第 03 号《关于高山、赵小霞、刘玉英申请赔偿一案的请示》收悉。经研究，答复如下：

正阳县人民法院审理刑事自诉人易春香诉高山、赵小霞、刘玉英等人犯侮辱罪一案时，在证据不充分的情况下，即决定对被告人逮捕并作出了有罪判决。二审以事实不清，证据不足为由，撤销原判，发回重审。正阳县人民法院在重新审理时，裁定准许自诉人撤诉。该裁定应视为是对没有犯罪事实的人错误逮捕的依法确认。根据《中华人民共和国国家赔偿法》第十五条第（二）项和第十九条第三款的规定，正阳县人民法院对高山、赵小霞、刘玉英错误逮捕应当承担赔偿责任。

此复。

最高人民法院赔偿委员会
关于人民检察院不起诉决定是对错误逮捕的确认的答复[*]

2003年1月28日　　　　　　　　　　　　　〔2002〕赔他字第8号

安徽省高级人民法院：

你院2002年10月30日〔2002〕皖法委赔他字第4号《关于黄友谊因错误逮捕申请石台县人民检察院赔偿一案的请示》收悉。经研究，答复如下：

根据《刑事诉讼法》的规定，人民检察院因"事实不清、证据不足"作出的不起诉决定是人民检察院依照《刑事诉讼法》对该刑事案件审查程序的终结，是对犯罪嫌疑人不能认定有罪作出的决定。从法律意义上讲，对犯罪嫌疑人不能认定有罪的，该犯罪嫌疑人即是无罪。人民检察院因"事实不清、证据不足"作出的不起诉决定，应视为是对犯罪嫌疑人作出的认定无罪的决定，同时该不起诉决定即是人民检察院对错误逮捕行为的确认，无需再行确认。根据《中华人民共和国国家赔偿法》、《最高人民法院关于人民法院赔偿委员会审理赔偿案件程序的暂行规定》以及《最高人民法院关于刑事赔偿和非刑事司法赔偿案件立案工作的暂行规定（试行）》的有关规定，池州市中级人民法院受理赔偿请求人黄友谊申请石台县人民检察院错误逮捕赔偿一案程序合法，池州市中级人民法院〔2002〕池法委赔字第01号决定认定事实清楚，适用法律正确。

---

[*] 也作"最高人民法院赔偿委员会关于检察机关不起诉决定是对错误逮捕确认的批复"。

最高人民法院赔偿委员会
关于被错误逮捕宣告无罪后有关财产赔偿义务机关认定问题的批复

2003年2月25日　　　　　　　　　〔2002〕赔他字第9号

西藏自治区高级人民法院：

　　你院2002年11月5日《关于陈小珠被错误逮捕宣告无罪后有关认定赔偿义务机关问题的请示》收悉。经研究，答复如下：

　　拉萨市人民检察院赔偿陈小珠被无罪羁押及为诉讼支出的各种费用71891.70元是适当的，同意你院予以维持的意见。

　　检察机关因错误逮捕限制了陈小珠的人身自由，但并未对陈小珠的财产作出任何处置决定。人身自由权和财产权是公民两种不同的权利，人身自由权受到侵害并不必然导致财产权受到侵害。确认陈小珠财产损失的赔偿义务机关，应依据《国家赔偿法》第十九条第一款的规定，由实施侵权的机关作为赔偿义务机关。本案中，公安机关实施扣押、处分财产行为，是造成陈小珠部分财产损失的直接原因，出具扣押清单的拉萨市城关区公安分局应当作为本案的赔偿义务机关。

最高人民法院
关于周龙潭申请确认财产保全和执行程序违法一案的答复

2007年1月23日　　　　　　　　　〔2006〕确他字第6号

辽宁省高级人民法院：

　　你院关于周龙潭申请确认财产保全和执行违法案的请示收悉，经研究，答复如下：

　　你省盘锦市双台子区人民法院在审理周龙潭诉张海军个人合伙纠纷一案的诉讼过程中，未依照最高人民法院《关于适用〈中华人民共和国民事诉讼法〉若干问题的意见》第101条的规定履行财产保全措施；在执行程序中，亦违反了最高人民法院《执行规定》第41条第2款关于向有关管理机关发出协助执行通知书的规定，且在对土地证的丢失、补办及收回中又存在严重的过失行为。又由于被执行人已无财产可供执行，已经给确认申请人造成了损失。因此,同意你院审判委员会第一种意见,对盘锦市双台子区人民法院的执行行为应当确认违法。

最高人民法院关于对"判决确定前被羁押的日期依法不予赔偿"中"判决确定"应如何理解等问题的答复

2007年12月27日　　〔2007〕赔他字第3号

山东省高级人民法院:

你院2007年4月6日〔2007〕鲁法委赔他字第1号《关于"判决确定前被羁押的日期依法不予赔偿"之"判决确定"如何理解及赔偿义务机关出具的通知能否视为其作出的赔偿决定的请示》收悉。经研究,答复如下:

一、《最高人民法院关于人民法院执行〈中华人民共和国国家赔偿法〉几个问题的解释》第一条关于"判决确定前被羁押的日期依法不予赔偿"中的"判决确定"是指判决生效。判决生效之前被羁押的日期属合法审查期限,国家不予赔偿;生效判决之后刑罚已执行的部分国家应当承担赔偿责任。陈东义申请国家赔偿案生效判决应为二审判决,即菏泽市中级人民法院〔2002〕菏刑二终字第8号刑事判决。赔偿请求人陈东义二审判决前被羁押的不予赔偿,二审判决生效之后被羁押的,应予赔偿。

二、根据《国家赔偿法》第二十二条和《国家赔偿费用管理办法》第八条的规定,赔偿义务机关依法应予赔偿的案件,应当作出赔偿决定。赔偿义务机关申请核拨国家赔偿费用或者申请返还已经上交财政的财产,所依据的主要法律文书是赔偿义务机关或者赔偿委员会作出的赔偿决定。《通知》不具有给付国家赔偿的法律效力。因此,赔偿请求人申请人民法院赔偿的案件,人民法院作为赔偿义务机关应当依法作出是否赔偿的决定。

此复。

最高人民法院
关于二审判决减轻刑事处罚致被告人实际羁押期限超出刑期应否给予国家赔偿的复函

2009年7月17日　　　　　　　　　　　　〔2008〕赔他字第5号

广东省高级人民法院：

你院〔2007〕粤高法委赔字第6号《关于黄宜东申请广州市中级人民法院错误判决赔偿一案国家是否应当承担赔偿责任的请示》收悉。经研究并征求有关部门的意见，答复如下：

同意你院赔偿委员会多数人的意见。二审判决减轻了对黄宜东的刑事处罚，生效后的判决，超出了黄宜东应服刑的期限，此种情形未纳入国家赔偿范围。一、二审法院审理实际所用的时间符合刑事诉讼法的有关规定，并无违法。黄宜东的犯罪事实存在，其提出的赔偿请求不符合国家赔偿法规定的无罪羁押法定赔偿原则，不应支持。

此复。

最高人民法院
关于二审将一审数罪中的部分罪名撤销后被告人被羁押的期间超过刑期的情形是否属于国家赔偿范围的答复

2011年4月15日　　　　　　　　　　　　〔2011〕赔他字第3号

广西壮族自治区高级人民法院：

你院二审判决将一审判决认定故意杀人罪予以撤销后，赔偿请求人被羁押的期限超出判决确定的刑期，属于在整个刑事追诉活动中，人民法院作出生效裁判之前对犯罪嫌疑人的羁押，是司法机关根据刑事诉讼法的规定保障刑事诉讼程序顺利进行的程序措施，既不属于国家赔偿法规定的"对没有犯罪事实的人错误逮捕"，也不属于再审改判无罪，或者数罪中个罪改判无罪且原判刑罚已经执行的情形。依照国家赔偿法规定的无罪羁押赔偿原则，赔偿请求人就此申请国家赔偿没有法律依据。

最高人民法院
关于限制出境是否属于国家赔偿范围的复函

2013年6月4日　　　　　　　　　　　　〔2013〕赔他字第1号

江苏省高级人民法院：

　　你院〔2012〕苏法委赔字第1号《关于限制出境是否属于国家赔偿范围的请示》收悉。经研究认为，根据《中华人民共和国国家赔偿法》第三十八条的规定，人民法院在民事诉讼过程中违法采取限制出境措施的，属于国家赔偿范围。对于因违法采取限制出境措施造成当事人财产权的直接损失，可以给予赔偿。你院应针对常州市中级人民法院作出的（2007）常民一初字第78—1号民事决定是否构成违法采取限制出境的措施予以认定，并依法作出决定。

　　此复。

最高人民法院
关于秦秀峰申请重审无罪赔偿一案的答复[*]

2013年6月6日　　　　　　　　　　　　〔2013〕赔他字第5号

青海省高级人民法院：

　　你院2013年4月16日〔2013〕青法委赔他字1号《关于秦秀峰申请重审无罪赔偿一案的请示》收悉。

　　经研究认为，公民自己故意作虚伪供述是指其为欺骗、误导司法机关，或者有意替他人承担责任而主动作与事实不符的供述等情形；是否存在上述情形，应由赔偿义务机关负举证责任。本案是否符合上述情形之一种，由你院根据本案事实予以认定。

---

[*] 也作"最高人民法院关于是否存在故意作虚伪供述情形，应由赔偿义务机关负举证责任的答复"。